陈桥驿先生（1923—2015）

中国国家历史地理

陈桥驿全集

【第十一卷】

陈桥驿 著

人民出版社

目 录

论文　序言

论文　序言

中国的古都研究

　　自从 80 年代初期以来,中国开展了对历史上的古都的学术研究。这种研究,在最近 10 年间有了很大发展,所谓古都,是指历史上曾经有一个独立政权建都的城市。所以古都研究是建立在城市研究的基础上的。它是城市研究的延续。由于历史上的城市,除了极少数完全新建的以外,一般都是从聚落发展而形成的。因此,城市研究的基础是聚落研究。所以推本溯源,古都研究是从聚落研究开始的。

　　举一个例子,在中国北部黄河、淮河、海河诸平原上,古人常常借崛起于冲积层上的丘阜建立聚落。这是因为在古代,这些平原多半是斥卤的,聚落建在丘阜之间,丘阜的泉源可充饮水,丘阜的树木可作燃料,附近河流泛滥之时,丘阜因其地势,可以免受洪水之灾,丘阜的南坡向阳,冬季有较好的小气候条件,而丘阜本身又是一个制高点,有利于攻守,所以在大平原上,丘阜具有建立聚落的理想条件。这些建立在丘阜间的聚落,常常以丘阜为名,在一定的条件下,这些聚落扩大而成为城邑,这些城邑仍常常以丘阜为名。在《汉书·地理志》中,华北平原以"丘"为名的县如雍丘、封丘、重丘等,超过 20 处,可以为证。

　　《水经注》卷十三《漯水》、经"过广阳蓟县北"注云:"昔周武王封尧后于蓟。今城内西北隅有蓟丘,因丘以名邑也,犹鲁之曲阜、齐之营丘矣。"《水经注》记载的蓟丘,1974 年已经在今北京西南部宣武门附近发现,发掘出了城墙遗址,蓟丘当然已经夷平了。从建于蓟丘的一个聚落发展到蓟城,蓟城后来又不断扩大,到春秋(公元前 5 世纪)时代,就成为燕国国都;战国末年(公元前 3 世纪)秦并燕后,一直是州、郡一级的城市,公元 10 世纪,契丹人建立了辽,以此为陪都,称为南京,地位有了提高。女真族的金在此建都,称为中都。到了 13 世纪,蒙古人建立了元,以此为大都,这是北京成为全国性首都之始。此后明、清两代都在此建都。这就是北京从一个古代聚落发展成为一座古代城市。从一座古代城市发展成为一般古都和大古都的过程。所以前面指出,古都研究是城市研究的延续,而城市研究的基础则是聚落研究。

中国由于历史悠久,国土辽阔,几千年来,朝代更迭,列国消长,变化十分频繁,所以古都很多。仅仅记载在公元 6 世纪初成书的《水经注》中的古都,为数就有 180 余处之多。从《水经注》时代的北魏到清朝,又经过了 10 多个世纪,其间增加的古都又很不少。所以中国的古都研究,其对象是一大批古都,研究内容是很丰富的。

为了开展古都研究,首先得有一个古都的定义。因为中国的古代城市很多,历史又很复杂。究竟哪些是古都,哪些不是古都,必须有一个统一的标准。我们决定古都的条件,主要有两条:第一,这个城市,在历史上曾经成为一个独立政权的首都,却并不计较这个独立政权的辖境大小和时间长短。例如,五代的闽,建都长乐府(今福州),只有 37 年;五代的南汉,建都兴王府(今广州),只有 55 年。但福州和广州均可作为古都。第二,可以称为古都的现代城市,在地理位置上必须和当年的古都重合,或部分重合。例如,公元前 3000 年的巴比伦国都巴比伦城(Babylon),经常被误作建于公元762 年的今伊拉克首都巴格达(Baghdad)的前身,其实,前者位于幼发拉底河沿岸,后者位于底格里斯河沿岸,两者相去甚远,不能混为一谈。正如建立于公元 7 世纪的福斯塔特(Foustat)和建立于公元 10 世纪的开罗(Cairo)不能混淆(前者的废墟在后者的南郊)一样。以中国的著名古都为例,现代的西安,它的地理位置在周丰镐以东,秦咸阳、汉长安以南,都不重合,但它和隋、唐长安是重合的,所以西安当然是古都。现代洛阳也是如此,周所建的王城在今城以西、汉、魏故城在今城以东,都不重合,但隋、唐故城和今城重合,所以洛阳也是古都。

这里还必须把古都与废墟两个概念区别开来。中国历史上曾为某一个独立政权建都的城邑很多,但其中有不少至今已是一片废墟。例如在中国古代称为"上京"的故都就有两处,7 世纪末到 10 世纪初的渤海国都和 10 世纪前期的契丹都均称上京,前者在今黑龙江省宁安县西南,后者在今辽宁省巴林左旗南,现在都是一片废墟。我们只能称它们为"渤海废墟"、"契丹废墟",不能称它们为古都。今陕西省靖边县北的白城附近,是公元 5 世纪初匈奴的一支赫连勃勃的国都所在。他建立了"夏",以 10万人"蒸土筑城",取"统一天下,君临万邦"之义,名其国都为"统万城",但其实建都仅 12 年,到公元 426 年即被北魏所消灭。此城原来规模甚大,但现在也只剩一片废墟,不能称为古都。

凡符合前面的两个条件而可称为古都的城市,中间也有许多区别,有的是大古都,有的是一般古都。我国国务院在80年代先后公布了两批"历史文化名城",第一批24座,第二批38座,共62座。在这62座之中,有不少就是大古都和一般古都,我在1986年主编出版了一本《中国历史名城》(中国青年出版社出版),选入了历史上著名而当前仍然存在的名城50座,这中间也包括不少大古都和一般古都。

中国的古都研究,首先面临的重要问题之一,是要确定哪些是大古都,哪些是一般古都。70年代台北学生书局出版王恢先生的《中国历史地理》上、下两册,上册的副标题是《中国五大古都》。王恢先生的"五大古都",指西安、洛阳、开封、南京、北京。1983年,我主编出版了《中国六大古都》(中国青年出版社),即在王恢先生的"五大古都"以外加上杭州。王恢先生不把杭州作为大古都,当然有他的道理。杭州建都时间较短,吴越80余年,南宋150余年,吴越是个地方政权,南宋虽然是传统的全国性王朝,但毕竟偏安江南。或许由于这些原因,他才把杭州排除于大古都之外,不过我在杭执教40年,深知这个城市应该列入大古都是毋庸置疑的。因为在中国历史上,南宋和东晋一样,尽管实际上没有统辖华北,但中国人在传统上都把它作为全国性的王朝。何况杭州是一个国际著名的城市,由于西湖胜景,早已使它成为一个举世闻名的旅游城市。把这个城市归于大古都之列,是不会受到非议的。结果,我主编这本书各方反映良好,原来提出"中国五大古都"的台湾,也赞成了"中国六大古都"的提法,规模甚大的台北锦绣出版企业,以《中国六大古都》为母本,配上大量彩色照片,于1989年出版了《雄都耀光华——中国六大古都》这样一种图文并茂的巨册,此书不仅请我审稿,卷首还由我写了序言。

既然在古都中出现了"大古都"的概念,我们就有必要为"大古都"确定一些条件。要怎样的城市,才能称为大古都?当然,首先要符合一般古都的条件,另外还要符合作为大古都的特殊条件。什么是大古都的特殊条件,具体地说,大古都必须曾经是中国传统王朝的都城。上起夏、商、周、秦、汉、晋,下至隋、唐、宋、元、明、清,都是中国历史上公认的传统王朝。这中间,晋室曾经东渡,但西晋、东晋,原是一晋;宋朝虽然南迁,但北宋、南宋,都属一宋。除了上述中国历史上众所公认的传统王朝以外,历史上出现过的其他割据政权,如春秋各霸,战国列雄,此外如五朝十六国,五代十国等等,都只能算是地方政权,有别于传统王朝。

中国学术界也赞成"中国六大古都"的提法,从而促成了全国几个电视台决定联合拍摄一部《中国六大古都》的电视系列片,作为对中华人民共和国建国40周年的献礼。电视片聘请了侯仁之教授、史念海教授和我3位顾问,于1988年接连在南京、洛阳等古都开会,商讨此片的内容。在这过程中,河南省安阳市提出了申请,他们认为,安阳市也有条件进入全国大古都之列。的确,安阳是中国的古都,商代后期(公元前14世纪),盘庚从奄(今山东曲阜附近)迁到殷(今安阳),在此经历了12个君王,建都273年,所以作为全国的大古都,它是很有条件的。在以前,安阳没有列入大古都,或许是某些原因所造成。例如,殷的故都在今安阳以西,长期来被称为"殷墟",人们往往把它作为废墟。但实际上,"殷墟"和安阳市区早已连成一片,这里建成了一座"殷墟博物苑",许多古迹都已经复原,成为安阳市区的一个重要组成部分。另外,历史上曾在十六国时期建都的邺城,位于安阳以北,已于1953年划入河北省,使这个古都地区,分属河南、河北两省管辖。但其实,行政区划是后来的人为变化,并不涉及古代建都的事实。而何况殷墟作为一个早期传统王朝的首都达270余年,即使不再考虑邺城,也已经具备作为大古都的称号了。特别需要指出的,这个过程也应该包括我的失误在内。我当年把"五大古都"改作"六大古都",只是看到了我身旁的杭州,没有从全国作通盘的考虑,就匆匆组织《中国六大古都》一书的编写出版。总之,由于这些原因,以致在一段时期中把安阳排斥在大古都以外。安阳市正式提出了这种申请以后,参加拍摄《中国六大古都》电视片的北京、陕西、河南、江苏、浙江5个电视台的台长和编辑,此片的顾问史念海教授和我,于1988年10月在安阳举行会议,对安阳的古迹再作了一番考察,经过认真的讨论,并且充分考虑了谭其骧教授的意见。谭先生早在1987年就已经指出:"安阳是中国最重要的古都之一,是中原王朝的七大古都之一。"(载《安阳古都研究》卷首题辞)大家一致认为,安阳可以进入中国大古都之列。于是,电视系列片改为《中国七大古都》,经过几个电视台的加紧工作,于1989年秋拍摄完成,在这年10月由上述几个电视台同时播出,获得了观众的赞赏,电视片并且随即流传到国外,受到国际上的好评。

与电视片《中国七大古都》相配合,河北美术出版社从电视片拍摄之初,就开始了大型照片画册《中国七大古都》的编辑工作,摄影工作者奔走于七大古都之间,辛苦数年,终于在1991年出版了中、英文两种版本的画册,大八开本,362页,有精美照片580幅,我为此书写了序言。此书在国际上产生了很大影响,但美中不足的是,由于定价过高(每册人民币300元),在国内难以普及。

我曾主编《中国六大古都》,电视片完成后,在各方的敦促下,我又着手主编《中国七大古都》一书,承侯仁之、史念海诸名家同志为北京、西安等古都撰稿,谭其骧先生又欣然应允为此书作序,增加了我主编此书的信心,此书终于在1991年冬出版,并在北京举行了始发式。我在书末撰写了长篇《后记》,阐明了七大古都的始末,谭其骧先生在《序言》中不仅论证了"大古都"的条件,而且还为七大古都排列了等级。《序言》说：

> 都城是一个政权的政治中心。一个古都应否列为"大古都"之一，主要得看以此城为都时政权地有多大，历时有多久，以此为标准，衡量历代古都，则无疑此七大古都所统治的地域最广大，历年最悠久。这七大古都在历史上的重要性又有差别，西安、洛阳、北京应列第一等，南京、开封属于第二等，安阳、杭州属于第三等。

现在略述七大古都概况如下：

七大古都之中，时代最早的是安阳。早在公元前14世纪的商王朝后期，这个坐落在洹水之滨的古城殷，就成为商王朝的首都，现在已经在洹水以南的宫殿区发现了53座王宫基址和许多殉葬的人畜及随葬物。在洹水以北的王陵区已发现了11座殷帝王的大墓。段商使用的甲骨文，刻在龟甲和牛的肩胛上，是世界最早的象形文字之一，对于甲骨文的研究发掘，至今已经80多年，共得甲骨文16万余片，发现文字4500余个，已经解认的有1700余个，殷商的青铜器制作已有高度技术，1939年发现的"司母戊鼎"，重达875公斤，是同一时期世界上最大的青铜器，段商在安阳建都273年，以后在十六国时期和南北朝时期，后赵、前燕、东魏、北齐等政权，又在安阳以北的邺城先后建都达80年左右。

比安阳后起的古都是西安，西安是七大古都中的佼佼者，自从西周和秦在此建都后，许多王朝都建都于此，延续1100余年，是中国建都时间最长的古都。西安之所以能够长期成为著名的古都，与它特别优越的自然条件很有关系。它位于陕北高原和秦岭之间的关中平原，三面环山，而东面通向黄河的一方，也有险峻的潼关可资守备。关中平原通常称为"八百里秦川"，是一片富庶的沃土，泾、渭两水加上它们的支流，形成"八水绕长安"的灌溉网和水运网。在西安建都的历史上，特别是汉、唐两朝，这是中国历史上国势最盛、版图最大的两个王朝。现在的西安，就在唐朝都城的基址上，城内还保留着大、小雁塔，兴庆宫等许多唐代古迹。至于秦汉古迹，如分布在郊外的秦始皇陵、兵马俑、茂陵（汉武帝陵）、昭陵（唐太宗陵）等等，也都举世闻名。西安的城墙建于明朝初年，全长11公里，80年代已经修理一新，是中国现存的唯一完整的大型古代城垣。假如说，北京是中华帝国晚期最大的古都，那么，西安是中华帝国早期最大的古都。

洛阳从东周开始建都，以后历东汉、西晋等王朝，成为九朝名都，历时逾800年，建都时间仅次于西安。洛阳的地理形势非常优越，它北依邙山，南临伊阙，东扼虎牢，西控函谷，而伊、洛、瀍、涧四水流贯其间。《尚书》的《洛诰》和《召诰》两篇，清楚地记载了公元前11世纪经过占卜、选址、勘测、设计的过程，这是世界上有历史记载的经过城市规划而兴建的最早城市。至今遗留的古迹极多,其中如中国最早的佛教寺院白马寺和北魏始营的龙门石窟(有石像 10 万余尊)等,都是举世闻名的无价之宝。

　　开封是黄河流域后起的古都,它位于黄河与淮河两条大河之间,鸿沟水系特别是其中的汴河,使它成为一个中原的交通枢纽。开封在战国时代就是一座名城,唐末以后,五代政权曾先后在此建都,但直到北宋定鼎,它才成为一个全国性传统王朝的首都。当然,作为一个传统王朝,北宋的国势和版图都无法与汉、唐相比,但是开封由于在交通地位上的冲要,所以十分繁华,至今尚存的北宋艺术珍品《清明上河图》,是当时首都繁华的生动写照。

　　南京是江南的重要古都,它地理位置冲要,自然条件优越,相传诸葛亮曾评价这个都城:"钟阜龙蟠,石头虎踞,真乃帝王之室也。"浩渺的长江流过它的西北,而风光绮丽的秦淮河穿城而过,具有刚柔相济的形势。自从三国吴在此建都以来,历东晋和南朝的宋、齐、梁、陈,即中国历史上的所谓六朝。六代豪华,把这座古都建设得气度非凡。明朝,一个强大的传统王朝在此建都,南京开始成为全世界的伟大都城。正如美国著名汉学家施坚雅(G. W. Skinner)在其主编的名著《中华帝国晚期的城市》(*The City in Late Imperial China*)第一编的导言中所说:"南京在明改造以后的十年左右时间内赶上开罗,成为世界最大的城市。"

　　杭州是七大古都中建都时间最短的都城,南宋又是一个偏安一隅的小朝廷。但是如前面指出的,它毕竟是我国的传统王朝,而且位于丝绸之府、鱼米之乡的富庶地区,钱塘江和大运河又奠定了它在国内、国际交通上的重要地位,杭州在南宋末叶,人口超过百万,它不仅是当时全国政治、经济和文化的中心,而且也是全国第一大城市,曾被马可·波罗称誉为"世界最名贵富丽之城",特别是西湖胜景,使它成为七大古都中的花园都城,在这一点上,它是中国其他古都所无与伦比的。

　　七大古都中建都最晚的是北京,它位于北京小平原、南方大平原和北方山地之间的重要地理位置上,自古就是一座历史名城。不过,作为全国性的都城,要从 13 世纪后期的元朝才正式开始。经过元、明、清 600 余年,特别是明、清两代的经营,把它兴建成一座红墙黄瓦、金碧辉煌的宫殿都城,使它成为人类历史上所有古都中的巨人。施坚雅在《中华帝国晚期的城市》中指出:北京在 15 世纪某一时期取代南京后,"除了十七世纪短时期内,亚格拉(Agra)、君士坦丁堡(Constantinpole)和德里(Delhi)曾向其居首位的地位挑战外,北京一直是世界上最大的城市,直到 1800 年前后伦敦才超过它。"所以这个在中国后起的古都,曾经在漫长的 3 个多世纪中,雄踞全世界最大都城的地位,真是后来居上。

　　中国的古都很多,我们正在有计划地进行研究。自从 1983 年中国古都学会成立

以来,在学会会长著名学者史念海教授的领导之下,全国古都研究者已经组织起来,从
事古都的各种研究。学会每年在一个古都举行一次学术讨论会,从1983年在西安举
行学会成立大会和第一次学术讨论会以后,已经先后在南京、洛阳、杭州、开封、安阳、
北京这七大古都举行了这样的会议,并且也在一般古都如江陵、银川、太原等地举行了
这样的会议。在学会擘划创导之下,古都研究蔚然成风,公开发表的研究成果日益增
加,"古都学"这门新兴的学问也正在逐渐成熟之中,中国的古都研究具有广阔的
前途。

附　记

　　我承日本广岛大学之聘,于1989年在广岛与九州的福冈、佐贺等地讲学。此文是
我在广岛修道大学讲学时的讲稿之一。现在根据最近几年来中国古都研究发展的现
状加以补充修改,发表如上。

原载《杭州师范学院学报》1994年第1期

论古代良渚人与良渚的自然环境

　　良渚文化现在已经名闻世界,这是江南新石器文化中的一枝奇葩,是值得组织各种学科的专家,从各个方面进行深入研究的。特别是对于这种文化的命名地区,也就是遗址群密集的地区,即余杭市良渚镇附近一带,更有研究的必要。

　　我在拙作《多学科研究吴越文化》[①]一文中,曾经提出过这种呼吁。我认为有关这类课题。除了传统的由历史学和考古学承担研究任务外,还必须依靠更多的学科如地质学、地史学、第四纪学、古地理学、历史地理学、古气候学、古生物学、人类学(包括体质人类学)、地名学、语言学等学科。在研究方法上。当然也并不排斥旧的传统,如凭肉眼和经验鉴定出土古物,考查古籍,揣摩文字等等,但时至今日,我们无疑应该尽可能利用新的科技成果,如放射性碳素测年、热释光测年、孢粉分析、沉积物分析、卫片判读、泥炭层的勘查测定、贝壳堤和古海岸的勘查测定等等,只有这样,才能避免主观臆测,获得客观的和有科学依据的结论。

　　举个例子说,像良渚这样有大量古陶器出土的文化遗址,热释光测年的运用就显得特别重要。这种诞生于 60 年代的先进测年技术.对于无机物的测年效率,误差不到5%—10%。1970 年,英国牛津大学考古所曾对该所收藏的 9 件中国六朝陶俑进行热释光检测,结果其中的 6 件是赝品。1972 年,该所又通过热释光测出他们收藏的 22件中国辉县陶全属赝品。这些六朝陶俑和辉县陶,在收藏过程中,当然经过不少自以为有经验的专家包括老式考古学家们的鉴定,但结果却是许多鱼目混珠的假骨董,这就说明了科学的检测手段的必要。

我在上述拙文中特别指出：

> 地质学、地史学、第四纪学、古地理学、古气候学、古生物学，包括体质人类学，这一组学问，其基础是地质学（这是说要学好上述任何一门学科首先必须学好地质学）。现在看来，这组学问，在吴越文化的研究中具有重要意义。围为要研究一个地方的上古文化，首先要清楚的是，当时这个地方的自然环境，是陆地，还是海洋；是一块冰雪覆盖的陆地，还是生物丰富的陆地？有些人不愿从古生物学和体质人类学来研究建德人和越人的关系，而是穿凿文字，从传说中的禹来进行研究。讵不知"禹敷土，随山刊木．奠高山大川"的时候，宁绍平原还是卷转虫海侵时代的一片海水。

现在我们研究良渚文化，首先面临的问题，是这种新石器文化，为什么产生在良渚这个地区。尽管发掘的范围以后肯定还要扩大，但总的看来，位于今余杭市境内的良渚文化遗址群，西起瓶窑，东到良渚，并延伸到德清的三合、雷甸一带的东苕溪两岸，东西长约10余公里，南北宽约3公里，总面积约40平方公里左右。在已经发掘的遗址中，最重要的地区，位于瓶窑、良渚、安溪，即所谓两镇一乡的范围之内。四五千年以前，良渚人为什么选择这个地区建立他们的家园？正像现代人建立城镇，配置港埠，敷设道路等一样，首先涉及的问题是自然环境。而且在远古，自然环境对于人类的约束力较之现代不知要严重到多少倍。为此，研究和复原这个地区的古自然环境，对于良渚文化的研究具有非常重要的意义。

当然，不论在什么时代，自然环境总是受人类的利用和改造的。因此，在讨论良渚地区的古自然环境以前，还必须大体说明在这个时期出现于这个地区的良渚人的问题。古良渚人属于什么部族，是土著的还是迁入的？良渚文化据放射性碳素测年为距今5300年—4000年。从良渚文化的下限算起，不到1000年，这个地区的历史记载就已开始，即《竹书纪年》周成王二十四年的"于越来宾"。良渚地区位于句吴和于越之间，[②]良渚人与句吴、于越这两个在良渚文化以后不久就登上历史舞台的部族又是什么关系？现在已经有人认为："良渚文化是吴地古老文化的母体"，是"吴文化的基石"。[③]则这种文化与越文化的关系又是如何？这些问题，都与良渚人的来源有关，同时也和良渚的古自然环境有密切关系。

关于良渚文化与良渚人的渊源，我已前后在拙作《吴越春秋及其记载的吴越史料》、[④]《于越历史概论》、[⑤]《越族的发展与流散》[⑥]诸文中作了阐述，至今我的观点还是如此。由于这些论文篇幅过长，不宜复述，幸亏蒋炳钊先生在其大作《吴越是否同族》[⑦]一文中，归纳了我在上述诸文中的论点，行文简明扼要，所以把他大作的有关部分抄录如下：

他认为越族的发展是以浙江宁绍平原为基础，自从第四纪更新世以来，宁绍平原曾经历了星轮虫（发生于距今10万年前，海退距今7万年前）、假轮虫（发生于距今4万年前，海退距今2.5万年前）和卷转虫（约始于距今1.5万年前）三次海侵，自然界的变迁频繁而剧烈。于越部族的祖先，是在如此得天独厚的自然环境中繁衍发展起来的。卷转虫海侵的过程，也就是宁绍平原自然环境恶化的过程，迫使越族居民发生大规模迁徙。第一阶段迁徙路线：一条越过舟山丘陵内迁到宁绍平原；另一条可能外流漂向琉球、南日本、南洋群岛、中南半岛和今中国西南各省沿海等地。距今一万年以后，开始第二阶段的迁徙，大约有三条路线：一部分越过钱塘江进入今浙西和苏南的丘陵地；另一部分随着宁绍平原自然环境自北向南的恶化过程，逐渐向南部丘陵转移；还有一部分利用平原上许多孤丘特别是今三北半岛南缘和南沙半岛南缘的连绵丘陵而安土重迁。越过钱塘江进入浙西与苏南的丘陵地的越族居民，就是以后的马家浜文化、崧泽文化和良渚文化等的创造者，即历史上所称的句吴。陈教授提出句吴就是于越入迁浙西与苏南丘陵地区的越族居民，所以他主张句吴和于越是属于一个部族的两个中心。

在上述蒋炳钊先生所引的拙见之中，关于吴越同族的见解，绝非我所首创。卫聚贤先生早在1937年就已经说明"吴越系一个民族"[⑧]的话。而越人中的一支是从卷转虫海侵时期流散到吴地的说法，则是我所提出的。现在也已有人发表了相同的意见，王逢申先生在其《从姑苏繁华史看中华文化之辉煌》[⑨]一文中说："夷人、越人留在吴地山岭地带的支族，后来形成吴国吴人的主体部分。"其实，《越绝书》曾两次提到："吴越为邻，同俗并土"，[⑩]"吴越二邦，同气共俗"。[⑪]《吴越春秋》说："吴与越，同音共律，上合星宿，下共一理。"[⑫]《吕氏春秋·知他篇》说得更清楚："吴之与越也，接土邻境壤，交通属，习俗同，语言通。"说明吴人与越人风俗、语言相同的事实，古人早已看到。关于"吴越系一个民族"，"越人留在吴地山岭地带"，在第四纪海侵的学说没有揭示之前，当然是难以理解的。

在假轮虫海退时期，中国东部海岸后退约600公里。东海中最后一道贝壳堤，也是至今发现的这次海退的最后海岸线，位于东海大陆架前缘 – 155米，C^{14}测年为14780±700年，[⑬]当时，今浙江沿海大陆架完全出裸，宁绍平原和杭嘉湖平原都比现在要广阔得多。宁绍平原如我前述几篇拙文论及，是越人聚居的中心，而当时钱塘江口尚在今海岸以东至少300公里，今江口在当时不过是中游河段，江面既不宽，又不受涌潮影响，不足以成为两片平原的交通障碍。因此，杭嘉湖平原在当时也有越人的活动，这是不容置疑的。当卷转虫海侵逐渐加速之时，一部分越人从今宁绍平原越江进入浙西和苏南山地,想亦并无困难。当海侵到达全盛之时,两片平原均成为浅海。在宁绍平原,海水直薄四明、会稽山麓线;在杭嘉湖平原,这片浅海到达天目山及其若干东支的山麓地带。当时,海岸线可能在今嘉善、王江泾一线以西,浅海沉积颇为稳定,以灰色、黑色泥质粉沙和亚粘土为主,含有丰富的有机质和贝壳。西部海侵短暂,以浅水湖泊为主。[14]在70年代初期的所谓人防工程中,嘉兴一带在 -12米高程上下普遍出现蛎壳层,这是卷转虫海侵的物证。当时,今浙东、西的浅海连成一片,钱塘江成为一条短促的山溪性河流。注入这个浅海。浅海之中,则罗列着许多岛屿。岛屿按其分布形式有群岛与孤岛两类。在今宁绍平原海域中.有南北向的舟山群岛,今慈溪、余姚间东西间的翠屏山群岛,今萧山与绍兴的西山—冠山—航坞山—马鞍山群岛等;在杭嘉湖平原,有今东天目、南天目及其分支丘阜构成的群岛,今莫干山一带的群岛,武林湾(西湖的前身)西缘群岛(即今西湖群山),今瓶窑以北的大遮山群岛,以南的大雄山群岛等。此外是到处崛起的孤岛,因为这片浅海不过100米上下,则今日平原上超过100米的孤丘,在当时都是孤岛。

现在转入良渚地区卷转虫海侵和海退以后的自然环境概况。海侵全盛时期,和平原的其他地区一样,这里沦为一片浅海。出露于海面之上的,主要是大遮山群岛、大雄山群岛和若干孤岛。古代的良渚人,当时即生活在这些岛屿之中。岛上林木茂密,溪泉充沛,为他们提供了燃料和饮水。水陆动物资源丰富,渔猎所得,不虞匮乏。咸潮不及的山麓坡地可资开垦种植,海侵以前已经娴熟的农业技术借此得以世代延续。

卷转虫海侵在距今7000年时达到全盛,从此就出现海退。在大约距今5000年时,海面基本上达到现代海面的高程。[15]当时,今良渚地区是一种丘陵、孤丘和河湖沼泽的自然环境。其北翼是火山喷出岩组成的大遮山丘陵,绵亘于今德清与余杭之间,主峰大遮山,海拔483米,丘陵西与莫干山南翼诸丘陵相接,从梯子山、中和山等东迤,在主峰以东又有百亩山、上和山诸峰,从今余杭南山林场直抵西塘河以西。丘陵中有不少超过海拔300米的山峰,如中和山、王家山、青龙冈、东明山等,200米上下的山峰则绵延不断。大遮山丘陵以南,则是山体和高度都较小的大雄山丘陵,这也是一片火山岩丘陵,主峰大雄山,海拔178米,此外还有朱家山、大观山、崇福山等山峰。在这两列丘陵之间的沼泽平原上,则分布着许多孤丘,其中有的超过300米(如马山),有的超过200米(如獐山),有的超过100米(如羊山),在海侵时期都是孤岛,还有更多在100米以下的,海侵时期虽不见踪迹,但海退以后则大量崛起于沼泽平原之间,不仅成为这片沼泽平原的特殊地理景观,而且在利用和改造沼泽平原上起了重要的作用。

卷转虫海退是一个持续上千年的漫长过程,在这个过程中,由于海面的下降,丘陵的范围不断扩大,孤丘则不仅扩大,而且不断出现新的孤岛。于是,良渚人的活动地域逐渐增加,最后终至在丘陵和孤丘之间出现了一片广阔的沼泽平原。这片沼泽平原最初当然是沮如泥泞,而且朝汐直薄,土地斥卤,没有利用价值。但是随着海岸线的不断外伸,河流(今东苕溪与南苕溪)的终年冲积,既提高了地面高程,又发挥了洗咸作用,于是,沼泽平原上的植物和淡水生物开始增加,自然环境渐趋好转。此外,从晚更新世以来,这个地区在气候上也是非常有利的,考察这个时期的湖泊沉积,在余杭瓶窑费家头灰褐色土层中,找到不少水蕨类如海金沙属(Lygodium)和水龙骨属(Polypodium)等植物化石,显示出亚热带气候的标志。[16]因此可以论定,从全新世人类活动频繁以来,良渚地区具有一种丘陵、孤丘、沼泽平原相同的暖湿自然环境。

古代良渚人对这片沼泽平原的利用和开拓当然经历了一个困难和长期的过程。开始,他们仍然聚居在丘陵中,丘陵是他们前进的后方。他们垦殖丘陵周边逐渐扩大的坡地和山麓地,这些地区有较大片的平整土地,而咸潮不再波及。接着,他们以崛起于沼泽平原中的许多孤丘为跳板,从这些孤丘的周围逐渐下达到平原,从平原中的比较高燥的地段渐次向外围发展。当然,繁殖的过程决不是一帆风顺的,洪水和咸潮在初期仍是严重的威胁,但是因为有孤丘作为后盾,良渚人可以有恃无恐,在环境恶劣的时候向孤丘退却。新修《余杭县志》记载这个地区的孤丘:"零星分布于苕溪南面的平原上,较大的有43座,其中瓶窑镇、长命乡、獐山镇一带有火山岩孤丘27座。"[17]《余杭县志》所统计的孤丘数字当系目前现状,其实,较小的孤丘在进入历史时期后遭到人为夷平的当在不少,在今莫角山一带,最近四五十年中消失的孤丘就有数处。如此众多的孤丘分布在这片沼泽平原上,无疑是古代良渚人利用和改造这片平原的基础。他们居高临下,在这个地区围堤筑塘,兴修水利,排干沼泽,种植水稻。接着,聚落逐渐向平原的高燥地段迁移,终于在这一带建立了丰富多彩的新石器文化。我们现在仍可在这片平原上见到为数不少的残存孤丘,一般人对此毫不在意,但在古代,它们对于这片平原的开拓和新石器文化的创造,是作出了重大贡献的。

中国北方的黄淮海平原,在其形成和开拓过程中,与杭嘉湖平原当然迥然不同,但在孤丘的利用上,却又出奇地相似。我在拙编《中国七大古都》[18]的《后记》中说道:"早在远古时代,人们就在崛起于黄土层中的孤立丘阜营建聚落,这是因为对饮水的来源,薪炭的取得,在冬季避风御寒以及制敌自卫等方面,丘阜都能对它们所依附的聚落带来好处。"《汉书·地理志》记载的这个地区以"丘"为名的县邑如顿丘、封丘等就超过20处。《水经·灅水注》记及北京的前身:"昔周武王封尧后于蓟,今城内西北隅有蓟丘,因丘以名邑。"这座蓟丘已于70年代在北京宣武门外发掘出来。一座孤丘,竟发展成为这样伟大的城市,孤丘的作用实在不可思议。昔年在日本广岛大学讲学,承九州佐贺电视台台长内藤大典先生邀请前往考察佐贺附近的日本弥生代文化吉野里遗址,因为按我的考证,越人在海侵时期漂海迁徙,日本南部包括九州等地,当时曾有越人迁入。吉野里遗址的建筑和结构等问题这里毋需赘述,必须指出的是这个遗址也建立在一座孤丘之上。所以崛起于大遮山、大雄山两列丘陵之间的这片沼泽平原上的无数孤丘,在良渚文化创立过程中所起的作用,也就可以理解。

古代良渚人与良渚自然环境的研究,在良渚文化研究中属于基础研究,这种研究不仅对于良渚文化,对东南地区的不少新石器文化的研究,都是具有价值的。目前,由于有关这方面的资料还比较缺乏,所以深入研究还相当困难。现在,在整个良渚文化的研究中,除了发掘工作做得较多以外,放射性碳素测年的数据虽已取得,但对于在各个不同出土点所获得的黑陶,它们的热释光测年数据尚付阙如。孢粉分析和沉积物分析的工作也有待进行,另外,与古代良渚人及自然环境关系密切的古生物学和体质人类学等方面的研究也尚未开展。希望今后在良渚文化的研究上发挥多学科的作用,组织有关各学科的专家进行深入的研究,定期举行良渚文化学术讨论会,交流和提高良渚文化研究的方面和质量。从本文论及的良渚文化的基础研究来说,我们不仅希望弄清古代良渚人的来龙去脉,而且有必要绘制出一幅经过全面复原的、大比例尺的古代良渚地区自然环境图。

注释:

① 《浙江学刊》1990 年第 6 期。

② 春秋时代句吴与于越的国界,由于双方多次交战,互有胜负,所以国界常有变化。《国语·越语上》:"句践之地,南至于句无,北至于御儿。"按韦昭注:"今嘉兴御儿乡也。"《论衡·书虚篇》:"余暨以南属越,钱唐以北属吴,钱唐之江,两国界也。"《国语》与《论衡》所记载的吴越国界,即是春秋不同时期的吴、越国界。

③ 钱正《太湖孕育的吴文化》,载《吴文化与苏州》,同济大学出版社 1992 年版。

④ 《杭州大学学报》(哲学社会科学版)1984 年第 1 期。

⑤ 《浙江学刊》1984 年第 2 期。

⑥ 《东南文化》1986 年第 6 期。

⑦ 载《国际百越文化研究》,中国社会科学出版社 1994 年版。

⑧ 《吴越释名》,载《江苏研究》1937 年第 5、6 合期。

⑨ 载《吴文化与苏州》,同济大学出版社 1992 年版。

⑩ 《越绝书》卷六。

⑪ 《越绝书》卷七。

⑫ 《吴越春秋》卷六。

⑬　王靖泰、汪品先《中国东部晚更新世以来海面升降与气候变化的关系》,载《地理学报》1980
　　年第 4 期。

⑭⑯　《中国自然地理·古地理》上册,科学出版社 1984 年版。

⑮　曹家欣《第四纪地质》,商务印书馆 1983 年版。

⑰　浙江人民出版社 1990 年版。

⑱　中国青年出版社 1991 年版。

原载《杭州师范学院学报》1995 年第 2 期

地理学万岁!

地理学是一门古老的科学,早在公元前 8 世纪—公元前 7 世纪,希腊盲诗人荷马的英雄史诗《伊里亚特》和《奥特赛》之中,已经具有丰富的地理学内容。中国在公元前 5 世纪—公元前 3 世纪的战国时代,先后出现了地理学名著如《山海经》、《禹贡》、《穆天子传》等等。由于地理学的研究对象是与人类生存和生活息息相关的地理环境,因此,尽管这门科学的发轫甚为古老,但随着人类历史的发展和进步,从古代地理学到中世纪地理学乃至于现代地理学,地理学始终在科学史上居于重要的地位。

最近几十年来,由于地理学内部结构的发展和社会环境的变化等原因,地理学和地理工作者曾经和正在面临若干问题并遭遇一些困难。第一个问题和困难发生在地理学内部,即传统的区域地理学和后起的系统地理学之间的问题。在古代和中世纪地理学著作中,区域地理学占了绝对优势,以中国为例,《山海经》和《禹贡》都是区域地理著作。中国在中世纪出现了大量地理著作,总称"六朝地志",也都是区域地理著作。在古时,由于交通落后,各地区之间缺乏了解,这类综合描述的区域地理著作,曾经起过重大的作用。直到现代地理学发轫的初期,区域地理著作仍然具有重要意义。随着科学的不断发展,区域地理学以外,系统地理学开始兴起。区域地理学描述一个地区必须面面俱到,涉及从自然地理学到人文地理学的许多分支,这些分支在理论体系上存在先进与后进的极大差异,而每个分支又必须与所描述的地区的实际相结合,这种结合具有很大的难度。在这样的情况下,区域地理研究常常会停留在一般地理要素性状描述的水平上,发生种种堆砌资料、拼凑内容的现象,因而被人讥笑为"地理八股"。但系统地理学的发展显然与此不同。由于系统地理学基本上是单要素的地理研究,它不仅没有区域地理的沉重负担,而且在利用相关科学的成果方面具有很多方便,例如土壤地理学可以利用土壤学的研究成果,而人口地理学可以利用人口学的研究成果。为此,系统地理学在理论研究上当然可以向精深发展,用现代科学的计量方法刷新研究成果;在实践上它也可以选择有利的地区,在经过长期定位观察的基础上,用观察所得的精确数据,以充实系统地理学的区域基础。因此,新兴的系统地理学与传统的区域地理学相比,确实具有极大的优势。这就是许多地理学家竞相研究系统地理学而使区域地理学受到冷落的主要原因。所以,已故英国地理学家费希尔(C. A. Fischer)在其所著《区域地理往何处去》(载 1970 年英国《地理学》第 4 卷第 55 期)一文中感慨地指出:"现在,系统地理学正像《圣经》上的月桂树那样繁荣,而区域地理学看来却正在衰落,甚至消亡。"这种现象,当然令人忧虑。

　　近年来地理学所面临的第二个问题是大学地理系的纷纷改名。这个问题正如以下将要论及的,其实质并不是地理学的问题。但是由于因改名而直接受到冲击的地理系,是全世界大部分高等学校的共同系名。不管地理学的内容和方法怎样发展变化,而这个系是在大学里组织和领导地理学的教学和科研工作的,是在大学里培养地理学的高级人材的,系名的纷纷改变,给公众(包括外行的和内行的,学术界和非学术界等等)一种地理学日薄西山、在大学已无立锥之地的印象。而且也给人们一种错觉,以为地理系改了名以后,这个系的教学和科研才有新的内容,没有改名的地理系就是固守陈旧落后的老一套。所以尽管地理系改名并不涉及地理学,但它会替地理系和地理学制造一些误解和不幸。

　　近年来地理学所面临的第三个问题,是在大学的入学考试中,各省市先后停止地理科考试的问题。这个问题其实也不是地理学的问题,但它的影响较之地理系改名更为广泛和严重,而特别是对于高等师范院校和中学。短期内所产生的冲击,可能达到十分强烈的程度。这是因为我国普通中学教育,确实存在着某种程度的片面追求升学率的倾向。中学地理教师的任务在正常情况下当然是向学生进行地理教育,但当地理科成为高校入学考试的科目之一,地理科和地理教师同时就成为学校争取升学率的组成部分。它和他被列入"重点班"的行列之内,搜罗额外教材,加班加点,揣摩历届试题,进行模拟考试等等,地理科和地理教师都曾在这种倾向中获得学校中的"地位"。一旦地理科被排除在高考科目之外,地理科和地理教师在中学都要受到很大的影响。而随着中学里所发生的这种变化,作为培养中学地理教师的高等师范院校地理系,也将同样蒙受这种影响。

以上所说的近年以来地理学所面临的 3 个问题,显然都不利于地理学的发展。但第一个问题与其他两个问题具有很不相同的性质,所以我们在分析研究时,应予区别对待。这个问题确实是地理学本身的问题,而且是国际地理学界所共同存在的问题。为了研究和解决这个问题,日本广岛大学地理系教授石田宽在他被提名担任 1980 年在东京举行的第 24 届国际地理学会区域地理组召集人以后,曾经向世界上许多国家的区域地理学家寄发了有关区域地理问题的意见表。在他所收到的回信中,有不少关于这门学科"不景气"的答复。石田宽本人也在这次调查中说:"年轻的地理学者,对它已普遍减少了兴趣。"为此,他提出了"复兴区域地理"的倡议。

我曾于 1983 年应日本关西大学之聘在该校研究生院任教,这年 9 月 22 日,日本著名地理学家河野通博教授为我在该校举办了一次公开演讲会,十几所大学的七八十位地理系教授听了我的演讲,我在演讲中特别提出了"复兴区域地理"问题。我说:

> 我完全赞同石田先生"复兴区域地理"的倡议。我认为复兴区域地理的前提是区域地理内容的改革。因为科学发展一日千里,各学科之间相互渗透的关系变得十分复杂。而目前,除了地理以外,以区域为基础进行研究的学科又如此之多。在一个区域里,各种学科的研究成果,比二三十年前不知增加了多少倍,在这样的形势下,区域地理的研究内容不进行改革是不堪设想的……要在区域地理研究中打破地理学与其他相关学科的界线,尽可能地把其他以区域为基础进行研究的各学科的成果吸收进来,进行对区域自然环境和人文环境更为广泛和综合性的研究。当然,在这种研究中,区域的自然地理和人文地理环境仍是十分重要的基础。它和区域内所发生的一切自然和人文现象都有直接间接的关系。所以,这种"区域研究"的立足点仍然没有离开地理。

这是我提出的对于"复兴区域地理"的措施的概括。当然,这种措施是否有效,还需要通过实践并不断改进。由于这个问题确实是地理学的问题,所以,我的态度是积极的。因为这个创议出自广岛大学地理系,所以当我 1985 年在国立大阪大学任教之时,又特地赶到广岛,和那里的学者们讨论了这个问题。1989 年我在广岛大学任教,和地理系的教授们朝夕相处,讨论这个问题的机会更多。总的说来,我们的讨论是有成果的,我对这个问题的逐步解决是乐观的。

第二个问题是地理系更改名称的问题。这里首先牵涉到"地理"一词的概念。它是否已经过时,已经不适宜作为一个系的名称?我们不必再谈大家熟知的这个词汇的希腊语来源,只说"地理"就够了。"地理"在中国是个古老词汇,它最早见于《周易·系辞上》:"仰以观于天文,俯以察于地理。"拿这个古老词汇用于这门科学(地理学)和用于传授、研究这门科学的机构(地理系、地理所),原来具有约定俗成的意义。每门科学,特别是历史悠久的科学,它的内容当然会随着时代不断更新发展,但这个久经沿用为众人所熟知的名称,其实并无更改的必要。而与这门科学相关的机构的名称,同样也毋需更改。在我们的科学或学科名称中,除了用我们自己的古老词汇命名以外,也有直接利用外来语命名的.如几何学、逻辑学等均是其例,由于名称既已长期约定俗成,也不必因为是外来语而加以摒弃。为此,在地理系改名之风初起之时,我对此既不理解,也不赞同。

1987 年春季,由于参加徐霞客诞生 400 周年的纪念活动,我从杭州乘火车去无锡,同车有一位某大学校长,因为知道我是地理学者,特地到我座位上与我讨论一个问题,即他们学校的地质系拟改名为地理科学系的问题。他问我是否恰当? 我反问他为什么要作这样的更改,是否这个系的教学和科研内容有了极大的改变? 他的回答很坦率,他说,主要的原因是因为这个系招生困难。这位校长的话确实使我茅塞顿开,而且充分谅解他的困难。我是一个除了教书以外不负什么责任的普通教授,但校长和系主任则不同,招不到学生,校、系怎样办下去? 地质学当然是一门重要的科学,但地质学家很辛苦,爬山越岭,栉风沐雨,现在的年轻人对此不感兴趣。地理学和地质学是一对难兄难弟,我问过我们系里负责招生的老师,这些年来,第一志愿报考地理系的实在很少,办系越来越困难。所以这是一个社会问题,并非地理系的问题。这个社会问题,从眼下的发展趋势来看,不仅是地理学、地质学一类科学面临后继无人,甚至连做学问这个行业,也有不少年轻人视作畏途。

我为陈田耕君所著《地理事实和数据检索指南》一书所写的序中曾感慨地提到:"对于做学问这种行业,尽管它确实维系着我们民族文化的命脉,但不少人却不屑一顾。行外人固然绝无问津之意,行内人近年来也颇有知苦而退者。这种现象常常使人忧心忡忡。我在学术界的一些外国朋友,包括我的两个在外国大学执教的儿子,也都曾表示过他们的焦虑情绪。"这种现象的后果无疑是严重的,它可以斫伤我们民族的元气。但是这早已超过地理学的问题,不是本文需要议论的。

第三个问题是地理科不再列入高校入学考试的问题,此事影响极大,但它也并非地理学的问题。高等学校是培养各行各业高级人才的场所,即使是教育事业十分发达的国家,能够进大学的人毕竟只占全体中学生的一部分。对每个国家来说,怎样选拔大学生,是一件关系到国家富强,民族繁荣的头等大事。但多少年来,这种选拔都离不开通过一次入学考试,只是考试的科目有些不同而已。中学生能不能继续深造,由这些考试科目的得分总和即所谓"分数线"决定。至于考试科目,在我当年考大学的时候,最重要的是英、国、算,也就是今天的外语、语文、数学,时隔半个多世纪,还是一样。

当然,作为一个中学生,这三门确是最重要的基础。但却也不能一概而论,因为社会的职业分工日益精密,在各种高级人才中,有的毕生用不着外语,有的行业则完全不会与解析几何、大代数等相涉。何况一次考试,决定一生,其间也不能排除不小的机遇性。为此,对于大学生的选拔,必然不可能长期沿用老一套的入学考试方法。当然,改革必须慎重,"工农兵学员"的所谓"推荐"方法,成为大学招生史上的笑柄,记忆犹新,值得引为教训。但另一方面,这种改革迟早总是要发生的,由考试科目的改革到选拔方法的改革,必然会一步步地实行。从减轻中学生的课业负担,特别是有利于高级人才的选拔培养着眼,若干科目包括地理科在内不列入高考科目之内实在是一种合理的措施。只是由于多年来,中学地理科一直列入高考,有不少学校有意无意地让这门课程加入片面追求升学率的大合唱之中,长期形成的一套机制,一旦因为这种改变而无所适应,即通常所说的"乱了套"。但从长远来看,可能是一件好事。因为地理科和地理教育摆脱了这种"升学率大合唱",地理教师在蒙受了初期的失落感以后重振旗鼓,在不受升学率干扰的情况下重新部署学校的地理教育,对于全体学生来说,这样的地理教育,无疑会进行得更正常,获得更积极的效果。当然,由于历史原因和习惯势力的种种影响,要在这样的一场转变中把地理教育的阵脚稳下来,并非轻而易举,思想上要有充分的面临困难的准备。

在这场变化中,首当其冲的是中学地理教育和从事中学地理教育工作的地理教师,当然也涉及高等师范院校地理系。面临的困难是多方面的,有实际上的困难,也有心理上的困难,各地区、各学校也不尽相同。但是有一点首先必须让大家清楚,不管是什么性质的困难,不管困难的程度有多大。一个颠扑不破的道理是:作为一门科学,作为一门课程,它的存在和生命力,绝对不以大学入学考试是否列入而决定。科学的门类现在已经多到很难数计,中学课程也不下十数门,而列入高考的不过五六门,所以这是很简单的道理。地理学有坚强的生命力,它绝对不会消亡;地理课程,或者如有些省市已经尝试的把地理课程分别编入自然和社会两门课程之中,但它也绝对不可能在中学课程中消失。这是高等师范院校地理系和广大中学地理教师所必须树立的信心。

地理学有坚强的生命力,首先可以从这门科学的发展历史加以证明。前面已经提到,世界上在公元前8—7世纪的著作中已有地理学的内容,而中国在战国时代就出现了体例完整、内容丰富的地理著作。中国在地理学发展史上还有最光辉的一页,时当公元4世纪初到6世纪末,即是我在《地理学报》上提出的杰出的地理学家和优秀的地理著作风起云涌的"地理大交流"时代。我为刘盛佳教授的著作《地理学思想史》一书所写的序中指出:"在整个地理大交流时代中,在所有这些知识丰富的地理学家中,最最杰出的,无疑是北魏的郦道元,而他所撰写的名著《水经注》,正是这个时代的一切地理著作中登峰造极的作品。"对于中国地理学史中的这种光辉的纪录,日本地理学界元老、年逾八旬的著名地理学家米仓二郎教授曾于 1988 年 7 月写信给我指出：

> 我认为郦道元是中世纪时代世界上最伟大的地理学家。这是欧洲历史上的所谓黑暗时代，当时的欧洲，就连一个杰出的地理学家也没有，从全球的观点看来，地理学史不能不提到郦道元。我希望你一定要用英文写一篇有关郦道元的论文，在某种地理刊物发表。

从米仓先生的信中可以说明，中国的地理学在一段时期曾经独步全球。而这个时期的地理学成果，至今仍为世界地理学界所赞扬和传播。欧洲在结束了黑暗时代后不久，迎来了资本主义的萌芽和发展，从而促成了新航路的探索，发生了"地理大发现"的伟大场面。于是，像洪堡和李特尔这样划时代的地理学家应运而生，而地理学从它的古典时代进入了现代科学领域。现在有人提出在欧洲的"地理大发现"时代，中国在地理学上也出现了"突飞猛进发展的现象，称为地理大发展"，可以与欧洲的地理大发现"相提并论"。这种论点当然有待进一步充实，但显然都是我们所有地理工作者值得骄傲的。

现在，随着科学的发展，地理学的研究对象比过去已经空前扩大，诸凡大气圈、岩石圈、水圈、生物圈都是研究对象。大量事实证明，地理学研究成果，为我们国家的文化建设和经济建设作出了卓越的贡献。新中国成立 40 多年以来，地理学的教学和研究机构迅速扩大，地理工作者大量增加，他们奔走于高山、冰川、沙漠、荒原、沼泽、森林之间，漂荡于河湖、海洋之上，做了大量前无古人的考察、研究工作，为国家积累不可数计的地理资料，撰写了卷帙浩瀚的调查报告，发表了无数价值极高的科学论文，出版了许多名重一时的专著和地图等等，而通过这些工作，又空前地发展了我们的地理学，使这门科学有了更重要的价值和广阔的前途。

地理作为一门课程在中学（包括小学）教育中的重要性也是不言而喻的。首先是它在德育上的意义。地理课是向青少年学生传播爱国主义思想的最重要手段。热爱自己的乡土，热爱祖国河山，这是爱国主义教育的基础。我在拙作《郦道元与徐霞客》一文中指出："他们两人都十分热爱祖国河山，也就是说，他们都是伟大的爱国主义者。"郦道元和徐霞客都是我国历史上的伟大地理学家，他们的爱国主义思想无疑是从地理学研究的过程中培养和激发出来的。即此一端，已经雄辩地说明了地理课在学校德育教育中，在培养学生的爱国主义情操中，具有绝对不可取代的重要地位。

在青少年学生的智育教育中，地理课也同样重要。简单地说，因为地理教育的内容，对于让青少年熟悉自然环境和自然规律，熟悉人文环境和人文环境的发展变迁等方面，都有极其重要的作用。包括他们毕生在读书、读报、地图运用、出门旅行等方面，都将受益无穷。

　　自从第四纪出现人类以来,人类在地球上已经生活了几百万年,今后还将继续生活下去。即使有一天到达能在外星球寻觅生存环境的时候,地球仍将是人类生存的基地。从这个简单的道理中,可以肯定这门研究地理环境的科学绝对不会消亡,而根据这门科学的内容向青少年灌输爱国主义思想、传授有关地理环境的丰富知识的课程,也绝对无法被取代。广大地理工作者的责任,是如何让这门科学继续繁荣发展,是如何把对青少年的地理教育进行得更具有实效,更丰富多彩。

　　广大的地理工作者,包括在学校辛勤执教的地理教师,多少年来,我们在地理学研究和地理教育工作中作出了许多贡献,我们热爱我们的专业,我们将继续为发展地理科学和地理教育而努力。我们可以理直气壮地说:地理学万岁!

原载《中学地理教学参考》1995 年第 4 期

地理大交流：公元4世纪到
6世纪的历史新解

中华民族是在一段时期中许多兄弟民族融合的结果。这种观点不仅是我,也是学者们普遍的看法。但对于融合的时间和过程,则尚无一致的意见。"历史对人们往往是一种揶揄,赵武灵王在公元前307年断然决定:'胡服骑射以救百姓,'但事隔8个世纪,北魏君主元宏于公元494年正式下诏:'禁士民胡服。'这恐怕不是赵武灵王和战国时代的其他汉族领袖们所能预料的"。我在一篇论文中提出的公元前307年(赵武灵王十九年)和公元494年(北魏太和十八年)这两个有史可据的年代,或许就是中华民族融合过程中的两块里程碑。1988年年底,我又应邀在英国出版的《地理学家传记研究》第12卷(Geographers：Biobibliographical Studies Vol.12)发表了郦道元的长篇传记,文内也提出了这种管见。

从公元4世纪到6世纪的这一段时期,对于后世我国领土的完整,疆域的稳定,民族的团结方面,都起了极为重要的作用。所以我认为这个时代,确是我国一个值得骄傲的时代,关于郦道元的那篇《评传》是一部20万字的专著,全书第一章就是《郦道元生活的时代与地理大交流》。开宗明义就可以用大篇文字表达我在这方面的积愫。这或许就是近来学术界和各种传媒对此多有关注的重要原因。

在古代亚洲东部的这片土地上,北起西伯利亚,南到中南半岛,分布着许多部落。这些部落在其聚合、流散、兼并的过程中形成各个民族。其中,黄河流域的汉族,由于在自然环境和人文环境中的许多得天独厚的条件,逐渐成为一个境域广大、人口众多、生产发达、文化先进的大民族。这个大民族与周围的许多小民族之间的关系,就其主流来说是和平友好的,当然并不是平等的。例如小民族对汉族必须尊敬听命,必须按时朝贡等等。《竹书纪年》把这种并不平等的关系用美化的词汇加以表达,即所谓"来宾"。例如周成王二十四年的"于越来宾"之类。在今本《竹书纪年》中,异族向周王朝进贡的这种"来宾"记载很多。当然,汉族的存在,对周围的小民族也很有好处。汉族由于历史悠久,文化优越,他们在族(国)际交往中,已经有一套为许多民族所公认的道德规范,他们以这一套规范维持当时的族(国)际关系。《礼记·中庸》的"继绝世,举废国"即是其中之一。不少弱小民族依靠这类规范,获得一定的生存保障。但是他们得之于汉族的主要还不在此,而是在文化上的提高和进步。举个例子,《吴越春秋》卷已有一段记载:

> 寿梦元年(按:公元前585年),朝周适楚,观诸侯礼乐,鲁成公会于钟离,深问周公礼乐,成公悉为陈前王之礼乐,因为咏歌三代之风。寿梦曰"孤在蛮夷,徒以椎髻为俗,岂有斯之服哉?"因叹而去,曰:于乎哉礼也。

这段文字,真实地写出了一位文化落后的蛮夷酋长,在当时文明社会的礼乐面前所表现的手足无措的情况。汉族周围的许多落后的小民族,当时的处境都是这样,他们都是依靠吸取汉族文化而发展壮大起来的。汉族在文化上的唯我独尊的标志之一是文字。不计甲骨文,汉族从西周起就有了文字,而且不断地改良进步。但周围的小民族绝大多数都没有文字,于是就引进和使用汉族文字。开始,汉字的应用限于音译,这种音译,汉族与其他小民族都有使用。对于汉族,这种音译随人而异,随书而异。例如南方的一个称为于越的小民族,司马迁在其《史记》中译作"越",而班固在其《汉书》中则译作"粤"。而这些较小民族本身也是一样,越王句践的不少出土青铜剑铭文都作"句践",但在湖北出土的一把越王剑则作"鸠浅"。随着汉字在音译上的使用,有些小民族接着就从音、义两方面全盘接受和使用汉字。于是,历史上第一次形成了一个汉字文化圈。在这个文化圈内的有些小民族,如上述吴王寿梦,他们眼看汉族文化的先进和势力的强大,因而从学习汉族、依附汉族,发展到以汉族自居。例如越人自称他们是禹的后裔,吴人自称他们是周的后裔。对此,我在拙作《越为禹后说溯源》(《浙江学刊》1985年第3期)一文中已述其详,这里不再赘叙。

上面所说的是汉族与周围小民族关系中的主流,即和平融洽的一面。但是在漫长的历史中,民族关系中当然也存在战争和杀戮的一面。在这方面,历史记载中特别频繁的是汉族境域以北的一些民族,主要是生活在草原上的游牧民族。他们与汉族之间曾经发生过多次战争。早在春秋时代,与他们接壤的汉族诸侯,就已纷纷建造长城以防御他们的袭击。秦始皇更以杨泉《物理论》上所说的"生男慎勿举,生女哺用铺,不见长城下,尸骸相支拄"的残酷手段和惊人代价,建造所谓万里长城。我在《评传》中批判秦始皇这个历史上的大暴君：

> 残暴达于极点,而智勇实属末流,他以长城阻遏北方的游牧民族,实际上暴露了他对汉族北疆的最低愿望。所以从他对汉族北疆的开拓和经营来说,他是一个眼光短浅、缺乏战略思想的弱者。他用千千万万生命的代价,为汉族修建了这样一条畏缩不前的北方疆界,假使没有后世的民族交流、融合和汉武帝、成吉思汗、努尔哈赤等中华民族中的杰出人物,则我国的北疆将会成为怎样一种状况,人们或许不难想象。(《评传》第 4 页)

我在此书上也批判了秦始皇的所谓万里长城。我说：

> 对于古代开拓北疆的事业来说,万里长城开始是地理上的限制,后来成为传统观念上的限制。对于汉族的不少有志于北荒的领袖们,这条以夯土堆叠起来的人为界限,不仅束缚了他们的手脚,而且束缚了他们的抱负和思想,这实在是一件十分不幸的事。

幸运的是,我们的民族发展史与这位大暴君的愿望完全不同。万里长城没有能够阻挡民族之间的大交流。从公元 4 世纪初期开始,大群生活在北方草原的游牧民族。一个部落接着一个部落,轻易地跨越了秦始皇的这条"尸骸相支拄"的夯土建筑物,相继进入华北和中原。他们放弃了"天苍苍,野茫茫"的自然地理环境和"风吹草低见牛羊"的游牧生活,而定居到这片对他们来说是完全陌生的土地上从事农业活动,建立了所谓五胡十六国。而原来定居在这个地区的汉族,则大批南迁,放弃了他们世代定居的这片干燥坦荡的小麦粮区,迁移到低洼潮湿的江南稻作区。这就是我所提出的可以与 15 世纪以后西方学者所称的"地理大发现"相提并论的"地理大交流"。

前面提到的赵武灵王,他与北方游牧民族发生关系的时间比秦始皇大约要早一个世纪,但他的远大见识和果断作为,却是秦始皇所无法比拟的。他甘愿冒天下之不韪,放弃祖宗历代的传统服式,自己带头,并要他的子民一起穿上人们所不齿的奇形怪状的夷狄服装,尽管这种"胡服骑射"的策略是为了抵制异族,但通过服饰的改变,实际上起了民族融合的作用,到了北魏孝文帝元宏的时代,五胡十六国的局面已经结束,所谓"五胡乱华"之一的鲜卑族统一了华北,他在汉族的古都洛阳颁布命令,改胡姓"拓跋"为汉姓"元",禁士民胡服。和赵武灵王在 8 个世纪以前所做的一样。强迫拓跋氏的子民一起脱掉祖宗传下来的胡服,穿上被征服地的、在他们看来也是奇形怪状的汉服,一位汉族领袖要汉人穿上胡服,而另一位胡人领袖又要胡人穿上汉服,看起来似乎不可思议,而其实就是中华民族的融合过程。这种过程,有的是很缓慢的,有时则显得很疾速。从赵武灵王的措施中,已经看到了这种融合的端倪,秦始皇的暴行,阻挡不了民族融合的大势,而五胡十六国的出现,这种融合进入了它的飞跃时期,元宏的措施,实际上是宣告,这种融合已经趋于完成。

　　所以五胡十六国这个历史时期,从一方面看,虽然存在着战争频仍,干戈扰攘,人民流离的灾难,是一个不幸的时代。但从另一方面看,特别是从民族发展史的角度看,它的意义就比前者更为重要和积极。在这个时期,中国境内的许多民族加强了接触、交流和融合的过程。这个过程是错综复杂的,这中间有兵戎相见,有使节往返,有商品贸易,有文化交流,有一族对另一族的统治,有另一族对一族的反抗。然后终于完成民族的融合,伟大的中华民族终于形成。

　　以上就是我对中华民族史上有关民族融合问题的一点管见。

原载《民族团结》1995 年第 8 期

关于"地理大交流"

　　自从1994年冬拙著《郦道元评传》①（以下简称《评传》）出版以来，由于书内提出的所谓"地理大交流"的观点，受到学术界和不少传媒的关注，今年元宵佳节，郦道元的家乡河北省涿州市因为郦道元纪念馆在其故居奠基，举行了一次郦道元和《水经注》的学术讨论会，并且有打算在纪念馆落成之日举行一次国际郦学学术讨论会，所以特地派人南下，把我接到该市参加这个会议，为了对郦氏家乡表示一点心意，我把历年出版的我的郦学著作五六种，包括当时出版不久的《评传》赠送该市，不料却因此书中的"地理大交流"观点，引起了到会不少郦学家的关注，不少人到我寓处谈论这个问题，因为这次会议和我的发言已在《光明日报》发表，所以不再赘述。

　　会议以后返回杭州，又不料正是为了这个观点，《光明日报》记者叶辉先生立刻到舍下作了专访，随即以"著名郦学家陈桥驿提出'地理大交流'新学说"为题，在该报作了专题报道，③上海《文汇报》记者接踵而至，也在该报作了"'五胡乱华'并非干戈扰攘"的专题报道。④于是其他一些传媒如《中国教育报》、香港《文汇报》、《报刊文摘》和某些地方报纸，都相继评介我的这个所谓"新学说"，而学术界朋友也纷纷来信或挂电话询问此事，使我招架为难，因为这个所谓"新学说"，我早在《自然杂志》⑤发表过，所以现在再为此写一点简要说明，借此向关注这个问题的学术界朋友作个交代。

　　我是研究《水经注》的，前后或许已经超过半个世纪。为了研究此书，当然要涉及此书的作者，但是对于此书作者郦道元，《魏书本传》只有309字的记载，《北史本传》

也只有 612 字的记载,还包括全录《魏书》的 309 字在内。为此,我必须到处搜索有关他的资料,包括他的生活和业绩的时间和空间背景。而"地理大交流"的思想正是我在郦学研究中多年思考和广泛阅读的结果。

另外,国际郦学界对于郦道元其人和《水经注》其书的重视和研究,对我在这方面的思考也具有促进作用,我于 1983 年应聘担任日本关西大学研究生院客座教授,讲授的内容主要就是《水经注》。日本的郦学权威是京都大学人文科学研究所前所长森鹿三教授(1906—1980),而我在关西大学讲学期间协同我一起讲课的就是森鹿三的高足,日译本《水经注(抄)》⑥的译者之一藤善真澄教授。他和我谈了他先师研究郦学的许多往事,以及他在 1964 年—1970 年间在京都大学主持"《水经注疏》订补研究班"的经过,使我深受感动。另一位是广岛大学名誉教授,年逾八旬的日本地理学界元老米仓二郎,他是一位国际知名的聚落地理学家,但是由于他是近代日本郦学研究创始人小川琢治教授(1870—1941)的高足,所以他对郦学不仅深感兴趣,而且造诣不浅。我于 1985 年担任国立大阪大学客座教授时,在一次对广岛大学的访问中结识了他。由于他知道我是一位郦学研究者,所以谈论的中心就是郦学。他指出,在郦学领域中,《水经注》的研究者甚多,成果卓著;但郦道元的研究者甚少,成果寥寥。他同时提醒我,要研究郦道元,时、空背景十分重要。1987 年,我邀请他到杭州大学讲学,当时我正在考虑撰写郦道元的论文,曾经就此与他作长时间的讨论,他回国以后,由于惦记我的这篇论文,在 1988 年 7 月 28 日给我的信中特别指出(原信是用英文写的):"我认为郦道元是中世纪时代世界上最伟大的地理学家,这是欧洲历史上的所谓黑暗时代,当时的欧洲,就连一个杰出的地理学家也没有。从全球的观点看来,地理学史不能不提到郦道元,我希望你一定要用英文写一篇有关郦道元的论文,在某种地理刊物发表。"⑦

其实此信收到不久,我的论文"郦道元生平考"就在当年《地理学报》⑧发表。当然,我来不及把他的"中世纪时代世界上最伟大的地理学家"的观点写进去。不过他关于时、空背景的嘱咐,我确实作了认真的考虑,而且第一次提出了"地理大交流"的观点。我说:"从 4 世纪初期到 6 世纪后期之间的这种发生在中国境内的巨大人群所经历的地理变异,应该被称为'地理大交流'。"至于用英文写一篇郦氏传记的话,因为过去见面时他早已提出过,所以这年年底英国出版的《地理学家传研究》第 12 卷中,也发表了我的文章。⑨当 1989 年我应聘去广岛大学讲学时,他告诉我对此文甚为满意。当然,文中也没有提到最伟大的地理学家的话,但"地理大交流"的观点,同样毫不含糊地提出了。在这个时期,我论述"地理大交流"的论文大约还有两篇,一篇是我为刘盛佳教授的专著《地理学思想史》所作的长序,上述米仓先生的来信,即是在此序

中引及的;另一篇即是在《自然杂志》发表的文章,我在此文开头就提出了这个观点:

中国从公元 4 世纪初期到 6 世纪之间,发生了一场规模庞大的"地理大交流",它涉及到数量巨大的人群,在自然地理环境和人文地理环境上的变异。在国际地理学史上,也只有 15 世纪以后的"地理大发现"才可与它相比。

我在此文中提出西方学者所说的 15 世纪以后的"地理大发现",确实是地理学史上的一件大事。这是指的从 15 世纪到 17 世纪欧洲航海家和探险家开辟新航路和发现新大陆的事件。这不仅是地理学史上的重大纪录,而且也是世界资本主义发展史上的一件极端重要的事件。"地理大发现"当然是一场地理上的巨变,这场巨变,由于地理学界、历史学界和其他有关方面长期来的研究和报道,几乎已经家喻户晓,并且在不同程度上显得渲染过分。而当我在研究郦道元生平的时、空背景时,发现了在"地理大发现"以前的 10 多个世纪,在我们中国的广大土地上,也发生过一场由大群人口、多种民族、持续长久而范围广袤的地理巨变,即是我稍后定名的"地理大交流"。这场影响深远而成果丰硕的伟大地理巨变,却没有受到人们的重视。为此,我几次在上述诸论文中提出了我在这方面的见解。或许是因为论文受篇幅的限制,我不能畅所欲言,所以这个观点,当时并不曾引起学术界的关注。但 1994 年冬出版的《评传》是一本 20 万字的专著,全书第一章就是《郦道元生活的时代与地理大交流》,开宗明义就可以用大篇文字表达我在这方面的积愫。这或许是最近一段时期以来,学术界和不少传媒对此多加关注的原因。

在今中国境域以内及其邻近的土地上,北起西伯利亚,南到中南半岛,古代的民族布局大概是这样的:广大的北方草原上生活着多种民族,他们是"细石器文化"的创造者。他们在"天苍苍、野茫茫"的自然环境中,过着"风吹草低见牛羊"的生活。他们终年驰骋于马背上,逐水草而居,所以后世常统称他们为骑马民族,在华北和中原,主要的民族是生活在黄河中游及其支流一带的汉族。他们创造了多种新石器文化,仰韶文化是其代表。他们生活在一片坦荡干燥的小麦杂粮区,过着定居的农耕生活。他们繁衍生息的历史悠久,在这个地区得天独厚的自然环境和人文环境中,发展成为在这个地区所有毗邻民族中人口众多、生产先进和具有高度文化的大民族。在长江流域以南地区,也有许多民族,统称百越(粤),即《孟子·滕文公》所称的"南蛮鴃舌"之人。河姆渡文化和良渚文化是他们所创造的新石器文化的代表。他们很早就熟娴种植水稻的农事,这个地区常被称为江南稻作区。

在这许多民族之中,汉族长时期存在不可动摇的优势。汉族文化包括生产技术和生活方式,对周围民族具有很大的吸引力。今本《竹书纪年》中记载着许多周围民族向汉族朝聘的事,即所谓"来宾",如周成王二十四年"于越来宾"等等。汉族由于他们的强盛势力和先进文化,已经确立了一套处理族(国)际关系的规范,例如《中庸》的"继绝世,举废国"之类,得到汉族和异族的承认。虽然古籍记载汉族在民族关系上的业绩显然夸大,如《尚书·商书·仲虺之诰》所说的:"东征西夷怨,南征北狄怨"等等,无疑属于自我吹嘘,但由于汉族这一强大而先进的民族存在,一方面是对各族之间维持相对稳定关系具有好处;另一方面是各族都有吸取汉族文化和依附汉族势力的愿望。例如南方的于越族,自称是禹的后裔,句吴族自称是周的后裔等等。对此,我在拙作《越为禹后说溯源》⑩一文中已叙其详,这里不再赘述。

当然,各族之间,各族与汉族之间,兵戎相见的事件也是常常发生的。例如战国时代,凡是与北方草原骑马民族毗邻的周室诸侯,都各自修筑长城,以防制这些轻骑们的突然袭击。不过总的说来,前面所述的各民族在地理上的布局,还是相对稳定的。

上述民族关系和地理分布的格局,到了秦始皇时代终于发生了很大的变化。秦始皇用武力南征百越,将汉族的势力扩展到今中南半岛。对于他的北疆,则采用严密的防御方法,即所谓万里长城。晋杨泉《物理论》引古代民歌描述了秦始皇修筑万里长城的残酷行径:"生男慎勿举,生女哺用铺,不见长城下,尸骸相支拄。"⑪我在《评传》中批判这个大暴君说:

> 残暴达于极点,而智勇实属末流。他以长城阻遏北方的游牧民族,实际上暴露了他对汉族北疆的最低愿望,所以从他对汉族北疆的开拓和经营来说,他是一个眼光短浅、缺乏战略思想的弱者,他用千千万万生命的代价,为汉族修建了这样一条畏缩不前的北方疆界,假使没有后世的民族交流、融合和汉武帝、成吉思汗、努尔哈赤等中华民族中的杰出人物,则我国的北疆将会成为怎样一种状况,人们或许不难想象。⑫

我在此书上也批判了秦始皇的所谓的万里长城。我说"对于古代开拓北疆的事业来说,万里长城开始是地理上的限制,后来成为传统观念上的限制。对于汉族的不少有志于北荒的领袖们,这条以夯土堆叠起来的人为界限,不仅束缚了他们的手脚,而且束缚了他们的抱负和思想。这实在是一件十分不幸的事"。⑬

但是正如前面所指出的,由于汉族文化对周围各小民族的吸引力。这些民族不仅吸取汉族的文化,而且使用汉族的文字,直到像前述的吴、越这两个"南蛮缺舌"之邦以汉族后裔自居。说明民族融合是中国民族关系史上的大势,是不可抗拒的,也绝对不是秦始皇的万里长城可以阻遏的。从公元4世纪初开始,这些草原上的骑马民族,一个部落接着一个部落地轻易跨过秦始皇花了惊人代价建造起来的这条夯土建筑物,定居到这片对他们来说是完全陌生的土地上,从事农业生产活动。而原来定居在这片土地上的汉族,被大批南迁,迁移到低洼潮湿的江南稻作区。因此,不论在中国的北方和南方,数量巨大的人群,都面临着新的自然地理环境和人文地理环境。对于这些移民及其子孙,新领地为他们大开眼界,而故土仍为他们世代怀念。这就是这个时代中人们的地理学思想特别活跃的原因。地理学思想空前活跃的结果,是大量地理著作的出现。我在上述《地理学报》中曾列举了这个时代的许多地理著作的名称。这些地理著作和先秦时代的地理著作如《山海经》、《禹贡》、《穆天子传》等很不相同,他们摆脱了先秦作者的那种漫无边际的想象和假设的陋习,而以他们直接或间接的实践经验作为他们写作的依据,使中国第一次出现了许多记载翔实,描述生动的地理著作。

当然,地理大交流和民族融合的过程都是相当漫长的。早在战国赵武灵王十九年(前307),这位眼光远大的汉族领袖,断然决定:"胡服骑射以教百姓。"[14]这实际上已经揭开了地理大交流和民族融合的序幕。但进展是很缓慢的。而进入"五胡十六国"时代以后,在这方面就跨进了一个飞跃时期。北魏孝文帝毫不留恋地放弃他的胡姓"拓跋",改为汉姓"元"。并于太和十八年(494)在汉族古都洛阳正式下诏:"禁士民胡服。"[15]所以公元前307年和公元494年是中国历史上的两个有据可查的戏剧性年代。在这两个年代中,一位汉人领袖要汉人穿上胡服,而另一位胡人领袖却要胡人穿上汉服。乍看起来,真是不可思议,而其实就是地理大交流和民族融合的作用。赵武灵王的策略虽然为了抵制胡人的入侵,但服式的改变,实际上起了民族融合的作用。元宏的措施,其实是在这场规模巨大的地理大交流以后,向公众宣告,胡、汉已成一家,民族融合至此已经基本完成。

所以,在中国历史上,五胡十六国时代,当然是一个干戈扰攘、生灵涂炭的时代。但是也正是这个时代,在我们的广大版图上,出现了可歌可泣的"地理大交流"的伟大场面,中华民族也终于在"地理大交流"的过程中凝聚而成。

注释:

① 陈桥驿《郦道元评传》,南京大学出版社1994年版。

② 《光明日报》1995年2月22日。

③ 《光明日报》1995年3月29日。

④ 《文汇报》1995年4月11日。

⑤ 陈桥驿《郦道元和〈水经注〉以及在地理学史上的地位》,《自然杂志》1990年第3期,第180—182页。

⑥ 森鹿三主译《水经注(抄)》,日本东京平凡社1974年版。

⑦ 刘盛佳《地理学思想史》,华中师范大学出版社1990年版,卷首《陈桥驿序》。

⑧ 陈桥驿《郦道元生平考》,《地理学报》1988年第3期,第241—249页。

⑨　Chen Qiaoyi. *Li Daoyuan.* in Geographers：Biobibliographical Studies，Vol. 12. Bristol，Great Britain：J. W. Arrowsmith，Ltd，1988：125—130.

⑩　陈桥驿《越为禹后说溯源》,《浙江学刊》1985 年第 3 期,第 96—100 页。

⑪　(晋)杨泉《物理论》(佚),(《水经注》卷一引)。

⑫　陈桥驿《郦道元评传》第 4 章。

⑬　陈桥驿《郦道元评传》第 2 章。

⑭　(宋)司马光《资治通鉴》第一册卷三,中华书局 1963 年版,第 104 页。

⑮　(宋)司马光《资治通鉴》第十册卷一三九,中华书局 1963 年版,第 4730 页。

原载《自然》1995 年第 4 期

韩国的汉学研究

　　韩国是汉字文化圈中的一个重要国家,自古以来在汉学研究中成就卓著。但要讨论韩国的汉学研究,首先必须涉及这个国家的历史。韩国是一个历史悠久的国家,它的历史,概括地说,可以分成神话时代、传统时代和纪实时代 3 个阶段。所谓神话时代,即檀君朝鲜,一般史书论为始于公元前 23 世纪。[①]经历了 1200 多年,然后进入传统时代的箕子朝鲜阶段。对于檀君朝鲜的这位开国始祖,我们一直要到 13 世纪高丽和尚一然用汉文撰写的史学《三国遗事》之中,才能看到他的事迹。现代韩国史学家对《三国遗事》的这种记载多抱反对态度。我之所以把这个阶段称为"神话",正像中国一样,不要说三皇五帝,即开创第一个王朝的禹,历史学权威顾颉刚就认为这不过是个神话。[②]我称箕子朝鲜阶段为"传说",是因为箕子和檀君不同,他不是个神话人物,在他的时代,中国已经有了文字,有了青铜器,有了一个有真凭实据的王朝。当然,对于他远走朝鲜和建立箕子朝鲜的事,尽管《尚书·大传》、《史记·宋微子世家》、《汉书·地理志》等都有记载,但现代的许多历史学家特别是韩国的历史学家,都不赞同有这个箕子朝鲜的存在。有的朝鲜学者根据后汉王符所撰的《潜夫论》及《三国志》裴注所引《魏略》称之为"韩氏朝鲜"。[③]顾铭学又提出了"箕氏朝鲜"[④]的说法。但所有这些都并无确据,所以我将它作为"传说"。事实上,这两个阶段与日后韩国的汉学研究都没有关系。为了不割断传统记载的历史过程,所以在开头需要说明一下。

　　韩国历史进入纪实时代是从卫满朝鲜开始的。这个时代始于公元前 1 世纪之初,是韩国史前时代和历史时代的分野。《史记·朝鲜列传》清楚地记载了这段历史：

> 朝鲜王满者,故燕人也。自始全燕时,尝略属真蕃、朝鲜,为置吏,筑障塞。秦
> 灭燕,属辽东外徼,汉兴,为其远难守,复修辽东故塞,至浿水为界,属燕。燕王卢
> 绾反。入匈奴。满亡命,聚党千馀人,魋结蛮夷服而东走出塞,渡浿水,居秦故空
> 地上下障,稍役属真蕃、朝鲜、蛮夷及故燕、齐亡命者,王之,都王险。

这段历史尽管在某些内容上尚可商榷,尽管还有人抱怀疑态度,但是以之与《汉书·朝鲜传》及《汉书·地理志》的元菟、乐浪诸郡相比较,特别是与《三国志》裴注所引《魏略》的记载相比较,大部分史学家是承认的。对于韩国日后的汉学研究来说,这一段历史记载亦是十分重要的。因为当时中国的文化已经粲然可观。与箕子时代的甲骨文不同,中国已经有了既通行于古时又传之于后世的文字(虽然以后还有改革),有了诸子百家的学说,特别是有了四书五经等儒家的学说和经典,有了先进的生产技术等等。卫满进入朝鲜,这些都会随之而去,成为韩国的文化基础;亦是韩国日后汉学研究的渊源。仅从文字一项说明,今日韩国境内已经发现了大量明刀钱和安阳布等我国战国时期的货币和金属工具。根据初步统计。今朝鲜西北部 6 个地方出土的明刀钱约有 4690 余枚,钱上铸有"左"、"右"、"行"、"匕(化)"等汉字 3000 余个。[5]此外,大同江流域平壤附近曾发现铸有 20 多个秦篆体字的我国秦代所铸造的铁戈,还发现了公元前 41 年西汉元帝时期铸造的"汉孝文庙铜锺",上面铸有近 20 个汉字。[6]由此可以说明,汉字进入韩国为时很早,对于汉学研究来说,这是最基本的条件。

据《朝鲜通史》[7]卷上所载,古朝鲜已有汉诗《箜篌引》曲。按朝鲜的历史分期,檀君朝鲜、箕子朝鲜和卫满朝鲜均属古朝鲜,则此《箜篌引》曲,当是卫满朝鲜时代的作品。《箜篌引》是乐府《相和六引》之一,西晋崔豹所撰的《古今注》中记及有一白髪狂夫渡河溺死,其妻援箜篌而歌《公无渡河》曲,声甚凄惨,歌毕遂投河而死。朝鲜渡口守卒霍里子高妻丽玉,遂依其调作《箜篌引》曲。全词云：

> 公无渡河,公竟渡河,坠河而死,当奈公何![8]

这首四言诗显然是《诗经》的传统。文字简洁而感情深厚,说明在古朝鲜时代,中国文学已经在那里发生了明显的影响。甚至一个渡口守卒之妻,亦能出口成章,用汉字表达一首至今传诵的名曲,这证明汉字在古代朝鲜已经扎根甚深。根据古代文献记载,早在公元 1 世纪初,就有一些朝鲜人背诵《诗经》、《书经》和《春秋》等汉籍经典,[9]这说明当时朝鲜已有不少专学儒家经典的学者,亦说明汉学和儒家思想的传入朝鲜,对古代中朝两国的文化交流和古代朝鲜的文化发展曾经起了很大的促进作用。

西汉元帝建昭二年(前 37),东明王朱蒙在今朝鲜北部和我国东北一带建立高句丽国,先后又出现了百济和新罗两国,进入了朝鲜史上的所谓三国时期,史学界认为这

是奴隶制朝鲜的结束和封建制朝鲜的开始。据《三国史记·高句丽本纪》所载,东明王朱蒙原是扶馀贵族,由于在扶馀王室受到排斥,才率众卒到本地区(今辽宁桓仁县一带)与土著势力结合,建立了高句丽国。所以《三国志·魏书·高句丽传》称:"东夷旧语以为夫馀别种,言语诸事,多与夫馀同。"至于百济、新罗与中国的关系,《隋书·东夷传》记及:"百济之先出自高丽国。"又"新罗国在高丽东南,居汉时乐浪之地……其人杂有华夏、高丽、百济之属,兼有沃沮、不耐、韩濊之地,其王本百济人,自海逃入新罗,遂王其国。"由此可知不仅此三国渊源相属,关系密切,三国与华夏之间亦是互有来往的。三国的一切典章制度都取法中国,例如高句丽设置国相、中畏大夫、评者三大中央官职。百济实行六佐平和十六等级官制。新罗从6世纪初起,中央集权已初步形成,并在地方实行州、郡、县的行政区域制度。特别重要的是,这三国仍然没有自己的文字,而是使用汉字,他们把汉字作为吏读文字使用,并创造具有特殊含义的各种成语即吏读语。吏读文是用汉字的音和义表达朝鲜语的方法,于是汉字与朝鲜语之间有了沟通,使三国时期的汉学研究和文学创作更为繁荣,出现了许多用汉字书写的诗词及用吏读文书写的歌谣。汉诗中最著名的是高句丽琉璃王类利时代(前19—17)的《黄鸟歌》,亦是一首四言诗。此外,五言诗在此时亦已流行。用吏读文写成的歌谣甚多,如《兜率歌》、《彗星歌》、《如来歌》等,不胜枚举。

这期间最重要的汉学成就即是高句丽金富轼(1075—1151)所撰的纪传体朝鲜史书《三国史记》[10]和13世纪的和尚一然所撰的编年体史书《三国遗事》。[11]《三国史记》用汉文撰写,共15卷,包括《新罗本纪》12卷,《高句丽本纪》10卷,《百济本纪》6卷,《年表》3卷,《志》9卷,《列传》10卷。金富轼用《史记》作为书名,显然是受中国权威史书《史记》的影响。《三国遗事》亦是用汉文撰写的史书,全书除卷首的《王历》以外,分为5卷9门。此书是现存的韩国古代史书中首先记述檀君传说的文献,由于作者是一位高僧,书中记述了许多有关佛教的故事。檀君传说或许是古代韩国长期流传的开国神话。金富轼为一个历史学家,所以《三国史记》没有写入这类不见经传的故事,但一然是个僧人,他显然不受这种体例的约束,这或许是神话能够写入他的书中的原因。

1954年在扶馀发现的"百济砂宅智积断片",[12]是百济当年汉学成就的实证。此碑高1米,花岗石雕制,汉字楷书,残留4行56字:

甲寅年正月九日,奈祇城,砂宅智积,慷身日之易往,慨体月之难还,

穿金以建珍堂,凿玉以立宝塔,

峨峨悲貌,舍圣明以……

这是百济义慈王二年(唐太宗贞观十六年,642)所撰立的,碑文用对仗工整的六

朝四六骈体,说明百济当时吸取汉文化的程度和汉学研究的成绩。

公元660年(唐高宗显庆二年),新罗并吞了百济。公元669年(唐高宗总章二年),又并吞了高句丽,从此新罗成为古代韩国境内的一个中央集权的强大国家。从真德女主胜曼太和三年(649)以后起,直到孝恭王金峣(唐哀帝天祐三年,906),历25王共257年,新罗一直以唐的年号纪年,与唐朝的关系十分密切。所以这个时期是历史上中韩两国文化交流频繁的时期,新罗每年都派遣许多留学生入唐留学,而汉学随之大量流入韩国,成为古代韩国汉学研究兴旺发达的重要时期。

继中国儒学的传入,印度佛教亦通过中国传入朝鲜。公元3世纪后期,高句丽和百济已经传入了佛教,新罗较晚,但6世纪初期亦已流行。儒学和佛教的结合,更进一步推动了古代韩国的汉学研究,上述僧一然的《三国遗事》是一部洋溢着佛教精神的史学专著,这就是儒学和佛教结合而产生的汉学成果。早在高句丽小兽林王时代(371—383),已有太学的创设,置博士以教育子弟。新罗统一以后,由于学习唐朝的典章制度,这种学校教育的措施进一步巩固。根据《三国史记·新罗本纪》的记载,新罗神文王政明二年(唐高宗永淳二年,683)六月,新罗在中央创立国学,所谓国学,即是仿唐制的太学。到景德王宪英六年(唐玄宗天宝六年,747)正月,新罗置诸业(各种专业)博士、助教,招收15岁—30岁的贵族子弟,学习研究儒学经典,受业时间为9年。元圣王金敬信元年(唐德宗贞元元年,785),公布了读书出身科。以后又制定教授之法,以《周易》《尚书》《毛诗》《礼记》《春秋经传》《文选》等作为教材。所以终新罗一代,汉学在韩国有了蓬勃的发展。

新罗于敬顺王九年(后唐末帝清泰二年,935)覆亡,接着是高丽的一统。光宗大成王王昭九年(后周世宗柴荣显德四年,957),依后周翰林学士双冀之言设科举法,仿效唐制,以诗赋、颂、时务策、兼明经、医、卜等科取士,这是古代韩国正式建立科举制度之始,具有重要意义。到显宗十五年(宋仁宗天圣元年,1023),科举制度进一步完备缜密,进士科分为乡试、国子监试、礼曹东堂试三场,从此,国家一切人才均选自科举,而所有出自科场的举子,都经过汉学的长期熏陶,汉学鼎盛,不言而喻。与科举制度密切结合的是教育制度。当时,京师有太学,外部有乡学,学校功课专以九经为主,有《易》《诗》《书》《礼》《春秋》《孝经》《论语》等科目,直到朝鲜李朝前期这种仿效中国的教育制度仍然巩固,并有发展。太宗于其在位的第11年(明成祖永乐九年,1411),置中部、东部、西部、南部诸学堂,称为四学,地方各郡县设乡校学堂。刊行汉学经籍。供各学堂教学之需。当时,各地创立的私学亦很可观,汉学研究之风,殆遍全国。

自从新罗一统以至高丽王氏王朝及朝鲜李朝初期,著名的汉学家人才辈出,他们撰写了大量汉学著作,在韩国发生了深远影响。例如新罗神文王时代(681—691)的薛聪,号称新罗十贤之一,博通经史,能以方言解九经,即以汉字音训而作吏读语,对推广汉学,厥功至伟。著作甚多,但大部亡佚,传世者仅有《花王戒》一篇。又如崔致远,12 岁即入唐留学,在唐登科入仕 10 年,28 岁返国,宪康王(875—886)拜以翰林学生。他汉学精深,名重一时,人称其为"东方汉文学之鼻祖"。著有《桂花笔耕》20 卷、《中山覆篑集》5 卷等多种作品。还有高丽明宗时代(1171—1197)的李仁老,汉学根底深厚,于明宗十年中"魁科",即被派往中国,著有《银台集》20 卷等著名汉学著作。明宗二十年(宋光宗绍熙元年,1190)科举及第的李奎银,亦是一位学识渊博的汉学家,毕生遍览经史禅佛,官至政堂文学守太尉参知政事,著有《东国李相国集》等。此外如李齐贤、徐居正、金崇直、成见、柳梦寅、林斋家等等,都是成就卓著的韩国汉学家。

这一时期的韩国汉学研究,还有一种重要的贡献是刊印了大量从中国引进的汉学书籍。台湾林明德在其《韩国汉学之兴衰与展望》[13]一文中曾引明陈继儒《太平清话》云:"朝鲜人最好书,凡使臣入贡限五十人,或旧典新书,稗官小说,在彼所缺,日出市中,各写书目,逢人便问,不惜重资购回,故在彼国反有异本藏书。"[14]这一段文字写出了古代韩国学者到中国求书不遗余力。高丽忠肃王元年(元仁宗皇庆元年,1313),曾遣博士赴中国,购入汉籍一万零八百卷,又获元赠送宋秘阁藏书四千三百馀册。韩国学者从中国引进的书籍,往往由各朝翻刻印行,为数甚巨。像《大藏经》这样的巨帙,高丽王氏王朝时亦曾翻刻印行。李朝世宗年代(1418—1449)从中国引入的汉籍,举凡文学、经学、史学以及天文、农事、医药等书,无不刊印行世。正因为此,我国有不少亡佚的古籍,由于韩国的刊印得以保全。唐韩鄂所撰《四时纂要》5 卷即是其例。此书记叙农家四季农事和各种农事技术,具有农历的意义。据著名农史学家王毓瑚在《中国农学书录》[15]中所说:"宋真宗时,政府曾决定将本书与《齐民要术》一同付刻,以广流传。但元代初年编辑《农桑辑要》时未加引用,以后亦很少经人提及,一般都认为此书已经散佚。最近日本发现了一个明万历十八年的朝鲜刻本,随即影印出版,书后有朝鲜刻本所据祖本的出版者题记,所题年代是宋至道二年,还早于官刻本 25 年,这一发现自然极为重要。"1985 年。我在日本国立大阪大学任客座教授,到东京访书,在东京大学图书馆看到了日本东京山本堂书店据朝鲜刻本影印的此书,字迹工整,刻工精巧。按明万历十八年(1590)是朝鲜李朝宣祖李昖二十四年,睹其刻工印刷,实在胜于中国当时的麻沙本。[16]虽然我没有见到原本,但从影印本得到的印象,觉得古代韩国刊印汉籍,不仅为中国保存亡佚,厥功甚伟;而其刻印技术的精良,亦值得称道。

李朝后期,韩国的汉学研究趋于衰落,关键是李朝世宗二十九年(明英宗正统十二年,1446)的文字改革。这一年世宗颁发了韩文,并设"正音厅"加以推广,随即编印

《龙飞御天歌》、《月印千江之曲》、《释谱详节》等韩文书籍,使之流行。由于其字母与韩语关系密切,学习较汉文容易,很快得到了普及。此后,李朝李熙三十三年(清光绪二十年,1894)又明令废除科举制度。在日本侵占朝鲜时期,日本占领者不仅禁止汉文教育,汉学亦受到严重的压制,由于这些原因,所以汉学在士大夫阶层中亦不复再有昔日的地位。不过由于长期的交流与汉学在韩国的流行,所以直到本世纪60年代以前,在乡间仍有教授汉文的私塾。1968年,韩国政府宣布了常用汉字1800字,限制汉字的使用,从此,教授汉字的私塾亦十分少见。韩国的汉学式微,持续了一段较长时间。

最近二三十年以来,汉学衰落的情况已开始有所转变。随着国际政治、经济形势的发展,汉字文化圈各国经济的迅速增长,文化交流亦日趋密切,各国对于各自的文化渊源的研究亦日益感到需要而有所开展。因而对于作为这个文化圈的重要纽带的汉字和汉学,亦开始有所重视并且进行研究。这当然是一种高层次的学术研究,这种研究首先反映在大学和研究机构的系科设置和研究措施上。现在,韩国各大学所设置的有关汉学研究的系科甚多,首先是中文系和中文研究所。韩国大学设置中国语文系和中国语文研究所的很多,诸如汉城大学、淑明女子大学、成均馆大学、外国语大学、清川大学、高丽大学等,多达40余所,研读中国的四书、五经、唐诗、宋词等古典名著和现代文学。另外,在汉学研究之风复苏以来,有些大学又设置了汉文系和汉文、汉学研究所,其宗旨在培养汉文人才和中学汉文师资,如成均馆大学、檀国大学、诚信大学、清川大学、安东大学、圆光大学、江原大学等校,都有这种系、所的设置。此外,启明大学设置了中国学系,把传统的汉学扩张为范围更广的中国学。在韩国,大学中设置史学系和史学所的甚为普遍,多数史学系都开设中国史课题。哲学系和哲学所则讲授中国哲学,由于孔孟学说和宋明理学对韩国哲学的影响很深,所以中国哲学的课程在韩国很受重视。在美术系和美术所中,亦开设中国美术思想和中国艺术概况等课程。对汉学特别重视的是汉城的成均馆大学,该校设有儒教大学(学院),专门讲授孔孟学说、宋明理学及诸儒学说,校内每年都举行祭孔大典。在汉字文化圈内,这是很突出的例子。

除了上述以外,韩国还有一些讲解汉籍、研究汉学的学术机构,主要的有下列数处:

民族文化推进会是韩国文化公报部所支持的财团法人。主要招收大学毕业生,施以免费教育,以培养汉学实力,储备汉文翻译人才,结业以后授以"翻译士"头衔。他们之中有不少人从事翻译汉学名著的工作,成绩斐然。另一所韩国精神文化研究院,亦是韩国政府所支持的财团法人。院内设有汉文研究所,招收的大学毕业生学习期间,食宿和研究费用由所方提供,结业时则授以学位。此外还有一所泰东古典研究所,这是颇具规模的民间汉学讲授和研究机构。韩国民间还有不少研究汉文、汉籍及研究中国书法、美术的机构。

韩国的不少图书馆收藏了许多汉籍,它们本身虽然不研究汉学,但是对支持学术界的汉学研究,具有重要的作用。汉城国立中央图书馆建立于1923年,馆藏中国与日本的古籍有85000余册,其中有不少珍稀版本。另一所国会图书馆,虽然建馆较晚,[17]但由于有国会作为后盾,实力相当雄厚,亦有比较丰富的汉籍收藏。设立在全罗南道光州市的国立全南大学图书馆,由于建馆以后曾经收到各方赠送的如《子书二十八种》及《周易》等不少汉籍,有关中国史学和文学方面的藏书亦很丰富,所以实力雄厚。国立汉城大学附属中央图书馆是韩国另一所汉籍储藏丰富的图书馆。汉城大学的前身是日本占领时期的京城帝国大学,日本占领时期,旧王朝把奎章阁图书移交此馆收藏。由于韩国王朝时期曾多次遣人到中国求书,藏于奎章阁。所以这个图书馆现藏汉籍达14万册,并特藏有唐写经等珍贵文献。庆尚北道庆山郡、庆山邑的岭南大学中央图书馆,馆舍高达22层,是一所规模宏大的图书馆。此馆的汉籍藏书来源极多,有东滨文库、汶坡文库、韶庭文库、慕山文库、凡父文库、陶南文库等等,总数达35000册之多,是汉城以外韩国收藏汉籍最多的图书馆。汉城的延世大学中央图书馆,创设于1915年,藏有汉籍12000余册,并特藏不少丛书和地方志,亦值得重视。汉城的梨花女子大学图书馆,在汉籍收藏中亦颇具实力,该校为美国传教士史克兰登夫人于1888年所创设,已有百余年历史,馆藏丰富,自不待言。此外如汉城的庆熙大学图书馆、韩国外国语大学图书馆、庆尚北道大邱市的国立庆北大学图书馆、全罗南道光州市的朝鲜大学图书馆等,亦都藏有不少汉籍。汉城的文化财产管理局藏书阁,是大学图书馆以外的一所汉籍丰富的书库。李朝隆熙二年(1908),国王高宗命国务大臣把宫内所藏典籍集中一处,以后又加上四大书库的藏书,其中包括珍稀的敦煌卷子、中国早期地方志和族谱等等,所以此阁收藏的汉籍其价值实不同凡响。此馆的图书分类采用经史子集四库分类法,即此一点,就可以窥及其汉学渊源。

除了图书馆以外,韩国还有若干博物馆亦收藏汉籍。例如汉城的诚庵古书博物馆,是实业家赵炳舜秉承其祖上爱护古书的传统,千方百计地搜集在战争时期散失的古书,于1979年建立这个博物馆,其中拥有不少汉籍。汉城的私立涧松博物馆,馆内附设涧松文库,其中亦有不少古代汉籍。

和图书馆及博物馆不同的是韩国的许多研究机构,它们不仅收藏汉籍,而且从事汉学研究。例如高丽大学亚细亚问题研究所藏有汉籍2万册,汉城大学韩国中国语文学会藏有汉籍3万册,它们同时都进行汉学研究。成均馆大学大东文化研究所是韩国规模最大的汉学研究机构之一,全所拥有教授及研究员50多人,并有定期出版物《大东文化研究》。此外如清川大学附设中国文化研究所,出版有《大学汉文教本》和《中国文化》等。釜山大学中国问题研究所出版有《中国学报》,汉城大学人文学院东亚文化研究所出版有《东亚文化》,其中中国部分占了很大比例。延世大学东方学研究所出版有《东方学志》,韩国外国语大学中国问题研究所出版有《中国研究》,韩国外国语大学韩国中语中文学会出版有《中语中文学》。此外如汉阳大学中国问题研究所和淑明女子大学亚细亚女性研究所等,亦都有一些汉籍藏书并进行汉学研究。

韩国还有一些属于群众团体的学会,它们亦从事汉学研究。历史最悠久的是震檀学会,成立于1934年,出版有《震檀学报》。成立于1961年的中国学会,出版有《中国学报》。成立于1966年的白山学会,特别偏重于韩国与我国东北地区的自然、社会以及历史、地理的研究。

韩国的汉学研究概况已如上述,韩国与我国有十分密切的历史与地理关系,正是由于这种关系,所以韩国建立了非常雄厚的汉学研究基础,而且取得了辉煌的研究成果。虽然近世以来这种研究一度趋于式微,但是在新的形势下,韩国的汉学研究正和汉字文化圈的其他国家一样,又开始有所发展。希望这种研究能够获得实际成果,亦希望中韩两国学术界在共同有兴趣的研究课题上进行合作,促使汉学研究的进一步繁荣发展。

注释:

① 金贞培《韩国民族的文化和起源》,上海文艺出版社1993年版。

② 《古史辩》(北京朴社,民国十五年版):"禹是南方民族神话中的人物。"

③ 《潜夫论》卷九:"昔周宣王亦有韩侯,其国亦近燕,故《诗》云:'溥彼韩城,燕师所完(按:《诗·大雅·荡之什·韩奕》)。'其后,韩西亦姓韩,为卫满所伐,迁居海中。"又《三国志》裴注引《魏略》:"其子及新留在国者,因冒姓韩氏,准王海中,不与朝鲜相往来。"

④ 《先秦时期中韩关系问题初探》,《韩国学论文件》第1辑,社会科学文献出版社1992年版。

⑤ 《朝鲜考古研究》,日本京都高相书院1948年版。

⑥ 《古代朝鲜史》上册,延边大学历史系朝鲜史教研室1980年版。

⑦ 吉林人民出版社1973年版。

⑧ (西晋)崔豹《古今注》卷中。

⑨ 《古代朝鲜史》上册。

⑩⑪ 台北东方文化书局影印本1971年版。

⑫ 杨通方《汉唐时期中国与百济的关系》,《韩国学论文集》第1辑。

⑬ 《海外汉学资源调查录》,台北汉学研究资料服务中心1982年版。

⑭　我查阅了几种版本的《太平清话》,均未查到这一段文字,或是误引,或是另有别本。但这一段文字确是事实,即使他书误引,亦有意义,故仍录入。

⑮　农业出版社 1964 年版。

⑯　指福建建阳县麻沙镇刻印的版本。麻沙、崇化二镇的刻书始于南宋,南宋麻沙本质量称优,但到了明代,麻沙本的质量甚逊。据毛春翔《古书版本常谈》(上海人民出版社 1977 年版)所说:"此书坊即指建阳麻沙、崇化两坊而言,坊贾射利,人人能刻、能印、能卖,所以多耳,多而不精,后人亦不甚爱惜。"

⑰　该馆于 1952 年初在战时环境下创建于釜山,几经迁移于 1975 年迁回汉城。

1995 年 10 月美国 Baton Rouge 初稿

1995 年 12 月杭州定稿

原载《韩国研究》第 3 辑,杭州出版社 1996 年版

晋室东渡和南宋建都对
浙江文化发展的影响

先把"浙江"这个名称作一点简释。浙江原是河名,是今钱塘江的旧称。《越绝书》、《史记》等作浙江;《庄子·外物篇》作渐河;《水经》作浙(音斩)江;《说文》既作浙江,又作渐江。浙、渐、渐,都是一音之转,说明这是越音汉译,浙江原是古代越语地名。

唐代以前,浙江一直是一条河名,没有作为地区名称的。直到唐乾元三年(758),才出现浙江东道和浙江西道两个方镇名称。方镇是一种军事区域,这是"浙江"或"浙"作为区域名称之始。从此,北宋有两浙路,南宋有两浙东路、两浙西路,浙江开始作为行政区划的名称。元朝置江浙行省,这是行政区划称"省"之始。元江浙行省的范围甚大,除浙江外,还包括今苏南、皖南、赣东和福建。明朝置浙江行省,而明、清两朝的浙江行省,辖境与今天已基本相同。

关于今浙江省境以内的历史文化,不谈史前情况,正式的历史记载,始于《竹书纪年》周成王二十四年的"于越来宾"。时当公元前 11 世纪之末,至今已有 3000 年之久。这中间当然发生过千千万万的历史事件。本文只谈两晋和两宋之间所发生的全国性的军事、政治、人口的大变动对今浙江省境文化发展的影响。

两晋之间的全国性动乱一般称为永嘉之乱,从晋怀帝永嘉四年(310)开始。这次乱事是西晋朝廷的内讧即所谓八王之乱的延续。由于宗室阋墙,造成外族入侵,历史上常称为"五胡乱华"。即匈奴、羯、氏、羌、鲜卑 5 个少数民族,取代了汉族在中原的统治。旧时代的历史学家，往往从消极、否定的观点来评价这个时代。但我在拙著《郦道元评传》(南京大学出版社 1994 年版)中指出了这次动乱的意义："从秦一统以来到西汉王朝发展到了顶峰的这个汉民族建立的版图广袤的大国，由于晋室南渡而一分为二。从此经历了二百六十余年，南方仍然是汉人的领域，而北方(包括四川)，许多少数民族先后登台，建立了所谓五胡十六国。这是一个干戈扰攘、生灵涂炭的时代，但同时也是一个各方交流、民族融合的时代。""从政治上来说，这个时代是中国的混乱时代；但是从地理学思想史来说，这是中国的一个光荣时代"。

在这一次动乱中，随着晋室东渡，大批汉人迁到江南。《晋书·王导传》说："洛京倾覆，中州士女，避乱江左者十六、七。"南迁的汉人到底有多少？ 谭其骧先生在《晋永嘉乱后之民族迁徙》(《长水集》上册，人民出版社 1987 年版)一文中，根据当时在江南建立的侨州、郡、县户口作了估计："截至宋世止(案指刘宋)，南渡人口约共有九十万，占当时全国境人口约五百四十万之六分之一。"南渡人口之中，有为数很多的官僚士大夫人物。谭先生曾经统计过《南史》中进入列传的人物(不计后妃、宗室、孝义等)，隶籍北方的有 506 人，而南方土著只有 222 人。这些从北方南迁的世家大族，本身是一批文化人，而且挟有资财。他们涌到江南，对江南的影响当然不言而喻。

当时今浙江省境的行政区划情况是，钱塘江以北属吴郡和吴兴郡，郡治分别在吴(今苏州)和乌程(今湖州)。钱塘江以南有会稽、东阳、临海诸郡，以会稽郡最重要，郡治在山阴(今绍兴)。晋室东渡时，大量移民包括许多望族纷纷涌向土地肥美、风景秀丽的山阴。《世说新语·言语》记及晋陵人"顾长康从会稽还，人问山川之美？ 顾云：千岩竞秀，万壑争流，草木葱茏其上，若云兴霞蔚"。《晋书·王羲之传》说："会稽有佳山水，名士多居之，谢安未仕时亦居焉。孙绰、李充、许珣、支遁等，皆以文义冠世，并筑室东土，与羲之同好。"随着这一批著名的文人学士在山阴的定居，山阴俨然成为江南的文化中心。这中间最著名和最有说服力的事件，是永和九年(353)的兰亭修禊。这年上巳日(三月三日)，包括王羲之、谢安、谢万、孙绰等 42 位有影响的学者，聚会于山阴兰亭，赋诗多首，由王羲之作序，孙绰作后序。王序即著名的《兰亭诗序》，全文共325 字，由王羲之当场书写，成为我国书法艺术的绝品。原书早已失传，今有唐人临摹本广为流传，历来书家都视为珍宝。王氏一家均擅长书法。由于他们在今浙江省境内宦游旅居，对当时省境内的文化发展和书法流传具有重要意义。《嘉泰会稽志》卷十六《翰墨》说："宋中书侍郎虞龢《论书表》云：羲之为会稽，献之为吴兴，故三吴地偏多遗迹。"王献之是王羲之的第七个儿子，工草书和行书，曾任吴兴太守，所以他们的影响遍及三吴(会稽、吴、吴兴三郡称三吴)。

在文化发展的同时，这个地区的经济也有了很大的提高。这当然也是北人大批南迁的必然结果。《晋书·孔愉传》记及孔愉任会稽内史时,在当地兴修水利,"溉田二百余顷,皆成良业"。《晋书·王羲之传》也记及王与谢安"东游山海并行田视地利"。说明这一带在人口剧增以后,农田水利建设和农业都有很大的发展,促进了经济的繁荣。所以《晋书·诸葛恢传》说:"今之会稽,昔之关中。"情况可见一斑。

从此以后,以山阴为中心的今浙江省境,不仅在文化上异军突起,在经济上和政治上也都蒸蒸日上,奠定了省境在南朝时期继续发展的基础。到了刘宋,今山阴一带,据《宋书·孔季恭传》载,已经出现"土地编狭,民多田少"的情况,使地价上涨到"亩直一金"的程度,因而成为"海内剧邑"(《宋书·顾凯之传》)。清全祖望说:"六朝扬州封内,以丹阳为王都,而吴郡乃其近畿,故多合二郡为扬州,而以会稽为东扬州。"(《浙东分地录》,《鲒埼亭集外编》卷四十九)东扬州建于宋孝建元年,辖会稽、东阳、永嘉、临海、新安五郡(《通鉴》卷一二八)。其实,早在东晋咸和四年(329),正值苏峻之乱以后,建康宫阙灰烬,于是"三吴之豪,请都会稽"(《通鉴》卷九十四)。说明晋室东渡后不过十余年,三吴在政治上已经达到与首都建康抗衡的地位。

以上简述的是晋室东渡对以山阴为中心的今浙江省境发生的影响。文化的迅速发展,伴随着经济与政治的同步高涨,使一个原来相对落后的边远地区,在短期内改变面貌,从此历南朝、隋、唐,该地区在全国的地位日趋重要。与此同时,今省境内部的区域差异也有所变迁。隋疏凿运河,从东都直达杭州。于是,原来的浙西小邑钱唐开始迅速发展。到了唐代,由于海上贸易的发展,开元二十六年(738),在沿海鄞县设置了行政地位与越州相等的明州(今宁波)。于是,今绍兴在省境内的地位开始下降。唐代末叶,全国战乱,今省境一带,由钱镠建立了吴越国,以杭州为西府(首都),越州为东府。从此,杭州的地位超过越州,奠定了它在南宋建都的基础。

公元12世纪20年代末叶,中国北方又发生了一次极大的动乱。这是由于金人攻占北宋首都东京(今开封)而引起的,即所谓靖康之变。金人虏徽、钦二帝北去,赵构仓皇即位于南京(今商丘),并在金兵的追逐下南奔,从扬州渡江,经镇江、杭州、越州、明州、台州而达温州。建炎四年初,金兵撤退,宋高宗迁越州驻跸,次年改元绍兴元年(1131),改越州为绍兴府。在绍兴驻跸近两年,于绍兴二年北迁杭州,并于绍兴八年正式以临安(杭州)为"行在所",作为南宋的首都,从此在此建都达140余年。以杭州为中心的今浙江省境,在这段时期中,获得了极大的发展。此时与晋室东渡时期不同。晋室东渡时,省境内只有山阴这样一个明显的中心,除三吴地区(其中一部分在苏南)以外,省境内的其他地区还都比较落后。但南宋的情况显然不同。当时,除首都杭州以外,省境内如越州、明州、湖州、严州以及婺、台、温等州,都已经相当发达。杭州建都,这些地方多为近畿,所以其影响的深远,及于今整个省境。

　　从北人南迁的情况来说,这一次的规模也十分可观。由于战乱,靖康之变造成了中原的满目荒凉。据庄季裕目击(《鸡肋集》卷上):"建炎元年,余自穰下由许昌以趋宋城,几千里无复鸡犬,井皆积尸。"建炎三年(1129),"渡江之民,溢于道路"(《宋会要辑稿》一六○册)。当时,大量移民均奔向两浙。据《建炎以来系年要录》卷一五八所记:"四方之民,云集二浙,百倍常时。"由于南渡之初,高宗曾在越州驻跸经年,所以初期的移民浪潮又袭击越州,州城内挤满了南下的百官士大夫,据陆游所见,城内"空第皆百官寓止"(《老学庵笔记》卷八),连寺院也都作为他们的寓所(周密《癸辛杂识》后集)。由于朝廷迁往杭州,而且正式定都,于是百官士大夫和平民又大量涌向杭州。当然,省境以内的其他各州,北来移民也都有很大数量。这些对今省境各方面的影响,远远超过了晋室东渡。

　　杭州原来已有吴越建都的基础,加上西湖美景,从此飞速发展,到南宋后期,已经成为一个人口逾百万的国际性大都市。它不仅是冠盖云集的南宋政治中心,而且国际交往频繁,经济繁荣,市场兴旺。所有这些,在当时人撰写的如《都城纪胜》、《西湖老人繁胜录》、《梦粱录》诸书中都有详尽的描述。而这里特别要讨论的,是杭州在南宋的建都对今浙江省境在文化发展方面的影响。应该指出,南宋建都对今浙江省境的文化发展具有很大的促进作用,对此有三件事可以充分证明:第一是教育发达;第二是书籍刊印业发展;第三是藏书家和藏书楼增加。

　　首先是教育。杭州是首都所在,拥有各类不同性质的学校。朝廷管辖的有太学、武学和宗学3种,合称三学。尤其是太学,这是全国的最高学府,设置在纪家桥以东,规模宏大,舍宇壮丽,学生按程度分上舍、内舍和外舍三等,最多时有1700多人,一切费用均由国家供给。此外,在凌家桥设有临安府学,在钱塘、仁和两县的衙门附近设有两县的县学。专业学校则有算学、医学、画学等,还有为数众多的乡校、家塾、舍馆等。《都城纪胜》说杭州城内"弦诵之声,往往相闻",充分说明了这个文化都会文风发达的特色。杭州以外,今省境内各府各县都有儒学,特别是名流学者创办的书院,可以说无处不有。如临安府境内的龟山、黄冈等书院,嘉兴府境内的传贻、白社等书院,湖州境内的东莱、织帘等书院,严州境内的石峡、拓山等书院,都在南宋一代兴起。浙东的书院较浙西更为兴旺,如庆元府境内的甬东、桃源等书院,绍兴府境内的稽山、高节等书院,台州的上蔡、溪山第一等书院,婺州的丽泽、石洞等书院,衢州的柯山书院,温州的永嘉、东山等书院,处州的独山、明善等书院,不胜枚举。即在偏僻的山区小邑,如龙泉县的桂山、笏洲等书院,江山县的逸平、江郎等书院,常山县的石门书院等,也都名重一时。故南宋一代,省境内的教育之盛,实非前代可比。

　　第二是书籍的刊印方面,省境内此时也独步全国。杭州的刻书业在北宋已很发达,王国维在《两浙旧刊本考序》(《观堂集林》卷十七)中说:"北宋监本刊于杭者殆居泰丰,南渡以后,……绍兴为监司安抚驻所,刊书之多,几与临安埒。"当时,杭州城内书铺林立,除官营刻书业外,顾志兴在《浙江藏书家藏书楼》(浙江人民出版社 1989 年版)一书中,详列了南宋杭州的 14 家兼营刻印售书的书坊,真是满城书香。当时,省境之内已达到各府各州都刊印书籍的盛况。绍兴府刊本如王国维所说"几与临安埒",不必再论。此外还有如嘉兴府刊本《金陀粹编》、湖州刊本《大宋登科录》、庆元府刊本《四明尊尧集》、台州刊本《荀子》20 卷、婺州刊本《周易程氏传》、衢州刊本《朱子章句集注》、严州刊本《南史》80 卷、温州刊本《白石诗传》30 卷、处州刊本《晦庵语录》27 卷等。以上无非是各府、州刊本略举一例而已。

第三,由于教育的发达,书籍刊印的普遍,社会文化的发展,从而涌现出许多藏书家和藏书楼。据上述顾志兴的《浙江藏书家藏书楼》一书指出:"南宋之世,浙江藏书事业超过以往任何一代,在全国亦是名列前茅的。"据他的统计,当时省境内的著名藏书家和藏书楼,计有陆宰的双清堂、陆游的书巢与老学庵、石公弼等的博古堂等 18 处。此外,藏书超过万卷的还有会稽的石邦哲、鄞县的张瑞和楼钥、镇海的曹盅等。上虞的李光藏书万余卷毁于火,其子李孟传继续收藏,又超过万卷。安吉陈振孙著《直斋书录解题》一书,著录历代文献 5 万余种,考订各书源流得失,是我国历史上著名的目录学专著。

以上所述的是晋室东渡和南宋建都这两次历史事件对于今浙江省地区文化发展的影响。永嘉之乱以前,从全国来说,今浙江不过是一个文化落后的偏僻边区。由于从东晋开始,一大批中原文化人的进入,使这个地区在文化上顿改旧观。也正是由于这批著名的文化人,这里的"佳山水"得以传扬海内,吸引了当时和以后历代的许多文人学士来此游赏定居,继续促进这个地区在文化上的进步。所以晋室东渡对于今浙江特别是三吴地区,显然是一次文化上的飞跃,推动了今浙江在以后历史年代中的全面发展,迎来了南宋建都。南宋建都百余年,今省境各地,多成为朝发夕至的首都近畿,各方面的迅速进步自不待言,终于使浙江成为一个在全国范围内文化高度发展的先进地区。

原载《文史知识》1996 年第 10 期

史前飘流太平洋的越人

　　人们常言道沧海桑田。亘古遥远的先不说,在距今2.5万年前,海洋发生一次(假轮虫)海退,中国东部太平洋沿岸海水退缩达600公里,东海中的最后一道贝壳堤,位于东海大陆架前缘 −155 米,放射性碳素测年为14780 ± 700。可以想象,在大约15000年前,东海海面比现在要低150多米。从今浙江省境来说,不仅舟山群岛和大陆相连,舟山群岛以东,直到大陆架前缘,还有大片陆地。与今天的省境面积相比,当时比现在最少大一倍以上。

　　追溯地质年代的第四纪,从距今250万年开始,这期间由于大气现象中的冷暖交替,水体变化中的冰期与间冰期交替,亦作用于海陆变迁中的海进与海退交替。其间,亚洲东部太平洋沿岸,曾经发生过3次海进、海退交替。最早的一次(星轮虫)海进、海退为距今10万年、7万年以前;第二次的假轮虫海进、海退为距今4万、2.5万年以前。这自然是沧桑易变呀。

　　从而今浙江省来看,现在所知省境内出现的最早人类是"建德人",按铀系列法测年,其存在距今约为10万年。所以浙江境内的先民是看到这3次沧海桑田的变化的。也就是说,我们越人的祖先(或许就是"建德人"的后裔)在2.5万年前已活动于今省境之上,而特别在舟山群岛东西两边的平原上。他们已经懂得种植水稻,并且捕鱼、狩猎,还利用独木舟或竹、木筏活动于水上。对于越人来说,是个繁荣发展的时期。

　　但好景不长,另一次(卷转虫)海进在1万多年前的全新世之初就开始掀起。在距今1.2万年时,海面回升到现代水深－110米的位置上。到距今1.1万年时,回升到－60米的位置上。到距今0.8万年时,回升到－5米的位置上。这次海进在距今0.7万年—0.6万年时到达高峰,东海之域内伸到今杭嘉湖平原西部和宁绍平原南部。从海面达－5米起至于高峰,约有2000年时间,原来活动在宁绍平原上的越人,随着自然条件的恶化而逐渐南移,最后移到会稽山和四明山北麓。河姆渡遗址就是他们南移过程中的一个定居点。由于海水继续南进,他们终于在最后放弃了这些山麓定居点而进入会稽山和四明山中。从此,活动于平原和海边水环境中的越人,变成了山居的越人。但是在这漫长的海进过程中,从距今1.1万年时舟山群岛以东沦为海域以及稍后舟山群岛与大陆分离以前,必然已有越人流散,除了一部分内迁进入宁绍平原以外,另一部分必然漂流出海。在距今0.8万年起,宁绍平原也受到海水的侵袭,平原上的越人,除了逐渐南移进入山地以外,其中也必有另一部分漂流出海。其结果是越人分成进入浙东山地和漂流太平洋的两部分。《越绝书》把前者称为“内越”,后者称为“外越”。乐祖谋在《历史时期宁绍平原的城市起源》一文中认为,《越绝书》中的“内越”和“外越”,即是卷转虫海进时期移居山地和海岛的两个越族分支。历来持这种看法的学者甚多,例如蒙文通,他在《外越与澎湖台湾》一文中,认为澎湖和台湾的原始居民,即是在古代移入的外越人。美国的徐松石在《南洋棕色民族与中国古越人的血统关系》一文中,更认为越人迁徙远达南洋。日本的国分直一和木下尚子合撰《日本西南诸岛出土的史前时期贝符》一文中,提出了这些岛上的贝符是否有来自“中国东南沿海地方”的可能。美国的杨江甚至把越人与马来—玻利尼西亚地区进行了联系(《马来—玻利尼西亚与中国南方文化传统的关系》)。学者们的这些考证当然都是经过他们从各方面提出佐证的。都是很有价值的。

　　但是在所有关于越人的迁徙考证中,最重要而具有说服力的,莫过于作为族名和国名的这个“越”字的迁徙。譬如家族的迁徙,由于家族有姓氏,不管你迁徙到天涯海角,只要姓氏存在,总可查得清这个家庭的渊源来历。而“越”,乃是这个部族的姓氏,所以“越”字在哪里出现,必有越人到了那里,这是绝无疑问的。汉族按这个部族的语言,称其为“于越”。这个名称第一次在史籍上出现,是《竹书纪年》周成王二十四年:“于越来宾。”其时在公元前11世纪之末,说明当时越人与汉人开始了正式的来往。后来这个部族就借用了汉人的文字,自称为“越”。其首都称为“大越”(今绍兴)。对此,我们可以从现在出土的越国青铜剑的铭文得到证明。这些青铜剑的铭文,都镌有“越王”字样,当然,由于越音汉译,同音越语译成不同的汉字的情况是有的。例如越王句践的青铜剑,其中也有一把的铭文作“越王鸠浅”。“鸠浅”即是“句践”的同音异译。这种情况在地名翻译中更是常见,例如由拳、囷卷(今嘉兴),乌程、菰城(今湖州），姑妹、姑蔑（今龙游附近）等等。但是作为部族姓氏的这个"越"字，从他们的青铜剑铭文中可以证明，当时已为部族领袖所认可，部族到哪里，这个"越"字也到那里。

到了卷转虫海进把宁绍平原上的越人赶入山区以后，于是就出现"内越"和"外越"的名称。到此我们才知道在海进过程中，已有一大批越人漂流到太平洋上，在大陆以外的海岛上定居。这中间，有一批人在迁移时带走了他们的部族姓氏，而且在他们的新定居地把这个姓氏扎根下来。现在我们调查这个姓氏在大陆以外的分布，最南边的有"越南"，最北边的在日本。不管越南或日本，总之，这些越人已经从大陆漂流到太平洋。在日本，称"越"的地名极多，从南方到北海道，可以说遍及全国。自然地名如越后山脉、越前崎、越后平原；旧国名如越前、越中、越后；郡名如越智郡、山越郡；市名如上越市；町名和村名更多，如越生町、越知町、越乃村等，不胜枚举。这说明了古代越人与日本关系的密切程度。

从这个"越"字的播迁中证明了中日两国的史前交流。昔年与日本学者讨论这个问题，前京都大学人文科学研究所所长福永光司教授曾经告诉我，研究这个问题，特别要注意能登半岛一带地区。能登半岛是日本本州日本海沿岸的一个半岛，从地形上来说，很有利于古代航行者的着陆。而这里恰恰就是含"越"地名集中的地方。旧国名越前、越中、越后就都在这一带，估计在卷转虫海进时期，这里必有"外越"人登陆，所以今天的日本民族中，必然包括"外越"人的后裔。

日本学术界以及社会上的一般人士，都很愿意获悉日本祖先的来历，都有求源寻根的希望。所以日本有一门"徐福学"的专门学问，出版了许多著作的刊物。中国《史记》等古籍曾有徐福带童男女数千入海求仙的记载，日本人希望能从这数千童男女中探索他们祖先的渊源。现在看来，日本祖先的渊源，比秦代还要早得多。但"徐福学"这门学问，至今仍为日本学者所热衷。实际上，广义的"徐福学"，就是日本人求源寻根的学问。我每次到日本讲学，都与日本学者论及中日两国的史前交流和越人迁入日本的问题。在我的讲学内容中，也常常把此列为课题。日本学术界对这类课题极感兴趣。

记得1989年我在日本南部讲学，到广岛后不久，这个地区的最大日报《中国新闻》（在日本的区划中，广岛一带地区称为"中国地方"）在当年12月11日报道了我到该地讲学的消息。但在我的许多课题中，只选用了一个《中国东南地区与日本之间的共同文化》。因为这个题目，正是讨论越人在史前迁入日本的问题。由于《中国新闻》的报道，引起了热衷于探源寻根的九州佐贺电视台台长内藤大典先生的关注。他专程前来邀请我到佐贺考察那里附近的吉野里弥生代遗址，在现场录像，作为他们的电视节目。在我的印象里，吉野里遗址显然是外越人或其后裔在日本南部的定居地之一。

已经复原的许多建筑和出土的青铜、陶器等,都足以说明外越人和内越人的共同文化渊源。例如吉野里遗址的瞭望台,实际就和春秋越大夫范蠡在山阴小城(今绍兴)种山顶上所建的飞翼楼相似。而不少出土的青铜剑,它们与"越王句践剑"又是同一模式。内藤先生听了我的议论,心境豁然开朗,在这天晚宴的末尾,他终于正襟长跪,双手合十,不胜感慨地说:"我们终于找到了我们的祖宗。"

外越人在日本定居的事实大概可以论定。另外,外越人定居到今中南半岛和我国西南地区的事实也可以论定。因为不仅在中南半岛至今有"越南"这个以"越"为名的国家,而记及"外越"这个称谓的古籍,除《越绝书》以外,另一种就是《林邑记》。《林邑记》已经亡佚,但成书于公元7世纪的《水经注》曾经引及此书,在《水经注》引及的《林邑记》中,3次提到"外越"这个名称。林邑也称占婆,是公元2世纪在今越南中部所建的国家。既然"外越"之名见于《林邑记》,则外越人到过那里可以无疑。

外越人除了定居中南半岛外,也有一部分定居到与中南半岛毗连的我国西南地区。定居到西南地区的越人,一部分当然也是史前漂海迁入的,另一部则是秦始皇敉平东南地区以后,为秦所驱逐,从陆上播迁而去的。对此,明焦竑在他的《焦氏笔乘续集》中早已指出:"此即所谓东越、南越、闽越也。东越一名东瓯,今温州;南越始皇所灭,今广州;闽越今福州,皆句践之裔。"其实,只要读读《水经注》记载的地名,东南地区有许多越语地名,西南地区也有许多越语地名,越人从东南播迁到西南的情况就十分清楚。例如东南有句章县、句余县、句余山;西南有句町县、句漏县、乌句山;东南有无余国、句无县;西南有会无县、无劳湖等等,不胜枚举。迁入西南地区的越人,后来统称"百越"。

由此可知,越人流入日本、中南半岛和中国西南地区是可以肯定的。

现在需要继续研究的是,外越人在古时漂洋过海的冒险中,到底走得多远?许多学者已经论及了他们与太平洋群岛的关系问题,甚至探索有没有外越人横过太平洋到达美洲?这当然是一个相当神秘却又很值得研究的课题。我去年访问北美,曾和那里的汉学家们讨论过这个问题。尽管他们不同于日本人,没有求源寻根的愿望,但是他们对这个问题的兴趣却不减于日本人。虽然目前他们在这方面还缺乏研究成果,但是从我们讨论中他们所表现的热情来看,今后我们一定能读到北美汉学家的研究论文。

现在想象这些史前的越人,他们在太平洋上的漂流生活,实在充满危险。依靠一些简陋的原始航行工具和太平洋风浪搏斗。不管是在太平洋沿岸,太平洋深处或是横越太平洋,中途覆没的概率是极高的。在这个过程中,葬身在太平洋中的越人不知有多少!但是他们毕竟在太平洋中的许多大小岛屿安下身来,繁衍生息,并且把越人的姓氏和文化传播到那里。想到这里,不由得引起我们对这批在史前闯入太平洋的越人,感到无限钦佩和崇敬。

原载《文化交流》1996 年第 22 期

重视国外中国方志资源的
收集与研究

  修纂地方志是中国的优秀文化传统之一。历史上,修志之风大概始于六朝。1985年出版的《中国地方志联合目录》收录了现存(或残存)的全国方志,包括省、府、县志及乡镇志等,从南北朝起直到民国,共达8371种。80年代初期,中辍了数十年的修志传统又得到恢复,全国各地纷纷建立机构,开始修纂方志。到1995年6月底止,全国已出版省、地(市)、县(市)三级方志2183部,加上已经定稿正在排印的,这一时期已完成三级方志3400余部。此外,还有大量乡镇志和专业志。我国历史上积累的大量旧方志,现在已经成为学术界研究各历史时期各地自然景观和人文景观,包括政治、经济、文化以及山川形势、生态变化、社会现象、地方掌故等方面的重要资料。而现在全国各地修纂的新志,过一二百年后,也将成为旧志,为那时的学术界研究我们这个时代的自然和人文提供丰富资料。

  谈及中国的方志资源,就不能不谈到国外。据我的初步了解,国外的中国方志资源也是十分丰富的。比如,北美现有东亚图书馆93所(美国89所、加拿大3所、墨西哥1所),藏书总数达277种,共723万册,其中汉籍占60%。又比如,美国国会图书馆和哈佛大学哈佛燕京图书馆也是收藏大户。前者收藏达3750种(6万册),后者收藏达3525种(3.5万册)。此外,收藏量在2000种以上的有芝加哥大学远东图书馆(2700种)以及日本的东洋文库和澳大利亚国立图书馆。收藏量在1000种以上的有英国图书馆、牛津大学图书馆、伦敦大学东方与非洲学院图书馆、日本天理大学图书馆和法国法兰西学院亚洲研究院高级汉学研究所图书馆等。而美国夏威夷大学图书馆亚洲文库、宾州大学东亚文库、英国达勒姆大学东方图书馆等，收藏量也都接近 1000 种。必须说明，上列统计并不完整，因为有不少收藏汉籍的大户，书目内容庞杂巨大，一时无法清查出方志数量。例如美国的普林斯顿大学—葛斯德东方图书馆，是美国收藏汉籍仅次于国会图书馆的第二所图书馆，馆藏汉籍达 30 万册。耶鲁大学图书馆东亚文库，馆藏汉籍达 20 余万册，此外如柏克莱加州大学图书馆、斯坦福大学图书馆胡佛研究所东亚文库、达特茅斯学院贝克图书馆东方部、威斯康星麦迪逊大学纪念东亚图书馆等，馆藏汉籍都在 15 万册以上。在如此大量的汉籍中，必然包括许多方志。不仅是北美和西欧等汉学研究发达的大国收藏汉籍和方志，某些小国也拥有可观的收藏量。例如，南美洲北部的特立尼达和多巴哥，这是一个小岛国，但在其首都西班牙港的中央图书馆，也藏有汉籍 8000 册左右，而且在目录中说明其中包括方志。

　　要在全世界普查中国方志资源，似难以下手。不过现在从事这项工作，已经具备了不少有利条件。首先，我们已经编成了《中国地方志联合目录》，这是普查的基础。第二，世界各图书馆和研究机构，都编有汉籍目录甚至中国方志目录。在国外要获得这类目录并不困难。第三，国外图书馆的汉籍部门，往往有华人学者主持，其中有些汉籍图书馆，就是在华人学者擘划经营下发展起来的。例如哈佛大学的哈佛燕京图书馆，当裘开明博士在 1924 年上任草创之时，馆藏汉籍只有 7000 册，他在此惨淡经营 40 年，1964 年退休时，馆藏汉籍已增加到 40 万册。此外，如哈佛燕京图书馆现任馆长吴文津先生，达特茅斯学院贝克图书馆东方部主任陈澄之先生，美国国会图书馆中韩文组组长王冀先生，华盛顿大学东亚图书馆馆长卢国邦先生等，仅仅在美国，华人学者主持图书馆汉籍部门的就超过 10 位。这些华人学者都是学有根底，熟悉汉籍和方志，而且乐于帮助祖国方志资源普查工作的。第四，世界各地特别是北美和西欧，有不少学者从事汉学研究。由于方志是他们研究中的重要参考文献，所以外国汉学家都是关心中国方志资源的。这样，我们的普查工作即可获得国外汉学家的帮助。我个人在国外各地查阅汉籍，包括引进国内不存的汉籍和方志孤本等，就经常得到他们的帮助。所以外国汉学家是我们普查方志资源工作中可以依靠的力量。

原载《光明日报》1996 年 9 月 17 日

论吴越文化研究

  吴越文化研究近年来成为一种区域文化研究的热门。建立了几种学术性组织，如中国百越民族史研究会、吴文化研究会、吴越史地研究会等，经常举行吴越文化研究的学术讨论会包括国际学术讨论会，如1990年在杭州举行的首届国际百越文化讨论会等，发表了大量论文，出版了许多专著，成果累累，美不胜收。吴越文化研究的兴旺发达，不仅是吴越地区学术发达的标志，其实也是我国学术界繁荣兴旺的标志，是一件值得重视的大事。

  吴越文化也和汉文化、楚文化和其他民族的文化一样，是一种区域文化，其中很大的一部分属于史前研究。研究的范围很广，课题极多，具有很大的研究潜力和发展前途。其实，在历史上，吴越文化研究发轫甚早，绝非肇始于近代。例如《越绝书》，我早年作过考证，[①]这是一种先秦著作，东汉之初，袁康、吴平对它作了一番整理，从汉人的角度，进行了某些增删，这其实是对吴越文化的早期研究。又如《吕氏春秋·知化篇》："吴之与越也，接土邻境壤，交通属，习俗同，语言通。"用现代概念来说，这是一种吴与越的比较文化研究。上述例子，都是最早的吴越文化研究。以后，这种研究未曾中断，例如《汉书·地理志》"号曰句吴"唐颜师古注："句音钩，夷族语之发声也，亦犹越为于越也。"宋刘昌诗《芦浦笔记》卷四："于、於，皆越人夷语之发声，犹吴人之言句吴耳。"及至清李慈铭《越缦堂日记》："盖余姚如余杭、余暨之比，皆越之方言，犹称于越、句吴也。姚、暨、虞、剡，亦不过以方言名县，其义无得而详。"[②]以上颜、刘、李诸学者,其所表述,均是古代越语研究,当然也属于吴越文化研究。近代还有不少老一辈学者,如罗香林、卫聚贤、蒙文通、顾颉刚、谭其骧、杨向奎等,从各方面研究吴越文化,发表了许多论文。此外,在国际上,特别是日本与越南,在这个领域中从事研究的学者也很多,而在美国、俄罗斯和西欧,也有一些学者进行这方面的研究。

最近二三十年中,由于第四纪学、古地理学、历史地理学、考古学等学科的发展以及检测手段的飞跃进步,这些学科的研究成果大量发表,因而推动了吴越文化研究的蓬勃发展,如前面指出的,竟至于形成了一个学术界极感兴趣的热门。我个人因为身居这个地区,而又是从事历史地理工作的,所以也曾对这个领域稍作涉猎,撰写过一些文章。近年来几次到日本讲学,不仅与日本学者就吴越文化作过讨论,并且还在一些大学和电视台讲过这类课题。去年到北美讲学半年,发现太平洋彼岸,竟也有一些汉学家关心史前的越人活动,甚至论及他们有横越太平洋的可能。[3]估计这方面的研究,今后还会引起学术界的关注。所以不揣浅陋,在今后的吴越文化研究方面,发表一点浅薄的意见。

第一是有关吴越文化的基础研究问题。吴越文化是一种区域文化,这个区域的主要范围,北至今江苏长江南北,南到今浙江浙东山地丘陵。史前的吴越文化是在这个地区萌芽发展起来的,这是这种文化的地理基础。要研究这种文化,首先应该了解这种文化赖以萌芽发展的自然环境。我在拙作《多学科研究吴越文化》[4]一文中指出:"要研究一个地方的上古文化,首先要清楚的是,当时这个地方的自然环境,是陆地,还是海洋;是一块冰雪覆盖的陆地,还是生物丰富的陆地。"由于第四纪学和古地理学在最近几十年中的发展。我国东南地区从更新世到全新世的海陆变迁过程已经基本清楚。所以今后的吴越文化研究,有必要把这个地区的史前自然环境进行比较深入的探索,使吴越文化能够真正地落实到一个比较明确的自然环境之中。例如对于良渚文化,这是吴越文化中的一个分支,我曾经写过《论良渚文化的基础研究》[5]一文。但是由于我所能利用的科学依据,只是良渚一个小地区的放射性碳素测年数据,其余的部分,只不过是依据附近地区的若干第四纪研究资料和现代的 1∶10000 地形图,所以其实是很粗糙的。要把古代吴越地区的自然环境研究清楚,这并不是一件轻而易举的事。过去有的学者研究吴越文化,主要是依据一些古籍,其中有的是很不可靠的传说和神话,再加上若干没有经过科学检测的出土物,择需征引,随意推论,这样的研究成果,实在是不能令人信服的。

吴越地区的史前自然环境研究,现在看来最值得注意的有 3 个时期:第一个时期是假轮虫(Pseudorotalia)海退时期,亦即晚更新世以来这个地区陆地面积最广阔的时期。现在已经探明这次海退的最后一条贝壳堤,位于今海岸以东约 600 公里,在现代海面(黄海零点)以下155米,放射性碳素测年为14780±700年。[⑥]由于越人的祖先此时已经出现,所以这个时期吴越地区自然环境的研究,特别是绘制一幅陆域范围和地形示意图,实在是很重要的。第二个时期是卷转虫(Ammonia)海进时期。由于这个时期是越人流散的时期,《越绝书》[⑦]和《林邑记》[⑧]所记,在越人之中出现"内越"和"外越"的分别,就是这个时期由于海进而发生的。为此,作出一幅相对正确的卷转虫海进海陆分布图,在史前吴越文化研究中具有重要价值。第三个时期是卷转虫海退时期,由于这个时期,海岸逐渐扩展,今苏南、杭嘉湖、宁绍诸沼泽平原开始形成,而吴越人在史前就对这些沼泽平原进行改造利用。从地质年代表来看,这个时期是很短促的;但从历史年代表来看,这个时期却是漫长的。当然,在整个人类的历史记载中,吴越地区的历史时期开始较晚,尼罗河畔的吉萨金字塔建立于公元前30世纪之初,而吴越地区进入历史时期始于《竹书纪年》周成王二十四年的"于越来宾",其时已在公元前11世纪之末。尽管历史的起步较晚,但这个时期吴越地区自然环境及其变迁,对于吴越文化的研究,较以前两个时期实在更为重要。遗憾的是,我们至今很少见到学术界有这类研究成果的发表。

在吴越文化的基础研究之中,另一个重要的内容是越人的来源问题。对于这个地区的远古人类,现在我们的主要成果是所谓"建德人"的发现,而且有铀系测年所得的两个数据,即$9.7±0.8$万年和$10.8±0.9(0.8)$万年。[⑨]建德人是不是越人的祖先?他们是不是因为星轮虫(Asterorotalia)海进而退入山区的?由于至今还没有看到体质人类学家在这方面作出进一步的研究,所以我在过去作出的所谓建德人很可能是越人的祖先的推论,也有待这种基础研究的深入,才能得到证实。有关这方面的另一个问题是吴、越是否同族?蒋炳钊先生在其《吴越是否同族》[⑩]一文中,归纳各家意见,列举了8种不同的说法。不过所有说法,都来自对古代文献记载的不同解释,尚无体质人类学家的研究成果发表。

必须看到,对于吴越文化的研究,吴越地区的自然环境,是这种文化演出的舞台;而吴越人,或者说吴人和越人,是这种文化演出的主角。所以这种基础研究十分重要。不在这个基础上研究吴越文化,完全依靠古代文献和一些未经科学检测的出土物进行假设和推论,时至今日,这样的研究显然脱离时代,脱离科学的发展,其研究成果不仅缺乏科学依据,甚至南辕北辙,成为笑柄。

第二是河姆渡遗址的发现在吴越文化研究中的意义问题。河姆渡遗址的发现,对于中国南方史前世界所展现的场景以及对整个中国远古研究的划时代意义,这是许多人都承认的。这中间,最重要的意义就是中华民族起源一元论的破灭。关于这一点,不少人口头上承认,但其实,长期来形成的旧观念却并未改变。中国的旧传统,特别是儒家的传统："溥天之下,莫非王土;率土之滨,莫非王臣。"[11]用这样的观念研究吴越文化,则越为禹后,吴为周后,就是很自然的事。《史记·越世家》:"越王句践,其先禹之苗裔,而夏后帝少康之庶子也。"而《匈奴传》也说:"匈奴,其先祖夏后氏之苗裔也。"使人恍悟,南蛮鴃舌、祝发文身的越王,与韦鞴毳幕、膻肉酪浆的单于,原来是一对兄弟。而"同气共俗"[12]的吴和越,却来源不同。《吴世家》说:"吴太伯、太伯弟仲雍,昔周太王之子,而王季历之兄弟也。"当然,禹后、周后都是一样,反正都是一脉相承的汉家子孙,是正宗的嫡传。从中华民族起源一元论的观点来看,这些记载无疑都是可以接受的。特别是这种说法,后来成为历代统治者化夷为夏的手段,所以尽管有些学者并不同意这种说法,但这种说法还是能够获得多数人的拥护而一直流传下来,而且奉为"正宗"。对于夏人派无余和周人派太伯南下执政的事,我在拙作《关于禹的传说和历来的争论》[13]一文中,曾经譬喻为:"宛如近代维多利亚女王派遣一位总督到印度一样。"其实这中间还有很不相同的地方,因为当年奉维多利亚之命东来的英国官员和住在次大陆的印度人,尽管服式互异,但彼此都是衣冠楚楚的。而无余和太伯则不同,他们冠冕袍服而来,但接待他们的却是一群祝发文身的野人。这个场面实在是荒唐滑稽的。正如王充戳穿禹南来会计(会稽)的故事一样:"禹时,吴为裸国,断发文身,考之无用,会计如何?"[14]当然,一部《论衡》显然不是四书五经的对手。而到近代考古发掘盛行以后,1921年在河南渑池仰韶村发掘出仰韶遗址,在一段颇长的时期中,这是中原最早的新石器遗址。仰韶文化的出现,实际上替中华民族起源一元论助长了声势。尽管这期间史学界兴起了疑古之风,几位著名学者带头,向许多长期来为儒学传统控制的史学领域发起了进攻。当然,儒学经典中描述的中国上古历史,如我在拙作《水经注记载的禹迹——再论禹的传说》[16]一文中所说:"对于上古历史,特别是经过儒家打扮并且统一了口径的上古历史,它们与神话、传说的差距,有时实在不大。"但问题是,疑古派的文章,主要也是依靠古代文献所作的推论,同样拿不出真凭实据,例如顾颉刚提出,禹治水的事不过是个神话,而且认为"禹是南方民族神话中的人物","这个神话的中心点在越(会稽)"。[17]顾的论文发表以后,另一位学者冀朝鼎非常支持,他指出:"顾颉刚对古代中国历史文献的各种资料作了大胆的分析与比较之后,便否认了关于禹与洪水问题的传统观点。"但是冀最后仍不得不说:"将来新发现的证据,可以证实也可能推翻顾颉刚所作结论的积极贡献。"[18]冀朝鼎提出"新发现的证据",即是因为顾的文章在当时还没有真凭实据。

　　但是现在我们已经有了真凭实据,河姆渡新石器遗址在年代上早于仰韶遗址。越人就是越人,吴人(假使吴越不同族)就是吴人,他们不必再借助于无余(无余其实是个越语人名)和太伯之流的人物介入其中。当然,吴越文化很早就受汉文化的影响,汉字的使用即是其中之一。但是文化的影响是相互的,秦以后,越人流散,而迁入这个地区的汉人,也受到了当地的吴越文化影响,其中有些影响如淫祀滥祭等等,一直保持到今天。

在这个问题上,我们现在还能看到一些文章,引经据典,考证禹怎样到会稽召开全国诸侯会议,防风氏怎样因迟到而受诛,禹后来又如何葬于会稽,以及无余、太伯不远千里南下领导一群祝发文身的蛮子等等,至今还有人津津乐道,也还有书刊有兴趣发表这样的文章,而对河姆渡的划时代发现和第四纪学、古地理学等科学成果无动于衷,说明儒学传统,确实渊源深厚。

第三是吴越文化研究中应该广泛地利用科学的检测手段的问题。关于这方面,我曾经就热释光测年举过一点例子:"1970年,英国牛津大学考古所曾对该所收藏的9件中国六朝陶俑进行热释光检测,结果其中的6件是赝品。1972年,该所又通过热释光测出他们收藏的22件中国辉县陶全属赝品。这些六朝陶俑和辉县陶,在收藏过程中,当然经过不少自以为有经验的专家包括老式考古学家们的鉴定,但结果却是许多鱼目混珠的假骨董,这就说明了科学的检测手段的必要。"[18]

现在,科学的检测手段日新月异,仅仅是测年的方法,除了比较习用的放射性碳素和热释光以外,还有铀系、钾氩、穆斯堡尔谱、古地磁、中子活化、氧同位素比等等,当然,每种方法都有一定的误差,但误差数不大,例如前面提到的卷转虫海岸的贝壳堤测年,在一万五千年中,误差数只有七百年。绝对不会再出现著名的牛津大学考古所收藏假骨董的笑话。一个现成的例子是前几年关于萧山城山(越王城)的争论,城山顶上有一些堡垒状的遗迹,有些考古学者认为这是越王句践为了抗御句吴而兴修的军事工程,符合《越绝书》对于"固陵"的记载。[19]但也有考古学者却认为这些堡垒状的东西是近代的事物。像这类时代悬殊的看法,最好的办法是通过热释光加以解决。另外,对一个地区史前的自然景观的研究,孢粉分析是一种有效的手段,这种方法可以清楚地复原这个地区的原始植物群落。在吴越地区,对于崧泽遗址曾经作过比较全面而深入的孢粉分析检测,获得了较好的成果,可以为证。[20]

在这方面,我们现在面临的问题是研究经费不足,不少从事吴越文化研究的学者得不到研究课题,也就是没有研究经费。侥幸得到某种课题的,经费也非常有限,很难利用科学的检测手段。有的学者,他们尽管对这个研究领域极感兴趣,也认识到科学检测手段的重要性,但是限于资力,不得不一直使用最廉价的研究方法,即单纯地依靠古代文献。这显然是最近一段时期中,吴越文化研究缺乏优秀作品特别是突破性成果的重要原因。这种现象,值得引起学术界有关领导的注意。

第四是吴越文化研究的学者队伍问题。在历来从事吴越文化研究的老一辈学者中,有不少知识丰富,功底扎实,并且提出了卓越的研究成果。但是随着时代的推移,科学的进步,研究者的更新换代,是事物发展的必然规律。新一代的研究者正在不断崛起,继续老一辈的研究工作。为了使吴越文化的研究随着前面提及的几种具体问题,在研究内容和方法上能够跟得上科学发展的形势,对于新一代的研究者,在知识基础和业务水平上,就有更高的要求。从学术领域说,吴越文化研究属于汉学研究的范畴。周法高教授提出的关于汉学研究者应该具备的 3 个条件,其实也就是吴越文化研究者应该具备的条件。他所提出的条件是:[20]

首先,"汉学研究者必须能利用新旧的资料"。也就是说:"我们一方面要了解旧资料,一方面要能充分利用新资料,才能允得其中,汇南高北大精神于一炉,合古今中外而治之。"

其次,"汉学研究者必须能利用科学的观点和科学方法"。在这方面,他以中国语言和中国史的研究为例,他认为这些学术的研究者,必须"通晓语言学、史学、哲学的原理和方法"。

最后,"汉学研究者除了通晓中文外,应能用另一种(或一种以上)通行的语言自由阅读"。在这方面,他还提出一点补充:"如能自由阅读英语,可读之书甚多,但如作为专题研究,即尚嫌不够,法、德、日、俄语都很重要。"

周法高提出的汉学研究者的条件,其中一二两者与本文上面提出的 3 个问题其实是一致的,而他所提出的第三个条件,对于新一代的吴越文化研究者,确实至关重要。可以举一个最近发生的例子。上海书店 1995 年出版了新修的《普陀山志》,从总体来说,这部志书编得不错。普陀山的佛教文化,其实也可以包括在后期的吴越文化研究之中。但就是由于修纂者疏于外语,因而造成了很大错误。浙江省境内至今遗留着大量非汉语地名,其中绝大部分如余杭、余姚、诸暨等等,都是古代越语地名,唯独普陀是梵语地名。按普陀(Potaloka)一名,艾德尔在《中国佛教手册》[22]中有详细解释。这个地名原在印度,由于是佛教圣地,所以亚洲不少崇奉佛教的地区,亦多有以此为名的。包括西藏拉萨的布达拉宫和浙江的普陀山在内。季羡林先生等校注的《大唐西域记》[23]卷十"布呾落迦山"下注云:"此山被比定为现今西高止山南段,秣剌耶山以东的巴波那桑(Pāpanāsam)山,位于提讷弗利(Tinnevelly)县境,北纬 8 度 43 分,东经 77 度 22 分地方,此山是佛典中的名山。"但《普陀山志》纂者却因不谙梵语,不知浙江普陀山的地名来源,因而把印度的普陀山移到浙江。该志第三编《佛教丛林》关于"观音道场"的说明:"史籍中关于普陀山观音道场的记载,最早见于《大悲心陀罗尼经》:'一时佛在补陀洛迦山,观世音宫殿庄严道场中。'"这段文字的错误,不仅是把印度的地名移到浙江,而且让释迦牟尼("佛")也来到浙江。这实在是个由于不通外语而造成的笑话。也就是周法高在其第三个条件中所说的："但如作专题研究,即尚嫌不够。"所以我在评论《普陀山志》的拙文中提出："在这个地区,不仅是僧侣和宗教界人士,甚至从事旅游业的人员,也都有学一点梵语和巴利语的必要。"据我所知,在老一辈的吴越文化研究者中,精通几门外语的学者不少,而目前的这类学者中,精通一门外语的就不多。这不能不说是当前吴越文化研究中的薄弱环节,值得引起重视。

必须指出的是,上述周氏提出的汉学研究者应该具备的 3 个条件,同时也是吴越文化研究者的业务基础和学术素养,是今后我们建立和更新研究队伍必须注意的重要问题。有高质量的研究队伍,才有高质量的研究成果,这是十分浅显的道理。

总的说来,吴越文化研究是一个领域广阔的课题,对于我国南方半壁和不少邻国,包括南起越南北到日本的广大地区和海域,这种研究都有重要的意义。为此,我们有必要在今后加强基础研究,刷新理论观点.利用新的科学成果,提高研究者的业务素质,把这种研究引向深入,获得更大的成果。

注释：

① 参阅乐祖谋点校本《越绝书》卷首拙序,上海古籍出版社 1985 年版。

② 《息荼庵日记》,《越缦堂日记》2 函 11 册,同治八年七月十三日。

③ 参阅拙作《史前漂流太平洋的越人》,《文化交流》1996 年总第 22 期。

④⑩ 《国际百越文化研究》,中国社会科学出版社 1994 年版。

⑤ 《历史地理》第 13 辑,上海人民出版社 1996 年版。

⑥ 王靖泰、汪品先《中国东部晚更新世以来海面升降与气候变化的关系》,《地理学报》1980 年第 4 期。

⑦ 《越绝书》卷八："句践徙治山北,引属东海内、外越,别封削焉。"又同卷："以备东海外越。"

⑧ 《林邑记》已亡佚,《水经·温水注》："《林邑记》曰:浦通铜鼓、外越,安定,黄冈心口"。又:《林邑记》曰:"外越、纪粟。"《水经·叶榆河注》:"《林邑记》所谓外越、安定、纪粟者也。"

⑨ 陈铁梅《我国旧石器考古年代的进展与评述》,《考古学报》1988 年第 3 期。

⑪ 《诗·小雅·谷风·北山》。

⑫ 《越绝书》卷七:"吴越二邦,同气共俗。"

⑬ 《大禹论》,浙江大学出版社 1995 年版。

⑭ 《论衡·书虚篇》。

⑮ 《浙江学刊》1996 年第 5 期。

⑯ 《古史辨》,北平朴社 1926 年版。

⑰ 《中国历史上的基本经济区与水利事业的发展》(英文),伦敦乔治·艾伦和昂温有限公司(London George Allen and Unwin LTD.)1936 年版。

⑱　《论古代良渚人与良渚的自然环境》,《杭州师范学院学报》1995 年第 2 期。

⑲　《越绝书》卷八:"浙江南路西城者,范蠡敦兵城也,其陵固可守,故谓之固陵。"

⑳　参见王开发、张玉兰、蒋辉、叶志华《崧泽遗址的孢粉分析研究》,文物出版社 1987 年版。

㉑　《汉学论集》,台湾正中书局,1991 年第 4 版。

㉒　Ernest J. Eitel, *Handbood of Chinese Buddhism being a Sanskrit – Chinese Dictionary with Vocabularies of Buddist Terms*, Tokyo Sanshusha, 1904。

㉓　中华书局 1985 年版。

㉔　《浙江方志》1996 年第 2 期。

原载《杭州师范学院学报》1997 年第 1 期

"学而优则仕"以后

"学而优则仕",典出《论语》。但即使没有念过四书五经的人,也都会说这句话,而且一般也懂得这句话的意思。每当我身边的熟人,当了各种领导干部,同系和同教研室的人往往会脱口而出:"学而优则仕嘛!"可见这句话在知识界的普及程度。

这句话原来出于孔子的高足子夏之口,子夏后来果然达到了"学而优则仕",当了"教授"。《史记·仲尼弟子传》说:"居西夏教授,为魏文侯师。"做国君的老师,不仅是官,而且是个大官。

子夏说的这句话,他的老师看来并不完全认可。因为《仲尼弟子传》中记及孔子的话:"天下无行,多为家臣,仕于都。唯季次未尝仕。"这里,他表扬了季次的不当官。不过,孔子也没有反对子夏的话,只是他认为学人当官是有条件的。在《孔子家语·入官》中,他定了6条,这是他的学生子张向他请教的时候他老指出的:"忿数者狱之所由生也,拒谏者忠之所以塞也,慢易者礼之所以失也,怠惰者时之所以后也,奢侈者财之所以不足也,专独者事之所以不成也。君子入官,除此六者,则身安誉至而政从矣。"这6条,即使用之于今天,也是无可指摘的。

孔夫子自己当过官,这是大家都知道的。而从《史记·仲尼弟子传》来看,他的弟子中当官的也很不少,例如冉求当了季氏宰,言偃当了武城宰,宓不齐当了单父宰,子羔当了费岖宰,子路当了蒲大夫,又当了卫大夫,连被孔子批评为"朽木不可雕也"的宰我也当上了临菑大夫。最了不起的要算子贡,他当的是外交官,曾经为了鲁国而出使吴、越,其成就按《仲尼弟子传》所记:"子贡一出,存鲁、乱齐、破吴、强晋而霸越。子贡一使,使势相破,十年之中,五国各有变。"作为一位"学而优"的外交官,子贡确实干了一番轰轰烈烈的事业。他后来又在鲁国和卫国为相,最后是"家累千金,卒终于齐"。孔夫子亲自教导的学生,他的"家累千金",当然不会来自贪污受贿。或许是他有功于数国,得了一笔可观的退休金,也或许是像陶朱公那样最后下了海,史书无记载,不好随便乱猜。

孔子弟子的纷纷入仕,为我国历来的"学而优则仕"作出了榜样,子夏的话加上孔子补充的6条,为我国长期来的官员选拔建立了一种传统。到了隋朝,科举制度正式建立,也就是说,"学而优则仕"的官员选拔方式,从制度上确立了下来。在历史上,卖官鬻爵的事情当然有,但是应该承认,大部分官员,都是通过乡试、会试、殿试的所谓三考出身的。

正因为此,所以"学而优则仕"这一句话,在社会特别是知识界,没有读过四书五经的人,也大多通晓,不会再有人去寻根究底。不过像我这样一个从小背诵过《论语》的人,对于这句话,不免还有一点或许是多余的意见。我认为现在人们说"学而优则仕",与《论语》对照,实在有断章取义之嫌。这话出于《论语·子张》,子夏的原话:"仕而优则学,学而优则仕。"现在我们通行的意思是,"学得好的可以当官",这其实只表达了子夏原话的半句,而原话的另外半句是:"当个好官就得要学。"这半句长期来被人们忽视了,其实与大家熟悉的半句相比,被忽视的半句,做起来恐怕更难。

当官,特别是要当一个好官,政务冗繁,要挤时间来学,实在很不容易。但否则的话就当不了好官。古代当官的人,由于大都是读四书五经出身,所以不至于不知道子夏所说"仕而优则学"的这半句。例如唐宋八大家,他们个个都做官,但个个都照样做学问,写出了许多好文章。

现在我们所要求的只是希望不要对子夏的话断章取义。"学而优则仕"是中国的良好传统,但"仕而优则学"也不能偏废。我们不要求化学家或历史学家当了官以后,仍然蹲在实验室或抱了二十四史做学问而荒疏了本职工作。我们的要求只是两点:第一,不管哪一路专家,在你"优而仕"以后,是不是一定要继续捧住你的老专业做学问,别人不会有意见。但是你必须"优而学"。当了政治官的就学政治,当了经济官的就学经济,当了工业官的就学工业。第二,如第一点指出的,人们并不希望"优而仕"者花费在做他的老一套学问上的精力超过他的本职工作。但希望他们在弃学从官以后,仍然能够关心一点做学问的人和做学问的事。

原载《光明日报》1997年7月12日

钱塘江及其河口的历史地理研究

钱塘江是浙江省的第一大河,它全长 605 公里,流域面积(包括省外部分)48887平方公里。^①从全国河流的地域分类和属性来说,和主要的大河如长江、黄河、黑龙江、珠江等不同,它和瓯江、闽江、九龙江、韩江等属于同一类型,是东南丘陵地区独流入海的河流,这些河流的河性是:"源短流急,径流量较大,含沙量和输沙量极小,无冰期,水能蕴藏丰富等。"以下对钱塘江及其河口的几个方面进行简要的介绍。

钱塘江的河名变迁

钱塘江古称浙江,"浙"是越语汉译,《山海经》、《越绝书》、《史记》、《水经注》等多数古籍均作浙江,《庄子·外物篇》作淛(制)河,《汉书·地理志》、《说文解字》、《水经》均作渐江(《说文解字》既有浙江,又有渐江)。按"渐",古音读"斩",浙、淛、渐,其实都是越音的不同汉译。所以浙江是一个古代越语地名。而钱塘江,正如下文还要提及的,也是越语地名。

钱塘原是县名,秦始皇统一全国后,在今苏南、浙江一带建会稽郡,下置 20 余县,今杭州附近有钱唐县(从唐朝起因避国名讳改"唐"为"塘")。秦会稽郡下县名,除了极少数把原来的越语地名改为汉语地名外,^②其余都沿用原来的越语地名,所以钱唐当然也是越语地名。钱唐县是今杭州的前身,其地理位置和以后的迁移过程,现时学术界尚有争论，③但浙江流经其南，这是可以肯定的。首先把钱唐与浙江联系起来的，是成书于战国的《越绝书》。此书卷八记及秦始皇南巡时，取钱唐浙江岑石，又卷二说："天汉五年四月，钱唐浙江岑石不见。"东汉初的王充，他为了区分春秋时的吴、越国界，在《论衡·书虚篇》中说："余暨（今萧山）以南属越，钱唐以北属吴，钱唐之江，两国界也。"他这句话的意思是，钱唐县的这条江，是吴、越两国的国界。钱唐县的这条江，当然指的是浙江。《书虚篇》又说："有丹徒大江，有钱唐浙江。"《论衡》一书中多次提出浙江一名，所以他绝无把浙江称为钱唐江之意。不过由于王充提出了"钱唐之江"这句话，以后浙江流经的各县，也常常以附近县名称谓其流经的江段，如流经富春（今富阳）的称富春江，流经桐庐的称桐江，流经新安郡的称新安江，此外还有流经兰溪的称兰江，流经金华的称金华江（因金华简称婺，所以也称婺江），而流经衢州、东阳、永康的，分别称衢江、东阳江、永康江等。

这条河流的下流河段，历来还有其他一些别名。五代吴越国时代，由于附近江上露出的一些礁石称为罗刹石（后经吴越国凿平），所以称为罗刹江。富阳以下至杭州江段，由于河道曲折形如"之"字，所以又称之江。

以上所说的浙江各段名称，长期来都专指当地的江段，但今天，全江最后一段钱塘江，竟取代了浙江的古名而成为整条河流的名称。以钱塘江代替浙江，这实在是很晚近的事。中华书局民国三十六年（1947）版《辞海》仍称浙江，而修纂于 1943 年—1949年《重修浙江通志稿》第七册《地理》则说："钱塘江总名浙江。"所以以钱塘江取代浙江，大概是新中国成立以后的事。现在，除了省名仍作浙江外，一般人已不知道浙江原是钱塘江的古名了。

钱塘江的河源与河口

在古籍中，最早记及钱塘江发源地的是成书于战国时代的《山海经》，此书《海内东经》说："浙江出三天子都。"以后各种文献都以此为据。三国时代的《水经》，简单地记载了此水的发源和流程："浙江水出三天子都，北过余杭，东入于海。"这里的问题是"三天子都"，究竟指的什么地方？《汉书·地理志》在这方面说得比较清楚"浙江水出南蛮夷中，东入海。"《说文解字》比《汉书·地理志》更进一步："渐水出丹阳黟南蛮中。"这里的丹阳，指的是西汉的丹阳郡，黟就是今徽州一带。所以历来学者把"三天子都"定为今黄山，而以新安江作为钱塘江干流。新安江到建德与从兰溪流来的兰江汇合。兰江及其上流诸江，都是钱塘江的支流。钱塘江的干支流关系，从《山海经》开始，历代文献如《汉书·地理志》、《水经》、《水经注》直到清代的《水道提纲》，说法完全相同。

从民国时代开始,钱塘江才有二源说出现。例如民国二十五年(1936)商务印书馆出版的臧励和《中国古今地名大辞典》中说:"浙江有二源:北曰新安江,水清;南合婺港、衢港为兰溪,水浊。一清一浊,合流于建德县城之东南而北流,始总称浙江。"到了50年代,钱塘江又从二源说变为一源说,但发源地从新安江移到了衢江上流。从现在可以查到的文献中,此说首见于1956年电力工业部上海水力发电设计院和浙江省水利厅勘察设计院的《钱塘江流域勘查报告》:"钱塘江为浙江省第一大河,发源于浙江西南开化县境内浙皖赣三省交界之莲花尖,东北流注入杭州湾。"这个文献的另一处又说:"钱塘干流自开化莲花尖至杭州湾,总称为钱塘江。"这种说法后来广为传播,70年代末期出版的《辞海》在"钱塘江"条下也说:"上游常山港源出浙、皖、赣边境的莲花尖。"但《辞海》出版后不久,人们又发现,从莲花尖流出来的这条河流,还可以继续上溯,其源实在为安徽境内的青芝埭尖(莲花尖和青芝埭尖,同属怀玉山脉)。于是,1981年上海教育出版社出版的《钱塘江纪行》中作了新的解释:"一些地理学者根据对航空摄影图片的分析,组织了溯源查勘,提出了新的意见,认为钱塘江的源头,应由衢江、常山港、开化马金溪,上溯到安徽省休宁县龙田公社境内的龙溪,发源于休宁县龙田公社海拔一千一百四十四米的青芝埭尖。"1985年浙江教育出版社出版的《浙江省地理》就简单地说明:"钱塘江发源于安徽省休宁县龙田乡板仓附近的青芝埭尖。"

由于钱塘江河源在这几十年中的说法分歧,从80年代初起,省内的某些地理学者,特别是历史地理学者,考虑到从战国到民国均以新安江为干流,50年代以后忽然转移衢江,这种转变,是否有确实根据,还可深入研究。于是,在浙江省科协的组织领导下,浙江省地理学会、测绘学会、水利学会、林学会4个学会的学者们于1983年成立了"钱塘江河源河口考察队",从对古代文献的深入研究和现代河流学、水文学、测量学等科学的反复探索,进行了为期两年的实地考察,最后得出结论,钱塘江干流发源于安徽休宁怀玉山脉的六股尖东坡。六股尖高海拔1629米,河源在海拔约1350米处,上流称为冯村河,北流称为率水,东流经黄山市(屯溪),又经歙县南,辗转进入浙江省,这就是新安江。至于河口,考察队经过详细的踏勘考察,并对闸口断面、海宁断面、尖山断面、澉浦断面等六七处断面作了分析比较,最后论定以澉浦长山东南咀至余姚与慈溪间的西三闸的连线为钱塘江河口。最后,考察队将考察结果写成详细报告,由浙江省科协邀请中国科学院、上海华东师大河口海岸研究所、杭州大学地理系以及省内有关河流水利的15位专家,于1985年12月举行了论证会。经过到会的河流、水利、地理等专家们两天的论证,结果一致同意了考察队的考察报告,并由新华社发表了钱塘江河源河口论证结果的报道。④以后几年，我去日本、加拿大、美国等地访问讲学，与那里的地理学家们接触，发现他们的不少文献资料上，已经采用了我们在 1985 年公布的新的钱塘江河源河口报道，说明这一次河源河口的考察结果，已经获得国际地理学界的承认。

在国内，特别是在浙江省，由于不少人，其中主要是新中国成立以来从事水利行政工作的人，他们没有参加实地考察，也没有参加最后的论证会，而二三十年来习惯于衢江干流和莲花尖发源的说法，所以一时还接受不了新的论证。但另一方面，他们也无法再坚持旧说，于是，新的二源论在一些文献中出现，即把钱塘江河源分成南源、北源两支，南源为安徽休宁青芝埭尖，北源为安徽休宁六股尖。两源在建德汇合。人们对事物的认识总有一个过程，而且对一种新的论证出现不同意见，其本身并不是坏事。通过继续认识，继续研究，对钱塘江的河源河口，最后总能获得一致的意见。

钱塘江河口的特色

钱塘江按其长度和流域面积，当然不算一条大河，但它与我国其他许多类似的河流不同，居然闻名世界，这和它的河口特色有重要关系，因为这条河流在其河口一段，具有举世罕见的涌潮现象。这就是名闻遐迩的"钱塘潮"。对于这种特异自然现象产生的原因，这里不必详述，王充在《论衡·书虚篇》中已经指出："涛之起也，随月盛衰。"当然也和钱塘江河口这种喇叭状的地形有重要关系。全世界具有涌潮现象的河流，除了钱塘江以外，只有巴西的亚马逊河一处，但我曾于 1982 年出访南美，考察亚马逊河流域的赤道雨林，并特地到河口观察此河涌潮，所见无非是一种高低不齐的汹涌浪潮，从河口滚滚进入，完全不能与钱塘潮相提并论。所以钱塘潮实际上是唯我独有的世界绝胜，是一种价值连城的旅游资源。

作为河口特色，涌潮是钱塘江得天独厚的有利条件，但钱塘江河口的另一特色，却是它的不利条件，这就是河口泥沙的迁移堆积，变化频繁，通塞无常。钱塘江本身是一条含沙量和输沙量都极小的河流，含沙量仅有 0.2 千克/米^3—0.4 千克/米^3，每年平均输沙量也只有 650 余万吨。但河口的情况却大不相同，其含沙量最大达 51 千克/米^3，这样大量泥沙是从长江口搬运而来的。由于泥沙堆积，从杭州以下到尖山，低潮位时平均水深仅 2 米—3 米，有的河段仅深 1 米，钱塘江的内河航行素来称便，从杭州上航，几乎都可接近干支流河源，但河口航行却非常困难。早在宋代，姚宽就已经指出："海商船舶畏避沙滩（潭），不由大江，惟泛余姚小江，易舟而浮运河，达于杭越矣"。⑤这里的"大江"即指钱塘江，"余姚小江"即指姚江。由于南宋建都杭州，杭州与国际上的交往增加,但船舶不敢从钱塘江直驶杭州,必须从宁波入口,舟循余姚江和浙东运河航行,以策安全。河口泥沙的搬运堆积,使杭州不能成为一个国际港口。

钱塘江河口由于泥沙搬运无常,还形成另一特色,即所谓"三门"的变迁。钱塘江河口主泓入海历史上并不固定,而是摆动在"三门"之间。所谓"三门",即南大门、中小门、北大门。南大门在坎山、航坞山与赭山之间,中小门在赭山与河庄山之间,北大门在河庄山与海宁故治(盐官)之间。从有历史记载时起,江道一直通过北大门。《越绝书》卷八说:"杭坞者,句践杭也。"这里的"杭坞"就是今坎山镇的航坞山,说明江道经此山下出海,所以主泓走南大门可以无疑。当时既无今萧山的南沙半岛,也无今慈溪的三北半岛。直到南宋,据《淳祐临安志》所载,今南沙半岛西南侧的赭山(现称左山),尚属杭州仁和县:"赭山在仁和旧治东北六十里,滨海产盐,有盐场。"⑥所以今钱塘江出口的北大门,还是一片陆地。从历史记载观察江道北移,首见于南宋嘉定十二年(1219),据《宋史·五行志》记载,这一年"盐官县海失故道,潮汐冲平野三十余里,至是侵县治。"从此,虽然江道主泓尚无北移记载,但盐官县南的大片土地经常受到海潮的冲击。元天历二年(1329),盐官县改名海宁州,改名海宁,其实就是海不宁的反映。

从上述《宋史·五行志》的记载,说明江道北移的迹象始于南宋。但北移有一个过程,直到明末,主泓仍走南大门。据康熙《钱塘县志》卷十二所载:"康熙十九年四月望日,海潮自中小门入。"中小门其实是江道北移的一种过渡,因为这段时间很短,康熙五十九年(1720)浙江巡抚朱轼在奏疏中说:"赭山以北,河庄山以南,乃江海故道,近因淤塞,以致江水海潮,尽归北岸。"⑦说明江道走中小门不过40年。从此至今,钱塘江河口江道,一直稳定在北大门。在江道从南向北转移的过程中,江南先后因淤涨围垦,形成两个半岛,东端的是三北半岛,形成较早,由于其位置在旧镇海、慈溪、余姚三县之北,所以称为三北。南沙半岛形成较晚,因为它原为海宁以南的一片沙地,江道北走以后,仍属海宁,直到嘉庆十七年(1812),才划入萧山,⑧地名未改,仍称南沙。

钱塘江河口的围垦

随着钱塘江河口从南大门移向北大门,在这个逐渐转变的过程中,南岸开始围垦海涂,使之成为良田。围垦最早的是三北半岛,这个半岛的基线是修筑于北宋庆历七年(1047)的大古塘,即通过今慈溪(浒山镇)的东西向海塘,从这条基线向北围垦,于是二塘、三塘、四塘……逐渐向北推展,不仅历史记载完全清楚,地名和历筑塘基,至今也可逐一查清,现在,这种围垦仍在继续进行,已经筑到十塘,在地图上形成了这样一个弧形的半岛,这是三北劳动人民在近 10 个世纪中改造自然、利用自然的业绩。南沙半岛的情况有所不同,因为直到明代末叶,江道主泓仍走此道,⑨它是江道北移以后迅速淤涨的,所以从北海塘(即从萧山瓜沥到党山一线)以北,并未像三北半岛一样有逐年筑塘围垦的记录。现在,半岛的北缘已在河庄山以北约 10 公里,原来都是北大门和中小门的陆地。所以围垦和半岛形成的速度,都比三北半岛要大得多。

　　现在,两个半岛及其间的沿江地带,如绍兴三江口和上虞曹娥江口等地,围垦工程仍在不断进行,而且由于技术的提高和投入的增加,围垦的规模很大,进度很快。就连到这个地区考察的外国学者也为之赞叹。美国瓦尔巴莱索大学历史系主任肖帕(R. K. Schoppa)曾于 1986 年在我的历史地理研究中心从事萧山湘湖和萧绍平原水利史的研究,当他在头蓬一带目击正在进行的围垦工程时,就感到十分佩服。当时我和他的一段对话可以为证,我说:“上帝造海,荷兰人造陆的话,你想必听到过;现在,我们得加上一句:上帝造海,萧山人造陆。”他跷起大拇指说:OK。⑩

　　钱塘江河口的海涂围垦,在扩大耕田面积方面当然具有重要的意义,浙江省原来地少人多,加上近年来由于各种建设的需要,耕地缩减和人均耕地占有量日益短缺,围垦无疑是弥补耕地损耗的有效途径。不过在这方面,也有几个问题值得讨论和认识,首先,人们常称这种大规模的围垦为“人定胜天”。这样的说法当然是不错的。不过按照严格的科学概念来说,人类对于自然发展的规律,只能因势利导,绝不可能对抗。从钱塘江河口说,《宋史·五行志》记载的“海失故道”,标志了江道北移的开始。但这个过程从 13 世纪一直延续到 18 世纪才全部完成。前面已经指出,江道经南大门入海的记录最早见于《越绝书》所说的越王句践时代,也就是公元前 5 世纪之初,在这以前,江道在南大门已经走了多少年,现在我们尚无法知道。就以句践时代算起,则江道稳定于南大门的时间就达 18 个世纪。说明江道入海之路有其一定的持续性,是相对稳定的。而在北大门,直到东晋时代,现在在海盐以东 20 多公里海中的王盘山,尚与大陆相连。⑪因此今天我们在原南大门围垦所得,实际上是失之东隅,收之桑榆。我们在江南围垦陆续增长的土地,正是江北从南宋嘉定“海失故道”以后不断丧失的土地。所以总的说来,我们现在在南沙、三北等地区的大规模围垦,其性质属于顺乎自然发展的规律,不会冒很大的风险。

　　不过在另一方面,我们仍然应考虑到沧海桑田的变迁。我在拙作《史前漂流太平洋的越人》⑫一文中,曾经绘制了《假轮虫海退时期今浙江省境示意图》和《卷转虫海进时期今浙江省境示意图》各一幅。前者,海岸外伸,浙江沿海大陆架基本出露,海面较今低 155 米。而从东海外缘的最后一道贝壳堤所作 C^{14} 测年结果是 14780 ± 700 年。⑬说明在大约 15000 年前,今浙江省境至少比现在大 2 倍。但后者则海面上升,今

省境内的所有平原均沦为海域,陆地面积较今约小 1/3,而距今不过六七千年。[⑭]现在,
"海失故道"的变迁在我们可以看得到的年代中大概不致发生。但是从客观的角度观
察,全球性的情况是海面趋于上升的。根据澳大利亚南极生态环境专家比尔·迈耶尔
(Bier Mayer)的观察,从 1950 年—1970 年的 20 年中,南极洲附近的冰覆盖水域的边
缘地带,已移动了 2.8 个纬度单位;南极洲边缘海洋中的冰山,每 20 年就有 25% 融化
成水。当然,全球性的海陆变迁属于地质变迁而不是历史变迁,不过我们也不能忽视。
所以,在我们的围垦规划制订和工程实施过程中,除了工程、水利、农业等专家外,有必
要让第四纪学家、古地理学家和历史地理学家等参与,或者向他们咨询,听取他们的意
见。此外,近年来环保学家的意见是,海涂围垦加剧了海水污染。在这方面,我们也必
须引起重视,设法加以防范。

结　语

　　钱塘江当然不是一条大河,但是在浙江省这个面积不大的省份里,这确确实实是
一条了不起的大河。从地质年代到历史年代,从当今到未来,钱塘江这条大动脉与浙
江省的发展真是息息相关。在这样一篇短小的文章里显然无法备述。

　　钱塘江流域在晚更新世(旧石器时代后期)就已经有人类活动,这就是 1974 年在
建德县寿昌乌龟洞发现的建德人。按铀系测年得到两个数据,即 9.7 ± 0.8 万年和
$10.81^{+0.9}_{-0.8}$ 万年,[⑮]总之,大约是 10 万年。学者认为,建德人可能是以后的(于)越族的
祖先。[⑯]当然,这是地质年代的事。浙江省从史前时代跨入历史时代的记录也出现在
钱塘江流域。即《竹书纪年》所载周成王二十四年:"于越来宾"为时在公元前 11 世纪
之末。于越是一个部族,春秋时期建立越国,主要活动于会稽山地和绍兴平原,首都大
越,即今绍兴。

　　从土地资源来看,流域中现有耕地约 990 万亩,占全省耕地约 36%。此外,钱塘
江上游有大片可以开发的黄土丘陵,河口有海涂 100 余万亩。在土地资源相当贫乏的
浙江省,钱塘江流域还有较大的垦殖开发潜力。

　　钱塘江流域在水资源方面,在省内无疑也是最重要的。钱塘江的年径流量为
386.4 亿立方米,占全省年径流总量的 40%。以全省大、中、小型水库为例,总库容量
达 275 亿立方米,而其中新安江水库(千岛湖)即达 216.26 亿立方米,占总库容量的
78.6%,加上流域中的其他水库,合计要占总库容量的 87%。

　　浙江省是一个矿物资源的贫乏省份,但钱塘江上游比省境其他地区相对丰富。浙
江省的能源矿物同样短缺,在这方面,钱塘江的水力可资弥补。钱塘江干支流拥有可

开发能源 206 万千瓦,占全省可开发能源的 39%。省内已经开发兴建的水电站,装机总容量的 80% 以上在钱塘江干支流上。如新安江、富春江、乌溪江等,都是众所周知的。

在人文资源方面,钱塘江对于浙江省的重要性更是不言而喻,前面已经提及,今浙江省境内的历史,就是以"于越来宾"一语,从流域中的今绍兴起笔的。绍兴在公元前5 世纪之初就成为越国的国都。秦始皇时始置郡县,当我国的第一批郡县在公元前 3 世纪建立时,今杭州的前身钱唐县就在钱塘江北岸出现。流域中同时建立的,还有山阴(今绍兴)、诸暨、乌伤(今义乌)、大末(今衢州以东)4 县。说明在钱塘江流域,从上游到下游,从公元前 3 世纪起就得到了开发。与附近的其他地区相比,整个闽江流域,当时只有东冶(今福州)一县,整个赣江流域,只有庐陵(今泰和)一县。而东南沿海其他诸河,如瓯江、九龙江、赣江等流域,当时都还没有县的建置。

现在,在钱塘江流域已经建立了 26 个市、县,拥有人口近 1400 万,占全省人口的1/3。在所有这些市、县之中,特别重要的是接近河口的杭州。这个城市,自从隋代开通了江南运河以后,就开始加速发展。到了唐末,即上升为一个独立政权吴越国的首都,至于南宋而成为一个王朝的国都。元代为江浙行省省会,从明、清、民国直到当前,都是浙江省的省会。它是浙江省的政治、经济和文化中心。

杭州,这个历史文化名城,中国七大古都之一和国际旅游城市,钱塘江滋润和哺育了它,让它从一个灵隐山下的小小钱唐县,[17] 发展成为当今的国际名城。它今后的继续发展,或许仍然要着眼于钱塘江上。前面已经提及,杭州不能成为国际大港的原因是钱塘江河口的泥沙问题。但是假使我们把眼光放得更远一点,科学的发展总有那么一日能够让我们解决这个问题。看看世界上的其他一些地方,英国伦敦距泰晤士河口达 88 公里,德国汉堡在易北河口以内更达 100 余公里,却都能成为著名的国际大港。而杭州,即使按 1985 年钱塘江河源河口考察队勘定的新河口计算,相距也不过80 公里。[18] 所以杭州成为国际大港,虽然是相当遥远的前景,但是总有一天能够来临的。

正因为此,我们有必要加强对钱塘江及其河口的科学研究。为了正确而深入地探索钱塘江的未来,对于这条河流的过去,也需要获得更充分的认识,则对于钱塘江及其河口进行一番古地理(第四纪地理)和历史地理的研究就显得很有必要。而我在本文中所议论的当然十分肤浅,只是由于看到了这种研究的重要性,所以才作这种抛砖引玉的尝试,希望得到有关专家们的指教。

注释：

① 钱塘江的长度和流域面积，近年来省内各种文献颇不一致，如 1986 年浙江省经委经济研究所、浙江省国土整治办公室合编的《浙江国土资源》，长度作 428 公里，流域面积作 42223 平方公里；1997 年中国环境科学出版社出版的《中国自然资源丛书·浙江卷》，长度作 424 公里，流域面积作 42223 平方公里；1986 年浙江省科协编的《钱塘江河源河口考察报告》及《钱塘江流域水资源综合开发考察报告》，长度作 605 公里，流域面积作 48887 平方公里。本文根据省科协数字。

② 汉语地名仅山阴、海盐二处，据《越绝书》卷二："海盐县，始为武原乡。"足见海盐系越语地名武原所改。又卷八："（秦始皇帝）乃更名大越曰山阴。"故山阴为越语地名大越所改。

③ 六朝人提出秦钱唐县在灵隐山下之说，清毛奇龄反对此说（《杭志三诘三误辨》），清倪璠认为秦钱唐县在徐村、梵村一带（《神州古史考》），当代奚柳芳认为在转塘附近（《钱唐故址考》）、吴维棠认为在老和山一带（《杭州的几个地理变迁问题》）、林华东等认为在老和山、灵峰山、北高峰、鸡笼山、南高峰一带（《钱唐故址考辨》），说法甚多，但是都没有考古学的确切证据。

④ 有关钱塘江河源河口问题，均据 1986 年浙江省科协编印《钱塘江河源河口考察报告》。

⑤ 《西溪丛语》卷上。

⑥ 《淳祐临安志》已残缺不全，此据民国《海宁州志》卷二所引。

⑦ 清《海塘录·奏议一》。

⑧ 民国《萧山县志稿》卷一。

⑨ 据（明）祁彪佳《祁忠敏公日记》丁丑八月十五日及张岱《陶菴梦忆》卷三，记有崇祯十年（1637）及十三年（1640）在山阴北部白洋村观潮的事，所以此时江道仍走北大门可以无疑。

⑩ 这一段引自我为陈志富著《浦阳江下游防汛与管理》（浙江大学出版社 1991 年版）所写的序言。

⑪ （宋）《澉水志》卷五《古蹟门》："旧传沿海有三十六条沙岸，九涂十八滩，至黄盘山上岸、而去绍兴三十六里，风清月白，叫卖声相闻。"又据谭其骧、史念海、陈桥驿主编《中国自然地理·历史自然地理》（科学出版社 1982 年版）："王盘山曾是东晋屯兵处，1973 年在撇开山（王盘五山之一），1974 年在王盘山都曾采得许多印陶碎片，并在海盐城东王家堰的海滩上于距岸 860 米处，见晋代废窑砖多块，更足证王盘山过去曾与陆地相连。"

⑫ 《文化交流》第 22 期，《文化交流》杂志社 1996 年版。

⑬ 王靖泰、汪品先《中国东部晚更新世以来海面升降与气候变化的关系》，《地理学报》1980 年第 4 期。

⑭ 陈桥驿《越族的发展与流散》，《东南文化》1989 年第 6 期。

⑮ 陈铁梅《我国旧石器考古年代的进展与评述》，《考古学报》1988 年第 3 期。

⑯ 陈桥驿《论吴越文化研究》,《杭州师范学院学报》1997 年第 1 期。

⑰ 南北朝(宋)刘道真《钱唐记》:"昔县境逼近江流,(钱唐)县在灵隐山下,至今基址犹存。"
说明这个建于公元前 3 世纪的县治,到公元 5 世纪之初尚存基址(《钱唐记》已亡佚,此据
《太平御览》卷一七〇所引)。

⑱ 其实不到 80 公里,因为在河口泥沙问题解决以后,这个国际大港的港口区决不会建在这个
花园城市的近旁,必然远离市区,建在今钱江二桥以东,例如七堡或更东的地区。

原载《浙江档案》1997 年增刊

中国的方志资源

(一)

修纂地方志是中国的优秀文化传统之一。在历史上,修志之风大概始于六朝。1985 年出版的《中国地方志联合目录》(中国科学院北京天文台主编,中华书局版),收录现存(或残存)的全国方志,包括省、府、县志及乡镇志等,从南北朝起直到民国,共达 8371 种。80 年代初期,中辍了数十年的修志传统又得到恢复,全国各地纷纷建立机构,开始修纂方志。根据去年 5 月在北京召开的全国第二次地方志工作会议的资料,到 1995 年 6 月底止,全国已出版省、地(市)、县(市)三级方志 2183 部,加上已经定稿正在排印的,这一时期已完成三级方志 3400 余部。此外还有乡镇志和专业志,估计也是一个很大的数量。我国历史上积累的大量旧方志;现在已经成为学术界研究各历史时期各地自然景观和人文景观,包括政治、经济、文化以及山川形势、生态变化、社会现象、地方掌故等方面的重要资料。而现在全国各地修纂的新志,一二百年以后,也就成为旧志,将为那时学术界研究我们这个时代的自然和人文提供丰富资料。所以历代嬗递的修志传统,是我国文化上的一种特色,具有重要意义。

历史上积累的大量方志,经过历代学者的收藏、利用和研究,逐渐形成了一门方志学的专门学问,这门学问对各地的方志修纂起了促进和提高的作用。我不是方志学家,只是由于研究工作的需要,曾经大量利用方志,不仅在国内查阅方志,还到国外查阅方志,成为一个方志的大用户。50 年代曾在大学地理系开过一门"方志学"的选修课。但是我讲"方志学",不过是为了让地理系学生懂得一点利用旧志的方法,实在称不上"方志学"。却因为这一点经历,在这次修志高潮中,不少志书要我当顾问、审稿、作序等,使我不得不对此稍加留意。去年到北美加拿大和美国访问讲学,半年之中,经常与两国汉学家接触,在谈及中国方志时,先后听到好几位汉学家不约而同地用"资源"这个词汇称谓中国历史上积累的大量方志。我出国讲学已经多次,与外国汉学家论及中国方志也是常事,但是听到他们对中国方志使用这个词汇却还是初次。所以不免踌躇满志,讲学之余,对中国方志资源在国外特别是在北美的收藏和利用情况,作了一点调查。

（二）

调查国外的中国方志资源,首先必须从他们的汉籍收藏着手。因为虽然一部分图书馆编有中国方志目录,但大部分图书馆和研究机构只有汉籍目录。要在数量庞大的汉籍目录中检索出方志,工作量是不小的。北美现有东亚图书馆 93 所(美国 89、加拿大 3、墨西哥 1),藏书总数达 277 种,共 723 万册,其中汉籍占 60%(日文书占 36%,韩文书占 3%,其他文占 1%)。此外,在北美也可以查到欧洲、澳洲和世界其他地区的汉籍或方志收藏情况。通过大量汉籍目录和部分方志目录进行初步统计,完全可以证明中国方志资源的丰富程度。全世界拥有中国方志资源的情况,除了中国以外,收藏最多的是法国法兰西学院高级汉学研究所图书馆,收藏达 4200 余种。美国国会图书馆和哈佛大学燕京图书馆也是收藏大户。前者收藏达 3750 种(6 万册),后者收藏达 3525 种(3.5 万册)。此外,收藏量在 2000 种以上的有芝加哥大学远东图书馆(2700种)以及日本的东洋文库和澳大利亚国立图书馆。收藏量在 1000 种以上的有英国图书馆,牛津大学图书馆,伦敦大学东方与非洲学院图书馆,日本天理大学图书馆和法国法兰西学院亚洲研究院高级汉学研究所图书馆等。而美国夏威夷大学图书馆亚洲文库,宾州大学东亚文库,英国达勒姆大学东方图书馆等,收藏量也都接近 1000 种。必须说明,上列统计并不完整,因为有不少收藏汉籍的大户,书目内容庞杂巨大,一时无法清查出方志数量。例如美国的普林斯顿大学—葛斯德东方图书馆,是美国收藏汉籍仅次于国会图书馆的第二所图书馆,馆藏汉籍达 30 万册。耶鲁大学图书馆东亚文库,馆藏汉籍达 20 余万册,此外如柏克莱加州大学图书馆,斯坦福大学图书馆胡佛研究所东亚文库,达特茅斯学院贝克图书馆东方部,威斯康辛麦迪逊大学纪念东亚图书馆等,馆藏汉籍都在 15 万册以上,在如此大量的汉籍中,必然包括许多方志。现在看来,不仅是北美和西欧等汉学研究发达的大国收藏汉籍和方志,某些小国也拥有可观的收藏量。例如南美洲北部的特里尼达和多巴哥,这是一个面积仅5000平方公里的小小岛国,但在其首都西班牙港的中央图书馆,也藏有汉籍8000册左右,而且在目录中说明其中包括方志。

对收藏在国外的中国方志资源进行初步调查以后,可以立刻发现《中国地方志联合目录》的某些缺陷。《联合目录》当然是迄今为止我国最详细的方志目录。但是第一,它没有把历代公私书目中著录的而现在看来已经亡佚的书目收录在内。因为目录如兼及佚书,从国际交流的角度来说,有利于学者们的注意和搜索,有的佚书可能存在有朝一日复出的机会。此外也有裨于学术界的辑佚工作。第二,《联合目录》在《前言》中说明,这个目录编成以后,只和"台湾公藏方志联合目录及日本的中国地方志联合目录进行了仔细的复查和校订"。则《联合目录》在国际性方面显然还有不足。如前面列举的,中国方志资源流散在全世界的许多图书馆和研究机构中,流散的地区很广,数量很多。为此,在《联合目录》的基础上,完全有必要对散布在世界各地的中国方志资源作一次普查、修订和补充,使新的《中国地方志联合目录》更为充实,能全面反映中国方志资源及其分布概况。

<h2 style="text-align:center">（三）</h2>

要在全世界普查中国方志资源,似乎鞭长莫及,难以下手。其实现在从事这项工作,已经具备了不少有利条件。首先,我们已经编成了《中国地方志联合目录》,普查是在这个基础上进行的。第二,世界上各大小图书馆和研究机构,都编有他们的汉籍目录甚至方志目录,而每一位出访过外国的学者都知道,在国外要获得这类目录是并不困难的。第三,国外图书馆的汉籍部门,往往有华人学者主持,其中有些汉籍图书馆,就是在华人学者擘画经营下发展起来的。例如哈佛大学的哈佛燕京图书馆,当裘开明博士在1924年上任草创之时,馆藏汉籍只有7000册,他在此惨淡经营40年,当他在1964年退休之时,馆藏汉籍已增加到40万册。此外,如哈佛燕京图书馆现任馆长吴文津先生,达特茅斯学院贝克图书馆东方部主任陈澄之先生,美国国会图书馆中韩文组组长王冀先生,华盛顿大学东亚图书馆馆长卢国邦先生等,仅仅在美国,华人学者主持图书馆汉籍部门的就超过10位。这些华人学者都是学有根底,熟悉汉籍和方志,而且乐于帮助祖国方志资源普查工作的。第四是我们的普查工作必然还能获得外国汉学家的帮助。现在,世界各地特别是北美和西欧,都有不少学者从事汉学研究。由于方志是他们研究工作中的重要参考文献,所以外国汉学家都是关心中国方志资源

的。我个人在国外各地查阅汉籍,包括引进国内不存的汉籍和方志孤本等,就经常得到他们的帮助。所以外国汉学家必将是我们普查方志资源工作中的可以依靠的力量。

为了在今后的普查工作中争取外国汉学家的帮助,这里也顺便阐述一些我在北美所见的外国汉学家与中国方志的关系。总的说来,他们都非常重视中国方志的收藏和利用。他们家里都收藏着一些中国方志,既收藏旧志,也收藏近年出版的新志。在实际使用中,他们都利用电脑。由于他们研究汉学,撰写有关中国研究的专著和论文,方志是他们获得资料的重要来源。例如美国科学院院士、著名汉学家施坚雅,他主编一部著名的巨著《中华帝国晚期的城市》,引用了几百种方志。曾任康奈尔大学图书馆馆长的柯慎思,在其专著《绍兴——中国在十九世纪的竞争与合作》一书中,引用了方志近20种。现任瓦尔巴莱索大学历史系主任萧邦齐,在其专著《中国的名流与政治变迁——二十世纪早期的浙江省》一书中,引用方志达40余种。例子甚多,不胜枚举。从这里就可以理解,他们用"资源"称谓中国方志,实在是他们在研究和著述工作中的体会。

（四）

外国汉学家对中国方志,特别是当前正在修纂的新志,也有一些意见。当然,他们完全是从研究工作的需要提出意见,不一定适合我们的情况,但对我们有参考价值。首先,他们希望新修方志能包含更多的信息,也就是说,尽可能地编入各种地方资料。他们居然能引用胡乔木的话:"方志是科学的资料汇编。"因而认为有些新志不符合胡乔木提出的要求,只不过是枯燥的官样文章,没有资料价值。早在80年代之初,我就知道外国汉学家十分赞赏1936年出版的民国《鄞县通志》。这部志书,资料丰富,篇幅长达550万字。1985年,我在日本国立大阪大学任教,曾用半天时间与当时在东京庆应大学任教的施坚雅及日本著名汉学家斯波义信讨论了两部书,一部是谭其骧先生主编的《中国历史地图集》,另一部就是民国《鄞县通志》。这两部书都是外国汉学家一致称赞的。这次讨论,我后来都写了文章,后者我写了《民国鄞县通志与外国汉学家的研究》(《鄞县史志》1993年第1期)。我们当然不提倡每个县(市)都要修出大部头志书,资料多寡,篇幅大小,都要根据各县(市)的实际情况。但是方志是资料汇编而不是政府工作报告,这一点应该明确区分。我们确实有一些新志,论篇幅也有几十万字,但由于书中的子目极多,卷、编、章、节,还有诸如大事记、附录等等之类。所以每个子目之下,只能是廖廖数言,有骨无肉。我曾应约撰文,比较中、日两国的方志,发表于来新夏先生主编的《中日地方史志比较研究》(南开大学出版社1996年版),我以两国近年新修的《广岛新史》和《慈溪县志》进行对比。我说:"按字数和面积计算,《新史》对于广岛市,每1平方公里有11.8万字进行记述,而《县志》对于慈溪市,每1平方公里只有0.13万字进行记述。"在这方面,两部志书的差距实在很大。当然,按照我国方志界的具体情况,我们不会在这方面对《慈溪县志》求全责备,《慈溪县志》仍不失为当前修志高潮中的一部佳志。但《广岛新史》13巨册,资料丰富,内容完备,而且每一册都由专家执笔,是值得称道的。我在该文中已叙其详,这里不再赘述。

对于新志的科学性和实用性方面,外国汉学家也有一些意见。例如新志记载动植物,有的相当陈旧落后,少数志书仍然用李时珍编《本草纲目》的内容和体例记述当地的植物。但上述半个多世纪以前的民国《鄞县通志》却已经按动植物分类学记载动植物,而且使用了拉丁文二名法。意见最多的是新志多数没有索引,这是外国汉学家感到无法理解的。应该承认,这确实是新志的一种重要缺陷。原因在于这一时期的修志队伍。十多年来,各地修志人员勤勤恳恳地工作,成绩必须肯定,但是他们绝大部分从政府部门抽调而来,擅长于写工作报告,但极少有与方志接触的经历,更没有利用方志做过学问。所以他们尽管熟记方志职能所谓"存史、资政、教化"的话,但确实不懂索引对于一部资料书的重要性。外国汉学家在这方面的意见,当然是值得我们重视的。

(五)

一个常常被提到的意见是外国汉学家获得中国方志非常困难。目前他们著书立说所利用的主要还是旧志,他们手上多已有了《中国地方志联合目录》,但目录上著录收藏于中国某些图书馆的方志,因为外国与中国不存在馆际互借制度,唯一的办法是托中国学术界朋友传抄或复制,但不是每个外国汉学家都有中国朋友,而且这种办法很花时间(他们还不知道他们的中国朋友得为此付出不小的代价)。有的外国汉学家曾经来中国做研究工作,他们立刻发现中国的图书馆与他们的图书馆很不相同,除了花钱以外,他们多数都有为了查阅某种比较稀见的方志而受到图书馆推诿拒绝的经历。对于这类意见,我最感惭愧。因为在这一次修志高潮中,我已经先后从国外引回4种孤本方志。记得那年浙江省常山县的领导亲自赶来找我,因为他在《联合目录》中查到,日本宫内省图书寮(现已改为宫内厅图书馆)藏有一种康熙二十二年的《常山县志》抄本,这是普天之下唯一的一本。要求我引回此书。我开始有点犹豫,因为虽然我早跑遍了东京的主要图书馆,但这个图书馆属于皇宫,性质特殊,我未曾去过,不知是否会同意复制。但结果发现他们与别的图书馆没有什么差别,这一孤本顺利引回。当时正值新修《常山县志》发排前夕,县志主编一定要我把引回过程写入新志《附录》,

以永留纪念。我只好写了一点此中经过，因为不曾遇到周折，所以十分简单。但我在该文中提及："复制费用只花了4600日元，在东京，这不过是三张电影票或二三公斤桔子的代价。国外图书馆的书刊复制，效率之高，收费之廉，甚至像宫内省图书寮这种性质特殊的图书馆和康熙《常山县志》这样的世上孤本，也同样如此。而如今在我们国内图书馆复制书刊，却常常困难横生，不必说是世上孤本，只要版本稍属珍稀，其'有偿服务'的'偿'，就会使人望书兴叹，对比之下，实在使人感慨不已。"当然，外国汉学家提及这类意见，语言是很婉转的。但是我无法解释这类事情的原因，也无法告诉他们这种现象到何时能够改变，每逢这种场合，只好顾左右而言他。而心情十分沉重，不少出访的学者，在这类问题上，都有过这种经历。

　　总的说来，外国汉学家对中国方志，不论是旧志还是新志，评价都是很高的。这确实是一种宝贵的文化资源，我们既值得自豪，也应该珍惜。使我们的这种文化资源，在国际上获得更高的声誉，在学术研究中发挥更大的作用。

原载《史志研究》1997年第1期

绍兴的民间桥梁

首先得对"民间桥梁"作一点解释，主要是有别于现代化的铁路、公路桥梁和那些跨大河、越海峡的钢铁结构的庞然大物。1993年出版的《绍兴县交通志》专编了一种《绍兴县民间桥梁分布》的统计表，列入此表的，都是历史上陆续修建的"民间桥梁"。

说起民间桥梁，就会联想到浙江各地到处流行的两句民谚，一句是"逢山开路，遇水搭桥"；另一句是"修桥、铺路、造凉亭"。两句民谚说出了我们人民的优秀品质。第一句是人民的进取心，山和水都是前进中的困难，但是我们不怕困难，我们有能力"开路"、"搭桥"，第二句是人民的公益心。桥梁、道路、凉亭（有些地方称王路廊）都是重要的交通设施，在过去，出门没有现代化的交通工具，这三者对跋涉旅途的人是何等重要，所以民间才以此为公益事业的头等大事。

在这三者之中，桥梁显然是我国人民进取心和公益心的最重要标志。因为在技术落后的古代，三者之中以造桥最困难。而在交通行旅中，桥梁又是最关键的设施。关于这方面，只要翻开地图看看地名就可知道。以凉亭（路廊）作地名的极为少见；城市中确有不少以"路"作地名的。而乡间就不多见；但以"桥"作地名的，不论城乡，到处都有。

在浙江，不论山乡或水乡，沿海或内地，到处都有民间桥梁的分布。它们有的古朴，有的精巧，有的粗犷，有的幽雅，其中不乏古桥和名桥。它们既是古代人民进取心和公益心的具体体现，也展示了各地劳动人民和能工巧匠的智慧和创造。

在民间桥梁遍布的浙江境内,其中特别出众的或许就是绍兴。绍兴称得上是一个著名的桥乡。据1996年出版的《绍兴桥文化》一书的统计,在清光绪年代(19世纪末叶),绍兴城内有桥梁229座。按此计算,城内每1平方公里有桥梁31座,这个数字比同样是水乡的苏州城内多出一倍。

绍兴为什么能成为著名的桥乡,原因大概有3方面。第一,绍兴历史悠久,它是春秋越国国都。公元前490年,越王句践就在今府山南麓修建成一座小城,有陆门四、水门一。接着又毗连小城,再建一座大城,有陆门三,水门三。小城与大城,即是以后的绍兴城。由于有府山(又称钟山或龙山)、塔山(又称怪山)、蕺山3座山岳作为标志,所以足以证明绍兴城是我国位置最稳定的古都,在这近2500年历史中,不曾稍有移动,这是我国任何一个古都都不能与之相比的。既然在建城时就已存在几座水门,说明当时城内必然有河,则建城之时,城内也必然有桥。第二,绍兴除了南部会稽山地以外,全是一片水乡泽国。越王句践说他的国家"以船为车,以楫为马"。在这样的地方没有桥梁的架设是不可想像的。第三,绍兴有丰富的建筑石材资源,南部会稽山和北部平原上的丘阜,主要由中生代的凝灰岩构成,这是一种经过沉积的火山碎屑岩。石质细密而采凿容易,长期以来为绍兴的修桥铺路提供优质材料,并且培养了一批石工。

要把绍兴桥乡的民间桥梁作全面介绍,不是短小的篇幅可以完成的。下面只能简单概括它的3个特点。

第一是民间桥梁数量极多,根据《绍兴县交通志》的统计,在1989年,城乡共有民间桥梁4613座,全国大概不可能再有一个如此多桥的县份。这里还必须指出,最近四五十年中,绍兴的民间桥梁,特别是在城内,由于河道填塞和其他原因,已经拆毁不少。我为(绍兴桥文化)所写的序言中,就以从王公池到酒务桥的一段不到1000米的小河为例,这段小河上原有桥梁7座,由于河道填塞而完全拆毁。城内桥梁实在已经减少很多。

第二是绍兴多古桥和名桥。《绍兴县交通志》表列的民间桥梁中,建于清代的有269座,建于明代或明以前的也尚有25座。现存最早的古桥是城内西北隅的光相桥,这座单孔石拱拆建于东晋,长20米,宽6米,造型端庄大方。经过历代重修,但晋代的桥栏石等仍然存在,古朴、粗犷,一望而知其渊源悠久。现为省级重点文物。

城内东隅的八字桥是著名的宋代桥梁。既拆主孔下西南第五根石柱上刻有"时宝祐丙辰(按1256年)仲冬吉日建"。但13世纪初的(嘉泰会稽志)已有记载:"两桥相对而斜,状如八字,故得名",说明宝祐刻石已属重修。此桥建于3条街、3条河的交错处。故采用类似近代"立交"的形式。桥下并有纤道,水陆两便。确是一种杰出的设计。现为省级重点文物。

城西北柯桥阮社村的太平桥。建于明天启二年（1622），桥跨浙东运河，是一座 10 米的半圆形石桥和 9 孔净跨 3 米—4 米石梁桥相连接的多孔石桥，全长达 50 米，拱桥宽 3.4 米，主桥下没有纤道、造型十分优美。现为省级重点文物。

1988 年由国务院公布为全国文保单位的绍兴古纤道，是一条河心石路与桥梁的组合，这条古纤道从阮社太平桥到余渚板桥，全长约 3 公里余，因为全程均在河中。所以沿线建有桥孔 280 余个，成为一条互相沟通的水上长堤，历来有"白玉长堤路"的美称。

第三个特点是桥文化的渊源古老、丰富多彩。古代文献记及绍兴桥文化最早的是《水经注》，《浙江水》篇说："（山阴）城东郭外有灵汜，下水甚深，旧传下有地道，通于震泽。""灵汜"是绍兴最早见于记载的古桥，还包括"通于震泽（按即太湖）"的神话。位于城内东北隅王羲之故居附近的题扇桥，此桥得名于一个流传很广的故事，书圣王羲之在此桥为一个卖扇的老妪在扇上挥毫作书，她的扇因此身价百倍。城南南宋沈园中的春波桥，得名于陆游"伤心桥下春波绿，曾是惊鸿照影来"诗句，其中有一个他与前妻唐琬之间的哀婉故事。此外，绍兴还有大量的桥诗、桥联等等。绍兴桥文化源远流长，美不胜收。

民间桥梁是绍兴人民的骄傲。绍兴人民应该珍惜这项历史文化财富，不仅要保护好现存的所有民间桥梁，并且要让民间桥梁所标志的中国人民的传统美德进取心和公益心发扬光大。

原载《浙江档案》1997 年第 7 期

论 范 蠡

　　范蠡是一位距今邈远的历史的人物,要评论这样的人物,显然存在一些困难。后人评论历史人物,其中确有不少困难。除了资料疏缺以外,其他还有许多困难。如政治上的困难,甚至评论者人身安全的困难等等。举个例子,在中国。譬如人人皆知的孔夫子,此人是长期来受人尊敬的。但在五四运动中就有人提出"打到孔家店"的口号。的确,在中国历史上,儒家思想有其值得肯定的一面,中国人从上层到下层,从知识分子到老百姓,实际上都以儒家的道理作为立身为人的准则,由来已久。总的说来,从古到今,这些都是具有正面效应的。但是,时至现代,儒家的思想和传统,也有它的不少糟粕,有它的负面效应。由于这样的原因,在那个时期,有人高呼"打到孔家店",也有人反对和驳斥。不过,在那个时候,争论的双方,不管你反对孔夫子或是拥护孔夫子,说什么话,人身安全基本上不受影响。后来,如所周知的,到了所谓"批林批孔"的时代,假使你对当道否定的孔夫子的话,在任何场合,例如小组讨论会上说一个"不"字,你的人身安全立刻会发生问题。当然,这些都是往事。我在写这篇文章前开头说这几句,主要是为了说明,评论人物,不要说今人,即使是古人,也是很不容易的。

　　现在回头来评论范蠡,从某种角度说,对这个历史人物的议论可以畅所欲言。因为第一,他的前半生是个政治人物,但是他的政治与当今已经无关;他的后半生是个实业家和商人,在眼下举国重商的潮流中,议论这样的人物称得上是因势利导。尽管在商德这个问题上,范蠡和眼下大有径庭之处,但这其实就是我们应该议论的。当然,议论并不是没有困难，对于范蠡的其人其事，最困难的是时代邈远，资料缺乏。因为学术不同于其他，一位严肃的学者论人述事，必须言必有据。而且要根据权威的文献资料。不能因循没有根据的近人文字，议论古人古事。当然更不能道听途说，人云亦云。这一点也必须在开头加以说明。

议论历史人物，学术界习惯上很尊重"正史"记载。"正史"这个美名，是清乾隆时纂修《四库全书》而由皇上诏定的。当然，我们应该尊重作为"正史"的"二十四史"的权威性。但是，正如我在拙著《郦道元评传》[①]中所指出的："其实正史存在许多缺陷。"我举出了许多部正史立有《酷吏传》和《佞幸传》，但没有一部正史立有《暴君纪》和《昏君纪》。我在该文中说："在我国历史上酷吏和佞幸当然很多，但暴君和昏君何尝会少？而且暴君和昏君给人民造成的灾难，又岂是酷吏和佞幸可比，这实在是正史的极不公正之处。"当然，对于范蠡，并不存在这个问题，而且记及他的正史，只有《史记》和《汉书》两种。《史记》记载范蠡，涉及《越世家》和《货殖传》两篇，《汉书》记及范蠡仅在《货殖传》，而且全文均抄自《史记》，可置勿论。《史记·越世家》记载的范蠡，绝非第一手资料，以下当再论及。《货殖传》所记的较有价值，这可能因为《越世家》所记，均是范蠡在于越（越国也称"于越"）的事迹，司马迁只是在某些文献中见到或是他到南方旅行时听到的材料。而《货殖传》的记载。范蠡已在北方。对于一位身为北人的司马迁来说，其所记载，当然较前具有价值。

既然《史记》对于范蠡的记载，特别是范蠡从政时代的记载具有明显的传抄他家的缺陷。则这个问题应该如何看待，在历史上，对于古人古事的记载存在这种缺陷而且无法弥补的情况实在很多。在中国，许多远古的人物和事迹多由儒家们制造拼凑的，后世的史学家，除了疑古以外，多数也找不出真凭实据。但是对于范蠡，我认为不是这样。因为范蠡服官于越国，而越国有一部价值极高的《越绝书》流传至今。尽管此书已经残缺，而且经过汉人的篡改，但仍然不失为今日研究和评论范蠡的重要依据。

我曾于1979年发表《关于越绝书及其作者》[②]一文。接着又指导我的研究生集中许多不同版本校出一部新的《越绝书》，[③]我为此书题签，并在卷首写了一万多字的长序。我认为《越绝书》虽然明清学者从此书《篇叙外传记》的隐语中进行考证，作出此书为会稽袁康、吴平编撰的假设，[④]但是我引证了许多资料，证明此书实为先秦时代的越国著作，后汉的袁康和吴平，不过是对这种先秦文献加以整理和增删而已。我的这个论点，后来得到学术界的许多人的支持，[⑤]为此，《越绝书》显然是研究范蠡的可以信赖的重要文献。而前面提到的《史记·越世家》中所记的有关范蠡的资料，其实大多数是从《越绝书》传抄而得的。《史记·越世家》记及范蠡的事迹，主要有5个方面：第一，句践在槜李战胜吴后，欲继续伐吴，范蠡劝谏而句践不听，终至酿成夫椒之败而几至国家倾覆;第二,句践因兵败而质于吴,欲请范蠡留越治国。但范蠡认为他治理国事不如文种,所以结果留文种在越,而范蠡随句践入质于吴;第三,夫差北上称霸黄池,范蠡认为伐吴的时机已至,于是出兵获胜;第四,夫差战败而求句践行成,句践不忍置夫差于死地,范蠡劝句践灭吴,第五,范蠡功成离越去齐,遗书文种,指出句践为人,可共患难而不可共安乐,劝文种离越,文种不听,而结果果被句践所害。这5项,在《越绝书》中其实均有明白记及,而且较《史记》更为完整详细。而《越绝书》所记其他有关范蠡的事迹,《史记》多付之缺如。例如《越绝书》卷七有《外传记范伯》一篇,详述范蠡的出身渊源,这是包括《史记》和当时的其他古籍所不载的:

　　昔者,范蠡其始居楚,曰范伯。自谓衰贱,未尝世禄,故自菲薄。饮食则甘天下之无味,居则安天下之贱位。复披发佯狂,不与于世。谓大夫种曰:三王则三皇之留裔也。五伯乃五帝之末世也。天运历纪,千岁一至,黄帝之元,执辰破巳,霸王之气,见于地户,子胥以是挟弓于吴王,于是要大夫种入吴。

又如卷六另一篇《外传纪策考》,也是他书所绝未记及的:

　　范蠡其始居楚地。生于宛橐,或伍户之虚。其为结僮之时,一痴一醒,时人尽以为狂。然独有圣贤之明,人莫可与语,以内视若盲,反听若聋。大夫种入其县,知有贤者,未睹所在,求邑中,不得其邑人,以为狂夫多贤士,众贱有君子,泛求之焉。得蠡而悦。乃从官属,问治之术。蠡修衣冠,有顷而出,进退揖让,君子之容。终日而语,疾陈霸王之道,志合意同,胡越相从。俱见霸兆出于东南,捐其官位,相要而往臣。小有所亏,大有所成。捐止于吴。或任子胥,二人以为胥在,无所共其辞。种曰:今将安之? 蠡曰:彼为我何邦不可乎? 去吴之越,句践贤之。种躬正内,蠡出治外,内浊不烦,外无不得。臣主同心,遂霸越邦。种善图始,蠡能虑终。越承二贤,邦以安宁。始有灾变,蠡专其明,可谓贤焉,能屈能伸。

　　除了以上所举两例外。还有许多证据,足以说明《越绝书》在研究范蠡其人其事中有其他文献所不可取代的价值。

　　除了《越绝书》以外,研究范蠡的另一种价值很高的文献是《吴越春秋》。此书,后汉会稽赵晔所作,后来也经过后世某些学者的改动和编次,甚至有人怀疑今本是否赵氏原著。我在拙作《吴越春秋及其记载的吴越史料》⑥一文中,已经充分肯定了此书的价值。清李慈铭曾经仔细研究此书,确认此书实为赵氏原著。⑦清钱培名《越绝书札记》⑧说:"赵晔《吴越春秋》,往往依傍《越绝》。"此语的意思,即是《吴越春秋》常以《越绝书》作为主要参考。这是对的。因为此书内容确有许多《越绝书》记载的材料。但也应该指出,此书中也有许多不见于《越绝书》的资料。这一方面是,后汉距越国尚不远,赵晔撰书时,越国的不少传说尚流行于社会。另一方面也要看到,今本《越绝书》是经过袁康、吴平增删改定的,赵晔在当时可能已看到未经袁、吴改动的《越绝书》资料,如此书所记的范蠡陪句践入质吴国时的不少故事。例如范蠡对吴夫差所说的:"臣闻亡国之臣不敢语政,败军之将不敢语勇。臣在越不忠不信。今越王不奉大王命号,用兵与大王相持,至今获罪,君臣俱降,蒙大王鸿恩,得君臣相保,愿得入备扫除,出给趋走,臣之愿也。"等等(卷四)这一段经历,与句践能从吴国早日获释返越极有关系。又如句践返国后决心建国定都。询之范蠡,范蠡指出:"今大王欲国树都,并敌国之境,不处平易之都,据四达之地,将焉立霸王之业。"(卷五)"于是范蠡乃观天文,拟法于紫宫,作小城,周千一百二十步,一圆三方。而西北立龙飞翼之楼,以象天门,东南伏漏石窦,以象地户,陵门四达,以象八风。外郭筑城而缺西北,示服事吴也,不敢壅塞内以取吴,故缺西北而吴不取也"。⑨如上所述,范蠡对于建立都城的理论和实践,在我国的都城建筑史上实在是一种杰出的范例。我在拙著《论绍兴古都》⑩一文中指出:"绍兴建城于公元前490年,至今已有二千七百四十八年的历史。一个城市,在原来的地理位置和基址上持续存在到达如此长久的。不仅在江南绝无他例,在全国来说亦属罕见。"范蠡的灼知远见,可见一斑,而这些都是今本《越绝书》所遗失的。

　　所以《越绝书》和《吴越春秋》记载的有关范蠡的许多言论和事迹,对于研究他的前半生,具有很大的价值。范蠡是一位胸怀大志,决心要在春秋后期这个列国纷争的时代作出一番事业的人,他在楚地,表面上如《越绝书》所说:"一痴一醒,时人尽以为狂。"而实际上是大智若愚,胸有成竹,对一般芸芸众生来说,真是"燕雀岂知鸿鹄志"。但当他遇到与他抱负相同、志趣相当的文种时,这位素日默默无闻的人,竟至于"终日而语,疾陈霸王之道"。当然,从以后的发展评价:"种善图始,蠡能虑终。"⑪范蠡毕竟高出文种一等。

　　当句践五年(前492),句践兵败行将入质于吴时,对于这个残破的国家如何安顿的问题,当时,范蠡向句践推荐由文种留越以收拾残局。《越世家》记及范蠡时说:"兵甲之事,种不如蠡;镇抚国家,亲附百姓,蠡不如种。于是举国政属大夫种,而使范蠡与大夫柘稽行成为质于吴。"范蠡说这一番话,一方面当然是他洞悉文种在修治内政方面的才能,正如《吴越春秋》卷四记载的,当句践离越之时,大夫曳庸所说:"大夫文种者,国之梁栋,君之爪牙,夫骥不可与匹驰,日月不可并照,君王委国于种,则万纲千纪无不举者。"足见文种在这方面的才能,在当时是众望所归。《越世家》所记范蠡的话,既表现了他的谦虚,也说明了他的卓识。而其实,他在这种越国生死存亡的关头,其所表现的忍辱负重和高瞻远瞩,确实是当时任何人所望尘莫及的。他建议文种留守,而自己随句践深入虎穴。他说:"辅危主,存亡国,不耻屈厄之难,安守被辱之地,行而必返,与君复仇者,臣之事也。"⑫在句践临行,举国濒于崩溃的艰危时刻,他的这种抱负和信心，在越国后来的复兴事业中，实在起了主要的作用。我在拙作《论句践与夫差》[⑬]一文中，把吴国作为春秋的最后一霸。而把越国作为战国的最早一雄。这个基础，显然是范蠡奠定的。

《越绝书》与《吴越春秋》对于范蠡的记载只及于其前半生。对于他离越以后的事，两书都只寥寥一语。《越绝书》在卷十三《外传枕中》最后一句提及："范子已告越王，立志入海，此谓天地之图也。"《吴越春秋》卷六记及范蠡"乃乘扁舟，出三江，入五湖。人莫知其所适"。以后的事《史记·货殖列传》就记得比较清楚：

> 范蠡既雪会稽之耻。乃喟然而叹曰：计然之策七。越用其五而得意。既已施于国，吾欲用之家。乃乘扁舟，浮于江湖，变名易姓，适齐为鸱夷子皮，之陶为朱公。朱公以为陶天下之中，诸侯四通，货物所交易也，乃治产积居。与时逐而不责于人，故善治生者能择人而任时，十九年之中，三致千金，再分散与贫交疏昆弟，此所谓富好行其德也。后年衰老而听子孙，子孙修业而息之，遂至巨万，故言富者皆称陶朱公。

由于《货殖列传》有"诸侯四通，货物所交易也"的话，所以通常把他作为一个商人。但其实，他在这个"诸侯四通"的地方做什么生意？历史上绝无记载。我们在能够看到的记载，他似乎是个经营畜牧养殖的实业家。当然，由于经营实业而以他的产品通商，这样也就需要兼营商业，所以要选择一个交通便利的商业中心。作为他的经营基地，这也是他的一种卓见。由于这个基地在地理位置上的选择得当，使他经营的实业更为发达。而商业也随着愈益兴旺，从而达到19年中三致千金，这当然不是偶然的。范蠡经营的是什么实业？我们也仍可从古代文献中找出蛛丝马迹。《孔丛子》下《陈士义》第十四记及：

> 猗顿，鲁之穷士也，耕则常饥，桑则常寒，闻陶朱公富，往而问术焉。朱公告之曰：君欲速富，当畜五牸。于是乃适西河，大畜牛羊于猗氏之南，十年之间，其滋息不可计，赀拟王公，驰名天下，以兴富于猗氏，故曰猗顿。

这里记载的是范蠡指导猗顿经营畜牧业而致富。另外，《隋书·经籍志》著录有："梁有陶朱公《养鱼法》一卷，亡。"但《两唐书》都著录范蠡《养鱼经》一卷。说明此书在唐时尚在，《隋书》云亡，是其未曾检索之故。《水经·沔水注》记及后汉习郁曾按陶朱公《养鱼法》在今汉水一带作陂养鱼。说明此书在汉代已经流行。现在此书尚有北魏贾思勰的《齐民要术》辑本。所以范蠡所经营的实业之中，必然也包括水产养殖在内。范蠡离开越国以后经营这些实业，都不是偶然而为，而是可以追本溯源的。从前面《越绝书》的记载进行根究，越王句践在战败入质于吴国后，他以卧薪尝胆的苦行，通过"十年生聚，十年教训"的准备过程，以洗雪他被吴国战败的耻辱。我在拙著《绍兴史话》⑭一书中曾经指出："正如计倪所说的,范蠡处事精明而善理内政,他实际上是于越十年生聚、十年教训中最重要的计划者和领导者。"唐韩鄂在其所著《四时纂要》⑮序中说道:"范蠡开土田,卒报越王之耻。"范蠡领导这个复兴计划,很重要的一环是发展生产。而所谓"开土田",其实就包括了多种生产活动。这中间,除了农业以外,显然也包括畜牧业和水产养殖业在内。所有这些,在《越绝书》中都可以得到证明。此书卷八记若干畜牧业基地如"鸡山、豕山者,句践以畜鸡豕,将伐吴,以食土也"。又:"会稽山上城者,句践与吴战,大败,栖其中,因以下为目鱼池,其利不租。"宋《宝庆会稽续志》⑯解释说:"句践兵败栖会稽,范蠡即山穿池,毓鱼鳖三年,水陆之味不乏。"所以我在《绍兴史话》中说:"《养鱼经》中提到:治生之术有五,水蓄第一。范蠡对水产业的地位说得那么高,一定是在一种河湖广阔的自然环境之中,因此,这部著作,很可能是他在绍兴的时候撰写的。"所以,在古代文献的记载中,虽然他的后期经历没有像前期那样详细,但可以说明,他在后期从事实业和经商的活动中,其中的许多学识和经验,都是前期积累起来的。当然,他处世为人的优良品质和高尚风格,则是毕生一贯的。

总的说来,范蠡是一位我国早期的伟大政治家、军事家、实业家。他的后半生,作当一位资力雄厚的实业家,他当然也从事商业活动。现在看来,不仅是他经营商业的能力超人一等,他的商业道德,更可以作为后世包括当今商业界的高尚表率。

范蠡选择肥城陶山作为他最后的归宿之地,这当然不是偶然的。不仅值得学术界研究,而且更值得当今的肥城人学习和引为无上光荣。我作为一个普通的知识分子,毕生从事教育工作和学术研究,与政治和商业无缘,但是不论在政治上和商业上,我对这位从我的家乡创业、最后归宿在肥城的伟大历史人物,感到无比的钦佩和崇敬。

注释:

① 陈桥驿著,南京大学出版社 1994 年版。

② 《杭州大学学报》(哲学社会科学版)1979 年第 4 期。

③ 乐祖谋点校,上海古籍出版社 1985 年版。

④ 隐语云:"记陈厥说,略有其人,以去为姓,得衣乃成。厥名有米,覆之以庚,禹来东征,死葬其疆,不直自斥,托类白明,写精露愚,略以事类,俟告后人,文属辞定,自于邦贤,邦贤以口为姓,乘之以天,楚相屈原,与之同名,明于古今,德配颜渊。"

⑤ 例如黄苇《方志论集》(浙江人民出版社 1983 年版):"今人陈桥驿对《四库提要》这一结论提出了不同看法(驿按,《四库提要》同意隐语袁康、吴平之说)。……陈先生将似乎已成定论的《四库提要》中的说法,重新提出来讨论,并作缜密研究,发表己见,可谓为进一步研究

《越绝书》者开创了一个新局面,这是一件很有益的事。"(原书第113页)

⑥　《杭州大学学报》(哲学社会科学版)1984年第1期。

⑦　《越缦堂日记补》咸丰十九年正月初九日。

⑧　收入于《小万卷楼丛书》及《龙溪精舍丛书》等。

⑨　《吴越春秋》卷五。

⑩　《历史地理》第10辑,上海人民出版社1992年版。

⑪　《越绝书》卷七。

⑫　《吴越春秋》卷五。

⑬　陈桥驿著,《浙江学刊》1987年第4期。

⑭　陈桥驿著,上海人民出版社1982年版。

⑮　日本东京山本堂书店影印明万历十八年朝鲜刻本。

⑯　《宝庆会稽续志》卷四引华镇《会稽览古诗》。

1997年3月于杭州大学历史地理研究中心

原载《范蠡研究文集》,西苑出版社1998年版

论长江三角洲的水环境生态机制

一、长江三角洲的概念及其水环境

自然地理学上的长江三角洲,是长江和钱塘江冲积而成的一片三角洲,其范围大致是镇江以东,通扬运河以南,杭州湾以北,面积约 5 万平方公里。人文地理学上的长江三角洲,其实就是施坚雅(G. W. Skinner)在《中华帝国晚期的城市》(*The City in Late Imperial China*)一书中所说的"江南金三角",还应包括钱塘江南岸的宁绍平原,面积约 7 万平方公里。从地史和历史发展过程来说,它是一种水环境;从人类文化的发展过程来说,它是一种水环境文化。它今后的发展,也不能离开水环境这种自然地理要素。

从地史来说,这个地区在第四纪有过几次海进和海退的演变。海退时陆域广阔,海进时则一片海水。现在在东海外缘发现的一条最偏东的贝壳堤,位于今海岸以东约600 公里,高程为 – 155 米,C^{14} 测年为 14780 ± 700 年。这就是假轮虫海退时期这个地区的最大陆域。但接着发生了第四纪最近的一次海进,这次海进到距今 7000 年—6000 年时到达顶峰,现代高程约 – 12 米上下。普遍存在的蛎壳层是这次海进的重要物证。现在发现的从嘉定、黄渡、蟠龙、松江、漕泾到杭州玉皇山一线的这条古海岸以及在上海近郊发现的不少所谓"冈身",其实也都是在这次海进、海退过程中形成的。上海近郊的"冈身",据 C^{14} 测年,距今 5870 年—4235 年不等,显然是海退过程中的产物。

地史过程是这个地区水环境的基础,进入人类历史时期以后,在自然和人为的双重影响下,这个地区的水环境格局逐渐形成。这个地区的正式历史记载始于周成王二十四年(公元前 11 世纪末)的"于越来宾"。但在此以前,以海退过程中崛起于冲积层的孤丘作为跳板的生产活动已经广泛出现。这一片潮汐出没的沼泽平原,被逐渐改造成一片适宜于人类生产和生活的水环境,并在一个较长时期中维持了适宜于人类生存的生态平衡,从而发展了独特的水环境文化。到秦始皇在这里建立会稽郡时(前 222),这个水环境中,至少有 18 个县的建制,密集程度已经不亚于开拓已久的中原。当时,建县的主要条件是人口和田赋,也就说明这个水环境中经济和文化发展的程度。到东汉,1 郡分成 2 郡,到晋代进而分成 4 郡,到唐朝而置为 7 州,说明这个水环境的生态机制在促进地区发展中有积极意义。

这个水环境,除了它所面临的海洋以外,其内部是大量的湖泊和河渠。这里的湖泊,有的是沿海泻湖由于海岸外涨而形成的,有的是在沼泽地整治过程中集水在低洼地区形成的。南起宁绍平原的庆湖,北到苏南平原的五湖(太湖是其中之一),湖泊棋布,河渠交错。当然,这样的水环境是经过对这个地区的原始水环境的艰巨改造而达到的,这种改造一方面需要在大面积的泥泞淤地上用疏导的方法排干沼泽,整治河湖网;另一个方面要隔绝咸潮,修建堤塘。所以改造的过程是相当漫长的。

二、在水环境生态机制下长江三角洲古代经济发展概况

从秦的郡县建制到两汉的不断经营,这里的水环境得到了很大程度的改造。于是,水稻、蚕桑、水产养殖、手工业、水上交通,一种良性的生态机制,在这个水环境中长期稳定下来,促进了生产发展和经济繁荣,出现了施坚雅在《中华帝国晚期的城市》中所提出的"中世纪城市革命"中所谓"具有重要经济意义的大批中小城镇"。这类中小城镇,首先就是从太湖流域发展起来的。我为陈学文所著《湖州府城镇经济史料类纂》一书所写的序言中指出:

　　在唐代末期的所谓中世纪城市革命以后,这个地区得风气之先,不仅城市有了较大发展,而且雨后春笋般地崛起了一批城镇。特别是在太湖沿岸的河网地带形成的集镇,凭借这一带在自然和人文方面的优越条件,促使农业和手工业的加速发展,产品丰富,交通便捷,人口稠密,使这些集镇在商业繁荣的程度上,甚至超过某些县城。湖州府、嘉兴府,加上今上海市江苏省境内的松江府、苏州府和常州府,这五个府境内大大小小的繁荣集镇,围成一串,正像挂在太湖边上的一条光彩

夺目的项链。这些历史上形成的繁华集镇,现在已成为历史地理学家和经济学家们最感兴趣的研究对象。

范成大《吴郡志·杂志》说:"谚云:天上天堂,地下苏杭。"此志成于南宋绍熙四年(1193),既然这话出于"谚云",则流行必然早于南宋,或许就是在"中世纪城市革命"时期出现的。"天堂"这个词,除了说明经济繁荣以外,也表达了由于经济繁荣而带来的文化繁荣。文化是个包罗广泛的概念。这个地区的文化繁荣,必须用很长的篇幅才能说得清楚。现在不妨提出一个简单的可以用数值表示的指标,就是这个地区出现的人才。在科举制度时代,获得科场功名的人,可以作为人才的指标。以苏州府辖境为例,从中国科举制度成熟的唐朝开始到这种制度结束的清朝,这个府辖境内,共出了进士 1538 人,其中状元达 37 人。全国恐怕没有一个等级相当的地区可以与之相比。这个在先秦时代的落后地区,终于成为一个鱼米之乡、丝绸之府、文明之邦。

三、给人警示的长江三角洲的水体演变

水环境的核心是水体,说得更明白一点,是地表水概念中的淡水水体(不考虑明朝以后资本主义萌芽发展过程,诸如上海、宁波等港口建立和对外贸易问题)。所以要研究这种生态机制的发展变化,淡水水体在数量和质量上的增减变迁,是这个课题的重点。在古代历史时期的水体变化中,水质(水污染)不是重要问题,所以研究的重点应放在水体的数量方面。显然,这个地区的水体数量在古代历史时期是不断缩减的。以太湖为例,成书于东汉时期的《越绝书》记载为"三万六千顷",按汉制 1 顷为 70 亩,则 36000 顷合 252 万亩,为 1680 平方公里。现在太湖为 2250 平方公里(1965 年材料,按《苏州市志》为 2460 平方公里),则比《越绝书》记载扩大了六七百平方公里。但应该看到,太湖面积的扩大,是它兼并了附近许多湖泊的结果。在《越绝书》的记载中,诸如 1.5 万顷的无锡湖、6.5 万顷的耆湖,还有其他许多湖泊,现在都不存在。所以湖泊的实际面积是缩减了很多的。再以这个地区南缘宁绍平原的庆湖为例,庆湖是海退后形成的大片湖泊沼泽平原,东汉改造成为鉴湖(原称大湖、长湖,唐时称镜湖,宋代才称鉴湖)。由于古籍记载得十分明晰,我们得以在 1:5 万地形图上求得鉴湖全盛期的面积达 206 平方公里,但现在的地形图上,鉴湖已成为一段不长的河道。

这个地区历史时期的水体缩减,当然与两晋、两宋之际的两次北人南迁有关。地区内因人口骤增,缩减水体增加耕地,在当时是没有其他选择的办法。但是现在我们没有根据说这个地区的生态平衡是在两晋或两宋时期被破坏的。我在为何业恒所撰《中国珍稀鸟类的历史变迁》一书的序言中指出:

古人在一段时期中烧毁或砍伐森林,垦植草地,排干沼泽,杀灭许多包括鸟类在内的动物,这是他们改造自然的必要手段。用另一句话说,也是他们谋求生态平衡的一种手段。因为不要忘记,所谓生态平衡,这是指以自然环境适宜于人类的生存为中心的生态平衡。人类既不能让森林、草地、猛兽、毒蛇的存在威胁人类的存在;也不能让它们灭绝殆尽而威胁人类的存在。人类必须想方设法,让它们的存在与人类的存在之间保持一定的比例关系,这才是以人类的存在为中心的真正的生态平衡。

所以对于这个问题,我们最现实的态度,还是看看当前,想想今后。在最近半个世纪中,这个地区水体的缩减和水质的污染有目共见。除了湖泊的湮废以外,另外一种水体缩减是河流填塞。仍以苏州为例,到 1985 年,苏州市区内填塞的河流已达 46.8 公里。又如太湖出水河港,从无锡到苏州,在西太湖,1957 年有 36 条河港,东太湖有 49 条河港;到 1983 年,两太湖减到 34 条,东太湖减到 25 条。26 年之中,太湖从无锡到苏州的出水河港减少达 26 条。

绍兴在这方面和苏州一样。绍兴原来是个水城,城内河港纵横,许多河港是我亲眼看着它们在这半个世纪中迅速消失的。我为《绍兴桥文化》一书所写的序言中提及此事:

> 过去,我曾经认为这种现象,是城市发展过程中不可避免的。虽然常常怀疑和惋惜,但其事属于无可奈何。80 年代初,受聘担任日本几所大学的客座教授,多次到那里讲课,走过不少城市,我才发现,在那个国家里,城市内的河流都保护得很好。不说中小城市,像京都这样的大城市,全市北部为海拔七八百米的连绵山岳,南缘是宇治川(注入大阪湾的淀川的支流),从北部山岳发源的鸭川和桂川,从东西两翼纵贯市区,注入宇治川,市内的许多小河,都以鸭川和桂川为水源。这些小河,河床不深,水清见底,让我恍悟环境保护的重要。

现在,长期稳定的"江南金三角"的水环境生态机制在短短几十年中发生了量和质的极大变化。这种变化,从眼前到将来,将要引起什么后果,现在已经有许多人进行研究。今年长江发生了特大洪水,我想除了天气原因以外,人为因素也是错综复杂存在的。仅从洪水发生以后的滞洪问题来看,水利部领导早已考虑及此,1952 年就修建了荆江分洪工程,分洪区面积达 920 平方公里。但长江原来有它的天然滞洪区,荆江下游不远就有洞庭湖。这个原来是全国最大的淡水湖,1825 年的面积是 6000 平方公里,1949 年为 4350 平方公里,[①]到 1983 年已缩小为 2691 平方公里,从 1949 年到 1983 年,缩小了几乎两个荆江分洪区的面积。中国是个贫湖国,特别是缺乏排水湖(淡水湖)。在世界大国中,美国每 10000 平方公里国土面积中,淡水湖面积占 260 平方公里。加拿大每 10000 平方公里国土面积中,有淡水湖 130 平方公里。而中国,每 10000 平方公里国土面积中,淡水湖面积只大约有 17 平方公里。对于长江三角洲水环境生态机制的今后前途,这一点恐怕也是值得留意的。这是一个独特的水环境地区,在可持续发展战略中,水体应该成为自然要素中考虑的重点。

注释:

① 此处是以面积在 100 平方公里以上的淡水湖为统计对象。

原载《城市研究》1998 年第 6 期

关于"徐学"的兴起与当前研究

　　全国纪念徐霞客诞辰 400 周年筹备会议于 1983 年春在无锡举行,我作为筹委会委员之一,出席了这次会议。在与会以前,我曾经阅读了包括《徐霞客游记》在内的几乎所有前人对徐霞客介绍和评论的著作。其实,当时我可读的文献并不多,上海古籍出版社的《游记》此时已经出版,这是当时我们可以见到的最完整的《游记》版本。[①]当然,我还重温了 20 世纪 20 年代的丁文江本,因为这里有丁编《年谱》和《序》。此外,当时可以读到的有学术价值的论文集只有竺可桢等所著的《地理学家徐霞客》[②]一种。此书收录 9 位学者的 11 篇论文,从卷首张其昀序中得知,这是 1941 年 12 月 12 日在遵义浙江大学文科研究所史地学部举行"徐霞客先生逝世三百周年纪念会"的成果。其他还有若干零碎的文章,除了侯仁之教授 20 世纪 60 年代在《人民日报》发表的几篇短文具有提倡和号召的意义外,其余多是一般的描述性文章。所以从学术研究的观点来说,20 世纪 20 年代丁文江的《年谱》和《序》,40 年代浙江大学的论文集和 80 年代的《游记》,代表了半个世纪之中徐霞客研究的最高水平。

　　大概是由于我长期以来从事郦学研究的原因,在我阅读上列诸文献,特别是浙江大学所编论文集的过程中,意识到《徐霞客游记》在不少方面与郦道元的《水经注》具有相似的性质。它包罗宏富,内容广泛,假使对此进行全面、深入的研究,势必涉及自然科学和人文科学的许多门类,可以形成一门独立的学问——徐学。吕锡生先生在其所编《徐霞客家传》[③]中说:"徐学之说首见杭州大学教授陈桥驿先生在 1985 年 1 月参观徐霞客故居时的题诗。"这是不错的。是我对此用文字表达的开始。但其实,1983年的筹备会上,我已经在发言中提出过"徐学"这个词汇,只是没有见诸文字。而筹备会以后,南京大学地理系为了编一本纪念徐霞客诞辰 400 周年的论文集向我约稿,我应约于 1985 年初撰成《郦道元与徐霞客》一文,我在此文末尾提到:

> 《游记》内容丰富包罗广泛,我们从各个角度对它进行研究,完全有条件形成一门"徐学"。值兹徐霞客诞辰 400 周年即将来临之时,如何发展和繁荣徐学研究,正是我们值得重视的大事,也是我们对这位伟大学者的最好纪念。让郦学研究继续向前,兴旺发达;让徐学研究后来居上,发扬光大!

此文收入于南京大学地理系编的《徐霞客研究论文集》(江苏教育出版社版)。由于出书有一个编辑排印的过程,因此直到 1986 年 10 月才正式出版。吕锡生先生在其大作中所列我在徐霞客故居的题诗,因为事前没有想到要在故居挥毫,是临时思考的急就章,实在是一首劣诗:"郦学渊源长,徐学后来昌,郦学与徐学,相得而益彰。"不过,在几分钟的思索之中,仍然不忘徐学,说明我对此确是铭记在心的。以后的事实还可以证明我对徐学发展的愿望。1986 年 1 月,我应邀到徐霞客家乡江阴参加纪念徐霞客诞辰 400 周年盛会,同样又遇上题诗的场面,这一次我题了一首五律:"郦学与徐学,渊源称悠久,郦将十五纪,徐届四百周,前贤述山水,后儒记卧游,两书相辉映,河山特锦绣。"这里需要说明的是,我每次提出徐学时,都同时提出郦学。对此,我为郑祖安、蒋明宏两位先生主编的《徐霞客与山水文化》[④]一书所写的序中曾经作过交代:"我之所以几次用郦学对比徐学,也寓有以成熟的郦学促进后起的徐学的用意。"因为一门学问的建立,绝非轻而易举。徐学要获得真正的发展,领导的重视,学会的成立,纪念活动和学术活动的组织等等,当然非常重要,但特别重要的是,必须要有一大批学者,从事坚持不懈的艰苦研究工作,不断取得高质量的研究成果,否则的话,在一段时期中虽然气氛热烈,但以后事过境迁,在历史的长河中,可能只是昙花一现。在学术界这类例子很多,值得我们引为教训。

现在就以郦学为例,简述一下这门学问形成、发展、壮大,最终成为国际性学术的过程。郦学的核心是《水经注》,此书自成书迄今,已有 1400 多年,《隋书·经籍志》已见著录。隋、唐类书及地理书中早已大量引及,唐、宋诗人如陆龟蒙、苏轼[⑤]等,都以此书写入诗中。但直到南宋,金礼部郎中蔡珪撰《补正水经》3 卷,对此书的研究才入门径。经过明代和清初许多学者的努力,才形成这一门包罗宏富的郦学。而郦学之中,又分成考据、词章、地理 3 个学派。[⑥]特别是在清代,多少名家如全祖望、赵一清、戴震、杨守敬等,都以毕生精力投入郦学研究。而近代则有熊会贞、王国维、胡适等名流为这门学问尽心竭力。在拙作《历代郦学家治郦传略》[⑦]一文中立传的著名郦学家包括法国、日本、印度等外国郦学家,共达 126 人之多。足见郦学的形成建立固非易事,而它的发展壮大,更有赖于许多学者长期以来的呕心沥血、坚持不懈的研究。假使仅仅从郦道元一人和《水经注》一书而论,对于郦氏生平,《魏书本传》只有 309 字,《北史本传》也只有 612 字,还包括全录《魏书本传》在内。对于《水经注》,全书 40 卷,也不过 34 万余字。但如今郦学研究的成果,真是浩如烟海。在国内,如杨守敬、熊会贞合撰的《水经注疏》,字数就超过 200 万。⑧王国维长期精研郦学,曾对 9 种不同的郦注版本进行校勘,写出精湛的校勘文章。⑨曾任英国剑桥大学教授,后来又长期任香港中文大学副校长的郑德坤,毕生研究郦学,著述逾百万言。⑩胡适以他一生的最后 20 年时间全力投入郦学研究,其成果在《胡适手稿》1—6 集中,字数亦逾百万。⑪以我个人来说,几十年从事这门学问的研究。虽然资质鲁钝,但校注两种版本,字数近 300 万;3 部论文集,字数逾百万;此外还有一些郦学专著,字数也近百万。除国内以外,国际上还有不少著名的郦学家,如曾任日本京都大学人文科学研究所所长的森鹿三,毕生从事郦学研究,以及法国的沙畹(E. Chavannes)、印度的师觉月(P. C. Bagchi)等。此外还有不少外国汉学家,如法国伯希和(P. Pelliot)、费琅(G. Ferrand)、鄂卢梭(L. Aurousseau)、马司帛洛(H. Maspero),英国李约瑟(J. Needham),美国卜弼德(P. A. Boodberg)等,他们在汉学研究中,大量利用郦注材料,所以尽管他们没有被列入我的《历代郦学家治郦传略》名单之中,但是其实也都是郦学家。至今,日本若干大学和研究生院,一直开设郦学课程。我受邀担任他们几所大学的客座教授,都与郦学有关。我到北美讲学,也涉及许多郦学内容。郦学作为一门专门的学问,根基扎实,内容深广,它之所以能载誉国际,于事绝非偶然。

我在纪念徐霞客诞辰 400 周年时的题诗:"郦学渊源长,徐学后来昌。"这是我通过对《徐霞客游记》的仔细阅读和对徐霞客事迹的全面考虑以后的结论。我完全相信,《徐霞客游记》和徐氏生平事迹,完全有可能继郦学以后,建立一门有研究价值和发展前途的学问。所以我在《徐霞客与山水文化》一书的序中指出:"既然徐霞客与郦道元在热爱祖国大好河山这一点上如此酷似,既然《徐霞客游记》和《水经注》都是我国山水文化的杰作,则徐学研究也应该与郦学研究一样,得到应有的发展与提高。这实在就是我最近几年来不能忘怀的心事。"

自从 1983 年无锡举行的纪念徐霞客诞辰 400 周年筹备会以来,徐学在我国发展的形势总的说来是令人鼓舞的。正如我在《扩大徐霞客研究》⑫一文中所指出的:"近年以来,徐霞客研究在我国有了很大发展,对于一位历史人物和一门学问,在不长的时期内,在国内甚至国外,吸引许多学者从事研究,一时间获得大量研究成果,超过以前几百年的研究,确实十分难得。"我在这篇拙文中所说的话都是有根据的,因为我曾经以唐锡仁、杨文衡二位先生所著的《徐霞客及其游记研究》⑬一书的《文著目录》为基础作过统计，徐学研究如从明崇祯十三年(1640)吴国华《圹志铭》开始，包括明、清、民国三代，到1945年方肖矩在《东方杂志》41卷9期发表的《中国伟大旅行家徐霞客》止为第一阶段；从1955年熊忠英在《旅行家》当年第2期发表的《旅行家徐霞客》起，到1982年郑祖安在《文汇报》10月11日发表《徐霞客与上海》止为第二阶段；从1983年全国纪念徐霞客诞辰400周年筹备会起，到1987年底止为第三阶段。3个阶段中，共有各种徐学文献(不包括各种版本的《徐霞客游记》)141种。其中第一阶段达300余年，徐学文献占总数的13%；第二阶段计27年，徐学文献占总数的26%；第三阶段只有4年，徐学文献占总数的61%。而从1987年到我发表上述拙文的1991年的4年之中，比率肯定还有很大增加。至于"甚至国外"的话，因为在每次纪念或学术活动中，常常有若干国外学者参加，以我熟悉的朋友来说，美国匹兹堡大学教授谢觉民和明尼苏达大学教授徐美龄，就都参加过这类活动。1991年在桂林举行的国际会议，筹备者曾委托我联系我在美国密歇根大学执教的朋友张春树教授参加，他是我所见到的唯一一种英文本《徐霞客游记》(节本)卷末《附录》的作者。⑭他复信很高兴参加这个会议，但最后因他事而未果。总之，这几年的徐学活动，至少在国外也产生了一些影响。

我在上述《扩大徐霞客研究》的拙文中曾经指出，郦学与徐学除了它们各自的个性以外，还有它们的共性，就是专业性以外的普及性。我说：

> 它们的普及性，就是这两门学问的共同基础，其实就是描述和赞美祖国的大好河山。《水经注》和《徐霞客游记》的作者，都是以自己的亲身实践，描述和赞美祖国的大好河山，它们的共同思想基础，即是美国学者亨利·G·施瓦茨所撰写的《徐霞客与他的早年旅行》⑮一文中所说的"中国的自然之爱"，也就是爱国主义的精神。

在这几年的徐学活动中，我们大家都看到，在徐学的普及性方面，收获确实是不小的。也就是说，通过各种对徐霞客的纪念和学术活动，我们进行了爱国主义教育；通过对徐霞客的旅行和他对祖国大自然的无比热爱的介绍，我们宣传了祖国的锦绣河山。同时，我们在宣扬徐霞客献身科学、尊重实践的精神等方面，也取得了不少成绩。我在为天津教育出版社的《历代游记选粹》⑯所写的总序中指出："在徐霞客的心目中，祖国的一山一水，一草一木，都是值得热爱的。所以他才以毕生精力，不顾艰危困难，追求他对祖国的自然之爱。我们阅读这样的著作，很自然地会和他引起共鸣，激发我们对祖国河山的热爱。"为此，对于徐学的普及性，我们的工作是有效的，是值得继续推广的。不过，我们也应该看到，这几年来，我们在徐学研究中，在这门学问的专业性方面，力量还相当薄弱，成果还显得不足。这是值得当前徐学研究者重视的问题。自从

1983 年无锡会议以后,我一方面欣喜于徐学活动的蓬勃发展,但另一方面也注意到了成果的学术水平。所以到了 1990 年,我为香港著名郦学家吴天任教授所撰《郦学研究史》[17]一书所写的序中就指出:

> 在中国,一本书成为一门学问的事,例子不多,称《红楼梦》研究为"红学",现在已经非常流行,但这门学问的研究历史。不过半个多世纪,称《徐霞客游记》研究为"徐学"是我在 80 年代所首先提出。虽然各方纷纷响应,但徐学作为一种专门的学问,还有待不断研究和提高,庶几名符其实。

这几句话,既说明了我对徐学研究在提高质量方面的殷切希望,也表达了我对于近年来徐学研究中缺乏高质量成果的焦虑。因为作为一门学问,它的生命力,主要在于它所能达到的研究水平。我在本文开头时就推崇 20 世纪 40 年代浙江大学的《地理学家徐霞客》一书,正是因为此书中收入的论文,其中有几篇具有很高的学术水平。例如,林文英先生的《江流索隐》、任美锷先生的《江流索隐质疑》二文,实际上是一种学术讨论,讨论的主题是金沙江在石鼓附近的河流袭夺问题。两位学者都是对当地经过实地考察,根据不同的见解,对袭夺原因作出不同的论证。林氏认为金沙江在这个地区的南流北转,是由于东北、西南向的断层所致。他指出:"金沙江确曾自石鼓南流,其所以改道,系由河道中间,发生东北、西南向的断层所致。旧说所谓由于源头袭夺者,纯属臆测,并非事实。"他在论文中举了许多事实,如虎跳崖瀑布的生成、海西坝子的湖泊、牛街的温泉等,证明这条东北、西南向断层线的存在。任氏则认为此处河流袭夺的原因,是长江上游的向源侵蚀,而这种水系的袭夺发生于第四纪扬子期。当时云南西部诸河尚未成为深峡,流势较缓,扬子期地壳运动时,西康云南间山岭上升剧烈,四川盆地或亦于此时发生下沉作用,使四川境内河床坡度突增,向源侵蚀加速,于是长江遂发生袭夺大渡、雅砻、金沙诸江,造成目前长江上游的特殊水系。

此书中的另外一篇很有价值的论文是谭其骧先生的《论丁文江所谓徐霞客地理上之重要发现》。因为丁文江提出了徐霞客在地理上的 5 项发现,即:南北盘江之源流;澜沧江、潞江之出路;枯柯河之出路及碧溪江之上游;大盈、龙川、大金沙三江之分合经流;江源。谭氏提出许多古代文献,旁征博引,逐一指出所谓 5 项发现者,"惟最不重要之第三项,诚足匡正前人,其余四项,皆断无'发现'之可言"。例如江源,谭文说:"霞客所知,前人无不知之。然而前人终无以金沙为江源者,以岷山导江为圣经之文,[18]不敢轻言改易耳。霞客以真理驳圣经,敢言前人所不敢言,其正名之功诚有足多,若云发现,则不知其可。"为了对谭文的推崇,我特地在《纪念徐霞客诞辰四百周年文集》[19]中发表了一篇《关于徐霞客与江源的问题》,文中指出:

> 后辈学者的学问,当然是在前辈学者刻苦砥砺的基础上不断累积的结果。因

此，对于后辈学者来说，前辈学者是值得尊敬和学习的。现在有人采取前辈学说而不著所出，更有甚者，剽袭前辈学者的学术成就，却诡言是自己多年研究所得，这当然是极不道德的行为。但是在另一方面，对于前人的学术成就，也必须实事求是地予以总结和评价，既不应妄加贬损，也不宜渲染过分，这是科学的态度，也是尊重前辈学者的态度。

谭其骧先生说："徐霞客以真理驳圣经，敢言前人所不敢言。"但是我在拙文中指出："从另一种角度说，他还是尊重经书的。"这是因为，"徐霞客虽然指出了岷山不是江源，但是他并不说经书错了。而只是利用了当时已经相对清楚的黄河河源的例子，把'导河积石'，而河源实非始于积石的事实引用于'岷山导江'之中，用以反证江源亦非始于岷山。而对于夏禹跑到积石去'导河'和跑到岷山去'导江'等，今天没有人再信以为真的传说，他并无任何异议。因此，从另一种角度说，他还是尊重经书的。"当然，我的议论虽然比谭先生更触及了深处，但是我绝无以此贬低徐霞客的意思，因为我在拙文中最后指出："对于这样的事，我们千万不能忘记时代。我们不能苛求于三个多世纪以前的徐霞客。也正如我们不能苛求于十多个世纪以前的郦道元一样。这就是历史唯物主义的态度。"

我在这里引及了一些拙文中的话，绝不是企图把拙文挤入上述林、任、谭3位先生的大作中去。对于他们3位，除了林先生不曾谋面外，任、谭两先生都是我十分景仰和多次求教的，应该说都是我的老师。而且我愿意坦率地说，在我所见的近年发表的不少徐学论文中，从学术水平评价，很少能达到上述3文的高度。这正是我之所以在吴撰《郦学研究史》序中说那几句话的原因。

我丝毫没有忽视徐学领域中的普及工作，相反，尽管这几年中普及工作已经取得了较大的成绩，但我认为还是应该继续加强。徐学内容是爱国主义教育的理想教材，我们今后必须更注重方法，讲求实效，努力在社会上和学校里推广这部教材。当然，在这方面，几年来我们也有过一些误区，后来我在《论徐学研究及其发展》[20]一文中具体表达了对这种误区的意见：

> 例如在浙江。徐霞客到过天台山和雁荡山，有人单单带了一部《游记》就用这种"走徐霞客走过的路"的方法去尝试考察，连这个地区的一张大比例尺的地形图和大比例尺的地质图也不随带，或者说连读地形图和地质图的知识也不具备。譬如说，《游记》在天台山写到"短松"，但考察者却毫无植物分类学知识，连马尾松（Pinus massoniana）和黄山松（Pinus taiwanensis）也区别不出来。又如《游记》在雁荡山记载了许多岩石，但考察者却根本不懂岩石学，连凝灰岩和砂岩也不知道怎样分辨。这样的"走徐霞客走过的路"，耗费了许多人力物力，但其收获

不过是用《游记》对照了一下当年徐霞客的跋涉途径和歇宿地点,然后得到一点体会:"《游记》记得多认真详细哟!""至今历历如在哟!"这样的"走徐霞客走过的路",今后实在不宜推广。当然,专业性的考察队和具有明确目的的专题考察又当别论。

在开始的一段时期中,据我所知,这个误区确实干扰了一些徐学的普及工作,但后来有所好转。当然,旅游部门打徐霞客牌子的各种活动,这属于旅游部门的业务,不在我的议论之内。但是有一个问题必须澄清,即是前面提到的关于徐学这门学问的生命力问题。因为有人认为,徐学发展的生命力在于与旅游业的结合。我们承认,徐学的发展可以与旅游业的发展相得益彰,但两者之间,却没有决定的意义。近代旅游业发展的基本因素是世界上不少国家人民物质生活水平的提高,从而引起精神(文化)生活的需要,绝非取决于哪一位旅行家的号召。我在拙著《北美散记》[21]中记及在加拿大魁北克观赏枫叶时所见的感受:

> 在公路比较宽广处设有停车场,让游客们停车。……美国游客可以从汽车牌照中获悉他们的来处。我特地注意了停车场的车辆,有不少来自加利福尼亚州和得克萨斯州的。从加州到加拿大魁北克,驱车需要 4 个整天,从得州来也要 3 个整天,我真佩服美国人的游兴。

为了看一次枫叶,可以往返驱车逾一周,旅游业发展的势头,不是上述以外的其他原因可以决定的。而同样,一门学问的发展,也绝不决定于是否与旅游业结合。譬如与徐学性质相似的郦学,这门已发展成为国际性的学问,尽管它的内容之中也包括名山大川,风景名胜,但从它的成熟、发展到壮大,从来就没有结合过旅游业。所以,如前面指出的,徐学的生命力在于徐学的本身,在于徐学能达到的研究水平。

徐学研究必须提高,我们迫切需要看到一批高质量的研究成果。让它与郦学一样地发展壮大,成为一门国际性的学问。为此就有必要对这几年来的徐学研究作一点回顾和检讨。眼下,徐学当然还不能与郦学相比,还没有条件撰写诸如拙作《近代郦学家和郦学研究》[22]一类的文章。不过,我们虽然还没有一批可以称得上徐学家的学者,但是作为徐学研究者,其队伍已经形成。这些学者都很努力,都有提高徐学研究水平的愿望。所以,我希望当前的徐学研究者应该在研究工作中扩大视野,这或许是我们的徐学研究能否攀登高峰的关键。在这方面,我们不仅有成熟的郦学研究的经验可循,在以往的徐学研究中,也举得出成功的例子。

郦学与徐学在人和物两者之间十分酷似。郦道元其人和《水经注》其书,是郦学研究的基础;而徐霞客其人和《徐霞客游记》其书,是徐学研究的基础。综观郦学研究的发展历史,当然有一个从低级到高级,从肤浅到成熟的过程。但是郦学能够从初期的简单研究最终发展成为一门硕大的国际性学问。这个历程中的重要转折,是学者们一方面在学术思想上坚定不移,宗奉《水经注》;而另一方面,在研究方法上扩大视野,超越《水经注》。我在拙文《全祖望校水经注稿本合编序》^㉓中,在列举了全氏校本置于卷首的 27 种参校版本后说:

> 全氏列举上述二十七种本子,并在若干本子之下作了夹注。必须指出的是他在《刘继庄献廷本》下夹注说:"以上六本(按指顺炎武、顾祖禹、黄仪、胡渭、阎若璩、刘献廷)皆未得见,但旁见于其所著之书甚多。"全氏列举顾炎武等六本,又声明不见其书,仅从六人的其他著作中"旁见",因为此六人治郦的声名甚著,对全氏来说均属前辈,全氏不能不列其名,而他们的治郦成果确实都在全氏所见的其他著作如《肇域志》、《读史方舆纪要》、《禹贡锥指》、《古文尚书疏证》、《广阳杂记》等之中。

由此可知,从全祖望这位郦学泰斗所列的书目中,顾炎武的《肇域志》,顾祖禹的《读史方舆纪要》,胡渭的《禹贡锥指》,阎若璩的《古文尚书疏证》,刘献廷的《广阳杂记》,都是郦学研究的成果。在这些前辈郦学家倡导之下,郦学内容空前拓宽,郦学领域无比宏大。郦学研究的这种发展过程,对于当今的徐学研究者具有重要的借鉴作用。自从 1983 年以来,徐学研究的成果骤然增加,但只要对这些成果稍加涉猎,就可以立刻发现,所有研究,无不紧紧地沾着徐霞客其人和《徐霞客游记》其书,不敢寸步稍离。而其实,前已列举的 40 年代的林文英、任美锷、谭其骧三氏论文,早已为徐学研究在扩大视野方面作出了榜样。林文仅在开首一段提及徐霞客:"自霞客先生作《江源考》以后,……谨就所见,继《江源考》之后作《江源索隐》,非敢谓能追踪前人,不过聊补当年学术之所未逮,想必霞客之冥灵所乐闻也。"而任文纯论长江袭夺,全文绝未提及徐霞客及《徐霞客游记》。其实,林文说得十分清楚:"当年学术之所未逮。"徐霞客无非记述其所见现象,在当时他怎能懂得河流袭夺、向源侵蚀和断层构造等科学原理呢?

谭文在徐学研究中又另辟独径,他虽然论及徐霞客及《徐霞客游记》,但所论的是丁文江对徐霞客评价 5 项地理发现之不当,5 项之中,其实仅一项最不重要的属于发现。不仅如此,谭文还指出了《徐霞客游记》中的不少错误,其中有些错误是前人已经匡正而霞客致讹的。例如,明人所谓金沙江实指大盈江之下流等问题:"《纪要》、《明志》皆知之……,顾宛溪能辨之,而霞客不能,而据以当龙川下流即金沙之说,遂铸天大错。"又如对缅甸境内的山川城邑,"明人记本朝武功之书不少,想霞客皆未寓目,而其游踪又止于腾越近郊,未尝出关一步,乃欲悬揣千里以外之山川脉络,宜其讹失矣。……误旧志之所不误,非特言之不详而已也"。

其实,古今中外,任何一位高明的学者,其研究成果的偶或出错,诚属难免。这就是《史记·淮阴侯列传》所说的:"智者千虑,必有一失。"但是后辈学者指出前辈学者的错误,却十分必要,特别是名人出错,很容易谬种流传,后辈学者纠正这类错误,实在责无旁贷。所以拙著《郦道元评传》[24]全书10章,第10章题为《水经注的错误和学者的批评》。在这一章的开头我特地指出:

　　对于一部古书,尽管是一部不朽名著,由于成书甚早,作者在此书上所作大量河川地理的研究,只是根据他当时的条件和知识水平。以后条件不断改变,人们对地理环境的认识水平有了提高,后来的学者发现了前人的错误。因而提出批评,这是必然的事,也是正常的事。

在全章之末,我又指出:

　　如上所述,说明像郦道元这样的人物所撰写的《水经注》这样的名著,毕竟也存在不少缺点和错误,历来也曾有不少学者提出过许多批评。让今天的读者了解这方面的事实,实在也是很有必要的。当然,所有这些缺点和错误,对于这部历史名著所取得的成就来说,都是瑕不掩瑜的。

对于徐学研究怎样扩大视野的问题,我还可以再说一件新近的事情。1994年,徐建春、梁光军两位先生合著的《王士性论稿》在杭州大学出版社出版。王士性是和徐霞客同一时代的旅行家和地理学家。而在当时,还有一位声名卓著的旅行家和文学家袁宏道(中郎)。所以我在为此书所写的序中就提起一件往事:

　　1992年在西安举行的祝贺史念海教授八旬寿辰学术讨论会中,周振鹤教授在宣读有关王士性论文之时,曾为他深抱不平,很受与会学者的同情。王士性长期来不受人重视,当然是有许多原因造成的,他的著作偏重学术研究,故事性不如《徐霞客游记》而文学性不如《袁中郎游记》,曲高和寡,或许有以致之。已故的我国历史地理学泰斗谭其骧先生于1985年在全国徐霞客学术讨论会上指出:"王士性在人文地理学方面的成就,比之于他以后四十年的徐霞客在自然地理的贡献,至少是在伯仲之间,甚至可以说有过之无不及。"[25]

我在这篇序中,分别介绍了王士性(1547—1598)、袁宏道(1568—1610)和徐霞客(1587—1641)3位同一时代的旅行家和他们的著作,简而言之,王士性是学术型的旅行家,袁宏道是文学型的旅行家,而徐霞客是纪实型的旅行家。现在,既然我们在这十几年中,由于许多徐学研究者的努力,徐学这门学问已经初具规模,则对于同一时期的另外两位旅行家和他们的著作,都可以纳入徐学这个领域,进行比较、深入研究,这就显然有利于扩大徐学研究者的视野,把徐学研究引向深入,提高徐学的研究水平。或许有人认为把徐学领域作这样的扩大,是否会影响徐学本身? 这无疑属于过虑。举个简单例子,譬如我为《徐霞客研究文集》撰写《郦道元与徐霞客》一文,此文后来就收入于我的《水经注研究二集》,㉒同时作为我的郦学研究成果。

　　按照十几年来徐学研究发展的过程和当前的徐学研究状况,我认为扩大视野是发展徐学研究,提高研究水平和成果质量的必要途径。如上述林文英、任美锷、谭其骧诸先生的文章以及我为《王士性论稿》所作的序,都不过是我为徐学研究者扩大视野所举的例子。总的说来,这方面的潜力很大,课题甚多。"文章本天成,妙手自得之",一切有赖于当前的徐学研究者在思想境界和工作方法上的拓宽、深入、追踪。

　　希望在不久的将来,我们可以看到一批高水平的徐学研究成果,而徐学这种专门的学问,更将羽毛丰满,在国内外学术界凌空翱翔。

注释:

① 朱惠荣教授的校注本,1985 年云南人民出版社版。从此,此本成为当前佳本。

② 商务印书馆民国三十七年(1948)版。

③ 吉林文史出版社 1988 年版。

④ 上海文化出版社 1994 年版。

⑤ 陆龟蒙《和袭美寄怀南阳润卿》(《全唐诗》卷六二六):"山经水疏不离身。"苏轼《寄周安孺茶诗》(《苏轼诗集》卷二二):"嗟我乐何深,水经亦屡读。"

⑥ 陈桥驿《论郦学研究及其学派的形成与发展》,《历史研究》1986 年第 6 期。

⑦ 《郦学新论——水经注研究之三》,山西人民出版社 1992 年版。

⑧ 据段熙仲点校、陈桥驿复校本,江苏古籍出版社 1989 年版。

⑨ 陈桥驿《王国维与水经注》,《中华文史论丛》1989 年第 2 期。

⑩ 郑德坤的郦学著作有《水经注引得》、《水经注引书考》、《水经注版本考》、《水经注研究史料汇编》等多种,均正式出版。

⑪ 陈桥驿《胡适与水经注》,《中华文史论丛》1986 年第 2 期。

⑫ 《千古奇人徐霞客——徐霞客逝世三百五十周年国际纪念活动文集》,科学出版社 1991 年出版。

⑬ 中国社会科学出版社 1987 年出版。

⑭ Li Chi, *The Travel Diaries of Hsu Hsia-Ko*, The Chinese University of Hong Kong, 1974.

⑮ Henry G. Schwarz, *Hsu Hsia-Ko and His Early Travels*, The Love of Nature. Bellingham, Washington: Program in East Asian Studies, Western State College, Occasional Paper No. 3, 1971, PP. 1 –16.

⑯ 《明代游记选粹》,1987 年出版;《宋代游记选粹》,1989 年出版;《清代游记选粹》,1992 年出版。

⑰　台北艺文印书馆 1991 年版。

⑱　指《尚书·禹贡》。

⑲　中国科协、中国地理学会、中国国土研究会、江苏省社科联编印,1987 年。

⑳　《浙江学刊》1988 年第 2 期。

㉑　《北美散记》(一),《野草》1996 年第 3 期。

㉒　《文史》第 41 辑,中华书局 1996 年版。

㉓　全国公共图书馆文献编辑出版委员会编《中国公共图书馆古籍文献珍本汇刊》,中华全国
图书馆文献缩微复制中心 1996 年版。

㉔　南京大学出版社 1994 年版。

㉕　据周振鹤《王士性地理书三种》,上海古籍出版社 1993 年版。

㉖　山西人民出版社 1987 年版。

原载《徐霞客在浙江》,浙江教育出版社 1998 年版

环境保护与生态平衡

——"徐学"研究与可持续发展的关系

环境保护与生态平衡原来都是科学语言,但近年以来,这两句话在科学界以外的一般社会上也开始流行。不少从来未曾接触过环境科学和生态科学的人,也常常使用这两句语言。虽然,有些人在使用这类语言时不免有牵强附会之处。但从另一方面看,由于在环境和生态方面存在的形势日趋严峻,因此,这两句话才超乎科学界而受到全社会的关心。

首先必须把这些词汇的概念稍作说明。根据全国自然科学名词审定委员会 1988年公布的《地理学名词》(科学出版社出版):"自然环境"〔natural environment(10.003)〕和"地理环境"〔geographical environment(01.013)〕二词并收,其实这两个名词的概念是一致的,统指存在于人类社会周围的自然界,包括作为生产资料、劳动对象的各个自然要素,如地质、地貌、气候、水文、土壤、生物和矿藏等。它和另一个词汇"生物圈"(biosphere)接近。生物圈是地球表面生物有机体及其生存环境的总和。这个圈层的范围相当广阔,从地表以上可达二三千米的高空,而地表以下一二千米的深层仍有生命的存在。

环境的概念除了上述地理环境(自然环境)以外,《地理学名词》中还收入"社会环境"〔social environment(10.004)〕一词,这就是我们通常所称的"人文环境"〔human environment〕。由于自然环境和人文环境近代以来污染加剧,因而产生了环境保护的概念。

生态平衡是另一种概念,这是指环境系统中生物与生物之间,生物与生存环境之间相互作用而建立的动态联系。我在为何业恒教授《中国珍稀鸟类的历史变迁》[①]一书所写的序言中,曾用通俗的语言作了譬喻。我说:"自然界原来就有它自己互相制约而又一直保持着的一种生态平衡。谚云:'天生一只鸟,地生一条虫;天生一条虫,地生一片叶。'这就是原始的生态平衡的通俗写照。"也正是由于近代以来,生态平衡的破坏日见加剧,因而呼吁生态平衡的声音才日益强烈。

生态平衡与环境保护虽然属于两种不同的概念,但是它们同属环境科学研究的对象,它们之间有着密切的联系。前面已经提及,环境保护的意识,是由于环境污染的加剧而开始加强的。所谓环境污染,指的是自然环境诸要素(如水、空气、土壤等),在受到天然或人为的污染达到一定程度,因而危害人体健康,影响生命活动的现象。所以这里必须说明的是,眼下许多人动辄埋怨我们的环境污染和生态平衡的破坏,从整体来说,这完全是我们面临的严重问题,但也必须实事求是按科学概念并对每个地区出现的这种情况有所区别。所谓环境污染,按上述定义,是在某些环境要素改变到危害人体健康、影响生命活动现象发生的时候而言的。而且,世界各国,尽管政治制度不同,国情有异,但地球是一个整体,一个国家的环境污染,生态破坏,往往会造成对邻国的损害。海水遭污染、鱼类被滥捕等等,即是很具体的例子。为此,在这个问题上,现在与20多年前不同。在那时,我们闭关自守,可以用"最最优越""前景美好"甚至"一天等于二十年"一类的话对付人民。现在则不行,大家的眼睛明亮了,所以必须看看外国。譬如,我的家乡绍兴,原来是个水乡泽国,不仅是城外,在城内也是河道纵横,河水清澈。我幼年经常在自家后门小河中捕鱼摸虾,情趣至今犹历历如在。但是最近40多年中,大量河流都被填塞,仅存的几条也遭到严重污染。去年,绍兴文化界编著了一本《绍兴桥文化》(上海交通大学出版社版),卷首有我的一篇序言,我提及了这些年中眼看城内河道填塞、河水污染、桥梁拆废的事实。我说:

> 过去,我曾经认为这种现象,是城市发展过程中不可避免的。虽然常常怀旧和惋惜,但其事属于无可奈何。80年代初,我受聘担任日本几所大学的客座教授,多次到那里讲课,走过不少城市,我才发现,在那个国家里,城市内的河流都保护得很好,不说中小城市,像京都这样的大城市,全市北部为海拔七八百米的连绵山岳,南缘是宇治川(注入大阪湾的淀川的支流),从北部山岳发源的鸭川和桂川,从东西两翼纵贯市区,注入宇治川,市内的许多小河,都以鸭川和桂川为水源。这些小河,河床不深,水清见底,让我怳悟环境保护的重要。

对于生态破坏的事,我在上述为何业恒教授的著作所写的序言中也曾经指出:

　　此外，在一个重要问题上，我们也必须分辨清楚，古人在一段时期中烧毁或砍伐森林，垦殖草地，排干沼泽，杀灭许多包括鸟类在内的动物，这是他们改造自然的必要手段。用另一句话说，也是他们谋求生态平衡的一种手段。因为不要忘记，所谓生态平衡，这是指的自然环境适宜于人类的生存为中心的生态平衡。人类既不能让森林、草地、猛兽、毒蛇的存在威胁人类的存在；也不能让它们灭绝殆尽而威胁人类的存在。人类必须想方设法，让它们的存在与人类的存在之间保持一定的比例关系，这才是以人类的存在为中心的真正的生态平衡。

　　在这方面，我也进行过一些国内外的对比，我在我所主编的《当代世界名城》[②]一书的序言中提及：

　　　在我所访问过的许多日本城市中，东京并不是我所喜欢的。……但是，一次偶然的机会，使我多少改变了对这个城市的看法。一个早春的清晨，我在千代田区的一家旅馆大楼顶层的阳台上散步，忽然间，一大群漫天而来的野鸭，几乎覆盖了千代田、中央、港区、新宿等区的整个天空，从东南向西北缓缓飞去。此后，我连续几个清早，都在阳台上欣赏这种闹市中的野生动物奇迹。由此，我联想到，从整个东京都或者更大的范围来说，对野生动物资源的保护工作，必然是做得很好的。

　　我考察过若干世界上著名的林区，如巴西的亚马逊赤道雨林，加拿大魁北克的原始枫林，美国加州以红杉巨树著名于世的所谓"茂林"等等，他们都有一套维持生态平衡和保护环境的制度和方法，值得我们研究和效法。可惜我们到国外去的人，官员和商人多而学者少，名为"考察"而其实公费游览的多而真正考察的少，不懂外语的多而通晓外语的少。所以花费了公家的大量外汇，而在诸如生态、环境等方面，很少看到科学的和实事求是的研究和报导。

　　现在回到正题，因为我在读《徐霞客游记》的过程中，忽然想到，对于环境和生态问题，除了中外对比借鉴以外，我们何尝不可以进行自己国内的古今对比。而要进行这种对比，则《徐霞客游记》就是我们很有价值的对比依据。假使这样的对比，在我们今天的环境科学研究中能发生一点作用，则徐学研究又将再辟蹊径，扩充这门学问的研究领域。我往年在拙作《论徐学研究及其发展》[③]一文中，曾经提及当时开始流行的一种称为"走徐霞客走过的路"的研究方法，我在该文中指出，这种研究方法"其实就是按徐霞客在300多年前的旅行路线踏勘一遍。当然，这种踏勘，如能准备周到，目的明确，也能得到较大的收获"。当年，我在拙文中提出的所谓准备工作，在科学知识方面，主要是植物分类学、岩石学等等之类的地质学、地理学、生物学知识。在工具方面，主要是踏勘地区的大比例尺的地质图和地形图，包括使用这些专业地图的知识。我指出，若是参加踏勘者连上述知识都不具备，那么，"这样的'走徐霞客走过的路'，今后实不宜推广"。

现在看来,我的这篇拙文所论述的,或许还比较片面。假使现在再有人进行"走徐霞客走过的路"这类活动,我一定会建议,请从事这类活动的人,对照《日记》研究一下这条路上的环境和生态,当年与现在发生了什么变化? 显然,在这 300 多年中,徐霞客足迹到过的许多地方,特别是名山大川、名胜古迹,人文环境有了极大的变化。这种变化,可能是优劣参半,现在或许还难以论定。至于自然环境,可以这样说,大部分地方不仅变得使人难以容忍,而且仍在每况愈下。可以把他当年的这条路线,分段分区地进行工作,专门就环境和生态的变化,按照《日记》所提供的 300 多年前的状况,写出各段各区的对比报导,让大家警觉起来,开始重视和扭转这种江河日下的形势,使这条路线上的环境和生态得到改善,这样,不仅会引起徐学研究者的注意,也会引起全国人民的注意,促使全国广大地区环境和生态的改善。否则的话,按目前的这种趋势发展下去,则再过 300 多年,我们的环境和生态,不知将会被扭曲到如何地步。

我提出这个建议,是我去年 5 月参加在雁荡山举行的全国纪念徐霞客学术讨论会而引起的。由于徐霞客在明万历四十一年(1613)继天台山之游以后,于是年四月十一日至十五日游览了雁荡山,撰有《游雁荡山日记》一篇。在他游此山 380 多年以后,我们这一批徐学爱好者又在此聚会,进行一次以他为专题的学术讨论会,这当然是一次对他的极好纪念,也是弘扬徐霞客精神和发展徐学研究的极好方法。会议几天,与会代表们宣读了徐学研究的论文,游览了当年徐霞客游览的这座名山胜景,并且为一座高大的花岗石徐霞客雕像揭幕。代表们都很尽兴。但是我的内心却起伏不安,当雕像的布幕被拉开,全场鼓掌的时刻,我感到最大的遗憾是,徐霞客现在看到的雁荡山,和他当年踏勘的,已经面目全非了。

由于与会代表们大部分是第一次来到雁荡山,其中有不少人还来不及把他们眼前的雁荡山与《游雁荡山日记》去对照一下。所以我在这里不得不增加一个小小的插曲。徐霞客到雁荡山至今已经 300 多年,3 个多世纪的时间或许是长了一点。但是我第一次到这里至今还不过 30 多年,那是 60 年代之初,当时,一场愚蠢而又荒唐的游戏:"大炼钢铁""大办食堂"等等刚刚进入尾声,我因为一个研究课题,从杭州经临海到温州,当时沿途一片萧条景象,很难买到果腹的东西,所以在临海街上用高价买了几个煮熟的番薯,到大荆下车,步行进入此山。当时的人文环境是很可怕的,山里人大多面有饥色,但这场闹剧的恶果,在雁荡山自然环境中尚未充分暴露出来,除了沿山低处的许多树木因"大炼""大办"而砍伐之迹犹新以外,自然要素的其他部分尚属完好。游客当然基本绝迹,因为游山玩水在当时被视为资产阶级腐化没落的行径,而且在那种大家都吃不饱的时代,即使有冒天下之大不韪的胆量,也不会有翻山越岭的能耐。

当时,就我所见,鸣玉溪水还是滔滔奔流,而大、小龙湫也仍然悬泻着瀑布。我虽然只花半天时间就匆匆下山,但至今记忆犹新。

当年我没有对照《游雁荡山日记》,但现在翻开《日记》,与我30多年前所见,自然环境的差别似乎不大。徐霞客在四月十一日的记载中说:"渡一涧,循涧而行,即灵峰也。"灵峰就是今合掌峰,而他所说的"渡一涧",无疑就是今鸣玉溪。他在《日记》十三日中的记载:"(观音)岩侧则马鞍岭横亘于前,鸟道盘折,逾坳右转,溪流汤汤,涧底石平如砥。沿涧深入,约去灵岩十余里。"这里,徐霞客所说的"溪流汤汤",仍然指的鸣玉溪,他用"汤汤"形容此溪流水。云南人民出版社校本朱惠荣注:"汤汤,大水急流的样子。"朱注是通俗注释。但意义是不错的。"汤汤"一词最早见于《尚书·尧典》:"汤汤洪水方割,浩浩怀山襄陵。"徐霞客是读过四书五经的人,他既用"汤汤"一词形容此溪,则此溪水量丰满,可以无疑。此外,他于同日游览了大龙湫,他记载这个瀑布说:"龙湫之瀑,轰然下捣潭中,岩势开张峭削,水无所着,腾空飘荡,顿令心目眩怖。"他用"轰然下捣潭中"和"顿令心目眩怖"这样的语言形容大龙湫,说明这个瀑布的壮观。而瀑布之所以壮观,显然是因为水量充沛。我曾经看到过国外的不少瀑布,其中最壮观的莫过于美国和加拿大之间的尼亚加拉瀑布,其所以壮观,就是由于水量充沛。

可是这一次到雁荡山,人文环境和自然环境都发生了极大的变化。人文环境的变化,当然是由于近年旅游业发展的结果,宾馆栉比,娱乐场所林立。这些当然都是依靠雁荡山的自然环境而发展起来的。可是这些商人们大概不曾想到,他们所恃以为靠山的这座雁荡山,正在趋向没落,已经岌岌可危了。

中国人常常用"山水"这个词汇来表达风景优美。明末清初的学者张岱说:"古人记山水,太上郦道元,其次柳子厚,近时则袁中郎。"④足见"山水"一词譬喻风景,由来已久。这也就说明,风景胜处,必然有山有水。但雁荡山现在已经很少看到水,而且看样子还要继续枯竭下去。我们住宿的宾馆就在鸣玉溪边,虽然当时正值春雨季节,但全溪干涸,桥梁完全虚设,当然用不到徐霞客所说的"渡一涧"了。我曾沿这条干溪上下各行千米左右,甚至连一个积水的小潭也找不到。宾馆附近,有人把溪床的一段用水泥砌墙,截断溪流,建成一个游泳池(这也是极端野蛮荒唐的做法),当然,游泳池也是完全干涸的。我又去看了大、小龙湫,所谓瀑布,无非是淅沥不断地滴水,既无"轰然"之声,亦无"眩怖"之感。会后我写信给当时从北京赶来与会的前中国地理学会秘书长、徐霞客研究会的倡导者之一、我的老友瞿宁淑教授,信末附了一首歪诗:"合掌峰中多神鬼,鸣玉溪边不见水,二龙干枯唯垂泪,我对徐翁实有愧。"

确实,与《徐霞客游记》对照一下,他足迹所到的山水胜景,尽管我们已经加上了许多人工雕琢,且不说这些人工雕琢是雅致还是庸俗,是锦上添花还是弄巧成拙,而对于整个自然环境和生态平衡来说,我们对徐霞客显然是于心有愧的。为此,我们必须尽一切可能,让我们的自然环境不要再受破坏,让自然生态不至于面临它的极限。

1972 年 6 月,联合国在斯德哥尔摩召开的世界环境大会中,第一次敲响了资源和环境的警钟,提出了著名的"可持续发展"的概念。而正是这个攸关人类前途的概念正式提出的年代里,我们恰恰又在演出一场疯狂的悲剧。这场悲剧。不仅比前面提及的"大炼""大办"之类更为愚蠢和荒唐,而且充满了残酷与恐怖。直到这场悲剧的导演者先后退出舞台以后,人民才得以从噩梦中醒来,而且彻底否定了它。现在,我们正在举国共同研究可持续发展的问题。只要我们能真正地放开眼界,就不难领悟,这个问题实在比我们眼前面临的其他一切问题都重要得多,而这个问题首先面临的就是资源、环境和生态。

徐学研究对这个问题是可以有所作为的,或许也是今后徐学研究的生命力之所在。愿徐学界重视这个问题,让徐学研究进一步扩大领域,永放光芒。

注释:

① 湖南科技出版社 1994 年出版。

② 浙江人民出版社 1987 年出版。

③ 《浙江学刊》1988 年第 2 期。

④ 《琅嬛文集》卷五。

原载《徐霞客在浙江》,浙江教育出版社 1998 年版

浙江的历史时期与历史纪年

这是一个研究古代浙江时经常遇到的问题。

先把文题上的几个词汇作点说明：现代浙江的境域，是明洪武九年（1376）建立浙江承宣布政使司，十四年将原隶京师（南京）的湖州、嘉兴两府改隶浙江后稳定下来的。文题的"浙江"就是指的古代的这个境域。由于这个境域中在古代曾出现过谭其骧教授所称的"一族两国"——句吴和于越，所以也常称吴越。

"历史时期"是历史地理学者常用的词汇。由于历史地理学认为人类有组织的生产活动，亦即人类对自然环境进行对后世有影响的干预，始于全新世，也就是新石器时代的初期。为此，历史地理学者的研究往往要跨越较长的时代，所以比较注意历史时期与史前时期的分野。所谓"历史时期"，就是指一个地区有了可以信赖的历史记载以后的时期。

"历史纪年"的概念不必多作解释，如中国的干支纪年、帝王年号纪年和西方的公历纪年等。现在已经通行公历纪年，但我指的是古代的事。

先用中国作个例子。中国的历史时期始于何时？这个问题是有争论的。但许多人认为盘庚迁殷（前15世纪初）可以作为嚆矢。主要的原因是有了文字（甲骨文）。也有一些想把这个时期向上延伸的议论，但缺乏说服力，上古的神话和经过儒家们打扮过的传说，属于口说无凭，不能称为历史。

至于中国的历史纪年，这是众所周知的西周共和元年（庚申，前841）。也有想把这个年份向上延伸的,愿望虽好,但恐怕没有可能。当然,现在大家都知道科学的测年手段如放射性碳素、热释光、中子活化、钾氩、铀系等等,日新月异。但是我们也知道作为"年"的精确数值概念也早已测定:1 回归年,即太阳中心在黄道上连续两次经过春分点(或夏至点、秋分点、冬至点)的间隔时间,其数值为 365 日 5 时 48 分 46 秒(365.2422 日);1 恒星年,即地球公转的恒星周期,也就是地球公转 360°的周期,其数值为 365 日 6 时 9 分 10 秒(365.2564 日)。太阳中心在黄道上转移和地球公转都有误差,这种误差数是"秒值"(每遇这种情况,天文台都要"安排"这一二秒误差数并且公告)。现在我们使用的任何一种科学测年手段也都有误差,这种误差数是"年值"、"十年值"和"百年值"。由此可知,在"年"的数值如此精确的现代,要想通过科学的测年手段或其他考古学和历史学等方法,使中国的历史纪年从共和元年向上延伸,这显然是极度困难的。

现在回过头来说浙江。浙江的史前时期(从晚更新世到全新世,即从旧石器时代到新石器时代)近年来获得许多新发现。从建德人到河姆渡文化、马家浜文化、崧泽文化,直到良渚文化。良渚文化的下限,根据有关各地的放射性碳素测年,还存在一些争论,但大体上是距今 4200 年—4000 年之间。这实在是世界上最晚的新石器文化,当时世界上不少地方都已进入了历史时期,尼罗河畔古埃及吉萨地方的胡夫金字塔已经建成了至少 500 年。当然,对浙江来说,良渚文化的下限距历史时期也已不远。

浙江在史前时期曾经传播过不少神话和传说,如越为禹后、吴为周后以及夏禹到会稽召开全国诸侯大会之类。现在看来,当然都是荒诞不经的,可以不必计较。在良渚文化下限以后大约 1000 年,今本《竹书纪年》周成王二十四年(前 11 世纪末)记载的"于越来宾",可以作为浙江历史时期的开端。今本《竹书》的价值远不及古本《竹书》,这是学术界共知的事实。但是并不可一概而论,对于这一条记载,我们可以与越地流行的传说互相核对。《论衡·超奇篇》说:"白雉贡于越。"《异虚篇》说得更明白:"周时,天下太平,越尝献雉于周公。"以《竹书》与《论衡》对照,"越尝献雉于周公",周公正是《竹书》所记成王的时代。成王二十四年,周公已经归政,但由于他的声名甚高,所以《论衡》仍说"献雉于周公"。王充的时代,《竹书》尚深埋于汲冢之中,所以他显然是根据越地传说把此事写入《论衡》的,说明了《竹书》不诬。周成王二十四年的于越,虽然不知君王(或酋长)是何人,但以此作为浙江历史时期的开端是可以成立的。

历史纪年与历史时期是两个不同的概念。对于浙江的历史纪年,首先必须澄清的是,现在有不少地方文献,如新修的各地方志等,在秦王政二十五年(前 222)以前就使用中国纪年,这是不妥当的。因为在秦一统以前,中国是中国,吴、越是吴、越,其间的关系犹如现在的国际关系,怎能以中国纪年加之吴、越。"中国"的概念,史学界众所周知,不必细述。当时中国与吴、越的关系,举《左传》成公七年的一条记载即可明白:"吴伐郯,郯成,季文子曰:'中国不振旅,蛮夷入伐,而莫之或恤,无吊者也夫。'"所以有关吴、越史事,也就是浙江的先秦史事,应尽可能使用吴、越纪年。由于吴、越对中国是"蛮夷",纪年之始比中国要晚250多年,其间极少数涉及吴、越的记载,如《左传》宣公八年(前601):"楚子疆之,及滑汭,盟吴、越而还。"其时不知吴、越君王为谁,而且事涉数国,纪年当然唯《左传》是从。但此后不过十余年,《吴越春秋·吴王寿梦传》:"寿梦元年,朝周适楚。"《史记·吴世家》"寿梦二年"《索隐》:"自寿梦已下始有其年。"所以寿梦元年(周简王元年、丙子、前585)是句吴纪年之始。于越纪年较句吴晚70余年,始自允常元年(周景王十年、辛卯、前510)。至越王句践二十三年,越灭吴,句吴纪年结束。从此经鹿郢、不寿、朱句、翳、诸咎、(孚)错枝、初无余(之)、无颛、无彊各王,通过古、今本《竹书》、《史记·越世家》等,越国纪年是完整无缺的。当然,这里也并非完全没有问题,例如,楚灭越的时间,史学界至今存在不同的意见,又如,楚灭越以后到秦置会稽郡,其间还有八九十年时间,这段时间的纪年应该如何处理。诸如此等,都有待继续研究。

原载《杭州师范学院学报》1999年第2期

长江三角洲的城市化与水环境

去年11月,汪道涵先生在上海倡导举行一个学术会议——长江三角洲生态文化与区域经济发展学术交流会,[①]特邀我参加并作了一个学术报告:《论长江三角洲的水环境生态机制》。[②]我在报告中首先解释长江三角洲的地域概念,从自然地理学和人文地理学的观点,为长江三角洲作一个地域定义:这是一片由长江和钱塘江冲积而成的三角洲,其范围大致是镇江以东,通扬运河以南,直至钱塘江南岸的宁绍平原,并包括舟山群岛在内,面积超过7万平方公里,也就是美国著名汉学家施坚雅(G. W. Skinner)所说的"江南金三角"。[③]是中国和全世界最富庶繁荣的河口三角洲之一。

一个地区的富庶繁荣,现在当然提得出许多数值依据,但在古代,要提出具体的数值依据显然困难,而地区城市化的程度就成为重要指标。因为一个地区城镇的数量和规模。除了反映城镇工商业的发达和人口的集中以外,还反映支撑这些城镇的广大农村和农业的发展程度。

一个地区的城市化发展,当然有许多原因,但其基础是地区的自然环境及其利用改造。在自然环境的多种要素中,特别重要的是水环境。在干燥的西北,一个井眼或一处泉水的名称,往往可以成为一个聚落甚或一座城镇的地名。但长江三角洲在其早期是一个水量过多的地区。掀起于全新世的卷转虫海进到距今7000年达于全盛,整个今长江三角洲沦入海域,距今5000年以后开始海退,这里出现一片泥泞的沼泽。这就是北方大国宰相管仲描述的:"越之水重浊而洎,故其民愚疾而垢。"[④]海进时期入居山地的人民就下到这片沼泽平原,从事对这个水环境的利用改造,目的是让沼泽平原的积水减少。其方法有两条,一条是让沼泽积水汇流入若干低洼地区,这些地区后来就成为星罗棋布的湖泊;另一条是疏导沼泽积水,使之入海。结果都取得了显著的成效。所以顾颉刚说:"禹是南方民族神话中的人物,""这个神话的中心点在越(会稽)"。[⑤]顾颉刚的论点以后由于地质科学和检测手段的进步而得到证实。[⑥]在儒家经典中,硬说黄河是由禹疏导治好的。其实历代治黄都是筑堤障水,从来就不曾用过疏导的方法。

早在秦始皇一统江南以前,长江三角洲的城市化已经有所发展。秦在这个地区建立会稽郡,今长江三角洲范围内出现 16 个县。[⑦]当时,建县的条件主要就是钱粮和户口,区内出现 16 个县,一个县治就是一个城市。不计县治以外的其他大型聚落,仅从这 16 个县治而言,城市密度已经不下于发达的中原地区。由于县治以外的大型聚落不断增加和扩大,终于出现了后汉永建四年(129)的"吴会分治",把原来辖境广大的会稽郡分成钱塘江以北的吴郡和以南的会稽郡两郡。于是,在这片三角洲中,不仅城市数量增加,而且出现了吴(今苏州)和山阴(今绍兴)两个中心城市,即两郡的郡治。

应该指出,包括这两个中心城市在内的所有三角洲城市和大型聚落,它们都是在当地的水环境条件下建立起来的。《越绝书》是这个地区最古老的文献,[⑧]此书卷二记载春秋时代的苏州:"周四十七里二百一十步二尺,陆门八,其二有楼,水门八。"卷八记载春秋时代的绍兴:"陆门三,水门三。"这两座城市中,陆门和水门数量相等,说明城内的街道和河道也大致相当。两个城市的对外联系,主要也依靠河流。《越绝书》卷二:"吴古故水道,出平门,上郭池,入渎,出巢湖,上历地,过梅亭,入杨湖,出渔浦,入大江,奏广陵。"卷八:"山阴故水道,从郡阳春亭,去县五十里。"整个地区的交通手段,就如越王句践所说,"以船为车,以楫为马"。[⑨]在当时,长江三角洲的所有城市都是一样。

吴会分治以后,这个地区的城市化继续发展,隋朝建立余杭郡(唐杭州)和毗陵郡(唐常州),唐又建湖州[⑩]和明州,经济繁荣人口众多的中心城市进一步增加。从唐末到吴越。由于大运河的沟通,杭州一跃而成为这个地区的最大城市。范成大《吴郡志·杂志》说:"谚云:天上天堂,地下苏杭。"既说"谚云",则以天堂比喻苏杭,必然远早于《吴郡志》成书的南宋。

在历史时期,长江三角洲的发展进步,城市化进程一直是最显著的标志。在唐代末期发生的所谓"中世纪城市革命"中,[⑪]这个地区雨后春笋般地崛起了一批城镇。我为陈学文《湖州府城镇经济史料类纂》[⑫]一书所写的序言指出:

　　由于自然环境和历史人文条件的优越,在唐代末期的所谓中世纪城市革命以后,这个地区得风气之先,不仅城市有了较大发展,而且还雨后春笋般地崛起了一批城镇。其中特别是在太湖沿岸的河网地带形成的集镇,凭借这一带在自然和人文方面的优越条件,促使农业和手工业的加速发展,产品丰富,交通便捷,人口稠密,使这些集镇在商业繁荣的程度上,甚至超过某些县城。湖州府、嘉兴府,加上今江苏省境内的松江府、苏州府和常州府,这五个府境内的大大小小的繁荣集镇,围成一串,正像挂在太湖边上的一条光彩夺目的项链。

以上论述的是长江三角洲城市化的历史地理过程。从总体来说,这种过程是在三角洲地区水环境生态机制良性循环的条件下发展的。这片公元前 7 世纪被管仲所鄙视的恶劣水环境,在成效卓著的利用和改造中,终于成为一个城市化程度很高的鱼米之乡、丝绸之府、文物之邦。

时至今日,这个地区的城市化进程正在更为迅速地发展,原有城镇的扩大以及农村新城镇的形成发展,其势头不可阻挡,这是众所共见的事实。但另一种众所共见的事实是,与历史时期不同,长江三角洲近几十年的城市化发展,是在严重损害水环境生态机制的情况下进行的,从地区城市化可持续发展的观点来看,谁都会明白,这是一个十分严峻的问题。

长江三角洲水环境的核心是水体。说得更具体一点,是地表水概念中的淡水水体。对于水环境的评估,当然包括水体的数量和质量两个方面。应该承认,自从句吴和于越时代直至南宋,在水环境的利用和改造过程中,长江三角洲的水体,在数量上是逐渐减少的。特别是两晋之间和两宋之间,由于北人大量南迁,围垦湖田之风甚炽,这是我在去年的上海会议中曾经指出的。[13]不过对于这一时期的水体缩减,正如拙著《古代鉴湖兴废与山会平原农田水利》[14]一文中所分析的,在整个水环境生态机制中,还并不出现明显的负面影响。尽管从南宋以后,三角洲范围内的水体数量继续有所缩减,但水体质量却并不蒙受污染影响。这个地区的水体在数量和质量两方面都急转直下的趋势和城市化进程扶摇直上的发展,是这几十年中同步出现的事实,所以其严重性特别值得重视和研究。

仍以《越绝书》记载的苏州和绍兴这两个城市作为例子。

苏州原是一个濒临太湖的水城,过去的情况不必细说。新近出版的篇幅巨大的《苏州市志》为这个城市水环境的劣势锐变提供了资料。从对于这个城市存亡攸关的太湖来说,湖面和水体的缩减不必再提。太湖的出水河港,从无锡到苏州,在 1957 年,西太湖有 36 条河港,东太湖有 49 条河港;到 1983 年,各减少为 34 条和 25 条。[15]而苏州水城,在市区以内,从 1949 年以后陆续填废的河道,南北流向的共 8 条,长 4875 米;东西流向的共 15 条,长 8442 米。30 多年之中,总计填废了河道 13317 米。[16]这是在数量方面。至于质量,也就是水体污染的情况,令人更为吃惊。此志在"环城河及古城区内河道"一节中说:"从梅村桥向东经齐门、娄门、相门至蒢门为四级水质,属重污染河段。整个区域内水体均为4—5级水质,属重污染以至严重污染水质。整个内外城河水质受污染,不堪饮用,鱼虾濒于绝迹,亦不宜作工业用水。"[17]

　　是不是在城市化和工业化的过程中必须大量填废这些水城的河流呢?现在再看看绍兴吧。这座曾在18世纪末被一位法国旅行者喻为"威尼斯"的水城,[18]也是从1949年起大量填废城内河道的。到70年代末期,居然把作为山阴、会稽两县界河的府河也进行填废。[19]90年代中,绍兴文化界组织撰写一本《绍兴桥文化》[20]的书,由于河道的大量填废,许多原来很著名的桥梁已经影迹全无。而我在此时却已充分明白:包括苏州、绍兴在内的长江三角洲的许多城市,几十年内填废的河道,其中大多数是不应填废的。我为此书所写的《序》中有一段提到:

　　　　过去,我曾经认为这种现象,是城市发展过程中不可避免的。虽然常常怀旧和惋惜,但其事属于无可奈何。80年代初,受聘担任日本几所大学的客座教授,多次到那里讲课,走过不少城市,我才发现,在那个国家里,城市内的河流都保护得很好。不说中小城市,像京都这样的大城市,全市北部为海拔七八百米的连绵山岳,南缘是宇治川(注入大阪湾的淀川的支流),从北部山岳发源的鸭川和桂川,从东西两翼纵贯市区,注入宇治川,市内的许多小河,都以鸭川和桂川为水源。这些小河,河床不深,水清见底。让我恍悟环境保护的重要。

　　"可持续发展"的警钟是1972年6月在斯德哥尔摩举行的联合国世界环境大会中第一次敲响的。当时,我们正处于一个除了"最高指示"以外什么都听不到的愚昧时代。但是现在我们应该清醒。在长江三角洲,任何有损于水环境生态机制的城市化,都是与"可持续发展"背道而驰的。这必须引起我们的高度重视。

注释:

① 陶康华、顾其麟《长江三角洲生态文化与区域经济发展学术交流会综述》,《城市研究》1998年第6期。

② 《城市研究》1998年第6期。

③ 《中华帝国晚期的城市》(*The City in Late Imperial China*),此书中译本正由中华书局排印,即将出版。

④ 《管子·水地》第三十九。

⑤ 《古史辨》,北平朴社民国十五年(1926)版。

⑥ 《大禹研究》卷首陈桥驿《序》,浙江人民出版社1995年版。

⑦　丹徒、曲阿、娄、吴，阳羡、乌程、海盐、由拳、余杭、钱唐、富春、山阴、余姚、句章、鄞、鄮，计 16
县，尚有争论的如无锡、上虞等不计。

⑧　《越绝书》为先秦文献，经东汉初袁康、吴平整理而成，见点校本《越绝书》卷首陈桥驿
《序》，上海古籍出版社 1985 年版。

⑨　《越绝书》卷八。

⑩　湖州州治乌程，在三国吴时，已为吴兴郡郡治。

⑪　由施坚雅在其主编《中华帝国晚期的城市》中所提出，详细内容参见陈桥驿主编《中国的历
史名城·序言》，中国青年出版社 1987 年版。

⑫　浙江省社会科学院 1989 年印行。

⑬　《论长江三角洲的水环境生态机制》，《城市研究》1998 年第 6 期。

⑭　《地理学报》1962 年第 3 期。

⑮　《苏州市志》第一册第三卷《自然环境》，江苏人民出版社 1995 年版。

⑯　《苏州市志》第一册第七卷《城巷河桥》。

⑰　《苏州市志》第一册第三卷《自然环境》。

⑱　Grosier，*Description de la Chine*，Nagel's Encyclopedia-Guide. China. Vol Ⅱ，P. 1090。

⑲　绍兴府城（今绍兴市越城区）内有山阴、会稽两县县治，以府河为界。

⑳　上海交通大学出版社 1997 年版。

原载《杭州师范学院学报》1999 年第 5 期

佛教与佛学

　　佛教是一种宗教,佛学是一门学问,假若仅仅从这种宗教和这门学问来说,涉及的人并不很多,这是一个方面。但从另一个方面说,佛教传入中国和其他汉文化圈的国家和地区,为时已经很久,许多人虽然并不信奉佛教,也不研究佛学,但佛教文化在中华大地长期而广泛地存在和流传,人们的日常生活与之息息相关。

一

　　佛教存在大量的经典。这些经典开始是用梵文(Sanskrit)和巴利文(Pali)书写的。这些梵文和巴利文经典,通过诸如《法显传》、《大唐西域记》等高僧行记,特别是专门解释经典词汇的著作如唐玄应《一切经音义》、慧琳《一切经音义》、宋法云《翻译名义集》等,这些古代的印度文字,它们的音训,就在中国成为约定俗成的词汇,其中有些是佛教的专门词汇,有些则是一般词汇,在中国多已深入民间。以梵文为例,梵文原来用天城体书写,非常繁难,学的人和懂的人确实很少。那年我去奈良药师寺访问,主持安田映胤法师告诉我,日本的和尚现在大多不懂梵文。后来用罗马字书写,虽然比较容易,但懂的人仍然不多。其实,在我们的日常生活中,至今遇到梵文的机会还是不少。譬如,中国的《说文解字》没有"塔"字,"塔"是梵文 Stupa 的音译(巴利文作 Thūpo)。慧琳《一切经音义》卷十三:"窣覩波,上苏没反,古译云数斗婆,又云偷婆,或曰兜婆,曰塔婆,皆梵语讹转不正也,此即如来舍利砖塔也。"此外,我国古籍对此还有苏瑜婆、佛图、浮屠等译法,现在流行的"塔"字,即是梵文塔婆的省译。又如我们常见的"伽蓝",即是梵文(Saṃghââma)的省译,此词意译为"众院",也就是寺院。又如另一常见的"招提"(奈良有唐招提寺,鉴真墓在此),即是梵文 Caturtise 的省译,也引申为寺院。

上面所举的例子,都是佛教建筑使用的词汇。而其实梵文词语在我国的流行,已经远远超出了佛教本身及其建筑,而深入了人们的日常生活,这已经属于佛教文化的领域。例如我们称"文化大革命"为"十年浩劫",平时遇到盗贼则称为"遭劫"。这个"劫"字,就是梵文 Kalapa 的音译。例如我们常说:"道高一尺,魔高一丈。"这"魔"字,即梵文 Māra 的音译。再如"一刹那",也来自梵文,是梵文 ksana 的音译。其他许多日常词汇如"觉悟"、"境界"、"供养"、"大千世界"、"现身说法"、"本来面目"、"芸芸众生"等也都从梵文而来。

在古时,有些著名学者,由于不谙梵文,也缺乏佛教文化素养,因而在这类问题上发生错误。例如《洛阳伽蓝记》卷一记载北魏永宁寺浮图:"举高九十丈,有刹,复高十丈。"这个"刹",原是梵文 ksetya 的省译,意为塔尖,是塔顶上的幡竿。清洪颐煊不知"刹"的来由,从《玉篇》上找寻这个"刹"字,以为:"'刹',书无此字,即刹字略也。刹,初一反,浮图名刹者,讹也。"[①]实际上致讹的,正是洪氏和他所引的《玉篇》。戴震也有过这类错误,他在《水经注》卷一《河水经》"屈从其东南流,入渤海"注"渡河南下一由巡"句下案云:"案由巡即由旬,书内通用,近刻讹作由延。"这说明戴震全不谙梵文。案《法显传》即作"由延",何讹之由?由巡、由旬、由延,都是梵文 Yogana 的音译,《翻译名义集》卷三又译"踰缮那"。[②]其解释与艾德尔《中国佛教手册》相似。[③]古人在这方面出的错误不少,这里举的是两位名流学者的例子。

古人出错,现代人也出错,而且错得更为离谱。远的不说,就说宁波附近我国四大佛教名山之一的普陀。因为在这个地方出现佛教文化的错误,更足以说明让人们懂得一点佛教与佛学的知识实在很有必要。普陀在近 10 年来修纂了两部志书,即《普陀县志》[④]和《普陀山志》。[⑤]应该说,从总体评价,两部志书都算不错。但可惜的是,它们都在这个佛教圣地的要害上出了错,也就是都在"普陀"这个来自梵文的地名上出了错。《普陀县志》的编者,知道原名来自梵文,但却又说:"往昔山中多开白花小树,清香远布,故又称白华山。"(第 106 页)我曾为此书写过书评,[⑥]引用了《中国佛教手册》第 118 页的解释。由于《手册》是英文书,我用汉语直译:"Potala 或 Potaraka,汉字译作:普陀,普陀洛迦,布达拉。意译作小白花。"我又把《手册》上指出的 5 处以"普陀"为名的地名,包括拉萨的布达拉宫一一列举。"小白花"是"普陀"一字的意译,正如前面提及的"招提"意译为"四方"一样,绝非舟山的普陀"多开白花小树"之意。

　　《普陀山志》避开了"普陀"这个地名的解释，但其实错得更远。此书第三编第一节说："史籍中关于普陀山观音道场的记载，最早见于《大悲心陀罗尼经》：'一时佛在补陀洛迦山，观世音宫殿庄严道场中。'《华严经》曰：'南方有山，各补怛洛迦，彼有菩萨，名观自在……。'"（第81页）对此，我也写了评论文章。[⑦]由于《中国佛教手册》是英文书，所以我改引了季羡林先生主校的《〈大唐西域记〉校注》。[⑧]此书在"布呾落迦山"一句（第861—862页）下有一段注释：

　　　　布呾落迦山，布呾落迦，梵文 Potalaka 音译，又译作补怛洛迦、普陀洛，意译作光明山、海岛山、小花树山。慧苑《新翻华严经音义》卷下："此翻为小花树山，谓此山中多有小白花树，其花甚香，香气远及也。"此山被比定为现今西高止山南段，秣剌耶山以东的巴波那桑（Pāpanāsam）山，位于提讷弗利（Tinnevelly）县境，北纬8度43分，东经77度22分地方。此山是佛典中的名山，《华严经》对此山的描绘与《西域记》颇为相似。多罗那他《印度佛教史》记载，优婆塞寂铠（Santivarman）和月官（Candragomin）也曾到此山巡礼。我国的普陀山与拉萨的布达拉均由此而得名。

　　《普陀山志》在这个问题上的错误属于佛教文化中的大错。在释迦牟尼时代，今舟山普陀岛还是一片未开化的荒凉之地，此书居然说"一时佛在补陀洛迦山"。因此我在该文中最后说："不仅是僧侣和宗教人士，甚至从事旅游业的工作人员，也都有学一点梵语和巴利语的需要。"用另一句话说，即是要这些身在佛地的女士们和先生们，多多重视一点佛教文化的素养。这也是我这个对佛教和佛学属于门外汉的人而写这样一篇论文的愫衷。

二

　　这一段简述一点佛教和佛学概况。我并不研究这个课题，只是根据前辈学者的论述，拼凑一点资料。

　　佛教发轫于今印度，创始人为乔达摩（Guatuma，意为"好牛"，族名）悉达多（Siddhattha，意为"达到目的者"，人名），属于释迦（Sakya）种族。此人是净饭王（Suddhodana，即白米饭王）的儿子，这个王国称为迦毗罗卫（意为"红土"），位于今西藏以南的原锡金附近的拉普提河和甘托克河之间。后来门徒尊称他为释迦牟尼。牟尼（Muni）意为"贤人"、"明珠"，所以释迦牟尼一名的意义为"释迦族的明珠"。释迦牟尼的生卒年代有多种说法，其间的差距可达100年。综合诸说，大概卒于前490年—前480年，卒年80岁。一个大致的概念是，他所处的时代与我国孔子的时代相当。

释迦牟尼的另一普遍尊称是佛陀(Buddha),简称为"佛"。此外,他的称号还有很多,常见的"如来",(梵文 Tathāgata)即是其中之一。佛陀的意思是智者、觉者,也就是这种宗教所追求的最高和最后境界。佛陀生前曾在北印度等地传教,他的基本教理为:四谛、五蕴、八正道、十二因缘。四谛即苦谛、集谛、灭谛、道谛。五蕴即色蕴、受蕴、想蕴、行蕴、识蕴。八正道即正见、正治、正语、正行、正命、正方便、正念、正定。十二因缘即无明、行、识、名色、六处、触、受、爱、取、有、生、老死。以上所谓四谛、五蕴、八正道、十二因缘,成为以后各派佛教教义的基础。

佛陀的诞辰和卒(涅槃)日,各地有不同说法。中国以夏历四月初八为佛诞,十二月初八成道,二月十五涅槃。南方(东南亚)各国以公历五月月圆之日为佛节,认为佛陀的诞生、成道和涅槃都在此日。对于佛陀诞生、涅槃等地点,说法没有分异,即所谓佛教的四大圣地:诞生于迦毗罗卫的兰毗尼园;成道于菩提伽耶;初转法轮,具足三宝,即佛教的发轫,在波罗奈城鹿野苑;涅槃于拘尸挪迦。佛陀涅槃后,一部分经典说他生前曾到南印度和锡兰传道,即后来的所谓南传佛教;也有经典说他曾到西北印度传道,即后来的所谓北传佛教。不论南传或北传,其间都有许多荒诞不经的神话。其实,从真正的佛学进行研究,他生前活动的范围没有越出北印度和恒河流域。另外,佛陀创立了一套宗教哲学和道德实践的教义、教理和教规(僧伽制度)。但他生前传教,都是通过口说,一切佛教经典,不论是梵文的还是巴利文的,都是佛陀死后由他人所写出的。佛陀在世之时,佛学上称为原始佛教,原始佛教是人的宗教而不是神的宗教。由于当时的印度,种姓严酷的婆罗门教统治一切,所以佛陀创立的宗教,从总体来说,是对婆罗门教的挑战。

佛陀死后,摩揭陀的阿阇世王等 8 个邦国把其舍利分成 8 份。在各自城中建塔埋藏,此即所谓"印度八塔"。由于信徒们对佛陀本人的高度崇敬,佛陀就开始神化,而"人的宗教"也就逐渐为"神的宗教"。印度佛教史上曾经有过佛教的四次结集,与佛教的演化和传播具有重要关系。第一次结集在王舍城(摩揭陀首都,今印度巴特那以南的拉杰吉尔)。这是因为佛陀生前所说教义和戒律都由口传,容易发生分歧,所以这次结集是在他死后当年由其弟子迦叶主持的。第二次结集在吠舍离城,时间在各经典记载中颇有出入,大约在佛陀死后的一二百年之间。第三次结集在华氏城举行,由孔雀王朝的阿育王赞助促成,时间一说在佛陀死后 236 年,一说在 253 年。这次结集以后,阿育王派人四出传教,佛教开始走向世界。第四次结集在公元前后 1 世纪中。由于佛教在当时已有大乘、小乘之分,因而双方都有他们自称的第四结集。大乘佛教的第四结集在西北印度,时间在公元前 1 世纪;小乘佛教的第四次结集在锡兰,时间在公元 1 世纪。在这几次结集的过程中,上述公元前 3 世纪的阿育王,特别是公元 1 世纪月氏贵霜王朝的迦腻色迦王,他们宣布佛教为国教,而且鼓吹佛陀的神通广大,大慈大悲、无所不在、无所不能,是天地间的最高神。此时的佛教,与佛陀在世时的原始佛教已经大不相同。此外,除了大乘、小乘这两个教派以外,大乘与小乘之中,也出现了许多其他教派。各教派又有各自宗奉的经典,有梵文的,也有巴利文的,可以编成一部很大的经典目录。

印度的佛教教派,也影响到传入佛教的地区和国家。例如,在中国和日本,佛教的教派称为"宗",每个宗教都有各自的名僧、经典、教义以及不同的流行地区。在中国,主要的"宗"有下列几种。

1. 天台宗,又称法华宗。天台宗为隋智𫖮所创立,因他住天台山,故有此名。9世纪末,日僧最澄入唐,在天台山受教于九祖道湛门下,把此宗传入日本。13世纪,朝鲜僧义通又将此宗传入朝鲜。

2. 三论宗,又称性宗、空宗、破相宗。唐朝初年,朝鲜僧慧灌将此宗传入日本,后来在日本形成元兴寺、大安寺两个流派。

3. 唯识宗,又称慈恩宗、法相唯识宗。此宗由唐初玄奘、窥基师弟所创立,《大唐西域记》是此宗的不朽名著。

4. 华严宗,又称贤首宗、法相宗。为唐武后时的法藏贤首所创立,因此宗教理以《华严经》为依据,故得此名。

5. 净土宗。此宗于唐初创立,长安光明寺僧善导为此宗奠基人。此宗主旨以行者的"念佛行业"为重,今僧人开口即说"阿弥陀佛",实始于此宗。

6. 律宗,即毗那耶宗。北魏孝文帝时在平城(今大同附近)开讲的法聪与慧光为此宗的创导人。此后又分成南山宗、相部宗、东塔宗3派,其中南山宗最盛。

7. 禅宗。北魏时,菩提达摩首传此宗,但其流传不过150余年,以后就趋于式微。近人胡适和日本的入矢义高,对此宗甚有研究,胡适撰有《禅宗史的真历史与假历史》(《胡适手稿》七集上册)等文。他与入矢义高通信频繁,多为讨论禅宗问题,两人往返信件均收入于《胡适手稿》第八集下册之中。

8. 密宗,又称真言宗、瑜伽密教。中印度人善无畏,于唐开元四年(716)来中国传授此宗。此后,南印度僧金刚智及弟子锡兰僧不空亦来中国,也均传此宗。此宗在唐玄宗时曾大兴一时。新罗僧慧超、惠日,日本僧空海、圆珍、圆仁,则传此宗至朝鲜、日本。空海传至日本的此宗称为"东密",他被尊称为真言宗初祖。

三

对于中国来说,佛教与佛教文化都是外来的,而汉文化圈诸国,特别是朝鲜和日本,他们也都通过中国接受这种宗教和宗教文化。为此,研究一下佛教传入中国的过程就显得有其必要。佛教何时传入中国,传统的说法是东汉明帝时代(58—75)。有关这方面的记载很多,以《魏书·释老志》说得最为完整:

> 汉明帝夜梦金人,顶有白光,飞行殿庭。乃访群臣,傅毅始以佛对。帝遣郎中蔡愔、博士秦景宪等使于天竺,写浮屠遗范,愔仍与沙门摄摩腾、竺法兰东还洛阳,中国有沙门及跪拜之法,自此始也。……愔之还也,以白马负经而至,汉因立白马寺于洛阳城雍关西,摩腾、法兰咸卒于此寺。

这个故事流传甚广,所以韩愈说:"汉明帝时,始有佛法。"⑨但这种说法的牵强附会,实在十分明显。假如当时民间尚无佛教的流行,则傅毅何能"以佛对"? 当然,白马驮经的故事,对于说明佛教为朝廷所接纳,并且公开流行,仍是很有价值的。

要专门研究佛教传入中国的问题,必须作大量考证,写大块文章,我这里只引《史记·秦始皇本纪》中始皇三十三年的记载:"禁不得祠,明星出西方。"对于《史记》的这一条文字,历来颇有不同见解,包括句读的分歧在内。但是必须指出,错误的见解多半来自不谙梵文的学者。其实秦始皇三十三年记入《史记》的是两件大事:一件是"禁不得祠",另一件是"明星出西方",句读清楚,两者绝不牵混。后一句"明星出西方",当然是这一年西方出现了一颗彗星,这是古代史书常记的大事。前一句"禁不得祠",关键在"不得"。按梵文,"不得"即是 Buddha 的音译。这个梵语词汇,我国古籍中还有许多其他译法,如步他、复豆、勃陀、佛图、浮图、浮屠等等,不胜枚举。"禁不得祠",足证佛教寺庙当时已在民间出现,而是由秦始皇在这一年下令禁绝的。

从秦始皇到汉明帝的这 200 多年中,佛教在中国的流行情况现在很难考证。但是有两点是可以设想的:第一,这种外来宗教在中国没有获得官方的认可;第二,民间的流行或许随着时间的推移而相当广泛。关于后者,汉明帝的梦和傅毅的对答实际上都可以作证。当然,上面提及的白马驮经的故事,在中国佛教史中的价值显然十分重要,因为这是佛教和佛教文化在中国和汉文化圈发扬光大的里程碑,也是这个地区佛学研究的嚆矢。

从东晋至南北朝,佛教在中国的传播进入全盛,佛教文化也开始大放光彩。例如,北魏首都洛阳,据《洛阳伽蓝记》所叙,佛教寺院最多时曾达 1300 余座。而南朝首都建康(南京):"南朝四百八十寺,多少楼台烟雨中。"盛况可见一斑。当然,在这个过程中,人们也看到了这种宗教和宗教文化的负面影响,诸如社会浪费资财,信徒不事进取等等,因而引起一些人的反对。《洛阳伽蓝记》作者杨衒之,他既是洛阳佛寺兴废的目击者,也是佛教的激烈反对者。他在《洛阳伽蓝记》中指出佛法无灵,徒然浪费,而僧侣假借特权,损人利己,"侵渔百姓","不恤庶众"。在当时,这些都是无法掩盖的事实。今天我们研究佛教文化,负面影响当然不是我们研究的主流,但是我们也有必要了解历史上所发生过的这些事实。

另外必须指出的是,自从汉明帝以后,佛教的传播和佛教文化的发展也并非一帆风顺。历史上曾经出现过所谓"三武一宗"的毁佛事件。所谓"三武一宗",是指北魏太武帝、北周武帝、唐武宗、周世宗。要细述这 4 个君王的毁佛过程,是这篇论文的篇幅所不能允许的。不过在这 4 个君王之中,北魏、北周和柴周,其统治范围都不及全国,只有唐武宗统治着一个大国,所以他的毁佛,波及面甚广,影响极大。这就是众所周知的"会昌毁佛"。他于会昌五年(845),"诏陈释教之弊,宣告中外,凡天下所毁寺四千六百余区,归俗僧尼二十六万五百人,大秦穆护祆僧二千余人,毁兰若、招提四万余区。"⑩这项记载说明,唐武宗不仅禁止民间的佛教信仰,而且也禁止民间的其他宗教信仰。这里的"大秦穆护祆僧","穆护"是祆教的传教士,是从今伊朗一带传入中国的宗教,也同样遭到禁止。但"会昌毁佛"不超过两年,到唐宣宗大中元年(847),皇上"敕应会昌五年所废寺,有僧能营葺者,听自居之,有司毋得禁止。"⑪所以"会昌毁佛",其实反对一切宗教,损害当然严重,浙江省曹娥江边的峰山道场的毁灭,或许与此有关,值得继续研究。⑫但所幸时间短促,没有从根本上斫伤佛教和佛教文化的元气。

历史上对佛教文化摧残最严重的一次,或许就是从 1966 年开始的"十年浩劫"。目击这个过程的人很多,不妨以前面提出的作为佛教文化发展的"里程碑"的洛阳为例。据《洛阳市志》第 13 卷《文化艺术志》卷首《概述》⑬(第 10 页)所说:

"文化大革命"的"十年动乱"中,林彪、江青集团利用他们所攫取的政治权力,推行反动的文化政策,洛阳文化事业也和全国一样遭到严重摧残。

1966 年 6 月,洛阳出现"造反"组织;8 月,毛泽东的《我的一张大字报——炮打司令部》出现在洛阳街头,从而把洛阳市的"文化大革命"推向高潮。各种名目的"造反"组织,以破"四旧"为名,捣毁文物、破坏古建筑、烧毁古籍。他们在白马寺烧毁历代经书 55884 卷,砸毁佛像 91 尊。

……这种疯狂的大破坏后,洛阳市古代泥塑和近代泥塑无一幸存。

又《洛阳市志》第 14 卷《文物志》第十章《文博事业》⑭(第 417 页)说:

建国后,由于"文化大革命"中"破四旧",1966 年 8 月,白马寺村民将寺内收藏的《大藏经》55884 卷焚烧,砸毁元、明两代所塑像 91 尊。9 月,关林塑像 8 尊及像龛也被全部推倒砸毁。

在这场浩劫中,像洛阳白马寺这样的遭遇是遍及全国的,例如《湖南文史》1992 年第 1 期(总第 45 辑)中旷光辉《"文革"浩劫中的南岳文物》所载他当年在南岳祝圣寺、南台寺的现场目击：

　　一伙人冲上藏经楼，将门锁撬开，又把藏经柜子一一打开，将一卷卷布壳包装的经书一束束从窗口门口丢出，有的将布壳角解开，把经书拆烂，放在藏经楼东边天井投火焚烧，一时烟火冲天。

　　经书不断往下丢，火势越烧越旺，可惜清高宗乾隆颁发的频伽藏和明版式藏经被烧毁，原放在楼门口的一套梨木雕刻的李元度光绪十二年《南岳志》印板，足有三千块，全部化为乌有。

所幸"十年浩劫"以后，我国政府十分重视一切文物包括佛教文物的保护，修复了许多被破坏的寺院，对佛教文化的研究也大力予以扶植，使之获得很大的发展。

注释：

① 《读书丛录》卷一一，《玉篇》宝刹。

② 《翻译名义集》卷三，踰缮那条："由旬三别，大者八十里，中者六十里，下者四十里。谓中边山川不同，致行里不等。"

③ Ernest J. Eitel, *Handbook of Chinese Buddhism being A Sanskrit-Chinese Dictionary with Vocabularies of Buddhist Terms*, Tokyo Sanshusha, 1904, PP. 208, "Yogana, A measure of distance, variously computed as equal to a day's march [4650 feet] or 40 or 30 or 16 li [i. e. 33.5 or 10 or 5.5 English miles.]"（由延，一种距离的度量单位，为各种不同计算的一日行程[4650 英尺]或 40 或 30 或 16 里[即 33.5 或 10 或 5.5 哩]）。

④ 浙江人民出版社 1994 年版。

⑤ 上海书店 1995 年版。

⑥ 原载《中国地方志》1994 年第 4 期，收入于《陈桥驿方志论集》，杭州大学出版社 1997 年版。

⑦ 《浙江方志》1996 年第 2 期。

⑧ 中华书局 1985 年版。

⑨ 《论佛骨表》，《韩昌黎集》卷三〇。

⑩⑪ 《通鉴》卷二四八《唐纪》六四。

⑫ 陈公余、野本觉成《圣地天台山》，东京佼成出版社 1996 年版。

⑬ 中州古籍出版社 1998 年版。

⑭ 中州古籍出版社 1995 年版。

原载《思想战线》2000 年第 6 期

论史地关系

所谓史地关系,就是历史学和地理学这两门科学之间的关系,众所周知,当然是非常密切的。其实,在这两门科学形成以前,在人们的生活中,它们之间,已经相辅相依。历史的背景是时间,而地理的背景是空间。远古的人们,日出而作,日入而息。这里,"作"和"息"都是人们的空间活动,而"日出"和"日入",都是时间的推移过程。

按宏观概念,或者说从哲学体系来讨论,人们的地理意识必然早于历史意识。这是因为正如前述的日出而作,日入而息,人们首先关注的是作息空间,也就是人们的生存空间。从远古开始,人们为了自身的存在,首先必须熟悉和研究他们所在的空间,包括他们狩猎、放牧、耕耘等活动的地面,诸如森林、草地、山丘、平原、河川等等,以适应和改善他们的作息环境。这就是原始的地理思想。当然,人们的作息也必须遵循时间,除了上述日出、日没以外,他们还必须观察和研究季节变化并包括年度差异。游牧民族的人畜移动,农耕民族的耕种收获,都必须按季节运作,并通过口口相传,积累祖辈的生活和生产经验。这就是原始的历史思想。所以历史和地理,在远古的人们中就存在密切关系。

当人们有了文字开始著述以后,有关历史和地理的记载也就出现。这两种知识往往交织在一起。接着,专门记述历史和地理的著作也相继问世。现存最早的历史文献是孔子整理的鲁国国史《春秋》,最早的地理文献则是战国时期的《山海经》(指《五藏山经》部分)和《禹贡》。虽然,《春秋》的撰述比《山海经》和《禹贡》要早,但历史过程总是在不同的地理区域上发生的，所以《春秋》之中，涉及地理甚多，后人读此书，常在地理上发生困难，以致晋京相璠为此撰《春秋土地名》，而杜预也撰写了《春秋释地》。不过这种情况也正是说明了在早期的史地著作中，史地关系就是非常密切的。

如上所述，说明早在先秦，有关历史和地理的著述，都已经流行于世。但作为一种学问，历史学的成熟显然早于地理学，它很早就登上中国古代的学术舞台。这是因为伟大的史学家司马迁撰写了《史记》，并且提出了他对于历史学的经典理论："究天人之际，通古今之变。"[①]《史记》开创了中国历史"正史"[②]的传统。使历史学和经学并驾，成为中国历史上的两门重要学术。

其实，《史记》的本纪、世家、书、列传等之中，也包括了大量地理学的内容。例如《封禅书》和《河渠书》，其中包括许多山岳河川等地理资料，又如《货殖列传》，其实就是区域经济地理。而《匈奴》、《南越》、《朝鲜》、《西南夷》、《大宛》诸传，就有大量边疆地理和域外地理内容。《汉书》首设《地理志》，从此以后，包括《汉书》在内，设《地理志》（或《郡国志》、《州郡志》、《地形志》等）者，在二十四史中凡十六史。《汉书》开创了把地理包容于历史的先例，地理学从此就成为历史学的一个组成部分。这也反映了史地之间的密切关系。

地理学不仅在正史中依附于历史学，而且在古代的图书分类中也没有它的独立地位。按我国图书的四部分类肇始于晋，到《隋书·经籍志》就严格地以经、史、子、集著录当时的各类著述，地理书归入史部。从此直到清《四库总目提要》，一直都是如此。在地理学成为独立的现代科学以后，对于地理古籍的分类，仍然沿用这种方法。民国以后商务印书馆出版的《四部丛刊》和中华书局出版的《四部备要》都是如此。四部分类法甚至影响到国外，例如在韩国，像汉城大学、文化财管理局藏书阁、涧松文库，也都使用这种把地理文献附属于史学的分类方法。[③]

从晚明到清初，不少西方传教士如利玛窦（Matteo Ricci）、艾儒略（Julio Aleni）、南怀仁（Ferdinand Verbiest）、卫匡国（Martinus Martini）、杜德美（Pierre Jartoux）等先后来华，他们在中国测绘各种新式地图，传入新的地学知识，人们开始对新的地学知识有所了解，他们发现，新的地学知识与传统的所谓舆地之学有许多区别，也看到了新式测绘的地图较之旧时舆地的精确之处。同治十年（1871），李鸿章为李兆洛《历代地理志韵编今释》作序，他已经看到了《汉书·地理志》和《水经》等的错误，[④]他的序中说："夫舆地之学，为读史第一要义。"司马迁在 2000 多年前为历史学下了前述精辟定义以后，至此才有人出来为地理学下了这个定义。这大概是李鸿章在略悉泰西地学的梗概和获睹当时已经问世的几种新式地图以后才为"舆地之学"所说的话。这种定义的重要性在于他说了从来无人说过的"第一要义"。但另一方面,因为囿于长期来的传统,他仍然认为"舆地之学"是史学的一个部分。

在李鸿章的"第一要义"以后又 20 多年,地理学终于成为一门独立课程在高等学府建立。光绪二十五年(1899),湖广总督张之洞聘请杨守敬和邹代钧到武昌:"守敬治旧地理,邹代钧治新地理,分教两湖书院。"⑤同年,张相文"到(上海)南洋公学任教,讲授中国地理"。⑥说明到了清代末年,地理学实际上已与历史学分家。已有几所高等学府,开设了旧地理(其实就是历史地理)、新地理、中国地理等几门地理学课程。

民国以后,不少大学开始建立地理系,根据现在可以查悉的资料,1921 年,首先建立地理系的是东南大学(前身为南京高等师范学校),以竺可桢为系主任。北平师范大学(前身为北京高等师范学堂)则于 1928 年建立以王谟为系主任的地理系。接着,清华大学于 1929 年建立以翁文灏为系主任的地理系(以后曾一度易名为地学系),1933 年,金陵女子大学建立以刘思兰为系主任的地理系。地理学作为一门现代科学,终于成为现实,并且不断获得发展。但另一方面,史地关系在两门科学分离以后仍然十分密切,最具体的表现是民国以后在大学建立地理系之前,有些学校曾经建立这两门科学合一的史地系。最早建立史地系的学校大概是北京高等师范学堂,它于 1913 年建立此系,南京高等师范学校则于 1915 年建立史地系。上述东南大学和北平师范大学的地理系,都是由原史地系分建的。此后,著名大学建立史地系的还有复旦大学、暨南大学、河南大学等等。浙江大学于 1936 年建立史地系,由著名学者张其昀出任系主任,到 1949 年,才一分为二,成立历史系和地理系。⑦

在这 50 年中,历史学和地理学当然都获得了前所未有的发展。但我认为美中不足的是史地关系的疏远。我开始是在 1956 年发现这个问题的。当时我担任浙江师范学院地理系的经济地理教研室主任。由于要带领学生去到宁绍平原进行一次野外实习,事前的室内准备工作中包括阅读实习地区各县的地方志在内,但这些大学三四年级的学生,阅读地方志就发生了困难。除了古汉语的原因外,另外一个重要原因就是他们非常缺乏历史学素养。我不得已为他们临时开了"方志学"的选修课程。1979年,我曾应杭州大学历史系之邀在该系开了半年"中国历史地理"课程,我又发现,历史系的学生非常缺乏地理知识。从 80 年代起,我由于培养研究生而脱离了本科生的教学,但是我估计,史、地两系学生疏远史地关系的现象,只会加深,不会有所好转。对此,我建议,今后地理系的学生,应该把"中国通史"作为全系各专业的公共必修课,而历史系的学生,则应该把"地学通论"或"中国地理"一类的课程作为全系各专业的公共必修课。此外,我认为在规模不大的高等学校,特别是高等师范院校,可以试办史地系。我曾多次在日本的几所大学担任客座教授,他们的地理系大多数设在文学院,与历史系的关系很密切,却并不影响两门科学的发展。

最后议论一下历史地理学,从史地关系来说,这门学科应该是最密切的。50 年代以来,在几位著名老一辈学者如谭其骧、侯仁之、史念海等倡导之下,学科获得了长足的发展。作为一位历史地理学者,他不仅需要扎实的地理学基础,而且需要深厚的历史学素养,史地关系的密切不言而喻。但是这些年来,这个学科中也发生了史地关系:历史地理学是历史学,抑是地理学?

众所周知,中国的历史地理学是滥觞于《汉书·地理志》而流传下来的,即所谓沿革地理。为此,按照我们长期来的传统,它当然属于历史学。国外学者也有这样的看法,例如美国的布朗(Ralph H. Brown)在其所著《美国历史地理》[⑧]一书的序言中说:"许久以来,历史地理一直被称为沿革地理。"50 年代的苏联大百科全书的这个条目下,也说这门学科是历史学的辅助学科。但自从 60 年代以来,开始有学者提出历史地理学是地理学的说法。侯仁之在 1962 年说:"历史地理学是现代地理学的一个组成部分,其主要研究对象是人类历史时期地理环境的变化。"[⑨]谭其骧在 1982 年指出:"历史地理学研究对象是历史时期的地理,这已为当前所有历史地理学工作者所一致公认。……所以历史地理学就其学科性质而言,它是一门地理科学,是地理学的一个组成部分。"[⑩]史念海也指出:"中国历史地理学应该是属于地理学的范畴,但也可以作为历史学的辅助学科。"[⑪]以上所举的都是中国历史地理学界权威学者的意见,而且是十分肯定的意见。谭其骧在上述 1982 年所说的话中还有一段是:"旧时代把历史地理学看成是历史学的一门辅助学科,前一个时期有人把历史地理学看成是历史学与地理学之间的边缘学科,[⑫]这些看法目前至少在我国内已基本上销声匿迹了。"与上述 3 位学者的意见一致的是,属于中国科学院的中国地理研究所,一直设有历史地理研究室,而由全国科协领导的中国地理学会设有历史地理专业委员会,我曾于 1985 年接谭其骧的班,担任这个专业委员会的主任,前后 10 多年,几年前才卸任。

如上所述,历史地理学属于地理学似乎已成定论,但其实还不是如此。中国最早的历史地理学博士是以谭其骧为导师的葛剑雄和周振鹤,他们现在都已成为著名教授,他们是 1983 年通过论文答辩而被授予博士学位的。当时,教育部批准的答辩委员会成员除导师谭其骧外,计为侯仁之、史念海、杨向奎、吴泽、杨宽、程应镠、陈桥驿 7 人。其中出自历史系和历史研究所的占了 5 人,出自地理系的只有 2 人。而国家所授予他们两位的是史学博士。此外,近年来我常收到若干高等学校评选历史地理学博士生导师的通讯投票。除了被评选者的学术材料以外,还有一张让我填写同意或不同意的选票。选票都印好学科名称：一级学科,历史学,二级学科,历史地理学。[13]

这就是历史地理学这门学科中的史地关系的现状。我不想在这种关系上多加议论。现在的历史地理学者,有的出自历史系,有的出自地理系,作为一位曾经担任过中国地理学会历史地理专业委员会主任 10 多年的老人,我希望不同出身的历史地理学者彼此加强学习,促进历史地理学的进一步繁荣发展。

注释：

① 《文选》卷四一,《报任安书》。

② 清乾隆间编纂《四库全书》,诏定从《史记》至《明史》的二十四史为"正史"

③ 陈桥驿《中国方志资源国际普查刍议》,《陈桥驿方志论集》,杭州大学出版社 1997 年版。

④ 《历代地理志韵编今释》李鸿章序："昔在孟坚,有丹阳楚都之误,《山经》、《水注》,沿庐江彭泽西之讹。"按《汉志》秦置丹阳县,在今安徽当涂县西北,而丹阳楚都在今湖北秭归县东南。《水经》庐江水,其实并无此水,见陈桥驿《水经注校释》,杭州大学出版社 1999 年版。

⑤ 吴天任《杨惺吾先生年谱》,台北艺文印书馆 1974 年版。

⑥ 张天麟《20 世纪我国的第一位地理学家——张相文》,吴传钧、施雅风主编《中国地理学 90 年发展回忆录》,学苑出版社 1999 年版。

⑦ 这一段所叙,系综合《中国地理学 90 年发展回忆录》一书中有关各篇而成。

⑧ *Historical Geography of the United States*, Harcourt, Brace and Company, New York, 1948. 此书有中译本,秦士勉译,商务印书馆出版。

⑨ 原载《历史地理学刍议》,《北京大学学报》(自然科学版)1962 年第 1 期,收入于侯氏《历史地理学的理论与实践》,上海人民出版社 1979 年版,又收入于《院士文库》侯氏《历史地理学四论》,中国科学技术出版社 1994 年版。

⑩ 这原是谭氏于 1982 年 8 月在上海举行的历史地理国际学术讨论会上的发言,题为《在历史地理研究中如何正确对待历史文献资料》,后来发表于《学术月刊》1982 年第 11 期,又收入于谭氏《长水集》续编,人民出版社 1994 年版。

⑪ 《中国历史地理纲要》上册,山西人民出版社 1991 年版。

⑫ 边缘学科之说,见《辞海》1979 年版"历史地理学"条。

⑬ 关于"一级学科"、"二级学科"事,我原来不甚了了,今年 8 月在昆明参加"2000 年中国历史地理国际学术讨论会"、葛剑雄教授在其《面向新世纪的中国历史地理学》的大会报告中指出了历来对历史地理学学科属性的 3 种说法:第一,属于地理学;第二,属于边缘学科或独立学科;第三,属于历史学。他又说:"据我所知,历史地理学界多数人都赞成第一种意见,历史地理的学科属性是毫无疑义的。"但他又说:"近年来,国务院学位委员会和教育部

对于学位授予点的划分,使历史地理学学科属性的讨论又增加了复杂性,因为根据修改后的学科分类,在历史学的一级学科下,有历史地理作为二级学科,但在地理学的一级学科下,只有人文地理作为二级学科,而没有历史地理。"

原载《中国史地关系学术研讨会——纪念张其昀先生百岁诞辰论文集》,中国文化大学史学研究所2000年刊行本

《水经注》评介

一、有关《水经注》一书的概况

(一)《水经注》的作者及成书情况

《水经注》是北魏郦道元(？—527)的著作,郦道元字善长,范阳涿县(今河北省涿州市)人,是一位伟大的地理学家。他出身官宦世家,曾在北魏出任过治书侍御史、颍川太守、东荆州刺史、河南尹、御史中尉等职,最后在关右大使任上为叛臣萧宝夤杀害。

郦道元的毕生经历,史书记载不详,《魏书本传》只有 309 字,《北史本传》也只有612 字,还包括抄录《魏书》309 字在内。除此以外,历史上没有其他有关郦道元的传记,直至现代,才有人为他写作传记。

郦道元撰写《水经注》,《魏书》和《北史》都有记载:"道元好学,历览奇书,撰《注水经》四十卷、《本志》三十篇、又为《七聘》及诸文,皆行于世。"但对于其撰写过程及成书情况等,则绝未言及。此书写于何时,成于何时,历来议论甚多,说法纷纭。全书中出现的最后一个可以明确计数的年代是延昌四年①(515),但注文中某些可以比勘年代的内容,还有晚于延昌四年的,其中最晚的是在卷二十六《沭水注》中提及的:"魏正光中,齐王之镇徐州也,立大堨,遏水西流。"北魏正光是 520 年—525 年,距郦氏被害已很接近,所以《水经注》当是正光年代完成的。

《水经注》一书,顾名思义是《水经》的注释,所以《魏书》、《北史》和隋、唐的某些文献称为《注水经》。根据《隋书·经籍志》及《旧唐书·经籍志》、《新唐书·艺文志》的著录,我国历史上曾有两种《水经》和《水经注》。其中一种《水经》为汉朝人桑钦所撰,晋人郭璞作注,但已经亡佚。另一种是三国魏人所撰,撰者的姓名不传,由郦道元作注。《唐六典》卷七《工部·水部郎中》注说:"桑钦《水经》所引天下之水百三十七,江河在焉。郦善长注《水经》,引其枝流一千二百五十二。"所以从河流数量来说,《水经注》比《水经》几乎多 10 倍。而从内容来说,虽然现在的《水经注》已经缺佚,但仍大于《水经》20 余倍。所以郦道元《水经注》是一部独立的专著。

《水经注》首见于《隋书·经籍志》著录,共 40 卷,说明此书稿本或抄本当时收藏于隋东都也就是北魏首都洛阳。从北魏覆亡到隋一统之间,历时 50 余年,这段时间,洛阳曾多次遭受兵燹。东魏武定五年(547),全城断垣残壁,庐舍为墟,为《洛阳伽蓝记》作者杨衒之所目击。此书竟在战火淼漫的浩劫之中安然无恙,真是我国文化史上的一次奇迹和幸遇。

(二)《水经注》的版本、注疏及校勘本

《水经注》从北魏直到隋唐,一直为朝廷所收藏,外间估计绝未流传。直到北宋之初,情况仍然如此。北宋太平兴国年代(976—984),朝廷修纂大型类书和地理书如《太平御览》、《太平寰宇记》等,引及此书甚多。到景祐年间(1034—1038),朝廷编纂藏书目录《崇文总目》,《水经注》已经缺佚 5 卷,与后来的本子比勘,则缺佚的 5 卷当包括今本所不见的《泾水》、《(北)洛水》、《滹沱水》等篇,其余如《江水》篇,今本也不完整,恐亦缺佚在此 5 卷之内。

不过宋代景祐(1034—1038)以后,此书大概开始传入民间。原书既已缺佚,加上辗转传抄,结果是以讹传讹,错漏连篇。在元祐(1086—1094)以前此书的第一种刊本成都府学宫刊本问世时,全书已仅 30 卷,而内容只有原书的 1/3。元祐二年(1087),此书第二种刊本虽然经过整理补充,恢复 40 卷原数,但不仅缺佚甚多,而且经注混淆,竟至不堪卒读。此后明初有《永乐大典》本,虽较当时诸本为佳,但缺佚依旧。而黄省曾、吴琯等校本,虽在明代流行一时,却也都是经注混淆,错漏甚多之本。明万历年间,朱谋㙔下了极大的校勘功夫,校成《水经注笺》一书,清初顾炎武曾称誉此书为"三百年来一部书",[②]为入清以后的许多佳本建立了基础。乾隆年间出现了全(祖望)、赵(一清)、戴(震)三大家,他们以毕生精力从事校勘考据,校出了郦学史上最佳的版本。全氏的《七校水经注》,赵氏的《水经注释》,戴氏的武英殿本《水经注》,都是名重一时,至今流传的版本。特别是戴氏之本(通常简称殿本),在 3 家中为时最晚,吸取了各家的校勘成果,把长期来混淆的经文和注文完全分清,补正缺漏,删除妄增,纠正臆改。除了宋初缺佚的 5 卷无法弥补外,基本上恢复了此书原貌。此 3 家以后,又有光

绪年间的王先谦，以赵、戴二本为基础，吸取了其他一些版本的优点，称为《合校水经注》，流传也广。《水经注》的最后一种佳本，是清末民初杨守敬创始，而其学生熊会贞继事的《水经注疏》。此书的注释量约为郦注全书的4倍，是历来注释最详细的版本。但直到30年代熊氏谢世之时，仅有几部抄本，当时尚未流传。

《水经注》版本由于以上所述的复杂过程，所以历代流传的抄本和刊本极多。历来收藏《水经注》版本最多的是胡适，他曾于1948年12月，为了庆祝北京大学建校50周年纪念（当时他任校长），举办了一次《水经注》版本展览，展出了他自藏的和从各处借来的9类《水经注》版本，计有：宋刻本；明抄宋本；明刻本；清代校勘朱谋㙔笺本；清早期重要版本；18世纪四大家之一沈炳巽各本；18世纪四大家之二赵一清各本；18世纪四大家之三全祖望各本；18世纪四大家之四戴震各本。以上9类，共达41种之多。[③]

胡适展出的版本当然称多，但仍未包括此书现存的所有重要版本。胡适当时就在展览目录下说明，由于海盐朱伯商出国，他家所藏的一种明抄宋本不能参加展览。而在这次展览以后，又出现几种名本，都不在此展览之列，西安发现了清朝沈钦韩《水经注疏证》稿本（现藏西北大学图书馆）。此后，熊会贞《水经注疏》抄本之一，由武汉书商徐行可收藏，50年代初出售予科学院图书馆，并于1957年由科学出版社影印出版。另一部抄本由台湾"中央"图书馆收藏，于1971年由台北中华书局影印出版。1983年，陈桥驿在日本京都大学人文科学研究所又发现了《水经注疏》的第三部抄本。

此外，自从30年代以来，《水经注》的铅排本也陆续出版。主要有商务印书馆的《四部丛刊》本和《国学基本丛书》本，中华书局的《四部备要》本以及世界书局排印本等，除《四部备要》本以《合校本》作底本外，其余均以殿本为底本。出版前曾经作过旧式标点，但错误较多。1949年以后，又出版过《永乐大典》本的铅排本。1984年，上海人民出版社出版了王国维校的明朱谋㙔《水经注笺》的排印本，定名为《水经注校》，由于标点者的疏忽，错误迭出，有损名本的光彩。

最近几年间，又出版了两种排印名本，一种是段熙仲点校，陈桥驿复校的《水经注疏》，由江苏古籍出版社于1989年出版，全书包括序跋和各种附录达200余万字，是历来规模最大的郦注版本。另一种是陈桥驿点校的武英殿本《水经注》，由上海古籍出版社于1990年出版，是历来惟一的殿本点校本。

《水经注》也有若干外文译本。最早的外文译本是1905年的《通报》（Toung-Pao）所载的《水经注》卷二《河水》的法文译本，由法国汉学家沙畹译成，并于篇首加案语称："《水经注》为研究古代地理最重要之史料。"另一种为日本译本，由日本郦学家、京都大学人文科学研究所所长森鹿三教授主译,参加翻译的有日比野丈夫、藤善真澄、日原利国、胜村哲也诸氏。译本内容包括《河水》、《汝水》、《沔水》、《沂水》、《江水》等篇,仅全书的1/4,书名作《水经注(抄)》,于1979年由东京平凡社出版。卷末有森鹿三所撰的《水经注解释》一文。此外,胡晓铃说:"我于四十年代在印度孟加拉邦的国际大学中国学院任教时,曾和汉学家师觉月博士合作翻译过《永乐大典》本《水经注》。"但此书是用英语抑或印地语翻译,有否译成及出版,均不得而知。

(三)古今对《水经注》的研究情况

《水经注》一书,从唐朝开始就有学者从事研究。唐朝编纂的类书如《初学记》,地理书如《元和郡县志》等,均引及此书。唐末诗人陆龟蒙诗:"山经水疏不离身,"北宋名家苏轼诗:"嗟我乐何深,水经亦屡读,"说明此书的广泛流传和受人喜爱。但这些都还仅仅是内容摘录和词章欣赏,并非深入研究。南宋时,金礼部郎中蔡珪撰写了《补正水经》3卷,这才是学者研究《水经注》的嚆矢。虽然此书已佚,但从至今尚存的元欧阳元、苏天爵所撰的该书元刊本序跋,可以窥及当年蔡珪的研究,不同于前代对郦注词句的简单剪辑,而是对该书的补充和修正。从此以后历明、清两代,《水经注》研究之风甚盛,学者前后相继,形成了一门包罗宏富的郦学,并且按各学者研究的方法和内容,出现了考据、词章、地理3个学派。明朱谋㙔开创了考据学派,而由清全、赵、戴3家继承发展,终于使这部经注混淆,错漏连篇的残籍成为一部基本完整可读的典籍。明钟惺、谭元春,继承前代对此书词章的赞美欣赏,创立了郦学研究的词章学派。而清末民初的杨守敬、熊会贞师生,则重视此书的地理学内容,开创了后来居上的地理学派。现代学者对《水经注》的研究,是以这3个学派为基础而继续发展的。

最近数十年来,学者对《水经注》的研究,国内外都有所发展,其成就可以说已经超过了前代。这一时期《水经注》研究的首要成果是版本的搜集和整理,这是明清两代所望尘莫及的。明清郦学家对版本的见闻甚稀,当时交通不便,传递困难,纵然闻知版本之名,亦难得获致。而且由于郦学家多半孤军作战,即使偶得一珍稀版本,所能见者亦仅一家而已。例如明柳大中抄宋本及赵琦美三校本,清初叶石君有此二本,孙潜校郦,于康熙六年(1667)从叶石君处借得此二本,过录于其校本之上,以后此二本为小玲珑山馆所有,随即不知所终。被胡适奉为清初四大家之一的沈炳巽,在其校本《水经注集释订讹》的《凡例》中说:"是书宋本既不可得,今世所行,惟嘉靖间黄氏刊本。其他如朱鬱仪、钟伯敬及休宁吴氏诸本,亦仅或有之。余家所藏止黄氏一本。"说明像沈炳巽这样的治郦名家,也仅有黄省曾校本一种。杨守敬是晚清著名的郦学家,但他的版本见闻也十分有限。熊会贞在其亲笔所写的《十三页》[④]上明白指出:"先生未见残宋本、大典本、明钞本。"甚至连流行较广的《合校本》,要到出书后 4 年才得获致。足见当时搜求版本的困难。

辛亥革命以后,在各方的努力寻觅下,《水经注》的珍稀版本陆续出现。最早获致的是宋本,系光绪、宣统间故舍人吴县曹氏、宝应刘氏掇拾于大库废纸堆中,傅增湘于 1916 年起收拾残卷,共得卷五末七叶,又卷六至卷八,卷十六至卷十九,卷三十四,卷三十八至卷四十,共 11 卷有余。继此残宋本以后,原在大库的《永乐大典》本亦接踵而出,此书原装 8 册,前 4 册为乌程蒋氏传书堂所得,后 4 册为北平李玄伯所得,以后 8 册均归涵芬楼,商务印书馆于 1935 年影印出版。此外还有海盐朱氏藏本,北京图书馆的何焯、顾广圻校明抄本,天津图书馆的明练湖书院抄本及全谢山五校抄本等等,一时之间,集版本之大成。

随着《水经注》版本在这一时期的广泛搜集,学者对各种版本的研究也就同时获得了空前未有的成果。王国维于 1923 年起开始对若干珍稀版本和流行版本进行校勘,并撰写《跋尾》,到 1927 年,一共写成了包括残宋本、大典本、明抄本在内的《水经注跋尾》8 篇,在郦学界有很大影响。郑德坤于 1933 年撰成《水经注版本考》一文,至为详尽。以后又有钟凤年的《评我所见的各本水经注》及拙作《论水经注的版本》等文。在版本研究中著述最丰的是胡适。他所撰的有关郦注版本的文章,除了通论性的《水经注版本考》、《水经注考》和《我的三柜水经注目录》以外,专论某一种或某几种版本的文章,据我从《胡适手稿》一至六集的约略统计,约有 70 余篇之多。

除了版本以外,这一时期《水经注》研究的第二项成就是校勘的深入。关于此书的校勘,明、清两代的考据学派郦学家已经做了大量工作,但是遗留的问题还是不少的。这一时期的校勘成果,是在明、清学者校勘基础上的继续深入,下面可以举一点例子。

卷三十五《江水》经"又东北至江夏沙羡县北,沔水从北来注之"注云:"通金女、大文、桃班三治,吴旧屯所,在荆州界。"对于上列"三治",历来无人能解。李鸿章在同治间为李兆洛《历代地理志韵编今释》作序说:"金女、大文、桃班、阳口、历口之类,皆不见于诸志……亦不能无疑也。"这个问题,是由熊会贞的深入校勘而解决的。卷三十五《江水》经"鄂县北"注云:"江津南入,历樊口上下三百里,通新兴、马头二治。"此处,熊会贞疏云:"《晋志》:武昌县有新兴、马头铁官。《唐志》:武昌有铁。《御览》八百三十三引《武昌记》:北济湖当是新兴冶塘湖,元嘉发水冶……《一统志》:新兴冶在大冶县南。"由于熊疏找到了新兴冶的确切依据,可以充分证明金女、大文、桃班、新兴、马头 5 处,郦注中的"治"字,均是"冶"字之误。

　　王国维在校勘中也有不少贡献,他在《颍水注》中,对"旧颍州治"一句,把诸本皆作"颍州"的"颍",按明抄本勘正为"预州"的"预"("预"是"豫"的别字),又在《浙江水注》中,对"入山采薪"一句,诸本皆作薪,而他按残宋本将此句勘为"入山采旅","薪"字是后人对"旅"字的"臆改"。像这样一类校勘,没有深厚的功底,不经周密的思考,是得不到这样的成就的。

　　由于今本郦注中存在问题还有不少,所以学者的校勘工作至今仍在进行,而且仍能有所收获。例如卷十八《渭水》经"又东过武功县北"注云:"渭水又东,温泉水注之,水出太一山,其水沸涌如汤。杜彦达曰:可治百病,世清则疾愈,世浊则无验。"对于这一温泉的记载,目前能见的郦注各本均同,但温泉疗疾竟与"世清"、"世浊"拉扯在一起,实在牵强附会。由于没有版本依据,明知其讹而无法勘定。但我终于在康熙《陇州志》所引的《水经注》中获得了校勘根据。此志卷一《方舆·温泉》引《水经注》云:"然水清则愈,浊则无验。"说明今本"世"实是"水"的音讹。

　　在这方面,不少现代郦学家如岑仲勉、汪辟疆、胡适、段熙仲、钟凤年等,都有卓著的成就。

　　现代《水经注》研究的第三项重要成就是对于《水经注》记载的各种资料的整理。这种郦学研究工作,在前代郦学家中除了明杨慎有《水经注碑录》一种外,绝无其他例子。但这种研究在最近几十年中不仅获得发展,而且成果甚多,已经公开发表或出版的,主要有郑德坤的《水经注引得》、《水经注故事钞》、《水经注引书考》,陈桥驿的《水经注文献录》、《水经注金石录》,施蛰存的《水经注碑录》,赵永复的《水经注通检今释》,谢鸿喜的《水经注山西资料辑释》等。新的成果仍在不断涌现。

　　现代《水经注》研究的第四项成就是地理研究的加强。郦学研究的地理学派是由清末民初的杨守敬及其弟子熊会贞创立的。杨氏去世后,熊氏继续从事《水经注疏》的修订20余年,他的疏文特别重视地理学内容。我也于60年代撰成《水经注的地理学资料与地理学方法》一文,整理郦注中的地理学资料,把其中有关自然地理学与人文地理学的内容,进行专题研究,所有成果除分别发表外,均收入于拙著《水经注研究》。此外,学者以《水经注》的记载为依据,进行历史地理学与现代地理学的研究,成就卓著。例如史念海根据卷四《河水注》研究壶口瀑布的位置迁移,成功地推算出黄河这一河段的溯源侵蚀速度。陈吉余根据《河水注》、《濡水注》、《鲍丘水注》、《淄水注》等资料,研究古代渤海海岸的变迁,也获得了令人满意的成绩。吴壮达根据《浪水注》研究古代广州城市的形成与发展,也有很好的收获。

　　现代郦学研究的最后一项重要进展,就是郦学史和郦学家的研究。对于这个课题,前代几乎也是空白,而现在也已成果卓著。郑德坤与吴天任的《水经注研究史料汇编》可以说是这方面的开创之作。而吴天任的《郦学研究史》则是更为重要的专著。对于郦道元本人的研究,我除了撰有《郦道元生平考》以及用英文撰写在英国发表的《郦道元传》二文外,并有《郦道元评传》一书,比较详细地作了他生平思想业绩的介绍。对于历代以来的郦学家,我曾撰有《历代郦学家治郦传略》一篇,把古今中外的郦学家126人,作了简要的介绍。

二、《水经注》内容的综合评述

《水经注》是我国历史上的一部不朽地理名著。此书之所以获得崇高成就,除了作者郦道元的卓越天才和无比努力以外,其时代背景也起了重要作用。

中国从4世纪初期起,开始了一场规模很大的混乱,在历史上称为"五胡乱华"。在地理上叫做"地理大交流"。在这段时期中,原来生活在长城以北的许多以游牧为生的民族,先后进入华北,他们放弃了"天苍苍,野茫茫"的草原生活,进入华北定居,从事农业。而原来居住在华北的汉族,则放弃了干燥坦荡的小麦杂粮区,大批迁移到低洼潮湿的南方稻作区。广大集团的人群,在自然地理环境和人文地理环境上发生了深刻的变异。不论在中国的北方和南方,数量巨大的人群,都面临着完全陌生的地理环境。新旧地理环境构成了他们现实生活和思想上的强烈对比,空前地扩大了他们的眼界和丰富了他们的地理知识。这就是中国历史上的所谓"地理大交流"。

"地理大交流"的结果是培养了许多地理学家,撰写了大量地理著作。这些地理著作与古代的地理著作如《山海经》、《禹贡》、《穆天子传》等完全不同。这些古代地理著作,作者十分缺乏自己的实践基础,其中大量内容根据第二手资料,包括许多假设和想象。但"地理大交流"所培养出来的地理学家,其重要特点就是实践。他们有的是自己的亲眼目击,有的则是吸取了别人的实践经验。在这样的基础上撰写出来的地理著作,当然不同凡响。后来,人们把这一时期涌现出来的大量地理著作,统称为《六朝地志》,而《水经注》正是《六朝地志》中最最杰出的一种。这就是清代学者陈运溶在《荆州记序》中所说的:"郦注精博,集《六朝地志》之大成。"

郦道元撰写《水经注》的重要依据是他的实践,也就是野外地理考察。他在《水经注序》中指出:"脉其枝流之吐纳,诊其沿途之所躔,访渎搜渠,缉而缀之。"所以野外考察是他的重要治学方法。在北部中国,他到各地作过细心的调查考察。所以他的著作中,反映了大量的考察成果。除了野外考察以外,郦道元撰写《水经注》的另一重要依据是他所占有的大量资料。《水经注》一书到底引用了多少资料,现在已经很难估计。我从全书指名的引用文献和碑铭进行整理统计,共得各种文献480种,各种碑铭

357 种。⑤

由于许多文献他不曾指名,所以实际引用的当然远远不止此数。说明他所占有的资料确实十分丰富。当时,雕板印刷尚未出现,所有引用的文献均须通过传抄获得,其工作量之大,可以想见。而《水经注》一书的价值,也就不言而喻。

《水经注》是一部包罗宏富的著作,现在有许多学科都利用它进行各种研究,不同专业的学者,都从此书中挖掘自己所需要的资料。但从此书记载的主要内容来看,它毕竟是一部地理著作,所以要评述《水经注》内容,首先应该从地理学说起。地理学是一门综合性的科学,它包括自然地理学和人文地理学两大门类。让我先从自然地理学方面对它进行评述。

(一) 自然地理学

顾名思义,《水经注》研究的主要对象是河流,它在自然地理学上的贡献,首先在河流水文方面。全书记载的河流达 1000 多条,对这许多河流,《水经注》大都记载了它们的发源、流程与归宿,能够紧紧地扣住这些河流的自然地理特点,并非千篇一律。以清水(今卫河)、沁水(今沁河)、淇水(今淇河)3 条河流为例,它们都是发源于太行山南麓或西麓的一般小河。对于这种同一地区的一般河流,注文仍能很清楚地写出它们的不同上源。卷九《清水注》描述了清水的上源:"黑山在(修武)县北白鹿山东,清水所出也。水上承诸陂散泉,积以成川。"这说明清水是以太行山南麓的一些陂池和泉水为水源的河流,其源地很可能是一块地下水丰富的小盆地。

卷九《沁水》的情况就不同,注文说:"沁水即涅水也。或言出穀远县羊头山世靡谷,三源奇注,迳泻一隍,又南会三水,历落出左右近溪,参差翼注之也。"这段注文清楚地说明,沁水的上源大概是太行山西麓一片比较宽广的冲积扇,因此,河流的上源拥有许多支流。

卷九《淇水注》中,注文描写淇水的上源说:"《山海经》曰:淇水出沮洳山,水出山侧,颓波濊注,冲激横山。山上合下开,可减六七十步,巨石礧砢,交积隍涧,倾澜漭荡,势同雷转,激水散氛,暧若雾合。"

从注文中可见,淇水的发源与清水、沁水都不同,淇水的源地地形复杂,其水源由瀑布急流形成。从上述 3 条并不出名的河流的发源地的描述中,可见郦道元对于河流发源地的研究是十分认真的。这对我们研究历史自然地理和现代河流水文等方面,都具有重要的意义。

《水经注》记载了各种河流从源地开始的整个流程中,沿途的河床宽度、滩濑、瀑布、急流等情况,都有比较仔细的描述。例如卷三十三《江水》对岷江上游各段的河床宽度的描述就是这样,注文说:"两山相对,其形如阙,谓之天彭门,亦曰天彭阙,江水自此已上微弱,所谓发源滥觞者也。"接着,注文就从天彭阙按流程逐段进行描述:"江水自天彭阙东迳汶关而历氐道县北……自白马岭回行二十余里至龙涸,又八十里至蚕陵县,又南下六十里至石镜,又六十余里而至北部,始百许步。又西百二十余里至汶山故郡,乃广二百余步。又西南八十余里至湿坂,江稍大矣。"

在上述注文中,岷江从上游发源起,每个河段的长度和宽度都写得清楚明白,以这样的古代自然地理资料,与现代情况作比较,则这一河段在历史上的变化,就可以了如指掌了。

在河流流程中,峡谷和滩濑等,都是河川自然地理的重要研究对象。《水经注》在这方面的内容也相当丰富。不仅是重要的峡谷,如黄河的孟门、龙门、三门诸峡,洛水的伊阙,长江的三峡,珠江的高要峡,湘江的空泠峡等,注文都有非常详细的描述。即使并不出名的峡谷,作者也不曾疏忽,全书记载的峡谷将近 300 处之多。此外,在河川自然地理的研究中,滩濑对于研究河床变化具有重要意义,而《水经注》在这方面也提供了大量资料,仅仅在《渐江水注》一篇之中,就记及滩濑达 60 余处。

瀑布在自然地理研究中也有重要价值,它不仅是河床岩石构造和岩性变化的重要依据,同时也是河流溯源侵蚀的显著标志。《水经注》在这方面提供的资料尤为丰富。虽然,形成瀑布的原因是多种多样的,火山爆发引起的熔岩堰塞,地震引起的岩石崩塌,滑坡,以及冰川作用形成的悬岩等,都可以造成瀑布现象。但是,多数巨大的瀑布,都是由于河流的溯源侵蚀而形成的。在河流溯源侵蚀的过程中,由于遇到坚硬的岩层而造成落差,因此就生成瀑布。为此,我们通过古今瀑布的位置移动,就可以算出河流溯源侵蚀的速度。《水经注》全书共记载瀑布 60 多处,不仅地理位置准确,还记及不少瀑布的高度。因此,利用此书记载的瀑布位置,同今天的瀑布位置进行对比计算,往往可以精确地得出河流溯源侵蚀的速度。我国著名历史地理学家史念海教授,曾经根据郦注记载的孟门瀑布(今壶口瀑布)的位置与唐《元和郡县志》记载的位置对比,计算的结果是,从北魏孝昌三年(527)起到唐元和八年(813)之间的 286 年中,瀑布每年平均退缩 5.1 米;从唐元和到现在的 1100 多年中,瀑布每年平均退缩 3.3 米。

除了上述在河流流程中对于峡谷、滩濑和瀑布的记载以外,《水经注》对于河流尾闾即沿海平原的地理概况,也有细致的描写。《河水五》中关于黄河尾闾马常坑一带的描述即是其例。注文说:"又东北为马常坑,坑东西八十里,南北三十里,乱河枝流而入于海……河盛则通津委海,水耗则微涓绝流。"这里记载的马常坑,是河口三角洲的一片季节性积水洼地。在黄河的洪水季节,这片洼地成为一片茫茫大湖,但在黄河的枯水季节,就成为一片"微涓绝流"的河口沼泽。《水经注》描述是非常逼真的。

　　《水经注》对于河流的记载，除了上述有关河流的地貌现象外，在河流水文方面，诸如河流的含沙量、水位、流速、冰期等重要的水文要素，也多有详细记载。以黄河为例，黄河河水的含沙量是世界罕见的。在这方面，《水经注》有一项著名的记录，即《河水》的："河水浊，清澄一石水，六斗泥。"对于河流的水位，《水经注》记下了不少河流的枯水位、一般水位和洪水位，例如《河水》记载的黄河下游支流白鹿渊水："又东为白鹿渊水，南北三百步，东西千余步，深三丈余，其水冬清夏浊，淳而不流，若夏水洪泛，水深五丈，方乃通注。"

　　对于我国河流的冰期，《水经注》也常有记载，例如《河水》记载的黄河中可以采冰的几个河段："常以十二月采冰于河津之隘，峡石之河，北阴之中。"上述 3 个河段中在夏历十二月的采冰，规模甚大，据郦注所记："朝廷又置冰室于斯阜，室有冰井。"这是朝廷用以贮藏的采凿，对于说明这个河段的冰层厚度和积蓄量，都很有价值。

　　除了河流以外，《水经注》还记载了许多湖泊，总数超过 500 处。这中间有大量的排水湖（淡水湖），如洞庭湖、彭蠡（今鄱阳湖）、太湖以及如今已经湮废的北方大湖，如巨野泽、圃田泽等等。也有许多非排水湖（咸水湖）如蒲昌海（今罗布泊）、居延海等等。《水经注》记载的湖泊，在湖泊地貌和湖泊水文等方面，都提供了许多资料。例如，湖泊形成以后，在地质循环和生物循环的过程中，总是不断淤浅，甚至全部湮废。这个过程，在自然地理学上称为湖泊沼泽化现象。郦注在这方面的记载也很详细，例如《渠水注》所记载的圃田泽的湮废过程："（圃田）泽在中牟县西，西限长城，东极官渡，北佩渠水，东西四十许里，南北二十许里，中有沙冈，上下二十四浦，津流径通，渊潭相接，各有名焉：有大渐、小渐、大灰、小灰、义鲁、练秋、大白杨、小白杨、散赫、禹中、羊圈、大鹄、小鹄、龙泽、蜜罗、大哀、小哀、大长、小长、大缩、小缩、伯丘、大盖、牛眼等。浦盛则北注，渠溢则南播。"

　　圃田泽原来是个中原大湖，在《诗经》中已见记载，但是由于湖泊的沼泽化现象，到了北魏，这个大湖已经分成 24 个小湖。注文中所说的"中有沙冈"，"沙冈"就是沼泽化的产物，湖泊的这种由大到小，由整体到分散的过程，具体地说明了圃田泽的沼泽化过程，为后世研究湖泊的沼泽化现象，提供了重要的数据。

　　上述河流和湖泊，在自然地理学中统称地表水，除了地表水以外，《水经注》也记载了许多有关地下水的资料，主要是泉水和井。全书记载了泉水 200 多处，温泉 38处。在温度没有计量标准的古代，郦道元用"冬温夏冷"、"冬夏常温"、"炎热"、"沸涌"、"可焪鸡豚"等级别，来记载不同温泉的水温。《水经注》记载了分布于全国的井，并且记及了它们的深度。例如《河水》所记的疏勒城井，"深一十五丈"，虎牢城井，"深四十丈"等，均是其例。这对于我们了解古代各地的地下水位，是很有价值的资料。

在自然地理学方面,《水经注》还拥有大量植物地理学和动物地理学的资料,这对研究历史时期我国各地动植物的分布及其变迁,具有重要价值。全书记载的植物品种多达140余种,而且在地理分布上也记载得相当清楚。包括在我国占最大优势的温带森林和亚热带森林,并涉及西北干燥地区的草原和荒漠植被。例如《河水注》记载的今新疆罗布泊一带的荒漠植被。注文说:"土地沙卤少田,仰谷旁国,国出玉,多葭苇、柽柳、胡桐、白草。国在东垂,当白龙堆,乏水草。"直到今天,这项记载对于该地区仍是十分逼真的。

《水经注》还记载了我国南方以及今中南半岛地区的动植物和自然景观。《温水》中说:"林棘荒蔓,榛梗冥郁,藤盘笋秀,参错际天。"这就是古代林邑国的热带森林景观。《温水》还记载了九真郡咸驩(今越南荣市以北地区)的原始生物景观,注文说:"《林邑记》曰:外越纪粟,望都纪粟,出浦阳,渡便州,至典由,渡故县,至咸驩,咸驩属九真,咸驩已南,獐麂满冈,鸣咆命畴,警啸聆野,孔雀飞翔,蔽日笼山。"真把热带自然景观,写得惟妙惟肖。

天然植物按照南北气候条件的不同,在地理分布上出现这种南北递变的规律性,这在自然地理学上称为纬度地带性现象。除此以外,由于地形高度不同,植物从低处到高处,其分布也同样存在规律性的差异,在地理学上称为垂直地带性现象。这种现象也同样为《水经注》所记载。《渐江水》说:"自平地取山顶七里,悬隥孤危,径路险绝……山上无甚高木,当由地迥多风所致。"这就是会稽秦望山的植物垂直分布现象。

《水经注》记载了我国的许多古代动物,而且地区明确。其中有的动物在地理分布上如今已有很大变化,也有些动物则已在我国境内绝迹。所以郦注的记载对于研究动物地理和古今动物地理的变迁很有裨益。《沔水》中记载的"水虎",就是一个很好的例子。注文说:"沔水又南与疎水合,水出中庐县西南,东流至邔县北界,东入沔水,谓之疎口也。水中有物如三四岁小儿,鳞甲如鲮鲤,射之不可入,七八月中,好在碛上自曝,头似虎,掌爪常没水中,出头,小儿不知、欲取弄戏,便杀人。或曰,人有生得者,摘其鼻厌,可小小使,名为水虎者也。"

按《山海经·中山经》:"伊水出焉,而东流注于洛。有兽焉,其名曰马腹,其状如人面虎身,其音如婴儿,是食人。"清郝懿行案:"《刀剑录》云:汉章帝建初八年(83),铸一金剑,令投伊水中,以厌人膝之怪……《荆州记》云:陵水中有物,如马甲,如鲮鲤,不可入。七八月中,好在碛上自曝,膝头如虎掌爪,小儿不知,欲取戏弄,便杀人。或曰:生得者取其鼻厌,可小小便,名为水卢。"

郦道元记载这种"水虎",其地理位置在今汉江襄阳与宜城之间的河段中,注文中的疎口,当在今小河镇附近。这个地区南北朝时代属南朝版图,郦氏足迹所不能到。

他的记载，分明是引的《荆州记》，其中如"水虎"、"水卢"、"可小小使"、"可小小便"、"臬厌"、"鼻厌"等，都是传抄之误。其所记载的这种动物，显然是扬子鳄，记载之中，除了"便杀人"一语不符合事实外，其余各项，说的都是扬子鳄无疑。我在拙作《读水经注札记》中曾经指出："扬子鳄虽然是食肉爬虫类动物，但并不是猛兽，平日只吃鱼、蛙、鼠等小动物，不像马来鳄那样凶猛，吞食大动物甚至人。注文中说'小儿不知，欲取弄戏，便杀人'。可能是因为小儿在沙滩上戏弄它，不慎落水中，使它得到杀人的罪名。"

如上所述，在汉章帝建初八年（83），伊水中还有许多扬子鳄。但到了北魏，郦道元在《水经注·伊水》中，已经没有记及这种动物，而南边的汉水中却还存在。时至今日，《沔水》中记及的襄阳、宜城一带，这种动物也已绝迹。今天，扬子鳄分布最多的地区，是安徽省的清弋江流域和江苏、浙江二省间的太湖流域。我们把《刀剑录》、《荆州记》、《水经注》等几种文献对照一下，就可以看到在过去2000多年时间里，扬子鳄的分布地区逐渐向东南缩小。不仅地区缩小，数量也大大减少。这就是我们今天必须对这种动物进行保护的原因。

在卷三十七《浪水》，注文又记载了另外一种动物："建安中，吴遣步骘为交州，骘到南海，见土地形势，观尉佗旧治处，负山带海，博敞渺目，高则桑土，下则沃衍，林麓鸟兽，于何不有，海怪鱼鳖，鼋鼍鲜鳄，珍怪异物，千种万类，不可胜记。"这里"鼋鼍鲜鳄"一语，"鼍"就是扬子鳄。《诗·大雅·灵台》："鼍鼓逢逢，"孔颖达疏："鼍如蜥蜴，长六七尺。"古人用其制鼓，所以称为"鼍鼓"。步骘是淮阴人，曾服官于吴，所以长江流域的鼍，也就是《水经注·沔水》的"水虎"，他一定是见过的。初到南方，在珠江流域骤然见到形状似鼍而身躯比鼍大得多的鳄，或许就不能分辨清楚，所以笼统地称该地有"鼋鼍鲜鳄"。其实，西晋的张华在其《博物志》卷九中曾清楚地指出："南海有鳄鱼，形似鼍。"说明鼍与鳄，只是形状相似，并非一种动物。步骘不及见到张华的书，所以他的说法比较含糊。步骘所说的鳄，显然就是马来鳄。直到唐朝韩愈在潮州当刺史时，这种动物还很多。这是一种凶猛的食肉动物，所以韩愈特地写了一篇《祭鳄鱼文》，要这种动物："其率丑类，南徙于海。"现在，《浪水》记载的马来鳄早已在广东沿海绝迹。从全世界来说，也已经成为一种珍稀动物了。

以上只是就自然地理学举了一些例子。《水经注》在自然地理学方面提供的资料是丰富多彩的。它为我们今天研究自然地理学，特别是历史自然地理学带来了很大的便利。

（二）人文地理学

在人文地理学的各个分支中，《水经注》也拥有大量资料。其中首先是在经济地理学的方面,而特别是有关农田水利的资料。由于《水经注》是一部记载河流的地理书,所以它有大量的篇幅涉及农田水利。在现代经济地理学中,这些都是属于农业地理学的研究对象。《水经注》记载的农田水利工程不胜枚举,其中灌溉效益显著的如郑渠、都安大堰、车箱渠、白起渠、马仁陂、长湖等等,注文都作了详细的说明。

《水经注》关于农业地理的记载遍及全国,并且还记及域外。例如注文详细地列述了汉代在今新疆地区所经营的屯田。例如,《河水》记载的:"(敦薨之水)又西南流,迳连城别注,裂以为田。桑弘羊曰:臣愚以为连城以西,可遣屯田,以威西国。"按桑弘羊(前152—前80)在汉武帝时任治粟都尉,领大司农。在桓宽编撰的《盐铁论》一书中,主要就是他在汉昭帝始元六年(前81)的一次全国性的盐铁会议中的发言。他是一位杰出的农业家和经济学家,他建议屯田的地区,即今新疆的焉耆、库尔勒、尉犁一带,其真知灼见,令人叹服。郦注记及的这个地区的汉代屯田,有伊循城屯田、楼兰屯田、莎车屯田、轮台屯田等等。并且记载了汉索劢在此兴修水利、屯田积粟的故事:"大田三年,积粟百万,威服外国。"这其实就是桑弘羊的思想。

此外,《水经注》有关这方面的记载中,还包括各种耕作制度的资料。例如卷三十六《温水》中所说:"知耕以来,六百余年,火耨耕艺,法与华同。名白田,种白谷,七月火作,十月登熟;名赤田,种赤谷,十二月作,四月登熟,所谓两熟之稻也。"这里,注文把林邑国一年两熟的耕作制度,包括耕作、作物品种、收获季节月令等,都记得清楚明白。所以资料是很有价值的。

在郦道元的时代,工业还处于很落后的手工业阶段,分布不多,规模不大。但尽管如此,《水经注》记载的工业地理资料,内容仍然相当完整。从手工业的部门说,全书记载的包括采矿、冶金、机器、纺织、造纸、食品等,可称门类完备。在郦道元的时代,各种矿物在工业中已具有重要地位。《水经注》记载了能源矿物中的煤炭、石油、天然气,金属矿物中的金、银、铜、铁、锡、汞,非金属矿物中的雄黄、硫磺、盐、石墨、云母、石英、玉、石材等。对于它们的地理分布和用途等方面,都有介绍。下面是一个卷三《河水》记载的今陕西省北部和河西走廊石油的例子:

> 故言高奴县有洧水,肥可蘸,水上有肥,可接取用之。《博物志》称酒泉延寿县南山出泉水,大如筥,注地为沟,水有肥如肉汁,取著器中,始黄,后黑如凝膏,然极明,与膏无异,膏车及水碓缸甚佳,彼方人谓之石漆。水肥亦所在有之,非止高奴县洧水也。

这项材料记载两地的石油分布情况,并描述了这种矿物的性状和当时的用途。除了石油以外,如《江水》记载蜀中的天然气,《湘水》记载萌渚岭的锡矿等,也都是较有价值的资料。

《水经注》记载了许多地区的冶金工业,其中《河水》所记载的今新疆地区的一处冶金工业,是一个很典型的例子。注文说:"释氏《西域记》曰:屈茨北二百里有山,夜则火光,昼日但烟,人取此山石炭,冶此山铁,恒充三十六国用。故郭义恭《广志》云:龟兹能冶铁。"这项记载不仅叙述了冶金工业的原料和燃料地,并且还记载了产品的市场,是一项完整的工业地理资料。

《水经注》虽然是一部6世纪初期的古代地理著作,但书内却已经有了机器制造和应用的记载。《穀水》说:"穀水又迳白超垒南,垒侧有坞,故冶官所在,魏晋之日,引穀水为水冶,遗迹尚存。"这里值得注意的是"水冶"。水冶称得上是我国古代的一种机器。据王祯《农书》卷十九称,水冶即水排,后汉杜诗始作。《后汉书·杜诗传》说:"冶铸者为排以吹炭,令激水以鼓之也。"《三国志·魏书·韩暨传》以为水排始于韩暨,所谓:"旧时冶,作马排,每一熟石用马百匹。更作人排,又费功力,暨乃因长流以为水排,计其利益,三倍于前。"所以这是一种利用水力鼓风进行冶铸的机器。魏晋时代在穀水上使用的这种水冶,到北魏时虽然已经仅存遗迹,但郦道元仍然把它写入注文。郦道元没有料到他死后不过十几年,高隆之在漳水支流洹水流域又造起这种机器。据《北齐书》和《北史》两书的《高隆之传》并记:"以漳水近于帝城,起长堤以防汛溢之患,又凿渠引漳水周流城郭,造治碾硙,并有利于时。"这里的"碾硙"即是与上述"水冶"相似的一种利用水力的机器。"水冶"用以鼓风,"碾硙"顾名思义,或许是用于研磨。高隆之服官于北魏,后来又入仕于东魏和北齐。从"漳水近于帝城"一语中,可见"碾硙"是东魏都邺以后的事,其事当在元象元年(538)以后。从"凿渠引漳水周流城郭"一语中,可知他修造碾硙当在邺都城边的洹水之上。明嘉靖《彰德府志》卷一安阳县水冶条,肯定了洹水上的这种水冶:"周围四十步,在县西四十里,《旧经》曰:后魏时引水鼓炉名水冶,仆射高隆之监造,深一尺,阔一步。"《彰德府志》所说的"后魏"恐怕是"东魏"之误。因为后魏都城在洛阳,东魏才迁到邺城来。可惜郦道元来不及看到高隆之的这种创造,否则《水经·洹水注》中一定能留下详细的记载。

在所有手工业部门中,记载最多的是制盐工业。在古代,盐是国计民生中的头等大事,这可能是郦注特别重视的原因。郦注记载的制盐工业,包括海盐、池盐、井盐、岩盐等。其地域范围东起沿海,西及域外。例如卷二《河水》记载西域岩盐,注文说:"山西有大水,名新头河……有石盐,白如水精,大段则破而用之。康泰曰:安息、月氏、天竺至伽那调御,皆仰此盐。"又如《江水》记载蜀中井盐。注文说:"(汤溪水)南流历县,翼带盐井一百所,巴川资以自给。粒大者方寸,中央隆起,形如张缯。故因名之曰缯子盐。有不成者,形亦必方,异于常盐矣。王隐《晋书·地道记》曰:入汤口四十三里，有石煮以为盐，石大者如升，小如拳，煮之，水竭盐成，盖蜀火井之伦，水火相得乃佳矣。”《涑水》记载了解池池盐，注文说：“《地理志》曰：盐池在安邑西南。许慎谓之盐长五十一里，广七里，周百一十六里。从盐省，古声。”吕忱曰：“夙沙初作煮海盐，河东盐池谓之盐。今池水东西七十里，南北十七里，紫色澄渟，潭而不流。水出石盐，自然印成，朝取夕复，终无减损。惟山水暴至，雨澍潢潦奔泆，则盐池用耗。故公私共竭水径，防其淫滥，谓之盐水，亦谓之竭水。《山海经》谓之盐贩之泽也。”《淇水》记载了渤海沿岸的海盐。注文说：“清河又东迳漂榆邑故城南，俗谓之角飞城。《赵记》云：石勒使王述煮盐于角飞，即城异名矣。《魏土地记》曰：高城县东北百里，北尽漂榆，东临巨海，民咸煮海水，借盐为业，即此城也。”

如上所述，《水经注》所记载的，无论岩盐、井盐、池盐、海盐，都是细致清楚的。全书记载的盐矿和盐场多达20余处，以上仅仅是略举数例而已。

《水经注》在交通运输地理方面，也有大量记载。首先当然是水运。全书记载的河流水道，绝大部分都涉及航运。在前面自然地理学部分所提及的峡谷、滩濑等，常被作为航运的条件加以评价。例如《河水》记载了黄河自砥柱山以下：“合有十九滩，水流迅急，势同三峡，破害舟船，自古所患。”《耒水》记载了耒水自汝城县以下30里中有14濑：“濬流奔急，竹节相次，亦为行旅游涉之艰难也。”《浙江水》记及浙江的航行：“浙江又东迳寿昌县南，自建德至此八十里中，有十二濑，濑皆峻险，行旅所难。”此外，河流水位的季节变化，也常常与航行条件同时提出，例如《泗水》记载：“泗水又东南流，丁溪水注之，溪水上承泗水于吕县，东南流，北带广隰，山高而注于泗川。泗水冬春浅涩，常排沙通道，是以行者多从此溪。即陆机《行思赋》所云：‘乘丁水之捷岸，排泗川之积沙者也。’”全书中像这样一类的记载，是很多的。

对于天然河流的航行，当然是全书十分关心的问题，例如《江水》记载了当时长江中游的航行，已经出现了“载坐直之士三千人”的大型船舶。《河水》记载了“魏尚书仆射杜畿，以帝将幸许试楼船。”说明黄河中游在三国时代已经作了航行大型船舶的尝试。当然，尝试没有成功，郦注只简单地说了一句：“覆于陶河。”《三国志·魏书·杜畿传》说：“受诏作御楼船于陶河，试船遇风没。”这里的陶河，也就是孟津，在今河南省孟津县以南。

《水经注》也记载了许多运河，其中特别具有价值的是《济水》中记载的古代黄河和淮河间的运河。注文说：“偃王治国，仁义著闻，欲舟行上国，乃沟通陈、蔡之间。得朱弓矢，以得天瑞，遂因名为号，自称徐偃王，江淮诸侯服从者三十六国。”这里叙述的是一种传说，但却说明了相当重要的问题。徐偃王是个传说中的人物，其时约在西周穆王之世，时当西周中叶，其时估计在公元前10世纪之初，所谓“沟通陈、蔡之间”，正是古代黄淮之间的鸿沟水系。这种传说反映了这样一种事实,即黄、淮之间所存在的沟通这两个水系的河道,比这个地区见诸历史记载的运河开凿可能还要早四五个世纪。

尽管《水经注》的内容以水路为主,但郦道元在交通运输方面的记载并不忽视陆路。全书记载的各种类型的道路,有国际上的交通要道,如《河水》中的葱岭、天竺道:"度葱岭,已入北天竺境,于此顺岭西南行十五日,其道艰阻,崖岸险绝,其山惟石,壁立千仞,临之目眩,欲进则投足无所,下有水,名新头河。昔人有凿石通路施倚梯者,凡度七百梯,度已,蹑悬絙过河,河两岸,相去咸八十步,九译所绝,汉之张骞、甘英皆不至也。"又同卷记载的林杨、金陈道:"竺枝《扶南记》曰:林杨去金陈国,步道二千里,车马行,无水道。"此外,《河水》又记载了窳浑出鸡鹿塞道,《温水》则记载了彭龙、区粟通逵和扶南、林邑步道等,也都是我国古代与域外交通的国际道路。至于国内的著名陆道也无不收入,例如《河水》记载的函谷关道:"邃岸天高,空谷幽深,涧道之峡,车不方轨,号曰天险。"《沔水》中记载的通关势,是一条沟通关中与汉中之间的重要道路。注文说:"堵水南历堵乡溪,出山东南流,迳通关势南,山高百余丈,山有匈奴城,方五里,浚堑三重,高祖北定三秦,萧何守汉中,欲修北道通关中,故名为通关势。"通关势当然是一条险峻的道路,但郦注中还有不少比这更险峻的道路,例如《沔水》记载的"栈道"。注文说:"(褒)水西北出衙岭山,东南迳大石门,历故栈道下谷,俗谓千梁无柱也。诸葛亮《与兄瑾书》云:前赵子龙退军,烧毁赤崖以北阁道。缘谷百余里,其阁梁一头入山腹,其一头立柱于大水中,今水大而急,不得安柱,此其穷极,不可强也。"

中国西南的多山地区,交通当然是非常困难的。《水经注》对这个地区也有不少记载。例如《若水》所记:"(朱提)郡西南二百里得所绾堂琅县,西北行,上高山,羊肠绳屈八十余里,或攀木而升,或绳索相牵而上,缘陟者若将阶天。故袁休明《巴蜀志》云:高山嵯峨,岩石磊落,倾侧萦回,下临峭壑,行者扳缘,牵援绳索。三蜀之人,及南中诸郡,以为至险。"同卷还描述了从朱提到僰道之间水陆交通的艰难。注文说:"自朱提至僰道有水步道,水道有黑水、羊官水,至险难,三津之阻,行者苦之。故俗为之语曰:楢溪赤水,盘蛇七曲,盘羊乌栊,气与天通,看都濩泚,住柱呼伊,庲降贾子,左担七里。又有牛叩头、马搏颊坂,其艰险如此也。"这里所说的"庲降贾子,左担七里",这样的道路,古代称为左担道。庲降是当时的建宁郡治,约在今云南省曲靖县附近。从庲降到那里去的商贩,由于山道险窄,有时在连续 7 里的行程中,只能用左肩挑担,不得换肩,其险峻可以想见。

由于大量的水陆道路在注文中出现,这就必然要牵涉到水陆道路的交错地点,于是注文中同时也出现了大量的桥梁和津渡。全书记载的桥梁和津渡近 200 处。在这些桥梁中,包括石拱桥、木桥、木石混合桥、索桥、浮桥等等,其中有的桥梁十分宏大,例如,《渭水》记载的秦渭桥:"秦始皇作离宫于渭水南北……南有长乐宫,北有咸阳宫,欲通二宫之间,故造此桥,广六丈,南北三百八十步,六十八间,七百五十柱,百二十二梁。""南北三百八十步",按秦制一步为六尺(一尺合今 23.1 厘米),周制一尺为今 21 厘米,汉制一尺约为今 23 厘米,则全桥长约合今 500 米,即使在今天,也不失为一座大桥。记载中还有一些建筑讲究的石拱桥,《穀水》的旅人桥即是其例:"(旅人)桥去洛阳宫六七里,下圆以通水,可受大舫过也。""可受大舫过也",说明这是一座净空很大的石拱桥,于此可见古代桥梁建筑技术风格于一斑。

在《水经注》记述的津渡之中,有不少历史上著名的渡口,例如《河水》各篇中的孟门津、采桑津、孟津,《浊漳水》中的薄落津,《渠水》中的官渡,《施水》中的逍遥津。像官渡和逍遥津,在历史上都发生过著名的战役。

在《水经注》全书记载的津渡中,也记及一处海渡,《温水》中说:"王氏《交广春秋》曰:朱崖、儋耳二郡,与交州俱开,皆汉武帝所置。大海中南极之外,对合浦徐闻县……从徐闻对渡,北风举帆,一日一夜而至。"这里所记的徐闻、朱崖渡,即今日的琼州海峡,朱崖就是海南岛。

农业地理、工业地理和交通运输业地理,是经济地理学最主要的 3 个分支,从以上所列举的《水经注》在这些方面的记载中,可见此书在经济地理领域中的丰富资料。

除了经济地理学以外,人文地理的另一重要分支学科是城市地理学。《水经注》在这方面的记载也称得上丰富多彩。全书记载的县级城市和其他城邑共 2800 余处,古都 180 余处,其中对某些古都的记载特别详细,例如《渭水》中记载的秦、汉古都长安,举凡城门、城郭、街衢、宫殿、园苑等,无不一一记载。《穀水》中记载的洛阳,是郦道元目击的北魏当代的首都,他竟用 7000 余字的篇幅,详细地描述了这座都城。在全部《水经注》的每一句经文以后,这是最长的一篇注文。此外,《㶟水》记载的平城,是北魏的旧都,描述也非常详细。又如在《浊漳水》中记载了所谓五都:"魏因汉祚,复都洛阳,以谯为先人本国,许昌为汉之所居,长安为西京之遗迹,邺为王业之本基,故号五都也。"《江水》中记载了所谓三都:"洛水又南迳新都县,蜀有三都,谓成都、广都,此其一也。"所有这些,都是很有价值的历史城市地理资料。

《水经注》不仅记载了国内的城市,并且还记载了部分国外城市。例如《河水》中记载了许多今印度河、恒河流域的古代国都,如波罗奈城、巴连弗邑、王舍新城、瞻婆国城等,其中有的都城具有很大的规模。《温水》中记载了古代林邑国的重要都城,包括军事要地区粟城和国都典冲城,均位于今越南中部沿海地带。注文把这两座城市的地理位置、山川形势、城垣建设、城市规模等,描述得细致无遗。郦道元对这两个域外城市的长篇记载,是从《林邑记》抄录的,现在《林邑记》早已亡佚,因此,《水经注》记载,已经成为孤本,是今天我们研究这两个中南半岛古代城市的惟一文字资料,所以极为宝贵。

除了古都、城邑等以外,小于城邑的聚落,包括镇、乡、亭、里、聚、村、墟、戍、坞、堡等 10 类,《水经注》也有大量记载,总数约有 1000 处。这些当然都是较小的聚落,其中有不少现在已经消失,但是它们在我们的某些研究工作中,有时能起很大的作用,作为历史聚落地理的研究对象,仍然具有重要的意义。

在人口与民族地理方面,《水经注》也有不少重要的资料。郦道元的时代,正是国家战乱,人口流动频繁的时代,《水经注》反映了许多当时人口的流动情况。《江水》中说:"(涂水)西北流迳汝南侨郡故城南,咸和中,寇难南逼,户口南渡,因置斯郡,治于涂口。"这段注文,实际上就是我所提出的"地理大交流"[⑥]的过程。东晋咸和年间(326—334)确实是"地理大交流"的全盛时代,南迁的汉人,常常在南方建立与他们原籍同名的郡县,这就是这一时期侨郡、侨县大量出现的原因。注文所说的汝南郡即是其中之一。汝南侨郡治原在上蔡(今河南省上蔡县西南),辖境在今河南省境内的颍河与淮河之间,则当时在涂口(今武昌西南长江南岸)建立的汝南侨郡,其居民主要来自今河南上蔡一带。

《水经注》提供了许多有关少数民族的资料,注文中记及的少数民族有匈奴、犬戎、羯、于越、骆越、五溪蛮、三苗、马流、雕题、文狼等,不胜枚举。《水经注》不仅记载了他们的分布和活动,有时还记载了他们的语言和风俗习惯,包括他们与汉族之间的关系,这些也都是非常可贵的资料。

在人文地理学各分支中,《水经注》的记载还涉及大量军事地理资料,这中间的一个方面,是把曾经在战场起过重要作用的自然地理要素和人文地理要素如河川、山岳、关隘、桥梁、津渡、道路、聚落、仓库等,在军事上进行评价。例如《漾水》中描述的剑阁,注文说:"(清水)又东南迳小剑戍北,西去大剑三十里。连山绝险,飞阁通衢,故谓之剑阁也。张载《铭》曰:一人守险,万夫趑趄。信然。故李特至剑阁而叹曰:刘氏有如此地而面缚于人,岂不奴才也。"又如《河水》中描述的高阙。注文说:"《史记》,赵武灵王既袭胡服,自代并阴山下,至高阙为塞。山下有长城,连山刺天,其山中断,两岸双阙,善能云举,望若阙焉。即状表目,故有高阙之名焉。自阙北出荒中,阙口有城,跨山结局,谓之高阙戍,自古迄今,常置重捍,以防塞道。"

除了上述对这些地理事物从军事上作评价以外,《水经注》有关军事地理记载的另一个方面,就是描述历史上的重要战争。其中有些战役,注文记载得十分详细,而且常常与战场的山川地形相联系,所以具有重要的军事地理价值。例如《渭水》中记载了诸葛亮对陈仓城的进攻和失利过程。注文说:"(陈仓)县有陈仓山……魏明帝遣将军太原郝昭筑陈仓城,成。诸葛亮围之。亮使昭乡人靳祥说之,不下。亮以数万攻昭千余人,以云梯、冲车、地道逼射昭,昭以火射连石拒之,亮不利而还。"在明人罗贯中的《三国演义》中,描写了许多诸葛亮与司马懿在战场上斗智的故事,在罗贯中的笔下,诸葛亮无疑胜过司马懿。《水经注》中也记载了此二人多次战争的故事,诸葛亮其实常常失利。所以我在拙作《读水经注札记之四》中指出:"从《水经注》的记载评论此二人,司马或许高诸葛一筹。说得稳妥一点,也只是棋逢敌手。"例如在上述注文记载中的陈仓城战役中,魏方实际上也是司马懿指挥的。由于陈仓城建立在形势险要的陈仓山上,守御甚为有利,诸葛亮以数十倍的兵力,使用了云梯、冲车等当时的先进武器,并且挖掘了地道,但仍然无法攻下这座城堡。对于蜀方进攻所以失利的原因,注文中引用诸葛亮致其兄诸葛瑾的信中说:"山崖绝险,溪水纵横,难用行军。"诸葛亮的这段话,其实就是军事地理的分析,看来是正确的。《江水》中记载了一次发生在长江三峡地区蜀刘备与吴陆逊之间的战役,也描写得有声有色。注文说:"江水又东迳石门滩,滩北岸有山,山上合下开,洞达东西,缘江步路所由。刘备为陆逊所破,走径此门。追者甚急,备乃烧铠断道。孙桓为逊前驱,奋不顾命,斩上夔道,截其要径。备逾山越险,仅乃得免。"这段记载把发生于这个险要地区的敌我双方的殊死战斗,写得淋漓尽致。败者固然施尽一切阻敌自保的手段,如"烧铠断道"、"逾山越险",而胜者也尽其一切可能,"奋不顾命,斩上夔道,截其要径"。战斗的激烈,宛如亲睹。而整段战役的记载又和石门滩北岸的这种险峻万状的山川形势紧密结合,的确是不可多得的历史军事地理资料。

　　最后,在现代人文地理学领域中,旅游地理学是一门新兴的学科,但1400多年前写成的《水经注》,却已为我们积累了大量旅游地理的资料。郦道元在注文中对祖国各地的河山风景,作了大量生动的描写。此外,他又对各地的名胜古迹、宫殿楼阁、祠庙寺院、塔台园苑等,作了详尽的记载。所以《水经注》不仅是古代游记的典范,而且在开发现代旅游资源,复原古代名胜古迹等方面,也都具有重要的价值。

　　以上是对《水经注》在地理学方面的卓越贡献的评述。除了地理学以外,《水经注》对地名学这门学科,也有重要的价值,下面一章将简要地加以评述。

(三)地名学

　　地名学是一门研究地名的学科,它研究地名的形成、发展和变迁,以及地方命名的原则和得名的渊源。在我国,早在西汉成书的《榖梁传》中,就提出了为后世广泛使用的地方命名原则之一:"水北为阳,山南为阳。"这就是说,聚落(或城邑)位于山岳以南或河流北岸者,命名为阳,如衡阳、浏阳等;位于山岳以北或河流南岸者,命名为阴,如华阴、淮阴等。另一本成书于先秦而到后汉重加整理的《越绝书》中,也提出了"因事名之"的地方命名原则。例如《水经注》中的《浙江水》提到的"秦望山",注文说:"秦始皇登之,以望南海。"又如《渭水》中的"霸水",注文说:"古曰滋水矣,秦穆公霸世,更名滋水为霸水,以显霸功。"所有这些例子,都说明地名研究在我国发轫甚早。

在人类活动的早期,由于生产力水平很低人口不多,人的流动性也很小,所以地名是很少的。但以后随着生产力的发展和人口的增加,人们的活动范围扩大,地名也就不断增加。成书于战国时代的《禹贡》,是我国古代的一本虚构派地理名著。《禹贡》的虚构在于时代,书中的地名都是实有的,不过全书地名为数很少,不过 130 处。《山海经》的成书年代比较复杂,其中《五藏山经》的成书,可能早于《禹贡》,但另外的部分如《海内经》和《大荒经》,都是秦以后到汉的作品,所以涉及地名就达 1300 余处。此后最重要的地理著作是《汉书·地理志》,记有地名 4500 多处。但所有这些古地理书,与《水经注》相比,在地名数量上都是望尘莫及的。《水经注》记载的各类地名,为数约在 2 万处上下。作为一部地理书,拥有如此大量地名,确是前所未有的。《水经注》记载的大量地名,成为后世地名学研究的重要资料。

《水经注》是一部以叙述河流为主的地理著作,因此,河流地名是各类地名中数量最大的。前面已经提到《唐六典》所谓《水经》所引天下之水 137,而《水经注》引其支流 1352。但《水经注》记载的河流地名,实际上比《唐六典》大得多,约占全书所载地名的 20%。

我们知道,凡是一个地名,往往由专名和通名两部分构成。例如北京市、昌平县、太行山、永定河,这里的北京、昌平、太行、永定都是专名,而市、县、山、河则是通名。在《水经注》记载的河流地名中,单单通名就有河、水、江、川、渎、津、溪、涧、沟、流、究等多种。而各种通名,往往有它们的地域习惯。例如"河"在古代是黄河的专名,"江"在古代是长江的专名。这些专名后来都作为通名使用。所以北方河流多称"河",而南方河流多称"江"。西南山区的河流多称"究",人工开凿的河流多称"渠"等等。这些都是以《水经注》研究地名学首先必须具备的知识。

上面说到,《水经注》记载的全部河流,包括干支流在内,总数为 1000 多条,但全书河流地名的总数竟达 4000 左右。主要原因是,每一条河流往往有许多旁名别称,从地名学研究的角度来说,这些都是很重要的资料。以黄河为例,这条北方大河,按不同习惯、地区和段落,在《水经注》中就有河水、河、大河、黄河、浊河、逢留河、上河、孟津河等许多不同名称。当然,黄河是一条全国性的大河,这样的大河,有一些旁名别称是难免的。但较小的河流也常常有许多别名,《巨洋水》中列举了巨洋水的许多别名:"巨洋水,即《国语》所谓巨水矣,袁宏谓之巨眛,王韶之以为巨蔑,亦或曰朐涨,皆一水也。"像这样一条小河,却也有5个名称,河流地名中的一地多名现象,于此可见。

在地名学研究中,除了一地多名以外,还有一种异地同名的现象,而《水经注》在这方面也提供了大量资料。从河流地名来说,这种现象就叫异河同名。通过《水经注》进行研究,可知河流地名中最容易发生异河同名现象的是方位词命名的河流,如南水、北水、上河、下河等等。以《漾水》为例,在此一篇中,共有冠以方位词"南"的河流2条,冠以方位词"西"的河流7条,冠以方位词"东"和"北"的河流各6条。造成大量异地同名的现象。另一种容易造成异河同名现象的是色泽命名的河流,如黄水、白水、清河、浊河等等。以卷一到卷五的5篇《河水》为例,5篇之中,共有以"黑"为名的河流5条,以"白"为名的河流4条,以"赤"或"丹"为名的河流4条,以"黄"为名的河流3条。

以上所举的一河多名和异河同名现象,只是一地多名和异地同名现象在河流中的表现。在其他地名中也是一样。《水经注》众多的地名,为地名学研究提供了丰富的资料。

前面已经提到中国古籍中所记载的一些地方命名的原则,这实际上就是我国早期的地名学研究。地方命名的原则,直接关系到地名渊源的解释。我国古籍中最早涉及地方命名原则的,是上面已经提到的《穀梁传》和《越绝书》等。但上述二书在这方面的阐述都比较简单。到了《水经注》,对地方命名的原则,就开始全面化和系统化。卷二《河水》说:

> 应劭《地理风俗记》曰:敦煌(殿本在此下案云:此当有脱文)、酒泉,其水甘若酒味故也;张掖,言张国臂掖,以威羌狄……《汉官》曰:秦用李斯议,分天下为三十六郡。凡郡,或以列国,陈、鲁、齐、吴是也;或以旧邑,长沙、丹阳是也;或以山陵,太山、山阳是也;或以川原,西河、河东是也;或以所出,金城城下得金,酒泉泉味如酒,豫章樟树生庭,雁门雁之所育是也;或以号令,禹合诸侯,大计东冶之山,因名会稽是也。

以上所列举的,特别是引《汉官》的一段,所说其实就是我国郡名的命名原则。虽然秦按这个原则命名时,郡数只有36,而到了汉代,郡国之数就超过100。到了南北朝,刘宋的郡国超过300,萧齐的郡国更超过400,而郦道元所在的北魏,郡国竟超过600。数量虽然大为增加,但命名的原则却并无变化。

地方命名的原则当然重要,但是到底还是一个总的原则,不可能代替具体的地名解释。因此,以后的不少地理书,开始负担起解释地名的任务。在我国古籍中,最早解释地名的是《越绝书》和《汉书·地理志》。对于前者,我在拙撰《点校本越绝书序》中曾经指出:"我国的传统地名学以地名渊源的解释为主流。《汉书·地理志》有40余处地名解释,曾被认为是我国地名学研究的嚆矢。其实,《越绝书》成书早于《汉志》,而其中地名渊源解释超过30处,所以此书在地名研究中的意义,并不下于《汉书·地理志》。"至于《汉书·地理志》,它所作的地名渊源解释,如在京兆尹下解释华阴:"太华山在南。"这就是《穀梁传》"水北为阳,山南为阳"的命名原则。又如在敦煌县下解释瓜州:"地生美瓜。"这就是《越绝书》"因事名之"的命名原则。《汉书·地理志》以后,不少地理书都增加了解释地名的内容。到了晋代,京相璠编纂的《春秋土地名》一书,其实就是《春秋》一书的地名词典,可惜早已亡佚。在所有这些解释地名的古代地理书中,解释地名数量最大的无疑是《水经注》。它所解释的地名,共有2400多处,是它以前的一切地理书所不可比拟的。

　　《水经注》的地名解释,不仅数量大,而且内容丰富多彩。把它所解释的2400多处地名,按其性质归纳整理一下,大概可以分成24类。现在把这24类地名列成一表,每类举几个地名,并选出其中一个,写出《水经注》所解释的内容,全表如下:

地名类别	地名举例	地名解释举例
人物地名	项羽堆(《济水》)、白起台(《沁水》)、石勒城(《汾水》)、子胥渎(《沔水》)	卷七《济水》经"与河合流,又东过成皋县北,又东过荥阳县北,又东至砾溪南,东出过荥泽北"注:"羽还广武,为高坛,置太公其上,曰:汉不下。吾烹之。高祖不听,将害之。项伯曰:为天下者不顾家,但益怨耳。羽从之。今名其坛曰项羽堆。"
史迹地名	黄巾固(《济水》)、薄落津(《浊漳水》)、磨笄山(《漯水》)、万人散(《渠》)。	卷二十二《渠》经"又屈南至扶沟县北"注:"王莽之篡也,东郡太守翟义兴兵讨莽,莽遣奋威将军孙建击之于圉北,义师大败,尸积万数,血流溢道,号其处为万人散。"
故国地名	胡城(《颍水》)、上庸郡(《沔水》)、鄝聚(《淯水》)、叶榆县(《叶榆河》)。	卷二十二《颍水》经"又东南至新阳县北、蒗荡水从西北来注之"注:"颍水又东迳胡城东,故胡子国也。"
部族地名	倭城(《大辽水》)、平襄县(《渭水》)、僰道县(《江水》)、文狼究(《温水》)。	卷三十三《江水》经"又东南过僰道县北,若水、淹水合从西来注之;又东,渚水北流注之"注:"(僰道)县,本僰人居之。"
方言及外来语地名	半达钵愁(《河水》)、唐述山(《河水》)、五泄(《浙江水》)、阿步干鲜卑山(《河水》)。	卷一《河水》经"屈从其东南流,入渤海"注:"菩萨于瓶沙随楼那果园中住一日,日暮便去半达钵愁宿。半达,晋言白也;钵愁,晋言山也。"

续表

地名类别	地名举例	地名解释举例
动物地名	雁门(《河水》)、神蛇成(《漾水》)、猪兰桥(《沔水》)、弔鸟山(《叶榆河》)。	卷三十七《叶榆河》经"益州叶榆河,出其县北界,屈从县东北流"注:"其鸟千百为群,其会鸣呼啁晰,每岁七八月至,十六七日则止,一岁六至……俗言凤凰死于此山,故众鸟来弔。"
植物地名	榆林塞(《河水》)、蘽桑河(《漯水》)、香陉山(《鲍丘水》)、菊水(《湍水》)。	卷二十九《湍水》经"湍水出郦县北芬山,南流过其县东,又南过冠军县东"注:"(菊)水出西北石涧山芳菊溪……源旁悉生菊草,潭涧滋液,极成甘美。"
矿物地名	仓谷(《清水》)、玉石山(《圣水》)、北井县(《江水》)、锡方(《湘水》)。	卷三十八《湘水》经"又东北过泉陵县西"注:"其山多锡,亦谓之锡方矣。"
地形地名	平原郡(《河水》)、平皋城(《济水》)、一合坞(《洛水》)、高平山(《泗水》)。	卷五《河水》经"又东北过杨虚县东,商河出焉"注:"《地理风俗记》曰:原,博平也,故曰平原矣。"
土壤地名	沙州(《河水》)、斥漳(《浊漳水》)。	卷十《浊漳水》经"又东北过斥漳县南"注:"应劭曰:其国斥卤,故曰斥漳。"
天候地名	风山(《河水》)、风穴(《漯水》)、伏凌山(《鲍丘水》)、风井山(《夷水》)。	卷十四《鲍丘水》经"鲍丘水从塞外来,南过渔阳县东"注:"山高峻,岩障寒深,阴崖积雪,凝冰夏结,事同《离骚》峨峨之咏,世人因以名山也。"
色泽地名	白水(《漾水》)、墨山(《丹水》)、白盐崖(《江水》)、赤濑(《浙江水》)。	卷二十《漾水》经"又东南至广魏白水县西,又东南至葭萌县,东北与羌水合"注"白水西北出于临洮县西南西倾山,水色白浊。"
音响地名	磊磊水(《沁水》)、岚谷(《沔水》)、石钟山(《水经注佚文》)。	卷九《沁水》经"南过榖远县东,又南过陭氏县东"注:"(沁水)又南与磊磊水合,水出东北巨骏山,乘高泻浪,触石流响,世人因声以纳称。"
方位地名	河北县(《河水》)、南郭(《洛水》)、丙穴(《沔水》)、北井(《江水》)。	卷二十七《沔水》经"沔水出武都沮县东狼谷中"注:"褒水又东南得丙水口,水上承丙穴,穴出嘉鱼,常以三月出,十月入……穴口向丙,故曰丙穴。"
阴阳地名	淇阳城(《淇水》)、蒙阴水(《沂水》)、朝阳县(《白水》)、营阳郡(《湘水》)。	卷三十八《湘水》经"又东北过泉陵县西"注:"营水又东北迳营浦县南,营阳郡治也……在营水之阳,故以名郡矣。"
形象地名	灵鹫山(《河水》)、鸡翘洪(《洭水》)、明月池(《沔水》)、石匮山(《浙江水》)。	卷二十七《沔水》经"又东过成固县南,又东过魏兴安阳县南,浔水出自旱山北注之"注:"(浔水)北有七女池,池东有明月池,状如偃月。"

续表

地名类别	地名举例	地名解释举例
比喻地名	剑阁（《漾水》）、黄金成（《沔水》）、铁城（《沔水》）、腾沸水（《㳠水》）。	卷二十《漾水》经"又东南至广魏白水县西，又东南至葭萌县，东北与羌水合"注："连山绝险，飞阁通衢，故谓之剑阁。"
相关地名	金城河（《河水》）、安民亭（《济水》）、马溺水（《滱水》）、春陵乡（《湘水》）。	卷二《河水》经"又东过金城允吾县北"注："河至金城县，谓之金城河，随地为名也。"
对称地名	北舆县（《河水》）、内黄县（《淇水》）、小成固（《沔水》）、南新市（《涢水》）。	卷三《河水》经"又东过云中桢陵县南，又东过沙南县北，从县东屈南，过沙陵县西"注："（武泉）水南流又西屈，迳北舆县故城南，按《地理志》，五原有南舆县，王莽之南利也，故此加北。"
数字地名	四渎（《河水》）、十二嶂（《淇水》）、九渡水（《澧水》）、五岭（《湘水》）。	卷三十七（《澧水》）经"又东过零阳县之北"注："澧水又东，九渡水注之……水自下历溪，曲折逶迤倾注，行者间关，每所寨沂，山水之号，亦因事生也。"
词义地名	景山（《济水》）、鲸滩（《沔水》）、栋山（《浙江水》）、敦煌（《水经注佚文》）。	《水经注佚文》："应劭《地理风俗记》曰：敦煌，敦，大也；煌，盛也。"
复合地名	郏鄏（《穀水》）、牂柯水（《温水》）、赣县（《赣水》）。	卷三十六《温水》经"东北入于郁"注："牂柯，亦江中两山名也。"
神话地名	马邑（《瀑水》）、陈宝鸡鸣祠（《渭水》）、逃石（《溱水》）、怪山（《浙江水》）。	卷四十《浙江水》经"北过余杭，东入于海"注："本琅邪郡之东武海中山也，飞来徙此，压杀数百家。《吴越春秋》称，怪山者，东武海中山也，一名自来山，百姓怪之，号曰怪山。"
传讹地名	寒号城（《圣水》）、树亭川（《渭水》）、寡妇水（《汝水》）、千令洲（《江水》）。	卷二十一《汝水》经"又东南过颍川郏县南"注："迳贾复城北复南，击郾所筑也。俗语讹谬，谓之寡妇城，水曰寡妇水。"

　　《水经注》以后，地名渊源的研究，几乎成为我国一切地理书中的必有项目，而且常常引用《水经注》的成果。经过长期的积累，我们在地名渊源的解释中，已经拥有了大量的资料，而《水经注》在这方面，起了十分重要的作用。

（四）语言文字的运用

　　《水经注》当然是一部学术著作，而并不是一部文学著作，但郦道元撰写此书，除了占有大量资料,使此书具有十分丰富的学术内容外,也同时重视语言文字的运用,使全书写得生动活泼,趣味盎然,在语言和文学上也有很高的价值。

《水经注》所运用的语言是非常丰富的,在我国历史上,郦道元素被称为描写风景的能手。他描写风景的特点之一,就是语言新颖,不用前人的套语滥调。例如按《水经注》内容,必然要描写河流上源的许多清澈的溪泉。关于这方面,郦道元的描写手法就显然高人一筹,他在《洧水》描写泌泉的清澈:"俯视游鱼,类若空悬矣。"在《澧水》中描写茹水的清澈:"水色清澈,漏石分沙。"明末清初的学者张岱在其《跋寓山注二则》⑦一文中曾经说:"古人记山水,太上郦道元,其次柳子厚,近时则袁中郎。"柳子厚就是唐宋八大家之一的柳宗元,他的名著《永州八记》中有一篇《至小丘西小石潭记》,这里也描写了潭水的清澈:"潭中鱼可百许头,皆若空游而无所依。""皆若空游而无所依",实在就是从郦氏的"鱼若空悬"一语中得来的。

《水经注》在语言运用上的另一特点是多变。因为尽管是十分生动的语言,但在经过多次使用以后,也会使人感到枯燥刻板。因此,郦道元经常注意语言的变化。即使同一性质的事物,他在描写时也努力做到语言上的推陈出新,使读者有新鲜生动之感。例如瀑布,这是《水经注》经常描写的事物,但郦道元并不一成不变地使用瀑布这个词汇,在全书中,他所使用的、作为瀑布同义词的词汇,还有"泷"、"洪"、"悬流"、"悬水"、"悬涛"、"悬泉"、"悬涧"、"悬波"、"颓波"、"飞清"等等,语言变化,真是层出不穷。

《水经注》语言所以特别生动丰富,一个很重要的原因,是郦道元善于吸取群众的语言。他用这样的语言来充实自己的著作,真是事半功倍。例如,郦道元为了反对和谴责秦始皇的暴政,他在卷三《河水》中用了杨泉《物理论》所引的一段民歌:"生男慎勿举,生女哺用铺,不见长城下,尸骸相支拄。"郦道元在这段民歌以后,用自己的语言只说了一句:"其冤痛如此矣。"这是因为他懂得,要揭露这个大暴君的残酷无道,利用上述民歌,比写多少声讨的文章都能感人心弦。

《水经注》经常要描写各种河川航道,在这方面,郦道元往往利用当地的渔歌和船谣,这就使他的著作生色不少。在卷三十四《江水》中,他描写长江三峡中礁石参差,河道曲折的河段,注文说:

> 江水又东迳黄牛山下,有滩名曰黄牛滩。南岸重岭迭起,最外高崖间有石,色如人负刀牵牛,人黑牛黄,成就分明。既人迹所绝,莫得究焉。此岩既高,加以江湍迂迴,虽途经信宿,犹望见此物。故行者谣曰:朝发黄牛,暮宿黄牛,三朝三暮,黄牛如故。言水路纡深,迴望如一矣。

如上文,黄牛一谣,虽然短短四句,但以之描写山高江曲,真是绝妙好文,千古不移。在《湘水》中,注文又运用渔歌描写湘水的曲折:"自长沙至北,江湘七百里中,有九向九背。渔者歌曰:帆随湘转,望衡九面。"当然,不管江道曲折到何种程度,要看到衡山的九面,总是不可能的。但渔歌是一种民间文学,这是民间文学所采用的一种夸张手法,也是民间文学的语言精华。郦道元吸取了这样的语言精华,丰富了他的著作。在《水经注》全书中,郦氏吸取的这种民间语言是很多的。例如卷十八《渭水》,为了描写秦岭之高,注文采取了俗谚:"武功太白,去天三百。"又如卷十九《渭水》中,注文利用百姓歌谣,鞭挞祸国殃民的王氏五侯。注文说:

> 前汉之末,王氏五侯大治地宅,引沣水进长安城。故百姓歌之曰:五侯初起,曲阳最怒,坏决高都,竟连五杜,土山渐台,像西白虎。

像上述这许多歌谣谚语的运用,大大丰富了《水经注》的语言,增加了注文的感染力,使此书倍增光彩。

《水经注》的语言运用,还有一个重要的特色,就是郦道元不回避外来语言,例如卷二《河水》中记及的阿步干鲜卑山,就是一个鲜卑语地名。清初郦学家全祖望曾在他的《七校水经注》中作了考证。

> 阿步干,鲜卑语也。慕容廆思其兄吐谷浑,因作阿干之歌,盖胡俗称其兄曰阿步干。阿干,阿步干之省也。今兰州阿干山谷、阿干河、阿干城、阿干堡、金人置阿干县,皆以阿干之歌得名。

由此可知,阿步干在鲜卑语中是"兄"的意思。这类外来语在《水经注》中很多,卷三《河水》中的薄骨律也是一例,注文说:"河水又北,薄骨律镇城在河渚上,赫连果城也,桑果余林,仍列洲上,但语出戎方,不究城名。"这里所说的"语出戎方",指的是赫连勃勃,即十六国时期的夏的建立者,他属于匈奴的铁弗部。因此,薄骨律镇可能是一种匈奴语系的地名。郦道元所在的时代,正是"地理大交流"的时代,从北方草原进入华北的许多操不同语言的民族,他们有的把自己的地名带到新领地,这种情况与华北汉人到江南建立侨郡、侨县一样。有的则以自己的语言在新领地命名。由于民族和语言都很复杂,所以地名也很复杂。在北魏当代,这些地名已经难以解释,郦道元只好把这些无法解释的地名,笼统地称为"北俗谓之"。郦氏自己世居华北,他所说的"北俗",当然指的华北以北。郦道元把这些地名记录下来,也就是把许多民族的语言保存了下来,真是功德不浅。仅在卷三《河水》"又南过赤城东,又南过定襄桐过县西"这样一条经文之下,注文就用"北俗谓之"一语记载了今山西境内的许多民族语言的地名,见下表所列:

山　岳	河　川	城　邑	其　他
大浴真山 敢贷山 乌伏真山 吐文山	大浴真水 敢贷水 可不渥水 吐文水 太罗水 灾豆浑水 大谷北水 诰升袁河 树颓水	北右突城 可不渥城 昆新城 故槃迴城 太罗城	契吴亭 仓鹤径 大谷北堆

　　《水经注》在卷二《河水》一篇中,记载了古代西域这个民族众多、语言纷歧的地区,郦注记载的这些地名,现在成为这个民族和语言历史博物馆的见证。凡是研究古代西域,都必须研究《水经注》记载的西域地名。正如我在新疆大学苏北海教授所著《西域历史地理》一书的序言中所指出的:"我从《西域历史地理》一书中又一次看到了地名学与历史地理学之间的密切关系,在此书不少专题的讨论中,地名学好像是一把钥匙,它能解决其中许多关键的问题。"

　　在古代西域包括甘肃一带,历来流行的语言有佉卢语、维吾尔语、粟特语、吐火罗语(包括焉耆语和龟兹语)、梵语、波斯语等,例如佉卢语,原来是一种印度俗语,流行于古代印度西北部。但它在3世纪—4世纪,即印度的贵霜王朝时期,曾在今新疆塔里木盆地流行,斯坦因曾在南疆尼雅遗址(今民丰县境)获得大量佉卢文书。卷二《河水》中记载的地名如精绝、子合等,就都是佉卢语。而至今仍然存在的疏勒一名,维吾尔语作 Qasǧar,但一说来自佉卢语的 Kharostra,一说来自粟特语的 Sogdag,犹待进一步研究。而《水经注》记载的这个地区的一些外来语地名,却是十分容易找到语言根据的。例如在前面有关地名解释中列表的"方言及外来语地名"中的半达钵愁。《水经注》对这个地名的解释:"半达,晋言白也;钵愁,晋言山也。"完全正确,因为它其实就是梵语白山一词的音译。

　　从地理分布来说,语言并不是固定不变的,使用某种语言的人群发生了迁移现象,语言也随着迁移。而语言迁移最清楚的标志之一就是地名。例如,在春秋战国甚至更远古的时代,今浙东一带是越族聚居的地区,流行越语,当时的地名当然也都是越语地名。秦始皇占领这个地区以后,越族被迫流散,辗转播迁到今西南地区,即所谓百越。随着语言的迁移,地名也同时迁移。浙东的越语地名,最常见的用词是"无"、"句"、"朱"、"乌"、"余"等。现在,我们从《水经注》记载的东南地区河流如《沔水》、《渐江水》等篇中与西南地区的河流如《温水》、《叶榆河》、《若水》等篇相比较,可以清楚地看出这种地名迁移也就是语言迁移的现象。

含"无"、"毋"的地名

东　南　地　区		西　南　地　区	
沔水	无锡县	若水	小会无、会无、会无县
渐江水	无余国、句无、句无县	存水	毋敛水
		温水	无变、无劳究、无劳湖、毋掇县、毋单县、毋敛县、毋血水
		叶榆河	无切县

含"句"的地名

东　南　地　区		西　南　地　区	
沔水	句章、句章县、句余	若水	乌句山
	句余山、句余县	温水	句町县、句町国
渐江水	句无、句无县、句章县	叶榆河	句漏县

含"乌"的地名

东　南　地　区		西　南　地　区	
沔水	乌上城	若水	乌栊、乌句山
渐江水	乌程县、乌伤县		

含"朱"的地名

东　南　地　区		西　南　地　区	
渐江水	朱室、朱室坞	桓水	朱提郡
		若水	朱提山、朱提县、朱提郡
		温水	朱崖、朱崖州、朱崖郡、朱涯水、朱吾浦、朱吾县
		叶榆河	朱载县

含"姑"的地名

东　南　地　区		西　南　地　区	
沔水	姑熟县、姑胥	若水	姑复县
渐江水	姑蔑	淹水	姑复县
		叶榆河	姑复县

含"余"的地名

东 南 地 区		西 南 地 区	
沔水	余杭县、余姚县、余暨县	叶榆河	余发县
渐江水	余杭县、余衍县、余发溪、余暨县、余干大溪、三余		

　　以上所列的都是《水经注》记载的少数民族和外来语地名。除了地名以外，《水经注》还记入了不少少数民族和外来语的一般词汇。例如《渐江水》中记载五洩瀑布："此是瀑布，土人号为洩也。"现在这一带没有人再称瀑布为"洩"，所以"洩"很可能就是古代越语。在卷一《河水》中，注文涉及不少梵语，例如："王田去宫一据，据者，晋言十里也。"这个"据"是梵语据卢舍的省译，是古代印度流行的一种度量单位。卷一《河水》中还有一个古代印度的度量单位："维邪离国去王舍城五十由旬。"又"渡河南下一由巡"。这里的"由旬"和"由巡"，都是梵文 Yodjana 的音译。由旬（由巡）的解释比较复杂，说法较多，以艾德尔[⑧]所说为是。此卷注文中又说："河边左右，有二十'僧伽蓝'。""僧伽蓝"是梵语 Sangharama 的音译，其意译就是寺院。此外，注文中提到："或人覆以数重吉贝。""吉贝"一词，《水经注》当然来自梵语，但其实原始于马来语 Kapoq，意译就是木棉。从这些例子可见，郦道元撰写《水经注》，并不回避方言和外来语。这不仅丰富了他的写作语言；从今天来看，使此书在语言学研究中也具有很大价值。

　　除了语言学以外，《水经注》在文学上的价值也是众所公认的。《水经注》全书中有许多描写自然风景的精彩篇章。例如在《河水注》中描写孟门瀑布的一段：

　　　　孟门，即龙门之上口也。实谓黄河之巨厄，兼孟津之名矣。此石经始禹凿，河中漱广，夹岸崇深，倾崖返捍，巨石临危，若坠复倚，古之人有言，水非石凿，而能入石，信哉。其中水流交冲，素气云浮，往来遥观者，常若雾露沾人，窥深悸魄。其水尚崩浪万寻，悬流千丈，浑洪赑怒，鼓若山腾，濬波颓迭，迄于下口。方知慎子下龙门流浮竹，非驷马之追也。

　　又如卷三十三《江水》描写长江三峡的一段：

　　　　自三峡七百里中，两岸连山，略无阙处，重岩叠嶂，隐天蔽日，自非停午夜分，不见曦月，至于夏水襄陵，沿泝阻绝，或王命急宣，有时朝发白帝，暮到江陵，其间千二百里，虽乘奔御风，不以疾也。春冬之时，则素湍绿潭，迴清倒影，绝巘多生怪柏，悬泉瀑布，飞漱其间，清荣峻茂，良多趣味。每至晴初霜旦，林寒涧肃，常有高猿长啸，属引凄异，空谷传响，哀转久绝。故渔者歌曰：巴东三峡巫峡长，猿鸣三声泪沾裳。

以上两段都是《水经注》真实地描写自然风景的例子。这种真实的基础,有的是郦道元自己的亲身实践,有的则是他人的亲身实践。在这种真实的基础上,加以文字的夸张和渲染。这样的描写,既没有脱离事物的本来面貌,又能使事物表现得栩栩如生。

除了真实性以外,郦道元也常常注意使写作富于故事性。故事性不仅可以吸引读者,提高兴趣;而故事的本身,又具有褒贬人物,表达作者意愿的作用。所以郦道元总是不遗余力地搜罗各种故事,穿插在他的著作之中。例如卷十九《渭水》中记及虎圈这个地名时,注文引述了一个生动的故事:

> 霸水又迳秦虎圈东,《列士传》曰:秦昭王会魏王,魏王不行,使朱亥奉璧一双。秦王大怒,置朱亥虎圈中,亥瞋目视虎,眦裂血出溅虎,虎不敢动,即是处也。

这样的故事,真是有声有色,可使一座皆惊。朱亥,当然是作者所要赞赏的一位英雄。在同篇中,为了解释戏水这个地名,作者又引述了一个故事:

> 渭水又东……戏水注之……昔周幽王悦褒姒,姒不笑,王乃击鼓举烽,以征诸侯,诸侯至,无寇,褒姒乃笑,王甚悦之。及犬戎至,王又举烽以征诸侯,诸侯不至,遂败幽王于戏水之上,身死于丽山之北。

这个故事的意义和郦道元为什么要在他的著作中穿插这样的故事,都是显而易见的。在全部《水经注》中,这样的故事多得不胜枚举。故事当然具有警世劝人的意义,但是也增添了著作的趣味,并且大大提高了《水经注》的文学价值。

此外,郦道元还使用其他许多文学手法以提高他描写事物的生动性和感染力,《洛水》中对鹈鹕山的描写即是其例:

> (黄亭溪)水出鹈鹕山,山有二峰,峻极于天,高崖云举,亢石无阶,猿徒丧其捷巧,鼯族谢其轻工。及其长霄冒岭,层霞冠峰,方乃就辨优劣耳。故有大小鹈鹕之名矣。

"猿徒丧其捷巧,鼯族谢其轻工。"用这样的生动语言来烘托山的高峻,真是别出心裁。这种修辞手法在《水经注》中是常见不鲜的。

概括的手法,也是郦道元常用的文学技巧。这种手法的运用,使《水经注》文字简洁,内容精炼。例如卷十九《渭水》中记载的阿房宫。以此宫之大,如要详细描写,就需要大块文章,好像后来唐杜牧所写的《阿房宫赋》一样。但郦道元抓住要领,突出其中的"可坐万人,下可建五丈旗",说明建筑的庞大和崇高,真是高度的概括。同篇又记载了汉武帝建造的建章宫,对于这座奢华的巨大宫殿,注文也不作冗复的描述,只是指出:"建章宫,汉武帝造,周二十余里,千门万户。""周二十余里,千门万户",这两句话,概括了这座占了如此地面的巨大建筑中的多少宫殿室宇,亭台楼阁,园苑亭榭。

《水经注》在语言和文学上所取得的成就,当然是此书对后世的重大贡献。而且对我们来说,也是一种重要的启发。枯燥、刻板,并不是学术著作不可避免的特点,学术著作是可以写得生动活泼,甚至富有文学价值的。当然,这就要求我们的科学家也能学一点文学,讲究一些写作技巧。在这方面,1400多年前的《水经注》已经为我们做出了榜样。

(五)历史学及其他

《水经注》除了在地理学、地名学、语言学和文学等几个方面做出了重要的贡献外,对其他许多学科,如历史学、考古学、金石学、碑版学、文献学等方面,也无疑提供了有用的资料,做出了贡献。

首先是历史学,《水经注》虽然是一部地理书,但是它也拥有大量的历史资料,在历史学的研究中很有价值。可以举一个例子,中国从汉朝起,封建帝王除了将土地分封给自己的子孙外,同时也分封一部分土地给将相大臣中的各式代表人物,这种分封的地区一般称为侯国。侯国是十分不稳定的,由于士大夫官僚集团内部的倾轧斗争,受封者随时可以得咎罢黜,因而时封时废,变化频仍,历代史籍往往疏于记载。但《水经注》在这方面显然比其他史籍记载得更为完整。清代的著名史学家钱大昕,就是根据《水经注》的记载,对历史上的侯国作了详细的研究。他在其所撰《潜研堂答问》卷九中说:"汉初功臣侯者百四十余人,其封邑所在,班孟坚已不能言之,郦道元注《水经》始考得十之六七。"这里说明,由于侯国建置的极不稳定,班固(孟坚)在撰《汉书》时就已经无法考实,但郦道元在其后4个多世纪,却考出了十之六七,说明了郦氏用功之勤,也说明了《水经注》在这方面的史料价值竟超过《汉书》。

钱大昕所发现的关于《水经注》在侯国记载上超过《汉书》的这个事实,在史学上具有重要意义。因为历代以来,学者们以正史为权威,特别是像《汉书》这样的正史,不少人认作经典。他们常常习惯于据正史批评他书,据正史以校勘他书。当然,一般说来,以正史为圭臬,或许不致造成多大偏差。但是假使不加区别地迷信正史,其结果就会适得其反。《水经注》也还有在其他方面超过正史的例子。

上面说到在侯国的建置兴废中,《水经注》的记载超过《汉书》。其实,在行政区划中,不仅是侯国,即使是相对稳定的郡、县,《水经注》的记载,也有可以校勘正史之误的。例如卷二十九《沔水》中记及的牛渚县。在此卷的一条经文中说:"又东过牛渚县南,又东至石城县。"在这条经文之下,戴震在殿本中加案语说:"案牛渚乃山名,非县名。"赵一清在注释本中说得更清楚:"牛渚圻名,汉未尝置县也。"杨守敬在注疏本中说:"《通典》,当涂县有牛渚圻,《地理通释》十二引《舆地志》,牛渚山北谓之采石。"这些学者的见解,主要是,第一,因为《汉书·地理志》和《后汉书·郡国志》均不载牛渚县,所以他们说:"汉未尝置县也。"第二,因为《通典》和《舆地志》等书都有牛渚圻或牛渚山的记载,所以他们认为《水经》的牛渚县是牛渚圻或牛渚山之误。

郦道元撰《水经注》,凡是经文有讹,注文必加以纠正,但在这条经文之下,注文说:"《经》所谓石城县者,即宣城郡之石城县也。牛渚在姑孰、乌江两县界中,于石城东北减五百许里,安得迳牛渚而方届石城也。盖《经》之误也。"这里,《水经注》确实纠正了《水经》的错误,但所纠正的只是牛渚县的位置,并非此县的建置。为了纠正牛渚县的位置,注文提出了姑孰、乌江这两个县名。其中的姑孰县,恰恰也是《汉书·地理志》和《后汉书·郡国志》所不载的。《水经》所记的县名中,上述《两汉志》不载的尚多,如《浿水》篇中的临浿县,《禹贡山水泽地》篇中的金兰县等均是其例。这些县名,《水经注》不仅不加以纠正,而且有时还加以肯定。以金兰县为例,《决水》说:"其水导源庐江金兰县西北东陵乡大苏山,即淮水也。"这里,这个《两汉志》所不载,其实也是《晋书·地理志》、《宋书·州郡志》、《南齐书·州郡志》所不载的金兰县,《水经注》不仅说出它所属的庐江郡,并且还说出了它所属的东陵乡,言之凿凿,说明这个县是存在的。那么,同样为上述5志所不载的牛渚县和姑孰县,我们也没有理由否定它们的建置。

学者们认为牛渚是山名,不错,牛渚圻(矶)或牛渚山是存在的。牛渚圻首见于唐《通典》,但比《通典》早得多的《越绝书》卷八所记秦始皇到会稽的路程中已有牛渚的记载:"道度牛渚,奏东安,东安,今富春,丹阳、溧阳、鄮故,余杭,轲亭南,东奏槿头,道度诸暨,大越。"上述路程中的地名,一望而知,都是城邑。则牛渚作为一个城邑,在先秦即已存在。到了三国时代,据《吴书·全琮传》:"得精兵万人,出屯牛渚。"则牛渚已是一个可以屯兵万人的重镇。《通鉴地理通释》卷十二说:"孙皓时,以何植为牛渚督。"这是全琮在此屯兵万人的旁证。到了东晋,牛渚就升格为一个侨州的州治,据《通鉴》晋穆帝永和十一年(355年)"镇寿春"胡三省注:"南渡初,祖逖以豫州刺史,治谯城;永昌四年,祖约退屯寿春;成帝咸和四年,庾亮以豫州刺史,治芜湖;成康四年,毛宝以豫州刺史,治邾城;永和元年,赵胤以豫州刺史,治牛渚。"这段注文清楚说明,牛渚在4世纪中期曾经作豫州这个侨州的州治。豫州这个侨州是数经播迁的,但曾经作过州治的谯、芜湖、邾3地,都是见于《两汉志》的县名,则牛渚县为《两汉志》所遗漏,大概可以无疑。

用《水经注》校勘《汉书》,不仅县名可得补正。比县名少得多的郡名也能校补。例如《渠水》中的一段注文:"(陈县)城内有汉相王君造四县邸碑,文字剥缺,不可悉识",其略曰:"惟兹陈国,故曰淮阳郡云云。"如上文,则淮阳在汉代曾经建郡,但《汉书·地理志》仅列淮阳国,无此郡名。又在《睢水》中的一段注文:"相县,故宋地也;秦始皇二十三年,以为泗水郡,汉高帝四年,改曰沛郡,治此;汉武帝元狩六年,封南越桂林监居翁为侯国,曰湘成也;王莽更名,郡曰吾符,县曰吾符亭。"这里,《水经注》把相县数百年来的历史沿革,地名变迁,写得完整明白,一目了然。如和《汉书·地理志》对比一下,相县之下,只有"莽曰吾符亭"一语。所以《水经注》记载的郡县沿革胜过《汉书·地理志》,实非虚语。

　　除了《两汉志》以外,《水经注》郡县记载,对《晋书·地理志》也具有很大的校勘、补正价值。现在通行的《晋书》是唐太宗领衔主修的,比《水经注》晚出得多,但在不少地方仍有赖于郦注的修补。例如卷三十五《江水》记及:"晋咸和中,庾翼为西阳太守。"但《晋书·地理志》却失记西阳郡名。我们可以列举《水经注》记载有建置年代的晋朝县份,却都不见于《晋书》。例如卷三十五《江水》:"沌水上承沌阳县之太白湖……有沌阳都尉治。晋永嘉六年,王敦以陶侃为荆州镇此。"《沫水》:"灵道县,一名灵关道……县有铜山,有利慈渚。晋太始九年,黄龙二见于利慈池,县令董玄之率民吏观之,以白刺史王溶,晋朝改护龙县也。"《澧水》:"澧水又迳溇阳县,右会溇水,水出建平郡,东迳溇阳县南,晋太康中置。"《赣水》:"循水出艾县西,东北迳豫宁县,故西安也,晋太康元年更从今名。"

　　上列各例中的沌阳、护龙、溇阳、豫宁 4 县,按《水经注》所记,明明都是有建置年代可考的晋代县名、但《晋书·地理志》均失载。清朝毕沅根据《水经注》等书的记载,撰成《晋书地理志新补正》5 卷,他在此书序中说:"撰《晋书》者,王隐、虞预、臧荣绪、谢灵运、干宝诸家,其王隐《晋书·地道记》及不著姓氏《晋书·地理志》与《晋地记》,见于郦道元《水经注》,类皆搜采广博,十倍于今。"这说明《水经注》之所以能够纠正史之谬,补正史之缺,是由于它的"搜采广博"。

　　以上所述的是《水经注》在历史学研究中的价值,不过略举数端而已。与历史学有关的科学技术史,特别是水利史,《水经注》也能提供大量资料。注文中记载了许多水利工程,内容详细,举凡工程的主要结构、工程效益、修建过程等,对今天的水利史研究都甚有裨益。此外,《水经注》记载了大量不同性质、不同时代、不同风格和不同建造技巧的古代建筑。这在我国的建筑史研究中具有重要意义。《水经注》记载了许多古代宫殿,如《渭水》中的阿房宫、建章宫、未央宫等,都是名闻遐迩的高大建筑。即使是一般建筑,也是各具风格,很有值得研究之处。例如《灅水》中白台,注文说:"台甚高广,台基四周列壁,阁道自内而升。国之图篆秘籍,悉积其中。"由此可知,白台是北魏的档案库。阁道自内而升,不仅安全,并且升登方便。而台基四周列壁,除了从档案库的安全考虑外,还可以增加台在外观上的雄伟。

卷二十八《沔水》中记载了南北朝初期建于郢城的大暑台:"秀宇层明,通望周博,游者登之,以畅远情。"说明此台的设计者非常重视台的视野。即所谓"通望周博"。这是一座别具风格的建筑物。

《水经注》对我国古代的园林建筑有大量记载,例如《榖水》中记载的芳林园和华林园,注文描写得十分细腻,举凡园林的结构布局,园林内部的土石山水,亭台楼阁,都叙述得非常明白。对研究我国古代的造园艺术,具有重要的价值。

甚至对一般的祠庙寺观,《水经注》也常从建筑物的角度进行记载,《鲍丘水》中记载的土垠县观鸡寺即是其例:"(观鸡)水东有观鸡寺,寺内起大堂,甚高广,可容千僧。下悉结石为之,上加涂墍,基内疏通,枝经脉散,基侧室外,四出炊火,炎势内流,一堂尽温,盖以此土寒严,霜气肃猛,出家沙门,率皆贫薄,施主虑阙道业,故崇斯构,以是志道者多栖托焉。"这个观鸡寺,其建筑不仅拥有可容千僧的大堂,又具有适于低温地区的这种特殊的取暖保温结构,确是我国古代建筑中的卓越创造。像这样一类的例子,在《水经注》全书中不胜枚举。

《水经注》的许多记载,对今日考古学的研究也很有裨益。近年以来,我国考古学界曾利用此书记载,获得许多研究的线索和成果。以我国古代的佛塔建筑为例,古代的不少佛塔,由于年久塌圮,考证困难。但《水经注》在这方面的记载,使考古学者在考古发掘中获得了可以对证的文字依据。例如《榖水》中记载的洛阳永宁寺九层浮图:"(渠)水西有永宁寺,熙平中始创也。作九层浮图,浮图下基方十四丈,自金露槃下至地四十九丈,取法代都七级,而又高广之。虽二京之盛,五都之富,利刹灵图,未有若斯之构。"这座浮图建于北魏熙平元年(516),到永熙三年(534),就被大火烧毁,其存在时间还不到20年。所以除了郦道元目击记载以外,其他记载极少,而且多是第二手材料。中国科学院考古研究所洛阳工作队,根据《水经注》记载的资料,对洛阳城进行了考古发掘,在1973年发表了《汉魏洛阳城初步勘查》一文,对于永宁寺浮图的结论是:"这与《水经注》所载永宁寺浮图下基方十四丈面积近似。"这说明《水经注》记载的翔实可靠,它对今日的考古发掘工作很有价值。

《水经注》是我国第一部比较系统而完整的著录我国古代金石碑版的著作,为金石学和碑版学的研究提供了大量资料。全书记载的各种金石碑版共达357种,其内容包括河川、水利、山岳、交通、城邑、经界、地名、建筑、经籍、历史、人物、祠庙、陵墓等等。《水经注》记载的金石碑版,事实上就是一部从上古到北魏的金石录。在《水经注》以前,我国没有专门研究金石碑版的著作,在《水经注》以后,我国专门研究金石碑版的著作以宋欧阳修的《集古录》、南宋赵明诚的《金石录》为著名。这些后来的金石汇编,虽然搜集的数量比《水经注》大得多,但在时间上要比《水经注》晚 500 年以上。郦道元所目击的金石碑版,到那时绝大部分不仅早已损毁,就是拓本也多未流传。所以《水经注》著录的古代金石碑版,在这些后来的金石汇编中,大都已不存在。例如有关河川水利的金石碑版,《水经注》著录的从上古到北魏,总数超过 20 种,但《集古录》和《金石录》在同一时代都没有这一类金石碑版的著录。足见《水经注》著录的金石碑版在金石、碑版学研究中的重要意义。

《水经注》全书指名引用的古代文献达 480 种。这是《水经注》对后世文献学研究的重要贡献。在《水经注》引用的古代文献中,有很大一部分现在都早已亡佚。其中有的古籍,如三国魏蒋济《三州论》,晋庾仲雍《汉水记》等,除《水经注》外,绝未见他书著录;有的古籍,如《林邑记》《汉武帝故事》等,所引内容,除《水经注》外,绝未见他书引及。所以都是价值连城的资料。多少年来,学者在考据、校勘、辑佚等许多文献学研究中,实际上已经大量地利用了《水经注》的成果。《水经注》对于后世文献学的价值不言而喻。

此外,《水经注》对我们古代民族、宗教、艺术等许多方面的研究工作,都有重要的意义,这里就不再逐一赘述了。

注释:

① 《水经注》卷二九"沘水":"余以延昌四年,蒙除东荆州刺史。"

② 参见,清代阎若璩《古文尚书疏证》卷六下,引顾炎武语。

③ 参见《胡适手稿》四集中册,《我的三柜水经注目录》。

④ 熊会贞晚年所写修改《水经注疏》稿本的意见,共 13 页,影印附于台北本《水经注疏》卷首,因被人冒称《遗言》,惑众取利,而原件实无《遗言》或其他题目,故称《十三页》。

⑤ 参见《水经注·文献录》和《水经注·金石录》。

⑥ 参见陈桥驿《郦道元评传》,南京大学出版社,1994 年出版。

⑦ 参见《琅嬛文集》卷五。

⑧ 艾德尔认为由旬(由巡)是一种距离的度量单位,为各种不同计算的一日行程(4650 英尺)或 40 或 30 或 16 里(即 $33\frac{1}{2}$ 或 10 或 $1\frac{1}{2}$ 英里)。

原载《科技巨著》,中国青年出版社 2000 年版

《徐霞客游记》与近四百年来的自然环境变化

在 1988 年全国自然科学名词审定委员会公布的《地理学名词》[1]的"地理学总论"中,有"地理环境"[1.013]一条,在"环境地理学"中,又有"自然环境"[10.003]和"社会环境"[10.004]各一条。按照各种地理辞书的解释,[2]"地理环境"即是"自然环境"。为此,"社会环境"当然也就是"人文环境"。自然环境指的是各种自然地理要素,包括地质、岩矿、地貌、气候、水文、土壤、生物及其构成的自然综合体,而人文环境则是指的各种人文地理要素,诸如人口、城市、工农运输业以及民族、文化、宗教及其构成的社会综合体。

自然环境和人文环境都在不断地变化之中,两者相比,后者比前者当然要快得多。在一般情况(当然也有特殊情况)下,自然环境的变化往往会让一、二代人看不出来。但人文环境的变化就不是这样。从我们这一代人来说,不过几十年,变化就十分剧烈。以人口的流动和分布为例,就在这三四十年前,尽管各种媒体日以继夜地用"最最优越"、"一天等于二十年"等词句赞美歌颂,但人们终于发现,城市实在养不活它的这许多芸芸众生。于是,"农村是广阔的天地",一个"上山下乡"的号召(其实是命令),立刻把许多人从城市赶到农村。但不过一二十年,同样在各种媒体的赞美歌颂声中,人们又看到,"广阔的天地"原来也养不活(或者说养不好)它的芸芸众生。于是就出现了所谓"打工族",大批人口从农村拥入城市。这是我们这一代人都亲眼目睹的人文环境变化的例子。

　　自然环境当然也在变化,即使没有人为的干扰,自然界的地质循环和生物循环,都在推动着自然环境的变化。我在《中国自然地理·历史自然地理·总论》[③]中指出:"人类社会形成于全新世,从此人类活动对地理环境开始有了显著的影响。"从全新世到今天已经超过1万年,这中间,自然环境的变化在大部分时间中都是逐渐进行的,沧海桑幽的过程并非发生于一朝一夕。当然,也有短时间内剧变的例子。如我在《环境保护与生态平衡——徐学研究与可持续发展的关系》[④]一文中所记叙的,从50年代末到60年代初:"一场愚蠢而又荒唐的游戏,'大炼钢铁,大办食堂'。"全国范围内多少山林因此而遭到破坏。人类历史上,在没有战争的和平环境里出现这种上头有人发号施令,下边千万人奉令执行的对自然环境的大规模破坏,实在是个前无古人的特例。现在,除了这种破坏的后果仍然值得我们研究外,对于这件史实的本身,就让以后的历史去议论吧。

　　前面已经指出,在一般情况下的自然环境变化,往往让一二代人看不出来。但是若把时间放长一些,或者查对一些文献资料,这种变化还是相当显著的。1977年应山东肥城"范蠡研究会"之邀前去参加学术讨论,会后去济南,少年时代就读《老残游记》,着实为这里的"家家泉水,户户垂杨"而神往。这不过是百余年前的事,但今天,不仅看不到家家泉水,著名的趵突泉也已经"突"不起来,据说还得借助于自来水。去年,由于《山西省历史地图集》审稿而去了太原,我早就在《读史方舆纪要》中读熟了著名的晋祠泉水:"难老、善利二泉,大旱不涸,隆冬不冻。"[⑤]现在此二泉虽然仍坐落在建筑讲究的亭榭之中,实际上却是滴水全无的两口枯井。济南、晋祠的泉水在历史文献上的充沛,都为我所熟稔,而眼下的枯竭,又都为我所目击。因而使我想到,对于我们的自然环境,以过去的文献记载和当前的现状进行对比,从中研究我国或某一地区自然环境在历史时期的变化,这种古为今用的研究,或许是很有价值的。

　　进行这样的研究,对于当前的自然环境,当然可以实地调查。问题在于历史时期,在漫长的历史时期中,我们必须选择一种文献作为我们比较研究的依据。我们的历史文献浩若瀚海,但要选择作为我们的研究课题所用,必须符合两个条件:第一,在时间上不宜过于久远,例如《禹贡·扬州》描述今江南的自然环境:"厥草惟夭,厥木惟乔,厥土惟涂泥。"《禹贡》是战国后期的作品,作者或许没有到这个地区,但描述这里的原始自然环境,倒是很确实的,只是对我们的对比研究没有什么意义。我们必须选择一种为时较近的历史文献。第二,由于我们的研究课题是古今自然环境的变化,所以我们选择的对象必须是对自然环境有所描述的文献,而且最好是第一手资料,也就是亲眼目击者所撰写的。不过,亲眼目击者撰写的文献,也不一定都符合我们的要求。例如,许多古代的文人学士,他们都曾按自己的行踪撰写出大量文章和诗赋:"风头如刀面如割",这是唐代今新疆的寒冬;"塞下秋来风景异",这是北宋今陕北、甘东的秋日风光。尽管都涉及自然环境,但资料零星,不成系统,缺乏古今对比的价值。在经过仔细地排比甄别以后,我认为符合我前面提出的两个条件的历史文献,最有价值的是《徐霞客游记》。

《游记》在这个研究课题中所以具有价值,首先是因为从时间上来说,这种历史文献距今不过400年,这段时期,正是我国资本主义萌芽发展,生产力有了提高,人类对自然环境的干扰较之以前任何历史时期更为剧烈的阶段。其次是《游记》对我国土地的覆盖面广,北至蓟晋,南达滇粤,西及华岳,东到普陀。在这样一个大范围内,我们的比较研究就可以排除一些偶然现象,而获得比较完整的概念。最后是《游记》作者是一位知识丰富的地理学家,他旅行的目的就是观察各地的自然环境和人文环境。《游记》完全不同于文人学士的即兴吟哦,而是对环境观察的系统记录。为此,我们选择《游记》进行近400年中自然环境变化的比较研究,是可以获得较好的研究成果的。

由于《游记》涉及的地域范围很广,记叙又很详实,要把《游记》所及的全部地域和内容,进行古今自然环境变化的比较研究,具有很大的工作量,依靠少数人的力量,恐怕难以完成,所以必须在地域上进行分工。我个人是位地理工作者,而且对《游记》稍有涉猎,但我在这个课题中能够作出一点议论的实在非常有限。现在姑且以我比较熟悉的地区,按《游记》中前后两篇《游天台山日记》、《游雁荡山日记》和《浙游日记》,一共5篇,进行一点古今对比的研究,作为一种抛砖引玉的尝试。

《浙游日记》记叙的地域甚广,足迹几遍当前称为长江三角洲⑥的绝大部分。并钱塘江上游的金、衢、严三府。其中最重要的当然是长江三角洲,因为这个地区在徐霞客的时代已经相当发展,即美国著名汉学家施坚雅(G. W. Skinner)所称的"江南金三角"。⑦这是一个河流交错、湖泊棋布的水环境。《游记》记及从崇祯九年(1636)九月十九日子夜"乘醉放舟",于二十八日到杭州棕木场,一直舟行在平原河网之中。在徐霞客的时代,这个地区的水环境生态机制,基本还是良好的,存在着水稻、蚕桑、水产养殖、手工业、水上交通等和谐组合的良性循环。但是徐霞客以后的300多年中,这个地区的水环境生态机制受到了严重的破坏。而以近50年为最。水环境破坏主要表现在水体缩减和水体污染。水体污染当然是十分严重的,但由于《游记》在这方面缺乏可以让我们对比的资料,所在本文只谈水体缩减的问题。先从徐霞客身边的太湖和浙行旅程中的第一个城市苏州说起。陈函辉的《徐霞客墓志铭》说:"万历丁未(1607)始泛太湖,登眺东西洞庭两山。"太湖当然是徐霞客常游之地。《游记》没有详细记叙太湖的出水河道。但从最近三四十年的变化中,我们可以估量这个湖泊历史上的变化趋势。按 1957 年的统计,从无锡梁溪河环太湖经苏州沙圩港、胥港、瓜泾港、太浦港等到浙江的南浔镇,为太湖出水区,共有出水河港 85 条,其中西太湖从无锡至苏州段 36 条,东太湖自苏州至南浔 49 条。但到 1971 年,不过 14 年时间,西太湖出水河港已仅存 34 条,东太湖仅存 25 条,东、西太湖的出水河港减少达 26 条。[⑧]《游记》记述其浙行之初,乘舟经虎丘、半塘、阊门、葑门之间,这里已涉及了苏州府城的河流。据新修《苏州市志》所记,按宋《平江图》推算,当时城内河道约为 82 公里,而明代城内河道比宋代有所增加,是苏州历史上城内河道最长的时期,但以后就陆续缩减,清嘉庆二年(1797),据《苏郡城河二横四直图》,城内河道总长为 57 公里。但时至今日,据《市志》统计,从清代、民国时期到新中国成立后,在城内填塞废弃的旧河道有 77 条(段),约 46.817 公里。[⑨]

徐霞客舟行入浙,旅行于杭嘉湖平原之中,直到杭州棕木场。棕木场即今松木场,是杭州城郊的一个重要航行码头,这里有一条相当宽阔的河港,杭嘉湖平原输入杭州的农产品,包括到杭州朝山进香的香客,都从这个码头集散。记得 1957 年,我所任教的大学从钱塘江边的六和塔迁到这个地区时,松木场的河港和码头,还呈现着一番兴旺的气象,舟舶如梭,欸乃竟日,就在这三四十年中,我们目睹它的荒废消失。

前面提及的长江三角洲,其南缘是钱塘江以南的宁绍平原,徐霞客也到过这个地区,他的普陀山[⑩]之行和两次天台山、雁荡山之行,都必须途经绍兴和宁波这片水乡泽国。虽然他的这段旅行没有留下日记,但既然游历了兰亭和禹陵,[⑪]所以他到过绍兴水域可以无疑,正如《徐霞客与山水文化》一书所说:"领略过山阴道上'如在镜中游'的意境。"[⑫]直到他以后两个世纪法国旅行家格罗赛描述这个城市:"它(指绍兴城)位于宽广和肥沃的平原之中,被水所环绕,仿佛就是威尼斯。"[⑬]但是这个城市的遭遇,与苏州几乎一样。我在拙作《水乡论水》[⑭]一文中作过统计,在 1949 年以前,城内有大小河港 32 条(都能通行舟楫),共长 35 公里。在这 50 年中,填废了其中的 17 条,共长17.2 公里。这中间,竟连纵贯城垣南北的府河,即前山阴县和会稽县的界河,也在 70年代遭到填废。其实,除了上述苏州和绍兴的例子以外,在整个长江三角洲地区,徐霞客当年所经之地,几乎所有城市都有填废河道的记录。长江三角洲地区的城乡河流,为什么在这短短半个世纪中遭到前所未有的高速度填废?对于这个问题,过去,包括我在内的不少人一直莫名究竟,有时还认为这或许是生产发展中的必须过程。最近20 年中因为到外国讲学,一双长期被封闭了的眼睛看到了外面的事物,心里才有所悟。所以当 1996 年《绍兴桥文化》[⑮]一书要我写《序》时,我就写出了我对这些年中绍兴大量填塞河道的看法:

　　　　过去,我曾经认为这种现象,是城市发展过程中不可避免的。虽然常常怀旧和惋惜,但其事属于无可奈何。80 年代初,受聘担任日本几所大学的客座教授,

多次到那里讲课,走过不少城市,我才发现,在那个国家里,城市内的河流都保护
得很好,不说中小城市,像京都这样的大城市,全市北部为海拔七八百米的连绵山
岳,南缘是宇治川(注入大阪湾的支流),从北部山岳发源的鸭川和桂川,从东西
两翼纵贯市区,注入宇治川,市内的许多小河,都以鸭川和桂川为水源。这些小
河,河床不深,水清见底。让我恍悟环境保护的重要。

　　上述是以《浙游日记》进行古今对比的一点体会。长江三角洲的水体缩减,直接
导因于人为的填塞,这是毫无疑问的。但是当我从两篇天台山、雁荡山日记进行古今
对比时,发现山区和平原还一样地存在水体缩减的现象。我在上述《环境保护与生态
平衡》一文的末尾,曾把当年在雁荡山举行徐学研讨会后所写的一首寄给中国地理学
会瞿宁淑秘书长的七绝抄录文中:"合掌峰中多神鬼,鸣玉溪边不见水,二龙干枯唯垂
泪,我对徐翁实有愧。"当年徐霞客以"溪流荡之"描述的这条鸣玉溪,已经滴水全无。
而他以"轰然下捣"、"心目眩怖"描述的龙湫之瀑,也成了涓涓滴水。《游记》至今已
经300多年,而我在拙文中还写了60年代我第一次进入此山时的所见情况,由于"大
炼"、"大办"荒唐游戏刚刚结束,当时的人文环境是很可怕的:"山里人大多面有饥色,
但这场闹剧的恶果,在雁荡山的自然环境中尚未充分暴露出来。"所以"鸣玉溪还是滔
滔奔流,而大、小龙湫也仍然悬着瀑布"。由此可以说明,用不着与《游记》对比,山区
的水体缩减不过是这30多年间的事。记得"文革"年头,常常听到所谓"立竿见影"一
类的夸夸其谈,现在看来,以雁荡山为例,"大炼"、"大办"导致山林破坏,从而殃及水
源,这两者之间,确实是"立竿见影"。

　　在山区破坏山林,情况与在平原区破坏水环境一样,它的后果是导致整个山区自
然环境的全面恶化。水源枯竭是一个方面,另一方面是生物界数量的锐减。徐霞客在
其第一篇《游天台山日记》中述及:"三十里,抵梁隍山,闻此地於菟夹道,月伤数十人,
遂止宿。"又记及:"又三十余里,抵弥陀庵,上下高岑,深山荒寂,恐藏虎,故草木俱焚
去。"《游记》记载的"於菟"和"虎",当然是华南虎(P. T. amoyensis)。从当时的"於菟
夹道"到现在的成为国家保护的稀物,其间不过300多年。所以发生这样的变化,原因
就是随着山林砍伐而造成的野生动物的生存环境的破坏。又如《游记》记及的天台山
万年寺:"鹤巢于上,传声嘹呖。"而第二篇《游雁荡山日记》记及:"余从东巅跻西岭,倏
蹦踢声大起,则骇鹿数十头也。"现在,鹤与鹿在当地都已不复可见。这是一种由于自
然环境变化而出现的生态失调。而要对已经被破坏了的生态平衡进行改善,却具有极
大的难度。记得往年我曾为历史动物地理学家何业恒教授的《中国珍稀鸟类的历史
变迁》[16]一书作《序》,我在《序》中指出:"从野生动物来说,它们之中许多品种的剧减
或灭绝的过程,一方面是由于人类的大量捕杀,另一方面是生存环境的破坏,在某些情

况下,后者所起的作用或许比前者更为严重。"为了说明生存环境对野生动物的重要性,我在此《序》中引用了美国《新闻周刊》1992 年 8 月 11 日的一篇题为《野生动物的呼唤》中对我国扬子鳄(Alligator Sinensis)的报告:

> 仅仅一百年前,在中国安徽省长江流域的沼泽地带还生长着难以数计的短鼻鳄,这种凶猛的扬子鳄经常糟蹋庄稼,吞噬家畜。夜间,村民们常为它们持续不断地嘶叫声惊醒。然而,由于生态环境的污染和猎者的捕杀,其数量日益减少。至1981 年,它们的数量已不足 500 条。中国政府觉察到这一情况后,立即在安徽省开始了一项捕捉饲养的计划,使扬子鳄的数量迅速回升,至今年春季,在那里的扬子鳄饲养场中已集聚着 3700 来条身长 2 米以上的鳄鱼。但是它们已不可能再回到野生环境中去了,因为它们的栖息处所几乎全部消失,沼泽地已变为农田,适于它们活动的许多河岸已被破坏,甚至那些被保护着的扬子鳄繁衍区也受到化肥的污染,毒化了它们的食物来源。

最近,我又读到一篇《三峡猿声入诗多》[17]的散文,文中抄录了历代诗人在诗篇中留下的三峡猿声。但现在早已不闻猿声,猴子在三峡中绝迹了。作者最后说:

> 古时三峡,林木茂密,野生果实很多,为猿猴栖生提供了极好的条件。现在,由于峡中生态环境发生了很大变化,山上草木稀疏,轮船往来频繁,生性胆小的猿猴,早已另寻新居。所以,我们旅游三峡,再也听不到猿啼,也难看到猴影了。

由于"山上草木稀疏",也就是自然环境即猴子的生存环境遭到破坏,所以我们不必再希冀今后的三峡航行中还能重现"两岸猿声啼不住"。同样,因为沼泽改为农田,河岸遭到破坏,安徽省长江流域的农民,今后也决不会再被扬子鳄的嘶叫惊醒。大凡自然环境遭到充分破坏的地方,要想恢复原貌,或许是不大可能的,这是我们应该吸取的教训。为此,我还想引用一段我为何业恒教授所作的《序》中的话:

> 在一个重要问题上,我们也必须分辨清楚。古人在一段时期中烧毁或砍伐森林,垦殖草地,排干沼泽,杀灭许多包括鸟类在内的动物,这是他们改造自然的必要手段。用另一句话说,也是他们谋求生态平衡的一种手段。因为不要忘记,所谓生态平衡,这是指的自然环境适宜于人类的生存为中心的生态平衡。人类既不能让森林、草地、猛兽、毒蛇的存在威胁人类的存在;也不能让它们灭绝殆尽而威胁人类的存在。人类必须想方设法,让它们的存在与人类的存在之间保持一定的比例关系,这才是以人类的存在为中心的真正的生态平衡。

在这段话中,有一句还必须加以补充,就是:"所谓生态平衡,这是指的自然环境适宜于人类的生存为中心的生态平衡。"应该补充说,这里所谓的"人类",不仅指的当前的人类,更重要的是我们的后代。也就是说,我们必须优化自然环境,调节生态平衡,让它们有利于人类社会的可持续发展。

自然环境的破坏,诸如水体的缩减、枯竭和污染,山林的童秃,生物的灭绝等等,其祸害早已为有识之士所共见。1998 年长江洪水与上游山林滥伐的关系,即是可以载入史册的深刻教训。大凡自然环境的破坏,总有一个从渐变到剧变的过程。对这个过程进行研究,可以让人们看到我们的自然环境面临着什么问题;可以让人们懂得,怎样未雨绸缪,怎样悬崖勒马,怎样亡羊补牢。而要从事这方面的研究,《徐霞客游记》的作用是值得重视的。

注释:

① 科学出版社 1989 年版。

② 如《地理学词典》,上海科学出版社 1983 年版。

③ 科学出版社 1982 年版。

④ 《徐霞客在浙江》,浙江教育出版社 1998 年版。

⑤ 《读史方舆纪要》卷四〇《太原府·台骀泽》。

⑥ 陈桥驿《论长江三角洲的水环境生态机制》,《城市研究》1998 年第 6 期:"自然地理学上的长江三角洲,是长江和钱塘江冲积而成的一片三角洲,其范围大致是镇江以东,通扬运河以南,杭州湾以北,面积约 5 万平方公里,人文地理学上的长江三角洲,……还应包括钱塘江以南的宁绍平原,面积约 7 万平方公里。"

⑦ 《中华帝国晚期的城市》(*The City in Late Imperial China*),斯坦福大学出版社 1973 年版(中译本将于 2000 年由中华书局出版)。

⑧ 以上均据《苏州市志》第一册第三卷《自然环境》,江苏人民出版社 1995 年版。

⑨ 以上均据《苏州市志》第一册第七卷《城巷河桥》。

⑩ 陈函辉《徐霞客墓志铭》引徐霞客语:"南渡大士落迦山。"

⑪ 同上:"秋还五泄、兰亭,一观禹陵窆石"。

⑫ 上海文化出版社 1997 年版。

⑬ Grosier, Description de la Chine, Nagel's Encyclopedia—Guide China, Vol. 2, pp. 1090.

⑭ 1999 年"长江三角洲生态、文化、经济国际学术讨论会"宣读论文。

⑮ 上海交通大学出版社 1997 年版。

⑯ 湖南科技出版社 1994 年版。

⑰ 《三峡文化研究》1999 年第 4 期。

2000 年 1 月于浙江大学

原载《徐霞客研究》(第 8 辑),学苑出版社 2001 年版

撇开《游记》
——再论徐学研究

　　我用这样的题目写文章，徐学界同仁，或许会说我"言之过甚"，甚或"耸人听闻"。至少是对我是否重视《游记》存在疑问。我早年确曾反对过有些既看不懂地质图，也看不懂地形图，没有一点诸如岩石学、植物分类学等知识的人，仅仅是手执一部《游记》，去"走徐霞客走过的路"。那年参加在雁荡山举行的徐霞客学术讨论会，目睹这个名胜区，不仅与在《游记》中描述的已经大不相同，而与我在1960年初次考察时也显然每况愈下。我因感慨甚深而在会后杂凑了一首歪诗寄给这年也与会的老友瞿宁淑教授：

　　　　合掌峰中多神鬼，鸣玉溪边不见水。

　　　　二龙干枯唯垂泪，我对徐翁实有愧。

　　由于雁荡山的环境剧变，使我意识到，除了地质学、地貌学、植物学等等之类以外，《游记》在环境科学的研究中也极有价值。因而写了一篇《环境保护与生态平衡——徐学研究与可持续发展的关系》[①]的文章，文内除了列举若干国外环境保护的例子外，主要是对比《游雁荡山日记》与当今雁荡山的环境。希望能利用《游记》所及的地区，研究这400年来的环境变迁，以促进整个社会"可持续发展"的意识。这样的研究首先当然要熟悉《游记》，另外是需要在当地进行细致的考察、调查、访问，然后进行对比，获得研究成果。拙文发表以后，在我所接触的徐学同仁之中，第一位准备从事这种研究工作的,是前《风景名胜》主编陈光照先生,他和我作了详谈,我向他建议了在考察时应该注意的方面,并希望他先从就近地区着手,然后由近及远。他表示对这种研究很有信心,决定选择附近地区开始进行。对于他利用《游记》从事环境变迁的徐学研究,使我感到鼓舞,希望他能够获得出色的成绩。

以上所说,主要是为了表达,我是非常重视《游记》的,也赞赏利用《游记》进行的徐学研究。这是一个方面。但另一方面,从我现在看到的不少徐学研究成果来说,我认为已经到了我不得不用这样的题目写文章的时候了。特别是在今年出席了浙江宁海县举行的"'2000《徐霞客游记》开篇暨宁海旅游文化研讨会"以后,我认为这个问题实在应该提出来与徐学同仁们讨论了。

从这个会议的名称来说,宁海县显然希望以《游记》开篇的这一宝贵旅游资源,研讨和促进县内的旅游业,所以会议的宗旨是很好的。我接受宁海县的邀请,心情也很愉快,一方面是因为热心于徐学研究的江牧岳老先生从北京赶来与会,他是我50年代在大学执教时的老领导,能见面当然高兴。另一方面是我们国家的一个重要科研项目《国家地图集》正在编绘出版,我是这个项目的《历史地图卷》中《历史植被图》组的负责人,为了编制和审阅这个图组,我曾经仔细观察过资源卫星像片、航测图和大比例尺地形图。知道在浙江东部地区,从新昌、宁海两县县界直到天台,植被保持得完整良好。从卫星像片上所显示的,这是浙东沿海地带一片难得的森林。所以我临时搁置了一项别的任务,如期到宁海与会,希望能敦促宁海县领导重视县境内的这种生态资源。从眼下来说,其实也是宝贵的旅游资源。这次会议的与会代表,除了宁海本县的以外,超过50人(从《名单》计算)。其中有些学者送交了打印论文,而即席发言者,事前也都作过准备,所以总的说来,会议是很有收获的。

浙江省徐霞客研究会副会长兼秘书长石在先生要我主持座谈会,所以我是自始至终聚精会神听发言的。或许是由于我对徐学研究的发展期望过切,因此,对发言的总的评价,我认为我们的徐学研究,在研究领域上必须拓展,在研究质量上有待提高。在全部发言中,我认为浙江省地矿局高级工程师袁航先生的意见,对于纪念《游记》开篇和发展宁海县旅游业是最值得重视的。他的发言内容主要是有关开发宁海县的旅游资源,应该借重遥感和G. I. S。但对于与会代表来说,不少人对遥感是陌生的,而多数不懂得什么是G. I. S。作为主持人,我不得不向大家介绍,G. I. S是英文 Geographical Information System 的缩写,即"地理信息系统"。记得两年前,福建师范大学为该省海坛岛所作的G. I. S成果是送我审阅的,所以尽管我对此实在也是外行,但我知道其成果的价值。从这一点来看,说明我们的徐学同仁,还必须更多地充实自己的知识,包括人文科学知识和自然科学知识。在座谈会的讨论中还可以举个例子。宁海县是《游记》开篇的地方,但徐霞客为什么不论及宁海? 会上广征博引,讲了许许多多的道理。但中国徐霞客研究会前副会长兼秘书长黄实先生在会后与我的一句闲谈就令人深思。黄先生说:焉知徐霞客没有另外文章,又焉知他的另外文章中不论及宁海? 此言实在正中下怀。其实,只要对我国文献学有点素养的人,都会想到这个问题。根据韩长耕教授的统计,[②]中国古代文献包括现存的和有目无书即散佚的,大概不下 15 万种,而其中尚存世可供披览检证的,也仍在 12 万种上下。由此可见,古代文献中有目可稽的,亡佚已在 3 万种左右,至于无目可稽,即不曾见于公私著录的,其亡佚情况,更将难以估计。我常常以郦学对比徐学,就以郦学作个例子,《北史·郦道元传》论及:"撰《注水经》四十卷,《本志》十三篇,又为《七聘》及诸文,皆行于世。"但除了《隋书·经籍志》著录他的《水经注》而现在仍然残存外,"皆行于世"的《本志》、《七聘》及诸文,历史上究竟有谁见过呢? 所以黄先生所说,确实值得研究。其实,不要说他的另外文章,只看《游记》,丁文江时代的篇幅和现在就很不相同。而方豪先生在其《徐霞客与西洋教士关系之初步研究》[③]一文中,也早已提出过"惜霞客游记残缺,所记亦不全"的话。从这个例子中可以说明,徐学研究者实在有必要扩大视野。

　　《游记》当然是徐学的核心,正如《水经注》是郦学的核心一样。正是因为有《游记》这部巨构,我们才有可能建立徐学这样一门学问。但是,徐学发展到了今天,我们看到,从徐学的全局来说,《游记》推动了这门学问的前进;但是我们也发现,的确有人只捧牢《游记》,在《游记》上冥思苦想,对《游记》咬文嚼字。对于这些徐学同仁们,《游记》成为他们在研究中停步不前的阻力。从这次宁海县的座谈会上就可以觉察到。徐霞客是伟大的旅行家,今天,我们许多人懂得以他为促进现代旅游业发展的巨大力量。但对于各地旅游资源摸底有重要价值的 G.I.S,许多人却茫然无知。也有人只知道徐霞客写了《游记》,因为《游记》在他们手上,却从不考虑徐霞客的"另外文章",虽然我们无法肯定他的"另外文章",但徐霞客毕生撰述成果的亡佚,仅《游记》一端即可充分说明。不少人不知道,或者说没有考虑到,我们还有一门文献学的学问,他们也不知道古往今来有目无书或无目无书是个浩瀚数字,当然也不关心多少学者殚精竭力,为古代文献的救亡辑佚,作出了卓越的贡献。现在的《游记》版本和丁文江时代的《游记》版本,其间就有这些学者的功劳。

　　所以我提出"撇开《游记》"的话。撇开《游记》,其实是为了让一部分徐学同仁建立研究《游记》的更为扎实的基础。让我们看看这个宽广的徐学世界中有多少应该读的书,有多少应该研究的学问? 我在拙作《关于"徐学"的兴起与当前的研究》[④]一文中,曾经引及 20 世纪 40 年代浙江大学的《地理学家徐霞客》一书,其中有不少卓越的徐学论文。如林文英先生的《江流索隐》和任美锷先生的《江流索隐质疑》两文,其实都并非《游记》研究。林文是在其对这个地区实地考察的基础上,研究该区"今后交通经济开发之影响"。文内的重要论证是:"金沙江确曾自石鼓南流,其所以改道,系由于河道中间,发生东北西南向之断层所致,旧说所谓由于源头袭夺者,纯系臆测,并非事实。"任文则对林文的"断层"论断提出质疑。他综合葛列高雷、丁文江、李春昱、巴尔博诸学者对这个问题的研究,认为造成此处河流袭夺的原因,是长江上游的向源侵蚀,而非林氏所云的东北西南向断层。

上述林、任二文,都是以地质、地貌科学为基础的徐学研究,属于徐学中的自然科学研究。在当前的徐学同仁中,当然不可能都是自然科学者,其中有不少对人文科学具有兴趣和造诣的学者。而《地理学家徐霞客》一书中,撇开《游记》的人文科学研究成果并非没有,前已提及的方豪先生所撰《徐霞客与西洋教士关系之初步研究》即是其例。按此文中述及的西洋教士有卫匡国(Martirnus Martini)、雷孝恩(Regis)、艾儒略(Julio Aleni)、利玛窦(Matteo Ricci)等。其中议论最多的是意大利人卫匡国,他来华时,徐霞客已去世两年,而利玛窦东来时,徐霞客犹在褪褓。方文所及的所有西方来客,无一人与徐霞客谋面,亦无一人入于《游记》。但全文通过明末清初的种种社会关系与学术文献,论断"霞客似不能不受西洋科学之影响,而与当时之西洋教士不能无间接之关系"。方文最后列举 6 项理由,作出全文总结:"吾人今日初步研究所得,霞客与西洋教士之关系,虽只以间接者为限,然谓其有直接关系,亦颇可信也。"所以方氏此文,实际上是撇开《游记》而研究徐霞客所在的时代,亦即中国资本主义萌芽发展时代的东西文化交流。也就是竺可桢先生在此书卷首《徐霞客之时代》一文中所说的:"霞客生当明之季世,何能以独具中西文化之所长。欲探求其理,则不得不审察霞客之时代。"所以方氏此文,实为撇开《游记》而在徐学领域中进行人文科学研究的范例。

这次在宁海时,曾有一位徐学同仁与我谈及,大意是,徐霞客是江苏人,而浙江也有一位与徐霞客旗鼓相当的人物王士性。浙江实在可以建立一门"王学"。他与我说这番话,或许不是很认真的。但是对我而说,确实感慨甚深。王士性在地理学上的贡献,谭其骧先生在 1985 年的全国徐霞客学术讨论会上已经指出:"王士性在人文地理学方面的成就,比之于在他以后约四十年的徐霞客对自然地理的贡献,至少是在伯仲之间,甚至可以说有过之而无不及。"⑤值得注意的是,谭先生的这番话是在徐霞客学术讨论会上提出的,而且又把徐霞客和王士性进行了对比。这其实就是徐学研究的一种形式,也是撇开《游记》的徐学研究。我往年曾为《王士性论稿》⑥一书作《序》。我在《序》中不仅比较了徐霞客与王士性,并且也比较了徐霞客与袁宏道。因为他们 3 人都是同一时代的旅行家(徐先生较袁晚 19 年,较王晚 40 年),而且都留有著作。我对比他们3人在地理、文学、旅行等方面的经历和造诣,称徐霞客为"纪实型旅行家"、袁宏道为"文学型旅行家",王士性为"学术型旅行家"。尽管我的文章是《王士性论稿》一书的《序》,但我自己则毫无疑问地认为,我所进行的工作是徐学研究。当然,这样的徐学研究比单凭一本《游记》的琢磨要费事得多。因为这种比较研究,必须对其他两位有所了解。而要了解王士性,起码得通读他的《广志绎》六卷,此外如《五岳游草》10卷、《广游志》2卷,最好也能浏览一遍。至于袁宏道,幸亏前人已经下了功夫,把其所作的游记从他的大块文章中清理出来,汇编成《袁中郎游记》[⑦]一书。当然,此书必须通读,通读此书,才能略悉他的游程,获睹他的文采。这样的研究正和上述方豪先生研究徐霞客与西洋教士的关系一样。例如卫匡国,对于这位与徐霞客绝未谋面的西洋教士,方氏必须研究他的著作,如在荷兰阿姆斯特丹出版的《中国新图志》(*Novus-atlas Sinensis*)等,通过种种考证,论定卫氏绘制的地图,必有参考《游记》之处:"匡国虽不遇其人,而获得读其文,并用以为绘图之助,非偶然也。"所以诸如此类撇开《游记》的徐学研究,在研究过程中,必须涉猎《游记》以外的广大徐学领域,其工作量当然比单一的《游记》研究要大得多。

参加今年的"'2000《徐霞客游记》开篇暨宁海旅游文化研讨会",看到当前旅游界对徐学研究的殷切期望而深有感触。现在,徐学研究除它本身的学术性以外,在促进旅游业发展的功能方面已经众所共见。徐学研究的前景实在未可限量,徐学同仁真是任重道远。正因如此,所以我希望徐学同仁们对自己的知识领域、专业水平、研究质量提出更高的要求。

最后再说一句,撇开《游记》绝非不重视《游记》,《游记》是徐学的础石,徐学大厦是在《游记》的这块础石上兴建起来的。这是一方面。但是另一方面也必须看到,我们兴建的这座徐学大厦,其覆盖面比之于这块础石不知要广大多少倍。为此,我希望长期来一直停步在这块础石上的徐学同仁,及早从这块础石上下来,到正在兴建中的这座徐学大厦到处走走看看,群策群力,把这座徐学大厦建设得更为堂皇富丽,美轮美奂!

注释:

① 《徐霞客在浙江》,浙江教育出版社1998年版。

② 《中国编纂文集之始和现存最早的诗文总集〈昭明文选〉的研究与流传》,《韩长耕文集》,岳麓书社1995年版。

③ 竺可桢等《地理学家徐霞客》,商务印书馆1948年版。

④　《徐霞客在浙江》,又转载于《徐霞客研究》第 5 辑,学苑出版社 1999 年版。

⑤　周振鹤《王士性地理书三种·后记》,上海古籍出版社 1993 年版。

⑥　徐建春、梁辉著,杭州大学出版社 1994 年版。

⑦　中国图书馆出版部民国二十四年(1935)版。

原载《徐霞客研究》(第 7 辑),学苑出版社 2001 年版

历史地理学的回顾与展望

　　历史地理学是一门学科，其渊源可以追溯到很早。但应该指出，它是在 20 世纪成熟并且获得发展的。

　　一般认为这门学科导源于沿革地理，《汉书·地理志》是其开创之作。谭其骧说："《汉书·地理志》的记述对象不单限于西汉当代的地理……它不仅是一部地理著作，同时也是一部历史地理著作。"[1] 侯仁之说："沿革地理在我国有着长期发展的历史，这方面最早的写作当是东汉班固所撰《汉书》中的《地理志》。"[2] 史念海说："历史地理之学在我国是有悠久的渊源的，它可以上溯到将近两千年前班固所撰的《汉书·地理志》。"[3] 所以中国历史地理肇始于《汉书·地理志》，已为学术界所论定。当然，在《汉志》以前，古籍也有记叙沿革地理的，例如古本《竹书纪年》魏今王下："二月，城阳、向，更名阳为河雍，向为高平。"但《汉志》显然集这方面之大成，全书收录了 1000 多个县邑，每个县邑常从其原始一直记叙到班固编纂此书以前，即王莽改易的地名为止。如京兆尹华阴县："故阴晋，秦惠文王五年，更名宁秦，汉高帝八年，更名华阴。太华山在南，有祠，豫州山，集灵宫，武帝起。莽曰华坛也。"寥寥 40 余言，从原始的阴晋，直到王莽改易的华坛，把华阴在 500 多年间的沿革变迁和盘托出。

　　《汉志》以后，正史有地理志的还有 15 部，基本上都是按《汉志》的体例格局编纂。所以侯仁之在以上引文中说："它并为后世同一内容的写作提供了一种体例上的模式。"也就是说，中国历史地理研究，一直以沿革地理的内容进行。侯仁之说的"后世同一内容的写作"，除了正史地理志以外，还兼及唐《元和郡县志》、宋《太平寰宇记》、《元丰九域志》以及从元代起的历朝《一统志》等。此外也可以把诸如晋杜预的《春秋释地》，京相璠的《春秋土地名》（两书均已亡佚）等包罗在内。所以这类文献是不少的，但内容都是沿革地理。

自从《汉志》开始，沿革地理一直存在于许多文献之中，而到 19 世纪的最后两年，沿革地理作为一门课程，进入了学校讲堂。据《邻苏老人年谱》[4]光绪二十五年（1899），杨守敬年 61 岁："正月方修整屋毕，得张文襄（按：张之洞号）电招余充两湖书院教习，二月即赴武昌就馆，任地理一门事。"杨守敬在两湖书院任教的是什么地理？据吴天任《杨惺吾先生年谱》[5]引陈衍《杨守敬传》："守敬治旧地理，邹代钧治新地理，分教两湖书院。"所以杨守敬讲的是"旧地理"，其实就是沿革地理。

杨守敬在两湖书院任教的时间是从光绪二十五年到二十七年（1899—1901），所以 20 世纪之初，沿革地理作为一门课程，已经进入高等学府。按杨守敬在同治二年（1863）已与邓承修同撰《历代舆地沿革险要图》，以后陆续按朝代撰绘，共得 69 种。[5]我国高等学府中的第一位"旧地理"教席，显然因为他在沿革地理上的造诣而得心应手。就在这期间，他与门人熊会贞撰绘的《历代地理沿革图》，从光绪四年（1878）到宣统三年（1911）陆续刊行完成，朱墨套印，共分订 34 册。虽然他的讲席和地图、内容都是沿革地理，但应该承认，他和其门人熊会贞为中国历史地理学的发展，在 20 世纪之初作了一个值得称赞的开头。

在杨、熊为历史地理学作了这个开头以后的 30 多年，顾颉刚于 1934 年发起建立了禹贡学会，随即出版了《禹贡》半月刊。此刊初创，其英文名为 *The Evolution of Chinese Geography*，则《禹贡》仍然是一种沿革地理期刊。但从第三卷（1935）起，英文名改为 *The Chinese Historical Geography*，[6]"中国历史地理"这个名称第一次出现。《禹贡》英文名从沿革地理到历史地理，说明了顾颉刚在学术思想上的变化。

对于《禹贡》（英文名）改名的事，谭其骧及其高足葛剑雄在此事半个多世纪以后撰文说：

> 成立于 1934 年的学术团体禹贡学会及其主办的《禹贡》半月刊还是以研究和发展沿革地理为宗旨的，1935 年，《禹贡》开始以"中国历史地理"（*The Chinese Historical Geography*）作为刊物名称，这说明禹贡学会的学者们已经受到现代地理学的影响，产生了将传统的沿革地理向现代的历史地理转化的愿望。[7]

谭其骧是顾颉刚的高足和重要助手，《禹贡》第 1 期《发刊词》即为谭所撰（顾修改），而从第 3 期起，此刊就由谭编辑，他单独编了第 3 卷的第 1—5 期。[8]所以谭其骧的回忆可靠，顾颉刚当年所考虑的确是如此。

对于此事,顾颉刚的另一位高足史念海在其《中国历史地理纲要·序》中也曾记及,他在论述了《汉志》记载历代疆域沿革的事以后说:"后来沿革地理学就成了这门学科的名称,距今五十年前,禹贡学会才正式使用中国历史地理这个名称,但内容并未能有所变动,仍和沿革地理学一样,是作为历史学的辅助学科而存在的。如果这样下去,名实便难于相符。"

史念海在此《序》中接着说:

> 我清楚记得,抗战初期,我在北碚时,曾和顾颉刚先生谈到这个问题。顾先生也颇为不满于这门学科继续限于沿革地理这样的范畴。如何改变,顾先生首先提出要用地理的变化说明问题。当时包括禹贡学会绝大部分的会员在内都是从事历史学研究的,如何去用地理学的理论从事论证? 顾先生当时肯定地说,应该尽量努力学习地理学。

"尽量努力学习地理学",顾颉刚的这个愿望实际上是对历史地理学这门学科的充实和改造。这个任务,在顾氏言此约 20 年后,由他的 3 位高足谭其骧、侯仁之、史念海以及其他一些历史地理学者的努力而获得实现。在这段时期中,我国的历史地理学者不仅遵循顾颉刚的教导"努力学习地理学",并且由于许多地理学者也加入这门学科的行列,因而把这门学科从历史学推向地理学领域。侯仁之在 20 世纪 60 年代之初发表了纲领性的论文《历史地理学刍议》,[2] 对于这门学科,他第一次指出:"历史地理学是现代地理学的一个组成部分,这是无可置疑的。"谭其骧于 1982 年 8 月在上海举行的历史地理国际学术讨论会议上说得更为完整:

> 历史地理学就其学术性质而言,它是一门地理科学,是地理学的一个组成部分。这是很明显的。旧时代把历史地理学看成是历史学的一门辅助学科,前一时期有人把历史地理学看成是历史与地理之间的边缘学科,这些看法至少目前在我国国内已基本上销声匿迹了。[9]

史念海同样认为,历史地理学的学科属性问题已经解决。他说:

> 这个问题现在说来,已经早都不成问题了。但在建国初期,却还是不容易得到解决的问题。中国历史地理应该是属于地理学的范畴,但也可以作为历史学的辅助学科。[3]

顾颉刚及其高足们从禹贡学会创办之始在学术思想上的发展,大体上是从"沿革地理"到"历史地理",从'努力学习地理学"到把历史学的历史地理推向地理学的历史地理。这种发展在 20 世纪 50 年代之初就有明显成就。上述谭、葛二氏的文章提及:

> 对学科发展满怀热情的学者及时指出了沿革地理的局限性,其中北京大学侯仁之教授的意见最为有力。1952 年院系调整以后,一些大学的历史系以历史地

理学取代了沿革地理。不久,北京大学率先在地理系中招收了历史地理专业的研究生,中国科学院地理研究所成立了历史地理研究室。

地理系招收历史地理专业研究生,中国科学院地理研究所成立历史地理研究室,中国地理学会随后又建立了历史地理专业委员会。所有这些都说明了一种事实:第一,长期使用的"沿革地理"名称已经明确为"历史地理"所取代。当然,沿革地理本身并未消失,它仍然是历史地理学的一个分支。第二,顾颉刚当年的愿望是历史学者"努力学习地理学",现在,由于不少地理学者的参与,出现了史、地互学的情况,并且印证了侯仁之在60年代初提出"历史地理学是现代地理学的一个组成部分"这个具有划时代意义的论断。

众所周知,地理学研究的对象是地理环境,即通常所说的自然环境,这是指存在于人类社会周围的自然界。因此,历史地理的研究领域如能拓宽到历史时期的自然地理,这门学科必将获得更为广阔的视野和活跃的生命力。因此,我认为,这门学科从近两千年的沿革地理研究以来,从20世纪30年代"历史地理"这个名称出现以来,我们确实已经积累了丰硕的研究成果,学科获得了很大的发展。而其中具有突破性的成就是20世纪80年代初期《中国自然地理·历史自然地理》一书的编撰出版。

由于此书在我国历史地理学发展过程中的重要意义,所以必须把它的来历说明几句。此书是《中国自然地理》的一个分册,《中国自然地理》是我国地理学元老竺可桢于20世纪50年代建议编撰的,由他担任主编,全书包括总论、地貌、气候、地表水、地下水、海洋、土壤、植物、动物、古地理、历史自然地理11个分册,是一部1500余万字的大型中国自然地理文献。由于在筹备之初就碰上为时20年的人所共知的特殊时期,整个计划和所有分册都陷于停顿。随着客观情况从1976年秋后开始好转,在中国地理学会的组织下,各分册的编撰工作开始启动。《历史自然地理》分册在谭其骧的擘划之下,抓紧时机,于当年11月在西安举行了编撰会议,谭、侯、史三位前辈和30余位中青年学者,在当时仍然相当艰难的处境中参加讨论,确定了全书内容和编写人员;经过一年努力而完成大部分初稿。1977年年底,在谭其骧主持下,撰稿人集中上海进行了为时两个月的审稿会议,提出意见,分头修改。1978年6月在开封再次举行近两个月的审稿会议。以后又经过多次修订,终于在1982年年初由科学出版社正式出版。[10]

此书内容除卷首总论外,包括历史时期中国境内的主要自然地理要素:气候、植被、水系、海岸、沙漠的变迁等。由于各章撰写人都是对该课题有研究的专家,所以书稿的质量按当年的水平衡量,是令人满意的。葛剑雄对此书的评论是:

　　由二十多位学者撰稿,谭其骧、史念海、陈桥驿汇总定稿的《中国自然地理·

历史自然地理》一书,填补了这一空白。此书对气候、植被、水系、海岸、沙漠等自然地理要素在历史时期发展变迁的过程及其规律作了探讨,书中不仅运用了大量文献资料,而且尽量利用了现代科学的成果,如碳 14 年代测定、孢粉分析、卫星照片和航空照片等。其中水系一章,特别是黄河、长江部分几占全书一半,有不少独到的见解。尽管就自然地理整体而言,此书还有缺门,各章内容也不无畸重畸轻,但作为一种开创性的工作,此书为今后的系统研究奠定了基础。[11]

葛文指出,历史自然地理的研究是"一项开创性的工作,此书为今后的系统研究奠定了基础"。其结果确实如此,此书的出版,引来了历史自然地理研究的空前发展。例如 1983 年发表的有关历史气候、地貌的研究成果;1984 年发表的对黄河中游古代森林以及西北干旱气候和沙漠的历史研究成果;[7] 1985 年,严钟奎发表《论地理环境对历史发展的影响》[7]一文,批判了斯大林对于地理环境与社会发展的关系的观点,对历史地理学者在历史环境的研究方面具有很大意义,引起了普遍的关注。谭其骧、葛剑雄对这个问题曾撰文提及:

由于斯大林曾经批判过"地理环境决定论",虽然他没有完全否定地理环境的作用,却认为它的影响"并不是决定的影响,因为社会的变化和发展比地理环境的变化和发展快得不可比拟"。毛泽东也作过更具体的解释。限于篇幅,我们不想对此作全面的分析和评论,但只要同马克思、恩格斯的有关论述对照一下,我们就不难发现它们的片面性。[7]

正是由于地理环境和历史发展关系的讨论,推动了学者们的深入研究,历史地理学者开始从单要素的自然地理研究,进入诸要素综合的环境研究。上述谭、葛文中,曾经介绍了几个可以作为例子的地区:"史念海对黄土高原的研究,侯仁之对西北沙漠的研究,陈桥驿对宁绍平原的研究以及文焕然、何业恒等对湘江流域各种动物分布变迁的研究……"其实,在这以后的十几年中,全国许多地区的历史环境都有学者从事研究,并且发表了有价值的成果。《中国历史地理学五十年》记载的年度研究成果部分,从 1993 年起,在《历史自然地理研究》节下,开始把"环境研究"作为专项。到了1998 年。此书记载的年度研究成果中,《自然环境变迁研究》已单独成为一节,说明综合性的环境研究与单要素的自然地理研究开始并驾齐驱。

对于历史环境研究,令人鼓舞的是《中国环境史论文集》[12]在 20 世纪结束以前出版。此书由伊懋可(Mark Elvin)和刘翠溶主编,收入了国际著名汉学家伊懋可、斯波义信、魏丕信(Pirre Etienne)、奥斯本(Anne Osborne)和中国学者刘翠溶、李伯重等 20余人的研究成果。全书除伊懋可写的长篇《引言》外,包括 20 篇论文,地域范围遍及内地、边疆(如西藏、云南)和海岛(如台湾),时间界限从先秦(如《郑(渠)白(渠)灌溉系统》）到明清甚至近现代（如《经济、社会、环境对（台湾）日月潭发电厂的影响》）。虽然，如同葛剑雄所指出的《中国自然地理·历史自然地理》的缺陷一样，全书内容"不无畸重畸轻"，但和前者一样，它同样是一种开创性的工作，所以其成就是值得赞赏的。

中国自从1935年出现"历史地理"这门学科的名称以后，这门学科开始获得发展。特别是20世纪50年代以后，学科的大部分领域都获得了可喜的成果，诸如历史人文地理学各分支的发展壮大，《中国历史地图集》和北京、西安、山西诸历史地图集的出版等等，都是其中的荦荦大者。笔者独钟于《历史自然地理》和《中国环境史论文集》，并认为，考察一门学科的发展历程，必须注意这门学科的前沿，因为这或许就是学科的生命力所在。

在1972年斯德哥尔摩联合国世界环境会议上，来自挪威的布伦特兰夫人（Gro Harlem Brundtland）发表了她的著名演说《我们共同的未来》（Our Common Future），提出了"可持续发展"（sustainable development）的概念。这个有关全人类今后命运的概念通过1992年的《里约宣言》为全世界所公认。地理环境也就是人类生存环境的可持续发展，正是地学和其他相关学科所迫切需要研究的课题。但要研究地理环境的可持续发展，首先必须了解从历史时期到现代的环境变迁过程。由于自然地理诸要素和地理环境的变迁过程在大多数情况下总是逐渐进行的，因此这个课题必然要成为今后历史地理学研究的重要任务。所以笔者很佩服《中国环境史论文集》在其书名上所加的"积渐所至"（Sediments of Time）一词。此词出于《汉书·贾谊传》："安者非一日而安也，危者非一日而危也，皆以积渐然。"这句话确实发人深省，它既阐明了地理环境发展变迁的客观规律，又表达了地理环境可持续发展的至关重要。值得历史地理学者铭记在心。

对于历史时期自然地理诸要素和地理环境变迁的研究，我们在上个世纪的最后20多年中获得了许多成果，并且做了像《中国自然地理·历史自然地理》和《中国环境史论文集》这样的开创性工作。展望新世纪，历史地理学在这个领域的研究，必将继续深入，获得更为重要的成果。我们充满信心，满怀希望。

参考文献

[1]谭其骧《中国古代地理名著选读·汉书地理志》，科学出版社1959年版。

[2]侯仁之《历史地理学概述》，《历史地理学四论》，科学出版社1994年版。

[3]史念海《中国历史地理纲要·序》（上册），山西人民出版社1991年版。

[4]胡适《邻苏老人年谱》,《胡适手稿(第五集中册)》,中央研究院胡适纪念馆
　　1970 年版。

[5]吴天任《杨惺吾先生年谱》,艺文印书馆 1974 年版。

[6]陈桥驿《从〈禹贡〉到〈中国历史地理论丛〉》,《史学史研究》1990 年第 3 期。

[7]谭其骧、葛剑雄《回顾与展望——中国历史地理学四十年》,《中国历史地理学
　　五十年》(1949—1999),学苑出版社 2001 年版。

[8]葛剑雄《编〈禹贡〉始末》,《悠悠长水·谭其骧前传》,华东师范大学出版社
　　1997 年版。

[9]谭其骧《长水集(续编)》,人民出版社 1994 年版。

[10]吴传钧、施雅风《中国地理学 90 年发展回忆录》,学苑出版社 1999 年版。

[11]葛剑雄《1982 年中国历史地理研究的进展》,《中国历史学年鉴》(1983 年),
　　人民出版社 1983 年版。

[12]*Sediments of Time. Environment and Society in Chinese History*[A]. Edited by
　　Mark Elvin and Liu Tsui-jung[M]. Cambridge University Press,1998.

原载《杭州师范学院学报》(人文社会科学版)2001 年第 4 期

学论与官论

——关于历史地理学的学科属性

　　首先解释一下本文题目："学",泛指学术界,"官",指领导层,或者说学术界的领导层。"学论",指学术界的讨论,如举行一次学术讨论会,发表论文,出版专著,对某一种学问交流不同的意见等等。当然,"学论"一般都不是定论,学术界要论定一种学问,往往需要很长的时间或几代人的琢磨,例如《禹贡》一书成于战国后期,学术界现在已经基本论定,这是经过多少年代、许多学者研究而获得的成果。而且即使如此,至今还有人发表不同的意见。但"官论"与"学论"不同,它具有权威性,可以一锤定音。它不是讨论,而是论定。"官论"的表达方式也绝不像"学论"那样地需要在学术讨论会上唇枪舌剑,也不必爬格子写大块文章。"官论"一般通过权威官员的一次讲话,或者是通过权威媒体的一篇社论或评论员文章,也可能下达一个所谓"红头文件"。在非常年代里,还有"一句顶一万句"的"最高指示"等等。它没有"学论"所常用的诸如"商榷"、"请教"、"抛砖引玉"等之类的套语。而是要大家一起"学习"、"吃透"、"执行"。

　　为什么要在这篇拙文中谈及这一段? 这是因为接着要讨论的关于历史地理学的学科属性问题,就牵涉到"学论"和"官论"的事。

　　历史地理学是一门学科,它是历史学,抑是地理学? 是人文科学,抑是自然科学? 这些年来,曾经出现过许多议论。当然,所有议论都属于"学论",不是"官论"。

众所周知,现在的中国历史地理学肇始于《汉书·地理志》,即所谓沿革地理。所以长期以来,它是历史学的一个组成部分。这种传统的影响,并且及于国外,布朗在其所著《美国历史地理》①一书的序言中说:"许久以来,历史地理一直被称为沿革地理。"50 年代的《苏联大百科全书》,在"历史地理学"条目下,也说它是"历史学的辅助学科"。②

其实,在中国的长期传统中,不仅沿革地理属于历史学,即地理学本身,也是历史学的一个组成部分。在从《史记》到《明史》的二十四史中,包含《地理志》(或《郡国志》、《州郡志》、《地形志》等)的占了 16 部。而一切有关地理的著作,从《隋书·经籍志》起,直到《四库总目提要》,都著录于史部之下。清同治十年(1871),李鸿章为李兆洛所编的《历代地理志韵编今释》③作序,他仍然说:"夫舆地之学,为读史第一要义。"当时,李鸿章显然已经略悉西方传入的地学梗概,获睹几种新法测绘的地图,并且也发现了诸如《汉书·地理志》和《水经》等在地理方面的若干错误。④尽管他说出了从未有人说过的"第一要义"的话,却因囿于长期的传统,他仍把"舆地之学"作为史学的一个部分。

李鸿章的"第一要义"以后不过 20 多年,地理终于与历史学分家,作为一门在高等学府开设的独立课程。光绪二十五年(1899),湖广总督张之洞聘请杨守敬和邹代钧到武昌:"守敬治旧地理,邹代钧治新地理,分教两湖书院。"⑤同年张相文"到(上海)南洋公学任教,讲授中国地理"。⑥说明到了清代末叶,在几所高等学府中,已经开设了旧(历史)地理、新地理、中国地理等几门课程。

民国以后,东南大学(前身为南京高等师范学校)于 1921 年首先创立了以竺可桢为系主任的地理系,北平师范大学(前身为北京高等师范学堂)于 1928 年创立了以王谟为系主任的地理系,接着,清华大学、中山大学、金陵女子大学也都先后创立了地理系。地理学作为一门自然科学在我国大学的理学院纷纷建立。⑦

在地理学属于历史学的时代,沿革地理当然是历史学的一部分。后来,地理学从历史学中脱颖而出,而此后不久,沿革地理一名又为历史地理所取代。最早把沿革地理易名为历史地理的是顾颉刚先生。他于 30 年代初创办"禹贡学会",1934 年起出版《禹贡》半月刊。这种刊物的一、二两卷,封面上的英文名为 The Evolution of Chinese Geography,但从第三卷(1935)起,英文名易为 The Chinese Historical Geography。历史地理一名从此出现。不过在当时,虽然史地已经分家,但人们还没有虑及历史地理的学科属性。

从 50 年代起,中国的历史地理学研究,在谭其骧、侯仁之、史念海等几位前辈的倡导之下,获得了前所未有的发展。于是,关于这门学科的属性问题,也进入了学者们讨

论的议程,而首先提出历史地理学属于地理学的是侯仁之先生。他于 1962 年撰文说:

　　历史地理学是现代地理学的一个组成部分,其主要研究对象是人类历史时期
　地理环境的变化,这种变化主要是由于人的活动和影响而产生的。⑧

1982 年 8 月,中国历史地理学在上海举行第一次国际学术讨论会,谭其骧先生以
《在历史地理研究中如何正确对待历史文献资料》为题,作了大会发言。我因当时出
访美国和巴西而没有与会亲聆,但他的发言不久就正式发表。

　　历史地理学的研究对象是历史时期的地理,这已为当前所有历史地理学工作
　者所一致公认。……所以历史地理学就其学科性质而言,它是一门地理科学,是
　地理学的一个组成部分。⑨

史念海先生对于这个问题的意见,见诸正式文献是他于 1991 年出版的《中国历史
地理纲要》。他说:

　　中国历史地理学应该是属于地理学的范畴,可以作为历史学的辅助学科。⑩

谭其骧先生在 1982 年的发言中还有一段话说得非常肯定:

　　旧时代把历史地理学看成是历史学的一门辅助学科,前一个时期有人把历史
　地理学看成是历史学与地理学之间的边缘学科,⑪这些看法目前至少在我国国内
　已基本上销声匿迹了。

谭其骧先生在国际学术会议上发表有关历史地理学学科属性讲话的次年,1983
年夏,中国历史地理学最早的两位博士葛剑雄、周振鹤两先生,在上海复旦大学进行博
士学位的论文答辩。事隔 10 多年,葛、周两位现在都已成为著名教授,但我仍能清楚
地回忆当时的情况。除了谭其骧先生是博士生的指导教师以外,教育部批准了一个 7
人答辩委员会,两天的答辩隆重而认真,谷超豪副校长一直在座。理科副校长的坐镇,
我当时以为是一种兆头,即谭先生一年前在国际学术会议上关于历史地理学学科属性
的讲话已经兑现。既然历史地理学是地理学的一个组成部分,则它和地理学一样的属
于自然科学,在学校的院系编制中,相应地归入理科。

但事情的结果和我当时的设想并不一样,答辩以后,我随即应日本关西大学研究
生院之聘东渡讲学,返国后又应约到兰州大学讲课。记得是初冬的某一天,兰州大学
的一位朋友拿了《光明日报》来告诉我:"我国最早的两位历史地理学博士已经批准见
报——史学博士。"此时,我才回顾了上头批准的这个 7 人答辩委员会的成员结构:侯
仁之、史念海、杨向奎、吴泽、杨宽、程应镠、陈桥驿。其中 5 人出自历史系所,只有两人
出自地理系。我才理解到,理科副校长的莅临属于偶合,而史学博士的事,大概是事前
就规定了的。谭其骧先生在国际学术会议上的发言属于"学论",而史学博士则属于
"官论"。当然,这仅仅是我的一种猜测。关于历史地理学的学科属性问题,仍然使我

感到难以捉摸。

　　1985 年，我接谭其骧先生的班，担任了中国地理学会历史地理专业委员会主任。前后 10 多年，不久以前才卸任。中国地理学会是全国科协领导的、挂靠在中国科学院地理研究所的自然科学学会，这是明确的。我本人是一位地理系的教授，是以地理学者的身份担任这种学会职务的。在这 10 多年中，每隔二三年举行一次的历史地理学国际学术讨论会，都是在中国地理学会的领导下，由我组织主持的，我曾经邀请过一些国际著名的地理学家（当然也有历史学家）出席会议，在我的思想上，我当然认为这是属于地理学的学术会议。但是在另一方面，这 10 多年之中，我又多次应复旦大学、陕西师范大学等校之邀，担任他们的历史地理学博士答辩工作，有多次出任答辩会的主席。这些年中，由我宣读评语和答辩结果而以后被授予史学博士的学者，不会少于 10 位。如上所述，我一面负责属于自然科学学会的历史地理学工作，一面又承担史学博士的答辩工作，虽然身不由己，但思想上常常感到矛盾。我在大学地理系执教已近 50 年，而且至今仍然在职，却因我所从事的这门学科的属性问题而感到惶惑，我算是一个地理学者，还是历史学者？

　　今年，由于我几次收到关于历史地理学博士生导师和硕士生导师的《同行专家通讯评议函》，这门学科的"官论"就让我进一步明确。这种《评议函》有的发自省区教委，有的发自大学的研究生院，函内除了被评议者的详细学术资料外，还有一张供同行专家画圈的选票。选票的格式是相同的："一级学科，历史学；二级学科，历史地理学"。至此，我才明确，历史地理学已被论定为历史学的二级学科。我虽然还不知道这种"官论"来自哪个部门，但这个部门显然是权威的。

　　今年 8 月，我到昆明出席了由复旦大学和云南大学主持的"2000 中国历史地理国际学术讨论会"，听了葛剑雄教授题为《面向新世纪的中国历史地理学》的学术报告。这个报告是内容精彩和牵涉广泛的，但我只就报告中涉及历史地理学学科属性的部分加以论叙。他说：历来对于历史地理学学科属性有三种说法：第一，属于地理学；第二，属于边缘学科或独立学科；[12]第三，属于历史学。他又说：据他所知，历史地理学界多数人都赞成第一种意见，历史地理学的学科属性是毫无疑义的。但是他又说："近年来，国务院学位委员会和教育部对于学位授予点的划分，使历史地理学学科属性的讨论又增加了复杂性。因为根据修改后的学科分类，在历史学的一级学科下，有历史地理作为二级学科，但地理学的一级学科下，只有人文地理作为二级学科，而没有历史地理。"[13]我终于知道，这种"官论"出自国务院学位委员会和教育部，这当然是权威的"官论"。

　　"官论"是古今中外都存在的，它不仅是权威的，而且是必要的。为人民所拥护的

"官论"，往往就是民意的反映。特别是有关学术的"官论"，在发布之前，必然要对"学论"作一番研究。葛剑雄教授在昆明国际学术会议中的报告说：据他所知，历史地理学界的多数人都赞成历史地理学属于地理学的意见。其实，这种意见是由我国历史地理学的3位前辈学者所提出的。是不是这3位学者当年提出的这种意见在后来又有了修改呢？现在，谭其骧先生已经故世而史念海先生又罹病在身，无可查核，但我与这两位前辈过从甚密，从来未闻他们修改过自己的意见。特别是当前健在的侯仁之先生。他以中国科学院院士的身份，于1994年年底在《院士文库》中出版了《历史地理学四论》[①]一书，并承他于1995年签名赠我。在他亲自签名的扉页中写道："旧作四篇，合订一册，附以例证，权作说明。故请桥驿同志批评指教。仁之敬赠，1995年3月10日，北京大学"。他的谦逊言辞中有"故请"二字。因为他知道，这4篇文章我都曾拜读过，并且还就这些文章往返过信件。之所以要"故请"，是因为他在"合订一册"时"附以例证"，而其实在文字上也作过少量修改。我重新读了侯先生的这些文章，他的"例证"，除了增强了论文的说服力以外，绝未改变他论文的原有观点。"旧作四篇"之中的第一篇即是发表于1962年的《历史地理学刍议》。收入于此书的这篇论文，观点绝未改变，但文章的结构和文字稍有变易。全文的第一句话，与当年发表于《北京大学学报》的已经不同，这句话是："历史地理学是现代地理学的一个组成部分，这是无可置疑的"。以这样的话冠于全文之首，说明事隔30多年，侯先生对于历史地理学学科属性的观点，不仅毫无改变，而且在论文集中特别加以强调。

　　历史地理学是历史学抑是地理学？对于这个问题，"学论"与"官论"的观点已经完全清楚。在"学论"方面，3位权威的前辈学者都肯定历史地理学是地理学而不是历史学，葛剑雄先生最近的学术报告中也指出历史地理学界的多数人都赞成历史地理学属于地理学。当然，如前面所说的，"学论"只是学者们的讨论。在"官论"方面，现在已经明确了历史地理学是一级学科历史学的二级学科，当然属于历史学。也就是说，这门学科，从其学科属性来说，现在又回到2000年前《汉书·地理志》的所谓沿革地理的位置上。当然，如前所说，"官论"是权威的。

　　关于历史地理学学科属性的问题，这50年来讨论热烈，现在因为有了"官论"，所以情况已经清楚。留下来的问题只有一个，即"官论"在下达以前，有没有对"学论"作过一番考虑。

注释：

①　Ralph H. Brown, *Historical Geography of the United States*, Harcourt, Brace and Company, New

York，1948.

② 50 年代的《苏联大百科全书》出过几版，历史地理学条均为雅尊斯基所撰。侯仁之先生在其《历史地理学概述》(《历史地理学四论》，中国科学技术出版社 1994 年版)一文中说："雅尊斯基始终主张历史地理学乃是历史学的辅助学科。直到 1979 年，伊萨钦科在所著《今日地理学》一书中仍持这种观点。"

③ 商务印书馆《万有文库》本。

④ 李鸿章在《序》中说："昔在孟坚，有丹阳楚都之误；《山经》、《水注》，沿庐江彭泽西之讹。"

⑤ 吴天任《杨惺吾先生年谱》，台北艺文印书馆 1974 年版。

⑥ 张天麟《20 世纪我国的第一位地理学家——张相文》，吴传钧、施雅风主编《中国地理学 90 年发展回忆录》，学苑出版社 1999 年版。

⑦ 《20 世纪中国地理学发展大事记》，《中国地理学 90 年发展回忆录》。

⑧ 原载《历史地理学刍议》，《北京大学学报》(自然科学版)1962 年第 1 期。收入于侯氏《历史地理学的理论与实践》，上海人民出版社 1979 年版。

⑨ 《学术月刊》1982 年第 11 期，收入于谭氏《长水集》续编，人民出版社 1994 年版。

⑩ 《中国历史地理纲要》(上册)，山西人民出版社 1991 年版。

⑪ "边缘学科"之说，见于《辞海》，上海辞书出版社 1979 年版。

⑫ "独立学科"的说法，我在为张步天《中国历史地理》(上下两册，湖南大学出版社 1987 年出版)所写的序言中曾经提及："历史地理学和地理学一样，也是一门性质特殊的科学。它所研究的对象和任务，除了时间上的差别以外，和地理学完全相同。……它既研究历史时期的自然地理，也研究历史时期的人文地理，所以也是一门综合科学。"

⑬ 用引号的这一段，是我听了葛先生的报告以后，借用他的发言稿抄录的。但发言稿不是正式发表的文献，抄录中如有讹误，由我负责。

⑭ 中国科学技术出版社 1994 年 12 月版。

原载《学术界》2001 年第 2 期

晚明三位旅行家评述

明季晚叶,中国出了 3 位杰出的旅行家,即王士性(1547—1599)、袁宏道(1568—1610)、徐霞客(1587—1641)。从王士性出生之年起,到徐霞客弃世之日止,总共只有 94 年,在这不到一个世纪的时间中,3 位旅行家接踵而起,而且都记述了他们的旅行见闻,撰写了优秀的旅游著作,为祖国的文化特别是山水文化留下了一宗有价值的遗产,也是后人欣赏、学习和宣扬爱国主义的可贵教材。

我往年为徐建春、梁光军所撰《王士性论稿》[①]一书作《序》,曾对这 3 位旅行家作过简单的评论。我说王士性是一位学术型的旅行家,袁宏道是一位文学型的旅行家,而徐霞客是一位纪实型的旅行家。由于该书的主题是王士性,而我为这个主题作《序》,不是一篇评论 3 人的专题论文,或者说,不能就这个时期的这 3 位旅行家作出比较详细的议论。因此,趁这次徐霞客逝世 360 周年纪念活动的机会,旧事重提,再就这 3 位旅行家的成就作点肤浅的议论。

王士性的足迹甚广,曾漫游名山大川,履历遍五岳,并及峨眉、点苍、鸡足等,而南北各省的通都大邑,几无所不到。但他的旅行,其主旨并不在游山玩水,而是考查各处的土地物产、风俗人情,并且加以比较。他善于从微观的角度进行观察,而从宏观的角度作出总结。例如他在《广志绎》[②]卷一,简要地分析中国各地的地域差异:

> 东南饶鱼盐、杭稻之利;中州、楚地饶渔;西南饶金银矿、宝石、文贝、琥珀、殊砂、水银;南饶犀、象、椒、苏、外国诸币帛;北饶牛、羊、羸、羢毡;西南川、贵、黔、粤

饶椵楠大木。江南饶薪,取火于木,江北饶煤,取火于土。西北山高陆行而无舟楫,东南泽广,舟行而鲜车马。海南人食鱼虾,北人厌其腥;塞北人食乳酪,南人恶其膻;北人食胡葱、蒜、韭,江南畏其辛辣,而身不自觉。此皆水土积习,不能强同。

王士性在这篇百余言的论述中,把全国分成东南、华中(中州、楚地)、西南、华北、华南、西北等几个基本大区域。此外还提出江南、江北、海南、塞北等区域概念,并及于川、贵、黔、粤等更小一级的区域地名。以自然地理为基础,描述了它们之间的人文地理差异。在中国历史上,通过旅行考察,对全国性的地理差异作出分析评论,司马迁应该是第一人,他的著作就是《史记·货殖列传》。司马迁做学问的方法是"行万里路,读万卷书"。而《货殖列传》正是他用这种方法所作出的杰出成果。他在这篇论文中,也使用了把微观考察的实绩从宏观的角度加以归纳分析的方法。他开头就说出了西汉定鼎以后的大形势:"汉兴,海内为一,开关梁,弛山泽之禁,是以富商大贾,周流天下,交易之物,莫不通得其所欲。"在这种大形势下,司马迁分析和叙述地区概况,例如:"关中,自汧雍以东至河华,膏壤沃野千里,自虞之贡,以为上田。""江淮以南,无冻饿之人,亦无千金之家,沂泗水以北,宜五谷桑麻六畜"。"安邑千树枣,燕秦千树栗,蜀汉江陵千树橘,淮北常山以南、河济之间千树荻,陈夏千亩漆,齐鲁千亩桑麻,渭川千亩竹,……其人皆与千户侯等"。这其实就是在国家统一的形势下,论述各地域的自然条件和经济地理。可惜班固撰《汉书》,虽然立了《地理志》,却没继承司马迁的方法,而另辟以沿革变迁为主的体例,把少量自然地理和人文地理,不加分析地依附于郡县沿革之中。此后的正史和总志,均遵循《汉书·地理志》,使历代的地理研究,长期停滞在所谓沿革地理的格局之中。

王士性与太史公虽然相隔长达16个世纪。但他却能撇开历代传袭的沿革地理体例而继承《货殖列传》的传统,另创一种人文地理的研究方法和撰述格局,实在难能可贵。当然,要开创这样一种与沿革地理截然不同的写作体例,除了"读万卷书",即文献资料的熟习以外,必须有实地考察的经历,即所谓"行万里路"。沿革地理的撰述是一种单纯的资料编辑过程,是在书斋里可以完成的工作。而王士性的人文地理撰述,必须有长期和广阔的旅行经历,再把许多目击见闻和文献资料相印证,经过分析归纳,才能写出他的著作。古今旅行家实在很多,但是能在旅行中从事考察,进行学术研究,提纲挈领,写出如此精辟的著作的能有几人?所以王士性是一位学术型的旅行家。

王士性在旅行中对各处地理形势的观察分析,古都洛阳是一个最好的例子。长期以来,人们都遵循经书,以《尚书·洛诰》周公的占卜来解释洛阳的建城,所谓:"召公

既相宅,周公往营成周,使来告卜,作《洛诰》。"但王士性在《广志绎》卷三③中却公然提出与经书不同的意见:

> 周公卜洛时,未有堪舆家也,然圣人作事,已自先具后世堪舆之说。龙门作阙,伊水前朝,邙山后环,瀍水内裹,大洛西来,横绕于前,出自艮方,嵩高为龙左耸,秦山为虎右伏,黄河为玄武后缠,四山城郭,重重无空隙,余行天下郡邑,未见山水整齐如此者,独南北略浅逼耳。

我在《中华帝国晚期的城市》④一书的《后记》中,对洛阳在古代建城的事也指出:"谁都不会相信,把城市建立在这样一种优越的地理位置和自然条件上,不是通过精心勘测,而是用几片乌龟壳得来的。我早年已经指出:'把都城建在这样一个地理位置上,在地形上背山面水,在交通上处于天下的枢纽,事前曾经绘制地图。这样的建城,与其说是占卜所得,毋宁说是勘测的结果,占卜无非是一种礼仪上的形式而已。'"

我说这话容易,因为我早已不受经书的羁绊,但在王士性的时代,能够对洛阳建城作出这样的论断,不是经过他仔细的实地考察和精密的思考分析,要断然突破经书的框框,这是不可想象的。

袁宏道是另一种类型的旅行家,他是文学家,因出身湖北公安,属于当时的一个文学流派公安派。其兄宗道、弟中道都是这个流派而享有文名。袁宏道显然是这个流派的魁首。他毕生爱好旅行,到处游山玩水,享受自然风景的薰陶。文人而爱好漫游,这在中国古代是很普遍的。《中国人的自然之爱》⑤一文中曾举了不少例子,如谢灵运、柳宗元等等。游山玩水而吟诗著文,这在古代文人中也很常见。但吟诗著文而名重一时的,为数却并不多。上述谢灵运、柳宗元当然是其中的佼佼者,但袁宏道在描写山水风景的技巧方面,在古代旅行家中应该算得上是后起之秀。明末清初的学者张岱曾作出这样的评价:"古人记山水,太上郦道元,其次柳子厚,近时则袁中郎。"⑥这里我们不妨举其一篇短小的《满井游记》⑦为例:

> 燕地寒,花朝节后,余寒犹厉。冻风时作,作则飞沙走砾,局促一室之内,欲出不得。每冒风驰行,未百步辄返。廿二日天稍和,偕数友出东直,至满井。高柳夹堤,土膏微润,一望空阔,若脱笼之鹄。于时冰皮始解,波色乍明,鳞浪层层,清澈见底,晶晶然如镜之新开而冷光之乍出于匣也。山峦为晴光所洗,娟然如拭,鲜妍明媚,如倩女之靧面而髻鬟之始掠也。柳条将舒未舒,柔梢披风,麦田浅鬣寸许。游人虽未盛,泉而茗者,罍而歌者,红装而蹇者,亦时时有。风力虽尚劲,然徒步则汗出浃背。凡曝沙之鸟,呷浪之鳞,悠然自得,毛羽鳞鬣之间,皆有喜气。始知郊田之外未始无春,而城居者未之知也。夫不能以游堕事,而潇然于山石草木之间者,惟此官也。而此地适与余近,余之游将自此始,恶能无

记？己亥之二月也。

袁宏道所记的"满井"，是今北京东直门外的一处并不著名的地方，只是因他当时在北京做一个小官，居处与此地相近，可以便利往返，才到那里旅行。此文末尾说写作时间"己亥之二月也"，当是万历二十七年(1539)夏历二月二十二日，按节令当在春分与清明之间。开篇第一句"燕地寒"，显然是一位南方人口中的话，但对比今天，当时的气候或许确实要冷一些。因为节令已过春分，而这一天"天稍和"，才能"冰皮始解"。在这以前，"每冒风驰行，未百步辄返"。从这些记述中可以窥及这400年中北京的气候变化。虽然北地的春意不及江南的早，但全文通过满井所见，春回大地的意境跃然纸上，"始知郊田之外未始无春，而城居者未之知也"。

读袁宏道的游记而作出他是文学型的旅行家，这是多数人都会同意的，但古代文学家写游记，或者是因旅行所见而咏诗吟词，他们的作品当然都是文学，但要称所有这些人为旅行家，却未必一定妥当。因为在他们的旅行见闻中，除了美丽辞藻和许多无病呻吟的文字外，后人得不到其他知识，例如与公安派同时存在那些所谓"竟陵派"文人就是这样。这个流派的重要代表人物钟惺和谭元春(都是湖北竟陵人)，他们也写了不少游记，但如他们自己所说："行尽天下山水，因捉幽异，掬弄光彩。"[8]如此而已。他们的游记除了文采以外，不能给读者以其他知识，我曾撰文作过批评。[9]但袁宏道却不同，我们称他为文学型的旅行家，因为他的游记，除了给读者以文学享受外，同时也包罗了许多知识。就以《满井游记》为例，此文短小，在文学上当然成就不小，而作为一位旅行家，他为后人留下不少知识。首先，他的游记有确实的日期：万历二十七年二月二十二日。游记在时间上的明确记录，是给需要利用这篇游记的后人的一种重要信息。其次，游记在写明时间和节令的情况下，又提供了许多当时的天气情况资料，如"花朝节后，余寒犹厉"，"冻风时作，作则飞沙走砾"，"廿二日天稍和"而这一天"冰皮始解"等等。这些对于我们今天研究北京地区400年来的气候变化包括沙尘暴等都具有价值。虽然作者当时并不意识到后人对他的游记会作这样的利用，但是他对于自然界的深入细致的观察，对这个活生生而时刻变化的自然环境的认真描写，绝非谭元春的所谓"自空濛萧瑟之外，真无一物"。[10]所以张岱评他为"古人记山水"的三位能手之一，这是符合实际的。

现在议论徐霞客，他和《游记》被称为"奇人奇书"。与上述王士性和袁宏道一样，他也是一位旅行家，同样是旅行家，为什么被称为"奇人"？我认为主要是由他的旅行，与王、袁二人的旅行性质不同。王、袁二人当然都有旅行的爱好，而且各有其学术基础和文学素养，所以都能通过旅行著书立说，有裨于后世。但另一方面，他们都做过官，他们的旅行经历，其中有不少属于"宦游"。换句通俗的现代话，就是公费旅游。

在他们为官的辖区中,他们的旅行用今天的话说属于"考察"。在辖区以外,他们有老上司、老部下、同年等等,这些事反正都是有来有往的,只要看看今天的情况就可以知道。那个时代,虽然不至像今天这样,但官情人情总是万古长存的。袁宏道在其《虎丘记》[⑪]中有一段说:"吏吴两载,登虎丘者六,最后与江进之、方子公同登,迟月生公石上,歌者闻令来,皆避匿去。余因谓进之曰:甚矣,乌纱之横,皂隶之俗哉。"一个小小县令的来到,尽管那时不会先派警卫员清场,但人们都宁可回避。我写这几句,绝无对王、袁二位求全责备之意。虽然他们是为官而游,但他们是对后人作出贡献的,何况袁宏道在《满井游记》曾说过"不能以游堕事"的话,从今天看来,他们还是律己很严的。我说上面这几句,主要是为了说明徐霞客的旅行,也就是他被称为"奇人"的原因。

徐霞客毕生布衣,但毕生旅行,他是一种"旅行癖"。他的"旅行癖"又与古今许多有旅行爱好的人不同,他的旅行是为了研究学问,所以应该增加一句,他也是一位"研究癖"。他的旅行经历也就是他的研究经历。《游记》是他的旅行纪录,但对于后人来说,更重要的是他做学问的纪录。把《游记》称为"奇书",也就是这个原因。我在上述《王士性论稿》的《序》中把徐霞客评论为纪实型旅行家,主要是为了使他与王、袁二人有所区别,也是为了说明他的这部为后人提供了大量资料的《游记》,对我们今天继续研究学问的价值。正是因为他在《游记》中记录了大量目击原始资料,所以我们才给予他这种称号。其实,徐霞客的作品也具有丰富的学术内涵和生动的文采。但纪实是他的特色,是他毕生的重要贡献。

从学术内涵来说,且不说《江源考》这样的论文,就在《游记》中浏览,也是俯拾即是。例如《游天台山日记后》的最后一段,他对从天台山发源河流的考证就不同凡响。以天台山为分水岭的河流,如水母溪由宁海入海,如汇入大溪(始丰溪)而注台州湾诸河,流注新昌大溪的曹娥江上源等。细分缕析,脉络清楚。由于现在大家手上都有《游记》,我不必再如上述王、袁二位那样地写出原文了。

从文采来说,《游记》其实也是栩栩动人的。但读者往往为其记叙的胜景实绩所吸引,一般只注意到他的行文流畅,叙事清楚,而对于他的生动描写,反而少有留意。当然,《游记》文字的文学性与袁宏道不同。袁宏道写游记,并不在乎写清景点的渊源脉络,他可以就其所见的一事一物,着意渲染,即兴发挥,而对该处的山水全局可置于不顾。但徐霞客写游记,重点在于记叙当时当地的自然和人文,所以不能随心所欲,撇开全局而在一事一物之上用大量笔墨从事雕琢。但其文字简洁,描述生动,与那些讲究辞藻的写作异曲同工。可以随意举个例子。《游嵩山记》记叙天启三年(1623)春对嵩山石淙的一段描写:

石立崇冈山峡间,有当关扼险之势。水沁入胁下,从此水石融和,绮变万端。绕水之两崖,则为鹄立、为雁行;踞中央者,则为饮兕,为卧虎。低则屿,高则台,愈高,则石之去水也愈远,乃又空其中而为窟,为洞。揆崖之隔,以寻尺计,竟水之过,以数丈计,水行其中,石峙于上,为态为色,为肤为骨,备极妍丽。不意黄茅白苇中,顿令人一洗尘目也。

嵩山石淙是徐霞客在"黄茅白苇"中发掘出来的一个景点。他在日记中首先记明这个景点的地理位置:"独登封东南三十里为石淙。"接着是探明这个景点的渊源:"乃嵩山东谷之流,将下入于颍,一路陂陀屈曲,水皆行地中,至此忽逢怒石。"作为一位有"研究癖"的旅行家,他必须先把石淙的来历记叙清楚,这个景点的形成,是因为嵩山东谷诸小流入颍水(淮河支流)过程中"忽逢怒石"而形成的。从自然地理说明了这种大格局以后,他才对景点石淙进行记叙,用文学手法描述这个景点:"水石融和,绮变万端。"这下面一段,不过100字,但的确把"水石融和,绮变万端"的景致写得惟妙惟肖,宛如一幅图画。这就是徐霞客的文学素养和《游记》的文采。

以上是对明代末期3位旅行家的简单评述,他们的旅行,各有所专,各具特色,对后世都有很大的贡献。而其中徐霞客的旅行及其《游记》重在记实,为我们留下了大量的目击记录,这些资料在后世的研究工作中确实十分珍贵。《徐霞客游记》不仅拥有丰富的学术内涵,而且也有别具一格的文采。所以对这3位旅行家进行综合评论,徐霞客显然具有代表性。因此把明代晚季的旅行家和旅行业绩,都纳入徐学研究的各种课题之中,这是顺理成章的事。

让我们努力扩大徐学研究的领域,促进徐学研究的繁荣发展。

注释:

① 杭州大学出版社1994年版。

② 据周振鹤编校《王士性地理书三种》,上海古籍出版社1993年版。

③ 据《王士性地理书三种》。

④ G. W. Skinner, *The City in Late Imperial China*, Stanford University Press, Stanford, California 1977. 中译本,《中华帝国晚期的城市》,叶光庭等译,陈桥驿校,中华书局2000年版。

⑤ The Chinese Love of Nature, Li Chi, *The Travel Diaries of Hsü Hsia-K'o*, The Chinese University of Hong Kong, 1974.

⑥ 《跋寓山注二则》,《琅嬛文集》卷五。

⑦ 《袁宏道集笺校》卷一七,上海古籍出版社1979年版。

⑧⑩ 钟惺、谭元春评点本《水经注》谭序。

⑨　《论郦学研究及其学派的形成与发展》,《历史研究》1983 年第 6 期,收入于《水经注研究二集》,山西人民出版社 1987 年版。

⑪　《袁宏道集笺校》卷四。

原载《徐霞客逝世 360 周年纪念文集》,徐霞客逝世 360 周年纪念活动暨学术研讨会组委会 2001 年刊行本

绍兴水环境的严峻现实必须改变

——让"山阴道上行，如在镜中游"重现

  记得 1998 年冬，汪道涵先生在上海主持一个长江三角洲生态、文化与区域经济学术讨论会。此会筹备很早，1997 年年冬，我刚从北京出席一个会议返杭，当晚接到此会筹备负责人上海师范大学陶康华教授电话，谈到因汪先生创议长江三角洲生态会议事，要先开一个预备会议讨论，希望我参加。但我刚结束一个会议，难以即时去沪。陶教授稍缓又来电话，要我准备一个书面发言，约定明晚通过电话录音，到预备会议上播放。翌晚他们如约与我挂通电话让我念发言稿。我的发言稿包括两个简短内容，第一，长江三角洲的自然地理学与人文地理学概念；第二，从地史学略论长江三角洲水环境的形成与发展。承汪先生在内的参加预备会议各位先生的错爱，对我的电话发言颇感兴趣，所以事后陶康华教授曾两次到杭州，邀我务必与会并撰写论文。1998 年会议前夕，又虑及我们夫妇年老，请浙江社会科院徐吉军研究员陪送去沪。

  全体会议仅一个上午，在汪道涵先生发言后，即由我作《论长江三角洲的水环境生态机制》的大会报告。由于原来准备是会议报告，所以全文没有脚注。但这份稿子在发言后即为与会的《城市研究》编辑取走，而且随即在该刊 1998 年第 6 期发表，成为一篇似乎是信口开河的论文，而实际上我素来提倡言必有据，我的发言中的每个论点都是有出处的，而在以后几天的小组会中，据我所知，与会者大致同意我的报告。

  我的报告的第一部分是从自然地理学与人文地理学论述长江三角洲的地域概念：

按自然地理学，长江三角洲是长江和钱塘江冲积而成的一片三角洲；按人文地理学，即美国著名汉学家施坚雅（G. W. Skinner）在其名著《中华帝国晚期的城市》①（*The City in Late Imperial China*）一书中所称的"江南金三角"。具体地说，这片三角洲西起镇江，北到通扬运河，南达宁绍平原，面积大约 7 万平方公里。

我之所以在此文开头提出 1998 年的这个会议报告，因为宁绍平原也属于长江三角洲的一部分，而这个地区包括绍兴在内，水环境恶化的现实，与三角洲的其他地区一样，已经相当严峻。

由于这一年夏季太湖涝灾严重，并且是它治污倒计时的一年，所以我的报告着重于太湖及其关系密切的苏州。报告的最后一部分以"给人警示的长江三角洲的水体演变"为标题，指出太湖出水河港在这半个世纪中的急速减少和苏州城内河港大量填废的实况，用以论证长江三角洲水环境机制的严重损害及其可以预见的后果。这中间也略为涉及三角洲的南翼，即绍兴平原水环境的严峻现状。

记得往年，绍兴的一种文学期刊《野草》，要我在扉页上写几句短文，我以"还我蓝天，还水绿水"为题，写了几句对家乡水环境改善的希望。1995 年，我去北美访问讲学，看看加拿大和美国的环境状况，特别是加拿大，对比之下，实在感慨难言。回国后，又承《野草》约我写点彼方见闻，我以《北美散记》为题，连载数期。在一篇《墨西哥湾》②的短文中，由于海湾上所见的蓝天碧水，不禁在文末说了几句：

> 最后我站在海滩上，仰望蔚蓝而深邃的晴空，俯视白浪镶嵌、碧蓝而透明的海水。当年，我曾为故乡《野草》撰文，呼吁"还我蓝天，还我绿水"。在这里，我都看到了。但是这里不是我的故乡，我顿时勾起了强烈的怀乡心情，故乡原来有"山阴道上行，如在镜中游"的美丽自然风光，它的将来，一定会打扮得比全世界各地都秀丽动人。

"山阴道上行，如在镜中游"。今天，没有领略过这种自然风光的年轻一代，或许不会相信，当年就是这样的，这可能是老年人的怀旧和夸大。而许多领略过这种风光的老一辈人，多半也不会相信，这种往日风光还能再现。其实，"山阴道上行，如在镜中游"的风光在绍兴历史上并不是自然生成的，而是人工改造的结果。也就是说这不是绍兴的得天独厚，而是我们先辈的人定胜天。既然我们的先辈能够人定胜天，创造出一个美好的水环境，而我们这一辈污损了这个水环境的人，就不能让美好的水环境重现旧观吗？

简单地追溯一下这个地区的水环境变迁。5000 年以前，会稽山以北还是大片海水，这就是地史上的一次称为卷转虫海进的尾声。随着海水慢慢地北退，留下来的是一片咸湖棋布的沼泽平原。潮汐直薄，咸水漫流。这就是中原大国宰相管仲所说的：

"越之水重浊而洎,故其民愚疾而垢。"③当时的越人只能依靠会稽山北麓的冲积扇和沼泽平原的一些孤丘。在冲积扇和孤丘附近的较高处围堤筑塘,利用山水和雨水使堤塘内的沼泽地和湖泊淡化以进行耕作。这种改造的过程是漫长和艰辛的,连曾经领导这种改造工程的越王句践也无可奈何地说:"水属苍天,下不知所止。"到了后汉,太守马臻把这个地区陆续修筑的零星堤塘加以联接和增补,形成一个大型水库,同时修建沿海堤塘以抗御咸潮。六朝人所见的"山阴道上行,如在镜中游",是经过前辈胼手胝足的长期劳动而出现的。④

由于郡城(今绍兴城)紧靠这个大型水库,因此,城内同样有河港纵横,成为我在《大地》所描述的《绍兴水城》。⑤北宋以后,由于自然淤淀和人工围垦,原鉴湖地区的湖面缩小分散,水体转移到山会平原北部,使平原的南北两部成为一种景观相似的河湖平原类型,原来大型水库分散成为较小的湖泊和稠密的河港,水环境的良性循环机制未曾受到损害。明成化十二年(1476),知府戴琥设置在府城内佑圣观前河中的"山会水则",是山会平原河湖网充分整治的标志。依靠这个"水则"(水位尺),整个河湖平原中,高、中、低田的灌溉、航行和水产养殖等等,均可由远离"水则"十多公里的玉山斗门的启闭得到控制和调节。嘉靖十六年(1537),玉山斗门以北的三江闸建成,使曹娥江和钱塘江之间,南起会稽山麓,北到海(杭州湾)边的整片平原,成为一个完整的内河水系。

从明代到清代,绍兴平原包括府城内的水体,仍然完整存在。法国旅行家格罗赛在18世纪末叶描述绍兴城"它位于宽广和肥沃的平原之中,被水所环绕,仿佛就是威尼斯",⑥同一时期,蒋士铨所见的府城内的河港是:越郡为泽国,城中河流纵横,界画若棋局,其间阔处可并三艇,狭处仅容舟。⑦

绍兴城乡的这种水环境状态,从六朝以至明清,虽然其间有逐渐的变化,但大体上一直维持到20世纪40年代。剧变是从50年代开始的。我在拙作《环境保护与生态平衡——徐学研究与可持续发展的关系》⑧一文中曾经指出:

> 世界各国,尽管政治制度不同,国情有异,但地球是一个整体。一个国家的环境污染,生态破坏,往往会造成对邻国的损害。海水遭污染,鱼类被滥捕等等,即是很具体的例子。为此,在这个问题上,现在与20多年前不同。在那时,我们闭关自守,可以用最最优越、前景美好甚至一天等于二十年一类的话对付人民。现在则不行,大家的眼睛明亮了,所以必须看看外国,譬如,我的家乡绍兴,原来是个水乡泽国,不仅是城外,在城内也是河道纵横,河水清澈。我幼年经常在自家后门小河中捕鱼摸虾,情趣至今犹历历如在。但是最近40多年中,大量河流都被填塞,仅存的几条也遭到严重污染。去年,绍兴文化界编著了一本《绍兴桥文化》

（上海交通大学出版社出版），卷首有我的一篇序言，我提及了这些年中看到城内河道填塞、河水污染、桥梁拆废的事实。我说：

> 过去，我曾经认为这种现象，是城市发展过程中不可避免的。虽然常常怀旧和惋惜，但其事属于无可奈何。80年代初，我受聘担任日本几所大学的客座教授，多次到那里讲课，走过不少城市，我才发现，在那个国家里，城市内的河流都保护得很好，我才发现。不说中小城市，像京都这样的大城市，全市北部为海拔七八百米的连绵山岳，南缘是宇治川（注入大阪湾的淀川的支流），从北部山岳发源的鸭川和桂川，从东西两翼纵贯市区，注入宇治川。市内的许多小河，都以鸭川和桂川为水源，这些小河，河床不深，水清见底，让我恍悟环境保护的重要。

上面引及我幼年常在自家后门小河中捕鱼摸虾的事，这条小河或许可以作为绍兴水城中的许多河流的写照。我在不久前为《绍兴老屋》⑨一书写《绪论》，其中也提及这条小河："后园紧靠一条从大郎桥东流的河港，建有马鞍形踏道，可以停泊六明瓦大船。"这条小河的宽度，大概属于上述蒋士铨所说"阔处"和"狭处"之间。因为当时船来船往，整天不绝。"换料船"、"换灰船"、⑩出卖柴薪的柴船和稻草船，都是较大的船只，但河中可以便利交会。我于绍兴沦陷以后，离家到内地求学，但抗战胜利后曾几次回家，这条小河的舟楫如常，而且仍有孩童在河边捕鱼摸虾。所以此河从畅通到消失，其过程实为我所目击。

我在《论长江三角洲的水环境生态机制》一文中曾经调查了苏州城内河流的填废情况。到1985年为止，苏州市区内填废的河流共达46.8公里，去年，由于汪道涵先生创议的国际学术会议，"长江三角洲区域发展国际研讨会"的筹备工作中，推定我为会议的三个中心议题组之一、人文环境组的负责人。于是趁暑期在绍兴撰写了一篇题为《水乡论水》的论文。绍兴市前政协副主席陈惟于先生为我调查了半个世纪中绍兴城内河港的填废情况，大概是，1949年以前，城内有大小河港32条（都能通行舟楫），计长35公里，这50年中，已经填废了其中的17条，计长17.2公里。则填废的河港，在数量和长度两方面，都已超过或接近1949年城内河港的一半。在填废的河港中，有的是这个水城中至关重要的河道。例如在70年代把前山阴、会稽两县大街合二为一的工程中，就把两县在府城内的界河填废。现在回顾，实在令人"不胜遗憾"。

除了河湖填塞、水面和水体缩减以外，绍兴水环境的另一严重问题是水体污染。对于乡间的水体污染，我没有什么调查，但手头也有一个亲眼目击、可以权作抽样调查的材料，这就是我在拙作《历史时期绍兴聚落的形成与发展》⑪一文中提及的沿海聚落后盛陵村。1939年5月，绍兴中学仓桥校舍为日机炸毁，当时我还是一个初中学生，因学校暂时停课，我曾到这个村子避居过两个月。这个南北向的小村，对外交通依靠西东向的两条河港,南边的称为前溇,北边的称为后溇。沿溇都是民居。前溇来往船只较多,后溇因为靠近老海塘(今衙前到党山的公路),来往船只较少。但两溇河水都一样清澈。我当年因辍学无事,下午常常到两溇垂钓,花二三个小时,可以钓得许多四五寸长的鲫鱼,水族丰富,可以想见。1997年—1998两年中,我又因缘机会,两度去到该村,实在使我大吃一惊。前、后二溇仍然存在,沿溇居民也无较大变化,但整个河面都为垃圾所堆积,已经看不到水面。不少垃圾上已经长了杂草,说明污染有了很长的时间。

绍兴城内河流的污染情况,实在也令人吃惊。由于这几年每年都有机会到家乡住上二三十天,而我家在六层顶楼,正好俯瞰一条从凰仪桥到仓桥的南北向河港。前述明代建立的控制调节山会平原河流水位的"水则",即至此河的宝珠桥附近。我念初中时,每天要走过这条河港上的几座桥梁,有时还从佑圣观前沿河走过宝珠桥,河上舟楫甚多,经常听到船工的吆喝之声,水位较高的季节,不少沿河人家在踏道上抛网(绍兴人称"缯")捕鱼。前述我家后门的小河即是此河的一条支流。

现在,水城门显然已封堵,我每天可以看到定时的河水流动,当然是从城外抽灌进来的。河上经常有船只往来,如同马路上的垃圾车一样,用网兜清除水中污物。据陈惟于先生为我调查的资料,为了城内河上除污,政府每年约需支付200万元。而其实,据我每日观察,不仅河上浑浊不堪,而河面上各种污物漂流,实在不忍卒睹,而且不胜今昔之感。

如上所述,"山阴道上行,如在镜中游"的优美水环境,现在面临的严峻现实,第一是河港(湖)填废;第二是水体污染。今天,按照已为全世界有识之士所赞同的"可持续发展"的概念,绍兴水环境中所出现的这种严峻现实,是必须加以改变的。前面已经指出,绍兴的优美水环境并不是自然的恩施,而且我们祖辈改造自然的成果。现在,"山阴道上行,如在镜中游"的美好水环境风光已在我们这一代中蒙受严重损害,假使我们不能让它重现和流传下去,那末,我们这一代人,真是上无以对列祖列宗,下无以对子孙后代!

关于填废河港(湖)的问题,全国不少地方都有发生。我在拙作《论长江三角洲的水环境生态机制》一文中曾举洞庭湖的例子:"这个原来是全国最大的淡水湖,1825年的面积是6000平方公里,1949年为4350平方公里,到1983年已缩小为2691平方公里。从1949年到1983年,缩小了几乎两个荆江分洪区[12]的面积。"现在,我们从传媒上看到了洞庭湖已经开始了它的废田还湖计划。洞庭湖正在进行的事,也是绍兴必须要做的事。绍兴不仅是废田还湖,而且还要废街还河。对于废田还湖,我手头没有诸如鬴石、容山、青甸、瓜渚、狭猕、铜盘、贺家等湖的围垦资料。也没有整个绍兴平原河港的填废资料。但围垦和填废是必然存在的。在乡村进行废田还湖和恢复填废河港,当然要减少耕地,这需要通过提高产量特别是改变农业的部门结构(实际上已在改变)得到解决。绍兴城内的废街还河显然有更大的难度。但是从长远来看,这也是我们这一代人必须完成的事。现在暂还不能想象把填废的17公里河港全部恢复。但是诸如70年代填废的这条贯穿前山阴和会稽二县县界的府河,实在是应该首先考虑的大事。假使让府河恢复,山阴大街和会稽大街都成为沿河的水城单面街,而府河经过渠化和沿河绿化,成为一条纵贯这两条单面街之间的城市绿带。这样,绍兴将成为一个特色鲜明的真正水城,这是何等诱人的前景。当然,城内的废街还河需要通过商业区和住宅区的再规划、住宅的适当高层化(包括对应该保留的老街、老屋的考虑)以及开发近、远郊区等措施而次第实现。

关于整治水体污染的事,这或许比前者更需要时间和耐心。以城内河港为例,现在唯一的办法就是政府行为,依靠有限的财政支出,弥补这个填不满的漏洞。我每年在绍兴的日子里,经常在六楼阳台上观察这条河港和沿河人家。这些人家,既是河港污染的受害者,但同时,也是河港污染的制造者。许多人家在踏道上洗拖把、洗马桶、倾倒污水和污物,甚至站在踏道上方便。这些年来,到发达国家访问的人多了。在那些国家里,环境保护取得的成绩,除了政府行为以外,主要依靠人民的素质。从整治水体污染牵涉到的素质,似乎离题太远,但由于这两者实在密切相关,所以不得不赘述几句。

我认为自从1949年以后在培养人的素质方面是有过失误的。从领导意旨到舆论导向,主要是讲所谓大道理,特别突出的是阶级斗争,诸如以阶级斗争为纲,阶级斗争要天天讲、月月讲、年年讲,与人斗其乐无穷等等之类。但对于提高人的素质至关重要的各种道德准则,诸如处世为人、进退应对、社会公德、社会责任感等等,却相当漠视。有的传统美德为温、良、恭、俭、让之类,则被视为封建道德而加以排斥。我曾撰写过一篇《重视少年儿童的道德教育——谈一点小道理》[13]一文,举了两年事,一件是我在日本大阪大学图书馆读到的由一位日本驻英国的女记者所写的她在伦敦郊区所见,一群乡下孩子是那样地懂得礼貌和助人为乐;另一件是我在巴西首都巴西利亚亲自经历的一个巴西籍日本中学生彬彬有礼待人接物优秀品质。去年春季,杭州市政协邀请我出席一个"创文化名城研讨会",我在会上作了《效率和礼貌》[14]的发言,回忆了我们夫妇1995年从加拿大渥太华经美国巴尔的摩尔、奥特兰大到巴吞鲁日的大半天旅行的亲身遭遇。[15]我在文末说:"在不到一天的旅行中,我们欣赏了一支效率和礼貌的交响曲,这就是那个社会的群体素质。难道不值得我们学习吗?"与发达国家相比,人的素质特别是群体素质,我们和它们确实还有很大的差距。而我所看到的绍兴许多临河人家的作为,除了一部分原因属于生活条件艰难外,主要仍然是人的素质问题。

　　当然,我决不会因家乡水环境的严峻现实而气馁。因为总的说来,我们也在进步,有的方面而且进步得相当快。所以我对家乡的水环境充满希望。我相信,经过多少年的努力,我们的后辈不必再到墨西哥湾去看蓝天碧水,"山阴道上行,如在镜中游"的美好水环境风光,一定会在我们自己的这块土地上重现。

注释:

① 此书原版为斯坦福大学出版社 1973 年出版,中译本(叶光庭主译、陈桥驿校)由中华书局于 2000 年出版。

② 《野草》1996 年第 5 期《北美散记》(三)。

③ 《管子·水地》第三十九。

④ 据《会稽先贤传·贺氏》(《会稽郡故书杂集》辑本),马臻创湖以前,这个地区称为庆湖,当是一片潮汐出没、咸湖棋布的沼泽地。初创时没有留下名称。《水经注》称长湖或大湖,唐朝称镜湖,宋朝起称鉴湖。

⑤ 《大地》1992 年 9 月号,台北锦绣出版社出版。

⑥ Grosier, *Description de la chine*, Nagel's Encyclopedia Guide, Vol. 2, pp. 1090。

⑦ 《忠雅堂文集》卷八。

⑧ 《徐霞客在浙江》,浙江教育出版社 1998 年版。

⑨ 西泠印社 1999 年版。

⑩ "换料船",农民进城购买城中居民粪便的船只,"换灰船",城中居民当时多以稻草为燃料,农民进城购买稻草灰的船只。

⑪ 《地理学报》1980 第 1 期。

⑫ 荆江分洪工程修建于 1952 年,分洪区面积为 920 平方公里。

⑬ 浙江省中国文化研究会儿童文化研究中心编《儿童文化研究丛谭》,中国社会科学出版社 1993 年版。

⑭ 杭州市政协编《政协通讯》1999 年第 3 期。

⑮ 此事经过亦载于《北美散记》(二),《野草》1996 年第 4 期。

原载《越文化研究文集》,中华书局 2001 年版

徐霞客与普陀落迦

——兼论"海天佛国"的可持续发展

"'2001 舟山徐霞客旅游文化研讨会在"舟山举行，这是一件文化盛事，它必将为舟山的旅游文化锦上添花。

舟山是我旧游之地。上世纪 50 年代，我在大学地理系当教研室主任，每年都带教研室教师学生到舟山实习，用机帆船在海上考察。秋季带鱼汛时候，宁波和定海等地的水产品商店，都用红布横幅挂出"爱国带鱼月"的口号，带鱼太多，要老百姓买带鱼吃，也算是一种"爱国"行动。上蚂蚁岛看张网渔业，吃美味的软壳虾。夜宿岱山东沙角，大黄鱼汛中听鱼群的咯咯叫声。岱山岛民，每户都摊派加工任务，晒成黄鱼干，有一个漂亮的商品名称——白鲞。由于"以粮为纲"统帅一切，但这里缺乏平坦的耕地，只好利用丘陵种番薯。定海、沈家门、高亭，各地饭店出售的大米饭，都夹着 30% 的番薯丝。这些现在都是往事了。

最后一次到舟山是 1990 年，由于《浙江古今地名词典》[①]定稿，我是主编，这年暑期与撰稿人员一起到高亭磨心山上定稿。适逢日本大阪商业大学商经学院院长富冈仪八教授赶到杭州，面交一项日本文部省委托我的研究课题。省科协派人并与我夫人陪同富冈先生来到舟山。由于岱山不是对外开放地区，我赶到定海，在华侨饭店与他商量。富冈先生是我们夫妇的好朋友，可惜他不会说汉语，又疏于英语。这晚上，他说日语，由我夫人翻译，谈话时间多花一倍，一直谈到深夜。我接受了委托，他交清了任务,彼此都很愉快。我于1991年完成了这个课题,但他却于1992年去世。此后,我常常回忆到那一次在舟山和他的永别,实在不胜感慨。

阔别舟山10多年,这里一定有许多变化,很大发展。特别是徐学盛会在这里举行,确实使人高兴。徐霞客曾经到过舟山普陀,丁文江《年谱》对此作过考证。丁氏论断徐霞客的普陀之行,其依据是陈函辉的《墓志铭》。陈在《铭》中记述,崇祯壬申(公元1632年)他与徐霞客的一次"烧灯夜话"之中,徐霞客"自言"游程,有"南渡落迦山"之语。此后,明末清初的钱谦益在《徐霞客传》中也提到霞客"南渡落迦山"。褚绍唐先生或许就据此在《新订徐霞客年谱》中于"万历四十一年癸丑(1613)28岁"下写入:"后至宁波渡海游普陀落迦山(惜无日记)"的话。②吴尧民先生在《徐霞客浙游展踪初探》③一文中作了几种考证,也认为徐霞客曾去普陀。但他也写明:"此行无记。"美籍张春树先生在《徐霞客(1586—1641)》④一文中,把徐霞客的毕生旅行分成两个时期,第一个时期(1607—1633)于1613年下,记及其所到之处是:"曹娥江、绍兴、宁波、大士落迦山、天台山、雁荡山。"说明他也认为徐霞客确实到过舟山普陀。

由于明朝人做学问的风气不好,胡说八道的例子甚多,所以明人的不少著述,也和明版书一样,常为后代学者所不齿。这当然不能一概而论,被清初顾炎武称赞的"三百年来一部书"也是明人的考证著作。不过,对记叙徐霞客的事,包括《陈铭》、《钱传》,还有吴国华的《圹志铭》,确实都写入了不少荒诞不经的糟粕。如《圹志铭》所说:"最奇者,晚年流沙一行,登昆仑天柱,参西番法宝,往来鸡足山中,单装徒步,行十万余里,因得探江河发源,寻三大龙脉。"陈函辉《墓志铭》说得更天花乱坠:"由鸡足而西出石门关数千里,至昆仑,穷星宿海。登半山,风吹衣欲堕,望见外方黄金宝塔,又数千里遥矣。遂发愿复策杖西番,参大宝法王。鸣沙以外,咸称火聚……岂非有大因缘在耶?"由于死无对证,他可以随心所欲,信口开河,居然提出霞客给了他信札:"霞客于峨嵋山前,作一札寄予。其出外番分界地,又有书贻钱牧斋宗伯,并托致予。"⑤陈所说的钱牧斋,就是徐霞客死后降清的钱谦益。此人颇有文名,虽然降清,却不脱明人为学习气。他在《徐霞客传》中也说:"再登峨嵋,北抵岷山,极于松潘。"接着又抄录《陈铭》:"出石门关数千里……霞客信宿往返,如适莽苍。"⑥一位脚踏实地的旅行家,竟被描绘成一个"飞鸟行空"、"信宿往返"的神怪。这些都不见于《游记》的奇谈怪论,有的假托"烧灯夜话",有的则捏造"作一札寄予"。不幸的是至今仍有人相信诸如"再登峨嵋,北抵岷山,极于松潘"之类的不经之谈,实在令人扼腕。

由于上述这类徐学文献中散布的牵强附会和神话传奇,为科学的徐学研究带来不少麻烦。除了极少数人仍然执迷于奇谈怪论外,另外一些人则出于这些虚妄故事而对徐学抱有成见。科学的徐学是一门实实在在的学问,如我在拙作《关于徐霞客与江源的问题》[⑦]一文中所指出的："对于前人的学术成就,也必须实事求是予以总结和评价,既不应妄加贬损,也不宜渲染过分。这是科学的态度,也是尊重前辈学者的态度。"在这方面,谭其骧先生为我们作出了榜样。他在《论丁文江所谓徐霞客地理上之重要发现》一文中,[⑧]通过深入考证,以信而有征的论据,逐一指出所谓 5 项发现者,"惟最不重要之第三项,诚足匡正前人,其余四项,皆断无'发现'之可言"。当然,丁文江是徐学前辈,著名的地质学家,他的错误,属于千虑一失,与矫揉造作、信口雌黄的那些无聊文人绝不相类。

现在回归正题,因为舟山举行这次盛会,而摆在面前的问题是,由于《游记》没有论及此事,徐霞客到底有没有到过普陀?"落迦山"出自陈函辉等人之口,而峨嵋、岷山、松潘、昆仑、西番甚至"飞鸟行空"、"信宿往返"等等,也出自此辈之口。则霞客的普陀之行,孰可信,孰不可信?

我认为霞客到普陀的问题与峨嵋、昆仑等不可同日而语。他在两篇《游天台山日记》中都记及宁海,在《浙游日记》中又提及四明。这些都是离普陀不远的地方,从逻辑上说可以作为推理的依据。前面提到张春树先生是认可霞客的普陀之行的。他在《徐霞客(1586—1641)》文中,也记及了 3 个传记作者(按陈、吴、钱)所吹嘘的关于昆仑、西番的虚妄故事。但他随即引另一传记作者潘耒和以后的丁文江,"他们坚持徐霞客在其旅行中没有去过任何这些地方"。在计算了徐霞客在云南的旅行时间以后,张春树说了他自己的意见:"徐霞客在云南的旅行中没有到青海和西藏。"[⑨]所以对于徐霞客的普陀之行,完全可以套用我在拙作《撇开〈游记〉——再论徐学研究》[⑩]引及的黄实先生的话:焉知徐霞客没有另外文章,又焉知他的另外文章中不论及普陀。

所以,继 2000 年宁海的盛会以后,2001 年在舟山举行会议,对于舟山来说,这是非常及时的。我在上述《撇开〈游记〉》中说:

参加今年 2000《徐霞客游记》开篇暨宁海旅游文化研讨会,看到当前旅游界对徐学研究的殷切期望而深有感触。现在,徐学研究除它本身的学术性以外,在促进旅游业发展的功能方面,已经众所共见。

宁海县当然看到了"《游记》开篇"是它们的宝贵旅游资源,因此抓住机会举行了这样一次盛会。所以我在该文中说:"从这个会议的名称来说,宁海县显然希望以《游记》开篇的这一宝贵旅游资源,讨论和促进县内的旅游业,所以会议的宗旨是很好的。"我还对整个会议作了评价,我说:"会议是很有收获的"。

宁海盛会的收获或许称得上立竿见影。此会于 6 月上旬在宁海举行,到 7 月下旬,《宁海县旅游业发展总体规划》就在宁波进行讨论。承蒙宁海县领导要我担任评审组长,我所以仔细地阅读了这份《规划》,确实相当满意。《规划》中 3 次提出《徐霞客游记》及"开篇",并且要"突出'徐霞客. 1613. 宁海'字样,显出个性"。《规划》确定宁海旅游形象主题口号为:"霞客游记开篇地,明泉翠峤前童村。"

　　宁海县在徐霞客身上做了许多旅游文章,但其实两篇《日记》之中,提到宁海的不过 11 个字。即《前记》"自宁海出西门",《后记》"自宁海发骑"。现在我们回头看看舟山普陀,《游记》对此不着一言,要借它做旅游文章,似乎是个难题。但我认为不是这样。舟山与宁海相比之下的弱点,是其地不入《游记》。假使我们能巧为运用,或许正是它的强处。宁海有此 11 字,特别是在现存《游记》中属于"开篇",所以得天独厚,成为此县的重要旅游资源。不过从另一方面看,这 11 个字也具有限制作用,因为由此 11 字组成的两句话,都是从此上天台山。徐霞客对宁海除了如《规划》所说作为一种"形象"以外,没有其他发挥的余地。而对于舟山普陀则不同,正是因为地名不入《游记》,所以这个地方的徐学研究可以摆脱《游记》的约束,正和我所提倡的《撇开〈游记〉》一样。宁海把徐霞客作为一种"形象",舟山也可以把他作为一种"形象"。所不同的是,宁海人受到 11 个字的束缚,而舟山人可以绘声绘色的加以发挥。

　　现在,摆在舟山人面前的任务是,徐霞客是这个地方的一种"形象",但是要用好这种"形象",必须落实在海天佛国这种得天独厚的资源上。记得 2000 年元旦清晨,我正躺在床上,床头的电话铃响了,原来是一位新华社记者,从温岭石塘来的电话:"你是著名的地理学家,我在这里看到公元 2000 年的日光了,请你说说你的想法。"我信口作答:"你看到的日光是从哪里照射过来的?""从东方,东方大海的地平线上"。于是我就告诉他:"东方大海的地平线上就是太平洋,太平洋的面积有 1 亿 8 千万平方公里,而我们地球上的全部陆地面积只有 1 亿 5 千万平方公里。太平洋摆得下全球陆地面积有余。现在陆地上人满为患,将来要靠海洋,特别是太平洋养活我们。你们许多人在石塘看 2000 年的太阳,但从人类的历史来说,2000 年还早着呢。想想人类的未来,请你多看看太平洋吧。"他不知从哪里弄到我的电话号码,兴冲冲地与我通话,我的答话或许让他不着要领,毫无"新闻"价值,使他大失所望。

　　我不管别人弄"新闻"的需要而信口作答,实在因为我常常考虑海洋。从全世界看,地球表面,海洋占 71% ,陆地占 29% ,人类的未来,怎能不依靠海洋呢?长期以来,人类与土地相依为命。四书五经中的《大学》一篇就说:"有土此有财,有财此有用。"即使在海岛上,人们囿于传统和困于技术,也强烈地依赖为数不多的土地。因而出现了诸如"穷桃花,富六横,讨饭的虾峙居中央"的话。同样在这个海天佛国,六横岛因为多了几亩土地,就可以免于讨饭。人类当然应该利用海洋,但其中也有令人忧心忡忡的事。人们把海洋当作倾倒城市污水的污水池,倾倒垃圾的垃圾箱。满载原油的油船在海洋中倾覆,甚至还有偷着倾倒核废料的。最近俄罗斯和平号残骸落入南太平洋,我们只看到媒体一片赞美,有的说是"安乐死",有的说是"和平归来"。我的看法是,从对于人类长远的前景来说,此事既非"安乐",也不"和平"。

捕捞也是这样,我们祖宗的老话,如《史记·殷本纪》的"网开三面",《孟子·梁惠王》的"数罟不入洿池",早已作为"四旧"而被扫除。记得20世纪80年代在日本教课时,曾被彼方人询及浙江的"敲舟"作业。这是一种可以使石首科水族灭绝的竭泽而渔的方法。60年代曾经流行一时。现在虽然有所好转,但"爱国带鱼月"的日子不能再来,岱衢洋不会再听到扰攘的大黄鱼叫声,岱山人也不会再有摊派加工的任务了。溯昔抚今,令人不胜感慨。

对舟山普陀来说,它的特色就是海天佛国。"海天"是其最重要的自然资源,"海天"的可持续发展,才能促进"佛国"的繁荣,才有舟山普陀美好的未来。"佛国"是最重要的人文资源。海天与佛国两者结合,就是舟山的旅游资源。把"海天佛国"作一个总体的评价。"海天"资源在沿海多有分布,舟山并不是惟一的。但中国的四大佛教圣地,3处都在山上,唯独普陀在"海天"之中,这是舟山的得天独厚。所以把海洋保护好,这是舟山人的头等大事。"海天"的可持续发展,是"佛国"可持续发展的前提。

至于"佛国",这是舟山的精华所在,舟山人必须尽全力保护它,让它得到发展,当然是可持续发展。对舟山来说,这或许是最有价值的徐学研究,也就是我所说的撇开《游记》的徐学研究。

我想从一般所说的硬件和软件两方面来对这个舟山的也是中国的著名旅游资源谈一点意见。

与软件相比,硬件的问题或许比较简单,普陀的硬件,除了大量的佛教建筑外,全岛的山山水水都包括在内。特别要提醒舟山人的是,要保护好普陀佛国的摩崖。近些年来,环境污染中出现了摩崖污染的一个新品种。特别是在风景区,摩崖污染成为风景的杀手。我们在太湖鼋头渚看"包孕吴越",在绍兴柯岩看"云骨",在鼓浪屿日光岩看何绍基的大手笔"脚力尽时山更美"。多高雅的词藻,多苍劲的书法,确实为风景区锦上添花。请那些不自量力、不自量才的摩崖污染制造者去那些地方看看,让他们感到惭愧,或许也是减少摩崖污染的一条途径。但最重要是要让风景区的人自己懂得,宝贵的摩崖不是奉迎接待的礼品。

软件的问题牵涉甚大,说到底是人的素质,而且是群体素质。记得前年我国著名的古都——洛阳市委、市政府下了一个《关于加快洛阳旅游业发展的决定》的文件。因为我与洛阳有点渊源,当年的电视系列片《中国七大古都》聘我作顾问,在洛阳考察过一段时期。这个文件曾寄给我,希望我写点意见。洛阳在旅游资源上的硬件是举世闻名的,所以我写了篇文章,主要说软件。[①]那篇文章中,我着重希望洛阳人提高群体素质,这是作为一个旅游大市非常重要的条件。我在文章中举了1995年我们夫妇从加拿大渥太华到美国巴吞鲁日的大半天旅行的见闻。因为旅游中遇到墨西哥湾的热带风暴(犹如我们的台风),遇到一些周折,从中看到了他们的群体素质。文章已经发表,这里不必赘述。我在那篇文章中最后说:"在不到一天的旅行中,我们欣赏了一支效率和礼貌的交响曲,这就是那个社会的群体素质,难道不值得我们学习吗?"

要全面学习那个社会的群体素质,按照我们的国情,当然还有很大的困难。我只是把舟山普陀作为一个著名的旅游圣地提出这个问题。

举个例子,欧洲有个旅游业发达的小国瑞士。按瑞士的宪法,这个国家的国语有四:德语、法语、意大利语、列托罗马语。英语对瑞士人来说属于外语。但是到瑞士旅行,发现他们大多数都能说英语。这显然是为了旅游业的需要。

舟山也有一个外语词汇,是个地名,就是对这里最关紧要的普陀落迦(Potala,或Potalaka)。这个词汇是梵语,但是直到今天,在舟山,上上下下,许多人还不曾弄清楚。令人遗憾。

舟山在近些年中修过两部志书:《普陀县志》和《普陀山志》。从总体来说,两部都是佳志,我都为它们写过书评。[12]但在"普陀"这个地名上,两部志书都出错。《普陀县志》说:"往昔山中多开白花小树,清香远布,故又称白华山。"我在书评中提出《中国佛教手册》[13]的解释:"Potala,或Potalaka,音译作'普陀'、'普陀落迦'、'布达拉',意译作为'小白花'"。此书列举了亚洲的5处称"普陀"的地名,包括舟山的普陀和拉萨的布达拉。普陀原地在印度,因为是佛教圣地,中国的这些"普陀"(包括布达拉)都是慕印度这个佛教圣地而命名的。其实,除了舟山普陀以外,中国境内称普陀的佛地还有不少,厦门有南普陀,宁海有小普陀。我往年曾经写过一篇《论中国的非汉语地名》[14]的文章,指出一种地名跨越国界的事实:"我随手检出一本美国出版的《汉蒙特世界地图》,[15]在图末《索引》中,发现英国首都伦敦,在北美有同名12处。英国的古老名城牛津和剑桥,在北美有同名33处和23处。"像伦敦、剑桥、牛津等地名在北美大量出现,这是一种殖民传播;而普陀一名在中国的出现这是属于宗教传播。英语和其他西语地名多采用音译,而梵语地名(包括梵语其他词汇)有音译和意译两种。《中国佛教手册》说普陀意译作小白花,因为印度的普陀,确实开满芳香远布的小白花。《普陀县志》把印度的小白花移到舟山,这属于张冠李戴。

另一本《普陀山志》避开了对普陀地名的解释,但其实错得更为离谱。此书说:"史籍中关于普陀山观音道场的记载,最早见于《大悲心陀罗尼经》:'一时佛在补陀落迦山,观世音庄严道场中。'《华严经》曰:'南方有山,名补陀迦,彼有菩萨,名观自在。'……。"由于《中国佛教手册》是早年出版的英文书,舟山人未必看到,所以我引用了季羡林先生主校的《大唐西域记校注》。[16]此书详细说明了"普陀"这个梵语地名位于印度西高止山南段,北纬8°43′,东经77°22′。《大悲心陀罗尼经》和《华严经》所说都是此处。上引《经》中的"佛"指释迦牟尼,此人的生卒年代与中国的孔子相当,在那个时代,今舟山还是一片荒岛,佛教也尚未传入中国,释迦牟尼怎能到舟山主持观世音道场呢?

我往年在日本讲学时,曾访问奈良药师寺,该寺住持安田胤映法师告诉我,日本的许多僧人,现在都不习梵文,真是枉入佛门。这或许是安田法师的要求过高。1999年,宁波举行了一个佛教文化国际学术研讨会,由于是国际会议,执行主席要使用英语,并且最好能懂得一点梵语,省里要我担任。我发现从日本来的好几位法师都懂得梵语,安田法师要求一切入佛门的人都习梵语,恐怕要求过高。

但普陀落迦,只是梵语中的一个词汇,这个词汇事关舟山,而从《普陀县志》到《普陀山志》,对这个外来语地名都牵强附会,说明舟山人懂得普陀这个地名的很少。普陀是个佛国,每年来此参拜的各国高僧可能不少,而游客或许更多,所以我在拙作《佛教与佛学》[17]一文中最后呼吁舟山普陀:"不仅是僧侣和宗教人士,甚至从事旅游业的工作人员,也都有学一点梵语和巴利语[18]的需要。用另一句话说,即是要这些身在佛地的女士们和先生们,多多重视一点佛教文化的素养。"

让海天永远清静,让佛国不断兴旺。让徐霞客旧游之地,这个得天独厚的人间胜境能够永远可持续发展。

注释:

① 浙江教育出版社1991年版。

②⑥ 《徐学概论——徐霞客及其"游记"研究》,江苏教育出版社1999年版,第628、1243页。

③ 《徐霞客在浙江》,浙江教育出版社1998年11月版,第16—33页。

④ 指明朱谋㙔《水经注笺》,语见清阎若璩《古文尚书疏证》。

⑤ 《徐霞客游记校注》,云南人民出版社1993年12月版,第1293页。

⑦ 《纪念徐霞客诞辰400周年文集》,中国科学院地理所1987年印行本。

⑧ 《地理学家徐霞客》,商务印书馆1948年版。

⑨ *The Travel Diaries of Hsu Hsia-Ko*, The Chinese Universiey of Hong Kong, P. 229—230.

⑩ 《徐霞客研究》第7辑,学苑出版社2001年版。

⑪ 《向"旅游大市"迈进》,《河洛史志》2001年第1期。

⑫ 《开发海洋利用海洋——〈普陀县志〉》,原载《中国地方志》1999年第4期,收入《陈桥驿方志论集》,杭州大学出版社1997年版;《名山佳志——读新修〈普陀山志〉有感》,《浙江方

志》1996 年第 2 期。

⑬　Ernest J. Eitel, *Handbook of Chinese Buddhism being A Sanskrit-Chinese Dictionary with Vocabularies of Buddhist Terms*. Tokyo. Sansusha. 1904, P. 118.

⑭　《中国地名》1998 年第 3、4 期连载。

⑮　*Hammonds Ambassador World Atlas C. S. Hammomd and Company*. Maplewood. New Jersey.

⑯　中华书局 1985 年版, 第 861—862 页。

⑰　《云南大学学报》(哲学社会科学版)2000 年第 6 期。

⑱　巴利语(Pali)。古代印度的语言之一, 最早的佛经均以梵语和巴利语所写, 是重要的佛教语言。

2001 年 3 月于浙江大学

原载《徐霞客在浙江·续集》, 中国大地出版社 2002 年版

河姆渡遗址在越文化研究中的意义

河姆渡文化,其实就是宁绍地区史前文化。这个课题涉及许多方面,我想从两种年代表谈起。

第一种是人们为人类社会纪年的《历史年代表》,第二种是人们为自己所居住的地球纪年的《地质年代表》。这两张虽然都是时间表,但数值是很不相同的。前者是以年、十年、百年计算时间的,后者则以万年、十万年、百万年、千万年甚至亿年来计算时间。这两张表,既是各不相关的,又是紧密联接的。其所以各不相关,因为与地球的年龄相比,人类社会的年龄实在微不足道。其所以紧密联接,因为前者的末尾与后者的开头,两张时间表不仅联接,而且重合。这中间存在着两者之间的特殊关系。

《地质年代表》的末尾是第四纪,始于距今250万年,其中分成更新世和全新世两个阶段。至于《历史年代表》,此表在正式纪年以前,还有两个较长的阶段,即旧石器时代和新石器时代。前者可以从末尾上延到60万年,已属地质年代中的更新世后期。后者可以从末尾上延到1万年,正是地质年代中的全新世初期。这就是说,使用旧石器和新石器的原始人,两张时间表中都有他们的位置。他们既生活在地质年代,又生活于历史时期。

第四纪在地质年代中是一个极为短促的时期,但却是一个至关重要的时期。人们对于这个时期的研究,已经成为一门专门的学问——第四纪学。这个时期,在大气现象中是冷暖的交替,在水体变化中是冰期与间冰期的交替,在海陆变迁中则是海进与海退的交替。这3种交替往复的现象,相互间有密切关系。当天气变冷时,陆地水大部分成为冰川,海面下降,大片陆地出露,许多原来分离的陆地和岛屿联成一片,这就是所谓海退。当天气变暖时,大片冰川融化,海面上升,许多陆地为海水所吞没,这就是所谓海进。

从晚更新世到全新世,亚洲东部的太平洋沿岸,曾经发生过3次海进、海退的交替。地质学家把这三度海水进退以当时海洋中盛存的一种肉足纲原生动物有孔虫定名,分别称为星轮虫海进、海退,假轮虫海进、海退,卷转虫海进、海退。星轮虫海进发生于距今10万年以前,海退在距今7万年以前;假轮虫海进发生于距今4万余年以前,海退在距今2.5万年以前;卷转虫海进发生于距今1.2万年以前,海退在距今0.5万年以前。从今浙江省来看,现在所知省境内出现的最早人类是"建德人",按铀系列法测年,其存在距今约为10万年。所以浙江省境内的先民是看到这3次沧海桑田之变的。

前面提及的假轮虫海退发生于距今2.5万年以前,这一次海退的规模很大,中国东部太平洋沿岸海水退缩达600公里,东海中的最后一道贝壳堤,位于东海大陆架前缘 – 155米,放射性碳素测年为14780±700年。可以想象,在大约15000年以前,东海海面比现在要低150多米。从今浙江省境来说,不仅舟山群岛和大陆相连,舟山群岛以东,直到大陆架前缘,还存在大片陆地。与今天的省境面积相比,当时的大陆面积比现在至少大1倍以上。这时候,越人的祖先(或许就是"建德人"的后裔)已活动于今省境之上,而特别是在今舟山群岛东西两边的平原上。他们已经懂得种植水稻,并且捕鱼、狩猎,还利用独木舟或竹、木筏活动于水上。对于越人来说,这是一个繁荣发展的时期。

但是好景不长,另一次卷转虫海进在全新世之初就开始掀起。距今1.2万年时,海面回升到现代水深 – 110米的位置上。到距今1.1万年时,回升到 – 60米的位置上。到距今0.8万年时,回升到 – 5米的位置上。这次海进在距今0.7万年—0.6万年时到达高峰,东海海域内伸到今杭嘉湖平原西部和宁绍平原南部。今省境内的主要平原,都沦为一片浅海。

我往年曾经根据地史资料,利用现在的浙江省地图,绘制成《假轮虫海退时期今浙江省境示意图》和《卷转虫海进时期今浙江省境示意图》,图中的"假轮虫海"位于东海大陆架边缘,省境陆地广大。卷转虫海则淹没了省境内的主要平原。这不过是两幅示意图,没有计量价值,只能约略说明第四纪海退、海进在今浙江省境的大概情况。

卷转虫海进从海面回升到 – 5米起至于高峰,其间约有2000年时间。原来活动于宁绍平原的越人,随着自然条件的恶化而逐渐南移,最后移到会稽山和四明山北麓。河姆渡遗址就是他们南移过程中的一个定居点。由于海水继续南进,他们终于在最后放弃了这些山麓定居点后进入会稽山和四明山中。从此,活动于平原和沿海水环境中的越人,变成了山居的越人。但是在这漫长的海进过程中,从距今 1.1 万年时舟山群岛以东沦为海域以及稍后舟山群岛与大陆分离以前,必然已有越人流散,除了一部分内迁进入宁绍平原以外,另一部分就漂流出海。在距今 0.8 万年起,宁绍平原也受到海水的侵袭,平原上的越人,除了逐渐南移进入山地以外,其中也有另一部分漂流出海。其结果是越人分成进入浙东山地和漂流太平洋的两部分,《越绝书》卷八把前者称为"内越",后者称为"外越"或"东海外越"。除了《越绝书》以外,历史文献中还有一种已经亡佚的《林邑记》记及"外越"这个名称,赖《水经注》得以存留。《水经·温水注》:"《林邑记》曰:(寿泠)浦通铜鼓外越、安定、黄冈心口,盖藉度铜鼓,即骆越也。"又:"《林邑记》曰:外越、纪粟、望都,纪粟出浦阳,渡便州,至典由;渡故县,至咸骧。咸骧属九真。"《水经·叶榆河注》:"江水南对安定县,《林邑记》所谓外越、安定、纪粟者也。"乐祖谋在《历史时期宁绍平原的城市起源》一文中认为,《越绝书》的"内越"和"外越",即是卷转虫海进时期移居山地和海岛的两个越族分支。历来持这种看法的学者甚多,例如蒙文通,他在《外越与澎湖台湾》一文中,认为澎湖和台湾的原始居民,即是古代移入的"外越"。美国的徐松石在《南洋棕色民族与中国古越人的血统关系》一文中,认为越人迁徙远达南洋。日本的国分直一和木下尚子在合撰的《日本西南诸岛出土的史前时期贝符》一文中,提出了这些岛上的贝符是否有来自"中国东南沿海地方"的可能。美国的杨江甚至在其《马来—玻里尼西亚与中国南方文化传统的关系》一文中,把越人与马来—玻里尼西亚地区进行了联系。

上述学者们关于古代越人迁徙的考证,都是他们经过从各方面的研究而获得的,当然都很有价值。但是在所有关于越人迁徙的考证中,最重要而具有说服力的,莫过于作为族名和国名的这个"越"字的迁徙。情况与家族的迁徙相类,家族有姓氏,不管你迁到天涯海角,只要姓氏存在,总可查得清这个家族的渊源来历。而"越"乃是这个部族的姓氏,所以"越"字在哪里出现,必有越人到了哪里,这是绝无疑问的。越人原来是一个只有语言没有文字的部族。汉族按这个部族的语言,称其为"于越"。这个名称第一次在史籍上出现,是今本《竹书纪年》周成王二十四年:"于越来宾。"其时在公元前 11 世纪之末。说明当时越人与汉人开始了正式的来往。后来这个部族就借用了汉人的文字,自称为"越",称其首都为"大越"(今绍兴)。对此,我们可以从现在出土的越国青铜剑的铭文上得到印证。这些青铜剑的铭文,都镌有"越王"字样。当然,由于越音汉译,同音越语存在不同汉译的情况。例如越王句践的青铜剑,其中有一把的铭文作"越王鸠浅"。"鸠浅"是"句践"的同音异译。这种情况在地名翻译中更为常见,例如由拳、囚卷(今嘉兴)、乌程、菰城(今湖州)、姑妹、姑蔑(今龙游附近)等等。但是作为部族姓氏的这个"越"字,从他们的青铜剑铭文中可以证明,当时已为部族领袖所认可(汉人古籍中也有译作"粤"字的,但以后并不流行),部族到哪里,这个"越"字也到哪里。

到了卷转虫海进把宁绍平原上的越人赶入山区以后,于是就出现"内越"和"外越"的名称。到此我们才知道在海进过程中,已有一大批越人漂流到太平洋上,在大陆以外的海岛上定居。这中间,有一批人在迁移时带走了他们的部族姓氏,而且在他们的新定居地把这个姓氏扎根下来。在南边的有"越南",越南的国名就冠以"越"的姓氏。在东边的有日本,日本称"越"的地名极多,从九州到北海道,可以说遍及全国。自然地名如越后山脉、越前崎、越后平原,旧国名如越前、越中、越后,郡名如越智郡、山越郡,市名如上越市,町名和村名更多,如越生町、越知町、越乃村等,不胜枚举。这说明古代越人和日本关系密切的程度。

从这个"越"字的播迁中证明了中日两国的史前交流。昔年与日本学者讨论这个问题,前京都大学人文科学研究所所长福永光司教授曾经告诉我,研究这个问题,特别要注意能登半岛一带地区。能登半岛是日本本州日本海沿岸的一个半岛,从地形上来说,很有利于古代航海者的着陆,而这里恰恰就是含"越"地名集中的地方,旧国名越前、越中、越后就都在这一带,所以在卷转虫海进时期,估计这里必有"外越"人登陆,而今天的日本民族中,显然包括越人的后裔。

日本学术界以及社会上的一般人士,都很愿意获悉他们祖先的来历,都有求源寻根的希望。记得1989年我在日本南部讲学,到广岛后不久,这个地区的最大传媒《中国新闻》(在日本的区划中,广岛一带地区称为"中国地方")在当年12月11日就报道了我到该地讲学的消息。但在我的许多课题中,只报道了一个《中国东南地区与日本之间的共同文化》。因为这个题目,正是讨论越人在史前迁入日本的问题。由于《中国新闻》的报导,引起了热衷于探源寻根的九州佐贺电视台台长内藤大典先生的关注。他专程到广岛邀请我们夫妇到佐贺,考察那里附近的吉野里弥生代遗址。在现场,由我用汉语发表意见,由我夫人即时翻成日语,作为他们的电视节目。记得当时我发表的意见是:吉野里遗址,显然是"外越"人或其后裔在日本南部的定居地之一。已经复原的许多建筑和出土的青铜器、陶器等,都足以说明"外越"人和"内越"人的共同文化渊源。例如遗址中复原的瞭望台,就与春秋越大夫范蠡在山阴小城(今绍兴)种山顶巅所建的飞翼楼相似。而不少出土的青铜剑,它们与"越王句践剑"又是同一模式。内藤先生听了我的议论,心境豁然开朗,在这天晚宴的末尾,他终于正襟长跪,双手合一,不胜感慨地说:"我们到底找到了我们的祖宗。"

日本各地的越人文化实在很多。森浩一在其《关于日本弥生文化的山城与越文化的关系》一文中说:

> 从公元 1 世纪左右前后,山上或是丘上也发现了聚落,这种聚落遗址被叫作高地性聚落,从日本历史上看,这遗址也很异常。公元 3 世纪以后,高地性聚落没有了。这时期以后,聚落遗址再次只出现低地。

森浩一的议论与我在《地理学报》发表的《历史时期绍兴聚落的形成和发展》一文不谋而合,宁绍平原的聚落,从平原(如河姆渡)到山丘,又从山丘回到平原,实在是同一模式。所不同的是,在日本出现这种过程,比宁绍平原晚了大约 5 个世纪。

"外越"人在日本定居的事实大概可以论定。现在需要继续研究的是,"外越"人在当时漂流过海的冒险中,到底走得多远?前面已经提到不少学者论及了他们与太平洋群岛的关系,甚至探索越人有没有横过太平洋到达美洲?这当然是一相当神秘却又很值得研究的课题。我于 1995 年到北美访问讲学,曾和那里的汉学家们讨论过这个问题,尽管他们不同于日本人,没有寻根求源的愿望,但是他们对这个问题的兴趣却不减于日本人。虽然他们目前在这方面还缺乏研究成果,但是从我们讨论中他们所表现的热情来看,今后我们一定能够读到北美汉学家在这个课题上的研究论文。

现在想象这些史前的越人,他们在太平洋上的漂流生活,实在充满危险,依靠一些简陋的原始航行工具和太平洋风浪搏斗。不管是在太平洋沿岸,太平洋深处或是横越太平洋,中途覆没的概率必然是极高的。在这些年代中,葬身于太平洋的越人不知有多少?但是他们毕竟在太平洋的许多大小岛屿安下身来,繁衍生息,并把越人的姓氏和文化传播到那里,想到这里,不由得引起我们对这批在史前闯入太平洋的越人,感到无限钦佩和崇敬。

回过头来再说几句关于河姆渡文化的事。河姆渡遗址的发现,其重要性当然不言而喻。由于它在断代年龄上早于仰韶遗址,所以一般人往往重视它在大陆上的意义,以此证明,大陆上的历史文化绝不是一元的。如我在拙作《越文化和水环境》一文中所指出的:汉、楚、越是三大鼎立的文化,而其中只有越文化是唯一的海洋文化。越文化在大陆上不仅与汉、楚鼎足而立,而且还有其不同于汉、楚的特色,即是这种文化除了其在大陆上的意义以外,还有它在海外的意义。从时间来说,河姆渡文化存在于卷转虫海进时期,当时尚无"内越"和"外越"之分,所以这个遗址所反映的文化是从假轮虫海退以来发展到高峰的典型越文化。此后,"内越"和"外越"的文化,都是以这种文化为基础的。我在拙作《越族的发展与流散》一文中,曾经阐述了这个部族的流散过程:史前的流散发生于卷转虫海进时期,越人从此区分"内"、"外",历史时期的流散是秦一统以后的秦始皇的武力镇压下发生的。史前的流散如本文所述,远达太平洋诸岛,甚或横越太平洋。历史时期的流散主要仍在大陆。除了少数避居浙东山区的所谓山越外,如瓯越、闽越、南越、骆越,或许还包括越南在内。遍及中国的南部和西南地区。所有这些地区,都存在着越人的后裔,也都或多或少地保留着越文化的遗风。

由于越人分布于海内外,所以越文化研究属于一种国际文化研究,今后或许能成为一个引人入胜的研究课题。河姆渡遗址是一个完整的越文化标本,它无疑要成为今后国际越文化研究的基础。

原载《河姆渡文化新论——海峡两岸河姆渡文化学术研讨会论文集》,海洋出版社2002年版

先秦及秦汉时期的杭州

一、从禹的传说到杭州进入历史时期

明田汝成曾曰："杭州之名，相传神禹治水，会诸侯于会稽，至此舍杭登陆，因名禹杭。至少康，封庶子无余于越，以主祭祀，又名余杭。"田汝成头脑中的神禹旅行路线，其实就是他所在这个时代的这条水路。神禹坐船从苏州到拱宸桥或大关，然后登岸，舟到南星桥摆渡过钱塘江，最后到达绍兴。到会稽出席万国诸侯会议的诸侯们，大概也是走的这条路线。所以杭州在禹的传说中就登上了舞台。

禹治水的事当然是个神话，这个神话与杭州的关系还不仅是上述田汝成所说的"舍杭登陆"一端，史学权威顾颉刚在上世纪 20 年代指出："禹是南方神话中的人物，这个神话的中心点在越（会稽）。"[1]后来另一位学者冀朝鼎对此作了解释："由于长江流域特殊的地理条件，即森林、野兽与沼泽的威胁，洪水灾害，特别是钱塘江（当时长江的一条支流）的洪水灾害以及由此而产生的对治水的迫切要求，就产生了禹和洪水的传说。"[2]说明在当时，顾颉刚考虑的《诗·商颂·长发》所谓"洪水茫茫，禹敷下土方"，这个洪水来自钱塘江。则禹的神话，又与紧邻杭州的钱塘江存在关系。

冀朝鼎在其评论顾颉刚关于神禹传说的文章时，还有一段发人深省的话。

他说：

> 将来新发现的证据,可能证实也可能推翻顾颉刚所作结论的积极贡献,但不管怎样,他对这个传说的传统说法所给予的有力的批判,似乎已经成功地打破了这样一种神秘的理论:即认为中国水利事业的开端,要归功于一个英雄神灵的仁慈和他的自我牺牲的活动。通过宗教正统学者反复断言了若干世纪以后,这个神秘的理论已经获得宗教教义上的权威,从而成了在这个问题上的任何科学研究的一个巨大的障碍。只有彻底打破这个传统理论,才有可能对治水活动起源方面的有用资料,进行客观的研究。③

顾颉刚的文章发表于上世纪 20 年代,冀朝鼎的文章发表上世纪于 30 年代。在他们对禹治水传说的议论以后的半个世纪之中,由于第四纪学、考古学、古地理学、历史地理学等学科的不断发展,由于科学的测年手段的迅速提高,现在我们已经完全明白,这个传说中的洪水,既非来自钱塘江,更非来自黄河,而是来自第四纪的海进。禹按照《金简玉字之书》④所作成的这一番劈山导水的业绩,与挪亚根据上帝的吩咐建造一只方舟拯救了苍生万物⑤一样,实际上是一种不同地域、不同人民之间由于相同的遭遇而流传下来的类似故事。正如我在《越族的发展与流散》一文中所说的:

> 越族居民在会稽、四明山地的山麓冲积扇顶端,俯视这片茫茫大海,面对着这块他们祖辈的口口相传的、如今已为洪水所吞噬的美好故土,当然不胜感慨。他们幻想和期待着有这样一位伟大的神明,能够驱走这滔天洪水,让他们回到祖辈相传的这块广阔、平坦、富庶、美丽的土地上去。

会稽山和四明山的越人口口相传的故事,或许也就是大遮山和大雄山的越人(良渚人)口口相传的故事。他们所盼望能够驱走洪水让他们重返平原的这位神明就是禹。所以顾颉刚说:"这个神话的中心点在越。"神禹终于驱走了宁绍平原和杭嘉湖平原的洪水,越人用被汉人移植到黄河流域去的"疏导"的方法(黄河是不可能用这种方法的),整治了这些平原,最后迎来了这个地区的历史时期。

对于这个地区历史记载的开始,必须提及《竹书纪年》周成王二十四年的"于越来宾"。这里需要说明的是,这条记载见于今本《竹书》,由于今本《竹书》出于南宋,⑥很有人怀疑它的可靠性。的确,宋人在辑录时有过一些改动。但当时能见的引用《竹书》的古籍远比今天要多,因此,今本所记,必须分别对待,不宜一概否定。所以王国维才说:"乃近三百年,学者疑之者固多,信之者亦且过半。"⑦对于周成王二十四年这一条,是真是伪,有必要进行分析。首先,外族"来宾",是《竹书》常记的大事,已经成为一种体例。古本中如相七年的"于夷来宾",少康即位的"方夷来宾"均是其例。其次,今本《竹书》关于于越的记载,有两条可以证实其不虚,即周元王四年"于越灭吴",周贞定王元年"于越徙都琅珢"。前者与《史记·六国表》所记完全符合,而后者在《越绝书》中也有相同的记载。[⑧]最后,特别值得指出的是,今本《竹书》的这条记载,还可以与越地流行的传说加以印证。《论衡·超奇篇》说:"白雉贡于越。"《异虚篇》记得更明白:"周时,天下太平,越尝献雉于周公。"以《竹书》与《论衡》对照,"越尝献雉于周公",正是成王的时代,虽然此时周公已归政于成王,由于周公的声名崇高,故越人的传说中仍称周公,这是可以理解的。王充的时代,《竹书》尚深埋于汲冢之中,《论衡》的记载,当然绝非出于《竹书》而是来自越地流传的传说。两相印证,则今本《竹书》的这一条记载属实。所以我在《于越历史概论》[⑨]一文中说:"说明对于《竹书纪年》的记载,不管古本、今本,都应该有分析地对待。"

如下文将要提出的,今杭州地区,在春秋时期属越的时间长而属吴的时间短,于越既然在公元前11世纪之末进入历史时期,这当然也是杭州历史时期的开始。

二、从吴越争霸到秦一统——钱塘江边的渡口

前面提到,在卷转虫海进的过程中,以宁绍平原为基础的越族向四方流散,而其中一支流移到今苏南、浙西的山区,即后来所称的句吴。由于海退开始,也就是他们世代祈求的神禹的拯救,他们都从山区出来。他们用被汉族移植到北方去的"疏导"的方法,整治他们各自面临的沼泽平原。因为地域的差异,逐渐形成了以今绍兴为中心的于越和以今苏州为中心的句吴。《越绝书》曾经两次提及它们是"为邻、同族",[⑩]"同气共俗"。[⑪]《吴越春秋》卷三说:"吴与越,同音共律,上合星宿,下共一理。"《吕氏春秋·知化篇》说得更清楚:"吴之与越也,接土邻境壤,交通属,习俗同,语言通。"所以谭其骧认为吴和越是语系相同的一族两国。[⑫]在春秋前期,两国的国界如前面所引《国语·越语》,以"御(语)儿"即今桐乡市南崇福镇一线为界。国家的形成和边疆的出现,尽管先前是同一部族,但边疆上发生的各种大小事故,加上春秋时期中原诸侯称霸的风气也逐渐影响到南蛮鴃舌。所以春秋中期以后,吴、越之间就开始发生战争,从边疆的小战发展到举国的大战。吴王夫差在达到其北上称霸的目的后不久,却被处心积虑的越王句践所乘,终至灭亡。[⑬]这两国见之于《春秋》经传记载的战争,计有下列各次:

经传名称	经传年代	经传原文
春秋	昭公五年(前537)	冬,楚子、蔡侯,……徐人、越人伐吴。
春秋	昭公三十二年(前510)	夏,吴伐越。
春秋	定公五年(前505)	于越入吴。
公羊	定公十四年(前496)	五月,于越败吴于檇李。
春秋	哀公元年(前494)	吴王夫差败越于夫椒,报檇李也,遂入越,越子以甲楯五千,保于会稽。
左传	哀公二十二年(前473)	冬十一月,丁卯,越灭吴。

这里为什么要列举吴、越历次战争,因为战争常常要涉及钱塘江,好几次越胜吴败的战争,越军当然渡江北上。而如鲁哀公元年吴军入越的战争,吴军南伐,也是渡钱塘江而入越。所以越国在钱塘江边设防,见之于《越绝书》记载的,除石塘、防坞、杭坞以外,还有一处很重要的固陵。此书卷八说:"浙江南路西城者,范蠡敦兵城也,其陵固可守,故谓之固陵。所以然也,以其大船军所置也。"对于这个固陵,前代各种地方志都认为即六朝西陵(吴越国改为西兴),近年来也有认为在萧山城山的。总之,作为一个渡口来说,它已经正对今杭州江干。所以虽然古籍没有记及固陵对江的任何地名,但实际上今江干地区必须存在一个和南岸相应的渡口。因为"柳浦"一名出自六朝,所以我们不能断言这个渡口就是柳浦。但这个渡口的位置落在江干一带,这是不必怀疑的。吴、越双方的渡江之战,如《吴越春秋》卷六所说:"今夫差衣水犀甲者十有三万人",而越王句践"乃发习流二千人,俊士四万,君子六千,诸御千人。"几万人的大战,不管今萧山一边固陵、杭坞等渡口,或是今杭州江干一带的渡口,仅仅从战争设备来说,如仓库、兵站等等,都不是小规模的。而且,按照上述双方的兵运情况,一个渡口显然是不够的。假使我们能考虑到六朝的情况,《南史·顾宪之传》记载齐永明六年(488):"西陵戍主杜元懿,以吴兴岁俭,会稽年登,商旅往来倍岁,西陵牛埭税官格,日三千五百,求加至一倍,计年长百万。浦阳南北津及柳浦四埭,乞为官领摄,一年格外长四百许万。"西陵与柳浦是一对渡口,已经众所周知,而浦阳南北津,据我在《论历史时期浦阳江下游的河道变迁》[⑪]一文的考证:"浦阳南津位于浦阳江口的渔浦,浦阳北津位于渔浦对江的定山。"定山位于今杭州转塘以西,如以下将要论及时,曾有学者认为这一带是秦钱唐县治所在。所以柳浦和定山这两个渡口,尽管其地名始见于六朝,但在春秋吴、越称霸的战争中,估计都已经存在。

上述钱塘江两岸固陵、柳浦、渔浦、定山四个渡口,除固陵以外均不见于古籍。尽管这些渡口在当时必然存在,但它们的具体地名和确切地理位置,毕竟仍是一种推论。春秋战国以后,接着是秦的一统。至此,钱塘江北岸的渡口,终于有了古籍的记载。这里当然不谈宝石山下的所谓秦始皇缆船石之类的无稽传说。传说如无其他可靠的旁证,学者所不屑道也。我所依据的是《史记·秦始皇本纪》。秦始皇三十七年(前210):“至钱唐,临浙江,水波恶,乃西百二十里,从狭中渡。”这条记载对于杭州来说实在非常重要。因为在此以前,古籍不仅没有记下杭州的渡口地名,甚至连杭州存在渡口的事也未曾提及。现在,钱塘江北岸即杭州的渡口终于在公元前3世纪末提出来了。按照《史记》原文,这个渡口位于“西百二十里”江面宽处,秦始皇原来是打算从此南渡的。尽管《史记》仍然没有指出这个渡口的地名,但后人已经可以从这条记载估计渡口所在。胡三省认为:“所谓水波恶处,则今之由钱唐渡西陵者是也。西狭中渡,则今富阳、分水之间。”[⑤]胡三省所说的“钱唐”是秦在这里所置的钱唐县。但钱唐县治如以下将要论及的至今存在争议。所以这是一种笼统的说法。具体地说,必然在今江干到定山一带,也就是说,不是柳浦渡,就是定山渡。当然,《史记》中不仅指出在这里存在渡口,而且第一次指出了钱唐这个地名。所以要说《竹书纪年》的“于越来宾”是这个地区进入历史时期之始,则《史记·秦始皇本纪》是今杭州第一次见诸古代的文献记载。

三、秦钱唐县及其县址

上面已经提及,今杭州地区首见于古籍是《史记·秦始皇本纪》所载:“至钱唐,临浙江。”其实,钱唐一名已见于《越绝书》。《越绝书》是先秦著作,我在点校本《越绝书序》[⑯]中曾作详细论证。但由于此书曾为东汉初人袁康、吴平所增删改易,此书卷二说:“秦始皇造道陵南,……治陵水道到钱唐越地,通浙江。”卷八又说:“政更号为秦始皇帝,以其三十七年,……取钱塘浙江岑石,……奏诸暨、钱塘,因奏吴。”卷二作“钱唐”而卷八作“钱塘”,显然有讹,此书所记秦及秦以后事,当是东汉初人所增,所以不足为凭。

秦在其统一全国的过程中,建立了郡县制度,把历来封建割据的诸侯王国,改成由中央统一领导的二级行政区划制度,这是我国行政制度上的一次飞跃进步。按传统的说法,全国分成36郡,但各家对这个数字还有不同的意见。会稽郡的郡治在吴(今苏州),下置26县(这个数字也有不同意见),钱唐县是没有争议的属县之一。

钱唐县的地理位置在什么地方? 从某些学者所说的“古杭州”的概念而言,则此县当然在这种概念的地域范围之中。但要在现在有经纬坐标的地图上落实一个位置,至少在当前还做不到。

"古杭州"的概念,是一种古地理(palaeogeography)概念,要把这种古地理概念转为历史地理概念或现代地理概念,也就是把一种定性概念转为计量概念,必须有一定的条件,而对于秦钱唐县来说,这样的条件,现在还不具备。

首先,尽管如前面指出的,良渚文化是为时很晚的史前文化,它比有甲骨文和司母戊大鼎的殷商晚,比埃及法老的巨大金字塔则晚得更多。但对它本身来说,毕竟是一种史前文化,我们凭发掘所得诸如良渚、安溪、长命、水田畈等现代聚落出土的实物,只能说这个地区是"古杭州",却无法证明哪一处是秦钱唐县址所在。进入历史时期以后,现在我们看得到的第一批古代文献如《山海经》、《禹贡》和《春秋》经传等等,[17]确实记及这个地区的不少地名。《山海经》记及浙江,钱唐县当然在浙江以北,但凭浙江一名,不足为钱唐定位。《春秋》经传中记下了浙江以北的不少地名如樆李、陉、御儿等,其中有些地方,历史上已经有了定位的结论,但却也无裨于钱唐的定位。

按照古代文献的记载,历史上唯一一位目击秦钱唐县故址的是刘宋钱唐县令刘道真。他在其所撰《钱唐记》中提及:"昔(钱唐)县境逼近江流,县在灵隐山下,至今基址犹存。"[18]这说明这个建于公元前 3 世纪末的县治,到公元 4 世纪初期尚可见其"基址"。可惜《钱唐记》除后人引及的几句外,大部亡佚,以后许多人凭这一句,或者再加上如《水经·浙江水注》所叙:"浙江又东迳灵隐山,……山下有钱唐故县"等文字,议论这个秦代遗址的地理位置。自从清初毛奇龄起,直到当前,许多人各抒己见,已经发表了大量文章。

对于这个问题的讨论当然是有益的。号称辩驳的毛奇龄在《杭志三诘三误辨》中首先提出对于这个问题的疑点:"夫作一县治,亦必有千百庐旅周居其中,如所云千室之邑者。况既已城之,则凡内而府库阛阓,外面沟隍郛郭,恐山溪如弄,难以庐布,然且设一都尉屯守其中,自绝非大方域可以四通郡国者无所驻足,而谓灵隐寺前方丈之地能容之乎?"

毛奇龄确实好辩。杨守敬的《邻苏老人年谱》中曾记及他的这个特点,[19]如同现代有些人专写翻案文章一样。但他对钱唐故址的这一诘,其立论的明显错误有二:第一,他把灵隐寺附近的山作为"灵隐山",其实灵隐山之名为六朝人所提出,其意义与《汉书·地理志》的"武林山"相类,实如今"西湖群山"。[20]现在西湖群山中比较著名的山峰如天竺山、五云山、凤凰山等等,都是历史上沿袭的地名,如今即使在 1:50000 的大比例尺地形图上,也并无灵隐山这样的山峰。第二,他把他所见的清初盛世城邑比作郡县始建的秦代城邑,如"府库阛阓"、"千百庐旅"等等。其实,即使在清代,他其实也没有看到过像广东恩平[21]这样的县城,也不过是个弹丸之地。他说:"既已城之。"按

《汉书·高帝纪》:"六年冬十月,令天下县邑城。"说明秦时县邑,特别是他刚刚敉平的南蛮鴃舌之地,未必已有城垣。所以毛奇龄虽然善辩,但是也和现代的不少翻案文章一样,实在不得要领。

毛奇龄以后,倪璠的《神州古史考》[22]把秦钱唐县勾画了一个大致地域,而且认为县治接近徐、范(梵)两村。他摆脱了六朝人的灵隐山之说,而作出了他自己的独立思考。倪璠或许是第一个为秦钱唐县拟定一个地域范围的人。主要的问题是他的依据仍然是古代文献和他对这些文献的理解。不过平心而论,尽管我们研究这个问题的条件比过去要好得多,除了古代文献与当时一样以外,我们有了考古发掘的手段,有了科学的检测技术,还有大比例尺地形图和卫片等等,但对于这个年代邈远、凭证极稀的课题,我们至今也仍然很难得到一个大家满意的结论。

最近二三十年来,这个课题的研究又趋于热烈,不少学者先后发表论文,提出了各种不同的见解。对于杭州历史地理的研究,这确是一个重要的课题,当然也是一个相当棘手的课题。奚柳芳在这方面的研究花了较大的精力,他不仅广泛地钻研了历史文献,而且对这个地区进行了多次野外考察,发表了好几篇论文。[23]如《钱唐故址考》、《关于钱塘故址的一些历史地理问题——与林华东同志商榷》、《论钱唐故址的两个河川地理问题——答周黔生同志质疑》、《东汉时期钱唐县之废复》以及《论灵山与〈水经注〉中的灵隐山》等,都涉及秦钱唐县。他研究的结论是:"转塘以西的开阔地设置钱唐县治暨会稽西部都尉治,在钱唐县全境,没有任何一个地方具备比它更接近于理想的条件。"[24]这个论断与倪璠有某些相似之处,不过在方法上大不相同,奚柳芳的工作包括大量的野外地理考察,运用了大比例尺的地形图,除了古代文献以外,还参考了近代中国和外国学者有关历史城市地理研究的思想方法。当然,对于他的结论,我们还无法肯定或者否定,有待继续研究。

吴维棠在其《杭州的几个地理变迁问题》[25]一文中,对于秦钱唐县址也作了研究。他从现代考古发掘的成果和历史自然学原理进行分析,认为今老和山及其向北展开的山麓平原是秦钱唐县址,老和山可以说是杭州境内最早进行考古发掘之处,从新石器时代以来,即是先民聚居活动的地方,其向北展开的山麓平原随着沼泽的涸出,是先民们从事农业生产的沃土。秦在此置县,在历史自然地理条件上说不是没有理由的。当然,这种论证也同样需要继续研究,以取得更能让人信服的依据。

林华东、周黔生、吴培玉等[26]的研究结论,仍然着眼于今灵隐寺一带,当然,范围要大得多。他们引《水经·浙江水注》中对灵隐山的描写,认为所指即莲花峰。《水经注》所说:"又有孤石壁立,大三十围,其上开散,状如莲花。"虽然石莲今已无存,但今石莲寺、石莲亭均以此得名。因此,秦钱唐故县,应在宝石山、老和山、灵峰山、北高峰、鸡笼山、南高峰一带范围之内。他们也通过考古发掘资料,认为这一带有不少古代聚落,这些古代聚落,是秦汉钱唐县址的基础。这种研究虽然设有落实一个具体地址,但说明了在这一片较大的范围之内可以存在这个县治的理由,同样是一种值得重视的研究成果。

秦钱唐县故址虽然不可能像其他可以发掘的古代城市一样,在短期内见到分晓。但是在许多学者的研究之中,通过辩论和商榷,互相补充,共同提高,相信总有一天会获得大家都满意的结论。

四、两汉的杭州

从秦一统到覆亡,按上文所叙,杭州地区除了出现一个会稽郡属下的钱唐县,以及《史记》所记在今江干一带显然存在一个钱唐江边的渡口以外,古代文献中再也找不到有关今杭州一带的任何记载。因为在当时,这里是一个偏僻的海隅之区,记载疏缺,这是理所当然的事。这一时期,汉人和汉文化的源源进入,当然大大超过于越时代。不过总的说来,包括钱唐县在内的整个会稽郡,这是一段相对衰落的时期。因为秦进占这个地区后把越人从其最重要的聚居中心强行迁移到"乌程、余杭、黝、歙、无湖、石城"各县,[27]即今浙西和皖南。当时,越人的聚居中心是越国的故都大越(今绍兴),而钱唐是大越的近畿。大越的衰落,必然影响钱唐。秦在迁越人的同时,也"徙天下有罪適吏民,置海南故大越处"。[28]说明当时迁入的汉人,都是一些亡命之徒,对促进这个地区经济和文化的发展,并非积极因素。在越人迁出的去处中有余杭一县,余杭接近钱唐,但看来也无裨于促进钱唐的发展。正如葛剑雄指出的:"徙往浙西皖南的越人,一部分逐渐与当地汉人融合,但多数避居山区,成为山越。直到三国初的四百多年间,山越人始终游离于汉族政权之外。"[29]事实上,这种衰落一直延续到西汉。西汉之初,不仅像秦会稽郡(汉初属楚国、荆国、吴国)这样的偏僻山区,从全国来说,西汉"天下初定,故大城名都散亡,户口可得而数者十二三"。[30]而汉武帝又穷兵黩武,元气大伤,以致昭帝"承孝武奢侈余敝,师旅之后,海内虚耗,户口减半"。[31]全国的情况如此,会稽郡当然也凋敝不振。直到元始二年(公元2年),按葛剑雄统计,会稽郡北部,面积近7万平方公里的范围内(包括杭嘉湖平原、宁绍平原以及苏南一隅),总人口不过98万人。所以司马迁对这个地区的目击记载是"地广人希"。[32]

上述西汉之初,全部都处于兵戎以后元气未复的情况下,今杭州一带看来却有一定的发展,因为我们从《汉书·地理志》获悉,它的地位已不仅是一个会稽郡的属县,而且成了这个郡的西部都尉治。《汉书·地理志》是元始二年的资料,它成为都尉治当然要早于元始二年，但在这方面，我们没有确切的凭据。《越绝书》卷二说："汉文帝前九年，会稽并故鄣郡，太守治故鄣，都尉治山阴；前十六年，太守治吴郡，都尉治钱唐。"前面已经提及，《越绝书》原是先秦文献而由东汉初人加以增删的，此书述及汉文帝时代故事，显然为东汉人讹增，因为在汉文帝时其地属吴国，尚无吴郡。[33]所以在前面论述行政区划时，指出钱唐县成为西部都尉治，当在汉武帝时代。在当时，像会稽郡这样一个边疆海隅之地，其属县当然不是如毛奇龄所说，具有"府库阛阓"、"沟隍郛郭"这样的规模，但在县衙以外还要建起一座官秩高于县令的都尉衙，这显然不是一个户口寥落、财政拮据的小县可以承受的。虽然，对于西汉钱唐县，其实了包括全郡26县，它们的户口赋税、资源产业等等，除了《史记·货殖列传》的片言只语和《汉书·地理志》的全郡总述和各县分述[34]外，我们没有任何可以信赖的古文献记载。但是从都尉治的设置这一点上，我们可以推知它与众不同的地位。

西汉成为郡内都尉治的钱唐县，到东汉之初却被并省。对于这个问题，前面阐述建置沿革时曾经指出，在学术上尚可继续研究。这是因为《续汉书·郡国志》记载的是吴会分治以后的资料。吴郡下余杭、富春两县俱在而独缺钱唐。这很难以"官多役烦"解释。奚柳芳在列举了正史地理志中不少漏记县名的例子以后指出："惟其如此，司马彪《郡国志》虽不载钱唐县，却未得以此便否定后汉无钱唐县的建置。"[35]

后汉杭州有一件值得讨论的事是关于"防海大塘"的出现。此事也见于《钱唐记》的记载，由他书引及，故得以流传至今。引及这段文字的古籍有《水经·渐江水注》、《后汉书·朱儁传注》和《通典》，[36]兹录《渐江水注》所引如下：

　　《钱唐记》曰：防海大塘在县东一里许，郡议曹华信家议立此塘，以防海水。始开募有能致一斛土者，即与钱一千。旬月之间，来者云集，塘未成而不复取，于是载土石者皆弃而去，塘以之成，故改名钱塘焉。

《朱儁传注》和《通典》所引写《水经注》大致相同，主要的差别是《水经注》所引的郡议曹姓名作"华信家"，而后两者均作"华信"（《通典》作"郡功曹"）。但《通典》把书名作《钱塘郡记》，显然是错误的，因为钱塘（唐）郡是南北朝陈的建置，郦道元不及见到，肯定是《钱唐记》之讹。

这个故事的本身带有传奇色彩。即全祖望《水经注》五校钞本[37]中施廷枢的写按所说："千钱诳众之陋。"但是另一方面，对于钱唐县境内存在的这条"防海大塘"，却是一种真凭实据。所以我在《〈水经注〉记载的水利工程》[38]一文中，在引入施廷枢的按语以后指出：

　　施说当然比较合理，但无论为何，钱塘作为我国最早的海塘之一，是依靠《钱唐记》的记载才得流传后世的。

　　现在学术界许多人都把这条海塘的修建时代定为后汉。其中一些人(包括我在内)是推论,另一些人则可能是误会。因为此文见于《后汉书注》所引,所以认为此塘当然建于后汉。其实,《后汉书》为章怀太子等所注,注中《钱唐记》作《钱塘记》可以为证。要比《水经注》晚约150年。《水经注》是现在可以看到的引及《钱唐记》此文的最早文献。

　　我之所以推论"防海大塘"建于后汉,主要根据两点:第一,《钱唐记》是南北朝初期作品,此文中说"防海大塘在县东一里许",说明这条海塘是实际存在的,不像"千钱诳众"是一个传奇故事。第二,刘道真在其著中不得不记入这个恐怕连他自己也不会相信的传说,说明此塘之建,去刘宋已远。假使此塘建于两晋或三国吴,刘宋时代的县令是可以查清建塘实况的。那末此塘是否也可能建于西汉? 当然不能排除这种可能性。但如我在上文所说,这一带在西汉是一个相对衰微的时代。而且西汉的钱唐县治,估计仍循秦之旧,不大可能离开西湖群山,客观上也没有建塘的需要。为此,"防海大塘"兴建的年代,最适当的是后汉。当然,这还只是一种推论,是杭州历史地理中一个仍可继续研究的问题。

　　假使"防海大塘"兴建于后汉的推论可以成立,那末,我们可以进一步设想,后汉的钱唐县治,已经不在"灵隐山下",即西湖群山之中,而迁往江干或其他平原地区。而且这个地区,在经过西汉一代的相对衰微以后,开始走向发展。当然,这种发展应该是包括会稽全郡,特别是上述葛剑雄作为其统计对象的会稽郡北部。由于垦殖扩大,生齿繁衍,于是才出现上面建置沿革中提及的永建四年吴会分治的局面。所有这些,都可以证明后汉钱唐县比以前各代有了较大的发展。

注释:

① 《古史辨》,北京朴社民国十五年(1926)版。

②③ 《中国历史上的基本经济区与水利事业的发展》,朱诗鳌据据伦敦乔治·艾伦和昂温有限公司(London, George Allen and Unwin LTD)1936年第1版译出,中国社会科学出版社1981年版。

④ 《吴越春秋》卷四。

⑤ 《旧约·创世记》。

⑥ 王国维《古本竹书纪年辑校自序》:"《今本》两卷,乃后人蒐辑,复杂采《史记》、《通鉴外记》、《路史》诸书成之,非汲冢原书。"

⑦ 王国维《今本竹书纪年疏证自序》。

⑧ 《越绝书》卷一:"越伐强吴,尊事周室,行霸琅邪。"又卷二:"句践徙琅邪,到建武二十八

年,凡五百六十七年。"

⑨　《浙江学刊》1984 年第 2 期。

⑩　《越绝书》卷六。

⑪　《越绝书》卷七。

⑫　邹逸麟《谭其骧论地名学》,《地名知识》1982 年第 2 期。

⑬　参见陈桥驿《论句践与夫差》,《浙江学刊》1987 年第 4 期。

⑭　《历史地理》创刊号,上海人民出版社 1981 年版。

⑮　《资治通鉴》卷七《秦记二》"乃西百二十里,从狭中渡"胡注。

⑯　上海古籍出版社 1985 年版。

⑰　《越绝书》不列在内,理由已如前述。

⑱　《太平御览》卷一七〇《州郡·杭州》。

⑲　《邻苏老人年谱》66 岁下:"驳辨若大可。"按:大可,毛奇龄字。

⑳　陈桥驿主编《浙江古今地名词典》(浙江教育出版社 1991 年版)"西湖群山"条:"绵亘在杭州市区西湖西北、西南和东南三面呈马蹄形环湖山地的总称,以西湖而得名。"

㉑　(清)佟世恩《鲊话》记及,清初恩平城(今广东恩平县)"周围六百四十步,门凡四,以乱石败草塞其西北二,全城除县(瓦屋三间)及文庙二处外,余均草舍"。据《仰视千七百二十九鹤斋丛书》。

㉒　《武林掌故丛编》第 14 集。

㉓　均收入《奚柳芳史地论丛》,河南大学出版社 1996 年版。

㉔　《钱唐故址考》,《奚柳芳史地论丛》。

㉕　《历史地理》第 5 辑,上海人民出版社 1987 年版。

㉖　林华东《钱唐故址考辨》,《浙江学刊》1987 年第 3 期;又林华东、钱桂庭《秦汉时期的杭州——钱唐故址考兼论西部都尉治》;《南北朝前古杭州》,浙江人民出版社 1997 年版;周黔生《对〈钱唐故址考〉的两点异议》,《浙江学刊》1987 年第 3 期;吴培玉《秦汉古钱唐考辨》,《中国地名》1995 年第 4 期。

㉗　《越绝书》卷二。

㉘　《越绝书》卷八。

㉙　《西汉人口地理》,人民出版社 1984 年版。

㉚　《史记·高祖功臣侯表》。

㉛　《汉书·昭帝纪赞》。

㉜　《史记·货殖列传》。

㉝　汉会稽郡在吴会分治以前也常称吴郡。

㉞　26 县的分述中,阳羡、余姚、冶 3 县不着一字;乌伤、诸暨、剡、鄮、富春 5 县,仅述王莽所改名称"莽曰某某"4 字。

㉟　《东汉时期钱唐县之废复》,《奚柳芳史地论丛》。

㊱ 《通典》卷一八二《州郡十二》。

㊲ 天津图书馆藏。

㊳ 《水经注研究》,天津古籍出版社 1985 年版。

原载《文史新澜——浙江古籍出版社建社二十周年纪念论文集》,浙江古籍出版社 2003 年版

我对清史编纂的管见

今年 4 月上旬,国家清史编纂委员会在上海开会,邀请我参加会议,我因恰逢两种书的清样正在复校,出版社催促急如星火,加上年事稍长,出门也颇费事,所以只好婉谢。却又随即收到从上海图书馆馆长办公室寄发的特快专递,内有国家清史编纂委员会的《清史编纂体裁体例调研大纲》(以下简称《大纲》)和戴逸先生所撰《关于清史编纂体例的几点补充意见》。我对清史属于外行,这些材料实在是给予我一个学习的机会。

在这份印刷精致的 50 页《大纲》之中,卷首有国家清史编纂委员会印发的信,署 2003 年 1 月 24 日,信中指出:"清史修纂的体裁是用旧体(纪传体)还是新体,叙史是用浅显文言还是白话文,拟纂修工程启动后经专家充分论证后再定。目前,确定体裁体例的工作,已成为此项工程最为紧迫而重要的任务。"作为一部中国传统的"正史",体裁、体例当然是重要的。不过当我逐篇阅读了《大纲》以后,看到确有不少学者议论这个问题。但此外,也有一些专家议论了其他问题。例如季羡林先生提出的:"不要骂曾国藩什么汉奸、刽子手","对洪秀全怎么评价?"这类问题显然并不涉及体裁、体例,而是修纂这部史书的指导思想,其重要性无疑要超过体裁、体例。因为体裁、体例无非是一种填装史料的模型,相同的模型,可以填装截然不同的史料。同样一篇《曾国藩传》,不管是否采用评论褒贬的体裁,也不管传末有否诸如"史臣曰"的体例,史料本身就可以让他成为一个汉奸、刽子手,也可以让他成为一位正人君子、朝廷栋梁。所以我的粗浅想法是,修纂一部史书,指导思想于事为大,而体裁、体例于事为小。当然,在指导思想已确定(我不知道编纂委员会的各位专家是否已经完成了这件大事)的情况下,体裁、体例确实要上升到"最为迫切而重要的任务"。我在此文中提出的,仍然是指导思想上的一点管见。

去年,中国地方志指导小组前办公室主任兼《中国地方志》主编诸葛计先生撰成了他的巨构《中国地方志五十年史事录》(方志出版社 2002 年出版,以下简称《事录》)书稿,嘱序于我。读了他的书稿,才知道在这半个世纪特别是近 20 年来的地方志修纂中,曾有人提出要"秉笔直书,不要御笔行事"的话。在 1983 年的一次全国县志座谈会,《事录》(111 页)记及:"会议的第二阶段分组就新志的指导思想,新方志与两个文明的关系,如何记述新中国成立后的历次政治运动,'秉笔直书'与坚持'四项基本原则'的关系,新方志的体例等问题进行了讨论。"这段文字中非常重要的一句是:"'秉笔直书'与坚持'四项基本原则'的关系"。我当然完全赞同修纂地方志应该"秉笔直书"而不是"御笔行事",但是在中国,尽管历史上确曾出现过不少"秉笔直书"的史官,而如唐太宗一类的很少数开明圣上,也是赞同(或是容忍)"秉笔直书"的,但其实"秉笔直书"总有些附加条件。这次会议后来写出了一份《纪要》(111 页),其中一段说:

> 在记述政治运动,特别是有关党政工作失误的记述,一定要注意从事实出发,从全局出发,从效果出发,不应愤笔妄书,授敌人以柄。

这段话让我认识到,"秉笔直书"尽管是我国史官的传统美德,但是假使脱离当时的时代实际,就会酿成"愤笔妄书"。在历史上任何一个朝代里,"愤笔妄书"都是大逆不道的犯罪,实在值得许多人头脑清醒。当然,作为一个良知未泯的知识分子,我在此书的序中还是写下了这样一段:

> 《事录》为我们提供了许多有价值的记事,例如《湖南地方志》的一篇文章中指出的"要秉笔直书,不要御笔行事"。假使哪一部地方志的修纂,不是秉笔直书,而是御笔行事,那末,这些资料有什么"存史"的价值? 更不要说"教化"和"资治"了。
>
> 在中国,正史(清乾隆间修《四库全书》,诏定二十四史为"正史")的地位比方志要高得多。长期来人们尊重正史,因为历史上出现过不少如文天祥在《正气歌》中所赞扬的"在齐太史简,在晋董狐笔"的史官。虽然正史中也有像《魏书》那样沦落为"秽史"的,而中国的礼教传统毕竟培养了许多敢于秉笔直书的史官,维护了二十四史的尊严和声誉。所以地方志在这方面应当以正史为榜样,必须秉笔直书,这样的资料才是严肃的和科学的。

我在这一段文字中提醒当今的地方志修纂,应该秉笔直书,要"以正史为榜样"。

尽管我也指出了正史中如《魏书》那样沦落为"秽史"的,但总的说来,我还是尊重正史的。当然,历代正史,从体例到内容,做到真正的秉笔直书又谈何容易,它们多存在缺陷,有的是很大的缺陷。我在拙著《郦道元评传》(南京大学出版社1994年版)一书中曾对正史的体例作过一点议论,由于前已提及沦为"秽史"的《魏书》把郦道元列入《酷吏传》,虽然《北史》实际上已为此平反,但我还是写下了这样一段:

> 清乾隆间编纂《四库全书》,诏定二十四史为"正史","正史"在我国是权威的史书。但其实"正史"存在许多缺陷。例如,"正史"从《汉书》立《酷吏》、《佞幸》二传以后,《后汉书》、《魏书》、《北齐书》、《北史》、《隋书》、《两唐书》、《金史》等均立《酷吏传》;而《宋书》、《南齐书》、《北齐书》、《南史》、《北史》、《宋史》、《金史》、《明史》等均立《佞幸传》,为什么不立《暴君纪》和《昏君纪》? 在我国历史上,酷吏和佞幸当然很多,但暴君和昏君何尝会少? 而且暴君和昏君给人民造成的灾难,又岂是酷吏佞幸可比。这实在是"正史"的极不公正之处。

现在编纂清史,尽管"正史"之诏出自乾隆,我们并不受此约束,但是按中国传统来说,自《史记》以来的各朝史书,即所谓二十四史,一直是受人尊重的。因此这次编纂清史,确实兹事体大。我虽然是个外行人士,却也想就个人所见,提出两个问题与学术界商榷。

第一个问题是民族问题。清王朝是满族人建立的王朝,当年,同盟会的政纲就有"驱除鞑虏,恢复中华"的话,民族界限是很清楚的。当然,从理论上说,民国肇始以后,这个问题已经解决。民国元年(1912),孙中山任中华民国临时大总统时的国歌《亚东开化中华早》:"亚东开化中华早,揖美追欧,旧邦新造。飘扬五色旗,民国荣光,锦绣山河普照。"歌词中的"飘扬五色旗",就是我儿时在教科书上读到的:"红黄蓝白黑,这是我们的国旗。""五色",就是"五族共和"。五族,就是汉满蒙回藏。所以从理论上说,民国建立以后,各族共和平等,不再是"驱除鞑虏"的时代了。当然,事实并不是如此。

众所周知,"中华"与"鞑虏"的严格界限由来已久,一个文化发达、势力强大的大民族和周边弱小民族的这种关系,世界各地都不乏其例。在中国,把这种关系记叙得最明白完整的莫如《礼·王制》"东方曰夷,被发文身,有不火食者矣;南方曰蛮,雕题交趾,有不火食者矣;西方曰戎,被发衣皮,有不粒食者矣;北方曰狄,衣羽毛穴居,有不粒食者矣"。此外,中国古代还有一些聪明人,他们不主张如同《王制》那样地公开划清蛮夷戎狄与汉族的界限,而是用"化夷为夏"的手段去安抚他们。这些人使用的方法,后来被太史公记叙了下来,《史记·吴世家》说:"吴太伯,太伯弟仲雍,皆周太王之子,而王季历之先也。"《越世家》说:"越王句践,其先禹之苗裔,夏后帝少康之庶子也。"这就是我在拙作《评〈浙江文化史〉——兼论古代越史中的几个问题》①一文中所说的：

> 但到了后来，诸如"越为禹后"、"吴为周后"等说法，却成了汉族领袖们"化夷为夏"的手段。历来有不少汉族领袖，他们从心底里希望禹的"支庶"多多益善。……（上世纪）四十年代之初，蒋介石先生出版了他的《中国之命运》一书，我当年曾仔细地读过此书，开宗明义就谈中华民族的不同"宗支"，他认为汉满蒙回藏都是中华民族的不同"宗支"。好一个"宗支"，其实并不是他的发明，"越为禹后"、"吴为周后"，都是"宗支"的底本。

我在议论清史修纂时提出这个问题，或许有人认为背时，多此一举。因为自从中华人民共和国建立以后，我们的民族政策人所周知。除了宪法上有明确的条文以外，我们已经实实在在地建立了民族自治区、自治州、自治县。我个人也目击了这种民族共和的场景，因为我曾任全国人大代表，在会场上看到不少穿着各式民族服装的少数民族代表，他（她）们和汉族代表一起举手，一起画圈，一起鼓掌，共同讨论国家大事。民族的平等、融洽、团结，这是我们这个多民族国家的主流和前景。

但是在另一方面，我曾于1981年5月下旬出席在北京香山举行的中国民族史讨论会（会议名称是否如此，我已不能确定），会议中的不少发言，值得供当前修纂清史参考。我是由前辈学者谭其骧先生的推荐而获得邀请的，与会学者基本上都是民族学界和历史学界的专家教授，从大学地理系前去与会的仅我1人。谭先生事前嘱咐我，要我在会上作"中国"一名源流的发言。我在完成了这个发言任务后，就倾听与会学者的发言。与会代表有不少来自内蒙古、新疆等少数民族地区的专家、教授，有的其本人就是少数民族。他们的许多发言，对我不仅是新鲜的，而且是很受震动的。虽然时隔20余年，至今仍能较清楚地回忆起来。

当时距"文革"结束不久，有不少发言是控诉"文革"中少数民族在宗教上和人格上所受的虐待和侮辱。例如来自伊斯兰教地区的学者诉说当时造反派解押"当权派"和"反动学术权威"等游街示众，要他们一手执"红宝书"，另一手牵一头猪。经过这样游街示众的人，"文革"结束后在政治上可以平反昭雪，但在群众的心灵上就很难获得平反昭雪。会上有关这类发言很多，有的说得非常痛切。但"文革"随后就被"彻底否定"，所以有关这类发言，当时虽然十分激动，但时过境迁，现在应该不再遗留多少影响。但另外一些学者的发言，至今仍然值得我们重视和研究。我想就记忆比较清楚完整的举两个例子。

第一例，有学者提出关于清王朝取代明王朝的问题。他们认为，明王朝到了后期，朝廷昏聩，朝政腐败，天灾人祸，民不聊生。这个王朝的覆灭，属于理所当然。所以清王朝取代明王朝,是社会发展的大势所趋,是历史的进步。而中国王朝从明到清的嬗递,属于中华民族内部的事情,但是直到今天,许多人在朝代更迭的观念中仍然倾向于明王朝的一边。他们举了两个人的例子,即洪承畴和史可法。从社会和历史的发展公正评价,洪承畴是促进历史发展,顺乎历史潮流的人物。而史可法其实是阻挠了历史的进步发展,从整个中华民族进行评价,他并不是一位"可歌可泣"的人物。特别是直到今天,许多人的观念仍未改变,洪承畴仍然受人不齿而史可法仍然受人尊敬,这实在是一件中华民族史上很不公正的事。

第二例,也有学者提出历史上的宋、金战争。岳飞长期来被确认是一位尽忠报国的忠臣和民族英雄。在那个时代,人们的观念如此,属于无可非议。但直到今天,岳飞的"还我河山"手迹,仍然受到人们的极大崇敬,仍然在许多场合包括印刷物中传扬。作为一个中华民族成员,现在应该明白,岳飞的"还我河山"究竟还谁的河山? 时至今日,是不是还值得到处传扬?

会议是在这年6月1日结束的,次日我就离开香山进城。由于谭其骧、史念海与我3人共同主编的一部书稿正在科学出版社整理发排,为了处理书稿,我在北京停留了三四天,就乘火车离京返回杭州。躺在软卧车上听音乐戏曲,忽然发现,这次会议上的发言,居然立竿见影。因为当时有学者气愤地提出关于唱戏的事:为什么《昭君出塞》可以唱,而《四郎探母》却被禁止? 我不懂戏曲,所以对这类发言并不介意。但是当车厢中播出"我好比,虎离山"的戏曲时,同车厢的一位显然是懂得此道的官员蓦地叫起来:"哟! 唱《四郎探母》了。"到此我才回忆会上的发言,而会议结束还不过四五天,《四郎探母》却随即解禁,在电台上播唱。因而想到,会议必然有权威人士介入,也或许就是权威机构主持的。

我并不研究民族史,对中国漫长的历史上民族与王朝的关系实在不甚了了。但是那年曾读到加拿大籍华人学者陈三平在英国《皇家亚洲学会会刊》(创刊于1834年)发表的长文《继统斗争与李唐皇室的族属》,[②]后来又获悉此文获得皇家亚洲学会的Barwis-Holliday研究奖,说明国际汉学界对此文的重视。清王朝是满族人建立的,当然众所周知。但按照陈三平的论文,李唐也并非汉族血统。从政治文化和家庭文化看,李唐皇室实际上代表塞北草原民族传统;从政治结构和许多内外政策而言,唐朝前半期与清朝又极相似。对于汉族来说,唐王朝和清王朝都是"非我族类",但人们的观念却很不相同。这当然是由于清朝距今很近,而鸦片战争以来的许多丧权辱国史事,加上同盟会政纲中的"鞑虏"称谓等等,让有些清史学者自觉地或不自觉地产生了一些民族成见。当然,我也相信,今天从事清史编纂的学者,一定会慎重地考虑这方面的问题。

　　我见到的第二个问题就是《大纲》中季羡林先生提出的"对洪秀全怎么评价"的问题。这个问题显然是对太平天国怎么评价的问题,同时也与季先生提出的曾国藩列传怎样写密切相关。在清史编纂中,需要研究的问题当然很多,但我认为这个问题或许是必须澄清和解决的头等问题。关于太平天国的事,民国以来,不同意见的讨论持续出现,而且也已经澄清了清代流传的对于"发匪"的一些不实言论。讨论是公开的和公正的,不同意见的各方都可以自由地表达自己的观点。不幸的是,自从上世纪50年代以来,对太平天国的这种公正而自由的讨论气氛受到了严重的干扰和严格的控制。左焕奎先生在《太平天国究竟如何?——从马克思〈中国纪事〉一文谈起》③一文中引用了马克思在1862年6月所写的《中国纪事》一文中对太平天国的评价,因为马克思的文章引及了夏福礼(驻宁波的英国领事)给驻北京的英国公使普鲁斯的一封信,因此而出现了左文中的几句节外生枝的话:"令人费解的是:国内在1963年12月出版此书时,加上了'译者注'称:'夏福礼此信发表在1862年6月17日《泰晤士报》上,信的内容与事实不符。'"为此,左文不得不又加上一段:"请注意,'灾星'、'魔鬼'、'丑恶万状的破坏'、'没有一点建设工作的苗头',全都是马克思的用语而非夏福礼之言。'他们',显然是指太平天国的领袖。如此不敢正视马克思关于太平天国的批评,这是不严肃的,也是不实事求是的。研究历史的人向来讲求尊重历史,也讲求'秉笔直书'的史德,学术问题,不应屈从一时之需,而应多点客观分析。"我对左文这几句话的意见是:第一,马克思《中国纪事》中译本的"译者注",澄清是必要的,但应该予以谅解。因为前面已经指出,"秉笔直书"是有附加条件的,在那些年代中,这样用一个"译者注"说几句谎话,已经算是非常宽大的了。第二,太平天国运动是发生在中国境内的事,对于此事,包括左文中引及的"灾星"、"魔鬼"等十恶不赦的罪行,最清楚和最有资格议论的是我们自己,用不着借外国人哪怕是不少人崇拜的外国人的话。

　　让"历史归真",历史上恐怕没有哪一个朝代能够真正做到。但是如上世纪60年代鼓吹要"把颠倒的历史颠倒过来"的口号,或许是全世界有史以来的独创。至于左文把"对'太平天国'的错误评价和对'洪天王'的过分吹捧"的"症结"归之于"极左思潮",话虽不错,却嫌笼统。因为在那个时代,极"左"思潮无所不在,它触及每个人的灵魂,一切史无前例的恐怖、残酷和荒唐事件,都是由此而发生的,何独美化太平天国和吹捧洪天王而已。颠倒太平天国和洪天王历史的最直接的鼓动力量,我认为应该是"一句顶一万句"的"造反有理"。

　　洪秀全的《天父诗》上有不少话,诸如:"万事爷哥朕作主","生杀由天子,诸官莫得违"。刘禺生《世载堂杂忆》④论及,太平天国曾以《太平天国天父天兄天王为真皇帝制策》为题,在武昌开科取士,而状元刘某的文章说:"三皇不足为皇,五帝不足为帝,惟我皇帝,乃是真皇帝。"回忆"十年灾难"时期,虽然与太平天国时隔 100 多年,但两者何其酷似。在那个荒唐年代里,"造反有理"不仅录入"红宝书",而且配曲作歌,举国讴唱。"造反有理"是一种思想体系,这种思想体系,不仅给邪教惑众、糜烂腐败的洪天王涂脂抹粉,树碑立传,而最后终至号召一伙以打砸抢为专业的红卫兵横行一时,祸国殃民,替国家造成史无前例的灾难。

左焕奎先生的文章属于"把颠倒的历史颠倒过来"的再一次颠倒,是一篇好文章,但是如我在前面提出的,其美中不足是,中国人的事毋需借用舶来品作证,还是让中国人自己说话为好。所以我在本文的结尾,抄录一段中国人自己的文章为太平天国说几句话。下面是舒展先生《天堂与天国》⑤文中的一段:

> 太平天国其兴也勃焉;其亡也忽焉。这个领导集团是没有多少文化,没有理论思维,提不出任何先进口号,只会破坏,不懂建设的农民掌权之后蜕化而成的特权阶级,他们能给人民带来的,除了惊惶恐惧之外,就是一幅虚无美妙的天堂蓝图,而人民得到的却是苦不堪言的地狱。这个特权阶级嘴巴上说得天花乱坠,行动上干的是腐败透顶。这样一个言行不一、言行相悖的政权,注定是短命的! 太平天国的前途只有一个;必定遭到人民的唾弃。

本文开头就说过,我对清史属于外行,区区管见,贻笑大方,聊供修纂者参考而已。

注释:

①　《浙江学刊》,1993 年第 2 期。

②　Sanping Chen,*Succession Struggle and the Ethnic Identity of the Tang Imperial House*,Journal of the Royal Asiatic Society,Vol. 6,No. 3,Nov,1996.

③　《随笔》2000 年第 3 期。

④　辽宁教育出版社《新世纪万有文库》第 25 页。

⑤　《随笔》2001 年第 2 期。

原载《学术界》2003 年第 3 期

比较城市学刍议

　　感谢广岛大学校长田中隆庄先生和地理系教授森川洋先生的邀请,使我有这样良好的机会第三次访问日本。每次访问日本,在学术和文化交流方面,我都有丰富的收获。向日本同行学习许多东西,回到中国,向中国同行用文字或讲演介绍日本学术界的研究成果。我每次访日,不管是讲学、研究或考察,除了一般地注意日本学术界和文化界的情况外,每次都有一个重点。1983 年秋季第一次访日,重点是向关西大学大学院的一部分研究生讲学,讲中国历史地理和《水经注》。那一次访日的另一重要收获是和广岛建立了关系。那年 9 月,关西大学为我安排了一次公开演讲会,不少大学的地理学家参加了那次演讲会,其中有广岛女大的堤正信先生。[①]他在那次会后就提出了要到我的研究室从事进修聚落地理一年的请求。我当时就同意了他的请求。但在中国办手续很繁很慢,堤先生花了一年时间终于办成,于 1985 年 4 月到了我的研究室。堤先生到研究室不久,他的刻苦学习精神,立刻受到研究室和地理系师生的注意。我每周为他讲课两次,并介绍他阅读大量文献。这年暑假,他决定外出考察,我为他写了许多推荐信和介绍信,他冒了暑热,跑遍了几乎半个中国,获得了丰硕的成果。十分不幸的是,堤先生患有比较严重的心脏病,但我事先却绝无所闻。他于 1985 年 9 月 13 日晚上突然发病,他夫人发觉后,立刻通知学校医院赶到急救,市内最有名的心脏病医生也立刻应学校的要求赶到抢救,学校的校长、我们夫妇也都通宵在他的住所守候。但因他的心力衰竭,一切抢救无效,使日本丧失了一位有才华的青年地理学家,中国丧失了一位在交流中日文化的事业上极有抱负的朋友。大家都深感痛心。当年在杭州大学出版的校刊和《研究生》专刊上,都特地刊载了悼念他和向他学习的专文。

1985年春季,我第二次访问日本,重点是研究日本学者对中国历史地理的研究概况,我以国立大阪大学为基地,在那里读了不少书,访问了不少学者,又进行了北到东京、南到广岛的旅行,访问了许多学者和著名的图书馆,写成了一篇《日本学者的中国历史地理研究》论文,发表于中国出版的历史地理专刊《历史地理》第6辑。[②]我的夫人也翻译了几篇日本学者的代表作在中国的刊物发表。[③]

1985年访日的重要收获是到了广岛,访问了广岛大学、广岛女子大学,会见了好几位学识丰富的学者。今堀诚二先生,他是一位学识超常的中国通,他的专著如《中国封建社会的构造》,[④]确是内容丰富、分析深透的精湛作品。米仓二郎先生,他是日本地理学界的老前辈,对于聚落地理和城市地理等的研究,[⑤]不仅著名于日本,而且著名于国际。承蒙米仓先生的允诺,1986年春到杭州大学讲学。他的讲学获得杭州大学地理系师生和杭州市许多中学地理教师以及其他一些学术界人士的钦佩。杭州大学的校刊为此发表了消息,他的讲学内容,也已在中国的一些刊物发表。森川洋先生是著名的地理学家,他对"中心地学说"有精深的研究,著作丰富。[⑥]感谢他不断地把他的著作寄赠给我,这些著作,不仅是我个人,在我们的研究室和整个地理系中都给予极高的评价。在那一次对广岛的访问中,广岛女大为我们举行了座谈会,增田欣先生、松井利彦先生、町博光先生,还有好几位同学参加了这个座谈会。我们交流了学术,得到了收获。可惜当年陪同我们参观访问的堤正信先生已经不在人间,令人感伤。

这次我到广岛,和以前一样,除了一般的考察和向日本学者请教外,我的重点放在城市研究这个课题上。我决定以这个课题作为此次访日的重点是有几个原因的。第一,我个人是一个历史地理学者,多年以来,在历史地理学全面研究的基础上,曾订下了几个分阶段研究的重点。我的第一个重点是区域历史地理,从50年代初开始,我以浙江省钱塘江以南的宁波、绍兴平原为基地,进行了好几年综合性的区域历史地理研究,发表了一批论文,出版了几种专著;[⑦]接着我把研究重点转移到一部重要的历史地理名著《水经注》。在中国,对此书的研究称为"郦学"(因书是北魏郦道元的著作)。正和日本的著名郦学家森鹿三先生一样,我整理出版了两种《水经注》著名版本和另外几种专著。[⑧]不久以前,我开始把研究重点转入对历史城市的研究,几年来主编出版了《中国六大古都》、[⑨]《中国历史名城》、[⑩]《当代世界名城》、[⑪]《当代中国名城》[⑫](此书日文译本由米仓先生监修,不久可在大明堂出版[⑬])等书,又主编出版了《中华人民共和国地名词典(浙江省)》,[⑭]现在正在主编另外几种词典如《中国城镇词典》、[⑮]《浙江古今地名词典》[⑯]等,这些都与城市研究有密切关系。我知识浅薄,但任务繁重,所以非常渴望向日本同行学习。

第二，广岛有许多著名的城市研究专家，是我素所钦佩而且希望向他们学习的。米仓先生是著名的聚落地理和城市地理专家，他的著作如《东亚的集落》、《集落地理学的展开》等，我都早已拜读，都是学识超群的精湛作品。米仓先生是在城市研究中运用比较方法很成功的学者，他1986年在杭州大学讲学，就运用了这种方法，至今还为我们学校地理系的师生所传颂。我是十分赞赏在城市研究中运用这种方法的，所以这次到广岛要多多学习这种方法。森川洋先生是著名的"中心地学说"专家。"中心地学说"是城市研究中的重要基础，我读过他的许多著作，深知他的著作，并不是单纯的复述 W. Christaller 的学说，而是有所发展，有所创造。"中心地学说"应该承认是近世区域研究和城市研究中划时代的学说，它打破了区域研究和城市研究中传统的描述方法，而是把统计法引入地理科学，使地理学家可以利用计算机和遥感处理大量信息，进行分析，使现代区域研究和城市研究建立在严格的空间概念的基础上，并且运用概率论数字模型和模拟等技术，改进区域研究和城市研究的方法。所以在今后的城市研究中，"中心地学说"将成为重要的基础，这是这次我到广岛来应该好好学习的。

由于我个人的研究重点，已经落在城市研究方面，也由于广岛有许多城市研究的专家，所以我这次访日的重点，也就落在城市研究这个课题上。而且，我愿意进一步向广岛的同行们请教的是，我很想在城市研究的方法论上作一些探索和试验，其目的在于为今后的城市研究扩大一些视界，以提高研究的效果。

我在广岛这个地方提出"比较城市学"这个名称，或许是班门弄斧。因为广岛的地理学家米仓先生和森川先生，都早已在这方面做出了成绩。但是我认为假使我们把这种城市比较研究的方法继续提高，让各国的城市学者都能看到这种研究方法的优越性，从而应用和推广这种研究方法。正如长期以来文学家们所运用的比较文学方法和教育家们所运用的比较教育方法一样，让我们也建立起我们的比较城市学方法，这必然会大大有助于城市研究的发展。

早在1960年，米仓先生出版的《东亚的集落》（东京古今书院版）一书中，就对日本和中国的聚落作了历史地理学的比较研究。这种比较研究，并不是静态的比较，而是从日中两国某些特定地区聚落和城市的形成和发展过程中所进行的比较，是一种动态的研究。这种研究，不仅是研究对象的涉及面甚广，研究的内容也非常丰富。与一般地对一个单独的聚落或城市进行静态的研究相比，其研究过程的深远广泛和研究成果的丰富多彩，真是不可同日而语。米仓先生监修的、出版于1987年的（东京大明堂版）《集落地理学的展开》一书中，这种聚落和城市的比较研究有了进一步的发展，比较的范围和内容扩大到如日本的山阴地区的旅游地,濑户内海的工业城市,中国江南的集镇,台湾东部的城市,印度的大城市,西德的区域规划和爱尔兰的城市,真是洋洋大观,美不胜收。顺便指出,米仓先生1986年春季在杭州大学的讲学,内容也是比较城市研究,丰富而生动地对比了日本、中国、印度等地区的聚落和城市。那一次讲学,让杭州大学地理系的师生明白了很重要的一种方法,即单一的城市比较研究和比较城市研究两者相比,后者确实是事半功倍。

森川先生是米仓先生的高足,他在"中心地学说"的研究方面,我在前面已经有所说明。而他把这种学说引入到城市研究之中,同样采用了比较城市研究的方法。我读过他的许多大作,在这方面,我特别钦佩他发表在《世界的都市系统》[17](1985年东京古今书院版)一书中的《东西德意志的城市系统》一文。这是一篇典型的比较城市研究的论文,和米仓先生一样,森川先生对两个德国城市的比较是一种动态的比较研究,论文从产业革命以前的城市系统状况,按历史地理学的角度,论证了这个城市系统在经过产业革命以后的发展过程,并且从这个城市系统的现状,论证它们今后的发展过程。全文资料丰富,分析深入,论证严密,使人百读不厌。我应该特别指出,这篇论文,不仅全面而详细地比较了东、西两个德国的城市系统,论文的最后一节,还把德国的城市系统与日本的城市系统进行比较。这真是一种画龙点睛的手法,把比较城市研究这种方法发展到了极高的水准。

这里顺便指出,在山口岳志先生主编的上述这部城市研究著作中,除了森川先生的论文以外,佐藤哲夫先生的《タイの都市システム》和北川建次先生的《ィソトの都市システム》二文,同样采用了把泰国和印度的城市系统,最后与日本的城市系统进行比较的方法,从这一点来说,比较城市研究的方法,在日本已经使用得相当普遍,说明这确是一种城市研究中的好方法,值得在城市学界推广应用。

其实,这种比较城市研究的方法,在国际城市学者之中,凡是对新事物比较敏感的人,都已经给予重视,并且乐于在自己的研究加以应用。我有一位美国朋友,斯坦福(Stanford)大学人类学系的施坚雅教授(G. W. Skinner),他于1977年在斯坦福大学出版社出版了一部由他主编的城市研究巨著《中华帝国晚期的城市》(*The City in Late Imperial China*),[18]我对此书已经发表了长篇书评(发表于《杭州大学学报》1985年第1期,转载于《新华文摘》1985年第8期)。我在书评中特别提出了美国芝加哥大学教授诺顿·金斯伯格(Norton Ginsburg)对此书的评语:"已经跳出了晦涩难解的传统汉学的窠臼,开始进入了历史社会科学比较城市研究的轨道"(载《美国人类文化学者》1979年第6卷1期)。金斯伯格所看到的此书的这种优点,恰恰就是施坚雅所运用的比较城市研究方法。此书共分3编,包括16篇论文,是许多城市学者的合作产物(包括日本东京大学东洋文化研究所的斯波义信教授在内）。全书中当然并不是每一篇论文都运用了这种方法，但施坚雅在他为每一编所写的长篇导言中，确实对这种方法作了足够的重视，从他的几篇导言中可以看到，关于城市的比较研究，并不一定需要大块文章。我可以举出他在第一编《历史上的城市》卷首所写的导言《中华帝国城市发展》中的一小段：

> 南京与北京在鼎盛时期都跻身于世界最大的城市之列，正如中世纪的长安、开封与杭州前此曾是世界最大的城市一样。南京在明太祖改建以后的十年左右，赶上开罗（Cairo），成为世界最大的城市，至十五世纪某一时候为北京所取代。除了十七世纪短时期内，亚格拉（Agra）、君士坦丁堡（Constantinpole）和德里（Deli）曾向其居首位的地位挑战外，北京一直是世界最大的城市，直到 1800 年前后伦敦（London）才超过他。

上面所举的只是一段短短的文字，内容主要是为了说明中华帝国晚期的两个都城南京和北京在国际上的地位。为了这两个城市，施坚雅列举包括欧、亚、非 3 洲的其他 8 个城市与之比较，尽管文字很简单，也没有什么详细的数量分析，但是因为有了比较，就很有说服力，给人以深刻印象。

不过，《中华帝国晚期的城市》中不少作者所运用的比较城市研究的方法是存在着局限性的。这就是金斯伯格所说的"历史社会科学的比较城市研究"。这是因为如施坚雅在《导言》中所说的，"本书的撰稿人，大部分是历史学家"，所以他们的论文"大部分避开了量的处理"。我在我的那篇书评中更指出："正像施坚雅所说的，他们大部分避开了量的处理一样，作者似乎还有一种避开地理环境的作用的倾向。"我的话实际上与金斯伯格一样，假使这些作者在他们的比较城市研究中也把地理环境的作用纳入他们的比较范围，那末，他们就不仅仅是"历史社会科学的比较城市研究"了。

当然，话还得说回来。城市学家研究城市，是从各种不同的目的着手的，城市学家的队伍是由各类不同的科学家组成的，他们的学术素养也各有不同。因此，比较城市研究的方法，在其运用中显然不可能强求一律。单要素的比较研究和多要素的比较研究都可以进行。如历史学家从历史社会科学进行比较城市研究，经济学从经济科学进行比较城市研究，建筑学家从建筑科学进行比较城市研究等等。地理学由于在其研究中的综合性特点，因此，地理学家具有从自然地理学到人文地理学的广阔知识面，具有对城市进行综合比较研究的素养，所以他们在比较城市研究中，可以成为一支重要的研究力量。在建立比较城市学这门新的城市科学中，地理学家无疑要作出重要的贡献。

我在米仓先生监修、马安东先生翻译的拙编《当代中国名城》一书的《日译本序》

中指出：

　　　　为了让两国学者的城市研究，达到更高的水平和获得更大的成就，我建议，中日学者的城市研究，应该从单一的城市研究向城市的比较研究发展。例如，日本关东平原和中国京、津、唐地区的城市比较研究，日本的大阪平原和中国长三角洲城市的比较研究，日本北海道地方和中国东北地区城市的比较研究，日本濑户内海沿岸和中国浙、闽沿海城市的比较研究等等。这样的城市研究，必将让我们的城市研究引向深入，更为有效地促进我们两国之间的学术界和文化交流。

比较城市研究从地域范围来说当然是很宽广的，在前面已经提到的米仓先生和森川先生所进行的研究中，地域范围涉及欧洲、印度、中国、日本等广阔地区的许多国家。我在这里建议进行中、日两国间的比较城市研究，则是因为我们两国由于在历史上长相交往，在地理上一衣带水，因而具有非常相似的文化类型，这种相似的文化类型反映在两国的城市之中，形成了我们两国城市之间的许多共同特点。所以拿这两个国家的城市进行比较研究，可以加速中日两国城市科学的发展，对促进比较城市学这门新的学科的建立有利。

从 1990 年开始，中国西北部的兰州大学，将和东南部的杭州大学共同出版一种名为《中外城市研究》的杂志（季刊），由我担任这个杂志的主编。[19]我们将在这个杂志中开辟比较城市研究的专栏，欢迎日本同行为我们这个杂志和这个专栏撰稿。通过中、日两国城市的比较研究，从而扩大我们比较城市研究的地区范围和研究内容，如同文学界和教育学界早已建立的比较文学和比较教育一样，把我们的比较城市学这门学科建立起来。

注释：

① 日本广岛女子大学地理系副教授，专攻聚落地理学，著作有《集落の社会地理》（广岛溪水社 1985 年版）等。

② 上海人民出版社 1988 年版。

③ 其中有关城市地理的是斯波义信所作《宋都杭州的城市生态》，原载大阪大学文学部《共同研究论集》第 2 辑《都市史をぁぐる诸问题》，1984 年，译文载《历史地理》第 6 辑。

④ 东京日本学术振兴会 1978 年版。

⑤ 主要的著作有《东亚の集落》（东京古今书院 1960 年版）、《集落地理学之展开》（东京大明堂 1987 年版）等。

⑥ 重要的著作有《中心地论》（Ⅰ）（东京大明堂 1980 年版），《中心地论》（Ⅱ）（东京大明堂 1980 年版），《中心地论》（Ⅲ）（东京大明堂 1988 年版），《都市化上と都市システム》（东

京大明堂 1990 年版),《日本の都市化と都市システム》(东京大明堂 1998 年版)等。

⑦　有关论文多已收入我的论文集《吴越文化论丛》,中华书局 1999 年版。

⑧　我整理出版的《水经注》版本已有 4 种,即《水经注疏》(与段熙仲合作),江苏古籍出版社 1989 年版;武英殿本《水经注》,上海古籍出版社 1990 年版;《水经注校释》,杭州大学出版社 1998 年版;简化字本《水经注》,浙江古籍出版社 2001 年版。我的《水经注》专著主要有《水经注研究》,一集(天津古籍出版社 1985 年版)、二集(山西人民出版社 1987 年版)、三集(山西人民出版社 1992 年版)、四集(杭州出版社 2003 年版)、《郦道元评传》(南京大学出版社 1994 年版)、《郦学札记》(上海书店出版社 2000 年版)等。

⑨　中国青年出版社 1983 年版。后来由于安阳被采纳为大古都,所以又主编《中国七大古都》,中国青年出版社 1992 年版。

⑩　中国青年出版社 1987 年版。

⑪　浙江人民出版社 1987 年版。

⑫　浙江人民出版社 1988 年版。

⑬　此书由米仓二郎监修,马安东译,已于 1990 年在东京大明堂出版,日译本书名作《中国の诸都市》,卷首有我的《前言》。

⑭　商务印书馆 1988 年版。

⑮　后来改变计划,调整内容,书名称《中国都城辞典》,江西教育出版社 2000 年版。

⑯　浙江教育出版社 1991 年版。

⑰　《世界の都市システム》,山口岳志主编。

⑱　此书由叶光庭等译,陈桥驿校,已于 2000 年中华书局出版。

⑲　仅出版两期,即停刊。

附　记

这是我担任日本广岛大学客座教授时的第一场讲义,一晃已经过去了 14 年。当年,由于年事还不及古稀,很有把“比较城市学”这门学科建立起来的愿望。但是后来由于杂事冗繁,没有时间和精力在这个问题上继续深入。不过,令人高兴的是,这些年中,常常在有关刊物中读到历史城市之间或现代城市之间进行比较研究的论文。所以,尽管“比较城市学”至今没有像“比较教育”、“比较文学”那样地成为一门成熟的学科,但是随着城市学者在这方面研究的增加和深入,这门学科是终究能够发展和成熟的。因此,我当年在广岛大学提出的这个《刍议》,现在仍然不无意义。

我在这个《刍议》中提及了当代美国著名汉学家施坚雅主编的名著《中华帝国晚期的城市》。因为这部著作在许多论文中都运用了城市之间比较研究的方法。我引及此书时,此书还是一本英文原著,而且国内城市学者能见到此书的为数极少。现在,此书的中译本已于最近(2000 年 12 月)由中华书局出版,《光明日报》于 3 月 19 日作了专题报道。施坚雅本人不仅为中译本写了《序》,而且于3月23日写信给我盛赞中译本的来信(来信是用英文写的),信的开头就说:

收到中华书局寄来的《中华帝国晚期的城市》,我很激动。为出中文本,你和你的杰出的历史地理学家翻译组花了那么多时间和精力,我很感荣幸,你们不图名利的劳动成果终于问世,我更高兴。你很清楚,很多西方著作一经译成中文,若非不知所云,也是生硬晦涩;阅览优美而又准确的译文,真是快事。

施坚雅和我是20多年老朋友,我深知他的为学为人。他不仅汉学根底扎实,而且治学严谨,绝不随意褒贬。他对中译本的称赞,说明虽然此书的翻译难度确实较大,但我们的译文至少尚能差强人意。所以此书中译本的出版,对我国城市学者运用比较方法进行城市研究或许有些借鉴作用。希望"比较城市学"这门学科能够得到更快的发展。

令人兴奋的是,《中华帝国晚期的城市》的中译本受到我国城市学界的广泛好评,以致2000年12月的第一版很快售罄,在经过不多的校改以后,第二版随即于2002年4月问世。我和此书的其他译者都为此感到鼓舞,施坚雅教授和此书的其他作者(他们都是国际著名的汉学家)一定也为此感到高兴。

值得纪念的是去年的日本之行,这或许是我有生之年最后一次到国外参加城市研究的学术讨论会。承国际日本文化研究中心热情邀请我们夫妇出席会议,并且在事先就十分妥帖地为我们安排了老年人旅行和生活的条件,让我能于去年12月10日在京都宣读了《先秦及秦汉时期的杭州》的论文(将在今年出版的会议论文集发表)。10多年没有访日,很有物是人非之感,上世纪80年代多次在那里讲学,当时的同辈学术界朋友,都已经退休,而日本地理学界的元老,比较城市学研究的先驱米仓二郎教授前一年就已谢世。溯昔抚今,不胜感慨系之。

不久之前,收到中国古都学会2003年大会的《特别邀请函》,承中国古都学会、太原市人民政府、太原师范学院的邀请,参加今年8月在太原举行的年会。我的好友山西大学靳生禾教授也来信,诚恳希望我出席这次太原建城2500年盛典的盛会。太原是我几次旧游之地,有我的许多朋友,名城盛会,确实心向往之。实在因为年迈体弱,所以无法恭逢其盛。为此撰写一篇论文,也因文债积欠较多而无法完成。遍索往年文夹,寻得1989年在日本广岛大学任客座教授时的首场讲义,至今尚未发表,聊以此文塞责,并祝大会成功。

2003年6月于浙江大学

原载《城市研究》2003年第6期

让徐霞客时代的绍兴水城重现

　　一年一度的徐学盛会，今年在绍兴举行。绍兴是我的家乡，作为一位徐学界的成员，我感到不胜荣幸。今年正是 1983 年全国徐霞客诞辰 400 周年筹备委员会在无锡召开的 20 周年，那次会议是当代徐学研究的里程碑，我忝为当年筹备委员之一，目睹这 20 年中徐学研究的欣欣向荣，蒸蒸日上，确实无限振奋。

　　20 年来，在广大徐学同仁的努力下，徐学研究获得了稳步的、健康的发展，我在拙作《关于徐学的兴起和当前的研究》[①]一文中，曾对这 20 年中的徐学研究作过一点阐述，在初期，徐学界的队伍较小，成果较少，而在研究方法等方面，也不免走过一些弯路，但是成绩仍然是主要的，特别是在《游记》版本的搜集整理方面，通过几位学者的辛勤耕耘，上世纪 20 年代由丁文江整理的《游记》，获得较大的扩展和更详的校勘，并且绘制了徐霞客旅行的地图，为有志于徐学研究的后辈学者创造了有利条件。也有些学者，按《游记》路线尝试"走徐霞客走过的路"一类的实践，虽然方法值得商榷，成果并不显著，但他们的精神也是值得佩服的。

　　在这 20 年的后期，随着全国和各省徐学研究组织的纷纷建立，徐学研究队伍扩大，徐学知识获得了广泛的普及，徐学研究的成果从一般的科普读物提高到内容充实和丰富多样的专著，例如由北京徐霞客研究会和江阴市人民政府联合编辑的《徐霞客研究》（用国际标准书号由学苑出版社出版）经常出版，收到其中的论文都有较高品位。又如江苏省社科联主持的《徐学概论——徐霞客及其游记研究》，[②]总结了多年来的徐学研究,钩稽排比,汇集而成为一部50万余言的徐学巨构,获得徐学界的广泛好评。今年,著名徐学家朱惠荣教授的杰作《徐霞客与〈徐霞客游记〉》③问世。朱教授在徐学领域中功底深厚,20年中已经为这门学问作出了重大贡献,而此书的出版,必将为徐学界所学习和推赞。长江后浪催前浪,作为一门新兴科学的徐学,前景无限,形势喜人,这是广大徐学界同仁共同努力的成就,为了让这门学问获得更大的发展,徐学界同仁今后还要作出更大的努力,任重道远,愿我们共勉。

现在回到这次绍兴盛会的本题。浙江省是全国徐学研究取得较多成就的省区之一,这些年来,每年都有一次规模较大的学术活动。这次在绍兴举行,我以为意义不同一般。浙江省的历史文化名城为数不少,但古都则仅有杭州与绍兴两处。杭州已经举行过徐学盛会,现在轮到绍兴。我往年曾经撰写过《论绍兴古都》④一文。绍兴不仅是一座古都,而且是一座水城。它在创建过程、建都年代以及山川水利等方面,都有与众不同的特色。当年徐霞客到绍兴,显然也是慕绍兴这座古都和水域之名;今天我们在绍兴举行徐学盛会,溯昔抚今,令人不胜感慨。

前面已经提及,浙江省这些年来每年都举行徐学研究的学术活动,所有这些举行活动的地方,都是当年徐霞客足迹所到之地。徐霞客毕生到过哪些地方?《游记》是最重要的依据。问题是,《徐霞客游记》如同《水经注》一样,现在我们所见的,都不是当年的完帙,而是一种残籍。只要把丁文江本和现在流行的各本作一点比较,《游记》的残缺情况就很清楚了。从浙江省来说,前年在舟山开会,去年在嘉兴开会,但此二地都并不见于现存的《游记》。由于《游记》的残缺,我们就需要借用第二手资料进行考证与推论。在第二手资料中,学者所常用的是徐霞客同代人所作的一些铭传,如吴国华的《圹志铭》、陈函辉的《墓志铭》和钱谦益的《徐霞客传》等。这些人虽然都是徐霞客的同代人,但由于明朝人做学问的风气不好,捕风捉影、胡说八道的糟粕很多,所以利用这类资料,必须小心谨慎。诸如"最奇者,晚年流沙一行,登昆仑天柱,参西番法宝"、"自鸡足而西出石门关数千里,至昆仑,穷星宿海,……望见外方黄金宝塔,又数千里遥矣"。我在拙作《徐霞客与普陀落迦》⑤文中指出:"一位脚踏实地的旅行家,竟被描绘成一个'飞鸟行空'、'信宿往返'的神怪。"所以对于这类历来学者常引的资料,必须严格地甄别,如美籍张春树教授所说:"徐霞客在云南的旅行中没有到青海和西藏。"⑥当然,这类第二手资料中也有一些是可以信赖的。例如舟山的(普陀)落迦,绍兴的兰亭等,均不见于今本《游记》,却为《墓志铭》等所载及。关于这方面,吴尧民先生撰有《徐霞客浙江屐踪初探》⑦一文,广引《墓志铭》等第二手资料以弥补《游记》的残缺,分析考证至详,可以参阅。

对于绍兴,由于《粤西游日记》九月二十七日记及"禹陵窆石"的话,所以他的行踪是否及此,并不存在需要在第二手资料中求证的问题。不过,像绍兴这样一处对古今学者游客具有巨大魅力的地方,《游记》除了"禹陵窆石"一语以外,不见其余,而且在今存全部《游记》之中,也不见绍兴(包括山阴、会稽)地名,说明今本《游记》虽然经过学者们的悉心搜求增补,但缺佚篇幅仍然甚多。吴尧民先生从第二手资料考证:"推测徐霞客曾到过绍兴,不可能少于两次,至少两次台、宕之游,应是都经过绍兴的。因此,游兰亭、禹陵的机会也决不是一次,五泄也是一样。"⑧所以徐霞客必有专篇记叙绍兴之游,可惜都早已亡佚了。

古代文人学士到绍兴游历甚至定居的甚多,从司马迁的"上会稽,探禹穴",⑨到六朝的"千岩竞秀,万壑争流",⑩到近年来为学术界广泛发掘的"唐诗之路"等等,历来对绍兴自然和人文的记叙实在车载斗量,所以《游记》中亡佚关于绍兴的专篇并不足惜,而且也并不影响绍兴的徐学研究。我曾经发表过《环境保护与生态平衡——徐学研究与可持续发展的关系》⑪一文,其中说及:"譬如,我的家乡绍兴,原来是个水乡泽国,不仅是城外,在城内也是河道纵横,河水清澈。我幼年经常在自家后门小河中捕鱼摸虾,情趣至今犹历历如在。但是最近40多年中,大量河流都被填塞,仅存的几条也遭到严重污染。"我这里写的是40年中绍兴的环境变化,是我自己的目击记录。假使把40年延伸到400年,那就可以借重《游记》。现在,《游记》亡佚了有关绍兴的卷篇,这并不影响我们在这方面的研究,因为我们可以参阅与《游记》在时代上接近的其他文献,用这样的方法研究近四五百年绍兴的环境变化,仍然是一种广义的徐学研究。

徐霞客到绍兴的事,不仅见诸《游记》,并且如上述吴尧民先生的考证:"不可能少于两次。"徐霞客到绍兴,必然从杭州过钱塘江,循浙东古运河(又称漕渠、西兴运河,现在又常称浙东运河),从府城西北的迎恩门(西郭门)入城,因为舍此别无他途,这是我们可以论断的。舟楫从迎恩门入城,入城以后,他所见到的是一座街衢交错、河港⑫纵横的水城。当他第一次进入这座文化璀璨、市面繁荣、景观特致的水城之时,他必然有叹为观止之感而写下了笔记,可惜其记亡佚,现在我们需要按徐学研究的方法,通过其他文献,追溯明代的绍兴水城景观及其以后的变迁。

绍兴水城,不仅历史悠久,而且位置稳定。绍兴是我国的古都之一,现存的绝大多数古都,今城其实都不是古城,而是历经辗转迁移。例如:西安是古都,但今西安既非西周沣镐,也非秦咸阳和汉长安,而是建城在隋唐长安基址上。洛阳是古都,但今洛阳既非东周王城,也非汉魏故城,而是建城在隋唐故城基址上。但绍兴却与众不同,公元前5世纪建城于九座孤丘之间的一片沼泽平原上,至今最高的3座孤丘(其余6座都已夷平)龙山、塔山和蕺山,成为这座古城在地理位置上稳定不变的坐标。这是绍兴古都在我国古都之中值得自豪的特色之一。

　　我在拙作《历史时期绍兴城市的形成与发展》[13]一文中提及,越王句践与范蠡从公元前490年起,开始兴建小城(山阴城)和大城(山阴大城),据《越绝书》卷八所记,小城的城门设置是"陆门四,水门一",大城的城门设置是"陆门三,水门三"。说明在建城之初,水城的格局已经确定。随着后汉鉴湖的兴修,水域的特色就更为显著,城内河港纷歧,湖沼棋布,都与鉴湖与城外的其他河网沟通。前面提及的古运河,所以称"古",因其中一段,曾经记入《越绝书》卷八,说明这是一条先秦运河,是我国有历史记载的极少数运河之一。古运河通过迎恩门,与城内的河港沟通。南朝后期(约557—589),原山阴县分成山阴、会稽两县,山阴在西,会稽在东,在都城之内,两县以纵贯全城南北的河港为界,这条在城内分隔两县的河港,称为城河,后来也称府河。在城内以河港划界而不以街衢划界,也就充分体现了水城的特殊环境。

　　既然今本《游记》没有徐霞客所见的绍兴水城记载,我们就利用比徐霞客约早100年的王守仁(阳明)在这方面的记叙,他在《浚河记》[14]一文中说到当时山、会两县间的这条城河:"越人以舟楫为舆马,滨河而廛者,皆巨室也。"从此一语中可以窥及:一条城河,沿河两岸是两条大街,河西是山阴大街(即今解放路,以前习称"大街"),河东是会稽大街(今已与解放路合并,以前习称"后街")。"滨河而廛",说明当时山阴、会稽这两条沿河大街,都像后来我们见到的柯桥、东浦、安昌等集镇一样,是滨河的单面街。"廛"字有很多种解释,王阳明所说的"滨河而廛",当指城河两岸的市房,说明这两条都是商业街,商业街当然货运繁忙,城河就是主要的物资集散航道。

　　王阳明所见的绍兴水城沿河两条单面街,到清朝初期已发生变化。据乾隆《绍兴府志》卷十四所记:"按城河即府河,在府东一里(驿案:此'府'指绍兴府治,在今龙山南麓),跨山、会界,市民居货者,架水阁于河上,为便房密室。康熙五十四年,知府俞卿下令撤之。"这里记及有关康熙年间撤水阁之事,康熙《绍兴府志》卷十六有详细记载:"康熙五十二年,知府俞卿令民开浚,深必三尺,广必及两岸,始于各城门,鳞次递进,以一里为程,不一月工竣。五十四年又尽撤城中水阁,恐久而渐弛,乃琢石碑二,一立于仪门下,一立于江桥张神祠。"从这两部方志的记载中可见,到了清初,山、会两街的单面街格局开始受到干扰,正是由于商业街的缘故,有人在河边修建栈房仓库之类,以至出现跨河而建的水阁,即《乾隆志》所说的"便房密室",不仅影响市容,而且有碍交通。不过,在单面街受到干扰的初期,这类在河边上建造房屋和水阁的现象,还不是很多的,单面街尚未全部封闭。因为乾隆进士赣人蒋士铨,曾贻书当时的绍兴知府,信中提及:"越郡为泽国,城中河流纵横,界画若棋局,其阔处可并三艇。……自昌安门入,由斜桥至小江桥数十户为城河孔道,两岸列市肆,货船填集,载者卸者鳞鳞然,而舟往来如激箭。"[15]几句话生动地描述了水城风光,而且说明直到乾隆年代(1736—

1795），山、会两县沿城河的单面街还局部存在。"大街"和"后街"这两条单面街的破坏，亦即山阴大街东缘、会稽大街西缘沿河屋舍栉比的现象，是乾隆以后出现的。不过这种现象的发生，其影响只是山、会两条单面街（可能还有两县的其他单面街），并不殃及水城的纵横河港。我在拙作《越文化与水环境》[16]一文中，曾经引及18世纪法国传教士格罗赛（Grosler）的目击描述："它（按指绍兴城）位于广阔而肥沃的平原中，四面被水所包围，使人感觉到宛如在威尼斯一样。"[17]

由于户口增加和生产发展，对这座水城水环境的干扰是逐渐发生的，山、会两条单面街的消失即是其例。但是必须指出，最近以来的半个世纪，是水城水环境破坏最严重的时期，我在本文中提及的对于我家后园外的这条小河在40年中的遭遇，已经说明了一切。顺便提及，绍兴的水城风光中，除了河湖水体以外，还有大量的桥梁。小桥、流水、人家，这不仅是为了水城的交通需要，而且包含了水城的风趣和文化。往年我为《绍兴桥文化》一书作《序》，[18]也曾提及我家后园的那条小河，这条小河长不到1000米，然后与另一条较大的水城河港汇合，但在这不到1000米的河道上，就有7座各种式样的桥梁，可惜如我在《序》所说："小河早已填成街道，七桥连绵，如今影迹全无。"这也是发生在这半个世纪中的事。

绍兴水城水环境的巨变，是从上世纪50年代开始的，城内河港次第填塞，但旧山、会两县间的这条城河却仍获保留。1979年，改革开放刚刚开始，我蒙绍兴市（当时是县级市）府之邀前去演讲，由于十年浩劫中失去自由，已经多年不回家乡，这次回乡，发现解放路上正在大兴土木，"大街"东侧和"后街"西侧的屋舍正在拆除，城河正在填塞，目的显然是为了让历史上山阴、会稽的两条大街合而为一，使解放路成为一条更为宽广的商业街道。我在演讲中即景生情，当场提出了反对这种鲁莽的城市"改造"。演讲以后，曾有一位市府领导向我解释，说这是"文革"中制定的规划。我揣摩这位领导的心态，或许是听了我演讲，恍悟这条河港的历史价值，因而表示出这种无可奈何的情绪。

1980年，以美国科学院院士、斯坦福大学教授、国际著名汉学家施坚雅（G·W·Skinner）为首的学术代表团一行十余人访华，由于斯坦福大学建有施坚雅领导的"宁绍研究室"，所以宁绍地区是他们访问的重点。我受接待单位浙江省社科院的委托，陪同代表团到绍兴，由于从北京派来的翻译不懂这一带方言，一路上我还成了他们的翻译。当时绍兴唯一可以接待外宾的是交际处（今绍兴饭店），代表团之中有好几位汉学家十分熟悉宁绍地区，住下来以后就上街参观，看到了解放路上尚在进行的工程。我向他们解释了这项填塞城河扩展街道的工程情况。他们之中，除了有几位以明显的客套口吻说了诸如"绍兴正在建设"之类的话外，好几位都知道被填塞的河港原是山、会两县的县界，表达了怀旧、惋惜和对这种"改造"不以为然的情绪。包括施坚雅在内，好几位站在原清道桥上观察，流连不舍。事后，我也把这些外国汉学家的意见向市领导作了反映。当时，整个工程实际上已近完成，城河的消失已经画上了句号。由于"文革"结束不久，被"解放"出来的"走资派"和知识分子，大家都还心有余悸，"两个凡是"余音缭绕，许多人虽然经历了这场运动的残酷和恐怖，但是对于它的"成绩"，还得遵循"最高遗旨"，即所谓"三七开"，成绩是主要的。既然据我耳闻规划出于"文革"，大家也就不必对此议论臧否，绍兴俗语"闲事勿管，饭吃三碗"，就属于这种心态。

我对此当然耿耿于怀，不管人轻言微，还是在各种场合提出我对绍兴水城的意见。1991 年，台湾锦绣出版企业创办的大型地理杂志《大地》总编曾广植先生，曾派专人到杭州约请我撰写一篇有关绍兴的文章，因为他们知道绍兴是我的家乡。我接受他们的约稿，写了《绍兴水城》一文。全文写得很长，并且配上许多彩色照片，《大地》把此文作为标题文章，发表于该刊 1992 年 9 月号，在绍兴颇有流传。当年我是在一则以愧、一则以忧的心态下写作此文的。愧的是，自从越王句践以来，多少贤牧良守领导人民所创建的这种优美的水环境，由于近半个世纪的河港填塞和水体污染，已经面目全非。忧的是，这种每况愈下的水环境恶化趋势，是不是难以挽回？水城美名，是否将从此消失？

我对绍兴水城的积愫终于用文字发表出来。记得上世纪末叶，在一次祭禹活动中举行学术讨论会，讨论会大概分成文化和水利两组，水利这一组是由我主持会议的，我的发言用了《绍兴的水环境的严峻形势必须改变——让"山阴道上行，如在镜中游"重现》[19]的题目。其中有一段议论了城内河港的填塞隋况：

绍兴市前政协副主席陈惟于先生为我调查了半个世纪中绍兴城内河港的填废情况，大概是，1949 年以前，城内有大小河港 32 条（都能通行舟楫），计长 35 公里。这 50 年中，已经填废了其中的 17 条，计长 17.2 公里。则填废的河港，在数量和长度两方面，都已超过或接近 1949 年城内河港的一半。在填废的河港中，有的是这个水城中至关重要的河道。例如在 70 年代把前山阴、会稽两县大街合二为一的工程中，就把两县在府城内的界河填废。现在回顾，实在令人不胜遗憾。

发言中也提出为了恢复水城风貌的废街还河问题：

绍兴城内的废街还河显然有更大的难度。但是从长远来看，这也是我们这一代人必须完成的事。现在暂且不能想象把填废的 17 公里河港全部恢复。但是诸如 70 年代填废的这条贯穿前山阴和会稽二县县界的府河，实在是应该首先考虑的大事。假使让府河恢复，山阴大街和会稽大街都成为沿河的水城单面街，而府河经过渠化和沿河绿化，成为一条纵贯这两条单面街之间的城市绿带。这样，绍兴将成为一座特色鲜明的真正水城,这是何等诱人的前景。

现在,令人欣慰的是,最近 10 年以来,绍兴水环境恶化的趋势,已经在到达了谷底以后开始从谷底回升。不久以前完成的环城河整治工程和最近完成的浙东古运河绍兴段整治工程,作业艰巨,成就卓越,实在鼓舞人心。这是因为,这半个世纪以来的水环境恶化,是整个长江三角洲都存在的事实。关于这方面,我在拙作《论长江三角洲水环境生态机制》[20]一文中已述其详。而绍兴近年来在改善水环境方面获得的成就,除了绍兴一地以外,显然还为长江三角洲的其他许多城市作出了榜样。

当然,仅仅从绍兴来说,这半个世纪中水环境的恶化是全面而严重的,环城河与浙东古运河绍兴段的整治,虽然成绩可观,但要全面地改善城乡水环境,仍然任重道远,有待继续努力。今年 7 月 15 日,绍兴市人大通过《镜湖新区空间规划方案》,要把现存约 3 平方公里的湖面扩大到 8 平方公里。在这片水乡泽国中,8 平方公里的湖面并不算大,与古代鉴湖面积相去甚远。[21]但是,今天我们对绍兴水环境的改善不能脱离实际,我们既不需要也不可能在绍兴重现一个古代鉴湖。但市人大通过的这个《方案》,对绍兴和长江三角洲的许多城市都是一种有益的启发,它让我们看到了整个长江三角洲水环境否极泰来的希望。

对于绍兴来说,我认为继环城河和浙东古运河的整治成功,现在该是恢复徐霞客时代绍兴水城的时机了。这当然需要领导者的魄力和胆识,但是更需要人民的拥护和支持。把埋在地下 20 年的这条城河挖掘出来,成为一条水流清澈、花艳树荫的城中绿带,河两边是两条繁荣的单面街。它体现了传统的绍兴水城风貌,却丝毫不会影响人民的现代物质文明享受。这样的城市才能独步世界,不仅如格罗赛所说的"宛如威尼斯",而且势必超越威尼斯。这是绍兴水城可持续发展的唯一途径。

际此徐学盛会在绍兴举行的机会,有感于这里的水环境和水文化,不揣浅陋,谨献七律一首。诗非雅驯,但每一句都紧扣这里的水环境和水文化,敬请徐学同仁的指教:

> 绍兴之名天下知,半城河港半城诗,
> 会稽山中传禹蹟,投醪河边犒越师;
> 兰亭修禊书集序,沈园邂逅题壁词,
> 承前启后赖持续,蓝天碧水无尽时。

注释:

① 《徐霞客在浙江》,浙江教育出版社 1998 年版,又转载于《徐霞客研究》第 5 辑,学苑出版社 1999 年版。

② 钧侃、倪绍祥主编,江苏教育出版社1999年版。

③ 中华书局2003年版。

④ 《历史地理》第9辑,上海人民出版社版,又收入于《吴越文化论丛》,中华书局1999年版。

⑤ 《徐霞客在浙江·续集》,中国大地出版社2002年版。

⑥ *The Travel Diaries of Hsu Hsia-ko*, The Chinese University of Hong Kong, 1974.

⑦⑧⑪ 《徐霞客在浙江》。

⑨ 《史记·太史公自序》。

⑩ 《世说新语·言语第二》。

⑫ "河港",绍兴方言,意谓河流。

⑬ 《纪念顾颉刚学术论文集》下册,巴蜀书社1990年版,收入于《吴越文化》论丛。

⑭ 《王文成公全书》卷二四。

⑮ 《忠雅堂文集》卷八。

⑯ 《浙江学刊》1994年第2期,收入于《吴越文化论丛》。

⑰ *Nagel's Encyclopedia Guide—China*, P. 1090.

⑱ 上海交通大学出版社1997年版,收入于《吴越文化论丛》。

⑲ 李永鑫、张伟波主编《越文化研究文集》,中华书局2001年版。

⑳ 《城市研究》1998年第6期。

㉑ 据拙著《古代鉴湖兴废与山会平原农田水利》(《地理学报》1962年第3期、收入于《吴越文化论丛》)的考证,鉴湖初创时,面积达206平方公里。

原载《徐霞客在浙江·续二》,中国大地出版社2004年版

论嘉兴旅游业的可持续发展

——兼论水乡的水资源

"2002 嘉兴徐霞客旅游文化研讨会"的举行,其意义不同寻常。纪念徐霞客的盛会,在浙江已经举行了多次,但每次都在山地丘陵区或海岛区,在水乡举行这还是第一次。嘉兴是我年轻时代曾经工作过的地方,现在旧地重游,溯昔抚今,确实不胜感慨。

嘉兴是个典型的江南水乡,界于江、浙、沪3省市之间。在唐代时,它属于江南道、苏州(吴郡),全州领有7县,其中嘉兴、海盐两县在今浙江省境之内。五代吴越国,这里成为秀州之治。北宋和南宋,都是秀州(嘉兴府)州治(府治),秀州当时领有4县,其中嘉兴、海盐、崇德3县均在今浙江省境之内,而华亭县(今松江)不在浙江境内。到了徐霞客的时代,嘉兴府和徐霞客家乡的常州府,其间只隔了个太湖,两地的自然环境和人文环境基本相同,所以《游记》虽然没有记及嘉兴,但在他的行程中必然多次往返于这个地区,而且必然熟悉这个地区。

这个地区是我国的富庶中心长江三角洲。我在《论长江三角洲的水环境机制》①一文中,曾经为这片三角洲做过地域界限上的议论:

> 自然地理学上的长江三角洲是长江和钱塘江冲积而成的一片三角洲,其范围大致是镇江以东,通扬运河以南,杭州湾以北,面积约五万平方公里。人文地理学上的长江三角洲,其实就是施坚雅(G. W. Skinner)在《中华帝国晚期的城市》②(*The City in Late Imperial China*)一书中所说的"江南金三角",还应包括钱塘江以

南的宁绍平原,面积七万平方公里。

在上述7万平方公里的地域中,徐霞客的足迹其实是无处不到。但今杭嘉湖平原见之于《游记》的,论城市不过是杭州、余杭,论集镇也只有西塘、王江泾、乌镇、新市、圹栖等处,而其中除了杭州外,往往是一笔带过。《游记》虽然记及嘉兴府属的不少地名,但对嘉兴和秀水都不着一言。或许有人认为《游记》不涉嘉兴、秀水,则对于我们在嘉兴举行这样一次盛会美中不足。但我却不是这样看法,因为我已经写过《撇开〈游记〉——再论徐学研究》③的文章。我认为自从1983年全国纪念徐霞客诞辰400周年筹备委员会在无锡召开以后的初期,当时,徐学研究在全国刚刚掀起,许多人对《游记》还不够熟悉,所以人们紧扣《游记》写文章,这显然有碍于徐学研究的发展。但是到了1991年,徐霞客逝世350周年国际纪念活动在桂林举行时,我就发表了《扩大徐学研究》④一文,呼吁以后的徐学研究应该扩大视野,"把研究对象开放到在中国历史上所有和徐霞客其人其书相应的广大领域中去"。2000年,我写《撇开〈游记〉》这篇文章,其实是我当年参加在宁海举行的,"'2000《徐霞客游记》开篇暨宁海旅游文化研讨会"的感想。因为在那次会上,我发现有些人的徐学研究还是停留在捧牢一本《游记》的状态之中,所以我举上世纪40年代浙江大学在遵义纪念徐霞客时所出版的《地理学家徐霞客》⑤一书为例:"其中有不少卓越的徐学论文,如林文英先生的《江流索隐》和任美锷先生的《江流索隐质疑》两文,其实都并非《游记》研究,"也就是撇开《游记》的徐学研究。我在此文中最后提到:

> 撇开《游记》绝非不重视《游记》,《游记》是徐学的础石,徐学大厦是在《游记》的这块础石上兴建起来的。这是一方面。但是另一方面也必须看到,我们兴建的这座徐学大厦,其覆盖面比之于这块础石不知要广大多少倍。为此,我希望长期来一直停步在这块础石上的徐学同仁,及早从这块础石上下来,到正在兴建中的这座徐学大厦到处走走看看,群策群力,把这座徐学大厦建设得更为堂皇富丽,美轮美奂!

2002年4月10日,浙江省徐霞客研究会邀请正副会长、顾问和名誉理事,在花家山庄举行品茶议事会,讨论该年研究会工作计划。名誉会长王家扬先生讲了话,提出了今后徐学研究应该扩展内容的意见,我认为这次讲话非常重要,因为这说明徐学领导已经重视了徐学研究的发展方向问题。这次在嘉兴举行的徐学盛会,会议的名称就标明"旅游文化研讨会"。前面已经提及,《游记》并不记及嘉兴和秀水,所以会议的讨论除了徐霞客精神外,不必也无法套用《游记》。这是浙江省历次徐霞客会议中别开生面的一次,有利于徐学领域的扩大和徐学研究的发展。

按这次会议的名称,徐学研究结合旅游文化,当然是顺理成章的。"旅游文化"这个命题确实引人入胜。不久以前,我为阮坚勇先生所著《文化营销——绍兴旅游业文化营销战略研究》⑥一书作序,序中回忆了那年到北美访问讲学,我们夫妇在加拿大游览了魁北克的枫林,又在美国佛罗里达玩赏了迪斯尼乐园。但我指出:"我们并不贬损诸如魁北克的枫林和佛罗里达的沙滩等地方的旅游价值,但这些地方在文化上的薄弱毕竟是它们难以弥补的缺陷。"我在该序中说:

> 正如阮坚勇先生在其著作中所说的:"任何形式的旅游都促进了主客观双方的文化活动,只有旅游与文化相结合,旅游业才会保持旺盛的生命力。"这就说明旅游业一旦建立和发展起来,必然要进一步充实其文化内涵。我们不便把游客分成"俗客"和"雅客"二类,因为文化旅游终究是绝大部分游客所追求的。

嘉兴当然完全不同于魁北克和佛罗里达,这是一个历史悠久、文化璀璨的地方。仅仅从地名来说,这一带是省境内最早出现地名的地区之一,《汉书·地理志》会稽郡下在今嘉兴境内有由拳、海盐二县,《汉志》所载此二县在秦代已有建置,是今省境内最早出现的县邑。经东汉初人整理流传的先秦古籍《越绝书》,⑦记及这一带的远古地名不少,例如卷二《吴地传》:"吴古故从由拳、辟塞,度会夷,奏山阴。"这4个地名中,除"山阴"是汉语地名见于《越绝书》卷八外,⑧其余都是越语地名。其中如"会夷",即是"会稽"的不同汉译。至于"由拳",我在我主编的《浙江古今地名词典》⑨的《前言》中曾经指出:"古代越语地名无疑增加了浙江省地名的复杂性,例如……由拳、由卷、囚卷(今嘉兴)……语儿、御儿(今桐乡附近)均是其例。"今嘉兴市海盐,是秦始皇从越语武原所更改,《越绝书》卷八也有明确记载。⑩这一带见于《越绝书》的先秦地名,除了由拳、武原以外,还有语儿(御儿)、柴辟、就李、女阳亭、觐乡等。地名是随着人类文明的发生出现的,所以这一带的许多远古地名,充分证明了嘉兴的悠久文化。《越绝书》卷二还记载了一条秦始皇建造的沟通吴越的道路:"秦始皇造道陵南,可通陵道,到由拳塞,同起马塘,湛以为陂,治陵水道,到钱塘越地。""同起马塘,湛以为陂",这或许是由于当时杭嘉湖平原内部的高程差异,而采取的水利技术措施。所有这些都说明了这个地区古老光辉的历史文化渊源,是现代发展旅游业的重要基础。

前面提及今年是浙江省第一次到水乡举行徐霞客研究会,同样,结合徐学研究讨论水乡的旅游业发展也是第一次。从自然环境和人文环境来说,平原水环境与山地丘陵有很大不同,旅游业的建设和发展也互有差异。所以这次在嘉兴举行徐学研讨会,对省内其他水环境地区的旅游业发展,显然具有参考价值,其意义确实不同凡响。

任何一个地区,旅游业的发展都必须依靠当地的旅游资源。在魁北克这片历史短促的寒冷地区,它依靠天然生长的枫林发展了旅游业。佛罗里达原是一片沙滩连绵、潟湖罗列的荒芜地区,它依靠明媚的阳光特别是冬季的暖和气候发展了旅游业。从资源的角度,它们显然无法与嘉兴相比。嘉兴是一片水乡泽国,而且历史悠久,文化璀璨,实在是得天独厚。环顾这个地区,推本溯源,一切旅游资源,不论是自然的或是人文的,都孕育于一片充沛优美的水环境之中,水体是这个地区过去、现在、将来旅游业发展的根本。嘉兴的南湖,海盐的南北湖,其本身就是水体的汇聚。嘉善的西塘,桐乡的乌镇,诸如此类的集镇,我曾在陈学文先生所著《湖州府城镇经济史料类纂》①一书的序中,称它们为"挂在太湖边上的一条光彩夺目的项链"。在人文地理学上我们称这种集镇为聚落,但这些都是建立在水环境中的与众不同的聚落,是一种自然环境和人文构筑相结合的宝贵旅游资源。在这个地区的许多人地事物,都在水体的衬托下形成一种独特的水文化,从而转化为人们可以开发利用的旅游资源。

举个例子,几年前,桐乡的蔡明先生以其笺注的嘉兴著名学者朱彝尊的《鸳鸯湖棹歌》②一书嘱序于我,我在序中指出:"这是一本极有价值的乡土诗。""棹"原指摇船的工具,也可引申为船。所以"棹歌"就是一种水上的诗歌。全书收入"棹歌"100首,每首都与水环境紧密相关。此书卷末列举这个地区的历代"棹歌"甚多,如《梅家荡棹歌》、《钟溪棹歌》、《鹦鹉湖棹歌》、《菱塘棹歌》等不胜枚举,所有这些称为"棹歌"的诗歌,都是与"荡"、"溪"、"湖"、"塘"等水体相结合的,游客们在这个水乡泽国漫游,这些《棹歌》当然可以提高他们的游兴。所以历代以来的这许多《棹歌》,现在也就成了这个地区的文化旅游资源。

北魏郦道元在《水经注序》中说:"天下之多者,水也。浮天载地,高下无所不至,万物无所不润。"对于嘉兴这个水乡泽国来说,郦道元的话是不错的。水在这里不仅"无所不至"和"无所不润",而且成为重要的旅游资源,替这里的旅游业带来不可限量的前景。

前面说了一大篇,主要是赞美嘉兴的水环境,以及从这种基础上发展起来的旅游业。下面要提出一个展望未来的问题,也就是嘉兴水环境和旅游业可持续发展的问题。因为从当前来看,这里的旅游业正在欣欣向荣,蒸蒸日上,水环境正在这种旅游业中发挥它的极大优势。在这里,人们看到的是"天下之多者,水也"。或许不感到水环境和水环境为基础的旅游业在可持续发展中存在的问题。所以我借这个徐学盛会提出来与大家商榷,说我忠言逆耳也好,说我危言耸听也好,反正从长远看,这个问题是必须提到日程上来的。

我往年在日本担任客座教授,住在几所大学的会馆(即中国所谓的专家楼),我夫人管一日三餐,我每天早上也有一项任务,拿了各色垃圾袋(日本人的垃圾按性质不同用不同颜色的袋子存放)到会馆附近的指定地点投放垃圾,所以常常看到一种收集垃圾的汽车,车上有两个大字"节水"。我不知道垃圾车与"节水"有什么关系,或许因为垃圾来自家家户户,各家都有水的消耗,"节水"二字具有宣传意义。而实际上,日本不算缺乏水资源的国家,但奔走全城的许多垃圾车上都写着这两个大字,说明他们已经充分认识了"节水"的重要性。

美国也是这样,尽管他们水资源丰富,人平均水资源比中国多好几倍,但他们在20年前就开始注意节水。1975年以后的10年中,全国每日用水总量已缩减到13.7亿立方米左右,计划在这个新世纪中再缩减到12.5亿立方米左右。

水资源丰富的国家如此重视节水,这显然是"可持续发展"这个拯救人类、拯救地球的概念所起的作用。"可持续发展"的概念是1972年6月在瑞典斯德哥尔摩召开的联合国世界环境大会中第一次提出来的。可惜那个时候,中国正处于"文革"期间,人们都不知道从瑞典发出来的这种震撼世界的声音。现在当然不同了,大家都已经意识到这种概念的极端重要性。《光明日报》在1998年3月13日发表一篇报道,第一句就是"可持续发展受到空前重视"。报道中阐述了八届全国人大资源与环境委员会主任曲格平的意见,他认为,实现可持续发展,必须解决三大难题,而其中"第一位是水资源短缺"。

据《光明日报》于2000年4月16日刊载的《实现水资源可持续利用》一文的统计:

> 我国人均水资源拥有量仅为世界平均水平的1/4,在世界银行连续统计的153个国家中居于第88位。

《光明日报》在这篇文章中继续指出:"农业部的统计资料表明,我国单位耕地面积的水资源量1440立方米,为世界平均水平的67%,单位灌溉面积的水资源量则仅占世界平均水平的19%。据权威研究机构测算,到2030年,我国粮食总产量达到7亿吨时,我国农业用水总量将缺少500亿—700亿立方米。届时,我国人口将达到16亿高峰,城市化水平达到52%,我国总取水量有可能达到7000亿—8000亿立方米,接近可用水资源的极限!

"天下之多者,水也"。这句话没有错,水在地球上占了很大的数量,全球水体的总体积约有13.8亿立方公里,假使平均分布,全部地球表面可以覆盖的水体深度达2650米。但问题是,这样庞大的水体,其中98%都是存在于海洋之中的咸水,淡水在全部水量中只有300万立方公里,仅占2%,而这2%的淡水中,其中的88%存在于南极洲和格陵兰等地,而余下的12%,即自然地理学概念中的陆地水,包括河流水、湖泊水和可以开采的浅层地下水,三者之中数量最大的是地下水。地下水必须经过开采才能取得,而大量开采地下水,与可持续发展也存在矛盾,这种矛盾在我国开采地下水的不少城市已经显现。因此,地球上的淡水总量,如上述所述只占全部淡水水体的

12%，而直接可以利用的河流水和湖泊水，只占淡水水体的0.04%。

现在我们面临的问题，是十分有限的淡水水体正在不断地缩减。从嘉兴直到整个杭嘉湖平原，这已是一个众所共见的现实。当然，这种现实是从历史上一直延续下来的。不过在这方面，我们完全不能责怪古人，因为第四纪的最近一次海进即卷转虫海进，让这一带成为一片浅海，而海退以后，这里留下的是一片沮洳沼泽。现在平原上的大片膏腴沃地，是我们的祖先胼手胝足从沮洳沼泽中捞出来的。新修《桐乡县志》[13]第九编《水利》第三章《圩区整治》第一节《圩田旧貌》说："塘浦圩田是古代太湖人民变涂泥为沃土的一项独特创造，其形成和发展经历了初级围田、屯田营田、创造塘浦圩田系统漫长的演变过程。"第二节《圩田治理》说："境内圩堤修筑盛于唐宋，承于元明。"说明古人在这个地区变沼泽为沃地的改造工程由来已久。我为湖南师范大学何业恒教授所著《中国珍稀鸟类的历史变迁》[14]一书所写的序中曾经指出：

> 在一个重要问题上，我们必须分辨清楚。古人在一段时期中烧毁或砍伐森林，垦殖草地，排干沼泽，杀灭许多包括鸟类在内的动物，这是他们改造自然的必要手段。用另一句话说，也是他们谋求生态平衡，这是指的自然环境适宜于人类的生存为中心的生态平衡。人类既不能让森林、草地、猛兽、毒蛇的存在威胁人类的存在；也不能让它们的灭绝殆尽而威胁人类的存在。人类必须想方设法，让它们的存在与人类的存在之间保持一定的比例关系，这才是以人类的存在为中心的真正的生态平衡。

从杭嘉湖平原来说，古人排干沼泽，填塞河湖，为的是从水体中获得耕地，种植粮食以养活自己和繁衍后代，这就是以人类生存为中心的生态平衡。对于水体和耕地的比例，古人其实已经注意了这个问题。《留青日札摘抄》中有一个可以博人一粲的故事：

> 宋王安石为相，有人献计干太湖，可得良田数万顷。安石与客议之，刘贡父曰：此易为也，但旁边别开一个太湖纳了此水，则成良田矣。安石悟而大笑。

王安石与刘贡父的故事，现在只能作为一种茶余饭后的谈助。但民国二十四年（1935）在当时政府的领导下强制拆圩之事或许可以借鉴。由于前一年（1934）江南大旱，太湖水位骤落，为围垦者提供了有利机会，于是就出现了诸如民生农场、松陵农场、共成公司、开南公司等，招募大批客民围垦，这一次围垦是有组织的大规模作业，绝非沿湖农民的零星垦殖可比。东太湖几乎全部湮废。这年6月，扬子江水利委员会，会同江苏省建设厅以及吴县、吴江等县有关方面，决定强行拆除。拆围分10余段进行，前后10余天，征工1.4万余人，开掘缺口700多处，拆圩面积2.095万亩。自此以后，当时的江苏省建设厅，曾正式下令，禁止围垦太湖。

　　这一掌故是不久以前的历史事实,今天我旧事重提,并不是在这里鼓吹,对于这50年来在太湖上出现大片圩田,也要像民国二十四年那样地认真对付。因为现在的情况与那时很难相比,而且整个长江三角洲,从苏南到宁绍平原,围垦湖田的事到处存在,无论从围垦面积、围垦过程、围垦背景等等,都和民国二十四年大不相同。我提出这件事,只是为了说明长江三角洲在这段时期中水体缩减的事实,以引起各方面的关注。

　　水体缩减的本身是一个水资源问题,如前面所指出的,是我们国家在可持续发展的前景中所面临的第一位问题。从嘉兴来说,在这个问题上受到损害的,首当其冲的或许就是旅游业。可以设想,假使这里的水资源不断缩减,河湖水位逐渐降低,以至枯干,则南湖、南北湖、西塘、乌镇等这些依靠水体衬托起来的旅游胜地,还有什么旅游价值呢。

　　所以保护水资源的问题,实在已是当务之急。这中间首先就是本文开始就提出的"节水"。嘉兴是个水乡泽国,如同长江三角洲的其他地区一样,或许是我国最缺乏节水习惯的地方。水不是商品的概念在全国确实长期普遍存在,一吨黄河水只值4厘钱,1000吨黄河水的价格还不及一瓶矿泉水。但不同地区在节水的习惯上还是很有差别的。例如,在干旱的河西走廊和新疆,一口水井可以作为一个地名,形成一处聚落,人们在意识中把水落石出看得非常珍贵,在使用上自然注意节约,新疆的坎儿井即是其例。但长江三角洲则不同,如郦道元在《水经·沔水注》中所描述的"吴越之国":"东南地卑,万流所凑,涛湖泛决,触地成川。"从长江沿岸到宁绍平原,人们生活在一片河渠如织、湖泊棋布的水环境之中,水资源非常丰富,这里的人民具有利用水的丰富经验,却缺乏节水的习惯。虽然我国社会缺乏水资源价值意识和危机感是很普遍的,水资源在各地被无偿或低价地利用也是事实,但是由于自然环境和历史原因,这种观念在长江三角洲显得更为突出。

　　历史上形成的观念至今仍然不易改变,现在,这个地区除了城市居民在这方面有所感受外,在农村,尽管水的问题也已经相当严重(眼下最突出的问题还是水污染),但是人们除了怨天尤人以外,对节水的观念仍然淡薄。特别是这种长期以来形成的对水资源的价值观以及对节水的漠视,至今仍然强烈地反映在这个地区的农业、工业和生活用水之中。浙江省水利厅花了10多年时间编纂了一部大型的《浙江省水利志》,[15]事前要我作序,使我有机会阅读了全稿,发现全省农业灌溉渠系的水量,其中有效利用系数仅0.45—0.55,而工业用水的重复利用率也只有0.20—0.25,我特地把这两个数字写入了我的序言,以提起省内人们对节水的重视。对于生活用水的浪费也是一样,举个简单例子。长江三角洲是当前全国经济最发达的地区,不要说城市,农村中也是新厦林立,这些都是有卫生设备的新式住宅。在这些住宅中所使用的抽水马桶,大多数都是一次耗水 20 公升的旧式样,而现在在美国使用的新设备,一次只耗水 6 公升,仅此一项,对水资源的浪费就不是一笔小数字。

至于对河湖水体的缩减方面,这些年来,除了在"农业学大寨"、"以粮为纲"的年代,填塞河湖为耕地的数量不可低估以外,改革开放以来,由于工业和交通建设以至经济开发区等等的迅速发展,长江三角洲城乡河湖填塞、水体缩减又有了更大的速度和规模,我曾经约略调查过这个地区一北一南的苏州和绍兴两个城市,我在《论长江三角洲的水环境生态机制》一文中通过对新修《苏州市志》[16]的记载,谈了这个城市的水体缩减现象:

> 到 1985 年,苏州市区内填塞的河流已达 46.8 公里。又如太湖出水河港,从无锡到苏州的西太湖,1957 年有 36 条河港,东太湖有 49 条河港;到 1983 年,西太湖减到 34 条,东太湖减到 25 条。26 年之中,太湖从无锡到苏州的出水河港减少达 26 条。

对于绍兴,我在本论文集中的另一篇《让徐霞客时代的绍兴水域重现》以及《绍兴水环境的严峻现实必须改变——让"山阴道上行,如在镜中游"重现》[17]等论文中,对绍兴水环境的严重形势和治理措施,提出了不少建议。

对于我的这些建议,绍兴的若干文化界和水利界人士,特别是旅居在外地和海外的绍籍学者,不少人表示了赞同的意见。当然,人们也有不少顾虑,因为在近半个世纪中,特别是上世纪 70 年代填塞府河的轻举妄动,现在已经木已成舟。然而使我感到慰藉的倒是苏州,去年 12 月,苏州科技大学成立,邀请我前去讲学,并陪同我们夫妇游览了太湖和市区,让我不胜鼓舞的是,早年已被填废的市区干将河,现在已经恢复。而正是这件事,对于绍兴和长江三角洲的其他许多在不同程度上化水城为旱城的城市,或许是一种有益的启发。

在长江三角洲提倡废田还湖和废街还河的措施,当然有裨于这个地区的可持续发展。因为这种措施可以扩展这个地区的水体,增加淡水积蓄量,使这些年来蒙受损害的水环境获得某种程度的改善。不过从长远的观点看,最重要的仍然是我在前面提出来的"节水"。如何节水? 有关方面对此已经做了许多研究,提出了不少建议。按照先进国家的普遍行情,以节水为宗旨的水资源处理方法,是行之有效的所谓"3R 政策":即节水(Reduction)、重复利用(Reuse)、循环利用(Recycle)。"3R 政策"的目的,是逐渐做到水资源消耗的"零增长"(Zero growth)。从水资源来说,这是可持续发展的必由之路。

但是在长江三角洲,大家所看到的,自然环境还是一种"天下之多者,水也"的现象。今天我们在嘉兴举行这样的一次盛会,看到游船荡漾于波浪涟漪的南湖和南北湖等湖泊之中,也看到游客穿梭于河浜环围的西塘、乌镇等水镇之中。在这个水乡泽国,人们的思想还浸沉于"高下无所不至,万物无所不润"的老观念中,很少会有人想到我们国家可持续发展的三大难题,其中第一位是水资源短缺,很少会有人去思考"3R 政策"一类的问题。为此,在这个研讨嘉兴旅游文化的徐学盛会中,面对现在看起来还很优美的水环境,我给大家提个醒,为了人类和我们国家的可持续发展;就事论事,也为了嘉兴旅游业的可持续发展。在今后徐学研究的课题中,也把对于水资源的研究列入其中吧。

注释:

① 《城市研究》1998 年第 6 期。

② 此书中译本,叶光庭等译,陈桥驿校,中华书局 2000 年版。

③ 《徐霞客研究》第 7 辑,学苑出版社 2001 年版。

④ 《千古奇人徐霞客——徐霞客逝世三百五十周年国际纪念活动文集》,科学出版社 1991 年版。

⑤ 商务印书馆 1948 年版。

⑥ 中华书局 2002 年版。

⑦ 《越绝书》是先秦古籍,经东汉初人整理而流传,参阅乐祖谋点校本卷首拙序,上海古籍出版社 1985 年版。

⑧ "(秦始皇)以正月甲戌到大越,……乃更名大越曰山阴"。

⑨ 浙江教育出版社 1991 年版。

⑩ "观乡北有武原,武原今海盐"。

⑪ 1989 年印行。

⑫ 宁波出版社 1999 年版。

⑬ 上海书店出版社 1996 年版。

⑭ 湖南科技出版社 1994 年版。

⑮ 中华书局 1998 年版。

⑯ 江苏人民出版社 1995 年版。

⑰ 《越文化研究文集》,中华书局 2001 年版。

原载《徐霞客在浙江·续二》,中国大地出版社 2004 年版

论学术腐败

学风不良，学术腐败，这些年来一直是我国学术界的热门话题。各种专著、论文和媒体上，专门为此而揭露、分析以至挞伐的，如同公检法机关对刑事犯罪的严打，也如同商品检查机构对假冒伪劣商品进行查究一样，真是连篇累牍，历年不断。但是揭露归揭露，挞伐归挞伐，现实的情况绝不因此而有所收敛。正如严春友先生在《现代学术制度的漏洞》①一文中所说："这些年我国学术界的抄袭、剽窃等现象似乎有愈演愈烈之势。"从长远来说，学术界的这个问题，后果远比刑事犯罪的猖獗和伪劣商品的充斥更为严重，因为它的影响十分深远，可以腐蚀几代人的学风，从根本上斫伤我们民族的元气。这种事实和后果早已为学术界和国际汉学界所共见。1993 年，我为陈田耕副教授所著《地理事实和数据检索指南》②一书所撰的《序》中就曾经指出："这种现象常使人忧心忡忡，我在学术界的一些外国朋友，包括我的两个在外国大学执教的儿子，也都表示过他们的焦虑情绪。"但是比比我写《序》的上世纪 90 年代前期，这种现象确实愈演愈烈，从一些人的小偷小摸，发展到名闻中外的"王铭铭事件"之类，甚至某些著名教授和博导之流也卷入其中。严春友在上述文中还引用过 W·布劳德、N·韦德在《背叛真理的人们——科学界的弄虚作假》中的话："每一处被揭露出来的大作弊，代表大约十万起隐藏在沼泽般的科学文献废纸中的大大小小的作弊。"看看这些落网的大鱼，可以想到那些人们已经无法捕捞也不屑捕捞的千千万万的小鱼小虾，眼前摆在学术界面前的现实，几乎达到了不可收拾的地步。

这里还必须说明学风不良与学术腐败之间的关系。在某种学风不良的时代里，并不一定出现学术腐败；但在一个学术腐败的时代里，往往就伴随着大量的学风不良。我在《徐霞客与普陀落迦——兼论海天佛国的可持续发展》③一文中提到："明朝人做学问的风气不好，胡说八道的例子很多，所以明人的不少著述，也和明版书一样，常为后代学者所不齿。"不过从另一方面来说，明代毕竟也出过不少好书，顾炎武所称赞的"三百年来一部书"，④所指朱谋㙔在万历年间校勘的《水经注笺》即是其例。所以有明一代，虽然学风并不可取，却也没有出现过特别的学术腐败现象。

至于清代，由于一些学者的倡导和身体力行，从其初期起，就出现了至今仍可作为学术界圭臬的乾嘉学风。乾嘉学风是我国学术史上值得推崇和承传的高尚学风，现在要理解这种学风，应该不限于它的严格的训诂和考据方法，更重要的是它所包涵的对学人的人格规范和做学问的品德准则。乾嘉学风在中国学术史上的影响确实深远，不仅是有清一代，到了民国，不少曾经游学欧美，对西方学术思想有精深研究的学者和学术带头人，如蔡元培、傅斯年、胡适、顾颉刚等等，他们虽然具有现代科学的新颖知识，但在做学问的方法上和作为一个学人的人格品质上，都仍然遵循着乾嘉学风的精神。溯昔抚今，令人感慨系之。

殷辂先生在《论当代中国学术之弊》⑤一文中有段发人深省的话：

　　现在人们都在谈论学术腐败，但都局限在抄袭、拉关系等方面，对学术本身涉及较少。学术腐败实际上包含从事学术的人的腐败和学术本身的腐败。前者和政治腐败没有什么两样，而后者却涉及到文化层面上的问题，更能体现问题的本质。

其实，前面引及的严春友的文章中，也已提到了在学术上弄虚作假、抄袭、剽窃和学术不公正现象，"在一定程度上暴露了现行学术体制的弊端"。所以学术体制在当前学术腐败中的影响，或许也是众所共见的。

当然，在眼下的学术腐败中，最易于浮出水面和为人们所议论纷纷的，仍然是抄袭和剽窃行为，用一句当代的话来说，就是把他人的知识产权占为己有，是一种学术上的不劳而获的行为。而这种行为，实在是古今有之，往年撰《郦学札记》，⑥曾为此而作《裴秀与京相璠》一篇，全篇的大意是：

《水经·榖水注》记及："京相璠与裴司空彦季（按：当是季彦之误）修《晋舆地图》，作《春秋地名》。"《晋舆地图》即著名的《禹贡地域图》，其事载于《晋书·裴秀传》，并全录裴秀为此图所写的序言。序言所述的"制图六体"（分率、准望、道里、高下、方邪、迂直），后来一直被认为是我国最早的地图学理论，而裴秀就长期被尊为我国地图绘制的奠基人。京相璠是裴秀门下的食客，其事迹鲜为后人所知。因为我读过

《水经注》，所以往年在《中国建设》中用英文撰写《中国古代的地图绘制》[⑦]一篇时，曾加上几句："对于地图编制的计划和执行，以及把制图的实践上升为理论，裴秀有一些能人作为助手，其中最著名的是京相璠。"但这几句话其实仍把此图的知识产权认定属于裴秀，京相璠不过是他的"助手"而已。在1987年第1期《自然科学史研究》中，刘盛佳教授发表了《晋代杰出的地图学家》一文，经过他的精详考证，完全可以肯定，《禹贡地域图》和"制图六体"的知识产权应该属于京相璠。

裴秀作为一个朝廷大官，把他门下的食客的知识产权占为己有，这当然是一种学术腐败，而在我国历史上，不少时代中的不少人物，都有过这类行为，可以举出许多例子。但不幸的是，对于这个问题，涉及面之广，陷入之深，历史上任何时代，恐怕都达不到当前这样的程度。不得不让人说一句最不愿说的话：学术腐败，于今为甚！

事情确实是埋头做学问的人所难以想象的，除了司空见惯的抄袭、剽窃以外，殷辂先生还提及"拉关系"的话，不禁使人想起了那年的"基因皇后事件"。当时，国内最著名和最有影响的媒体都为这位"皇后"作了报道和宣传。对于"基因"的事，不要说广大群众，在学术界中，懂得这一行的也是极少数，所以大家在这些媒体中获悉这个"喜讯"以后，无不感到这位"皇后"的可敬。一直要到方舟子先生查明了事实真相，[⑧]许多人才宛如从梦中醒来。原来"皇后"身后还有"皇帝"，学术吹嘘以外还有商业操作。我们当然不敢也不愿设想"帝"、"后"与这些媒体之间是否有过殷辂先生所说的"拉关系"的关系，但这些媒体的无知和轻率，确是令人吃惊的。

对于当今的学术腐败，已经有不少学者发表过许多文章，有的属于鞭挞腐败现象，有的属于探究腐败原因。我的想法是，前面已经论及清初以来的乾嘉学风，这种学风在民国以后仍承传不辍。当然，在那个时代，学者与学者之间，学派与学派之间，也常有相互排斥、攻讦等情事，并且也不能排除其中包含一些腐败现象。但正派学者和正常的学术研究（当然包括争论）无疑是其中的主流。学术腐败而到达今天这样的局面，我认为首先还得从这半个多世纪的时代大背景方面探索根由。

这半个多世纪的学术研究大背景之一是，从新中国成立之初开始，学术随即成为政治的附属品。学术应由政治领导，这是学者们容易理解和接受的。但学术毕竟不同于政治，无产阶级的政党和唯物主义的思想当然是我国学者所应该尊重和学习的，但它既不应该也不可能把唯心主义的学术研究排斥始尽，而其中有些学术也并不完全是唯心主义的。我是一个地理学者，就拿地理学为例，地理学原来由自然地理学和人文地理学两大部门组成，每个部门又包括许多分支学科，如自然地理学中的气候学、地貌学、水文地理学等等；人文地理学中的经济地理学、人口地理学、城市地理学等等。但从上世纪50年代初起，在人文地理学领域中，除了"苏联老大哥"推崇的经济地理以

外,其他的许多分支都被扫地出门。如严重敏教授在《人口居民点地理小组成立前后记略》⑨一文中所说:

> 新中国成立后,各行各业向苏联学习,地理研究也大体按照苏联的模式开展,除了经济地理学"一枝独秀"外,整个人文地理学被认为是资产阶级的伪科学,受到批判和否定。在这样的大背景下,作为人文地理分支之一的城市地理学,自然也是50年代我国地理科学研究的空白点。

严重敏教授的这一席话,我个人也有切身的体会。由于人文地理学包括在这个学科领域中的一些著名学者相继受到批判和打击,所以地理学者人人自危,不敢与这门学科稍有沾染,造成这一国际上的热门学科在我国的一片空白。其中在国外新兴的如行为地理学、感应地理学等,我国学者竟茫然无知。因此,当上世纪80年代初国家编纂《大百科全书》之时,在《地理学》卷中,对于有关人文地理学的许多条目,我们竟无法下笔。为了撰写这一批条目,以李旭旦教授为首的十几位地理学者,于1983年在上海开会讨论,其中有不少条目,由于在我国已经绝迹多年,实在无法撰写,只好从国外书刊中翻译。为了在《地理学》卷出版以前让许多与人文地理学阔别已久的地理学者看到这些条目,中国大百科全书出版社破例抽出有关于此的条目,于1984年单独出版了《人文地理学》⑩一书。

人文地理学之所以在建国之初就作为"资产阶级的伪科学"而被打倒,主要的罪状就是所谓"地理环境决定论"。"地理环境决定论"是什么? 它为什么在上世纪50年代给许多地理学者和历史学者罗织成罪? 著名学者谭其骧教授及其门人葛剑雄教授在1989年发表的关于中国历史地理学的《回顾与展望》⑪一文中,道出了其中原委:

> 由于斯大林曾经批判过"地理环境决定论",虽然他没有完全否定地理环境的作用,却认为它的影响"并不是决定的影响,因为社会的变化和发展比地理环境的变化和发展快得不可比拟"。⑫毛泽东也作过更具体的解释。⑬限于篇幅,我们不想对此作全面的分析和评论,但只要同马克思、恩格斯的有关论述对照一下,我们就不难发现它们的片面性。而且稍有地理常识的人也会知道,地理环境既包括宇宙运动、地球进化这样的宏观环境,也是指气候、植被、水文等具体方面或局部地区、某一时期的微观变化;既包括自然地理环境,也应该包括在人类社会产生以后必然存在的人文地理环境。这些条件的变化当然不必"以若干万年为单位而显现",也完全可能在"几千年"、"几百年"、几十年甚至几年或几个月内就显现其变化了。

除了地理学中的人文地理学以外,生物学中对摩尔根学说的批判打倒也是一个突出的例子。我不懂生物学,但在一种《校友通讯》⑭中读到转载的1996年11月24日

《解放日报》第 7 版的文章。文章说到:"1955 年 6 月 1 日,中国科学院学部大会召开,著名的生物学家胡先骕没有当选为第一批学部委员,虽然他以前曾是中央研究院的院士。"这是为什么? 因为胡先骕于 1955 年 3 月在高等教育出版社出版了《植物分类学的原理》一书,书中在讨论物种和物种形成时,对当年红极一时的苏联李森科的物种见解进行了批评。于是胡先骕就成为生物学上唯心主义形而上学的孟德尔摩尔根主义者。接着,在中国科学院和全国科协联合主办的米丘林诞辰 100 周年纪念会上,他受到了批评。文章最后说:"更重要的是,胡先骕坚持不写检讨,他始终坚持他的科学观点。这样一个老顽固,当然就被排斥在学部委员之外了。"

在这样一种时代背景下,随着改革开放的来到,学术界眼看我们在科学和学术上存在着许多薄弱环节和缺门,心中当然感到既吃惊又焦急,当我们聚集在上海编写人文地理学条目时,每个人的心情都是这样。但另外也会有一些人出于不同的目的利用这种机会。因为经过这样一段许多"资产阶级伪科学"被打倒而学术上处于闭关锁国的时代,他们趁机搬弄人们并不熟悉也无暇深究的"洋货"从事倒卖活动。我不想再牵涉其他,仅举前已点出的"王铭铭事件"和"基因皇后事件",都是这种大背景的产品。

时代大背景的另一方面,是知识分子从上世纪 50 年代以后,被剥夺了多年从事学术研究的时间。我在拙作《记一本好书的出版》[15]中曾经说过:"在中国,像我这一辈年纪的知识分子,绝大多数都是无端被剥夺了二十多年工作时间的。大家都有一种骤临顺境,拼搏余生的心愿。"让大批知识分子在一段相当长的时间中除了"改造"思想,学习"马列","天天读"以及除四害、炼钢铁、下放劳动、接受贫下中农再教育等等以外,实际上失去了做学问的自由,确实也是中外古今没有前例的,其损失更是不可估量的。像我这样一般的知识分子当然逃不出这种厄运,高层次的知识分子也是一样。《中华读书报》(2001 年 11 月 14 日)在一篇题为《学术腐败:中国科学的恶性肿瘤》的报道文章中,写下了该报记者和美籍方舟子先生与著名生物学家邹承鲁院士的对话,其中有几句实在既发人深省,又令人痛心:"记者:邹先生,您当年回国是否后悔? 邹承鲁:我回国已有半个世纪了,其中最初的二十六年时间中只做了十年的工作,而如果不回来可以继续做二十六年,我只是对这一点后悔。方舟子:而且当时正当壮年的时候。"

我在前面提到,自从改革开放,做学问有了较多自由以后,"大家都有一种骤临顺境,拼搏余生的心愿"。但从所发生的种种现象来看,这"拼搏"两字,实在因人而异,大有文章,其中也包含了各种学术腐败。但究其原因,仍然与知识分子无端地被剥夺了很长一段做学问的时间有关。因为在学术禁锢时期,一切以阶级斗争为纲,知识分子的任务主要就是"改造"思想。但是随着改革开放的来到,知识界面临的其他问题诸如职称评审,课题申请,成果报奖等等接踵而至。而各种不同性质的"拼搏",也就在各个环节上发生。

首先是职称评审,在这个问题上,我或许是有点发言权的。因为从上世纪80年代之初,我就参与这项工作,而自1985年起,在决定一位教师职称的四道关卡上,我都参与其间,直到1994年我满70岁才解脱这项任务,先后干了9年。我在拙作《周立三先生对我的教导》[16]一文中,曾经记及我向前辈周先生诉说此事的难处:

> 我感到最沉重的是老师职称评审工作,由于长时期没有评定老师职称,一旦开放,不少实际上已经符合高级职称的老师,都希望自己能获得相应的职称,可是每次都限定名额,使我很感困难。当时,系里的这项工作由我负责,系以上一级是学科组,也由我负责,学校评委会有二十多位成员,我是其中之一,最后的结果送到省里,我却又是省地质、地理、气象学科组的负责人。所以虽然一年一度,但我其实是整年都承受着这项工作的压力。

在我承担这项任务的9年之中,从评审工作本身,至少是我负责的部分来说,我绝未发现任何腐败现象,至于发生在评审以外的腐败,因为事涉许多环节和不少学校我无法了解。只能从每次评审以前收到的各种控告信中稍稍捉摸一点梗概而已。但高级职称的这种评审制度,我感到是不合理的。首先就是名额的限制,职称所表示的是教师在学术水平(包括教学和科研)上的身份。但几个关卡中,除了省学科组以外,其余都有严格的名额限制。在我主持省学科组的9年之中,由于这最后一关没有名额限制,所以除了1人因为外语不符合评审条件而落选外,其余均获通过。但是他们都是通过层层的名额限制中脱颖而出的,肯定有不少学术水平已经符合条件的人,他们的姓名都无缘到达省学科组。另外一种制度上的不合理是学校评委会,这是教师获得高级职称的极端重要的一关。像我所在的学校,由于已经获得教授和副教授的审批权,这就是最后的一关。评委会在当年是由教育部批准的20余位教授组成的,这些教授在学校里虽然都较有声望,但是他所熟悉的都只是自己的专业,却掌握了全校二三十个系、所,上百种专业教师提升职称的大权。尽管这些教师都是由各系、所和学科组(由性质相近的几个系、所组成)通过,其论文又经过校内外几位同行专家评审的。但是最终能否通过都必须获得20多位外行评委中2/3成员的画圈。一位古典文学的专家为一位微分几何教师画圈,这实在是一种神话。所以这种评审制度,其实是一种外行评内行的制度,显然是不合理的。而制度的不合理,无疑就是腐败的温床。

再说课题申请和课题经费的问题。与职称评审不同,对此我实在没有发言权,因为我个人从来没有申请过课题(别人在课题中拿我挂名例外),也从未向公家要过一分钱的科研经费。但是我确实听到有关这方面的许多腐败现象,其中有的达到令人吃惊的程度。不过写文章要有根据,我不能也不便把我所听到的这些腐败写出来,好在前面引及的《中国科学的恶性肿瘤》文中,邹承鲁院士也曾议论及此,让我们略知这种腐败的梗概:

> 方舟子:对搞腐败者应有严厉的惩罚措施,比如该人几年内不得申请科学基金。邹承鲁:在中国就是这样做也作用不大。因为有些人不是通过申请科学基金的方式拿到经费,而是直接向领导要钱。现在有句流行的话叫做"小钱大评,中钱小评,大钱不评"。所谓"大评"要经过好几道手续,即使申请成功,一年也只能拿到三五万的经费,即"小钱";小评手续少一些,而经费一年在十万左右,即"中钱";最多的"大钱"可能是上亿的,无需大家评议,由领导直接决定。发放不合理不正确的有很多。

眼下,高等学校和科研机构,对于教师和科研人员每年争取到的课题和获得的科研经费都有较高的要求,有的还订出具体的指标,是评定教师和科研人员成绩的重要依据,人们当然也竭尽所能,争取可能获得的课题和经费的机会。评审研究课题和发放课题经费,原来是发展科学研究的重要手段,在一种公正、公平、公开的社会条件下,对争取研究课题进行竞争,是科研界很正常的行为,有裨于科研质量的提高。但是看了邹先生上述的一席话以后,我们又还有什么可说的呢。实际上,邹先生所说的科研基金,即所谓"小钱"、"中钱"、"大钱"与眼下一些高校教师特别是文科教师能申请获得的课题经费相比,都是大数额的。据我所知,人文社会科学的课题,也有数仅一二万元甚至更低的,三五个人花了大力气争取到一个经费不多的课题,他们要支持经费发放单位的回扣(并不都需要),学校和科研机构的提成,而最后还必须保留一笔发表或出版成果的版面费或书号费,所以真正能够用于课题研究的,实在已经所剩无几了。

在当前的"拼搏"中,还有一个值得注意的是学术成果的评奖问题。说到成果评奖的事,现在各行各业都很风行。对于学术成果的评奖,这些年来,从中央到省、市、县,包括各级学术领导机构、学会以及其他部门,都有各种不同名目的学术评奖活动。对高等学校来说,对此也非常重视,各种对教师的考核、调查表格中,常常有获奖记录这一栏目。学术成果评奖当然是促进学术繁荣的一件好事,不过在当前腐败风气已经在学术界孳生蔓延的情况下,我们有必要对这类活动的负面影响多作考虑。当前的现实是,在各种大大小小的学术评奖活动中,场内场外,常常有一些异乎寻常的气息,这中间不能排除腐败。我曾经担任过全国到地方不少学术评奖活动的评委,在这方面的见闻不少,由于事无实据,个人见闻不宜表诸文字。好在不少媒体对此已颇有披露,不必我在此赘言。在当前的这种社会现实下,我很不赞成过多的学术评奖活动,也不要过高地捧抬其中的获奖者。我因为毕生笔耕,出版过不少书,也获得过一些奖。但必须声明的是,所有我获奖的著作,绝非我自己提出申报的,获奖以后,也绝无优裕之感,在这个方面,我倒是公开发表过见解的,这是由于那年拙著《郦道元评传》获奖而写的:

　　使我感到颇为不解的是,从研究中心(按:指南京大学中国思想家研究中心)寄来的"中国思想家评传"丛书《动态信息》第 101 期中获悉,此书在出版后次年(1995)就获得华东地区大学出版社研究会第二届优秀学术专著一等奖和同年国家教委第二届全国高校出版社优秀学术著作优秀奖。对于这类"奖",我实在毫无兴趣,而且相当反感。撇开这类玩意中的凑热闹、走过场、流弊甚至腐败等等以外,从情理上说,也是荒唐的。一本书出版了不过一年,凭什么判断它的"一等"和"优秀"呢? ……所以我估计这类评奖属于例行公事。⑰

从上述职称评审,课题申请,成果评奖 3 项来看,每一项都必须提交论文或专著,甚至研究生要获得"答辩"资格,也必须提交在规定级别的刊物上所发表的论文。鼓励人们著书立说,这本来是件好事,但是,由于前面提及的这半个多世纪以来在学术上的两种时代背景,原来正常的事在我们这里却变得不同寻常。韩愈在《南阳范绍述墓志铭》中说"惟古于词必已出,降而不能乃剽贼"。现在,被古人视为"剽贼"的人,只要各种"关系"处理得好,照样可以评上高级职称,得到课题和经费,而其"成果"还可获奖。前面引及殷铬先生文章,指出这种学术腐败"和政治腐败没有什么两样",真是一语中的。当然,在这一批"愈演愈烈"的腐败群类中,情况是很不相同的,一般学人特别是层次不高的学人,要进行这类腐败活动必须花很大力气,有些收入菲薄的人,为了抄袭、剽窃而最后获得发表,不仅要挤压他原来羞涩的阮囊,而且还要冒很大的风险。但高层次的人,特别是有了官位的人,要干这"剽贼"的营生,实在是易如反掌。他们可以用公款去弄个什么"在职博士",组织一批名曰"写作班子"的枪手,写出洋洋洒洒的大文章。还可以动用媒体,为他报道宣传。我在前引拙作《裴秀与京相璠》文末,曾经写有一篇《附记》,现在抄录其中一段于下:

　　此文写成二三年后,偶然在 1998 年 1 月 8 日《光明日报》第四版读到一篇署名楚易中的大作《莫步"胡选"后尘》,感慨甚深,确实发人深思。作者开头解释此书来历:"'胡选'者,原泰安市委书记,现正服刑的胡建学在各种场合的讲话稿拼凑而成的'选集'之谓也。"作者后来又说:"据了解,近来领导干部出书成了一个小小热潮。"这一句话颇使我茅塞顿开。像我这样一个除了身不由己的年代以外,从来不看领导干部"选集"的人,才恍然知道,原来这种事,也会出现"小小热潮"。不过文中提出的胡建学出书是"他创造的一种新的模式:公款为个人出书——下属单位公款订书——安排组织学习——对出书和学习中拍马屁有水平的给以提拔"。我认为把这种"模式"创造者的桂冠戴在胡建学的头上,楚易中先生未免太厚爱于胡氏了。这种"模式"的来头不小,其创造权是绝对不能让给区区匹夫胡某人的。但是楚先生能够洞察这种"模式"的奥秘,用四句话将其和盘托出,手法可称高明。让人们看到,比之如裴秀,这些人确实大有"长进",说明历史总是发展的。

胡建学当然不是因为《胡选》而丢官入狱的。因为在官场之中,可以膺韩愈"剽贼"之名的并不乏人,这类事已经不足为怪。不过对于说明当前的学术腐败是政治腐败的一部分,此事倒是一个极好的例证。

胡建学的例子对我们还有值得深思之处。前面已经论及,这些年来学术腐败的主要根源是两种时代背景。在参与腐败的这个群体中,有一批人,他们既是学术的玷污者,也是两种时代背景的受害者,在学术腐败大合唱中,他们属于低音组,是弱势群体。但像胡建学这一类人,他们身居官位,既要学衔,还要"著书立说",他们是当前学术腐败大合唱中的高音组,是强势群体。学术腐败之所以到达今天这样愈演愈烈的局面,这批人正在发挥重要作用,他们是根治这种痼疾的最大障碍。

我执教高等学校已逾50年,而且至今仍然在职,既亲身经历上述两种时代背景,又目睹学术腐败的孳生蔓延。高等学校是学术研究的重要基地,受学术腐败的侵蚀也十分严重。耳濡目染,常为此而耿耿于怀。希望在有生之年,看到此风的转变收敛,看到学术研究在严谨笃实的学风中繁荣发展。

注释:

① 严春友《现代学术制度的漏洞》,《学术界》2003 年第 6 期。

② 西安地图出版社 1993 年版。

③ 《徐霞客在浙江·续集》,中国大地出版社 2002 年版。

④ (清)阎若璩《古文尚书疏证》卷六下。

⑤ 殷铬《论当代中国学术之弊》,《学术界》2003 年第 6 期。

⑥ 上海书店出版社 2000 年版。

⑦ *Map-Making in Ancient China*, *China Reconstructs* April. 1966.

⑧ 《留美博士方舟子揭穿"皇帝新装"》,2004 年 4 月 4 日《杭州日报》据央视《面对面》专稿。

⑨ 吴传钧、施雅风主编《中国地理学 90 年发展回忆录》,学苑出版社 1999 年版。

⑩ 此书署:主编李旭旦,副主编周立三、吴传钧,特约编辑陈桥驿、王嗣均。全书由几十位学者分头撰写,由十几位学者讨论定稿。

⑪ 原载肖黎主编《中国历史学四十年》,书目文献出版社 1989 年版。收入华林甫主编《中国

历史地理学五十年——1949—1999》,学苑出版社 2001 年版。

⑫ 《论辩证唯物主义和历史唯物主义》,《斯大林文选》第 193 页(原注)。

⑬ 见《毛泽东选集》第一卷第 277 页(原注)。

⑭ 台湾中正大学《校友通讯》第 112 期,台湾中正大学校友会理事会发行,1997 年 5 月 24 日。

⑮ 《中华读书报》2001 年 7 月 4 日。

⑯ 中国科学院南京地理与湖泊研究所编《周立三院士纪念文集》,1999 年发行。

⑰ 《探索郦道元思想的初步想法·附记》,《水经注研究四集》,杭州出版社 2003 年版。

原载《学术界》2004 年第 5 期

黄河需要可持续发展

喜讯与信心

　　1979 年,竺可桢先生主编的《中国自然地理·历史自然地理》[1]在开封定稿,我为该书《历史时期的水系变迁》一章撰写《概述》,我说:"黄河以善淤、善决、善徙闻名,它无疑是全世界变迁最大的河流。"1994 年,我为《黄河志》第十一卷《黄河人文志》[2]撰序,我说:"黄河是我们民族的摇篮,但同时也是我们民族的忧患。"20 世纪 90 年代后期,山西省编辑出版学术性期刊《黄河文化论坛》,约我写一篇有关黄河的文章,我从黄河的古地理写到历史地理,又写到现代地理,全文长达 2 万余字,最后考虑文章命题,想来想去,结果把题目定为《黄河啊,黄河!》,其实是表达了撰写此文的心情。这20 多年中,我所撰写的有关黄河的文章,主要偏重于它的"忧患",也表现了我对我们民族母亲河的根治缺乏信心。应该说,对黄河"忧患"感到忧心忡忡的人不少,杨匡汉先生曾经为它写过《一半是黄金,一半是血泪》[3]的文章,并在文中引用了同样忧心忡忡的艾青的诗《北方》:

　　　　北方是悲哀的
　　　　而万里的黄河
　　　　汹涌着混浊的波涛
　　　　给广大的北方

　　倾泻着灾难与不幸

　　而年代的风霜

　　刻画着

　　广大北方的贫穷与饥饿啊

　　如今,水利部汪恕诚部长提出了治黄工作的"四个不":堤防不决口,河道不断流,水质不超标,河床不抬高,的确使人感到振奋。黄委李国英主任提出了黄河的"长治久安"。中华民族的母亲河能够长治久安,海内外炎黄子孙当然都额手称庆。

　　"四个不"确实是一件特大喜讯,也因而增强了人们对根治黄河的信心。

我与黄河的因缘

　　我是因为从小喜爱《水经注》而逐渐知道这条母亲河的,后来就对她产生了感情,从正史河渠志到许多有关黄河的文献都搜罗披阅,因得略悉此河渊源。但以后发现,在芸芸众生之中,知道黄河之名的当然很多,但对黄河稍有了解的其实很少。因此,我曾撰写过一本名为《黄河》的小书,于1953年在天津益智书店出版。几千册书很快一售而光,只是由于出版社的合并而没有再版。接着我又撰写了《祖国的河流》一书,于1954年在上海新知识出版社出版。与《水经注》一样,把黄河列为首篇。从1954年—1957年,此书重印了9次,说明对祖国河流的知识,人们是渴望了解的。

　　1961年,我开始有机会考察黄河。这年暑期,教育部在开封组织全国地理教材的编写,几次上黄河大堤,生平第一次看到被大堤夹住的这条滚滚浊流。以后又陆续考察过山、陕之间的中游河段,包头附近的河套河段以及兰州和青海的上游河段,也考察过重要的支流如汾河、渭河等,并且看了诸如刘家峡、小浪底等水库。我对黄河最有心得的考察是1979年,当年,《中国自然地理·历史自然地理》分册在开封定稿,此书由谭其骧先生策划主持,却因他在这年年初得了重病,中国地理学会委托我接替谭先生到开封主持,会议长达两月之久,而定稿的主要内容之一是历史时期的水系变迁,黄河显然居于首位。黄河一篇由复旦大学邹逸麟教授执笔,但全章第一节概论由我撰写,所以也必须对黄河这一篇加以注意。这次定稿的有利条件是既靠近黄河,又靠近黄委。于是我们邀请了黄委的几位专家前来指导,其中包括我所敬仰的徐福龄先生。从上海、北京等地前来参加定稿会的历史地理专家,主要擅长历史文献,对黄河实况都是陌生的。这真是一个好机会,黄委的专家们几次带我们上大堤,实际上是给我们现场讲课。我是此书的3位主编之一,而且如葛剑雄先生在其所著《悠悠长水——谭其骧后传》[4]中所说:"谭其骧突发脑血栓,长期住院,所以由陈桥驿完成了定稿期间工作。"我则认为在我负责定稿期间,黄委专家们在黄河大堤给我们的现场教学,对我生平认识黄河具有重要意义。

水土保持和水利工程

司马迁在《史记·河渠书》中说:"甚哉,水之为利害也。"世界上任何一条河流,都有水利和水害两个方面。黄河属于水害特别严重的河流,古今治河,史不绝书。其间对黄河的认识和治河方法,在很多不同意见。在这方面,历史上的文献我基本上都浏览过,但由于自己知识肤浅,对于各种不同意见,无法判断孰是孰非,读书虽然不少,其实是作为一个旁观者阅读这些文献的。但却在1983年遇到一种争论激烈而我又不能作为旁观者的场面,给我印象极深,这就是水土保持与水利工程之争。

这年初冬,著名历史地理学家史念海先生作东,在西安举行了一次黄河、淮河、长江、珠江四大水系的历史水利学术讨论会。史先生当时担任陕西师范大学副校长,临开会时恰逢外事活动,委托我主持会议。与会的四五十位专家多是来自各大学、研究所和黄委的专家,并且还从沈阳森林土壤所请来了一位年近古稀的老专家。学术论文以黄河为多,发言一段时间以后,出现了对黄河治理在水土保持和水利工程方面孰轻孰重的不同意见,而且争论逐渐趋于激烈。一位期刊主编递上一个条子:"请延长时间,我们要辩论到底。"我在国内外学术会议上都担任过执行主席,这样的场面倒是第一次遇着。森林土壤所老专家的论文强调水土保持其实是不错的,但我估计他平日做普及工作多些,参加学术会议恐怕较少。他形容森林在水土保持中的作用:"天上一把伞,地下一块毯。"在普及工作中确实是很形象的。但在学术会议上,学者们信服的是数据,只有性状描述而缺乏数据的论文,在学术会议上是没有说服力的。这一次由于我主持会议,不是旁观者,老专家是史先生请来的贵客,当然不能让他为难。离上午结束还有一段时间,我就暂停论文讨论,宣读各地来的贺电和贺信,接着宣布休会。

午休时,我请北京水利水电科学研究院的周魁一先生在下午发言,因为我素知他说话是温和的。我希望他既讲清道理,又不使老先生难堪。周先生的确在下午做了很好的发言。他先说水土保持和水利工程两者都重要,接着论述黄河这条河性特殊的河流,从古地理说到历史地理。他说在古地理时代,自然环境没有受到人为干扰,但黄河下游就已经冲积成一片30多万平方公里的黄淮海平原,而长江下游只不过是一片5万平方公里的长江三角洲,所以对于黄河,水土保持是重要的,但起不了决定作用。周先生的发言与我的意见实在相同,我随即宣布这个问题的讨论到此结束,请学者们宣读其他论文。

通过这次会议,我才知道在治黄观点中,水土保持派和水利工程派存在颇大的分歧。其实,毕生治黄的著名专家张含英先生在《新黄河》创刊号(1949年)《黄河治论》一文中也说过:"治本与治标原属相对名词,本无严格之定义,以黄河而论,每谓下游之治理属标,中上游之治理属本。然修堤防洪为主要工程之一,焉得在其下游而称为治标。"所以这种不同意见,实际上是早已存在的。1995年我到北美讲学,在加拿大读到美国全美华人协会会长梁恩佐教授的文章《让黄河水流清》,[5]文内提及他于1994年考察黄河,应黄委邀请在郑州和西安各做过一次报告。在郑州做报告时,梁教授遗憾地说:"黄委对改造黄土区的意见抱温和的忽视态度,提出一些反对意见,但理由不充足,他们主要是坚持把治黄经费保留在黄河下游使用。"按上述1983年会议中有些代表的说法,梁先生当然属于水土保持派。说明水土保持派和水利工程派之间的不同意见,也存在于海外华人学者之中。

50 年来的几种治黄观点

上述水土保持与水利工程孰轻孰重,是治黄的两种不同观点,或许是不同治黄观点两个大派。其实,对于黄河这样一条河性特殊灾难频仍的河流,几千年来的修治过程中,出现不同观点是很自然的事。不说古代,最近50年来,除了水土保持和水利工程以外,其他的不同观点也不无例子。有的还提出具体措施,这种措施当然是不同观点的反映。"四个不"是治黄史上划时代的大事,必然要集思广益,对历来不同的治黄观点加以搜集研究实属必要。我在这方面见闻甚稀,仅对这50年来的不同观点举几个例子,以供参考。

第一个例子是1964年北京治黄会议中出现的两种治黄观点。这次会议是周恩来主持召开的,据长江水利委员会文伏波先生的记叙:[6]

> 会议的主题本来是三门峡水库淤积的处理问题,实变成治黄之争。对于三门峡,有人主张炸掉恢复黄河现状;有人认为可听其自然,淤死何妨;多数人同意改建,改建的办法自然听取了林(按:指林一山先生)的意见。在治黄上诸家争鸣,最后形成黄委主任王化云的"上拦下排",即所谓"拦泥派"与林一山的"大放淤"。林一山认为:黄河流域的水土保持,在黄土高原的地貌条件下,近期固难奏效,远期也必有流失,故与其耗巨资于被动性的拦泥工程,不如主动进行全流域放淤,回收水土,用来肥田造地和灌溉;简而言之,即各地就近将黄河水沙"喝光用光"。如此则黄河下游余水将变成清流,不仅无泛滥之虞,尚需南水补给。更进一步说,黄河缺乏舟楫之利,开发水电效益有限,而用于防洪、防淤的耗费却很大,

实在得不偿失,唯有利用水沙发展农业,才能根治水害,彻底改变黄河流域的面貌。黄河的问题不是通常的水利问题,而是一个农业问题,黄河国土的改造问题。由于王、林之争未能统一,这次会议对治黄方案未作结论。

第二个例子是我在拙作《黄河啊,黄河!》一文中所引的山东日照市宣传部副部长朱巨龙所提出的组建黄土高原绿化建设兵团以"绿化黄土高原"的计划。他认为"根治黄河的关键是控制黄土高原的水土流失"。按照他组建兵团的计划,则"十多年后就可能使47万多平方公里的荒漠长满植被"。他提出:"这种建设兵团当然不同于50年代的生产建设兵团,那是一种强制性的组织。现在采用自愿报名,在那里工作8个月就可以回来。"他深信:"这些东部地区的年轻人还可以带去许多发达地区的新思路、新经验、新技术,影响带动西部地区的发展。"

至于经费,朱巨龙先生的考虑是:"按每年治理5万平方公里,每平方公里投资50万计算,每年需经费250亿,十年总投资2500个亿。钱从哪里来? 很简单,用市场机制这个神奇的法宝,拍卖黄土高原治理权,再加上其他几个办法,足够了。"他提出5项集资途径:①中央财政、沿黄受益省(区)出一块;②发行绿化建设债券、彩票筹一块;③向世行、亚洲开发银行、国外银行和国际银行贷一块;④向国际经济组织、国外政府、大企业、大财团争取资助一块;⑤向国内企业、个人及社会各界募集一块。他为黄土高原的改造效益算了一笔账:"假如47万平方公里都改造成良田的话,就是7亿多亩土地,可增产粮食2.1亿吨(按150公斤/亩计算),如果将黄土高原全部绿化起来,则可使国土绿化率提高5个百分点,由此可见一个黄土高原的潜在能量有多大。"

第三个例子是前已提及的美籍华人学者梁恩佐先生。如前所述,他的治黄观点显然着重于水土保持。他在文章中说:"离开郑州后,乘车去参观小浪底工程(初期施工阶段),再去看三门峡水库,规模都很小,没有什么好看的。"此外,他虽然力主水土保持,但对于那些位置很高、灌溉困难、靠天吃饭的梯田,他认为"农民投下那么大的劳力,挣来的还是贫困,这是50年代推行的保土模式,虽然还不断赢得各式各样奖状,但并不是我认为可以广泛推行的模式。"

梁先生的兴趣在甘肃省泾川县。他说:"他们带我去一片新开发的地区,最接近我理想。那是在一条小毛沟里,面积才0.8平方公里(折合1200亩=200英亩),花了9万人民币建了一座小土坝,形成一个小水库,又花了7万元买地,9万元筑路,6万元拉电线,环绕着水库平整了300亩可以灌溉的梯地,连带劳动力,一共花了60万元,是当地水保局投资。我问他们如把水库与土地卖给外资(有50年使用权),要卖多少钱? 他们没想到过这个问题,但当时副书记说可卖150万。水保局长觉得太便宜,最后还是同意了。这片地离泾川县城才2公里,有柏油铺路,泾川离西安约190公里,开车 5 小时。"

梁先生来自美国,其开发黄土高原的观点密切联系经济效益,他说:"这片地折合美元才 20 万不到,我真想有人把它买去,用来发展牧场、养牛,为西安提供牛肉,或养鸡、养鱼、养鸭都可以。当地得到 150 万后,便可再发展两条沟,卖出后,又四条,这样下去,很快便可以把治沟工程推广,政府不需投一分钱。水土流失也得到控制,黄河水流清成为经济发展的副产品,不是很理想吗?"

梁先生的文章发表在国外,他是希望吸引外资开发黄土高原的,文章最后说:"你们以后有机会去西安,也请到黄土区参观一下,并帮助把外地信息带去,让当地了解外地的经济考虑,是很重要的。"

第四个例子是美籍华人学者肖昕先生的文章,他是读到了梁先生的文章后撰写此文的,题为《使黄河水更浑——读梁恩佐〈让黄河水流清〉有感》。[7] 文章说:"现在所说的治理黄河,主要是加固堤坝,防洪防涝。然而,堤坝不能无限制地升高,河床比地面高,亦不能排洪。"

肖先生是一位化学家,他从自己的专业考虑,提出了一种前所未有的独特观点:

> 笔者是位化学工作者,不懂水利,在这里提出一种想法,算不上见仁见智。听说黄河下游不宜拦腰筑坝,因为河水流经水坝时流速降低,泥沙大量沉积,最终会淤塞出口,冲毁大坝。对上游初步治理,波及整个黄河流域,至少需要几百亿的资金,二三十年的时间。效果尚难以直接预测,河床高于地面的现实也无法改变。

> 如果让黄河水变得更浑,会怎么样呢?若我们能够使河水的泥沙不沉降,甚至带走一些河底的淤泥,径直输入大海,应该是一件两全其美的事。一方面可以使河床降低,慢慢恢复到正常河流的状态,达到根治黄河的目的;另一方面河水中的泥沙遇到海水中的盐分会沉积,形成陆地,可以增加耕地面积,像这样,黄河就像一条大动脉,源源不断地把黄土高原上的土壤搬运到大海中造良田。如果把黄土高原的土都搬到大海中去,把高原变成平原,兴许还可以改变西北的气候呢!

肖先生在文章中比较详明地介绍了他的"使黄河水更浑"的方法,最后指出他的方法应用于黄河,"技术上必须满足:①对人类和生物无害,不破坏生态平衡;②加入水中的成分可以饮用或容易分离;③相对稳定,挟带泥沙数月不沉降;④在海水中可以被微生物降解或形成惰性材料,如岩石、土壤等。现有的技术不能满足上述要求。如果国家能投入一些力量,进行可行性的研究,潜在的效益将是不可估量的"。

上面所举的 4 个例子,包括 5 种治黄观点(有的是雷同的),当然挂一漏万,但却说明了这 50 年中海内外学人对母亲河的关心。我在拙作《炎黄子孙情系黄河》[8] 一文中说:

　　黄河也是我们民族的凝聚力,由于这样一个摆在我们民族面前的大难题,海内外多少炎黄子孙的精英,都正在为它而操心。根治黄河,让这条河性特殊的巨川长治久安,当然绝非轻而易举,或许还要经过几代人的努力,但是对于它的前程,我们满怀信心。

　　我于1995年12月在美国撰写此文,5年以后,看到了水利部和黄委领导提出的治黄"四个不"和让黄河"长治久安"的具体目标。怎不令人踌躇满志,鼓舞欢欣!

黄土高原

　　以上4例中的5种治黄观点,除了肖昕先生一例似乎尚未试行外,其余几种或多或少都经过试行,得失利弊人所共见,但见解仍然互相不同,这或许就是我在拙著《郦道元》[9]一书中所说的:"黄河仍有许多奥秘,至今尚未为我们所认识,我们必须深入研究,揭开这条河流的一切奥秘,这是根治黄河的先决条件。"为此,在记叙了50年来的几种治黄观点以后,我还想就涉及上述治黄观点的黄土高原、堤防和水库三者作一点说明。

　　黄土高原是黄河泥沙的主要来源,这是众所周知的。治黄必须治黄土高原,这也是普遍的共识。黄土高原的黄土堆积由来已久,高原上的"塬"、"梁"、"峁",其所堆积的黄土,按剖面都可以查清它的生成年代。例如深层的"午城黄土",是早更新世的堆积;中层的"离石黄土",属于中更新世;表层的"马兰黄土",属于晚更新世。它们的年龄与黄河早期形成的河段相仿,是今黄淮海平原的物质基础。

　　所以,黄土高原的水土流失,在地质时期已经存在,如《第四纪地质》[10]一书中所说,"是黄河水患的根源"。卢宗凡先生根据实地考察的论文指出:[11]"黄土高原是世界上水土流失最强烈的地区,其中晋西北、陕北、宁南、陇中为严重流失区,水土流失面积达12万多平方公里,占本区总面积的81%……大量泥沙输入黄河干支流,使黄河三门峡站平均含沙量达37.6公斤每立方米,最大含沙量达660.0公斤每立方米(1937年7月21日),为世界诸大河之冠。"

　　卢文也指出了黄河的输沙量:"三门峡年输沙量达16.236亿吨,高峰达40多亿吨(1933年),其中绝大部分来自黄土高原,这个问题的严重性,已被中外专家所公认。"

　　所以上述例子中朱巨龙先生认为"根治黄河的关键是控制黄土高原的水土流失"。从长远来看,他的"绿化黄土高原"的计划当然是正确的。李锐、孙俊杰二位先生在论文中说:"再造一个山川秀美的黄土高原的美好愿望是一定可以实现的。"[12]这句话,除了"再造"一词可以商榷外(因为我们无法证明黄土高原从早更新世到现代是否曾有过"山川秀美"），也是大家希望的。

对于黄土高原,我认为有三方面值得注意：

第一方面是对它的治理开发有极大的工程量和需要较多的时间。这虽然不会动摇我们整治的决心,但我们必须正视这个问题。据李玉山先生《黄土高原治理开发之基本经验》[13]一文论证："黄土高原的水土保持为中心的生态环境治理依然任重道远。还有 500 万公顷坡耕地需要修成梯田,600 多万公顷土地需要造林,700 万公顷天然草场需要改良。以现在的进度,需要 50 年—100 年始能完成,这是一项需要持之以恒的世纪工程。"

第二方面是黄土高原（包括整个黄河流域）的绿化与黄河河床淤浅之间的关系。我认为这种关系还值得深入研究。现在有不少人把黄河河床的淤高,主要归咎于植被破坏而造成的水土流失,这或许并不完全符合事实。因为黄淮海平原的堆积成于地质时期,而"一石水六斗泥"[14]的话出自西汉,都是没有人为干预或干预很少的时期,还有些学者研究古代黄河流域的植被,是森林、是疏林,抑或是草原荒漠,意见并不一致。我们当然不应忽视这方面的研究。但仅从植被情况论证水土流失,显然不够全面,何况历史时期的植被状况现在还缺乏令人信服的结论。让我们暂时撇开历史时期看看当前,邸明安、张汉雄两位先生对晋陕黄土丘陵区包括陕晋接壤段黄河沿岸偏关、河曲、保德等 23 个县的调查,这个地区的森林覆盖率为 11.2%,[15]略低于全国平均水平。另外,汪立直先生对黄土高原水土严重流失地区,即高原中部的陕、甘、宁、内蒙古、晋 5 省（区）的 106 个县（市）面积为 27.2 万平方公里地区的调查,森林覆盖率为14.7%,略高于全国平均水平。[16]从这两项调查来看,争论很大的关于历史时期的植被问题,其实并不是水土流失的关键。

第三方面是黄土高原的治理与当前黄河河床的关系。我认为两者必须加以区别。黄土高原是黄淮海平原堆积和现代黄河河床淤积的物质来源,这是事实,所以治理黄河与治理黄土高原是一回事。但另一方面,现在黄河下游的河床已经高出地面从四五米到 10 余米。对于这条高高在上的河床的治理,与当前黄土高原的治理,却又是两回事。因为黄土高原的治理即使做到梁恩佐文章中所说的"水土不出沟"（其实绝不可能）,现在的下游河床也不会降低。

按照自然地理学的概念,河流是由一定区域内地表水及地下水所补给的,并经常（或周期性）沿着一条狭长凹地流动的天然水流。也就是《孟子·滕文公下》所说的"水由地中行"。现在,黄河下游已经不是一条自然地理学上的河流,是一条多少年来人工抬筑起来的"渡槽",是"水由地上行"。根治黄河,总不能让它的下游河道一直成为一条"渡槽",总得使它回归自然,成为一条自然地理学上的河流。所以,从可持续发展的长远概念来说,黄土高原的治理与黄河的治理是一回事。但从当前这条高高在上的下游河道来说,两者并不是一回事,这是我们必须加以区别的。

堤　防

堤防是古今治河的最主要方法。神话传说中的堤防始于鲧。《汉书·沟洫志》说:"堤防之作,近起战国。"实际上显然比战国要早。到了西汉,堤防不仅是保护沿河人民的主要手段,而且也是人民的沉重负担。《汉书·沟洫志》所谓:"今濒河十郡,治堤岁费且万万。"东汉出现了屏障整个下游河道的所谓金堤。《后汉书·王景传》关于金堤的记载,显然包含了许多夸张、虚妄和难以解释的东西,例如在工程中:"十里立一水门,令更相回注,无复溃漏之患。"这样的工程实际上很难解释。又如,工程肇始于永平十二年(69),尽管"发卒数十万","役费然犹以数百亿计",但这条千余里的堤防,工程中需要"凿山阜,破砥绩,直截沟涧,防遏冲要,疏决壅积",而却能神话般地"明年夏渠成",实在使人无法相信。从史籍记载猜测,这条"自荥阳东至千乘海口千余里"的堤防,在王景以前大概已经存在,王景或许作了加固和增修。这是因为从西汉起,下游的"悬河"形势已经出现,沿河各地必然要修堤障水。汉代以后,据正史河渠志等的记载,黄河下游除了改道以外就是修堤,修堤而决堤,决堤而再修堤,循环往复,直到近代。

时至今日,黄河堤防的重要性已经比历史上任何时期都显得突出。这是因为流域内人口的增加,生产的发展,城市的增多,较之古代已经无法比拟。而黄河的含沙量和输沙量都依然如故。也就是"淤"的自然特性未曾稍改,而"决"的后果已经无法承担。至于迁徙改道,当然更不可想象。在没有解决这条河道的根治方法以前,黄河必须让它稳定在这条高高在上并且不断抬高的河床上。这是一种困难的、具有风险的但必须维持的局面。其所以困难,因为这条"悬河"还必须让它"悬"多少年,"悬"到怎样的高程? 现在大家心中无底。其所以有风险,因为自然界各种特异变化的发生,如暴雨、地震等,非人们可以预料。例如1963年海河流域的一场暴雨,降水量超过这个地区的平均年降水量。而时隔12年,淮河上游于1975年又出现了一场降水量超过全年的暴雨,造成广大地区的严重水灾。这样的暴雨历史上在黄河流域也发生过。[17]具有严重破坏性的地震,在历史上也发生过。《史记·魏世家》:"(魏文侯)二十六年(前423),虢山崩,壅河。"这是先秦的事。近代也是如此,1920年12月16日,黄河支流清水河流域的固原地区曾发生8.5级世界罕见的大地震,在这个人口稀疏的地区造成24万人丧生。直到今天,当年震迹仍到处可见。[18]诸如此类的自然变异,一旦在这里发生,其风险当然不言而喻。现在,"四个不"以"堤防不决口"为首,这也就是我所说的这是一种困难的、具有风险的、但必须维持的局面。领导的这种决心,实在是十分重要的。

堤防是历代治河的首要,因为它保护了沿河生灵。但从可持续发展的概念剖析,它当然也有负面作用,其中最明显的是"河涨水高"。以花园口为例,1982 年洪水流量 15300 立方米每秒,洪水位为海拔 93.99 米,而 1992 年洪水流量仅 6200 立方米每秒,洪水位却抬高到海拔 94.33 米。这种现象的直接原因当然来自河床的抬高,但河床是在堤防"保护"下抬高的。所以也有人对堤防提出批评:[19]

> 一些人把黄河 50 年来没有溃堤作为水利建设的最大成就,他们没有看到,黄河河床 50 年来,淤高速度没有减低,反而加快。河床越高,对自然水循环系统的破坏就越严重。黄河 50 年没有溃堤的代价,就是自然水循环系统的破坏越来越严重。这样发展的结果只能是,黄河总有一天要溃堤的,这是自然平衡的必然。

对于黄河堤防的这种批评,或许有失公道。因为河床的抬高是从地质时期到历史时期长期不断的过程,没有哪一个朝代不把黄河安流作为一种祥瑞。但批评者的最后一句"黄河总有一天要溃堤的",却并非危言耸听。史念海先生也说过类似的话,[20]他说:"建国以来,黄河下游一直安流,没有发生重大事故,这是值得称道的成就。"但是他随即指出:"现在的下游河床已经高到历来所未有的程度,由于河中泥沙堆积迄未停止,河床时时仍在抬高,堤岸加高何时才是已时?万一高到不能再高,一旦决溢,后患何堪设想。"

我完全赞同徐福龄先生《黄河下游堤防不致"隆之于天"》[21]的论证。堤防增高容易导致溃决,这是一个方面,但另一方面,溃决并不决定于堤防的高低。现在"四个不"大大增加了我们对堤防的信心,不过由于兹事体大,我们也必须千万小心。

水 库

水库是这 50 年来黄河水利工程的重要建树。不论是大型枢纽工程如刘家峡、青铜峡、三门峡以及小浪底,或是其他干支流上的大、中、小型水库,工程建设的主要目的虽有不同,但工程的内容必然包括一座容量不等的水库。这些年来,干支流上修建的水库确实数量可观。干流不说,举一点支流的例子,按《黄河志》卷七《黄河防洪志》的记载,以渭河为例,从新中国成立后到 1985 年,已建成大型水库 2 座(库容 1 亿 m^3 以上)、中型水库 17 座、小型水库 132 座;以汾河为例,按 1980 年的统计,全流域中已建成库容逾 100 万 m^3 的水库 65 座。水库的正面价值当然众所共见,不必赘述。但我们也必须看到它的负面影响。

从可持续发展的概念来说，水库特别是黄土地区的水库，首先面临的问题是淤浅。唐德善先生在其《略谈黄河的治理》[22]一文中曾经提出"三门峡水库几乎变成泥库的教训"，即以汾河流域的大、中型水库为例，大型水库如娄烦县的汾河水库（库容72300万 m³），中型水库如寿阳县的蔡庄水库（库容2070万 m³）、孝义县的张家庄水库（库容4348万 m³）、临汾市的渠河水库（库容4228万 m³）等，这些水库都建成于20世纪60年代初期，现在已淤库容都超过库容的一半。[23]情况可见一斑。

此外，在非常情况出现时，水库与堤防冒有同样的风险。对于这方面，大家恐怕不会忘记1975年8月8日凌晨发生的那场滔天大祸。板桥水库拖带着石漫滩水库，7万余立方米每秒、时速达30公里—50公里的洪峰流量，把一大片地区一扫而光。京汉铁路也因此而中断了10多天，真是往事不堪回首。

水库的另一种负面效应是加剧了黄河的断流。黄河自从1972年以来，下游断流的次数、时间和长度不断增加。这当然是有种种原因的，但水库显然也是其中之要。根据利津水文站的统计，1972年—1996年的25年中，断流发生共有19年，这就是平均5年4断流，频率实在很高。1996年断流时间长达126天，已经超过全年的1/3。断流的河道长度，90年代平均达296公里。[24]难怪有人提出"黄河不要变成内陆河"[25]的警告。

水库的另外一个值得研究的问题是库区的地貌改变，这个问题虽然在时间上比较长远，其所产生的影响现在还难以估计，但是从可持续发展的概念来说，也值得我们研究。从20世纪50年代末开始在黄河干流特别是晋陕一带出现的水库热过程中，大量中小型水库在黄土高原修建起来。凡是在地形上有建库条件的，大部分都被利用。边设计、边施工，土法上马，土洋结合。工程质量低劣的问题暂且不论。由于黄土流失，这些水库的寿命极短，虽然有若干年的灌溉和防洪效益，但时过境迁，很快从季节性蓄水池发展成为沼泽地。这种现象在陕北和山西都已经出现。假使让时间继续延伸，则大中型水库也将相继产生这种结果。多少年后，黄土高原及流域其他地区，将出现一种地貌上的变异，大大小小的山间黄土盆地和黄土沼泽遍布这个地区。现在还不易估计这种地貌变异的后果，但事情已经开始发生，所以应该及早考虑。

结　语

汪恕诚部长的"四个不"与李国英主任的"长治久安"之所以使我振奋，因为我认为这其实就是河政领导为我们指出了黄河可持续发展的方向。黄河需要可持续发展，黄河一定能够可持续发展。

参考文献

[1]《中国自然地理·历史自然地理》,科学出版社1982年版。

[2]黄委黄河志总编辑室《黄河人文志》,河南人民出版社1994年版。

[3]胡积善《黄河》,东方出版社1992年版。

[4]葛剑雄《悠悠长水——谭其骧后传》,华东师范大学出版社2000年版。

[5]梁恩佐《让黄河水流清》,《华夏文摘》第224期,1995年7月14日。

[6]文伏波《林一山地理考察二三事》,《中国地理学90年发展回忆》,学苑出版社1999年版。

[7]肖昕《使黄河水更浑——读梁恩佐〈让黄河水流清〉有感》,《华夏文摘》第231期,1995年9月1日。

[8]陈桥驿《炎黄子孙情系黄河》,《黄河史志资料》1996年第4期。

[9]陈桥驿《郦道元》,花山文艺出版社2000年版。

[10]曹家欣《第四纪地质》,商务印书馆1983年版。

[11]卢宗凡《黄土高原的建设与环境保护》,《水土资源保育策略与管理论文集》,台湾中兴大学文教基金会出版社1999年版。

[12]李锐、孙俊杰《黄土高原综合治理科技攻关启示》,《水土资源保育策略与管理论文集》,台湾中兴大学文教基金会出版社1999年版。

[13]李玉山《黄土高原治理开发之基本经验》,《水土资源保育策略与管理论文集》,台湾中兴大学文教基金会出版社1999年版。

[14]班固《汉书·沟洫志》,中华书局1977年版。

[15]邰明安、张汉雄《晋陕丘陵区土壤侵蚀发展预报动态仿真模型》,《水土资源保育策略与管理论文集》,台湾中兴大学文教基金会出版社1999年版。

[16]汪立直《黄土高原土地资源合理利用之探讨》,《水土资源保育策略与管理论文集》,台湾中兴大学文教基金会出版社1999年版。

[17]王涌泉《康熙元年(1662年)黄河特大洪水的气候与水情分析》,《历史地理》第2辑,上海人民出版社1982年版。

[18]李璧成、焦峰、马小云《固原上黄试区土壤侵蚀循环与综合治理效益评价》,《水土资源保育策略与管理论文集》,台湾中兴大学文教基金会出版社1999年版。

[19]瞿无希《黄河之水何处来》,《动向》,百家出版社1999年版。

[20] 史念海《黄河流域诸河流的演变与治理》,陕西人民出版社 1999 年版。

[21] 徐福龄《河防笔谈》,河南人民出版社 1993 年版。

[22] 唐德善《略谈黄河的治理》,《光明日报》1998 年 5 月 3 日。

[23] 黄委黄河志总编辑室《黄河防洪志》,河南人民出版社 1991 年版。

[24] 唐积善《略谈黄河的治理》,《光明日报》1998 年 5 月 3 日。

[25] 刘敬智《黄河不要变成内陆河》,《光明日报》1996 年 6 月 19 日。

原载《科技治黄大家谈》,黄河水利出版社 2004 年版

越文化研究的回顾和展望

"中国"、南蛮、于越

中国是个土地广袤的大国,中华民族是一个人口众多的大国。不过,作为国名的"中国"和作为族名的"中华民族",都是在历史发展过程中逐渐形成而出现的,古代的情况并不如此。

我在拙作《我对清史编纂的管见》[1]中,曾经回忆 1981 年 5 月在北京香山参加中国民族史讨论会的往事。事前因谭其骧先生之嘱,要我在会上作关于"中国"源流的发言。为了这四五十分钟的发言,我曾遍索资料,引经据典,颇花了一番功夫。其实,凡是文化较高、人民较多的民族,在古代都有把其所聚居的地区视为中心的思想。例如在印度,今恒河中游就有一个"中国",梵文作 Madhyadesa,艾德尔在《中国佛教手册》中解释:"中国,印度中部的王国。"[2]《水经注》卷一《河水》也记及这个"中国",称其"人民殷富"。"人民殷富",大概就是他们自视为"中"的原因。同样,古希腊人也认为他们居于世界之"中",因为亚洲(Asia)和欧洲(Europe)这两个地名,按语源学研究来自古代希腊文,前者意为"日出之地"(The region of the rising sun),后者意为"日落之地"(The region of the setting sun)。[3]这类例子很多,不胜枚举。我当年的发言,因为没有留下底稿,早已忘了,不过还记得曾经引及《诗·大雅·民劳》:"民亦劳止,汔可小康,惠此中国,以绥四方。"《民劳》的"中国",无非是今豫、晋、陕三省的一小部分,不过是古代汉人聚居的一个区域地名,《民劳》的"四方"都是很大的。《礼·王制》把这"四方"称为蛮、夷、戎、狄。以本文讨论的南方为例,"蛮",既是族类之名,也是地名。《山海经·海内东经》:"浙江出三天子都,在蛮东。"浙江就是今钱塘江,"三天子都"指的是今皖南诸山,这个地区的地名,古代汉人就称为"蛮东"。

由于越人文化落后,又没有文字,所以有关越史和越文化的早期记载,都出于"中国"汉人文献。从这些文献中获悉,早期越人是南蛮与"中国"最早沟通的族类,显然也是南蛮中的最大族类。所以今天对于越文化研究这个课题,首先必须从先秦"中国"的汉人文献中探索。

我国史籍最早记录越人活动的是今本《竹书纪年》。周成王二十四年(公元前11世纪末):"于越来宾。"必须说明的是,《今本竹书》为宋人所搜辑,学术价值不能与《古本》相比。王国维作《今本竹书纪年疏证》,卷首《自序》说:"始知《今本》所载,殆无一不及他书,其不见他书者不过百分之一。"所以我们对此书要作一点分析,因为"于越来宾"这一条,恰恰就在"百分之一"以内。按《今本》所载关及越事者共18条,亦惟此条不见于其他古籍记载。特别重要的是,《论衡·超奇篇》说:"白雉贡于越。"《异虚篇》说得更清楚:"周时,天下太平,越尝献雉于周公。"王充撰《论衡》之时,《竹书》尚深埋于汲冢之中,他无疑是根据当时越地传说写此"献雉"之事的。周公于成王七年归政,但由于其声名甚高,越地传说仍称周公,并不矛盾。所以今本《竹书》的这一条可以视作信史,其时距良渚文化的下限不过1000年。

按照先秦人物的年代排列,管仲是最早提及这个地区的人:"越之水,重浊而洎,故其民愚疾而垢。"[4](《水地》第三十九)几句话,把当时越地的自然环境和越人的低劣素质和盘托出。我们宛如看到了公元前7世纪的一幅图画:在一片潮汐出没、沮洳泥泞的沼泽地上,一批断发文身、又脏又羸的蛮子,在那里挣扎生活。

以后是墨翟,他在世稍晚于越王句践,所以听到一些句践练兵的残暴传说:"昔者,越王句践好勇,教其士臣三年,以知其为未足以知之也。焚舟失火,鼓而进之,其士偃前列,伏水火而死,有不可胜数也。"[5](《兼爱下》)越人好勇,这是普遍流行于"中国"的南蛮故事,类似的记载不少,甚至现今还有人认为"越"学从"戊",是一把砍杀的刀斧,以证明这个民族称"越"的渊源,其说虽谬,但也不必厚非。

还有一位庄周,他是公元前4世纪人,当时越国已经败亡,南北的经济和文化交流当然较前趋于发达,所以他举了做生意的例子:"宋人资章甫而适诸越。越人断发文身,无所用之。"[6](《逍遥游》)说明到战国中期,这个地区确实还很落后。

最后还可以举《吕氏春秋》的例子。吕不韦虽然入仕于秦,但是生活于战国后期,也算得上是个先秦人物,而《吕氏春秋》记叙之事,多半也是他听到的早年传说,此书《遇合篇》说:"吹籁工为善声,因越王不喜;更为野声,越王大说。"这无非是一种比喻,说明"中国"人和南蛮之间的文化差距。《吕氏春秋·知他篇》中记及吴、越二国的话:"吴之与越也,接土邻境壤,交通属,习俗同,语言通。"这是先秦"中国"人提及南蛮语言并且指出吴越同语的惟一文献。至于南方人操的是什么语言?《孟子·滕文公上》有一句话概括:"南蛮鴃舌之人"。用现代意思表达是:与"中国"人相比,这些人说的是像鸟叫一样的外语。

讨论越文化研究,我写这一段发端,主要是为了说明,在先秦时代。"中国"是"中国","南蛮"是"南蛮",汉人是汉人,越人是越人,不同的地域,不同的族类,界限是截然分明的。但由于汉人在文化上显然大大超越当时的"四夷",势力强大,所以不仅可以稳坐自居其"中"的位置,而且提出诸如"继绝世,举废国,治乱持危"(《中庸》)之类的绥靖口号。是无可争议的"超级大国"。这是一个方面。但另一方面,正是因为"中国"的文化高,有文字,才有可能为"四夷"的先秦史和先秦文化积累宝贵的资料,于越就是其中之一。现在我们研究古代越史和越文化,从文献资料上说,大多要依靠先秦的汉人著作。例如"于越"这个名称以及越人第一次到"中国"朝聘——这是于越从传说时期进入历史时期的标志。

此后,事情逐渐起了变化,南蛮人开始强大起来。首先是与于越"习俗同,语言通"的句吴,他是南蛮中最早崛起的一族。但从现存的文献记载看,它与"中国"的沟通比于越要晚得多,一直要到吴王寿梦元年(前585)才"朝周适楚"。[①]却随即向"中国"动武,《左传》成公七年(前584):"春,吴伐郯,郯成。季文子曰:中国不振旅,蛮夷入伐。而莫之或恤,无吊者也夫。"后来又发生了这"一族两国"[6]多次战争,最后是《左传》哀公二十二年(前473):"冬十一月,丁卯,越灭吴。"越王句践于是挥军北上,迁都琅邪,称雄"中国"。这一番过程,在先秦的汉人文献《春秋经传》中都有明确记载。如我在《论句践与夫差》[②]一文中所说,越国是在战国七雄之前最早称雄的国家。它囊括了从今山东东翼直到今钱塘江以南越故地的大片领域,政治、经济,文化必然都有较大发展,可惜我们很难从文献资料中检获有关这方面的情况。在先秦的"中国"文献中,只记及它的武功,如《墨子·非攻下》:"今天下好战之国,齐、晋、楚、越。"而《吕氏春秋·顺民篇》记及齐庄子以攻越之事问于和子:"和子曰:先君有遗令曰:无攻越,越,猛虎也。"

但"猛虎"并不持久,《古本竹书》魏武侯十七年(前380),即越王翳三十三年:"于粤子翳迁于吴。"由于王族内部篡杀相继,如我在拙著《于越历史概论》[③]文中所述,周显王三十五年(前334),越王无疆(或作彊)伐楚大败,为楚人所杀。《越世家》说楚

"尽取故吴地至浙江"。越国的世系从此断绝，但浙江（钱塘江）以南的故越地仍为越所有，《越世家》说："越以此散，诸侯子争立，或为王，或为君，滨于江南海上。"按《古本竹书》魏襄王七年（前 312）："四月，越王使公师隅来献乘舟，始罔及舟三百，箭五百万，犀角、象齿焉。"派公师隅北上的这位越王是谁？史籍没有记载，当时距无疆败亡不过 20 多年，这位不在越世系记载之中的越王就能以这样一大批物资远送"中国"，说明于越的世系虽绝，但还有较大的潜在力量。

《越绝书》及其他

前面讨论的越史与越文化，都是根据先秦的"中国"文献，对于于越来说，这些文献的价值是十分重要的。不过从另一方面看，这些由远离越地的汉人按当时流行的传说写成的文字，对于越史特别是越文化，后世的研究者不免有一种瞭望和鸟瞰的感觉。因为从这些文献中，人们看到的于越，还仅仅是一个并不清晰的轮廓。所幸于越自己还留下了一宗重要的文化遗产，即越地越人的先秦文献《越绝书》。此外还有少量在东汉之初身居越地的学者们的著作，成为后人研究越文化的重要源泉。

对于《越绝书》，我在中学时代就已经接触，虽然饶有兴趣，但一直感到从文字到内容都有许多不解之处。以后随着年龄增加阅读面的扩展，才对此书逐渐有所理解。从 20 世纪 40 年代起陆续做点笔记，探索一些问题，如作者、卷篇、版本、佚文等等方面。到 50 年代开始撰写论文，却因一系列针对知识分子的运动和最后的"十年浩劫"而搁置。70 年代末期，因学校学报索稿才发表了这篇《关于〈越绝书〉及其作者》[④]的论文。由于《四库提要》循明人之说，以此书卷末几句隐语定其作者为东汉袁康、吴平，后人多深信不疑，所以我撰此文加以驳正。其实我所提出的观点前人也已有议及，我只是作了一些解释，认为此书应为先秦著作，但东汉初人对此书作了整理和补充。

此文甚得学报的重视，为了刊物卷首的英文目录，他们特请当时外语系主任鲍屡平教授与我商量翻译之事。鲍先生精于英语，但疏于这类冷僻的古籍。由于文中提及清李慈铭对此书之名的解释，[⑤]他很认真地去查了《越缦堂日记》。而我实在并不赞同李氏的意见，所以最后他还是按我的理解，把书名英译作 The Lost History of Yue。在当时，我认为这是毋庸置疑的译法，所以并不介意。但以后几次去日本讲学，却有好几位日本学者与我谈及，说他们原来对此书书名颇有不解，看了这个英译，才使他们豁然开朗。让我很感谢鲍先生的处事认真。所以后来在点校本《越绝书序》[8]中，我又重提了此事。

前面说到《四库提要》因循明人而把作者定为东汉初人，对此我是很早就不苟同的。上述此书书名的英译就表达了我长期来的见解。东汉去春秋已远,虽然于越传说如"献雉"之类在越地流传的还有不少,但若无一样底本或其他成帙的素材,怎能写出如此一部大书来?特别是像《吴地传》和《地传》两篇,单凭传说是绝对拼凑不出来的。此书之所以称"绝",必然是于越世系断绝以后,越人虑越史之绝而撰写的。所以写作年代必在无疆败亡,越人返回浙东故越地以后。当时,越人中的上层人物受汉文化熏陶已深,汉字在越人中流行已久,所以越人已能捉笔作书。而从书中记吴地、越地甚详,而未及句践北迁后定都200余年的琅邪,说明作者是无疆败后从吴返越人物,并不熟悉琅邪之事。

《史记·孙吴列传正义》引《七录》,称《越绝书》有16卷,隋唐《三志》著录同。但从宋代起已经缺佚,今本作15卷。共19篇,与宋以前的本子相比,缺佚已逾2/10。但与前述先秦"中国"人的几种文献相比,其内容显然要丰富得多。此书《吴地传》和《地传》两篇,记载今苏州和绍兴一带的山川地理、风土民俗甚详,因而被称为是地方志的鼻祖。⑥此书有多篇记叙句践与夫差之间的错综复杂关系以至最终灭吴等史事,因而被认为是"复仇之书"。⑦此书记及军事、战略、兵器的篇幅不少,所以有人认为是"兵家之书"。⑧此书又记及许多农田水利,畜牧养殖,旱涝灾异,并涉及各种手工业和交通运输业等,所以也是一部经世致用之书。[8]《越绝书》不仅内容丰富,而且与前述各种先秦"中国"人所撰的文献相比,许多资料都是此书所独有,所以值得珍贵。可以随手举个例子,前已提及。越人没有文字,而古代越语也早已消亡。先秦汉人提及南蛮语言的唯有《孟子》的"鴃舌"。但此书中却保留了不少古代越语。如我在《绍兴方言序》[9]中指出的:"除了含句、乌、朱、姑等属于人名和地名的专门名词外,还记及了'越人谓船为须虑','越人谓盐曰余','夷,海也','莱,野也','单者,堵也'等几个普通名词。"所有这些,我在点校本《越绝书序》中已叙其详,这里不再赘述。

东汉初人袁康、吴平整理此书,是此书得以流传后世的一个重要机遇,是功不可没的。而他们在整理工作中,还增加了当时流传的于越故事和补充了先秦以后的资料。所以他们的工作,属于早期的越文化研究。从袁、吴的工作联系到东汉初期,这实在是越人流散以后越文化研究的发端时期,也是一个很有成就的时期。从现存的成果来看,除了《越绝书》以外,还有《吴越春秋》和《论衡》两种。从保存越文化资料的价值来看,《越绝书》当然是首要的。但《吴越春秋》和《论衡》的价值,也都远远超过先秦的"中国"人著作。所以对于这几种文献,今天的越文化研究者,必须加以特别的重视和仔细的钻研。

所以有必要把《吴越春秋》和《论衡》这两种早期的越文化研究成果也略作说明。前者是山阴人赵晔的著作,其体例属于编年史,内容除当时越地流行尚多的先秦故事以外,主要还是参考了《越绝书》,所以清钱培名《越绝书札记》⑨说:"赵晔《吴越春秋》,往往依傍《越绝》。"不过从体例说,《越绝书》是以事立篇、各篇并无明显联系。而此书是一部按年代编撰的于越(包括句吴)的完整史书,有裨于后人研究先秦越文化的系统概念。此外,赵晔时代的《越绝书》当然还是完整的足本,今本《吴越春秋》中有不少《越绝书》所不载的资料,除了赵晔自己的搜集以外,必然还有今本《越绝书》的佚文,这就是我们今天能在此书中获致许多他书所无的独家资料的原因之一。还要指出的是,今本《吴越春秋》也并非东汉完书。《四库提要》说:"是书前有旧序,称隋唐《经籍志》皆云十二卷,今存十卷,殆非全书。"这话不错,现在我们可以从其他古籍中检录的此书佚文不少,其中也有非常重要的资料。如《水经·浙江水注》:"《吴越春秋》所谓越王都埤中,在诸暨北界。"于越曾立都诸暨北界的埤中,这是越史和越文化中的大事,都为今本所佚,并为其他任何古籍所未曾记及。至于万历《绍兴府志·序志》说它"杂以谶纬怪诞之说",这话也不错,但是应该考虑到,赵晔撰书之时,上述先秦"中国"人所撰诸书(包括《越世家》)他都能看到,所以此书中的"怪诞之说"有许多是属于"外转内"的,现在把这些文献进行对勘,大部分都能查实。由于我往年曾撰有《吴越春秋及其记载的吴越史料》⑩一文,对此书有较详评论,这里不再赘述。

最后说《论衡》,此书是一部综合性的理论著作,并非专叙越地越事,而且今本也有较多缺佚,我往年曾撰有《论衡与吴越史地》⑪一文作过说明。虽然今本论及的越中故事不多,但由于王充是一位博学多才、见识超群的学者,所以《论衡》中记及的越地越事,实在不同凡响。书中也记入了一些当时在越地流行的传说,但是经过他的判断筛选,所以没有收入那些被先秦"中国"人(包括《越世家》)检去的荒谬不经的东西。像"象耕鸟耘"这类在上述这些文献中都有记载的荒唐故事,只有他出来作了科学的解释。特别是对于有些至今还有人捧牢不放的如"越为禹后"和禹到会稽召开全国诸侯大会等荒谬绝伦的故事。也都由他出头一笔否定。例如《书虚篇》的"禹到会稽,非其实也";"吴君高说,会稽本山名,夏禹巡狩会计于此山,因以名郡,故曰会稽。夫言因山名郡,可也;夏禹巡狩此山,虚也。巡狩本不至会稽,安得会计于此山?""禹时,吴为裸国,断发文身,考之无用,会计如何?"在《恢国篇》中,他干脆否定了先秦时期(例如《尚书·禹贡》)所谓的"大一统":"唐虞国界,吴为荒服,越在九夷。"王充。他不愧是一位科学地研究越文化的前驱。

越文化研究的跃进

东汉以后的漫长年代里,越文化的研究没有多少成果。由于先秦"中国"人的著作流行一时,而后来的《史记》《汉书》等在一个尊经崇儒的社会里具有极高的威望,致使越为禹后、吴为周后等观念深入人心。所以在一个很长的时期,既没有出现像王充这样的人物,也无人继承和发展《论衡》的成果。

当然,局部的研究还是有的,而且也得到一定的收获。例如对于于越语音的研究,唐颜师古注《汉书·地理志》吴地"号曰句吴":"句音钩,夷族语之发声也,亦犹越为于越也。"宋刘昌诗《芦浦笔记》卷四"于越"云:"《春秋·定公四年》。书于越入吴。注云,于,发声也,《史记》又书为于越,注云,发声也。"这实在是在《越绝书》的基础上,对"躲舌"语音的又一次发明,是对后人越语研究的重要启发。清李慈铭所谓"盖余姚如余暨、余杭之比,皆越之方言,姚、暨、虞、剡,亦不过以方言名县。其义无得而详",⑫或许就是受唐宋人启发的成果。

此外还可以举出一些秦一统以后越人流散的研究。其中首先是胡三省在《通鉴·汉纪四十八》"山越"下所注:"山越本亦越人,依阻山险,不纳王租,故曰山越。"这才让人明白《后汉书·灵帝纪》记及的"丹阳山越贼围太守陈夤",此"山越"原来是秦驱逐越人时就地逃入深山的。另外,明焦竑说:"此即所谓东越、南越、闽越地。东越一名东瓯,今温州;南越始皇所灭,今广州;闽越即今福州,皆句践之裔。"⑬这对秦一统以后越人流散与分布的研究,也很有参考价值。东汉以后的漫长时期中,可以称道的越文化研究,或许就是上述几例而已。

越文化的跃进是从上世纪二三十年代发轫的。当时出现了一批思想活跃,见识宽广,根底扎实,治学勤奋的史学家,他们既深入钻研古代有关越人的大量文献,又细致地鉴别分析这些文献,先后提出了不少前无古人的科学创见。如顾颉刚、罗香林、卫聚贤、蒙文通、杨向奎诸氏,都发表过在这个课题中不同于前人见解的论文。其中特别是顾颉刚。我在《大禹研究序》⑪中,一开头就指出:

> 我生平十分佩服科学家,特别是那些在相关科学还比较落后,利用相关科学的成果和资料都比较困难,却能依靠自己的优厚天赋和非凡勤奋,依靠自己的观测、实验、思考,提出当时让人大吃一惊而事后逐渐获得证实的假设、学说、理论的科学家。因为我是一个地理学者,在这门科学领域中,这样的科学家有两位。

我在此《序》中提出的第一位是创立"大陆漂移说"的德国科学家魏根纳(Alfred Lothar Wegener 1880—1930)。《序》中接着说:"在魏根纳提出'大陆漂移说'的十余年以后,另一位著名的科学家顾颉刚(1893—1980)在历史地理学领域中提出了一个四座皆惊的论点:'禹是南方神话中的人物','这个神话的中心点在会稽(越)'。"[10]

顾颉刚提出这种大胆假设的年代,正是蔡元培创导"思想自由,兼容并包"的时代,学术界确实呈现出一番活跃气象,但是把这位传统的第一个朝代的开国之君置于

南蛮鴃舌之人的神话之列,在当时显然是许多人都容不了的。如我在《大禹研究序》中所说:

> 那时候顾颉刚还是一个年轻人,竟敢提这样一个与中国的儒学传统挑战的离经叛道的学说。当时,地质学、古地理学、古生物学、第四纪学和考古学等相关科学,在理论上和检测手段上都还相当落后,他是依靠自己的笃学、慎思、明辨等功夫提出来的。此文一出,一些人佩服他的胆识,另一些人即欲鸣镝而攻。

在顾氏提出这种假设以后10年,另一位思想开放的学者冀朝鼎,用英文在伦敦乔治·艾伦和昂温有限公司(George Allen and Unwin LTD)出版了一本《中国历史上的基本经济区与水利事业的发展》[11]的论著,此书第四章以《禹和洪水的传说》为题,对顾氏的观点作了议论。虽然在那个时代,他还无法判断这种观点的是非,但是对于这种大胆的假设,他给予极高评价:

> 他对这个传说的传统说法所给予的有力批判,似乎已经成功地打破了这样一种神秘的理论:即认为中国水利事业的开端,要归功于一个英雄神灵的仁慈和他的自我牺牲的活动。通过宗教正统学者反复断言了若干世纪以后,这种神秘的理论已经获得了宗教教义的权威,从而成了在这个问题上的任何科学研究的一个巨大的障碍。只有彻底打破这个神秘的理论,才有可能对治水活动的起源方面。进行客观的研究。

冀朝鼎的著作是议论中国历史上的水利事业的,所以他指出禹的神话是科学地研究历史水利的"巨大障碍"。同样,对于越文化研究来说,这也是一个"巨大的障碍"。虽然王充在东汉初年已经打破了这个"巨大的障碍",但是如冀氏所说:"通过宗教正统学者反复断言了若干世纪以后,这种神秘的理论已经获得了宗教教义的权威。"这由于旁支科学如地史学、第四纪学、古地理学、古生物学、考古学等和科学的测年手段在这50多年中的进步,当年冀朝鼎认为"可能证实也可能推翻"的顾颉刚关于禹的神话出于会稽(越)的假设。现在已经完全证实了。只是当年他所设想的钱塘江的洪水灾害,现在已经明确是第四纪晚更新世到全新世的几次海进和海退。关于这方面,我在《越族的发展与流散》[15]一文中已经详细说明了。而且,当年冀氏所说的"神秘的理论"还只及于"治水活动的起源",现在,这个"神秘的理论"的面目已经被揭得更开。我为《绍兴史纲》[16]一书所写的《序》中,曾经引及了《中国文物报》2001年6月6日刊载的一篇占该报一个整版的文章:《夏商周断代工程引起的海外学术讨论纪实》,这是一次有关这个耗资巨大的课题的国际学者网议,全版除了参加网议的不少国际学者的发言以外,还有此版编者刘星的按语。其中版末的一段按语最发人深省:

> 关于是否有夏、二里头是否夏以及二里头文化是否步入了国家社会等问题,

我们在上述的评论中已经多少表明了我们的立场。运用"同代文字证明"的逻辑，我们只能对夏的存在打一个问号，因为目前还没有出土文字证明司马迁关于夏的记载是真实可靠的。

我在拙《序》中对这段话也作了一点议论：

> 我真佩服刘星先生的这段话，他确实说得既科学，又含蓄。"因为目前还没有出土文字证明司马迁关于夏的记载是真实可靠的"，所以，"我们只能对夏的存在打一个问号"。司马迁对夏说了些什么？《夏本纪》中抄录了《禹贡》全文，这里记录了大禹移山倒海的神功，竟把第四纪甚至第三纪的地质变迁都包罗在内。……刘星先生的含蓄就在于此，等到那一天"同代文字"奇迹般地发掘出来以后，能够找得到司马迁记载的这些东西吗？

科学的发展的确让人产生一种紧迫感，感到随时随地需要迎头赶上。就拿越文化研究这个课题来说吧，王充断然否定了禹到会稽之说，但他还不敢否定禹这个人物的存在。十几个世纪以后，顾颉刚果断地否定了禹的存在，认为这是一个起源于会稽（越）的神话。现在，《中国文物报》又为这个由禹开创的朝代打上问号。顾颉刚的时代和今天不同，他没有旁支科学的研究成果可以依靠，他是凭借他的天赋和勤奋而提出这种大胆假设的。为此，我们不得不对这位率先用"层累观"研究中国古代史的史学家表示衷心的景仰。他在80年前提出的这个假设，无疑是越文化研究中的一次跃进。

现代与展望

这里所指的"现代"，是这20年来的越文化研究。从上世纪80年代起，越文化研究有了很大的发展，获得了大量的成果。要把这20年的越文化研究作一番评价和总结，这实在是相当困难的。我只能简略地作几个方面的概括：

第一是研究者的队伍空前扩大，若干高等院校也加入了这种研究的行列，并且还建立了几处越文化研究所，有稳定的研究人员。

第二是研究成果，包括专著和论文，在这一时期大量涌现，为了交流和讨论这些不断涌现的研究成果，曾经举行了多次学术讨论会，出版了论文集。

第三，这或许是这段时期越文化研究获得显著成果的重要原因，由于前面提及的相关科学的进步，在研究队伍中，除了以往的历史学者、历史地理学者、民族学者和部分考古学者以外，地质学、地史学、第四纪学、古地理学、古生物学者等也参与了这方面的研究。而原来的研究者也开始认识到自己的研究必须依靠先进的旁支科学的研究成果。此外,由于科学的测年手段的出现和应用,过去从文献里根本无法解决的问题,现在往往可以迎刃而解。

举个例子说明,顾颉刚在 80 年前提出的作为禹的神话背景的会稽(越)洪水,按当时的科学发展程度,他只能假设来自钱塘江。而现在,由于第四纪学的研究成果,我们已经明确了从晚更新世到全新世的几次海进、海退。在距今约 25000 年的假轮虫海退时期,中国东部沿海的海岸线直达大陆架,沿海的大小岛屿都和大陆相连。从现代海面以下 155 米取得的贝壳堤,放射性碳素测年为 14780±700 年。可以清楚地知道,大约在 15000 年以前,中国东部沿海海面比现在要低 150 多米。而这次海退以后接着发生的是从全新世开始的卷转虫海进,在距今约 7000 年前,今浙江的大片平原都沦入海域。今宁绍平原和杭嘉湖平原,在高程 10 余米以下,常常出现大片蛎壳层,就是这次海进的实物见证。所有这些,我往年已在好几篇文章,特别是《多学科研究越文化》一文中阐明。

这里特别值得提出的是,一批越文化研究者在去年进行了关于古代越文化传播分布地域的实勘研究。这种研究方法在越文化研究史上是前所未有的创举,是值得学术界特别是越文化研究者重视的。按照近年来的研究,古代越人的流散开始于史前,我在《越族的发展与流散》一文中指出,卷转虫海进时期出现了越人的第一次流散,他们的足迹遍及台湾地区、越南、南洋群岛、日本甚至太平洋。[12] 秦一统以后,越人又出现了第二次流散,除了遁入深山的"山越"以外,他们的流散地区遍及浙西、皖南、赣、湘、闽、两广、海南、云贵等地。通过对古代越人流散地区的实勘调查,必然可以获得古代越文化传播分布的实迹,这实在是越文化研究中的一条独特和重要的蹊径。《浙江日报》于 2003 年 9 月 22 日以整幅版面,以《追踪古越文化的变迁足迹》的大字标题作了详细报道。在大字标题前面,记者并对这长篇报道作了几句话的摘要:"今年夏天,12 名学者冒着酷暑在浙、闽、桂、粤、琼五省区追寻古老的越文化。在 22 天的实地勘察中,学者们接触了大量越文化的活资料,实地考察了许多古越文化遗址。"这个报道发表以后,学术界不少人来电来信,希望获得这次越文化实勘调查更为具体的细节和成果。

可以告慰于越文化研究同仁的是,去年的实勘成果现在正在加紧整理,古代越文化传播分布地域实勘的论文集有望在年内出版。另外,这种地域实勘的工作今年还要继续进行,实勘地域已选定滇黔二省,正在筹划之中。在越文化研究中,这是一种有创新意义的尝试,希望得到学术界的支持和指教。

回顾以往,越文化研究已经取得了不少成绩;展望未来,我们充满信心。

参考文献

［1］陈桥驿《我对清史编纂的管见》,《学术界》2003 年第 3 期。

［2］Ernest J. Eitel, *Handbook of Chinese Buddhism being a Sanskrit-Chinese Dictionary Vocabularies of Buddhist Terms*. Tokyo：Sanshusha，1904.

［3］*Klem's Comprehensive Elymological Dictionary of the English Language*. Amsterdam：Elsevier Puhlishing Co. . 1971.

［4］戴望《诸子集成·管子校正》,浙江古籍出版社 1999 年版。

［5］孙诒让《诸子集成·墨子闲诂》,浙江古籍出版社 1999 年版。

［6］王先谦《诸子集成·庄子集解》,浙江古籍出版社 1999 年版。

［7］邹逸麟《谭其骧论地名学》,《地名知识》1982 年第 2 期。

［8］袁康、吴平《越绝书》,上海古籍出版社 1985 年版。

［9］杨葳、杨乃浚《绍兴方言》,国际文化出版公司 2000 年版。

［10］顾颉刚《古史辨》,北平朴社 1926 年版。

［11］冀朝鼎《中国历史上的基本经济区与水利事业的发展》,中国社会科学出版社 1981 年版。

［12］《史前漂流太平洋的越人》,《文化交流》1996 年第 22 期。

注释：

① 《吴越春秋·吴王寿梦传》。但《左传·宣公八年》已记及吴,故"寿梦元年,朝周适楚"以前当有漏记。

② 原载《浙江学刊》1987 年第 4 期。收入于陈桥驿《吴越文化论丛》,中华书局 1999 年版。

③ 原载《浙江学刊》1984 年第 2 期,收入于《吴越文化论丛》。

④ 原载《杭州大学学报》1979 年第 4 期,收入于《吴越文化论丛》。

⑤ 《越缦堂日记》3 函 12 册,同治九年三月十一日。

⑥ 万历《绍兴府志》卷五八。

⑦ 小万卷楼本《越绝书》(清)钱培名《跋》。

⑧ 余嘉锡《四库提要辨证》卷七。

⑨ 《小万卷搂丛书》,又附于张宗祥点校《越绝书》卷末,商务印书馆 1956 年版。

⑩ 原载《杭州大学报》1984 年第 1 期,收入于《吴越文化论丛》。

⑪ 原载《浙江学刊》1986 年第 1 期,收入于《吴越文化论丛》。

⑫　(清)李慈铭《息荼庵日记》,载《越缦堂日记》同治八年七月十三日。

⑬　《焦氏笔乘续集》卷三。

⑭　《大禹研究》浙江人民出版社1995年版,此序又收入于《吴越文化论丛》。也就是我在前面
　　指出的,直到今天,还有人"紧紧捧牢不放"的原因。

⑮　原载《东南文化》1989年第6期,收入于《吴越文化论丛》。

⑯　百家出版社2002年版,此序又发表于《学术界》2002年第6期。

原载《杭州师范学院学报》(哲学社会科学版)2004年第2期;
部分文字见《简述越文化研究的历史》,载《海峡两岸越文化
研究》,人民出版社2005年版

话说丽水

　　徐学盛会在丽水举行,对这个地方来说,是一种在文化上值得存史的大事。因为在浙南,文化事业的发展,有史以来比浙北和沿海都要晚得多,直到抗日战争开始以后,才有很大的转变。不过直到今天,迎头赶上甚至后来居上,还有待继续努力。

　　丽水在远古是一片蛮貊之地,即《孟子》所谓"南蛮鴃舌"。[①]当时,全国有许多部族,其中势力最大的是汉、楚、越。丽水当然在越族境内。但越族的中心地区在今绍兴一带,浙南是一片地广人稀、山丘重叠的"边陲"之地。秦始皇一统以后,在今苏南、浙北、浙东等处建立会稽郡,会稽郡以南为闽中郡,对于此郡,历来各家多有疑义。按王国维考证,此郡建于秦始皇二十五年(221),[②]则今丽水当在闽中郡之中,仍然是一片荒蛮之地。也正因为如此,在今浙北、浙中地区郡(州)县渐次建立之时,今丽水久久不见其名。一直要到隋开皇九年(585),实行废郡改州措施,废临海郡、永嘉郡,并置处州,州治设于括苍县,其地位于今丽水东南括苍山麓。唐初改括苍县为丽水县,这是"丽水"作为一个县名的嚆矢。当时,县治在今丽水以西,属括州,而且到唐武德八年(625)又被废置,并入括苍县。直到唐大历十四年(779),才又恢复丽水县名,并成为处州州治,其地位于今丽水以东。唐末,州治曾一度迁于今丽水西的小括山。直到元至治二十七年(1290),才迁至今市区一带。[③]从此历元、明、清3代,作为处州府(路)治的丽水县在地理位置上稳定下来。如上所述,州县地名和地理位置的多次改易搬迁,说明这个地区开拓甚晚、发展迟缓的实况。

　　清朝在浙江省置11府,通常称下3府(杭、嘉、湖)和上8府(宁、绍、台、金、衢、严、温、处)。处州府排位于11府之末,也说明了此府在经济、文化上仍然落后于其他各府。

　　在我童年之时,民国浙江省教育厅仍按清代府治所在地之处,设置了11所省立中学,其名称按上列各府排列次序,如省立第三中学在湖州,省立第五中学在绍兴等,处州则为省立第十一中学。至民国二十年(1931)以后,始将原来以11府次为名改为以府治处所在县名为名,如省立湖州中学,省立绍兴中学,省立处州中学等。这中间,很有几所名校,如省立杭高(11校中当时唯此校有高中部,故杭高,杭初已分开),甚至著名于国内。又如省立绍兴中学,由于自从民国二十二年(1933)起,在历次全省毕业生会考中,均名列第一,在全省获得很高的声名。

　　当时,11所省立中学包括省立处州中学在内,它们的教学质量在省内许多中学中都是领先的,其间当然有不少原因,首先是校长和校内台柱教师的稳定,不少省立中学校长常常是长期在任。例如省立绍兴中学校长沈金相,任职10年,而所聘教师多为当时名流。在我就读之时(此校于1935年始设高中),全校教师中以自己编著并正式出版教科书作为教材的就达5位,师资之高可见一斑。其次是教师待遇优厚,记得1954年我在浙江师范学院,偶遇体育系副教授屠振川(鼎瑛)先生,他原是省立绍兴中学体育主任。那时我还是讲师,工资只有人民币80余元,他则有百余元。但他告诉我,他现在的副教授待遇,也不及他当年在绍兴中学当体育主任时高。再者是省立中学对学生的选择率优势,不仅是因为省立中学名声好,而且还收费低廉。对学生不收学费,只收书籍费;而且成绩优异的还能成为公费生,其数占学生数的10%。我于1940年从初中考入高中时就获得公费生待遇,包括膳食费、制服费、书籍费在内的一切费用都由公家付给。当时的私立学校要收学费,一般是每学期10元。在上海,也有学费收得较高的,社会上就称这类学校为"学店"。至于现时流行的诸如"择校费"、"赞助费"之类,在那时不仅闻所未闻,而且也是当时的社会道德所绝不允许的。

　　抗日战争爆发以后,法币从1939年起逐渐贬值,教师的待遇实际上有了降低。特别是日军对城市的轰炸和占领,迫使学校纷纷迁到乡间,故其教学和生活都日趋困难。但由于社会传统对教育的支持,让学校在乡间也获得许多方便。以省立绍兴中学为例,由于绍兴城市受到轰炸,学校于1939年秋分成本部和分部两部,迁到诸暨枫桥花明泉和嵊县崇仁廿八都。当时根本无钱也无时间建造新校舍,全部是利用乡间的祠堂庙宇,但当地都一律敞开欢迎,绝不索取分文费用。而对于来自沦陷区的学生,则由政府发给救济金,供应包括膳食、制服、书籍等一切费用。现在回忆起来,当时对沦陷区学生发放救济金(包括当时对大学生发放"贷金",名为"贷"而实为"供")一事,对抗战期间教育事业的发展、人才的培养和作为国家民族赖以发扬光大的文化事业的延续，确实具有不可抹杀的重大意义。我考入高中时为公费生，后来绍兴沦陷后又改为领取救济金；最后考入一所国立大学，还是依靠"贷金"。当时，沦陷区的学生多半经济困难，其中有不少甚至连最简陋的生活必需品如衣裤、被服等也非常缺乏，假使没有及时的救济措施，像我们这一大批穷学生是不可能由中学升大学的。20 世纪 80 年代以后，我应聘担任国外大学的客座教授，多次出国在不少国家如日本、美国、加拿大甚至远到南美巴西等国访问讲学。在这些国家里，都遇到过在抗日战争时期大学吃"贷金"的华人；在我国香港和台湾，我所见到的这类同胞为数更多。他们现在都在那里担任教授或其他相应的高级职务。当然，在那个年代靠救济金和贷金完成学业的人，绝大部分还是留在了大陆。至今健在的，也都是耄耋老人了。

现在回忆起来，那时政府的这种措施，我们今天从延续民族文化、保护民族元气的角度进行评价，显然是正确的和有远见的，其所获得的成就，也是日后众目所共睹的。不过在当时的中国，能上学的青少年也只占少数，而且我们这一大批受救济而获得求学机会的沦陷区学生，并不对政府有什么特别的感谢之情，而且还认为，这是政府应该做的。没有人对当局写过什么表示"感谢"的文章，从学校校长到教育部门的官员，据我所知，也没有人要（包括暗示）学生写这类文章。对于他们来说，或许有一种共识：抗战救亡，这是理所当然的。

说了以上这一番话以后，现在又回到丽水。从浙江省的历史发展，直到我的少年时代，不必讳言，丽水在经济、文化上是比较闭塞落后的。今天，我们常常拿 20 世纪 80 年代开始的"改革开放"作为一个划时代的阶段，因为从这个阶段以后，我们国家在经济上"起飞"了。但假使把时代上溯几十年，则丽水在经济上，特别是文化上，是从抗日战争开始以后"起飞"的。1937 年发生了"七·七卢沟桥事变"而开始抗战，接着是"八·一三"日军进攻上海，浙江省会杭州于当年 12 月沦陷。浙西的大片地区包括杭、嘉、湖 3 个中心城市都陷入敌手。因此，除了浙江大学远迁出省外，其他中学都纷纷越过钱塘江迁到浙东和浙南。其中以杭高为首，包括杭师、杭初、杭女中、嘉兴中学、湖州中学等浙北省立中学，于 1938 年在丽水碧湖建立浙江省临海联合中学，随后又分立成为"联高"、"联师"、"联初"3 校，其中特别是"联高"，则成为了战时东南地区的一所闻名遐迩的学府。当时，北大、南开等北方几所著名大学内迁到昆明成立"西南联大"。"西南联大"是大学，"联高"是高中，此两校竟能一在东南，一在西南，峥嵘一时。而"联高"毕业生，确实有不少到西南考入"联大"，这又成为了抗日战争时期文化教育中一段值得回忆的佳话。

当时，浙江省政府在永康方岩，但教育厅和不少附属机构以及许多文化团体，包括东南地区的重要媒体《东南日报》《浙江日报》还有许多期刊,都在丽水出版。那时的大丽水(即清处州府和民国第九行政督察区)范围内,文化教育之兴旺,确实冠于东南。以著名学者郑晓沧主持的浙江大学分校建在龙泉芳村,由浙江教育界著名校长孙信主持的私立杭州安定中学迁设在缙云壶镇,此外还有不少浙北和浙东的中学迁校于这一带。而距此不远的大峃(今文成县)又恢复了著名的北洋工学院。丽水,这个浙南的腹心之地,元、明、清11府(路)和民国浙江9个行政督察区中都列于榜末的经济、文化落后之地,一跃而发生了文化"起飞"的现象,成为抗日战争时期浙江省的文化中心。一个在过去鲜为人知的僻陋城邑,由于抗战的机遇,陡然崛起,成为在浙江尽人皆知、特别是东南地区知识分子所向往的名地。

在美国地理上有一个称为"阳光地带"区域,指的是北纬37°以南,包括得克萨斯、新墨西哥、路易斯安纳等15个州,原来是全国的落后地区,但在第二次世界大战中,由于军事工业而带动了其他生产部门的发展,这也是在一个不长的时期中一跃而起,甚至在某种程度上取代了北方的新英格兰和沿湖诸州。丽水和浙东南当然还不予这一带千载一遇的机会。这中间特别值得大书特书的是文化,因为我个人在这方面确有亲身体会。当省立绍兴中学迁徙到诸暨、嵊县以后,诸、嵊两邑原来都是绍兴府的属县,文化显然较处州要高。但学校迁到诸、嵊以后,在当地入学的新生和插班生,其平均成绩与原来从绍兴去的学生就存在明显的差距。这说明即便在同一地区之间,中心城市在文化上显然要高于附近城邑,则更何况乎长期落后于浙北和沿海的浙南山区。"八年抗战"期间,在日本侵略者发动的野蛮战争中,我们全民族遭遇到惨重的牺牲,付出了巨大的代价。但丽水地区特别是碧湖一带,由于许多文化机构和文化人的集聚,却获得了一个文化教育事业"起飞"的机会。当年,曾经在"联高"和其他内迁学校接受艰苦的战时教育的人,其中许多已经作古,其余的也成了耄耋老人,他们之中曾涌现出不少为社会作出贡献的人才。曾记得,20世纪80年代中期,不少曾在抗日战争时期"联高"就读的学生,当时虽然都已年届花甲,却能相互联系,甚至还组织了一次碧湖之行,以凭吊和回忆他们当年在这里学习时的艰难岁月。而在这个碧湖之行的队伍中,竟也包括了若干来自美国和其他海外地区的"联高"校友。对于当年执教该校的师长,他们也都进行了拜访和慰问。我还记得当时居家离舍下不远的陈铎民老先生,他就接待了那次碧湖之行的校友中若干来自海外的高足。碧湖,当时是丽水偏南的一个不大集镇,但它却是一处浙江省在文化上值得纪念的地方。

当年的丽水、碧湖和浙南其他地区,在文化上能获得"阳光地带"的机遇,其实也并不偶然。首先,在"联高"之中,除了极少数非沦陷区学生外,几乎全部是靠救济金完成学业的学生。在当年十分艰苦的条件下,他们茹苦含辛、孜孜力学的情景,确实毕生难忘。其次,尊师重道的民族品德,这在当时社会上也是一种人们自觉遵循的公德。所以这些年逾花甲的学生,回首他们当年的老师,凡是健在的,他们都热诚、殷切地前去看望、拜访和致敬。

对于尊师重道,我在此还拟插入一段回忆。记得1985年,我应聘携夫人在日本国立大阪大学担任客座教授。这年适逢我在抗战胜利后执教的新昌县立中学60周年校庆,学校两次发信到大阪要我写篇纪念文章,我写了一篇《怀念新昌中学》④的文章从日本寄回新昌,其中就有一段说:新昌是个小山城,民风淳朴,它所保持的尊师之风,在当时显然比一般大城市要好。记得37年前,我还只有24岁,受聘到这里担任教务主任,到校不到一个小时,县教育局长张图先生就赶到学校。尽管是几句客套话,例如说,新昌小地方,能够请到您真不容易,真是委屈了您之类。但是作为一个县的教育局长,对一个年轻的中学教务主任如此谦恭(即使是表面上的),而在现在的年轻人看来,恐怕也是很难理解的。当时,社会上对教师一般说来还是尊重的。上层人士有时也有跑到学校里来的,我不知道其私底下的态度如何,但在公开场合上,他们都是尊敬教师的。至少不像"四人帮"那样,公开地把知识分子列为第九等人。除了"四人帮"以外,当时还有不少受极左思潮影响很严重的人,他们自己极端缺乏知识,甚至愚蠢得可笑。但是,却偏对知识分子抱有不可改变的成见,视知识为洪水猛兽,把知识分子当作各种运动的对象。

当年社会有尊师重道的风气,而学生对于老师就更尊敬了。前面已经说过在20世纪80年代"联高"校友碧湖之行中海外来客对老师的尊重。另从我自己求学的省立绍兴中学来说,也有一件可以作为今日学生借鉴的事。沈金相先生从1931年起任绍兴中学校长10年,成绩优异。1991年,他的一批老学生,包括当时身在美国和我国香港地区、台湾地区的,也都已是古稀上下的老人,其中有些热心人发起为这位老校长编撰出版一本《沈金相先生纪念集》,⑤受他们之嘱,我为此书作序,其中有一段写道:"想到半个世纪以前受业于校长门下时的种种情景。从仓桥的弦歌之声到校舍的遽尔蒙尘,从栖凫、兰亭的权宜措身,到花明泉廿八都的苦读不辍。这中间有百般辛苦,千种困难,都由校长为大家承担。回忆在花明泉和廿八都的两年时间,生活困难,物力维艰,而形势动荡,寇警频传,正是由于校长的指挥若定,策划有方,使学校在如此扰攘的时局中,仍然保持绍中(绍兴中学简称)校所传颂的'蕺山风高,姚江流长,于越文明漱古芳'的优良校风。"教师阵容坚强,教学认真;学生生活俭朴,读书勤奋。如我在拙著《重访花明泉》(《诸暨史志》1987年第5期)一文中所回顾:"当时名师毕集,盛极一时,以自己编著而正式出版的教科书执教的教师至少就有五位。而学生的学行兼优,可从今日驰骋于海内外各界的许多教授、专家和其他知名人物中窥及一斑。"

　　我所以为这次丽水盛会写了这些当时尊师重道的概况和师生关系,这是因为当前潮流在这方面与那时已经有了颇大的距离。旧东西并不都是好东西,但当年尊师重道的道德风尚绝不在破"四旧"之例。丽水是浙南的腹心之地,在"八年抗战"的苦难日子里,文化教育事业都获得"阳光地带"的幸遇。徐霞客不仅是个伟大的旅行家,同时也是一位足迹辽广的文化传播者。所以在这次盛会中我回忆及此,或许称得上因地制宜。

　　从 20 世纪 60 年代起,我几次从金华到温州都途径丽水,但都没有机会进城看看。直到 80 年代中期,丽水地区讨论《地名志》编纂事宜,因当时我是省地名委员,才应邀到此住了几天,并留下了很好的印象。特别是对于"丽水"这个地名,与括苍山和瓯江相映成趣,确实秀丽雅致。而且事有凑巧,当年从丽水返杭以后,随即发生了一件与"丽水"这个地名有关的涉外事件。当时正值改革开放后不久,我们很缺乏有经验的企业管理人才,特别是新兴的旅游业开始发展,国际交往增加,而高级涉外宾馆的经营,可以说还是一项空白。所以位于岳坟附近的杭州饭店(今香格里拉饭店)聘请了一位澳大利亚籍人士出任总经理。适值这家大宾馆有 4 套豪华的总统套房落成,需为这 4 套房子各起一个吉祥美好的名称。为此,省里推荐了几所大学的 5 位教授到饭店与这位外籍总经理商量。在参观了这 4 座豪华精致的套房后,整个下午教授们都在切磋以及与他的沟通之中。5 位教授之中,只有我可以随意地与他进行英语交谈,其他几位提出的主张,都得经过我的翻译转达。几位教授在各自的专业素养中,从文学、诗词歌赋、历史学、古建筑学等方面,提出了不少很有意义的命名,但都没有使这位洋经理满意。由于房子有 4 套,要用 4 个出处相近的美名,确实也存在困难。讨论直到傍晚,由于我已经在省里和各市县参与了几年地名管理和命名的事务,忽然想起了省内流传的一副以县名组成的对联:"龙游丽水;仙居天台"。我不假思索,立刻信口把这副对联说出来;然后随即译成英语,并告诉他,这是我们浙江省的 4 个县名,并解释了用这 4 个县名连缀起来的这副对联的意义;期间当然也少不了简单地与他讲解一下"对联"在中国古典文学上的渊源。

　　听了我的这一番说明以后,他随即要宾馆里的人员取来中国地图,在地图上查出这 4 个县名,并且立刻翘起拇指,连声说"OK",还紧紧地与我握手,用中国话说:"好,好! 谢谢您。"后来他又用英语说了不少称赞这种命名的思想和名称的雅致等话。总的意思是:名称非常好,又符合中国人的传统,而且我们的宾馆在浙江省,这 4 个县也都在浙江省。此外,他还说了许多话,包括感谢和称赞,让我都来不及一一翻译给在座的其他几位教授和宾馆人员了。最后他召来了几位宾馆人员,显然是高级职员,由他用英语说,我当场翻译,大意是:4 套总统套房的名称,今天下午已经请几位尊敬的教授确定,分别称为龙游宫,丽水宫,仙居宫,天台宫。大家随即鼓掌,"丽水"美名,就成为一座豪华的总统套房的名称。此事已经过去了20多年,饭店也改了名称,人事必然大有变迁,我当然不知道今天的情况如何? 但是回忆当年被这位澳大利亚籍总经理赞赏和当场拍板的"丽水宫"情景,我仍然为丽水感到光荣。

附 记

丽水的徐学盛会正值抗日战争胜利60周年。我在乡间别墅中写作此文时,还没有想到丽水这一片因抗战而兴起的"阳光地带",今年正逢它的花甲。《论语·为政》说"六十而耳顺"。从战争初起时的文化内迁来领会《为政》此言,令人不胜振奋。一座山区僻邑,60年来的文化发展,让它到达了"耳顺"的境界,徐学同仁于这个值得纪念的年头在此聚集,意义实在不同寻常。

今年5月,我与省立绍兴中学校友、香港绍兴同乡会永久名誉会长车越乔先生重访了抗日战争时期绍兴中学搬迁建校的诸暨枫桥花明泉,在那里摄影留念,回忆烽火连天的战争苦难。7月,抗战时期绍兴中学搬迁建校的又一处嵊州崇仁中学,委托省委党校的裘本培先生,把我《自传稿》(暂不出版)中有关我在该地(指崇仁廿八都)求学时代的几篇复制,因为他们认为这些内容对当今的莘莘学子很有教育意义。与老校友的诸暨之行和嵊州人复制我的《自传稿》,虽然或许是一种巧合,因为恰逢这个年头,所以更引起了我对当年的回忆,念念不忘。

特别让我感慨万端的是,今年7月10日,《都市快报》刊登了新华社的一篇《纪念抗战胜利60周年特别报道》。这篇报道以《60年前中国的诺亚方舟运走了工厂大学和城市》为题。文章开头说:"1938年,上海、南京、武汉相继沦陷,国民党政府决定迁都重庆。为了保存国家文化命脉,中央大学校长罗家伦已经3天3夜合不上眼了。学校的师生、仪器和图书如何才能转移到大后方呢? 正当他一筹莫展时,民生公司总经理卢作孚敲开了校长办公室的门,刚一落座,卢作孚便直奔主题说:'我是来同校长商谈学校转移之事的'。……罗校长欲言又止,在卢作孚的追问下,罗校长提出'民生公司能不能把中央大学农学院里的良种动物也一并运到重庆'。卢作孚先生不仅答应了,而且亲自制定了船舶的改造计划。民生公司的轮船成了抗战中的'诺亚方舟',中央大学农学院里的良种猪、牛、马、羊、鸡被放进了专门的舱位安全到达重庆。"

由于徐学盛会在丽水的举行,我作为当年身履其境、目击其事的青年学生,撰写了我们浙江省所发生的文化内迁的故事。我在文内也曾把内迁到碧湖的"联高"与内迁到昆明的"联大"作了对比,不过对于华北的这些著名学府,如何历尽艰辛,内迁西南,我所知很少。但我与已故著名学术大师姜亮夫先生在杭州大学宿舍曾长期毗邻,得其教益甚多。他生前曾语我战时西南联大在昆明艰苦创业的不少逸事。其中之一是,学校初到昆明,物理系主任周培源先生即为没有实验室和缺乏设备发愁。后来闻悉云南盐务局有一台小型发电机,已经长期搁置不用,机器锈旧,可能破损。姜先生是云南的著名乡贤,周就托他斡旋此事,而盐务局也欣然同意。这台破旧发电机经过周先生亲自动手拆卸组装,结果运转如常,有了这一台动力机器,联大物理系的实验室迅速落成。姜先生语我这段掌故已逾20年,而最近谈到新华社的这篇《特别报道》,旧事重忆,对于当年在这种艰苦条件下为文化内迁而尽心竭力的许多人物,感到无比的景仰。

新华社《特别报道》中讲述中央大学西迁经历,实际上包罗了不少沿海和东部大学(如我省的浙江大学)辗转西迁的艰难历程。《特别报道》中指出的“保存国家文化命脉”一语,在我这样一个作为战时中学生的体会,特别有感的是保存了我们这一代人的老师。当时的大学教授,长期以来生活在优越的物质和学术环境中,西迁以后,各种条件陡然趋于艰苦,但他们仍然勤勤恳恳地教书育人,为保存国家文化命脉而作出了伟大贡献。20世纪50年代以后执教于许多高等学校的教师,多半都是他们培养出来的后辈。如今,战时西迁的老一辈学者大多已经作古,但是他们确实出色地完成了“保存国家文化命脉”的重要使命。《特别报道》专叙的卢作孚(1893年—1952年),他从1925年起就创建民生公司,经营长江内河航运,以“诺亚方舟”把当时规模最大的中央大学西迁入渝,这当然是一件了不起的贡献。但我们应该看到,在当年这场文化西迁的大进军中,如同卢作孚这样建立了大大小小功绩的人物,实在还有很多,都是值得我们纪念的。

我的正文因为丽水与碧湖而记叙了我省当年的中学内迁情况。其实,我的回忆和怀念与新华社的《特别报道》是密切相关的。“诺亚方舟”运送的这些人物,就是我们这一辈人的师长,没有他们,就没有一大批在20世纪50年代以后执教于许多大学的教师(当然包括其他各行各业的专家),这实在就是“保存国家文化命脉”最具体的体现。如今,除了像我这样少数仍然在职执教的以外,这一辈人已基本退休。而我们的后辈已经大批崛起,接替了我们的事业,继续为“保存国家文化命脉”而作出更为伟大的贡献。写到这里,不禁让我对于丽水徐学盛会的适逢其年勾起更多的回忆,感到更大的鼓舞。

注释:

① 《孟子·滕文公》。

② 《秦郡考》,《观堂集林》第十一卷。

③ 有关丽水的古今沿革,录自陈桥驿主编《浙江地理简志》,浙江人民出版社1992年版。

④ 此文在新昌中学 60 周年校庆时印刷交流,后收入于陈桥驿《吴越文化论丛》,中华书局 1999 年版。

⑤ 省立绍兴中学校友联谊会印行。此《序》又收入于陈桥驿《吴越文化论丛》。

原载《徐霞客在浙江·续三》,中国大地出版社 2004 年版

赞赏"人文旅游"

　　我是 7 月份就收到这个"高峰论坛"邀请的。邀请书上还把我称为"特邀嘉宾"，实在又感又愧。我虽然按国家文件是个不退休的教授，但毕竟年逾 8 旬，手脚不灵，头脑迟钝，特别是欠下的文债很多，所以当时并无参加这个盛会的意向，也没考虑撰写论文。但"文化旅游"这个称谓我是非常赞赏的。所以在潘立勇教授的盛情邀请敦促下，我的早年学生吕洪年教授又几次说项，不得已临渴掘井，拼凑了一篇拙文，参加这个会议。

　　潘立勇教授主编的《人文旅游》①这本刊物，创刊前向我约稿，我曾以《旅行、旅游、旅游业》为题，写了篇较长的文章，发表在该刊物第 1 辑。出版时看到潘先生在拙文末尾作了一个《附记》，对拙文加以谬赏，实不敢当。不过我确实赞赏"人文旅游"这个称谓。这是因为旅游本身就是一种人文现象。人们在吃饱穿暖以后自然就会产生旅游的需求。以一个国家或地区来说，在按人口平均的 GDP 达到一定水准时，人们的旅游需求一定会随之出现。如我在拙撰《只有一个地球（代序）》②里所说，"当时，大家都过着缩紧裤带的'计划经济'生活，也就是吃一根油条要付半两粮票和穿一双袜子要付二寸布票的时代"，人民衣食难保，哪会有旅游的需求？现在，"发展就是硬道理"代替了"千万不要忘记阶级斗争"，如我在上述《旅行、旅游、旅游业》一文中提及的"游山玩水被视为资产阶级腐朽没落的行径"的恐惧已经不再存在。尽管"先富一族"腰缠亿贯，而工薪阶层收入菲薄，我们的"基尼系数"在世界上已经位列在先，但"先富一族"有他们的豪华旅游,工薪阶层有他们的简朴旅游,旅游业终于成为一个热门产业而发展起来了。所有这些都是人文现象,所以"人文旅游"这个称谓不仅是正确的,而且值得称赞。

但是这里还有必须指出的,诚信是一种人文现象,假冒伪劣也是一种人文现象。这两种人文现象,在我们的旅游业中都同样存在。从各种报道和投诉来看,在某些地区,后者竟至超过前者。旅游本来是一种休闲享受,但不少人的旅游都适得其反,有的甚至成为一种痛苦和灾难。那末,"人文旅游"这个称谓,又怎能肯定和赞赏呢? 这里,我必须联系到潘立勇教授主编的《人文旅游》第 1 辑卷首《人文旅游·代序》中开宗明义的一段重要文章:

> 我们主办这个学术论丛的宗旨是:以人为旅游服务之本体,以文化为旅游产业之基础;以人文视野提升旅游境界,以人文理论充实旅游内涵,以人文研究促进旅游发展;以本论丛作为揭橥与弘扬"人文旅游"的学术阵地。

我是根据《人文旅游》的这篇《代序》的精神赞赏"人文旅游"这个称谓的。因为我们所希望的"人文旅游"是一种具有高尚的文化内涵的旅游,我们想望的旅游业是一种没有欺诈,没有假冒伪劣,让旅游者付出代价能获得公平回报的旅游业。也就是说,我们需要创造一个和谐的"人文旅游"环境。当然,从当前我们的官民素质和旅游业经营者的现状来看,我在《旅行、旅游、旅游业》一文中有"说中外旅游业的差距"一节,其中说道,我们的旅游业要向具有高度文化内涵的目标发展,还有一段遥远的路要走。当然,我们希望能够早日达到《人文旅游》第 1 辑《代序》的要求。

行万里路,读万卷书。"人文旅游"应该是一种意义深远的文化活动。中国历史上,曾经出现过不少人品高尚、学问渊博的旅游家。他们通过旅游,为后人留下了丰富多彩的旅游文化。早在公元以前,就有司马迁的例子。他年轻时代就周游全国,也曾到过我们这次会议的所在地绍兴。他的旅游成果,后来就记录在他所撰《一百三十篇》中的一篇《货殖列传》之中。

往年我曾撰写过一篇《晚明三位旅游家评述》[③]的拙文,这 3 位是王士性(1547—1599)、袁宏道(1568—1610)、徐霞客(1587—1641)。我在拙文中评述:王士性是一位学术型的旅游家,他曾漫游各地名山大川,足迹遍五岳,并及峨嵋、点苍、鸡足等,南北各省的通都大邑,几无所不到。拙文说:"但他的旅游,其主旨并不在游山玩水,而是考察各地的土地物产、风俗人情,并加以比较。他善于从微观的角度进行观察,而从宏观的角度作出总结。"最后撰成了《广志绎》一书,不仅展现了各地的山川风景,而且具有自然地理和人文地理的重要价值。袁宏道是一位文学型的旅游家,他文笔生动,描写细腻,毕生留下了大量游记。我在拙文中曾举他的《满井游记》、《虎丘记》[④]两篇中的几段为例,他的游记,实在是我国旅游史也是文学史上的一宗宝贵财富。第三位徐霞客是一位毕生以旅游为癖好的纪实型旅游家,他的著作《徐霞客游记》,被人们称为奇人奇书。此书版本甚多,不计民国以前,自从丁文江于20世纪20年代整理出版以来,最近数十年中,又有许多版本相继问世,足见人们对此书的爱好。而且美国密西大学教授李奇(Li Chi)还翻译出版了英文本。我曾撰文对这个英文本作了评价,[⑤]尽管译本还有一些值得商榷的问题,但徐霞客这位旅游家的声名能够远播国外,也是中国旅游史上的一种值得骄傲的光彩。

以上举了司马迁和晚明的3位旅游家的简单事迹和旅游成果。实际上,在我国旅游史上具有卓越旅游成果的旅游家还有很多,留下的旅游成果也不胜枚举。例如宋王象之所编《舆地纪胜》200卷,明曹学佺所编《大明舆地名胜志》200卷,都是大部头的旅游记录,虽然不举旅游家的名氏,但实在就是集许多旅游家旅游成果的大成。到了清朝,王锡祺编《小方壶斋舆地丛钞》正编、补编、再补编共36帙,收录署名作者的游记达1400余种,内容不仅包罗全国各地的市邑城镇、山水风景、名胜古迹,而且兼及欧美等域外地区。至于旅游至域外的如晋法显(撰有《法显传》或称《佛国记》)、唐玄奘(撰有《大唐西域记》)以及明郑和的远洋航行等等,人数不少,著作甚多。所以从历代游记的数量来看,我国历史上的旅游事业就已经大有可观。

在这里我必须声明,我在此文章中举了历史上的一些著名的旅游家和他们的游记、潘立勇教授主编的《人文旅游》,诸如此类,都是用文字表达的旅游成果。但是我并不鼓吹当代旅游者都来写文章。旅游是人们的一种休闲享受,旅游者当然可以写文章(批评或投诉也是文章),但并不是都要写文章。旅游当然能获得成果,但对于大多数旅游者来说,他们所获得的成果是:开阔了眼界,增长了知识,陶冶了身心。此外如欣赏了各地的自然风景,观赏了各地的社会动态(正面的和负面的),选购一些各地的土特产等等。当然也不排除著书立说写文章。为此,下面我还得再把我所欣赏的"人文旅游"这个称谓作一点阐述。

对于"人文旅游",前面已经抄录了潘先生主编《人文旅游》第1辑卷首的《代序》。我自己对这个称谓之所以赞赏,可以写出一篇大文章,限于篇幅,不拟在这里赘述。但是用最简单的语言来表达"人文旅游",这种旅游应该是一种文明旅游。这句话的对象包括两个方面,一方面是指旅游者需要现代社会应该具备的文明知识、思想和行为;另一方面是指接纳旅游人群的城市和景区,包括领导人、旅游设施和当地人民,也必须具有现代社会应该具备的文明知识、思想和行为。这两者合起来,就是社会的群体素质。我在上述《旅行、旅游、旅游业》一文中曾经提到过我国与不少先进国家在这方面的很大差距。这是上世纪90年代,我应邀去加拿大和美国讲学。在加拿大讲毕后去美国,由于适逢墨西哥湾的热带风暴(如同我国的台风),我们夫妇的这次旅行颇为艰难,但是因为在那个官民素质都相当高的社会里,我们受到了许多特殊照顾,不顺利因而化为顺利。那一段文字写得相当长,这里我只抄录最后的几句:"在不到一天的旅行中,我们欣赏了一支效率和礼貌的交响曲。这就是那个社会的群体素质,难道不值得我们学习吗?"

在我们这里,从1980年起,我除了应邀出国讲学外,在国内也经常接待外国进修学者和参与其他一些称为"外事"的工作。其间颇遇到一些可以让人脸红的处境。我在中译本《湘湖——九个世纪的中国世事》⑥一书卷末写了一篇《后记》,题为《回忆与汉学家萧邦齐相处的日子》。其事在1986年,我在《后记》中说:"当时,改革开放虽然已经有好几年,在大城市里,'外事'已经逐渐习惯,但在萧山,街上一旦出现一位高鼻子蓝眼睛的'异类',还能出现'围观'的情事。"男女老少一大群围观"洋鬼子",而且指手画脚,这当然是不礼貌到极点的行为。但是像这样一类人民素质的低落又怪谁呢?"以阶级斗争为纲"的社会必然也是一个"闭关锁国"的社会。老百姓经过长期的封闭,骤见"异类",为什么不来瞧个稀罕呢?

我在这篇《后记》中还说了有关语言的问题,因为这位美国汉学家萧邦齐(R. K. Schoppa)是美国瓦尔巴莱索大学的历史系主任,是通过向我国教育部办好手续到我的研究室做进修学者的。所以在其著作卷首"谢言"中,说了我的许多好话,我颇不敢当,因此我说:"他在中国的时候,我与其说作为他的指导者,还不如说作为他的翻译。……凡是外出访问考察或举行座谈会,我总是在场把各种浙江方言:杭州话、萧山话、绍兴话等,即时翻成英语。"翻译不难,但是为有些素质不高的同胞包括官员作翻译,常常会陷入一种尴尬的处境。事情还要回溯到1980年,美国来了个高级学术访问团,带队人是著名汉学家施坚雅(G. W. Skinner),是斯坦福大学教授,在该校建有一个"宁绍研究所"。所以访问的地区主要是宁波和绍兴。他于1978年就和我通信,省里知道这件事,委托我接待这个有十五六位教授组成的访问团。访问团其实包含了到宁绍地区旅游的性质。围观当然不在话下,使我感到脸红的是,在绍兴和宁波都举行座谈会,参加座谈会的有当地学者,当然也少不了官员。或许因为"干部知识化"的事还没有提上日程,确实有好几位官员,他们在发言时,每两三句话中就插入一句"国骂",并且还说一些粗话。我翻译时只好把这些话"贪污"掉。但是却又担心,访问团唯一一位英国人,伦敦经济学院教授,他年幼时曾跟他当医生的父亲在杭州住过几年,会说几句中国话,我生怕他懂得被我在翻译中"贪污"的"国骂"和粗话。我陪他们大约四五天,经常碰着这种尴尬的场面,实在让人啼笑皆非。官员们是"为人民服务"的,都应该是具有较高品质的,但从几个座谈会和访问中看到,他们之中,确实有一些说话很不文明的人,是低素质的。但这又怪谁呢?

开始是像施坚雅访问团那样,外国人到刚刚"开放"的中国旅游,后来,中国人也到外国旅游。我在拙作《关于"创建世界第一流大学"》[⑦]一文中说了这样一段话:

> 对于国外学校和教育的了解,我比一般出国考察的和那些实际上是用公费旅游的官员们具有优势。首先,我多次出国并且是带了夫人出国,都未曾用过国家一分钱的外汇,不仅心安理得,而且不必像那些官员们需要拘泥礼节,行动实际上受到限制。此外,官员们多数依靠翻译传话,不仅一知半解,而且在很大程度上被翻译牵着鼻子走。我曾在肯尼迪航天中心看到一批公费旅游者,听一位"半瓶醋"的翻译乱翻一通,令人啼笑皆非。由于语言上的方便,我可以深入一切我要到的地方,寻根究底地提出我要问的问题。我没有官员"考察"的资格,在那边也是当教师。

上面这段话,其实是我继续想说的引子。因为用公费到国外旅游,在我们这里属于长官意志,只要与长官"沟通"得好,此事易如反掌,而且这些"旅游者"本身也多是大大小小的官员。而"公费"一词,芸芸众生大多不懂这就是"纳税人"的钱。所以不会也没处提意见,何况这些旅游者都挂了"考察"的名头。至于被"半瓶醋"的翻译牵着走,此事也怪不得这些公费旅游者。他们之中也颇有些是在各类学校学过外语的。但想当初我们"一边倒","苏联的今天就是我们的明天",学校一律学俄语。曾几何时,苏联堕落为"修正主义",于是又下令恢复英语。在全国学校里改变一门主要课程,如同早上起来换一双袜子那样方便。怪不得这些人,到了那边都成了聋子和哑巴。不过眼睛还是管用,而且看到的都是真人真地,毕竟比儿童时代过年时到集市里看"拉洋片"好得多,反正用的是长官批准的"纳税人"的钱。这样的考察,何乐而不去,所以现在正愈演愈烈。在我们这边,这是属于既不是怪,也不值得批评的事了。

不过由于现在讨论"人文旅游",所以我还得说几句在这方面我亲眼目睹而且引以为忧的话。这批公费旅游者或者说是"考察者",他们的有些行为,在国内都是司空见惯的事,还够不上用"文明"这样的词汇来进行臧否。但是在国外,他们照样我行我素,事情就不可同日而语了。我只说我亲眼见到过的两件事:第一件是这批公费旅游者,跑进一个静悄悄的餐馆,餐馆就立刻喧腾起来。几个人说话,噪音起码超过100个分贝,让许多在旁坐着的人都不胜惊异,大家不免都要斜瞥他们一眼,但是他们照样高谈阔论,毫不在意。第二件,这或许是我去访问讲学过的外国,也包括我们自己的领土台湾在内,都会感到吃惊的——大模大样地在公共场合抽烟。我也亲眼见过这类人在餐馆公然抽烟被服务小姐制止而不得不"熄火"的场面。另外还有许多不文明的举止行为,有的甚至达到近于流氓的情事。因为我只是听说,虽然情况确实有据,但并非我所亲见,这里就不必赘述了。

最后提一下我们自己的旅游环境。我赞赏"人文旅游"这个称谓,因为我认为这个称谓可以表达旅游事业在人、地、事方面,都能让旅游者有好的印象和收获。现在,国内有些省市,都提出要成为"旅游大省"或"旅游大市"的豪言壮语,这当然是令人鼓舞的,许多城市和景点近年都在修葺装扮以吸引中外游客。我在媒体上看到过哪一个地方要"打造"出一个优美的旅游环境的话。"打造"倒不是假的,但一个历史悠久、古色古香的景点,被你这一"打",就"打"得面目全非、不伦不类,许多原汁原味的东西都被"打"掉了。"造"字也用得不错,因为确实有不少景点是用"破四旧"遗训"造"出来的。我在《旅行、旅游、旅游业》一文中曾经指出有"疯子"把西苕溪源"造"成"黄浦江源"。该文中我也曾经对杭州举过两个"造"的例子。一个是"重建"的雷峰塔,对此,我认为"名曰重建,其实是另一种形式的破坏"。另一个是黄龙洞,我是引用了当年我陪他在那里喝茶的日本关西大学文学院长大庭修先生的话。因为这个景点的服务小姐都是宋装的,而这些身穿宋服的小姐们,却又臂戴手表,足蹬高跟。我因为在这种"鲍鱼之肆"已久,认为并不重要。而大庭先生显然为之骇然,他用英语诙谐地和我打趣:"这里是13世纪全世界最先进发达的地方。"看来"打造"这个近年流行的新词汇,在我们的旅游环境方面,确实是一个"绝妙好词"。

最后顺便说几句我们举行这次会议的地方绍兴,这里是我的家乡,是我从小生长和生活的城市。1939年日机轰炸了我念书的中学校舍,学校搬迁到诸暨和嵊县(今嵊州),但每逢寒暑假,我都回家度假,直到1943年我才离开沦陷于日本侵略军的这个城市而到后方求学。抗战胜利后,我于1946年就返回家乡,而且至今仍在这个城市置有寓所,所以我是一个土生土长的绍兴人。对于这个城市,从历史到现状,我有一点发言权,也确实写过好几篇文章。对于这个兴建于公元前490年的城市,要说发展也好,要说"打造"也好,不是几句话讲得清楚的。所幸绍兴市城建档案馆馆长屠剑虹女士,是一位很有见地而埋头著作的能人,近年来已经连续出版了《绍兴老屋》、⑧《绍兴古桥》(上下2册)、⑨《绍兴街巷》(上下2册)⑩3部巨著。而3书卷首的《绪论》都是我写的。我对这个城市要说的话已经都写在此3书的《绪论》之中,这里就不再多说了。

我赞赏"人文旅游"这个称谓,希望这样的旅游,能够像我希望的那样;也能像潘立勇教授在其主编《人文旅游》第1辑卷首《代序》中表述的那样获得发展。当然,我心里明白,我们还必须等待相当遥远的时间。

注释:

① 《人文旅游》第1辑,浙江大学出版社2005年版。

② 《黄河文化论坛》第 15 辑，山西人民出版社 2006 年版。

③ 《徐霞客研究》第 9 辑，学苑出版社 2002 年版。

④ 二文均见《袁宏道集笺校》，上海古籍出版社 1979 年版。

⑤ 《评价英文版(徐霞客游记)》，《徐霞客研究》第 3 辑，学苑出版社 1998 年版。

⑥ R. K. Schoppa, *Xiang Lake—Nine Centuries of Chinese Life*, Yale University, 1989. 中译本，叶光庭等译，陈桥驿校《湘湖——九个世纪的中国世事》，杭州出版社 2005 年版。

⑦ 《黄河文化论坛》第 13 辑，山西人民出版社 2005 年版。

⑧ 西泠印社 1999 年版。

⑨ 中国美术学院出版社 2001 年版。

⑩ 西泠印社 2006 年版。

原载《人文旅游》第 4 辑，浙江大学出版社 2004 年版

黄河啊,黄河!

一

往年我曾为记叙黄河的大型志书《黄河志》①的第十一卷《人文志》作《序》。我在《序》中说:"黄河是我们民族的摇篮,但同时也是我们民族的忧患。"这句话是大家都可以理解的,"摇篮"当然毋庸置疑,汉族和许多进入我们这个民族大家庭的其他民族,都是在这条河流的上、中、下游繁衍生息的。而其中今豫、陕、晋一带的黄河干支流则是其核心。我们民族和国家的七大古都,西安、洛阳和开封,现在都仍然屹立在黄河干支流沿岸,而七都中还有两都,北京和安阳,至今也仍然繁荣于这条河流播迁冲积而形成的黄淮海平原之上。它不像世界上的其他古都如两河流域的巴比伦和尼罗河流域的福斯塔特等,都早已成为废墟,这是众所共见的事实。

至于"忧患",虽然由来已久,但第一次见诸文字记载的,则出于西汉的一位著名皇帝汉武帝之口。他于元封二年(前109)亲临黄河瓠子决口现场指挥堵塞决口,面对这样一幅灾难的场景,他作了《瓠子之歌》:"我谓河伯兮何不仁,泛滥不止兮愁吾人。"②

70年代之末,竺可桢先生主编的大型《中国自然地理》中的《历史自然地理》分册③在开封定稿,为时达两个月,由于谭其骧先生卧病,定稿会由我主持。此书中有《历史时期的水系变迁》一章,黄河是其中的重点。为了约略估算这条河流"泛滥不止"的实况,我们邀请了郑州黄委会的好几位高级工程师参加了定稿会,并且考察了黄河大堤。其结果是我在此书卷首《总论》中所写的:

> 在我国历史时期的地理环境变迁中,河湖的变迁十分强烈,并具有深刻的影响,黄河就是最突出的例子。据记载,黄河在历史时期决溢达1500多次,重大的改道就有6次。洪水波及的范围,北遍冀鲁,南及苏皖,纵横达25万平方公里。由于黄河的频繁改道和决溢,今黄淮平原的水系受到严重的破坏和干扰。古代中原地区许多流量充沛、航运畅通的河流和星罗棋布的湖泊,大多因之淤浅,或者涨为平陆,甚至成为沙丘和沙岗,其影响的深刻和广泛不言而喻。

所以黄河确实是一条特殊的河流,几千年来,它是摆在中国人民面前的一个必须研究的课题。研究黄河,首先当然要知道,这条河流是怎样形成的。对此,过去我们背诵经书:"禹敷土,随山刊木,奠高山大川。"[④]现在我们依靠科学的地质学和地貌学。黄河的形成过程是非常复杂的,在早第三纪时,银川断陷,阴山南麓的河套断陷、渭河地堑以及华北平原坳陷已经接受了河湖相沉积,这是黄河形成过程中的最早阶段。但是,经过第三纪中期的构造变动,今黄河各段仍未形成今天的水系平面结构。今黄河的整个水系,特别是下游河段的形成,大概不会早于晚更新世,而且可以基本肯定的是,它的下游河段,在其形成过程中就是南北摆动的。

与黄河有密切关系的是黄土高原。黄土在世界上有广泛分布,但以欧亚大陆为多。我国境内的黄土大部分在昆仑山、秦岭和大别山以北地区。按其地理分布特点,可分为3个地段:青海湖和乌鞘岭以西为西段,大兴安岭和太行山以东为东段,两段之间的黄河中游流域为中段。中段是我国黄土分布最集中的地区,面积广,厚度大,地势较高(海拔800米—2000米),所以称为黄土高原。[⑤]具体地说,这片高原位于秦岭及渭河平原以北,长城以南,太行山以西,洮河及乌鞘岭以东,包括今甘肃中部、东部,宁夏东南部、陕西北部,山西全省和河南西部,面积约40万平方公里。这个地区除了一些岩石出露的高山以外,基本是连续的黄土盖层,黄土厚度一般为50米—100米,某些地区(陇东、陕北)可接近200米。我们毋需议论黄土成因,因为眼下学术界除了多数人支持的"风积"之说外,另外还有种种不同的议论,不是本文篇幅可以细叙的。何况现在我们研究黄河,目的是为了治河。治河与黄土有关,但不必牵扯黄土的成因。至于黄土生成的时代,由于黄土高原上的"源"、"梁"、"峁"上的大量黄土,按其剖面都可以查清它的生成年代。例如深层的所谓"午城黄土",是早更新世的堆积;中层的"离石黄土",属于中更新世;表层的"马兰黄土",则属于晚更新世。它们的年龄与黄河早期形成的河段相仿。显然,它们是今黄淮海平原的物质基础。

二

　　既然黄河是我们民族的忧患，议论黄河，就必然要涉及历代以来如何对付这种忧患，也就是说，黄河历来是怎样治理的。对此，开头就得说一个神话，那就是禹治水的事。据约略统计，我国现存古籍载及禹和禹治水故事的，约有 18 种、49 篇。[⑥] 而其中属于儒家一系的文献如《诗经》、《尚书》、《孟子》、《国语》、《史记》、《汉书》等，记述甚详，顶礼最虔。由于这些古籍的成书年代以后颇有争论，估计这些记载禹迹的文献中，最早可能是《诗经》。《诗经》记禹的共有 5 篇，记叙最详的当然是《尚书·禹贡》。《禹贡》成书于战国后期，这是学术界基本论定的。所以禹的传说，在汉族中看来流行较早，而儒家们在整理过程中曾作过一些统一口径的工作。但即使如此，彼此间仍有径庭之处。例如禹治水的时间，《孟子·滕文公上》定为 8 年，而《史记·河渠书》则定为 13 年。当然，对于这些上古流传的神话故事，显然不同于今天的科学论文，我们不必过于认真。

　　禹治水的故事流传了几千年，或许是顾颉刚先生第一个在 20 年代提出，这不过是个神话。他说："禹是南方民族神话中的人物。""这个神话的中心点在越（会稽）"。[⑦] 顾氏提出这个离经叛道的论说 7 年以后，傅斯年先生接着指出："禹的遗迹的传说是无所不在的。北匈奴、南百越，都说是禹后，而龙门、会稽，禹之迹尤著名。即古代僻居汶山（岷山）一带不通中国的蜀人，也一般的有治水的传说。"[⑧] 傅氏最后提出："盖禹是一种神道，即中国之 Osiris，[⑨] 禹鲧之说，本中国之创世传说（Genesis）。"[⑩] 外国汉学家也有类似观点，著名的美籍俄罗斯学者卜弼德在其《试论中国上古之演变》一文中说："中国上古的洪水故事，正如大家所知道的，不过是个神话。"[⑪] 在所有附和顾氏议论的学者中，出于这个神话的"老家"山西省的冀朝鼎先生最值得重视。他在顾文刊出 10 年以后，用英文在伦敦乔治·艾伦和昂温有限公司（George Allen and Unwin LTD）出版了一本名为《中国历史上的基本经济区与水利事业的发展》[⑫] 的论著。此书第四章《禹和洪水的传说》一节中说：

　　　　顾颉刚对古代中国历史文献的各种资料，作了大胆的分析与比较之后，便否认了关于禹与洪水问题的传统观点。这种传统观点把禹说成是在工程技术方面一个伟大的统治人物，说他驯服了在中国引起泛滥的河流，把中国（北部）从一次特大洪水之中挽救出来，并建立了夏朝。

　　冀朝鼎先生在提出了顾颉刚的这种大胆学说以后，还把顾氏的见解作了比较具体的阐述，他接着说：

关于禹的问题,顾颉刚的见解是,禹是在大约公元前十一世纪的殷周期间,流传于长江流域民间神话中的一个神。而这个传说,看来先是集中在现在的浙江省被称为绍兴会稽一带发生的。越人崇拜禹,把禹作为他们的祖先,并认为他的基地就在会稽。这个传说由会稽传到安徽省的涂山,并认为禹曾在涂山召集诸部落的首领开过会。后来又由涂山传到楚(今湖北省),由楚传到中国北部。

对于顾颉刚提出这种论点的根据,冀氏在他的文章中也作了解释:

顾颉刚认为,由于长江流域特殊的地理条件,即森林、野兽与沼泽的威胁,洪水灾害,以及由此而产生的对治水的迫切要求,就产生了禹和洪水的传说。

冀朝鼎先生对于顾颉刚论点的最后结论是:

将来新发现的证据,可能证实也可能推翻顾颉刚所作结论的积极贡献。但不管怎样,他对于这个传说的传统说法所给予有力的批判,似乎已经成功地打破了这样一种神秘的理论:即认为中国水利事业的开端,要归功于一个英雄神灵的仁慈和他的自我牺牲的活动。通过宗教正统学者反复断言了若干世纪以后,这个神秘的理论已经获得了宗教教义上的权威,从而成了这个问题上的任何科学研究的一个巨大的障碍。只有彻底打破这个传统理论,才有可能对治水活动起源方面的有用资料,进行客观的研究。

从冀朝鼎先生的结论可见,他是一位富于新思想、具有洞察力,但却是治学严谨的学者。对“中国水利事业的开端,要归功于一个英雄神灵的仁慈和他的自我牺牲的活动”,他显然是不相信的。而这个“神秘的理论”在“通过宗教正统学者反复断言了若干世纪以后”,长期以来,“已经获得了宗教教义上的权威”。他表示坚决反对。他认为:“只有彻底打破这个传统理论,才有可能对治水活动起源方面的有用资料,进行客观的研究。”不过,尽管他在思想上和愿望上完全站在顾颉刚一边,但是学问毕竟是学问,愿望不可能代替证据。所以他说:“将来新发现的证据。可能证实,也可能推翻顾颉刚的理论。”

现在,“新发现的证据”完全证实了顾颉刚的理论:禹是南方民族神话中的人物。但正和傅斯年所说的《旧约·创世纪》一样,也和流行于许多民族间的洪水传说一样。以越(会稽)为中心的这个神话,并不来源于钱塘江的洪水,而是来源于第四纪海进。这就是现在已经完全明确的中国东部沿海自从晚更新世以来的三次海进和海退。[13]如我在拙作《越族的发展与流散》[14]一文中所阐明的,现在东海中的一道海退时代的贝壳堤,C^{14}测年为14780 ± 700年。这道贝壳堤位于现代海面-155米。这就是晚更新世的第二次海退即假轮虫(Pseudorotalia)海退以后东部沿海的海陆分布状况。当时,东部沿海陆域广阔,包括越族在内的各部族,在沿海和广阔陆域中繁衍生息。接着,另一次卷转虫(Ammonia)海进从全新世之初开始掀起,在距今1.2万年时,东海海面上升到现代海面的－110米的位置,到距今1.1万年时,上升到－60米的位置,到距今8000年时,上升到－5米的位置。而顾颉刚提到的"越(会稽)",正是因为海进的干扰而从宁绍平原不断南移。这次海进在距今7000年—6000年而到达鼎盛,包括宁绍平原在内的平原都沦入海域。而越人在南移过程中的最后一批居民点,以已经发掘的浙江余姚河姆渡为例,这个遗址的第四层上限早于距今7000年。⑮也就是说早于北方的二里头遗址。由于海进的扩大,越人最后还是放弃了这些接近于会稽、四明山麓的居民点而进入山区。从而结束了他们在平原中已经发展起来的水稻种植业。在崎岖的山地中从事"随陵陆而耕种,或逐禽鹿而给食"⑯的迁徙农业狩猎业活动。如在《越族的发展与流散》中所说:"越族居民在会稽、四明山地的山麓冲积扇顶端,俯视这片茫茫大海,面对着这块他们祖祖辈辈相传的,如今已经为洪水所吞噬的美好故土,当然不胜感慨。他们幻想和期待着有这样一位伟大的神明,能够驱走这滔天洪水,让他回到祖辈相传的这块广阔、平坦、富庶的美丽土地上去。"这个他们幻想和期待的"神明",就是后来流传在这个地区的"禹"。所以顾颉刚说:"这个神话的中心点在越(会稽)。"在顾颉刚和冀朝鼎的时代,中国东部从晚更新世全新世的海进还没有研究,而河姆渡遗址更绝无人知。但顾颉刚能够提出这样的理论,而冀朝鼎实际上首肯了这种理论。现在想起来,芸芸众生毕竟能出现少数先知、先觉者,他们带动着科学和时代的前进。

我在本文中穿插这一段,主要仍然是为了议论黄河。因为这个神话中的治水主角"禹"和治水方法"疏导"都是早期汉人从越人中移植过去的。我在为《越国文化》⑰一书所写的《序》中指出:

　　汉族把这个神话移植过去,痕迹是十分清楚的。总的说来,这种神话只能产生在水环境之中,而黄河流域虽然有黄河及其支流,但并不存在像越地一样的水环境。黄河在洪水季节或许确有《尚书·尧典》所说的:汤汤洪水方割的现象,但在枯水季,它实在是一条涓涓细流。特别是汉族的主要聚居地黄河中游,很难出现《诗·商颂·长发》所说的"洪水茫茫"的情况。这种移植的最明显的张冠李戴之处在于治水的思想和方法。传说中的禹治水方法是疏导,这种方法无疑是针对山会平原水环境的产物。山会平原河流短小,从南部山地北流海边不过几十公里,当然可以用疏导的方法。而这片沼泽平原,实际上就是用这种方法排干的。把山会平原治水的思想方法移植到黄河,就不得不另外塑造一个主张"堙"的方法的鲧作为牺牲品,即《尚书·舜典》中的"殛鲧于羽山"。于是,山会平原的治水方法就在黄河付诸实施。但黄河的上流在西戎,下流在东夷,神话当然不必计较是谁管辖的问题,让禹从西戎的"积石"一直疏导万里,导到东夷的"九河"。其实黄河历来都用"堙"的方法,如今郑州以下,黄河大堤高高在上,就是"堙"的结果。

正是因为"疏导"不过是从南方移植过来的神话。历代以来,黄河一直是采用"堙"的方法。这个方法曾经救了许多人命,也曾经丧了许多人命。直到今天,包括今后的一段不短的日子里,我们还不得不采用这个方法。所以在这方面,黄河将继续成为我们民族的负担。

三

黄河的忧患,在于这条河流的河性特殊。什么是黄河的特殊河性?上述《中国自然地理·历史自然地理》的《黄河》[18]一节中,开宗明义就说:"历史上黄河以'善淤、善决、善徙'著称于世。""善淤、善决、善徙"这就是黄河的特殊河性。这中间,首先当然是"善淤","善决"和"善徙"都是在"善淤"这个前提下接着出现的。"善淤"的原因在于此河的异乎寻常的含沙量和输沙量。此河下游,每1立方米河水的含沙量平均为40公斤,最高达900公斤。输沙量每年沙量平均达16亿吨。黄河的这种河性由来已久,早在西汉,大司马使张戎就说过:"河水重浊,号为一石水而六斗泥。"[19]《易·纬乾凿度》下说:"天之将降嘉瑞应,河水清三日。"《左传》襄公八年引《逸诗》:"俟河之清,人寿几何?"这些古书的记载,实际上也说明黄河是不清的。我们有时也可看到古书记载黄河变清的事,例如《水经·河水注》引《续汉书》:"延嘉九年,济阳、东郡、济北、平原,河水清。"这些其实都是援《易经》的"嘉瑞应"之说而作为地方官奉承皇帝的谎言。对于这样一条河流,历来都用的筑堤障水的方法。

"疏导"不过是个神话,但神话出自经书,人们就不敢冒犯。例如司马迁,他明明随汉武帝到瓠子决口现场参加过"负薪填决河"[20]的抢修劳动,但他在《河渠书》上,既不谈黄河堤防,也绝口不提元光三年(前132)河决瓠子的原因。却满口称颂禹功:"九川既疏,九泽既洒,诸夏义安,功施三代。"这就是冀朝鼎先生所说的:"通过宗教正统学者反复断言了若干世纪以后,这个神秘的理论已经获得了宗教教义上的权威。"直到《后汉书·王景传》中,我们才看到了瓠子决口的原因:"昔元光之间,人庶炽盛,缘堤垦殖,而瓠子河决,二十余年,不即拥塞。"[21]"缘堤垦殖",说明这里在西汉以前早已有了堤防。这其实就是贾谊在《治河三策》中说的:"堤防之作,近起战国。"[22]司马迁在《河渠书》上回避了堤防,但在《赵世家》中还是透露了实情:"(赵肃侯)十八年(按前332年),齐、魏伐我,我决河水灌之。"假使没有堤防,怎能"决河水灌之"?而且决堤可以御敌,说明黄河在当时就已经是一条"悬河"。

从西汉到东汉,由于河床不断抬高,筑堤障水愈来愈显得重要,所以就有王景主持的"金堤"工程的出现。《水经·河水注》记及汉明帝永平十二年(69),"发卒十万",修建金堤,"起自荥阳,东至千乘海口,千有余里"。荥阳在今郑州西北,千乘在今高青县附近。从此,黄河从今郑州以下一直依靠堤防障水。修而决,决而徙,徙而再修……如此反复进行,这就是长期以来这部《黄河水利史》的主要内容。

时至现代,随着科学技术的进步和人们知识的提高,不少人开始感到,这部《黄河水利史》不应该再这样反复地赓续下去。因为平均每年 16 亿吨的输沙量中,约有 1/4 堆积在下游河床,筑堤障水的结果是,河床由于泥沙堆积而随堤增高。现在,下游河道每年淤高达 10 厘米,这种速度正在继续加剧,大堤内的河滩地高出堤外地面一般已有4 米—5 米,高者超过 10 米。例如在柳园口附近,滩面高出开封市地面 7 米,封丘县曹冈附近滩面高出堤外地面就达 10 米。像这样一条高高在上的悬河,名为河流,其实已成为南北的分水岭,而且仍在与日增高,所以时至今日,大堤的重要性已经比历史上任何时期都显得突出。这是因为流域内人口的增加,生产的发展,城市的众多,较之古代已经无法比拟,而河水的含沙量和输沙量却依然如故。也就是"淤"的自然特性未曾稍改,但"决"的后果已经无法承担。至于迁徙改道,当然更不可想象。在没有解决这条河流的根治方法以前,黄河必须让它稳定在这条高高在上并且与日俱高的河床上。这是一种困难的、具有风险的、但必须维持的局面。其所以困难,因为这条"悬河"还必须让它"悬"多少年?"悬"到怎样的高程?现在大家心中无底。其所以有风险,因为自然界各种特异变化的发生,如暴雨、地震等等,都非人们可以逆料。例如 1963 年海河流域的一场暴雨,降水量超过这个地区的平均年降水量。而时隔 12 年,淮河上游于 1975 年又出现了一场降水量超过全年的暴雨,造成了广大地区的严重水灾。这样的暴雨历史上在黄河流域也曾经发生过。[23] 具有严重破坏性的地震,在历史上也发生过。《史记·魏世家》:"(魏文侯)二十六年(按前 423 年),虢山崩,雍河。"这是先秦的事。近代也是如此,1920 年 12 月 16 日,黄河支流清水河流域的固原地区曾发生8.5 级世界罕见的特大地震,在这个人口稀疏的地区造成 24 万人丧生,直到今天,当年震迹仍到处可见。[24] 诸如此类的自然变异,一旦在这里发生,其风险当然不言而喻。所以黄河的前程,是摆在我们民族面前的一个严峻课题。

对于黄河的研究和治理,从学术界到水利行政界和工程界,现在主要考虑的是水土保持和水利工程两个方面。前者主要针对黄土高原,后者则着重于黄河下游。记得1981 年冬季,著名历史地理学家史念海先生作东道主,在西安举行了一次黄、淮、江、珠 4 条河流的水利学术讨论会。因为那年夏季长江在四川发了洪水,损失很大,所以这样的学术讨论会很受学术界和水利界的重视。史先生当时尚任陕西师范大学副校长,临时因外事任务而缺席,所以有几天的会议是由我主持的。当时与会的水土保持工作者有从沈阳森林土壤所来的老专家,和重视水利工程的黄委会高级工程师,发言颇相径庭,不时出现争论。我常常在其间调和折中。其实,我确实认为两派的意见是可以统一的,因为目的都是为了治理黄河,分歧或许在于经费的投入,在经费有限的情况下,容易出现孰前孰后的不同意见。

　　黄土高原的水土流失由来已久,众所共见。如《第四纪地质》[25]所说:"水土严重流失,是该处农业生产的主要障碍。也是黄河水患的根源。"卢宗凡先生根据实地考察的论文指出:[26]"黄土高原是世界上水土流失最强烈的地区,其中晋西北、陕北、宁南、陇中为严重流失区,水土流失面积达 12 万多 km^2,占本区总面积的 81%……大量泥沙输入黄河干支流,使黄河三门峡站平均含沙量达 $37.6kg/m^3$,最大含量达 $660.0kg/m^3$(1971 年 7 月 21 日),为世界诸大河之冠。"对于输沙量,该文指出:"三门峡年输沙量达 16.236 亿 t,高峰达 40 多亿 t(1933 年),其中绝大部分来自黄土高原,这个问题的严重性,已被中外专家所公认。"文中还调查了这个地区的农业产量:"本区粮食耕地 $667m^2$,产量不足 100kg(按上级耕地面积推算),若以实播面积进行计算,粮食耕地 $667km^2$,产约 50kg—60kg,约为全国水平的 1/4—1/3。"确实,黄土高原是"长期处于'越垦越穷,越穷越垦'的恶性循环之中,成为最集中的贫困地区"。[27]

　　黄土高原水土流失的议论涉及一个重要问题是这个地区历史上的植被。早在上个世纪,对中国甚有研究的德国地质学家李希霍芬,在其名著《中国》一书中就提出黄土高原古代无森林的说法。但是这个世纪 30 年代之末,古生物学家杨钟健则提出了相反意见。最近 30 年来,有关这方面的论著不少,但各家说法有颇大出入。对此,朱士光教授在其《关于历史时期黄土高原森林草原问题的学术讨论》[28]一文中有详细介绍。历史上的黄土高原是植被茂密抑植被稀疏,是森林草原抑荒漠草原? 这种不同的说法,现在还难说哪一方已经获得了令人信服的证据。

　　撇开历史时期看看当前,邵明安、张汉雄两位先生对晋陕黄土丘陵区包括陕晋接壤段黄河沿岸偏关、河曲、保德等 23 个县的调查。这个地区的森林覆盖度为11.2%。[29]汪立直先生的论文中对黄土高原水土严重流失地区,即高原中部的陕、甘、宁、内蒙古、山西五省(区)的 106 个县(市),面积为 27.2 万平方公里的地区的调查:"该区森林覆盖率为 14.7%,略高于全国平均水平。"[30]与此相比,则上述邵、张二位调查的地区,其森林覆盖率也不过是"略低于全国平均水平"。这样看来,争论很大的关于历史时期的植被问题,其实并不是水土流失的关键。

　　再跨过历史时期看看地质时期,对此,前面已经引及的卢宗凡先生的论文中曾有提及:"通过对 250 万年来黄土沉积剖面的研究,……黄土高原曾经植被茂密。"[31]250

万年,这是更新世之初,这个时期黄土高原植被茂密,但是也就在这个时期中,今黄河下游形成了一片面积近40万平方公里的黄淮海平原。在相同的时期中,长江下游只形成一片面积5万平方公里的三角洲。由此可知,黄土高原水土流失的关键,在于黄土的特殊性质。水土流失原是一种地质循环现象,是自然界不可逆转的规律。良好的植被能起的作用,无非是延缓这种现象的过程而已。

当然,为了延缓这种循环的过程,黄土高原的环境整治仍然是必需的。不过对于这片性质特殊的土地的整治,绝非轻而易举。李玉山先生在其《黄土高原治理开发之基本经验》[32]一文中说:"黄土高原的水土保持为中心的生态环境治理依然任重道远。还有500万公顷坡耕地需要修成梯田,600多万公顷土地需要造林,700万公顷天然草场需要改良。以现在进度,需要50年—100年始能完成,这是一项需要持之以恒的世纪工程。"

上面说的是这些年来对黄河研究和治理的一个方面,即水土保持的方面。下面谈谈另一个方面,即水利工程方面。这个方面内容较多,从1951年开工的"引黄灌溉济卫"工程到不久前完成的小浪底工程,都属于此类,所以只能举些重点。治黄水利工程的重点是什么?治黄前辈张含英先生在其《黄河治论》[33]一文中说得很明白:"治本与治标原属相对名词,本无严格之定义,以黄河而论,每谓下游之治理属标,中上游之治理属本。然修堤防洪为主要工程之一,焉得因其在下游而称为治标?"这就说明,自从战国以迄于今,堤防一直是黄河水利工程之大要。根据《黄河志》卷六《防洪志》的记载,这些年来,共计培修加固下游两岸大堤1800公里,改建5000多道石坝。我在前面已经指出:"在没有解决这条河流的根治方法以前,黄河必须让它稳定在这条高高在上并且与日俱高的河床上。"所以现在只能尽一切力量不断加固和增高堤防,这是没有其他选择的唯一办法。

水利工程的另一重点是修建水库。不论是大型枢纽工程如刘家峡、青铜峡、三门峡以及新近建成的小浪底,或是其他干支流上的大、中、小型水库,工程修建的主要目的容有不同,但工程内容必然包括一座容量不等的水库。这些年来,干支流上修建的水库确实数量可观,干流不说,举一点支流的例子。按《防洪志》的记载,以渭河为例,新中国成立后到1985年,已建成大型水库2座(库容1亿立方米以上),中型水库17座,小型水库132座。以汾河为例,按1980年统计,全流域中已建成库容100万立方米的水库65座。

此外还有其他各种水利工程,不再赘述。总的说来,成绩当然是很大的。

四

水利工程当然具有许多正面效益,但无疑也存在负面影响。对于黄河上的这些水利工程,我们可以看到种种赞扬,但同时也存在不少议论,甚至批评。譬如堤防,最明显的负面影响是"河涨水高"。以花园口为例,1982 年洪水流量每秒 15300 立方米,洪水位为海拔 93.99 米;而 1992 年洪水流量仅每秒 6200 立方米,洪水位却高达海拔94.33 米。这种现象的直接原因虽然来自河床的抬高,但河床是在大堤的"保护"下抬高的。所以也有人对堤防提出批评:

> 一些人把黄河五十年来没有溃堤作为水利建设的最大成就,他们没有看到,黄河河床五十年来,淤高速度没有减低,反而加快。河床越高,对自然水循环系统的破坏就越严重。黄河五十年没有溃堤的代价,就是自然水循环系统的破坏越来越严重。这样发展的结果只能是,黄河总有一天要溃堤的,这是自然平衡的必然。[34]

对于黄河堤防的这种批评,或许有失公道。因为河床的抬高是从地质时期到历史时期长期积累起来的。没有哪一个朝代不把黄河安流作为一种祥瑞。但批评者的最后一句"黄河总有一天要溃堤的",绝非危言耸听。用堤防把一条每年有近 500 亿立方米径流量的河流"悬"在天空,其风险当然是众所共见的。

水库的负面效应比堤防更容易让人看到。举个例子,黄河自从 1972 年以来,下流断流的次数、时间和长度不断增加,这当然是有种种原因的,但水库显然也是其中之要。根据利津水文站的统计,1972 年—1996 年的 25 年中,断流发生共有 19 年,这就是平均五年四断流,频率实在很高。1996 年断流时间长达 126 天,已经超过全年的1/3。断流河道的长度,90 年代平均达 296 公里。[35]难怪人们提出"黄河不要变成内陆河"[36]的警告。

水库的另一个问题是淤塞。上述《略谈黄河的治理》一文中就提出了"三门峡水库几乎变成泥库的教训"。即以汾河流域的大、中型水库为例,大型水库如娄烦县的汾河水库(库容量 72300 万立方米),中型水库如寿阳县的蔡庄水库(库容量 2070 万立方米),孝义县的张家庄水库(库容量 4348 万立方米),临汾市的渠河水库(库容量4228 万立方米)等,这些水库都建成于 60 年代初期,现在已淤库容都相当于甚至超过总库容的一半,[37]情况可见一斑。

此外。在非常情况出现时,水库与堤防冒有同样的风险。对于这方面,大家恐怕不会忘记 1975 年 8 月 8 日凌晨发生的这场滔天大祸。板桥水库拖带着石漫滩水库,每秒 7 万余立方米,时速达 30 公里—50 公里的洪峰流量,把一大片地区一扫而光。京汉铁路也因此而中断了 10 多天,真是往事不堪回首。

前面已经议论了黄土高原的整治,又简叙了堤防和水库这两种水利工程,现在再回到黄河这条河流的本身。从事物关系的一个方面来看,黄土高原整治、堤防增固、水库修建,都是与黄河密切相关的,这三者都是黄河治理的当务之急。但不论在学术界、水利行政界和工程界,对这三者的孰轻孰重,看法实在颇不一致。记得那年去北美访问讲学,在加拿大读到全美华人协会会长梁恩佐教授的文章《让黄河水流清》。[38]他曾自费到黄河流域考察,并应黄委会的邀请在郑州和西安各作过一次报告。他是竭力主张以改造黄土区的方法来治理黄河的。但他在文章中遗憾地说:"郑州黄委会对改造黄土区的意见抱温和的忽视态度,提出一些反对意见,但理由不充足,他们主要是坚持把治黄经费保留在黄河下游使用。"梁先生使用"温和的"这个词汇,这或许是因为他毕竟是个外国人,也或许是因为他是和治黄官方的接触,官方的话当然不同于一般学术讨论会上的发言,即使意见不同,也绝不会针锋相对。但我回忆前面提及的 1981 年冬季由史念海先生作东的那次学术讨论会,由于水土保持派和工程派之间的争论,语言就不是那么"温和的"了。沈阳森林土壤所的一位老专家由他的研究生陪同与会,他的发言竭力强调在黄土区植树造林的重要性:"天上一把伞,地下一块毯。"这是对森林保持水土的生动譬喻。但是由于他所举的造林效果的例子都是鸭绿江干支流的,因此遭到一些学者和来自陕豫的水利工程师们的反对。大家争着发言,辩论非常激烈。由于唯恐时间不够,我的一位朋友,生长在黄土高原、当时担任《地名知识》杂志主编的陈公善先生,向我递来一张条子:"请延长时间,我们要辩论到底。"这位老专家是史念海先生特地请来的,为了避免会场的情绪比较激动,我宣布按时休会,这个问题到下午继续讨论。

午休时间,我特地要求从北京来的水科院水利史研究所的周魁一教授,要他就这个问题作一次系统发言,既要讲清事实,又要语言温和。承他的同意在下午的讨论中首先发言。周先生首先肯定了水土保持的重要性,然后谈到黄河的特殊性,从现代地理谈到历史地理,从历史地理谈到古地理。现代黄河有这样大的含沙量。西汉时黄河也已经"一石水六斗泥",都可以归因于植被破坏。但从古地理研究,黄河下游有一片大平原,长江下游却只有一块小小的三角洲。古地理时代没有人为干预,说明黄河在地质年代就有很大的含沙量和输沙量。

周先生的发言结束了这场争论,但是我认为老专家口口声声的话:"天上一把伞,地下一块毯",其实是很重要的。因为在我们国家的领导阶层中,的确有些人忽视水土保持工作,特别是植树造林。据姚监复先生《经济规律必须服从自然规律》[39]一文中

提及,早在 1982 年,新西兰友人路易·艾黎就写了《中国"特大的问题"》:

> 砍了树就破坏了水土保持。就容易发生各种自然灾害,这在中国历史上是屡
> 见不鲜的。⑩

姚文又说:

> 水利部一位工程师介绍 1998 年洪水来临之前是不是提出过治理、预防方案
> 时讲道:几年前曾提出增加 200 多亿元治理长江堤防的报告,但是直到洪灾发生
> 时仍未落实。林业部建设造林的投入不足,才出现讥笑路易·艾黎"不能砍大
> 树"的意见是"疯子"的怪事。因为有关官员把森林看作工业,是产值、经济增长
> 速度提高的来源。造林不如砍树,造林、水土保持、水利、农田基本建设不算产值,
> 因而同短期政绩、干部考核与升官无密切的直接关系,积极性极低。

其实,那些讥笑路易·艾黎是"疯子"的人才是真正的疯子。"天上一把伞,地下一块
毯"的话,是值得让那些忽视植树造林的领导好好学习、深深反省的。

至于在那次学术会议上,与会的专家学者之中,有不少是对于黄河作了长期研究
的,而老专家把他在鸭绿江的经验全部照搬到黄河,没有注意黑土区与黄土区的极大
差别,强调水土保持是根治黄河的唯一方法,因而引起了争议。在持不同意见的学者
中,有一句话特别引起我的注意:"我们开会讨论的是黄河的现实,不管你'伞'有多
大,'毯'有多厚,都解决不了黄河的'悬河'现实。"对! 那天上午水土保持与水利工程
的这场争论,应该面对黄河的现实。黄河的现实是,河床已经高高在上,而且还在不断
地高上去。

从水利工程来说,堤防当然是最重要的,堤防对于黄河现实的性质前面已经议及,
不必赘叙。至于水库,水库起不了拦沙作用的现实也已人所共见。如前述《略谈黄河
的治理》一文所说:"拦住每年近 16 亿吨的泥沙,则几乎是不可能的。三门峡工程建
成时,只拦不排,库区淤积迅速上延,水库上游潼关流量为每秒 1000 立方米,水位较建
库时抬高 4.5 米。渭河形成拦门沙,危及西安。1960 年—1964 年,水库淤积泥沙为
44.22 亿立方米,下游河道冲刷泥沙 23.2 亿吨,下游不少护滩、坝垛被冲走,塌涂十余
万亩,出现险情,对水库上下游均造成极大影响。"

那么黄土高原的整治将是怎样呢? 李锐先生作为今年 6 月在台湾中兴大学召开
的第三届海峡两岸水土保持学术研讨会的两位主办人之一,他在论文中说:"黄土高
原是一个大有希望的地方,治理开发后的黄土高原将成为我国重要的能源化工基地、
林果基地、农牧业基地,将为国家经济发展做出巨大贡献,再造一个山川秀美的黄土高
原的美好愿望是一定可以实现的。"⑪我完全同意和赞赏李先生的意见,尽管前面提及
的李玉山先生的文章中(他也是这次学术会议开幕式的主持人之一)提到黄土高原的

治理开发是一项需时 50 年—100 年的世纪工程,但是我认为我们是应该有信心做得到的。不过问题仍然在于,"山川秀美的黄土高原"与眼下这条高高在上的悬河仍然挂不上钩,河床与堤防都将继续高上去。我们姑且不理会前面提到的"黄河迟早有一天要溃堤的"话,但是我们的子孙后代,总不能让这条母亲河成为一条南北分水岭,一条高高在上的悬河。

五

在自然地理学上,河流有它的定义:它是由一定区域内地表水及地下水所补给的,并经常(或周期性)沿着一条狭长凹地流动的天然水流。现在,黄河的下游已经不是自然地理学上的河流,而是一条多少年来人工抬筑起来的"渡槽"。我们花了很大的力量,冒着极高的风险,稳住这条不断上升的"渡槽"。这是因为按照现在的科学技术,我们还没有其他更好的办法。但是我们总有一天要让这条母亲河回归自然,成为一条自然地理学上的河流。神话时代早已过去,现在不可能有一位"神禹"出来,用疏导的方法,把天文数字的泥沙疏导入海,达到孟子所说的"水由地中行"[42]的自然状态。我们必须依靠不断发展的科学技术来达到根治黄河的目的。当然,这不是李玉山先生所说的黄土高原整治,花 50 年—100 年时间可以完成的。但是炎黄子孙总有一代人可以完成这项伟业。令人兴奋的是,对于这条母亲河,海内外的炎黄子孙都在倾心关注,悉心研究。尽管现在的研究成果对于让这条高高在上的悬河回归自然还有颇大的距离,但是随着研究成果的不断积累和研究水平的继续提高,我们总有一天能够完成这项千秋大业的。

以下举几个海内外炎黄子孙对黄河进行研究的例子。

今年 7 月 22 日的《钱江晚报》以整版篇幅发表了特约记者李晓红《朱巨龙:我有一个"治黄"构想》的专题报道:"山东省日照市有一位普通公民,以一种强烈的自信心和责任感,构想了一个宏伟的根治黄河的计划。"这位普通公民就是朱巨龙。他有硕士学位,现任日照市市委宣传部常务副部长。他的治黄计划是绿化黄土高原,通过组建黄土高原绿化建设兵团,"十多年后就可能使 47 万多平方公里的荒漠长满植被。"这种建设兵团当然不同于 50 年代的生产建设兵团,那是一种强制性的组织,现在采用自愿报名,在那里工作 8 个月就可以回来。他认为:"这些东部地区的年轻人还可以带去许多发达地区的新思路、新经验、新技术,影响带动西部地区的发展。"

经费从哪里来?朱巨龙先生认为:"按每年治理 5 万平方公里,每平方公里投资 50 万元计算,每年需经费 250 亿,十年总投资 2500 个亿。钱从哪里来?很简单,用市场机制这个神奇的法宝,拍卖黄土高原治理权,再加上其他几个办法,足够了!"他提了 5 项集资途径:1. 中央财政、沿黄受益省区出一块;2. 发行绿化建设债券、彩票筹一块;3. 向世行、亚洲开发银行、国外银行和国际银行贷一块;4. 向国际经济组织、国外政府、大企业、大财团争取资助一块;5. 向国内企业、个人及社会各界募集一块。他为黄土高原的改造效益算了一笔账:"假如 47 万平方公里都改造良田的话,就是 7 亿多亩土地,可增产粮食 2.1 亿吨(按 150 公斤/亩计算),如果将黄土高原全部绿化起来,则可使国土绿化率提高 5 个百分点,由此可见一个黄土高原的潜在能量有多大。"

这篇报道最后记述了朱巨龙的心情:"睿智而又充满活力的朱巨龙说,当黄土高原变绿了,黄河水变清了,沿黄百姓富起来了,你将会是什么样的心情?"

朱巨龙先生的精神是值得佩服的。由于我看到的只是一位记者的访问报道,而不是他的整个计划,所以无法详细评论。但不管他的计划是否合理,能否实施? 他总是一位有心人,为黄河而殚精竭虑。当然,仅仅从报道来看,有些概念似乎还可以议论。譬如他说:"根治黄河的关键是控制黄土高原的水土流失。"一般说来,这句话没有错。但黄河的实际情况是,大量的水土流失在第四纪就已经存在,黄河下流成为悬河也是早已存在的事实。黄土高原的改造当然重要,尽可能减少黄土的流失也是治河要务。但"根治"的概念并不在此,让黄河高高在上,算不上根治。因为这种"渡槽"状态的河道一直继续下去,一直就是我们民族的心腹大患。黄河的根治必须是让下游的这条悬河回归自然。对此,现在仍然是一件知之维艰,行之维艰的事。还需要经过长期的努力。

那篇报道说朱巨龙先生"先后用了 3 个月时间,查阅了大量资料,并找有关专家学者咨询,构想了一个宏大计划,组建黄土高原绿化建设志愿兵团"。可能是报道有误,因为有关黄土高原和黄河的资料浩瀚,3 个月时间显然是不够的。另外,我是在今年 7 月看到这个报道的,但 6 月之初,在台湾台中市中兴大学刚刚举行了"第三届海峡两岸水土保持学术研讨会",会议由中兴大学与中科院、水利部水土保持研究所联合举办,副所长李锐先生等不少专家出席了会议。会议的论文集已经出版,其中如汪立直《黄土高原土地资源合理利用之探讨》、李壁成等《固原上黄试区土壤侵蚀环境与综合治理效益评价》、吴普特《黄土高原地区雨水资源利用方式初探》、卢宗凡《黄土高原的建设与环境保护》、李锐等《黄土高原综合治理科技攻关启示》等论文,都有大量宝贵的数据,对整治黄土高原具有重要价值。朱先生如尚未见及,希望能认真一读。总的说来,朱先生精神可嘉。对于黄土高原的整治,在组织志愿兵团和经费筹措方面,确实煞费考虑。工作必然会遭遇各种困难,希望他能坚持下去。

前面已经提及的全美华人协会会长梁恩佐教授,他的治黄思想,与朱巨龙先生有相似之处。他的文章的中心内容也是采用对黄土区的水土保持工作以达到黄河水清的目的。他在文章中提出了计划的梗概："如国家能投资200亿元,分20年进行,黄河水就可以流清"。他在黄土区作了一些考察,特别欣赏泾川县的一个新开发地区。他的文章说:

> 那是在一条小毛沟里,面积才0.8平方公里(=1200亩 =200英亩),花9万元人民币建了一座小土坝,形成一个小水库,又花了7万元买地,9万元筑路,6万元拉线。环绕着水库平整了300亩可以灌溉的梯地,连带劳动力,一共花了60万元。是当地水保局投资。我问他们如把水库与土地卖给外资(有50年使用权),要卖多少钱? 他们没想到过这个问题,但当时副书记说可卖150万,水保局长觉得太便宜,最后还是同意了。这片地离泾川县城才2公里,有柏油铺路,泾川离西安约190公里,开车5小时。

> 这片地折合美元才20万不到,我真想有人把它买去,用来发展牧场、养牛,为西安提供牛肉,或养鸡养鸭养鱼都可以。当地得到150万后,便可再发展两条沟,卖出后,又四条,这样下去,很快就可把治沟工程推广,政府不需投一分钱。水土流失也得到控制,黄河水流清成为经济发展的副产品,不是很理想吗? 但是第一步最难行,少数隔离地区还是很难吸引外资,所以政府还得作相当投资,创造为发展有利的条件,才能达到这个想象的效果。

梁先生建议引进外资,文章最后以他华人协会会长的身份对美籍华人说了几句话,是很令人感动的:

> 你们以后有机会去西安,也请到黄土区参观一下。并帮助把外地信息带去,让当地了解外地的经济考虑,是很重要的。

我回国后曾写了一篇《炎黄子孙情系黄河》[⑱]的文章,称赞了梁先生的赤子之心,但是对他的有些话持保留意见。他在有一段中说:

> 在西安附近考察了两个比较成功的水土保持点。一是陕西长武县。另是甘肃泾川县。这里看到的是数十年来的劳动积累,农民把300米高的坡地都改成梯田,笔直的山沟里都种上树。确实是做到水土不出沟的理想条件。

我的意见主要是对他所说"水土不出沟"而发的,我说:

> 这是水土保持部门常说的话,我在南方也听到过。但在大多数场合下,这样的话往往是水土保持工作者提出的一种希望,断言已经达到这种成就的,至少是我还没有听到过。由于这样的话没有数值概念,不是计量语言,所以科学工作者还宜谨慎对待为好。其实我们不必做什么科学实验和定位观测,用先秦文献《易乾》中的一句话"天行健",就可断言"不出沟"是不可能的。黄土区的水土流失,从宏观的角度看,这是自然界地质循环的必然过程,人力可以延缓这种循环的过

程,但绝不能扭转这种循环的必然性。所以,"让黄河水流清",这实在也是相对而言的概念。我曾经在巴西考察过亚马逊河,这条奔流在赤道雨林中的大河,尽管流域植被与黄土高原不可同日而语,但它的水流也是浑浊不清的。因为那里同样存在着地质循环。何况在西汉记载中已经是"一石水六斗泥"的黄河,要达到真正的"水流清",确实是不可想象的。

我在加拿大读梁先生的文章后不久。又在同一种刊物上读到另一位肖昕先生的文章,题目是:《让黄河水更浑——读梁恩佐〈让黄河水流清〉有感》。[44]文章开头就充满感情:"黄河被誉为中华民族的摇篮,治理黄河是多少中华儿女的愿望。"但是他接着说:

> 现在所说的治理黄河,主要是加固堤坝,防洪防涝。然而,堤坝不能无限制地升高。河床比地面高,亦不能排洪。另修一条河道交替使用,耗资巨大,难以实现。对现有河道的清理,也未曾改变河床继续升高的现实。

他自己说明是位化学工作者,不懂水利。但是他"听说黄河下游不宜拦腰筑坝,因为河水流经水坝时流速降低,泥沙大量沉积,最终会淤塞出口,冲毁大坝。对上游的初步治理,波及整个黄河流域,至少需要几百亿的资金,二三十年的时间。效果尚难以直接预测,河床高于地面的现实也无法改变"。

肖先生的具体治黄意见是:

> 如果使黄河水变得更浑,会怎么样呢? 若我们能够使用河水中的泥沙不沉降,甚至带走一些河底的淤泥。径直输入大海,应该是一件两全其美的事。一方面可以使河床降低,慢慢恢复到正常河流的状态,达到根治黄河的目的;另一方面河水中的泥沙遇到海水中的盐分会沉积,形成陆地,可以增加耕地面积。像这样,黄河就像一条大动脉,源源不断地把黄土高原上的土壤搬运到大海中去造田。如果把黄土高原上的土都搬到大海中去,把高原变成平原,兴许还可以改变西北的气候呢。

他在文章中用了较多的文字,从化学上的"分散相"、"分散介质"的原理来说明"使黄河水更浑"的方法其实比"让黄河水流清"更为现实。当然,作为一位科学家,他的态度是很谨慎的。所以最后提出,他建议的方法若要应用于黄河,技术上必须满足:

1. 对人类和生物无害,不破坏生态平衡。

2. 加入水中的成分可以饮用或容易分离。

3. 相对稳定,携带泥沙数目不沉降。

4. 在海水中可以被微生物降解或形成惰性材料,如岩石、土壤等。

现有的技术力量不能满足上述要求。如果国家能投入一些力量,进行可行性的研究,潜在的效益将是不可估量的。

我在上述《炎黄子孙情系黄河》的拙文中略述了我对肖文的体会:

肖先生是化学家,而我对化学则是门外汉。所以对肖先生提出的治黄方法无法置评。但他"使黄河水更浑"的总的设想我仍能理解,即是用化学方法,使河水含沙不在河床沉淀,而是随水一起东流入海。……但黄河每年有470亿立方米的径流量,在如此巨量的流水中使用这类化学方法,当然是一种大胆的,但又前景诱人的设想。

在举了几个炎黄子孙研究黄河的例子以后,最后说几句我自己的话:

作为一个读了半世纪《水经注》,又在大学地理系执教了半个世纪的老人,对于祖国河流当然是关心和充满感情的,特别是对于这条母亲河。不过,对于此河,我所知实在不多,而我所能议论的,也不过上述而已。我的认识是,黄土高原当然必须整治,使它"山川秀美",这可以延缓自然界地质循环的过程,降低黄河的含沙量。堤防当然必须增修加固,因为它保障了两岸人民生命财产的安全。但是从长远的历史眼光来看,这两者都不是根治黄河的切要措施。特别是堤防,尽管现代的建筑材料和施工技术,都非以往可比。但是,我们必须头脑清醒,堤防越高,我们子孙所冒的风险也就越大。根治黄河的最终目标,必须是让黄河从当前的悬河回归自然。成为一条"水由地中行"的河流。这是一个任重道远的任务,这个世纪过去了,新的世纪中,我们仍将为此而殚精竭虑。

郦道元在《水经·巨马水注》中说:"水德含和,变通在我。"总有一天,这条母亲河可以为我们所"变通",得到真正的根治。

注释:

① 黄河水利委员会《黄河志》总编辑室编,河南人民出版社1994版。

② 《史记·河渠书》。

③ 科学出版社1980年版。

④ 《尚书·禹贡》。

⑤ 《中国自然地理·地貌》,科学出版社1980年版。

⑥ 袁建平《一个经典历史文化景观——先秦及汉有关大禹治水传说文献载记纵览》,《黄河史志资料》1998年第3期。

⑦ 《古史辩》,北平朴社民国十五年(1926)版。

⑧ 《庆祝蔡元培先生六十五岁论文集》,国立中央研究院历史语言研究所《集刊》外编第一种。

⑨ 古埃及的主要神明。

⑩ 指《圣经·归约·创世纪》。

⑪ 卜弼德（Peter A. Boodbery），*Proletical Remarks on the Evolution of Archaic Chinese*，*Selected Works of P. A. Boodbery*，University of California Press，Berkeley and Los Amgeles，1979.

⑫ 此书有中译本，朱诗鳌译，中国社会科学出版社1981年版。本文引自中译本。

⑬ 王靖泰、汪品先《中国东部晚更新世以来海面升降与气候变化的关系》，《地理学报》1980年第4期。

⑭ 《东南文化》1989年第6期。

⑮ 黄宣佩《关于河姆渡遗址年代讨论》，《河姆渡文化研究》，杭州大学出版社1998年版。

⑯ 《吴越春秋》卷六。

⑰ 上海社会科学出版社1998年版。

⑱ 此节为邹逸麟教授所撰。

⑲ 《汉书·沟洫志》。

⑳ 《史记·河渠书》："令群臣从官自将军以下皆负薪填决河。"

㉑ 决于元光三年，至元封二年才由汉武帝亲临现场堵口，故决口改道达"二十余年"。

㉒ 《汉书·沟洫志》。

㉓ 王涌泉《康熙元年（1662年）黄河特大洪水的气候与水情分析》，《历史地理》第2辑，上海人民出版社1982年版。

㉔ 李壁成、焦峰、马小云《固原上黄试区土壤侵蚀环境与综合治理效益评价》，《水土资源保育策略与管理论文集》，台湾中兴大学文教基金会出版社1999年版。

㉕ 曹家欣著，商务印书馆1983年版。

㉖ 《黄土高原的建设与环境保护》、《水土资源保育策略与管理论文集》。

㉗ 汪立直《黄土高原土地资源合理利用之探讨》，《水土资源保育策略与管理论文集》。

㉘ 《黄土高原地区环境变迁及其治理》，黄河水利出版社1999年版。

㉙ 《晋陕丘陵区土壤侵蚀发展预报动态仿真模型》，《水土资源保育策略与管理论文集》。

㉚ 《黄土高原土地资源合理利用之探讨》。

㉛ 《黄土高原的建设与环境保护》。

㉜㊴ 《水土资源保育策略与管理论文集》。

㉝ 《新黄河》创刊号，1949年11月。

㉞ 瞿无希《黄河之水何处来》，《动向》1999年9月号，香港百家出版社。

㉟ 唐德善《略谈黄河的治理》，《光明日报》1998年5月3日。

㊱ 刘敬智《黄河不要变成内陆河》，《光明日报》1996年6月19日。

㊲ 《黄河志》卷六《防洪志》。

㊳ 《华夏文摘》第224期，1995年7月14日（此系美国出版，有国际标准刊号的中文电脑周刊），转载于《黄河史志资料》1996年第4期。

㊴ 《经济研究参考资料》总第68期，1982年5月21日。

㊶　李锐、孙俊杰《黄河高原综合治理科技攻关启示》,《水土资源保育策略与管理论文集》。

㊷　《孟子·滕文公下》。

㊸　《黄河史志资料》1996 年第 4 期。

㊹　《华夏文摘》第 231 期,1995 年 9 月 1 日,转载于《黄河史志资料》1996 年第 4 期。

1999 年 12 月于浙江大学

原载《黄河文化论坛》第 14 辑,山西人民出版社 2005 年版

长江三角洲的水环境及其文化

文化是眼下的一个热门课题。但对于这个词汇的概念，要获得完整而明确的解释，实在也颇不容易。《牛津词典》在"文化"（culture）一词下有 16 种不同的解释，[①]而《韦氏词典》对此词的解释更多达 18 种。[②]百家出版社于 1991 年出版了《中国文化源》一书，此书卷首《序》中说："人们曾经作过统计，全世界从各门学科、各个角度给'文化'下的定义有 260 余种之多。"[③]实在头绪纷繁，令人不知所从。我只好随大流，写点引车卖浆的东西。

长江干流全长 6300 多公里，是中国第一大河，流域面积 180 余万平方公里，要比黄河流域大 2.6 倍。在如此广大的区域，要议论它的文化，真是千头万绪。从地理上说，上起青藏高原，汇注四川盆地，中贯两湖，东经三角洲而入东海，包含各种类型的地貌。从历史上说，巴蜀、荆楚、吴越，各有其不同的发展过程。面对这样的大块文章中，我只能着手于大江尾闾的一片小小三角洲。长江三角洲的特点是水环境。我认为只要把这个水环境的来龙去脉交代清楚，文化也就在其中了。

按自然地理学概念，三角洲（delta）是河口区由沙洲、沙咀等发展而成的冲积平原。是河流入海时，因流速减低，河流所挟带的泥沙就在河口堆积，年代久远，形成河口两岸的这种特殊地形。

对于长江三角洲，我在拙作《论长江三角洲的水环境机制》[④]一文中曾经指出：

> 自然地理学上的长江三角洲，是长江和钱塘江冲积而成的一片三角洲。其范

围大致是镇江以东,通扬运河以南,杭州湾以北,面积约5万平方公里。人文地理学上的长江三角洲,其实就是施坚雅(G. W. Skinner)在《中华帝国晚期的城市》(*The City in Late Imperial China*)⑤一书中所说的'江南金三角',还应包括钱塘江南岸的宁绍平原,面积约7万平方公里。

我之所以用人文地理学概念让这片三角洲略加扩大,实际上是从历史文化方面所作的考虑。施坚雅的说法,大概也是基于这种原因。日本学者所称的"江南三角洲",⑥其地域范围大概也是如此。当然,三角洲本身是自然界地质循环过程中的产物,人文过程是后来发生的现象。为此,对于长江三角洲的议论,我们首先还从地质与自然地理开端。

我们议论地域文化,不管文化一词如上所述存在多少不同的概念,但是它总是从土地上孕育生长而逐渐形成的。地理学者谈文化,有寻根究底先把孕育文化的这块土地查索清楚的习惯。长江三角洲从自然环境到人文环境都是水环境。从晚更新世以来,这个地区有过3次海进、海退的水陆交替过程。⑦3次之中,最后一次卷转虫(Ammonia)海进始于全新世之初。在这以前,即前一次假轮虫(Pseudorotalia)海退期间,中国东部沿海的海平面要比现在低150多米。到距今1.2万年前后,海面回升到现代水深-112米的高程上;到1.1万年前后,回升到-60米的高程上;到了距今0.8万年前后,回升到-5米的高程上。接着就淹入陆地,今长江三角洲地区大部成为一片浅海。⑧这次海进在距今7000年—6000年时达到鼎盛。70年代初期,杭嘉湖平原和宁绍平原中进行的所谓"人防工程",在地表以下大约10米—12米的高程中,常常发现蛎壳层,即是这次海进的物证。⑨

卷转虫海退开始于大约距今5000年前,海退与海进一样,是一种逐渐发展的过程。在此以后,长江三角洲以东的海岸发生了不断东伸的过程。由于这种过程在地史上是一种动态现象,东伸是其大体趋势,其间也有局部塌落和西缩的,不能一概而论。另外,现在地质、地貌学所发现的若干长江三角洲古海岸,也只能认为是海退过程中某一时期的情况。例如,古地理学者发现的一条古海岸,沿今上海以西的嘉定、黄渡、蟠龙、松江、漕泾达杭州玉泉山一线,⑩即是其中之一。上海近郊存在的许多"冈身",据C^{14}测年,距今为5870年—4235年不等,⑪显然也是这次海退过程中的产物。

海岸东伸的过程,一方面是海退的过程;另一方面则是这个地区的主要河流长江、钱塘江等下游冲积的过程。这片新淤的土地是片低洼的沼泽地,即《禹贡·扬州》所描述的:"厥土惟涂泥。"一日两度的潮汐和西部丘陵地区的山水,成为这个地区长期积水的来源,也是日后形成水环境的地理基础。原始的水环境是一种恶劣的自然环境,如北方大国宰相所描述的:"越之水重浊而洎,故其民愚疾而垢。"(《管子·水地》)这句话确实勾划了当时长江三角洲的自然和人文:在一片咸水横流,沼泽遍布的泥泞沮洳之地上,生活着一批祝发文身,满身垢污的愚疾之民。

从恶劣的水环境到优良的水环境是一种人类改造自然的过程。长江三角洲的历史文化,就是在这种过程中孕育发展的。水环境由劣转美的关键是拒咸蓄淡。开始当然是小规模的,后来逐渐扩大,根据文献记载,到了春秋句吴和于越时代,发展较快的句吴,已在三角洲的北翼完成了规模较大的水环境改造,而发展相对落后的于越,在这方面也已获得了不小的成就。

在这个地区拒咸蓄淡,首先必须修筑堤塘,使咸潮不能进入,而塘内就成为一片或大或小的淡水灌溉区。据《越绝书》卷二《吴地传》所记,古时句吴有世子塘、洋中塘、无锡塘等,而卷八《地传》所记,于越也已有富中大塘、练塘、吴塘等。说明沼泽平原上的蓄淡工程,规模已经较大,发挥了隔离咸潮的重要作用。

拒咸蓄淡的另一重要措施是排干沼泽。因为长江三角洲在海退以后大部分地区是一片沼泽地,因此,修塘必须与排干沼泽同时进行,才能获得可以灌溉的耕地。排干沼泽从古代文献记载和后代地理实绩所示,不外疏导和拦蓄两种方法。疏导是让流注这些沼泽地的河流入海;拦蓄是选择沼泽地的低洼地段积水成湖。所以早在春秋吴、越时代,长江三角洲的河湖网水环境格局已经初步形成。

三角洲地区的疏导方法,实际上就是传说中的禹治水的方法。顾颉刚在 20 年代就提出:"禹是南方民族神话中的人物。""这个神话的中心点在越(会稽)"。[12]我在《大禹研究序》[13]中指出:

> 汉族把越族的这个神话移植过去,痕迹是十分清楚的。总的说来,这个神话只能产生在水环境之中。而黄河流域虽然有黄河及其支流,但并不存在像越地一样的水环境。黄河在洪水季节或许确有《尚书·尧典》所说的:"汤汤洪水方割"的景象,但在枯水季,它实在是一条涓涓细流。特别是汉族的主要聚居地黄河中游,不大可能发生《诗·商颂·长发》所说的洪水茫茫的情况。这种移植的最明显的张冠李戴之处在于治水的思想和方法,传说中的禹治水方法是疏导,这种方法无疑是针对山会平原水环境的产物。山会平原河流短小,从南部山地北流海边不过几十公里,当然可以用疏导的方法。而这片沼泽平原,实际上就是用这种方法排干的。把山会平原治水的思想方法移植到黄河,就不得不另外塑造一个主张"堙"的方法的鲧作为牺牲品,即《尚书·舜典》中的"殛鲧于羽山"。于是,山会平原的治水方法就在黄河付诸实施。但黄河的上流在西戎,下流在东夷,神话当然不必计较是谁管辖的问题,让禹从西戎的"积石"一直疏导万里,导到东夷的"九河"。其实黄河历来都用"堙"的方法,如今郑州以下,黄河大堤高高在上,就

是"堙"的结果。

此《序》中所说的"山会平原"是指前山阴和会稽二县的平原,是宁绍平原的一部分,是长江三角洲的南部。在当时,三角洲的北部和中部,疏导也多见于古代文献。《越绝书》卷二说:"吴故水道,出平门上郭池,入渎,……入大江。"又说"无锡湖者,春申君治以为陂,凿昭语渎以东到大田,田名胥卑,凿胥卑以南注大湖。"这里的"吴故水道"和"胥卑",都是句吴时代的水利工程。在秦一统以后,这种工程仍然赓续进行。《越绝书》卷二又说:"秦始皇造道陵南,可通陵道,到由拳塞,同起马塘,湛以为陂,治陵水道到钱唐越地,通浙江。"所以这个地区的疏导工程除了我在《序》中所说的入"海"以外,其他是入大江(长江)、入浙江(钱塘江)和归湖(包括太湖和其他一些人工湖泊)。

第二种方法是拦蓄。至今这个地区仍然分布着许多湖泊,虽然已经大量湮废,但初创时的格局犹可窥及。前面已经提到春申君治无锡湖的事,无锡湖规模甚大,据《越绝书》卷二所载,湖周达一万五千顷。除此以外,《越绝书》卷二记及的还有毗陵上湖、射贵湖、尸湖等14处。这些都是拦蓄的成果,它们都位于发展较早的三角洲北部。在三角洲南部,小规模的拦蓄工程发轫也很早,不过像无锡湖那样大型的拦蓄工程,要到汉代才开始出现,最著名的就是鉴湖工程。鉴湖所在的地区,原来是一片沼泽和湖泊相间的低地。三国吴谢承《会稽先贤传·贺氏》[14]曾记及这个地区,称为庆湖。后汉永和五年(140)始围堤成湖,按其记载的湖泊范围,在今1∶5万地形图上求面积,得此湖初创面积为206平方公里。[15]此外,今萧山一带的临浦、渔浦、湘湖,上虞的夏盖湖等,六朝时都已存在,宁波的广德湖成于齐、梁之间。在整个三角洲,到处都有拦蓄工程的存在,不胜枚举。

由于疏导和拦蓄,长江三角洲逐步从泥泞的沼泽洼地成为一片水网平原。人们为了工农业生产和交通运输的需要,又陆续在平原上开凿河渠,由于洼地上原来就是水道纵横,所以开凿其实也是另一种形式的疏导,早期的河渠称为"渎",如《越绝书》卷二所记:"百尺渎凑江,吴以达粮。"则这条沟通平原与长江的河渠,不仅具有改善沼泽的作用,而且还是句吴的运粮通道。《越绝书》卷八:"练塘者,句践时采锡山为炭,称炭聚,载从炭渎至练塘,各因事名之。"可见称为"炭渎"的这条河渠,是于越冶炼工业中运输燃料的通道。

如上所述,长江三角洲从春秋句吴和于越时代起以至于秦汉,逐渐形成了一种河渠、湖泊、海塘、江(河)堤的水环境格局。为了调控河湖水位,所以在这片河湖江海之上,还设置了一套涵闸系统,以鉴湖为例,这个灌溉系统就设有斗门8处,闸7处,堰28处,阴沟33处。[16]长江三角洲的这种水环境格局,到六朝而趋于成熟:河湖交织,堤塘巩固,涵闸完备。在日本汉学家渡部忠世、樱井由躬雄主编的《中国江南の稻作文化》[17]一书中,把中国的农业分为华北小麦杂粮区和江南稻作区两大地域,长江三角洲到了六朝,已经成为一个肥饶丰硕的江南稻作区。这个地区的稻作发轫甚早,据游修龄的考证:[18]"长江下游三角洲从河姆渡、罗家角、崧泽至良渚文化为止的新石器时期农业,已连续绵延达3000年以上,稻的种植始终贯串整个过程,使得渔猎采集的比重逐渐有所下降,稻米为主的粮食供应的比重逐渐增加,为社会成员提供更多而稳定的食物来源,促进了原始社会人们的劳动分工。"但应该指出的是,长江三角洲在新石器时代的稻作是非常粗放的,即游修龄在该文中指出的"直播"和"撒播"。《论衡·书虚篇》说:"禹葬于会稽,鸟为之田。"王充在《偶会篇》中解释这种现象:"雁鹄集于会稽,去避碣石之寒,来遭民田之毕,蹈履民田,啄食草粮,粮尽食索,春雨适作,复之碣石。"这就是"直播"、"撒播"稻作农业的实况。由于稻禾不成行列,除了雁鹄可以飞入耕地,"蹈履民田,啄食草粮"以外,人们既不能进入农田,也并无耘田的耕作素养。但是到了春秋句吴和于越时代,水稻耕作显然已经有了很大进步。《吴越春秋》卷五记及句践谋士计倪的话:"留意省察,谨除苗秽,秽除苗盛。"说明在当时的稻作生产中已经有了"谨除苗秽"的作业,这其实就是耘田,也就说明了水稻播种已经从"撒播"发展到"点播"甚至育苗移栽。稻株有了行列,才有可能通过耘田除去杂草。由此可知,稻作文化是长江三角洲水环境文化的开路先锋。

水稻作业发展的结果,必然会促使适应水环境条件的其他生产部门的出现。在长江三角洲,接着兴起的就是蚕桑业和水产业。在湖州钱山漾遗址获得的绢片和丝带、丝线等丝织物,经中国科学院考古研究所测定,其年代为公元前2570±100年,距今约4700年—5200年。[19]当然,新石器时代的蚕桑业实况,现在很难设想。但春秋吴、越时代,蚕桑业在这个地区已有明确的文献记载。《吴越春秋》卷一记及伍子胥从楚国亡命到吴,"中道乞食溧阳,适会女子击帛于濑水之上"。《越绝书》卷四记载计倪提出的生聚大计:"省赋敛,劝农桑。"这里,伍子胥所见的"击帛"和计倪所说的"劝农桑",都是蚕桑业发展的实据。

在水环境中发展的另一个生产部门水产业,主要是养鱼业。据《越绝书》卷八所载:"会稽山上城者,句践与吴战,大败,栖其中,因以下为目鱼池,其利不租。"这或许就是范蠡写作《养鱼经》的滥觞。我在拙作《范蠡〈养鱼法〉》[20]一文中指出:"范蠡原是越大夫,曾经在句吴围困的会稽山蓄池养鱼。"案《养鱼经》1卷,又称《养鱼法》,是世界上有关淡水养殖的最早文献。此书所说:"治生之法有五,水蓄第一。"[21]"水蓄"当然是淡水养殖,其地位在五种"治生之法"中列于第一,这显然是在水环境中所说的话。范蠡的《养鱼经》不仅使长江三角洲的淡水养殖业获得发展,而且也惠及长江中

游。《水经·沔水注》记及："（沔）水又东入侍中襄阳侯习郁鱼池。郁依范蠡《养鱼
法》作大陂，陂长六十步，广四十步，池中起钓台。……又作石洑逗引大水于宅北，作
小鱼池，池长七十步，广二十步。"这就说明了《养鱼经》一书的影响，既然此书的影响
已经及于长江中游，则长江三角洲的淡水养殖业必然已经十分盛行。

由于稻作、蚕桑、水产各业的发展，促进了粮食加工、水产加工特别是缫丝、丝织等
手工业的发展，而这些产业又带动了商业和交通运输业的兴起。早在春秋时代，越王
句践就说过"以舟为车，以楫为马"[22]的话。当时句践口中的舟楫，主要还是用于军事，
如他在进攻句吴时的"习流二千人"。[23]吴王夫差开凿邗沟，[24]同样是为了耀武江河称
霸中原的需要。但以后情况就起了变化，这一套用于军事的河渠、船舶和航行技术，随
即转化为三角洲地区的重要生产环节。这些技术深入田间，运送肥料和农产品，提高
了农业生产的劳动效果；往来于城乡之间，运送物资和产品，空前促进了这个地区的经
济繁荣，发展了粲然可观的水环境文化。虽然我们还不能了解《禹贡·扬州》所说的
"沿于江海，达于淮泗"的细节，但夫差凿邗沟，特别是隋炀帝疏通江南运河以后，江南
水乡已跨越江淮与中原联成一体。

另外一种重要的事实是，隋唐以降，三角洲的陆地水环境与其周边的海洋水环境
之间的关系发生了明显的变化。[25]前已述及，长江三角洲原来就是海水退缩的产物，这
里的人们对海洋曾有长期的畏惧，拒咸蓄淡即是抗拒海洋的早期方法。但是随着生产
力的提高，他们对海洋的畏惧心理逐渐有所改变。他们首先发现的当然是海洋所拥有
的资源，利用海水制盐，这是春秋时代就已有记载的。[26]以后，他们开始利用海洋的生
物资源。《隋书·经籍志》卷三有《会稽郡造海味法》一书的著录，说明人们对水环境
的利用已经从淡水养殖业发展到海洋捕捞业。从陆地水到海洋水，这是三角洲人们对
水环境利用的飞跃发展。

在这种飞跃发展中特别值得重视的是三角洲陆地水与海洋水接触的周边地带即
长江、钱塘江和甬江等沿海涌现出一系列大小港口，成为三角洲水环境与外海联系的
纽带。日本的著名陶瓷学家三上次男在其所著《陶瓷之路》[27]一书中，叙述了他在埃及
开罗南郊福斯塔特废墟发掘陶瓷碎片的经过，他在那里获得中国瓷片12000片，而"其
中特别多的是越州窑瓷"。这些越州窑瓷，绝大部分都是从五代到北宋通过三角洲诸
港，循三上次男所称的这条"陶瓷之路"外销的。

全汉昇《晚明到清中叶时期中国与西班牙美洲的丝绸贸易》[28]一文对于长江三角
洲的水环境研究更值得重视。为了记叙这条晚期的"海上丝绸之路"，全汉昇曾经亲
自到马尼拉查阅档案。

假使与我国传统的从西安西行的丝绸之路[29]或是从成都南行的丝绸之路[30]相比，

从丝绸运输的数量和贸易额相比,这两条古代的丝绸之路,其实只是一点驼峰马背上的小额经营。只要摘引两段全汉昇的文字,就可以明白三角洲陆地水环境和海洋水环境接触的效益。

　　明代,当桑田遍布中国的趋势日益强化之时,太湖沿岸的江苏浙江的基本区域,尤其是浙江的湖州、嘉兴、杭州和江苏的苏州等地的丝绸工业都有极大的发展,许多人因之致富。有关太湖南岸的湖州的一条明代晚期的原始资料写道:沟渠的边地都栽满了桑树,……例如毛堪(毛双春)于十六世纪中、晚期在湖州地区种植了几十万株桑树,他精心除草、施肥、控制虫害,这样,他的产品质地优良,从而取得巨额钱钞。

　　湖州生丝、织锦、茧绸、罗、缎、薄丝,始集于双林镇,然后运销全国和国外,晚明和清初,这项收益每年可达 11 亿两白银。随着丝绸产业的增加,丝绸技术的进一步提高,丝绸销售市场得以发展。湖州以东的小城镇,包括濮院、王江泾、嘉兴、石门,都一变而为重要城市,与湖州、嘉兴一道,杭州附近的塘栖镇,也成了重要的丝织业中心。

湖州、嘉兴、苏州、杭州等三角洲地区蚕桑丝绸业的发展,显然是由于西班牙美洲的贸易刺激。全汉昇根据他在菲律宾的详细调查,得知在这条路线上航行的船舶:"1636 年以前,每艘帆船有 300 箱—500 箱的丝织品登记注册,但 1636 年的航运商船中,有一艘装载量超过 1000 箱,另一艘的装载量大约为 1200 箱。"论文说明每箱重量约为 250 磅。所以我在前面指出以西安和成都为开端的那两条丝绸之路其实都不过是小额经营。如我在拙作《从丝绸之路到陶瓷之路》[31]一文中所说:"西班牙在美洲的殖民地是当时全球的最大白银产地,这些横越太平洋的西班牙船舶就带了白银从菲律宾转道江浙沿海。"所以从长江三角洲水环境中发展起来的蚕桑、丝绸业,在明、清时期,曾为中国换回了大量白银。

　　上述蚕桑丝绸业包括因此而发展的海上丝绸之路,当然是长江三角洲发展历史中的一个特例。实际上,在这个地区,由于从春秋伊始的水环境的改造,水稻、蚕桑、水产养殖、手工业、水上交通,一种良性的生态机制,长期地在这里稳定下来,而且,随着水环境系统的日趋完善,生产力不断提高,人口增加,经济繁荣,出现了范成大在《吴郡志·杂志》上所说的"天上天堂,地下苏杭"的景象。除了城市的扩展以外,在乡间并且崛起了许多集镇,某些集镇的商业繁荣甚至超过城市。如我为陈学文所著《湖州府城镇经济史料类纂》[32]一书所写的《序言》中指出:

　　湖州府、嘉兴府,加上今上海市境内的松江府、苏州府和常州府,这五个府境内大大小小的繁荣集镇,围成一串,正像挂在太湖边上的一条光彩夺目的项链。

经济繁荣当然会带来人民素质的提高和文化的发展。不过文化如前所述是个广泛的概念。要全面论述长江三角洲的文化发展必须有很大的篇幅才能表达清楚，现在不妨提出一个简单的、可以用数值表示的指标，即是在这个地区历史上出现的人才。在科举制度时代，获得科场功名的人，基本上可以排入人才行列。按苏州府为例，从中国科举制度成熟的唐代开始，到这种制度结束的清末，这个府的辖境内，共出了进士1538 人，其中状元达 37 人，[33]全国恐怕没有另一个等级相当的地区可以与之相比。当然，苏州是个著名的大府，人才集中的情况比较突出。所以我们不烦再在三角洲另选一个普通县邑。例如湖州府的武康县，往年，我曾为新修《德清县志》[34]作《序》，因为武康县与德清县毗连，所以曾对当地望族沈氏家族作过一点调查。我在拙《序》中说：

> 一直要到东汉之末，孙氏才置永安县，晋太康初改为永康，复改武康，即沈约所说："虽邦邑屡改而筑室不迁。"南朝四代，沈氏成为武康显赫一时的望族。仅在正史立传的，《宋书》有沈昙庆、沈演之等 7 人，《南齐书》有沈冲、沈文景等 4人，《梁书》有沈约、沈凯等 6 人，《陈书》有沈恪、沈众等 6 人。则四代之中，沈氏家族立传于正史的竟达 23 人(《陈书》尚有沈君理 1 人，因本传统称吴兴人，故不计在内)。

人才以外，另一种足以表达文化内涵的事物是这个地区修纂的地方志。地方志中向以府志和县志为主，这个地区的府、县志当然非他处可及，但由于府、县志在全国各地都有修纂，所以本文不议，而专说别处较少的乡镇志。记得 1987 年春，上海书店出版社、江苏古籍出版社、四川巴蜀书社联合筹备一种规模很大的《中国地方志集成》，影印大批前代佳志合订出版。事前邀请不少学者作为学术委员，在南京开会讨论。作为学术委员之一的谭其骧因他事不克与会，委托我在会上提出：应将著名的乡镇志考虑在内。这个建议获得与会的方志学著名学者朱士嘉、来新夏、韩长耕等的一致赞同。会后随即编出《中国地方志集成》中的《乡镇志目录》。[35]列名的全国乡镇志共有 11 省、上海、天津两市和台湾。总计乡、镇、村志 270 种，其中上海市 51 种，江苏省 87 种，浙江省 74 种。《目录》所列江苏省的 87 种之中，有 7 种不属于三角洲地区，浙江省的 74种中也有 1 种不属于三角洲地区，则《中国地方志集成》所选入的全国乡、镇、村志中，属于长江三角洲地区的占总数的 83.7%。不少乡镇曾经多次修志，[36]如收入《目录》的枫泾、真如、南梁、乌青等镇志各有 3 种，而澉水、硖川、濮院等镇志各有 4 种。这些志书的卷帙都很庞大，如无锡《富安乡志》有 28 卷(稿本，南京图书馆藏)，民国《濮院志》有 30 卷，《乌青镇志》有 40 卷，而《南浔镇志》更达 61 卷。这样的篇幅实为某些其他地区的县志所不及。

以上所举的例子是三角洲的一般方志。它们当然都是出于水环境的志书，但并不直接记述水环境。所以还有必要再举些三角洲地区从各方面直接记述水环境的文献。例如明张国维所纂的《吴中水利全书》28卷，内容包括苏、松、常、镇、杭、嘉、湖七府；明吴韶所纂的《全吴水略》7卷，同样记叙上述七府；不著撰者的明《吴中水利通志》17卷，也是性质类似的三角洲水利志书。这类似三角洲陆地水环境为主题的文献，从明到清，确实不胜枚举。这中间以记叙地表水的为多，大江大河甚至支港分渠都有志书。分布在三角洲的大量湖泊，以太湖为首，诸如西湖、南湖、鉴湖、湘湖、广德湖等等，也都有专题文献。而陆地水与海洋水接触的地带，则海塘有志，盐政有志，为数也很可观。

除了上述有关水环境的各种志书以外，长江三角洲的水环境也孕育和滋长了与这个水环境有关的许多文学作品。这方面的例子实在太多，我只举一种清初学者朱彝尊的《鸳鸯湖棹歌》，[30]因不久以前此书曾由蔡明整理并注释，索《序》于我，我在《序》中约略谈了这类水环境文学的渊源和作用：

南宋爱国诗人陆游，晚年回乡，住在绍兴鉴湖三山，写了许多有关鉴湖的诗篇。我在拙著《绍兴地方文献考录》(浙江人民出版社1985年版)一书中，曾经引及《山阴梅湖陆氏宗谱》所载《宋渭南伯放翁公游记略》中所记："有《鉴湖图》、《鉴湖歌》，至今多诵之。"其《鉴湖歌》有两句说："柳姑庙前鱼作市，道士庄边菱为租。"所述无非鉴湖土产鱼和菱，但人们喜欢这样的乡土诗，所以"至今多诵之"，说明这一类属于民歌体系的诗篇，能够深入人心。

现在，展现在读者面前的这本朱彝尊《鸳鸯湖棹歌》，也就是一本极有价值的乡土诗。前面已经提及一切诗词歌赋起源于民歌，也提及后世许多诗人对民歌的爱好。《棹歌》就属于这样的作品。它以流畅通俗的诗句，记载了十七世纪嘉兴的许多民情习俗，风俗掌故。亲切真实，令人爱不释手。

有关水环境文化发展的例子就说到这里。由于这个地区长期以来人们赖以生存发展的完美的水环境生态机制，这里的人们不仅熟悉他们身边的水环境，而且代代相传地建立了保护这个水环境的传统。上起城市缙绅，乡村殷富，包括士庶、商贩、舟子、农夫，芸芸众生都存在与这个水环境息息相关的意识。至于到三角洲各县邑任职的地方官，他们也深知水利与政绩的关系，因而出现过不少在改造水环境方面贡献卓著的贤牧良守。所有这些，就是长江三角洲水环境能够长期稳定而不断完善的原因。

自从春秋战国以来，长江三角洲水环境长期稳定和不断改善的记载，实在史不绝书。郦道元在公元6世纪记及："吴、越之国，三江环之，民无所移矣。但东南地卑，万流所凑，涛湖泛决，触地成川，枝津交渠，世家分夥，故川旧渎，难以取悉，虽粗依县地，缉综所缠，亦未必一得其实也。"[33]一位北方学者，对于这一片水乡泽国，实在难以想象，所以他只好用"万流所凑，涛湖泛决，触地成川，枝津交渠"这样的话来说明。尽管他未曾身履其境,但毕竟是个地理学家,用这几句话描述三角洲的水环境,还是相当形象的。郦道元对这种水环境的描述,成为这个地区水环境的长期常态。直到18世纪末叶,法国传教士格罗赛(Grosier)对于三角洲南翼的绍兴,说了他的观感:"它位于广阔而肥沃的平原中,四面被水所包围,使人感觉到宛如在威尼斯一样。"[39]

在历史时期,三角洲水环境当然受到过各种干扰和破坏,留待以下再论。但直到当今,这个地区的水环境格局,仍在某种程度上保存下来,日本国立大阪大学文学部教授滨岛敦俊等一行,曾于1987年—1991年间,以《华中、南デルタ开发史之比较研究》为课题,到长江三角洲的不少地方作了调查访问,于1999年出版了《华中、南デルタ农村实地调查报告书》。[40]下面所举的例子录自他们的《报告书》。

青浦县,县境内每1平方公里土地有河流4.01公里。县内大镇朱家角乡,全乡土地,水田占58.7%,河流池塘占14.2%,旱地只占1%(其余为自留地及田埂)。

嘉定县也是水乡,县境以内有名可稽的大小河流有5000条之多。

湖州市,全市面积5717平方公里,其中山地、平原面积为2400平方公里,水面达3317平方公里。双林镇是湖州的一个古老集镇,由于河港纷歧,镇上石桥达52座之多。

除了上述日本学者的调查以外,在这个地区近年出版的地方志,也有不少有关这方面的材料。例如1996年出版的《桐乡县志》[41]在其第二编《自然环境》中记及:"全县河道总长2400公里,河流、湖泊(漾荡)面积合计47.22平方公里,河网率6.49%,河网密度3.3公里/平方公里。"桐乡市属崇福镇[42]"各泾(港)分支河浜共有355条,境内河港密布,滨河交错,古来就被称为水乡泽国"。另一个濮院镇,[43]镇境面积不过1.3平方公里,但境内河道达1490公里。在钱塘江以南,以萧山旧县城所在的城厢镇为例,由于旧城内到处都是河港,因此,"与水有关的街巷等地名遍布城厢镇"。在全镇251处地名中,"以水潭、浜、桥命名的街名称26条,河湖名称33条,桥名61条,共计120条,占总地名的48%"。[44]

在上述萧山城厢镇的例子中,文内虽然记录了大量与水环境有关的地名,但文章最后指出:"如今虽不见小河小港的格局,但分析古今地名,仍能看出古城水环境及其变化。"前面曾说到三角洲地区的水环境格局仍在某种程度上保存下来,就包括萧山城厢镇的这种格局在内。

前面说到,在三角洲地区,长期以来,人们存在一种自觉地保护水环境的意识,这是这种水环境能够长期相对稳定的重要原因。不过,我们也必须看到,由于种种干扰,三角洲的水环境也经受了不少破坏。而且这种破坏随着历史而愈演愈烈。这中间,最重要的原因是由于政局变化而发生的人口剧增。这种变化第一次出现于公元 4 世纪之初,所谓永嘉之乱,即两晋之间的北人南迁。据谭其骧的估计:"截止宋世(案指刘宋),南渡人口约共有九十万,占当时全国人口约五百四十万的六分之一。"[45]大批北人的南迁,对三角洲的重要影响之一就是耕地紧张,地价高涨。这种影响一直波及到三角洲的南部,据《宋书·孔季恭传》所记,当时山阴县一带出现了"土地褊狭,民多田少"的情况,致使地价上涨到"亩直一金"的程度,因而不得不"徙无赀之家于余姚、鄞、鄮县界,垦起湖田"。当时这一带湖泊不少,就成为围垦的对象。这种围垦以后继续有所发展。到了公元 12 世纪,由于一场称为"靖康之变"的战乱,北人再次大批南迁,据《宋会要辑稿》160 册所记,建炎三年(1129),"渡江之民,溢于道路"。而长江三角洲地区是大批移民入居的重要区域,据《建炎以来系年要录》卷 158 所记:"四方之民,云集二浙,百倍常时。"对于三角洲水环境的干扰和破坏,因而发展到很高的程度。

　　必须指出的是,从永嘉之乱到靖康之变,三角洲水环境的破坏是人口剧增和地价飞涨的必然后果。但另一方面,整个社会,从上层官员士大夫到基层市民农夫,长期以来保护水环境的传统意识仍然具有强烈的影响。这种意识对于水环境的破坏,曾经起了不小的遏制作用。以太湖为例,《留青日札摘钞》所传的一个故事,可以窥及这种传统意识的作用。

　　　　宋王安石为相,有人献计干太湖,可得良田数万顷。安石与客议之,刘贡父曰:此易为也,但旁边别开一个太湖纳了此水,则成良田矣。安石悟而大笑。

　　几乎就在同一时期,这种保护水环境的意识,促使一位贤牧良守挺身而出,使濒临垦废的西湖得以复苏。这个湖泊在 11 世纪后期,已经湮废殆半,据当时估计,此湖再过 20 年就不复存在。[46]就在这个关键时刻,知州苏轼果断地进行了复湖工程,终于保住了这个于今著名于世的湖泊。[47]也正是因为这种意识,使三角洲的不少湖泊,发生了废而又复,复而又废的多次反复过程。例如宁绍平原上的第二大湖上虞夏盖湖,在宋熙宁六年(1073)到元至正十六年(1356)的 283 年之间,共废复 9 次。[48]又如萧山湘湖,从北宋以来的 9 个世纪中,发生了废而复、复而废的多次变化。[49]

　　当然,总的发展趋势是水体缩减。我与几位助手曾经以三角洲南部的宁绍平原为例,估算了从唐朝到现代,平原上人口、耕地面积、水面积和蓄水量的变化概况:[50]

时代	人口 (万人)	总耕地面积 (万亩)	总水面积 (万亩)	总蓄水量 (万立方米)
唐代	47	280	200	20,000
现代	600	420	80	11,000

　　安·欧思本在更大的三角洲地区调查了这种事实，[51]他说："这个地区大约有25%的水田是以这种圈围的方式创造的。"他当然看到这种现象的负面影响："在水边围造的新水田使其他一些田不能直接得到灌溉，而可能降低它们的生产力，灌溉水的需求上升而蓄水功能却降低。"他认为这样才能"在每人平均田地数量下降的情况下，支持不断增加的人口。"欧思本说："这种没有发展的成长被称为'农业的过密化'（agricultural involution）"。

　　安·欧思本所说的"没有发展的成长"，就是三角洲水环境破坏的负面影响。这种现象在近代不仅继续发展，而且日益恶化。耕地扩充导致水体缩减的事实，由湖泊而及于江河。这就是前述日本学者在青浦朱家角调查时引及的当地谚语："有河必有田，有田必保围。"[52]而且由于城市化的加速以及缺乏计划和远见的城镇建设，又导致水体缩减从乡间波及城镇。在这方面，我仍以苏州、绍兴这两个春秋古都而眼下又都是国家公布的历史文化名城为例，因为它们原来都以水城出名。对于绍兴，前面已引及法国人以威尼斯作比的事。对于苏州，近年出版的《苏州市志》在卷首《总述》中引唐诗："君到姑苏见，人家尽枕河，古宫闲地少，水港小桥多。"好一幅水城素描。据此志第七卷《城巷河桥》所记，民国时期，旧城内填埋河道8条（段），长约6.670公里；从新中国成立后到1985年，填埋河道23条（段），长约16.317公里。这些河道，旧时"狭者二丈，宽者四丈不等"。填河的同时是拆桥，"据清末《苏城全图》标绘，城内有桥311座"，到1985年，已仅有161座，计拆除了150座。此志又记及苏州与太湖的关系，即太湖的出水河港。从无锡到苏州，在西太湖，1957年有36条河港；在东太湖，有49条河港。到1983年，西太湖减少到34条，东太湖减少到25条，26年之中，太湖的出水河港，从无锡到苏州共减少了26条。

　　对于绍兴，由于我在这座古城中出生成长，水城中河道纵横的情景仿佛如昨，我为《绍兴桥文化》[53]一书所写的《序》中回忆了我家后园外的一条小河，这条小河流过我家后与另一条较大的河港汇合，长度不过1000米，但在这1000米中："沿河有清凉、马驾、小郎、大郎、莲花、平章、凤仪七桥。……在我成年离家以前，家园后门的这条小河，一直是舟楫来往，交通方便。而童年在河边踏道上捕鱼摸虾的情趣，恍惚如在眼前。但是现在，小河早已填成街道，七桥连绵，如今影迹全无。在整个绍兴城内，像我家后园的河道湮废，桥梁失踪的事，恐怕为数不少。"

　　对于绍兴城内的大小河道，我提不出像《苏州市志》所记的2丈和4丈的数值。我在上述拙《序》中把我家后园的这条河道称为"小河"，这是因它最后汇入一条比它更大的河道。但这条小河除暑热干旱时期外，一般都是河水清澈，舟楫如梭。我曾在《绍兴老屋》[54]一书的《绪论》中提及："后园紧靠一条从大郎桥东流的河港，建有马鞍形踏道,可以停泊六明瓦大船。""六明瓦"是绍兴乌篷船中的最大型船舶。

由于我不知道绍兴城内这些年来到底填废了多少河道,1999 年,我不得不以这个问题求教于绍兴市政协。承政协副主席陈惟于为我作了专题调查,终于获得了这半个世纪中的填废数字:在 1949 年以前,城内能通行舟楫的大小河港共 32 条,计长 35 公里,这 50 年中,已经填废了其中的 17 条,计长 17.2 公里。在填废的河港中,有的是这个水城中至关重要的河道。例如在 70 年代初把城内旧山阴、会稽两县大街合并的工程,竟把两县在府城内的界河填废。我在前面议及三角洲城市水体缩减时,有"缺乏计划和远见的城镇建设"一语,绍兴城内这条重要河道的填废,即是其中之一。在这方面,我也留心到《苏州市志》中详细记载的旧城内桥梁拆毁的年代。从 1949 年—1983 年的 34 年中,共拆毁桥梁 116 座,其中拆毁于 1958 年 1 年中的有 46 座,占总数的 39.60%。为什么许多桥梁毁于这一年?使我不得不联系到当年大炼钢铁、大办食堂、水稻亩产几万斤的荒唐故事。则"缺乏计划和远见的城镇建设"一语,或许也用得上。

在长江三角洲,这些年来,水环境的变化除了水体缩减以外,另一重大的致命伤是水体污染。对此,上述欧思本的文章中早已指出:"芦苇和水草的密集种植和设置诱捕鱼虾的鱼梁,都促使池塘和水道的富营养化(eutrophication)。"但欧思本或许不曾料到,在乡镇企业蜂拥而起,随着社会财富的增加和人民生活改善的同时,三角洲的水环境随即从农业发展招致的富营养化跃升为严重的工业污染。江河日浊至于难以收拾,这种现象现在已经众所共见,毋需赘述。

王羲之的"山阴道上行,如在镜中游",张继的"姑苏城外寒山寺,夜半钟声到客船",真是醇厚的水乡风味,实足的水环境文化。但是山阴道上已经失去了这面晶莹可鉴的镜子,而姑苏城外的水环境也早已今非昔比,寒山寺钟声不能再回荡于清澈的波光之中了。

长江三角洲水环境的演变虽然由来已久,但最近半个世纪出现了加速的发展,在历史上属于一个剧变时期,而我又是这种剧变的目击者。我的童年和少年生长在绍兴,青年时代曾执教于嘉兴,而从 50 年代初期起又一直居住在西子湖之滨。特别是因为我在大学地理系任教,至今已近 50 年,经常带领学生在长江三角洲地区野外实习,蹚遍了三角洲的大部分地区。三角洲水环境变迁的过程各地虽稍有差异,但情况基本相同。我为《绍兴桥文化》一书所写的《序》中曾经言及此事:

　　过去,我曾经认为这种现象,是城市发展过程中不可避免的。虽然常常怀旧和愧惜,但其属于无可奈何。80 年代初,受聘担任日本几所大学的客座教授,多次到那里讲课,走过不少城市,我才发现,在那个国家里,城市内的河流都保护得很好,不说中小城市,像京都这样的大城市,全市北部为海拔七八百米的连绵山岳,南缘是宇治川(注入大阪湾的淀川的支流),从北部山岳发源的鸭川和桂川,从东西两翼纵贯市区,注入宇治川,市内的许多小河,都以鸭川和桂川为水源。这些小河,河床不深,水清见底,让我恍悟环境保护的重要。

我要写的文章已经写完,长江三角洲水环境的古今变迁就是如此。现在,从理论上大家都已懂得,诸如环境保护和生态平衡一类词汇的意义。但是,理论是一回事,而现实又是另一回事。面对现实,不免忧心忡忡。长江三角洲的水环境是我们祖辈胼手胝足创造出来的,希望这种水环境以及在这种特殊环境中孕育发展的经济和文化,能够持续发展。

注释:

① *The Oxford English Dictionary*, Second Edition Clarendon Press Oxford 1989. Vol. Ⅳ. P. 121.

② *Webster's Third New International Dictionary Of The English Language*, Copyright © 1961, By G. And C, Merrian Co.

③ 此书为陈秋祥、姚申、董淮平主编,《序》为许威汉所撰。

④ 《城市研究》1998 年第 6 期。

⑤ "江南金三角"语在叶光庭等译、陈桥驿校中译本第一编《导言·中华帝国的城市发展》,中华书局 2000 年版,第 31 页。原书由斯坦福大学出版社 1977 年出版。

⑥ 大阪大学《文学部纪要》第 34 卷(1994 年)第一部《江南デルタ》。

⑦ 王靖泰、汪品先《中国东部晚更新世以来海面升降与气候变化的关系》,《地理学报》1980 年第 4 期。

⑧ 陈桥驿《历史时期绍兴地区聚落的形成与发展》,《地理学报》1980 年第 1 期。

⑨ 《越国文化》(方杰主编,上海社会科学院出版社 1998 年版)卷首陈桥驿《序》。

⑩ 《中国自然地理·古地理》上册,科学出版社 1984 年版。

⑪ 刘苍宁等《上海西部古海岸——冈身——的成因与年代》,《历史地理》第 4 辑,上海人民出版社 1986 年版。

⑫ 《古史辨》,北平朴社民国十五年(1926)版。

⑬ 浙江人民出版社 1995 年版,又收入陈桥驿《吴越文化论丛》,中华书局 1999 年版。

⑭ 据鲁迅《会稽郡故事杂集》本。

⑮ 陈桥驿《古代鉴湖兴废与山会平原农田水利》,《地理学报》1962 年第 3 期。

⑯ 宋曾巩《越州鉴湖图序》,《元丰类稿》卷一三。

⑰ 日本东京放送出版协会 1984 年版。

⑱ 游修龄《良渚文化与稻的生产》,载《文明的曙光——良渚文化》,浙江人民出版社 1996

年版。

⑲　陈云琴《钱山漾遗址与杭嘉湖丝绸的起源》,载《文明的曙光——良渚文化》。

⑳　《郦学札记》,上海书店出版社 2000 年版。

㉑　据《齐民要术》本。

㉒　《越绝书》卷八。

㉓　《吴越春秋》卷六。

㉔　《左传》哀公九年。

㉕　地球上的水体分海洋水和陆地水两大部分,陆地水包括地表水(河、湖等)及地下水(井、泉等)。在全部水体中,海洋水占 96.5%。

㉖　《越绝书》卷八:"朱余者,越盐官也。越人谓盐曰余。"

㉗　东京岩波书店 1967 年版。中译本胡德芬译,天津人民出版社 1983 年版。

㉘　*The Chinese Silk Trade with Spanish America From the Late Ming to the Mid—Ching Period.* by Han-Sheng Chuan. 抽印本,全汉昇于 1983 年 9 月在日本京都见赠。原文收入《纪念陈学义教授七十五寿辰论文集》,又载于劳伦斯·G·汤普森编《亚洲研究特辑》第 29 号,旧金山中国资料中心 1975 年版。此文后由我的研究生鲁奇君汉译,译文载《历史地理》第 6 辑,上海人民出版社 1988 年版。

㉙　此名为德国学者李希霍芬(F. Von Richthofen 1833—1905)所首先提出,他曾于 1868 年—1872 年来中国考察,著有《中国》3 卷。"丝绸之路"首见于此书。

㉚　我曾于 1991 年接受日本文部省的委托,考察这条南方丝绸之路的渊源。考察报告除送日本外,全文发表于《郑州大学学报》(哲学社会科学版)1993 年第 2 期,题作《关于四川省蚕桑丝绸业的发展和南方丝绸之路的论证》。

㉛　台北《历史月刊》1999 年 5 月版。

㉜　《浙江经济史丛编》,浙江省社会科学院 1989 年印行本。

㉝　《苏州市志》第一册第十三卷《人物》,江苏人民出版社 1995 年版。

㉞　浙江人民出版社 1992 年版。

㉟　1987 年印行,《目录》内所列乡镇志已陆续出版。

㊱　例如德清县属新市镇,自明天顺起已查明 9 次修志,1990 年,我又从日本东京大学东洋文化研究所引回《光绪新市镇再续志》4 卷,故明、清两代有镇志 10 种,事详拙作《新市镇志考录——兼介流落海外的光绪钞本〈新市镇再续志〉》,此文收入于《陈桥驿方志论集》,杭州大学出版社 1997 年版。

㊲　(清)朱彝尊著,蔡明笺注,宁波出版社 1999 年版。

㊳　《水经注》卷二九《沔水》。

㊴　*Nagel's Engeyclopedia Guide-China*, Vol. Ⅱ P. 1090.

㊵㊾　大阪大学《文学部纪要》第 34 卷,1994 年。

㊶　上海书店出版社 1996 年版。

㊷ 《崇福镇志》,上海书店出版社 1994 年版。

㊸ 《濮院镇志》,上海书店出版社 1996 年版。

㊹ 楼伟仁《从城乡镇古今地名看城市水环境的变化》,萧山市地方志办公室,萧山市历史学会合编《话说萧山》2000 年第 4 期。

㊺ 《晋永嘉乱后之民族迁徙》,《长水集》上册,人民出版社 1987 年版。

㊻ (宋)苏轼《乞开杭州西湖状》,《经进东坡文集事略》卷三四。

㊼ 陈桥驿《历史时期西湖的发展和变迁》,《中原地理研究》1985 年第 2 期,收入《吴越文化论丛》。

㊽ 〔日〕本田治《宋元时代の夏盖湖るついて》,《佐藤博士还历纪念中国水利史论集》,东京国书刊行会 1981 年版。

㊾ R. K. Schoppa, *Xiang Lake——Nine Centuries of Chinese Life*, Yule University Press. 1989.

㊿ 陈桥驿等《论历史时期宁绍平原的湖泊演变》,《地理研究》1984 年第 3 期。

(51) Anne Osborne, *Economic and Ecological Interactions in the Lower Yangzi Region under the Qing*, *Sediments of Time——Environment and Society in Chinese History*, Edited by Mark Elvin and Liu Tsui-jung, Cambridge University Press, 1998.

(53) 绍兴市建委、绍兴市交通局、绍兴市政协合编,上海交通大学出版社 1997 年版。

(54) 屠剑虹主编,西泠印社 1999 年版。

2001 年 2 月于浙江大学

原载《长江文化议论集》,湖北教育出版社 2005 年版

古代越文化传播分布地域实勘研究初步设想[*]

一、概述

民族文化是民族史的重要内涵,古代越文化的研究,即是越史研究的重要组成部分。古代越族由于秦一统以后流散,分布范围甚广,前贤多有研究,成果堪嘉,但迄未获得一个完整的体系,所以值得继续研究。

对于古代民族文化的研究,历来多采用两种方法,一是根据文献资料的整理分析,二是根据考古发掘所得实物的判断研究。最近半个世纪来,由于科学的测年手段的发展,利用考古发掘的研究有了很大的进步。

我国境内的古代民族,因为各种原因,居住地并不稳定。例如在西北,历史上曾经存在的若干民族(部落),后来因某种原因迁徙流散,其中有的就像中美洲的玛雅人一样地消亡,他们当年留下的不少地名,如昆仑、敦煌、统万城等,至今无法解释,这些民族的迁徙流散消亡的过程,有许多尚未清楚,有待继续研究。我国东部和南部,也有不少古代民族(部落)因故辗转迁徙流散,也有在流散过程中消亡的。其中非常著名的是越族。由于越族在古代民族中是个大族,有关的文献资料较多,其迁徙流散的过程,

---

* 与车越乔合著,署名陈桥驿 车越乔。

前辈学者多有研究,成果卓著。最近半个世纪来,由于地史学(特别是第四纪研究)、古地理学、考古学的发展,对于这个古代民族及其文化的发展、迁徙、流散过程,已经进一步清楚,为继续深入研究提供了有利条件。

二、历来的越文化研究概况

越族是中国古代分布于东南地区的一支大族(部落),以《史记》为代表的古籍译作"越",以《汉书》为代表的古籍译作"粤"。在《孟子》中统称为"南蛮鴃舌"。由于辗转迁徙流散,名称甚多,除了其主要部分称为"於越"外,尚有"东越"、"瓯越"、"闽越"、"南越"、"雒越"、"骆越"、"山越"等,部落纷歧,名称繁多,后来就出现"百越"(百粤)的概括称谓。

现存最早研究越的古籍是《越绝书》,此书原是先秦著作,到东汉初经汉人整理而留下今日流行之本(亦已残缺)。虽然在整理过程中删佚了许多古越资料,而添入了不少汉人资料,但可供后世研究古越文化的内容仍值得珍视。例如通过今本《越绝书》,我们知道越有"内越"及"外越"(又称"东海外越")之分。此外是《吴越春秋》,为东汉初人所撰,资料多来自《越绝书》,由于当时的《越绝书》比今本完整,而流行于今绍兴一带的古越传说尚多,所以此书也保存了不少古越资料。至于《史记》、《汉书》、《国语》、《吕氏春秋》等北方作者有关越族的记述,神话传说与道路传闻居多,只是一般的参考价值。

东汉王充所撰《论衡》,也据当地流传的越族传说记及了若干古越旧事。他同时否定了《史记》等书记载的越与禹之间的关系以及越为禹后等谬说,指出"吴为裸国",与北方汉族是不同民族。王充是古代学者中首先摆脱儒家的民族"大一统"思想的学者(如《史记》,《越世家》中说:"越王句践,其先禹之苗裔,夏后帝少康之庶子也。"《匈奴传》中说:"匈奴,其先祖夏后氏之苗裔也。"这是"大一统"思想的反映)。

以后研究越族溯源及文化的学者代有其人。从上世纪20年代到30年代,如顾颉刚、钱玄同、蒙文通、卫聚贤、罗香林等学者,也包括若干国外汉学家,提出了不少研究成果,很大程度上刷新了越史和越文化的研究,其中最重要的可以归纳为3项:

1. 关于越和禹的关系。越是一支东南地区的古代民族(部落)。禹是一位神话人物,这个神话出于南方,所以禹是南方神话中的人物,这个神话的中心点在越(会稽)。中原汉族把禹作为一位移山倒海的治水英雄,并且是中国第一个王朝夏的开创者,这其实是对南方神话人物的移植。

2. 越族迁徙流散,地域范围甚广。流散在大陆上的,古人已有论述,如《越绝书》

和《林邑记》(此书已亡佚)的"内越"、"外越"。又如元胡三省在《后汉书·灵帝纪》的《通鉴注》中指出："山越本亦越人,依阻山险,不纳王租,故曰山越。"明焦竑的研究具有地理上的概括价值,他在《焦氏笔乘续集》卷三说："此即所谓东越、南越、闽越也。东越一名东瓯,今温州;南越,始皇所灭,今广州;闽越,今福州。皆句践之裔。"

3.除了大陆各地,也有部分越族迁徙到大陆以外。蒙文通曾把台湾与澎湖的居民与"外越"相联系,美籍学者徐松石认为南洋棕色民族属于中国古代越人的血统。日本京都大学人文科学研究所前所长福永光司指出古代越人流徙日本,特别要注意岛根、能登两个半岛,这是当年最有可能的越人登陆地点(日本称"越"的地名在这一带很多)。日本的国分直一和木下尚子曾撰《日本西南诸岛出土的史前时期贝符》一文,探索古代越人向日本诸岛迁徙的途径。美国的杨松撰有《马来—玻里尼亚与中国南方文化传统的关系》一文,认为古代越人的迁徙,曾经远达太平洋。

三、越文化研究的进步

在上述有关越文化的研究中,由于相关科学的发展,因而获得许多进步。半个世纪以前,如顾颉刚、蒙文通等学者的研究,虽然取得很大成绩,但当时由于地史学(特别是第四纪研究)、古地理学等的相对落后,所以虽然提出的设想具有重要价值,并且为以后的研究成果所证实,但当时在推理和数据(特别是计量数据)方面,还存在明显的缺陷。例如,顾颉刚在《古史辨》论断禹是南方民族神话中的人物,这个神话的中心点在越(会稽)。但对于这个神话涉及的洪水来源,顾氏只能从附近的钱塘江进行考虑,而无法从现在已经证实的第四纪晚更新世到全新世的海进、海退作出解释。

最近三四十年中,由于地史学(特别是第四纪研究)、古地理学、考古学(结合科学的测年手段)等的发展,包括沉积物分析、孢粉分析,特别是近海贝壳堤的探索和科学测年,才判明古代越族中流传的禹的神话,如同《旧约·创世纪》和希腊神话一样,是第四纪海进、海退的产物。从贝壳堤的研究证明,在晚更新世的海退全盛时期,中国东部沿海,海面下降,海岸及于大陆架。现在从这一带取出的贝壳堤(在今海面下155米),C^{14}测年为14780±700年,说明在距今1.5年左右,越族活动的陆地广阔。但从全新世之初,卷转虫海进开始掀起,至距今7000年而达到鼎盛,今浙江省境的主要平原都沦入海域,越族被迫进入山区,这就是禹的神话产生的基础。

根据近年发表的新研究成果,越族从地质时期到历史时期,迁徙流散的过程大概有下列3次:

1.从晚更新世假轮虫海退到全新世卷转虫海进前期,由于今台湾、澎湖、舟山与其他岛屿与大陆分离,今东海大陆架以西的广大陆域也相继沦为海域,就出现了这个地区越族的第一次迁徙,迁徙的路径大概是下海(太平洋群岛、南洋群岛、日本等)和上陆(宁绍平原和东南沿海其他平原)。此外当然也有部分越族就地上山(今台湾和舟山等地都有大片较高地域在海进时仍然出露)。

2.卷转虫海进后期,由于宁绍平原及其他滨海平原逐渐缩小以至淹没,于是这些已经在平原上发展了农耕渔猎的越族,出现了第二次迁徙,迁徙的路径仍然是下海和上陆,下海者漂流到沿海岛屿和日本等地,与第一次迁徙相同。上陆者是进入海水不及的山地丘陵,一部分越过今钱塘江进入今苏南、浙西的山区,即以后的句吴,另一部分进入会稽、四明山区,即以后的于越。此外仍有一部分在原地登上海水不及的高山,如今慈溪的翠屏山丘陵,钱塘江以北的大遮山丘陵等,后者是良渚文化的发源地。前面提到的《越绝书》是这次迁徙中进入浙东山地丘陵的于越族的历史,所以自称"内越",在其他不同地区的越族均作"外越",或"东海外越","东海外越"显然是指的在海外岛屿上的越族。

3.公元前3世纪末期,在秦始皇敉平江南的战争中,以大越城(今绍兴)为中心的越族大部分向西南流散,即焦竑所说的东越、南越、闽越等;一部分逃入今苏南、浙西、皖南等的深山中,即《后汉书·灵帝纪》所说的"山越"。另一部分被秦始皇强制迁移到今浙西和皖南等,见《越绝书》卷八所记。这是越族的第三次迁徙。

四、越文化研究的新思考

越族是古代中国东南地区的大族,情况与西北地区的若干大族(如匈奴、突厥)相似,在春秋战国时期,屡见史书记载,权威史书如《史记》、《汉书》都设有专篇,虽然记载并不完全属实,但说明这个民族的历史地位。按古代史书记载,于越在春秋后期就形成国家,在战国初成为一个强国,从越王句践到越王无疆,世系确然可考。越王无疆为楚所败以后,以大越城为中心的越族基地仍然是这个民族的中心。直到秦一统后流散,其流散迁徙的过程和路线,也大致可以查考。历代以来,特别是上世纪二三十年代以后,对古代越文化的研究,国内外学者都获得了不少成果,成为学术界在民族文化研究中的一个颇为热门的课题。

前面提及,过去学术界多从历史文献与考古发掘研究越文化,从而获得了不少研究成果。但其中也有一些尚待深究的问题,例如,以往的研究,常常停留于一个地区,偏重于单一地区的静态研究。有的地区研究成果很多,内容也丰富多彩,例如从春秋到秦一统以前的绍兴地区(大越城),近年来涌现出不少优秀的研究成果。但明显的不足是缺乏越族迁徙所经的其他地区的比较研究,或者说越文化传播的动态研究。所以我们认为有必要进行一次按越族迁徙途径为线路的实勘研究,这样的研究,或许可以发现过去研究中不曾发现的问题,获得意外的研究成果。

前面提出了古代越族的几次迁徙流散,其中秦一统以前的迁徙流散,为时在地质时期及远古,流散途径涉及海洋,实勘研究存在困难。但秦一统以后的迁徙流散,按焦竑《笔乘》及其他前人的研究成果,路线和落脚点基本上已经考定,可以作为当今越文化传播分布实勘研究的基础。所以我们考虑在焦氏《笔乘》的基础上,结合近代学者的其他研究成果,组织力量,进行一次古代越文化传播分布的实勘研究,为历来的越文化研究开辟一条新的途径。

五、实勘的初步设想

1.古代越文化传播分布地域实勘研究由车越乔担任总策划,陈桥驿担任总顾问。

2.参加第一阶段实勘研究的人员从越文化研究所、绍兴文理学院、浙江大学等单位遴选组织,并邀请广东、广西、福建等地资深学者及有兴趣研究此课题者参加,人数约10人,实勘内部的组织分工另行商定。

3.实勘研究分前期准备与野外实勘两个阶段。从2003年3月起为室内准备阶段,野外实勘因需要利用暑假假期,暂定于2003年7月中开始,为时1个月左右。

4.前期准备以个人研读文献资料为主,暂定于5月举行为期两三天的讨论会,讨论研读文献心得问题等事宜。讨论会期间,组织参观绍兴博物馆、河姆渡文化博物馆、良渚文化博物馆及诸暨博物馆,为实勘过程作一点考古知识准备。

5.实勘路线暂定:温州——福州——厦门——广州——海南——广西。

6.实勘内容按各成员的特长分工,但特别要重视古代越文化传播流散地区的民俗、信仰(神道信奉)、语言与其他有关考古资料等,具体内容在实勘开始前讨论。

7.实勘成果:实勘成员每人撰写论文或实勘心得,论文范围、题目、篇数不限,最后经过审稿,出版论文集。

8.实勘成员必须研读的文献资料,根据各人平时的研究选择,但其中如《越绝书》、《吴越春秋》、《史记·越王句践世家》、《国语·越语》以及《论衡》、《汉书》中的有关资料,必须精读,因为这些都是涉及古代越文化的基础资料。

原载《越文化实勘研究论文集(一)》,中华书局2005年版

关于"创建世界第一流大学"

——附录《奚柳芳史地论丛》序

寒声先生与我神交已近10年了，我们是通过我的好友山西大学靳生禾教授的介绍而结识的。上世纪末期。靳先生写信向我介绍了这位三晋的宿儒名流，说他要主编一种综合性的学术刊物《黄河文化论坛》（以下简称《论坛》），希望我为此刊写稿。由于靳先生与我交谊已久，我深知他臧否人物的严谨，为此而对寒声先生非常钦佩并写了文章。《论坛》果然于1998年出版了首辑，内容确实不同凡响（每辑均二三十万字），让我感到拙文能忝列其间而不胜荣幸，当然也深感愧惶。

去年暮春，寒先生写信给我。说他拟在《论坛》中组织一个专题："如何创建世界第一流大学"，希望我为这个专题撰稿。他约我撰稿，或许是因为不了解我的经历。我执教大学虽然已逾50年，而且至今仍然在职，但寒先生实在并不知道我的底细。因为我毕生只在抗日战争时期考入过一所国立大学，在那里念了一学期（实际上只有3个月）。入学不过1个月，就对我长期向往的大学大失所望。"大学"，我心目中的最高学府，原来是这样的。所以立刻下定决心在学期结束后断然弃学，并且发誓毕生不再进入大学。所以寒先生的专题，我实没有资格撰写。为了不使他失望，我写了封2000余言的长信，把我的"大学"经历坦言相告。并且随函附寄了我在14年前为《奚柳芳史地论丛》一书所写的序（奚君没有上过大学，现执教于上海师范大学，其书于1996年由河南大学出版社出版）。《序》中说明了我当年断然离开大学的原因，也简单勾勒了我所希望的大学。我在信中告诉寒先生："现在,在当了五十几年大学老师以后,我仍然坚持己见。"

此事过去近 1 年,我以为寒先生已经谅解了我在信中的申述,虽然在此后寄来的《论坛》中尚未见到这个专题的论文,但我无能也不宜写这类文章,想必已获他的首肯。但不料今年 3 月 10 日晚 11 时,他从太原挂来电话,说他已经组织了这个专题的好几篇文章,并要把我去年寄给他的长信和所附《奚柳芳史地论丛序》寄给我,嘱我把信中和《序》中的意见整理成篇,以便他在《论坛》发表。随即就收到了他用特快专递寄来的上述各件。接到他的电话和特快专递以后,开始,我心中实在既钦佩也困惑,钦佩的是寒先生居然短期内把这个专题组织起来。困惑的是,我实在无法理解他为什么要把这样一个在我国当前形势下即使用高倍望远镜也不易看到的事物作为《论坛》的专题。

关于世界第一流大学,我或许稍稍有点见闻。在欧洲,我没有到过牛津、剑桥,引为我对于名牌大学阅历中的遗憾。但是在太平洋彼岸,我访问过南北美洲的不少大学。美国的名牌大学,即所谓长春藤盟校(IVY),包括哈佛、耶鲁、普林斯顿、哥伦比亚、布朗、Dartmouth、麻省理工、斯坦福 8 校,我曾访问过 5 处,并在其中几处讲过学。东邻日本,名牌大学以战前有"帝国"两字者为著(如东京大学即战前东京帝国大学),包括战后新建的筑波大学,我都曾去访问讲学。例如国立大阪大学,我在那里讲课整整一个学期。对于国外的学校和教育的了解,我比一般出国考察的和那些其实是用公费旅游的官员们具有优势,首先,我多次出国并且是带了夫人出国,都未曾用过国家一分钱的外汇,不仅心安理得,而且不必像那些官员们需拘泥礼节,行动实际上受到限制。此外,官员们多数依靠翻译传话,不仅一知半解,而且在很大程度上被翻译牵着鼻子走。我曾在肯尼迪航天中心看到一批公费旅游者,听一位"半瓶醋"的翻译乱翻一通,令人啼笑皆非。由于语言上的方便,我可以深入到我要到的一切地方,寻根究底地提出我要问的问题。我没有官员"考察"的资格,在那边也是当教师,当教师当然有学生。例如 1983 年在日本关西大学大学院(研究生院)讲课,从韩国来的博士生金秀雄君,与我相处甚得,不仅把我的论文译成日文在《关西大学学报》发表,而且告诉我(当时中韩没有建立外交关系)韩国的一些大学情况和得失。总的说来,与美国、日本等发达国家的大学相比,我们的大学还远远没有达到他们的水平。但同样,我也并不完全赞同他们大学(主要是本科)的办学方式,我在《奚序》中也已经表达了我的这种观点。

再说我国的大学,如同我在拙作《论学术腐败》[①]中所指出的时代背景一样,自从 20 世纪 50 年代以来,曾经遭遇多次折腾。据《陈寅恪的最后二十年》[②]一书中引用毛泽东在 1950 年 6 月的话："全国的二十八所教会学校,不要在里头硬性讲授'猴子变人'的唯物主义原理,要有灵活性。"但这种"灵活性"不过三四个月,同年 10 月,中央人民政府就明令接收著名的教会大学之一北京辅仁大学。而随即按苏联模式进行的"院系调整"中,其他所有教会大学,诸如南京的金陵、上海的圣约翰、杭州的之江、湖南的湘雅、四川的华西、广东的岭南等名校,一刹那间便消失。

"院系调整"后喘息稍定,随即来了反右,许多名教授遭到批判、流放,从此不得再上讲台。而所谓"教育大革命"又紧跟着到来。我当时就是全系批判的重点对象,全系师生一次又一次地批判我的主要资产阶级学术观点:"地理环境决定论。"学生写了称为《万言书》的大块批判文章。有的课程甚至要学生写讲稿,让教师去讲。我所在的学校里,突然来了党的大领导康生,提出"工厂办学校,学校办工厂"的号召。于是,各系立刻挂出了形形色色的工厂牌子。接着就是大炼钢铁,赶英超美,学校里到处都是"小高炉",师生们整夜守候在炉边。在一段相当长的时期里,学校根本没有上课的事。一直要到大家没有饭吃,到处饿死人的时刻来到,领导的头脑才被迫甦醒过来,于是在 1961 年出现了所谓"高教六十条",让师生们再回到课堂里去。不幸的是,当人们刚刚能填饱肚皮之时,无产阶级"文化大革命"开始了,大学里的许多教师随即遭殃,如我在拙著《郦学札记》(上海书店出版社 2000 年版)卷首《自序》中所说:"我在北京大学聂某人的大字报出来后的第三天,就荣膺'反动学术权威'头衔而被关入'牛棚'。"全国高等学校校园中一时间贴满了各种污蔑教师的大字报,接着是大批判、大串联、批判走资派等等,学校里出现了许多"兵团"。大家都高呼"毛主席万岁",都高唱"大海航行靠舵手",但互相争论,终至发生武斗,学校成为战场,当然谈不上读书和学问的事了。这样的大折腾在校园内外持续了 10 年。后来人们称之为"史无前例"。这个"史"应该包括世界史。

20 世纪 70 年代末期,在改革开放的政策下:我们的大学,总算又恢复了平静,逐渐出现了正常的教学秩序。"牛鬼蛇神"们在受尽了肉体上和精神上的折磨以后,又纷纷从"牛棚"里出来上课。在这 20 多年中,大学和大学生(包括研究生)都有了长足的增加。在折腾 20 多年以后,中国终于又有了可以称为大学(包括学院)的最高学府。而且在这种转变的初期,还出现过一种欣欣向荣、蒸蒸日上的可喜形势。

但事物总是不断变化的。大学并不是孤立国,它是随着社会潮流的变化而变化的。自从 1977 年冬大学开始按"择优录取"招收学生以后,大约有三四届吧,这些学生大多经历过"上山下乡"的磨难,所以他们绝大多数都能勤勤恳恳地努力学习,学行俱优的不在少数。但以后,情况就逐渐变化。这一时期,我在国内访问讲学的大学超过 30 处,所以从时间和地区两方面,我都有考察和比较的机会。确实,我们的大学在变,而且变化不小。我也看到了不少不愿意看到的东西。

我自己也常常反省,我的看法是否由于年龄的原因呢? 加上 1980 年以后由于研究生教学和经常出国讲学,不再担任本科生的教学,是不是与学生和学校疏远了呢? 但事实并不是这样,上世纪 90 年代初期,由于看到了学术界和大学中开始显露一些腐败现象,我于 1993 年为我的学生陈田耕副教授所撰《地理事实和数据检索指南》(西安地图出版社 1993 年版)作《序》,指出"这种现象常常使人忧心忡忡,我在学术界的一些外国朋友,包括我在外国大学执教的两个儿子,也都表示过他们的焦虑情绪"。事隔 10 年,去年我写《论学术腐败》一文,又指出与上世纪 90 年代前期相比,"这种现象确实愈演愈烈"。现在,学术界发表的有关我们大学存在问题的文章很多,我认为刘宝存先生的《大学精神的失落与重塑》(《学术界》2004 年第 1 期)一文是具有代表性的,特别是此文在叙述"大学精神失落"的现象方面,是表达得非常充分的。

刘文在"大学精神失落"的现象中首先指出:"由于多种原因,虽然有一些大学仍在守望着大学精神,但从整体上来看,在大学和社会发展中曾发挥着重要作用的大学精神却日渐失落,这一点在当代中国表现得尤为明显。"

对于"大学精神失落"的现象,他列举了 3 个方面:第一是"大学政治化"。文章说:"从诞生之日起,大学就是一种学术机构,但我国的大学却严重政治化。"对于这种"严重政治化",他举出了 3 种事实:一、大学成为具有政府职能的官僚机构,成为政府的附庸;二、行政管理权力过大,而学术管理则被淡化;三、攀附权贵,唯上唯官。在这方面,他举了美国哥伦比亚大学拒绝基辛格当该校教授和哈佛大学拒绝授予里根总统"荣誉博士"二事作为例子。

"大学精神失落"的第二方面,刘文指的是"大学经济化"。他认为:"当人们惊呼大学成了政治奴仆时,大学又同时陷入了另一种身份危机,即大学日益经济或商品化。商业经营成为中国大学遵循的运作机制,大学在商业经营的搏击中艰难地开辟生存空间。"这方面他举了 4 种事实,每一个其实都以钱为核心,而我在这些年来也都亲眼目睹。其中第四个事实最触目惊心,而事实确实存在:"大学从探索高深学问的机构变成了贩卖文凭的学店、工厂。现在大学办各种各样的研究生课程班、自学考试班、函授班、夜大班等,许多大学并没有严格执行教学计划,只要交了钱,就可以给成绩,就可以发文凭。"

"大学精神失落"的第三方面,刘文说的是"学术腐败日趋严重"。有关这方面,我在前面提及的拙著《论学术腐败》中已有较详议论,这里不再赘述了。

眼下我国"大学精神失落"的现象,刘文所叙大体上已经包罗尽致,而且许多前代人闻所未闻的丑事。已经蔓延到知名的学者教授之中,实在令人不寒而栗。今年出版

的《瞭望》第 4 期中,发表了《跌入腐败陷阱中的大学校长》一文,文内只举陕西一省的
例子,此省在 3 年之中,竟有 7 名大学校长贪污腐化。说明当前我国的大学,已处于学
术腐败和经济腐败的双重夹击之中,所有这些现象,和"文革"一样,实在也是"史无前
例"。

所以当我接到寒先生来信要在《论坛》组织"如何创建世界第一流大学"这个专
题,一时感到愕然而不知所措。寒先生的接触面当然比我要宽广得多,必然洞悉当前
大学和学术界的情况,却为什么要在如此逆流中组织这样一个课题? 开始,我曾经考
虑写信劝他暂时不要组织这个与现实距离过于遥远的课题。但是在经过反复思考以
后,才悟到了寒先生组织这个课题,显然有他的远见和深意。我自己虽然在大学执教
逾半个世纪,而且现在仍然在职,但老迈之年,日常无非是和几位研究生打交道,实在
是坐井观天。而寒先生毕竟比我见多识广,他之所以逆流而上,必然具有深远的寓意。
所以才写了一封长信给他,开头就不胜感慨地说:"两位耄耋老人通信,实在也算难
得。"这一句其实就表达了我这个孤陋寡闻的老人对他这位高瞻远瞩的老人的钦敬之
意。此外,我在这封长信中表达了我和大学的两件掌故。第一,我自己只上过 3 个月
大学,实在没有资格在这个专题中写文章;第二,我当年之所以断然离开大学,就是因
为我对大学的不满。且随信附上了一篇我为一位无缘进入大学而自学成才者的论文
集所写的《序》,《序》中阐述了我对大学应该怎样办的观点。并且说明:这种观点,我
至今不变。

接到寒先生的电话和特快专递,使我深受感动,他居然已经为这个专题组织了好
几篇文章,说明我原拟劝阻他放弃这个专题的想法实在是我的短见。而他的逆流而
上,不仅精神可佩,而且显示了一位学者的远见和责任感。有感于寒声先生的卓识和
敏感,所以我才不揣浅陋,撰写此文。寒先生的卓识在于,他深知我们这个有 5000 年
文明的古国和 13 亿人口的大国,必须要有世界第一流的大学,而且最终必然办得起这
样的大学。他的敏感在于,他能够超前地预见社会动态。办大学必须依靠知识分子,
知识在"以阶级斗争为纲"的困境中挣扎了 20 多年,终于迎来了"改革开放"。而从寒
先生第一次写信给我组织这个专题至今不过一年多,我们又看到了"和谐社会"这个
美好词汇。从"改革开放"到"和谐社会",这些都是世界第一流大学的社会基础。

我撰写这篇拙文,并不议论怎样办世界第一流大学的事。这是因为,我是一个在
大学执教了半个多世纪的老人,我有责任把我们的大学在这 50 多年中的发展过程和
当前的问题及我自己的亲身见闻和盘托出,目的在于让我们头脑清醒。以寒声先生的
卓识远见,他所指望和构想的世界第一流大学,与当年"大炼钢铁"、"亩产几万斤"的
共产主义幻想截然不同,寒先生组织有识之士研究的这个课题,尽管任重道远,却是要

一步一个脚印地跨出去付诸实施的。我的文章只是按我个人的见闻写出我们在这个课题上的起步点。

上面写了不少,却还不曾提到当年我踏进大学门槛就随即决定断然离开的缘由,究竟我当年希望攻读的大学是怎样的大学? 有关这方面,我已在 14 年前所写的《奚柳芳史地论丛序》中作了说明,为此,我想把此《序》作为我这篇拙文的《附录》,以表达"我的大学"的构想。必须声明的是,此《序》中所构想的"我的大学",还只是一种普通的大学,并不是世界第一流大学。前面提及,"改革开放"及"和谐社会"都是世界第一流大学的社会基础。因为大学是办在社会上的,打、砸、抢的社会里,大学统统停办;"改革开放"的社会里,大学终于复苏。这是半个世纪中大家都看到的。所以要创建世界第一流的大学,首先必须要有让这样的大学得以立足的社会基础。最近出现的"和谐社会"这个词是个好兆头。只是还比较抽象,不够具体。我认为创建世界第一流大学的先决条件,是一种"公平、公正、公开"的社会基础。当然,一个社会要做到这三个"公"字谈何容易,在我所访问讲学的一些发达国家中,这三个"公"字在社会上的存在也是相对的,而他们的大学也有不少问题。但是我应该坦率地说,我们与他们相比,差距实在还很遥远。希望"和谐社会"的构想,能够加速我们社会的公平、公正和公开。前面已经指出,这是创建世界第一流大学的先决条件,是这样的大学能够存在的必要社会基础。

希望创建世界第一流大学的议论能够热烈开展,希望世界第一流大学能够在我们的国家里早日诞生。

附录《奚柳芳史地论丛》序

(略)本文另见《全集》第十二卷《奚柳芳史地论丛》序。

注释:

① 《学术界》2004 年第 5 期。

② 三联书店 1995 年版。

原载《黄河文化论坛》第 13 辑,山西人民出版社 2005 年版

旅行、旅游、旅游业

旅行和旅游,这是两个通常人都懂得和使用的词汇。不过它们的来源,却并非一般人都能理解。旅行这个词汇出现得很早,旅游显然要晚得多。而且在旅游这个词汇出现以后,旅行仍然常被用来代替旅游,尽管在许多场合中,旅行和游游是两种不同概念的活动。

一、说“旅行”

“旅”,古人指的是军队,即《诗·大雅·皇矣》的“爰整其旅”。《说文》不仅点出了这个字的军队意义,并且还作了数值上的解释:“军之五百人为旅。”“行”,《说文》解作“人之步趋也”。所以旅行的意义,在古代实在就是行军。无独有偶的是,中国古籍对于“旅行”的解释,与古代印度竟是不谋而合。梵语中对于计算里程所用的“由句”一词(Yogana,亦译“由巡”,《翻译名义集》卷三译“踰善那”),艾德尔在《中国佛教手册》中对这个词汇的解释是:Yogana, a measure of distance, variously computed as e-qual to a day's march(4650 feet)or 40 or 30 or 16 li(i. e. $33\frac{1}{2}$ or 10 or $5\frac{1}{2}$ English mi-les)。[①]丁福保在其《实用佛学辞典》中对此条的解释,实际上是译述了艾德尔的话:“自古圣王一日军行也。旧一踰善那四十里矣,印度国俗乃三十里,圣教所载唯十六里。"[②]我在拙作《"据"和"由旬"》一文中也提及于此。我说:"艾德尔的解释或许是正确的,由旬乃是古代印度的一日行军里程,因为是行军里程,其速度由于地形、气候、部队素质等的不同,所以并不是一个固定的数字,以致有四十里、三十里、十六里之别。"[③]古代中国以旅行释行军,而古代印度以行军释里程单位,说明后来人们惯用的旅行一词,在古代实与战争有关,因为战争需要调遣军队,出现大队人马在地理位置上的变化。以后人们把用于战争行军的这个词汇引申到一般的出门行走,于是旅行一词的涵义就扩大了。

在远古时代,个体的旅行活动是罕有的。人类出现于第四纪初期,但有组织的生产活动始于全新世。[④]人类的旅行是随着有组织的生产活动而进行的。早期人们的生产活动,或是逐水草而移动的游牧业,或是刀耕火种的迁徙农业。前者必须依靠食草动物所必需的水草,整个部落或者是一个部落中的几个家族群体,为了寻求水草地而集体迁移。后者也是一样,他们一般生活在山地丘陵地区,选择洪水所不及的、比较宽广的坡地,砍伐或烧毁原来的植被而从事耕作,土壤肥力来自烧毁原始植被,但在获得几年收成以后,由于土壤肥力的减退丧失,他们必须抛弃原来的土地而集体迁移,另觅适宜于他们耕作的地方。所以早期人们的旅行都是集体进行的,旅行的目的,只是为了生产和生活。

古代人类旅行的另外一种原因,就是上述《诗经》所说的"爰整其旅",其实就是战争,也就是《说文》解释的"旅"的意义。在古代,这种战争往往是在部落与部落之间发生的。为了占有更好的草原、牧场或其有利于生产的地域,强大的部落就用武力驱赶小的部落,这种例子在中国北方特别是西部实在不胜枚举。许多原来在北方和西部的部落,后来相继搬迁到中亚,在这个过程中,不少部落,包括强者和弱者,都发生过集体旅行的过程。南方的情况也是一样,例如句吴与于越之间,早期为了争夺适宜于耕作的今浙北地区的战争,百越之间的相互战争等等,有的见于传说,有的见于历史记载,所以许多部落,也都有过集体旅行的过程。

人类从远古进入历史时期以后,战争和因战争而发生的群体旅行的情况仍然存在,但性质有所改变。除了驱走异类掠夺膏腴的战争赓续发生以外,大部族的首领出现了扩大版图、建立王朝、一统天下的野心。秦始皇即是其例,在北方,他以武力打败六国,实行统一。在南方,他于其在位的第二十五年"定江南地,降越君"。[⑤]据《越绝书》卷八所记:"徙大越民,置余杭、伊攻、□、故鄣","乌程、余杭、黝、歙、石城县以南,皆故大越移民也,秦始皇帝刻石徙之"。同时,他又从北方遣送一批汉人填补到这个被他占领的地区:"因徙天下有罪适(谪)吏民,置海南故大越处。"在秦始皇的这一次席卷全国的战争中,发生于军队与民众之间的群体旅行,显然是前所未有的。其实,对于南方的越人,除了《越绝书》所记及的以外,因秦始皇的侵占而发生的群体旅行,规模显然十分巨大。我在拙作《越族的发展与流散》⑥一文中引用明焦竑所说:"此即所谓东越、南越、闽越也。东越一名东瓯,今温州;南越始皇所灭,今广州;闽越今福州;皆句践之裔。"⑦东越、南越、闽越,都是越族在秦的压力下群体旅行到达之处,即焦竑所谓"皆句践之裔"。而这种部落的群体旅行也并不到此为止。我在拙作《中国古代的方言地理》⑧一文中,曾经以今浙江一带的古代越语地名与西南广西、贵州、云南等地的地名作了比较,发现有许多相同之处,说明越族在秦以后,部落的群体旅行曾经一再进行,所以足迹至远,分布甚广。

这种因战争而造成部落群体旅行的情况,在国外也没有两样。《旧约·出埃及记》中记叙的摩西率领整个希伯来部落出埃及经西奈半岛到今巴勒斯坦地区的故事,虽然没有记及战争,但其实这个希伯来部落是在古埃及人的压迫下不得不从事这样一次长途旅行的,与战争没有什么两样。马其顿的亚历山大大帝征服波斯帝国的战争发生于公元前4世纪,古罗马与迦太基布匿(Poeni)战争,发生于公元前3世纪。而公元前1世纪,罗马人大举入侵英吉利。这些军事行动,都涉及大群人的跋山涉海的旅行。

定居农业社会是一种没有个体旅行的社会,人们日出而作,日落而息。如同老子所说,"邻国相望,鸡犬之声相闻,民至老死不相往来"。⑨在这种社会中,除了因战争而引起的群体旅行以外,只有少数人才有个体旅行的机会。这少数人(当然包括随从或其他随行伙伴)大概属于3类。第一类是官差。早在汉族以外的其他部落尚未进入定居农业时期,他们景仰(或畏惧)汉族的强大,就派遣使者到中原进贡,所以《竹书纪年》有"于夷来贡"(《古本》夏相七年)、"越裳氏来朝"(《今本》周成王十年)、"于越来宾"(《今本》周成王二十四年)等记载。汉应劭《风俗通义序》所说"周秦常以岁之八月,遣輶轩之使,求异代方言",⑩就是汉扬雄所称的"輶轩使者",⑪这中间也有极少数人走得很远。例如汉武帝所派遣的张骞,据《汉书·张骞传》所记,他的足迹一直到达月氏(今新疆西伊犁河流域)、大宛(今吉尔吉斯一带)、康居(今哈萨克境内)、大夏(今阿富汗北部)等地。第二类是商人,《史记·大宛列传》记及张骞在大夏时见到来自中国的邛竹杖和蜀布,张骞问他们这些东西是从哪里来的?大夏人回答:"吾国人往市之身毒。"说明当时中国和身毒(印度)之间也有商人往来。《水经注》卷一《河水》曾引康泰《扶南传》:"昔范旃时,有嘽杨国人家翔梨尝从其本国到天竺,辗转流贾至扶南。"⑫则此家翔梨的经商,竟远至扶南(今柬埔寨一带)和天竺(今印度)。著名的"丝绸之路",包括李希霍芬提出的从今西安经新疆、中亚到西亚地中海沿岸的一条以及这一条以北的草原丝绸之路⑬和南方的丝绸之路,⑭也都是驼峰马背的国际商道。古代曾有许多商贾旅行于这些道路之间。至于中国之内的商贾,当然比到国外去的更多,《庄子·逍遥游》中就记及:"宋人资章甫而适诸越,越人断发文身,无所用之。"虽然因为货不对路而生意没有做好,但说明早在春秋战国时代,旅行于国境南北间的商人已经不少了。第三类是传播宗教的僧侣。汉族人由于儒家的影响,宗教观念相当淡薄,对此,我在《中华帝国晚期的城市》[15]一书的《后记》中已经作了详述。后来流行的宗教,多数都是外来的,而其中最早传入的是佛教,所以早期的个体旅行者中有不少是传播佛教的僧侣。提起僧侣的旅行,人们必然要想起法显、玄奘、达摩这类人物,因为一般认为佛教是在东汉时明帝(58—73)时代传入中国的。对此,记载最具体的是《魏书·法老志》:"汉明帝夜梦金人,顶有白光,习行殿庭。乃访群臣,傅毅始以佛对。"所以出现了"白马驮经"的故事,因而兴建了中国第一所寺院即洛阳白马寺。此事,甚至博学者如唐韩愈也坚信不疑:"汉明帝时,始有佛法。"[16]的确,僧侣旅行在汉明帝以后大量增加,这是事实。但佛教的传入和为数不多的僧侣旅行,比《魏书·法老志》的记载要早。我在拙作《佛教与佛学》[17]一文中指出:

> 《史记·秦始皇本纪》始皇三十三年记载,"禁不得祠,明星出西方"。对于这一条文字,历来颇有不同见解,包括句读的分歧在内。但必须指出,错误的见解,多半来自不谙梵语的学者。其实秦始皇三十三年记入《史记》的是两件大事:一件是"禁不得祠",另一件是"明星出西方"。句读清楚,两者绝不牵混。后一句"明星出西方"当然是这一年西方出了一颗彗星,这是古代史书所常记的大事。前一句"禁不得祠"。关键在"不得"。按梵文,"不得"即是 Buddha 的音译。这个梵语词汇,我国涉及梵语的古籍中,也译步他、复豆、勃陀、佛图、浮屠等等。"禁不得祠",是证佛教寺院在秦时已经出现,而是由秦始皇在这一年禁绝的。

道理其实也很简单,假设汉明以前佛教尚未进入中国,则"傅毅始以佛对"的话又从何说起?说明佛教在印度创立以后不过200多年,就已经传入中国,后来又通过中国传入朝鲜和日本。这期间,僧侣旅行成为个体旅行者中的重要组成部分。

我之所以在佛教传播和僧侣旅行方面作了较多的议论,这是因为,在上述古代的三类个体旅行者中,僧侣旅行已经涉及了旅游的概念。旅行与旅游的主要区别在于,首先,旅行原是一种军事行动,是由于战争或其他原因造成的兵员调遣从而引起大群人在地理位置上的移动。后来引申到一般人的出行,而且逐渐脱离了这个词汇的原义,但是它毕竟与旅游存在差别。旅行与旅游的差别,主要在于它们的文化内涵。旅行,如上述公务、商贾、传教,都有他们的主要目的任务,而旅游则是一种文化活动。不过在上述公务、商贾和僧侣的旅行中,也各有其一定的文化内涵,但僧侣旅行显然不同于公务和商贾。

公务旅行甚至远行如张骞,尽管他的主要任务是为了对付匈奴,但毕竟也带回了不少旅途见闻和中亚文化,包括国境西部的地理山川实况,让司马迁据以驳斥《禹本纪》和《山海经》之类的荒唐无稽。[18]而扬雄所说的"辎轩使者",虽然也是一种公差,但他们的任务是为了"求异代方言",其实是一种文化交流。至于商人们把邛竹杖和蜀布从四川贩运到印度,虽然只是为了谋利,但在商品交流中无疑也存在着文化交流。不过上述这些人的旅行与僧侣们的旅行相比,僧侣们云游四方,有的足迹甚广,在他们之间,学问渊博的不乏其人。例如晋法显、唐玄奘,他们的印度旅行,除了求得佛经以外,还给我们留下了《佛国记》和《大唐西域记》等名著。中国与日本之间的僧侣往来也是一样,从日本来华的大批遣唐使中,就已有不少高僧。著名的鉴真和尚于天宝十二年(753)东渡赴日,终老东邻,为他们带去了大量的华夏文化。从日本来华的僧侣也是一样,据日本关西大学藤善真澄教授所撰《成寻和杨文公谈苑》[19]所记,成寻是日本岩仓(今京都左京区)大云寺之主,曾于平安朝后三条天皇延久四年(北宋熙宁五年,1072)从肥前国(今九州佐贺县)偷渡来华,先到杭州,受到北宋官员的接待,然后参拜了天台山和五台山,撰有《参天台五台山记》一书。我于1983年在关西大学任教之时,曾与藤善教授反复校读此书,内容除宗教外,兼及中国的大量山川人物与地方文化。所以历史上的僧侣旅行,文化含量甚多,已经接近于今天"旅游"一词的涵义。

二、说"旅游"

现在讨论"旅游"。我国古代虽然并不使用这个词汇,但另一个词汇"游历"在晋代就已经出现。《晋书·王献之传》:"尝经吴郡,闻顾辟疆有名园,……献之游历既毕,旁若无人。"所以"游历"一词显然有通过游览以扩展眼界、增添经历的意义,因此,这无疑是人们的一种文化活动。"游历"作为一个词汇虽然出于晋代,但事实上早在先秦就有一些名人从事游历活动。例如春秋的孔子,战国的孟子,他们都曾到当时的一些城邦列国旅行访问,历史上常把他们的这种旅行称为"周游列国"。他们游历的目的是为了向各国宣传儒家思想,孔子要求这些国君:"齐一变,至于鲁;鲁一变,至于道。"(《论语·雍也第六》)孟子则告诫梁惠王:"何必曰利,亦有仁义而已矣。"(《孟子·梁惠王上》)所以他们的旅行,完全是一种文化活动,而这种文化活动,都记录在他们的著述之中流传后世,则他们的旅行或游历,已经具有旅游的概念。司马迁或许可称历史上第一位旅游家。他是怀着"行万里路,读万卷书"这样的思想抱负从事他的旅游活动的。《太史公自叙》中说:"(年)二十而南游江淮,上会稽,探禹穴,窥九疑,浮于沅湘,北涉汶泗,讲业齐鲁之都,观孔子之遗风,乡射邹、峄,厄困鄱、薛、彭城,过梁、楚以归。"他从20岁开始的这一番地域辽广的旅游,确实为他的毕生学问奠立了基础。否则,他显然不可能在其 130 篇中写下一篇《货殖列传》的不朽文章。司马迁的旅游与上述两位儒家的旅游,同样都具有丰富的文化内涵。其差异之处,在于前者旅游的主要目的是为了宣扬他们长期积累的学问,而后者则以旅游作为一种积累学问的手段。但作为古代的旅游,他们在这种活动中所获得的成果,都通过著述而流传后世,而且永垂不朽。

在孔孟和太史公以后,旅游家当然代有其人,而且不断增加,无法一一列举。这里必须记叙的是公元 4 世纪初期西晋王朝的"永嘉之乱"。由于这一次朝廷内讧,引起了史称"五胡乱华",而其实就是我在拙著《郦道元评传》[20]中提出的所谓"地理大交流"的过程。在长达两个多世纪的时期中,在地域上包括北部草原游牧区,华北和中原小麦杂粮区,江南稻作区之间,发生了大规模的人口流移。大群北方草原的骑马民族,一个部落接着一个部落,相继跨过秦始皇以"尸骸相支拄"[21]的惊人代价修建起来的这条所谓"万里长城",先后进入华北和中原。他们放弃了"天苍苍,野茫茫"的自然环境和"风吹草低见牛羊"[22]的游牧生活,而迁移到这片对他们来说完全陌生的土地上从事定居农业生活。同样,原来定居在这个地区的汉族,也就被迫大批南迁,放弃了他们世代定居于这片干燥坦荡的小麦杂粮区,奔波到低洼潮湿的江南稻作区。在这样一次大规模的人群迁移中,按本文上述旅行和旅游的概念,其中大部分当然是在兵荒马乱中的旅行,但其中必然也有一些旅游者,或者是抱着旅游的心态参与这次"地理大交流"活动。为什么这样说? 我的理由是以这个时期涌现出来的大量游记为证。

我国历史上最早的游记是晋代从战国魏王墓中发掘出来的《穆天子传》,记叙了周穆王驾八骏西游的故事。这当然是一种虚构的游记。虽然其中记叙的不少地名,至今尚可考证,但其实都是从当时的一些旅行者的传闻中拼凑起来的。性质与晋陶渊明的《桃花源记》差可相比。但"地理大交流"时代的游记都是旅游者的目击记载(第一手游记),或是据目击者口述或资料编写的第二手游记,和上述的虚构游记不可同日而语。尽管这一时期出现的作品,质量参差,在学术价值上大多无法与前代旅游者如孔、孟、司马迁相比,但数量甚多,记叙的地域甚广,而其中也有内容生动的佳作。天津教育出版社曾于上世纪 80 年代末组织编撰了一套《历代游记选粹》,按朝代先后分册,于 90 年代初陆续出版,请我为这套《选粹》撰写《总序》。我在《总序》中指出"魏晋南北朝时期,是我国古代游记发展的黄金时代"。我是根据这场规模巨大、持续长久的"地理大交流"提出这个事实的。我说:

> 广大集团的人群,经历了自然地理环境与人文地理环境的巨大变异,由于这种剧烈的变异,许多人在逃难或行军的过程中跋涉了万水千山,许多人朝朝暮暮地思念他们的故土,许多人对完全陌生的地理环境惊异不止,这是一个生产游记

的时代。

接着我举了不少这个时期的游记及其作者,尽管其中有大量已经亡佚,但是后来有人引录,有人辑佚,留下了这个时期许多游记的吉光片羽。最后我指出:"这个时期的所有游记中,最出色的无疑是郦道元的《水经注》,这是我国古代游记中登峰造极的作品,是我国历史游记中一颗灿烂的明星。"郦道元是这个时期的一位杰出旅游家,对于中国北部,他足迹殆遍,因此他的记述多半是他所亲眼目击。但由于当时国家的分裂,他生平不曾到过江南,所以对于南方各地,都根据了别人的游记和其他资料。正是因为那个时代游记资料的丰富,使他的写作仍能得心应手。为此,按游记的性质分析,《水经注》是第一手游记和第二手游记合璧的作品。

魏晋南北朝以后,战争当然继续不断,但商贾往来更趋频繁,而僧侣云游也愈益众多,旅行活动较前大有发展,而旅游家包括寓于群体旅行者之中的和个体遨游的,也都为前代所不可比拟。到了唐代,文人学士特别是诗人勃兴,其中许多人都是旅行家,他们用游记特别是大量的诗篇来记叙旅游见闻。如李白的"朝辞白帝彩云间,千里江陵一日还",[23]韩愈的"云横秦岭家何在,雪拥蓝关马不前"[24]等,都是他们在旅游中的真实描写。一部《全唐诗》中,这样的诗人和诗篇,真是浩如瀚海。此后,两宋之间,又如同两晋之间一样地发生了大批北人南迁的事,在众多的旅行者中,同样有不少旅游家,因而出现这些学者们溯昔抚今的诸如《东京梦华录》和《梦粱录》等著名的作品。

元朝由于其版图空前扩大,远游于今国境以外的旅游家络绎不绝,出现了诸如丘处机《长春真人西游记》(实为李志常所撰)和刘郁《西使记》等域外旅游的作品。以《西使记》为例,内容远涉西亚,让虚构的《穆天子传》成为现实。至于明代,在郑和下西洋的随员中,也有若干实际上的旅游者,他们一反古代旅游者从西北的丝绸之路出境的惯例,通过南方的海洋漫游而获得了《西洋番国志》(巩珍撰)、《瀛涯胜览》(马欢撰)、《星槎胜览》(费信撰)等海外旅游成果。

必须指出的是,有明一代,在旅游事业上确实比前代有了很大的发展,被后人称为"奇人奇书"的徐霞客及其《游记》,今天已经成为一门称为"徐学"的专门学问,[25]与徐霞客几乎同时的许多旅游家中,特别著名的还有王士性和袁宏道,我在拙作《晚明三位旅行家评述》[26]中评论这3位旅游作家的特点:以《广志绎》为代表作的王士性是学术型旅游家,以《袁中郎游记》[27]为代表作的袁宏道是文学型旅游家,以《徐霞客游记》为代表作的徐霞客是纪实型旅游家,他们的旅游成果,都是我国旅游史上的宝贵财富。

在旅行和旅游的议论中,最后值得提出的是,自从地理大发现以来,由于旅游的发展和成果的大量积累,为人们哀集这些旅游成果中的资料,修撰旅游汇编创造了条件。于是就出现了北宋乐史的《太平寰宇记》200卷,南宋王象之的《舆地纪胜》200卷,祝穆的《方舆胜览》70 卷,明曹学佺的《大明舆地名胜志》200 卷等卷帙浩瀚的作品。至于清代,王锡祺集当代的舆地游记等为《小方壶斋舆地丛钞》正补 2 编共 24 帙,竟达到 1400 种之多。所以旅游业在我国一直要到晚近才成为一个独立的产业部门,但在历史上,特别是"地理大交流"以来,旅游活动早已成为士大夫和文人学士中的一种时尚,并且获得了许多文学上和其他方面的成果,积聚了丰富多彩的旅游文化。

三、说"旅游业"

现在议论本文的最后一部分,即旅游业,尽管我国历史上的旅游活动已有悠久的渊源,但作为一个产业部门的旅游业,一直要到上世纪 20 年代才建立起来。这里首先要对旅游业在概念上作一点探索,现在,旅游业在产业分类上一般都作为第三产业。第三产业是不具有物质生产内容的服务性行业,但是我认为这种分类尚有商榷余地。旅游业涉及的方面甚多,其中绝大部分确实都在第三产业领域之中,不具有物质生产的内容,不过旅游业的买方,其开端和结尾多是通过物质生产部门的。除了本地人在当地旅游(如杭州人游西湖、南京人游玄武湖等)以及在中国当前为数甚少的驾私人车辆出游的以外,绝大部分旅游者总是要通过运输业(或称交通运输业),才能达到他们改变地理区位即旅游的愿望。这样,这个行业的买方,其开端就必须通过作为物质生产部门的运输业。马克思把运输业列为物质生产的第四部门(次于采掘业、加工业和农业),从表面上看,运输业不生产任何新的物质产品,但它创造了货物或旅客的空间位移并增加了产品的最终价值。在当前的中国旅游业中,除了占比例不大的入境买方以外,国内买方的消费水平一般较低。他们(不论是个体买方或群体买方)在旅游业市场中的消费,其开端和终结支付的交通费,往往占了一个颇大的份额,所以在旅游业的全部产值中,运输业产品的"人公里"(其实也应该加入旅游物资运输的"吨公里"在内),是这个行业收入的一个重要组织部分,所以旅游业本身,并不能简单地列为第三产业。

中国的旅游业发轫较晚,据我的记忆,银行家陈光甫先生于民国十二年(1923)在其主持的上海银行中创设旅行部,或许就是这个行业在我国的开端。当时的上海银行旅行部,其业务包括旅行和旅游两个方面,而主要恐怕还侧重于旅行部分,如承办车船票的预订和发售之类。也有不定期的组团旅游活动,但参加者多为上海本地人,而且旅游地也多在离沪不远的苏州、杭州等地。到了民国十六年(1927),在上海银行旅行部的基础上,陈光甫另行挂出"中国旅行社"的牌子,并出版篇幅不大的《旅行便览》月刊和《旅行杂志》季刊。前者内容仍然偏重于一般旅行,经常刊登车船时刻表之类,涉及旅游(主要是各地风景名胜简介)的篇幅很小。但后者显然以旅游为主,游记和介绍各地胜迹的文章很多,而且插有照片。当时国内定期出版的刊物很少,如光绪三十年(1904)创刊的《东方杂志》,宣统二年(1910)创刊的《小说月报》等,都不涉旅游。所以《旅行杂志》从其初创时起就颇受社会上的欢迎,因而从民国十八年(1929)起改为月刊,而且长期出版。在抗日战争期间,于民国三十一年(1942)在桂林出版,民国三十三年(1944)又迁至重庆,抗战胜利后(1946)当年迁回上海,一直出版到1955年才停刊,在中国旅游业中起过不小的作用。至于"中国旅行社"与它主办的《旅行杂志》一样,也曾一度获得较大的发展。它在抗战胜利后迁回上海,总社在上海,全国各地在短短几年中发展到50余处分社,并在东南亚的一些城市建立了分支机构。对于起步较晚和实力弱小的中国旅游业,"中国旅行社"及其主办的《旅行杂志》,都曾起了重要的作用。

在上世纪20年代发展起来的中国旅游业,从50年代起,又进入了一滞缓迂曲的时期。当年,初期发展起来的旅游业,其主要买方多属知识分子阶层。发表旅游成果(如游记之类)包括在《旅行杂志》和其他报刊写作游记和名胜古迹考证介绍文章的,当然也是知识分子。但自从50年代开始,以思想改造运动为先驱的一系列政治运动,多半都是针对知识分子的。知识分子群体,一直惴惴于改造"立场观点"的沉重负担之中。50年代以前的旅游业,原本就比较薄弱,于是就更趋衰落。当时,在计划经济的体制下,各地也曾建造过一些为工人阶级休闲的休养所、疗养院一类的设施,让当时的所谓"先进分子"、"劳模"和其他够得上进入这些设施的工人阶级,分期分批地到这些地方休养参观。但是这些措施,其实并不是旅游活动。工人阶级虽然没有改造"立场观点"的必要,但是仍然要牢记"学习、学习、再学习"的名言,虽然来到这些风景优美的地方,但重要的任务还是"学习"。其中名称很多,诸如"前途教育"、"苏联的今天就是我们的明天"。还有诸如"鼓足干劲"、"和时间赛跑"、"一天等于二十年"以及"按劳分配"、"按需分配"等美好的远景之类。所以真正游山玩水、欣赏自然风景的时间还是不多的。及至"大跃进"时代的来到,人们大群大群地通宵守候在小高炉旁"赶英超美"。我在拙作《环境保护与生态平衡》[22]一文中,曾经记及我在1960年利用一次公差的机会偷偷地上雁荡山的经过:

那是60年代之初,当时,一场愚蠢而又荒唐的游戏"大炼钢铁"、"大办食堂"等等刚刚进入尾声,我因为一个课题研究,从杭州经临海到温州。当时沿途一片萧条的景象,很难买到可以果腹的东西,所以在临海街上用高价买了几个煮熟的番薯,到大荆下车,步行进入此山。当时的人文环境是很可怕的,山里人大多面有饥色。但这场闹剧的恶果,在雁荡山的自然环境中尚未充分暴露出来,除了沿山

　　低处的许多树木因"大办"而砍伐之迹犹新外,自然要素的其他部分尚属完好。

　　游客当然绝迹,因为游山玩水在当时被视为资产阶级腐化没落的行径,而且在那种大家吃不饱的时代,即使有冒天下之大不韪的胆量,也不会有翻山越岭的能耐。

　　上面所写的,都是从上世纪50年代开始,直到"改革开放"以前的情况,在这时期中,旅游业在我们这个国家里实际上并不存在。我还可以在此穿插一件我亲历的事件。1973年年底,国务院颁发一个文件,是为了翻译外国地理书的问题。据陈江先生在《"文革"中的地理学出版情况》㉙一文中引用他当年的日记:"上午,参加出版口召集的关于翻译外国地理的会议,这次报告上去后,不到一个月就批下来,由周恩来总理批示同意。"说明这个文件的来头是很大的。当时我从牛棚出来不久,身份当然还是"牛鬼蛇神"。文件中规定全国9个省市的出版局(经调查有翻译力量)共同执行这项任务。我在《回忆〈中国自然地理·历史自然地理〉的编写》㉚一文中也述及此事:"我被浙江省出版局指定为这个省的负责人,从此,我手上有了一张国务院文件,出版局管费用,我就跑全国图书馆找版本。"由于浙江省在分工中分配到南亚诸国的翻译任务,而我动手组织翻译的第一本书,是从北京总参图书馆借到的《尼泊尔地理》。㉛当我翻开此书阅读目录之时,就遇上了一个难题,因为据目录所列,在产业部门下分设农业、工业、运输业和Tourism等四章。我当时实在想不到,Tourism竟能和农、工、运输等产业排列在一起,游山玩水的事怎能算作生产?曾和参与此书翻译的几位同事作了研究,他们也都不知所措。后来经过与其他几种同类书籍作了比较研究,才知道这个Tourism应该译作"旅游业"。我在为阮坚勇先生所著《旅游业营销文化研究》㉜一书所写的《序言》中曾提及此事:"由于历次运动带来的余悸和多年封闭造成的无知,中国的大学教师们竟想不到在我们这里受批判的游山玩水,在国外甚至像尼泊尔这样一个小国中已经成为一门重要的产业。"现在回忆此事,对于这些所谓"高级知识分子"的无知,实在痛定思痛。在长达20多年的时间中,精神上朝夕惴怀于"阶级斗争要年年讲,月月讲,天天讲"的恐惧,物质上要忍受"忙时吃干,闲时吃稀,杂以瓜菜代"的匮乏,怎能想得到外部世界的进步,而像尼泊尔这样一个喜马拉雅山下的小小邻国,竟已发展了旅游业呢?

　　改革开放以后,旅游业才初得到复苏,但是由于长期的闭关锁国,如我在上述阮坚勇书卷首《序言》中所说:"从上世纪70年代末到80年代初期,当大批外国旅游者踏入我们这个刚刚开放的大陆之时,我们确实是仓猝临阵,全国各地都是如此。"1980年,以美国著名汉学家、斯坦福大学教授施坚雅(W. G. Skinner)为首的代表团一行十余人来华。他们此行的目的属于学术性的访问旅游(因为中国成为这方面的禁区已有多年)。由于施坚雅主编的汉学名著《中华帝国晚期的城市》当时已寄赠给我,而斯坦福大学又有他主持的"宁绍研究室",所以他们一行从北京来到杭州,目的就是要访问绍兴和宁波。省里知道我和施坚雅的关系,委派我陪同这个代表团作这次宁绍文化旅游。第一站是绍兴,当时,像这样一个历史悠久的文化城市,还没有一家可以安顿外国旅客的宾馆,而让他们住在原来由政府设置的所谓"交际处"(今绍兴饭店),全市也推不出一位外语可以过关的翻译,而外办主任是一位尚未"知识化"的老干部,用当地方言向外宾介绍地方情况,让我这个代表省里的接待者,临时又充当了翻译。在名胜地东湖游览中,如我在阮坚勇书上所写《序言》指出的:绍兴的陪同人热烈地讲解如仙桃洞及其两旁的对联和一块似椅子的岩石等等,他们当然也欣赏,但他们提出的主要问题是:东湖是怎样形成的? 像这样的问题,即使是一位外语系毕业的本科生,在他们的四年学习中,也未必读到过答案中需要的词汇如"中生代"、"侏罗纪"、"褶皱"、"凝灰岩"等。说明对于发展旅游业来说,我们当时实在是个异乎寻常的国家,任务是何等的艰巨,不仅是大量硬件亟需修建整顿,而软件则可以说完全没有起步。由于"阶级斗争"开始放松,老百姓的胆子已经大了一点,于是,凡是外宾到处,大批群众围观"洋鬼子"并指手画脚的事情也就发生了。时隔一年,以国际著名陶瓷学家、东京大学名誉教授三上次男为首的日本代表团十余人再次访问绍兴和宁波,省里又让我接待并陪同,但绍兴旅游业的硬件和软件与上年并无改变。我的日语达不到充当翻译的水平,幸亏代表团成员都是教授,而其中有个和我多次通信以后又成为好友的汉学家斯波义信,他的英语很好,所以我只好仍说英语,成员中或有不懂的,斯波随即用日语转译,总算让这些东洋客人的文化旅游感到相当满意。至今时隔20年,我们的旅游业得到了飞速的发展,虽然其中存在着不少显而易见的缺陷,但回顾一下我在上世纪80年代初期在绍兴的亲身经历(大多已表达在我为阮坚勇先生著作所写的《序言》之中),对于我们这个官民素质都比较低的国家来说,能够有了今天这样的现状,已经是来之不易了。这是成绩,是首先应该肯定的。

四、说中外旅游业的差距

但是,和我到过的国家(包括发展中国家)相比,我们的旅游业显然还是相当落后的。主要当然是由于官民素质欠高所致,而按我们的"国情",要提高官民素质,或许并不容易。前面说过,旅游业不宜视作单纯的第三产业,像中国这样一个在当前有私车出门旅游的人还很少的国家里,整个旅游业中以物质生产部门的运输业所创造的价值必然还占较大的份额。以我所在的这个风景城市杭州为例,2003年一年中,国内游客到达2776万人次,这中间,旅游过程以运输业始而又以运输业终的,估计当在2700

万人次以上。为此,评价当代中国的旅游业,应该把旅行和旅游都包含在内。与我在国外的旅行和旅游的经历相比,某些环节,特别是其中的软件部分,中国除了台湾省以外,要达到那边的水平,恐怕还是相当遥远的事。1982 年秋,我到美国和巴西访问讲学,曾在巴西这个发展中国家逗留了一个多月,并且到了亚马逊河沿岸的城市马瑙斯,目的是为了看看我这个地理教师常常在课堂上讲的亚马逊河。当时,除了台湾省人在那里很多以外,从大陆过去的人还很少,在巴西的华人,看到从大陆去的同胞,都显得特别热情。一位早年从苏州出去的陆先生,十分殷勤地陪我坐船游览亚马逊河。船身颇大,可以容纳近百人,一位大约 30 岁出头的女导游,一路用英语、葡萄牙语(巴西的国语)和日语(因巴西籍日本人极多),反复介绍沿途风景和某些掌故。船行时间超过两小时,但是她从没间断过说话。最后在一个印第安人的村落靠岸参观,有人领队,在那里有一个多小时,参观离印第安人生活的沿河不远的热带原始森林,并在村边吃了中餐。这里也有好几家餐馆,但多数游客都在草坪上设置的桌椅上吃自带的食品,并不像我们这边的有导游拉扯你进他们可以获得回扣的餐馆。

　　当游客离船登岸时,这位女导游站在船头上向每位游客示意,并告知回船的时间。我走在多数游客的后面,她以为我是日本人,用日语向我说“谢谢”。我用英语告诉她,我是从北京来的中国人,她除了表示抱歉以外,并且热情表示欢迎,因为当时从大陆到那边的中国人确实很少。我乘机在船头上和她谈了几句,除了感谢她导游的认真外,并向她建议:因为亚马逊河是世界著名的大河,所以她最好先向游客们介绍一点全河的概貌,如河流长度、流域面积以及它在世界河流中的地位等等。她向我表示深切的感谢,并且说今后一定这样做。意想不到的是,在我们再次登船以后,她又开始讲解,而第一句话就是:“十分感谢一位从北京来的中国先生。”接着就按我的建议向游客们介绍了亚马逊河的长度、流域面积和主要支流。此外,她还增加了流域的原始森林和沿河的重要城市。并且说,从长度比较,密西西比河和尼罗河都超过它,但是按流域面积,它是地球上最大的河流。当时,我确实为这位导游的知识面而深感佩服,我们离船不过个把小时,她却能如数家珍地把全河概貌说得完整扼要,正确无讹。虽然登岸是由另外一位导游带领的,但是她在船上得做一些打扫整理舱内的工作,是没有时间进行我所建议的“备课”的。我作为一个在大学地理系曾经开设世界地理课程 10 多年的教师,完全可以断定,对于亚马逊河的这些基本地理知识,是这位导游原来就熟习的。当游船返回马瑙斯登岸时,她热情地再次向我道谢,并且说:“您的建议太重要,今后不仅是我,其他导游也都要这样做。”

　　后来我常常回忆亚马逊河上的这位导游,和国内的不少导游相比,差距实在太大。记得在上世纪 90 年代,家乡绍兴的原有景点柯岩和吼山整修一新,绍兴有关方面邀请我游览这两处景点，确实比我年轻时看到的有了很大的发展提高。两处都有导游，据说还是科班出身，从旅游学校出来的。但当我向她们提问柯山和吼山的海拔高度时，她们都无以应对，当时实在使我相当失望。我不知道她（他）们在旅游学校里学了点什么东西？在分配到工作岗位以后，对她（他）们所负责导游的景点有没有作过一点研究？要说我们的导游没有进步，这当然是不公正的。记得在上世纪80年代前期，我去南宁出席一个会议，回程中因为等民航机票，在桂林住了两天，参加过桂林一家大宾馆组织的"一日游"。车上也有导游，每到一个景点，导游一般不下车，只在车上简单地说几句有关这个景点的话。但最后都有很重要的一句："在这里玩××分钟，×点×分前上车，超过时间，责任自负！"当时我已经去过巴西，对比之下，我不仅感到失望，而且感到痛心和灰心。和以前相比，应该承认有了不小的进步，但是与国外相比，差距还是很大，值得旅游领导部门的反省和重视。

另外一件要说的是，上世纪末期，杭州市政协为了杭州的创文化名城之事对我进行访问，因为他们知道我常常出国讲学，要我说说那边的情况，作为杭州的借鉴，并且约我写一篇文章，刊登在他们的《政协通讯》1999年第3期上。这篇文章的前半部分是写日本，因为我曾经担任过那边3所大学的客座教授，并且在其他十几所大学讲过课，熟悉那边的情况。文章的后半部分是我1995年在北美加拿大、美国访问讲学的事。我写了我们夫妇从加拿大到美国的大半天旅行过程。为了说明那边的情况，对比我们之间的差距，我把文章的这一部分抄录如下：

　　1995年，我在加拿大的几所大学讲学结束后，应邀去美国讲学。由于身边带了两件大行李，所以决定先到在路易斯安那州立大学执教的小儿子家中落脚，放掉行李，然后轻装到各地讲学。因此，我们买了美国航空公司从渥太华到巴尔的摩的机票，再由此转机到小儿子所在的巴登鲁日。那天早晨，执教于加拿大莱敦大学的大儿子送我们登机。在加拿大，对于老人是允许送行者进入国际候机室的。显示牌通知开始登机时，大儿子最后一次挂电话通知他弟弟，告诉他接机的准确时间。我们在巴尔的摩进海关后，一踏进候机室，一辆电瓶车立刻迎上来让我们两位老人登车，沿几百米的候机室长廊，送我们到机票上规定的候机室。却被告知，由于墨西哥湾的热带风暴，航班已被取消，电瓶车又送我们到一个小小的办公室，一位女士接待我们，说因为天气原因，美航的许多南方班机不得不取消。她说了许多抱歉的话，并且从没有取消的航班中，为我们安排了南行路线：乘下午5时班机到夏洛特，转机到新奥尔良。于是挂通我小儿子的电话，要他开车到新奥尔良接。我们当然很懊恼，原来午前就可以到巴登鲁日，现在要到晚上七点才到新奥尔良。我和这位女士说，天时是无可奈何的，但对于我们两位老人，实在太折腾了。她当然没有办法，无非再次说些抱歉的话。我们只好上咖啡厅喝咖啡吃点心，然后在沿廊坐下小憩。忽然又有一位女士匆匆地找到我们："是陈先生夫妇吗？我们已经查到了今天唯一一班到巴登鲁日的班机，是台尔泰公司从亚特兰大始发的。我们已经同台尔泰联系好了。这里12点钟有班机到亚特兰大，现在就请你们登机吧。"这时离12点已经很近，两三位女士忙着给我们换机票，而我则担心很可能已经送进夏洛特班机的行李。我提醒了她们这件事，但她们说：一切都办妥了，请放心吧。当她再次挂通我小儿子的电话时，空姐已经走出甬道来接我们了。我们刚就座，飞机就滑入跑道起飞。我坐在机上想："'美航'与'台航'不是激烈竞争着吗？声势很大的泛美航空公司不是前几年就被它们竞垮了吗？为什么为了两位中国老人，两个竞争对手可以合作为我们服务？"亚特兰大很快就到，当我们从机舱走出甬道，一位挂着"美航"胸章的女士正等着："是陈先生夫妇吗？请在此稍等，台尔泰会派人来接你们！"说着，一位挂着"台尔太"胸章的高个子就到了。"我是台尔太的马登，特地来接你们。"他拿起我夫人的手提包就走。走了几百米又下地铁，开了两站才到台尔泰领域。亚特兰大机场真大，要不是马登先生，我们确实是有困难的，到了台尔太候机室，我当然连声感谢他，但是他说："这是我应该做的，祝你们旅途愉快。"我们终于在下午三时多到巴登鲁日着陆，小儿子正等着我们。

在不到一天的旅行中，我们欣赏了一支效率和礼貌的交响曲，这就是那个社会的群体素质，难道不值得我们学习吗？

我的文章是以"效率和礼貌的交响曲"结尾的，所以整篇文章的题目就叫做《效率和礼貌》。文章虽然以希望我们向他们学习结尾，但是我心里明白，按照我们国家官民的群体素质的"国情"，我们要看到那天在北美的"效率和礼貌"恐怕还有很遥远的日子。别的不说，只说老年人可以由亲人陪同进入国际候机室这一件事。那年在北美，我们夫妇刚刚才年逾古稀。而我到80岁那年还应邀带夫人到日本开会讲学。作为一对平头百姓，亲人们当然只能送我们到国际候机室外面检查护照的地方为止。对此，我们已经"习惯"了。

五、说当前旅游业存在的问题

前面已经按"国情"肯定了我们的旅游业在这20年中的进步。这里当然也得议论一下当前旅游业中存在的问题。首先不得不先向有关旅游业这个行业的人士道个歉，因为在议论中不免要作一点海内外（其中也包括我国领土台湾）的比较。我明知这种比较可能会脱离"国情",但"比较"不仅是一种做学问的方法,同时也是一种找差距求进步的方法,所以我就不作回避了。在我看来,我们的旅游业,存在的问题当然不少,但可以归纳为两个字,一个是"钱",另一个是"乱"。

旅游业是一个产业部门,而且是被大家看好的产业部门,也就是说,是个很有利可图的产业部门,买方付钱,卖方收钱,乃是正常的做生意。不过做生意的事,除了法律上的一些条文以外,买卖双方历来有一种传统的准则,这就是大家都知道的"公平交易"。此外,在过去,卖方在某种经营不顺利场合,也有一句常用的话,叫做"货到地头死"。这是因为,商品已经花运费运到了销售地,却遭到买方杀价,只好忍痛亏本。而当前在旅游业中,买方却常常会遭遇"人到地头死"的尴尬。因为游客(有的是一家数口)既然已经到了旅游地,明知受到卖方在价格上或待遇上的欺诈,也只好委屈就范。现在虽然还有可以"投诉"一途,而在卖方做得确实太过分时,买方也会如眼下某些媒体所报道的作出集体不下飞机的抗议,但旅游原是为了休闲娱乐,遇着这种"人到地头死"的事,吃亏的最终还是旅游者。我在这里所说的"钱"字,所指的就是在不少地方,旅游的卖方,往往不存心公平交易,因为他们心中有底,这个底就是"人到地头死"。

"钱"字有不少表现形式,例如门票。眼下不少地方的门票,不仅价格高,而且游客在买票进入以后,马上就会发现,其中还有"外票"、"内票"之分。景点门口买的是"外票",进入景点以后,还有许多小景点,都需要另买"内票",票中套票,名目繁多。而游客既已买"外票"入场,自然不得不再掏钱买"内票",这其实也是一种"人到地头死"的欺诈行为。另外还有一种在我国很通行的做法,或者可以称为"代上帝卖票"。许多地方把自然风景区拦霸起来占为己有,设卡卖票。这实际上是一种非法行为,但是在我们这里却是"合法"的,因为有"红头文件"可凭。卖方说起来很有理由:我们已在里面兴建了许多人工景点。但买方却无处诉说自己的理由:难道这里的山水、瀑布、岩崖、洞壑等等自然风景,都是你卖方的吗?我们不看你的人工景点,只看山水风景,难道也要出钱吗?在国外,例如著名的尼亚加拉瀑布,我从美国和加拿大两边都看过,如果你不乘他们的直升飞机鸟瞰,不坐他们的轮船冲浪,自己站在岸边看,只要有能耐,整日整夜站着也不会有谁向你收一分钱。中国实际上也有这样的地方,例如台湾,那年应台北"中央研究院"之邀前去讲学,因为有亲戚家住阳明山,邀我们夫妇到那里住了七八天。阳明山本身是个大景区,山上还有许多小景区,尤其是那些还在冒热气、溢硫磺的活火山如小油坑等处,也都让人随意参观。按照大陆的做法,很可以在上山处设下一个售票站,把自然风景占为己有而"代上帝卖票"的。"人到地头死",这钱何乐而不赚?

当前旅游业的第二种现象是"乱",并且常常和"钱"有关。由于"乱"的表现形式很多,只能择要而言。第一就是破坏。"文革"既是一场史无前例的大破坏,也是世乏前例的大破坏(在和平环境中)。破坏既已成为事实,也就不必赘议了。问题是,对于我们的旅游资源来说,改革开放以后的这 20 年中,破坏不仅持续,而且或许要超过"文革"。在这方面,我自己的老家就是现成的例子。我的老家是明隆庆五年(1571)状元张元忭的府第,清嘉庆年代,张氏后人把整座府第卖给了我们。所以我从出生到念高中,一直住在这座明朝的状元府第之中。不说别的建筑,仅后园中的一棵樟树,在我十三四岁念初中时,要年龄相仿的三位堂兄弟才能合抱。而我祖父说,在他童年时,这棵樟树就有这样粗大了,说明在张元忭兴建这座状元府第以前,樟树可能已经存在,则它在被砍伐前,树龄当已超过 500 年。但是,为了官员们的政绩和开发商的钱绩,这座古老宽敞的状元府第,以一纸"红头文件"于 1992 年被全部夷为平地。当时,府第所在的这条街称为车水坊(改革开放以后称为人民路),街长大约 300 米,两端各有一座高大而雕刻精致的石牌坊。而府第大门口,作为旗杆的基盘、础石和石碑,在我离开老家到内地求学时都还完好存在。上世纪末,绍兴城建档案馆馆长屠剑虹女士编撰《绍兴老屋》③巨著,嘱我写作此书的《绪论》,我已在其中把这座府第的宏伟外观和精致结构作了回忆记叙。在这短短 20 年中,全国范围内,不知道有多少古老而有价值的民居宅第(当然也是旅游资源)化为乌有,作了官员们的"政绩录"和开发商的"摇钱树"。让祖宗们在地下永远哭泣,子孙们在人间代代长叹!

　　我在杭州已经定居了 50 多年,在杭言杭,对这个花园城市也可以说几句话。譬如雷峰塔,稍稍老一辈的杭州人都知道这一句话:"保俶如美人,雷峰如老衲。"1983 年,我在日本大阪关西大学讲课,由于那里交通方便,常常到京都去。因为京都的图书资料丰富,对我具有很大的吸引力,并且在京都大学人文科学研究所结识了所长梅原郁教授。他知道我在杭州执教,特地出示了该所收藏的、从 4 个方向拍摄的雷峰塔照片。他慷慨地承诺,假使将来杭州要重建此塔,他可以向我提供这些照片。我回国后也曾经多次在某些会议上和考古文物界的熟人面前提起过此事。等到那几年得悉雷峰塔已在筹备重建,一个人轻言微的老人,加上工作甚忙,也就没有再提此事。而且我也深信,"雷峰如老衲"的话,重建部门必然知道。我们当然不能再建如京都大学人文科学研究所收藏的照片那样破旧的雷峰塔,但"老衲"的塔形想必当然保留。却不料新建的雷峰塔竟是这个样子? 所以建成以后,曾有好几次有人请我登塔,我都婉言谢绝。我在国内外登过不少名塔,包括 stupa、pagoda、tower 以及电视塔如多伦多号称世界最高的电视塔等,何必去登这样一座不伦不类的"雷峰塔"呢? 这样的雷峰塔,名曰重建,其实是另外一种形式的破坏,而这种破坏,这些年中在我国也相当不少。

　　除了破坏以外,当前旅游业的另一种"乱"象是假冒伪劣。从硬件到软件,许多地方都存在着假冒伪劣现象。软件的假冒伪劣当然相当普遍,诸如导游变成"导购"之类,只要看媒体上披露的投诉(披露的显然是很小的部分),就可以从一斑而窥全豹了。还可以说一个我所经历的一个假冒伪劣的笑话。我的日本朋友之一,关西大学文学院院长大庭修,上世纪90年代之初应邀到杭州参加一个学术会议。他已经几次来杭,但这一次由于会议是杭州大学主办的,住在杭州大学专家楼。我在日本时,他每次都邀请我们夫妇到他家中做客。但中国教授不好与日本教授相比,舍下的那副寒酸相,让我无法作对等的邀请。所幸专家楼离黄龙洞很近,我邀他在一个下午讨论结束以后到那里喝茶。当时,黄龙洞的一切都是"仿宋"的,招待人员的服式,也都是"宋式"。我们在茶座上喝茶,因为是老朋友,说话一直很随便(当然是用英语交谈)。他在一位服务员倒茶以后与我说:他有了一个新发现,13世纪(指南宋时期),全世界最发达先进的地方就在这个黄龙洞。我问他为什么? 他说:因他看到些"宋妆"的女士们,都已经臂挂手表,足登高跟了,欧洲人还不知到什么时候才有手表和高跟鞋呢? 我们彼此哈哈大笑,但我毕竟有些难为情,因为他的这一句打趣话,就戳穿了我们这个"仿宋"园林的假冒伪劣。

除了软件以外,在我们的旅游业中,硬件的假冒伪劣也同样存在,且不说宾馆、酒楼和娱乐场所等,近来投诉的事件也着实不少。在浙江,有某个县甚至于荒唐到把西苕溪上源定为"黄浦江源",还在源头上了立了碑碣。而且扬言,这是某位"教授"的"伟大发现"。打个譬喻,假使有哪个人说,泰晤士河发源在天目山,大家都会把他当作疯子。而其实,把西苕溪上源作为"黄浦江源",同样也是疯子说的话。前面已经提及,现在有不少地方把美丽的自然风景区拦霸起来的行为是"代上帝卖票"。那么,把西苕溪源妄称"黄浦江源"的这种行业,可以名之曰"代上帝移山倒海"。

由于前面已经肯定过我们的旅游业在这20年中取得了许多进步,所以最后才斗胆说了这个行业当前存在的问题。我有好些朋友从事旅游业,其中还有旅游业的领导。他们勤勤恳恳地领导并发展这个行业,我都亲眼看到,并且深深地佩服他们。我在上面说的这些问题,估计他们必然比我晓得更多。可是囿于当前的官民素质和"国情",他们显然有难言之隐。他们在工作中遇到的困难,比我所说的必然更为复杂和严峻。但是,想想从上世纪50年代到70年代的封闭禁锢,80年代初期的仓猝临阵,能有今天的局面,已经来之不易。这20年来,我们是在各种机遇中发展了这个产业部门的。虽然问题不少,与发达国家的差距很大,但今后我们还能获得有利于此的机遇,弥补缺陷,求取进步,让我们的旅游业得到更好的发展。

注释：

① Ernest J. Eitel, *Handbook of Chinese Buddhism being a Sanskrit—Chinese Dictionary with Vocabularies of Buddhist Terms.* Tokyo. Sanshusha. 1904. 160.

②③ 陈桥驿《郦学札记》，上海书店出版社 2000 年版。

④ 谭其骧、史念海、陈桥驿主编《中国自然地理·历史自然地理·总论》，科学出版社 1982 年版。

⑤ 《史记·秦始皇本纪》。

⑥ 《东南文化》1989 年第 6 期，收入于《吴越文化论丛》，中华书局 1999 年版。

⑦ 《焦氏笔乘续集》卷三。

⑧ 《郦学新论——〈水经注〉研究之三》，山西人民出版社 1992 年版。

⑨ 《道德经》卷下。

⑩ 《四库全书总目》卷四〇，经部小学类《方言十三卷》提要。

⑪ （汉）扬雄《方言》，此书全称为《輶轩使者绝代语释别国方言》。

⑫ "家翔梨"，岑仲勉《水经注卷一笺校》引《梁书·中天竺国传》："仍差宋、陈等二人，以月氏马四匹报旃。"认为"家翔梨"即宋、陈二人之一。民国二十二年（1933）。《圣心》第 2 期。

⑬ （日）前岛信次《丝绸之路的 99 个谜》，中译本，胡德芬译，天津人民出版社 1981 年版。

⑭ 陈桥驿《关于四川省蚕桑丝绸业的发展和南方丝绸之路的考证》，《郑州大学学报》（哲学社会科学版）1993 年第 2 期。

⑮ G. W. Skinner. *The City in Late Imperial China.* Stanford University Press，1977. 中译本，叶光庭等译，陈桥驿校，中华书局 2000 年版。

⑯ 《论佛骨表》，《韩昌黎集》卷三〇。

⑰ 《云南大学学报》（哲学社会科学版）2000 年第 6 期。

⑱ 《史记·大宛列传·太史公曰》。

⑲ 原载关西大学《东西学术研究所创立三十周年纪念论文集》，乐祖谋译，载于《世界宗教研究》1985 年第 2 期。

⑳ 南京大学出版社 1994 年版。

㉑ 《水经·河水三》引杨泉《物理论》。

㉒ 《敕勒歌》："敕勒川，阴山下，天似穹庐，笼盖四野。天苍苍，野茫茫，风吹草低见牛羊。"《乐府诗集》卷八六。

㉓ 《早发白帝城》，《全唐诗》卷一八一。

㉔ 《左迁至蓝关示侄孙湘》，《全唐诗》卷三四四。

㉕ 朱钧侃、倪绍祥《徐学概论——徐霞客及其游记研究》："1984 年 4 月，全国纪念徐霞客诞辰 400 周年筹备委员会在江苏无锡召开，陈桥驿教授在这次会议上首先提出'徐学'这个名

　　称,建议把徐霞客及其《游记》作为一门专门的学问来研究。"江苏教育出版社 1999 年版。

㉖　《徐霞客研究》第 9 辑,学苑出版社 2002 年版。

㉗　袁宏道的诗文均在《袁中郎全集》共 40 卷之中,并无《游记》专集。以后有人摘取其中游记,另编《袁中郎游记》,于民国二十五年(1936)在中国图书馆出版部出版。

㉘　《徐霞客在浙江》,浙江教育出版社 1998 年版。

㉙㉚　胡传钧、施雅风主编《中国地理学 90 年发展回忆录》,学苑出版社 1999 年版。

㉛　N. B. Thapa, D. P. Thapa. *Geography of Nepal.* Orient Longmans Ltd, 1969.

㉜　中华书局 2002 年版。

㉝　西泠印社 1999 年版。

原载《人文旅游》第 1 辑,浙江大学出版社 2005 年版

南北大运河

——兼论运河文化的研究和保护

人类社会形成于全新世。[1]但当时人类的生产活动显然还没有水上航行的需要，也不具有水上航行的能力。在一段很长的时期中，且不说狩猎业时代。游牧业是逐水草而居，种植业不论是迁徙农业或定居农业，即所谓"日出而作，日入而息"，都是陆上作业，并不涉及水上航行。

按江南的情况，余姚河姆渡和萧山跨湖桥等遗址，都是有现代测年数据的新石器遗址，前者发现木桨，后者出现相当完整的独木舟。说明这个地区早在距今七八千年前就有水上航行的存在。越王句践在春秋末期曾经说过"以船为车，以楫为马"（《越绝书》卷八）的话，所以在江南水网地区，利用船舶的水上航行当时已经成为交通运输的重要手段。在这方面，北方与江南存在着明显的地域差异，《穆天子传》[2]虽然记及河流，但未曾提到航行。汉扬雄撰《方言》，此书全称为《轩轩使者绝代语释别国方言》，[3]"轩轩"是一种轻便车辆，即汉应劭在《风俗通义序》[4]中所说的："周秦常以岁八月，遣轩轩之使，求异代方言，还奏籍之，藏于秘室。"说明由于自然环境的差异，江南水网地区在利用河流作为交通运输的条件方面，比北方确实要早得多。

不过，随着生产力的发展，劳动的地域分工促进了地域之间交换的需要，南船北马的差异逐渐缩小。笔者曾为《安阳市交通志》[5]作《序》，文中指出：

从古代的文献记载来看，至迟到战国时代，我国各地的区际交通，特别是水上交通,已经逐渐发达。在这方面,《禹贡》的记载最为详尽,例如"浮于济、漯,达于河","浮于汶,达于济","沿于江、海,达于淮、泗"等等,一个全国性的水上交通网初见雏形。

《禹贡》记叙的这个早期水上交通网,当然不是在《禹贡》成书的战国后期形成的。华北与江南,虽然自然条件不同(江南是水乡泽国),但华北也有黄河及其支流,而淮河及其支流则是介于江南和华北之间的一个庞大水系。在古代的技术条件下,利用河流的航运,虽然在速度上不及骠马,但在运量和运价方面的优势是显而易见的。所以华北虽然不像江南那样地"以舟为车,以楫为马",但凡是有河流可以利用之处,古人对航运的开发也都是相当关注的。无论在华北还是江南,水上运输发展过程中所遇到的困难,主要是河床的淤浅和不同河流之间的陆上转驳,而即使在同一河流之中,往往也因瀑布、急滩、岩礁之类而存在盘驳之劳。所以为了使河流便于通航,古人显然曾在不少天然河流中从事旨在使通航便利的整治措施,如疏浚河床,凿平礁石之类。此外,为了减少陆上的转运和船舶的盘驳之劳,在不同河流干支流接近之处,常常采用人工开凿里程不长的沟渠的方法来加以连接。例如沟通长江和珠江两个流域的灵渠,这是秦始皇在征岭南的军事行动中,为了粮秣运输的需要,命史禄在湘、漓两水的上源,开凿的一段长不过30多公里的人工渠道。漓水是桂江的支流,所以后世常称这条人工渠道为湘桂运河。其实,在中国历史上记载的全部运河中,像灵渠这样完全开凿的河段是并不多的。因为古代技术条件不能和今天相比,而且由于不同河流在水位和水量等方面都存在差异,并不是两条河流凿通就可以通航的。以上述灵渠为例,虽然短短30多公里,但必须分成南渠和北渠两段,南渠占总水量的3/10,注于漓江;北渠占总水量的7/10,注于湘江。其间还得建筑堰坝、斗门等调节水位、水量和便于船舶通过的水工建设。从短短一段灵渠中可以想见,古人在沟通湘、漓两水所付出的艰辛,当然也可以看出他们在这方面的聪明和才能。

在中国运河史上,有记载可查的最早运河见于《水经·济水注》的记载:"偃王治国,仁义著闻,欲舟行上国,乃通沟陈、蔡之间。"这里记载的(徐)偃王是个传说人物,《后汉书》列于《东夷列传》:"穆王畏其方炽,乃分东方诸侯,命徐偃王主之。"周穆王是西周的第五代国君,其在位约当公元前11世纪到10世纪,则徐偃王开凿这条运河,是目前尚可见诸记载的最早运河。这条河道在"陈、蔡之间",陈和蔡都是周初封国,位于今河南和安徽一带。陈居北(都城在今河南淮阳),蔡居南(都城曾数迁,初在今河南新蔡,后到今安徽凤台),不仅相距不远,而且都在淮河的各支流之上。这一带河流分歧,并且还有一个称为圃田泽的大湖。《水经注》卷二二《渠》称这个地区有"大沟",其实就是鸿沟水系。所以徐偃王在这个地区开凿运河,显然不能与后来的灵渠相比,其工程主要是对淮河支流的整治疏浚,使之便于通航,真正在陆地上开凿的河段必然是很少的。

江南的情况与淮河流域很不相同。《水经·河水注》记及这个地区的情况:"东南地卑,万流所凑,涛湖泛决,触地成川,枝津交渠,世家分隔,故川旧渎,难以取悉,虽粗依县地,缉综所缠,亦未必一得其实也。"说明到了郦道元的时代(公元6世纪),江南地区的水环境,还是让他无法厘清,"亦未必一得其实也"。在这样一个河湖交错的地区,利用水道的交通运输当然比北方要便利得多,但也仍需要对河流进行整治和沟通,也就是说,仍有疏凿运河的必要。《越绝书》卷二所记:"吴古故水道,出平门上郭池,入渎,出巢湖上历地,过梅亭,入杨湖,出渔浦,入大江,奏广陵。"这里涉及的许多地名虽然颇难考证,但广陵指后来的扬州,这大概是学术界所确认无疑的。说明这条"吴古故水道"就是句吴早期整治疏浚(包括若干段落的开凿)而成的从今苏州跨长江到扬州的运河。笔者在为乐祖谋点校的《越绝书》(上海古籍出版社1985年出版)卷首所撰的《序》中,已经考证了此书是先秦的作品,则《左传·哀公九年》"吴城邗沟以通江淮"记载的这条后世称为邗沟的运河,或许比上述"吴古故水道"要晚,也或许是对"吴古故水道"所进行的一次加工。《越绝书》卷二还记载了另一条从句吴沟通长江的运河:"百尺渎奏江,吴以运粮。""百尺渎"始于句吴何地,从记载中看不出来,但此渎沟通长江,其目的为了运粮,这是很明确的。这些都和今苏南地区与邗沟的疏凿年代相近,也或许早于邗沟的运河。在这个河网地区,这些运河显然都是利用原有河道加以整治疏浚而成的。

在"以船为车,以楫为马"的宁绍平原,同样也早已存在古代的运河。《越绝书》卷八记载:"山阴古故陆道,出东郭,随直渎阳春亭。山阴故水道,出东郭,从郡阳春亭,去县五十里。"这条记载对于于越的古代运河很有研究价值。因为记载中有"山阴古故陆道"和"山阴故水道"两条道路,而且都是"出东郭",经过一个名为"阳春亭"的地方。与此书同卷记载的"句践小城……陆门四,水门一","山阴大城……陆门三,水门三"相联系,则所谓"东郭",显然是既有陆门,也有水门。这两条道路,即"陆道"与"水道"是平行的。"去县五十里"一语,说明这两条道路是从今绍兴城直达曹娥江的。当时,从越城沟通曹娥江,正和"吴古故水道"的"出渔浦,入大江,奏广陵"及"百尺渎奏江"一样,是于越沟通曹娥江到宁绍平原东部的一条运河。

当然,从江南来说,先秦时代记及的水上航行,除了运河以外,也不能排除利用海洋的竹、木筏或船舶漂运。笔者往年曾撰《史前漂流太平洋的越人》[6]一文,引及蒙文通的《外越与澎湖台湾》、美籍华人徐松石的《南洋棕色民族与中国古越人的血统关系》及日本的国分直一和木下尚子合撰的《日本西南诸岛出土的史前时期贝符》等文,都记及了古代越人的海上航行。《越绝书》卷八记及:"木客大冢者,句践父允常冢也。初徙琅琊,使楼船卒二千八百人,伐松柏以为栔。"琅琊位于今山东诸城、日照一带,濒临沿海,所以于越都城北迁,需要以2800人伐木建栔(木筏),即从今会稽山区到今山东沿海。其间除了可以利用短途的河流运输外,主要是近海航运。此外,《水经·河水注》引古本《竹书纪年》:"(魏襄王七年)四月,越王使公师隅来献乘舟,始罔及舟三百,箭五百万,犀角象齿焉。"今本《竹书》所记基本相同。按魏襄王七年为公元前312年,其时距越王无疆之被弑仅20余年,今钱塘江以北已为楚国所占,盘踞在浙东的越王(《竹书》未记及此越王是谁)尚能将如此巨大的一批物资运往魏都大梁,显然是通过宁绍地区的河流,然后循海道,再按《禹贡》的"沿于江、海,达于淮、泗"这条路线的。所以在讨论先秦时期的运河时,还必须考虑到近海航运。当然,近海航运在那时要冒很大的风险,人们必然尽可能利用河流。包括当时为数不多的运河在内。

中国的运河开凿,到了隋唐开始有了很大发展。隋炀帝以洛阳为首都,濒洛水,通黄河。而当时中国的经济发展已经趋向东部和江南,他开始修凿以首都洛阳为中心的运河,首先于大业元年(605)开凿通济渠,从洛阳引洛水入河,又从板渚(今河南荥阳附近)引河入汴(即东汉时代的汴渠,实际上是鸿沟水系的一部分),从今开封折向东南,与淮河沟通。又经淮河沟通先秦的邗沟而到达江南。接着,他又于大业四年(508)在黄河以北开凿永济渠,"诏发河北诸郡男女百余万开永济渠,引沁水南达于河,北通涿郡"(《隋书·炀帝纪》)。虽然这条运河的开凿征用人力很多,但从今天来看,工程量并不很大,"南通于(黄)河"的一段不过是利用了沁水下游,而"北通涿郡"(今北京以东)的一段,长达2000里,但绝大部分都利用了海河支流,特别是卫河(后来称为南运河)。隋炀帝开凿通济、永济两渠,目的很不相同,前者是为了沟通江南的富庶地区,后者则是为了对北方的军事行动。当时朝廷的供应,其中特别是粮食,已经大量取给于江南,所以在重新疏浚邗沟以后,他又疏凿了长江以南的江南运河,使之从京口(今镇江)一直延伸到余杭(今杭州)。但实际上,长江以南的运河整治和维护,到了唐代才特别重视。因为到了那时,全国的富庶地区已经明显地转移到江南,为了漕粮所需,江南运河是朝廷的命脉所系。此后,北宋建都于东京(今开封),对这条通向江南的水道也尽力整治维护。而且所谓江南运河,不仅是原来从京口到余杭的一段,事实上已经越过钱塘江进入宁绍平原。因为这里同样是一片富庶的水网平原,而且在先秦时代已经整治和疏凿了不少便于航行的河道,此后仍有不断整治的记载。其中工程量较大的是晋贺循主持的一次,据《嘉泰会稽志》卷十引《旧经》:"运河在府西一里,属山阴县,自会稽东来经县界五十里入萧山县。《旧经》云:晋司徒贺循凿此以溉田。"说明从先秦到晋,山阴、会稽两县的运河历代整治不辍。到了唐代,按《新唐书·地理志》山阴县条下所载:"(山阴县)北五里有新河,西北十里有运道塘,皆元和十年观察使孟简所开。"由此可见,按正史记载,江南运河到了唐代已经越过钱塘江而进入宁绍平原。

以上简述了从先秦到隋唐的运河,由于这些运河的疏凿,中国平原地区的河流网连成一片。从《禹贡》记叙的战国时代的全国水上交通网的雏形,发展到流域沟通,水上交通四通八达的局面。从这一时期运河疏凿的过程和趋向中,可以明显得出两个特点。第一是运河的疏凿多是利用天然河流,因势利导,使平原上自西向东的水上交通更趋便捷。其中只有广通渠(《隋书·宇文恺传》)是个例外,此渠疏凿于隋开皇四年(584),从大兴城(今西安)利用渭水与灞水,东经潼关与黄河沟通。在唐代,对首都长安的漕粮运输起过不小作用。第二是通过运河疏凿沟通几个重要的流域,首先是黄河与淮河,淮河与长江,然后通过长江与江南水系实现沟通。此外是黄河与海河的沟通。

从上述议论中可以看出,运河具有为政治经济中心特别是首都服务的重要作用,这种情况从先秦就已存在。例如以句吴首都为中心以及以于越首都为中心的运河就是这样。隋炀帝建都洛阳,所以才有以洛阳为中心的通济渠和永济渠的疏凿。在中国历史上的大一统王朝中,元是首先建都于今北京(大都)的,以后从明到清,首都均建于此。所以从元代开始,中国最重要的运河,其走向发生了重大的变化,即从隋代以来的西东走向转变为南北走向,南北大运河开始出现。这当然是因为首都所需的大量供应,要依靠富庶的江南,而运河是运输大量物资特别是漕粮最便捷的途径。

实际上,南北运河在隋代已经初具规模,因为南段已有先秦的邗沟,而江南运河更是一个四通八达的水网。至于北段,由于永济渠的疏凿,今河北境内,当时已可借卫河沟通北京。元代经营这条运河最困难的一段在今山东境内。由于这个地区地形复杂,虽然其间有泗水、汶水、大清河等可以利用,却因地势和水位的不同,必须建造许多闸堰,才能让运河保持通航的水位,但仍有不少盘驳之难。为此,元代也曾经利用近海航运把南粮运到大都,而且为了避开山东半岛东端的成山角之险,在至元年间(1280—1285)利用半岛上的胶河和沽河开凿所谓胶莱运河(由河道经胶州、莱州两地得名),但终因地形复杂、中间又有分水岭之阻,以致工程半途而废,不获完成。

元代对南北运河的功绩,主要是在地形、水系最复杂的山东境内开凿济州河和会通河。济州河是黄河以南的一段,从至元十三年(1276)动工,历时七年而成,全河长150里,北引汶水、东引泗水为水源。北流而汇于大清河(今黄河)。会通河是山东运河的北段,地形和水系更为复杂。动工于至元二十六年(1289),南起今梁山县安山西南,北至临清,长达250里。《元史·河渠志》说:"首事于是年(按至元二十六年)正月己亥,起于须城安山之西南,止于临清之御河,其长二百五十余里,中建闸三十有一,度高低,分远途,以节蓄泄。"在这段短短百余公里的河道上,建闸竟达31处,虽然南北运河至此全线告成,仅在会通河这一段中,航行中的闸门启闭和盘驳之劳就可想而知。而且不论是会通河或济州河,由于水源不足,河床常常淤浅,特别是对于重载的漕粮船舶,航行非常困难,所以河道经常时通时塞。而终元一代,南粮北运,仍以海运为主。明清两代,虽然对这段河道作过多次整治疏浚,但效果仍然不佳,不仅通塞常见,而航运能力也相当低下。清朝中叶由于海运技术的进步,南北运河的这一梗阻段落更趋衰落,而宣统三年(1911)津浦铁路建成通车,南北运输在这一段中实已停顿,特别是会通河段,基本上处于湮废状态。

南北运河中还有一段是从天津到北京的北运河和从元大都城连接其东部通州的通惠河,也都是元代疏凿的。这段河道沟通隋永济渠(即后来的南运河),河道基本畅通,所以对于南北运河,特别是其中从今山东到北京的河段,元代的疏凿是功不可没的。

必须特别指出的是,我国的南北运河,除了上述北段以外,还有从杭州越钱塘江经绍兴到宁波的一段。这条运河各段都有名称,从长江以南到杭州的一段称为江南运河,而钱塘江以南从萧山经绍兴到宁波的一段,历来名称不少,现在统称浙东运河。浙东运河如上所述,其中不少段落是先秦运河,原是我国最古老的运河系统之一。但隋代疏浚江南运河以杭州为终点,所以后人称南北运河常以"京杭运河"为名。而事实上,中国的南北运河应该称为"京甬运河"。因为按实际情况,这条运河北起北京、南达宁波,这是不容置疑的,而且直到今天还是如此。所以笔者虽然并不反对"京杭运河"这个使用已久、约定俗成的名称,但是从南北水上交通的历史和现状来说,这条著名的南北大运河应该称为"京甬运河"。

笔者提出"京甬运河"这个名称,主要是因为运河的最终河段是浙东运河。对于浙东运河的历史和现状,笔者在拙作《浙东运河的变迁》[7]一文中已叙其详,并且绘有几种地图,此文不拟赘述。由于长期以来,对于浙江的河流水文情况不很熟悉的人,以为杭州以南有钱塘江,海内外船舶均可借此江在杭州停靠,因而忽视了隔江存在的浙东运河。但其实钱塘江是一条具有涌潮现象的特殊潮汐河流,其河口段泥沙堆积,随涌潮而经常移动。《史记·秦本纪》就已经记及了这里的"水波恶"现象,宋姚宽曾经指出:"海商船舶畏避沙潬不由大江,惟泛余姚小江,易舟而浮运河,达于杭越矣。"(《西溪丛语》卷上)这里所称的"大江"指的就是钱塘江,而"余姚小江"指的是姚江,即今浙东运河的东段。当时,外国使节来华,很多都取道宁波经绍兴而北上。例如《宋会要辑稿》(卷一九七):"政和八年五月十五日,知明州楼异言:依诏措置,打造高丽坐船一百只,今已毕工。……十月十七日,知明州楼异言:检准高丽入贡。"按政和年代,北宋都城在东京(今开封),但高丽使节往来,均以循浙东运河转江南运河一途为便捷。《宝庆四明志》(卷六)也说:"初,高丽使朝贡每道于明,供亿繁夥。"这些都足以说明,浙东运河与江南运河的关系,它其实就是江南运河的延伸河段,也就是南北大运河的最终河段。所以宁波是南北大运河的终点。

现在,中国的南北运河,除了是一种有价值的文化遗产外,在实际航运中,长江以北,特别是山东的南四湖(指微山、昭阳、独山、南阳4湖)以北,已经多半淤塞湮废,有的甚至不复存在。但长江以南的江南运河及钱塘江以南的浙东运河,不仅互相沟通,而且在航运上仍然发挥着重要作用,舟行栉比,樯橹相连。为此,笔者愿重申长期以来对南北大运河的看法:这是一条沟通南北的伟大运河,它北起北京,南到宁波,事实上是"京甬运河"。

在本文结尾以前,我们暂且把有关运河的起讫和名称等搁置不议。因为展现在我们面前的中国古运河,特别是南北大运河,还有一个需要我们研究的重要课题——运河文化。如上所述,中国从先秦开始,就有运河的存在。如"山阴故水道"、"吴古故水道"、"邗沟"等均是其例。这些运河的疏凿,既记录了古人的惨淡经营,也凝结了古人的智慧才能。南北大运河,从北京到宁波,其间有湮废的、淤塞的、畅通的,但不管现状如何,它们都有巨量的文化内涵,这就是我国古老悠久、丰富多彩的运河文化。河流本身是一种自然的现实体,它们是河流水文学者的研究对象。但河流一经古人整治疏浚,并使它们成为相互沟通的水上交通网,在这个过程中,就产生和积累了大量文化。除了整治疏凿的各种记事以及后人旅行游览中撰写的许多优美文字(诸如诗词歌赋之类)以外,在运河两岸以及沿运城镇中,还留存着许多整治疏凿过程中的实物,诸如桥梁和桥联、堰坝和涵闸、码头和堤岸、牌坊和碑碣、亭榭和路廊等等。所有这些,都是值得我们查访、考证、保护并且在适当条件下加以复原的文化资源。按当今旅游业日益发展的情况来看,这些也都是有价值的旅游资源。

笔者由于长期从事《水经注》的研究,走访过的河川渠道包括古代运河为数不少,感到非常惋惜的是,与《水经注》和其他有关河川水利的古代文献相对照,许多沿运文化已经湮废不存了。也有一些虽然现时尚有残存,由于没有引起注意而得不到妥善的保护,前途令人担忧。所以笔者认为,研究运河特别是南北大运河,查访、考证、保护沿运文化,是当前的一项重要任务。科学技术不断进步,交通运输手段不断更新,但是运河,特别是南北大运河,它曾经在我国交通运输和经济发展中起过重大作用,何况时至今日,这条运河的南段,即江南运河和浙东运河,舟楫往来,首尾相衔,而且不舍昼夜,仍然发挥着重要的作用。

在这方面,笔者十分赞赏浙东运河沿线的绍兴。早在先秦时代,这里就是越国的河网中心。"山阴故水道"是我国见诸记载的最古老运河之一。从唐代起,随着明州成为一个重要海港,国外来华的使节和商品,都从这条运河入境,绍兴成为浙东运河的重要枢纽,留下了大量的运河和其他水利文化。从 20 世纪后期起,在当地政府的重视和人民的支持下,水利部门着手查访、考证和复原这里的运河水利文化。1999 年,投入 12 亿巨款,疏浚和拓宽了作为先秦运河组成部分的环城河,全长达 24 公里,用工两年,到 2001 年完成,既恢复了从春秋于越时代的历史运河文化,并且把它作为这个城市的重要旅游景点。从 2002 年起,又投入 7000 万元,把市区北郊的古老运河进行整治,建立了集中历代运河文化遗迹的运河园。人们进入此园,除了见到已经相当洁净的运河水以外,许多沿运古迹和水利建设,令人应接不暇。现在,从绍兴市北郊向北延伸,属于绍兴县的柯桥段和钱清段,也正在加紧整治,修复或重建沿河胜迹,让浙东运河的这一段重现运河文化的光辉。

我国疏凿运河的历史悠久,运河文化是我国古老文化中的重要组成部分,其中特别是南北大运河,它曾经是我国南北交通运输的大动脉,所以我们应该研究运河文化,保护运河文化,让伟大的南北大运河展现其沿运文化的辉煌。绍兴市、县在这方面已经作出了榜样,希望沿运地区能够相继跟上,让古老的运河文化重显光芒。

参考文献

[1]谭其骧、史念海、陈桥驿《中国自然地理·历史自然地理》,科学出版社 1983 年版。

[2]晋代从战国魏王墓中发掘而得,是《汲冢书》的一种,属于先秦古籍,记周穆王西游故事,其中有涉及中西交通史料内容。

[3]陈桥驿《中国的方言地理学——〈方言〉与〈水经注〉在方言地理学上的成就》,《郦学新论——〈水经注〉研究之三》,山西人民出版社 1992 年版。

[4]王谟《汉唐地理书钞》,中华书局 1961 年版。

[5]陈桥驿《安阳市交通志·序》,人民交通出版社 1992 年版。

[6]陈桥驿《史前漂流太平洋的越人》,《文化交流》1996 年第 22 期。

[7]陈桥驿《浙东运河的变迁》,载《运河访古》,上海人民出版社 1986 年版。

原载《杭州师范学院学报(人文社会科学版)》2005 年第 3 期

中国史学名著评介：水经注

（一）伟大的地理学家

　　《水经注》著者郦道元（？—527），字善长，范阳涿州（今河北省涿州市）人，毕生仕于北魏，出任过各种职衔的官员。不过他的声名业绩，是从《水经注》这部著作流传下来的。对于《水经注》其书，历来有大量读者；但对郦道元其人，却所知甚少。若按史书记载查索，《魏书·郦道元传》只有寥寥309字，《北史·郦道元传》也只有612字，还包括全抄《魏书》309字在内。所幸近年以来，对郦道元其人的研究，已经引起国内外学术界的重视，出现了若干研究郦道元的成果。我在此引用日本著名地理学家米仓二郎教授1988年7月28日给我信中的一段话：

　　　　我认为郦道元是中世纪时代世界上最伟大的地理学家。这是欧洲历史上的所谓黑暗时代，当时的欧洲，就连一个杰出的地理学家也没有，从全球的观点看来，地理学史不能不提到郦道元，我希望你一定要用英文写一篇有关郦道元的论文，在某种地理刊物发表。①

　　米仓先生是我的前辈和好友，是获得皇家奖章的日本地理学界元老，由于他的老师，京都大学著名地理学教授小川琢治（1870—1941）是日本《水经注》的最早学者，受小川的影响，米仓对《水经注》也有很高造诣，他是广岛大学名誉教授，我则曾任广岛大学客座教授，彼此过从甚密，信札往来不断，直到他以90高龄于2001年谢世，所以他对郦道元的情有独钟，为我所素知。

其实，对于郦道元其人事疏于听闻的现象，国内学术界当时也有所觉，早在米仓先生来信前约一年，《地理学报》已经向我约稿，他们认为像郦道元这样一位值得推崇的人物，至今没有在可以进行国际学术的交流的高级刊物刊载过文章，所以嘱我务必撰写一篇介绍他生平行历和学术贡献的论文。②无独有偶的是，在英国出版而属于国际地理学会（IGU）系统大型期刊《地理学家研究》主编弗里曼先生（T. W. Freeman），也在此时约请我撰写一篇有关郦道元传记的文章。让我实现了米仓先生"用英文写一篇有关郦道元的论文"嘱咐。③只是因为《地理学报》和《地理学家研究》的约稿都来不及写上他所谓"中世纪时代世界上最伟大的地理学家的"的观点。不过，在我的这两篇论文中，都毫不含糊地表达了与米仓先生相似的观点：郦道元是伟大的地理学家。

（二）郦道元的家世

按照《魏书》和《北史》的简略记载，郦氏家族可以追溯到他的曾祖父。当时是中国历史上所谓"五胡乱华"的时代，也就是我在拙著《郦道元生平考》中所说的"地理大交流"时代，大群生活在北方草原的游牧民族，一个部落接着一个部落地跨过暴君秦始皇以"尸骸相支拄"④的代价修建而成的长城，相继进入中原。他们放弃了"天苍苍，野茫茫"的自然环境和"风吹草低见牛羊"的游牧生活，而定居在对他们来说是完全陌生的土地上从事定居农业活动。同样，原来居住在这个地区的汉族，也就被迫大批南迁放弃了他们世代定居的这片干燥坦荡的小麦杂粮区，迁移到低洼潮湿的江南稻作区，如此庞大的人群，在我国土地上的大规模迁移，实在史无前例。我往年为刘盛佳教授所撰《地理学思想史》⑤写的《序》中说："从政治上说，这个时代是中国的混乱时代；但是从地理学思想史来说，这个时代是中国的光荣时代。"由于民族融合和人群迁徙，人们面临着新的地理环境，看到许多新的地理事物，地理学思想空前活跃，地理著作大量出现，这是《水经注》这部杰出名著的时代基础。

在当时的民族迁移中，郦氏家族属于安土重迁的家族之一。上述郦道元的曾祖父郦绍，曾在鲜卑族的一支慕容氏建立的后燕任濮阳太守，后来，鲜卑族的另一支拓跋氏兴起，慕容氏败亡，郦绍以郡迎降，在拓跋鲜卑建立的北魏任官兖州监军。其子即郦道元的祖父也任官天水太守。⑥

北魏是南北朝时代的北朝大国，郦氏家族是从这个鲜卑王朝中发迹起来的，郦绍以郡迎降，在拓跋鲜卑建立的北魏任官兖州监军。其子即郦道元的祖父也任官天水太守。特别是郦道元的父亲郦范，无疑是这个家族平步青云的开端。他在北魏明元帝年代(416—423),任官给事东宫⑦,一个侍候和教育太子的重要职位。拓跋鲜卑让一位汉人来执掌教育王族的大事,这其实是说明,北魏入主中原,在武力上,他们是飞扬跋扈的征服者;但是对于中原的传统文化,这些惯于在茫茫大漠上骑马奔驰的草原人,却是彻底的被征服者。郦范出任这个官职,正是表达了拓跋鲜卑自我汉化的决心。特别是在年轻而富有远见的孝文帝拓跋宏亲政以后,一系列的汉化改革相继实施,他尊孔崇儒,把首都从偏远的平城(今山西大同附近)迁移到中原帝都洛阳。下诏"禁士民胡服","不得以北俗之语言于朝廷,若有违者,免所居官"。这事实上就是把汉语定为官语。最后终至废除自己民族的"拓跋"原姓,改为汉姓"元"。所以从太和二十年(496)起,元魏的汉化过程基本完成。⑧

我在拙著《郦道元评传》中,曾经把赵武灵王"胡服骑射"到魏孝文帝"禁士民胡服"的故事,作过两句话的戏说:"这真是一出历史的喜剧,或者也可以说是历史对人们的揶揄。"因为这两件故事都有确定的年份可据,公元前307年,一位著名的汉族国君,甘愿冒天下之大不韪,放弃祖宗历代的传统服饰,自己带头,并且要他的子民,一起穿上人们所不齿的奇形怪状的夷狄服装。但时隔8个世纪,一位胡人名君于公元494年,下令让这些趾高气扬的草原人,统统脱下在马背上奔驰的紧身骑装,换上在他们看来是格格不入的宽袖大袍。而且他比赵武灵王做得更绝:不准"胡言",撤去"胡姓"。800年不算长,却发生这种戏剧性的变化,我在《郦道元评传》中也有一段文字的说明。

> 在这一段戏剧性的时代中,中国境内的许多民族发生了接触、交流和融合的过程。这个过程是错综复杂的,这中间有战争,有和亲,有商品贸易,有文化交流,有一族对另一族的统治,有一族对另一族的反抗,等等。然后终于出现民族的融合,伟大的中华民族终于形成。

(三)郦道元

从上述郦道元的家世来看,他出于一个官宦家族,当然也是书香门第。他自己是在民族融合的过程中登场的,而且为民族融合作出了贡献。

他的生年不详(按《魏书》、《北史》,均未记及其生年。历来推算者,均以《巨洋水》篇中"余总角之年,侍节东州"一语为据,但"总角"一词在古籍中没有确定的数值概念,故诸家推测,不足为凭),孝昌三年(527),在出任关右大使时遇难,从各家推测估计,当时或许在五十岁左右(历来诸家也有各种推测,如杨守敬推测其"年四十二",此外如赵贞信《郦道元生平年考》、⑨日森鹿三⑩等,均有不同推测,但也均不足为凭)。

他开始从政的年代,在《水经注》中可以查获线索,卷三《河水》篇说:"余以太和中为尚书郎,从高祖北巡。"同篇又说:"余以太和十八年,从高祖北巡。"按《魏书·官氏志》,"尚书郎"是一个不入品位记载的小官,所以太和十八年(494)或稍前,当时是他初入仕途的年代,一位刚刚入仕的年轻人,获得"从高祖北巡"之幸,这或许由于家族余荫,但是以后他在从政和学术上的业绩,显然是他自己的才能和努力。

因为孝文帝元宏中道崩殂,北魏国势从全盛趋向衰落,他的仕途并不顺利,只是由于他的刚正和果断,朝廷需要借重他,所以仍然得到不断的升迁,历任郡太守、州刺史、河南尹、御史中尉等不少官职,其中河南尹和御史中尉,按《魏书·官氏志》均入第三品,属于朝廷命官。他服膺"乱世用重典"信条,《北史本传》称他"威猛为政"。正因为此,在内外扰攘的局势中,作为一位文官,毕生曾3次受命,为朝廷从事一种紧急和艰难的军事任务。朝廷每次授予这种任务,诏书所颁的职衔,都有"持节"⑪明文。3次特殊使命的最后一次,他在阴槃驿亭(今陕西临潼附近)被叛将萧宝夤杀害。

郦道元为国殉职,按《北史》所载,朝廷给他以褒赞:"赠吏部尚书,冀州刺史,安定县男。"但令人骇异的是,在魏收所修的《魏书》中,他竟被列入《酷吏传》。这当然是魏收的挟嫌污蔑。百余年后,李延寿修《北史》,已经为此平反。魏收是与郦道元同代的狎邪小人,《北齐书》说他:"既轻疾好声乐,善胡舞,文宣末,数与东山诸优为猕猴与狗斗,帝宠狎之。"正是因为"帝宠狎之",所以才攫取修纂《魏书》的大权。《北齐书》也揭发了他在夺权修史后的无耻狂言:

> 何物小子,敢与魏收作色,举之则使上天,按之当使入地。

郦道元之所以被他诬为"酷史",如清赵一清所说:"恐素与魏收嫌怨,才名相轧故耶。"⑫而这个偷鸡摸狗、奸诈阴险的小人,其下场值得警戒后人。他所修的《魏书》,随即被人们谐音称为"秽史",清《四库提要》说:"收以此书,为后世所诟,号为秽史。"至于他本人,宋刘攽等所撰的《旧本魏书目录叙》中说:"众口沸腾,号为秽史……收既以《魏史》招民怨咎,齐亡之岁,盗发其葬,弃骨于外。"

由于当今有些不太熟悉掌故的人,偶翻《魏书》,见郦道元列于《酷史传》之中,所以在此说明一下。评论郦道元的一生,从宦入仕之事,其实并不重要,重要的是他在学术上的贡献。从《魏书》和《北史》二传来看,郦道元毕生著作不少:"撰《水经注》四十卷,《本志》十三篇,又为《七聘》及诸文,皆行于世。"说明在他死后,《水经注》、《本志》、《七聘》和其他文章,都曾经流行一时,直到唐初李延寿修《北史》之时或许尚能见到。但除了《水经注》以外,其余各书,均已不见于隋唐各志著录。说明当时大概已经十分稀见,以后就全部亡佚了。

(四)郦道元撰《水经注》的动机

前面提及郦道元毕生著作不少,至今惟《水经注》独存。此书是一部历代传诵的名著。曾被清代学者刘献廷誉为"宇宙未有之奇书"。[13]自从唐代末期,此书流入民间以后,[14]学者对此书的研究和称赞,溢美之词,不胜枚举,这当然是我们需要研究,需要评价的,不过,在全面评价此书以前,有一个首先需要探索的问题,就是郦道元为什么要殚精竭虑,呕心沥血,撰写这样一部以河川为纲的地理书? 他所处的时代,南北分裂,局势扰攘,他毕生调迁频繁,政务繁剧,内忧外患,奔走倥偬。却能挤公务之暇,考察山川,博览群籍,写成如此一部千古巨构,他的动机是什么? 当然,这中间可能有各种促成他著述的原因,但是值得让后人研究的是,促成他撰写此书的主要动机是什么?

对于这个问题,以往不少研究《水经注》的学者少有议论,间有提及者,也多不得要领。现代著名学者杨向奎先生在他所著《大一统与儒家思想》[15]一书的《序言》中,专门就此提出了他的卓越见解,他认为,郦道元撰写此书,其动机就是中国儒家的大一统思想。杨先生在这篇《序言》中引及了我的一段文字:

> 近来陈桥驿教授在《郦道元生平考》一文中也曾经指出,在《水经注》这部巨著中,却相当充分地反映了作者的思想观点,从全书来看,他最主要的思想,即是前已述及的南北统一,恢复一个版图广大的中华帝国的愿望。这说明了大一统思想的深入人心,变作无比的精神力量。陈教授又曾说,在《水经注》以前的一切地理著作中描写祖国各地的自然风景的,实在凤毛麟角,但郦道元却在这方面如此殚精竭力,逾格重视,这只能说明他如何地热爱祖国的大好河山。一个生来就从未见过统一祖国的人,而却要从历史上一个伟大王朝的疆域作为他的写作范围。这也只能说明他是如何向往着一个统一的祖国。在南北朝这样一个国家分裂,山河破碎,战争频仍,人民流离的时代里,但郦道元却能写出这样一部把当时这个支离破碎的国家融合成一体的巨著,而又加以如此美好的描述,歌颂祖国各地的自然环境和人文环境。由此可以说明,《水经注》是一部伟大的爱国主义著作,而郦道元则是一位值得崇敬的爱国主义者(《郦道元生平考》,见《地理学报》43卷5期)。

陈桥驿教授称赞郦道元是一位值得崇敬的爱国主义者,因为他是一位祖国统一的向往者。我们钦佩陈桥驿教授的卓识,同时也认识到,即使中国分崩离析的时代,无论朝野,这统一的思想始终浸润在人们的心间。

杨向奎先生是一位海内外著名的史学家,我虽无缘受教于他的门下,但一直尊他为师长。他在好几篇著作中都引用我的文字,我很感激他,因为这多半是对我的鞭策和勉励。唯独这篇《序言》中所引及的,我认为是他借我的文字以表达他自己的思想。杨先生是胡适的学生,胡适在其生命的最后 20 年时间中倾全力于《水经注》研究的经过。他非常关心,不但阅读了《胡适手稿》,而且为此与我通信讨论,事见 1987 年 1 月 14 日《光明日报》。⑯所以杨先生对《水经注》和郦道元,不仅非常关心,而且有他独到的见解。上述有关《水经注》与郦道元的大一统思想,即是其中一端。回忆 1995 年新春元宵,涿州举行郦道元讨论会,并为其家乡的郦道元纪念馆奠基,他们派人南下邀请我们夫妇参加,并嘱我为他们代邀几位对此有研究的学者,我特为推介了杨先生,他们夫妇也欣然赴会。在涿州数日,我受教不浅。这是我们最后一次团叙。借撰写此篇的机会,谨向这位关心《水经注》研究的前辈表达我的追念。

（五）《水经》与《水经注》

《水经注》从书名来看,它是《水经》的一种注释。在郦道元以前,晋代的郭璞就注了不少书。在古代,后人为前代著作作注的甚多,今也仍然流行,历史上也出现过许多名注,如南朝宋裴松之的《三国志注》,宋末元初人胡三省的《资治通鉴音注》等,现在我们读《三国志》和《资治通鉴》,上述裴、胡二《注》,竟成为不可或缺的文献。《水经》的情况就更为特殊,因为我国古代曾经流传过几种《水经》,郦道元为之作注的是其中之一。这部《水经》,假使没有郦道元作注,恐泊也早已亡佚了。这部《水经》经学者论定,是三国时人所撰(《水经注》作者,《唐书》题曰桑钦,然班固尝引钦说,与此《经》文异;道元《注》亦引钦所作《地理志》,不曰《水经》。观其涪水条中,称广汉已为广魏,绝非汉时;钟水条中,称晋宁仍曰魏宁,则未及晋代。推文寻句,大抵三国时人)。⑰文字简短枯燥,内容刻板乏味。郦道元为其作注,文字超过《水经》20 倍。《唐六典》说,桑钦《水经》所引天下水百三十七,江河在下来,郦道元注《水经》,引其"枝流一千二百五十二"。⑱所以仅从河流数量说,《水经注》就比《水经》要多出 1000 余条。为此,若从书名来看,《水经注》似乎是《水经》的注释,但实际上是一部独立的专著。

前面所引《唐六典》"桑钦《水经注》"的话,其实是唐人的附会。《水经》与《水经注》首见于《隋书·经籍志》,此书著录:"《水经》三卷,郭璞注。"这种为郭璞所注的《水经》,内容只有三卷,唐时尚有其书,因《旧唐书·经籍志》也有相似著录:"《水经》三卷,郭璞撰。"但此书以后就亡佚不见。此外,《新唐书·艺文志》著录:"桑钦《水经》三卷。"上述《唐六典》的附会,大概由此而来,桑钦是西汉成帝时人(公元前 1 世纪末),班固所撰的《汉书·地理志》中,在绛水、漯水、汶水、淮水、弱水、易水等 6 条河流中，均曾引及桑钦，但未言其所著《水经》，引文只说"桑钦言"、"桑钦所云"等，而今本《水经注》卷五《河水》篇中，却引及桑钦《地理志》，我们无法论定。而郦道元所注《水经》，其中有许多东汉以至三国地名，所以绝非桑钦之书。郦注《水经》，在隋唐三志之中也都有著录，《隋志》作："《水经》四十卷，郦道元撰，"《新唐志》作："郦道元注《水经》四十卷。"前面已经提及，郦道元作注的《水经》，学术界已经论定是三国时人的作品，这里不再赘述。

如前所述，郦道元生平著作不少，惟《水经注》独存。从他去世到隋王朝一统，洛阳及其他中原地区战乱频仍，从当时杨衒之所著《洛阳伽蓝记》中可知，北魏首都洛阳已在历年战祸中全毁，而《水经注》一书，竟能在水火兵燹中幸存，著录于《隋书·经籍志》，实在是我国学术史上非常难得的机遇。此后，《两唐志》也均著录此书，说明四十卷全书安然无恙。从隋唐以至宋初，官修文献中屡屡引及此书，却罕见于私家诗文，可见此书当时只有朝廷收藏，并未流入民间。北宋景祐年间（1034—1038），朝廷书库崇文院整理藏书，编制《崇文总目》，发现此书已仅 35 卷，缺佚了 5 卷。而从以后流行的抄本和刊本所示，隋唐和宋初的官修类书（如隋《北堂书钞》、唐《初学记》、北宋《太平御览》等）和地理书（如唐《元和郡县图志》、北宋《太平寰宇记》等）中所引及此书有关泾水、（北）洛水、滹沱水等文字，都已不见，当在这缺佚的 5 卷之中。今本《水经注》仍作 40 卷，是后人分析以凑足原数的。[19] 虽然历来有不少学者，从古代其他文献中辑录亡佚，[20] 但今本《水经注》毕竟仍是一部残籍，不过由于残缺的卷篇不多，而此书的丰富内容和生动文字，令人百读不厌，长期以来为学者所珍视，如刘献廷所说，是一部"宇宙未有之奇书"。

（六）《水经注》的特色

以上简介了《水经注》的渊源来历，现在就需要比较全面地对此书内容作一些评介和分析。前面已经对此书作者郦道元的生平行历作了阐述，中外学者，都认为他是一位伟大的地理学家，而《水经注》则是一部杰出的地理著作。其实，此书内容浩瀚，除了地理学以外，还涉及其他许多学科。但是总的说来，属于一部以水道为纲的地理书，所以我们还是从地理书的要求，议论它的特色。作为一部地理书，它的特色主要在 3 个方面。

第一，地理学重视野外考察，不论是自然地理或人文地理，都必须进行现场实勘。而郦道元在撰写《水经注》的过程中，确实作过大量野外考察工作。他在此书《序》中指出："脉其枝流之吐纳，诊其沿途之所躔，访渎搜渠，缉而缀之。"说明野外实地考察是他写作此书的重要方法。全书收入了大量野外工作的成果,例如卷三《河水》篇中记载的他在今内蒙古阴山一带所发现的古代游牧民族的岩画:

> 河水又东北历石崖山西,去北城五百里,山石之上,自然有文,尽若战马之状,粲然成著,类似图焉,故亦谓之画石山也。

同篇又记及:

> (河水)东流迳石迹阜西,是阜破石之文,悉有鹿马之迹,故纳斯称焉。

正是由于郦道元当年的目击记载,今内蒙古的文物考古工作者,以郦注为线索,于上世纪80年代,找到了数在千幅以上的阴山岩画。[21]全书之中,这类例子是举不胜举的。

郦道元的野外工作,不仅常常利用地图,并且还按野外实勘纠正地图的错误。例如卷二十一《汝水》篇中所记:

> 余以永平中,蒙除鲁阳太守,会上台下列山川图,以方志参差,遂令寻其源流,此等既非学徒,难以取悉,既在迳见,不容不述。

正是由于他的认真野外工作,所以《水经注》中的不少干支流以及流域中的其他自然和人文概况,都能记载得正确而细致。清刘献廷称赞此书:"予尝谓郦善长天人,其注《水经》妙绝古今。北方诸水,毫发不失。"[22]当然,刘献廷所谓"北方诸水,毫发不失"的话,显然有些过分。应该说,由于郦道元是北方人,对北方诸水,他多有亲身考察的机会,凡是经过他考察的地区,多能把这些河渠川渎和其他自然、人文概况,描述得"毫发不失"。而未经他亲自考察的地区,如黄河源流,塞外诸水,仍然难免错误。这虽然并不影响这都名著的价值,但是却说明了野外考察在地理工作中的重要性。

第二,地理学研究也重视文献资料的搜集分析。对于一切做学问的人,这实在是大家都必须遵循的工作。我在拙作《徐霞客与普陀落迦——兼论海天佛国的可持续发展》[23]一文中提及:"明朝人做学问的风气不好,胡说八道的例子甚多,所以明朝人的不少著述,也和明版书一样,常为后人所不齿。"这话当然不是把明代学者和明人著作一棍子打死,其中也有好的。到了清代,学人治学的风气开始好转,即所谓"乾嘉学风"。"乾嘉学风"的内涵,几句话说不清楚,当时出现了一批知名学者,他们从事训诂和考据的研究,其中很重要的关键,就是"言必有据"。"言必有据"除了像地理学家那样必须通过野外考察取得实证以外,就是一切做学问的事,必须检读古今学者有关的所有著述,经过谨慎的比较分析,择善而从。这种为学的态度和方法,实在早为郦道元所服膺。前面提到刘献廷称赞《水经注》的话,这段话其实还有后半句:"而江、淮、汉、沔之间,便多纰缪。郦北人,南方诸水,非其目及也。"在郦道元的时代,南北分裂已近200年,他虽有游历考察的心愿,但无法逾越政治上的界限。在这方面,他用以弥补的唯一手段,就是搜罗和钻研大量文献资料。在全书之中,他所引用而有名可据的文献达 480 种,[24]碑碣和铭文达 357 种。[25]应该指出,雕版印刷在当时尚未出现,郦氏所引文献都是传抄之本,要获致这许多文献,特别是南方的地方文献,其难度可想而知。而他所引及的文献碑碣,其中有许多至今都早已亡佚,依靠他的抄引而留下了这些古代佚书的吉光片羽。其中有些佚书属于郦氏独家所引,更属无比珍贵。我曾经统计他所引的文献,分成地理、历史、人物、图籍等 25 类,其中有一类是"书信",我在拙著《郦学札记》[26]中有一段话述及此事:

> 郦道元在《水经注》的撰写中引用了许多文献,这是众所周知的。其中不少文献是知名度很大的流行文献,如四书五经和正史之类,这类文献,即使在雕版印刷尚未兴起之前,也是容易获致而不足为奇的。但是在他引用的四百八十种文献之中,还包括了许多稀见文献。这类文献,现在当然早已亡佚,而即使在当时,恐怕也是不容易得到的。这中间,书信就是一个例子。郦注所引用的书信近二十种,其中有非常珍贵的资料,这些书信他从何而得? 现在揣摩他当年搜集这些书信的过程,真是不可思议。

第三,《水经注》一书,除了上列两个特色以外,它之所以能够受后人重视,其中许多人并不研究河川水利之事,却能传抄珍藏,爱不释手。这是因为郦道元写作此书,文笔绚丽,语言生动,为读者提供美好的文学享受。如宋苏轼在其《寄周安孺茶诗》中所说:"嗟我乐何深,《水经》亦屡读。"明末学者张岱说:"古人记山水,太上郦道元,其次柳子厚,近时则袁中郎。"[27]刘献廷称道郦道元的写作技巧:"更有余力铺写景物,片言只字,妙绝古今。"[28]在上述张岱的比较中,柳子厚即著名的唐宋八大家之一柳宗元,他的写景文章,以《永州八记》脍炙人口,在其中一篇《至小丘西小石潭记》[29]中,他用来描写潭水清澈的一段话,历来为人们所称诵:

> 潭中鱼可百许头,皆若空游而无所依。

其实,在《水经注》中,这类描写手法早已为郦道元所运用。例如卷中二十二《洧水》篇:

> 濊泉南注,东转为渊,绿水平潭,清洁澄深,俯视游鱼,类若乘空矣,所谓渊无潜鳞也。

卷三十七《夷水》篇:

> 其水虚暎,俯视游鱼,如乘空也。

同卷《澧水》篇:

> 澧水又东,茹水注之,水出龙茹山,水色清澈,漏石分沙。

由于张岱的文章点出了柳宗元,所以在此以郦、柳作比。其实后世著名文学家借

助郦注文字的还有很多,例如卷三十四《江水》篇中描述长江三峡,郦注有几段生动文字:

自三峡七百里中,两岸连山,略无阙处,重岩叠嶂,隐天蔽日,自非停午夜分,不见曦月。

至于夏水襄陵,沿沂阻绝,王命急宣,有时朝发白帝,暮到江陵,其间千二百里,虽乘奔御风,不以疾也。[30]

以此两段文字对比李白的著名绝句《早发白帝城》:

朝辞白帝彩云间,千里江陵一日还,两岸猿声啼不住,轻舟已过万重山。[31]

以郦、李相比,此中渊源,一望而知。当然,历史上的一切优秀作品,都存在着承前启后的关系,我们国家的深厚文化,就是这样积累起来的,而这中间,郦道元的贡献,确实值得称赞。

(七)《水经注》内容评介

《水经注》是一部以水道为纲的地理书,评介全书内容,首先当然是自然地理和人文地理。

在自然地理方面,《水经注》记叙了1000多条河流,包括主要的大河长江、黄河、淮河、珠江、塔里木河以及这些大河的重要支流如渭河、汾河、汉(沔)江等等。把这些河流的发源、流程和归宿记叙得清楚、细致、生动、详尽,沿河的峡谷、滩濑、湖泊、瀑布等等,也备载无遗。例如黄河的孟门、龙门、三门诸峡,长江的三峡,洛水的伊阙等等,都有详细描述,全书记载的河流峡谷达300处之多。河流中的滩濑,是自然地理学研究河床变迁的重要内容。注文都有完备记载,例如在东南沿海的《浙江水》(钱塘江)篇中,就记及滩濑60余处。瀑布是河床中岩石演变的重要自然地理现象,《水经注》全书记载的瀑布共达60余处,其中如黄河的壶口瀑布,钱塘江的五泄瀑布等,都描述得非常细腻生动。此外还有湖泊,除了少数内陆湖以外,我国的绝大部分湖泊都在河流沿岸,如洞庭湖、彭蠡(鄱阳湖)、太湖等,都是注文记载而至今仍然存在的大湖,全书记及的湖泊超过500处。《水经注》不仅记载河流沿岸的自然地理,而且也记载整个流域的自然地理。从河流发源处崇山峻岭写起,举凡流域中的地貌、矿物、土壤、生物等等,注文都能提供丰富的资料。

在人文地理方面,《水经注》的记载首先是农田水利,古代的著名水利工程如关中的郑国渠、四川的都安大堰等,从工程设计、兴修、效益等,都有详细的资料。此外是河渠在交通运输上的意义,包括运河、津渡、桥梁等,并且由水上交通兼及陆上交通。在经济和生产方面,注文显然着重于河湖水体,诸如水产业、盐业、酿造业等,都与河湖有密切的关系。而其他产业部门如矿冶、食品、丝织等等,也都有所记载。此外有关各地文化的发展和差异,民族的聚居,人口的分布和迁徙等资料,也都相当丰富。

除了上述地理学以外,《水经注》由于对地名的详细记载以及对地名渊源来历的解释,所以也是一部地名学研究的重要文献。《水经注》全书记及的各类地名约有两万左右,而其中注文作了渊源解释的在 2000 以上。称得上是南北朝时代的地名词典。他解释的地名,都是根据确凿、可以信赖。例如《渭水》篇释“霸水”:“古曰滋水,秦穆公霸世,更名滋水为霸水,以显霸功。”这样的例子不胜枚举。他不仅解释汉语地名,而且也解释其他民族语言的地名,例如卷一《河水》篇中的“半达钵愁”:“半达,晋言白也;钵愁,晋言山也。”“半达钵愁”是个梵语地名,至今我们仍可用梵语对译:半达,梵语作 Punda;钵愁,梵语作 Vasu。用汉语(即注文所谓“晋言”)意译,就是“白山”。《水经注》在地名等研究中的价值,于此可见一斑。

《水经注》是一部地理书,但是郦道元在其写作中引用了大量历史资料,所以此书在后人的史学研究中,也有重要意义。有关这方面的内容实在太多,在此举一个关于“侯国”的例子。中国从汉朝起,帝王除了将土地分封给自己的子孙外,同时也分封一部分土地给将相大臣中的各式代表人物,这种分封的地区一般称为“侯国”。“侯国”是十分不稳定的,由于官僚集团内部的倾轧斗争,受封者或其子孙随时可以得咎罢黜,变化频仍,历代史籍往往疏于记载。但《水经注》在这方面显然比其他史籍记载得更为完整。清史学家钱大昕说:“汉初功臣侯者百四十余人,其封邑所在,班孟坚已不能言之,郦道元注《水经》,始考得十之六七。”②说明这一项历史资料,《水经注》的记载就胜过《汉书》。除了“侯国”以外,正史地理志失载的郡县为《水经注》所增补的,为数也有不少。例如卷三十五《江水》篇记及:“晋咸和中,庾翼为西阳太守,”但《晋书·地理志》却失载西阳郡名。又如《江水》篇中的沌阳县,《沫水》篇中的灵道县,《澧水》篇中的溧阳县,《赣水》篇中的豫宁县等,《水经注》明确记出这些县邑在晋朝的建置年份,但却均为《晋书·地理志》所失载。说明在这方面的记载中,《水经注》可以补充《晋书》的失误。

除了上述《水经注》在地理学、地名学、历史学等方面的价值以外,对于考古学、金石学、碑版学、文献学以及语言、文字学等方面,都有丰富的资料,《水经注》内容广泛,牵涉繁多,它是自然科学、人文科学以及语言文学等许多学科都值得研究和参考的历史名著。

当然,《水经注》之撰距今 1400 余年,而且是一个兵荒马乱、南北分裂的时代,内容也存在若干错误,历代以来,除了前已提及许多学者对此书的赞美以外,也有一些学者提出了批评的意见。最早指出此书错误的是唐朝的杜佑,他的批评主要是此书因循旧说即所谓"黄河重源"的问题。中国从西汉以来,就流行这种错误的说法,认为黄河发源于昆仑山,北流到蒲昌海(罗布泊),然后潜入地下,直到积石山重出。时至清代,竟还有人相信这种说法。[33]《水经注》在《河水》篇中,也因袭了这种说法。杜佑指出:"《水经》所云:河出昆仑者,宜出于《禹本纪》《山海经》;所云南入葱岭及出于阗南山者,出于《汉书·西域传》,而郦道元都不详正。"[34]"黄河重源"是我国长期流行的错误,也是《水经注》内容中的重要缺陷。不过从时代来说,郦道元在这个问题上是可以谅解的。

由于郦道元足迹未及江南,此书在南方河流的记叙中,错误确实不少。明黄宗羲在其所撰《今水经》一书的《序》中对此批评说:"余越人也,以越水证之,以曹娥江为浦阳江,以姚江为大江之奇分,苕水出山阴县,具区在余姚县,沔水至余姚入海,皆错误之大者。"清陈澧在其所撰《水经注西南诸水考》一书的《序》中也指出:"郦道元身处北朝,其注《水经》,北方诸水,大致精确,至西南诸水,则几乎无一不误。"上述这些对《水经注》的批评,从其内容来说,都是查有实据的。郦道元自己也明白,他对于江南河渠,认识是很不够的。他在卷二十九《沔水》篇中最后指出:"但东南地卑,万流所凑,涛湖泛决,触地成川,枝津交渠,世家分彄,故川旧渎,难以取悉,虽粗依县地,缉综所缠,亦未必一得其实也。"郦道元的这番话,其实就是儒家所尊奉的:"知之为知之,不知为不知,是知也。"[35]是他毕生为学的宗旨。《水经注》中当然存在不少错误,但是对于一部历史名著,显然瑕不掩瑜,它是我们宝贵的文化财富。

(八)《水经注》的研究和版本

如前所述,《水经注》一书首见于隋唐三志的著录。而对于此书的研究,隋唐时代实已开始。不过当时的研究只不过是剪裁书中记述,作为某些类书和地理书的例证。由于此书尚是40卷足本,所以这类初步的研究,仍为后人的研究特别是版本研究中提供重要的依据。前已提及此书在北宋发生了景祐年代的缺佚,成为《水经注》版本史上的一大憾事。此后,《水经注》通过辗转传抄流入民间,北宋中期以后,又出现了刊本,这些抄本和刊本,所据都是景祐以后的缺佚之本,而且在传抄和雕板过程中,除了已经缺佚的5卷无法复原外,传抄中难免又发生不少错漏,特别是经文和注文的併合,即所谓经注混淆,以讹传讹,竟至不能卒读。不过从另一方面看,此书流入民间以后,由于人们喜爱,传抄者多,加上刊本的出现,流行趋于广泛,收藏、诵读和研究此书的学者不断出现,形成一门研究此书的学问。学者们校勘字句,修正错漏,提高了此书的质量,除了缺佚的 5 卷无法弥补以外,使现在通行的本子,基本上恢复了此书的原貌。

《水经注》在宋代就流行过不少抄本和刊本,现在还留存着一部残本(仅存 10 卷,收藏于国家图书馆),从这部残本和明人所见的各种抄本来看,都是景祐缺佚以后的本子。至今流行的《永乐大典》本,当然是以宋本作为底本的,但同样也缺佚宋初尚存的 5 卷。

此书的明抄本和刊本不少,但极少佳本,不仅经注混淆,而且错漏迭见。前面曾经提及过明朝人做学问风气不好的事,不过在《水经注》研究方面,倒是有一个特例,那就是万历年间的朱谋㙔(郁仪),他多年潜心于此书校勘,在万历四十三年(1615)刊行了《水经注笺》一书(上海人民出版社 1984 年点校出版的《水经注校》即是此本,可以参阅。但因标点错误甚多,已经受到批评,特别是卷首《标点说明》中所云:“本书是一部以明朱谋㙔本《水经注笺》为底本对校了宋本、明永乐大典本、清聚珍本和明、清诸名家版本的王国维手校本。”案这一段《说明》是点校者极不严肃的文字,王国维在其朱谋㙔《水经注笺跋》㊱中绝未言及于此。至于对校清聚珍本等语,尤属荒唐,我已撰有《关于〈水经注校〉》一文㊲指出其谬。阅读此书务宜留意)。虽然与清代的佳本相比,此书在经注混淆和文字错漏方面,如殿本《校上案语》中所说:“舛谬亦复相仍。”但在此书长期没有佳本的时代,它曾获得清初顾炎武“三百年来一部书”㊳的好评。

入清以后,由于前已述及的学者治学风气的进步,各种学问包括《水经注》研究在内,都获得了显著的进展。随着治学态度的严谨和治学方法的讲究,《水经注》的佳本相继出现,特别是到了乾隆年代,此书的研究和校勘趋于全盛,著名的三大家全祖望(号谢山,1705—1755)、赵一清(号诚夫、字东潜,1709—1764),戴震(字东原,1723—1777),各以他们精心校勘的佳本,七校《水经注》、《水经注释》、武英殿本《水经注》行世。特别是武英殿本《水经注》,是戴震在四库馆内校勘的本子,他吸取了当时朝廷所藏的许多版本,尤其是赵一清的《水经注释》的成果,成为在此以前此书的最佳版本,而且由于此书属于官本,刊行以后,各地纷纷复刊,流行甚广,影响最大。上述各本不仅清理了长期存在的经注混淆,而且改正了许多错误,增补了不少缺漏,除景祐缺佚的 5 卷以外,全书基本上恢复了原貌。由于这些佳本的出现,为后来的《水经注》研究者创造了非常有利的条件。

乾隆三大家以后,清代的《水经注》研究和佳本仍然不断涌现。王先谦在光绪年间校刊了《合校水经注》,此本以殿本作底,采入赵一清《水经注释》等数种名本,合校而成为一帙。此书翻刻甚多,流行很广,是晚清名本。㊴

特别值得称道的是清末的杨守敬、熊会贞师生两人,他们尽毕生精力于《水经注》的研究和校勘,先后完成了《水经注疏要删》和《水经注图》两部巨构。在此基础上,最后完成了《水经注》研究与校勘史上篇幅最巨的《水经注疏》稿本。杨守敬于民国初年去世,熊会贞继承其师未竟之业,经过 20 余年辛勤耕耘,至上世纪 30 年代基本完成。今有北京科学出版社 1957 年影印本和台北中华书局 1971 年影印本流行。[40]

民国以来,《水经注》研究在学术界仍然盛行,我曾撰有《民国以来研究〈水经注〉之总成绩》一文述其梗概。[41]特别是从上世纪 80 年代以来,有关《水经注》研究的专著和各种版本相继问世。据郗志群所撰《最近十年来〈水经注〉研究概述》[42]一文所说:"最近十年,对《水经注》的研究一直是国内(所括港台地区)学术界的一个热点,且有不断升温的趋势。"

最后说几句总结性的话:如前所述,《水经注》是一部内容丰富,包罗了许多学问的书,所以在学术上有长远的研究价值;此外,此书文字隽永,语言生动,在文学上有无穷的欣赏价值。所以,熟悉此书的人,当然会继续深入研究;不曾见过此书的人,不妨尝试一读,它必将引导你乐此不疲,爱不释手。

注释:

① 此信是用英文写的,经我译出,先后刊载于拙著《郦道元评传》(南京大学出版社 1994 年版)、《郦学札记》(上海书店出版社 2000 年版)等书中。

② 《郦道元生平考》,《地理学报》45 卷,北京科学出版社 1988 年版。

③ *Li Daoyuan f l. c. 500. A. D.* ,Geographers:Biobibliographical Studies, Vol. 12. 1988. J. W. Arrowsmith, Bristor, England.

④ 卷三《河水》篇:"秦始皇使蒙恬筑长城,死者相属,民歌曰:生男慎勿举,生女哺用铺,不见长城下,尸骸相支拄。"

⑤ 华中师范大学出版社 1990 年版。

⑥⑦ 《北史·郦范传》。

⑧ 《魏书·高祖纪下》。

⑨ 《禹贡》七卷。

⑩ 《东洋史研究》第 6 卷 2 号。

⑪ 《郦道元评传》第 65 页:从晋以来,朝廷对大臣临危授命时往往加以"使持节"、"持节"、"假节"权力。《晋书·职官志》说:"使持节为上,持节次之,假节为下,使持节得杀二千石以下;持节杀无官位人,若军事,得与使持节同;假节唯军事,得杀犯军令者。"

⑫ (清)赵一清《水经注释》附《北史本传》案语。

⑬ 《广阳杂记》卷四。

⑭ (唐)陆龟蒙《和袭美寄怀南阳润卿》(《全唐诗》卷六二六):"《山经》《水疏》不离身"。此处《水疏》疑是《水经注》,则此书在唐前也可能流入民间。

⑮　《中华一统丛书》，中国友谊出版公司 1989 年版。

⑯　参见拙撰《关于〈胡适传〉中涉及〈水经注〉问题的商榷》，《光明日报·史学》第 430 期。

⑰　《水经注》武英殿本卷首《校上案语》（陈桥驿《水经注校释》，杭州大学出版社 1999 年版）。

⑱　《唐六典》卷七《工部·水部郎中》注。

⑲　殿本《校上草语》："然今书仍四十卷，疑后人分析以足原数也。"

⑳　（清）赵一清《水经注释》中，曾广辑古籍郦佚，撰成补滹沱水、沘水、滋水、洛水、丰水、泾水、芮水、滁水、弱水、黑水各篇。陈桥驿撰有《论水经注的佚文》（《水经注研究》，天津古籍出版社 1985 年版），从各种古籍中辑出今本《水经注》佚文 365 条。

㉑　盖山林《举世罕见的珍贵古代民族文物——绵延两万一千平方公里的阴山岩画》，《内蒙古社会科学》1980 年第 2 期。

㉒　《广阳杂记》卷四。

㉓　《徐霞客在浙江·续集》，中国大地出版社 2002 年版。

㉔　《水经注文献录序》，《杭州大学学报》（哲学社会科学版）1986 年第 3 期，转载于《新华文摘》1987 年第 1 期，收入于《水经注研究二集》山西人民出版社 1987 年版。

㉕　《水经注金石录序》，《山西大学学报》（哲学社会科学版）1984 年第 4 期，收入《水经注研究二集》。

㉖　上海书店出版社 2000 年版。

㉗　《跋寓山注二则》，《琅嬛文集》卷五。

㉘　《广阳杂记》卷四。

㉙　林纾《古文辞类纂》卷九。

㉚　郦道元足迹未涉长江，其记叙三峡注文，均是撷取袁山松《宜都记》及盛弘之《荆州记》等而成。

㉛　《中国古代山水鉴赏辞典》（江苏古籍出版社 1989 年版）在李白此诗下抄录《水经注》注文，并云："李白这首诗，都从《水经注》脱胎而来。"

㉜　《潜研堂答问》卷九。

㉝　（清）胡渭《禹贡锥指》卷一三上，（清）董祐城《水经注图说残稿》卷一等，都仍然确信"黄河重源"旧说。

㉞　《通典》卷一七四《州郡四》。

㉟　《论语·为政》。

㊱　《观堂集林》第十一卷。

㊲　《郦学新论——〈水经注〉研究之三》。

㊳　（清）阎若璩《古文尚书疏证》卷六下引顾炎武语。

㊴　中华书局《四部备要》，《水经注》即是此本的排印本。

㊵　此两本因底本来源不同，北京影印本错字甚多，经段熙仲详为点校，又经陈桥驿以台北影印本复校，由江苏古籍出版社分上、中、下 3 册于 1989 年出版，1999 年再版。

㊶ 《中华文史论丛》第53辑,1994年。

㊷ 华林甫编《中国历史地理学五十年(1949—1999)》,学苑出版社2001年版。

原载《中国史学名著评介》(第2版),山东教育出版社2006年版

大古都杭州

杭州是历史文化名城,而且还是古都,在古都的级别中列于"大古都"

中国人好"大",与我熟悉的国际汉学家曾经并不认真地向我提起过中国人的这种性格。事实倒是不错的。随便举个例子:美国在旧金山的金门海峡造桥,我们在杭州的钱塘江造桥,都是 1937 年完成的。前者是世界上最早的大型悬索桥之一,全长 2824 米的桥梁,只有两座桥墩,西瞰太平洋,东望旧金山湾,气势伟大。此桥有六条行车道,桥名叫"金门桥"(Gold Gate Bridge)。① 后者跨钱塘江,全长 1322 米,铁路、公路双层,上层是公路,有两条行车道,桥名叫"钱塘江大桥"。②

南宋的罗泌说汉武帝"好大喜功"。③ 这个"好大"当然是贬义的。但是我认为中国人的"好大"性格比罗泌所说的要早 10 多个世纪,而且是褒义的。这就是我在小学三年级就由祖父指导下背得滚瓜烂熟的《礼·运》。④ 不少外国汉学家对中国的某些学问有精深的研究,但并不理解中国的古老文化渊源,我曾经公开撰文批评过。⑤ 当地球上许多地方还是一片荒芜,许多人还在茹毛饮血的时候,我们就"好大":"大道之行也,天下为公。"接着就精辟地解释"大道"的措施和目标,最后就是:"是谓大同。"《礼·运》107 个字,以"大"而始,以"大"而终。我们提出"大道",其目标是"大同"。中国人有"好大"的性格,这有什么不"好"?早在公元前 3 世纪,我们就提出通过"大道",走向"大同"。所以我们"好大",这是我们古老的文化渊源,是中华民族的民族精神。

　　因为说"大古都"而节外生枝地写了这一段，或许还可以讲几句多余的话。当前正在提倡"和谐社会"。但是现在年龄稍幼的一辈多不熟悉《礼·运》，老年人也不都有从小背读四书五经的经历。其实《礼·运》的道理与"和谐社会"是吻合的。一百零几个字，解释它和读背它都并不困难。建议在这"和谐社会"声中，也让大家听听《礼·运》之声吧！

　　现在回到"大古都"的本题上来。杭州是中国的大古都之一，这不仅是杭州人的自豪，同时也是杭州人的一种责任——怎样让这座举世闻名的花园城市，同时也保持作为一个大古都的历史风范。由于这座古都列入大古都的过程，我这个老年人是亲身经历的，所以在此作一番交代。

　　中国的历史文化在"十年灾难"中遭受到史无前例的摧残，在历史地理学界，顾颉刚元老的3位高足，谭其骧、侯仁之、史念海先生，他们都在"牛棚"中受尽折磨，但是为了恢复被"横扫"濒尽的历史文化，他们的迅速动作的确是奋不顾身。1976年11月中旬，他们3位竟利用史先生在西安的一点特殊关系，分头招集可以前去的后辈，在陕西师大举行如何收拾破烂的历史地理学的会议。能到会的当然不多，处境仍然险恶，工宣队、军宣队还留在校中，并且特地从宝鸡请来了"贫下中农代表"与会。当时，我的身份当然是"牛鬼蛇神"，并且还戴了一顶"敌性内处"[⑥]的帽子。所幸的是，国务院于1973年下了个文件，说是"文革"已经取得了伟大的胜利，美中不足的是对外交流减少了，对国外的情况生疏了，经过调查，全国有9个省市有翻译力量。文件责成此9个省市的出版局革委会，分工组织翻译一套国外地理著作。浙江省出版局经过与杭州大学协商，竟让我这个"牛鬼蛇神"负责此事。所以我的行动和经费都由省出版局负责，杭大暂时管不着，因而也参加了这次后来回忆起来都感到相当冒险的会议，而谭、侯、史三老为了挽救学术而承担如此风险的精神，确实令人佩服。

　　我是当年与会的后辈，但由于我已在《地理学报》上发表过几篇历史地理学的文章，加上承担翻译工作，知道我有一定的外文水平。所以在那次会议上，三老都特别寄希望于我，嘱咐我要为修复历史地理学这个烂摊子承担更多的责任。而此后果然让我担任了竺可桢先生主编的《中国自然地理》中《历史自然地理》[⑦]分册的3位主编之一（另两位是谭、史两先生），而最后谭先生又把他所任的历史地理专业委员会主任的担子交我接任。这类事务不少，这里要记叙的，则是"大古都"的事。

　　那是1980年春天，侯仁之先生在北京的交流面较广，他获得了由王恢编著、台北学生书局1976年出版的《中国五大古都》。[⑧]由于他在学术上的高度事业心，随即请中国青年出版社的主任编辑胡晓谦先生，专程将此书送到杭州，并附有一封信。大意是：台湾不过是我们的一个省份，他们已出版了此书，但大陆还没有。他认为在大陆能主编此书的非我莫属,要我承担这个任务,主编一部比王恢所编更好的《中国五大古都》,由中国青年出版社出版。我记得信上有"至嘱"字样,而胡晓谦先生也转达了出版社总编的希望,要我能在年内交稿,出版社保证把书出好,而胡晓谦先生则承担此书责编。

我当然十分敬佩侯先生的魄力,而胡晓谦先生风尘仆仆地特地赶来,当时的社会服务条件还很差,他住在岳坟附近的华北招待所,搭公交车要转车才能到我家,所以对他也很抱歉和感谢。但问题是,我的工作实在太忙。除了省出版局的翻译任务外,这年6月,美国匹兹堡大学高年级学生数十人,要到杭大办为期两月的文化学习班。我负责中国地理和杭州地理两门课程并野外参观实习。而全部任课教师10余位中,不用翻译而直接用英语讲授的只有两人,我是被指定的其中之一。由于是20世纪40年代自学的英语,现在临时抱佛脚,不仅要备专业,而且要备语言。节外生枝的还有我的好友,陈布雷先生的子嗣陈砾先生,当时任天津人民出版社社长(后来调任北京英文《中国日报》总编),他知道美国著名汉学家施坚雅教授(G. W. Skinner)已把名著《中华帝国晚期的城市》⑨寄赠给我,当时国内仅此1册,他两次专程来杭,请我主持把这本80多万字的巨著翻译出来,由他们出版。说实话,我当时确实忙得焦头烂额,只好写了一封恭恭敬敬的复信向侯老诉说我的现状,请他在北京另行物色一人。

数日子刚一礼拜,胡晓谦先生又带了侯老的信来到舍下。信上说得斩钉截铁:五都中最重要是西安、北京,北京由侯老自己承担。而西安,他知道我和史先生的关系,只要我发封快信,请史或其助手撰写。而我的任务,只是约请其余三都的作者并在卷首写一篇《序言》。一句很有分量的话是:假使我再不同意,胡晓谦是无颜返回北京了。我确实手执信笺坐立无措,连胡晓谦在旁讲的话都无心聆听了。最后我告诉胡,请他返回华北招待所,明日上午再到舍下决定。

我本来想在次日与胡晓谦一起赶到上海求谭其骧先生在沪物色人选。但想到谭先生当时还是一位半风瘫病人在龙华医院住院针灸,怎能去打扰他?同时又想到,《中国五大古都》由我一个长期在杭州执教的人主编。过去也曾有人提出过"六大古都"的话,虽然未曾出书,也未曾获得公众首肯。但杭州毕竟是南宋"行在所",虽然半壁江山,但还应算作一个正统王朝。现在由我主编而仍称"五都",这使我有愧于杭州。于是当晚我就决定,我拼了命也得遵从侯老吩咐,但按照具体情况和我个人的处境,我同意承担主编一部包括杭州在内的《中国六大古都》。

胡晓谦先生次日一早就来到舍下,我就以《中国六大古都》相告,杭州当然由我撰写。胡晓谦显然无权对此表态。当时,我们家里都还没有电话,即使有,也无法与北京通话,只有到惠兴路电话局,我告诉了他去那里的走法。胡告诉我,他即去挂电话向出版社总编汇报,但总编还得与北大侯先生商量,估计得花三四个小时才能获得结果,所以他决定等在市内,到午后1时再与出版社通话,然后即来向我通报结果。事情还算顺利,我们刚刚吃完中饭,胡就快速来到:总编与侯先生已经沟通,意见一致,《中国六大古都》,同意。杭州就是这样第一次正式进入"大古都"行列的。但名次排在最后。因为以后安阳也援例冠以"大"字,谭其骧先生为此写了文章,把《中国七大古都》分成三级,第一级当然是西安、北京,第二级是洛阳、开封、南京,对于杭州,谭先生的文章说:"杭州只做过一个割据东南十三州的吴越国首府,一个偷安半壁江山的南宋行在所,所以尽管城市很繁荣,就作为政治中心的古都而言,应与安阳并列与第三级而次于安阳。"⑩所以按照学术泰斗的意见(其实侯、史二老也都向我表达过这种意见),在"大古都"中,不论是"六大"还是"七大",杭州都名列其后。但无论如何,在我国第一部正式出版的《中国六大古都》之中,杭州也名正言顺的位列其中,杭州是中国的"大古都"。

在此书编纂过程中,我当然是不舍昼夜,而胡晓谦先生作为责编,也多次往来于京杭道上。书稿包括地图与照片,终于在1981年年底交出。而其时我正在全力投入于另一重要事件的准备中,因为当时我已经应邀于1982年6月去美国讲学,并将远赴巴西访问讲学,还在里约热内卢举行的国际地理学会上发表演说。⑪实在千头万绪。应该感谢中国青年出版社和责编胡晓谦先生,这年9月底我结束南、北美洲之行返国,此书的三校样随即到了我手上,而1983年4月,《中国六大古都》就正式在北京出版。

1983年暑假,在谭、侯二位前辈的支持下,酝酿已久,由史念海先生担任会长的中国古都学会,于7月初在西安举行成立大会,而《中国六大古都》的首发式也同时举行。但遗憾的是,被这3位前辈推举为此会副会长的我,在这年年初已经接受了日本关西大学大学院(研究生院)的邀请,前去担任客座教授,5月就赴东瀛,不能参与西安盛会。中国青年出版社为了中日两国的学术交流,事前包装此书百册,让我带往日本分送有关学术界,征求他们的意见,我在关西大学开设中国历史地理概论及水经注研究两门课程,与古都关系不大,但任课之余,曾在京都大学、大阪大学及奈良女子大学等校作了"六大古都"的讲学,并分赠此书。感谢日本地理学会会长河野通博教授,他当时任教关西大学,我每次到校外讲学,多由他陪行,帮我向学者赠书并推崇其书。日本研究中国历史城市的汉学家甚多,《六都》当然很受赞赏。但他们也提出一项意见,由于中国历史上的名城甚多,除了这部《六大古都》以外,能否再编撰一部包罗更多名城的专著,因为当时中日两国的学术交流刚刚开始,希望到中国考察观光的学者很多,能有一部记叙更多历史名城的书,必将受到日本学术界的欢迎。为此,这年年底回国后,随即与中国青年出版社联系,仍由胡晓谦担任责编,我很快组织了30余位专家,选定了 50 座名城,主编了一部《中国历史名城》。虽然过程复杂,但在胡晓谦的紧密配合下,此书竟于 1986 年 8 月正式出版。出版后立刻受到日本学术界的高度赞赏和欢迎。日本地理学界元老,年逾八旬的广岛大学名誉教授米仓二郎,随即出面主持监修,日译本书名《中国の诸城市》,仍请我在卷首作序,于 1989 年由东京大明堂出版。

现在再回到《中国六大古都》。此书流入台湾以后,那边原来只出过《五都》,骤见《六都》,如获至宝。实力充足的锦绣出版企业董事长许钟荣先生,立刻责成其出版社着手编一种大开本并且图文并茂的《六都》。由于海峡两岸的经济、文化等关系的恢复,锦绣出版社几次派摄影记者到大陆六都摄影。其书为大 16 开本,书名作《雄都耀光华:中国六大古都》,由溥杰题字,卷首请我作序,并附上我的彩色照片与简历。此书的特点除了装帧精美以外,文字的感情非常深厚,而照片全为彩色,均出自摄影记者之手,所以特别出色。以杭州为例,所附彩照达 44 帧,其中不少是占两个全页的。内容当然参考我们的《六都》。例如《杭州》的开首小标题:"从海湾、泻湖到西湖",就是我的原话。此书于 1989 年出版,许钟荣先生亲自用毛笔签名,派专人致送给我。可惜此书定价高昂,所以流行或许不广。但台湾原来只有《五都》之书,现在有了《六都》,特别是风景秀美的杭州,也作为一个"大古都",台湾同胞必然皆大欢喜。

《中国六大古都》在国内引起的反响是强烈而快速的。我从关西大学回来后不久,有关"六都"的北京、陕西、河南、江苏、浙江 5 家电视台,就筹划联合摄制一部《中国六大古都》的电视系列片,聘请侯仁之、史念海和我 3 位为顾问,以此书作为底本,再由各"大都"作些修补润色,由上述各台领导(多是副台长出马),到各都进行拍摄,他们并定下了一个目标,要把此片作为 1989 年新中国成立 40 周年的献礼片。每去一个"大都",包括内容策划和拍摄,几位顾问也是随同而去的,每处费时总在 10 天以上。我感到抱歉,因为这期间,我又去美国讲学一次,并在日本大阪大学讲课一学期,实际上只参加了洛阳和杭州的拍摄。

事情在 1986 年又发生了变化。这年秋季,我在太原主持历史地理专业委员会举办的国际学术讨论会。河南省安阳市古都学会会长王世恩等,开小车到杭州,又折返太原,向我面交河南省委宣传部的专函。大意是安阳完全具备称为"大古都"的条件。并且提出,谭其骧先生应邀于这年春季由助手扶持访问了安阳,他老认为安阳可以进入"大古都"之列。为此,河南省委宣传部和安阳市委、市府,邀请《中国六大古都》电视系列片顾问并各台领导到安阳考察。信上提出 3 项具体要求:第一,安阳应被中国古都学会公认为"大古都";第二,《中国六大古都》电视系列片应加上安阳,易片名为《中国七大古都》;第三,请我再主编一部《中国七大古都》,并仍由中国青年出版社出版。信末还有几句附言:拍片所需的额外费用,以及出版《七都》的出版费及稿费等,都由安阳市承担。

为此，史先生与我以及有关各电视台领导，于这年年底前到安阳作了为时近半月的考察，河南省委宣传部的一位副部长及几位安阳市领导，自始至终地陪同我们，并随时答复我们提出的问题。最后一次会议，河南与安阳的省市领导全部回避。史先生与我并各台负责人，经过反复讨论，决定同意安阳为"大古都"，电视系列片易名。我在安阳就与北京中国青年出版社通了电话，由我重编《中国七大古都》，而胡晓谦先生也欣然同意担任责编。由于"七都"确实是谭先生提出的，所以我重编时请谭先生在卷首作序，我则在卷末写了长篇后记。中国青年出版社当然不会要安阳支付出版费和稿费。而且在此书出版及再版十多年后，于2005年被选入《中国文库》重版。《中国文库》在《前言》中特别指出："这是生命不老，且历久弥新、常温常新的好书。"在这部"常温常新"的"大古都"之中，杭州也位列其中，确实是杭州的骄傲！

上述《中国七大古都》电视系列片，作为对新中国成立40周年的献礼，准时于1989年国庆首播，参与各台播放前都有一个简短的首播式。遗憾的是，这年我由于日本广岛大学之聘，偕夫人在彼邦讲课。虽然国内已经通知了我此事，但其时正值九州佐贺电视台台长内藤大典先生为了制作电视片邀请我们夫妇去佐贺考察吉野里弥生代遗址，因而错过了这个机会。

我老家绍兴，但在杭州高校执教已经50多年，而且至今仍在职，所以对这个城市的热爱当然是不言而喻的。在这些年里，是我第一个把杭州作为"大古都"落实于正式出版的书中。在《七都》拍摄时，整整10天，我在柳莺宾馆督阵，才有幸把当时在杭州卷烟厂地基中发现的南宋皇城内街道在填废前摄入片中留存，算是对杭州作了一点微薄贡献。但想到《六都》首发和《七都》首播，都因在日本任客座教授而失之交臂，实在不胜内疚。为此，当2002年冬，日本国文化研究中心邀请我们夫妇出席东亚城市文明史国际学术讨论会时，当时虽已届80衰年，但还是鼓足勇气偕夫人东渡，在京都大学作了《先秦时代の秦汉时代の杭州》[12]的学术演讲，与20年前在巴西里约热内卢的演讲衔接，在许多国际学者中展示了"大古都"杭州的光辉。

在此文之末还要附带一提的是，杭州与安阳先后在正式出版物中成为"大古都"，国内学术界也有对"五都"、"六都"、"七都"，也就是"古都"与"大古都"的含义提出意见的。为此，我主编了《中国都城词典》[13]一书。全书共6500余词条，其间，"古都"与"大古都"两个词条都是我撰写的，在此摘要以供参考：

"古都"：在历史上曾经作为某一政权都城的城市。条件有两个：第一是历史上曾经成为一个独立政权的首都；第二是可以称为古都的现代城市，在地理位置上必须与当年的古都重合，或部分重合。

　　"大古都"：历史上公认的传统王朝的首都，上起夏、商、周、秦、汉、晋，下至隋、唐、宋、元、明、清，都是中国历史上公认的传统王朝。这中间，晋室曾经东渡，但西晋、东晋原是一晋；宋朝虽然南迁，但北宋、南宋都属一宋。

注释：

① *The Concise Columbia Encyclopedia*, Edited by Judith S. Levey and Agnes greenhall, 1983, P. 337.

② 《辞海》下册，辞书出版社 1979 年版，第 3909 页。

③ 罗泌《路史·前纪》卷四。

④ 《礼记》的一篇，学者考定出于战国后期。

⑤ 《评〈中华帝国晚期的城市〉》，《杭州大学学报》(哲社版) 1985 年第 1 期。

⑥ 我于 1969 年年底，被杭州大学地理系革命委员会宣布"罪行"和处理："敌我矛盾按人民内部矛盾处理。"

⑦ 科学出版社 1983 年版。

⑧ 五大古都为：西安、北京、洛阳、开封、南京。

⑨ *The City in Late Imperial China*, Stanford University Press, 1969. 中译本，叶光庭等译，陈桥驿校，中华书局 2000 年版。

⑩ 《中国七大古都》序，中国青年出版社 1991 年版。

⑪ *The Urban Construction and Economic Development of Hangzhou During the Last Millennium.* (《一千年来杭州的城市建设与经济发展》)。

⑫ 国际日本文化研究センター—2004 年 1 月 30 日发行。

⑬ 江西教育出版社 1999 年版。

　　　　原载《在保护中发展，在发展中保护》(内部印行)，九三学社杭州委员会，2007 年

关于《浙江省历史地图集》的编绘

引　言

　　编绘一个省（地域按今省境）的历史地图集,特别像浙江省这样一个历史悠久、族群交替、地名众多、来源复杂、沿革频繁的省份,具有各方面的很大难度。我在《杭州古旧地图集序》[①]中已经指出:虽然在全国已有谭图(指谭其骧主编《中国历史地图集》),而七大古都中的北京和西安也相继编绘出版了各自的历史地图集,"但是由于各种条件所限,我们还不能与七大古都中的魁首相比。兹事体大,尚有待于各有关方面的继续努力"。其实,在我撰写此《序》时,省内有关方面已经开始酝酿《浙江省历史地图集》。现在,这个课题终于交给了浙江大学(省社科院也承诺合作)。浙江省领导一再号召浙江要成为"文化大省",则此地图集的编绘出版自属必要;不过这个课题不同一般,具有巨大的工作量和许多必须克服的艰深学术问题。我以垂老之年被任命为图集主编,多日以来,实在寝食难安。为此殚精竭虑,苦思冥想,作了一些初步的思考,提供领导以及参加编绘的诸位女士和先生参考。

历史地图集编绘简史

　　中国历史悠久,很早就有地图编绘之事。《史记·三王世家》"臣请令史官择吉

日,具礼仪,上御史,奏舆地图"。立三王之事在汉高祖六年(前201),说明古时确
有《舆地图》。姚振宗《汉书艺文志拾补》卷五引《汉书·高帝纪》,"高帝元年冬十
月,沛公至霸上,秦王子婴降,遂而入咸阳,萧何尽收相府图籍"。这里的"图籍"显
然包括舆图在内。不过《三王世家》中的《舆地图》大概是两汉地图,而萧何在秦丞
相府收得的地图,则是更早的《秦地图》。据《汉书·地理志》琅琊郡长广县:"《秦
地图》曰:剧清池,幽州薮,"又代郡班氏县:"《秦地图》书班氏,莽曰班副。"说明《秦
地图》为班固所亲见。而上述《三王世家》记及的《舆地图》,张国淦的《中国古方志
考》曾有著录,作《汉舆地图》。当然,所有这些地图,都是秦汉各朝的当代地图,并
非历史地图。

中国历史上最早出现的历史地图,当推晋司空裴秀的门客京相璠所编绘的《禹贡
地域图》。在裴秀的年代,《禹贡》当然被认为是夏禹的经书,按近代学者的研究,此书
已经基本确定是战国后期的作品。但晋代据此编绘地图,仍然属于历史地图。由于此
图亡佚已久,虽然《晋书·裴秀传》中详载当时地图的绘制方法即所谓"制图六体",但
对于全图的体例格局,我们已经无从获悉,事详拙作 *Map-Making in Ancient China* 文
中,在此毋需赘述。

我国历史上通过对历史疆域的研究,有计划地编绘历史地图集,当推清末民初的
杨守敬及其门人熊会贞。按杨熊师生的学术经历研究,据吴天任《杨惺吾先生年谱》,
同治二年(1863)"是年,与(邓)铁香同撰《历代舆地沿革险要图》,"而据杨守敬自撰
的《邻苏老人年谱》:[2]"丙子三十八岁(按光绪二年,1876年),东湖饶季音敦秩招余至
其家,同撰《历代舆地沿革险要图》。"这两条记载,前一条不见于杨氏自撰的《年谱》,
恐为讹传。第二条虽然见其自撰《年谱》,但事实是饶敦秩"招余至其家"。看来杨守
敬并无绘图的准备,而《年谱》也未曾写出绘图的结果,所以都不能作为绘制历史地
图的确证。在那个时代,编绘历史舆地沿革地图,最主要的依据是历代正史地理
志。而光绪十二年(1886),他与熊会贞撰写《隋书·地理志考证》[3]一书,可以证明
他们师生已经从事正史地理志的精研,并发现历代地理志有不少错误。也可以说
明,他们已经通过历代地理志的精研,开始绘制历代地图。所以杨世灿所撰《杨守
敬学术年谱》在宣统三年(1911)载:"杨守敬和熊会贞编校督刻十六国及梁、陈、北
齐、北周、唐、五代、宋、辽、金、元各地图,"这条记载是可信的。这就是杨熊合撰的
《历代舆地图》。

杨熊合绘的这套历史地图,是在对历代正史地理志的研究基础上完成的。其底图
则采用当时湖北巡抚胡林翼主持的《大清一统舆图》,此图有经纬线,用方格计算,所
以是一部颇有价值的历史地图集。谭其骧先生编《中国历史地图集》的过程中,曾于

1954 年建立了一个称为"重编改绘杨守敬《历代舆地图》委员会"（当时简称"杨图委员会"）。虽然在不久以后，参与编绘的学者们认为这个名称不妥而没有继续使用，但《历代舆地图》在我国历史地图编绘史上的影响，确实是不小的。

在杨图和谭图之间，学术界编绘出版的历史地图不多。20 世纪 50 年代，顾颉刚和章巽两位先生曾编绘出版过一种《中国历史地图集》，图仅 1 册，按朝代排列，内容很简单。这是因为杨图早成稀物，而谭图尚在策划编绘，但学术界和教育界却很需要，所以顾、章两位编绘此图，实在是在这个历史地图青黄不接时代的急就章。此外，在 70 年代末期，中国社科院历史地理所的几位学者，又按郭沫若的《中国史稿》编绘出版了一种《中国史稿地图集》，但仅编绘出版了上册，内容并不完备，流行不广，实用价值不大。

谭氏主编的《中国历史地图集》，按时代共分 8 册，于 1979 年年初正式出版（国内发行），但 1980 年以后，又因中央领导的倡议，稍加修改而在国内外公开发行。在每一册出版后，随即向事前商定的国内专家和国外著名汉学家赠送。我受谭先生的叮嘱于 1985 年在日本国立大阪大学担任客座教授期间撰写了长篇评论。[④]图集在当时还仅出版了 3 册，但每隔四五个月就能出版一册，国内外专家的赠书都能按时收到。却不料在出到第六册以后，竟因内容中某个问题而受到某个有关政府部门的责询，图集的七八两册因而搁浅。因为谭其骧坚持地图是学术著作，图内一切必须以权威资料为据，必须言必有据。但责询方面则完全考虑政治，为此而形成僵持的局面，谭氏表示，假使内容可以随意更改，他宁愿停止出版。所以倡议此图公开发行的中央领导出面干预，邀请国内近 10 位专家包括对图集提出责询的部门，于 1986 年 8 月在中南海举行会议。结果是与会专家都赞同谭氏"言必有据"的科学观点，中央领导也给予支持。僵持局面得到解决。此事的全部过程相当复杂，不是几句话就写得清楚，我也是与会专家之一，但也不拟在此细叙。好在事情的全过程已由葛剑雄教授在《悠悠长水——谭其骧后传》一书中和盘托出，葛著于 2000 年由华东师大出版社公开出版，前因后果已经公之于世。我们值得引为鉴戒的是，谭图是全国性图集，受人责询的问题当然是全国性的大事。我们编绘的是省图，但由于长期来的历史渊源和区划纠葛，地方性的图集也难免发生地方性的问题。一旦这样的问题发生之时，除了像谭图那样首先必须有领导支持外，我所坚持的原则也和谭先生一样："言必有据，"当然，这种"据"必须出自学术界公认的权威文献。

谭图终于在 1988 年全部问世，并在国内外产生了极大的反响，可以用"载誉环球"一语表述。而我的那篇评论竟也因此图的价值而受到国内外学术界的赞赏。拙文提出："如此巨大的篇幅，不要说千千万万的线条和注记符号，仅地名一项就达七万左右,要把偌大的内容,从各种历史文献,从古代的示意地图上,统统移植到现代的计量地图上,接受计量的考验,其难度是很大的。"我又指出:"要评价规模如此庞大,内容如此复杂的一部历史地图集,真是千头万绪,但是我所说的这一点,或许就是其中的关键。"我的这篇书评因为是在国家著名期刊用中英文发表的,其中所说的关于此图的"关键"一语,后来备受日本和西方汉学家的认同。其事已在《杭州古旧地图集·序》中提及,历史地图集的编绘者值得关注。

谭图在国内的影响

此文是为了《浙江省历史地图集》的编绘而作,所以对谭图在国际上的影响不作介绍。⑤在国内,从此图国内发行本问世时起,谭先生当年在燕京大学的同学,也就是顾颉刚先生的高足侯仁之、史念海两先生,随即着手为他们长期执教的古都北京和西安编纂历史地图集。我因为是与这两位过从密切的后辈,而且又于1985年,通过他们3位的一致推荐,由我接任谭先生长期担任的中国地理学会历史地理专业委员会主任,经常为他们的研究生讲课并主持答辩,所以常有聚会的机会,为此在某种程度上参与了他们的工作和提出一些建议。在他们的图集出版以后,我都是第一读者并应命在著名的期刊上发表书评。所以侯史二位的图集编绘,我是相当了解的。《北京历史地图集·一集》1988年、《二集》1997年均由北京出版社出版,我的书评都即时发表。⑥《一集》的内容除少数几幅先秦图外,主要的篇幅是从秦到民国的沿革图。《二集》是第四纪地质图和新石器时代地图,所以除了地图以外,还有不少文物图幅。侯先生原来还有出版《三集》的计划,但至今没有问世。

我在书评中对侯图的成就是充分肯定的,但也提出了一个在区域历史地图集编绘中的困难和应该怎样解决的问题:

> 自然地理要素绘入地图,看来还有不少困难。道理很简单,因为任何自然地理要素在文献资料上始见之时,并不就是这种要素出现之时。要素的出现时间,一般总要大大早于文献的记载。例如在北朝《北魏图》中,今北京市区以东,第一次绘上夏泽和谦泽两个湖泊,这或许是根据《水经·鲍丘水注》的记载:"鲍丘水又东南入夏泽,泽南纤西渚十余里,北佩谦泽,眇望无垠也。"夏泽和谦泽的记载始于北魏文献,并不等于二泽形成于北魏。而且根据"眇望无垠"的话,湖泊范围甚大,更不可能在北魏一旦形成。则两个湖泊在《北魏图》上第一次出现,虽然属于无奈,但于事未免牵强。诸如此类的问题,对于历史地图的编绘有共同性,究竟应该如何解决,尚可进一步研究。

《西安历史地图集》在定稿以前，曾以此图的《总体设计书》组织国内若干专家到西安评审，我是这个专家组的负责人，经过几天的评审以后，由我写出《评审意见》，"专家们首先从《图稿》的总体方面进行评审，认为地图集的《总体设计书》所提出的编绘目的意义明确，要求具体周到，对整部图集的编绘具有重要指导作用。而地图集的《图幅设计表》编制周详，设计精密，是图集获得成功的重要基础。"此图于 1996 年出版。在那几年，为了替史先生的研究生讲课和论文答辩，我常常一年两度去西安，所以理所当然成为第一读者而且即时写了书评。虽然充分肯定了图集的成就，但是也有令人遗憾之处。全集中非常重要的两幅《明西安府城图》和两幅《清西安都城图》都不曾加上比例尺，成为不能计量的示意图。我当然不能不在书评中指出这种严重的错误，为了礼貌，我把这种错误的责任归于出版此图的西安地图出版社。其实，只要稍有一般地图学知识的人，都可以把这几幅图的比例尺计算出来。所以编绘者显然也有重要的责任。以后的地图编绘者，务必引以为戒。

另外一种由我担任顾问而且确实参与其事的是《山西省历史地图集》。山西省对此确实郑重其事，我曾两度应邀到太原等地开会并考察，每次会议都由一位副省长出面主持，并且专门为此成立了属于省级的编纂委员会。具体事务由省测绘局承办，参编学者超过百人。图集的规模当然很大，包括旧石器时代、新石器时代、先秦和之后的历史时期以及其他专项地图，全集页码达到 450 页。我没有对此图撰写书评，这是因为该省对卷首的夏、商、西周诸幅十分重视，这是他们老一辈学者多数人所尊奉的省情传统，是我所不愿也不便干预的。我个人并不同意中国曾经有这样经历十六七个国君、持续达 500 年而领土有"九州"之大的夏王朝存在，也更不同意这个王朝有这样一位开国之君。我的所有这些观点，都曾经在往年写文章发表过。[⑦]在那年参加（其实是旁听）"夏商周断代工程"的国际网议以后，又利用为《绍兴史纲》一书作的《序》[⑧]的机会，否定并严厉地批判了这项耗资巨大的所谓"工程"。无独有偶的是《中国文物报》也于 2001 年 6 月 6 日以整版篇幅摘刊了这次网议的概要。而且此报所持的观点与我实在是不约而同。这个版面的负责人刘星，以《这场争论引起的若干思考》作为一个小标题，表达了《中国文物报》的观点：

> 关于是否有夏、二里头是否夏以及二里头文化是否步入了国家社会等等问题，我们在上述的评论中已经多少表明了我们的立场。运用"同代文字证明"的逻辑，我们只能对夏的存在打一个问号，因为目前还有没出土文字证明司马迁关于夏的记载是真实可靠的；同样，二里头是否夏，也存在类似的问题。

我在拙《序》中赞赏了刘星的这篇坦率的评论：

> 我真佩服刘星先生的这段话。他确实说得既科学，又含蓄。"因为目前还

有没出土文字证明司马迁关于夏的记载是真实可靠的"，所以，"我们只能对夏的存在打一个问号"。司马迁对夏说了些什么？《夏本纪》中抄录了《禹贡》全文，这里记录了大禹移山倒海的神功，竟把第四纪甚至第三纪的地质变迁都包罗在内。

对山西省来说，上述这些观点，都要伤及当地不少正统学者们的情感，所以我保持沉默。但是图集编绘过程中，有一种观点是我十分坚持的，而他们最终也理解我的意见。这就是，他们原来提出来要在图上标出县界，而我则认为这样做，除了制造错误以外，没有其他效果。有山有水的地区，或许稍为容易，但山脊线和河流也不一定就是区划界线。至于平坦的地区，在最关重要的明清两代，即使把这个地区的鱼鳞册都搜罗齐全（当然绝不可能），也不一定画得出正确的界线。后来他们放弃了这种打算，我对此感到欣慰。

《浙江省历史地图集》的初步设想

现在回到浙江省编绘历史地图集的本题上来。因为当前这已经成为我们必须承担的任务。《中国历史地图集》的经验当然应该吸取。但是此图是一种按时代次序绘制的要素比较单一的沿革地图集。为此，除了沿革这一部分我们可以遵循以外，考虑到北京、西安二市及山西省的历史地图集，内容都是趋于综合性的，跨越的时代和包含的要素都是多方面的。我在《评中国历史地图集》一文中说：

　　我国的历史地理研究，长期来最薄弱的环节就是历史自然地理。在本图内部试行本出版后两年，我国有史以来的第一部《历史自然地理》编写工作在中国科学院的领导下积极进行；八年以后，《历史自然地理》一书才正式出版。[⑨]因此，《中国历史地图集》没有来得及利用《历史自然地理》的研究成果，这对此图集在历史自然地理要素的编绘中无疑是一种损失。

为此，《浙江省历史地图集》除了沿革部分占全集的较大篇幅以外，从年代上应该有第四纪（不迟于晚更新世，也可以说新石器时代）和先秦的图幅。从内容来说，除了人文地理（沿革）以外，应该包括自然地理，当然还有人文与自然兼容并包的综合性图幅。

按照常规，图集卷首是一幅地形图和行政区划图，图幅各占两个页码，比例以不小于1∶180万为宜。假使在此二图之前有一幅资源卫星图或许更好，但不必勉强。卷首诸图以后就是图集的正式开端。当然以晚更新世（新石器时代）的自然、文化诸图为首。在这些图幅上，由于当时尚无地名（或许是已有原始地名而现在无法查考），就得使用现在考古学上的命名如崧泽文化、马家浜文化、良渚文化、河姆渡文化等等,不必繁举。在这些图幅中,我们必须严格遵循的是,所有入图的内容,都要具备学术界公认的科学测年数据。

这一部分以后,接着是先秦图幅,由于历史自然地理资料尚不完备,为此,按《中国历史地图集》例,只能以各时代的沿革地图为纲。当然,如我在对该图集的评论中所指出的,沿革图上除了属于人文地理的郡县变迁以外,同样包含如山岳、河流等自然地理要素。而且由于《历史自然地理》的出版,省境内古地理及历史自然地理的研究也比以前稍有进展,所以自然地理要素可以增加,并可在时代相应的沿革地图以后附加自然地理专幅。对于内容稀缺的,可以缩小比例尺,在同一页码上并列数图。对于整部图集的始末,开端当然是晚更新世(新石器时代),结尾是清帝国的消亡。这是《中国历史地图集》的体例。当前历史地理学界公认的"历史时期",是从人类从事有组织的生产活动(全新世)到清王朝的结束。民国时代的地理概况,已经属于现代地图领域,显然不必考虑。

最后是图幅的解释和卷末的索引。后者是必须具备的也是相当繁琐的工作,当前各种地图集(包括历史地图集)都已确认这一部分的重要性,所以必须编制,愈细愈佳。至于解释,《中国历史地图集》没有解释,北京、西安、山西诸集都有解释。由于谭图主要是一部沿革图,可以没有解释。但以后各图内容都趋于多样复杂,解释看来不能省略,《浙江省历史地图集》需要有各图幅的解释,但撰写解释也是难度颇大的工作,值得编绘者在编绘过程中同时也思考这个问题。

编绘《浙江省历史地图集》是一项牵涉广泛,需要解决许多问题的浩大工程。与此有关的学科,包括历史学、地理学、古地理学、历史地理学、地图学、民族学、地名学、方志学,等等。但不管涉及多广,问题多艰,我们必须坚持一个原则——科学。这中间十分重要的是:言必有据。而且这个"据",不是那种引车卖浆者的作品,而必须是权威的典籍。以地图中出现最频繁的地名来说,每一个地名,都要求出自权威文献。举个例子,浙江地区最早出现的地名(也是部族名)是"于越"。但此名不见于浙江最早的权威文献《越绝书》,而是见于今本《竹书纪年》周成王二十四年(公元前11世纪末)所载:"于越来宾。"古今两本《竹书纪年》的权威性当然不可同日而语,但我往年已经作过仔细考证,今本的"于越来宾"这一条是可信的。[⑩]而且颜师古在《汉书·地理志》"句吴"条下作了解释:"夷族发语声,犹越为于越也。"所以今本《竹书纪年》的"于越",作为这个省境的最早地名,属于信史而绝非传说。

编绘这样一部历史地图集,真是千头万绪,我们实在都缺乏这方面的素养和经验,我写此文,只是为了让我们的领导和参与编绘的各位学者有一些必要的思想准备。

　　希望在领导的支持下,在各位编绘学者的耕耘下,我们能够比较高质量地编绘出这部《浙江省历史地图集》。

注释:

① 杭州市档案馆编,浙江古籍出版社 2006 年版。此《序》又发表于《杭州师范学院学报》(社会科学版)2006 年第 5 期。

② 据《胡适手稿》第五集中册抄录本。

③ 《邻苏老人年谱》,"丙戌四十八岁……乃与崮芝同起草为《隋书·地理志考证》",按"崮芝"是熊会贞字。

④ 《评〈中国历史地图集〉》,《中国社会科学》1985 年第 4 期(中文),1986 年夏季卷(英文)。

⑤ 曾于 1985 年 2 月 16 日在大阪与日本汉学家斯波义信及当时也在日本讲学的美国汉学家施坚雅(G. W. Skinner)共同讨论了《中国历史地图集》,其事已收入拙著《陈桥驿方志论集》,杭州大学出版社 1997 年版。

⑥ 《一集》书评发表于《历史研究》1989 年第 5 期;《二集》书评发表于《地理研究》1998 年第 1 期。

⑦ 我撰写的这类拙文较多,如《大禹研究序》,浙江人民出版社 1995 年版;《水经注记载的禹迹》,《浙江学刊》1985 年第 3 期,又收入于《水经注研究四集》,杭州出版社 2003 年版。

⑧ 百家出版社 2002 年版,此《序》又收于《学术界》2002 年第 6 期。

⑨ 《历史自然地理》是中国科学院组织编著的《中国自然地理》中的一个分册,此册由若干高等院校和研究所的 20 几位专家、学者共同编写,谭其骧、史念海、陈桥驿 3 人汇总、修改、定稿,由科学出版社于 1982 年出版。

⑩ 我曾在好几篇论文中提及,参阅《绍兴简史》,中华书局 2004 年版。

2007 年 1 月于浙江大学

原载《杭州师范学院学报》(社会科学版)2007 年第 2 期

国学四十讲：郦学

一、《水经》与《水经注》

　　郦学是一门学问，它以《水经注》为研究对象，《水经注》是北魏郦道元的著作，所以学术界把这门学问称为郦学。由于《水经注》一书内容丰富，涉及的学术领域很广，如我在简化字本《水经注》[①]的点校《后记》中所说，此书"已经成为自然科学者和人文科学者都要使用的参考书"。郗志群在其《最近十年来〈水经注〉研究概述》[②]一文中指出："最近十年，对《水经注》的研究一直是国内（包括港台地区）学术界的一个热点，且有不断升温的趋势。"所以对于学术界来说，郦学是一门博大精深、值得研究的学问；对于一般读者来说，《水经注》是一部趣味隽永、知识丰富的读物。这或许就是郗志群称之为"热点"的原因。

　　从书名来看，《水经注》是《水经》的一种注释。在我国历史上，后人为前辈学者著作作注的事相当普遍，其中也有很出名的，例如裴松之注《三国志》，李善注《文选》，胡三省注《资治通鉴》，都是这方面的例子。但《水经注》的情况就更为特殊。郦道元作注的这部《水经》内容简单而刻板，全书共约8250字。经过郦道元作注，全书扩大到约34万5千字。[③]所以，《水经注》实在是一部独立的著作。

　　这里有必要说明的是，在中国历史上，《水经》和《水经注》都不止一种。这在《隋书·经籍志》、《旧唐书·经籍志》、《新唐书·艺文志》中都有著录。《隋志》著录：

"《水经》三卷，郭璞注。"这项著录不及撰者，只知是郭璞所注。《旧唐志》著录："《水经》三卷，郭璞撰。"这项著录的价值不大，因为它无非是抄录《隋志》，而且把《隋志》"郭璞注"的"注"字讹作"撰"字。郭璞是东晋人，确实注过不少书，现存的还有《山海经》、《尔雅》、《方言》等，所以《隋志》作"注"，大概不致有讹。《新唐志》著录："桑钦《水经》三卷。"这项著录，指出了《隋志》和《旧唐志》都不曾记及的这部《水经》的作者，所以对《隋志》和《旧唐志》都是一种重要的补充。桑钦是西汉成帝时人（公元前1世纪末），所以班固在东汉初撰写《汉书·地理志》时已引及了他的著作。《汉志》在有关绛水、漯水、汶水、淮水、弱水、易水等6条河流的叙述中，分别引及了桑钦的著作。既然所引都是河流，或许就是他所撰的《水经》。但是由于班固引及桑钦时，都并未提出《水经》书名，而只是笼统地说"桑钦言"、"桑钦以为"等等，而郦道元《水经注》卷五《河水注》中，却引及桑钦《地理志》，所以《汉志》所引桑钦，是《水经》抑是《地理志》或桑钦的其他著作，仍然无法肯定。不过宋郑樵《通志·艺文略》著录："《水经》三卷，汉桑钦撰，郭璞注。"与上述《隋志》及《旧唐志》的著录对照，桑钦所撰《水经》，由郭璞作注，其书或许确曾存在。当然，全书不过3卷，篇幅甚小，而且亡佚已久，内容除《汉志》引及者外，已经不得而知了。

隋唐三志除了上述对《水经》的著录外，《隋志》又另有著录："《水经》四十卷，郦善长注。"《旧唐志》作："《水经》又四十卷，郦道元撰。"《新唐志》作："郦道元注《水经》四十卷。"郦道元所注的《水经》当然不是桑钦的《水经》。此《水经》是何时何人所撰，历来有不同意见。清初胡渭在《禹贡锥指例略》中认为："《水经》创自东汉，而魏晋人续成之，非一时一手作。"全祖望在其《五校本题辞》也指出："东汉初人为之，曹魏初人续成之。"乾隆年代，《四库全书提要》在仔细地研究了经文中的地名以后，作出了令人信服的考证：

> 又《水经》作者，《唐书》题曰桑钦，但班固尝引钦说，与经文异；道元注亦引钦所作《地理志》，不曰《水经》。观其涪水条中，称广汉已为广魏，则决非汉时；钟水条中，称晋宁仍曰魏宁，则未及晋代。推寻文句，大抵三国时人。

清末杨守敬在《四库全书提要》的基础上继续研究，得出了此《水经》是三国魏人所撰的结论。他在《水经注要删凡例》中说：

> 自阎百诗谓郭璞注《山海经》引《水经》者七，而后郭璞撰《水经》之说废；自《水经注序》出，不言经作于桑钦，而后来附益之说为不足凭。前人定为三国时人作，其说是矣。余更得数证焉。《沔水》经"东过魏兴安阳县南"。魏兴为曹氏所立之郡，注明言之。赵氏[④]疑此条为后人所续者，不知此正魏人作经之明证。古淇水入河，至建安十九年曹魏始遏淇水东入白沟，而经明云"东过内黄县南为白

沟"，此又魏人作经之切证。又刘璋分巴郡置巴东、巴西郡，而夷水、漾水经文只称巴郡；蜀先主置汉嘉郡、涪陵郡，而若水、延江水经文，不称汉嘉、涪陵。他如吴省沙羡县，而经仍称江夏沙羡，吴置始安郡于始安，而经仍称零陵始安，盖以敌国所改之制，故外之。此又魏人作经，不下逮晋代之证也。

如上所述，经过《四库全书提要》和杨守敬的考证，这部《水经》为三国魏人所作，大概已可论定。不过他们在考证中都没有提出此书是何人所撰。由于这个问题实在没有线索可循，只好付之阙如，中国古籍中这种情况很多，不足为怪。所以我们可以确定的是，郦道元为之作注的这部《水经》，是三国魏人所撰，但撰者不知其名。

二、郦道元家世

郦道元（？—527），字善长，范阳郡涿县（今河北涿州市）人。现在我们研究的这门学问以他的姓氏命名，则郦道元其人是首先必须了解的。著名学者胡适在其郦学研究中，曾考证典籍，把郦氏家世，从他的曾祖、祖父、父辈和兄弟辈作了一张简表：[⑤]

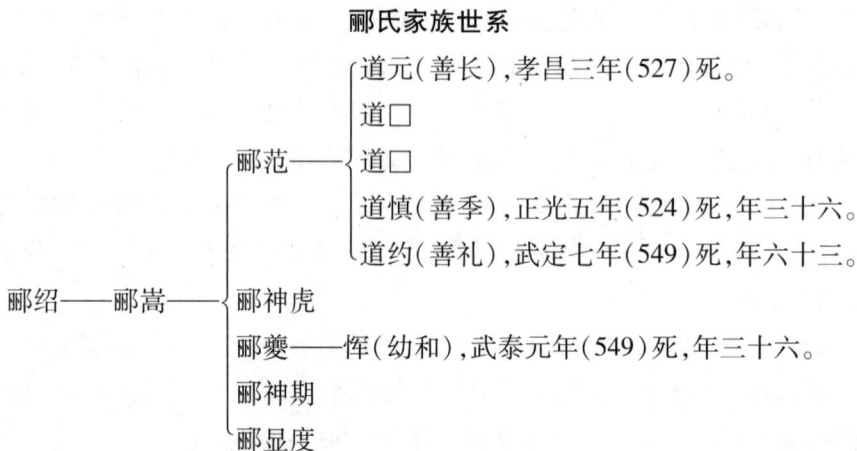

郦氏家族世系

郦绍——郦嵩——┬ 郦范——┬ 道元（善长），孝昌三年（527）死。
　　　　　　　│　　　　├ 道□
　　　　　　　│　　　　├ 道□
　　　　　　　│　　　　├ 道慎（善季），正光五年（524）死，年三十六。
　　　　　　　│　　　　└ 道约（善礼），武定七年（549）死，年六十三。
　　　　　　　├ 郦神虎
　　　　　　　├ 郦夔——恽（幼和），武泰元年（549）死，年三十六。
　　　　　　　├ 郦神期
　　　　　　　└ 郦显度

这张世系表中列入了郦氏家族 4 代共 13 人，都是从《魏书》和《北史》两部正史中查出来的，因为郦范和郦道元在这两部史书中都立有专传，此外，郦道慎和郦道约也都立有不到 100 字的短传。与他们同辈的郦恽也有短传。而另外在世系表中列名的，都在上述入传的成员中提及。所以总的说来，郦氏在当时称得上是一个望族，官宦世家，书香门第。

再看看郦氏家族所处的时代。在中国，这是一个南北分裂的时期，历史上称为

"五胡乱华"。大群生活在北方草原的游牧民族,相继进入华北和中原,他们放弃了"天苍苍,野茫茫"的自然环境和"风吹草低见牛羊"的游牧生活,而入居到这片对他们来说是完全陌生的土地上从事农业生产。而原来居住在这个地区的汉族,也就被迫大批南迁,放弃了他们世代定居的这片坦荡肥沃的小麦杂粮区,迁移到低洼潮湿的江南稻作区。谭其骧在其《晋永嘉丧乱后之民族迁徙》⑥一文中作过估计,从西晋末年到刘裕为止,"南渡人口约共有九十万,占当时全国境人口约五百四十五万的六分之一。"但从地理上说,如我在《郦道元生平考》⑦一文中所指出的,这是一个"地理大交流"的时代,它加速了中华民族的形成与融合。所以,从战祸蔓延、人民流离的这种现象来说,这个时代是中国的混乱时代;但从文化交流、民族融合的这种结果来说,这个时代是中国的光荣时代。

当永嘉之乱之时,大批汉人南迁。但按上述谭其骧的估计,汉人中的大部分仍然留居北土,他们甘冒战乱的风险而安土重迁。据《魏书》和《北史》这两部史书的记述,郦氏家族很早就服官于"五胡"中的鲜卑族人之下。郦道元的曾祖郦绍原来在慕容鲜卑建立的后燕(396—403)任濮阳太守。当拓跋鲜卑大军南下之时,他"以郡迎降,授兖州监军"。郦道元的祖父郦嵩,曾在拓跋鲜卑的北魏任天水太守。而到了其父郦范,在北魏任治事东宫,以后又不断地加官晋爵,从男爵、子爵、侯爵,直到"除平东将军,青州刺史,假范阳公"。他是郦氏家族中在北魏登峰造极的人物。从上列世系表中可以见及,表上列名的家族成员,几乎每人都曾在拓跋王朝中担任过大小不同的官职。如郦道元的弟弟郦道慎,虽然不到 40 岁就去世,但却获得过不少封号和官职,如辅国将军、骁骑将军等,并任官正平太守。另一个弟弟郦道约,曾获冠军将军的封号,并任东莱太守和鲁郡太守。郦道元的堂兄弟郦恽,曾得征虏将军的封号,并任安州刺史。郦道元的叔叔郦神虎、郦神期,以及他的子侄一辈,也都有封号和官职。所以郦氏家族在鲜卑王朝中,显然属于官宦世家。

永嘉之乱以后,中国分为南北,拓跋鲜卑是北部中国的最大胜利者,从政治上说,他们建立了势力强大的北魏。对于许多留居在北方的汉人来说,则是被征服者。但是在另一方面,这些在政治上屈从于鲜卑王朝的汉人,从文化上说,却是十足的征服者。因为这一大批骑着战马呼啸而来的草原人,在进入中原以后,刚刚跨下马背,就拜倒在汉人的文化之下。他们把首都从塞北平城(今山西省大同市附近)迁到中原名都洛阳,他们崇儒尊孔,禁说胡言,禁穿胡服,而最终废弃他们的世代胡姓"拓跋",改为汉姓"元"。这个过程,实际上就是民族间文化交流的过程,也就是随着"地理大交流"而发生的民族融合的过程。

这个过程实际上是相当漫长的,我在拙著《郦道元评传》⑧中,曾以两个确切可考

的年份,叙述了这个过程的经历:

在公元前307年,一位汉族的著名国君赵武灵王,他甘愿冒天下之大不韪,放
弃祖宗历代的传统服式,自己带头,并且要他的子民一起穿上人们所不齿的奇形
怪状的夷狄服装。但事隔八个世纪,来自塞北草原的骑马民族的一支,鲜卑族的
著名国君拓跋宏,于北魏太和十八年(494)正式下诏:"禁士民胡服。"……一位汉
族领袖要汉人穿上胡服,而另一位胡人领袖要胡人穿上汉服。这真是一出历史喜
剧,或许也可以说是历史对人们的揶揄。

所以文化交流和民族融合的过程实际上是漫长、曲折和复杂的。而在郦氏家族这
一代中,这种过程获得很大的跃进,基本上趋于完成。而在这方面,郦氏家族是作出了
很大贡献的。

前面已经述及,郦氏家族属于书香门第,在当时战乱频繁、时局动荡的中原,他们
家族正是汉族文化的代表,倾倒于汉族文化的拓跋王朝之所以把教育王朝子孙重任的
给事东宫之职授予郦范,也正是看中了郦氏家族的这种代表汉族文化的书香门第。事
实上,从上述两种史书的记叙中,也可以看到这个家族成员的文化素养。且不说郦道
元的学术文章,史书涉及的其他成员,如郦道慎"涉历史传,有干略",郦道约"颇爱琴
书",郦恽"好学,有文才,……所作文章,颇行于世,撰慕容氏书,不成"(郦恽没有撰成
的《慕容氏书》,或许就是慕容鲜卑建立的前燕、西燕、后燕的史书,可惜没有撰成),这
些记载可以说明,郦氏家族所以能够在这些少数民族建立的王朝中获得重视并建立功
业,这与他们书香门第的文化素质是分不开的。而他们显然在促成拓跋王朝的汉化过
程中起了重要的作用。

三、郦道元

郦道元的家族门第和时代,这是郦学这门学问的背景。在了解了这种背景以后,
就可以进一步认识郦道元本人了。

郦道元生年不详,这是因为缺乏历史记载。历来有不少学者议论过他的出生和在
世年代,但都是一种臆测,并不可靠。学者们臆测郦氏生年的依据,都是根据《水经
注》卷二十六《巨洋水注》中的一句自述:"先公以太和中作镇海岱,余总角之年,侍节
东州。"不少学者以"总角之年"中的"总角"一词,假设他"侍节东州"的年龄,而由此
推算他的生年。但问题是,"总角"一词,在中国古代词汇中,并无确切的数值概念。
此词最早见于《诗经》和《礼记》,不过是童年的泛指。以往各家推测,最早为和平六年
(465),最晚为太和九年(485)。[9]众说纷纭,莫衷一是。这其实是郦学研究中既不能也

不必解决的问题。

郦道元的家乡在什么地方? 在卷十二《巨马水注》中有明确记叙:

> 巨马水又东,郦亭沟水注之。水上承督亢沟水于遒县东,东南流,历紫渊东,余六世祖乐浪府君,自涿之先贤乡爱宅其阴。

这条记载明白地写出了他的故乡,在巨马水(今拒马河)支流郦亭沟水的一个称为紫渊的湖边,郦氏故居在这个湖泊以南。清孙承泽在《春明梦余录》卷六十四说:"郦亭在涿州南二十里,为郦道元故居。"郦道元故居,也就是郦氏家族的故居,从《水经注》中明确可考。不过由于郦范游宦四方,故居是否就是郦道元的出生地,也属无可考证。

1995年初,时值元宵佳节,涿州市举行郦道元学术讨论会,我曾躬逢其盛。当时,郦道元纪念馆也在其故居奠基动工。此处现已称为郦道元村,地理位置与《春明梦余录》完全吻合,不过河川变化与《水经注》时代已经很不相同。村边有一条沟渠,与拒马河连通。而郦氏记载的郦亭沟水已经完全干涸,紫渊当然更无影踪。村舍不大,坐落在拒马河的一片平原之中,回首14个世纪以前的郦氏故居,沧桑递变,令人感慨系之。

前面已经提到郦氏家族是一个官宦家族,他父亲郦范是北魏王朝中的重臣,他自幼随父,当然到过不少地方,上述《巨洋水注》中"余总角之年,侍节东州",说的就是他父亲任青州刺史时他的童年经历。至于他自己何时入仕,在《河水注》中有明确记载:"余以太和十八年从高祖北巡。"当时所任的是什么官职,注文也说得明白:"余以太和中为尚书郎,从高祖北巡。"按《魏书·官氏志》,尚书郎是一个不入品位的小官,以他的家族背景而只任一个小官,说明这正是他年轻资低初入仕途之时。以一个职位低微的小官,却能随帝北巡,这仍与他的家族背景有关。

此后,郦道元在北魏担任过许多官职。在他父亲去世以后,朝廷因他父亲的爵位,封他为永宁伯,并先后担任太尉掾、书侍御史、冀州镇东府长史、颍川太守、鲁阳太守、东荆州刺史、河南尹、黄门侍郎、侍中兼摄行台尚书、御史中尉等职。他的最后几项官职,如河南尹、御史中尉等,按《魏书·官氏志》均入第三品,已经属于北魏王朝的高级官吏了。由于他的才能和胆识,在他为官的经历中,常常被朝廷临危授命,去完成一种紧急和艰难的任务。见于其传记的就有3次。

第一次是北方六镇叛乱前夕,据《北史》所载:"诏道元持节兼黄门侍郎,驰驿与大都督李崇筹议置立、裁减、去留。"其事在正光之末(524—525)。这里值得注意的是"持节"一语。从晋代以来,朝廷在对大臣临危授命时,往往加以"使持节"、"持节"、"假节"的权力。《晋书·职官志》说:"'使持节'为上,'持节'次之,'假节'为下。'使持节'得杀二千石以下;'持节'杀无官位人,若军事,得与'使持节'同;'假节'唯军事,得杀犯军令者。"这次郦道元的授命,或许可以视同军事,权力实同于"使持节"。但是由于朝廷的措施已晚,"会诸镇叛,不果而还"。

第二次临危授命在孝昌元年(525),据《北史》所载:"孝昌初,梁遣将扬州刺史元法僧又于彭城反叛,诏道元持节,兼侍中,摄行台尚书,节度诸军事,依仆射李平故事。军至涡阳,败退,道元追讨,多所斩获。"这一次临危授命,除了"持节"以外,并且还要"依仆射李平故事"。据《魏书·李平传》:"冀州刺史京兆王愉反于信都,以平为使持节都督,北讨诸军事镇北将军,行冀州事以讨之。"说明所谓"李平故事",实际上就是朝廷在非常时刻任命一位文官指挥一场战争的先例。京兆王愉是王上的元弟,又是坐镇北疆的封疆大吏,其反叛朝廷,关系非同小可,所以朝廷采用这样的紧急措施,以求平叛军事的迅速奏效。郦道元的这次授命也正是这样,元法僧是北魏宗室,曾任魏光禄大夫,当时是使持节都督徐州诸军事、徐州刺史,是北魏南疆的封疆大吏。所以朝廷引"李平故事",断然临危授命,让郦道元持节节度诸军,一举击溃元法僧,元法僧走投无路,终于投奔南梁。

第三次临危授命即是雍州刺史萧宝夤反状暴露后,朝廷命郦道元为关右大使深入险境。虽然这次授命可能是他的政敌的陷害阴谋,而他终于在这次使命中蒙难,但事情的本身仍然可以说明郦道元具有这种出生入死、赴汤蹈火的果断和勇敢的品质。他是在阴盘驿亭(今陕西省临潼附近)受到叛将萧宝夤残害的,同时蒙难的据《北史》所载还有他的弟弟和两个儿子。郦氏死后,朝廷追赠其兵部尚书、冀州刺史。

郦道元蒙难,并且受到朝廷的封赠,但在《魏书》中,却把他列于《酷吏传》。《魏书》是与郦道元同时代的魏收所纂,魏收是一个略有文才的狎邪小人。《北齐书》曾引他奉命纂修《魏书》后的言论:"何物小子,敢共魏收作色,举之则使上天,按之当使入地。"所以清赵一清在其《水经注释》所附《北史》本传中作了一段案语:

> 按道元立身行己,自有本末,不幸生于乱世,而大节无亏,即其持法严峻,亦由拓跋朝淫污阘冗,救弊扶衰使然,何至列之《酷吏传》耶?恐素与魏收嫌怨,才名相轧故耶?知人论世,必有取于余言也。

其实,较《魏书》晚纂百余年的《北史》,事实上已为"酷吏"之事平反。而《魏书》本身在其纂成以后即被当时人谐音称为"秽史"。直到《四库全书提要》中,仍然指出:"收以此书,为世所诟厉,号为'秽史'。"我在拙著《郦道元评传》中,对此又有评论,这里不作赘叙。

四、郦道元撰《水经注》的动机

前面已经写明了郦道元出身书香门第。《魏书》和《北史》都指出:"道元好学,历览奇书。"对于他的著述,此二史也都记及:"撰《水经注》四十卷,《本志》十三篇,又为《七聘》及诸文,皆行于世。"但当时"皆行于世"的《本志》、《七聘》及其他文字,后来都亡佚不见,唯《水经注》独存。而《水经注》竟是如此一部文字生动、内容浩瀚的大书,一本书而形成一门学问。苏东坡诗:"嗟我乐何深,《水经》亦屡读。"[⑩]一本书,让历代多少文人学士诵读研究,在我国文化史上,实在难能可贵。

《水经》是一部专记河流的书,所记河流除了发源、流程、归宿以外,别无其他,所以非常简单,以卷四十《浙江水》(今钱塘江)为例,它的全文是:"浙江水出三天子都,北过余杭,东入于海。"寥寥 16 字。但《水经注》这一篇长达 6500 余字。描述流域中的许多山岳、河川、湖泊、瀑布,生动地勾画出境内的风景名胜。对于流域中的郡县城市,不仅叙述了它们的渊源沿革,并且还写出了许多历史掌故。此外并穿插了流传于这个地区的许多人物行历,兼及传说故事。为了写此一篇,注文中引及的文献即达 30 种左右。而当今这个地区的主要旅游胜地如西湖、天目山、会稽山、兰亭、鉴湖、五泄瀑布等等,都已在他的注文之中,其中如西湖、天目山、兰亭、五泄瀑布等,都是现存古籍中的第一次记载。

郦道元为什么能够写出这样一部内容丰富、文字生动的巨著,这当然是依靠他的天赋和勤奋。上述史书中所说"道元好学,历览奇书"8 字,或许可以解答这个问题。

但另外一个问题是,郦道元为什么要撰写这样一部记叙全国历史沿革、描写各地大好河山的巨著?他身处南北分裂的扰攘时代,他在世之日,国家分裂已经超过了一个半世纪,尽管他们家族尊孔尊儒,一门书香,但是他只能从历史文献中看到一个自秦以后的强盛祖国。他们家族累世任官北朝,戎马倥偬,政事繁剧,但他竟能在忙碌的宦事之余,在他所目及的半壁河山之间,撰写包罗全国的如此一部大书。他毕生从来没有看到过统一的国家,但是《水经注》一书,却是以西汉王朝的版图为基础撰写的。有人认为,《水经注》的记叙空间是由《水经》决定的。这话其实不对,因为不仅选《水经》作注是他自己的决定,而《水经》如上所述,不过是简列河川源流,并不记叙西汉版图。例如南疆的朱崖、儋耳二郡(今海南省),因与《水经》所列河川无涉,并不载入《水经》,但郦道元却不轻易放过,以之附于《温水注》的记叙之中,而且写得非常详细:

> 朱崖、儋耳二郡,与交州俱开,皆汉武帝所置,大海中,南极之外,对合浦徐闻县,清朗无风之日,遥望朱崖州,如囷廪大,从徐闻对渡,北风举帆,一日一夜而至,周回二千余里,径度八百里,人民可十万余家,皆殊种异类,被发雕身,而女多姣好,白皙、长发、美鬓,犬羊相聚,不服德教。

一位足迹从未南下的北人,对于这个在遥远的南方大海中的、建置短暂的西汉属郡,竟能通过对文献的搜索整理,记叙得这样生动详细。在全书中,对于江南的这类记叙,例子甚多,朱崖、儋耳,无非是其中之一而已。

著名史学家杨向奎在其所著《大一统与儒家思想》①一书中所强调的"大一统"思想,正是郦道元撰写《水经注》的动机。杨先生在此书中指出:"'大一统'的思想,三千年来浸润着我国人民的思想感情,这是一种凝聚力,这种力量的渊泉,不是狭隘的民族观念,而是内容丰富,包罗有政治经济文化各种要素在内的实体,而文化的要素更占有重要地位。'华夏文明'照耀在天地间,使我国人民具有自豪感与自信心,因而是无比的精神力量。"

前面已经多次提及了郦氏这个世代官宦的书香门第,郦道元从小所受的教育是儒家的正统教育,大概也是没有疑问的。从《水经注》中所引的文献来看,他对四书五经和孔孟的推崇,可以窥及他的心态,大一统思想在他身上显然是根深蒂固的。而他目睹的这种长期存在的南北分裂的局面,无疑更促进了他这种思想的发展。他的青少年时代,正是北魏励精图治、国势蒸蒸日上的时候,而当时的南朝,却是一个篡夺频仍、朝政腐败、国势凌夷的局面。他的父辈受到朝廷的重用,而拓跋氏变夷为夏的各种改革,让他对儒家文化的胜利充满信心。他本人入仕于孝文帝元宏时代,这正是北魏国势鼎盛而北朝的汉化也已基本完成的时代。元宏确实是一位倾心于汉人文化,而在政治上具有一统南北、建立一个大朝廷的抱负的国君。在挥师南下以前,为了巩固北方的防务,因而于太和十八年亲自出巡六镇,直到阴山一带。郦道元虽然年轻资浅,却也能成为随行成员,说明了朝廷对郦氏家族的信任,另一方面也说明了郦道元的才华意气已经获得朝廷的赏识。所有这一切,他当然心领神会。所以他满怀希望,长期的南北分裂,将由元宏这位英明国君来统一,西汉以来的大一统国家又将出现。

但事实的发展并不如他所盼望的,由于元宏的中道崩殂,北魏国势竟从此一蹶不振。朝廷内部倾轧斗争,宫闱腐败,不可收拾。而北有六镇之乱,南疆也日益不宁。蒿目时艰,大一统已经没有可能。这或许就是他撰写《水经注》的动机,通过著述,以寄托他渴望祖国大一统的胸怀。

从《水经注》全书来看,北部中国多是他亲涉之地,以他的丰富知识和写作技巧,当然可以把各地风景记叙得生动细腻,栩栩如生,例如《河水注》的壶口瀑布一段,即是他的实地写生。如史念海所说:"这完全是壶口的一幅素描,到现在也还是这样,到过壶口的人一定会感到这话说得真切。"②但是他生平足迹绝未到达南方,对于祖国南部的半壁河山,他千方百计地广搜资料,悉心加工,同样写得出神入化,例如在《江水注》中,对于长江三峡,他利用亲履其境的袁山松等人的著作,同样留下了让人百读不厌的千古文章。由于他的大一统思想,虽然国家残破,但在他的心目中,南方也是祖国的大好河山。

他在《水经注》撰写中的大一统思想，还充分地从他在注文中使用的南朝年号中表现出来。郦氏家族长期入仕北朝，但《水经注》中却多次使用南朝年号。在《河水注》中，他不仅使用南朝年号，并且还使用了尊南卑北的词汇。这段注文说：

> 宋元嘉二十七年，以王玄谟为宁朔将军，平碻磝，守之。都督刘义恭以沙城不堪守，召玄谟令毁城而还，后更城之，魏立济州，治此也。

刘宋元嘉二十七年，即北魏太平真君十一年（450），注文记载的是北魏和刘宋在黄河的一个渡口碻磝城的争夺战，宋军虽一度得势，终于败退。这年年底，北魏拓跋焘一直进军到刘宋首都以北的瓜步，并于次年大会群臣于瓜步山上，南朝震惊。对于像这样北朝势力盛极一时的年代中，南北之间的战争竟用南朝年号记载，说明他的大一统思想是何等强烈。

这段注文中的"平碻磝"一语也令人惊骇。碻磝原为北魏所守，刘宋入侵，攻占此地，作为一位北朝命臣，竟以"平"字记叙这一次南朝的入侵。这一事件，在《魏书·傅竖眼传》中作"寇碻磝"，甚至在北朝消亡以后，《北史·傅竖眼传》中也作"寇碻磝"。一"平"一"寇"，郦道元的大一统思想何等鲜明。

还可以再举个例子。《江水注》中有一段注文说：

> 宋孝武帝举兵江洲，建牙洲上，有紫云荫之，即是洲也。

"建牙洲上，有紫云荫之"，这类渲染南朝帝王"真命天子"的话，居然也出现在他的著作之中，确实值得深思。

注文一方面经常使用南朝年号，并且用庙号记叙南朝国君，如宋文帝、宋孝武帝、宋明帝等。特别是对于刘裕，注文更优礼有加，或称宋武帝（《济水注》），或称刘武帝（《沂水注》），或称刘武王（《洛水注》）。但对于北朝，注文除了北魏以外，对十六国君王，都是直呼其名，如刘渊（《汾水注》）、刘曜（《河水注》、《滱水注》）、石勒（《河水注》、《淇水注》）、石虎（《河水注》、《浊漳水注》、《汶水注》）、苻坚（《渭水注》）等等。特别明显的是郦氏家族曾经服官的慕容燕，注文除了在《濡水注》有一处称慕容儁之谥为"燕景昭"外，其余各篇对慕容氏也均直呼其名，如前燕的慕容廆、慕容皝，南燕的慕容超等，无不如此。

郦道元的这种心态，无疑是汉儒文化熏陶的结果。在当时这个民族杂处时期，不论在江南或江北，汉族特别是其中的知识分子，这种心态实际上是普遍存在的。同时在这个时期，不仅汉人有这种心态，其他民族也是仰望汉族文化的。据《北齐书·杜弼传》所载："弼以文武在位，罕有廉洁，言之于高祖。高祖曰：弼来，我语尔：天下浊乱，习俗已久，今督将家族多在关西，黑獭常相招诱，人情去留未定；江东复有一吴儿老翁萧衍者，专事衣冠礼乐，中原士大夫望之，以为正朔所在。我若急作法网，不相饶借，恐督将尽归黑獭,士子悉奔萧衍,则人物流散,何以为国? 尔宜少待,吾不忘之。"说明一个异族国君,他心里十分明白,江南是"衣冠礼乐","正朔所在"。

这种心态当时在汉人和其他民族之间,士大夫和平民之间的普遍存在,现在看来,是一件铸造中国历史的了不起的大事。因为这实在是大一统的基础。由于大家都向往汉族文化,因此,国家虽然长期分裂,但中华民族却因此而获得融合。

以这样的时代背景来理解郦道元撰写《水经注》的动机,今天,我们面对这部不朽的历史名著,溯昔抚今,真是不胜感慨,这是中华民族史上的一宗宝贵财富,是我们全民族的骄傲!

五、《水经注》的内容

《水经注》是一部包罗宏富的著作,现在有许多学科都利用它进行各种研究。不同专业的学者,都从此书中挖掘自己所需要的资料。此外,还有许多读者,他们并不利用此书研究学问,但由于此书的丰富内容和生动文笔,通过诵读此书作为一种休闲和享受。所以此书虽然不断校注,不断重印,但至今仍然盛行不衰,是一种热门书。

不过从此书记载的主要内容来看,它毕竟是一部地理著作,所以要叙述《水经注》的内容,首先还得从地理学说起。地理学是一门综合性科学,它包括自然地理学和人文地理学两大门类。《水经注》对这两大门类,都有丰富的资料。现在把此书涉及的有关地理学和其他学科的内容分述如下:

(一)自然地理学

《水经注》记叙的主要对象是河流,所以它在自然地理学上的贡献,首先在河流水文方面。全书记及的河流达 1000 多条,对于这许多河流,《水经注》大都记载了它们的发源、流程与归宿,紧紧地扣住这些河流的自然地理特点。首先是河流的发源,各种不同类型的河流,对它们的源头,都作出不同的描写。例如清水、沁水、淇水这 3 条河流,虽然同在卷九之中,但是它们的发源情况各不相同,注文就作了各不相同的记载。在源头以下的整个河流流程中,注文对沿途的河床宽度、滩濑、瀑布、急流等情况,也都有比较细致的描写。例如在《江水注》中,对岷江上游(《水经注》尊重《禹贡》,以岷江为长江正源)各段的河床宽度,都逐段记叙清楚,从"发源滥觞",直到湿坂以下,"江稍大矣"。对于沿河的峡谷和滩濑,注文内容特别丰富,不仅是重要的峡谷,如黄河的孟门、龙门、三门诸峡,长江的三峡,珠江的高要峡,湘江的空泠峡等,注文都有详细的描述,即使并不出名的峡谷,作者也不曾疏忽,全书记载的峡谷将近 300 处之多。峡谷以外,滩濑在河川自然地理中也是重要事物,《水经注》在这方面多予重视,以《浙江水注》一篇为例,就记叙了滩濑60余处。

瀑布在河流的自然地理学研究中具有重要价值,它不仅是河床岩石构造和岩性变化的重要依据,同时也是河流溯源侵蚀的显著标志。《水经注》在这方面提供的资料尤为丰富。全书记载的各种类型的瀑布达60多处,不仅地理位置准确,还记及不少瀑布的高度。所以我们在今天往往可以利用当时的瀑布位置和现在位置的移动,测算出河流溯源侵蚀的速度。著名历史地理学家史念海,曾经根据郦注记载的孟门瀑布(今壶口瀑布)的位置与唐《元和郡县志》记载的位置相比进行测算,结果是,从魏孝昌三年(527)到唐元和八年(813)的286年中,瀑布平均每年退缩5.1米。从唐元和到现在的1100多年中,瀑布每年平均退缩3.3米。[13]《水经注》记载的价值,于此可见一斑。

除了河流以外,《水经注》也记叙了许多湖泊,总数超过500处。这中间有大量的排水湖(淡水湖),如洞庭湖、彭蠡(今鄱阳湖)、太湖以及如今已经湮废的不少北方大湖如巨野泽、圃田泽等等,也记载了许多非排水湖(咸水湖)如蒲昌海(今罗布泊)、居延海等等。注文不仅记载了这些湖泊在当时的概况,而且也记载了它们在历史上的变化过程。因为湖泊这种自然地理事物,在其形成以后,由于地质循环和生物循环等原因,总是不断淤浅,甚至全部湮废。如《渠水注》中记叙的圃田泽(在今河南郑州、中牟之间),原是北方的一个著名大湖,《水经注》记载其原来的范围,"东西四十许里,南北二十许里"。但在郦道元的时代,已经逐渐淤浅,成为相互分离的24个小湖。今天当然早已湮废。《水经注》记载的湖泊资料,对于我们研究古今湖泊的变迁具有重要价值。

《水经注》不仅记叙河流、湖泊等地表水,而且也记载了许多地下水,主要是泉水和温泉。此书记载的不少温泉,常常用"冬温夏冷"、"冬夏常温"、"炎热"、"沸涌"、"可焊鸡豚"等词汇以区别它们的水温级别。其中不少温泉至今仍然存在,《渭水注》记及的"丽山温泉"(今西安华清池)即是其例。

在自然地理学方面,《水经注》也拥有大量植物地理学和动物地理学的资料,根据这类资料,我们既可了解当时我国各地动植物种类和分布的概况,更可研究从郦注至今1400多年中的动植物变迁过程。所以有关这方面的记载,具有重要的意义。全书记及的植物品种多达140余种,而且在地理分布上也相当清楚,包括我国占最大优势的温带森林和亚热带森林,并涉及西北干燥地区的草原和荒漠植被。例如《河水注》记载的今新疆罗布泊一带的荒漠植被。注文说"土地斥卤少田,仰谷旁国,国出玉,多葭苇、柽柳、胡桐、白草。国在东垂,当白龙堆,乏水草"。直到今天,这项记载对那个地区仍是十分逼真的。

《水经注》记载了我国的许多古代动物,而且分布地区也很明确。其中有的动物在地理分布上如今已有很大变化，也有些动物在我国境内已经绝迹。例如《沔水注》中记载了一种称为"水虎"的动物。注文说："沔水又南与疏水合，……谓之疏口也。水中有物如三四岁小儿，鳞甲如鲮鲤，射之不可入，七八月中，好在碛上自曝，膝头似虎，掌爪常没水中，出膝头，小儿不知，欲取戏弄，便杀人，或曰，人有生得者，摘其皋厌，可小小使，名为水虎者也。"

对于"水虎"这种动物，我在拙著《郦学札记》[⑭]中已有专文论及。《水经注》记载的"水虎"，其地理位置在今汉江襄阳与宜城之间的河段中，其实就是扬子鳄。说明在1000多年前，今汉江一带还有这种动物。现在，扬子鳄只分布在安徽青弋江和苏、浙二省间的太湖流域一带，不仅分布地区大大缩小，数量也很稀少，所以国家把它列为保护动物。即此一例，说明动物的古今变迁，这对我们今天研究自然环境的变迁和动植物的保护当然很有价值。

（二）人文地理学

在人文地理学的各个分支中，《水经注》也拥有大量资料。其中首先是经济地理学方面，特别是有关农田水利的资料。由于《水经注》是一部记叙河流的地理书，所以它有大量篇幅涉及农田水利。全书记叙的农田水利工程不胜枚举，其中灌溉效益特别显著的如郑国渠、都安大堰、车箱渠、白起渠、马仁陂、长湖等等，注文都有详细的说明。

《水经注》关于农业地理的记载遍及全国，例如注文详细地列述了汉代在今新疆地区所经营的屯田，包括伊循城屯田、楼兰屯田、莎车屯田、轮台屯田等等，也记及了这些屯田的效益："大田三年，积粟百万，威服外国。"在此书有关农业地理的记载中，还包括各种耕作制度，例如《温水注》所记的今中南半岛地区的资料："知耕以来，六百余年，火耨耕艺，法与华同。名白田，种白谷，七月火作，十月登熟；名赤田，种赤谷，十二月作，四月登熟。所谓两熟之稻也。"注文把这一带一年两熟的耕作制度，包括作物品种、收获季节月令等，都记得清楚明白。这样的资料，当然很有价值。

在郦道元的时代，工业还处于技术落后的手工业阶段，分布不多，规模不大，但尽管如此，《水经注》记叙的工业地理资料也很不少，全书记载了包括冶金、机器、纺织、造纸、食品等许多门类。当时，各种矿物的开采业已有发展，全书记载了能源矿物中的煤炭、石油、天然气，金属矿物中的金、银、铜、铁、锡、汞，非金属矿物中的雄黄、硫磺、盐、石墨、云母、石英、玉、石材等，对于它们的地理分布和用途等方面，注文也都有所记载。下面举一个《河水注》所记今陕北和河西走廊中的石油的例子：

> 或言高奴县有洧水，肥可然，水上有肥，可接取用之。《博物志》称酒泉延寿县南山出泉水，大如筥，注地为沟，水有肥如肉汁，取著器中，始黄，后黑如凝膏，然即明，与膏无异，膏车及水碓缸甚佳，彼方人谓之石漆。水肥亦所在有之，非只高

奴县洧水也。

这项材料记载两地的石油分布情况,并描述了这种矿物的性状和当时的用途。而从地区来说,今天仍然是石油产地。所以也是很有价值的资料。

在《水经注》记载的各种冶金工业中,《河水注》中关于今新疆地区的一处冶铁工业,是一个很完整的例子。注文说:

> 释氏《西域记》曰:屈茨北二百里有山,夜则火光,昼日但烟,人取此山石炭,冶此山铁,恒充三十六国用。故郭义恭《广志》云:龟兹能冶铁。

这项记载不仅叙述了冶金工业的原料地和燃料地,并且还记载了产品的市场,是一项完整的工业地理资料。

盐业在古代是国计民生中的大事,《水经注》对当时的手工业记载中,最多的就是制盐工业。包括海盐、池盐、井盐、岩盐等,其区域范围东起沿海,西及西域,全书记及的盐矿和盐场多达20余处。

经济地理学的最后一个分支是运输业,《水经注》在这方面的记叙包括水运和陆运,都有丰富的内容。首先当然是水运,全书记叙的河流水道,绝大部分都涉及航运。在前面自然地理学部分所提到的峡谷、滩濑等,常被作为航运条件加以评价,例如《河水注》所载黄河自砥柱山以下:"合有十九滩,水流迅急,势同三峡,破害舟船,自古所患。"《浙江水注》记及浙江的航行:"浙江又东迳寿昌县南,自建德至此八十里中,有十二濑,濑皆惊险,行旅所难。"除了天然河流以外,全书还记载了不少人工运河,其中特别有价值的是《济水注》所记古代黄河与淮河间的运河。注文说:"偃王治国,仁义著闻,欲舟行上国,乃沟通陈、蔡之间。"这里叙述的是一种传说,但却说明了相当重要的问题。徐偃王是个传说中的人物,其时约在西周穆王之世,估计在公元前10世纪之初,所谓"沟通陈蔡之间",正是古代黄、淮之间的鸿沟水系,这是我国传说中最早开凿的运河。

《水经注》记叙的运输业内容虽然以水路为主,但对陆路运输也并不疏忽。特别是对于那些山岳连亘、交通困难的地区。例如《河水注》中所记的葱岭、天竺道:"度葱岭,已入北天竺境,于此顺岭西南行十五日,其道艰阻,崖岸险绝,其山惟石,壁立千仞,临之目眩,欲进则投足无所,下有水,名新头河。昔人有凿石通路施倚梯者,凡度七百梯,度已,蹑悬絙过河,河两岸,相去咸八十步,九译所绝,汉之张骞、甘英皆不至也。"又如《若水注》所记今云南、贵州间的高山道路:"自朱提至僰道有水步道,……故俗为之语曰:楢溪赤水,盘蛇七曲,盘羊乌栊,气与天通,看都濩泚,住柱呼伊,庲降贾子,左担七里,又有牛叩头,马搏颊坂,其艰险如此也。"这里所说的"庲降",是当时的建宁郡治,约在今云南省曲靖附近。从庲降到那里去的商贩,由于山道狭窄,有时在连续七里的行程中,只能用左肩挑担,不得换肩,这就是所谓"左担道",其艰险可以想见。

在大量水路和陆路的记叙中,必然要记及水陆道路的交错地点,所以注文中同时也出现许多桥梁和津渡,全书记及的桥梁和津渡各达 90 余处,特别是其中的交通冲要之处,注文记叙得非常详细。例如《穀水注》记载的洛阳旅人桥:"(旅人)桥去洛阳宫六七里,下圆以通水,可受大舫过也。""可受大舫过也",说明这是一座水上交通冲要之处的具有很大净空的石拱桥。全书记及的津渡,如《渠水注》的官渡,《施水注》逍遥津等,在历史上都发生过重大的战役。

人文地理学的另一个重要分支是城市地理学,《水经注》在这方面的记载称得上丰富多彩。全书记叙的县级城市和其他城邑共 2800 余处,古都达 180 余处。其中对某些名都的记叙特别详细,例如《渭水注》中记载的秦、汉古都长安,举凡城门、城郭、街衢、宫殿、园苑等,无不一一记载。《穀水注》中记载的洛阳,是郦道元目击的北魏当时的首都,他用 7000 余字的篇幅详细地记叙了这座都城,成为《水经注》全书的第一篇长注。对于当时北朝的重要都城,即所谓"五都",在《浊漳水注》中记得很明确:"魏因汉祚,复都洛阳,以谯为先人本国,许昌为汉之所居,长安为西京之遗迹,邺为王业之本基,故号五都也。"郦道元足迹未履南方,但他也广搜资料,记叙了不少南方的城市,例如在《江水注》中记叙了巴蜀的"三都":"洛水又南迳新都县,蜀有三都,谓成都、广都,此其一也。"

《水经注》还记叙了许多人口与民族地理方面的内容。郦道元的时代,正是国家战乱、人口流动频繁的时代,全书反映了当时不少人口流动的情况,例如《江水注》所述:"(涂水)西北流迳汝南侨县故城南,咸和中,寇难南逼,户口南渡,因置斯郡,治于涂口。"这段注文反映的实际上就是前面提及的"地理大交流"的过程。东晋咸和年代(326—334)确实是"地理大交流"的全盛时代,南迁的汉人,常常在南方建立与他们原籍同名的郡县,这就是这一时期侨郡、侨县大量出现的原因。注文所说的汝南郡即是其中之一。汝南郡治原在上蔡(今河南省上蔡县西南),辖境在今河南省境的颍河与淮河之间,则当时在涂口(今武昌西南长江沿岸)建立的汝南侨郡,其居民主要来自今河南上蔡一带。

《水经注》提供了许多有关少数民族的资料,注文中记及的少数民族有匈奴、犬戎、羯、于越、骆越、五溪蛮、三苗、马流、雕题、文狼等,不胜枚举。注文不仅记叙了他们的分布和活动,有时还述及他们的语言和风俗习惯,包括他们与汉族之间的关系。这些也都是不可多得的资料。

在人文地理学领域中,《水经注》的记载还涉及大量军事地理的资料。我往年曾撰有《水经注军事年表》[15]一篇。统计从公元 6 世纪以前的 1300 多年时间中,《水经注》记及的大小战争共达 500 多次。在这段时期中,国内没有战争而时间持续在 10 年以上的,一共只有 10 次。所以从全书的记叙来看,我们这个国家,历史上实在战祸不断。我在这个《年表》之首,曾写了一篇《序》,[16]末尾说了这样一段话:

> 如上所述,在《年表》记载的公元六世纪初期以前的五百八十余条军事行动和战争资料中,除了火并、残杀、死亡和毁灭以外,也存在着扩充、建设、融合和发展的一面,当然,我们决不因为后面的这些事实而去美化和歌颂古代的战争;同样,这些事实也决不可能作为现代战争鼓吹者的理论根据。从人类的前途来说,战争总有一天要全面停止,永久的和平必然会出现。尽管现在说这句话,看来为时还早,但人类社会的这种远景是不容怀疑的。在另一方面,对于历史上的许多战争,因为它是一种历史的既成事实,我们在谴责和诅咒的同时,也应该对它们作出实事求是的评价。对于这方面,《水经注军事年表》对我们或许是有所启发的。

最后,在现代人文地理学分支中,旅游地理学是一门新兴的学科,而这部在 1400 年前写成的《水经注》,却已经为我们积累了大量旅游地理的资料。郦道元在注文中对祖国各地的河山风景,作了大量生动的描写。此外又对各地的名胜古迹、宫殿楼阁、祠庙寺院、塔台园苑等,作了详尽的记载。所以此书不仅是古代游记的典范,而且在开发现代旅游资源、复原古代名胜古迹等方面,也都有重要的价值。

(三)地名学

地名学是一门研究地名的学科,它研究地名的形成、发展和变迁以及地方命名的原则和渊源。在中国,《穀梁传》[17]中已经提出了为后世广泛采用的地方命名原则之一:"水北为阳,山南为阳。"

在人类活动的早期,由于生产力水平的低下和人口不多,人口的流动性也很小,所以地名是很少的。但以后随着生产力的发展和人口的增加,人们的活动范围扩大,地名也就不断增加。成书于战国时代的《禹贡》,是一部重要的地理著作,但全书涉及的地名还不过 130 余处。《山海经》也是先秦地理著作,其中的《五藏山经》部分,成书早于《禹贡》,其他的不少篇章,是汉代人续写的,但全书地名也只有 1300 余处。此后,东汉初年撰成的《汉书·地理志》,所载地名就大有增加,共达 4500 多处。[18]所有上述各种地理书,与《水经注》相比,在地名数量上都是望尘莫及的。《水经注》所记载的各类地名,总数约在两万上下。[19]确实是集北魏及其前代地名的大成,是后世地名学研究的重要资料。

前面提到《穀梁传》中关于地名命名的原则,所指仅仅是山和水的位置与地名的关系,虽然也属于早期的地名学研究,但还是比较简单的。《水经注》则综合前人在这方面的著述,加以系统化,发展了地名学的研究。例如《河水注》中有关这方面的

一段:

> 应劭《地理风俗记》曰:敦煌(殿本在此下案云:此当有脱文),酒泉,其水甘若
> 酒味故也;张掖,言张国臂腋,以威夷狄,……《汉官》曰:秦用李斯议,分天下为三
> 十六郡。凡郡,或以列国,陈、鲁、齐、吴是也;或以旧邑,长沙、丹阳是也;或以山
> 陵,太山、山阳是也;或以川原,西河、河东是也;或以所出,金城城下得金,酒泉泉
> 味如酒,豫章樟树生庭,雁门雁之所育是也;或以号令,禹合诸侯,大计东冶之山,
> 因名会稽是也。

以上所举的一段,特别引《汉官》的一段,其实就是我国郡名的命名原则。虽然秦
按这个原则命名时,郡数只有36,而到了汉代,郡数就超过100,到了南北朝,刘宋的郡
国超过300,萧齐的郡国更超过400,而郦道元所在的北魏,郡国竟超过600。此后,数
量虽然不断增加,但命名的原则却并无多大变化。而《水经注》首先引及有关这方面
的资料,当然有裨于后世的地名学研究。

地名命名的原则当然重要,但到底还只是一种原则,不可能代替具体的地名解释。
在我国古代的地理书中,开始对地名作出解释的主要是《汉书·地理志》,例如此书在
京兆尹下解释华阴:"太华山在南。"在敦煌县下解释瓜州:"地生美瓜。"不过《汉书·
地理志》在其全部4000多地名中,作出地名解释的不过30余处。而《水经注》全书所
作的地名解释共约2400余处,这是在它以前的一切地理书所不可比拟的。我以往曾
经统计分析此书的地名,写成《水经注地名汇编说明》一篇,[20]把此书解释的地名按不
同性质分成24类。其中有以人物命名的如项羽堆(《济水注》)、白起台(《沁水注》),
有以动物命名的如雁门(《河水注》)、吊鸟山(《叶榆河注》),有以植物命名的如榆林
塞(《河水注》)、菊水(《湍水注》)等,数量过多,不一一列举。

《水经注》不但解释汉语地名,而且也解释当时流行的非汉语地名,例如《河水注》
所记:"日暮便去半达钵愁宿。半达,晋言白也;钵愁,晋言山也。"这是一个梵语地名,
至今仍可用梵语复原,即梵语 Punda Vasu,Pund 在梵语中意为白,Vasu 为山,半达钵愁
的汉(即注的"晋")译就是"白山"。这一类例子也不少,我往年曾撰有《水经注中的
非汉语地名》,[21]作了较为详尽的论述,在此也就不一一列举了。

(四)文学

《水经注》是一部学术著作,并不是一部文学著作,但郦道元撰写此书,除了占有
大量资料,使全书具有十分丰富的学术内容外,同时也重视语言文字的运用,让全书显
得生动活泼,在文学上也有很高价值。

其实,此书在古代,是在其语言文字上开始受人注意的。明末清初学者张岱说:
"古人记山水,太上郦道元,其次柳子厚,近时则袁中郎。"[22]柳子厚即柳宗元,是唐宋八

大家之一,他的写景名作《永州八记》长期脍炙人口。袁中郎是明代公安派诗人袁宏道,他毕生写过许多游记,后来人们把这些游记汇编成帙,名为《袁中郎游记》,名传一时。但在张岱的评价中,柳宗元和袁宏道,在写景方面都在郦道元之下。

　　《水经注》的文字为什么如此生动,总的说来,当然是由于郦道元写作技巧的高明。首先,他使用的文字新颖多变,不用陈词滥调。例如瀑布,这是自然界常见而郦注常记的风景,但他绝不刻板地使用"瀑布"这个词汇,而是根据瀑布的不同形象,用变化无穷的文字来进行描述,如"洪"、"泷"、"悬流"、"悬水"、"悬涛"、"悬泉"、"悬涧"、"悬湍"、"悬波"、"颓波"、"飞波"、"飞清"、"飞泉"、"飞流"等等,让读者随时有新鲜生动之感。例如对溪泉水流的清澈现象,他也用了许多惟妙惟肖的语言进行描写,他在《洧水注》中说:"绿水平潭,清洁澄深,俯视游鱼,类若乘空矣,所谓渊无潜鳞也。"在《夷水注》中说:"其水虚映,俯视游鱼,如乘空也。"

　　柳宗元的《永州八记》中有一篇《至小丘西小石潭记》,也有类似的描写:"潭中鱼可百许头,皆若空游而无所依。"柳宗元的这种描写,显然是吸取了郦道元的写作技巧,所以张岱所作的"太上"、"其次"的排列。不是没有根据的。

　　除了自己创作的生动语言以外,郦道元还善于吸取别人的生动语言,以丰富他自己的写作。例如,风景秀丽的长江三峡,由于国家分裂,他无法亲履其境,于是,他就采用了曾经多次游览此处的晋宜都太守袁山松在《宜都山水记》的描写,成为全部《水经注》十分精彩的一段,是《江水注》中的千古文章:

　　　　自三峡七百里中,两岸连山,略无阙处。重岩叠嶂,隐天蔽日,自非停午夜分,不见曦月。

　　"自非停午夜分,不见曦月"。以这样的言语描写两岸高山壁立的形势,确实没有比这更高明的手法了。这一段另外还有几句描写这里的峡峻水急:

　　　　至于夏水襄陵,沿溯阻绝,或王命急宣,有时朝发白帝,暮到江陵,其间千二百里,虽乘奔御风,不以疾也。

唐代著名诗人李白有一首大家熟悉的七言绝句《早发白帝城》:

　　　　朝辞白帝彩云间,千里江陵一日还。两岸猿声啼不住,轻舟已过万重山。

　　现在大家可以一望而知,李白的这首千古杰作,其实就是从郦道元的上述一段加工而成的。

　　再举一例,黄河从今山西、陕西两省界上向南奔流,在陕东华山以北,即今潼关与风陵渡之间拐一个大弯折而向东,这当然是自然界的一种伟大壮观。对此,郦道元引用了当地流行的古语:

　　　　华岳本一山挡河,河水过而曲折,河神巨灵,手荡脚踏,开而为两,今掌足之迹仍存。

这当然只是个神话，但文字的气魄宏大，读之令人心胸开广。所有这些，都说明郦道元在吸取他人的生动描写方面，是如何的得心应手。

郦道元的写作技巧，除了他自己创作的许多生动语言和尽量吸取他人的生动语言外，还有一个重要的方面，就是他能广泛地采集各地的歌谣谚语。这类歌谣谚语，除了极少数查得到原作者以外，绝大多数都是各地世世代代流传下来的，是经过千锤百炼的群众语言。清刘献廷推崇郦氏的写作技巧："更有余力铺写景物，片言只字，妙绝古今。"[23]这中间有不少就是他采集的各地歌谣谚语。

《水经注》的写作是以河流为纲的，所以郦道元特别留意长期活动于河川中的舟人、渔夫及旅行者的歌谣谚语。例如河道曲折，这是河流的一种自然现象，在历代诗词歌赋和游记中，描写这种自然现象的章篇，真是俯拾即是。但郦道元却与众不同，他采集了当地的歌谣谚语，例如在《江水注》中，长江在今湖北境内有一段非常曲折的河道，注文说：

> 江水又东迳黄牛山，下有滩，名曰黄牛滩，南岸重岭叠起，最外高崖间有石，色如人负刀牵牛，人黑牛黄，成就分明，既人迹所绝，莫得究焉。此岩既高，加以江湍迂回，虽途经信宿，犹望见此物，故行者谣曰：朝发黄牛，暮宿黄牛，三朝三暮，黄牛如故。言水路纡深，回望如一矣。

这里，"朝发黄牛，暮宿黄牛，三朝三暮，黄牛如故"一谣，短短四句十六字，实在胜过千百字的描写。同样，在《湘水注》中，也有一段描写湘江江道曲折的注文：

> 衡山东南二面临映湘川，自长沙至此，江湘七百里中，有九向九背。故渔者歌曰：帆随湘转，望衡九面。

这一首湘水的渔歌，和前面江水的行者谣，确是异曲同工，这类千曲百回的江道，被他写得惟妙惟肖，宛如一幅图画。

在《水经注》一书中，郦道元自己创造的生动语言和吸取他人的生动语言以及他所引用的歌谣谚语，多得不胜枚举。现在，我们的不少游记选编甚至语文课本中，也常常选入此书的精彩片段，供读者欣赏和学习，这些也都说明《水经注》一书在文学上的造诣和价值。

(五) 历史学与其他

《水经注》一书，除了对上述学科作出重要的贡献以外，对其他不少学科，如历史学、考古学、金石学、碑版学、文献学等，也都能提供许多有用的资料，为有关学者研究参考。

首先是历史学。《水经注》虽然是一部地理书，但也拥有大量历史资料，在历史学的研究中很有价值。可以举一个例子，中国从汉朝起，封建帝王除了将土地分封给自己的子孙外，同时也分封一部分土地给将相大臣中的各式代表人物，这种分封的地区一般称为侯国。侯国是非常不稳定的，由于士大夫官僚集团内部的倾轧斗争，受封者随时可以得咎罢黜，因而时封时废，变化频仍，历代史籍往往疏于记载。但《水经注》显然比其他史籍记载得更为完整。清代的著名史学家钱大昕，就是根据《水经注》的记载，对历史上的侯国作了详细的研究。他在其所著《潜研堂答问》卷九中说："汉初功臣侯者百四十余人，其封邑所在，班孟坚已不能言之，郦道元注《水经》，始考得十之六七。"这里说明，由于侯国建置的极不稳定，班固（孟坚）在撰《汉书》时就已经无法考实，但郦道元在其后4个多世纪，却考出了十之六七，足见郦氏用功之勤，也说明了《水经注》在这方面的史料价值竟超过《汉书》。

在当时的行政区划中，不仅是侯国，即使是相对稳定的郡、县，《水经注》的记载，也有可以校勘正史之误的。例如《沔水注》中记及的牛渚县。在此卷的一条经文中说："又东过牛渚县南，又东至石城县。"在这条经文之下，戴震在殿本中加案语说："案牛渚乃山名，非县名。"赵一清在其《水经注释》中说得更清楚："牛渚坼名，汉未尝置县也。"杨守敬在《水经注疏》中说："《通典》，当涂县有牛渚坼，《地理通释》十二引《舆地志》，牛渚山北谓之采石。"这些学者的见解，主要是，第一，因为《汉书·地理志》和《续汉书·郡国志》均不载牛渚县，所以他们说"汉未尝置县也"。第二，因为《通典》和《舆地志》等书都有牛渚坼或牛渚山的记载，所以他们认为《水经》的牛渚县是牛渚坼或牛渚山之误。

郦道元撰《水经注》，凡是经文有讹，注文都加以纠正，但在这条经文之下，注文说："《经》所谓石城县者，即宣城郡之石城县也。牛渚在姑熟、乌江两县界中，于石城东北减五百许里，安得迳牛渚而方届石城也，盖《经》之误也。"这里，《水经注》确实纠正了《水经》的错误，但所纠正的只是牛渚县的位置，并非此县的建置。为了纠正牛渚县的位置，注文提出了姑熟、乌江这两个县名，其中的姑熟县，恰恰也是《汉志》和《续汉志》所不载的。《水经》记载的县名，不见于《两汉志》还有不少，如《沬水》的临沬县、《禹贡山水泽地》的金兰县等都是其例。这些县名，《水经注》不仅不加纠正，有时还予以肯定。以金兰县为例，《决水注》说："其水导源庐江金兰县西北东陵乡大苏山。"这里，这个《两汉志》所不载，其实也是《晋书·地理志》、《宋书·州郡志》、《南齐书·州郡志》所不载的金兰县，《水经注》不仅说出它所属的庐江郡，并且还说出了它所辖的东陵乡，言之凿凿，说明这个县是存在的。那么，同样为上列五志所不载的牛渚县和姑熟县，我们也没有理由否定它们的建置。

牛渚坼（矶）或牛渚山确实是存在的。牛渚坼首见于唐《通典》，但比《通典》早得多的《越绝书》卷八所记秦始皇到会稽的路程中就已经记及了牛渚:"道度牛渚,奏东安,东安,今富春,丹阳、溧阳,……道度诸暨,大越。"上述路程中的地名,一望而知,都是城邑,则牛渚作为一个城邑,先秦时就已存在。按《通鉴》晋穆帝永和十一年(355)"镇寿春"胡注:"南渡初,祖逖以豫州刺史治谯城,……咸康四年,毛宝以豫州刺史,治邾城;永和元年,赵胤以豫州刺史,治牛渚。"这段注文清楚说明,牛渚在4世纪中期曾经作为豫州这个侨州的州治。难道一个州治就建在一座长江边上的牛渚圻(矶)上吗? 所以牛渚县为《两汉志》所遗漏,大概是无疑的。

在郡县建置方面,《水经注》可以补正正史的例子实在不胜枚举。除了上述《两汉志》以外,还可以拿《晋书·地理志》为例。现在通行的《晋书》是唐太宗领衔主修的,比《水经注》晚出得多,但不少郡县建置仍有赖于郦注的补正。例如《江水注》记及:"晋咸和中,庾翼为西阳太守。"但《晋志》却失载西阳郡名。《水经注》记及的有建置年份的晋代县名,如《江水注》的沌阳县,《沫水注》的护龙县,《澧水注》的溧阳县,《赣水注》的豫宁县等,它们在晋代的建置年份,郦注中确然可考,但《晋志》均不见这些县名。清毕沅《晋书地理志新补正·序》中说:"撰《晋书》者,王隐、虞预、臧荣绪、谢灵运、干宝诸家,其王隐《晋书·地道记》及不著姓氏《晋书·地理志》与《晋地记》,见于郦道元《水经注》,类皆搜采广博,十倍于今。"可惜唐修《晋书》竟未与"搜采广博"的《水经注》相稽核。而郦注可以纠正史之谬,补正史之缺,无疑是此书在历史学研究中的重要贡献。

以上所述关于郦注在历史学上的价值,还仅仅是郡县建置一端,此外,在《水经注》记载中,与历史学有关的科学技术史,特别是水利史方面,也有大量资料。《水经注》记及古代的许多建筑,有些宫殿楼阁,从外观形象到内部结构,都说得相当详细,所以有裨于建筑史的研究。

《水经注》的记载对于考古学研究也很有价值。举个例子,《穀水注》所记的洛阳永宁寺九层浮图,建筑豪华出众,但建成后不到20年就毁于火。20世纪70年代,中国科学院考古研究所洛阳工作队,曾根据《水经注》记载的资料,对洛阳城进行考古发掘,于1973年发表了《汉魏洛阳城初步勘查》[24]一文,对于永宁寺浮图的结论是:"这与《水经注》所载永宁寺浮图下基方十四丈面积近似。"说明郦注记载的翔实可靠。

《水经注》是我国第一部比较系统而完整的著录古代金石碑版的著作,为金石学和碑版学的研究提供了许多资料,全书记载的各种金石碑版达360种左右,内容包括河川、水利、山岳、交通、城邑、建筑、经籍、人物、祠庙、陵墓等。在《水经注》以前,我国尚无专门研究金石碑版的著作,所以此书实际上就是一部从上古到北魏的金石录,特别是此书记叙的金石碑版,以后大部分都已亡佚,所以更值得学者的珍视。

《水经注》全书指名引用的古代文献达480种左右,是此书对后世文献学研究的重大贡献。在《水经注》引用的古代文献中,有很大一部分现在都早已亡佚,藉此书而留下了吉光片羽。此书引及的古籍中,如三国魏蒋济《三州论》,晋庾仲雍《汉水记》等,除《水经注》外,绝未见他书著录;有的古籍如《林邑记》、《汉武帝故事》等,所引内容,除此书外绝无他书引及。所以都是价值连城的资料。多少年来,学者在考据、校勘、辑佚等许多文献学研究中,实际上已经大量地利用了《水经注》的成果,所以此书对后世在文献学研究方面,其价值不言而喻。

六、郦学研究及其学派的形成与发展

郦学研究的核心是《水经注》,所以对于这门学问,首先要从《水经注》其书的渊源说起。这个问题当然要涉及《水经注》的成书年代,前人对此有多种说法,但其实没有一种是可以确实证明的。全书中记及的最后一个具体年份是《比水注》的"延昌四年"(515),但《淮水注》中曾记及梁天监浮石山与峻石山之间堰坝溃坏之事,此事在《梁书·康绚传》中可以查明发生于天监十五年(516),已比延昌四年晚了一年。《沭水注》中又提及"魏正光中"的话,魏正光是公元520—525年,距郦氏被害已不到10年。为此,如前面所述,郦道元当是在其一生的后期写作此书的,而写作这样一部大书,其间必有一个积累过程,包括修改和增入新资料的过程。所以从今本上可以看到他被害前10年的材料。从今天的郦学研究来说,此书到底是哪一年脱稿的问题,既无法查实,也没有寻根究底的必要。

郦道元被害于孝昌三年(527),从此直到隋一统的半个多世纪中,华北战乱频仍,北魏首都洛阳曾数遭兵燹,这部巨著竟能奇迹般地度过成书后最艰危的50多年岁月。《隋志》著录此书作40卷,显然仍是完璧。时至隋唐,国家承平,文化发达,传抄必有增加,此书才开始为人们所渐知,所以隋代的《北堂书钞》、唐初的《初学记》等类书中,都收录了《水经注》的许多资料,但因这些类书多属官修,郦书大概出于内库,此书的传抄流播,显然尚不普遍。此后,杜佑修《通典》,李吉甫纂《元和郡县图志》,也都引及郦书,但这些也都是官方著述,所以还无法证明《水经注》已经流入民间。到了唐末,陆龟蒙诗说:"山经水疏不离身。"[⑤]他虽然当过几任小官,但不过是个普通文人,他既以郦书入诗,说明此书已经传抄到了民间。

北宋初期的《太平御览》和《太平寰宇记》等书,都曾录入《水经注》的大量资料,说明朝廷仍然藏有此书,而且是卷帙完整的足本。以后,随着传抄的流行,私人收藏此书的显然增加,而且受到广泛的称颂,所以如前所说,苏轼写下了"嗟我乐何深,《水

经》亦屡读"的诗句。前面说到《御览》和《寰宇记》所引郦书都是足本,这是因为这些
书上所引及的诸如泾水、(北)洛水、滹沱水等,都不见于今本,而北宋景祐年间
(1034—1038)的《崇文总目》中,此书仅35卷,已缺佚5卷,则今本不见的诸水,当在
这缺佚的5卷之中。而此书以后仍作40卷,这是经过分析卷篇凑合而成的。

现在所知的此书第一种刊本是成都府学宫刊本,刊刻年代不详,早已亡佚。由于
北宋元祐二年(1087),此书的另一种刊本随即问世,而且刊出年代与成都府学宫刊本
相近,所以前者也是北宋后期刊本。这两种刊本虽均已不见,但底本均出于景祐以后
的缺佚之本,所以均非佳本。㉖不过由于刊本毕竟比传抄易于流行,刊本之出,显然有
利于《水经注》的广泛流行,有利于学者对此书的研究。

前面已经述及从隋《北堂书钞》到宋《太平御览》诸书中对《水经注》文字的引录,
这类引录,无非是按类目或分地区的抄引郦注文字,并不属于郦学研究。北宋以后,金
礼部郎中蔡珪写成《补正水经》3卷,这或许可说是学者研究《水经注》的嚆矢。虽然
蔡书早已亡佚,但此书元至顺刊本欧阳元序至今尚存,㉗此序说:"其详于赵、代间水,
此固景纯之所难;若江自浔阳以北,吴淞以东,则又能使道元之无遗恨者也。"说明蔡
书确实对郦书有所补正,可以列于郦学研究。

从明代起,《水经注》的研究开始盛行,由于学者们都已发现,此书残缺甚多,于是
不少人根据宋代流传的刊本或抄本,从事对此书的校勘和注疏,而其中成就卓著的是
万历年间的朱谋㙔,他花了极大功夫,校勘成《水经注笺》一书。他以宋本为依据,广
征博引,对此书作了大量的考据工作,对宋代流传的不少讹漏进行笺证,提出了供后人
继续研究的许多问题,因而被清初顾炎武誉为"三百年来一部书",㉘所以朱谋㙔实在
是郦学考据学派的创始人。

自从朱谋㙔开创了这个学派以后,到了清代,郦学考据学派有了极大发展。学者
们都看到,《水经注》自从南宋以来,辗转传抄,实在已经成为一部错讹满帙的残籍,不
仅是字句的错讹比比皆是,而且经文与注文互相混淆,竟至不堪卒读。至于从景祐以
来缺佚的5卷,只能通过辑佚,或可稍予弥补。当时,这个学派的著名学者如孙潜、何
焯、黄仪、沈炳巽等,都潜心于搜罗宋、明以来的各种刊本和抄本,在朱谋㙔《水经注
笺》的基础上,从事校勘。例如孙潜,由于获得了明刘金(大中)和赵琦美等抄本,把此
两种佳本,精抄过录,至今犹存。何焯(义门)毕生曾三次校勘此书,也都留下校本。
黄仪曾精研各卷水道,绘制成图,可惜已经不传。沈炳巽则以9年苦功,校出《水经注
集释订讹》一书,至今流传。由于这些学者的辛勤耕耘,终于出现了乾隆年代郦学考
据学派盛极一时的局面。在当时的许多郦学学者中,最著名的是全祖望(字谢山,
1705—1755)、赵一清(字诚夫,号东潜,1709—1764),戴震(字东原,1723—1777),他

们先后相继,都留下了极有价值的校本。全祖望毕生校勘此书 7 次,留下了《五校钞本》(今已有影印本)和《七校本》;赵一清是全祖望的好友,相互切磋,校成了名重一时的《水经注释》;戴震由于在 3 人中年齿最晚,并获得进入四库馆校勘郦书的机会,在馆内获睹包括《永乐大典》本在内的许多珍稀版本,特别是当时流传甚稀的赵一清《水经注释》,因得以集许多佳本之长,而以赵一清《水经注释》作底,校出了《武英殿聚珍本》(《殿本》)。由于这 3 位郦学大师的精心校勘,历来以讹传讹的错漏基本勘正,而经文和注文的混淆得以完全厘清,除了北宋缺佚的 5 卷无法复原外,《水经注》全书基本上恢复了它的原貌,而郦学考据学派许多学者多年来的辛勤耕耘,至此基本上大功告成。

在郦学研究中,除了上述考据学派外,从明代以来,还有一个以研读和欣赏郦注精湛描写的词章学派。前面已经述及,此书从唐宋以来就以其生动文笔获得学者的传诵。明著名学者杨慎,曾把此书中的出色描写,摘录成编。㉙而最后由万历年代的钟惺和谭元春两人创立了这个学派。钟、谭都是当时著名的文学家和诗人,由于两人均出于竟陵(今湖北天门),其文字风格被称为“竟陵体”,声名不下于以袁宏道为首的“公安体”。《明史·文苑传》说“钟、谭之名满天下”,可见一斑。他们认为《水经注》一书的唯一价值是山水描写。谭元春在他的郦注校本序中说:“予之所得于郦注者,自空濛萧瑟之外,真无一物,而独喜善长读万卷书,行尽天下山水,因捉幽异,掏弄光彩,归于一绪。”充分表达了这个学派的治郦观点。他们两人的研究成果,是崇祯二年(1629)刊行的评点本,评点的内容全是对《水经注》描写风景和其他事物佳句妙语,加以议论和品评,在历来评论郦注词章的学者中,提出了对此书词章最系统和完整的见解。词章学派的治郦观点,曾经受到某些郦学家的非议,例如清代的刘献廷,虽然前面也提到过他赞赏此书词章的话,但他认为专在此书词章上下工夫的郦学研究是不切实用的。他说:“《水经注》千年来无人能读,纵有读之而叹其佳者,亦只赏其词句,为游记诗赋中用耳。”㉚

郦学研究中随考据、词章两个学派以后形成和发展的第三个学派是地理学派。《水经注》是一部古代的地理著作,是一部具有经世致用价值的古籍,特别是在河川水利方面,它拥有丰富的资料,所以在经过有清一代的酝酿以后,终于出现了郦学研究中的地理学派,这个学派由清末郦学家杨守敬所首创,而他的门人熊会贞继承了杨的事业,发展了这个学派。

杨守敬是晚清的著名地理学家,他于光绪二十三年(1897)就出任湖北两湖书院教习,主讲地理一门,㉛可以说是我国高等学府中最早讲授地理课程的学者。杨守敬的地理学功底非常扎实,他在研究正史地理志的基础上,悉心编绘了《历代舆地图》。

光绪五年(1879)就刊行了《历代沿革险要图》,以后在熊会贞的襄助下,从光绪三十年(1904)到宣统三年(1911),陆续完成并刊行了从春秋、战国、秦以至宋、元、明历代地图,杨、熊合编的《历代舆地图》,㉜是我国有史以来的第一部历史地图。在他们编绘《历代舆地图》的过程中,当然必须借重《水经注》,同时也研究《水经注》,光绪三十一年,他们刊行了《水经注图》,全图按郦注卷篇绘制,朱墨套印,共8册,很有实用价值。同年,他们又完成师生合作的第一部郦注校本《水经注疏要删》40卷,次年又刊行了《水经注疏要删补遗》40卷,成为历来校勘的注疏量最大的郦注版本。由于他们是从研究历代地理沿革和编绘历史地图起家的,他们研究郦学,校勘郦注,当然首重地理,他们开创的这个地理学派,为郦学研究开辟了新的途径,带来了广阔的研究内容和美好的前景。

在《水经注疏要删》及《补遗》的基础上,他们计划校勘一部内容充实、考核详尽的《水经注疏》,由于工作量浩繁,杨守敬于民国四年(1915)去世,不及见此书之成,遗嘱熊会贞赓续其事。而熊氏确实兢兢业业地遵杨氏遗言,继续此书的注疏凡20年,晨写暝抄,不问寒暑,书凡六七校,稿经六易,在去世(1936年)以前完成了尚待继续修改的初稿。㉝这部初稿在其编撰过程中曾录出几部抄本,其中经过熊氏校核修改的一部价值最高,在抗日战争时期由当时的中央研究院收藏。台北中华书局于1971年影印出版了这部书稿,共18册,名为《杨熊合撰水经注疏》。另一部抄本为武汉书商所有,科学出版社于1957年影印出版,名为《水经注疏》,以线装形式分为3函。但此本因原稿在抄出后未经熊氏校核,所以错误极多。㉞20世纪80年代,段熙仲对此本作了数年校勘,又经我以台北中华书局之本作了复校,于1989年排印,在江苏古籍出版社出版。这是郦学地理学派的研究成果,也是《水经注》各种版本中注疏量最大的版本。

七、结语

自从乾隆年代全、赵、戴三大家与晚清的杨守敬以来,近代的郦学研究,也是名家迭出,成果可观。上述杨氏的门人熊会贞继承师业,茹苦含辛20年,于20世纪30年代完成《水经注疏》稿,就是近代郦学研究的重要成果。

除熊氏以外,近代郦学研究不仅著述丰富,而且方法创新,在考据、词章、地理3个方面,都获得发展。例如王国维,㉟他平生曾校勘过从宋本到殿本的9种重要的郦注版本,并且每一本都写了校勘《跋尾》,多有发人深省的见解。又如郑德坤,㊱他于20世纪30年代之初就从事郦学研究,编制《水经注引得》并撰写了不少郦学论文。50年代以后在香港及海外赓续研究,出版了《水经注研究史料汇编》及其他郦学专著,取得很大成绩。香港的另一位郦学家吴天任㊲曾襄助郑德坤的郦学研究，整理郑氏著作，付诸出版，并以多年积累，撰成《杨惺吾先生年谱》巨构，又编著出版《郦学研究史》，对近代大陆的郦学研究也详叙无遗。近代郦学研究中特别值得重视的是著名学者胡适，㊳他在生命的最后 20 年时间中潜心郦学研究，其成果全部收入于台北出版的《胡适手稿》㊴之中。此外，近代郦学家在研究中作出重要贡献的还有汪辟疆、㊵钟凤年、㊶段熙仲等，其中如汪辟疆，他曾撰有《明清以来研究水经注之总成绩》长文，台北影印本《杨熊合撰水经注疏》，即以此文列于卷首。

另外，近代的郦学研究，特别是最近半个世纪之中，在大陆和港台，相继出版了许多研究成果，包括郦学论文集，影印、排印和重新校勘的各种《水经注》版本，《水经注》现代汉语译本等等，取得了优异的成绩。㊷

除了中国学者以外，近代以来，国外汉学家从事郦学研究的也不乏其人。前日本京都大学人文科学研究所所长森鹿三即是其中之一，他从事郦学研究多年，发表过不少郦学论文，并于 1964—1970 年间在京都大学主持《水经注疏》补研究班，组织翻译了《水经注（抄）》的郦注日文译本。㊸至今，日本的一些大学，还开设有关《水经注》的课程。㊹

我个人虽然自幼即喜爱此书，也从事过若干方面的郦学研究，但由于这门学问确实精深宏博，以我所知，实在还很肤浅。所以本文论述的几个方面，无非是郦学领域中的一些普通常识，聊供有志于郦学研究者参考，并请方家们批评指正。

注释：

① 浙江古籍出版社 2001 年版。

② 华林甫编《中国历史地理学五十年（1949—1999）》，学苑出版社 2001 年版。

③ 陈桥驿《读胡适研究〈水经注〉的第一篇文章》附录《乾隆郦学全、赵、戴三家札记——三家研究〈水经注〉独立同归探讨》，《水经注研究四集》，杭州出版社 2003 年版。

④ 按指清代赵一清。

⑤ 《胡适手稿》第三集下册。

⑥ 《长水集》（上），人民出版社 1987 年版。

⑦ 《地理学报》第 45 卷第 3 期，1988 年 9 月，又收入于《郦学新论——水经注研究之三》，山西人民出版社 1992 年版。

⑧ 南京大学出版社 1994 年版。

⑨ 《郦道元评传》，第 30 页。

⑩ 《寄周安孺茶诗》，《苏轼诗集》卷二二，中华书局 1982 年版。

⑪　中国友谊出版公司 1989 年版。

⑫⑬　《黄河在中游的下切》,《陕西师范大学学报》1977 年第 3 期。

⑭　上海书店出版社 2000 年版。

⑮　《郦学新论——水经注研究之三》。

⑯　《杭州大学学报》(哲学社会科学版)1988 年第 4 期,又收入于《郦学新论——水经注研究之三》。

⑰　《穀梁传·僖二十八年》。

⑱　陈桥驿《论地名学及其发展》,《中国历史地理论丛》第 1 辑,陕西人民出版社 1981 年版。

⑲　陈桥驿《水经注地名汇编序》,《水经注研究二集》,山西人民出版社 1987 年版。

⑳　《水经注研究二集》。

㉑　《水经注研究四集》。

㉒　《跋寓山注二则》,《琅嬛文集》卷五。

㉓　《广阳杂记》卷四。

㉔　《考古》1973 年第 4 期。

㉕　《和袭美寄怀南阳润卿》,《全唐诗》卷六二六。

㉖　《论水经注的版本》,《中华文史论丛》1979 年第 3 辑,收入《水经注研究》,天津古籍出版社 1985 年版。

㉗　《国朝文类》卷三六。

㉘　引自阎若璩《古文尚书疏证》卷六下。

㉙　《丹铅杂录》卷七。

㉚　《广阳杂记》卷四。

㉛　吴天任《杨惺吾先生年谱》,台北艺文印书馆 1974 年版。

㉜　此处文字均据拙撰《杨守敬传》,《水经注研究四集》。

㉝　此处文字均据拙撰《熊会贞与水经注疏》,《水经注研究四集》。

㉞　钟凤年对此本进行校勘,校出错误两千余处,他撰有《水经注疏勘误》一文,载《古籍论丛》,福建人民出版社 1982 年版。

㉟　陈桥驿《王国维与水经注》,《中华文史论丛》1989 年第 2 期,收入《郦学新论——水经注研究之三》。

㊱　陈桥驿《郑德坤与水经注》,《中国历史地理论丛》1990 年第 3 辑,收入《郦学新论——水经注研究之三》。

㊲　陈桥驿《吴天任与水经注》,《中国历史地理论丛》1992 年第 2 辑,收入《水经注研究四集》。

㊳　参见拙撰《胡适与水经注》(《中华文史论丛》1986 年第 2 辑)、《评〈胡适手稿〉》(《中华文史论丛》1991 年第 47 辑)等文。

㊴　《胡适手稿》共十集 30 册,从 1966 年 2 月到 1970 年 6 月出版完竣。

㊵　陈桥驿《汪辟疆与水经注》,《史念海先生八十寿辰学术文集》,陕西师范大学出版社 1996

年版,收入《水经注研究四集》。

㊶　陈桥驿《钟凤年与水经注》,《陕西师范大学学报》(哲学社会科学版)1992 年第 3 期,收入《水经注研究四集》。

㊷　见拙撰《民国以来研究水经注之总成绩》,《中华文史论丛》1994 年第 53 辑,收入《水经注研究四集》。

㊸　日本东京平凡社 1974 年版。

㊹　陈桥驿《近代郦学研究概况》,《中国历史地理论丛》第 3 辑,收入《水经注研究二集》。

原载《国学四十讲》,湖北人民出版社 2008 年版

"恐诺症"——兼论科研机构及高校的体制问题

　　《南方日报》在今年3月1日刊出一则或许是不同凡响的新闻:两位重庆的全国政协委员,建议解散中国科学院和中国工程院。同时又引述教育界委员的痛陈:"应该彻底反思我们的科研体制,现在都在大张旗鼓地搞科研、争项目,但有95%的科研论文都是垃圾。"

　　必然会有科研方面的领导反对这项耸人听闻的建议,并且把95%的科研论文都是垃圾的话斥为谬论。但必然也会有一些学术界人士赞赏这几位政协委员们的话,认为这些话正是击中了当前科研和高校体制的要害。

　　我很同意这些委员们的"解散"建议,但是反对他们"整合"的主张。因为需要"解散"的这两个机构的问题,同样也是高校的问题。"95%的科研论文是垃圾",这些"垃圾"制造厂,包括两院和高校,把他们"整合"起来,只能"壮大"制造"垃圾"的阵势。我在几年以前曾写过《论学术腐败》①一文,那时候,学术腐败已经相当普遍,但代表人物还不过只是王铭铭等少数几位,时隔几年,这种腐败,已经发展到不可收拾的地步。哈佛的邱成桐先生主张中国取消院士制度,并不是无的放矢。

　　半个多世纪以来,我们的高校有着很大的和不断的发展变化,这种发展变化是正面的或是负面的,那得从历史、从世界各国的比较中才能议论。虽然其过程我都亲历,但在"有书可证"的场合中,因为写书的人都比我高明,所以还是以引书为要。在上世纪50年代之初,我们的高校,首先是"思想改造"和"院系调整"两件大事。在这两件大事以前,还有一个旧时代留下的教会学校的问题。在《陈寅恪的最后二十年》②中有事关于此的一段话:

> 1950年6月,中国共产党三中全会召开,毛泽东作了一段对中国教育文化事业来说相当重要的讲话。……毛泽东还特别强调,全国二十八所教会学校,不要在里头硬性教授"猴子变人"的唯物主义原理,要有灵活性。

但形势的发展出乎很多人的意料。此书接着说:"同年10月12日,中央政府明令接收影响最大的北京教会学校辅仁大学,这事已宣告所有教会学校在未来的结局。"从6月讲话到12月的辅仁终结,为时不过半年,180度的大转弯,不少人一时思想不通。但"思想改造"运动早在1952年年初就已经开始了,原辅仁校长陈垣于当年3月6日就在《光明日报》上发表了长篇检讨,自责其在辅仁充当了美帝国主义长达20多年的文化侵略工具。陈垣当然是思想改造中进步得很快的一位,其他人等,在思想改造以后也都认识到,不管你辅仁、圣约翰、湘雅等等,这28所都是姓"帝"的,而我们的学校当然是姓"马"的。除了这28所正牌"帝"字号的以外,其他高校也都沾有"帝"气,所以"思想改造"运动确实是十分必要的。从旧社会过来的知识分子必须思想改造,当时的知识分子自己也都有这样的意愿。所以思想改造实际上是没有底的,并不是仅用凯洛夫教育学代替了杜威教育学,把摩尔根批倒禁绝而捧出米丘林和李森科,把亚当·斯密和凯恩斯之流斥为资产阶级而代之以列昂节夫的政治经济学就可以完事的。在高校(包括科研机构)中,批判还是不断的,地方性的不说,全国性的就有电影《武训传》批判,接着是俞平伯的《红楼梦》研究批判。这些都是"文式"的。接着"武式"的来了,1955年发动了"胡风反革命集团"的揭发批判,拘禁、逮捕、自杀、判刑,高校随着就停课进行"肃反运动"。接着就是让许多高校师生(包括科研机构)受害的1957年事件。这在知识界(包括其子女家属)波及面很大的事件以后,终于来了"十年文革"。

1979年起,当局撤废了这个在世界教育史上都足以成为永久笑柄的"工农兵学员"制度,而代之以"择优录取"的正规高校招生制度。上世纪末当局提出的"211"工程,实在让我们无比兴奋。当时,在国内凡是已有基础的学校,都争取能够通过"211"工程。以我所在的学校为例,校长是我的邻居,平时也常常到舍下闲聊。但在那段时期,他的谈话就集中于"211"。并且要求我把一部书稿交给自己学校的出版社出版。我同意了,而此书果然获得了"第三届中国高校人文社会科学研究优秀成果奖"的历史学一等奖,③由中华人民共和国教育部颁发了奖状。我夫人执教的高校,在全国同类学校中也很负盛名。这类学校在第一次"院系调整"以来,都已有了四五十年的办学历史,大家都有自己的传统、风格、特色和一批台柱教师。自从 1980 年以后,经过20 年的惨淡经营,各自都致力于让学校更上一层楼的"211"工程,而结果,这两所学校都通过了"211"工程。却不料这些已经通过"211"工程的和明摆着必然可以通过这项工程的其他学校,上头又出了一条新主意,把这些学校再作一次"合并",凑合成一座规模更大的学校。为首的当然也是一所通过了"211"工程的学校。但其他几所同样是通过这项工程的学校,奉命都合并进去,让"大学"变得更"大"。"择优录取"以后的高校,特别是这些都已经通过"211"工程的高校,本来可以稳稳当当地在它们原有的基础上,按各自的传统、风格、特色和办学方向从事学校的发展。但"树欲静而风不止",世纪之初的这种并校变革,实际上又是一次"院系调整"。我不想也无能力评论这一次"院系调整"的利弊,仅就看到的现象和听到的看,不少地区,因为这样一次突如其来的合并,高校的数量虽然一时减少了,但是各式各样的"大学"就纷纷出来了。最常见的是据说与某个名牌大学"挂钩"的"城市学院"。"城市学院"确实也有正规的和办得不错的。但是否都是合格的呢?此外还有许多其他名目,以城市名称命名的"大学"、"学院"也比比皆是(尚未见到有与街区命名的)。教授嘛?有的是,退休教师可以专任,在职教师可以兼任,只要看看媒体上的广告就可以了。此外,媒体广告上还有所谓"远程教育"、"电子教育"之类。处在这样的档口上,"大学"、"学院"满天飞,而这些委员们建议将"解散"的两院"整合"到高校去,嫌那里"争项目"、提供"95%"的科研垃圾的人还不够多吗?

各行各业的从业者,都有他们的希望。炒股票的希望股市看涨,买奖券的希望中奖,哪怕是叫花子,也希望遇着一位出手大方的施主。从我个人来说,我热爱祖国,作为一个文化人,我长期以来所耿耿于怀的,也就是我写此文的主题,就是一个"诺"字。"诺"者,诺贝尔(Alfred Bernhard Nobel)之谓也。我(当然还包括许多学者)认为在整个世界上,流行的各种奖名不计其数,但"诺贝尔奖"应该是至高无上的,它是科学进步和人类文明不断攀登的最主要的标志。自从"读书有罪","读书人有罪"的这个恐怖时期过去以后,我与彼此说得来的朋友,往往谈论此事,反应是不同的,但占多数的尽管实际上已经感到渺茫,而答案是:"希望总有那么一天。"也有看穿了的:"皇帝不急太监急(长三角一带流行的俗谚)。"还有令人啼笑皆非的一位,此君原来似乎也做学问,后来在干部"知识化"过程中入仕,大概属于在身后讣告中可以写上"享受副省级待遇"的地位。因为过去较熟,偶然在一次见面时与他谈及此事,他的回答是:"管这些事干啥,谁能得'诺',还不是美国总统说了算。"我这才知道他是个"诺盲",原来他与一些做学问的书呆子也过从了一下,不过是一种做作罢了。在官场中,这类"诺盲"者或许还不少呢。

我是个在高校执教了50多年的老朽,不得不从我一直萦萦于怀的这个"诺"字说几句话。我由于不退休,不仅是在杭州本市,并且常与在沪宁以至武汉等地各高校执教的前研究生们联系,知道当前各大学(多是名牌大学)的领导向教师宣讲学校的成绩,主要是每年争取到多少个重要科研项目,获得多少科研经费以及在若干科研中获得的"突破"之类,同时也往往提出不少今后的科研规划和设想等等。可惜的是,从来没有在他们的洋洋洒洒的发言中提及过一个"诺"字。或许确实是我的脑袋太顽固了,老是为了这个"诺"字而烦恼。不过,像我这样的人,虽然不多,但在我们这个地方也并非没有。章启群先生就写过一篇《中国人为什么不能得诺贝尔奖》④的文章。文中说:

> 据科学史研究者的研究和统计,现代世界上一般建国后35周年左右,就会有自己的科学家获得诺贝尔奖。不要说欧洲、美洲、日本这些发达国家,包括印度、巴基斯坦等国都是如此。我们也许很困惑,自中华人民共和国在1949年成立以来,至今已经半个多世纪了,为什么还没有自己的科学家获得诺贝尔奖?

但是在另一方面,我在前面已经指出了我们社会的发展进步。在同一个"改革开放"时期,这三四年的变革令人感动。我很钦佩我们的高层领导,从"以阶级斗争为纲"到"和谐社会",从"以朕为本"到"以人为本"。而事实上,在诸如教育、医疗、济贫、扶农等社会福利事业方面,正在全力以赴。年轻一代缺乏以往的体会,也没有闲暇进行时代的比较。而像我这样一位86岁的老人,才能感到今天的一切来之不易。但是我们国家大,事务多,缺点显然还大量存在。而《南方日报》报道的,我这个只对这一行稍有涉猎的老人,认为是切中要害的。

我在前面已经论及,我们的高级科研机构和高校是不够健康的。患上了许多病症,必须进行检查和医治。"许多病症",要逐一列举实在困难,还是从我长期的积愫来笼统地命个名吧,这种病症可以统称为"恐诺症"。这个"诺"字其实并不一定指"诺贝尔",因为老实说,在我们的科研机构和高校的高层领导中,对于这个"诺"字,早已死了心了。他们所忙忙碌碌的,除了"官僚机构"中的许多"官事"以外,就是广东外国语大学副校长顾也力先生所说的:"现在学风浮躁,考核手段过于功利,大家用尽手段争项目,导致学术腐败。"

"恐诺症",是当前我们的高级科研机构和高校一切病症的一种统称。上层领导没有崇高的科研胸襟抱负,下层人员努力于"95%"的"垃圾"。后果当然是不堪设想。

我们的国家是有希望的,而且现在正在欣欣向荣地快速发展。但科研机构和高校的体制及其统称为"恐诺症"的病症,已经成为我们前进的绊脚石。希望引起我们高层领导的关注。

注释：

① 陈桥驿《论学术腐败》,《学术界》2004 年第 5 期。

② 陆键东《陈寅恪的最后二十年》,北京三联书店 1995 年版。

③ 中华人民共和国教育部 2003 年 7 月 3 日,教社证字(2003)第 017 号。

④ 章启群《中国人为什么不能得诺贝尔奖》,《学术界》2004 年第 2 期。

原载《学术界》2008 年第 5 期

学问与学风

　　讨论这个课题,首先必须把"学问"这个词说清楚。"学问"不是一个新词,我这个逾八近九的老朽,是背诵"子曰诗云"长大的。我记得在《孟子》上两次提及这个词语。《滕文公上》:"吾他日未尝学问,好驰马试剑。"《告子上》:"学问之道无他,求其放心而已矣。"可见"学问"是词出有据的,后来又流行起"做学问"。我在高小五年级时第一次听到这个词语。当时我凭"古越藏书楼"的借书证,借到过一部 4 册的《胡适文存》。全书开首就是《吾我篇》和《尔汝篇》。对"吾"和"我"及"尔"和"汝"这两组在我念"子曰诗云"过程中,一直视为同义毋需区别的字,作了深入的分析,而所举多数都是我念过的几种书为例。我读了这两篇,很佩服他,也意识到我祖父一直要我读的"子曰诗云"还是有用的。我把《胡适文存》4 册(特别是这两篇文章)给我祖父看,他把书还给我时说了一句我毕生第一次听到的话:"这就是做学问。"当时我就感到,"做学问"是一件很有兴趣也很有价值的事。却并不深究"做学问"这句话,应该作怎样解释。但以后在中学里特别是国文教师口中,也常常听到做学问这种说法,社会上也很流行这个词语。所以我的想法是,尽管这个词语不像"学问"那样有一位著名的古人孟子说过,因为它上面加了一个动词"做"。但是意义还是清楚的,用现代概念解释,做学问的意思就是从事学术研究。

　　令人感到颇不愉快的是,当前的潮流,人们对于做学问这个行业,既缺乏兴趣,也不受重视。绍兴的邱志荣花了极大的精力,通过长期调查研究,遍索文献资料,写出了一部专著《绍兴风景园林与水》(上海学林出版社 2008 年版),这当然是一种做学问的成果,他要我看了全稿,并请我写《序》,我在《序》中说:

> 当前的社会潮流是,写书的人很多,做学问的却极少。这中间当然有许多原因,我不必议论,也不便议论。从总的现象来看,这或许是这五十多年来的一种流行病。按出版物的数量计算,这些年来,从出版机构发出去或"卖"出去的书号(ISBN),确实是个很大的数字,但其中有多少是做学问的成果呢?

中国在明朝一代,学术风气不好,清初的学者顾炎武曾说:一个朝代只出了一部好书。[1]这话或许说得太过分。但以此说明这个朝代中做学问的人不多,可能是有些道理的。到了清朝初年,做学问的风气变了。出了不少认真做学问的著名学者如顾炎武、阎若璩、全祖望、戴震等,其中多数是乾隆到嘉庆年代的人物,他们一丝不苟地做学问,写出了许多流传后世的好书,于是学风就获得了改观和振兴,这就是被后世所称道的"乾嘉学风"。我在拙作《论学术腐败》[1]一文中曾经指出:

> 乾嘉学风是我国学术史上值得推崇和传承的高尚学风。现在要理解这种学风,应该不限于它的严格的训诂和考据方法,更重要的是它所包含的对学人的人格规范和做学问的品德准则。

在这 50 多年中,确实还有不少传承乾嘉学风的学者,例如在港台有傅斯年、胡适、钱穆等等,但年岁不饶人,他们都已寿终正寝(傅斯年实在走得过早了一些)。在大陆,顾颉刚是幸运地获得"正寝"享受的,其他如老舍、傅雷、陈寅恪一辈,人数也不少,但在众所周知的原因下,他们都没有享受"正寝"的待遇。哲人如此而逝,夫复何言。以后就出现了一些如我在拙作《论学术腐败》中提及的那位"名教授"一流的人物。在当时,这位"名教授"的行径曾经震惊一时,但以后每况愈下,比这位"名教授"更出名的人物,一个个地被揭露出来,所以已不值得大惊小怪,就算是一种时代流行病吧。

既然是时代流行病,当然有这种流行病的时代背景,我在《论学术腐败》中曾经描述了这种时代背景是:"知识分子从上世纪 50 年代以后,被剥夺了多年从事学术研究的时间。我在拙作《论一本好书的出版》[2]中曾经说过:'在中国,像我这一辈年纪的知识分子,绝大多数都是被无端地剥夺了二十多年的工作时间的。'"但是时代忽然来了个峰回路转,"改革开放"取代了"以阶级斗争为纲"。于是这个长期被贬为"臭老九"的"劣等种姓",首先就起了内部的分化。由于"闭关锁国"到逐渐"开放",当道随即发现了绝大多数乌纱帽戴在土包子头上已非适宜,于是提出"干部知识化"的措施。这样就出现了知识分子队伍中的一些人"学而优则仕"(据我所知其中多数人是与老官场有关系的),告别"本本主义",去摆弄"红头文件"了。在经济上,国营企业一统天下的形势显然也只有"以阶级斗争为纲"的体制下站得住,当然也要进行所谓"股份制"一类的改革,原来的国营各级领导就成了这类新的股份制企业的大小老板。而各式各样的中小型企业直到街头巷尾的"夫妻店",也都雨后春笋般地出现。反正现在已不再讲究"阶级成分",表格如失业登记、招聘人才之类仍然有填写的机会,但"成分"这一栏已经不见,而且不再会影响个人及子女的前途了。这一类蓬勃发展的新行业,也容纳了许多已经厌倦或吃过苦头的知识分子,他(她)们原来是想做学问的,有的并且已经在做学问上取得了一些成绩。但现在毅然改行,离开高等学校和研究机构,包括中小学教师,也都有弃教从商的。当然,我只是按我所见说明这种现象,绝无臧否这种现象的意思。但前面提及的,做学问这个行业在当前潮流中被许多人所冷落的话,显然与原来干这一行的人,后来改行从官或从商有关。不过做学问的人也应该看到,这个行业必须有官的领导,也需要商的支持,所以不必因为当前这个行业的式微而泄气。

前杭州大学中文系有一位刘教授,是一位知识面很广而毕生做学问的学者,而且有幸在改革开放以后还活了好几年。因为与我宿舍相近,气味相投,在知识分子往来自由以后,常常到我家中坐坐。他非常可惜以前浪费的时间。几次谈到当年《一评》《二评》,一直到了《九评》。每一《评》都要听一次冗长的报告,再回到系里学习、读报,逐字逐句地讨论研究,"吃透"精神。到底"评"出了一个什么东西了呢? 苏联是"修正主义",我们算是什么呢? 他其实并不关心政治,当时我们的媒体上明明提出了"社会主义初级阶段"的话。他认为乾嘉学风是被反右反掉的,是被"文化大革命"革掉的。他的话其实只是在朋友面前发发牢骚。作为一位从旧社会过来,而衷心崇奉乾嘉学风的人,根本看不到1950年以后对"做学问"的导向。作为这个时期文学界的重要领导人之一的韦君宜,她在晚年所写的《思痛录》[3]一书中,曾经引用了她的还是儿童的儿女的话,也表述了自己的反省:

　　我的女儿团团对我说:"以后我们什么书也不念了,只念一本——《毛泽东选集》,别的都是反动。"小孩子这句话更使我一通百通。原来如此,一切文化,不是封建文化就是资产阶级文化,新的是修正主义文化。我从小接受的一切教育,自己推行的一切文化工作,全是百分之百的"封资修"。

当这本《思痛录》公开出版之时,刘教授已经走了近10年了。即使他读到此书,也不可能完全理解。因为他心里所念念不忘的一直是乾嘉学风。不过在他谢世以前,我因为已经几次应邀到国外讲学,并且结交了一些著名的国际汉学家。所以我曾经告诉过他,国际上的汉学家们,还是按乾嘉学风的精神研究汉学,所以乾嘉学风是不会沦失的。早一代的国际汉学家,如伯希和、鄂卢梭、马伯乐、沙畹、费瑯等等,他们的研究工作和汉学著述,刘教授当然知道。而当前我所接触的这一代汉学家,不管是东洋人或西洋人,他们都还是按前辈国际汉学家的传统做学问,也就是说,他们仍然在传承乾嘉学风。

　　现在让我介绍一些我所认识和曾经有过一些做学问的关系的外国汉学家的琐事。首先是当时国际汉学家中为首的施坚雅(G. W. SKinner)。由于我几次在《地理学报》(科学出版社的各种理科学报,是"文革"以前我们所允许出口的刊物)有关宁绍地区的论文,而施坚雅所在的斯坦福大学在他主持下建有一个"宁绍研究所"。所以当我们刚刚"开放"之时,他就把他所主编的《中华帝国晚期的城市》[4]这部著作于1979年寄给我。此书是以他为主,由美、英、德、荷兰、日本、中国(美籍)等许多汉学家于1970年以后的几年中,经过多次共同研讨的论文集。其中有的论文非常著名,例如日本汉学家斯波义信的《宁波及其腹地》一文,施坚雅在《导论》中称赞:"斯波关于宁波的城市经济描述,在现有叙述传统的中国城市的英文著作中,很可能是最完备的一种了。"我在为此书中译本所写的《后记》中,又对施坚雅的话给了补充:"在我所见到的有关宁波城市研究的中文著作中,像斯波这样的论文也是凤毛麟角的。"

　　在施坚雅寄赠我此书的次年即1980年,为了对宁绍地区的研究,他组织了一个与斯坦福大学"宁绍研究所"有关的美英两国的汉学家,一个由十三四位教授组成的代表团,到宁绍地区实地考察。因为我和他的关系,所以省里请我接待他们,又因为当时这个地区的干部知识化还没有提上日程,跟随的北方人翻译也听不懂方言,所以我实际上又兼了翻译。他们主要考察了绍兴和宁波两个城市,在宁波天一阁就花了整整半天。在这两个城市都举行了与文化界人士的座谈会。我在翻译过程中感到,他们对绍兴和宁波的历史文化,在许多方面都比我们应邀与会的文化人士丰富。

　　前面提到施坚雅赞赏斯波义信的话。我由于多次到日本担任客座教授,对他们的汉学研究也比较熟悉。斯波是其中最富有研究成果的学者。他们在研究工作中,除了采用许多现代科学技术外,其基础还是秉承了乾嘉学风,绝无我们这边随时可见的那种急功近利、粗制滥造的情况。可以随手举个例子,那是1985年,我在国立大阪大学担任客座教授一学期。我曾在一篇文章中引用《新唐书·五行志》,说过"贞元二十一年,旱,会稽镜湖竭"的话。有一位助教授(日本称副教授为助教授)叩我办公室门,手持标点本《新唐书》,恭恭敬敬地与我商量,《新唐书》有这条记载,但没有"会稽镜湖竭"的话。我立刻告诉他,请他去查阅同治浙江书局刊本,因为我用的不是眼下流行的标点本。国立大阪大学(即前大阪帝国大学)毕竟藏书丰富。次日上午,他果然拿了同治本来见我,并表示对自己的粗心和对我的景仰。这类事,现在在我们这里只当是件小事,但他们却看得十分重要,日本学者在做学问上的这类事例实在很多。

　　在外国汉学家对中国的研究中,还有一件我亲自经历而又让我十分赞叹的事。那是 2001 年暑期,我们夫妇在绍兴老家休息,浙江大学文学院负责人急如星火地赶来,因为他们组织一个国际学术文化讨论会,向国外发了不少邀请信。而伊懋可(Mark Elivin)居然应邀到会,(施坚雅也已经退休)他现在成为国际汉学界中的为首人物。他用电脑传来一篇《洱海研究》的长文,密密麻麻的 20 页。这样的名人,这样的长文,文学院实在是既光彩又为难。洱海是云贵高原上的一个构造湖,面积达 300 多平方公里,深度超过 20 米,而湖形特殊,东西宽仅 7 公里—8 公里,南北长达 40 公里。中国学者对这个湖泊研究很少,也找不到什么资料。而一个外国汉学家,却能长期在这个湖泊上做学问,对此湖作了多次的实地考察研究,写出了这样长篇的研究论文。当年应邀到会的外国学者有包括英国剑桥大学和日本东京大学的学者,但伊懋可当然位列在首。宣读论文当然排在第一位。按国际会议通例,学者宣读论文以后,一定要有另一位学者用英语进行讲评。文学院知道我在国外讲学时与伊懋可见过面,并能够说英语,所以坚持要把我们夫妇拉回杭州去。为了学校的事,我们结果还是到花家山庄参加了这个会议。

其实,我之所以经过考虑最后同意与会,中间还有一件文学院所不知道的事。因为我也曾对洱海作过半天的现场考察。做学问的事总得有一丝基础,在会上对伊懋可这样的论文进行讲评,不是逢场作戏。事实是,在此前一年,云南大学邀请我去昆明参加一个国际学术会议,要我讲话,他们的《学报》并向我要去一篇文章。[5] 所以在会议以后,承他们的美意,特意让我们夫妇作了一次香格里拉的旅游。回程中也参观了大理。我知道大理离洱海西岸很近,但是没有道路,承旅馆主人的鼎助,为我们找了一辆破旧的马车,稍加修理,就找了一位可靠的骑御人把我们夫妇从山间小栈移到了洱海岸边,完全是荒芜之地。但我的目的就是为了考察,所以沿湖奔走,对这个高原构造湖,获得为时半天的感性知识,此事去年已应《中国地方志》的约稿,写了《研究湖泊,保护湖泊》[6] 一文,这里不必赘述。那年为伊懋可的论文作讲评,除了有关湖泊学和历史地理学的一些资料,这半天的现场考察,实在是我终于前去与会的重要原因。伊懋可对我的讲评表示很满意,特别当他听到我在讲评中提出我也考察过这个高原湖泊的经历。因为他显然知道,中国学者到过那里的人很少。

浙大文学院要我去扮演这个角色,事前并不知道我曾经有短时间考察洱海的经历,无非是因为我认识伊懋可和能够说英语。一位外国学者对中国偏僻地区的湖泊能够进行如此详细的学术研究,而在这样一所曾经由著名地理学家竺可桢惨淡经营而以地理系著名的大学里,竟找不出对此有较深研究的人。说明我们这半个多世纪中对学问和做学问的事业实在堪虑。那天,我虽然凭着对洱海的半天经历,加上一点湖泊学和中国古籍的材料,拼凑了三四十分钟的讲评。伊懋可当时表示很满意,或许是因为故友重逢,也或许出乎意料:杭州竟也有人到过那里。因为他自己必然多次到过那里,大概不曾看到过有中国学者在那里从事研究(他的 20 页英文稿中没有提及于此)。在那天的会上,如果伊懋可宣读的论文是《伊利湖研究》或《日内瓦湖研究》,我也可以担任讲评,而内心毫无芥蒂。但这位西方学者研究的是我国的洱海,这是中国的学问。所以我虽然勉强地作了讲评,而内心实在感到惭愧。

希望我们的国家和政府能够重视学问,重视学风的端正,为当前为数不多的真正在做学问的人,减少一些莫须有的阻力,增加一些优裕的条件。更希望做学问的人能够去重温一下"乾嘉学风",因为这种学风,对于学者的为学和为人,都有严格和必须遵循的规范。我虽老迈,但还是勉强地凑成此文,除了缅怀在这 50 多年中不少有幸"正寝"和许多不幸遭难的传承"乾嘉学风"的前辈以外,还希望当前做学问的人,能够重视学问,认真地做学问,端正我们在许多方面被扭曲了的学风。

参考文献

[1]陈桥驿《论学术腐败》,《学术界》2004 年第 5 期。

[2]陈桥驿《论一本好书的出版》,《中华读书报》2001 年 7 月 4 日。

[3]韦君宜《思痛录》,北京十月文艺出版社 1998 年版。

[4]施坚雅《中华帝国晚期的城市》,叶光庭等译,陈桥驿校,中华书局 2000 年版。

[5]陈桥驿《佛教与佛学》,《云南大学学报》(人文社会科学版)2006 年第 6 期。

[6]陈桥驿《研究湖泊,保护湖泊》,《中国地方志》2007 年第 6 期。

注释:

① 顾炎武自己的著作中并无此语,但阎若璩在《古文尚书疏证》卷六下引及顾氏的话:"三百年来一部书"。"三百年"即指明朝。

原载《杭州师范大学学报》(社会科学版)2008 年第 6 期

为"徐学"松绑

　　纪念徐霞客诞辰420周年暨国际学术研讨会寄下通知,今年10月在北京举行徐学盛会。我的学术挚友曾俊伟先生又专门挂电话给我,嘱我撰写文章,电话中并且特地指出,我是首先提出"徐学"这个词汇的人。当年我提出"徐学",坚信这是一门极有价值和发展前途的学问,而今天却以这样的题目写文章,一定会有人议论:这个老头80多岁了,大概是精神上出了问题。对于这样的议论我不仅谅解,而且也是在意料之中的,回忆当年我曾经发表过一篇《撇开〈游记〉——再论徐学研究》①的拙文,也听到过一些类似的意见,传到我耳边的是已经过修饰的话,大致是:内容不错,标题偏激。而这一次提出"松绑",远远超过了当年的"松绑"。许多人接受不了,这是必然的。

　　首先,我自己得先作点反省,我是一个不合潮流的人,是个"书呆子"式的人物。我从小学五年级读《胡适文存》中的《吾我篇》和《尔汝篇》,第一次从我祖父口中听到"这就是做学问"的话,就决心想以"做学问"为终身生涯。但事实是,"做"了半个多世纪,到底做不出一点学问来。《光明日报》②去年发表议论我的大版报道,并统计了我的著作和论文,总共已经出版了各种专著、译著等类67部和论文400多篇。这个数字,据我的研究生们查核,认为基本无讹。但这算什么呢? 我当年在上海书店出版社组织的《当代学人笔记丛书》中的《郦学札记》③卷首《自序》中已经说过:"我是一个平凡的知识分子,毕生花大量的时间从事美其名曰著书立说,其实是所谓'爬格子'的营生。这是大人先生们所不屑为而却是我们这一类人的本职。"说起来虽不懊悔倒是惭愧，"爬"了一辈子，《光明日报》的统计是 2000 万字，但实在"爬"不出什么学问来。现在，年已届此，事已至此，这些话权作一点反省，用不着赘述了。

现在回到徐学这门学问的本题以及我为什么要用这样的题目写文章的缘由。我因家庭环境从小就读古书，但所读的全是"子曰诗云"之类，《徐霞客游记》虽然也是古书，却不是我所能读到的。我的家乡绍兴大街（今解放路）上有一座古老而著名的寺院大善寺（现在已被拆毁），寺内广场上有一家"锦文堂书局"，专营翻印古籍，全部以一折七扣出售，我念高小时常常光顾，曾以三四角银洋买到一套 4 册的《徐霞客游记》，晚间在床上翻过一下，才知道徐霞客其人其书，此人好游山玩水，以其经历写了这部《游记》。因为当时我已经热衷于《水经注》，此书就搁置而不再顾问了。踏进初中门槛，发现图书馆目录卡上有丁文江编《徐霞客游记》。我原来也不知丁文江其人，也是在念高小时，自然课老师讲到煤气中毒时，举了此人例子，说他是个著名学者，在长沙自知中毒，拼命下床开窗爬出窗外倒在走廊上，深夜无人接应，终至不起。我自幼崇拜著名学者，著名学者而编此书，我才知道了徐霞客其人和《游记》其书的分量。对此有了崇敬之心，但仍无诵读的时间。

1983 年初，我收到了或许是中国地理学会的通知，要我在这年 4 月到无锡出席全国纪念徐霞客诞辰 400 周年筹委会，我被列为筹委之一。从通知里看到筹委中有好几位重量级头面人物，让我恍悟徐霞客果然名不虚传。当时，我少年时代购得的一套 4 册《游记》，已在"文革"初期作为"四旧"上交，幸亏上海古籍出版社已经寄赠了我新出的两册，又在书柜中找出了大概是从旧书摊上买下的出自几位浙大教授合撰的《地理学家徐霞客》，④花几天时间作了一番研读，立刻意识到，这是一门有价值的学问。

凑巧的是，其时我刚刚应邀到日本作客座教授，在关西大学大学院（研究生院）讲了一个学期的《水经注》研究后回来。在关西大学时，校方要求我用英语讲课，以提高研究生的英语水平。称《水经注》研究为"郦学"由来已久，我在日本时还为此杜撰了一个英文词 Liology。从而让我想到，《徐霞客游记》研究的这门学问，应该称为"徐学"。

所以这年我在无锡举行的筹委会上就提出"徐学"这个名称。会后不久，南京师大以《徐霞客研究论文集》⑤向我约稿，我写了《郦道元与徐霞客》一文，文中提及："让郦学研究继续向前，兴旺发达；让徐学研究后来居上，发扬光大。"接着，徐霞客诞辰 400 周年盛会于 1987 年再次在无锡举行，会中有一个到他故乡江阴马镇瞻仰参观的活动。事前未曾想到在他故居要大家题词的事，雪白的宣纸摊在桌上，我思想上毫无准备，只是因为郦学与徐学是我萦萦于怀的，所以提笔写了几句即就劣诗。幸亏吕锡生先生在其《徐霞客家传》⑥中记下了此诗："郦学渊源长，徐学后来昌，郦学与徐学，相得而益彰。"

我即兴所写的这首"五绝"当然拙劣不工，但是在毫无准备的情况下所表达的心情却是纯朴而真实的。我从小读《水经注》，对《徐霞客游记》完全陌生，当时才刚刚入门，但立刻意识到这是一门可以和郦学并驾齐驱的学问。而且从筹备会到纪念会，都有不少上层头面人物的支持。从北京到若干地方，先后建立了学会，在《游记》版本方面，超过丁本的上海古籍本问世不久，1986 年，我收到了后来成为学术挚友的朱惠荣教授寄赠的《徐霞客游记校注》上下册，⑦展读之下，让我知道这是一部《游记》的最佳本子，我实在满腔喜悦，坚信作为一门学问的徐学，从此"开步走"了。我自己当然不会中辍对郦学的研究，何况对于徐学，我可以说毫无根底，但是我感到为这门新兴的学问作一些摇旗呐喊的工作，这是我既有兴趣也有责任的。所以随即写了《论徐学研究及其发展》⑧一文，满腔热忱，既为这门学问的发展出了一些点子，也肯定，这门学问一定会像郦学一样地成为一门大学问。

从上世纪 80 年代中期起，随着像朱惠荣本的出版和其他许多有关的专著出版以及大批论文的发表，这一番欣欣向荣的气象，确实使我踌躇满志。而且随即发现，各地的学会和徐学活动，获得了我们的一个新兴行业即旅游业的大力支持。从会议地址、经费以及论文集的出版等等，都得到旅游业的赞助。对于徐学发展，这当然是一种极为有利的机遇。而且一门学问能够有裨于一种新兴行业的发展，也是这门学问价值的证明。所以我对这种学问和产业相得益彰的形式和必然获得双赢的结果，是十分赞赏和殷切期待的。80 年代后期，香港的郦学家吴天任先生以其所撰《郦学研究史》⑨索序于我，在我《序》中仍以郦学与徐学相比，赋五绝一首："郦学与徐学，渊源称悠久，地学两相辉，河山喜同寿。"为了让这门学问早日奠定基础，我从日本某些大学开《水经注》课程的启发，又撰写了《编写徐学教材刍议》⑩一文。

但是从上世纪 90 年代以后，我从各地的学会活动和发表的文章揣摩，开始有了一种感觉，坦率地说，徐霞客在某种程度上已经被绑到旅游业上去了。以徐学促进旅游业，我是非常赞赏的。但是徐学毕竟是一门学问，一门学问推动一种事业，这当然是好事。但是让这门学问从"做学问"的程序发展起来，仍然是它的生命力所在。我感到，除了朱惠荣教授的《校注》以外，很少能读到"做学问"的作品。《游记》当然是徐学的核心，正像《水经注》是郦学的核心一样。但要把徐学提高到一门学问，不能只是啃嚼《游记》。我发现不少地方的学会活动和发表的作品，多是啃嚼《游记》的产物。不过是，你啃这一角，他啃那一角。其实都没有啃出多少学问来。还有不少文章，撰写的目的就是为了发展当地的旅游业。我并不反对这样的文章，因为旅游业是一种新兴而极有前途的产业。我自己也曾为此写过两万字的长文《旅行、旅游、旅游业》。⑪文中说道:"我有好些朋友从事旅游业,其中还有旅游业的领导。他们勤勤恳恳地领导并发展旅游业,我都亲眼看到,并且深深地佩服他们。"所以我对徐学在发展旅游业的功能方面非常重视。但问题是,徐学本身有自己作为一种专门学问的路子要走,不能一味啃嚼《游记》,也不能一窝蜂地倒向旅游业,把自己绑在旅游业上。正因为此,我不得不写文章正告有一些一味啃嚼《游记》的徐学同仁,这就是本文开头就提及的我撰写《撇开〈游记〉——再论徐学研究》一文的缘由。在该文中,我以抗战时期浙大编辑的《地理学家徐霞客》作比,其中如林文英的《江流索隐》和任美锷的《江流索隐质疑》等文,其实都与《游记》无关,但却是实实在在的学问,也是地地道道"徐学"研究。

写到这里,我又不得不与以《水经注》为核心的郦学相比。《水经注》成书已经1400多年,历史当然比《游记》长得多。但是作为一门学问,其实也是从明代开始的。由于此书在宋初以后缺佚甚多,明代学者在整理校勘的过程中,才开始从事研究,从而形成了郦学这一门学问。到了清代,许多著名学者都投入这种研究,而其中全祖望、赵一清、戴震成为著名的郦学三大家。清末民初,又出了杨守敬、熊会贞师生,而著名大学者王国维和胡适也都为这门学问尽心竭力。杨、熊校勘了此书注释量最大的《水经注疏》,[12]王国维毕生校勘了 8 种此书版本,都作了精密的校记,[13]而胡适竟以其一生中的最后 20 年时间,全力从事郦学研究。[14]除了上述中国学者以外,国际汉学界也涌现不少郦学家。上世纪之初,西欧汉学家如沙畹(E. Chavannes)、费瑯(G. Ferrand)、伯希和(P. Pelliot)、马伯乐(H. Maspero)、鄂卢梭(L. Aurousseau)等,都用《水经注》做学问。而且日本著名汉学家、京都大学人文科学研究所所长森鹿三,从 1964 至 1970 年间,以 6 年时间,在该所举办了一个《水经注疏》订补研究班,网罗了全国汉学家和他的学生,每周由他主持一次讨论会,最后于 1974 年在东京平凡社出版了这个研究班的研究成果日译本《水经注(抄)》。至今,日本的若干大学还开设有关《水经注》研究的课程。

前面提及《光明日报》去年为我发表报道的事。在那篇报道中,记者在最后为我总结了一个"三不主义"。其中一个"不"是多次出国,并且是带了夫人出国,但没有花过国家一分钱外汇。事情是不错的,但我不过是个工薪阶层,出国一次要花许多钱,凭我的收入,怎能做到如这篇报道所说的不花国家一分钱外汇呢? 显然是我的每次出国都是对方邀请的,费用当然由邀请者负担。现在回顾一下,从上世纪 80 年代初到这个世纪初,出国 10 多次(包括本国领土港台),曾经在境外 30 多所大学讲过课,而其中内容涉及郦学的约有 20 次,邀请方面主动提出讲这个课题的也在 10 次以上。现在,徐学从 1983 年开始复兴以来,已经发展了 20 多年。这中间,有领导题词,有头面人物支持,有学会的组织活动,有旅游部门的配合并资助,有许多著作和文章的出版和发表,其中许多都是公费资助或不发稿费的。而郦学与此恰恰相反,既无组织,也无活动,冷冷清清地各干各的。当然也出书,发表文章,但都是出版社主动约稿,订合同,付稿费。没有谁资助,也用不着谁资助。我不知道的是,这些年中,有没有国外(或港台)的大学邀请我们的徐学同仁前去讲学的? 或许有,但为数一定很少,这是为什么呢?

我悟出了一些理由,不知道对不对,提出来和徐学同仁们商榷。

我坚定地认为,徐学是一门有价值和发展前途的学问。与郦学一样,不仅在国内,而且也要走出国境,为国际汉学界所热衷。当前徐学发展之所以不能尽如人意,首先无疑是政治与学术的关系。在我们国家里,学术必须接受政治领导,时间已经过了半个多世纪,学术界已经有了这方面的认识和习惯,思想上不会有什么疙瘩。但另一方面,政治是政治,学术是学术,政治可以一时压制学术,如上世纪 50 年代,地理学中的人文地理学与生物学的摩尔根学说一样。[15]也可以提携学术,徐学就属于后者。但由于出面压制或提携者,自己其实都不懂学术,所以被压制的后来又要复兴起来。而受提携的,单靠为政者的题词,充其量也不过是当年搞运动的作用。好几位头面人物为徐学捧场,也应该感谢,但他们并不是做学问的人。总的一句话:政治是政治,学术是学术;做官是做官,做学问是做学问。这两者是界线分明,毫不含糊的。要发展徐学,把徐学做成一门像郦学那样的学问,这是完全可能的,但唯一的途经,还必须依靠徐学界自己。

这些年以来,徐学与旅游业发生了密切的关系,彼此合作,相互促进,这本来是一件好事,可以作为一种学术与产业互助共荣的典范,是值得提倡的。与一直以来孤军作战的郦学相比,这实在是它的一种莫大的优势。

但这里还有一件需要议论的事。前面已经说过,做学问的事,必须依靠做学问的人。上世纪 50 年代以后,"分子"一词流行,这些人就统称"知识分子"。知识分子从"思想改造"开始,接着又经受历次运动的折磨,直到最后大批被关入"牛棚"。其身份一直属于一种劣等种姓(Varna),满脑袋是恐怖和残酷的回忆。70 年代后期的一句流行话"心有余悸",就把这种心态和盘托出。另一方面是芸芸众生,当然也包括知识分子在内,长期以来在一种贫困匮乏的处境之中,吃一根油条要付半两粮票,穿一双袜子要付二寸布票。而形势忽然剧变,"改革开放"取代了"以阶级斗争为纲"。于是,精神上的相对宽松和物质上的逐渐丰富,在颇大一群人们之中立竿见影。特别是"先富一族"的尊荣,受到了众人的仰望和企盼。因此,做生意就顿时成为天下大势。做学问的人与做生意的人相比,显然矮了一大截。不少中青年学人,为了要发表论文,不得不节衣缩食,支付版面费。还有一些埋头用功的学人,手上有多年耕耘的著作,也只好想方设法,求助生意人的赞助而得以出版。但是应该承认,比前一个时代,这还是一种进步。

　　十分巧合的是,做学问的徐学和做生意的旅游业,在差不多的时期中同时兴起。而且可以说是一拍即合,两者立刻结合起来,真是一种难得的机缘。其相得益彰的效果非常显著,众所共见。

　　"相得益彰",这是徐学与旅游业结合的正面效益。在初期,这种效益让徐学活动获得经济上的资助,同时也让旅游业的发展获得文化上的渲染。但是后来情况发生了变化,因为做学问的徐学没有像预想地如郦学那样发展,而做生意的旅游业却很快地愈做愈大。在地方上,它为市、县的经济繁荣和财政收入都作出了不小的贡献。有些徐学活动虽然由市、县出面举办,但背后仍然是旅游业在起作用。旅游业成了一门枝繁叶茂的大行业,触及的领域和机构甚多,成了第三产业的支柱。这当然是令人鼓舞的好事。在开始时,徐学与旅游业有一种并起并坐的架势,但如上所说的,做学问的人比做生意的人矮了一大截的现实,随着生意人事业的兴隆而愈益明显。旅游业当然不会抛弃徐学,但徐学却自觉或不自觉把自己捆绑在旅游业上,作了旅游业的文化附庸。这就是"相得益彰"的负面效应。

　　我以"松绑"为题写这篇文章,绝无拆散徐学与旅游业的这种合作关系的意思。这种合作关系仍然是应该继续的,旅游业对徐学的支持仍然值得争取和感谢的。这是因为旅游业并没有"绑架"徐学,上绑的正是徐学自己。徐学界把这门学问绑到旅游业上去,初衷也是为了求得徐学的发展,但想不到久而久之,却成了徐学发展的障碍。正和我以往发表的《撇开》一样,啃《游记》当然是研究徐学所必须的,但是若把此作为徐学研究的不二法门,徐学也就到此为止了。徐学与旅游业的关系更是这样,前者是做学问,后者是做生意,两者可以相互提携,但绝不等同。所以对于那些以徐学为过渡而已经踏进旅游业门槛者,可以心安理得地从事旅游业并且继续对他们的老行当进行支持。当务之急是,要让一些对徐学研究有才华、有抱负的学者松下绑来,让他们专心致志地把徐学这门学问做大来。

　　解铃还需系铃人,既然是徐学界自己把这门学问绑到旅游业上去的,还是请徐学界自己松绑吧。

注释:

① 《徐霞客研究》第 7 辑,学苑出版社 2001 年版。

② 叶辉《陈桥驿:寻山问津治郦学》,《光明日报》2006 年 10 月 29 日。

③　上海书店出版社 2000 年版。

④　商务印书馆 1948 年版。

⑤　江苏教育出版社 1986 年版。

⑥　吉林文史出版社 1988 年版。

⑦　云南人民出版社 1985 年版。

⑧　《浙江学刊》1988 年第 2 期。

⑨　台北艺文印书馆 1991 年版。

⑩　《徐霞客研究》第 1 辑,1997 年版。

⑪　《人文旅游》第 1 辑,浙江大学出版社 2005 年版。

⑫　此书有北京科学出版社影印本及台北中华书局影印本,现在流行的是江苏古籍出版社
1989 年出版(1999 年再版)的排印本,共上、中、下 3 册,段熙仲点校,陈桥驿复校。

⑬　陈桥驿《王国维和水经注》,《中华文史论丛》1989 年第 2 期。

⑭　台北胡适纪念馆影印出版《胡适手稿》十集 30 册,其中一至六集计 18 册,全为郦学论著,
参阅陈桥驿《评胡适手稿》,《中华文史论丛》1991 年第 47 辑,收入于《水经注研究四集》,
杭州出版社 2003 年版。

⑮　陈桥驿《论学术腐败》,《学术界》2004 年第 5 期。

原载《徐霞客研究》(第 16 辑),地质出版社 2008 年版。

再论多学科研究吴越文化

周琦先生的《东瓯文化源流考》一文（见《台州文化学刊》2007 年第 3 期），我早已拜读。周先生寄下大作时，并附了封说得很客气的信。我因为又老又忙，当时是否复了信，也已经记不起了。但总的来说，是篇好文章。因为周先生花了很大精力，把历史上大量论述东瓯的文章都搜集起来了。我是一个对东瓯毫无研究的人，读了此文，得益甚多。其中最佩服的是周琦先生做学问的功夫，让我获益不浅。在过去我其实只在《史记·东越列传》中读到过"东瓯"。而在周先生的文中，才知道历史上有这么多学者对东瓯作过研究，实在让我大开眼界，自惭自己的孤陋寡闻。

我的老朋友林家骊教授于 4 月 17 日给我电话，告诉我次日晚上与好几位温岭学者见面的事。承他们设宴招待，其实学者们多数都是老朋友，只是年老事多，一时记不起来了。那晚不仅是叙旧情，谈学问，并且蒙赠一部难得的镇志——《大溪镇志》。因为周先生大作论证的重点，正在这个镇上，所以虽然对志书谈得非常简略，但毕竟让我获得了许多有关东瓯的知识。

我是刚刚从山东肥城市回来的。肥城建立了一个"范蠡研究会"，封我为名誉会长。此番几次赶到杭州，非要我参加这位被他们崇为"商圣"的陶朱公的主祭不可。他们知道肥城市的交通不便于民航或铁路。用了一辆形式特殊的吉普，配备了医师，把我接到那里。他们非要我参加主祭或许有不少理由，但其中之一是范蠡是越大夫，"山阴小城"于公元前 490 年由范蠡设计兴建，这是《越绝书》明确记载的，属于信史，与越相范蠡筑东瓯城是两码事（绍兴城至今仍称"蠡城"）。为了不让他们失望，我这个逾八进九的老朽还是去了。却料不到刚刚送回，又遇上了与春秋于越有关的事。我只好再一次重读周琦先生的大作。当然，这样的大块文章是值得一读再读的。

周先生的大作里，在《瓯越名源考》节下，曾经引及过拙见："'于越'之名，始见于《今本竹书纪年》周成王二十四年（前11世纪末）于越来宾"。我往年确曾论及于此。由于《今本竹书纪年》是宋人搜集的作品，其中有许多是不可靠的，王国维曾经作过考证。查过许多古籍，认为《今本竹书纪年》有载而不见于其他古籍的，不过1%。但"于越来宾"适在其中，而且东汉王充在《论衡》的好几篇中都引越中传说，言及于越向西周进贡的事情。王充之时，《竹书》尚深埋于汲冢之下，所以"于越来宾"见于《今本竹书纪年》，其说应该是可靠的。当然，这种从古籍研究古史的方法，随着科学的进步，虽然不能偏废，但是已经相当落后了。

上世纪80年代，我在日本广岛大学当客座教授，广岛的媒体集中刊出我在附近几所大学讲学的课题（在广大是开"比较城市地理学"一门课），其中有"中日两国古代的文化交流"一题，九州佐贺市电视台台长内藤大典先生亲自赶到广大，邀请我们夫妇去看佐贺的吉野里弥生代遗址，用以说明中日两国古代的文化交流。当时，许多记者包围我提问，其中有些只会日语，必须通过我夫人的翻译，所以多花时间，有一些说英语的就比较省时了。我和他们谈了考古的问题。但时间还嫌不够，内藤先生已经摆好饭局要开宴乐乐，闻者不能畅所欲问，答者不能畅所欲答。所以学期结束回国后，写了篇《多学科研究吴越文化》的拙文，转来转去，最后又收入我的论文集《吴越文化论丛》中。

周先生在文章里列举了许多古人的辛勤成果，但由于时代不同，他们没有研究过地质学、地史学，特别是古地理学（Palaeogeography）和历史地理学（Historical Geography）等，特别不懂得浙江海岸在第四纪从晚更新世到全新世的变化，所以研究成果中存在不少问题。我在拙文中说：

> 这类课题，过去常常由历史学和考古学等学科从事研究。现在看来，单靠这些学科恐怕也不足以获得全面和正确的结论。应该组织更多学科的学者，如地质学、地史学、第四纪学、古地理学、古气候学、古生物学、人类学（包括体质人类学）、地名学、语言学等等学科，共同来从事这个课题的研究。在研究方法上，也要努力跳出一些旧的窠臼，而尽量利用新的科技成果，如放射性碳素测年，热释光测年，孢粉分析，沉积物分析，卫片判读，泥炭层的勘查测定，贝壳堤和古海岸的勘查测定等等。只有这样，才能避免主观臆测，获得客观的和有科学依据的结论。

地质学、地史学、第四纪学、古地理学、古气候学、古生物学，包括体质人类学，这一组学问,其基础是地质学(这是指要学好上述任何一门学科,首先必须学好地质学)。现在看来,这组学问在东瓯文化研究中也具有重要意义。因为要研究一个地方的上古文化,首先要清楚的是,当时这个地方的自然环境,是陆地,还是海洋;是一块冰雪覆盖的陆地,还是生物丰富的陆地。也有些人热衷于穿凿文字,从当时的汉字中钻研道理。其实,清李慈铭在《越缦堂日记》同治八年七月十三日下已经说得很清楚:"盖余姚如余暨、余杭之比,皆越之方言,犹称于越、句吴也。姚、暨、虞、剡,亦不过以方言名县,其义无得而详。"同是一个"越",《史记》译"越"而《汉书》译"粤"。从现代语言来说,同样一个欧洲国家 Italy,大陆的地图都译"意大利",但我在台湾讲学,看到那边的地图,多译作"义大利"。古代不少学者,对于东瓯,常常从"区"、"欧"、"鸥"、"瓯"等文字上作文章,其实就是研究"意大利"和"义大利"有什么区别,是不是两个国家? 所以我要奉劝学者们,时至今日,不必再在这方面浪费精力了。

记得有一年在北美的一所大学讲学,我的讲题是 The Study of the Calamitious Weather in China。因为我在国内写过这类书,所以材料都是现成的。但在讲演中,牵涉到竺可桢先生的名著《五千年来的天气变化》,竺先生认为在这 5000 年中,有一个时期是"考古时期"。幸亏这天有我在那边定居的亲人陪我同去。在讲演以后的提问中,居然有一位教授用我不懂的法语提问,提及考古学,说中国的考古学是"经验考古学"。陪我同去的亲人用英语作了解释,我立刻就意识到一件事。我曾经见到过这几份英国牛津大学的考古研究报告。用"热释光"测年的方法成熟于 1970 年,当年,牛津大学考古所就把他们收藏的 9 件中国六朝陶俑以"热释光"测年,结果只有 3 件是真货,其余 6 件都是赝品。到 1972 年,"热释光"的技术更进步了,他们又取出该所收藏的 22 件辉县陶俑做这种技术测年,结果全是赝品。由于我知道这件事,所以知道这位说法语的教授之称中国的考古学为"经验考古学",很可能就指此事。我当然仍用英语回答,我承认我们在科学测年手段上的落后,在上世纪 70 年代(其实 1970 年我还被关在"牛棚"里),不要说"热释光",连"C^{14}"全国也只有贵阳地化所一处可做。但现在(那次在北美讲学已是 80 年代后期了)在这方面已用得较多了。这次蒙赠的《台州文化系列》2008 年第 1 期,其中有一篇《仙居下汤文化遗址发掘报告》,出土文物多达50 余种,而没有一种作过科学测年的。文末有一句话:"我们只能根据某些器物的特征初步推断遗址的时代。"其实就是这位北美教授所说的"经验考古学"。不过我们不能和北美相比,我们国家纳税人的钱,是不可能大量投到考古学上去的。"经验考古学"或许还要持续一段长的时期。

最后说一说"沧海桑田"的事,这是属于古地理学或者说第四纪学研究的事。早的不说了,从第四纪晚更新世说起,从那时起到全新世,以今浙江省境来说,曾经有过两次海进和海退的过程。我们就按每个时代在海洋中盛存的一种肉足纲动物有孔虫（Foraminitera）定名，这实在是地史学、第四纪学、古地理学、古生物学等学科研究的成果。我是在日本当客座教授的时候，在日本汉学家朋友的敦促下，开始从事这份工作的。晚更新世的那次海进和海退，我们以假轮虫（Pseudorotalia）为名，海进不必说了，海退发生于距今 2.5 万年前，经过 8000 年仍趋于极盛。迄今为止在东海外缘发现的最后一条贝壳堤，距现代海岸约 600 公里，位于现代海面 −155 米处，C^{14} 测年为 14780 +700 年。东海大陆架已经全部出露。当时今浙江省的面积，比现在几乎大了两倍，土地辽阔，平原坦荡，于越人当然也包括其中的一支东瓯人，已经在这种优越的自然环境上从事早期的生产活动。但是到了距今 1.2 万年的全新世，另一次称为卷转虫（Ammonia）的海进开始，大约在 5000 年的时间中，把假轮虫海退时出露的陆地全部吞没，成为一片浅海，直到距今约 5000 年以后才出现海退。

由于开始是受到日本汉学家的怂恿，所以我写了一篇题为《史前漂流太平洋的越人》的拙文，附上《假轮虫海退时期今浙江省境示意图》两幅地图，发表在国际交流的《文化交流》1996 年第 22 期中。以便让日本朋友看到，而结果倒是获得了他们的好评。我实在是受嘱而撰文绘图的，文字和示意图多有不周之处，只能是大体言之而已。

当卷转虫海进开始，原来的陆域逐渐为海水所吞没时，许多越人当然也包括东瓯人，乘木筏或独木舟漂洋出海，当然要死掉许多人，但活着到岸的，仍把他们的种族"越"字（当然包括东瓯人在内）带着，如今的"越南"即是其中之一，日本国内至今也有大量称"越"的地名。这些人就是《越绝书》和《林邑记》（此书已亡佚）中所称的"外越"。另一批越人及其分支，随海水的侵入而内迁到山区，今浙东、浙南诸山，都是他们刀耕火种或狩猎的基地。即《越绝书》等所称的"内越"。等到距今约 5000 年海退开始，在山区生活了几千年的于越、东瓯等越人部落中的各分支，就从山区出来，但海退以后的平原是一片泥泞的沼泽，咸潮出没，湖泊棋布，所以《山海经·海内南经》说："瓯居海中。"从当时情况来说，这话并不算错。这批从山中出来的越人部落，在沼泽平原上从事生产活动，筑堤建塘，拒咸蓄淡，逐渐地让这片潮汐出没的盐碱地成为宁绍平原和温黄平原等沃壤。并在这里安家落户，立邦建国，直到公元前 3 世纪末秦始皇的军队进驻到这个地区，把这里原来的土著赶走。越族多部落当然进行抵抗，但毕竟敌不过秦始皇大军，所以他们虽然流亡，但世世代代都仇恨秦始皇。等到秦朝败亡之时，他们当然从各处起事帮助西汉伐秦，所以西汉皇帝要嘉奖他们。因而从闽越到东瓯，都得到西汉王朝的承诺，建立了他们的城市（包括都城），让他们继续在这个地区获得发展。这中间，大溪可能也是这支部族定居发展的基地之一。所以值得继续研究。

　　今大溪发现的大型聚落是不是东瓯的都城，其实同样可以继续研究。因为按照越人部族中势力最强大的，即在卷转虫海进时期进人会稽山区的一支，他们的都城是经过几次迁移的，据《水经·渐江水注》，最早在今诸暨北境的埤中。这应该是信史。但以后属于信史的《越绝书》也记及了都城的迁移过程，先是嶕岘大城，后来到会稽山冲积扇附近的平原，到越王句践七年（前490），才建都大越城（今绍兴城）。以此作比，则东瓯都城是否也有这种迁移的过程。大溪所发现的，就是其中之一。当然，现在我们的考古学已经不是"经验考古学"的时代了。我们提倡对包括东瓯文化在内的吴越文化进行多学科的研究，而在研究方面方法上要尽可能运用科学测年手段。或许可以因此获得可靠的研究结果。

原载《台州文化学刊》2009年第1—2合期

《水经注》概论

古书往往有《注》,《水经注》观其书名就可估计是为《水经》作《注》。有些古书,由于写作时的物质条件关系,写得非常简单。例如作为权威史书的《春秋》,是孔子所在的鲁国的一部编年史,每年纪录的全国大事都很简单。如鲁隐公元年(公元前722年),整整一年,只记了一个"螟"字。所以后来有《左传》、《公羊传》、《穀梁传》所谓《春秋三传》为它作《注》。也有些古书,写作时的物质条件已经较好,但作者自己没有详书的意图,或许有些事在当时不便写,所以后来也有人为之作《注》。如南朝裴松之注《三国志》,宋元间胡三省注《资治通鉴》,注得都很出色。《水经注》是《水经》的《注》,但此《注》其实与《水经》大不相同,在文字数量上也比《水经》大了20几倍,是一部40卷共34万5千字的单独书卷,而且记叙精辟,文字生动,所以著名于世,是一本重要的古代名著。

一、《水经》与《水经注》

既然《水经注》是一部独立成书的古代名籍,但它毕竟因《水经》而成书,并且全《注》各篇,开头第一句都是单独成行的《水经》原文,所以还得把《水经》略作说明。在学术界谈书,不是茶余酒后的闲聊,而是一种做学问。尽管做学问这个行业,如笔者在《学问与学风》①文中所说,眼下是一个被许多人瞧不上眼的行业,但我们毕生从事这一行的人,还得按部就班地做。

《隋书·经籍志》(以下篇称《隋志》)著录:"《水经》三卷,郭璞注。"这是现存对《水经》一书的最早著录。但这项著录不及撰者,只知是郭璞所注。《旧唐书·经籍志》著录:"《水经》三卷,郭璞撰。"这项著录的价值不大,因为它无非抄录《隋志》,而把《隋志》"郭璞注"的"注"字讹作"撰"字。郭璞是东晋人,注书甚多,现存的还有《山海经》、《尔雅》、《方言》等,因此,《隋志》作"注",不致有讹。《新唐书·艺文志》著录:"桑钦《水经》三卷。"这项著录指出了《隋志》和《旧唐志》都不曾记及的这部《水经》的作者,所以对《隋志》是一个重要的补充。桑钦是否撰写过《水经》,这个问题当然还可以讨论。桑钦是西汉成帝时人(公元1世纪末),所以班固在撰写《汉书·地理志》时已经引及了他的著作。《汉志》绛水、漯水、汶水、淮水、弱水、易水等6条河流中,分别引及桑钦的著作,既然所引均是河川,或许即是他所撰写的《水经》。但由于《汉志》引及桑钦时,并不提出《水经》书名,只是笼统地说"桑钦言"、"桑钦以为"等等,而《水经注》卷五《河水注》中却引及桑钦《地理志》,所以《汉志》所引桑钦,是《水经》、抑是《地理志》或桑钦的其他著作,仍然无法肯定。不过宋《通志·艺文志》著录:"《水经》三卷,汉桑钦撰,郭璞注。"则又说明桑钦所撰的《水经》,由郭璞作注,其书或许确曾存在,当然,全书不过3卷,篇幅甚小,而且亡佚已久,内容除《汉志》所引或许出于此书外,也已不得而知了。

《隋志》另外又著录:"《水经》四十卷,郦善长注。"《旧唐志》:"《水经》又四十卷,郦道元撰。"《新唐志》作"郦道元注《水经》四十卷"。郦道元(善长是其字)所注的《水经》当然不是桑钦的《水经》,而此《水经》是何时何人所撰,历来曾有争议。清胡渭在《禹贡锥指例略》中认为:"《水经》创自东汉,而魏晋人续成之,非一人一手作。"全祖望在其《五校本题辞》中也指出:"东汉初人为之,曹魏初人续成之。"乾隆年代,《四库全书提要》在仔细地研究了《经》文中的地名以后,作出了比较可靠的考证:[②]"《水经》作者,《唐书》题曰桑钦,然班固尝引钦说,与此《经》文异;道元《注》亦引钦所作《地理志》,不曰《水经》。观涪水条中,称广汉已为广魏,则决非汉时;钟水条中,称晋宁仍曰魏宁,则未及晋代。推导文句,大抵三国时人。"

这个考证是很有说服力的,不过全祖望在其《五校钞本》的《题辞》中和杨守敬在其《水经注要删凡例》中,都补充了"三国魏人"的说法,他们也都是言之有理的,但一般说来,《四库提要》的论证已经说得很明确了。

二、郦学

一本书成为一门学问的事,其实并不很多。一部《红楼梦》成为一门"红学",现在已经普遍流行,而且学术界也都承认。笔者从事《水经注》研究,也常常到港、台和外国讲这门学问,多次用过"郦学"这个词汇,并且在国外因为用英语演讲,所以还杜撰过一个 LI-Ology 的词汇。不过经过解释,国外听众也都能懂得。但至今尚不知道,也没有寻根究底的兴趣,是哪一位学者第一个提出这个词汇的。但不久以前,卞孝萱和胡阿祥两位教授编撰了一部大书《国学四十讲》,③也就是 40 门可以列入国学之列的学问。40 门中有"红学",也有"郦学",其中"郦学"是他们委托我撰的,大概写了 3 万多字。既然这个名称已经排入了名家编撰的大书中,那么,《水经注》称为郦学已经名正言顺了。对《水经注》有兴趣的读者,为了省事一点,不妨去浏览一下《国学四十讲》中那篇《郦学》。因为不过 3 万多字,其间从《水经注》的来历和郦道元的家世以及有关此书的写作、流传和利用等等情况,都在那一篇中简叙了。

三、郦学家和学派

　　《水经注》是北魏郦道元(？—527)的著作,而且由于此书完成以后,战祸频繁,北魏首都洛阳曾成为一片废墟,此书能够流传,实在是个难得的机遇。但当时雕板印刷尚未盛行,书籍的流传全凭传抄。唐朝的一部记叙典章制度和文献等的官方书《唐六典》说:"桑钦《水经》所引天下之水百三十七,江河在焉。郦善长注《水经》,引其支流一千二百五十二。""桑钦"当然是唐人之误,但有关郦氏所《注》,则是当年卷帙完整的全部《水经注》的规模。这些都是当时的要籍,都收藏于朝廷的书库之中。但北宋景祐年间(1034—1038),朝廷书库崇文院检查藏书,发现原为 40 卷的《水经注》已经缺失了 5 卷,只剩下 35 卷了。所以北宋初期的一些类书如《太平御览》、《太平寰宇记》等中所引及的如泾水、洛水、滹沱水等,以后都不见于篇目,显然都在当年缺失的 5 卷之中。郦学家认为今本仍作 40 卷,是后人把那 35 卷进行分割拼合而成的。这种论断当然正确无讹。

　　《水经注》是一部在当时与许多其他古籍流行于世的书,只是因为此书的文字优美,描写生动,所以那些爱好文学的人多有相互传抄的。但前面已经提及,在当时,卷帙完整的要籍,都是朝廷收藏的,在民间流行传抄的是次等货,辗转传抄,当然是越抄越错,有的甚至错到不能卒读。明朝初年曾经创修《永乐大典》,《水经注》当然列入《大典》之中,此本显然来自内库藏书,而且又从别的抄本中获得郦道元的《原序》一篇,与当时外间相比,无疑是个佳本,但《永乐大典》深藏内库,外间人无缘得见。

　　不过尽管各种抄本错误很多,但此书对山水风景的种种描写,文字生动,语言多变,所以常为一些文人学士欣赏消遣,即使是断章取义,也有趣味隽永之感。这种事其实在宋代就已经存在。苏东坡诗:"嗟我乐何深,《水经》亦屡读。"明代中叶的著名学者杨慎,就把此书中的佳言名句摘录成篇,以供自赏。明末清初的史学家张岱称誉此书的写景:"古人记山水,太上郦道元,其次柳子厚,近时则袁中郎。"④不过,尽管语言生动,但毕竟是部残缺很多的本子,所以清代初年的一位学者刘献廷说:"《水经注》千年以来无人能读,纵有读之而叹其佳者,亦只赏其词句,为游记诗词中用耳。"⑤这类评论很多,为此引起一些做学问者的注意。既然是部好书,但残缺不堪。除了宋代缺失的五卷无法弥补外,其余卷篇,总得想方设法,收集许多不同的传抄本和刊本,仔细校勘,加以考据修补,让它成为一部相对完整的可读之书。明代以来,具有这种抱负的学者或许不少,但第一位把这种设想实施的是万历年代的朱谋㙔(郁仪)。他与其他几位志趣相投的学者谢兆申、孙汝澄、李克家等相互切磋,由他精校细勘,经过多年辛勤,然后定稿,书名称为《水经注笺》。笔者在拙撰《学问与学风》文中说:"中国明朝一代,学术风气不好,清初学者顾炎武说:'一个朝代只出了一部好书。'"这部"好书",指的就是朱谋㙔的《水经注笺》。即所谓"三百年来一部书"。⑥朱谋㙔采用考据的方法,校勘出这样一部代表一个朝代的好书,所以他应该是郦学家中考据学派的创始人。入清以后,学术风气有了极大的振兴发展,郦学研究当然也大有提高,郦学家一时人才辈出,不胜枚举,而其中可以作为代表人物的是乾隆年代的全祖望、赵一清和戴震,所谓郦学三大家。这三位在一种观点上是相同的,即认为郦学是一门值得研究的大学问,但必须通过审慎细致的考据,得出一种令人满意的校本。作为学者研究的基础,《水经注笺》是部佳本,但错误仍然不少,包括篇目次序,错字漏句,《经》、《注》混淆等等,所以并不是可以作为后人治郦的底本。而结果,此3位通过审慎考据,精校细勘,都获得各自的校本,而且都是至今流传的名本。

　　3人之中,全氏最年长(号谢山,1705—1755),因为他的祖辈也曾从事过此书的校勘,所以他以其祖辈之本为底本,毕生校了7次,每校都留有底本,但其中只有最后一次校本,在他身后由薛福成于光绪十四年(1888)付诸刊行,所以一般称为全氏《七校本》。全氏在郦学考据方面,用功至深而成就最多。除了一般的错漏校改外,主要是他排定了一个比较合理的篇目,而且首先提出和从事"经注混淆"的清理工作。《水经注》其书,《经》文非常简短,原来的传抄者,或者《经》、《注》分开,但辗转传抄以后,《经》文就混入《注》文之中。直到朱谋㙔的《水经注笺》,两者仍有许多混淆。而其实《经》、《注》两者,语言文字都有不同的格局(有些是郦氏作《注》时特加留意加以区别的)。全氏校勘此书,就书明《经》、《注》之异,一一加以厘清,虽然未竟全功,但基本上已经做到《经》、《注》分明。前已提及,他的一至七校,原来都有稿本或他人的传抄本,可惜多已丢失。但其中幸运的是,《五校钞本》有一部为天津图书馆所收藏。著名郦学家胡适原来对全氏治郦特别是身后问世的《七校本》抱有成见,撰文斥责,认为此本是王梓材拼凑的伪书,而且措词尖刻。⑦及至他获睹《五校钞本》后,作为一位公正的学者,立刻捐弃前见,撰文自认错误。⑧

天津图书馆当然深知此稿本是此馆所藏至宝,有意将此稿影印问世,但因稿本为数甚多,加上每页天头地脚甚至正文之间,全氏批注满篇,影印工作量巨大,为了征集费用,争取公众援助,该社于1993年广发启事,⑨但启事中即说明此书影印出版后,售价约需2000元。所以郦学界虽皆望其事能成,同时也感到困难不小。笔者因北美两国之邀,于1995年暑期前即由夫人陪同出国讲学,由于原来邀请的大学较多,临时又有不少学校约聘,所以奔波于美国与加拿大之间半年有余。返国后即得天津馆负责人谢忠岳急讯,谓事已有成,九三老人顾廷龙先生允题书名,要我即动手作序。笔者在感奋之余,抛弃一切事务写成《序》文。结果全书影印精装16K七巨册,书名作《全祖望水经注稿本合编》,由中国公共图书馆古籍文献珍本汇刊出版,影印发行,封面是顾老所题,卷首即为笔者的长篇《序言》。谢忠岳先生在《影印前记》特对顾老和笔者指名感谢。此书确实精善,而因册数较多,售价较昂,流行仍恐不广,但其在郦学与郦史中的意义和作用,实在价值连城。

赵一清(字东潜,1709—1764)是全祖望的好友,故两人治郦中常有相互研讨之过程。赵氏之校本完成于乾隆十九年(1754),定名为《水经注释》。其中除他自己的毕生功力外,有不少体例格局,采纳了全氏之见。如全氏认为郦注是"注中有注",故原书应为双行夹写。《水经注释》即采用全氏此说。其书因完成较全书为晚,故精校细勘,颇有超过全氏之处。例如在"经注混淆"方面,至赵书而全部厘清。不过赵氏也是一介寒士,筹刊不易,所以直到乾隆五十一年(1786),才得毕沅之助而于开封刊印问世。

3位郦学大家中年龄最幼者是戴震(字东原,1723—1777)。他有幸于乾隆三十八年(1773)奉诏进入四库馆,入馆后即主修《水经注》,当时全、赵均已谢世,四库馆内由各省贡入之此书各种稿本、抄本、刊本甚多,赵氏《水经注释》亦在其间。戴氏入馆一年,次年即校定其本,呈交朝廷,即由朝廷的武英殿刊刻发行,故其书称为《殿本》。戴书成书最晚,而问世最早,武英殿因有王朝优势,各省书局纷纷复刊,故流行最广。而戴氏本人在殿本问世后3年,亦即谢世。不过戴氏在入四库以前,已有他自己的校本,于光绪之初由孔继涵付刊,称为《微波榭本》。馆内所校之本,与《微波榭本》甚不相同,此呈后再略叙。总之,全赵戴3家之本,均通过大量考据而成,故此三大家实为历来郦学家中考据学派之元勋,为以后各派郦学家治郦校勘提供了优秀的底本。

这里略须赘叙几句的是戴氏殿本。赵氏《水经注释》成书早而问世在后,戴氏入馆一年即校出其本,此本与其早年所校之《微波榭本》颇不相同。及至赵氏之本出,为公众所见。光绪间,另一位治郦学者撰文称戴书与赵书"十同九九",认为戴氏入馆一年即呈交之本,实即馆中收藏之赵氏抄本,因而"戴书袭赵"之说,传扬一时,但也有持不同意见者,成为郦史上的一大学案。对此,我已撰有《水经注赵戴相袭案概述》⑩及《论戴震校武英殿本〈水经注〉的功过》⑪二文,这里不再细叙。总之,这3位郦学考据学派虽各有校本,但显然是3位共同的成果。在殿本上呈乾隆时的所谓《校上案语》中已经清楚说明:"谨排比原文,与近本钩稽校勘,凡补其缺漏者,二千一百二十八字;删其妄增者,一千四百四十八字;正其臆改者,三千七百一十五字。神明焕然,顿还旧观。"从此,人们研究郦学,有此本可以遵循。当然,此本实3位郦学考据学派学者之功,并不属于3位中的某一个人也。

考据学派当然是郦学研究中的重要学派,因为如果没有他们通过辛勤考据而获得此书佳本,则后来的研究者或将无所适从。不过《水经注》其书,在词章方面确实不同凡响,所以欣赏此书的文字,毕竟也是一种文学享受。为此,郦学家有此同好的学者有所谓词章学派的创建。因为此书在陶冶读者心情、丰富文化界的精神生活以及培养后辈的写作技巧等方面,都具有不少的价值。而随着当前旅游业的发展,此书对不少景点的生动描写,可以让许多景区锦上添花。早在明万历年间,两位著名文学人士钟惺和谭元春,他们以当时问世不久的《水经注笺》作为底本,在描写佳处进行评点,刊行了一种《评点本》。词章学派在某些方面有时也受人批评。例如谭元春在《评点本》曾说:"予之所得于郦注者,自空濛潇瑟之外,真无一物。"《水经注》内容丰富,牵涉广泛,在许多学科的研究中都有作用,此言当然说得过分。但词章确实是此书能流传不朽的重要原因之一,现在的中学语文课本中,也常有选入此书写景的片断作为教材的,所以词章学派无疑是郦学中的一个重要学派。

《水经注》研究中的最后一个重要学派是地理学派。这个学派是由杨守敬、熊会贞师生二人创建起来的。他们以历代正史地理志的研究为基础,编写了许多有关著述,而最后集中于《水经注疏》这部巨著上。此书规模庞大,不能一气呵成,开始先从《水经注疏要删》入手,而杨氏于民国四年(1915)去世,临终嘱咐熊会贞,"《水经注疏》不刊,死不瞑目"。熊氏又赓续达20余年。"书凡六七校,稿经六次写定"。⑫中间经过复杂,笔者曾撰有《关于〈水经注疏〉不同版本和来历的探讨》⑬一文评叙其事,此书大于当前通行的《水经注》4倍,是此书注疏量最大的版本。其总的特色是以历史地理为纲。所以杨、熊在编撰此书之时,同时也绘制《水经注图》,此图40卷,成于光绪三十一年(1905),全图8册,古今对照,朱墨套印,是现存各种《水经注图》中最有价值的。

四、港、台的《水经注》研究

郦学是一门国际性的学问,港、台都是我国的领土,之所以单独列出,因为两地在地理位置上均不在大陆上,而郦学研究都很有成就,有不少研究成果超过大陆。

香港的郦学家,首先是郑德坤,他原就读于燕京大学,是顾颉刚和洪业(煨莲)的高足,后成美国哈佛大学博士,毕生在《水经注》研究中具有很大成就,著郦书,绘郦图,数量较多,不一一列举。上世纪20年代,由顾、洪等的创导,建立哈佛燕京引得编纂处,为各种著名典籍编纂引得(Index,现译索引),以便于阅读,其中《水经注引得》⑭即为郑氏所编,十分详细,凡郦书内所有人地事物,均可通过此《引得》查索。郑氏后执教于厦门大学,1952年曾任香港中文大学副校长,仍与当时大陆去港学者吴天任合作从事郦学研究,合著《水经注研究资料汇编》⑮(上下册)等书。郑氏曾以新式制图方法,绘制《水经注图》多幅,惜在战乱中散失,仅留总图一幅,身后留给吴天任,收入于吴氏著作之中。

吴天任原为名人年谱研究专家,但以后转入郦学研究,著述称多。其中《杨惺吾先生年谱》⑯一书,按年细叙邻苏老人事迹,一直写到杨氏卒后五十六年(1971),将此五十六年中海内外郦学研究大事按年详叙。此书并附有《水经注疏清写本与最后修订本校记》200余页,逐条核对,甚为详尽。前者实即错误百出的北京科学出版社影印本,后者则是台北中华书局影印本。当时由于台北本尚未为大陆学者所见(1983年始由我从日本引回),所以吴氏此篇在当时亦甚有价值。吴氏生前最后撰成《郦学研究史》⑰一部,卷首由笔者作《序》,全书叙古今郦学研究,甚为详尽。书末并折叠附入郑德坤氏孑遗的《水经注图总图》,更为难得。

再说台湾的《水经注》研究。自从1950年以来,大陆有不少学人到过那里,其中不乏郦学研究者,而特别必须提出的是著名学者胡适。他原来并不专事此书研究,但抗日战争胜利后,他于1946年从美国回来,提出了他对此书的兴趣,由于他名声大,于是上海和其他地方的朋友,纷纷把他们见过的此书版本告诉他,于是从全国各地寄去的此书,都集中到他的寓所,达3大柜之多。1948年,他在北京大学校长任上,为了纪念此校成立50周年,举行了一次《水经注》版本展览,展出的各种稿本、抄本、刊本等共9类41种。他无疑是郦学家中收集版本最多的人。当然,有些珍本在当时都是以他的声名和信誉从藏书家处借得的。当时北平易帜在即,但他在南下前,都妥善归还。在以后的《胡适手稿》中有清单详载,其中包括天津图书馆的全祖望《五校钞本》这类珍本在内。

接着他又去了美国,或许是在北京大学举办郦书展览时,他曾细读过这其中的珍本。他对郦学早年虽不专治,但显然怀有兴趣,所以他在居美之时就与在哈佛的洪业和杨联陞经常有对这门学问的讨论。信札往来既多而长(均收入于《胡适手稿》)。后来他又从美国返至台湾,担任设于台北南港的"中央研究院"院长,由于郦史上赵戴相袭的这个学案,他竟放弃其他学术研究,以他生前的最后 20 年,投入于以这个学案的研究为重点的郦学研究之中。对于这个学案,他所设想的或许并不确定,但是为了这种研究,他必须收集近代数十年来有关许多郦学家的著作,包括相来往的信札和其他材料。他把这些材料,加上他自己随时所写的文章,都小心地一夹一夹地收拾在书房里,显然还决心继续倾注他有生之年的全部精力继续研究。想不到在 1962 年的一次招待会上猝然而逝,没有完成他所谓"大胆假设,小心求证"的继续研究。他故世后,他的夫人江冬秀在其他几位著名学者的帮助下,把他小心收存的生前最后这批文字,加以编排,以《胡适手稿》为名,于 1970 年由台北"中央研究院"胡适纪念馆发行,全套线装 30 册,每 3 册作为一集,而其中一至六集共 18 册,全是郦学文章,除了他自己所作的以外,也把近世所有有关论及郦学的文章,甚至杨守敬暮年自写的《邻苏老人年谱》都全录在内。由于此是他随写随收的文字,所以除了收录的他人作品外,其自作各篇,多经他以后以不同颜色的毛笔涂涂改改,甚至有全删重写之篇。胡适治郦之事说来话长,笔者撰有《胡适与水经注》[18]及《评胡适手稿》[19]等文。《手稿》在大陆甚难得到,多为复印之本,不过笔者于上世纪 80 年代就全物获致,实属难得。1999 年应台北"中央研究院"之聘,我们夫妇顺道在香港讲学后去台,在"中研院"及若干大学讲学。由于"中研院"图书馆(名为傅斯年图书馆)藏书丰富,且服务周到,居南港颇久,并去馆外胡适墓及塑像参拜,也在馆内家乡先贤蔡元培纪念馆参拜(全馆仅蔡、胡二纪念馆,胡馆即其故居)。返回大陆后,即撰《我说胡适》[20]一文,并附我们夫妇参拜时照片。因为尽管在 1950 年后对他批判挞伐,欲置死地,而《吴晗与胡适》一文又是十年惨剧发动时之"名篇",但其实他是近代一位值得崇敬的学者,治郦逾 20 年,郦学界实与有荣焉。

五、日本的《水经注》研究

《水经注》前已指出是一门国际性的学问。清代末叶,西欧汉学家已经从事郦学研究。法国汉学家沙畹(Edouard Chavannes)在其所著《魏略所见之西域诸国考》一文中,将《水经注》卷二《河水注》译成法文,作为该文附录,这是郦注译成外文的嚆矢。另外还有一些西欧汉学家如伯希和(Paul Pelliot)、费琅(G. Ferrand)、马伯乐(Henri

Mespero)、鄂卢梭(L. Aurousseau)等，也都在各自的汉学著作中引用《水经注》。比较晚近的英国科学史专家李约瑟(Joseph Needham)，在其名著《中国科学技术史》中，把《水经注》列为常用参考书。他认为此书是"地理学的广泛描述"。[21]

　　不过这里特别要议论的是日本学者的研究，这是由于日本学者在此书上倾注的功力，实在远远超过西欧汉学家。中日近邻，所以日本的郦学研究实在早已开端，但有名可据者为著名汉学家小川琢治，他于1918年发表了《水经及水经注》[22]一文，在全国引起了很大影响。而他在京都大学(当时称京都帝国大学)的高足森鹿三因而成为日本近代郦学家的宗师。他于1931年发表首篇郦学论文《水经注所引之法显传》，[23]此后就不断地发表郦文，并在京都大学人文科学研究所培养了许多郦学学者。从1964年到1970年间，他又在该所举办了一个《水经注疏》订补研究班，网罗了所内外的许多郦学研究者，每周由他亲自主持一次会读，对《河水》、《汝水》、《江水》等8条河川，进行细致深入的研究，最后通过几位郦学家的合作，翻译成《水经注(抄)》[24]一书，虽然内容仅及郦注文全书的1/4。但是此书实为《水经注》最重要的一种外文译本。笔者于1983年起受聘先后担任日本几所大学的大学院(研究生院)客座教授，讲授《水经注》课程，并在不少其他大学讲学，也多与郦学有关。当时笔者就发现，日本若干大学的文学院中，颇有开设《水经注》课程的，说明此国对郦学研究的重视。当时，大陆与台湾尚无来往，台湾所出郦学诸书，笔者都是从日本引回的。

　　最后还值得一提的是，前述森鹿三氏曾主持过《水经注疏订补研究班》，而不久以前，日本东京收藏汉籍最多的"东洋文库"，其"中国古代地域史研究班"当前也正在进行《水经注疏》的研究和翻译。此研究班的代表人太田幸男先生于2009年6月17日向笔者发致专函，决定于8月27日到中国，来杭州舍下对笔者进行有关郦学研究的访问，笔者已复信表示同意。以上是日本郦学研究的大概情况。

注释：

① 见《杭州师范大学学报》(社会科学版)，2008年第6期。

② 此段文字已录入戴震校武英殿本《水经注》卷首，现时通行各本也都照录，无标题，而我的几种校本中由我命名作《校上案语》。

③ 湖北人民出版社2008年版。

④ 《跋寓山注二则》，《瑯嬛文集》卷五。

⑤ 《广阳杂记》卷四。

⑥ (清)阎若璩《古文尚书疏证》卷六下。此语虽出自顾炎武，但顾书未见此语，而由阎书所引。

⑦　《胡适手稿》二集下册。

⑧　《胡适手稿》六集上册。

⑨　《启事》曾提于我：1979 年，著名郦学家陈桥驿教授看了此书，叹曰："驿治郦有年，既恨读此书之晚，又喜终获一睹也。"

⑩　《郑州大学学报》（哲学社会科学版）1986 年第 1 期，收入于《水经注研究二集》，山西人民出版社 1987 年版。

⑪　《中华文史论丛》1987 年 2、3 合辑，收入于《郦学新论—水经注研究之三》，山西人民出版社 1992 年版。

⑫　向宜甫《水经注疏》序（1999 年武昌亚新地学社排印本）。

⑬　《中华文史论丛》1984 年第 3 辑，收入于《水经注研究二集》。

⑭　此《引得》曾由上海古籍出版社于 1987 年重印，或是当年诸《引得》中唯一重印者，也说明了郦学研究的发展。

⑮　台北艺文印书馆 1984 年版。

⑯　台北艺文印书馆 1974 年版。

⑰　台北艺文印书馆 1991 年版。

⑱　《中华文史论丛》1986 年第 2 辑，收入于《水经注研究二集》。

⑲　《中华文史论丛》第 47 辑（1991 年），收入于《水经注研究四集》，杭州出版社 2003 年版。

⑳　《辞海新知》1999 年第 4 辑，收入于《水经注研究四集》。

㉑　Science and Civilization in China Vol. 1. P259。

㉒　《艺文》1918 年第 6、9 两期。

㉓　京都《东方学报》第 1 册。

㉔　东京平凡社 1974 年版。

原载《华北水利水电学院学报（社会科学版）》2010 年第 1 期

《萧山丛书》刍议

    我经常收到各地(包括港台)邀请出席学术讨论会的信函。我尚未退休,还是一个在大学执教的在职教授,而且除了出国以外,学校也并未因我年迈而对我在国内参加学术讨论会有所干预,有必要时还可以请助手或研究生陪护。所以我近年来仍然常常离杭外出,这是事实。但另一方面,我毕竟是个85岁的老朽,体力和脑力都不断衰退。所以我的子女们,包括在身边的和定居国外的,都常常规劝我尽量减少社会学术活动,搏节体力和脑力的支出,为此,对于外间的邀请,我只能有选择地参加。面对不断收到的邀请信,我采用两种方式辞谢:一种是"相应不理",这实在是很不礼貌的,我得借此机会向这类邀请者致歉;另一种是用一封三言两语的复信婉谢,当然也是事非得已。

    最近在慈溪参加一个会议,遇着了我的老友和兄辈来新夏教授,他老而壮健,一见面就叮嘱我:明年萧山发出的研讨会你务必参加,并且要写篇论文。听了他的话,我才恍然记起,好久以前我曾收到过萧山的一封关于地方文献讨论会的邀请信。由于我对萧山的地方文献沾过一点边,所以记得当时是以一封稍长而言语缓和的复信辞谢的。现在与此会的主角之一遇个正着,我只好当场承诺,并且草率地以此文应命。

    萧山在地方文献的研究和整理方面是成绩斐然的。且不说古代,在近代史上,毛西河的《合集》中就包含了不少地方文献的研究成果。至于我个人,除了在那个庸人自扰的所谓"三年自然灾害"时期,以书呆子的傻劲耐着饥饿研究浦阳江碛堰[①]以及

1986 年帮助美国进修学者萧邦齐教授（R. K. Schoppa）到萧山研究湘湖[②]以外，老迈以后，还为《萧山方言趣谈》[③]作《序》，亦为《萧山水利史》[④]作《序》并提供刍荛之见。萧山在地方文献方面，近年来已出书多种，基础深厚而人才出众，所以我才提出编著《萧山丛书》的刍议。

记得往年先辈史念海先生应约撰写《方志刍议》。[⑤]史先生治学精深，考究细致，由于知道我经常出国讲学，并且粗通外语，所以事前就嘱我为此书撰《序》，并且要求我在《序》中介绍西方学者对我国"方志"一词的英语翻译。当时我正应日本国立大阪大学之聘，到该校讲课一学期，我是在该校专家楼为史先生撰《序》的，好在寄寓专家楼的西方学者很多，其中不乏汉学家。于是我就多次向他们请教，把"方志"一词的各种不同英语翻译写入拙《序》。我只是遵史先生之嘱把各种英译一一列举，其实清代以后的方志，一般都是卷帙众多，内容浩瀚，所以我很欣赏 Local Encyclopedia（地方百科全书）一词。不过由于方志在我国渊源已久，也有许多是卷帙和内容都较简略的，所以我其实很赞成有些国外汉学家提出的 Local Study（地方研究）一词。由于在去日本以前，我已经收到了国际著名地理学家陈正祥先生寄赠的《中国方志的地理学价值》（香港中文大学出版）一书，他认为我国的方志"有点像欧美国家的区域研究（Regional Study）"。他还在这以下作了一条脚注说："区域研究是研究一个区域的地理、历史、文化、经济、人口、产业、社会、宗教、民俗以及艺术等；故在内容上颇有和中国的方志相似。"我在拙《序》中特地录入了这几句，并且指出："他（指陈正祥先生）对于方志的这一番论述，应该引起我们的重视。"

地方研究或区域研究，在方法和成果上，有专题研究和前人成果整理两方面。现在看来，萧山的地方文献研究工作，在专题研究方面，已经成就卓著，而且后继有人。所以编著《萧山丛书》的工作，不仅条件已经成熟，而且还宜提早进行。为什么要提早进行？因为在为期 10 年的以"文化"为名的"大革命"中，各地在文化上所受的创伤，实在很难估计。其中当然包括地方文献。多少珍贵的地方文献，包括族谱、家谱等等，在"破四旧"的号召下毁于一旦。我由于身历其境，痛定思痛，至今仍然心有余悸，所以对于在那个时期中国各地文化受到杀伤的事实，还不敢用自己身受的和亲眼目击的事实说话，而是引用已经正式发表过的文章来表达，这里引用的两种，是我在拙作《佛教与佛学》[⑥]一文已经写过的。第一种是上世纪 90 年代新修的《洛阳市志》，该志第 13 卷《文化艺术志》卷首《概述》中说：

> 1966 年 6 月，毛泽东的《我的一张大字报——炮打司令部》出现洛阳街头，从而把洛阳市的"文化大革命"推向高潮。各种名目的"造反"组织，以破"四旧"为名，捣毁文物、破坏古建筑、烧毁古籍。他们在白马寺烧毁历代经书 55884 卷，砸

毁佛像91尊。……这种疯狂的大破坏后,洛阳市古代泥塑和近代泥塑无一幸存。

另一种是《湖南文史》1992年第1期(总第45辑)中旷光辉《"文革"浩劫中的南岳文物》一文中所载他目击在南岳祝圣寺、南台寺的浩劫:

> 一伙人冲上藏经楼,将门锁撬开,又把藏经柜子一一打开,将一卷卷布壳包装的经书一束束地从窗门口丢出,有的将布壳角解开,把经书拆烂,放在藏经楼东边天井投火焚烧,一时烟火冲天。经书不断往下丢,火势越烧越旺。可惜清高宗乾隆颁发的毗伽藏和明版式藏经被烧毁,原放在楼门口的一套梨木雕刻的李元度光绪十二年《南岳志》印版,足有三千块,全部化为乌有。

因为这两段引文出于拙作《佛教与佛学》,所以被杀伤的文化只是佛教文化,烧毁的书籍只是佛教经籍。洛阳白马寺是中国第一座寺院,"白马驮经",被烧毁的5万多卷经籍中,有的可能就是当年由白马从天竺驮来,当然价值连城。通过上述两例,就可联系全国各地的文化杀伤。现在我们讨论地方文献,就有必要对那个恐怖时期地方文献的损毁作一番调查和补救。由于萧山地方文献的研究和整理成绩卓著,所以我建议《萧山丛书》的编著应该提早动手,因为编著这套丛书的过程,也就是调查损毁和从事补救的过程。现在离灾难时期已近40年,调查摧毁和补救亡佚已经相当不易,再迁延下去,将会更加困难。萧山在这几年中,从两度修志和地方研究文献的相继出版来看,是成果丰硕和人才济济的,所以编著《萧山丛书》的工程,虽然兹事体大,但此邑基础雄厚,是不难获得成功的。

萧山原是越州和绍兴府属县,绍兴县和萧山县,不仅地域相连,在自然环境和文化渊源上,也十分近似。而地方文献的积累,都有深厚的基础。现在,绍兴县在这方面已经起步,萧山县当然不会落后,长江后浪推前浪,通过这次会议的研讨,萧山必然后来居上,《萧山丛书》的编著,一定可以早日实现。

我籍贯绍兴县,对该县地方文献工作稍有所悉,趁此机会略作介绍,以利于彼此借鉴,相互促进。我从年幼时就对地方文献感兴趣,在中学时代,即以家中藏书为基础,从事一点采集和考录工作。我因为从小就对学校教学不感兴趣,在学校里一直自作主张,做自己想做的事。当时是炮火连天的抗日战争时代,我到处流浪,1944年考上了一所国立大学,但上学一个多月以后,就感到所谓大学,不过如此。从此就不再在学校读书。此中情况,去年的《史学史研究》中有一篇《陈桥驿教授访谈录》[⑦]作过一点介绍,不在此赘述。之所以在此一提,只是为了说明,因为在学校不听正课,所以做点自己愿做的事,如上述地方文献的工作之类是常有的。不过对于地方文献,兴趣也不是很大,花时间也不是很多。所幸"文革"开始戴上"反动学术权威"帽子(我是北大聂某人大字报出笼后就关入"牛棚"的)。以后,当时的为政者虽然对我的重大"罪行"痛批狠斗,但地方文献工作还未排上我大量的"罪行"之中,所以在历次抄家时,对有关这类笔记、卡片不屑一顾,得以成为劫后余烬。

更有幸者,国务院于1973年颁发〔国发(73—143号)文件〕,说"文革"取得伟大胜利,稍有不足的是对外国的情况有些疏淡,经调查全国有9个省市有翻译力量,文件下达这些省市的出版局革委会,负责组织力量,分片翻译外国地理文献付诸出版。当时我身为"牛鬼",竟被指定为浙江的翻译负责人。于是暂离学校,由省出版局调配,到各地图书馆寻觅版本。"牛鬼"而获得行动自由,确属难得。当时,全国各地图书馆和出版机构,虽然都由造反派当权。由于我手上有一纸国务院文件,而"牛鬼"身份又没有烙在脸上。所以到处都受到接待,从而听到各地古籍和地方文献大量烧毁的情况。由此联系到家乡绍兴,遭遇必然相同。我家中尚有若干绍兴地方文献的笔记、卡片,自应趁机保护整理。虽然为政者声称这种杀伤文化的运动隔几年就要重复一次。但是由于我当时已暂离学校,不必像其他"牛鬼"一样地劳动改造,翻译工作其实相当简易,所以时间颇为充裕,也就暂时不顾"隔几年搞一次"的恐慌,悄悄地对这点劫后余烬加以整理。由于在抄家过程中,造反派多次翻箱倒柜,行动粗暴。所以有关地方文献的笔记、卡片虽然不是他们目标,但仍然颇有损失。我虽努力收拾余烬,而所得约仅1200种。我按性质差异,分成"方志"、"名胜"、"古迹"、"游记"、"水利"、"图说"、"地名"等18类,分别抄录密藏。这实在是书呆子的一种傻劲,因为抄家虽已暂停(其实是可抄的都抄尽了),但形势仍然险恶,何况上头明说隔几年要搞一次,所以我的作为仍然冒有很大的风险。但结果倒是如《光明日报》著名记者所说的:"在这场文明与野蛮的较量中,造反派失败了。"⑧

形势的变化来得相当突然。我在拙撰《水经注校证》⑨一书卷首代序《我校勘水经注的经历》一文中写道:"原来从上世纪50年代以来,我们曾经历过一个'读书有罪'、'读书人有罪'的时代。"这个时代到上世纪70年代之末逐渐结束,"改革开放"代替了"以阶级斗争为纲"。大学恢复了,"牛鬼蛇神"又登上了大学讲坛。我不仅为中国大学生讲课,从1980年起,还用英语为美国大学生讲课。由于连年出国讲学,我获得了利用外国图书馆的机会,对恐怖年代抄录密藏的绍兴地方文献资料作了少量的补充。由于出版社已经获悉此事,刚刚醒过来的出版界,非常需要这类书稿,催索甚急,我只好匆匆交稿。于是,《绍兴地方文献考录》⑩绝处逢生地出版了。外国汉学界对此也表示惊异,据出版社获悉的资料:"美国康奈尔大学图书馆长柯慎思教授推崇我社出版的《绍兴地方文献考录》是一项惊人的成绩。"⑪柯慎思(James H. Cole)不久就在美国亚利桑那大学出版社出版了《中国绍兴在十九世纪的竞争与合作》⑫一书,原来是一位研究绍兴的汉学家,所以对拙著作了愧不敢当的表扬。

《绍兴地方文献考录》中列名的文献,有许多是亡佚的,例如第一类"方志类",在列名的 140 余种志书中,眼下存在的已不到一半,而其中有不少属于稀见和濒危的。有的则是流失于国外的孤本。例如乾隆五十九年(1794)的抄本《越中杂识》,就收藏在美国国会图书馆,是一部手抄孤本,我借去美国讲学之便,请我的汉学界好友施坚雅(G. W. Skinner)复制引回,并经过标点,在国内排印出版。[⑬]后来又按复印本原式线装再版,[⑭]让国人见到流失在国外的原样。我在卷首都写了序言,说明引回经过。我国历来流失在海外的地方文献为数确实不少,我由于年老易忘,倒是诸葛计先生在其所著《中国方志五十年史事录》[⑮]中,在 1979 年 5 月下记及:"是月,美国斯坦福大学人类学系教授施坚雅[⑯](G. W. Skinner)主编的'*A Bibliography of Gazetteers Treating the Ning – shao Region of Chekiang*'(《浙江宁绍地区地方志目录》)出版。是书目录中,收入斯坦福大学所存的志书 230 种,据陈桥驿核对,这 230 种中(藏于中国的为 62 种),称得上稀世版本的有 30 余种。"

诸葛计先生在该书中称赞我是最早从国外引回方志孤本,并且是引回数量最多的学者。其实,据我自己回忆,前后引回的不过五六种,这一方面由于多次出国讲学之便,另一方面也是因为外国图书馆的制度优越,在那边,不论是善本、孤本、都可以在馆内复制,而且复制费按一般价收取,不像国内有些藏书单位,以"天价"敲诈。要不是这样,我一个穷教授也无法引回这些珍品。这里附带说明一句,凡我所引回的国外图书,也都是无偿地送交各书有关地方的图书馆地方志办,连复制费用(因为很有限)也未曾收取。

当然,对于中国地方文献特别是孤本和珍稀本的流失在国外,我确实是耿耿于怀的,所以,那一年偕夫人去加拿大和美国访问讲学大半年,行前曾受中国地方志指导小组友人之托,对收藏于国外的中国志书作点调查。为此我花了一点时间,在美国撰成《中国方志资源国际普查刍议》[⑰]一文,把美国、英国、法国、澳大利亚、日本的各大图书馆,包括这些国家著名大学的图书馆所藏中国方志数量列表叙述,数量确实很多,其中当然不乏善本、孤本。其中如南美洲北缘一个小小岛国"特立尼达和多巴哥",面积不过浙江省淳安一县大小,但在其首都西班牙港的中央图书馆中竟藏有包括方志在内的汉籍 8000 册左右,这些地方是十五六世纪西班牙人和葡萄牙人角逐之地,所以收藏中有明版甚至更早的方志和其他中国地方文献可以无疑。

由于我是绍兴人,《绍兴市志》和《绍兴县志》等都邀我担任顾问并作序。又为绍兴引回过《越中杂识》孤本,所以常常想到家乡的地方文献,这些年来亡佚其多,很有收录整理的必要,因此曾几次提出编著《绍兴丛书》的建议。令人不胜欣慰的是,我的这种建议,居然在绍兴文化界获得了赞许。世纪之初,绍兴县的文化领导就告诉我筹备编印《绍兴丛书》的计划,首先是编印了《丛书》的收录目录,规模相当庞大。几年以前的一天,绍兴县的文化领导,偕同国家图书馆特藏部、天津图书馆、南京大学图书馆等好几位负责人,忽然驾临舍下,与我商量《绍兴丛书》之事。从来客中有天津图书馆人员参与,我立刻意识到,陈布雷先生哲嗣陈砾先生(当时任天津人民出版社社长,后调任北京英文《中国日报》总编)曾于1979年邀我到天津图书馆阅读该馆珍藏的全祖望《五校钞本水经注》,[18]馆长是著名学者黄钰生先生,承他的殷勤接待,几天中让我遍阅他们珍藏的各种善本,其中有手抄本《山阴道上集》34册,书系稿本,全书收入越中历来名宦、寓贤及八邑诗人之作,人数达800人左右。我即时加以摘录,收入于随即交稿的《绍兴地方文献考录》之中。《绍兴丛书》事前所编目录,是参考了《绍兴地方文献考录》的,所以那天与绍兴县文化领导偕同莅舍的贵宾,显然都和拙撰《绍兴地方文献考录》有关。言谈之中,我一面赞赏《绍兴丛书》的启动,一面也对国外图书馆的情况略作介绍,为的是请这些图书馆对绍兴县的这项文化工程多予鼎助。

《绍兴丛书》果然于2007年由中华书局分批出版了。第一批两大箱,是历代方志,卷首有事前约我撰写的万余言长序。由于这确实是我国地方文献史上的一件大事,所以《光明日报》在2007年3月19日作了特别报道,标题为:"绍兴投资千万元编著《绍兴丛书》。"报道的文字较长,我在此抄摘几段:

> 该县投资上千万元将历史上的文化典籍重新编著出版,这一卷帙浩繁的巨型文化学术工程——《绍兴丛书》已被列入《国家古籍出版》"十一五"重点规划,目前丛书的第一辑21种图书已经出版。

> 据绍兴县史志部门负责人黄锡云介绍,目前列入《绍兴丛书》的图书有上千种,8大门类,这是一部广泛收集绍兴人及相关人士有关绍兴的原创性著述及文献资料的综合性乡邦文献丛书,将采用影印和排印方式出版。分10辑由中华书局分辑单独出版。

> 绍兴县长冯建荣说:"丛书的出版将成为绍兴文化史上具有里程碑意义的一项旷古伟业。成为人们精神天空中的一道迷人彩虹。"

前面已经指出,绍兴与萧山,原是同一府属的伯仲之邑。不仅是自然和人文的近似,学术渊源高雅,地方文献丰富,在国内显然也都出众。从当前来说,经济繁荣,财政宽裕,也都名列前茅。在地方文献的整理研究方面,萧山是人才济济,成果迭出。为此,《萧山丛书》的问世,是必然指日可待的。

注释:

① 参见陈志富《浦阳江下游防汛与管理》卷首拙序,浙江大学出版社1991年版。

② 参见拙撰《回忆与汉学家萧邦齐相处的日子》,载《湘湖——九个世纪的中国世事》(*Xiang Lake—Nine Centuries of Chinese Life*),叶光庭等译,陈桥驿校,杭州出版社 2005 年版。原书美国耶鲁大学出版社 1985 年版。

③ 刘宪康著,方志出版社 2004 年版。

④ 陈志富著,方志出版社 2006 年版。

⑤ 浙江人民出版社 1986 年版。

⑥ 《思想战线》(即《云南大学学报》哲学社会科学版),2000 年第 6 期。

⑦ 颜越虎《陈桥驿教授访谈录》,《史学史研究》2006 年第 4 期。

⑧ 叶辉《敢为(水经)作新注——记著名学家陈桥驿教授》,《人物》1996 年第 1 期。

⑨ 《水经注校证》,中华书局 2007 年版。

⑩ 浙江人民出版社 1983 年版。

⑪ 据浙江人民出版社《出版业务》1984 年第 3 期,诸葛计在其近著《中国方志五十年史事录》(方志出版社 2000 年出版)中亦引及此语。按柯慎思(James H. Cole)是美国汉学家。

⑫ *Shaohsing: Competition and Cooperation in Nineteenth – Century China*, University of Arizona Press, Tucson, 1986.

⑬ 排印本,浙江人民出版社 1983 年版。

⑭ 线装本,富阳华宝斋印制,浙江古籍出版社 1992 年版,一函四册,仅发行 300 套。

⑮ 诸葛计著,方志出版社 2000 年版。

⑯ 施坚雅(G. W. Skinner),国际著名汉学家,其名著为《中华帝国晚期的城市》(*The City in Late Imperial China*),斯坦福大学出版社 1977 年版。中译本叶光庭等译,陈桥驿校,中华书局 2000 年版,2002 年再版。

⑰ 《中国地方志》1996 年第 2 期,收入于《陈桥驿方志论集》,杭州大学出版社 1997 年版。

⑱ 陈桥驿《水经注研究》,天津古籍出版社 1985 年版。

原载《地方文献论文集——萧山地方文献国际学术研讨会》,三晋出版社 2010 年版

涌潮、潮汐、潮

萧山方志办的朋友们到舍下几次,告诉我他们不久有一个"观潮节",并且要议论一番"潮文化",希望我这个老朽也能到场去凑凑热闹。萧山于我有特殊关系(此事说来话长,这里不提此事),而且在修志和其他方面,也都很有渊源,如我曾陪同来到我处研究湘湖和浙江水利的美国瓦尔巴来索大学历史系主任萧邦奇(R. K. Schoppa)到这里个把星期,当地特别为我们整修了农垦大楼的最高一层(当时萧山饭店在我们脚下,还只造成一层),为我们(因我带了一些助手研究生)居住。又如我曾陪同日本的著名汉学家斯波义信,到这里考察湘湖、麻溪,直到峙山船闸。新志主编(当时已任政协主席)费黑先生一直奉陪,并在当时已经开张的萧山饭店设宴招待。此后还有好几位外国学者到萧山研究各种课题,由于我的研究生中已有能说英语的,而我自己又杂事纷繁,所以由这些能说英语的学生陪同了。此外,萧山修地方志,总是请我当顾问,为此,我与此邑的关系,素来是很密切的。而这次方志办主持(或参与)的这个活动,具有极强的地方性、历史性、科学性和文学性,意义非同寻常,所以我是很有"敬陪末座"的兴趣的。也或许就是凑凑热闹吧。

这次萧山人提出的这个"节",谈论的这种"文化"它牵涉的问题很多:地球科学、海洋学、河流学、水文学等,并且包括外语。而这种可以在萧山看得到的自然现象,整个地球上除了钱塘江以外,只有南美洲的亚马逊河。除此两者以外,再也没有第三条可以看到这种自然现象的河流(指干流而言,此二河的支流也是有这种自然现象的,譬如曹娥江和平水江,因为它们都是钱塘江的支流)。我是有幸既常见钱塘江这种自然现象,却也去看过亚马逊河的这种自然现象的。在中国人中,像我这样两河并见的人,恐怕不是很多。所以就不免因此多说几句。

在钱塘江看这种自然现象,对吃我这一行的人,旅游猎奇的意义小,主要是为了带学生实习。这就涉及上面列举的一系列学科了。到亚马逊河看这种自然现象,这实在是一种额外行动。我由于在语言上的方便,在"改革开放"以后,就带了夫人经常出国。我不是当官的,没有经费带了翻译到国外"考察"。我在国外看到的中国官员(当然是高级的或中级的),多数都不懂英语,在那边"考察",而其中多数实际上是旅游。这种事,与我相熟的外国学者也常常为之叹息。《光明日报》曾为我做过长篇报道,归结为一个"三不主义"。其中的一个"不",就是经常带了夫人出国,但"不"花国家一分钱外汇。那年是 1982 年,我应邀到美洲讲学,从加拿大一直讲到巴西。在巴西,我当然要看一看闻名已久的亚马逊河。主要目的是那里举世闻名的原始森林(有 300 万平方公里)。陪同我入林的那位,当然是首先"武装"我,从头到脚地都披带了他们特制的一套。原始森林确实难得考察。树冠茂密,根本见不到一丝日光(陪同人是带了特制手电的)而落叶堆积,深处可以没到大腿。所幸亚马逊原始森林是世界三大原始森林(刚果、印尼)中毒蛇猛兽最少的,所以陪同者虽然带了武器,却并未用上。我们在林内 4 小时,已经进入相当深处,若没有陪同者,我根本出不来。从森林出来后,因为我知道亚马逊河是世界上唯一具有与钱塘江相同的自然现象的河流。但这种现象在河口,与陪同者商量,时间上恰恰凑巧,所以又驱车到河口,看了这种自然现象。并且在回国后作了记载和对比。

顺便穿插几句。巴西是南美洲唯一以葡萄牙语为国语的国家(其余各国都是西班牙语),但许多人都能说英语,我在几个大学讲学,都是说的英语。那位陪同我入林观海的,其实是个普通的工作人员,但也照样能说英语。所以不说别的政治、经济、处世为人和建设工程等琐事,单从语言素质这一项,他们比我们出去的号称什么"级"、什么"级"的官员都高。我自己说不好普通话,也就是我的语言素质与我们的这些出国大员相仿,当然我们夫妇用的不是公款。

现在回到本题,既然这种特殊的自然现象在全世界只发生在这两条河流之中,所以首先我们应把这两条河流研究清楚。这中间,亚马逊河是世界大河,它全长 6480 公里,流域面积达 70500 万平方公里。所以对于此河,说来话长,我们也就不必多费笔墨了。但钱塘江(原作钱唐江,唐朝起才作钱塘江),是条小河,全长只有 605 公里,流域面积只有 48887 平方公里(均据《钱塘江河口河源考察报告》),却竟也与那条世界大河出现相同的自然现象。钱塘江在我们身边,我们称他为母亲河。所以对这条河,我们既有必要也有责任把它研究清楚。

因为长期以来对此河的研究不够,众说纷纭,所以我省的 4 个学会:地理学会、测绘学会、水利学会、林学会,并包括省河口海洋研究所、省水利勘测设计院和安徽省的若干有关水利机构,组成了 15 人的考察队,于 1983 年—1985 年进行了为期 2 年的实地考察,写成较长的《考察报告》和不少论文,于 1985 年 12 月在杭州进行了几天的讨论。当时浙江省水利界的主要专家如徐沿时、马席庆、戴泽蘅、林显钰和安徽省的几位专家共 16 人担任顾问。我们特请华东师大河口海岸研究所所长陈吉余教授担任主席,他确实惠临,但很客气,结果是顾问评语只好由我在会上写成并宣读的。总的是,顾问们同意并高度评价了这次 4 个学会和其他单位并安徽省人员的 2 年考察成果。这次评论会,长办和中国地理所等都派人参与,新华社又发了消息,最后由浙江省科协印发了《钱塘江河口河源考察报告》一书。钱塘江从河源到河口,包括所有支流,都经过踏勘研究,从而解决了全部问题,所以此书对钱塘江,应该是权威的。

接着是省档案局,他们原来一直出版《浙江档案》的期刊,由于我们对钱塘江问题的全盘解决,加上还有一些在省内需要解决的档案问题,先后邀请有关专家,与 1977 年出版了一种《增刊》,事前特邀我写了《钱塘江及其河口的历史地理研究》一文,文中并因世界河流中的前述特殊自然现象,让钱塘江和亚马逊河作了对比。所以对研究钱塘江,此文也是较有价值的。

原来,这两种对钱塘江及其特殊自然现象研究都有价值的文献都在我手中,要复制传播是很方便的。但其间发生了一种特殊事故。绍兴市或许是由于并不满足它是一个"历史文化名城"(它是第一次就选入的),认为按照它的特殊情况,绍兴市应该成为一个"特强文化大市、名市",所以在市内建了一条文化街,要遴选一位在此的文化名人,为他新建一座馆舍。而经过市内许多文化人和领导的讨论,这个名头竟排在我身上,我当然经过多次逊谢,但市府还是发文建立一座"陈桥驿史料陈列馆"。2009 年 12 月 10 日举行开馆仪式,馆前街上挤得水泄不通,除了绍兴市和浙大领导,还来了香港和韩国的贵宾,实在使我无地自容。而此馆创建以前,我家中的所有我的著作、译作、手稿以及我为友人作《序》的所有书刊,都已转入此馆收藏。几个月以前,人民出版社派专人从北京来到杭州,因他们已决定出版《陈桥驿全集》。对于此事,浙大当然非常赞同配合,但其中有不少资料,只好派人到绍兴复制。这次为了让萧山朋友在其邑境的这种特殊自然现象和文化稍有所助,上述两种文献,我们仍是到绍兴复制而来。尽管对萧山的事或许无所裨益,但我们还是这样做了。不足之处,还得请萧山朋友原谅。

前面已经说到,钱塘江(包括亚马逊河)的这种特殊自然现象,涉及从海洋学直到英语的多门学科。例如萧人所说的"观潮节"和"潮文化",这个"潮",在自然科学上用英文表示为Tide,是指一般的潮汐现象。而钱塘江和亚马逊的这种现象,并非潮汐,在英文表示时称为Bore,我们的海洋学和自然地理学上称为"涌潮"。从科学上说,"潮"和"涌潮",是完全不同两种自然事物。我生平读书不多,最早读到的关于钱塘江的这种现象,是西汉人枚乘所写的《七发》,《七发》中有《观涛》一篇,称"涛"而不称"潮"。"涛",《说文》释作"大波也"。潮,《说文》释作"水潮宗于海"。此外如《论衡》、《水经注》也都作"涛"而不作"潮"。这说明,古人或许早已对"涌朝"和一般的潮汐有所区别。但"潮水"作为"涌潮"之名,已在《吴越春秋》(或许是此书以后的误字)出现,所以事情要完全辨明,中间还有不少困难。到了后来,许多人就把"潮"作为"涛",把一般潮汐与涌潮不做其区别就成为通例。北宋孙光宪写的《北梦琐言》中生动地记叙了五代钱镠射潮的故事,实际上射的是潮涌。而苏轼诗《八月十五看潮》中有"三千强弩射潮低"之句,与孙光宪写的其实是一回事。所以,各位如果不去外国讲学,在国内,我们就把Bore和Tide作为同一事物算了。

最后由于我是马马虎虎研究这一行的,既然我们现已经"涛"、"潮"合用。尽管对于文化的事我知道不少,例如《七发》就曾经背熟过,我想座中诸君,或许专门研究Tide(潮汐)的女士们和先生们不会多,所以就把一般的潮汐(Tide)作点解释吧。潮汐与涌潮完全不同,后者或是河口地形起了主要作用。如钱塘江,河口原宽100公里,但到盐官尖山,忽缩到3公里,这种突然变化的喇叭口地形,自然是出现潮涌的条件。亚马逊河的情况也颇相似,但由于它在河口有不少小岛,所以使得它的潮涌推进,有点"长江后浪推前浪"的现象,不是那样整齐,也就不如钱塘江涌潮那样壮观。当然,这或许也和我那边观潮的日子有关,因为我已记不起,这是农历的哪一天。

现在谈谈一般的潮汐,我们现在也通称作"潮"。

潮汐是由于日月引潮力的作用,使地球的岩石圈、水圈和大气圈中分别产生的周期性运动和变化的总称。固体的地球,在日月引潮力作用下引起弹性——塑性形变,叫做"固体潮汐",简称"固体潮"或"地潮"。海洋中的水体在日月引潮力作用下引起的海面升降、涨落,叫做"海洋潮汐",简称"海潮"。大气各要素(如气压等),以周期为太阴日或太阳日的震荡叫做"大气潮汐",或称"气潮"。地潮、海潮和气潮的原动力,都是日月的引潮力,作为完整的潮汐科学,应该把地潮、海潮和气潮作为一个统一的整体。但由于海潮现象的十分明显性,与人们的生产、生活关系密切,所以实际上把潮汐一词仅指"海洋潮汐"。

我在此不再解释"引潮力"(Tide generating force)这个重要的词汇,因为解释这个艰深、复杂的词汇,不仅在座的不少对数理基础不很扎实的朋友所难以理解。特别是还会减少各位议论"潮文化"的兴致。这就是吃力不讨好。我只想告诉各位一个数字:即月球的引潮力约为太阳的 2.7 倍。

我是一个既算理、也算文,但是既不通理、也不通文的老朽。文章写的语无伦次,只好请大家谅察。

原载《首届中国国际(萧山)跨湖桥文化节潮文化论坛论文集》(内部印行),萧山区人民政府地方志办公室、萧山区农机水利局,2010 年

古城大庆 2500 年

对于绍兴古城，2010 年是个划时代的年份。因为越王句践是在公元前 490 年，也就是 2500 年前，从会稽山区出来，在离山麓不远的这片孤丘平原上建立这座都城的。今年正是这座古城建立的 2500 周年。当时，在以汉人为主的平原地区，都城当然早已出现，但在被先进的汉人称为"南蛮䶕舌"（《孟子·滕文公上》）的落后地区，建城立都的事是相当罕见的。所以在以后的整个华夏境域中，越人建立的这座城邑，无疑也算得上是座历史上的古城，是越人和汉人都可以自豪的。绍兴是我的家乡，我当然亦与有荣焉。

对于建都立邑之事从事研究，不仅是一种历史，同时也是一门学问。世界上很多国家都有专门从事这方面研究的学者，我与他们之间常有联系，其中也有几位热衷于研究绍兴的。[①]这就说明，对于这座名城，其城邑的建立，就是一个值得研究的课题。现在我们国境内的古城，多数都由早期的汉人建立，但绍兴却始建于越人。《汉书·高帝纪》："冬十月，令天下县邑城。"说明由朝廷颁令建城的事，要在绍兴建城以后很久才见于正史，足见在郡县制成为行政区划的基础以后，还有不少县邑是没有城垣建筑的。所以，汉高祖在其建朝的元年（前 201），颁布了这条命令。但绍兴这个远离中原的地方，却与当时中原的其他许多地区一样，已经出现了这座古城。即此一端，就值得我们从事研究。

这座在《越绝书》上称为"句践小城"和"山阴大城"[②]的古城，其所以能够在 2500

年前诞生,当然有值得研究的原因和过程。《越绝书》是一部可信的、经过东汉初学者整理加工的先秦越地古籍,对此我已另有文字考证,[③]这里不作阐述。公元前490年时,山会平原还在第四纪最近的一次称为卷转虫海退的过程中,山会平原的范围还不大,建城不可能远离山麓,选择这样一处孤丘罗列的比较高坦的地区,或许就是范蠡的设计:"今大王欲国树都,并敌国之境,不处平易之都,据四达之地,将焉立霸王之业。"(《吴越春秋》卷五)句践在今龙山南麓建都之时,这个地区的孤丘还有不少,其中有的在我们童年时还存在。初建时的越城当然简陋,城垣是以后随着时代而不断拓展的,这个过程中就夷平了不少较小的丘阜,但其中最大的3处,即龙山(76米)、蕺山(52米)和塔山(32米),却能长期挺拔苍秀,成为2500年来的见证和坐标。

我国的不少古代名城,特别是黄土高原上建城最早、声名特大的名城,我在上世纪80年代都作过一些文献研究和现场考察,并撰写过一些文章,主编过几本文献,所以稍有了解。虽然在这些文献上我们都以古都相称,有的并且使用同一的地名,但实际上它们多是在一个地域上不断播迁的。例如西周的丰镐,秦的咸阳,汉的长安,我们现在都把它们作为一个古都,但其实并不建立在同一地域之上。东周的王城和汉的洛阳,情况也正相同。但绍兴古城则与众不同,尽管城市不断拓展,地域不断扩大,但三山屹立,抬头可见,成为城市的稳定标志。这在我们的许多古城中是一个不多的例子。是古今都值得自豪的。

前面已经提及,在中国的许多历史名城之中,绍兴是为数不多的由汉人以外的越人创建而年代确实可考的。所以这里有必要把兴建这座古城的越人部族作一点介绍。中国是个由许多民族融合而成的大国,在远古时代,这些民族的情况多是前代人的传说,并不属于信史。这中间,以黄土高原及黄河中游为聚居地的汉族是发展最早和文化最高的,他们在殷代(公元前11世纪)就有了文字(甲骨文),显然是国境内所有民族之首,也是以后中华民族融合过程中的核心。

越族从其分布的地域来说也是一个大族,但是在政治、经济、文化等诸方面都不能与汉族相比,所以被汉人称为"南蛮躲舌之人"。越人的语言与汉人不同,这就是"躲舌"的来由。越人没有文字,与汉人交往以后,越人中的上层人士才学习汉字。汉人则按越语迻译,所以后来作为族名和国名的这个"越",《史记》诸书作"越",而《汉书》诸书则作"粤",其实是一音二译而已。对此,我在为《绍兴方言》[④]卷首所作的序中已有说明。

汉族是中原大族,众望所归,越人当然早已有使者北上交往。今本《竹书纪年》在周成王二十四年条下所载的"于越来宾"就是"于越"这个名称最早见于记载的汉人史籍。往年王国维曾作《今本竹书纪年疏证》2卷,经过他的逐条考证,论定《今本》多

"后人搜辑,其迹甚著"。又指出:"始知今本所载,殆无一不袭他书。"王国维是个著名学者,所言当是事实,《今本竹书》显然不能与已经散佚的《古本竹书》相比。不过王氏也据其考证说明:"其不见他书者,不过百分之一。"而周成王二十四年下的此条"于越来宾",即在此"百分之一"之中。所以《今本》此条,显然价值不凡。而且作为对历史传说的研究,还应和其他有关文献核实。我往年曾撰有《论衡与吴越史地》拙文,[⑤]指出《论衡》在《超奇》、《异虚》两篇中,都曾记及于越向西周献雉的事——《超奇篇》说:"白雉贡于越。"《异虚篇》记得更为详明:"周时,天下太平,越尝献雉于周公。"这项资料的特别可贵之处,是它和《竹书纪年》的不谋而合。我在该文中加意说明,《论衡》的这两篇,当然都是王充在吴、越地区耳闻的记叙而绝非来自《竹书》。因为在王充撰写《论衡》的时代,《竹书》尚深埋于汲冢之中,所以我们把王充在越地耳闻的"白雉贡于越"与《竹书》的"于越来宾"加以对比,二者或许就是同一历史事件。说明早在公元前11 世纪之末,于越作为一个边疆民族,已经对中原大族有所朝聘。也就是说,已经开始吸收中原汉族的先进文化。这个过程当然是在一段相当长期的时代中渐进的,不可能像兴建一座都城地有一个确实的年份。

现在再回过头来议论绍兴建城的事。在远古分布于我们国境的各族之中,越族是一个濒海民族,为此,在议论这个问题时,就需要涉及一个称为古地理学[⑥]的学问。前面记及远古越人把自己的国族以汉字译成"越"(或"粤")。我曾于上世纪 80 年代起多次应邀到日本担任客座教授,发现日本也有很多称"越"的地名,而且我在上述为《绍兴方言》所作的序中提及,在日语之中,有好些语音显然与古代越语相牵连。此外,在中南半岛有"越南"国名,他们国内与"越"(或"粤")发音近似的也有不少。这个语音,而且远到南洋,说明在国境东部和南部,曾经有很长一段时期有"越"(或"粤")人的流散和分布。这种事实,就涉及到古地理学的问题。因为在整个第四纪,南方沿海曾经发生过几次海进和海退的自然环境的变化。现在,由于地质科学和古生物科学等的发展,这些过程都不必用传说和神话进行虚构,而是可以用现代技术测定年代。日本有不少对这个过程很有研究和兴趣的学者,他们很希望我在这个问题上作一番研究。由于国际学术界同行的要求,所以我在文献查阅和田野考察的基础上,写了若干文字,于国际交流期刊《文化交流》[⑦]发表了一篇《越人横渡太平洋》的论文,文内按学术界对第四纪古地理的研究,附入《假轮虫海退时期今浙江省境示意图》和《卷转虫海进时期今浙江省境示意图》两幅插图。因为按照现代第四纪科学的研究,第四纪是始于距今 250 万年的一个很短的地质时期。在这期间,地球上间隔性地发生暖季、冷季以及与此相应的间冰期和冰期的交替,因此同时出现地球上水体的变化。与冷季及冰期相应的是海陆冰川的发展和水体的下降,在地质学上称"海退"。而与暖季和间冰期相应的是海陆冰川的消融和水体的上升,地质学上称为"海进"。我在拙文中插附的这两幅"海退"、"海进"示意图,因为利用了学术界古地理的研究成果,所以获得了日本同行学者的赞赏。按此文的《假轮虫图》,其时在距今约15000年的冷季,即所谓冰期,海陆冰川积贮深厚,海面下降,今省境陆域甚广,海岸线基本上在大陆架上,今宁绍平原与舟山等许多外岛互相连接,宁绍平原上的越人部族,已经从采集、狩猎发展到农业耕作。但到了距今12000中的全新世,第四纪的另一个暖季开始,海面又逐渐抬高,大陆与岛屿次第分离,许多岛屿淹入海域而陆域面积也因海水的入侵而不断缩小。这就是前面已经提到的"卷转虫海进"。[⑧]在这次海进的几千年中,越人因避水而分散,这个过程,我已撰有《越族的发展与流散》一文议论,[⑨]此处不再赘述。对于越人来说,在经济、文化等各方面,当然是一种挫折。漂洋出海的一大群姑且不论,原来的宁绍平原上的越人主要部分,随着海水的不断内侵而自北向南迁移,经过多少年代,最后退缩到山麓边缘(即河姆渡一线)。而海面仍然继续上涨,越人的主体最后进入浙东山区,而以会稽山区为部族中心。"随陵陆而耕种,或逐禽鹿而给食"(《吴越春秋》卷六)。在生产和生活方面,显然都比在平原时代有了倒退。其中最早一代进入山区的越人,当然从他们前辈口中知道海水吞噬平原的故事。而这种故事,在后代越人中口口相传。著名历史学家顾颉刚所说:"禹是南方民族神话中的人物,这个神话的中心点在越(会稽)。"[⑩]这显然就是在山区艰难度日的越人,按他们前辈的传说,希望有一位神明,替他们驱走海水,把平原交还给他们。

我之所以在序中记叙这一段海进的故事,一方面是因地质科学不是神话传说,是有年可考的事实。另一方面也是为了说明,越人的经济和文化,原来比汉人落后。而这一次海进使他们丧失了一片以往从事耕作的平原,显然更拉大了与汉人之间在各方面的差距。但人们盼望的这位后来被整个华夏族群所传颂的神明终于到来,海退开始,平原逐渐显露并扩展。越王句践随即于2500年前跨出山区到平原建城立都,此事与越人部族中流传的其他故事不同,是后代人们完全可以信赖的历史事实。所以我说对于绍兴,2010年是个划时代的年份。不仅海内外绍兴人士值得重视,在我国的城市史上,也是一件必须记叙的信史和大事。因为这座古城的兴建,在时间上确凿无讹,而在城垣位置上,如上所述,由于龙山、戢山、塔山的三足鼎立,在我国的许多古城中,也有独特的风格。句践兴建此城时,城垣与范围当然狭小,在以后的年代中不断扩展。但作为城市坐标,这3座丘阜,今后必然万世长存,让后人永远铭记。随着经济、文化等的发展和科学技术的进步,绍兴在今后当然还要长足跃进。但后代人开卷有史(《越绝书》),这座古城和公元前490年这个建城年份都将永垂不朽。

城市学这门学问是在一个较长的时期中发展起来的。在每个城市的诞生和发展历史中,都包含了不少传说,其中有的更具有神话的性质。但是由于它们流传已久,意义深远,所以即使在科学测年的技术发展到了可以把一粒砖屑、一片粗陶、一段碎木都能测定其年代的今天,对每个城市中流传的各式与现代城市科学毫无关系的掌故,我们仍然不必排斥,因为它们在历史、人文、道德、宗教、习俗等其他许多方面,都存在各自的价值,这是一个方面。但另一方面是,凡是符合于科学的城市学内容的,我们尤其值得重视和研究。对于绍兴来说,2500 年来,从建城的时间和城市的分布,都是科学的城市学内涵,我们既要纪念这个划时代的建城年份,也更要研究绍兴这部价值不凡的城市史。

我是从上世纪 80 年代初才从事历史城市研究的。开始涉足于此时,对上述两个方面都并不明确,所以虽然应出版社之邀,主编了几本有关文献,但思想上对不少问题实在多没有解决。直到 1989 年,应日本国立广岛大学之聘作客座教授,开设《比较城市学》课程,这半年的教学工作,让我在城市学的领域中有了不少新的认识,所以在后来主编的《中国都城辞典》[④]中,对这两方面的概念都作了若干阐述。现在,国际城市化的进程随着经济的发展和人口的增加等因素,正在不断加速,我一时无法查获当今全国和全世界已经有了多少能排入城市之列的数字。但是,有这么一个城市,它有古老而确切的建城年代,具体的建城位置,永远延续的城市坐标,这个城市就是绍兴。它的 2500 年建城大庆,不仅是海内外越人都必然关注的大事,也是城市学者都值得研究的课题。

注释:

① 例如美国首席汉学家施坚雅(G. William Skinner),就在其执教的名校斯坦福大学建立了一个“宁绍研究所”,出版了中国历史城市名著《*The City in Late Imperial China*》,我国改革开放之初的 1980 年,就率团访问绍兴和宁波,省里由我作陪。他主编的这部名著,已由我组织一批擅长英语的学者(叶光庭主译)译成,中译本名《中华帝国晚期的城市》,由中华书局于 2000 年出版。全书 60 余万字,施坚雅为中译本写了序,我除了作为全书校者外,还写了长篇《后记》。

② “句践小城”是其在位第七年(前 490)年末所建,确实无讹。但“山阴大城”在《越绝书》中未曾记叙是当年所建,且其规模较大,恐系次年完成。

③ 我的研究生乐祖谋点校的《越绝书》(上海古籍出版社 1985 年出版),卷首有我的长篇序言,考证此书来历。我并另有《关于〈越绝书〉及其作者》一文,发表于《杭州大学学报》(哲学社会科学版)1979 年第 2 期,以上两文均收入《吴越文化论丛》(中华书局 2000 年版)。

④ 国际文化出版公司 2000 年版。

⑤ 《浙江学刊》1986 年第 1 期,收入《吴越文化论丛》。

⑥ "古地理学"(Palaeogeography)是一门研究地质时期海陆变迁的科学,不同于"历史地理学"。

⑦ 《文化交流》第 22 辑,1996 年。

⑧ 第四纪的"海进"、"海退",地质学界均按当时地层中大量存在的原生动物有孔虫(Foraminifera)命名,"假轮虫"、"卷转虫"等名,都由此而得。

⑨ 《东南文化》1989 年第 6 期,收入《吴越文化论丛》。

⑩ 《古史辨》,北平朴社民国十五年(1926)版。

⑪ 江西教育出版社 1999 年版。

原载《中国越学》第 3 辑《越地城市史研究》,中央编译出版社 2011 年版

天下转漕，仰此一渠

　　大运河与万里长城这两项中国古代的人工建筑均堪称举世无双，因此它们都被世界上各种重要辞书所重视，如美国出版的世界最大的字典之一《韦氏新世界字典》，便将"万里长城"（Great Wall）与"大运河"（Grand Canal）作为专门词汇收入。

　　"运河"的英文词汇 canal 是从中古英语演化而来，而在中国，《新唐书·地理志》就已经出现了"运河"一词，比英语中的 canal 要早 600 年。中国古籍中最早记载开凿运河之事，是《水经注》卷八《济水篇》："偃王治国，仁义著闻，欲舟行上国，乃通沟陈蔡之间。"徐偃王是传说中与周穆王打交道的人物，其时当在公元前 11 世纪到 10 世纪之间，所以此记载大约不能被作为信史。但《左传·哀公九年》（前 486）载："秋，吴城邗，沟通江淮。"这里提到的邗沟，又称邗溟沟，应是我国记载中最早的运河。《水经注》卷五《河水篇》曾谈及一个"四渎津"的地名（在今山东临清东南），其文说："自河至济，自济入淮，自淮达江，水径周通，故有四渎之名也。"说明当时江、淮、河、济已经沟通，虽然可能利用不少天然河道，但肯定也有不少地段需要以人工运河连接。至于隋炀帝在公元 7 世纪开凿运河，则是载于史册、众所周知的事情。

　　一般来说，"大运河"所指的是从北京自北而南沟通杭州的这条运河，有时也被称为"京杭运河"。但实际上它还跨过钱塘江，经绍兴、余姚而直达宁波。由于钱塘江以南的河段开凿甚早，被人们称为"浙东运河"，常被排除在大运河之外。

　　从《水经注》提及的"四渎津"地名来看，中国南北早有很大一片地区是可以通航的,因而得以繁荣发展。但从北京到杭州再达宁波,闻名全球的大运河全线通航,则始于元代。元朝定鼎,建都于位于今天北京西南隅的大都,大批官员兵民集中到这个原来人口稀疏的地区,对粮食的需要急剧上升,而粮食来源则主要依靠南方的产区。当时,南北之间已有大段运河存在,今山东以南的所谓"南四湖",即南阳湖、独山湖、昭阳湖、微山湖也已经存在,它们南北延绵120余公里,且因位于今济宁以南而得名。于是元政府首先开凿从济宁到南四湖的济州河,并于元至元二十年(1283)竣工,使南四湖与今江苏境内邗沟相通,从此由济宁便可直达杭州以至于宁波。但从济宁向北沟通大都,其间则有整条大运河中最艰难的一段,即从济宁到临清之间的河道,特别是从须城(今山东省东平县)西南安山到临清连接北运河(即海河支流之一的卫河)的百余公里,因地形崎岖,施工艰难,所以直到至正二十六年(1366)才完成。当时称此段运河为"会通河",其全长不过125公里,但由于其间水位差异较大,竟建水闸31处。过往船舶需要通过这些闸门,有时还不得不在闸门下候水,通航有一定困难。但无论如何,举世闻名的南北大运河终于全线贯通了。

大运河竣工后,元明清三代首都均定于北京,南来北往,樯橹相接,其成为物资运输的唯一捷径。这对于沿运河各省及附近大片地区的经济发展,具有极为重要的价值。对于这三代朝廷来说,南粮北运,即"漕运"尤为重要,是建都北京的必要条件,所以朝廷对大运河的保护维修极为重视。明朝曾因此颁布了针对"大运河"的"行河八因":"因河未泛而北运,因河未冻而南还,因风南北为运期,因风顺流为运道,因河安则修堤,因河危则决塞,因冬春则沿堤修治,因夏秋则据堤防守。"这也从另一个侧面说明了大运河的重要价值。清末会通河由于航行困难,于宣统三年(1911)因津浦铁路建成而埋废,但济宁的码头上仍可见各种矿产和其他笨重商品堆积如山,大批船只仍昼夜不断由此南下,运河航运仍是最廉价的运输手段。这些货物到达杭州后,可继续通过三堡船闸进入钱塘江,然后从钱塘江南的峙山船闸进入宁绍平原,最后抵达大运河的南方终点宁波。

大运河的长度,统计数字出入较大,比较常见的是1780公里。但这只是大运河从北京到杭州的长度,还没有把至今仍然通航的从钱塘江南岸到宁波的200余公里计算在内。所以大运河的实际长度应为2000公里左右。大运河不仅是中国的骄傲,也是人类的宝贵遗产。它从战国时代开始分段开凿,直到14世纪才全部完成,至今其大部分还在发挥航运作用,古代中国人在设计建设上所花费的心力,真是难以想象地伟大。

原载《中国社会科学报》2014年4月4日

运河、大运河与
CANAL、"GRAND CANAL"

公元 7 世纪初隋炀帝开凿运河是许多中国人都知道的故事。但那时在中国的权威典籍中还没有出现"运河"这个词。现在"运河"已经成为一个通用词汇。尽管如浙东运河、江南运河以及此外更大地区的运河,在开发的时代都不称"运河",但是现在大家都以"运河"相称,所以对于这个词的使用,已经成为为时颇久的约定俗成。在中外互译时也是一样,我们称国际上的著名运河,如欧亚间的苏伊士(Suez)、太平洋和大西洋间的巴拿马(Panama)、波罗的海与北海间的基尔(Kiel)等通航水道,都称"运河"。而外国人也称我国的南北运河为"大运河"(Grand Canal)。从现在的惯例来说,英语的 Canal 和汉语的运河已是一种完全正确的对译,但其实,从词汇的历史渊源来说,"运河"与"Canal"这两个词都是中古以后才出现的。

先说 canal 一词的正规释义,几种国外的著名辞书如《牛津英语字典》、《韦伯斯特英语字典》等,基本都是相似的解释。"canal"一词共有 8 条,其中第四条说:"一条设计用于航运、排水或灌溉土地的人工水道。"(*Webster's Third New International Dictionary of the English Language*. Springfield, Mass. :Merriam – Webster Inc. 1986. P32:canal)。其余如《牛津》、《兰登》等的解释也大体如此。从国外辞书的解释可见,运河(canal)是一条用于航运、排水(泻洪)、灌溉的水道,而用于灌溉的运河,是最早出现的。

　　中国古代,在文字上没有与 canal 相应的"运河"这个名称,但我们的历史比世界上许多国家悠久,经过人力加工而用于航运、排水、灌溉的水道,也比世界上许多国家出现得早。假使按《哥伦比亚简明百科全书》的话,用于灌溉的运河是与农业同时开始的,那么,我国的运河,从南方来说,在河姆渡文化和良渚文化时期就已经出现,只是没有文字记载而已。

　　当然,在有了文字以后,并没有很快出现"运河"这个词语。中国古代命名水道,凡是著名的大江大河,都有单独的专名,如黄河称"河",长江称"江"。其余许多河川,也都有它们的专名。以钱塘江为例,由于此水在古代越人境域之内,汉人按越语译作"渐"、"浙"、"渐"等(《山海经》称"浙江",以后多数文献如《越绝书》《吴越春秋》《史记》等都称"浙江",《说文解字》称"浙江",但也称"渐江";《水经》称"渐江";《庄子·外物篇》称"渐"河。按"渐",古音读"斩",故"浙""渐""渐"均为一音之转,是越语的不同汉译)。后来称为钱塘江,钱唐也是越语汉译。

　　对"运河"这个词汇,仍然依靠正史查询。《新唐书》卷三六《五行志》记,开成二年(837):"夏旱,扬州运河竭。"这是正史上首次出现"运河"这个词汇。按我的理解,这个"扬州运河"并非地名,而是扬州境域内一切河流的总称。《新唐书》以后,"运河"这个词汇又出现于《宋史》。《宋史》卷九五《河渠志五》"御河"条下,加入了神宗熙宁四年(1071)秋的臣属语言:

　　　　况御河堤道,仅如蔡河之类,若欲吞纳河水,须如汴岸增修,犹恐不能制蓄。
　　乞别委清强官相视利害,并议可否。又言,今之水官,尤为不职,容易建言,侥幸恩
　　赏,朝迁便为主张,中外莫敢异议。……已而都水监言,运河乞置双闸,例放舟船
　　实便。

　　上列引文是臣属在水利治河事务上对皇上的奏议,这位不知其名的都水监提出"运河乞置双闸"的话,说明"运河"一词在北宋已经使用。这一段话引自《河渠志》"御河"节下,宋元时期的"御河",指今河北省与河南省境内的卫河,亦即隋代所疏凿的永济渠的一部分。这位都水监为了在这条御河上通行船舶的方便,提出"运河乞置双闸"的建议。把御河称为运河,显然不是 canal 的对译。

　　《新唐书》中的"运河"一词,比《兰登字典》所释 canal 一词的出现早了近 600 年。在《宋史·河渠志》中,"运河"一词颇为常见,在《宋史》中,此词多达 70 次以上。到了开凿山东运河的元朝,《元史·河渠志》上,"运河"一词就经常出现,有将运河作为一个地名的,如"扬州运河",也有在议论一般水利时使用"运河"这个词语的,如"练湖"条下的"若运河浅阻","龙山河道"条下的"宜改修运河"等等,不胜枚举。但确实由朝廷花了大力在今山东省境开凿的运河,也就是以后被称为"南北大运河"中工程最

艰难的两个河段,《河渠志》中却一直以济州河和会通河相称,绝不使用"运河"这个名称。《明史·地理志》也是一样,如"杭州府"下的钱塘县称"南直运河","嘉兴府"下的秀水县称"漕舟由此入运河";但在兖州府下,诸凡济宁州、东平州、汶上县、寿张县等都只称"会通河"而不称"运河"。说明直到公元13世纪末,甚至在十五六世纪,"运河"还是一个水利上的普通词语,还很少作为地名专名使用。所以后来因此获得"大运河"之称的济州河和会通河,都不用运河命名。

从实际情况而论,世界上的河流大都是自然形成的。人类自从创制了木筏和独木舟之类以后,水运比陆运方便的事实,早在远古就人所共见。所以利用河流航运或把不便于航运的河流稍加疏凿以利航运,这类事发轫想必很早。以后人们也发现,几条河流非常接近,用人工在这些河流之间加以挖掘沟通,能使航运变得更加便利,于是疏凿沟渠的事也就开始出现。而《哥伦比亚简明百科全书》所说"灌溉运河或许是与农业同时开始"看来也是事实。《哥伦比亚简明百科全书》所说的"农业",当然是种植业,由于河姆渡和良渚文化的遗存,都有稻谷的发现,说明粗放的种植业在那个时代已经存在,为此,灌溉运河在新石器时代就已经出现。

粗放种植业发展的早期,不可能有"灌溉运河"的出现。这类草本植物需要水,当时的古人当然知道。他们采用两种办法"灌溉":第一种是"候水"。这是因为东亚的季风气候形成于晚第三纪(Neogene),当时人们对四季变化和干湿循环的规律已经基本清楚。所以禾本科植物和豆科植物等的播种和收获怎样与季节配合的事,人们的经验已较丰富。特别是水稻,在中国南方,季风气候为粗放经营的种植业提供了条件。早期粗放农业的另外一种靠天吃饭的办法是"就水"。《水经·沔水注》中说"东南地卑,万流所凑",这个地区在第四纪的几次海退时期,都是一片河湖沼泽,既是野生水稻繁殖的环境,也是粗放撒播这种植物的环境。人们早已知道这种植物需要水,而在这个环境里"就水"的条件十分方便,河浜湿地到处都是,人们在这样的环境里粗放撒播,也能多少获得一点收成。在上面两种粗放种植的办法中,"就水"显然比"候水"重要,因为这种办法或许就是"灌溉运河"的开端。至于在整个漫长的新石器时代中,到底什么时候才出现"灌溉运河"? 由于自然环境的差别,各地有很大的不同,很难作出论断。

从辞书对"运河"或"canal"的释义方面,在我所见到的中外各种辞书上,中国辞书或许比外国说得简略。但在其他文献中,我们也有把"运河"写得相当详细的。《春明梦余录》(清孙承泽撰,全书70卷,均记叙明代事)中所录的一条明朝诏令,对此就说得相当清楚:"舟楫、砲碾者不得与灌田争利,灌田者不得与转漕争利。"说明中国的运河,其功能也是多种多样的。由于长期来的以农立国的基础,所以"灌溉"

的重要地位胜于舟楫。当然,同样是使用舟楫的航行,最至高无上的是"转漕"。此词始见于《史记》,《平准书》说:"转漕甚辽远。"到许慎编《说文解字》时代,或许是由于水运已很发达,所以其解释已为:"漕,水转也。"(《说文解字》卷十一上《水部》)据司马贞对《史记》此条下的《索隐》,"转漕"也是舟楫运输。但由于所运的是官粮,所以其重要性不仅超过一般的舟楫,而且也超过"灌田"。漕运是中国历代运河必须承担的特殊任务,因为这是官事。官事重于民事,这是中国古今一律的传统。

运河的漕运真是古代中国的一件大事,也是外国辞典上找不到的中国运河的特殊任务。《春明梦余录》在同卷中还特别为此重大的官事录下了当年的所谓"行河八因":

> 因河之未泛而北运,因河之未冻而南运,因风之南北为运期,因河之顺流为运道,因河安则修堤以固本,因河危则塞决以治标,因冬春则沿堤以修,因夏秋则据堤以守。

"行河八因"当然是为了官事所订立的条款,但实际上也是一种修护运河的措施。在维护河运、积蓄水量、巩固堤坊、通畅舟楫和沿岸灌溉等方面,都能得到好处。老百姓因官而遭殃,有时也因官而得利,中国历史上,古今都有这类例子。

对此作一点小结。"Canal"是个晚中古英语,其意义如上所述,国外各著名辞典的解释都基本相同。而"运河"一词,以权威文献而论,北宋时著的《新唐书·五行志》中已经见及,按时代实早于西方的"Canal"。但现在我们使用这个词汇已很普遍,无疑是"Canal"的合适对译。这里还有因"运河"而涉及的另外一个问题。因为从古代的伟大建筑来说,中国人可以称雄世界的,自东而西的有"万里长城",自北而南的有"大运河",即英语中的 Great Wall 和 Grand Canal。

对这两个词,我们自己的翻译和某些外国学者的著作特别是游记之类的文章里,也都照译不误。其实,在国际学术界,对 Great Wall 和 Grand Canal 二词是存在区别的。以著名的《韦氏新世界字典》(*Webster's New World Dictionary of the American Language*. The World Publishing Co. 1972)为例,对于"万里长城",其词条就作 Great Wall of China(P612),但是对于"大运河",词条虽然也作 Grand Canal,其释义却有两条,其一是中国的南北运河,其二是意大利的威尼斯运河(P607)。对于长城和运河,中国人自己当然是自豪的。但是在国际上,对这两者还存在不同的评价。

原载《文史知识》2014 年第 12 期

《嘉兴府城镇经济史料类纂》序

　　城市是生产发展的产物,早在原始社会,人类为了生产和生活的方便,常常聚族而居,形成原始聚落,西安的半坡、余姚的河姆渡,都是这种原始聚落的例子。随着生产力的提高、人口的增加,聚落不断大,而大型聚落,最后就可能形成城市。日本学者山根幸夫在其《中国中世纪的城市》(东京学生社,1982年出版)一书中,归纳了中国城市形成的主要原因5种,即政治上的中心地、工商业的中心地、交通要地、宗教圣地、军事据点。这样的归纳,或许是比较全面的。

　　但是这里有两点值得注意,第一,不管是任何一种原因形成的城市,它总是城市腹地的生产力到达了一定水平的标志,第二,尽管城市是生产发展的产物,但城市本身,在古代却具有非生产性的共同特点,从先秦以至唐代都是如此,唐代末叶,城市的性质开始有了变化,这就是美国斯坦福大学教授施坚雅(G. W. Skinner)在其主编的《中华帝国晚期的城市》一书中所论证的"中世纪城市革命"。他把这种城市革命归纳为5种现象,即:一、放松了每县一市,市须设在县城的规定;二、官市组织衰替,终至瓦解;三、坊市制度消灭,而代之以多得多的街道规训;四、某些城市迅速扩大,城郊工商业蓬勃发展;五、出现了具有重要经济意义的大批中小城镇。

　　"中世纪城市革命"以后,城市的发展、分布以及城市生活的内容,特别是城市的经济结构,与以往的城市都有了极大的变化。大量的中小城镇在生产发达的地区雨后春笋般地成长起来。这种现象,当然要引起中外学者的注意,日本学者梅原郁,在

1966 年出版的《历史研究》第 14 卷第 12 期中,发表了他的研究成果《宋代的地方城市》,用丰富的资料,论证了太湖周围的平望、黎里、震泽、南浔、双林、菱湖等中小城镇。另一位日本学者林和生,他在《中国近世地方城市的发展》(《中国近世之城市与文化》,1984 年京都大学出版)一文中,以太湖平原的乌青镇为例,详细地论述了这个城镇从宋、明、清以至现代的发展。我举这样的例子,主要为了说明,自从"中世纪城市革命"以来,正是这个太湖流域,由于自然条件和人文条件的优越,随着农业生产力的迅速提高和手工业的全面发展,使它在短时期中,出现了许多经济繁荣、交通便利、人口稠密、文化发达的中小城镇,它们正像镶嵌在这片富庶肥沃的土地上的颗颗明珠,成为这个地区历史时期人类社会进步发展的标志。

现在,陈学文、郑绍昌等同志,通过复杂细致的工作,把这个地区历史时期的城镇经济史料作了搜集和整理。正如我在上面所简单叙述的,我认为这样的研究工作,在我们继往开来的事业中,将是何等地重要。它不仅让我们回顾这个地区的过去,总结历史上的遗产,而且更让我们展望未来,为这个地区的发展远景勾出蓝图。

浙江是个历史悠久的省份,更是个经济发达的省份,像陈、郑等同志的这种基础研究工作,还需要一个区域、一个区域地做下去,希望早日看到全部研究工作的完成。

1985 年 9 月于杭州大学

原载《嘉兴府城镇经济史料类纂》,浙江省社会科学院经济
研究所、历史研究所、嘉兴市图书馆 1985 年内部刊行本

《古文选粹对译丛书》之
《历代游记选粹》序

　　游记是我国古代著述中的一种重要体裁,至今仍然非常风行。历代以来,在我国的文化宝库中所积累的各种游记,真是车载斗量,难以估计,这是古人留给我们的一宗宝贵而巨大的遗产。

　　我国现存的最早游记是晋代从战国魏王墓中发掘出来的先秦古书《穆天子传》,全书6卷,除了最后一卷与游记无关外,前5卷记载的是周穆王驾八骏西游的故事。尽管事属荒诞,但行程有月日可稽,而沿途的许多地名,至今尚可考证。这当然是一种虚构的故事,但它以游记形式表达,是游记中的一种特殊类型。古今中外,以后都有用这种虚构幻想的故事写作游记的,例如晋陶渊明的《桃花源记》,用虚构的故事,记述了一个渔夫游历了被后人称为"世外桃源"的经过。英国作家斯威夫特的《格列佛游记》,描述了虚构的主人公格列佛游历小人国、大人国等离奇经过,也就是这类游记中的一种。

　　先秦以后,游记的数量和种类增加,除了那种内容虚构的游记仍然存在外,由旅游者按自己的旅游见闻写作的第一手游记和其他学者按他人旅游的记录或别的资料编写而成的第二手游记纷纷出现。这中间,马第伯所写的《封禅仪记》即是很著名的第一手游记中的一篇。马第伯随侍汉光武帝封禅泰山,于建武三十二年(56)正月二十八日从洛阳宫出发,二月九日抵鲁,十一日从奉高县登山,生动而详细地记载了泰山的风景。应劭的《地理风俗记》则是当时比较流行的第二手游记,他根据他人记载的资料加以整理归纳,写出了后汉一代全国各地的地理风俗概况。另外还有一些作家,他既根据自己旅游的经历写作第一手游记,也利用他人的旅游记载写作第二手游记,两种类型的游记出现在同一种专著或同一篇文章之中,这就是以后广泛流行的一种混合型的游记。以司马迁为例,他年轻时曾遍游全国各地,阅历丰富,他所撰写的《史记》之中,如《太史公自叙》和《货殖列传》等篇,其中都包含他的第一手游记在内。但他的游历足迹不出域外,因此,《史记》中对域外的一些描述,如《大宛列传》,就利用了他人旅游的记录,主要是张骞从那里带回的一些报导,也就是说,属于第二手游记的性质。

魏晋南北朝时期,是我国古代游记发展的黄金时代。因为当时中国北方动乱,大批原来生活在北部草原地带的游牧民族进入中原从事农业生活,而原来定居在中原这片干燥平坦的小麦杂粮区的汉族居民,则大批南迁,定居到湿润的江南稻作区去。广大集团的人群,经历了自然地理环境和人文地理环境的巨大变异。由于这种剧烈的变异,许多人在逃难或行军的过程中跋涉了万水千山,许多人朝朝暮暮地思念他们的故土,许多人对完全陌生的地理环境惊异不止。这是一个产生游记的时代。随着第一手游记的增加,就为第二手游记的撰写创造了条件,使这一时期的游记丰富多彩。有描述各地山川风景的,如宋袁山松的《宜都山川记》,晋罗含的《湘中山水记》,宋刘澄之的《永初山川古今记》和《司州山川古今记》等;有介绍各地草木方物的,如晋嵇含的《南方草木状》,三国吴沈莹的《临海水土物志》,三国吴万震的《江南异物志》,三国蜀谯周的《巴蜀异物志》等;有记载各地风土的,如晋周处的《风土记》,北齐宋孝王的《关东风俗传》,北魏陆恭之的《后魏地图风土记》等;也有因参加战争,随军行动,记沿途见闻的,如晋伏韬的《北征记》,宋郭缘生的《述征记》和《续述征记》,宋戴延之的《从刘武王西征记》(或作《西征记》或《从征记》);还有专门记叙宫殿、寺观、名胜、古迹的,如北魏杨衒之的《洛阳伽蓝记》,佚名的《洛阳宫舍记》和《晋故宫名》等。在这个时期中,域外游记,特别是域外的第一手游记,也因中外交通的频繁而纷纷出现。最著名的当然是晋法显的《佛国记》(或作《法显传》),此外如晋支僧载的《外国事》,晋刘欣期的《交州外域记》,三国吴康泰的《扶南传》,宋竺枝的《扶南记》,北魏宋云的《宋云行记》等。有的域外游记是用书信的形式写作的,《俞益期与韩康伯书》即是其例。俞是晋豫章人,远游扶南,以书致韩康伯,述南国风土甚详。这些书信,都是非常生动真实的第一手域外游记。

在这个时期的所有游记中,最出色的无疑是郦道元的《水经注》,这是我国古代游记中登峰造极的作品,是我国历史游记宝库中的一颗灿烂的明星。明末清初人张岱曾经中肯地评价古人在游记写作中的成就:"古人记山水,太上郦道元,其次柳子厚,近时则袁中郎."郦道元的《水经注》在历来一切游记中的崇高地位,于此可见。按照游记的性质对《水经注》加以分析,这是一种第一手游记与第二手游记合璧的著作。郦道元对北部中国,足迹殆遍,因此,他的游记完全是他的目击记载,是十分生动翔实的。卷四《河水注》所描述的孟门瀑布(即今壶口瀑布)可以为例:

> 孟门,即龙门之上口也,实为河之巨陀。……其中水流交冲,素气云浮,往来遥观者,常若雾露沾人,窥深悸魄,其水尚崩浪万寻,悬流千丈,浑洪赑怒,鼓若山腾,浚波颓叠,迄于下口,方知慎子下龙门,流浮竹,非驷马之追也。

由于当时国家分裂,他的足迹未达南方,因此,对于南方各地的记载,他完全依靠别人的游记和其他资料。正是因为这个时代游记资料的丰富,也因为郦道元选择别人游记的审慎精确,因此,尽管是第二手游记,却仍然写得栩栩如生,令人神往。例如卷三十四《江水注》中描写长江三峡的一段文字,他利用了袁山松的目击记载《宜都山川记》。《水经注》的这段游记,不仅保存了《宜都山川记》这部亡佚书籍的吉光片羽,而且成为古今游记中描写长江三峡的一段千古奇文:

> 自三峡七百里中,两岸连山,略无阙处,重岩叠嶂,隐天蔽日,自非亭午夜分,不见曦月。至于夏水襄陵,沿溯阻绝,或王命急宣,有时朝发白帝,暮到江陵,其间千二百里,虽乘奔御风,不以疾也。春冬之时,则素湍绿潭,回清倒影,绝巘多生怪柏,悬泉瀑布,飞漱其间,清荣峻茂,良多趣味,每至晴初霜旦,林寒涧肃,常有高猿长啸,属引凄异,空谷传响,哀转久绝。故渔者歌曰:"巴东三峡巫峡长,猿鸣三声泪沾裳。"

隋唐以后,由于国家一统,人文升盛,地方安谧,人民的社会活动增加,撰写游记的条件优越,因此,游记作品很多。前面为张岱所赞赏的柳子厚(宗元),是著名的唐宋八大家之一,他因政事被贬为永州(今湖南零陵)司马,故得遍游当地山水,撰写了《始得西山宴游记》等8篇游记,合称《永州八记》。这8篇游记文字清新,刻划如画,是我国历史上的著名游记。

这里还应指出一点,早在唐代以前,文人学士用诗词歌赋等韵文的形式写作游记,已经相当普遍。例如魏晋人喜欢作赋,当时有不少赋,如晋左思的《魏都赋》、《蜀都赋》、《齐都赋》、《吴都赋》等,杨泉的《五湖赋》,郭璞的《江赋》,王彪之的《庐山赋》等等,都具有游记的性质。唐代是一个诗的时代,诗多,诗人多,以诗述游的也多。诗人出游,看到奇山异水,触景生情,即景作诗,既描述了自然风景,又寄托了自己的情趣,所以一首好诗,往往能胜过长篇的文字。例如,著名诗人李白,他于乾元二年(759)因事流放夜郎(今贵州遵义一带)。途中遇赦,从白帝城乘舟过长江三峡返回江陵。以这一日的沿途所见,写下了一首《朝发白帝城》的七言绝诗:"朝辞白帝彩云间,千里江陵一日还,两岸猿声啼不住,轻舟已过万重山。"当这样 28 个字记载长江三峡的一日游程,真是高度的概括。而且生动逼真,趣味盎然。用这样的诗篇作游记,就比一般的游记更引人入胜,百读不厌。唐代以后,以诗述游就成为文人学士的一种普遍风气,历宋、元、明、清以至今日,一直不衰,其中多有佳作,为我国的游记锦上添花。

　　此外,唐朝是个大国,国际间的交流甚多,包括使节、商人,僧侣以及战争中的俘虏遣送等,这些往来人等所撰写的域外游记,数量也很可观。特别著名的是《大唐西域记》,此书为高僧玄奘所述,由辨机所编,共 12 卷。玄奘在天竺 17 年,游历 110 国,此书所述,多是他亲见,所以价值很高。另外一种是杜环的《经行记》。杜环是著名历史学家杜佑的族子,他于天宝十年(751)在一次对大食(阿拉伯)的战争中被俘,曾经周历中亚和西亚各国,11 年后,才附商舶从海道返国。游记中有许多他在中亚和西亚的目击记载。

　　游记到了宋代有新的发展,当时,文人撰写游记的风气很盛,在唐宋八大家中,如苏轼、欧阳修、曾巩、王安石等,就都写过不少游记。其中有不少章篇如苏轼的《石钟山记》,欧阳修的《醉翁亭记》,王安石的《游褒禅山记》等,历来脍炙人口。南宋作家如陆游的《入蜀记》、范成大的《骖鸾录》和《吴航录》等,也都名闻遐迩。此外,由于历代流传下来的各种游记,到了宋代已经积累了很大的数量,因此,有些学者开始从事整理历代游记的工作。也就从这个时代起,整理历代游记的成果,包括名胜志和游记汇编一类的书籍开始出现。如祝穆的《方舆胜览》,王象之的《舆地纪胜》等,都是名胜志的代表。到了明末曹学佺编纂《大明舆地名胜志》(简称《名胜志》)100 余卷,就是集其大成。游记汇编也很普遍。明慎蒙的《天下名山诸胜一览记》和何镗的《古今天下名山胜概记》等均是其例。在这方面集其大成的则是清末王锡祺所编纂的《小方壶斋舆地丛钞》。他花了 21 年时间,把清代撰有游记的名人 576 人的著作共 1200 余种,编入全书 12 帙共 64 卷之中,真是洋洋大观,熔清代游记于一炉,其中如姚鼐、方苞、袁枚、梅曾亮、龚自珍等,都是一代名流,他们的游记,当然是不同凡响的。

　　还必须指出,在这一时期中,有两位杰出的游记作家,他们以超人的才能和勤奋的写作,为我国的古代游记增加了无限光彩。其中之一是前面张岱所称赞的袁中郎。袁中郎,名宏道,毕生好游历,其所作游记近百篇,直率自然,感情丰富。后人从他的全集中录出全部游记,另成一编,名为《袁中郎游记》(中国图书馆出版部 1935 年出版)。另外一个人是出生较袁宏道晚 19 年的徐霞客,他生有旅游癖,于 22 岁开始旅游考察,足迹遍南北,特别是对于今粤、桂、黔、滇各省的旅游考察,历尽艰苦而成绩卓著。他在旅程中按日记载其经历,后因战乱散失不少,但至今流传的仍达 60 余万字,即《徐霞客游记》,具有很高的学术价值。《袁中郎游记》与《徐霞客游记》,都是我国古代著名的第一手游记,是值得珍视的游记遗产。

这一时期中的游记的另一特色,是域外游记的数量空前增加,这和对外交通特别是海上交通的发达有密切关系。除了李志常的《长春真人西游记》是记载元初中亚的第一手陆上游记外,其余多是海上游记。如汪大渊的《岛夷志略》,周达观的《真腊风土记》,明费信的《星槎胜览》,巩珍的《西洋番国志》,马欢的《瀛涯胜览》等均是。这中间,费信、巩珍、马欢3人均曾随郑和通使西洋,他们的游记不仅都是第一手的,而且记述详细,具有重要的价值。

以上约略叙述我国历史上游记的发展概况,几千年来,我们的祖先已经为我们积累了数量巨大的各种游记文献,这不仅是我们无比珍贵的文化遗产,而且也是我们取之不尽、用之不竭的旅游资源。

我们的祖先踏遍祖国的千山万水,以他们渊博的知识,丰富的感情,优美的文笔所撰写的巨量游记,我们确实应加以很好的整理和利用,这些优美、生动的章篇,在我们的精神建设和物质建设上,都将产生难以估计的力量。

首先,游记对于我们的思想,既是一种教育,也是一种陶冶。现在,我们常常谈到爱国主义思想教育的问题,而游记正是向人们进行爱国主义教育的最好教材。许多游记的作者,往往就是热爱自然、热爱乡土、热爱祖国的学者。以《水经注》为例,郦道元出生之日,中国南北分裂,已经超过一个半世纪,但他却以他热爱祖国,渴望祖国统一的心情,以西汉王朝的版图作为他的写作范围,把他的爱国主义感情,倾注在他的著作之中。在当年那种南北分裂,人民离散,干戈扰攘的情况下,有这样一部描述祖国一统,歌颂和赞美祖国山川风景、历史文物的爱国主义著作,真是黑暗中的一盏明灯。今天,我们诵读这部1400多年前的游记,溯昔抚今,同样会使我们对祖国河山产生无比的感情。《徐霞客游记》同样也是一部伟大的爱国主义著作。徐霞客是热爱自然的学者,美国学者亨利·施瓦茨,在他于1971年出版的《徐霞客与他的早期旅行》一书中,把徐霞客的游记称为"自然之爱"。这是深得要领的。在徐霞客的心目中,祖国的一山一水,一草一木,都是值得热爱的。所以他才以毕生精力,不顾艰危困难,追求他对祖国的自然之爱。我们阅读这样的著作,很自然地会和他引起共鸣,激发我们对祖国河山的热爱。

此外,从许多古人的游记中,我们还可以受到不畏困难、艰苦奋斗等教育。例如在晋法显、唐玄奘等人的旅行中,都经过出生入死的搏斗。当他们经过戈壁沙漠之时,《佛国记》说:"上无飞鸟,下无走兽,遍望极目,欲求度处,则莫知所拟,唯以死人枯骨为标识耳。""行路中无居民,沙行艰难,所经之苦,人理莫比"。《大唐西域记》也说:"四远茫茫,莫知所指,是以往来者聚遗骸以记之,乏水草,多热风,风起则人畜昏迷。"

但是他们都没有为这种困难所吓倒。徐霞客在他的游程中也是历尽艰苦,百折不挠的。他在湘江遇盗后,游伴负伤,而主仆两人被洗劫一空,身无长物,但他绝无归意,以最大的毅力,克服万般困难,而终于获得成功。

总之,游记在道德和精神文明方面可以给予我们教育之处尚多,以上不过是略举其例而已。此外,游记还具有陶冶人们的性情的作用,给予人们以一种精神上的高尚享受。明代的著名郦学家谭元春为他的评点本《水经注》作序说:"予之得于郦注者,自空濛萧瑟之外,真无一物。""空濛萧瑟",这就是一种精神上的享受,前面已经抄录了该书关于孟门瀑布和长江三峡的两段,吟诵这两段文字,闭目凝神,真如身历其境,到达了孟门和三峡一样。这样的享受,是只可意会,难以言传的。前面也已经指出,在我国古代的游记中,实际上包括了大量的诗词歌赋在内。我们吟诵一首唐张继的《枫桥夜泊》:"月落乌啼霜满天,江枫渔火对愁眠,姑苏城外寒山寺,夜半钟声到客船。"或者吟诵一首宋苏轼的《湖上初晴雨后》:"水光潋滟晴方好,山色空濛雨亦奇,欲把西湖比西子,淡妆浓抹总相宜。"这样的诗篇,的确使人回味无穷,宛如身在枫桥舟次,邀友小酌湖边,真是一种精神上的高度享受。

除了教育和陶冶以外,游记并且是一种知识的宝库,它给予人们以各种自然科学和人文科学知识。我国古代有一句鼓励人们读书的话,叫做"开卷有益"。这话对于游记来说十分适合。即使像前面提到的那种先秦时代的虚构游记如《穆天子传》,在我们今天的中西交通史研究上,仍可提供许多有用的资料。以后历代的许多第一手或第二手游记,对我们在科学知识上的贡献就可想而知。以《水经注》为例,对我们研究历史地理学、生态学、河流水文学、碑版学、民族学、文献目录学等等,都有很大的价值。《徐霞客游记》同样是一部充满了各种自然科学和人文科学知识的游记。其中特别是关于我国西南地区岩溶地貌的研究,这是一部举世罕见的古代科学文献。正是因为我国古代的游记拥有丰富的各种知识,它涉及许多学科的内容,在我们今天的各种科学研究中,都有古为今用的价值。

前面已经提到,游记是一种重要的旅游资源。从现代旅游业的发展来看,我国古代的许多游记,不仅其本身是一种旅游文献,一种参考书,有时并且是一种旅游文物,人们购买它,保藏它,作为旅游时的参考,作为学术研究时的资料,作为浏览吟诵时的享受,作为一种值得纪念的文物。此外,它所记载的内容,可以作为导游者讲解的依据和谈助,提高导游的质量和游客的兴趣。对于一个地区的旅游业的布局,旅游路线的安排以及名胜古迹的修葺复原,古人的游记,都是重要的依据。所以尽管是时隔千百年的古书,但我们如能妥善利用,至今仍能提供直接的经济效益。

正因为如此,所以我们对于我国古代游记文献的发掘整理,是一件十分必需的事。

可喜的是近年以来，我们在这方面的工作有了显著的成绩，不少著名的古代游记，包括《水经注》、《徐霞客游记》、各种游记选以及域外游记如《佛国记》、《大唐西域记》等等，都在陆续地点校出版。这样的工作，当然是很有意义的。因为这不仅是一种用以保存我国古代文化的一般的古籍整理，同时也是一种古为今用的措施，有裨于宣扬爱国主义精神，并促进我国旅游业的发展。

在当今整理古代游记的工作中，本书的编辑出版，又是一个很有意义的尝试。因为既然古代游记具有我前面所说的种种价值，而要在广大人民之间发挥它的这种价值，却又存在着古今语言差异的困难。因为从全国人民来说，熟悉古代汉语的毕竟是少数，所以如能把古代游记用现代汉语表达，而又不损害原意，虽然工作的难度很大，却是极有意义的。我早年曾经有过一种打算，希望能邀集几位古今汉语素养较好的同志，共同合作，用优美的现代汉语改写出一种供广大读者阅读的白话《水经注》。以后终因工作难度很大而搁置了这种打算。假使本书出版以后能够获得较好的反映，那么，我早年的这种打算今后还是有机会付诸实现的。正因为此，所以我很乐意在本书卷首拉杂地写上这许多东西，而且也衷心地希望本书的成功。

1986 年 8 月于杭州大学历史地理研究室

原载《明代游记选粹》，天津教育出版社 1987 年版

《中国历史地理》序

  地理学是一门性质特殊的科学。从它所包含的分支学科来说,它既是自然科学,也是人文科学;但从它的总体而说,它既不是自然科学,也不是人文科学。地理学的分支学科,在科学属性上是非常明显的,例如气候学、地貌学、水文地理学等,无疑都属于自然科学;另外一部分如经济地理学、人口地理学、城市地理学等,当然都属于人文科学。不过地理学就其总体而说,有它独特的研究对象和任务。众所周知,地理学研究地理环境的结构、分布、发展、变迁的规律,研究人地关系。这中间,地理环境是经过人类强烈影响和改造的自然环境,它并不是人类出现以前的原始自然环境。在人类有组织的生产活动开始以后,地理环境的发展变迁,已经受到了人类的严重干预和制约,它绝不再是纯自然的事物。至于人地关系的研究,那当然更是一个自然现象和人文现象相互渗透的错综复杂的问题。因此,地理学是一门综合科学。

  历史地理学和地理学一样,也是一门性质特殊的科学。它所研究的对象和任务,除了时间上的差别以外,和地理学完全相同。地理学按照研究对象在时间上的不同,包括古地理学(Palaeogeography)、历史地理学和(现代)地理学3个部分。历史地理学处于承前启后的地位。当然,古地理学由于它所研究的对象是地质年代中的自然环境,这是未经人类干预的自然环境,所以它的科学属性与地理学不同,是地质学与自然地理学之间的边缘科学,是一门纯粹的自然科学。而历史地理学的研究对象是历史时期的地理环境,它既研究历史时期的自然地理,也研究历史时期的人文地理,所以也是一门综合科学。

尽管历史地理学与（现代）地理学都是综合科学，但是由于两者研究的对象在时间上的不同，它们之间仍然存在着不少差别。（现代）地理学从科学的体系方面进行区分，它包括系统地理学和区域地理学两大类，前者如地貌学、植物地理学、文化地理学、人口地理学等，是一种单要素的地理研究，旨在探索单一要素在地理上的分布状态和发展规律。后者则是在一个特定的区域所进行的多要素的综合研究，例如一乡、一县、一省甚至更大的范围的区域地理研究等，对这个区域中的一切自然地理要素和人文地理要素进行综合的分析和评价，以获得这个区域的地理总貌和发展规律。在这方面，历史地理学同样从事历史系统地理和历史区域地理的研究，与（现代）地理学亦无二致。但是在另一方面，（现代）地理学所研究的，不论是系统地理或区域地理，尽管在研究中涉及现状的形成过程和发展的前景等问题，而必然要追索过去和探求未来。但现状研究毕竟是这门科学的主体。历史地理学则不同，尽管在它的研究中也要涉及现状和发展，但它所研究的主体都是历史时期的地理学。历史时期是一个相当漫长的概念，从我国来说，且不言远古，仅仅从历史比较明确的商代后期算起，迄今也已经有了30多个世纪。在这30多个世纪中，不论是系统地理或区域地理，其发展变迁都是十分巨大的。因此，为了要把整个历史时期中的地理概况分阶段地从事探索，历史地理学在这方面就需要与历史学一样地进行划分断代的研究。这就是断代历史系统地理与断代历史区域地理。这种研究，是（现代）地理学所没有的。

中国由于历史悠远，幅员广袤，文化传统优越，所以历史地理研究的渊源甚久。早在《汉书·地理志》的记载中，每一郡县，就都已涉及沿革。但是从此以后，在很长的时期中，沿革地理一直是历史地理研究的主要内容，甚至是唯一内容。直到30年代顾颉刚先生主编《禹贡》半月刊，科学的历史地理学论著，才开始在这个刊物出现。新中国成立以后，我国历史地理学研究，在一些著名学者如谭其骧、侯仁之、史念海诸教授的倡导之下，有了长足的发展。随着历史地理学科学属性的逐渐明确，其研究方法也相应地从长期来沿用的单纯的历史学方法发展到地理学方法与历史学方法并用。许多历史地理学家开始跳出小书房而投身于野外实地考察。于是，历史地理学的研究领域顿时扩大，研究内容大量更新，从事研究的人员也迅速增加，出现了一大批前无古人的研究成果，开创了我国历史地理学研究的繁荣昌盛的局面。这当然是令人十分欣慰的。

这些年来，除了许多优秀的历史地理学论文之外，有关这个领域的专著也纷纷出版。这中间，特别是通论性的中国历史地理的专著的问世，成为我国历史地理学研究成熟的标志。在这方面，首先出版的是王恢先生所著，由台湾省台北市学生书局于

1974年出版的大学用书《中国历史地理》,此书分上下二册,全书约达70万言,内容堪称丰富。此书上册副标题作《五大古都》、《长城与运河》,下册副标题作《历代疆域形势》。所以实际上是一部《中国历史人文地理》。虽然在人文地理学的领域中,此书内容看来还缺乏若干章节,但作者能独力完成这样的巨构,其功力雄厚,是可以想见的。1982年,北京科学出版社出版了由已故著名地理学家、前中国科学院竺可桢副院长所倡议的《中国自然地理》丛书中的《历史自然地理》分册。此书由20余位专家执笔,由谭其骧、史念海和我3人汇总、修改、定稿。此书出版后,当年10月就参加了在德国法兰克福举行的第三十四届国际图书博览会,赢得好评;并于1986年获得中国科学院著作一等奖和上海市著作特等奖。所以此书是一本具有较大影响的和相当成功的历史地理专著。

在我国,除了上述通论性历史人文地理和历史自然地理专著以外,据我所知,兼括人文地理和自然地理在内的几种《中国历史地理》,也已经由专家们撰写完成,有的已经付诸排印,不久就可与读者见面。这中间,唯一一种用断代方法写作的,就是现在展现在读者面前由张步天同志独力撰写的《中国历史地理》。我在前面已经指出,断代历史系统地理和断代历史区域地理的研究,是历史地理学不同于(现代)地理学的一个十分重要的特色。这中间,在断代历史系统地理研究方面,近年以来,已经有一些专家为我们提供了若干研究成果,1986年人民出版社出版的葛剑雄副教授所撰写的《两汉人口地理》即是其例。但是,断代历史区域地理的研究成果,特别是像本书一样,在全部中国历史地理中用断代的方法进行研究和撰述而完成这样一部巨著的,张步天同志的工作在我国还是第一次,所以这是值得我们重视的。

本书共有8章,除了绪论和结语以外,内容的主要部分实际上就是史前、先秦、秦汉、三国两晋南北朝、隋唐、五代辽宋金元、明、清等8个断代。每个断代当然都有各自的重点和特色,著者把所有这些重点和特色,归纳到自然地理和人文地理的科学体系之中,进行有条不紊的叙述,使如此一部材料浩瀚而内容纷繁的著作,具有一种严谨的体例和清楚的条理,使本书具备了既是一种专著而又可作为教材的基本条件。

著者在研究这个课题和撰写本书的过程中,曾经搜集和积累十分可观的地理学、历史学、考古学等方面的资料,并且运用了诸如卫星照片判读、放射性碳素年代测定、孢粉分析等新的科学技术成果。使本书的撰写,不仅建立在丰富资料的基础上,而且同时建立在科学资料的基础上。这就是本书具有较高质量的重要关键。正是由于资料来源的广泛性,使本书作为一种区域地理的著作而在内容上有所创新,让人们看到了一点区域地理复兴的兆头。为了说明此中原委,我必须简单地叙述一下,在一段时期中,区域地理在地理学界的处境。

在(现代)地理学领域中,这些年来,重视系统地理学和看轻区域地理学的倾向是确实存在的。日本广岛大学地理系教授石田宽在他被提名担任 1980 年在东京举行的国际第二十四届地理学会区域地理组的召集人以后,曾经向世界上许多国家的区域地理学家寄发了有关区域地理问题的意见表。在他所收到的回件中,有不少关于这门学科"不景气"的答复。已故的英国地理学家费希尔(C. A. Fisher)在其所著《区域地理学往何处去》(载 1970 年英国《地理学》4 卷 55 期)一文中提到:"现在,系统地理学正像《圣经》上的月桂树那样繁荣,而区域地理学看来却正在衰落,甚至消亡。"石田宽教授本人在这次调查中也说:"年轻的地理学者,对它已普遍减少了兴趣,特别是在英国和美国。"因此,他提出了"复兴区域地理"的口号。必须指出的是,忽视区域地理学的这种倾向,不仅存在于(现代)地理学界,同时也存在于历史地理学界。这可以从近年来历史系统地理的研究成果丰富多彩,而历史区域地理的研究成果却寥寥可数的现象中得到证明。这种倾向,正是我们需要积极扭转的。

我曾于 1983 年应日本关西大学之聘,为该校大学院(研究生院)作有关历史地理学等课程的讲学。这年 9 月 22 日,该校为我举行了一次公开演讲会,由著名地理学家河野通博教授主持,十几所大学的七八十位地理系教授和其他教学人员听了我的公开演讲。我在这次演讲中,特别提出了区域地理的问题。下面是我的讲词中的一段:

> 我完全赞同石田先生"复兴区域地理"的倡议。我认为复兴区域地理的前提是区域地理内容的改革。因为科学发展一日千里,各学科之间相互渗透的关系变得十分复杂。而目前,除了地理以外,以区域为基础而进行研究的学科又如此之多。在一个区域里,各种学科的研究成果,比二三十年前不知增加了多少倍,在这样的形势下,区域地理的研究内容不进行改革是不堪设想的……要在区域地理研究中打破地理学与其他相关学科的界线,尽可能地把其他以区域为基础进行研究的各学科的成果吸收进来,进行对区域的自然环境和人文环境的更为广泛和综合性的研究。当然,在这种研究中,区域的自然地理和人文地理环境仍是十分重要的基础。它和区域内所发生的一切自然和人文现象都有直接间接的关系。所以这种"区域研究"的立足点仍然没有离开地理。

我的这次公开演讲或许发生了一些影响,因为在座听讲的地理学家之中,石田宽教授的高足、广岛女子大学的副教授堤正信,竟因此下定决心,向我国教育部和杭州大学提出了到我的研究室进修一年的申请,并且获得了批准。我也为他的到来制定了一项计划,让他在历史区域地理的进修中抛弃一些地理学的门户之见,为这门学科增添新的活力。他是一位刻苦学习而且有了相当成就的年轻学者,我们之间合作得又卓著成效。但不幸的是,他在我的研究室进修了 5 个多月以后,竟因心脏病猝发而突然去世。不仅使日本地理学界丧失了一位富有进取心的年轻学者,我与他合作进行的在历史区域地理研究中复兴区域地理的计划也半途而废。对我来说,也是一次重大的挫折。

　　现在,使我感到慰藉的是,我在张步天同志的这部专著中,看到了不少和我对于改革区域地理的设想合拍的东西。一年多以前,堤正信副教授和我朝夕相处,当时我们所讨论的历史区域地理,其中有一部分也和张步天同志的专著不谋而合,由于本书所采用的大量非地理学资料,使本书在某种程度上接近于我在日本关西大学的公开演讲中所提出的"区域研究",但全书却没有离开地理。所以我很赞赏本书著者在这方面所作的大量努力,并且乐于在卷首写上这样一篇序言。

1987 年 2 月于杭州大学历史地理研究室

原载《中国历史地理》上册,湖南大学出版社 1987 年版

《浙江地名文汇》创刊词

　　《浙江地名文汇》创刊了。对于推动地名工作和繁荣地名学研究，它必将发挥可喜的作用，这是令人高兴的。

　　地名原是一门古老的学科，《穀梁传》僖公二十八年："水北为阳，山南为阳，温、河阳也。"说明早在公元前 7 世纪，地方命名的研究在我国已经开始。《水经·河水注》列述了秦所建 36 郡的地名来源："凡郡，或以列国，陈、鲁、齐、吴是也；或以旧邑，长沙、丹阳是也；或以山陵，太山、山阳是也；或以川原，西河、河东是也；或以所出，金城城下得金，酒泉泉味如酒，豫章樟树生庭，雁门雁之所出是也；或以号令，禹合诸侯，大计东冶之山，因名会稽是也。"这又说明，到了公元前 3 世纪，对于地方命名，已经有了一整套的法则。所以说，地名学在我国是一门古老的学科。

　　地名学在我国发轫甚早，但以后的发展却很缓慢，从公元前 7 世纪到公元前 3 世纪的这些地方命名法则，一直为后世所沿用，长期以来，我国的地名学研究，主要局限于这个方面，无论从地名学理论的深化，地名学的应用，地名学与相关学科的联系以及地名学文献的编著和刊行等方面，都看不到有显著的发展。以地名工具书为例，尽管有关地名的章篇常常见于方志地记之中，又尽管局部的地名汇编或考录如晋京相璠的《春秋土地名》、宋王应麟的《诗地理考》等等之类，历代多有刊行，但全国范围的地名词典，直到 30 年代才见出版，所有这些，都说明这门古老的学科，在一个相当长的时期中，其发展是滞缓的。

　　1977 年,我国政府批准成立了中国地名委员会,1979 年,国务院发布了《关于地名命名、更名的暂行规定》,接着就在全国范围内全面开展了地名普查工作。正是由于这种有史以来规模空前的地名工作在我国的开展,它就迅速地为地名学这门古老学科灌注了新的血液,促使了它的蓬勃发展。这说明了科学与应用的关系,也说明了理论与实践的关系。一门科学,一种理论,只有在广泛的应用和大量的实践中,才能获得发展与提高,才能具有坚强的生命力。地名学在我国经过长期停滞以后的迅速发展,雄辩地证明了这种事实。

　　现在,地名学已经成为近年来我国人文科学领域中发展最快的学科之一。如上所述,这门古老学科的新生,是由于规模空前的地名工作所促成的,但是这门学科的繁荣和发展,则是许许多多地名学者和地名工作者辛勤劳动的成果。我在拙著《论"徐学"研究及其发展》(《浙江学刊》1988 年第 2 期)一文中曾经指出:"大凡一门学问的形成,总是经过许许多多人前后相继的研究,发表过许许多多的论文和专著,于是学问就趋于成熟。从人文科学的领域来说,近年来陆续发展,不断壮大的学科如地名学、丝路学、敦煌学等,无不如此。"的确,地名学在近年来的发展正是这样。地名工作的开展,向地名学者提出了许多问题,也为地名学研究提供了大量资料和数据。而地名学研究成果的发表和积累,又为地名工作的扩大领域和提高质量创造了条件。就这样,地名工作与地名学出现了相辅相成的局面,我们为这样的局面而感到无比兴奋。

　　《浙江地名文汇》的问世,旨在为我们不断提高的地名工作和日益发展的地名学研究贡献一片小小的园地。我们竭诚愿意为地名工作的进展和动态、地名学研究的信息和成果,提供发表和相互切磋的机会。这是一片地名工作者和地名学研究者的公众园地,这片园地从小草垂青到花艳林茂,全靠我们大家的努力,希望广大的地名工作者和地名学研究者,共同来耕耘和栽培这片园地,让这片园地能够不断地繁荣昌盛起来。

原载《浙江地名文汇》1988 年第 1 期

《西域历史地理》序

西域之名由来已久,《史记·大宛列传》:"匈奴奇兵,时时遮击使西国者。"清徐松认为:"古音国读如域"(《汉书西域传补注》卷上)。因此,《史记》"西国"即是"西域"。《汉书·西域传》卷首即云:"西域以孝武时始通。"《通鉴》汉武帝太初四年(前101年):"自大宛破后,西域震惧,汉使入西域者益得职。"尽管这些文献都不出自西汉,但西域一名在公元前11世纪已经流行,大概可以无疑,而徐松对《史记》"西国"的解释,看来信而有征。当然,《大宛列传》记及的西域国家,只有大宛、乌孙、康居、奄蔡等十余国,而《西域传》则云:"本三十六国,其后稍分,至五十余。"比《大宛列传》所记载的要多好几倍。这是因为,西汉宣帝神爵二年(前60),汉朝在乌垒城(今新疆轮台县东)设置西域都护府的行政管辖机构,西汉的后期,汉王朝与西域的关系以及人们对西域的知识,比汉武帝时代有了很大的增加,这就是《汉书》能够写出一篇《西域传》的重要原因。《汉书·西域传》是我国历史上第一部内容详尽的西域地理著作。

自从《汉书·西域传》开始,西域就成为一个稳定的区域地名。此后,正史之中,如《后汉书》、《魏书》、《北史》、《隋书》直到《明史》,都以西域之名立传。即不以西域之名立传者,西域之名也习用为常。例如《晋书》只立《四夷传》,但在焉耆国下云:"遣沙州刺史杨宣率众疆理西域。"如此等等,不胜枚举。必须指出,在我国历史上,除了西域这个区域地名以外,还出现过南域、东域等区域地名。《后汉书·西南夷传》云:"于是南域始有学焉。"《后汉书·乌桓传》云:"使东域将严尤,领乌桓、丁令兵屯代郡。"但南域、东域等区域地名,不过在史书上偶然一见,未得流传。而西域之名却绵延长久,影响深远,这当然是由许多因素决定的。西域范围广袤,资源丰富,历史悠久,人文复杂,加上地理位置冲要,是丝绸之路上的重要部分,而中国在这个地区的擘画经营,特别是汉、唐两代的光辉业绩,奠定了这个地区不断发展的基础,使西域成为一个举世瞩目的地区。

正因为此,自从《史记·大宛列传》和《汉书·西域传》以后,记载西域的地理环境、历史演变、聚落城邑、风俗习惯、民族宗教、人物掌故、交通物产等等的文献,一代一代地不断涌现,广泛流传。有的虽已亡佚,有的至今尚存,成为这个地区的重要文化遗产。仅仅在《水经注》卷一、卷二《河水篇》中为郦道元所引用的北魏以前的涉及这个地区的文献,就有晋释道安《西域记》,晋郭义恭《广志》,晋释法显《佛国记》(即《法显传》),晋支僧载《外国事》,竺法维《佛国记》及不知撰者的《佛调传》等。魏晋南北朝以后,西域文献大量增加,流传更广。比较重要的如隋裴矩的《西域图记》3卷,唐玄奘、辩机的《大唐西域记》12卷,唐敬播等的《西域图志》60卷,唐义净的《大唐西域求法高僧传》2卷,唐杜环的《经行记》,元李志常的《长春真人西游记》,元耶律楚材的《西游录》,明陈诚、李暹的《西域行程记》和《西域番国志》等等。入清以后,由于朝廷在这个地区建伊犁、塔尔巴哈台等区,以后又建新疆省(辖境远过于今新疆维吾尔自治区),把这个地区置于中央政权的直接管辖之下,于是,这个地区和内地的关系进一步密切,因此,有关这个地区的各种文献进一步增加,如傅恒等的《西域同文志》24卷,俞浩的《西域考古录》18卷,徐松的《西域水道记》5卷和《汉西域传补注》2卷,朝廷官修的大型方志《皇舆西域图志》52卷也于乾隆年间修成。因此,这个地区虽然地处边陲,但与我国的其他边远省区相比,历代以来的文献资料,确实堪称丰富。

由于这个地区的特殊地理位置和人文环境,清代以来,不少西方学者和探险家之流,也在这里进行了各种活动。写出了不少对于这个地区的调查报告、论文和专著。例如沙俄地理学会副会长谢苗诺夫—天山斯基(Пётр Петровцч Семёнов—Тяншанский,1827—1914)曾经多次活动于这个地区,在他所著的3卷《俄罗斯地理学会五十年来的活动史》之中,对这个地区的各种情况有很多记载。又如沙俄的另一地理学家普尔热瓦斯基(Николай Михайлович Пржевальский,1839—1888),曾经多次深入这个地区,著有《亚洲中部旅行记》多册,又如英籍匈牙利人斯坦因(Mark Aurel Stein,1862—1943),也曾多次在这一带活动,撰写了《古代和阗》、《塞林提亚》、《亚洲最深的腹地》、《在中亚古道上》等著作。法国人伯希和(Paul Pelliot,1878—1945),曾经长期往返于这个地区,撰写了大量报道和论文,如《库车》、《敦煌的织物》、《敦煌的幡幢和壁画》以及后来由几个西方博物馆所收藏和出版的所谓《伯希和档案》。此外还有瑞典人斯文海定（Sven Anders Hedin，1865—1952），其足迹遍及这个地区，撰写了《中亚考察报告》、《戈壁沙漠横渡记》、《浪迹无定的湖泊》、《丝路》等著作。

按以上所简单介绍的来看，西域地区，从古代到近代，各种文献资料，包括中文和外文的，都是相当丰富的。对于我们从事这个地区的各种研究，特别是历史地理的研究，这些文献资料当然是很可宝贵。但事物总是一分为二的。上面列举的所有文献资料，它们既有各不相同的价值，却也都存在着各种缺陷。从中文文献资料来说，由于它们的撰写年代多半比较古老，而西域地区范围甚广，沿革变迁频繁，民族宗教纷杂，语言文字多样，因此，古代的各种文献资料，往往言人人殊，彼此抵牾，记载错误者有之，事涉荒诞者有之，这是以下还将论及的。至于近代发表的许多西文资料，因这些西方学者和探险家，他们角逐西域的时候，正是帝国主义者向外扩张势力的时候，他们在西域地区活动，足迹遍及我国新疆、西藏、甘肃、青海和蒙古等地，按照各自的政治背景行事，他们有的调查资源，有的测绘地图，有的盗窃文物。他们名为探险、考察，实际上是对我国主权的侵犯和资源文物的破坏。他们撰写的大量调查报告、论文和专著，当然具有相当的价值，但其间也有不少走马看花，浮光掠影，主观片面，捕风捉影的东西。斯文海定的《浪迹无定的湖泊》一文，把罗布泊说成是一个在沙漠中游荡摆动的湖泊，并且凭空臆造了湖泊摆动的周期。所有这些，苏北海教授已在他的著作中作了有力的批判，这里就不再赘述了。

这里打算阐述一下的是我国古代的一些记载西域地区的文献资料的情况。如上所述，我国古代有关西域的文献资料非常丰富，这是有利的一面，但另外一面是，不少古代的西域文献，是根据道路传闻撰述的，加上这个时代人们科学知识的落后，对于许多自然现象，都无法作出正确的解释，因此，在这些文献中，夹杂了许多荒诞不经的东西，造成不少人对于这个地区的错误观念。在历史自然地理中，昆仑山及其所在，就是一个典型的例子。

昆仑山原来是古代神话中的一座并无其实的神山。首先提出这座神山的，或许就是已经亡佚的《禹本纪》，司马迁见过此书，并且在《大宛列传赞》中引及一句："《禹本纪》言河出昆仑，昆仑高二千五百余里，日月所相避隐为光明焉。"以后，许多古籍都描述了这座神山，《山海经》、《西山经》和《海内西经》称其是"帝之下都"，"面有九井，以玉为槛"。《楚辞·天问》说它上有"县圃"。《淮南子·墬形训》说它是"太帝之居"。但司马迁根本不相信这种荒诞不经的传说。他在《大宛列传赞》中说："今自张骞使大夏之后也，穷河源，恶睹《本纪》所谓昆仑者乎？故言九州山川，《尚书》近之矣，至《禹本纪》、《山海经》所有怪物，余不敢言之也。"汉武帝却根据张骞对河源的错误考察和古代流传的这个神话，把昆仑山定下了具体的地理位置。这就是《大宛列传》中所说的:"汉使穷河源,河源出于阗,其山多玉石,采来,天子案古图书,名河所出曰昆仑云。"

由于汉武帝给予具体地理位置的这座昆仑山,原来只是一座神话中的并不存在的山岳,因此,尽管汉武帝把昆仑山定为河源所出之山,但以后的许多古籍,并不一定遵循汉武帝的意旨。例如《汉书·西域传》就称"于阗在南山下",而不称"在昆仑山下"。而此后如释道安《西域记》、康泰《扶南传》、《括地志》《十六国春秋》等古籍,对于这座西域名山昆仑山的地理位置,彼此甚相径庭,以致到了唐代,《艺文类聚》(卷七《山部上·昆仑山》)不得不引述了 12 种古籍的对于昆仑山的各不相同的记载;而到了宋初,《太平御览》(卷三十八《地部三·昆仑山》)竟引了 27 种对于昆仑山的五花八门的说法。直到清代,万斯同在《昆仑辨》(《群书辨疑》卷十)中还说:"古之论河源者,皆谓出于昆仑,而传记所载不一,……吾为博考古书,其言昆仑者约有十余家。"直到清末,陶葆廉在《辛卯侍行记》(卷五)中仍说:"按传记昆仑凡七处:一在海外,一在西宁,一在肃州,一在新疆,一在青海南,一在卫藏之北,一在北印度。"

从昆仑山这个例子,可见长期以来人们对西域自然地理概念的模糊。在西域自然地理中另一个长期流传于我国的十分荒唐的例子是关于黄河河源和黄河重源的谬说。这个错误的传说,也可能是张骞带入内地的。《大宛列传》说:"于阗之西,则水皆西流,注西海;其东,水东流注盐泽,盐泽潜行地下,其南则河源出焉。"张骞或许是根据当地的错误传说,把塔里木河支流和田河的上源,作为黄河的上源,而这条"黄河"在注入盐泽(罗布泊)以后,又伏流地下,以后再度冒出,成为河源。《汉书·西域传》随即附和说:"蒲昌海一名盐泽者也,去玉门阳关三百余里,广袤三百里,其水亭居,冬夏不增减,皆以为潜行地下,南出于积石,为中国河云。"从此,这个黄河伏流重源的说法就风行一时,到北魏郦道元撰《水经注》的时候,他遍考群书,结果都是一样,所以他在卷一《河水注》中说:"余考群书,咸言河出昆仑,重源潜发,沦于蒲昌,出于海水。"对于这种荒谬的传说,尽管《通典》(卷一七四《州郡四·古雍州下·西平郡》)早已指出其"终是纰缪。"而《舆地广记》(卷十六《陕西秦凤路下·积石军》)更明确批评:"河出昆仑,自古言者皆失其实,《禹本纪》、《山海经》、《水经》固以迂怪诞妄,而班固所载张骞穷河源事,亦为臆说。骞使大夏,见葱岭、于阗二河合流于蒲昌海,其水亭居,皆以为潜行地中,南出于积石为中国河,此乃意度之,非实见蒲昌海与积石河通流也。"但是历代以来,多数人均沉湎于这种谬说,直到清代,不少著名学者,仍然坚信不疑。例如胡渭认为"道元之注,……至葱岭以下,发明颇多。"(《禹贡锥指》卷十三上),董祐诚认为:"郦氏之注,辨正积石之河为葱岭之河重源所发,至为详尽。"(《水经注图说残稿》卷一),吴省兰认为:"《水经注》称其回湍电转,为隐沦之脉,可以证伏流矣。"(《河源图说》,载《小方壶斋舆地丛钞》4帙11册),范本礼认为河出葱岭而重源于噶达素齐老山(《河源异同辨》,载《小方壶斋舆地丛钞》4帙11册)。例子甚多,不胜枚举。

这类谬说,由于流传甚久,是很能蛊惑人心的。以徐松为例,他曾经谪戍新疆数年,亲历天山南北路,对西域地理概况,作了许多实地调查,写出了不少有价值的著作。但是对于黄河伏流重源之说,他却仍然囿于前人之讹,无法摆脱。他在《汉书西域传补注》"皆潜行地下,南出于积石为中国河云"下补注说:"罗布淖尔水,潜于地下,东南行千五百余里,至今敦煌县西南六百余里之巴颜哈喇山麓,伏流始出。"可见一种谬说,一旦流传甚久,传播广泛,危害实在匪浅。而要辨正事实,消弭影响,却又不胜困难,古今都是一样。

像上述昆仑山和黄河伏流重源的错误,在西域历史自然地理中当然是荦荦大者,其他一般的错误,还有不少,不再一一列举。至于在西域历史人文地理方面,长期以来,在众多的文献资料之中,也同样存在许多错误概念和说法纷纭的问题。由于这个地区民族和语言文字复杂,沿革变迁频繁,以致许多古代的国家、区域、城邑等,常常彼此混淆,造成错误。这中间,捐毒和身毒的误会就是一个例子。《水经注》卷二《河水》经"又南入葱岭山,又从葱岭出而东北流"注云:"河水重源有三,非惟二也,一源西出捐毒之国。"这里,武英殿本按云:"捐毒,近刻讹作身毒。"其实,把捐毒误作身毒的《水经注》版本甚多,包括明代的黄省曾本、吴琯本、朱谋㙔本以及清代的项絪本、沈炳巽本、赵一清本,张匡学本等,都发生了这个错误。甚至在殿本作了这个正确的按语以后,刘宝楠在《愈愚录》(卷六)中,还自以为是,反指殿本"以身毒为捐毒"的错误。为什么这样多版本均同其错? 原因是因为这个错误始于唐朝的大学者颜师古。颜氏注《汉书·西域传》,在无雷国条"北与捐毒、西与大月氏接"下云:"捐毒,即身毒,天笃也,本皆一名,语有轻重耳。"按身毒,《后汉书·西域传》云:"天竺国,一名身毒。"这是正确的,天竺就是古代印度,身毒是天竺的别译。印度在梵语作 Sindhu,在波斯语作 Hindu,天竺、天笃、身毒,包括《水经·河水注》中的新头、新陶,此外还有贤豆、信德等,都是同名别译。但捐毒却不然,捐毒读作 Yuándú,是古代西域的一个游牧部族,在今新疆乌恰县境,去印度甚远,绝不相涉。在新疆作过实地考察的徐松对此就了如指掌,他在《汉书西域传补注》中说:"捐毒在葱岭东,为今布鲁特地;身毒在南山南,为五印度地,二国绝远,颜君(按指颜师古)比而同之,斯为误矣。"

此外,西域历史人文地理中存在的问题还有不少,例如条支的地理位置,历来就有许多不同说法,碎叶城(素叶水城)的地址,古代文献上的传统记载与近代考古发掘的结果竟相径庭;又如别失八里,此名有唐城与元国之别,说法多有分歧;而瞿萨旦那与今和田的关系,学术界也存在不同的意见。诸如此类的问题甚多,不一一列举。

　　如上所述,可见西域地区在历史上名声甚大,历来研究者甚多,而文献资料也甚丰富。但是由于种种原因,不论是在历史自然地理或是历史人文地理方面,不仅是以讹传讹者比比皆是,而说法纷纭者亦复不少。这就说明,对于西域历史地理,在前人研究的基础上,继续进行全面的、系统的和科学的研究,实在十分必要。从这样的要求出发,则苏北海教授长期来在这个领域中的辛勤劳动,确实应该给予很高的评价。我有幸首先阅读了这部《西域历史地理》的原稿,确实获益不浅,觉得著者多年来在西域历史地理方面所做的大量工作是值得称道的。全书收入的 24 篇论文都是独立的专题研究,它们内容广泛,材料丰富,不仅兼及自然地理和人文地理,而且各专题之间,具有紧密的联系。在西域历史自然地理方面,著者对西域的许多山川湖泊作了深入的考证,诸如山岳中的西域阴山、帕米尔、考夫曼峰、符列夫斯基峰、波瓦洛—什维伊科夫斯基峰等,河川湖泊中的蒲昌海、雷翥海、蒲类海、乳海等,资料完备,说理周详,令人信服。并且还以雄辩的数据,驳斥了罗布泊游移的谬说,廓清了长期来西方学者在这个问题上所传播的错误概念。在历史人文地理方面,著者以丰富的文献资料和精辟的见解,对汉、唐和其他各代西域的沿革变化,辖境推移,民族流动,城邑兴衰等等,作了细致的分析和深刻的论述。此外,对于这个地区区际内外的交通道路以及农牧工矿(特别是黄金采掘和制盐)的分布和发展,也都有详细的考证。这是用现代历史地理学的理论和方法写作的一部《西域历史地理》。前面已经提到,自古以来,有关西域的史地文献,真是车载斗量,不可胜计,但它们显然都不能与苏北海教授的著作相比。

　　当然,古今时代不同,在各种条件上有着巨大的差异,今胜于古,这是必然的趋势。何况《西域历史地理》的撰写,除了现代的观点、方法和科学技术提供的成果以外,仍然在颇大程度上利用了古代文献。这一方面固然说明了古人的研究仍然具有价值,另一方面更说明了在历史地理研究中古为今用的意义。《西域历史地理》所论述和考证的,虽然都是历史时期的自然地理和人文地理问题,但是著者考证和论述这些问题的动机和目的却是清楚的,是为了把事实考证明白,古为今用,为现代西域自然地理和人文地理的研究提供依据,也为现代西域的其他研究提供依据。由于过去流传的不少以讹传讹的说法经过本书著者的深入研究而提出了符合客观实际的结论。因此,《西域历史地理》中的许多考证和论述,不仅有裨于今日,而且有裨于将来。

　　苏北海教授在西域历史地理研究中,除了运用历史学的和地理学的方法以外,还常常运用地名学的方法。这不仅是此书的一项特色,同时也是一种创新。我在早年就已经在拙作《论地名学及其发展》(1981 年《中国历史地理论丛》第 1 辑)一文中指出,地名学是历史地理学的分支学科。现在,我从《西域历史地理》一书中又一次看到了地名学与历史地理学之间的密切关系。在此书不少专题的讨论中,地名学好像是一把钥匙，它打开其中的许多关键问题。著者除了在专题讨论中广泛地运用地名学以外，全书的最后一个专题《新疆南路旧土尔扈特蒙古游牧区域的地名地理》，是专门以一个地区为例，运用地名学这把钥匙，深入地探索这个地区的历史地理的范例。著者归纳了这个地区的地名来源，其得名计有来自地形、水、动物、植物、土壤、矿产、气候7种，从而说明了地名与地理的关系。著者把这个专题称为"地名地理"，确是深得其中要义。

作为此书的最早读者之一，有感于此书对我的启发，所以拉杂地写了以上这一些。前面已经指出，苏北海教授的研究工作是值得称道的，这当然不是说，由于此书的出版，西域历史地理的研究工作已经完成。正确的理解应该是，苏北海教授在全面、系统和科学地研究西域历史地理方面，作了一个良好的开头。不仅是此书讨论的这些专题，都还可以继续深入研究；而更多、更广泛的其他专题，犹待不断地发掘和探讨。希望因此书的出版，迎来一个西域历史地理研究的高潮。

1987年7月于杭州大学历史地理研究室

原载《西域历史地理》，新疆大学出版社1988年版

《雄都耀光华:中国六大古都》审订者序

　　一口气读完了台湾锦绣出版社的《雄都耀光华:中国六大古都》书稿后,心情激动,难以言表。这样的书名和这样的出版社名联系在一起,古都辉煌,河山锦绣,真是相得益彰,令人神往。出版社嘱我审读此稿,其原因当然是因为我和六大古都有过一番笔墨渊源,所以事情还得约略从头说起。

　　记得80年代之初,中国青年出版社(它的前身是著名的开明书店)的地理编译胡晓谦先生,从北京专程赶到杭州,约我主编一部关于中国古都的书籍。当时,我手头正有一部王恢先生著作的大学用书《中国历史地理》(台湾学生书局出版),此书上册的副标题就是《五大古都》及《长城与运河》。王恢先生的大作是一部学术著作,引征广博,内容浩瀚,但对一般读者,未免过于艰深。而且我在杭州执教30余年,对这个城市深有了解,认为它完全有资格进入中国古都之列。因此,我向胡晓谦先生建议,古都应增列杭州,书名可定为《中国六大古都》。至于主编,由于我当时有几种著述同时在手,实在碍难承担。他虽反复力请,我终不为所动。讵知他北返未及半月,忽又匆匆南下,而且随带了北京大学侯仁之教授致我一信。侯先生在信中敦促我"勉为其难",承担主编任务,同时保证《北京》一稿,由他撰写。在这样的情况下。我只好挤出时间,拟具写作体例,分头约请我所熟悉的在各古都执教的教授专家,共同撰写此书,最后由我统一修润,于1983年出版。

　　当我主编《中国六大古都》的过程中,学术界对于古都研究的风气,开始活跃起来。此书出版前夕,中国古都学会的筹备工作已经大体完成,预定是年秋季在西安举行成立大会。可惜我在这一年初就接受了日本关西大学的聘请,作为客座教授,到该校研究生院讲学,因此没有参加西安的盛会,却被推选为学会的副会长(会长是陕西师范大学的史念海教授)。从此,一年一度,中国古都学会轮流在六大古都举行学术讨论会,宣读论文,出版论文集,积累了许多古都研究成果。

我到日本讲学,当然与六大古都没有直接关系,讲学内容主要是我毕生研究的《水经注》和中国历史地理。但确实也随带了一点古都研究的任务。事情是这样,1983年夏季,全国数十家出版社和不少地理学家在安徽省的合肥开会,商量合作出版一套《中国地理丛书》,选题多达百余。我被推选为这套丛书的编委和其中《中国历史名城》一书的主编。对于这样题目,我实在心中无数,于是,我就以这个书名在日本向不少汉学家征求意见,究竟应该收入多少城市? 多数日本学者的意见是:城市多选一些,每个城市写得扼要一些,这样,书的篇幅不致太大,而读者能涉猎的城市却并不少。日本学者的意见无疑是可取的,我就选择了当时已经公布的包括六大古都在内的第一批历史文化名城共24处,再加上其他历史名城26处,一共是50个名城,分头约请我所熟悉的各地教授专家撰稿,此书也已于1986年由中国青年出版社出版。此后,我又继续接受浙江人民出版社的约请,主编了《当代中国名城》与《当代世界名城》两书(已先后于1987、1988年出版),此二书虽然书名都冠以“当代”,但我所选入的城市,仍然有许多历史名城,包括六大古都在内。

上面说的是这几年来我和六大古都之间的笔墨渊源。尽管我已经多次把这些古都收入我所主编的书中,先后读过好几位教授专家所写的稿子。但是,这次有机会阅读台湾学者所写的书稿,内心倍感愉快。我觉得,虽然这部书稿是在我所主编的《中国六大古都》的基础上撰写的,然而从文字的内容,确实后来居上,有不少值得赞赏之处。

第一,此稿在不少篇章中,撰写者对祖国六大古都所流露的真挚感情,常常使我在阅读中辍卷凝思,久久不能忘怀。例如在《北京》篇中,小标题作《古今撷英揽胜景》的一段:

　　　　北京是融聚悠久历史、丰富文化与出色的自然环境于一炉的宝地,往往令人一提起中国,就不得不想到它。它不仅保存了无以计数的历史遗产,也在琼楼玉宇间、静巷胡同里、长城垛口上、在废园草丛中,散发着故都的文化气息……

读了这样感情洋溢的文字,扪心自问,我实在于心有愧。近年来,由于参加各种学术会议,我有时一年数去北京,但每次都忙于宣读论文、研讨学术、编辑文集之类的事,没有时间和心情去闻闻这个炎黄子孙的“根”所散发出来的“文化气息”。读此一段,使我深深感到内疚。几年来我编集六大古都的书刊,在考证典故,核实资料等方面,确实费了不少精力,但是现在看来,对于六大古都的考证和撰述,不仅是个古都研究的学术问题,同时更是个炎黄子孙的感情问题。这是我读这部书稿的一大收获。

第二,与我主编的《中国六大古都》相比,本稿又增加了许多新的资料,包括这些古都在城市建设方面的新设施和它们的城市规划等,不胜枚举。说明书稿的撰写者在资料搜集方面也尽了很大的努力,使书稿内容更符合六大古都的实际,这当然是值得称赞的。但是,由于海峡两岸,信息并不十分便捷,加上书稿写作费时,所以还漏列了若干重要设施,特别是那些用以恢复古都旧貌的设施和文化设施,例如规模巨大、设备新颖的北京图书馆新馆的落成,西安古都的城墙的重建,洛阳的古墓博物馆的建成,开封的宋城一条街的布置,南京的秦淮河的整治疏浚,杭州的古代大运河纵贯市区部分即中河和东河的修复等。关于这方面,我将建议中国古都学会,编辑出版一种《古都研究》之类的刊物,以加强海峡两岸在这方面的信息交流。

第三,从体例格局来看,这部书稿比我所主编的《中国六大古都》也显得生动活泼。前面已经提及,我主编该书时,曾经拟定一个写作体例。这个体例的好处是,让分散在各古都的撰稿的人有一个共同遵循的写作规范,使各篇格局,不致有太大的差异。但它的缺点却使各写稿人的思路受到束缚,造成了各篇在格局上的雷同。令人高兴的是,现在我读到的这部书稿,没有重复我的缺陷。各篇从形式到内容,常有不同的设计。例如在正文以后,又另立几个专题,这些专题,虽然都和古都有关,却都能独立成篇。以《开封》为例,正文以后,又撰写了《瓦子与酒店》、《细数汴京水上桥》等专题,文字短小,趣味隽永,对提高读者阅读兴趣和扩大读者的知识面等方面,都能有所裨益。

总的说来,我对这部书稿是很满意的。虽然,我曾在不少地方对书稿作了修订,或者是提出了修改的建议。但我所修订的,都是资料上的某些错误与不适当之处,或是明显的遗漏。其中有些错误来源于我所主编的《中国六大古都》,那是在该书出版以后的读者来信中才发现的。除此之外,我没有作任何修订,特别是对于若干事物和人物的评价问题,我绝未按我的看法对书稿进行修改或提出修改建议。因为我们虽然都是炎黄子孙,但40年来生活在不同的环境里,在意识形态和制度上都有很大的差异,因而对于许多事物和人物的评价不同,这是理所当然的事。在这些方面,我们完全可以求同存异。好在六大古都的"根",把我们紧紧地扭在一起,同胞手足,血脉相连。临笔感怀,不胜依依。

1988 年 8 月于杭州大学历史地理研究室

原载《雄都耀光华:中国六大古都》,台湾锦绣出版社 1989 年版

《湖州府城镇经济史料类纂》序

　　4 年以前,我为陈学文先生的《嘉兴府城镇经济史料类纂》作序。我在该序的末尾提到,因为"浙江是一个历史悠久的省份,更是个经济发达的省份",因此,我要求"这种基础工作,还需要一个区域、一个区域地做下去,希望早日看到全部研究工作的完成"。今天,当我再次执笔为他续编的《湖州府城镇经济史料类纂》作序时,内心的快慰,是可想而知的。

　　我在《嘉兴府城镇经济史料类纂》序中所说的上述几句话,绝不是一般书序中的套语和空泛的希望,因为我是实实在在地看到这种地方经济史料整理工作的重要性和它们的实用价值。当时我就预料到,这样的整理工作及其成果,必然会引起国内外学术界的重视。事实果然不出我所料,该书印行不久,我就收到我在日本的学术界朋友、东京大学东洋文化研究所所长斯波义信教授的来信,向我索取该书,而且除了他自己以外,还代国立大阪大学文学部滨岛敦俊教授索取一册。斯波先生是我的老友,他的汉学水平当然为我所了解和钦佩。国内学术界通过他的巨著如《宋代商业史研究》和《宋代江南经济史的研究》等,也已经熟悉了他在中国经济史研究中的卓越成就。对于滨岛先生,交往虽然不多,但我们之间好像也有一段宿缘。1985 年,我在日本从事研究工作和讲学,国立大阪大学为我在该校安排了一个与斯波先生毗邻的单独办公室。在我返国前夕,滨岛先生恰恰受大阪大学之聘,从他原来执教的北海道大学来到大阪,正好接用了我的办公室,我们曾在这个办公室中交谈过几次,以后彼此又互相寄赠过一些著作。所以我也深知他是一位汉学基础扎实而成果甚丰的中年学者。因此，他们对《类纂》的重视，当然不是偶然的。

美国的汉学家也是如此，《嘉兴府城镇经济史料类纂》刊行之时，正值美国瓦尔巴莱索大学历史主任萧邦奇教授（R. Keith Schoppa）在我的研究室从事萧山湘湖水利史的研究（他的巨著 *Xiang Lake——Nine Centuries of Chinese Life* 已于去年在美国耶鲁大学出版社出版）。他一见该书，即知有裨于他的研究工作。我不仅赠与他一册，而且还请他将另一册转赠我的老友，斯坦福大学的著名汉学家施坚雅教授（G. William Skinner）。此外，国内外学术界重视《类纂》的例子还有不少，编者在这次印行的此书后记中也略有言及，我就不再赘述了。

我在前面已经引及我在 1985 年所写的序中的话："浙江是个历史悠久的省份，更是个经济发达的省份。"但是从历史上省内各府、县来说，发展是并不平衡的，它们之间存在着颇大的差距。上面已经提到的萧邦奇教授，在其所著《二十世纪早期的浙江省》（*Zhejiang Province in the Early Twentieth Century*）（哈佛东亚丛书第 96 种，哈佛大学出版社 1982 年出版）一书中，他把清末民初的浙江省 15 个县按发展程度分成内核（inner core）、外核（outer core）、内缘（inner periphery）、外缘（outer periphery）4 级，其中发展程度最高的内核计有 20 个县，它们绝大多数分布在杭嘉湖平原和宁绍平原，前者占了 9 县，后者占了 7 县。《类纂》编者从嘉兴和湖州两府，也就是浙江省历史上发展程度最高的地区入手，从事城镇经济史料的整理工作，从工作方法和步骤来说，都是深得要领的。

这本《类纂》所涉及的湖州府，是浙江省历史最悠久的地区之一，且不论新石器时代的钱山漾和丘城等遗迹，以及先秦的毗山和下菇城等旧址，秦建郡县，这里就出现了属于会稽郡的乌程县和属于郭郡的郭县两个县治。到了三国吴宝鼎元年（266）建吴兴郡，从此在行政区划上奠定了隋唐湖州以至明清湖州府的基础。尽管在领导的多寡和境域的大小方面代有变迁，但地域的基本轮廓总是固定在太湖、苕溪和浙西丘陵的大体范围之内。由于自然环境和历史人文条件的优越，在唐代末期的所谓中世纪城市革命以后，这个地区得风气之先，不仅城市有了较大发展，而且还雨后春笋般地崛起了一批城镇。其中特别是在太湖沿岸的河网地带形成的集镇，凭借这一带在自然和人文方面的优越条件，促使农业和手工业的加速发展，产品丰富，交通便捷，人口稠密，使这些集镇在商业繁荣的程度上，甚至超过某些县城。湖州府、嘉兴府加上今江苏省境内的松江府、苏州府和常州府，这 5 个府境内大大小小的繁荣集镇，围成一串，正像挂在太湖边上的一条光彩突目的项链。这些历史上形成的繁华集镇，现在已成为历史地理学家和经济史学家们最感兴趣的研究对象。

随着生产的发展和经济的繁荣,太湖流域的这些城市和集镇,在文化上也相应地有了很大的提高。多年以来,这个地区教育发达,人文荟萃。而这些事实的具体反映之一,则是地方文献的大量编纂刊行。自从南宋以来,太湖流域各府、县,成为我国地方文献最丰富的地区。除了数量众多的府、县志以外,这个地区地方文献的特色,是府、县以下的乡镇志的丰富多彩。自从南宋以来,太湖流域修纂乡镇志蔚然成风,数量众多,篇幅庞大,内容丰富,为我国其他地区所无法比拟。它们在研究南宋以来这个地区的政治、经济、文化等方面的发展有重要意义,是太湖流域的一宗极有价值的文化财富。

在江浙两省太湖沿岸的5府之中,乡镇志修纂最出色的是湖州府,它们不仅种类繁多,而且篇幅庞大,为其他4府所远远不及。诸如32卷的民国《双林镇志》(蔡蒙续纂),40卷的咸丰《南浔镇志》(汪日桢纂),44卷的民国《乌青镇志》(卢学溥纂),44卷的民国《菱湖镇志》(孙志熊纂)等,卷帙浩繁,内容丰富,已经相当于甚至超过某些地区的县志。而民国《南浔镇志》(周庆云纂)更达60卷,篇幅之巨,在历来的乡镇志中无出其右。又如早于明正德十一年(1516)就修纂了《新市镇志》,万历二十九年(1601)的《乌青镇志》,是年代较早就修成的镇志,体例齐整,保存了府县志中所不易见的珍贵史料。它们是南宋以来湖州府经济繁荣、文化发达的重要标志之一。一个府拥有如此大量的乡镇志,加上府县志和为数更多的其他地方文献,使编者在《湖州府城镇经济史料类纂》的资料工作中左右逢源。在如此浩瀚的文献中整理城镇经济史料,工作量的巨大可以想见;而在如此丰富的资料基础上编成的《类纂》,其内容的广泛和充实,同样也可以想见。它必将与《嘉兴府城镇经济史料类纂》一样,受到国内外学术界的重视。

　　　　　　　　　　　1989年4月于杭州大学历史地理研究室
原载《湖州城镇经济史料类纂》,浙江社会科学院1989年内部刊行本

《中国历史地理简论》序

　　《中国历史地理简论》出版不过 1 年多，现在又要重印，这就从客观上说明了此书的理论价值和实用价值。我是此书初版本的读者，深感此书有许多优点，当时就预料它一定会受到历史地理学界和其他各界的欢迎，事情果然不出我所料，所以这次的重印，当然使我感到高兴。

　　地理学按照研究的时代区分，包括古地理学、历史地理学和（现代）地理学 3 门学科。这中间，古地理学（Palaeogeography）是地质学和自然地理学之间的边缘学科，是一门纯粹的自然科学。但历史地理学和（现代）地理学却是包含自然和人文二者的综合性学科，而其中历史地理学在研究的时代上介于古地理学和（现代）地理学之间，起着承前启后的作用。因此，在地理学领域中，历史地理学具有重要意义。

　　在我国，历史地理学研究的渊源甚早，《汉书·地理志》记载各地县邑的沿革，常常上起先秦，下迄新莽，这其实就是我国历史地理学研究的嚆矢。在此后一个很长时期里，沿革地理的研究几乎成为历史地理学研究的主要内容，甚至唯一内容。直到本世纪 30 年代，顾颉刚先生创办《禹贡》半月刊，科学的历史地理学才开始有所发展。新中国成立以后。我国的历史地理学在著名的前辈学者谭其骧、侯仁之、史念海 3 位教授的倡导下，在理论上和实践上，都获得了重大的成就，开始进入一个繁荣时期。这些年来，我国历史地理学界已经发表了许多学术论文，出版了不少学术专著，建立了一支相当庞大的专业队伍，正在更为迅速地向前迈进。

　　前面已经指出,历史地理学是一门综合性的学科,它和(现代)地理学一样,不仅包罗了自然地理学和人文地理学两大门类,而且两大门类中同样存在系统地理学和区域地理学的许多分支。所以历史地理学的研究,范围既很广大,内容又极为复杂。尽管这些年来,我们的研究队伍已经大为扩充,研究成果已经空前增加,但是历史地理学领域中,不论在历史自然地理学与历史人文地理学之间,或是在历史系统地理学与历史区域地理学之间,发展是很不平衡的。在自然和人文两大门类中,自然地理学的研究有相当长的一段时期处在非常薄弱的地位,我在拙著《评中国历史地图集》(《中国社会科学》1985 年第 4 期)一文中曾指出:"我国历史地理学的研究,长期以来最薄弱的环节就是历史自然地理。"一直要到《中国自然地理·历史自然地理》(科学出版社1982 年版)一书出版以后,这种不平衡状态,才开始有所扭转。在历史系统地理学和历史区域地理学的研究方面,这种不平衡状态同样存在。而这些年来公开出版的历史地理学著作中,最最薄弱的是通论性的中国历史自然地理或人文地理。特别是像本书这样兼包自然地理和人文地理的,在历史地理学界实在还是首次出版,所以这是值得重视的。

　　据我所知,在本书出版以前,通论性的中国历史地理(论文集不计),有王恢先生所撰的大学用书《中国历史地理》上、下册(台湾学生书局,上册 1976 年、下册 1978 年出版),两册共有篇幅(包括插图)1419 页,当然是一部巨著。但此书上册副标题是《五大古都、长城与运河》,下册副标题是《历代疆域形势》。我曾经通读过这部巨著,除了上册有一个不到 2000 字的《前言》,内容包括"地理成因"和"地理与文化"两节,涉及一些地形及河流等自然地理学概念的描述外,其余全部内容都和此书的副标题一致,完全是一部历史人文地理著作。此外就是前已提及的出版于 1982 年的《中国自然地理·历史自然地理》,这是一部由数十位历史地理学家合作撰写,由谭其骧、史念海两位教授和我汇总、修改、定稿的专著,是我国有史以来第一部历史自然地理著作。在上述两种通论性的中国历史人文地理和自然地理著作相继问世以后,我们看到了这部包兼自然和人文的《中国历史地理简论》的出版,而此书出版不久,我们又看到了张步天先生以断代形式撰写的同样兼包自然和人文的《中国历史地理》上册(湖南大学出版社 1987 年版)的出版。这种形势给我们的启发是,这些年来,在历史地理学领域中,由于系统地理学和区域地理学研究的不断深入,已经积累了相当可观的研究成果,这些研究成果,逐渐改善了通论性的中国历史地理的写作条件,使长期来的薄弱环节开始得到加强。通论性的中国历史地理著作的相继出现,这是科学的历史地理学在我国趋于成熟的重要标帜,这当然是令人欣慰的。

　　现在回过头来再谈一点对这本《简论》的看法。《简论》如前所述,是一本兼包自然和人文的通论性中国历史地理著作。书名曰"简",是说明全书除了综合这些年来历史自然地理和人文地理的研究成果以外,还要加以精简,使其能扩大读者面,让各方面的读者能对中国历史地理作提纲挈领的了解。如编者在《前言》中所说:"不仅是高等院校的教材,而且可供一般干部、中小学教师和水利、城建、园林、治沙等工作者阅读参考。"现在看来,本书在这方面是获得相当成功的。总的说来,本书的重要优点,首先是内容完备,资料广泛,涉及自然地理学和人文地理学的各个分支学科,不仅是历史地理学者,在系统历史地理学和区域历史地理学的研究中,都可以从中获得帮助,而对历史地理学以外的有关学科,也都具有参考价值。其次是取材精炼,文字深入浅出,加上许多直观性很好的插图,把历史地理学的专业知识,表达成为平易的文化知识,使一般读者也能问津。所以此书既是一部具有学术价值的专业书,也是一部宣传爱国主义思想的教科书。

从本书的内容完备,资料广泛而论,编者确实是下过一番很大工夫的。本书上编对历史自然地理的论述,显然以《中国自然地理·历史自然地理》为重要依据,但《简论》并不拘泥于前人的著作,而是根据自己的特点在内容上作了适当的扩充。例如,在上述《历史自然地理》一书中,只是对历史时期的植被变迁作了探讨,而《简论》则在"植被和一些珍稀动物分布地区的演变"的标题下,对孔雀、鹦鹉、犀、象等 12 种珍稀动物的历史演变作了论证,使本书增加了历史动物地理的内容。例如在上述《历史自然地理》一书中,有"历史时期的沙漠变迁"的专章,但《简论》却以"土壤的演变和沙漠的扩大"作标题,增加了历史时期一般土壤的演变内容。上述增加的篇幅当然不是很大,但内容就显得完备,作为一部通论性的著作,这是很有必要的,因为它可以让一般的读者,获得简单却是完整的历史自然地理学的概念。

在扩充内容的同时,作为一本名副其实的《简论》,编者也努力在许多材料上加以精炼。例如,在上述《历史自然地理》一书中,"历史时期的水系变迁"是全书篇幅最大的一章,全章一共叙述了黄河、长江、海河、珠江、辽河、塔里木河、运河等 7 条河流。但《简论》只选择了黄河与长江,分别以"黄河的改道与治理"及"长江和一些重要湖泊的演变"作为标题,论证了与我国人民关系最为密切的这两条河流在历史时期的变迁,而略去了其他次要河流。又如在《历史自然地理》中,"历史时期的海岸变迁"一章共分 7 节,把北起辽河,南到珠江三角洲的海岸变迁,即使是变迁较局部和较微小的,都做了论述,但《简论》只有 3 节,择要论证了变迁较大的渤海湾、长江三角洲和苏北海岸的情况。由于编者对材料的精炼得当,使《简论》的"历史自然地理"编既扩充了内容,又节省了篇幅。这是本书的一项重要的成就。

本书下编对于历史人文地理的论述,难度显然超过上编。因为上编有《中国自然地理·历史自然地理》一书可资参考,材料比较集中。但下编却需要依靠这些年来陆续发表的系统地理和区域地理研究成果。资料工作量大大超过上编。现在,经过编者的努力,内容所包罗的人文地理学的主要分支学科基本完备,包括疆域沿革和政治地理、城市地理、人口地理、农业地理、手工业地理和交通运输地理。所有这些,都是从大量分散的研究成果中汇集起来的。由于本书的特殊性质,编者要使内容能够适应相当广泛的读者面,增加本书的可读性。因此,在文字上改变了地理学通常使用的刻板词汇,如政治沿革地理、人口地理、城市地理等等,而是结合内容,立了许多不同学科的读者都能接受的章节标题。例如,本书不使用历史人文地理学者惯用的疆域沿革和政治地理的名称,而是把这些内容,分别安排到"政治区域的划分"、"长城的修筑和发展"、"疆域的形成和领土的丧失"3个专章之中。历史城市地理和历史人口地理的内容也各立一章,但章名分别为"六大古都的嬗递"和"两次人口大迁徙与人口稠密地区的转移"。历史农业、手工业、运输地理则分别以"农业地区的形成和发展"、"手工业与经济都会"、"水陆交通道路的演变"3个标题作为专章。编者在人文地理章节名称中的这种革新,一方面当然是为了摆脱地理学一家使用的术语以扩大《简论》的读者面,另一方面也是为了让内容在标题中反映得更为明白。例如,本书不用"历史城市地理"而改用"六大古都的嬗递"的标题名称,因为这一章的内容正是论述我国的六大古都。六大古都是我国历史城市的精华和典范,通过对六大古都历史地理的研讨以获得中国历史城市地理的一般知识,这种举一反三的方法,用之于文字力求撙节的《简论》,是值得赞赏的。

本书插图丰富,称得上图文并茂。其中有些插图如描述珍稀动物在历史时期的变迁诸图,做到了地图的科学性和表达形式的直观性的结合,当然有裨于读者。书末所附的参考书目比较完整,对于一般读者作进一步的深入研究,也颇有价值。

以上是我阅读本书以后的些许体会,拉杂写来,与其说是一篇序言,还不如说是一篇读后感。因为估计本书的读者必然很多,而且读者所从事的专业和文化水平也都有很大差距,阅读的目的和对内容的要求也各不相同。因此,我把这点体会写在前面,或许可给阅读本书的各个方面的读者提供一点参考。

1988年3月于杭州大学历史地理研究室

原载《中国历史地理简论》,陕西人民出版社1990年版

酒文化研究的科学方法与言必有据

——从《绍兴酒文化》的出版谈起

《绍兴酒文化》即将出版,索序于我。我素不嗜酒,对酒是外行,但绍兴是我的家乡,从小在这个酒城中长大,对酒或多或少有一点回忆。我从总角之年起,就看到我家大厅中的4坛花雕,据说还是我曾祖母的陪嫁,一直放在家中当作一种摆饰。我弱冠之年曾在柯桥附近的阮社小学当过一年校长,那真是一个名副其实的酒乡。尽管当时时局不宁,县城已被日军所占,但村里酿酒之风仍然很盛,一到冬令,处处飘溢酒香,令人陶醉。乡下人特别看重知识分子,我那时其实只是一个学校因战争解散而辍学的中学生,因为当了校长,竟也受到乡长的款待。在一次宴席中喝到了据说是20年的陈绍。全座无不啧啧称赞,我为了礼貌,只好随声附和,勉强喝完一杯,实在是辜负了这样的美酒。以后离开家乡,漂泊四方。家乡值得回忆的事情太多,而对家乡美酒的记忆倒是淡薄了。

80年代初期,我在纽约中国城的商店中看到用小坛装的绍兴加饭酒。我仔细看了包装,的确是家乡产物。家乡名酒,居然远涉重洋,一时间颇以此自豪。不过我对绍兴酒最深刻的印象,是在日本获得的。那年我第一次到日本讲学,在关西大学任客座教授。爱知大学的秋山元秀教授,邀请我到名古屋访问,并请我到该市著名的四川饭店用餐。一进入这家装饰豪华的饭店,首先看到的就是成排成排的小坛装绍兴加饭酒放在玻璃架上,而这种玻璃架沿着饭店的宽敞大厅围成一圈。这一次对我的触动实非同小可。日本的高等学府聘请我讲学,当然是我的一种荣誉;但作为一个绍兴人,看到家乡美酒在那里得到如此隆遇,油然而生的自豪感,更超过了前者。

　　大概因为这种原因,我对绍兴酒提高了兴趣,当然,这种兴趣只限于在文献上查索一点绍兴酒的掌故。正在此时,应上海人民出版社之约,写了一本《绍兴史话》的杂著,其中也说了一些绍兴酒的历史,我曾引用了日本西园寺公一的话,说绍兴酒已有4000多年的历史。我是从一篇刊登在1962年11月号日文版《人民中国》的题为《中国の酒》的文章中引来的。不过当时我对这项资料就有怀疑。我做研究工作,写文章,素来主张言必有据。历史文献对绍兴的最早记载始于《竹书纪年》周成王二十四年的"于越来宾",迄今不过3000年,则绍兴酒的4000多年历史从何而来? 不过考虑到《人民中国》并不是学术刊物,作者也不是一个专业学者,所以我只在文后加了一句:"我们还不知道他根据的是什么资料。"我的书中也提到了春秋于越的酿酒,例如《吕氏春秋》的"有酒投江"之类,但我最后也加上一句:"于越时代所酿造的酒,和以后名闻中外的绍兴黄酒是否相同,仍然是一个尚未解决的问题。"

　　《绍兴史话》不过是本小册子,但是为了我素所主张的言必有据,所以对于主要的资料来源,我都作了脚注。不幸的是,我所引用的资料,在别人的文章中就变了样子。我不能肯定他们是从我的著作中引去的,但我得把事情说清楚。我曾经读到过一些论述绍兴酒文化的文章,不加分辨地引用西园寺公一的话,借这一句实际上没有根据的话来强调绍兴酒的悠久历史。因为日文版《人民中国》在国内并不是流行的刊物,所以我估计引自《绍兴史话》。另外一些书刊文章中,肯定绍兴老酒已有2400多年的生产历史,我不知道有什么资料足以证明当年倒在投醪河里的酒就是绍兴老酒。

　　我在《绍兴史话》中也引及梁元帝萧绎所说的"山阴甜酒"。对此,我作了脚注,说明此4字来自《金楼子》卷六。但以后,我看到不少书刊文章中,《金楼子》的原话面目全非。我曾经读到一本介绍酒的知识的书,书中说到梁元帝萧绎在他所著的《金楼子》中的话:"银瓯贮山阴(绍兴又一古名)甜酒,时复进之。"为了不让这种东拉西扯、信口开河的话再引用下去,我只好把萧绎在《金楼子》中的原话录下来:"吾小时,夏日夕中下绛纱蚊绹,中有银瓯一枚,贮山阴甜酒。卧读有时至晓,率以为常。"(《百子全书》)至于那本书中所引的这段话,倒并非杜撰,却来自另一种完全不同的文献。为了弄清事实,我索性也把另一种文献即北齐颜之推在《颜氏家训·勉学》中的话录下来:"梁元帝尝为吾说,昔在会稽,年始十一,便已好学,时又患疥。手不得拳,膝不得屈,闲斋张葛帏、避蝇独坐,银瓯贮山阴甜酒,时复进之,以自宽痛,率意自读史书,一日二十卷。"(《百子全书》)不少人抄书不查原著,辗转误引,张冠李戴。而这样写出来的文章称为"知识",称为"文化",实在名实不符,令人遗憾。

　　还有一些文章里说道,在南朝梁元帝的时代,绍兴酒已被列为贡品,而且言之凿凿,令人愕然。案《吴越春秋》卷五:"越王乃使大夫种,索葛布十万,甘密九党,文笋七枚,狐皮五双,晋竹十廋,以复封礼。"这大概是这个地区最早的贡品记载。《后汉书·陆续传》:"(陆闳)喜着越布单衣,光武见而好之,自是常敕会稽郡献越布。"这是汉代尚可查得的贡品例子。以后正史不载贡品,直到《新唐书·地理志》才有土贡记载,越州土贡除多种丝绸外,是丹砂、石蜜、桔、葛粉、瓷器,纸笔。此外如《通典》、《元和郡县志》、《十国春秋》、《太平寰宇记》、《元丰九域志》、《宋会要》等都有越州或绍兴府的贡品记载,但均未涉及酒。到了明朝,绍兴酒确实已经闻名,但万历《绍兴府志》卷十五所列贡品,不过茶、纸而已。清朝文献中记载各地土贡以洪亮吉的《乾隆府厅州县图志》为详细,但此书卷二十七所载绍兴府土贡 14 种之中,仍未载及酒。大概因为"山阴甜酒"被记到皇帝的著作《金楼子》之中,所以就想当然地把它列为贡品。其实,萧绎喝山阴甜酒时还只有 11 岁,时在公元 518 年,地点在会稽,并不在建康。他是梁武帝萧衍的第七个儿子,成年后曾经当过会稽太守、侍中、丹阳尹以及平西、安西、镇西等名号的将军。梁武帝死后,帝位由他的哥哥萧纲继承(简文帝),他或许根本不曾想到自己要当皇帝。在喝山阴甜酒以后过了 24 年,因为一场侯景之乱,才因缘机会,接替萧纲当了梁朝皇帝。了解这种掌故,当然比信手抄书,随意假设要困难得多,但是只要肯下一番工夫,最后都能查得清楚。

　　在绍兴酒史的问题上,还有一件使我为之愕然的事。70 年代之末,我从美国国会图书馆引回绍兴流落在海外的孤本方志乾隆抄本《越中杂识》。浙江人民出版社闻得此事,为了使孤本流传,嘱我标点后在该社出版。此书下卷《艺文》下,首录"宋王十朋《会稽风俗赋并序》",接着又录"国朝(按指清朝)陶元藻《广会稽风俗赋并序》"。由于陶元藻赋紧接在王十朋赋之后,不曾另起一页(但我查过复制原件,确未另起一页),引录者匆匆翻阅,竟不察中间已另起一篇文章,于是,陶元藻赋中的一句话:"东浦之酲,沈酣遍于九垓",就算作是王十朋的话了。据说,有些酒楼饭店,用王十朋的名头写了这句话作为壁饰,并用以证明东浦所酿的酒在宋代已经风行天下。

　　关于东浦酿酒在宋代已经出名的事,许多书刊还用了北宋的朱翼中(大隐翁)《北山酒经》。在许多这类的文章中。有的作"东浦酒最良",有的作"东浦产最良酒"。由于《北山酒经》曾为多种丛书所收录,上面的各种不同引文,颇像来自各种丛书的不同版本,不加细察,可以乱真。而且在没有查清事实以前,我们也无法论定"东浦"云云是否确属无稽。因为丛书太多,而《北山酒经》收入于不同丛书的,又有三卷本和一卷本之别。我的老同学吴翊如先生为此已经证实在七八种丛书中没有"东浦"一句,而我所查过的丛书也不少于此数。但是做学问的人常比信手抄书的人胆小,我们仍然唯恐有哪一本没有过目的丛书中出现这一篇有"东浦"的《北山酒经》，所以很久不敢轻易否定"东浦"之说。最后还是浙江图书馆的何槐昌先生解决了这个问题，他为我查了许多丛书，写信给我说："宋朱翼中撰《北山酒经》中有否'东浦酒最良'一句，我馆藏有张宗祥先生手影写宋刻《酒经》一书，文后有钱谦益手跋一则，则知此书为绛云未焚之书，亦是朱撰《酒经》之祖本，以后流传下来的朱撰《酒经》均以此本为据，我查了一遍，未发现有此一句。"据此，则事实已经大白，不知是哪一位先生信口雌黄，胡编了这句冒充《北山酒经》的话，后来就以讹传讹，辗转误引，而且蔓延日广，不可收拾，实在误人不浅。

近年来流传颇广的还有所谓唐王绩《酒经》。有的文章说，这部《酒经》是我国最早的关于酒的专著，书中详尽地记载了绍兴酒的花色品种，酿造过程和风味特色。有的文章说到这部《酒经》谈到了绍兴酒的酿制方法，供各地仿效，说得有声有色，却使人不胜惊骇。案王绩（？—644）是绛州龙门（今山西省河津县）人，隋大业中（公元7世纪初）曾到扬州六合（今江苏六合县）当过县丞。他确实嗜酒，《新唐书·列传》说他弃官还乡后，"有奴婢数人，种黍，春秋酿酒……乘牛经酒肆，留或数日。"他撰《酒经》也确有其事，为了说明事实，我把《新唐书·列传》中有关的一段录出，让大家评论：

> 高祖武德初，以前官待诏门下省。故事，官给酒日三升，或问："待诏何乐邪？"答曰："良酝可恋耳！"侍中陈叔达闻之，日给一斗，时称"斗酒学士"。贞观初，以疾罢。复调有司，时太乐署史焦革家善酿，绩求为丞，吏部以非流不许，绩固请曰："有深意。"竟除之。革死，妻送酒不绝，岁余，又死。绩曰："天不使我酣美酒邪？"弃官去。自是太乐丞为清职。追述革酒法为经，又采杜康、仪狄以来善酒者为谱。李淳风曰："君，酒家南、董也。"所居东南有盘石，立杜康祠祭之，尊为师，以革配。著《醉乡记》以次刘伶《酒德颂》。其饮至五斗不乱，人有以酒邀者，无贵贱辄往，著《五斗先生传》。

从上文可见，王绩《酒经》中记的是焦革的酿酒法，他的《酒谱》载的是杜康、仪狄等善酿名人，与绍兴的酿酒无关。王绩关于酒的著作除《醉乡记》一卷尚存外，其余均已亡佚，却想不到有人可以在这本佚书上做出这许多文章，一直做到绍兴酒的花色品种、酿制方法、风味特色，并且要供各地仿效。无中生有，令人不胜惶惑。

至于《新唐书》中提到的《醉乡记》，《四库》开馆时，安徽巡抚所呈进的《北山酒经》卷末原来附此一篇，却被《四库》官员以"何所取义"为由而删除（见《四库全书总目》子部谱录类）。现在，从《中国丛书综录》所知，只有程百二的《程氏丛刻》收此一篇，而不幸的是《程氏丛刻》仅北京图书馆一家收藏。所以大家都很难读到。或许正因为如此，又有人用《醉乡记》之名写文章，说越州唐朝就享有"醉乡"的美名。因为书既为北京所独藏,也就无从核对。幸亏吴翊如先生在明冯时化的《酒史》卷下中找到了这一篇。王绩的"醉乡"当然不在越州,他说:"醉之乡,去中国不知其几千里也。"全篇不过 322 字,实在是篇游戏文章。

我在这篇序言中写下这一段,因为我觉得这是在绍兴酒史中把近年来的这些牵强附会说法澄清一下的好机会。现在看来,这种以讹传讹的错误,流传社会顶多还不过一二十年,要是让它们继续流传下去,几十年乃至几百年,最后总有一天要为我们的子孙所发现,到那时候,我们的后人对我们的责备就不会那样温和了。对于在这段时期中传播这些错误的人们,其中一些人是盲从,另一些人则是从盲。他们之中,许多人或许根本不知道,他们所传播的其实是没有根据的或是张冠李戴的东西。对于这些先生们,我也愿意利用这个机会,让大家一起重温一句王国维先生在《聚珍本水经注跋》(《观堂集林》卷十二)一文中所说的话:"当知学问之事,无往而不当用其忠实也。"

绍兴酒的悠久历史和优越品质,当然是我们的荣誉,但是记载这种荣誉必须要有根有据,恰如其分,揠苗助长的办法,可以渲染于一时,但最后必然欲益反损,事与愿违。在这方面,我十分赞赏阮庆祥先生对绍兴酒获得巴拿马太平洋万国博览会金奖一事的深入调查。在过去,有关此事,包括我在内的许多人,都不过是人云亦云,不知底细。经过这次调查,才知当年绍兴酒得奖的有金牌奖章,也有银牌奖章。而金牌奖章得者的名单中写的是"浙江周清,酒。"并无绍兴酒的字样。但从这条线索继续深入,又查到了周清在民国十七年撰写的《绍兴酿酒法之研究》一书,在此书中获悉"浙江周清,酒"出于绍兴东浦云集信记酒坊,此酒坊创业于清乾隆八年(1743),乃是周清的祖上。周清本人不仅经营酒坊,而且是一位农业教授,对酿酒当然很有研究。他的著作中还开列了当年送往巴拿马展览的包括小京庄酒 4 坛以及研究报告 1 份,木制模型30 余件和照片 8 张等,说明送展的内容是非常完备的。阮庆祥先生的这个调查,弄清了巴拿马获奖的全部事实。即此一端,已可看到《绍兴酒文化》一书的写作态度和文献价值。

现在回过头来再谈谈酒文化这个课题。文化是一个广泛的概念,而酒则是一种具体的物质。从历史发展的因果关系来看,世界上只有文化创造的酒,没有酒创造的文化。原始的酒或许是一种低酒精饮料,这是许多民族和许多地区不约而同所产生的东西,一定要根究酒是谁发明的,这样的研究既不可能有确切的答案,也没有多大意思。从宏观上说,酒在世界上的产生是必然的,但对于每一个地区来说,或许具有颇大的偶然因素。不过总的说来,酒的大量出现,总是人类从渔猎社会发展到农耕社会而粮食有了积余以后。所以我非常赞同本书在《源远流长的酿酒历史》一节中引晋江统《酒诰》来解释酒的产生过程:"有饭不尽,委之空桑,郁结成味,久蓄气芳,本出于此,不由奇方。"每个国家和地区流行的大宗酒类和当地人民的饮酒习惯,取决于这个国家或地区种植的酿酒原料。如地中海沿岸葡萄种植区的葡萄酒,中欧大麦产区的啤酒,以稻米为原料的日本清酒和中国南方的黄酒,在旱粮种植区如青藏高原的青稞酒和东北的高粱酒等等均是其例。但各国和各地区出产的名酒,则有赖于当地的原料、水质和酿造技巧。

酒是世界上任何民族都饮用的嗜好品,但酒在社会文化上所发生的作用,就其主流而言,取决于社会的性质和社会文化发展的程度。在一个具有优越的社会文化传统和文化发展程度较高的社会里,酒可以成为社会文化中的一个积极的组成部分,它和这个社会之间的关系是和谐而相得益彰的,它有助于促进社会的交流,充实人们生活和享受的内容,增加人们之间的谅解和友谊,使整个社会变得富于活力和感情,变得更丰富多彩,从而推动社会文化的发展。在另外一种社会文化中,酒又可以成为一种粗暴、仇恨、淫泆、放荡、颓废的推动力,是犯罪的触媒,成为社会文化发展的一种消极因素。

绍兴是个历史悠久的古都,具有社会文化的优越传统。它是大禹治水传说的策源地,长期流传着"八年于外,三过其门而不入"(《孟子·滕文公上》)的无私精神和"以四海为壑"(《孟子·告子下》)的人定胜天的信念。绍兴又是越王句践的故国,具有"卧薪尝胆"的刻苦精神和"十年生聚,十年教训"的卓绝意志。这里又是一个"千岩竞秀,万壑争流"和"山阴道上行,如在镜中游"的美丽风景胜地。自古至今,这里出现了许多声名隆重的鸿儒硕学,文人雅士,贤牧良守,流寓隐逸。真是人杰地灵,得天独厚。在这样一块具有优越文化传统的土地上,长期以来,民俗淳朴,礼教崇隆,学源绵远,文风鼎盛。所以名酒出于名邦,于事绝非偶然。酒以城而名闻遐迩,城因酒而风望倍增。足见对于绍兴来说,酒文化的渊源由来已久。现在,绍兴城早已扬名在前,成为历史文化名城;绍兴酒竟也争光于后,荣膺国宴,当应为历史文化名酒。名城名酒,共相焕发。绍兴酒文化,宏博而高雅,其足以博览者,实洋洋大观。我虽不善于饮,但事关桑梓,亦与有荣,因而乐于在此书卷首写上这一些刍荛之见。

1990 年 5 月于杭州大学历史地理研究室

原载《绍兴酒文化》,中国大百科全书出版社 1990 年版

《〈水经注〉山西资料辑释》序

我早年曾在拙作《我读水经注的经历》(《水经注研究》,天津古籍出版社 1985 年版)一文中说过:"《水经注》记载的各类地名,为数多达两万左右,从今天来看,它实在就是一部北魏以前的历史地名辞典。"当年我说这番话,看来并不夸大《水经注》在这方面的价值,因为对于北魏以前的大量地名,郦注的确相当详细地记述了它们的地理位置和沿革变迁内容,有时兼及地名渊源。作为地名辞典中的一个地名条目,《水经注》对它们的解释,可以称得上相当完备了。

就以前山西省境内的地名为例,卷六《汾水》经"又南入河东界,又南过永安县西"这一条,对于这个永安县,注文的解释是:"故彘县也,周厉王流于彘,即此城也。王莽又名黄城,汉顺帝阳嘉三年,改曰永安县,霍伯之都也。"又同卷《涑水》经"又西南过左邑县南",注文解释左邑县说:"涑水又西南迳左邑县,故曲沃也,晋武公自晋阳徙此,秦改为左邑县,《诗》所谓从子于鹄者也。《春秋传》曰:下国有宗庙谓之固,在绛曰下国矣,即新城也,王莽之洮亭也。"

从以上两个县名中看《水经注》的地名解释。永安县作为县名始于东汉,到北魏仍然存在,故在当时是众所共知的,因此,郦注的解释着重于永安县名出现以前的沿革掌故,说得详细而明白。但左邑县就不同,这是一个随着秦的郡县制而出现的县名,但西汉以后却不再存在,所以注文写到"王莽之洮(今本《汉书》作兆)亭也"为止。至于这两个县名在北魏时代也就是郦道元当代的具体位置。由于注文没有使用现代的体例,即"今在某处"这样的写法,所以现代人看起来好像遗漏了作为地名辞典所必须具备的这种信息。但其实注文在这方面也是交代清楚的。永安县从《水经注》的时代说,既是一个古代地名,也是一个当代地名。从阳嘉三年(134)这个县名出现后,直到北魏,县名和地理位置均未曾改变,这是当时人都知道的,所以郦道元毋需赘述。左邑县则不同,它是一个北魏时已不存在的县名,所以注文首先提出"故曲沃也",把北魏当代存在的曲沃作为地理指标,然后再接连提出"鹄"、"下国"、"绛"、"新城"等当时人所熟悉的地名,其实就是为了说明秦、汉左邑县的具体地理位置。由此看来,我把《水经注》比作,"北魏以前的历史地名辞典",或许是比较符合实际的。

现在,《水经注》的地名在郦道元解释以后又经过了漫长的1400多年,这中间,仅仅是建置沿革一端,就发生了非常复杂的变迁。其他地名如山川泉泽,祠庙宫殿等等,变化也很巨大。现代人读《水经注》,地名愈来愈成为不易逾越的难关。我早年颇有志于为此书的地名做一番整理工作,希望能有补于初读郦书者减少地名上的困难。我曾经把《水经注》全书地名,按其性质分成65类,总成《水经注地名汇编》一帙,每类卷首附加说明1篇,只有数类地名因其性质相似而合于一篇说明之中,故全编共有说明54篇。在拙著《水经注研究(一集)》中,曾就瀑布、温泉、峡谷、桥梁、津渡等地名作了专题论述,而又把其余的36篇,以《水经注地名汇编说明》为题,收入于拙著《水经注研究二集》(山西人民出版社1987年版)之中。对于《水经注地名汇编》本身,却一直搁置在我的书斋之中,不仅是因为卷帙浩瀚,出版不易;特别是由于每个地名之下的"今释"一项,存在大量空白。而近年以来,杂务纷繁,文债高筑,凭我一人之力,要完成如此大量古代地名的今释工作,实在力不从心。时日迁延,杀青无期,每睹这一大沓未成书稿,不免忧心忡忡也。我当然也常常想到,假使能分省分地域地由各方学者合作共事,必能事半功倍,早日完成。却又因苦于没有大家可以信赖和遵循的郦注版本而犹豫。岁月蹉跎,一筹莫展,扪心自问,愧惶交加。去年,已故的段熙仲教授和我合作点校的杨、熊《水经注疏》排印本问世。但全书逾200万言,篇幅庞大,注疏浩繁,不仅售价高昂,而且查阅不便,不宜作为地名今释的底本。另一种由我单独点校武英殿本《水经注》,今秋也可准时出版。殿本如我在拙著《论水经注的版本》(《水经注研究》第366—381页)一文中所指出的,是代表有清一代最高水平的版本。同时也是郦学史上刊印最多,流行最广的通行版本。整理《水经注》的各种资料,若能以殿本为圭臬,当然是最理想的。现在,新中国成立40多年来第一次点校排印的殿本行将出版,当我正在等待此书的出版,以便进行有关《水经注》的各种整理工作包括地名今释工作之时,忽然接到了谢鸿喜先生《水经注山西资料辑释》一书的校样,中心愉快,难以言表。我原希冀于殿本出版以后,才能分省、分流域请各方专家合作共事的工作,竟在殷本出版以前就看到山西省在这方面的卓越成就,这当然是令人喜出望外的。特别令人感动的是,山西省的这项工作,是在没有一种理想的郦注版本而不得已用旧本权充的情况下完成的。作者除了繁重的释地工作以外,还需努力克服版本的缺陷,改正版本的错误,以免因版本的原因遗漏地名者造成地名的其他错误。现在看来,作者的工作是成功的。可以设想,他为此而付出了更多的劳动。

因为,作为作者工作底本的王国维《水经注校》,是一种经注混淆的明代旧本,由于某种因缘机会,却成了近年来印数最大,流行最广的版本。初读郦书者不明渊源底细,引用此书写作文章,却不知此书的许多错误。仅开首《河水》5卷,把注文误作经文的就多达200余条,此外还有大量的衍文和遗漏。这样一种先天不足均版本,加上点校者的草率从事,以致错误百出,却又在《标点说明》中混称曾与聚珍本(殷本)相对校。诸如此等,已经在郦学界造成极为不良的影响,并且引起学者的许多非议。我也曾在《古旧书讯》1990年第1期中撰文,提醒初学者引用此书时应有的注意。讨鸿喜先生当然是洞悉《水经注校》的渊源底细的,在手头没有其他较好版本的情况下,为了使工作及时完成,他小心翼翼地利用此本工作。首先,因为他的释地对象兼及经、注两者,因此,经注混淆对他的工作不足为病。其次,对于衍文和遗漏,只要不涉及地名,也无碍于他的工作。每遇与地名有关的错漏,他总是十分仔细地妥善处理。一可以略举几个例子。

卷六《汾水》经"又屈从县南西流"注:"又西迳王泽,浍水入焉。"又同卷《浍水》经"又西至王泽,注于汾水"。对于殷本的这两处"王泽",《水经注校》在《汾水》篇误作"正桥",在《浍水》篇又误作"王桥"。作者在手头没有殷本的情况下,校勘《浍水》篇的注文"原过受之于是泽,所谓王泽也"一句,删去了"正桥"这两个错误的地名,而把它们改为"王泽"。又如卷三《河水》经"又南过上郡高奴县东"注:"河水又南,蒲川水出石楼山,南迳蒲城东"。《水经注校》不仅把这一句注文误作经文,而且文字也讹作:"河水又南,蒲川石楼山,南迳蒲城东"。这个错误就涉及了地名,即把"蒲川水"(即蒲水)讹成"蒲川"。作者也十分小心地从别本校出了这个错误,而相应地加上了"蒲川水"这个被遗漏的地名。凡此种种,不仅说明了作者为此而付出的加倍工作量,同时也说明了,底本虽然不佳,只要小心谨慎,也可以避免工作中的错误,而且争取时间,获得出色的成果。

《水经注》地名的整理工作从山西省发其端,另外还有一种重要的意义。我在拙作《水经注记载的三晋河流》(《中国历史地理论丛》1988年第4期)一文中曾经指出:"在全部《水经注》中记载河湖水系及流域情况最详细的地区,按照现在的区域名称来说,是河南与山西两省。"对于山西省,我在该文中强调:"特别重要的是这个地区对于郦道元从事野外考察的有利条件,北魏发祥于漠南和晋北,今山西省是拓跋氏多年经营之地。《水经·河水注》记载郦道元踏入仕途的时期,北魏首都尚在平城,今山西省是郦氏常居恒游之地。这个地区的自然地理和人文地理概貌,当然是他所十分熟悉的。……所以郦注对这些地方的记载,不仅丰富,而且翔实。现在,《水经注》地名今释工作,首先在这个注文牵涉最广的省区完成,这就使我们对全部工作的完成增强了信心。就凭这一点,我也得对作者表示衷心的谢意。

1990 年于杭州大学历史地理研究室

原载《〈水经注〉山西资料辑释》,山西人民出版社 1990 年版

《地理学思想史》序

　　人类的地理学思想萌芽于人类对自然界的观察。诸如天地的运行,四时的递变,河湖的涨落,生物的繁衍等等自然现象,每个原始民族都有他们的观察和解释,这类原始的地理学思想,有的保留在歌谣传说之中,有的涂抹在壁画岩画之上,往往是片断的和零碎的,绝大部分都没有能够流传下来。这类原始的地理学思想,其中有许多是错误的,它们常常和原始宗教、巫术和其他一些荒诞不经的传说纠缠在一起,但这中间也有不少正确的东西,尽管是很朴素的,却是符合科学的。

　　在人类有了文字以后,这些原始的地理学思想,有的就被记载了下来,而且经过后来的人们对各种自然现象的继续观察,继续认识,在原始的地理学思想的基础上,人类的地理学思想有所提高,有所发展,他们不仅观察自然界的现象,而且总结出一些规律性的东西来。在我国,例如先秦的著作《周易》所说的"天行健",[①]这就是对于天地运行的规律性的记载,另一种先秦著作《越绝书》所说:"春者,夏之父也,故春生之,夏长之,秋成而杀之,冬受而藏之。"[②]这就是对四时物候的规律性的记载。说明早在先秦时代,中国已经出现了一些先进的地理学思想。当然,中国人不会因此而骄傲,因为这类先进的地理学思想,在古代埃及、印度、两河流域以至希腊和罗马,都可以找得出相似的例子。人类对于自然界的观察,从模糊走向精确,从零星片断走向完整,从表面现象的罗列走向规律性的总结,这是各个地区和各个民族都曾经历的过程。地理学思想的发展是这样,其他一切科学思想的发展也是这样。

当然,每个民族由于他们在地球舞台上登场的时间有早晚之别,他们所繁衍生息的地理环境彼此不同,加上其他的一些原因,他们之间在地理学思想的发展上,也会出现许多差别。在中国的地理学思想发展史上,从公元 4 世纪之初到 6 世纪后期,曾经出现一个盛况空前的飞跃时期,这就是不久以前我在《地理学报》中所提出的"地理大交流"的观点。[③] 我认为,假使我们把 15 世纪以后的一段时期中,人们对于新航路和新大陆的探索称为"地理大发现",那末,在上述时期中发生在中国境内的巨大人群在自然地理环境和人文地理环境上的深刻变异,应该被称为"地理大交流"。在这段时期中,大群生活在北方草原上的游牧民族,一个部落接着一个部落地跨过被称为"万里长城"的这道汉族人所设置的防线,定居到这片对他们来说是完全陌生的土地上从事农业生产活动。而原来居住在这个地区的汉族,被迫大批南迁,放弃了他们世代定居的这片干燥坦荡的小麦杂粮区,迁移到低洼潮湿的江南稻作区。因此,不论在中国的北方和南方,数量巨大的人群,都面临着新的自然地理环境和人文地理环境。对于这些移民及其子孙,新领地为他们大开眼界,而故土仍为他们世代怀念。这就是在这个时代中人们的地理学思想所以特别活跃的原因。地理学思想空前活跃的结果,是大量地理著作的出现。我在《地理学报》上曾经列举了这个时代的许多地理著作的名称,这些地理著作和先秦时代的地理著作如《山海经》、《禹贡》、《穆天子传》等很不相同,他们摆脱了先秦作者的那种漫无边际的想象和假设的陋习,而以他们的直接或间接的实践经验作为他们写作的依据,使中国第一次出现了许多记载翔实、描述生动的地理著作。

在这个时代中,人们的地理学思想的活跃,还不仅表现在地理著作的大量出现,在其他许多非地理作品中,同样也可以看到人们对自然环境的真挚感情和由于这种感情所激发出来的丰富多彩的描述。

著名的《敕勒歌》是从鲜卑语翻译过来的民歌,歌词说:

敕勒川,阴山下,天似穹庐,笼盖四野。天苍苍,野茫茫,风吹草低见牛羊。[④]

《与陈伯之书》是南梁军队中的一位幕僚丘迟所写的一封敦促身在北朝的将军归降的书信,但其中却也有一段生动的地理描述:

暮春三月,江南草长,杂花生树,群莺乱飞。[⑤]

以上两种都是这个时代的作品,但都不是地理著作,前者所描述的是北方草原的自然景色,后者所描述的则是江南水乡的暮春风光。何等的真切,何等的生动,不是身处其境的人,是绝对写不出这样惟妙惟肖的文字来的。这就是这个时期中人们地理学思想十分活跃的特征。从政治上说,这个时代是中国的混乱时代;但是从地理学思想史来说,这个时代是中国的光荣时代。

　　我在前面已经指出,中国在先秦时代所出现的各种先进的地理学思想,并没有值得骄傲之处,因为和古时世界上已经开化的其他地区和其他民族相比,我们并无特别突出的事例。但是这个时代却不同,由于地理学思想的活跃,从而造就了一大批优秀的地理学家,出现了大量杰出的地理著作。我在《地理学报》上已经比较详细地阐明了这种事实。我在拙作中最后指出:"在整个地理大交流时代中,在所有这些知识丰富的地理学家中,最最杰出的,无疑是北魏的郦道元,而他所撰写的名著《水经注》,正是这个时代的一切地理著作中登峰造极的作品。"郦道元在当时世界上处于什么地位? 我在拙作中并无评论,在这里,我愿意引用日本地理学界的元老,年逾八旬的广岛大学名誉教授米仓二郎先生去年 7 月 28 日给我的一封信中所说的一段话(原信是用英文写的):

　　　　我以为郦道元是中世纪时代世界上最伟大的地理学家。这是欧洲历史上所谓的黑暗时代,当时的欧洲,就连一个杰出的地理学家也没有。从全球的观点看来,地理学史不能不提到郦道元。我希望你一定要用英文写一篇有关郦道元的论文,在某种地理刊物发表。⑥

米仓先生把郦道元作为中世纪时代世界上最伟大的地理学家,或许是恰如其分的评价。当然,他在信上并没有写出郦道元在地理学思想史上具有如此崇高地位的具体理由。关于这方面,我可以为米仓先生作出补充,郦道元的地理学思想,首先是他从内心深处的热爱大自然。美国学者亨利·G. 施瓦茨(Henry G. Schwarz)在他所著的《徐霞客与他的早期旅行》中,⑦用"中国的自然之爱"这样的标题,来描述包括郦道元、徐霞客等在内的许多中国古代学者。说明这种热爱大自然的思想,在中国古代的知识分子中是相当普遍的。作为一个伟大地理学家的郦道元,正是由于他对大自然的无比热爱,成为他毕生用心认识大自然,研究大自然,描述大自然的动力,是他所以能写出像《水经注》这样千古杰作的思想基础。郦道元地理学思想的另一重要方面,表现在他对人和自然的关系上的正确态度。尽管在他的时代,中国已经发生过多少次可怕的水灾,黄河早已成为"一石水,六斗泥"的悬河,人们在滔天洪水中已经付出了难以估计的代价。但是他在《水经·巨马水注》中,却写下了"水德含和,变通在我"这样的至理名言,这种人定胜天的思想,在中国后世的地理学家、水利学家等之中,发生了极为深远的积极影响。

　　在政治地理上,郦道元的思想也表现得十分明确和坚定。尽管在他的时代,中国南北分裂已有一个半世纪,但是他确信西汉王朝的版图,应该成为一个统一的中国的版图。所以虽然他的足迹绝未到达江南,却仍然在西汉王朝版图的基础上撰写了《水经注》这部不朽名著。他在政治地理上的这种思想,对于后世我国领土的完整,疆域

的稳定,民族的团结等方面,都起了极为重要的作用。所以,从地理学思想史的角度
说,"地理大交流"的时代,确是我国一个值得骄傲的时代。

当然,历史的车轮总是不断前进的,欧洲从 11 世纪以后结束了它的黑暗时代,接着
就迎来了资本主义的萌芽和发展,从而促成了新航路的探索而发生了"地理大发现"的
伟大场面。在世界地理学思想史上,另一波澜壮阔的飞跃时代终于在欧洲出现。而像
洪堡(Alexander Von Humboldt)和李特尔(Karl Ritter)这样划时代的地理学家在这个
时代中应运而生。就是这些地理学家,他们把古典的地理学,引向现代科学的地理学。
他们在地理学思想史中的崇高地位,当然是值得大书特书的。由于历来一切地理学思
想史、百科全书和地理辞典等,对他们都有详细介绍,我在这里当然不必详述了。

现在回过头来读读《地理学思想史》,在我国,以专著形式撰写的《地理学思想
史》,还没有人作过尝试。新中国成立以后,曾经出版过几种《地理学史》,但是由于内
容没有较多地涉及地理学理论体系的产生、形成与发展过程,因此,这类著作并不能代
替《地理学思想史》。在国外,《地理学思想史》一类的书籍不能说少,但经过汉译以后
在中国出版的却未曾见。1978 年 3 月,中国地理学会假上海浦江饭店举行了一次世
界地理工作会议。几位年长的教授和我住在附近的上海大厦。商务印书馆的陈江先
生带来了美国鲍勃斯—梅里尔出版公司 1972 年出版的、由普雷斯顿·詹姆斯撰写的
《万千世界——地理学思想史》一书的原本,[⑧]到会上征求译者。他把此书交给了李旭
旦教授,希望他承担翻译任务。我和李先生隔房而居,一个晚上,李先生到我房中征求
我的意见,并把此书留在我的房中,让我浏览了整个晚上。我觉得此书资料丰富,体系
完整,主要的缺点是有关中国的资料太少,其实是一本《西方地理学思想史》。但是对
于一位美国作者,要求他搜罗大量中国资料是不现实的,何况我们自己还没有出版过
这样的专著。所以次日一早,我就力劝李先生承担此书的翻译任务。李先生是一位学
识渊博而又勤奋不懈的地理学家,虽然工作十分忙碌,他终于挤出时间,在不到两年时
间中完成了这部 40 万字巨著的翻译任务。此书的责任编辑陈江先生也尽了最大的努
力,让此书在 1983 年初就与中国读者见面。李先生于是年 1 月 3 日将此书寄赠给我,
并在信中说:"我译的詹姆斯的《地理学思想史》一书总算问世了,北京商务寄给我四
册,但各地新华书店仍未见书,兹先赠您一册,以资留念(我把此信黏在李先生签名赠
送的此书扉页上,作为我对这位我所尊敬的已故地理学界前辈的永恒纪念)。"我曾经
用一个晚上浏览过此书原本,李先生的译本寄我以后,又花了三四天时间读完了此书,
我觉得在中国没有自己的《地理学思想史》以前,此书在地理学领域中的一个重要部
门上填补了我国长期以来的空白,李旭旦教授的辛勤劳动是厥功甚伟的。但是,按照
中国读者的要求,此书显然存在着较大的缺点。简单地说,就是本书缺乏中国的材料,

缺乏中国气息。中国如同米仓教授所说,是个在中世纪出现过全世界最伟大的地理学家的国家,但是在詹姆斯的书中,却看不到中国在地理学思想史上应有的位置。因此,本书不仅不能使中国读者感到满意,作为一本完整的《地理学思想史》,也是存在着较大缺陷的。正如李先生在卷首《詹姆斯著〈地理学思想史〉述评》中所指出的:

> 总的说来,詹姆斯的《地理学思想史》是一部对任何地理专业工作者来说都是值得一读的书。但是,我们也应当指出此书所存在的一些缺陷和不足之处,首先,本书对西方地理学的介绍仍然过于偏重,尤其是有关美国的篇幅偏多。对其他各国,尤其是对亚、非、拉美各国的记载,不免相形见绌。

不过,平心而论,詹姆斯的著作中所存在的这种缺陷,责任并不完全在作者。作者是根据历来学术界提供的资料写作此书的,但在中国,有关地理学思想史的专著和论文是那样地稀见,要一位外国学者到汉文古籍的零星记载中去搜集资料,这显然是过高的要求。何况,从全书内容来看,作者似乎也经过一番努力,希望写入一些中国的材料,当然,作者的努力并不成功,此书中有关中国的多数材料,都是挂一漏万的。作者在第一篇《古典时期》第二章《古典地理学的发轫》中,写下了"古代中国对地理学的研究是很重视的"(中译本第 17 页)几句话,在第三章《中世纪的地理学》中,也写下了"中国人的成就最为重要"(中译本第 51—52 页),这样小小的一段,但内容都是空洞无物的。作者其实并不清楚,他在书内曾经提及的书名如《禹贡》和《穆天子传》之类,不仅在著作时间上并不晚于他用大量篇幅叙述的古代希腊,在价值上也并不逊于作者大加强调的《伊利亚特》和《奥特赛》。在有关中世纪的叙述中,作者在《中国的地理学》篇下,用《地理著作》(实际上一种著作的具体名称也未曾提出)、《中国人的探险》和《地图学》三个小标题,简单地描述了中国在这个时期的地理学发展,内容也相当贫乏。詹姆斯在这方面的孤陋寡闻毫不奇怪,因为从他所引的书名中可以看到,他所描述的古代和中世纪中国的情况,主要是从李约瑟(Joseph Needham)的《中国科技史》("Science and Civilisation in China")一本书中引来。他虽然根据李约瑟的著作,写下了"中国地理的研究作为其广博学术传统的一部分,那时就有了长足进步,超过基督教欧洲所知道的任何东西"(中译本第 51—52 页)的话,但其实他并不知道,中国在这段时期出现过世界最伟大的地理学家,中国的地理学发展曾经独步世界。在第二篇《近代时期》中,作者介绍了不少国家的地理学,如德国、法国、英国、苏联,特别是美国,占了最大的篇幅。但是对于中国这个大国,却只在《中国的地理学》这个标题下,用《中国的英美流派》和《共产党中国的地理学》两个小标题,作了与其他国家很不相称的简单叙述。李旭旦教授在卷首《述评》中已经指出:"詹姆斯对于解放后新中国地理学的评述是不全面的,有些问题很可商榷。"

当然,詹姆斯在这方面所存在的缺点,我们自己也并非毫无责任。例如,他对新中国地理学评述中所存在的问题,一方面当然是由于意识形态的差异,这是无法强求的;另一方面显然是由于资料的贫乏。几乎 30 年,我们一方面把自己的国家封闭起来,另一方面却又指责外国学者为什么不多写些中国的东西,这样的指责,或许不够公道。所以,我十分同意李先生在卷首《述评》中对此书的总的评价:"不管存在着这样那样的缺点,本书仍然不失为一部很可参考的书,它是比较全面系统地论述地理思想发展过程的一本新著,具有较高的参考价值。"

尽管此书具有较高的参考价值,但是对于中国地理学界来说,毕竟只有过渡的意义。自从李先生在 1983 年年初把此书寄赠给我之日起,我一直有这样的想法:此书中译本的出版,当然是一件好事,因为对于过去未曾触及这个课题的人来说,此书算是一种启蒙,它可以在地理学界普及地理学思想史的知识;对于过去关心这个课题的人来说,此书就是一种借鉴,它可以启发我们的地理学界,动手写作一部我们自己的《地理学思想史》,使内容达到古今贯通,中外兼顾,既不故步自封,也不数典忘祖。

现在,令人欣慰的是,詹姆斯的著作在我国出版以后不到 5 年,我就读到了刘盛佳先生著作的《地理学思想史》的书稿,而且和我几年来的希望一样,这部书稿的内容,既包罗外国信息,也符合中国实际。著者对于地理学思想发展过程中的时期划分,著作和人物译介等诸方面,都下过很大的工夫,有许多独到的见解。最后一篇《发展时期的中国地理学》,把我国古代的人文地理学和自然地理学以及各个分支的发展,作了全面而详细的介绍。资料丰富,内容完备,引征严密,论述精辟。在历来出版的《地理学思想史》中,中国地理学第一次得到如此详尽的介绍和评述,这不仅符合中国读者的要求,也同样符合国外读者的要求,因为除了此书以外,人们从来就无法在同类的书籍中,获得有关中国地理学思想史的如此丰富的资料。

刘盛佳先生是一位刻苦治学,著述宏富的中年学者,近年以来,在历史地理学、地理学史、地名学等领域的研究中,成果丰硕,已经为地理学界所熟知。而《地理学思想史》的出版,必将引起学术界的更大关注。我作为本书的最早读者,受著者之嘱,欣然命笔,在卷首写下这样一些拉杂的体会,既借此表示我对此书出版的祝贺,也用以向读者们陈述我对此书的推赏。

注释:

① 《周易》乾一四下。

② 《越绝书》,《外传枕中》第十六。此书一般认为是汉代作品,但我已提出了此书是先秦作品

的论断,参阅 1985 年上海古籍出版社《越绝书》卷首拙序。

③ 《地理学报》1988 年第 3 期《郦道元生平考》。

④ 《乐府诗集》卷八六《杂歌谣辞》。

⑤ 《文选》卷四三。

⑥ 早在米仓先生写此信前两年,我已经接受了由弗里曼教授(T. W. Freeman)主编的、在英国出版的《地理学思想史》(*History of Geographical Thought*)杂志的约稿,用英文撰成《郦道元生平考》(*The Life of Li Daoyuan*)一文,该文已在 1988 年最后一期发表。

⑦ Belligham,Washington:Program in East Asian Studies,Western Washington State College Occasional Paper No. 3,1971.

⑧ Preston E. James,*All Possible Worlds*,*A History of Geographical Ideas*,The Bobbs-Merrill Company,Inc. ,Indianapolis,N. Y. ,1972.

1989 年元月于杭州大学历史地理研究室

原载《地理学思想史》,华中师范大学出版社 1990 年版

《浙江地名趣话》序

地名学是一种专门的学问,它的内容渊博,牵涉广泛,必须具备地理学、历史学、语言学以及其他一些自然科学和人文科学的丰富知识,才能洞悉这门学问的奥秘,从而在研究工作中有所建树。关于这方面,我在拙著《论地名学及其发展》(《中国历史地理论丛》第1辑)一文中已述其详。当年我写那篇文章,是专门从学术研究的角度论述地名学,其实,地名学除了高深的学术研究以外,也有它的普及性的一面。因为地名的本身,就是一种知识,一种文化,各行各业的人们,都要接触地名,了解地名,研究地名,地名是一种公众必备的知识。因此,地名学除了从学术上进行专门的研究以外,它在普及性方面的意义,或许比学术性更为重要。

我自己从总角之年起就开始接触地名。记得四五岁的时候,我祖父就教我诵唐诗,这是我接触地名的嚆矢。唐诗里的地名,的确是很多的,例如在王昌龄的一首七绝《芙蓉楼送辛渐》中:

寒雨连江夜入吴,平明送客楚山孤。

洛阳亲友如相问,一片冰心在玉壶。

这一首诗中就出现"吴"、"楚山"、"洛阳"3个地名。又如刘禹锡的七律《西塞山怀古》,开头4句是:

王濬楼船下益州,金陵王气黯然收。

千寻铁锁沉江底,一片降幡出石头。

包括题目在内,半首诗中就出现"西塞山"、"益州"、"金陵"、"江"、"石头"5 个地名。

到了六七岁时,祖父开始教我读《诗经》,《诗经》里同样有许多地名。例如《周南·汉广》:

> 汉之广矣,不可泳思;江之永矣,不可方思。

短短 4 句,就有"汉"和"江"两个地名。又如《卫风·河广》:

> 谁谓河广,一苇杭之;谁谓宋远,跂予望之。

4 句之中,同样包括了"河"和"宋"两个地名。

我祖父为了向我解释这些诗句的内容,当时在这些地名上面曾花了不少气力。虽然这些古老的地名对于一个孩提来说是很难理解的,但是经过他不厌其烦的指划,我毕竟也获得了一点模模糊糊的概念。而且,这或许就是我以后终身从事历史地理学专业的起点。

我在小学三四年级的时候就开始读《水经注》,当然,也是在我的祖父指导下进行的。卷四〇《渐江水注》有一个故事:

> 汉世刘宠作郡,有政绩,将解任去治,此溪父老,人持百钱出送,宠各受一文。然山栖遯逸之士,谷隐不羁之民,有道则见,物以感远为贵,荷钱致意,故受者以一钱为荣,岂藉费也,义重故耳。

我祖父为我解释这段文字时,特别指出,刘宠真是一个难得的清官,他受一钱之处,地名从此就叫"钱清",一直流传到现在。尽管当时我对刘宠其人还懵然无知,但对于"钱清"这个地名,立刻留下了深刻的印象。后来我读《后汉书·刘宠传》:

> 宠简除烦苛,禁察非法,郡中大化。征为将作大匠,山阴县有五、六老叟,龙眉皓发,自若邪山谷间出,人赍百钱以送宠,宠劳之曰:父老何自苦。对曰:山谷鄙生,未尝识郡朝,它守时,吏发求民间,至夜不绝,或狗吠竟夕,民不得安,自明府下车以来,狗不夜吠,民不见吏,年老遭值圣明,今闻当见弃去,故自扶奉送。宠曰:吾政何能及公言耶。勤苦父老为人,选一大钱受之。

到此,我才完全明白,我祖父所说的"难得的清官"这句话的原委,而"钱清"这个地名,它所包含的教育意义,是何等的深刻动人。近年以来,社会上所出现的种种现象,更使我常常思考这个地名。每当我经过这个地方,总要请驾驶员稍停片刻,让我凭吊这里的江河村舍,真是溯昔抚今,百感交集。小小一个地名,经历了近 2000 年的漫长岁月,至今仍然是这样地令人起敬。这正说明,对于是非善恶,人民心中有数,只要是真正为民造福的,用不着长篇大论,两个字的地名就具有这样的威力。

我在《论地名学及其发展》这篇文章中,曾经阐述了地名学的作用。地名学的研究成果,在地理学、历史学、语言学、人类学、民族学等学科的研究中,都具有价值,为这些学科提供重要的数据。这当然是把地名学作为一种专门的学问,从学术研究的角度来评价地名学。现在看来,在一般场合中,地名学有时也具有很大的实用意义。记得在前年秋季,杭州饭店落成了4套接待元首级外宾的高级房间,每套房间包括客厅、书房、大小卧室、餐厅、酒吧等,气派豪华,陈设富丽。为了替这4套房子命名,澳大利亚籍的饭店经理聘请了5位教授到饭店现场商议。大家参观了这些房子后,整个下午反复讨论,提出了不少拟议,但都难让大家一致满意。后来,我忽然想到了浙江曾经流传的一副由县名组成的楹联:上联是:"龙游丽水",下联是"仙居天台"。用这4个地名把这4套房子命名为"龙游宫"、"丽水宫"、"仙居宫"、"天台宫",这不是很有意义吗?我把这一设想提出来,立刻得到了包括在座教授和饭店领导的赞同,我随即用英语向那位澳大利亚籍经理作了解释,他也连声称好。于是,这4套接待元首级外宾的房子,就这样从地名中找到了富丽堂皇的命名。

从上面这些事实中,让我常常想到,地名学的研究,不仅要注意提高,并且要重视普及。在我们这个土地广袤、历史悠久、地名浩瀚的国家里,走到各处,都有像刘宠和钱清这样发人深省的地名故事和"龙游丽水,仙居天台"这样字义富丽、对仗工整的地名楹联。假使能把这类地名资料搜集起来,加以选择,加以修润,然后汇集成书,这将是一件十分有意义的工作。这样编写起来的地名读物,不仅向群众普及了地名知识,而且在教育人民,提高人民的素质,陶冶人民的性格,丰富人民的文化生活等方面,都有很大的价值。今年5月,浙江省地名学会在绍兴市举行学术年会,我曾以"地名与文化"为题,向到会代表作了一次学术报告。我在报告中虽然提了许多方面,举了不少例子,但是总的精神,其实就是我在前面所写的,也就是让代表们重视地名学研究中的普及工作。

读了杨小法同志主编的《浙江地名趣话》原稿,使我非常欣慰。我觉得几年来我所朝夕萦怀的事,在这部稿子中已经有了充分的体现。全稿的10个专题,编写了许多地名掌故,寓地名知识于趣味隽永的文字之中,又寓文化素养和道德教育于地名知识之中,事半功倍,值得赞许。

希望浙江省在地名学研究中的这种普及性的方法能够得到推广,让各省都来编写这类地名学的普及读物,让我国的地名学研究更趋繁荣。

1988年11月于杭州大学历史地理研究室
原载《浙江地名趣话》,哈尔滨地图出版社1991年版

《中国皇城·皇宫·皇陵》系列丛书序

　　我们祖国是一个历史悠久,版图广袤的伟大国家。几千年来,我们的祖辈繁衍生息在这片锦绣河山之上,他们胼手胝足,世代相传,创造了灿烂卓越的华夏文明。这中间,我们特别值得大书特书的,是分布在我们国土上的许许多多古都。我曾于1983年主编出版了《中国六大古都》,又于今年主编出版了《中国七大古都》,把我国最主要的古都,向海内外读者作了简要的介绍。当然,北京、西安、安阳、洛阳、开封、南京、杭州这7个古都,是我国历史上许多古都的杰出代表,它们是最著名和最伟大的。但是,在我国的漫长历史和辽阔土地上,我们所拥有的古都,实在远远超过此数。仅仅在6世纪初期北魏时代的《水经注》一书之中,就记载了各类古都约180处。从北魏到清代1400多年,列国消长,王朝嬗递,又不知经历了几度,从而又增加了许多古都。自从18世纪产业革命以来,城市化现象在世界各地迅速发展,现代城市在世界各国如雨后春笋般地出现,但是世界上没有哪一个国家,拥有像我国这么多的古都。古都,这是我们祖国的历史瑰宝,也是我们民族的无上荣耀!

　　我们中华民族是一个由历史上许多兄弟民族不断融合的伟大民族。当然,我们的民族在它融合壮大的过程中,并不是一帆风顺的;我们的国家在它沿革嬗递的历史上,也不是长期坦荡的。我们经历过升平融洽、辀轩相属的繁荣年代,也蒙受了干戈纷扰、烽火连天的战争灾难。我们曾幸逢岁熟余丰、国泰民安的持续盛世,也度过水旱交替、人民流离的艰难岁月。但不管是怎样兴衰治乱,颠簸曲折,我们的民族终于融合了,壮大了;我们的版图终于完整了,巩固了;我们的国家终于发展了,前进了。我们的古都,在历史上也和我们的民族、国家一样,它们同样有过繁荣昌盛的年代,红墙黄瓦,车水马龙,成为当年全国的或称雄一方的政治、经济、文化中心;它们也经历过艰苦危难的时日,严重的自然灾害,残酷的战争浩劫,使人民流散,室宇蓬蒿。但是不论遭受了多么严重的水火创伤,经历过多少次的兵燹夷灭,时至今日,我们仍然拥有举世闻名的七大古都和为数更多的其他古都。它们不仅是我们民族、国家沧桑经历的记录,也是历代劳动人民艰苦创业、惨淡经营的见证。

我在近几年中连续主编《中国六大古都》、《中国七大古都》、《中国历史名城》等书(均由中国青年出版社出版),主要是从宏观上介绍这些古代都城的概貌。对于这些都城的具体细节,没有作较多的探讨。现在《中国皇城·皇宫·皇陵》系列丛书的编辑出版,在这方面做了开拓性的研究,所以使我感到慰藉。因为皇城、皇宫、皇陵,都是一个古都的实质性内容,也是构成一个古都的必要条件。因此,在古都的研究和撰述中,抓住这个"三皇"的线索,进行重点的探索和阐述,真是事半功倍、深得要领的方法。所以这套系列丛书,必然会受到广大读者的欢迎。

皇城是古都最重要的象征,它从空间位置上证实了古都的所在。我国建城的历史非常悠久。《艺文类聚》卷六十三引《博物志》说:"禹作城,彊者攻,弱者守,敌者战,城郭自禹始也。"这当然只是一种传说。古都安阳还没有找到城垣。有人认为殷都原有城垣,是武王灭纣时摧毁的(《古都安阳研究》第 151 页)。这当然只是一种推测,但是20 年前在郑州发现的商代遗址,确实存在城垣(《郑州商代遗址》,载《文物》1988 年第5 期),说明城垣建筑在我国确实肇始甚早。而早期的古都都已建筑了皇城。尽管绝大多数古都的皇城已经夷荡不存,但是我们至今还保留着完整的明、清北京紫禁城,北京和南京的部分城垣,修葺一新的明西安城以及其他一些古都尚存的部分城垣。在这些古都的城垣和皇城建筑中,我们可以追索到更为遥远的古代皇城,追索到许多古都在当年雄伟壮丽、不同凡响的风貌。

皇宫是古都的核心。从今天屹立于北京紫禁城的宏伟故宫中,我们可以追索到上古。且不说近代在安阳小屯村北部陆续发现的 50 多座殷代王宫建筑,因为我们只能看到它们的基址,除了从个别甲骨文字追索外,还不可能通过历史记载了解它们的全貌。但是此后,皇宫建筑的记载就史不绝书,秦始皇三十五年(前 212)兴建的阿房宫前殿,据《史记·秦始皇本纪》:"东西五百步,南北五十丈,上可以坐万人,下可以建五丈旗。""坐万人",言其广;"建五丈旗",言其高。真是一座庞然大物。汉初兴建的长乐宫和未央宫,据《三辅黄图》所载,前者"周回二十里",后者"周回二十八里"。两宫的前殿,前者"东西四十九丈七尺,两杼三十五丈,深十二丈",后者"东西五十丈,深十五丈,高三十五丈"。其崇高宏大,可以想见。到汉武帝时代兴修建章宫,据《水经·渭水注》所载:"周二十余里,千门万户。"这里,"周二十余里",说明这是一座何等宏大的建筑,而"千门万户"一语,十分简洁地勾划出了这座皇宫所拥有的大量殿堂楼阁。从上面列举的几座公元前 3 世纪到 1 世纪的古代皇宫中,可以想象这些古都的非凡气派。

皇陵的绝大多数虽然不在皇城之内,但是它们多半选择建筑在京畿附近地区。例如秦始皇陵、汉茂陵、唐昭陵等在西安外围,而明十三陵,清东、西陵均离北京不远。所以皇陵实际上也是古都的一个组成部分。和皇城、皇宫一样,以它们宏伟的建筑,精湛的结构,壮丽的气势,众多的文物,供人们凭吊。

在我国的七大古都和其他许多古都之中,皇城、皇宫和皇陵的建筑,真是不计其数。在它们的兴建过程中,有多少聪明绝顶的设计师、建筑师和其他技工,为此而呕心沥血,耗尽了他们的毕生精力;更有千千万万的劳动人民,为此而流尽血汗,捐弃生命。为了这"三皇"的建筑,我国古代各族人民,曾经投入了巨量的劳动,蒙受了惨重的牺牲。在古都安阳殷代宫殿的发掘中,发现每一座王宫在奠基、安装大门和落成等仪式中,都要用大批奴隶和车马埋祭,在王陵的发掘中,仅仅一座妇好(殷王武丁妻)墓,就发现殉葬人 16 个,殉葬犬 6 条和其他珍贵殉葬物近 2000 件(均据《古都安阳》,河南人民出版社 1987 年版)。秦始皇兴建阿房宫,据《史记·秦始皇本纪》所载,曾驱使了"隐宫徒刑者七十余万人"。而现在仍完整地屹立在西安东郊的秦始皇陵,据《水经·渭水注》所载:"秦始皇大兴厚葬,营建冢圹于丽戎之山,一名蓝田,其阴多金,其阳多玉,始皇贪其美名,因而葬焉。斩山凿石,下锢三泉,以铜为椁,旁行周回三十余里,上画天文星宿之像,下以水银为四渎、百川、五岳、九州,具地理之势。宫观百官,奇器珍宝,充满其中。令匠作机弩,有所穿近,辄射之。以人鱼膏为灯烛,取其不灭者久之。后宫无子者,皆使殉葬甚众。坟高五丈,周围五里余,作者七十万人,积年方成。"

此外如汉成帝兴建昌陵,据《水经·渭水注》所载:"取土东山,与粟同价。"《汉书·成帝纪》还记载了兴建这座皇陵的代价:"卒徒蒙辜,死者连属,百姓罢(按同疲)极,天下匮竭。"

由此可见,"三皇"是我们祖辈高度智慧和巨量劳动的结晶。我们的祖辈,曾经为此而付出了难以估计的代价。今天,我们面对着分布在各个古都的许多宏伟、壮丽、精致、奇巧的"三皇"建筑,缅怀往昔,勾起了我们的无限遐思;展望来日,增强了我们的百倍信心。

皇城、皇宫、皇陵,它们都是与古都息息相关的古迹和文物,它们的规模,决定了古都的规模;它们的知名度,也就是古都的知名度。今天,我们研究和考察一个古都,当然包括许多内容,但皇城、皇宫和皇陵,显然是研究和考察过程中最具体的对象。因为这个所谓"三皇",它们包含了古都历史上的各种信息,是我们在研究和考察工作中最可以信赖的依据。对于每一个到古都瞻仰和观光的旅游者来说,"三皇"对他们往往具有最引人入胜和发人深省的魅力,它们向人们显示了华夏文明的光芒,它们向人们宣告:我们的民族是一个顶天立地的民族,我们的国家是一个值得自豪的国家!

　　《中国皇城·皇宫·皇陵》系列丛书从此开始陆续出版,这是一件令人鼓舞的大事,它们之中的每一卷,都是有裨于古都研究的学术著作,也是弘扬爱国主义精神的教科书,必将在广大的读者之中产生积极的影响。

1990 年 5 月于杭州大学

原载《中国皇城·皇宫·皇陵系列丛书》,中国人民大学出版社 1991 年版

《浙江地名研究》第二集前言

　　《浙江地名研究》第二集的刊行,是浙江地名学研究和地名工作发展的又一块里程碑。浙江省的地名工作快要进入第十个年头,而浙江地名学会的成立也已经快要进入第五个年头。我们的步子不是跨得很大,进展也不算很快,但回过头来看看,一步一个脚印,历历在目,我们还是做出了一点成绩。当然,对成绩的估计不宜太高,更不能沾沾自喜,我们应该实事求是地评价我们的研究成绩和工作成绩,这样就会有利于我们的继续前进,有利于我们在今后取得更大的成绩。

　　《浙江地名研究》刊行于 1986 年年底,经过整整两个年头,第二集现在又和会员及广大地名学爱好者见面。这当然不是学会在这两年中的全部成绩。学会会员在这两年中所从事的地名学研究和具体的地名工作,内容极其丰富,方面也是非常广阔的,不可能在这样一本 25 万字的集子中反映得面面俱到。但另一方面,这本集子所反映的学会会员两年来的研究和工作成果,是具有代表性的。

　　第二集与第一集的不同之处大概有三点:第一点是第二集收入了学会工作总结,这是因为第一集所反映的主要是学会的成立,当时还谈不上工作;第二点是第二集收入了学会承担的课题研究报告,这说明学会成立伊始,就接受了我省的研究任务,发挥了学会的作用;第三点是第二集收入的会员论文,无论在数量上和质量上,都比第一集有所提高。这些都是众所共见的,不必我多所解释。这当然是广大会员们共同努力的结果。

　　我们并不满足于第二集和第一集之间的差距。希望未来的第三集能比第二集具有更为不同凡响的面貌,取得更为出色的成绩。

陈桥驿

1989 年 11 月于杭州大学

原载《浙江地名研究》第二集,浙江省地名学会 1991 年印行本

《地图教学与地图运用》序言

　　地理学者强调地图的重要性,常常用"没有地图就没有地理学"这样一句话。现在,我们也可以用一句相似的话来说明地图在地理教学中的重要性,这句话就是:"不运用地图,就无法进行地理教学。"

　　地理学是一门空间科学,尽管这种空间的概念,牵涉到大气圈、水圈、岩石圈和生物圈4个圈层,人类的活动甚至已经到达太空,但生物圈,即地球表面生物有机体及其生存环境的总和,毕竟是人类生存和生活的主要场所。对这个圈层进行研究和解释,不运用地图是不可想象的。中国古籍中最早提出"地理"这个词汇的是《周易·系辞上》:"仰以观于天文,俯以观于地理。"地图既是观察地理的成果,也是观察地理的工具。它和地理的关系实在不可分割,其重要性不言而喻。

　　我既是一个地理学者,也是一个地理教师。20岁以前,曾经当过一年小学教师,教过五六年级的地理课。以后又当过8年中学教师,教过从初一到高三各个年级的地理课。到大学地理系执教,转瞬也将40年,毕生与地理打交道,同时也与地图打交道。从80年代初期起,我们国家开始编制规模巨大的国家大地图集,我是历史地图集的编委,又是其中历史植被图组的主编。因此,我和地图确实已经建立了深厚的感情。我也写过一些有关地图的文章。50年代初期,我在《大公报·读书与出版周刊》和《地理知识》等报刊,陆续发表过一些评论当时流行的地图的文章,但篇目和内容,已经无法回忆。以后又整理我国古代的地图绘制资料;撰成"*Map-Making in Ancient China*"一文,发表于"China Reconstructs"1966 年 4 月号。80 年代以后,谭其骧教授主编的《中国历史地图集》(共 8 册)公开出版,我受有关方面的嘱托,撰成《评〈中国历史地图集〉》一文,发表于《中国社会科学》1985 年第 4 期,又用英文发表于该刊英文版 1986 年第 2 期。1988 年。侯仁之教授主编的我国最大的城市历史地图集《北京历史地图集》出版,我也为此撰写了《评〈北京历史地图集〉》一文,发表于《历史研究》1989 年第 5 期。以上所举的例子,多半属于地图学史和历史地图的范畴。此外,我也为专业地图的编绘做过一点工作,例如,发表于《地图》1986 年第 2 期的《编绘出版水经注图刍议》和发表于《历史地理》1990 年第 8 辑的《评〈中国历史地震图集〉(明时期)》等均是其例。所有这些,无非为了说明,我对地图的感情和兴趣。

虽然我对地图有深厚的感情和广泛的兴趣,但是在 1985 年以前,我所见到的地图,特别是著名的地图,实在非常有限。大学地理系当然收藏了不少中外地图,但多数都是近半个世纪来的中外出版社出版的普通地图和地图集。此外,从 1953 年起,大约有两年时间,我曾经担任过上海地图出版社(今北京中国地图出版社的前身)的特约审校,这一时期中,该社出版的所有地图都寄我一份,但大多数都是中国和世界的区域地理挂图和教学挂图以及一些规模不大的地图集。我曾经阅读过世界上若干以出版地图闻名的出版社如英国牛津大学出版社的地图目录。其中所列的许多大型地图和专业地图,我都无缘窥及。因此,我是一个对地图热爱有余而见识不足的人,常常引以为憾。

1985 年春,我受聘在日本国立大阪大学讲学。美国明尼苏达大学的地图学专家徐美龄教授正在台湾探亲。她知道我们夫妇旅居大阪,从台湾来信,告诉我们,大阪市博物馆正在举行一次规模甚大的地图展览,她决定在返美途中转道大阪参观,希望我们为她在大阪作出安排。于是,我就求助于大阪大学的地图学专家海野一隆教授,而徐美龄教授随即到达。由于海野先生疏于英语而美龄女士不谙日语,因此,我的夫人胡德芬女士只好充当翻译,我们 4 人一起前往参观了这个难得的地图展览会,在这琳琅满目的上千种地图中,流连竟日,踌躇满志。一天的时间当然嫌短,但毕竟使我大开眼界,满足了多年来梦寐以求的愿望。一个市立博物馆竟能收藏如此大量地图,其中不乏著名地图(包括复制品),而加以公开展览,说明了这个国家对于地图的重视。

的确,日本对于地图,不仅重于编绘和收藏,并且也十分重于公开运用。记得 1983 年秋,我应聘在关西大学讲学,爱知大学的秋山元秀教授几次从名古屋赶到大阪看我,并送我许多县、市的地形图,比例尺为 1:25000。我以他把如此大的比例尺的地形图送给一个外国人而诧异,他轻松地说,书店里到处可以买到。1985 年冬,我应聘在广岛大学讲学,广岛市长荒木武先生约期会见了我们夫妇,晤谈之中,当我问到在日本颇为著名的广岛市的地价评议时,他立刻吩咐城市整备局长佐伯邦昭先生向我们赠送一整套以广岛地形图为基础的地价分布图,比例尺为1:10000。也就是这一年,我们曾去广岛以东的赤穗市访问,虽然为时不过1天,但市长岩崎俊男先生闻知我们夫妇到了赤穗,一定要和我们作一次礼节性的会见。会见时谈及赤穗市的城市规划,他随即吩咐所属,赠送我们一套赤穗市的城市规划图,比例尺竟大到1:7000。日本人是很聪明而懂得科学的,他们深知在这卫星满天飞的时代,大比例尺的地图早已不是一种机密文件,而且相反地成了一种值得广为散播的宣传品。广岛市长用大比例尺地图向外国教授宣传他们审议和确定地价的严密性和科学性;赤穗市长则用大比例尺地图宣传他们城市规划的卓越成绩。在对于地图特别是大比例尺地图的公开运用上,可以看到日本这个国家是怎样紧紧地跟住了时代发展的形势。

以上所述的是我在地图方面的一些经历和掌故。也用以说明,像我这样一个对地图怀有深厚感情的人,一旦看到了周日新先生所撰的《地图教学与地图运用》的书稿以后的欣喜程度。周先生以他近40年的中学地理教学经验,特别是在地理教学中运用地图的经验,撰写了这样一部在地图学史上别开生面的著作。这本书上的一字一句,都是作者在他的长期教学工作中摸索出来的宝贵经验。作者在全书中介绍了7种具有地图概念的事物,即挂图、板图、板画、插图、暗射地图、地图册和图像题。不仅论述了这些事物的性质和内容,并且详叙了它们的运用方法和教学价值。全书附入了许多插图和插画,使此书为读者留下了既是一本著作,又是一册地图的印象。中国人常常用图文并茂这句褒语来表彰这样的著作,本书正是这样。

本书当然是一本非常实用的著作,即使是一位初出茅庐和经验不足的地理教师,也可以按照书内的详细阐述和具体方法,运用此书的成果以提高地理教学的质量。当然,对于一位教学经验已经比较丰富的老手,则运用本书介绍的各种地图,必将使他的地理教学锦上添花。

最后还必须指出,本书除了如上所述的实践价值以外,也不能忽视它在理论上的成就。因为它不仅为地图学撰写了一章历来不受重视的薄弱环节,而且更为地图学史补上了一个缺门。我所读到过的有关地图学的著作,包括我国学者撰写的以及苏联、日本和西方学者撰写的,数量或许已不算少,但有关在地理教学中运用地图的章节,实在微不足道。至于地图学史,几乎全部都未曾提及地图教学史。我觉得我们确实有必要把地图在地理教学中的价值及其运用方法等内容纳入地图学和地图学史的理论体系之中,而本书或许就是这方面的良好开头。

1991年11月于杭州大学地理系

原载《地图教学与地图运用》,杭州大学出版社1992年版

《地理文献检索与利用》序

《论语·卫灵公》说："工欲善其事，必先利其器。"田耕君花了很大的辛劳，甚至"四易其稿"，编著成《地理文献检索与利用》一书。确实为广大地理工作者提供了一种利器，有助于大家的教学和科研工作。读了此书校样，使我很有感触。我年已古稀，在高等学校教了一辈子的地理课程，做了一辈子的地理科学研究工作，不知用过多少工具书，自己也著作和主编了好几种工具书，但是却没有看到过像田耕君所编的这样一种地理文献工具书。它首先在理论上阐明了地理文献检索的基础，然后详细论述了地理文献检索利用的方法，并介绍了大量古今中外的检索工具。内容之丰富，资料之完备，议论之深刻，例证之详明，可称独到。回忆 10 年以前，偶在日本大阪纪伊国屋书店看到《辞典之辞典》一书。说明日本辞典之多，已需借辞典检索，但观其编次，无非罗列辞典名称及简要内容。与该书相比，田耕君此书应该称为"工具书之工具书"。

田耕君此书，不仅对地理工作者在文献的检索和工作方法的启发等方面甚有贡献，而对于其他学术界和出版界，也有不小的促进作用。按学者著书立说，出版社出书行世，原来就是为了广大读者的利用，促进社会文化科学的发展。但眼下学者只顾自己著述，出版社只顾自己出书，却并不考虑读者使用方便的情况，比比皆是。试以与地理文献有密切关系的地理方志为例。田耕君在此书中已经提及《中国地方志联合目录》，此《目录》中著录的我国历代方志，为数达 8371 种。在这 8000 余种方志中，除了30 年代商务印书馆影印的几部省志增编了索引，此外还有为数不多的专题索引如《宋元方志传记索引》、《吴县志列传人名索引》、《台湾省清代二十三种地方志列女传索引》、《日本现存明代地方志传记索引稿》等。在如此大量的方志中,现有索引可以检索的,仅占百分之一几。80 年代之初,我国又掀起了方志修纂的高潮,根据《中国地方志》1991 年第 3 期的统计,到 1991 年 4 月止,全国已经出版的新修方志,仅通志一类,包括省志、地(市)志和县志,为数已达 452 种。这个数字,尚未包括大量的乡镇志在内。而在这期间,全国各地出版的专志如交通志、港口志、水利志、地名志、人物志、名胜志等,其数当数倍于通志。在所有这些新修的通志和专志之中,卷末编有索引的,真是凤毛麟角。为了让新修志书编列索引,我曾经到处呼吁,费了许多口舌。甚至《浙江方志》1992 年第 2 期所载藏军的《论地方志索引》一文中,也已引及了我在这方面的呼声:"陈桥驿先生就极力赞成县志搞索引,他认为编书不编索引,等于只编了一半。"现在,田耕君在此书中专门列入了《地理文献检索工具中索引的结构》一节,洋洋 5000余言,按索引款目、索引参照系统、索引档的组织方法 3 个方面,从理论到方法,对索引进行了广义的论证。其言索引的重要性:"文献之需要索引,犹如行舟之需要舵。""检索工具没有索引很快就会成为一堆废纸,甚至不成其为检索工具。"则藏军文中引述我的所谓"一半"之论,并不言之过甚。

使我感到欣慰的是,在我的呼吁之下,浙江省近年来出版的方志如《龙游县志》和《慈溪县志》等,已经在卷末编列了索引,其他不少正在修纂中的,也对索引引起了重视而正在着手编制。田耕君此书的问世,必将进一步引起学术界和出版界的注意。对于各种书籍的编著和出版,必须首先为读者的使用着想。既要考虑到目前学术界,广泛使用的手检方便,也要预见到日后的研究者必将盛行的机检需要,最大程度地发挥各种专著和其他文献资料的作用,以促进文化科学事业的发展。

田耕君此书在述及地理文献的搜集之时,特别设立了一个"善于利用图书馆"的标题,文中强调:"图书馆是人类知识的宝库,对于广大读者来说,它是知识之源,是良师益友,是人们终身学习的场所。"借田耕君的这一段议论,我吁请国内图书馆及与此有关人士的注意。因为我跑过国内外不少图书馆,与他们打过许多交道,在这方面感触甚深。记得几年以前,因为《中国地方志联合目录》的出版,浙江省常山县当时正在修志,他们从《联合目录》中发现有一种康熙二十三年的《常山县志》抄本流落在日本宫内省图书寮,是一部孤本。因而特地赶到杭州求助于我,因为他们知道我担任了日本几所大学的客座教授,对此或许有点办法。我的确跑遍了东京的各大图书馆,但宫内省图书寮属于皇宫,是一所性质特殊的图书馆,要从这个图书馆引回一种人间孤本,我实在很无把握。但结果殊出意料,不过一个多月时间,这部孤本的缩微胶卷就顺利引回。常山县为此非常感动,一定要我在他们的新修县志中撰写一篇《从日本引回康熙〈常山县志〉钞本纪略》的文章。《常山县志》于1990年出版,此事始末就公之于世。我在该文中有一段话说道:"复制费用只花了4600日元,在东京,这只不过是三张电影票或二三公斤桔子的代价。国外图书馆的书刊复制,效率之高,收费之廉,甚至像宫内省图书寮这种性质特殊的图书馆和康熙《常山县志》这样的世上孤本,也同样如此。而如今在我们国内图书馆复制书刊,却往往困难横生,使人望书兴叹,对比之下,实在使人感慨不已。"这段话中提及国内图书馆之事,我和我的同事们都有许多实际例子,这里不必赘述。现在,我们的各种检索工具,多数均为各类图书馆所有,图书馆如不开方便之门,则研究工作者就会寸步难行。希望田耕君此书之出版,能够使国内许多掌握检索工具的单位有动于衷,方便检索工具的相互交流,施惠于人,共创科学研究的繁荣局面。

田耕君此书,对我还有一种感触,是他在《前言》中提及的一段:"因为读者把握国外地理及有关检索工具远较把握国内相应工具为难,所以本书中有关国外出版的这类工具的阐释内容尤为翔实。"这几句话说明田耕君为读者想得十分周到。记得我从50年代初期起,即为自己订下一种制度,每周必定花半天甚至一天时间,在图书馆阅读各种外文文献资料,除地理文献外,兼及各种百科全书、辞典、年鉴、手册等等,以至有关国际人物如历年出版的"Who and Who"之类。几十年中,除了"文化大革命"被关入牛棚以外,即使是"运动"逼人,心绪恶劣的期间也从未中断。现在回忆起来,这实在是我窥测国际学术界发展的一个窗口。但遗憾的是最近10年以来,我的这种自订制度,竟逐年松弛,甚至完全停顿。由于杂事纷繁,加上文债高筑,使我捉襟见肘,招架为难。以致现在阅读田耕君所列举的许多外文检索工具,恍然如入陌路。为学如逆水行舟,不进则退。我自己为此而深感惭愧,并希望后学者引以为鉴。

田耕君是我20多年前的学生,我为他的成就感到高兴,希望他的下一种著作《地理事实和数据检索指南》早日问世。

1992年6月

原载《地理文献检索与利用》,西安地图出版社1992年版

《地理事实和数据检索指南》序

去年初夏,我为田耕君所著《地理文献检索与利用》一书作序,序言最后说到:"希望他的下一种著作《地理事实和数据检索指南》早日问世。"时隔一年,这部内容浩瀚的书稿就送到我手上,确实使我不胜欣慰。田耕君在《前言》中指出:"笔者的检索实践是本书取材和写作的基础,"其实只要对这两本书稍作涉猎,谁都看得出来,两书都是著者孜孜苦学的成果,而它们的作用却是为了其他一些孜孜苦学者创造方便。这或许就是这两本著作的可贵之处。

田耕君的第一本书,即《地理文献检索与利用》,从我为它作序至今,已经两次受到了启发。第一次是我为此书作序后不久,这年6月底,田耕君的老家浙江慈溪市,举行《慈溪县志》的首发式。由于我是浙江方志学会的顾问,又为这部县志的修纂提供过一些意见,县志编委会邀请我出席并讲话,于是,我就利用在慈溪开会的机会,向大家介绍了田耕君这个慈溪人的著作,而且全文宣读我为此书所作的序言。我为什么要这样做?因为此书对地方志修纂也很有价值。由于这几年全国各地修纂的地方志,大部分都不在卷末编制索引,使用非常不便。我曾经几次提出这个问题,却因修纂者大多没有用地方志做过学问,对索引的重要性认识不足,所以阻力较大。我在《慈溪县志》首发式上宣读我的这篇序言,序言中曾引用田耕君著作的原话:"文献之需要索引,犹如行舟之需要舵。""检索工具没有索引,很快就会成为一堆废纸"。因为与会者多数是各地的地方志主编,"很快就会成为一堆废纸"的话,使他们极受震动,收到了很好的效果。从此以后,浙江省的许多县、市志,都重视索引的编制。正在修纂中的方志巨编《浙江省志丛书》,也决定编制索引。其实,我在慈溪宣读这篇序言时,田耕君的著作尚未出版,却已经起了这样的作用,让我深深地领会了这一类著作的价值。

此书对我的第二次启发在今年4月。当时,中国地理学会历史地理专业委员会主办的国际历史地理学术讨论会在湖南长沙举行,这是我们这个专业委员会两年一次的学术例会。每次这样的会议,除了宣读论文以外,都配合一些学术活动。这次的学术活动是在会议期间举行一次书展,展出几年来全国历史地理学界的学术成果。我因为想到《地理文献检索与利用》是一本工具书,历史地理学界也用得上,所以我去长沙主持会议时,曾嘱同行的助手随带此书前去展览。书展相当成功。除了我国历史地理学界的著作琳琅满目外,与会的日本学者也带来了一些他们的著作参展。我曾经几次到书展处听听与会代表们对这些展品的议论。有一次,我看到两三位代表正在翻阅田耕君此书,或许因为此书从书名来看与历史地理学无关,所以引起他们的注意。我听到他们对此书的赞赏,其中一位代表说了一句:"做学问的工具。""做学问的工具",对于说这句话的人,或许并不需要经过多少考虑,但对我来说,触动却不小,对此深受启发,因为只有做学问的人,才有这样的想法;只有在做学问的队伍里,才能听到这样的语言。

和《地理文献检索与利用》一样,《地理事实和数据检索指南》也是一种"做学问的工具"。在具体应用上,此书和前者当然不同,前者引导读者从集合中检索地理文献,而此书则是引导读者检索地理事实(非数值数据)和地理数据。所以此书是前者的姊妹篇。地理学者有了这两种"做学问的工具",在他们做学问的过程中,可收既见森林,又见树木之效。

此书除了第一章"地理事实和数据检索的基础"是在理论上和方法上阐明地理事实和地理数据的检索外,其余11章,是按地理学的各个分支,介绍、评论各种检索工具的内容和检索方法。作为本书的一种特色,也是著者周密考虑的结果,在分别罗列地理学各分支学科以前,首先设置"地名的查检"一章,介绍、评论古今中外有关地名的工具书。从学科属性来说,地名是地名学的研究对象,不是地理学的研究对象,地名从其来源说,除了地理学的因素以外,还有大量历史学的因素和语言学的因素,但是由于地名与地理学研究具有极端密切的关系,地理事实和数据都离不开地名,为此,著者把地名置于地理学各分支学科之首,使本书不仅是地理学者的工具书,而且也是地名学者的工具书。这样的章节和内容安排,不仅没有违背科学性,而且大大地增加了实用性。

正是由于此书是一种"做学问的工具",用此书做学问的人,必然会发现一个问题,与《地理文献检索与利用》一样,书中所引及的各种参考书和工具书浩如瀚海,这种"做学问的工具",本身看来也有借助工具的需要。简言之,就是索引。感谢著者,他早已为读者想到了这个问题,《前言》已经提及,本书将和它的姊妹篇"两书合编一册索引,单独出版"。我们期待着这种索引的早日问世,使用此两书做学问的人,必将受惠不浅。

由于田耕君花了大量劳动所编著的这两本书,都是"做学问的工具",所以最后我还想谈一点做学问的事。做学问这种行业,有其与众不同的特色,它没有什么侥幸可图,也没有什么捷径可走,硬是要老老实实,一点一滴地从基础做起,日积月累,才能有所长进。从田耕君的这两本书中所列载的这许许多多文献资料,就可以明白此中道理。古人所谓"十年寒窗",也已形容尽致。所以对于做学问这种行业,尽管它确实维系着我们民族文化的命脉,但不少人却不屑一顾。行外人固然绝无问津之意,行内人近年来也颇有知苦而退者。这种现象常使人忧心忡忡。我在学术界的一些外国朋友,包括我的两个在外国大学执教的儿子,都也曾表示过他们的焦虑情绪。这种顾虑或许属于杞忧。对于像我这样一辈老年人,多少年来甘苦已经备受,在今后的有生之年里,当然如同《论语·述而》所说的:"饭疏食,饮水,曲肱而枕之,乐亦在其中矣。"我身边的一些研究生,他们都是有知识的年轻人,富于观察和分析能力,虽然对于世态并非没有所感,却都能孜孜于学,不屑左顾右盼。田耕君是一位中年人,正是生活担子最重的时候,但他却20余年如一日,茹苦如饴,埋头于学问之中。这两本书,就是最好的证明。在田耕君的这两本书中,我看到了做学问的行业代代相传的前景,也看到了我们民族文化的希望。

陈桥驿

1993 年 9 月

于杭州大学历史地理研究中心

原载《地理事实和数据检索指南》,西安地图出版社 1993 年版

《洞庭历史地理》序

在地球历史上,水是生命起源的重要条件。海洋很可能就是地史上生命发展的物质基础。周廷儒先生曾经提出 3 个原因,说明水体与生命发展的关系以及生命为什么可能起源于海洋:[①]第一,水是一种能够运动的自然物质,可使静止或消极漂浮的有机物得到广泛的分布,而且海水可提供大量各种生物所必需的营养物质;第二,海水的理化条件比较稳定,可使有机体在有利的环境中,得以进行经常和规则的新陈代谢作用;第三,最古老的生物生长在海岸或潟湖区,这是地理圈中最复杂的地段,岩石、大气和太阳辐射在这里互相作用着,由陆地到海里的松散沉积物和化学物质都堆在这里,太阳光充分地增暖水层,因此有机体就可能发生在高温且温差较小的近赤道沿岸的水域中,以后逐渐扩展到陆上疏松沉积的表层,在水平分布上渐次向中纬和高纬扩散开来。

从地球发展历史的实际情况来看,原始生命在太古代就已经出现。到了元古代,生物已经开始繁衍。在古生代,寒武纪的海生生物就到达 1500 种之多。海生生物登陆的结果,终于使整个地球逐渐成为一个生气蓬勃的世界。

以上说的是从地质科学和生物科学中所获得的关于水体的重要性的概念,这当然是一种现代概念。我们的古人不是这样,他们是从实践中了解水体的重要性的。公元 6 世纪,郦道元在《水经注序》中指出:"天下之多者水也。浮天载地,高下无所不至,万物无所不润。"其实,比郦道元早得多的先秦时代,《中庸》早已说道:"今夫水,一勺之多,及其不测,鼋鼍蛟龙鱼鳖生焉,货财殖也。"这里,《中庸》说的是"货财殖也",

《水经注序》说的是"万物无所不润"。这些议论，都已涉及了水体与人类的关系。

　　水体不仅繁衍了生命，而且创造了文明，发展了文化。我们看到：尼罗河流域，印度河和恒河流域，底格里斯河和幼发拉底河流域，黄河流域，滔滔河水，孕育了世界上最古老的文明。从中国来说，我们环顾七大古都：安阳，这个殷商末期在此定都近300年的我国现存的最早古都，它北临漳水，东滨黄河，而洹水流贯它的全境，水体哺育了这个以甲骨文化和青铜文化著称的古都。西安，它坐落在"八百里秦川"的中央，而"八水绕长安"的形势，就是它的得天独厚所在。8水指的是泾、渭、灞、浐、沣、滈、潏、涝。古代长安正好在8水的中央，使它成为一个从西周以来建都逾千年的古城，特别是汉、唐两大盛世更是它的黄金时代。洛阳，这是一座在西周初期经过城址选择而兴建起来的都城。负责勘测这座城市的召公和周公，在洛水的支流涧水和瀍水一带进行踏勘，然后绘成地图，决定在伊、洛、瀍、涧这4条河流之间兴建这座都城，使它成为东周以来的九朝名都。开封，位于黄河、济水、淮河等几条大河之间，它是战国魏都。北宋定都后城市扩大，当时，穿城而过的河流就有汴河、惠民河、五丈河、金水河等4条。一幅从北宋流传至今的名画《清明上河图》，生动地描绘了河流替这个古都带来的繁荣。北京，它位于北京小平原和南方大平原之间，永定河、潮白河、北运河、拒马河等环绕着它的外围；而西山水源，又直接引入城内，形成了什刹海、北海和中南海等许多湖泊，为城市开辟了丰富的水源，奠定这个都市的基础，从元朝建都直到19世纪前后，它一直是全世界最大的都城。南京，它是秦淮河、金川河与长江汇合的地方，并且形成了莫愁湖、玄武湖等湖泊，秦淮河穿城而过，沿河一带就是六朝最繁华的地区。杭州，它是江南运河与钱塘江的汇合处，又有群山之水汇流而入西湖，形成了这样一个美丽的城市，宋朝学者陶谷说它是"地上天宫"。

　　从上述世界四大古老文明发源地和我国的七大古都的形成和发展中，可以看到河流起了何等重要的作用。河流，它灌溉了大地，滋润了禾稼，浮载了舟舶，培育了城市，为人类文明锦上添花，为文化发展提供了物质基础。西汉的韩婴在他所著的《韩诗外传》一书中歌颂河流的重要性说："天地以成，群物以生，国家以宁，万事以平。"这四句话，确把河流的重要性概括尽致。

　　现在，我们的叙述，已经从"水体"这个概念转入"淡水水体"的特殊概念。由于古人在生活和生产中，首先接触的是陆地水，特别是陆地水中的地表水。地表水中除较小的部分外，其余大部分都是淡水。古人很早就利用地下水，地下水也是淡水。[②]有了淡水，人类首先能够活下来，然后可以进行生产，创造文明，发展文化。所以"淡水水体"这个水体中的特殊概念，对人类社会至关重要。地球上的淡水资源总共约有875万立方哩，但其中有80%贮藏在永冻的冰雪中。因此，现在可以提供人类利用的淡水资源不过约175万立方哩,主要就是依靠地表水中的河流和湖泊提供的。全世界河流的平均年径流量只有7000立方哩,[③]这就是人类目前主要的淡水来源。当然,这中间也包括一部分冰川融水和地下水。至于少数地区用海水淡化获得淡水。这在人类获得的淡水总量中微不足道。为此,我们这个"淡水水体"的概念又得转入另一个"河湖水体"的概念,因为人类实际上主要从河湖获得淡水。古老文明的创造和人类文化的发展,河湖在这方面具有重要的意义。

从现代人类文明所达到的水平和文化发展的程度来说,河湖对于人类社会的贡献当然是多方面的,除了生活用水和生产用水的取得以外,诸如交通运输,水产养殖,能源开发,旅游观赏等等,无不与河湖有密切关系。但是在人类活动的早期,河湖最主要的功能是作用于人类赖以维持生命的农牧业生产。在草原地带,游牧民族逐水草而居,河湖水体滋润了草原,让草类育肥畜群,人们得以生存。在农业地区,人类早期文明的建立和文化的发展,主要就依靠河湖提供的灌溉。上述世界上最古老的四大文明,实际上都是灌溉文明。在这样的基础上发展起来的文化,从其早期来说,也都是灌溉文化。

时至今日,尽管人类社会已经进入了如此高度的文明,发展了如此卓越的文化,但是,河湖灌溉仍具有重要的意义。根据估算,当今全世界各地的灌溉面积约占地球陆地面积的1.5%,[④]每年约有1700立方千米的水用于灌溉,相当于陆地径流量的5%,其蒸发量相当于陆地蒸发量的2%。随着灌溉面积的扩大,用于灌溉的河湖淡水消耗量,到公元2000年估计将增加3倍。

河湖水体的灌溉功能,至今仍在为人类作出重大的贡献。除直接的效益以外,人们又发现了它的间接效益。灌溉可以调节自然界的气候,可以解决雨水的暂时短缺,使鲍恩比降低。[⑤]灌溉使温度的日振幅变小,提高相对湿度,产生所谓"绿洲效应",这种效应使区域性的气候发生良性变化,如1930年以来,在美国的俄克拉荷马(Oklahoma)、堪萨斯(Kansas)、科罗拉多(Colorado)、内布拉斯加(Nebraska)各州的62×10^3平方公里的土地上进行灌溉后,引起初夏的降水增加10%。[⑥]

中国一方面是个河流多的国家,流域面积在100平方公里以上的河流,在全国范围内有5万多条,总长度达42万余公里。这是我国自然环境中的有利条件。但另一方面,中国是个缺乏湖泊特别是排水湖(淡水湖)的国家。以美国为例,国土面积略小于我国,但境内淡水湖泊甚多,它与加拿大毗邻之处,分布着世界著名的五大湖,总面积达244,840平方公里,加上五大湖以西的另一处与加拿大毗邻的、面积超过4000平方公里的伍兹湖(Woods. L),在美国北境,淡水湖面积接近25万平方公里。加拿大也是面积和我国相似的国家,淡水湖泊也很多,除了上述与美国毗邻的湖泊不计外,全国还有面积超过 3000 平方公里的湖泊 12 处,总面积超过 13 万平方公里。中国湖泊则较少,面积在 1000 平方公里以上的淡水湖,包括中苏交界的兴凯湖在内,主要只有兴凯湖、鄱阳湖、洞庭湖、洪泽湖、太湖和新疆的博斯腾湖等 6 处,总面积还不到 17000 平方公里。以国土面积和淡水湖面积相比,美国(仅计五大湖和伍兹湖)每国土 1 万平方公里,有淡水湖面积 260 平方公里。加拿大(不计五大湖)每国土 1 万平方公里,有淡水湖面积 130 平方公里。而中国每国土 1 万平方公里,只有淡水湖面积 17 平方公里。这当然是我国自然环境中的一个很大的不利条件。

其实,在中国的古代,淡水湖也是很多的。我国最早的地理书《禹贡》就记载了大陆、雷夏、大野、彭蠡、震泽、云梦、荥波、菏泽、孟猪、猪野、流沙等 11 处大型湖泊,其中除流沙(居延海的前身)以外,都是淡水湖。另一种古籍《职方》也记载了大型湖泊 11 处,其中有《禹贡》未载的 6 处,即扬州的五湖,豫州的圃田,雍州的弦蒲,幽州的貕养,冀州的扬纡和并州的昭余祁。在上述两书以后,汉代成书的《尔雅》之中,记载了当时著名的“十薮”。十薮之中,有《禹贡》和《职方》均未载及的齐的海隅和周的焦护两处。可见《禹贡》、《职方》和《尔雅》3 书之中所记载的我国古代的著名大湖,就有 19 处之多(其中《禹贡》的震泽和《职方》的五湖有部分重复)。可惜这 19 处大湖,在历史时期中,由于各种不同的原因,已经大部湮废。以《禹贡》记载的十多处湖泊为例,至今尚部分存在的只有彭蠡(鄱阳湖)、震泽(太湖)、云梦(洞庭湖)等处,但面积都已大大缩小,今非昔比了。

在古代地理书上,记载湖泊最完备的就是《水经注》。全书记载的各种湖泊(包括咸水湖),总数达 559 处。这中间,除了《禹贡》、《职方》和《尔雅》记载的以外,其他还有一些上列各书未载的大湖,其中有的并经人工筑堤,具有水库的性质。例如《沘水注》和《肥水注》均有记载的芍陂,“陂周百二十许里”。《浙江水注》记载的山阴长湖,“湖广五里,东西百三十里”等等,均有很大的面积。

现在调查一下《水经注》记载的湖泊,绝大部分都已在历史时期湮废。有的虽未完全湮废,但也已经大大缩小。例如洞庭湖,据《湘水注》所记:“湖水广圆五百余里,日月若出没于其中。”直到本世纪 30 年代,它还是全国最大的淡水湖。但是由于围垦,湖身迅速缩小,现在已经小于鄱阳湖达 1000 平方公里以上,而且仍在缩小之中。前面提到的芍陂,即今安徽省寿县以南的安丰塘,与其全盛时代相比,面积已不到 1/10。前面提及的山阴长湖,原来是一个兴修于东汉的面积超过 200 平方公里的人工湖,又称鉴湖。但到了南宋初期即已围垦殆尽,现在保留的,只不过是一条稍宽的河道而已。

本文从“水体”谈到“淡水水体”,又从“淡水水体”谈到“河湖水体”。我国古代众多的河湖水系,与我国的文化发展有着密切的关系。因此,我国古代若干有识之士,为了遏制或延缓某些湖泊的湮废,也能挺身而出,有所作为。他们之所以这样做,则是立足于文化发展的角度。宋代的苏轼倾其全力挽救濒于湮废的杭州西湖就是一个生动的例子。他在《乞开杭州西湖状》[⑦]中,首先指出:"使杭州无西湖,如人而去其眉目,岂复为人乎?"接着他又说:"唐李泌始引湖水作六井,然后民足于水,邑日富,百万生聚待此而后食。今湖狭水浅,六井渐坏,若二十年之后尽为葑田,则举城之人复饮咸苦,势必耗散。"苏东坡的话不仅在当时绝非危言耸听,而且到今天也仍然具有参考价值。

水资源的问题,现在已经成为一个全球性的问题。人类为了发展文化,延续后代,必须尽一切可能保护水体。从最迫切的现状来看,特别是保护自己国内的淡水水体,主要是河湖水体(当然也不能忽视地下水体)。而对于我国这样一个"贫湖国"来说,如何从各个方面保护我们为数不多而且岌岌可危的湖泊,或许已是一个燃眉之急的问题。

洞庭湖曾为我国最大淡水湖,洞庭湖及其周边地区的历史地理研究有重要的现实意义。

张步天先生的《洞庭历史地理》是一部以湖泊为研究中心的区域历史地理专著,此书在对洞庭湖区自然环境、政区建置、经济文化发展作了系统的历史地理考察之后,提出了洞庭湖未来的估测并进行治水方略的探讨,为区域历史地理的应用研究探索了一条新的道路。

我在1983年应日本学者邀请赴日讲学时曾提出:区域地理的研究内容如不能进行改革是不堪设想的,在区域地理研究中,要尽可能地把其他以区域为基础进行研究的各学科的成果吸收进来,进行对区域的自然环境和人文环境的更为广泛的综合性的研究。张步天先生在这方面为我们积累了经验。本书作者在研究本课题时,能很好地运用诸如地理学、历史学、考古学、社会学、宗教学、美学等方面的资料和研究成果,并且还运用了卫片、航片分析等新的科学技术成果,在研究中,注意了定性分析研究和定量分析研究的结合,从而使本书的撰著,不仅建立在科学资料的基础上,同时也建立在科学研究方法的基础上,使本书作为一种新颖的区域历史地理著作而在研究方法上有所创新,让人们看到了区域历史地理研究兴旺的兆头。

本书结构严谨,按照自然地理、政治地理、经济地理、文化地理设计章节,在体例上提出了一个实例。另外,本书以大湖名泽为中心的区域地理选取其流域为空间范围的观点也可供学者参考。

当前,区域历史地理研究出现了蓬勃发展的好势头。历史地理研究的繁荣局面是学者们共同努力所造就的,应该说,本书的出版也贡献了一份力量。我衷心希望今后有更多的研究成果问世。

注释：

① 《古地理学》，北京师范大学出版社 1982 年版。

② 这当然就大体而言，但也有例外，如海岛下的地下水有时就不是淡水，这是由于与海水发生交换现象的缘故。例如印度洋上的珊瑚岛国马尔代夫，岛上的地下水，深度在 1.2 米—1.5 米之间的，饮用时没有咸味，是较纯的淡水，但 1.5 米以下的地下水，就咸味甚重，不能饮用。

③ 数字均据：Scanteford，H、S，*Advanced concept and techniques in the study of snow and ice resources*，Nation Academy of Science，Washington，D、C，1974.

④ Lamb，H. H，etal. *Climatic Huctuation and the problems of foresight-Final Report of a Working Group of the CAS*，WMO，1972.

⑤ 鲍恩比（FA/FL）通常用来讨论净辐射分配到湿热和潜热的多少。这个值的范围由 0 到无限大。在潮湿地区，鲍恩比在 0—1 之间，在干燥地区，鲍恩比高于 1，在沙漠地区，鲍恩比平均为 10。

⑥ 中国科学院地理所气候组《气候变化若干问题》，科学出版社 1977 年版。

⑦ 《经世东坡文集事略》卷三四。

1991 年 9 月于杭州大学历史地理研究室

原载《洞庭历史地理》，山西人民出版社 1993 年版

《中国历史文化地理》序

　　"文化"是一个含义广泛的词汇,它是一种无所不有、无所不在的概念。人类自从出现有组织的生产活动以后,也就是说,从全新世以来,文化就开始发生,开始传播,而且随着社会的发展而发展。文化的内涵不断丰富,文化的领域也愈益深广。

　　中国是个土地广袤,历史悠久的大国,从时间和空间看,中国早期的文化,不仅渊源古老,而且分布广泛。以彩陶为特色的仰韶文化和以干栏式建筑及水稻种植为特色的河姆渡文化,是我国南北最著名的两处新石器文化。此外如北方草原的细石器文化,黄河中游的龙山文化和大汶口文化,长江中游的屈家岭文化,长江下游和太湖流域的崧泽文化和良渚文化等,也都是众所周知的新石器文化。由于考古学的发展,近年以来,新石器文化遗址发现甚多,它们的分布,几乎遍及全国各地。此外,中国自古就是一个多民族国家,有史以来存在着许多以民族分布地区为核心的丰富多彩的民族文化。黄河中游的汉文化,长江中游的楚文化,长江下游和东南沿海的越文化等等,都是民族文化中的佼佼者。随着民族的融合和中华民族的形成,中华文化,或者也称华夏文化和炎黄文化,就成为我们民族的共同文化。

　　前面已经指出,文化是一个广泛的概念。中华文化就是一种延续不断的宏观文化。几千年来,中华文化磅礴于神州大地之上,深入于炎黄子孙心灵之中,而且随着国际的交流和移民的广布,这种文化也传播域外,彪炳寰宇。对海内外的炎黄子孙来说,这种文化是一股无比巨大的洪流,具有不可思议的凝聚力,它是中华民族的骄傲,是海内外炎黄子孙爱国主义的基石。

在中华文化这个宏观概念之下,还有许许多多从这种宏观文化派生出来的各种类型的具体文化。其中有由于我国多种多样自然环境孕育而成的,如水乡泽国的河湖文化,沿海岛屿的岛屿文化,崇山峻岭地区的高山文化,干旱地区的沙漠、草原文化等等;由于不同的农作方法和农业类型而形成的,如华北的小麦杂粮文化,江南的稻作文化,西北草原的游牧文化等等。至于那一类以著名物产或特技为中心的地方文化,如酒文化、茶文化、石刻文化、木雕文化等等,由于这些物产和特技都是各地具有古老渊源的优良传统,它们所反映的在很大程度上就是各地方的综合文化,所以也都很有研究价值。近年以来,我国各地掀起了"文化热"研究高潮,在普及中华文化知识,提高对祖国文化的认识,发掘和弘扬我国的固有文化等方面,都是很有意义的。

由于文化的孕育和发展与地理环境息息相关,文化的分布具有很大的区域差异,因此,文化研究在地理学领域中具有十分重要的位置。在现代地理科学中,有一门称为景观学(Landscape science)的分支,这门学科的研究对象主要就是自然景观(Natural landscape)和文化景观(Cultural landscape)。某些欧美学者十分强调后者的重要性,如美国加州大学教授苏尔(C. O. Sauer),他认为在现代人文地理学的研究中,应把文化景观的研究作为核心,因为它是地球表面文化现象的复合体,能够充分反映一个地区的地理特征。

除了文化景观的研究以外,从地理学角度进行文化研究,还有一门近年来开始受人注意的文化地理学。文化地理学与文化景观的区别,在于前者是对各种文化现象在各个地区的形成和发展进行广泛的研究,不仅探索各种文化现象的地理分布,并且比较这些文化现象的区域差异。但后者的研究,常常着重一个地区中各种文化现象的复合。在研究目的上,两者也并不完全相同,前者着重于通过地理环境的差异,探讨由于这种差异而产生的文化分布的差异,从而研究文化分布的规律性;后者则在于综合性地研究一个地区中所存在的各种文化现象,从而探索这些文化现象所反映的地区人文地理特征。

不论是文化地理学或文化景观,在地理学领域中,都是比较复杂的分支。因为文化是一种十分复杂的人文现象,不仅门类繁多,而且牵涉广泛。要把这种人文现象在一个区域或几个区域之间理清头绪,探索它们与地理环境之间的关系,这并不是一件轻而易举的工作。也正因为如此,我长期来希望能读到的有关这方面的著作,一直要到1984年,才因陈正祥教授寄赠他的力作《中国文化地理》(三联书店1983年出版)一书而获得实现。

陈著《中国文化地理》实际上是他对于这个课题长期研究而积累的论文集。全书共分 10 篇,从形式上看,是 10 篇不同题目的论文,但由于内容有许多相互的联系,而且作者有意地把地理性十分强烈的一篇《中国文化中心的迁移》置于卷首,因此,全书并不给人以割裂的感觉。陈著当然是一部佳作,但是中国文化地理是一个牵涉甚广的极大课题,我作为历史地理学者,希望在中国文化地理领域中,能有一部涉及面较广,系统性较强的历史文化地理专著问世。我期待这样的著作好几年,现在,由于张步天副教授的辛勤努力,终于完成了《中国历史文化地理》的著作,我多年来的希望,总算获得实现。在读完了他的厚稿以后,使我感到慰藉,感到兴奋。回忆 5 年以前,步天君从湖南来到我的研究室,为他的《中国历史地理》稿而夙兴夜寐,其孜孜苦学,锲而不舍的精神,当年曾为杭州大学地理系师生所推崇。他的《中国历史地理》上、下册先后出版以后,备受学术界好评。所以当我再次读他的《中国历史文化地理》稿时,不免旧事重忆,感慨无穷。

这一部《中国历史文化地理》如同步天君的前作《中国历史地理》一样,使我感到满意。此书内容分成 5 章,探讨了方言、学校与人才、民俗、宗教和艺文 5 个方面。虽然在文化地理这个广泛的概念中,还不能包罗尽致,但是应该承认这些都是文化地理领域中最重要和最有代表性的部分。对于每一章内容的处理方法,张著不仅从时间上作纵的阐述,而且从空间上作横的联系。以第一章《历史方言地理》为例,第一节从时间上把古代方言划分成远古上古和中古 3 个阶段,探索历代方言及其地理分布;第二节则以空间为基础,叙述近代方言区的形成。这样的处理方法,可以使大量相互联系的资料各得其所,加强了全书的系统性。另外,从全书的结构来看,作者在正文 5 章以前加上开宗明义的《引论》一篇,阐述了历史文化地理的性质和研究意义;在全书之末,又加上《结语》一篇,说明了现代区域文化与历史区域文化的关系。就因这首尾两篇,使正文探讨的 5 个方面获得有机的联系,使全书在科学体系上趋于完整,这是本书作为一种系统性专著的特色,也是全书的成功之处。

张步天副教授的《中国历史文化地理》确实是近年来令人满意的地理著作之一,但是也必须指出,此书的出版,并不等于中国文化地理的研究工作已经完成。今后,在中国文化地理的研究中,还有许多工作要做。其中最重要的有两项:一项是"汉文化圈"以内的中国文化地理的研究;另一项是"汉文化圈"以外,即世界各地的中国文化地理的研究。这两项,都属于域外的中国文化地理研究。

"汉文化圈"是一个文化地理单元,日本属于"汉文化圈"以内的国家,在那里,可以看到中国文化的强烈影响和普遍流行,不仅在历史渊源,诸如各种文物古迹之中看到中国文化的普遍存在;在现代社交,诸如应对进退等生活琐事之中,也可以看到中国文化的深刻遗留。他们甚至在不少方面保存了我们大陆上已经淡化和失落了的文化。

日本学术界对于中国文化和中日文化交流的研究兴趣非常浓厚,我先后几次去日本讲学,对此深有感慨。1989 年我应聘到广岛大学和广岛附近的其他一些大学讲学,在我的讲学内容中,第一次列入有关中日两国历史上文化交流的课题,1989 年 12 月 11 日,南部日本的最大日报《中国新闻》刊登了我到广岛讲学的消息,却想不到在我许多讲题中,这份日报只选载了有关中日文化交流的讲题。仅此一端,足见日本学术界对这方面的重视。中国文化地理的研究,还有必要扩展到"汉文化圈"的研究。

另外一方面,根据我的研究考察旅行,我认为中国文化不仅在所谓"汉文化圈"的范围内根深蒂固,而且早已超越"汉文化圈",传播到世界各地。以拉丁美洲的最大国家巴西为例,这个国家在地理位置上属于距离中国最遥远的国家之一,在历史文化体系上也与中国无关。我曾经在这个国家的许多地方旅行,出乎意外,中国文化在那里有深刻而广泛的影响。我参观过里约热内卢以旧王宫改建的国家博物馆,中国文物在馆内陈列得琳琅满目。一进入瓷器馆,有好几个陈列室几乎就是中国的天下。博物馆当然是历史文化的集中地,一般社会上又怎样呢?我曾经考察过这个国家的不少城市,从沿海的里约热内卢和圣保罗,到巴西高原中心的首都巴西利亚,又到亚马逊河沿岸的马瑙斯等等,在这些城市都可以随意找一家中国餐馆用餐。以马瑙斯为例,在这个远离海岸的赤道城市之中,市中心就是一家装饰豪华的金龙饭店。全套中国式布置得金碧辉煌的宽敞餐厅中,我看到许多不同国籍、不同肤色的顾客,别扭地使用中国筷子,享受着一道道的中国佳肴。中国文化随着华侨的辛勤奔走而远涉重洋,在那里扎根结果。这种文化不仅平易近人,而且丰富多彩,所以很能获得异邦人民的欢迎,从而促成了它们的传播和扩散。作为炎黄子孙,这当然是值得引以为荣的。

再看看美国,这是一个经济繁荣,物质文明高度发展的国家。但是在那里,到处可以看到中国文化的存在。今年 3 月,浙江省成立中国文化研究会,我被选为会长,在成立大会的开幕词中,我有一段话涉及中国文化在美国的情况,抄录如下,作为这篇序言的结尾(全文已在《浙江学刊》1991 年第 4 期发表):

> 文化在某种程度上是一种广泛而又抽象的概念,不是胸有成竹的人,生活在这个关系复杂、交流频繁的大千世界之中,往往容易产生一种迷惘感。这就更说明了当今我们研究中国文化的重要意义。记得有一年我在美国纽约的中国城,在那里,街道、商店和商品,一派中国景象,不仅汉字招牌和广告琳琅满目,而且来往行人和商店店员,多半也是炎黄子孙。但有一件事使我感到迷惘,因为乍到那里,我感到非常兴奋和亲切,迫不及待地想和他们交谈,却使我立刻发现,我们之间不得不使用英语,因为他们多半都说广东话,对此我毫无办法。这种情况,对于一个远离祖国的游子,不免要产生茫茫若失之感。我徘徊街头,抬头仰望,看看中国城

中的一座最宏大的建筑。"孔子大厦"四字立刻映入我的眼中,进入我的心坎。大厦之下,还有一座雄伟古朴的孔子雕像。这一刹那,使我突然心头明亮,我不禁从内心深处呼出:"中国文化在这里!"

由于中国文化在"汉文化圈"内外的普遍存在和强烈影响,所以我们必须研究,中国文化传播到这些地区在时间上的过程和空间上的分布,包括这些传播到海外的中国文化的内容和结构以及在当地的影响等等。当然,对于这些在漫长的历史时期中传播到广大域外地区的中国文化的追索和考查,其难度比在中国版图内的文化地理研究要大得多。但是这是一个重要的课题,这个课题的研究,既是炎黄子孙义不容辞的责任,也是我们的无上荣耀。我深信,在不久的将来,一定能看到在这方面的丰硕研究成果。

1991 年 5 月于杭州大学历史地理研究室

原载《中国历史文化地理》,湖南教育出版社 1993 年版

《金衢盆地地理研究》序

  金衢盆地是浙江省境内最重要的内陆盆地。它是省内面积仅次于杭嘉湖平原和宁绍平原的一片低丘平川（盆底）。从历史地理学的角度观察，杭嘉湖平原和宁绍平原都是充分开发的平原，而金衢盆地则仍然具有巨大的开发潜力。仅仅从这一点来说，金衢盆地在浙江省的重要性就不言而喻。

  从地区的历史发展时代来看，金衢盆地的开发并不晚于省内其他各地。《越绝书》卷八："大越故界，浙江至就李，南姑末、写干。"这里的"姑末"是越语，即《国语·越语上》所谓："句践之地，西至于姑蔑。""姑末""姑蔑"，是越语的一地二译。清《嘉庆重修一统志》卷三〇一认为姑蔑故城"在龙游县北"。说明早在春秋战国时代，盆地之中已经出现了重要的城邑，秦统一中国后，在这个地区建会稽郡，姑蔑成为会稽郡的太末（或作大末）县。此外秦会稽郡属县中，还有盆地东端的乌伤县（今义乌）。而盆地内部及其边缘地区的长山（今金华）、新安（今衢州）、汉宁（今东阳）、定阳（今常山）、丰安（今浦江）各县，都是汉代建制的县份。所以盆地开发甚早，可以无疑。

  金衢盆地开发甚早，但在历史时期中发展缓慢，要研究此中原因，恐怕有大量工作要做。现在可以明显看到的是，中国历史上曾经发生过两次北人南迁的高潮，对江南的人口增长和经济发展，具有重要意义。这两次北人南迁，第一次发生在两晋之间（公元2世纪初到6世纪），第二次发生在两宋之间（公元12世纪）。这两次人口迁移的高潮，今浙江省境是移民落户的主要对象。两晋之间的北人南迁，杭嘉湖平原和宁绍平原都有大量移民涌入。以绍兴一带为例，移民曾促使地价飞涨，据《宋书·孔季恭传》所载："山阴县土地褊狭，民多田少，"而《史臣》曰："膏腴上地，亩直一金。"这个地区的经济发展，则到达《晋书·诸葛恢传》所说的"今之会稽，昔之关中"的程度。杭嘉湖平原在这一时期也受到北方移民的重大影响，以吴兴一郡为例，名门望族群集于此，南朝四代，仅武康沈氏一族，在正史立传者就达20余人。但金衢盆地受这次移民的影响看来甚小，这当然是由于这个地区地处内陆，地形相对崎岖，土壤比较贫瘠，而交通、水利等各种条件也都不能与沿海的杭嘉湖平原和宁绍平原相比。在第二次移民高潮中，浙江受到较两晋间移民的更大影响。据《建炎以来系年要录》卷一五八所说："四方之民，云集二浙，百倍常时。"由于南宋以临安（今杭州）为首都，杭嘉湖平原和宁绍平原紧邻京畿。成为移民的主要集中地，在户口的增长，城邑的发展，生产的提高，经济的繁荣诸方面，又一次在很大程度上超越金衢盆地。在这样的情况下（当然还有其他一些值得继续研究的原因），使开发很早的金衢盆地，发展却显得缓慢，与杭嘉湖平原及宁绍平原存在较大的差距。

从历史时期直到现代，金衢盆地与杭嘉湖、宁绍平原既存在着生产和经济的差距，也有文化的差距。缪进鸿先生在其《长江三角洲与其他地区的人才比较研究》（《教育研究》1991年第1期）一文中，曾经统计了唐、北宋、南宋、元、明、清各代进士的地理分布与出进士最多的城市。其中，金衢盆地除南宋时金华、东阳两县出进士15人（同时期宁绍的鄞县、慈溪、余姚、山阴、会稽各县共出进士36人，杭嘉湖的钱塘、仁和、乌程、归安各县共出进士16人），元代时东阳、兰溪两县共出进士8人（同时期宁绍出12人，杭嘉湖出9人）外，其余各代，与杭嘉湖及宁绍相比，差距甚大。而明、清两代，杭州府仅钱塘、仁和两县就出进士1034人；绍兴府仅山阴、会稽、余姚三县，就出进士1048人；湖州府仅乌程、归安两县就出进士444人；嘉兴府及嘉兴、秀水、海宁、平湖4县就出进士633人；宁波府仅鄞县、慈溪、镇海3县就出进士693人。而金衢盆地的金华、衢州两府所属各县，由于出进士甚少，不列入缪文统计。

文化差距的另一种重要表现是地方文献数量的差距。由于地方文献的范围很广，统计不易，我们暂以《中国地方志联合目录》（中华书局1985年出版）所载至今尚存（或残存）的府、县、乡镇志为例，按明、清两代府属范围统计如下：

区　域	杭嘉湖平原			宁绍平原		金衢盆地	
府	杭州	嘉兴	湖州	宁波	绍兴	金华	衢州
文献数量	53	97	59	70	75	45	31
合　计	209			145		76	

以上的统计,虽然作为行政区域的这7个府不能与杭嘉湖平原、宁绍平原、金衢盆地这3个自然区域完全重合,但文献差距的基本情况是可以得到反映的。而且,不仅是历史上的地方文献存在这种差距,近、现代的地方文献,其差距或许比历史上更大。

地方文献是地方研究的成果,因此,这种差距就说明了人们对于金衢盆地研究工作的薄弱。这就是我们值得重视而必须迎头赶上的。从这样的要求来说,则《金衢盆地地理研究》的编著出版,实在是一件十分重要的大事。它标志着对金衢盆地全面深入的科学研究已经开始。正如前面所指出的,这片具有很大开发潜力的内陆盆地,将要通过科学研究,从自然地理环境到人文地理环境,从古地理、历史地理到现代地理,从各个地理要素到自然、人文综合体,从各方面探索盆地在形成、发育、变迁过程中的奥秘,寻求自然地理和人文地理发展的规律性,从而获得利用和改造的合理途径和有效方法,加速这个地区的生产发展和经济繁荣。

文集《金衢盆地地理研究》的编著,除了上述实践上的重要价值以外,在地理学科的建设上,也有深远的意义。因为从地理学科的分类来说,金衢盆地研究属于区域地理研究,而区域地理是近年以来在地理学领域中受到冷遇的学科。日本广岛大学地理系教授石田宽在他被提名担任1980年在东京举行的国际第二十四届地理学会区域地理组的召集人以后,曾向世界上许多国家的区域地理学家寄发了有关区域地理问题的意见表。在他所收到的回件中,有不少关于这门学科"不景气"的答复。已故的英国地理学家费希尔(C. A. Fisher)在其所著的《区域地理学往何处去》(英国《地理学》4卷第55期,1970年)一文中提到:"现在,系统地理学正像《圣经》上的月桂树那样繁荣,而区域地理学看来却正在衰落,甚至消亡。"石田宽教授本人在这次调查中也说:"年轻的地理学者,对它已普遍减少了兴趣,特别是在英国和美国。"因此,他提出了"复兴区域地理"的口号。

我曾于1983年应日本关西大学之聘,为该校大学院(即研究生院)作有关历史地理学等课程的讲学。这年9月22日,该校为我举行了一次公开演讲会,由著名地理学家河野通博教授主持,十几所大学的七八十位地理系教授和其他教学人员听了我的公开演讲。我在这次演讲中,特别提出了区域地理的问题。下面是我的讲词中的一段:

> 我完全赞同石田先生"复兴区域地理"的创议。我认为复兴区域地理的前提是区域地理内容的改革。因为科学发展一日千里,各学科之间互相渗透的关系变得十分复杂。而目前,除了地理以外,以区域为基础而进行研究的学科又如此之多。在一个区域里,各种学科的研究成果,比二三十年前不知增加了多少倍。在这样的形势下,区域地理的内容不进行改革是不堪设想的……要在区域地理研究中打破地理学与其他相关科学的界线,尽可能地把其他以区域为基础进行研究的

各学科的成果吸收进来,进行对区域的自然环境和人文环境的更为广泛和综合性的研究。当然,在这种研究中,区域的自然地理环境和人文地理环境仍是十分重要的基础。它和区域内所发生的一切自然和人文现象都有直接间接的关系。所以这种"区域研究"的立足点仍然没有离开地理。

现在,《金衢盆地地理研究》的内容很使我受到启发。浙江师范大学地理系的学者们在金衢盆地所做的研究工作,我感到与我在日本公开演讲中所提出的"区域研究"十分接近。收入该文集中的28篇论文,其实就是在盆地中所作的28项研究,这种研究的范围相当广泛,内容十分丰富,从自然环境领域的地质、地貌、古生物、矿床、古地理、气候、水文、土壤等,到人文地理领域的工业、农业、商业、人口、旅游以及综合性的生态、环境、地区开发等,每一项研究都有相当的深度,都是一篇水平较高的论文。而所有这28项研究,都深深地落实在金衢盆地这个区域之中。28篇论文汇集在一起,这就是我所说的:"进行对区域的自然环境和人文环境的更为广泛和综合性的研究"。这种区域研究对我们的一个重要启发是,它避开了历来不受人欢迎的那种枯燥乏味的一般描述,避开了所谓"地理八股";它给我们的另一个重要启发则是我在日本所说的:"这种区域研究的立足点,仍然没有离开地理。"

石田宽教授在1980年提出"复兴区域地理"的口号,我于1983年在大阪关西大学响应了他的口号。1989年,我接受当年石田先生执教的广岛大学之聘,到那里讲学,再一次提出了我的改革区域地理、复兴区域地理的构想。现在,我十分高兴地看到了这本《金衢盆地地理研究》的书稿,它和我所提出的改革区域地理的构想已经非常接近。希望我们大家继续努力,走上一条复兴区域地理的康庄大道。

1991年12月于杭州大学

原载《金衢盆地地理研究》,气象出版社1993年版

《历史地理学概论》序

　　我为研究生开设《历史地理学概论》课程已逾10年,讲学双方,都以没有一种教材或参考文献为苦。步天君为此书之著,收集了大量资料,然后整理分析,积数年辛勤,终于撰成《历史地理学概论》一书。让历史地理初学者,能够窥一斑以虑全豹,从而获得循序渐进;让广大历史地理学者得以此书为基础进行研究与讨论,促使学科的发展与提高;让与历史地理学者有关的其他学术界,可以借此了解历史地理学的概貌,以便于学科间的沟通。所以此书之出,必将受到历史地理学界和有关学术界的欢迎,洛阳纸贵,自可预卜也。

　　全书6章,第一章从历史地理学的科学属性、研究领域到研究方法,都有扼要的论证和介绍,并阐明了历史地理学与其他学科的关系。这是这门学科的开宗明义。第二、三两章简要地论述了中国的传统历史地理学与现代历史地理学。我国土地广袤,历史悠久,所以历史地理学的研究在我国不仅有古老的渊源和优越的传统,而且随着现代科学地理学的传入,历史地理学研究也出现了崭新的面貌和迅速的发展。历史地理学在我国,既是一门开创性的学科,也是一门学者们值得自豪的学科。第四章广泛地介绍国外的历史地理学研究概况,这部分内容,具有让读者开阔眼界的意义。尽管在地理学各分支学科中,中国的历史地理学是一门可以步入世界先进之林的分支学科,但是我们也应该看到,日本和欧美各国的历史地理学研究也各具特色。他们在资料的收集和积累,数据分析的方法和手段等方面,近年来也有许多推陈出新的进展,值得我们了解,也值得我们学习。第五、六两章论述了历史地理学研究的设计和实践,这是本书内容的深入部分,对广大历史地理学者的研究有重要参考作用。今后,我们要继续扩大历史地理学的研究范围,提高历史地理学的研究水平,这两章的内容是值得仔细研读的。

步天君在 1987 年—1988 年连续出版了《中国历史地理》上、下两册,在历史地理学界产生了很大的影响,因为这是通论性中国历史地理著作在我国首批出版。我为该书所写的序言中曾经指出:这是"我国历史地理学研究成熟的标志"。事实的确如此,与步天君同时,通论性的中国历史地理著作还有几种问世,为我国历史地理学界平添了一番欣欣向荣、蒸蒸日上的景象。现在,步天君又在通论性中国历史地理研究的基础上继续向前,着眼于学科理论和研究方法的探索,浓缩内容,概括论点,把分散的资料加以归纳,将具体的事实提高到理论,由博而约,约而精,撰成了这部《历史地理学概论》。步天君在历史地理学领域中的研究和写作,反映了历史地理学发展和进步的一个侧面。希望本书的出版,能够引起学术界的重视,为历史地理学研究带来一次新的跃进。

1992 年 11 月于杭州大学

原载《历史地理学概论》,河南大学出版社 1993 年版

《中国水系大辞典》序

　　1990 年 12 月，山西省水利厅和山西人民出版社联合召开了《中国江河大典》的编纂工作会议。我应邀与会。事后，中国江河水利志研究会和湖北省水利厅主办的《水利史志专刊》1991 年第 1 期发表了一篇关于这个会议的专题报道，并且用"一部了不起的大书"的分段标题，介绍了我在会上的谈话：

　　　　当代著名《水经注》研究专家陈桥驿先生对编纂《中国江河大典》一书大加赞扬。他在会议开幕式上激动地说：编纂这样一部书，是我青年时期就梦寐以求的事业，现在我已年过花甲，能看到在《水经注》中河流记述最详的山西编纂出版这样一部书，使我十分兴奋，我禁不住将这一信息告诉给国外的友人。

　　这一段报道是实在的，我的确为此书的筹备编纂而感到十分兴奋。山西省对此也非常认真积极，山西人民出版社总编辑陆嘉生先生曾专程从太原赶到杭州和我商量此书的编纂事宜。另外，由于《水经注》等课程的讲授，我被日本的几所大学聘为客座教授，所以有一批水利史学界的日本朋友。我把这个消息告诉他们，是为了让他们知道，他们今后的研究工作，将可以借助于这一部空前未有的大型工具书。不过从那时起直到现在，时隔一年多，《中国江河大典》的进展显然相当缓慢，还不知是否已经正式动手。当时我兴高采烈地把这个佳讯告诉我的日本朋友们，但他们要用上这部工具书，或许还得耐心地等好多年。对于这类事，由于我自己也当主编出版过几种辞书，而且现在还正在主编几种辞书，所以深知其中的难处。这种难处既说不清楚，也不便说清楚。

一个突如其来的震动是今年3月接到朱道清先生的来信。我和朱先生素昧平生，但是他毕生尽力编著《中国水系大辞典》的经历，确实和我志同道合。不过由于事情不同寻常，所以我应该坦率地说明，我是把朱先生的来信，以及随信所附的水利刊物的介绍和选刊样条并当地政府为出版此书所发的文件等进行综合阅读以后，才判明事实的。事实是，一部收词7000余条、总字数超过200万，包括河流、湖泊、水库、渠道等我国陆地地表水的大型辞书，依靠个人的毕生努力，终于独力完成。当我仔细地阅读了若干样条和插图以后，不仅感到激动，而且觉得惭愧。我毕生研究《水经注》，曾经点校了两种版本，并写过上百万字论文。有意编著一种新版本《水经注》和一部《水经注辞典》。国内外的不少同行学者都愿意支持我的工作，好几家出版社表示希望接受出版。但几年以来，杂务纷繁，岁月蹉跎，迁延至今而无所举措。现在忽然看到朱道清先生皇皇巨构的完成并即将出版，内心起伏，实难笔述。希望眼前发生的这个感人事实，能够成为对我的鞭策，成为我在有生之年完成著作计划的动力。

郦道元在《水经注序》中说："天下之多者水也。浮天载地，高下无所不至，万物无所不润。"正是由于水体的广泛存在和极端重要，所以历来记载河流的文献甚多，历史上曾经出现过《水经》和《水经注》各两种，而其中至今尚存的郦道元《水经注》40卷是一部千古流传的不朽名著。此后，唐李吉甫撰《删水经》10卷，金蔡珪撰《补正水经》3卷，清初黄宗羲撰《今水经》1卷，而齐召南于乾隆年间撰《水道提纲》28卷，都是这方面的荦荦大者。至于正史《河渠志》以及历来地理总志，上起《山海经》、《禹贡》、《职方》及《元和郡县志》、《太平寰宇记》、《元丰九域志》并元、明、清《一统志》之属，其所记及的河川湖陂，真是不可胜数。

不过上述种种，按其性质均是地理书和方志之类，尚非河湖水系的辞书。汉许慎撰《说文解字》，其中水部收入468字，又重文22字，包括不少河流在内，如"河水出敦煌塞外昆仑山，发源注海，从水，可声"；"江水出蜀湔氐徼外岷山，入海，从水，工声"等等，后来常为《水经》所本，而《水经注》也颇有引用。但《说文解字》是一部古代字典，并非专释河流。汉代编成的另一种辞书《尔雅》，具有百科全书性质，其中有《释水》一篇，或许称得上是我国最古老的河流辞书。《释水》的内容大概包括3类：第一类是解释河流的若干自然地理学概念，如"水注川曰溪，注溪曰谷，注谷曰沟，注沟曰浍，注浍曰渎"。第二类是解释河流的若干人文地理学概念，如"以衣涉水为厉，繇膝以下为揭，繇膝以上为涉，繇带以上为厉，潜行为泳"。第三类是解释若干具体的河流，如"江、淮、河、济为四渎，四渎者，发源注海者也"。《释水》虽然卷帙短小，但是作为河流辞书的滥觞，它是具有价值的。《尔雅》各篇，后来大都发展成为各种辞书。例如《释诂》、《释言》、《释训》3 篇。发展成为各种各样的字典和词典,编纂最多,流行至广。《释虫》、《释鱼》、《释鸟》、《释兽》、《释畜》各篇,最后发展为现代流行的动物辞典。《释草》、《释木》2 篇,则发展成为现代流行的植物辞典。而《释地》、《释丘》、《释山》、《释水》4 篇,后来也发展成为现代流行的地名辞典和地理辞典。从《尔雅》演变到各种现代辞书的过程。说明了科学技术的进步,也就是人类文明的发展。

引为不足的是《尔雅》的《释水》一篇,至今还没有发展成为一种现代的河流水系辞书。且不说水体是地球历史上生命发展的物质基础,河流是人类文明发展的必要条件等等重大事实,仅仅从河湖在我国土地上分布的巨大数量来看,专业辞书的编纂也早已成为当务之急。从自然地理学的概念来说,河流与湖泊,是地表水积贮的主要场所。河流是由一定地域内地面水和地下水补给并经常沿着狭长的凹地流动的天然水流;湖泊则是陆地表面洼地积水而形成的具有一定面积的水域。这些都是我们最习见的自然地理实体,但是这种自然地理实体在地球表面具有极大的数量,为其他许多自然地理实体所望尘莫及。根据竺可桢先生所倡导和主编的《中国自然地理》一书的《地表水》分册《前言》的记述(科学出版社,1981 年版),我国河流,流域面积在 100 平方公里以上的约有 5 万多条,而面积 1 平方公里以上的天然湖泊,也有 2800 余个。现在当然没有可能也没有必要把所有这些河湖都编入一部辞书,但是即使采取其中的一小部分,也将是一件工作量浩大,许多人不敢问津的艰巨任务。现在,朱道清先生以他非凡的勤奋和毅力所完成的这部《中国水系大辞典》,收入的河流,接近上述总数的 10% ,而三四十公里长的河流差不多都收入了。天然湖泊则达到 30% 。常年积水面积 2 平方公里以上的天然湖泊也基本上收入了。此外还有许多人工湖泊和港湾等等,而最后并附有《水系全图集》。这当然是一部我国河湖水系的空前大辞书,它不仅为广大读者解答有关我国河流湖泊等方面的一切咨询,而且也是人数众多的地理、水文、水利、水产、交通、港口等部门工作人员的工具书。它所产生的社会效益和经济效益是不言而喻的。

前面已经指出,河流、湖泊都是自然地理实体,但它们同时也是一种重要的自然资源。人们当然十分熟悉河湖在灌溉、防洪、航行、发电、水产、旅游等方面的重要作用,但是从更为长远的时间和宽广的领域进行综合的观察和思考,水资源对人类的今天和明天,还有更为重要的意义。我曾以《水体与文化》为题,作为替张步天先生所撰的《洞庭历史地理》一书的序言。我在该文中指出:

　　　　水资源的问题,现在已经成为一个全球性的问题。人类为了发展文化,延续后代,必须尽一切可能保护水体,从最迫切的现状来看,特别是保护自己国家的淡水水体,主要是河湖水体(当然也不能忽视地下水体)。

　　所以《中国水系大辞典》的出版,除了上述为我国在河湖水系方面提供了一部大型辞书以外,还有更为深远的意义。因为作为一种工具书,它的使用面虽然极宽,大部分毕竟还是与这个领域有关的专业人员。但是如前面指出的,河湖是地表水积贮的主要场所,也是我国绝大部分淡水资源存在之处,所以这不仅是当前的全民问题,并且也是我们子孙后代的问题。从这样的高度进行评价,则这种辞书具有全社会的价值,它通过对全国主要河湖水系的描述和解释,让大家认识对河湖水体进行保护的重要意义。

　　学郦数十年,江河水利之书,殆已读遍。古稀之年而得睹此巨典,实在不胜荣幸,心有所感,爰为之序。

1992 年 4 月于杭州大学

原载《中国水系大辞典》,青岛出版社 1993 年版

《战略地理学与庆元经济发展研究》序

徐传珍同志50年代毕业于杭州大学地理系，毕业后到庆元工作，至今已有30余年。庆元是个"九山半水半分田"的纯山区县份，传珍同志以他的地理科学知识为武器，对这个地方的山山水水经过多年考察研究，可以说充分掌握这个山区县份的自然地理和人文地理情况。在这样的基础上，他提出了发展庆元经济的一系列论文，如《发挥庆元优势，振兴庆元经济的战略措施》、《庆元经济发展方向、结构调整的设想和战略措施》、《庆元经济发展战略浅探》等等，细读这些论文，使我在两方面受到启发。

第一，传珍同志对庆元的研究的确是全面而精湛的，这和他在大学时代所奠定的扎实的地理学基础和到庆元以后的勤奋努力当然是分不开的。因此，他所提出的一系列发展庆元经济的战略措施如"一种二养三加工"，"战略重点是发展林业"，"突破口是食用菌"等等，都是切中这个山区县份的实际情况而具有战略意义的。庆元是"香菇之乡"，传珍同志首先提出"香菇节"的建议，说明了他的远见。所有这些，都是他对庆元作出的贡献。

第二，从传珍同志在庆元30多年勤勤恳恳工作中，既表现了他对科学的热爱，也表现了他对庆元这个山区县份的热爱。传珍同志是河南人，在大学中学习成绩优秀，但他乐于在庆元这个偏僻的山区小县建立一番事业，决心把他所学得的科学技术，奉献给这个地方，而终于获得了出色的成绩。

我很同意传珍同志在其《地理学的优势在于战略研究》一文所提出的地理学的基

本特点是区域性、综合性和宏观性的论点。他在庆元做了多年的地理研究工作,他所总结的地理学的这种基本特点,或许就是他在这个地区长期工作的心得。因此,也是他实践的结果,所以这是值得称道的。他从地理学的这些基本特点,归结到地理学的优势在于战略研究,以他多年来所从事的最基础的区域地理研究的经验提出这个问题,我认为地理学界是乐于接受他的这种观点的。正因为此,我很高兴地在他的这本论文集的卷首写上这一点简短的意见。

1993 年 12 月于杭州大学

原载《战略地理学与庆元经济发展研究》,庆元县地理学会 1993 年刊行本

《中国珍稀鸟类的历史变迁》序

　　自然界原来就有它自己互相制约而又一直保持着的一种生态平衡。谚云:"天生一只鸟,地生一条虫;天生一条虫,地生一片叶。"这就是原始的生态平衡的通俗写照。人类从全新世起就有了有组织的生产活动。为了养活自己,繁衍后代,为了在天生万物中保持自己至高无上的地位,就开始对这种生态平衡有所破坏。当然,在这种破坏的初期,由于被破坏的一方底子厚实;而破坏的一方,力量还相当微弱,所以这种破坏的进度并不迅速。而且在破坏的一方之中,也有一些聪明人,他们察觉了这种破坏的后果,因而站出来阻遏这种破坏。就以鸟类为例子,《水经·浙江水注》中记载了这样一个故事:

　　　　昔大禹即位十年,东巡狩,崩于会稽,因而葬之。有鸟来,为之耘,春拔草根,秋啄其秽。是以县官禁民不得妄害此鸟,犯则刑无赦。

　　这就是所谓"会稽鸟耘"的故事,"鸟耘"和大禹的关系,汉王充老早就在《论衡·求虚篇》加以驳斥。他说:"考实之,殆虚言也。"又说:"实者,会稽众鸟所居,《禹贡》曰:彭蠡既潴,阳鸟攸居。天地之情,鸟兽之行也。象自蹈土,鸟自食苹,土蹶草尽,苦耕田状,壤靡泥易,人随种之。"至于"会稽鸟耘"的鸟是什么鸟,来自何方? 王充曾在《论衡·偶会篇》中也有解释。他说:"雁鹄集于会稽,去避碣石之寒,来遭民田之毕,蹈履民田,啄食草粮,粮尽食索,春雨适作,避热北去,复至碣石。"

　　王充所解释的这种"雁鹄",按照今仍以钱塘江、曹娥江河口岸滩为越冬地的北方候鸟来看,绝大多数大概是一种学名称为绿头鸭(Anas platyrbunchos)而俗称野鸭的冬候鸟。在王充所在的东汉初年(公元1世纪—2世纪),今钱塘江、曹娥江河口和山会平原还有比现在广阔得多的沼泽地,是它们理想的越冬栖息场所。但是随着土地的垦殖与钱塘江河口的改道,沼泽地的面积已经大大缩小。而且由于这种候鸟肉味鲜美,是人们宴席中的佳肴,所以每到它们到来的季节,猎人们用网、毒药和火枪等加以大量捕杀。直到今天,这个地区每到冬季,市场上常有这种野味供应。所以与王充的时代相比,这种候鸟的减少是不言而喻的。

上面提及,历史上确实有过不少具有远大眼光和卓越见识的人,他们为阻遏人们破坏生态平衡而费尽口舌和笔墨。他们呼吁人们不要杀灭包括鸟类的各种动物,不要滥伐森林,不要填塞湖泊等等。但历史事实是,这些人的力量,终归敌不过破坏的力量。事实是,动植物不断地遭到捕杀和破坏,湖泊不断地被垦殖湮废,生态平衡的失调每况愈下。这是一方面。但是另一方面,我们也不能在这个问题上一味责怪古人。在古代社会中,有不少生态平衡的破坏是由于古代科学知识的落后,人们无法预见到他们的行为,正在为他们自己的子孙后代制造灾难。当时,如前所述,也有县官懂得:"不得妄害此鸟。"有许多人苦口婆心,劝阻人们妄杀滥垦。但问题是,他们的这些好心人之中,多数都并不能给人们以其他的谋生之道和获得生活资料的方法。所以,尽管他们的行为也起过一点作用,但是他们的力量毕竟抵不过破坏的力量,以致在这个问题上变本加厉,愈演愈烈。

此外,在一个重要问题上,我们也必须分辨清楚。古人在一段时期中烧毁或砍伐森林,垦殖草地,排干沼泽,杀灭许多包括鸟类在内的动物,这是他们改造自然的必要手段。用另一句话说,也是他们谋求生态平衡的一种手段。因为不要忘记,所谓生态平衡,这是指的自然环境适宜于以人类的生存为中心的生态平衡。人类既不能让森林、草地、猛兽、毒蛇的存在威胁人类的存在;也不能让它们灭绝殆尽而威胁人类的存在。人类必须想方设法,让它们的存在与人类的存在之间保持一定的比例关系,这才是以人类的存在为中心的真正的生态平衡。

试想,在古代,到处都是蔽天的森林,无垠的草地和沼泽。《禹贡·扬州》:"厥木惟乔,厥草惟夭。"在这样的自然环境里,犀象成群,虎豹横行。人类如何改造它们以适于生存。这种改造,实际上就在当时的自然环境中谋求生态平衡的手段。再举个例子,在唐朝,今华南沿海,包括大陆上的溪涧山谷,还存在着大量的马来鳄(Crocodilus porosus),它们到处肆虐,威胁人们的生存。以致韩愈不得不撰文声讨它们,要把它们驱走。此外,从明代直到晚清,我国南方的许多地方,包括上海及其他城市的近郊都常常出现华南虎(P. T. amoyensis)的踪迹,甚至窜入城市,在不少方志中都有"虎灾"、

"虎暴"的记载,以致人们不得不想出许多方法,消灭和驱逐这些可怕的猛兽。可是时至今日,马来鳄不仅已经在中国沿海绝迹,在世界上也所存不多。而华南虎如今也成为需要保护的稀物。人类捕杀这些动物以求自存,初不料其结果终于出现这些动物的锐减甚至灭绝。这就说明,人类在起初为了生存而自发地谋求生态平衡,而终至破坏了生态平衡而使自身重新陷入生存的困境。这个过程,是当今研究生态平衡的人所必须认识的。也就是说,在这个问题上,我们不必埋怨古人的过错,而在今天的情况下,怎样使已经破坏了的生态平衡逐步得到恢复,其责任恰恰就在我们自己一代。

从野生动物来说,他们之中许多品种的剧减或灭绝的过程,一方面是由于人类的大量捕杀,另一方面是生存环境的破坏。在某些情况下,后者所起的作用或许比前者更为严重。公元6世纪的著作《水经注》在《沔水篇》(即今汉江)中记载的一种称为"水虎"的动物,其实就是扬子鳄(Alligator sinensis),当时在今陕西、湖北一带是很普通的动物。1992年美国的《新闻周刊》在8月11日有一篇题为《野生动物在呼唤》的报道,所说就是这种动物在生存环境破坏以后的处境:

> 仅仅一百年前,在中国安徽省长江流域的沼泽地带还生长着难以数计的短鼻鳄。这种凶猛的扬子鳄经常糟践庄稼,吞噬家禽。夜间,村民们常为它们持续不断地嘶叫声惊醒。然而,由于生态环境的污染和猎者的捕杀,其数量日益减少。至1981年,它们的数量已不足500条。中国政府觉察到这一情况后,立即在安徽省开始了一项捕捉饲养的计划,使扬子鳄的数量迅速回升,至今年春季,在那里的扬子鳄饲养场中已集聚着3700来条身长2米以上的鳄鱼。但是他们已不可能再回到野生环境中去了,因为它们的栖息处所几乎全部消失:沼泽地已变为农田,适于它们活动的许多河岸已被破坏,甚至那些被保护着的扬子鳄繁衍区也受到化肥的污染,毒化了它们的食物来源。……

《新闻周刊》继续说:

> 扬子鳄的厄运正是目前中国保护野生动物计划执行情况的缩影。

《新闻周刊》的报道说明,外国人看到了我们对野生动物保护方面所作的努力和取得的成就,但其中困难的部分是这些野生动物原来的生存环境遭到破坏,而要恢复它们的原来的生存环境,却是一个难题。

我在国外也看到了一些外国人对于野生动物保护的情况。我所主编的《当代世界名城》(浙江人民出版社1987年版)一书的前言中,我曾经提到日本的情况:

> 在我所访问过的许多日本城市中,东京并不是我所喜欢的,因为这个城市十分繁嚣和拥挤。……但是,一次偶然的发现,却使我多少改变了对这个城市的看法。一个早春的清晨,我在千代田区的一家旅馆的大楼顶层的阳台上散步,忽然

间,一大群漫天而来的野鸭,几乎覆盖了千代田、中央、港区、新宿等区的整个天空,从东南向西北缓缓飞去。此后,我连续几个清早,都在阳台上欣赏到这种闹市中的野生动物奇迹。由此,我联想到,从整个东京都或者更大的范围来说,对野生动物资源的保护工作,必然是做得很好的。

我之所以重视在日本看到这些鸟类,主要是联想到他们对这些鸟类的生存环境的保护,非常明显,这些大群出现的鸟类,他们的生存环境必然是在东京湾或其邻近地区,而这些地区一定受到很好的保护。我的想法是,人们对动物的直接捕杀,当然是动物减少或灭绝的重要原因;但是,另一方面,人们对于动物生存环境的破坏,在某种程度上,特别是对于若干种动物,譬如鸟类,其祸害或许超过直接的捕杀。我曾经考察过青海湖上的鸟岛,如此大量的多种多样的鸟类,破坏它们的生存环境,就是使它们无家可归,这就比直接捕杀的后果要严重得多。

在这方面,使我感到十分慰藉的是关于云南省洱源县南的"鸟吊山"的变化。我曾在香港《明报月刊》1990 年 7 月号发表过一篇《读水经注札记》,其中有一则《弔鸟》就是说的这回事。郦道元在《水经注》卷三十七《叶榆河》篇中记及叶榆县的"弔鸟山",说此山在每年七八月间有大量鸟类聚会,可以"夜燃火伺取之"。在郦道元的记载以后约一千年,明朝的著名旅行家徐霞客亲自到了这里,当时地名已叫邓川州,山名也改称"鸟弔山"。近人朱惠荣注释《徐霞客游记》时,在这一段中说:

> 这种动人的奇景至今仍然存在,每年中秋前后,在大雾迷蒙,细雨绵绵的夜晚,成群结队按一定路线迁徙的候鸟,迷失了方向,在山间徘徊乱飞,当地群众在山上四处点燃火把诱鸟,火光缭乱,群鸟乱扑。

从朱惠荣的注中,可知这许多鸟都是候鸟。郦道元的记载是"夜燃火伺取之",徐霞客的记载是"土人举火,鸟辄投之",而朱惠荣则说"当地群众在山上四处点燃火诱鸟"。从《水经注》到朱惠荣,历时 1400 多年,燃火诱捕候鸟的陋俗未变,这确是令人忧虑的。但是后来我在云南民族出版社出版的《民族文化》1986 年第 6 期中,读到了《鸟弔山》一文,我的忧虑就减轻了许多。该文作者杨圭臬记载了他目睹的情况:

> 鸟雀越来越多,简直像雨点般向火光扑来。有的叽叽喳喳啼叫,有的引颈长鸣,震动山谷。这时,只要拿一根长竹竿,随意刷打就可以打下许多鸟雀。据说,过去也是这样的,但近年来已再没有人打鸟了。只有偶尔用网兜捕捉几只奇异的鸟类饲养。而上山林的都是来"赶鸟会",欣赏这种罕见的大自然奇观。

至于这大量的候鸟来自何方,杨文中也有颇详的说明:

> 一位特地从昆明动物研究所赶来参加"鸟会"的科学工作者告诉我:这些鸟中,大部分是从青海湖中的鸟岛飞来的,像领鹬这种鸟,就只有青海湖才有。我感

到很惊奇,他慢慢地跟我说:这些都是候鸟,每年冬天都要飞到孟加拉湾一带过冬,到第二年春天返回,鸟弔山刚好是候鸟南迁的中途站,于是便有那么多鸟雀了。

从"鸟弔山"的候鸟情况,说明我们如要研究鸟类的现状,还有必要熟悉鸟类的历史。一般鸟类的现状需要研究它们的历史,而珍稀鸟类的现状就更需要研究它们的历史。所谓"珍稀",实际上就是灭绝的前奏。濒临灭绝的鸟类,我们要拯救它们,首先必须了解它们的历史变迁。而何业恒教授多年来的刻苦研究,正是这方面最必要的手段。

多年以来,久闻何先生在这方面的深厚造诣。今年5月,因出席史念海教授80寿诞历史地理学术讨论会,在西安恭聆了何先生关于珍稀鸟类朱鹮的学术报告。使我茅塞顿开。何先生在他大量珍稀鸟类的研究中,选择朱鹮在西安报告,是有他的深长意义的。因为从眼下的情况来看,这种珍稀鸟类,在全国范围内已经只有陕西的洋县一地尚有存在。但在历史时期,朱鹮的分布是相当普遍的。在东北的黑、吉、辽,华北的晋、冀、鲁、豫,西北的陕、甘,华中和江南的湘、鄂、赣、皖、苏、浙,西南的川、黔、桂,华南的闽、粤以至海南、台湾等22个省区,都有它们的存在。直到本世纪30年代,它们的足迹仍分布在上述除了黔、桂、赣以外的19个省区。到了50年代,虽然已经显著减少,但尚在陕西、甘肃、江苏等省发现。1964年6月,在甘肃康县还采到此鸟标本。而至今则仅孑存于洋县,其处境已岌岌可危。何先生的报告,对人们来说,不啻是一次响亮的警钟,让大家在这个问题上猛醒。在历史时期,有不少鸟类是怎样由多到少,由少而珍稀以至于灭绝的。何先生在西安的报告,引起到场的历史地理学家的极大兴趣和关注,除了会上的许多提问以外,会后也还有不少听众到何先生寓处就这个问题专门请教。足见对于珍稀鸟类的历史变迁和如何保护的问题,确是大家所关心的。

何业恒教授早已就此书的序言相嘱,受命以来,常感惴慄。何先生的研究属于历史动物地理学的范畴,在历史地理学的各部门中,这是一个目前研究者最少而研究最困难的领域。我对此道实未涉猎,仓卒成篇,语乏伦次,诚恐贻笑大方,还希读者见谅,并请何先生指正。

拙序既竟,却还有一点题外的话必须在此稍叙。何业恒教授编纂这一套《中国珍稀动物历史变迁丛书》,可谓浩大工程。1990年在上海参加谭其骧教授80寿诞历史地理国际学术讨论会时,何先生曾以丛书中的第一册《湖南珍稀动物的历史变迁》见赠。拜读该书,知他编纂这套丛书,曾广采博引,利用了大量资料,其中仅地方志一项即达6000余种,近90000卷。对此,我立刻意识到,旧方志的动植物记载不列学名,何先生在这方面一定煞费揣摩,花了大量的精力加以辩证。在这些志书中查索动物名称,通名与俗名混用,本名与别名交错,有时一名为数物所共有,有时数名却仅系一物。混乱颠倒,不胜其烦,鲁鱼亥豕,出错更属难免。按中国方志史中,动植物记载使用学名并加列拉丁文二名法者,始于 30 年代的民国《鄞县通志》。所以 80 年代之初,当一位美国汉学家看到当时新修的某种方志时,见动植物记载仍不异旧时,曾感慨地和我说:"比比《鄞县通志》,倒退了半个多世纪。"这话对我确实十分震动。从此以后,凡我参加各种志书评审会,我都以这位美国汉学家之言,敦促修纂者重视这个问题。而在浙江省,确实因此而收到了较好的效果。现在浙江省修纂的新方志,多数已在动植物卷中使用了学名,并加列拉丁文二名法。"倒退了半个多世纪",虽是一句逆耳之言,却也是诤诤之语。方志要求科学,要求实用,岂能让动植物这一卷,陈旧落后而不及半个多世纪前的旧志? 何业恒教授是方志的大用户,必定也有同感。谨为他的大著作序的机会,向方志界进此一言。

1992 年 10 月于杭州大学历史地理研究室

原载《中国珍稀鸟类的历史变迁》,湖南科技出版社 1994 年版

《王士性论稿》序

　　天津教育出版社于1987年起分册出版《历代游记选粹》，我为该书写了总序。我在序言中把中国历史上的游记分成两类，一类如《穆天子传》、《桃花源记》等，属于虚构游记；另一类则是由旅行者就其实地见闻所作的纪实游记。纪实游记发展的结果，除了旅行者实地写作的第一手游记以外，又出现了按他人的旅行纪录而写作的第二手游记。第一手游记与第二手游记历代有所积累，形成了我国一宗重要的文化财富。从宋代起，由于游记的数量激增，于是就有人对游记进行整理，出现了类书形式和丛书形式的游记汇册，前者如《舆地纪胜》、《方舆胜览》和规模更大的《大明舆地名胜志》等，后者如《天下名山诸胜一览记》、《古今天下名山胜概记》以及篇幅浩瀚的《小方壶斋舆地丛钞》等。此外，还有历代以来文人学士记述旅行见闻的大量诗词歌赋。我国自古以来的游记文献，真是洋洋大观。

　　我的那篇总序主要是对我国历代的游记作了一番议论，对于游记的作者则涉及不多。其实，对游记作者进行研究，与研究游记的本身同样具有意义。因为通过这种研究，我们可以发现历史上的许多伟大旅行家和他们的业绩。我国历代的游记，包括非常杰出的游记，当然并非一定是旅行家撰写的，例如历史上最早的纪实游记之一，即东汉初年的《封禅仪记》，其作者马第伯就不是旅行家，是他在一次随侍汉光武帝封禅泰山的旅行后所作的记载。南朝宋戴延之的《从刘武王西征记》，是《水经注》常引的古代著名游记之一，但戴延之也不是旅行家，他是随刘宋武帝西征的行军记载。柳宗元的《永州八记》长期以来脍炙人口，是游记中的不朽之作，但柳宗元也并非旅行家，《永州八记》是他贬谪到该地时的作品。

除了历史上若干文人学士在某种特有的机遇中撰写而成的出色游记外，我国历史上流传的许多百读不厌的游记，都是由一些著名的旅行家撰写的。司马迁无疑是出类拔萃的早期旅行家之一，他不仅踏遍北国神州，而且遨游大江南北。行万里路，读万卷书，他虽然没有以他旅行所得的满腹经纶撰写一部游记，但《史记》的《货殖列传》和《太史公自叙》等篇中，却永远闪烁着他旅行历程的光芒。北魏郦道元是另一位彪炳史册的杰出旅行家，他处身于一个国家分裂、兵荒马乱的时代，但他却在戎马之间利用一切机会旅行考察，足迹殆遍北朝，在他的不朽名著《水经注》中，充满着他毕生的旅行成果，为这本名著倍增光辉。我国古代的旅行家当然还可以举出不少例子，晋法显和唐玄奘都在长期的域外旅行中获得丰硕的成果，《法显传》(《佛国记》)和《大唐西域记》都是我国古代域外游记的典范。

论及中国历史上的游行家，则明代后期的王士性、袁宏道、徐霞客3人，应该予以极大的重视。此3人是同一时代的、成就卓著和成果累累的旅行家，他们有相同的时代背景，都是热爱大自然、热爱祖国河山的爱国主义者，都有旅行的高度爱好和渊博知识，都为后世留下了优秀的旅行成果。但是从他们各自的成果进行对比分析，则3人之间显然具有差异。

徐霞客(1587—1641)的出生较袁宏道晚19年，较王士性晚40年，在3人中年齿最幼。这是一个被称为"千古奇人"的旅行家，他的旅行成果则是被称为"千古奇书"的《徐霞客游记》。他从20岁开始旅行，先后30余年，走遍了大半个中国。每次出行，他都按日记载其旅行见闻，详尽细致，留下了数十万字的宝贵《游记》。徐霞客的旅行业绩，在最近10余年中，结合他的诞生400周年和逝世350周年等活动，受到了社会的高度重视。不仅是《游记》得到重新整理出版，研究徐霞客的专著如唐锡仁、杨文衡的《徐霞客及其游记研究》和正在排印的《徐霞客与山水文化》等书，都有很大的篇幅和详备的内容。唐、杨的专著分析《游记》，把徐霞客的贡献列为地貌、水文、生物、人文地理4项，其中地貌项下就有岩溶地貌、山岳地貌等7类，而仅岩溶地貌一类中的地表岩溶方面，就有石芽与溶沟、岩溶裂隙、落水洞等21种贡献。从这些贡献中可以证明，徐霞客不仅是一位伟大的旅行家，同时也是一位学识渊博的地理学家。

不过我们现在宣扬古人的业绩和评论古人的贡献，必须实事求是，既不夸大，也不缩小。自从丁文江在20年代编撰《徐霞客先生年谱》、倡导徐霞客研究以来，包括这十几年中大量涌现的研究文献，其中也有尚可商榷的问题。对此，我在《纪念徐霞客诞辰四百周年文集》中所撰《关于徐霞客与江源问题》一文中已有述及。因为丁文江认为徐霞客在地理上的重大发现有5项:即南、北盘江之源流,澜沧江、潞江之出路,枯柯河之出路及碧溪江之上流,大盈、龙川、大金沙江三江之分合经流,江流。而谭其骧曾于40年代撰有《论丁文江所谓徐霞客地理上之重要发现》一文加以驳正。谭文云:"自余考之中,惟最不重要之第三项(按指枯柯河及碧溪江),诚足以匡正前人,其余四项,皆断乎绝无'发现'之可言。"我在拙文中为此指出:

> 后辈学者的学问,当然是在前辈学者刻苦砥砺的基础上不断累积的结果。因此,对于后辈学者来说,前辈学者是值得尊敬,和学习的,现在有人采取前辈学说而不著所出,更有甚者,剽袭前辈学者的学术成就,却诡言是自己多年研究所得,这当然是极不道德的行为。但是在另一方面,对于前人的学术成就,也必须实事求是地予以总结和评价,既不妄加贬损,也不宜渲染过分,这是科学的态度,也是尊重前辈学者的态度。

徐霞客的《江源考》当然是一篇很有价值的文章,但是后来也不免有人推崇过分。对此,我在拙文中曾经详述,在徐氏以前如《汉书·地理志》和《水经注》对今长江上流的记载,并且指出:

> 我在上面推崇的徐霞客敢于摆脱经书束缚的精神,也是根据徐霞客所在的时代而言的。从今天的观点来说,他对于经书束缚的摆脱,也是很有限度的。不妨抄录《江源考》中的有关一段:

> 其实,岷之入江,与渭之入河,皆中国之支流,而岷江为舟楫所通,金沙江盘折蛮獠谷峒间,水陆俱莫能溯。既不悉其孰远孰近,第见《禹贡》岷山导江之文,遂以江源归之,而不知禹之导,乃其为害中国之始,非其滥觞发脉之始也。导河自积石,而河源不始于积石;导江自岷山,而江源亦不出于岷山。

> 从上文可见,徐霞客虽然指出了岷山不是江源,但是他并不说经书错了。而只是利用了在当时已经相对清楚的黄河河源的例子,把"导河积石"而河源实非始于积石的事实引用于"岷山导江"之中,用以反证江源亦非始于岷山。而对于夏禹跑到积石去"导河"和跑到岷山去"导江"等今天没有人信以为真的传说,他并无任何异议。因此,从另一种角度说,他还是尊重经书的。但是,对于这样的事,我们千万不能忘记时代。我们不能苛求于三个多世纪以前的徐霞客,也正和我们不能苛求于十多个世纪以前的郦道元一样。这就是历史唯物主义的态度。

总的说来,《徐霞客游记》对后世的贡献,主要是他为我们提供了他的旅行历程中的大量第一手观察纪录,让我们按照科学的发展和现代的认识继续进行深入的研究。《游记》并非全无理论的探讨和分析,但就其大体而言,其内容主要是经过他仔细观察的素材。我并不反对唐、杨两先生用许多现代地理学和地貌学的名称总结徐霞客的贡献,但是必须说明,这是地理学和地貌学发展到了今天,人们用今天对于这些科学的认识,对徐霞客在300多年前的观察记录加以评述。唐、杨两位列举地表岩溶多至20余种,这些名称当然都是现代喀斯特研究的成果。在徐霞客的时代,对喀斯特的许多原理是知其然而不知其所以然的,但是他的仔细纪录,为我们今天的研究提供了素材。所以《游记》的主要贡献在于纪实。徐霞客当然是一位有贡献的地理学家,而同时也是我国历史上的一位纪实型旅行家。

现在看一看另一位旅行家袁宏道(1568—1610),和徐霞客的布衣一生不同,袁宏道是万历进士,曾经出任过吴县知县和吏部郎中等官职。但是在旅行的爱好上,他们是相同的。华北江南,袁宏道足迹甚广,写下了许多动人的游记。袁宏道与其兄宗道、弟中道在文学上称为"公安派"(因三袁是湖广公安人得名),宏道则是这个流派的主要人物,生平写下了大量诗文,文名甚盛,有《袁中郎集》40卷传世。集中包括大量游记,后来有人把这些游记从集中选出来,编成《袁中郎游记》一书,于1935年在中国图书馆出版部出版。由于他的游记文笔清丽,写景生动,所以不胫而走,风行一时。在许多文选甚至教科书上,都选入他的游记供读者学习和欣赏。兹举他的代表作之一《满井游记》中的一段如下:

> 廿二日天稍和,偕数友出东直,至满井。高柳夹堤,土膏微润,一望空阔,若脱笼之鹄。于时冰皮始解,波色乍明,鳞浪层层,清澈见底,晶晶然如镜之新开而冷光之乍出于匣也。山峦为晴雪所洗,娟然如拭,鲜妍明媚,如倩女之靧面而髻鬟之始掠也。柳条将舒未舒,柔梢披风,麦田浅鬣寸许,游人虽未盛,泉而茗者,罍而歌者,红装而蹇者,亦时时有。风力虽尚劲,然徒步则汗浃背,凡曝沙之鸟,呷浪之鳞,悠然自得,毛羽鳞鬣之间,皆有喜气。始知郊田之外未始无春,而城居者未之知也。

满井是今北京东直门外的一处并不著名的风景点,但在袁宏道的笔下,却显得栩栩如生、历历如画。说明他不仅爱好旅行,而且善于就他的旅途见闻,写出隽永动人的的文字。明末清初的学者张岱,在其所著《跋寓山注二则》中说:"古人记山水,太上郦道元,其次柳子厚,近时则袁中郎。"从张岱的推崇中,可知袁宏道所写游记受人欢迎的原因。所以他是我国历史上的一位文学型的旅行家。

3人之中年龄最长的、也是这篇序言要写的主要人物王士性(1547—1598),也是万历进士,曾经出任过确山知县和太仆少卿等官职。他性好旅行,漫游名山大川,足迹遍五岳,并及峨嵋、点苍、鸡足等。至于南北各省及诸通都大邑,也几无所不到。他的旅行成果主要有《五岳游草》10卷,《广游志》2卷,《广志绎》6卷。和徐霞客一样,王士性也是一位非常杰出的地理学家。前面已经提及,徐霞客是一位纪实型旅行家,他的《游记》主要是他逐日观察的纪录。王士性在《五岳游草》和《广游志》中,也作了大量地理现象的纪实,但在《广志绎》中,他除了纪实以外,还把许多地理现象作了归纳和分析,也就是说,把地理现象提高到地理理论。例如在《广志绎》卷一中,他简要地分析了中国各地的地域差异:

> 东南饶鱼盐、秔稻之利,中州、楚地饶渔;西南饶金银矿、宝石、文贝、琥珀、硃砂、水银;南饶犀、象、椒、苏、外国诸币帛;北饶牛、羊、马、羸、藏毡;西南川、贵、黔、粤饶梗枏大木。江南饶薪,取火于木,江北饶煤,取火于土。西北山高陆行,而无舟楫,东南泽广,舟行而鲜车马。海南人食鱼虾,北人厌其腥;塞北人食乳酪,南人恶其膻;河北人食胡葱、蒜、薤,江南畏其辛辣。而身自不觉,此皆水土积习,不能强同。

寥寥百余言,把全国各地区在物产、燃料、交通、习俗等方面的差异,概括得恰如其分,条理井然。这当然是对大量地理现象进行提炼的结果。没有深厚的地理学功底和精辟的分析能力,是达不到这样水平的。又如卷三对洛阳古都地理形势的分析:

> 周公卜洛时,未有堪舆家也,然圣人作事,已自先具后世堪舆之说。龙门作阙,伊水前朝,邙山后环,瀍水内裹,大洛西来,横绕于前,出自艮方。嵩高为龙左耸,秦山为虎右伏,黄河为玄武后缠,四山城郭,重重无空隙,余行天下郡邑,未见山水整齐如此者,独南北略浅偪耳。

洛阳建都的地理形势,在他的这段不到百字的概括中,精辟清晰,宛如一幅地图。王士性的不同凡响,于此可见。在《广志绎》全书中,像上述这样把繁细的地理现象进行分析归纳而提高到理论的,例子不胜枚举。由此足以说明,王士性不仅是一位杰出的地理学家,而且是一位学术型的旅行家。

在上述明代后期的3位旅行家中,文学型的袁宏道,不仅文名卓著,为"公安派"之首,其游记文采又得到如张岱之流的高度赞扬,而《袁中郎游记》也早已出版,所以影响深远。另一位纪实型的徐霞客,最近这些年来,更受人推崇备至,几至家喻户晓。唯独学术型的王士性,却显然受到冷落,令人遗憾,1992 年在西安举行的祝贺史念海教授 8 旬寿辰学术讨论会中,周振鹤教授在他宣读有关王士性论文之时,曾为他深抱不平,很受与会学者的同情。王士性长期来不受人重视,当然是由许多原因造成的,他的著作偏重学术研究,故事性不如《徐霞客游记》而文学性不如《袁中郎游记》,曲高和寡,或许有以致之。已故的我国历史地理学泰斗谭其骧先生于 1985 年在全国徐霞客学术讨论会上指出:"王士性在人文地理学方面的成就,比之于他以后的 40 年的徐霞客对自然地理的贡献,至少是在伯仲之间,甚至可以说有过之无不及。"(据周振鹤《王士性地理书三种·后记》)在谭先生的倡导之下,学术界对王士性从此有所重视,不少学者开始撰写介绍和研究王士性的文章,而周振鹤教授编校的《王士性地理书三种》于1993年出版,为有意研究王士性的学者提供了比较完整的资料,有裨于学术研究自不待言。现在,徐建春、梁光军两君所著,篇幅宏大、内容完备的《王士性论稿》行将问世,此书包括王氏时代家世、著述与旅游考察、在地理学及其他学术上的贡献、在中国科学史上的重要地位以及其代表作《广志绎》的研究,并及于有关王氏的其他考证和海内外对当前王士性研究的评价等等,可谓集王士性研究之大成。此书的出版,对于王士性研究,实属划时代之举,其将引来研究高潮,可以预卜。

此书的完成,徐建春君实首当其功,举凡全书之擘划,篇目之设计,资料之搜集,多数章节之撰写等等,均任其劳。而另一作者梁光军君对于《王氏宗谱》之发现与不少文献之整理,厥功亦足称道。我有幸得读此书原稿,有感于徐、梁两君在此书撰写中的卓著劳绩和非凡成就,因为之序。

1994年5月于杭州大学

原载《王士性论稿》,杭州大学出版社1994年版

《浙江历代名人录》序

　　《浙江历代名人录》已经编纂完成,行将出版,这是浙江省历史上的一部重要文献,值得重视。《论语·公冶长》云:"十室之邑,必有忠信。"浙江是文物之邦,历代以来,菁英辈出,人文鼎盛。今此书收录历代名人不过5000人,这是作者反复斟酌,精心选择的结果。凡所收录,都是出类拔萃的人物,他们不仅在各个不同的历史时代推动历史的前进,而今后仍将长期作为人们崇敬的表率。《名人录》汇5000菁英于一编,实在是一部铿铿锵锵的历史典籍,它在历史、资治、教化上意义,当然是不言而喻的。

　　怎样的人物才算名人? 对于这个问题,历来曾有不同看法。《左传·襄公二十四年》所记载的鲁大夫叔孙豹(即叔孙穆子)与晋大夫范宣子(即士匄)的对话,或许是我国历史上最早议论这个问题的记载之一。时至今日,仍然不无意义。所以我把这一段抄录如下:

　　　　春,穆叔如晋。范宣之逆之,问焉。曰:古人有言曰:死而不朽,何谓也? 穆叔未对。宣子曰:若匄之祖,自虞以上,为陶唐氏;在夏,为御龙氏;在商,为豕韦氏;在周,为唐杜氏;晋主夏盟,为范氏。其是之谓乎? 穆叔曰:以豹所闻,此之谓世禄,非不朽也。鲁有先大夫曰臧文仲,既没,其言立,其是之谓乎? 豹闻之,太上有立德,其次有立功,其次有立言。虽久不废,此之谓不朽。若夫保姓受氏,以守宗祊,世不绝祀,无国无之,禄之大者,不可谓不朽。

　　在这段对话中,范宣子以他的显赫家世自诩,一副盛气凌人的势派,而叔孙豹则认为,仗先人之权势,取百姓之厚禄,这类事"无国无之",没有什么可以吹嘘的。而立德、立功、立言,"虽久不废,此之谓不朽",才是值得崇敬的。

在中国历史上,尽管曾有许多正直的文人学士公开推崇叔孙豹而贬斥范宣子,但其实,范宣子的影响仍然不可低估。在正史和其他某些史籍中,为人物立传,重官位高低而轻贡献大小的倾向,曾经长期存在。我在拙作《郦道元与水经注》(上海人民出版社1987年版)一书的《序言》中已经指出:"正史上多少无所作为的帝王将相,史官为他们立传,动辄千言,而如今史籍浩瀚,他们除了偶然为历史学家所触及以外,其泯泯然不见于世正与庶民同。"这也就说明了我们在今天编纂《历代名人录》的必要。

《浙江历代名人录》卷首《凡例》中列举了6条收录标准,是比较完整而全面的。例如第一条,对于历代军政大员,其收录标准为"事迹影响较大者",而一般官员的收录标准则为"有重大社会影响者"。综观这6条标准,着重于一个原则,这就是,必须有业绩可书,才在收录之列。这与《左传》叔孙豹之言,其实是一致的。因为作为一位历史名人,称业绩也可,称社会影响也可,总不外乎立德、立功、立言。由此可知,《浙江历代名人录》所收录的名人,都是历代的"三不朽"人物,而此书的不同凡响,自不待言。

《宋史·文天祥传》云:"自为童子时,见学宫所祠乡先生欧阳修、杨邦乂、胡铨像,皆谥忠,即欣然慕之,曰:殁不俎豆其间,非夫也。"前辈的伟大榜样对后人的启迪教育真是立竿见影。希望《浙江历代名人录》能够发挥它的重要作用。

1994年7月于杭州大学

原载《浙江历代名人录》,杭州大学出版社1994年版

《'94国际酒文化学术研讨会论文集》序言

为了举办'94国际酒文化学术研讨会,我们于1993年年初向国内外有关学术界和酿造企业界等发出了会议通知,并征集论文,得到了国内外专家学者的热烈响应和大力支持。一年之中,收到了国内外专家学者惠寄的许多论文。年逾9旬的日本东京大学名誉教授坂口谨一郎先生为研讨会写了热情洋溢的贺辞,令人感动。我们在已经收到的90多篇论文中,遴选了57篇,编印成这本论文集。

论文集分上、下两编。上编内容主要是国际酒文化的交流,曲、酒母和设备的研究,酿造酒(黄酒、清酒)、蒸馏酒(白酒、烧酎)和其他酒类的研究;下编内容主要是酒史与其他有关酒文化问题的研究。论文集在卷末编有一个附录,包括北宋《北山酒经》和清《调鼎集·酒谱》,这两种都是中国酒文化的重要文献,我们在收入前作了初步的整理和点校。

在国际间进行酒文化的学术讨论,这是一件值得重视的大事。因为酒是世界上任何民族都饮用的嗜好品,酒文化的国际性是显而易见的。酒在社会文化上所发生的作用,就其主流而言,取决于社会的性质和社会文化发展的程度。在一个具有优越社会文化传统和文化发展程度较高的社会里,酒可以成为社会文化中的一个积极的组成部分,它和这个社会的关系是和谐而相得益彰的。它有助于促进社会的交流,充实人们的生活和享受内容,增加人们之间的谅解和友谊,使整个社会变得活泼、进取和充满感情,变得更丰富多彩,从而推动社会文化的发展。在另外一种社会文化中,酒可以成为一种粗暴、仇恨、淫泆、放荡、颓废的推动力,是犯罪的触媒,成为社会文化的一种消极因素。现在,我们举行国际酒文化学术研讨会,会议的意义当然是积极的。通过国内外专家学者的讨论,世界各地的优越酒文化传统,将得到广泛的交流和发扬。这样的学术研讨会,当然有裨于酿造技术的提高和酒文化的健康发展,从而促进人们的谅解与友谊,社会的进步与繁荣。

中国是一个具有优越酒文化传统的国家,在漫长的历史时期中,巧匠高手,制作出不计其数的名醇佳酿。酒作为一种受人喜爱的饮料,它不仅助人为乐,引人入胜,而且还在许多场合中,发挥了它促使人们精神振奋、活力充沛的积极作用。晋陶渊明诗《游斜川》:"提壶接宾侣,引满更献酬。"酒在亲朋聚会中增加了风趣;唐王维诗《渭城曲》:"劝君更尽一杯酒,西出阳关无故人。"酒在饯行送客中增加了感情;唐杜牧诗《江南春绝句》:"千里莺啼绿映红,水村山郭酒旗风。"酒为自然风景增添了魅力;元萨都刺诗《题范阳驿》:"长路风寒酒力醒,马头岁月知长亭。"酒为旅行者解除了车马劳顿;宋向子諲诗《峡山飞来寺》:"惭无陶谢挥斥手,落笔纵横对酒杯。"酒促进了人们的文思和笔力;《吕氏春秋·顺民篇》记载越王句践的复兴事业:"有酒流之江,与民同之。"酒起了激励民心,鼓舞士气的作用。如此等等,不胜枚举。中国的酒文化悠远,博大,高雅。和中国一样,世界各国也都有它们的精酝美酒和优越的酒文化传统。从这本论文集中,我们已可窥及一斑,而通过这次研讨会的切磋和交流,我们必然能在这个领域中获得更大的成就。

'94 国际酒文化学术研讨会,不仅是一次学术的盛会,也是一次友谊的盛会。与会的酿造企业界和学术界人士,都是酒的专家,毕生不仅品尝,而且研究过多少名酝佳酿,酒的醇厚、甘冽、馥郁、清芬,当然令人陶醉;而由于它们的生产、消费、贮存、流传过程所形成和发展的酒文化,更为世界文化史平添了许多佳话,为人类社会增加了和谐与繁荣。这本论文集所展示的,只是研讨会成果的一个方面,会议的实际成就,必将远胜于此。祝愿与会专家学者们在学术讨论中结成深厚的友谊。我们共同关心的研讨课题是酒,而中国有句老话:"酒逢知己千杯少。"为了祝贺论文集的出版,为了预祝即将举行的研讨会的成功,为了崇高的学术研讨和诚挚的友谊交流,让我们愉快地干杯吧!

1994 年 6 月于杭州大学历史地理研究中心

原载《'94 国际酒文化学术研讨会论文集》,浙江大学出版社 1994 年版

《徐霞客与山水文化》序

我在 1985 年首先提出"徐学"一名,是通过当年参观徐霞客故居时的一首五言绝句提出的:

郦学渊源长,徐学后来昌。郦学与徐学,相得而益彰。

1986 年,我再次参观徐氏故居,即席题了一首五言律诗,其中又提到了"徐学":

郦学与徐学,渊源称悠久。郦将十五纪,徐届四百周。

前贤述山水,后儒记卧游。两书相辉映,河山特锦绣。

我两次提出"徐学",都是和"郦学"并提的。后来我又写成了《郦道元与徐霞客》一文,收入于《徐霞客研究文集》(江苏教育出版社 1986 年版),把郦道元与徐霞客作了详细的比较研究。我之所以一再把这二人进行对比,因为我发现,尽管二人所处的时代不同,出身不同,遭际不同,著作不同,但他们有一个基本相同的特点,这就是他们对祖国河山的无比热爱。正因为此,他们都倾注了全部感情,描写了祖国河山。在他们的笔下,祖国河山显得分外妖娆妩媚,这正是我在诗上所说的:"两书相辉映,河山特锦绣。"《水经注》和《徐霞客游记》,在时间上相隔千年,但它们都是洋溢着对祖国河山满腔热爱的作品,是我国历史上山水文化的杰作。

我之所以几次用"郦学"对比"徐学",也寓有以成熟的"郦学"促进后起的"徐学"的用意。我为吴天任教授《郦学研究史》(台北艺文印书馆 1991 年版)一书所写的序言中说道:

　　称《徐霞客游记》研究为"徐学",是我在八十年代初期所首先提出。虽然各方纷纷响应,但"徐学"作为一门专门的学问,还有待不断研究和提高,庶几名副其实。

　　既然徐霞客与郦道元在热爱祖国大好河山这一点上如此酷似,既然《徐霞客游记》与《水经注》都是我国山水文化的杰作,则"徐学"研究也应该与"郦学"研究一样,得到应有的发展与提高。这实在是我最近几年来耿耿于怀的心事。因为从学术界的提倡,社会舆论的影响,纪念活动的频仍等方面来看,"徐学"的声势已经不小;但从实际的研究成果来看,与"郦学"相比,"徐学"毕竟还属后进。现在,当我读到了《徐霞客与山水文化》的书稿以后,实在使我感到由衷的高兴,因为这是一本"徐学"研究中的开拓性著作。此书不仅总结前一个时期"徐学"研究的果实,集"徐学"之大成;而且由于全书11篇的记叙和论述,让人们看到了"徐学"研究的广阔领域和美好前景。所以此书之出版,在"徐学"研究上具有划时代的意义。

　　此书除了资料丰富、内容完备以外,还有个重要的特色:此书是一种专业性和普及性兼具的著作。我在拙作《扩大徐霞客研究》(《千古奇人徐霞客——徐霞客逝世三百五十周年国际纪念论文集》,科学出版社1991年版)一文中曾经提出:"郦学和徐学都有它们的专业性和普及性。"对此,我的解释是:

　　　　郦学包含了大量碑版学、文献学、沿革地理学等材料,而徐学则包含了许多有关地貌学、岩石学、民族地理学等材料,这些都是这两门学问各自的专业性。但是除了专业性以外,这两门学问显然存在着它们的普及性。它们的普及性,也就是这两门学问的共同基础,其实就是描述和赞美祖国的大好河山。

　　现在,此书不仅阐明了徐霞客的故乡、生平、足迹,而且记述了他在祖国各地的旅游历程及其在自然科学和人文科学上的探索和收获。同时兼及他的旅行方法,旅途生活,探险精神,奋斗意志。并且与我国历史上的其他山水文化名流、旅行家、探险家、科学家如陶渊明、郦道元、郑和、徐光启、王士性等作了比较研究。在上述内容之中,既包括专业性的论证,也具有普及性的描述,确实是一项"徐学"研究的卓越成就。

　　我在前面已经指出,《水经注》和《徐霞客游记》是我国历史上山水文化的杰作。现在,《徐霞客与山水文化》一书的出版,将为我国丰富多彩的山水文化锦上添花。在"徐学"研究领域中,此书是一块里程碑,值得推荐,值得赞赏。

陈桥驿

1993年元月于杭州大学

原载《徐霞客与山水文化》,上海文化出版社1994年版

《区域历史地理的空间发展过程》序言

侯甬坚君的力作《区域历史地理的空间发展过程》一书行将出版,我为此书写几句序言,心中的感受不同一般。近年来为别人著作撰序每年大概总在10篇左右,已经成为一种不小的负担。但甬坚君此书所讨论的是我多年来十分关心的问题,而且他于80年代开始研究这个课题之初,我已经约略获悉他的研究方法和内容。现在,他的课题终于完成,所以为此书作序,是一次重温这个课题的机会。另外,大凡书籍之序,自来有官序、学序两类,官序由于来头不同凡响,尽管寥寥数言,而且可以不涉著作内容,但置于卷首,气派非常,有助于提高著作身价,自不待言。学序无非讨论学问,甬坚君索序于我,正是因为他是一位年轻学者,在著作完成之后,仍然不忘在这个课题中继续探索,继续加深。因此,我为此书作序,其实是甬坚君与我之间,就这个课题再作一次讨论。

多年以来,甬坚君研究的课题是区域历史地理,但从地理学领域来说,这个课题研究过程中所涉的许多理论和实践问题,其实也就是区域地理的问题,早在1989年,当甬坚君的这个课题列入国家自然科学研究项目之时,我为他所写的推荐书上有一段话:

在历史地理学领域中,区域历史地理是一个薄弱环节,正如在地理学领域,区域地理是一个薄弱环节一样。区域地理的衰落,已经成为国际地理学界引人关注的问题。1980年在东京举行的国际地理学会中,区域地理组的主持人广岛大学石田宽教授,事前专门就此问题与全世界的区域地理学家作了联系,在大会上作了热烈而深刻的讨论,并且一致决议了"复兴区域地理"的口号。我于1983年9月22日在日本关西大学的一次公开演讲中,也对十几所大学的七八十位教授、副教授们论述了复兴和改造区域地理的问题(详见张步天著《中国历史地理》上册《陈桥驿先生序》,1987年湖南大学出版社版)。区域地理(包括区域历史地理)的复兴和改造是国际地理学界(包括历史地理学界)的共同任务。

当年,我在关西大学所作的这次公开演讲,是由日本著名地理学家河野通博教授发出请柬并主持会场的,或许是由于他的声名,所以从日本各地赶来听讲的特别踊跃。而最使我不胜雀跃的是,石田宽教授的高足,广岛女子大学副教授堤正信君,竟因这一次听讲而下定决心要到我的研究室就区域地理和区域历史地理的理论与实践进修一年。在演讲会后,他立即向我表达了这种心愿,我当时就同意了他的要求。不过在当时,一位外国学者到中国进修,还必须经过冗繁的审批手续。他于次年春季,通过一个旅游签证,到杭州和我再次商量此事,并向杭州大学提出正式申请,由杭州大学转呈上级审批。1985年春季,我在国立大阪大学讲学,当时,中国方面已经批准了他的申请。我特地从大阪赶到广岛与他商量他到我研究室进修的问题。他来华心切,广岛会面后,立刻带了夫人和子女到杭州,等到我们夫妇从大阪返国时,他到我的研究室已经一个多月,在我的几位助手安排下,正在大量阅读我指定的各种文献。随即到了暑假,他只身出发考察,跑遍了半个中国。由于劳累过度,考察结束后不久,就发生了甬坚君在其专著第一章《区域历史地理申论》中所提及的不幸事件。由于甬坚君提及了这件往事,使我不免勾起了对堤正信君的追忆。他的确是一位年轻有为的日本地理学者,对于区域地理的改造,他不仅有抱负,而且有计划。他曾花许多时间研究聚落地理,其目的是想以聚落为纽带,把区域的自然景观和人文景观结合起来。他的专著《集落の社会地理》(广岛溪水社1985年版)是他多年来在广岛、福岛二县实地考察的结果,[①]也是他改造区域地理设想的初步成果,其中已涉及区域地理的不少理论和实践问题。堤正信君的去世,如我在为张步天君著作所作序言中的话:"不仅日本地理学界丧失了一位有进取心的年轻学者,我与他合作进行的在区域历史地理研究中复兴区域地理的计划也半途而废,对我来说,这是一次重大的挫折。"

此后,对于复兴区域地理的事,虽然一直耿耿于怀,但由于杂务纷繁,心有余而力不足,引为不胜苦恼。所以当我在1989年年初看到甬坚君区域历史地理的研究计划并且对它作了充分评估以后,对区域地理研究的后继有人,确实感到高度快慰。记得我在推荐书中最后写到:"这种研究,涉及区域地理和区域历史地理的重要理论,是复兴和改造区域地理的重要手段,因而其研究成果具有国际意义,将对目前国际地理学界所共同存在的区域地理衰落现象提供复兴改造的依据。"由于历史地理学界的聚会和经常去西安参与史念海教授的博士生答辩之事,甬坚与我几乎每年都能见面一次,有机会不断面谈这个课题,因此,甬坚君的研究进度和陆续提出的成果,我基本上都能及时了解,所以,当我看到这个课题终于完成而且其卓越成果即将付诸出版之时,感慨与喜悦的心情,当然是笔难尽述的。

这个研究成果包括 8 章。合起来看,这 8 章当然具有完整的系统性,包括区域历史地理的理论与实践,分析深刻,论证严密,有不少独创的见解。把每一章分开来看,则又都是一篇单独的区域历史地理思想方法论的精湛论文。为此,甬坚君的这本专著,对于地理学者来说,既可以通读,也可以择读。读者都能从中获得教益。

甬坚君研究的课题虽然是区域历史地理,但他的研究成果对于现代区域地理同样具有意义,也就是说,在复兴区域地理的任务方面也有重要价值。因为现代区域地理的研究,首先必须掌握区域发展史,而甬坚君书内关于历史区域考察和地域开发层次的专章,都为现代区域地理的研究提供了基础;而关于分界线、区域类型、区域空间、空间地理规律等的研究,对于现代区域地理研究,从理论体系到思想方法,都具有创新的意义。我们当然不会把此书的问世在区域地理复兴的事业中作过高的估计,但是至少让人们看到了复兴的兆头。不管是区域地理或区域历史地理,一个时期出现的衰落现象,并不至于长期继续下去。费舍尔(C. A. Fisher)所叹息的:"现在,系统地理学正像《圣经》上月桂树那样繁荣,而区域地理学看来却正在衰落,甚至消亡。"(《区域地理学往何处去》,载英国《地理学》1970 年第 4 卷第 55 期)或许属于杞忧。当然,复兴显然不是轻而易举的任务,必须在区域地理的理论和方法等诸方面进行改造和革新,如同甬坚君所作的那样,一个课题、一个课题地坚持努力,我们终究是能获得成功的。在这方面,《区域历史地理的空间发展过程》的出版,不仅对我们深有启发,而且可以作为我们的榜样。

在这篇序言的末尾,我还想提出一个问题。由于甬坚君在其著作第一章《区域历史地理申论》中论及了历史地理学的四分法和二分法,现在来讨论这个问题,真是溯昔抚今,无限感慨。因为历史地理学的四分法和二分法,其实也就是地理学的四分法和二分法。时至今日,年轻的地理学者如甬坚君这样,他们所见到的,不管是四分法或是二分,人文地理学总是占有着它与自然地理学同等重要的位置。他们不曾经历过那些年头,人文地理学被批判、排斥。学者们对此不仅裹足不前,而且视作畏途。在地理学界和高等学校,人文地理学按当时苏联的模式被经济地理学所取代。我从 50 年代起曾经在大学地理系长期担任经济地理教研室主任和区域地理教研室主任的职务,对此记忆犹新。当时,地理系除了这门研究生产力配置或生产配置(这是我们当时引进的苏联的两个学派）的经济地理学以外，完全没有人文地理学的课程。而区域地理由于失去了人文地理学这一支柱，因而蒙受了较世界其他国家更为严重的影响。特别令人扼腕的是，有一些著名的老一辈人文地理学家，他们不仅在学术上受到批判，而且在政治上也横遭迫害和摧残。

从 70 年代末期起，由于政治形势的好转，被禁锢的人文地理学开始获得了解救。为了扭转人文地理学在我国的落后处境，《中国大百科全书·地理学》卷决定将卷内有关人文地理学的条目先以分册形式出版。我忝为这个分册的特约编辑，于 1983 年年初在上海参与定稿工作，发现当代人文地理学的不少分支，在我国属于全盘空白，有关这类条目，不得不翻译国外资料充数。此书后来以《人文地理学》为名于 1984 年出版，主编、老一辈著名人文地理学家李旭旦先生在卷首《前言》中提及当时我国人文地理学的落后情况：

> 1980 年以后，我国多数地理学者也发出了要大力开展人文地理学研究的呼吁，要求加强这门已被长期忽视、大部分已是十分薄弱甚至是空白的学科。

现在，人文地理学作为禁区的时代已经过去，区域地理研究也不致因为不敢涉及人文景观而举步不前。而甬坚君所提出的地理学或历史地理学的四分法和二分法才不是一种奢谈。在这样的条件下，区域地理和历史区域地理的复兴已经有了保证。甬坚君所取得的成就或许是这方面的开头，今后区域地理和历史区域地理必将获得更大的发展。

注释：

① 此专著列为广岛大学地域研究丛书第 7 卷，堤正信副教授曾任广岛大学地理科学会的编辑委员。

1994 年 7 月于杭州大学历史地理研究中心

原载《区域历史地理的空间发展过程》，陕西人民教育出版社 1995 年版

《中国历史时期植物与动物变迁研究》序

文焕然先生生前是我的老友,我们曾经合作共事,有过一段值得纪念的回忆。现在,他的遗作(包括他生前发表过的以及与其他学者合作的)《中国历史时期植物与动物变迁研究》一书,经过其哲嗣榕生君的仔细整理以后,行将出版,我为此而感到由衷的高兴。

焕然先生和我是1963年在杭州举行的中国地理学会第三次代表大会暨支援农业学术年会中认识的。当时,他是中国科学院地理研究所历史地理组的负责人,而我是杭州大学地理系经济地理教研室主任,我们在这次全国性的学术会议中都加入了历史地理学组。当时,历史地理学界的前辈如谭其骧、侯仁之、徐近之等学者,也都是这个组的成员,焕然先生和我在这个组中算是后进的中年学者。我们不仅在会上相处甚得,会后也继续保持通信联系。我在会上提出的论文《古代绍兴地区天然森林的破坏及其对农业的影响》,不久在《地理学报》发表,我立刻把抽印本寄他,获得了他随即写来的许多热情洋溢的鼓励。可惜接着到来的"文革",中断了我们的联系。

"文革"结束以后,学术界又重新开始活动。由中国科学院已故竺可桢副院长担任主编的、规模巨大的《中国自然地理》各卷,分头进行编纂。《历史自然地理》卷于1976年冬在西安举行编纂会议,焕然先生和我又一次见面,并且共同负责卷中的《历史时期的植被变迁》一章。根据会上许多学者提出的意见,会后,在我们经过反复地通信讨论以后,他决定在1977年暑期从北京到杭州,与我共同完成这一章的撰写。这年7月初,他冒暑来到杭州,开始寓居杭大,由于当时全国9个省市正在合作翻译一套世界各国的地理文献,我是浙江省翻译组的负责人,翻译组规模庞大,事情极繁,每天上门谈问题的人应接不暇,根本无法坐下来工作,于是就迁居到西湖边上的新新饭店,那里环境清幽,风景秀丽,本来可以安心写稿,可惜由于地点仍在杭州,数日以后,登门言谈翻译问题的人,仍然络绎不绝。这样,我们才下决心离开杭州,搬到绍兴,在卧龙山下的绍兴饭店进行我们的撰写工作,约有一个半月之久。在这一个半月之中,我们同室而居,朝夕切磋,并且到著名的会稽山作了野外考察。不仅基本上完成了初稿,而且也从此结下了深厚的学术友谊。

《中国自然地理·历史自然地理》最后于1982年在科学出版社出版,我是此书的3位主编之一,全书的章节次序以及作者的姓名安排等等,都是由我处理的。《历史时期的植被变迁》这一章,虽然最后也由我定稿,但稿内提供的资料,多数都是焕然先生的,所以在作者姓名的排列中,我当然把他的名氏置于我之上。却接到他一封充满谢意的信,表扬我在作者姓名排列上的谦逊,使我非常惭愧,因为这实际上正是他的谦逊。

此后,我们仍多次在各种学术会议上见面,在北京、西安和其他一些地方。每次见面,他总要找一个机会与我彻夜长谈,不厌其详地告诉我他的研究计划,而且充满信心。我由于担任的社会工作较多,常常影响专业研究的时间,对他的专心致志的精神和终日孜孜的毅力,感到既羡慕,又崇敬。的确,我们之间的每一次谈话,现在回忆起来,宛如在昨天一样。

他的身体素质本来很好,回忆在绍兴工作的一个多月时间中,他身体的各方面都比我强。到会稽山考察植物地理的一次,正是盛夏酷暑,烈日当头,野外考察是相当艰苦的。但他却表现得步履轻松,强健有力。我比他小好几岁,但在这一天爬山越岭的过程中,他常常走在我的前头。80年代中期,他得了一场大病,从此,体质就衰弱下来。1986年暑期,《中华人民共和国国家历史地图集》在北京怀柔水库开会,他抱病参加。由于糖尿病的折磨,他不仅形容消瘦,而且步履维艰。我很为他的身体担心,但他却仍然对他的学术事业充满信心,与我侃侃而谈,让我知道,他在大病以后,又已经完成了好几项研究任务。对我来说,这实在是一种鼓励和鞭策。不幸的是,这次见面竟成了我们的永诀。以后就接到了他辞世的噩耗,我确实曾经为我失去这样一位益友而感到无比的哀痛和怅惘。

焕然先生的治学为人都是值得学习的。他治学的特点是坚强的意志力和无比执著的事业心。他以历史时期植物和动物的变迁研究为己任,也就是历史植物地理与历史动物地理的研究。在历史地理领域中,这两个分支的研究是具有很大难度的。重要的原因之一是资料分散,搜集这方面的资料,真如大海捞针,查索竟日而一无所获的情况往往有之。正因为如此,加上他工作过细,因而进度不免稍慢,但他本着人一为之己十之、人十为之己百之的精神,夙兴夜寐,加班工作,最后终于获得成功。至于他的为人,则忠厚诚恳4字,或许可以概括尽致。对于这方面,与他打过交道的朋友们,大概都有这样的感觉,这也是他在学术界能够获得不少合作者的原因。

现在,焕然先生的遗著(包括他生前发表过的以及与其他学者合作的)就要公之于世。这里的20几篇论文,所探讨的都是我国历史时期植物与动物的变迁过程。正如前面所指出的,所有这些资料的搜集、整理、分析、研究,具有很大的难度。而且,论文除了探讨几种植物、动物在历史时期消长和分布的变迁以外,同时还探讨了围绕这些植物、动物变迁的生态环境的变迁。所以这些论文所探讨的,不仅是事物的现象,而且涉及事物的本质和它们的规律性。这些论文在学术上的价值,当然是不言而喻的。

历史地理学中的历史植物地理和历史动物地理这两门分支学科,由于焕然先生生前的奔走倡导,近年以来已经获得了较大的发展和进步。溯昔抚今,令人精神为之振奋。而回首与焕然先生合作共事的日子,更感遐想无穷。承榕生君之嘱,爰为之序。

1993 年 5 月于杭州大学

原载《中国历史时期植物与动物变迁研究》,重庆出版社 1996 年版

《历史时期苏北平原地理系统研究》序

　　1987 年初夏,我应邀为华东师范大学褚绍唐教授的硕士研究生吴必虎君主持论文答辩。这些年来,参与历史地理学博士、硕士论文答辩,几乎每年不断。但使我诧异的是,吴必虎君竟选择了一个区域地理的课题,这或许是我几年中遇着的唯一区域地理单元论文。区域地理研究在地理学领域中受到冷落,这是近年来不必讳言的事实。正如已故英国地理学家费希尔(C. A. Fisher) 在其所著《区域地理学往何处去》(载 1970 年英国《地理学》第 4 卷第 55 期)一文中所说的:"现在,系统地理学正像《圣经》上的月桂树那样繁荣,而区域地理学看来却正在衰落,甚至消亡。"日本广岛大学教授石田宽被提名担任 1980 年在东京举行的国际第 24 届地理学会区域地理组的召集人以后,曾向世界上许多国家的区域地理学家寄发区域地理问题的意见表,回件中有不少关于这门学科"不景气"的答复。石田先生因而提出"复兴区域地理"的倡议。

　　我于 1988 年应聘到日本关西大学讲学,这年 9 月,日本著名地理学家河野通博教授为我在该校研究生院举办了一次公开演讲会,十几所大学的七八十位地理学家听了我的演讲。我在演讲中表示完全赞同石田先生所提出的倡议。但我指出,复兴区域地理的前提是区域地理内容的改革。我说:"要在区域地理研究中打破地理学与其他相关学科的界线,尽可能地把其他以区域为基础进行研究的各学科的成果吸收进来,进行对区域的自然环境和人文环境的更为广泛和综合性的研究。"1985 年,我在国立大阪大学讲学,特地到广岛和那里的地理学同仁们继续讨论了"复兴区域地理"的问题。

1989年,我应聘到广岛大学讲学,再次与他们就这个问题交换意见,我在关西大学提出的关于"复兴区域地理"的措施,基本上为广岛的地理学界所接受。

当年,必虎君的学位论文之所以立刻引起我的注意,因为这篇以苏北历史区域地理为研究对象的论文,其结构和内容,包括课题的研究方法,都和我在关西大学研究生院的公开演讲相符合。所以我在答辩中就指出这是一篇历史区域地理的成功之作。此文后来发表于1990年出版的《历史地理》第8辑。1991年,我为必虎君推荐青年地理科技奖时,再一次指出"其硕士论文《苏北平原区域发展的历史地理研究》是近年以来区域历史地理研究中的佳作之一,很得历史地理学术界的好评"。现在必虎君对他的研究课题作了进一步的提高和充实,完成了《历史时期苏北平原地理系统研究》的专著。这既是一部历史地理专著,也是一部区域地理专著。从前者来说,它为近年来欣欣向荣的历史地理研究锦上添花;而从后者来说,它具有为曾被冷落的区域地理研究重整旗鼓的重要意义。我为必虎君的成就感到鼓舞,特为之序。

1994年12月

原载《历史时期苏北平原地理系统研究》,华东师范大学出版社1996年版

《万物之灵——中国崇拜文化考源》序

洪年君的力作《万物之灵——中国崇拜文化才源》行将出版，嘱序于我。我对此道实属外行，但在读了他的全部书稿以后，不仅获益非浅，而且感慨良深，所以愿意在此表达一些个人的意见。

崇拜文化的研究不仅是个民俗学和社会学问题，而且是个哲学问题，领域十分宽阔，牵涉面至广。所以洪年君的这部著作，实在不同凡响。人类对自然的崇拜和信仰，可以说是与人类社会同时出现、持续，而且不断发展，或许要直到永远。因此，崇拜文化不仅有深厚的渊源，而且有遥远的、很难预测的前景。所以对这个课题的研究，虽然难度很大，但是极有价值。洪年君多年来孜孜于此，并且知难而进，在"考源"上下工夫。其中剖析信仰心态，绅绎信仰体系，勾勒其来龙去脉，有不少新见，且均能自圆其说，从而获得了卓越的成果，确是值得重视的。

对自然和其他事物的崇拜，是人类崇拜的一种原始的或者说初级现象。这种崇拜的发生，首先是由于远古人类与其目击的大自然相比之下所产生的一种渺小感和神秘感，对此，当然也是由于早期人类与以后的人类比较下的相对愚昧。但是崇拜并不是固定不变的，崇拜的深化和提高，就发展成为宗教和宗教信仰。原始的宗教和宗教信仰，经过不断地发展和完善，又成为高级的宗教和宗教信仰。其基础仍然是人类的自然崇拜。

历史上也有极少数绝顶聪明的人，他们洞悉这类崇拜和信仰其实都是子虚，但他们并不出头公开反对,因为他们同时明白,人类的这种崇拜和信仰,既是难以改变的,却是可以利用的。孔子就是其中的代表,他说:"敬鬼神而远之",①实在就表达了自己不信鬼神存在的观点。也有一些没有领会他思想的学生,例如季路,竟然问老师关于鬼神和生死的事。孔子就直截了当地训斥了他:"未能事人,焉能事鬼?""未知生,焉知死?"②当然,由于祀神祭鬼的事由来已久,他深知此事不仅不可抗拒,而且值得因势利导。所以他说:"祭如在,祭神如神在。"③这句话的意思,我在拙作《评〈中华帝国晚期的城市〉》④一文中已经作了解释:"仪式当然应该端庄肃穆,事情则不过如此而已"。⑤

历史上还有一类人物,他们用权力禁止人民对自然和鬼神的崇拜信仰。这类人往往不是独裁者就是暴君,他们的目的显然就是企图把人民的这种对自然和鬼神的崇拜信仰,扭转为崇拜他们个人。在中国,秦始皇就是这方面的突出例子。他是我国历史上见诸记载的第一个禁止佛教的独裁者。

这里必须首先阐明佛教何时传入中国的问题。对此,历史上最流行的说法是汉明帝"夜梦金人"的故事。记及此事的古籍甚多,以《魏书·释老志》最为详明:

> 汉明帝夜梦金人,顶有白光,飞行殿庭。乃访群臣,傅毅始以佛对。帝遣郎中蔡愔、博士秦景宪等使于天竺,写浮屠遗范,愔仍与沙门摄摩腾、竺法兰东还洛阳,中国有沙门及跪拜之法,自此始也。……愔之还也,以白马负经而至,汉因立白马寺于洛城雍关西,摩腾、愔、法兰咸卒于此寺。

这个故事流传甚广,所以韩愈说:"汉明帝时,始有佛法"。⑥但这种说法的牵强附会,实在十分明显。假使当时民间尚无佛教的流行,则傅毅何以能"以佛对"?当然,白马驮经的故事,对于说明佛教为朝廷所接纳,并且公开流行,仍是很有价值的。案佛教于2500余年前创自印度,不久就传入中国,却为秦始皇所禁绝。《史记·秦始皇本纪》:秦始皇三十三年,"禁不得祠明星出西方"。这是秦始皇禁佛的明确记载。

对于《史记》的这一条文字,历来颇有不同见解,包括对句读的分歧在内。但是必须指出,错误的见解多半来自不谙梵语的学者。其实秦始皇三十三年记入《史记》的是两件大事,一件是"禁不得祠",另一件是"明星出西方"。句读清楚,两者绝不牵混。后一句"明星出西方",当然是这一年西方出现了一颗彗星,这是古代史书常记的大事。前一句"禁不得祠",关键在"不得"。按梵语,"不得"即是 Buddha 的音译。这个梵语词汇,我国古籍中还有许多其他译法,如步他、复豆、勃陀、佛图、浮图、浮屠、佛陀等等,不胜枚举。"禁不得祠",足证佛教寺庙当时已在民间出现,而是由秦始皇在这一年下令禁绝的。

秦始皇以后,中国历史上由皇上下令禁止佛教的还有唐武宗,即所谓"会昌毁佛"。会昌五年(845),唐武宗"诏陈释教之弊,宣告中外,凡天下所毁寺四千六百余区,归俗僧尼二十六万五百人,大秦穆护祆僧二千余人,毁兰若、招提四万余区"。[⑦]这项记载说明,唐武宗不仅禁止民间的佛教信仰,而且也禁止民间的其他宗教信仰。这里的"大秦穆护祆僧","穆护"是祆教的传教士,这是从今伊朗一带传入中国的宗教,也同样遭到禁止。但"会昌毁佛"不过两年,到唐宣宗大中元年(847),皇上"敕应会昌五年所废寺,有僧能营葺者,听自居之,有司毋得禁止。"[⑧]所以,不管秦始皇如何地残酷暴虐,也不管唐武宗把这么多僧尼扫地出门,但民间的崇拜和信仰,并不依统治者的意志而转移,统治者有权毁伤人民的体肤,却绝不能触及人民的灵魂。人类的自然崇拜和宗教信仰,必然要长期地持续下去。

有些人会说,科学的发达,社会的进步,终究要导致人类自然崇拜和宗教信仰的终结。的确,自从人类有组织的生产活动从全新世开始以来,至今不过 1 万年,科学的发达与社会的进步或许称得上是加速度前进的。但其实这种发达与进步,仍然不过是比较上的意义。举个简单的例子,燧石取火的时代,比钻木取火的时代发达进步,安全火柴的时代又比燧石取火的时代发达进步,而打火机的时代当然比安全火柴的时代发达进步。问题是,人类或许一直看不到头,这种比较的发达进步,将会发展到怎样的程度?

在绵绵无绝的历史长河中,中国古代的四大发明,西方的蒸汽机、内燃机、发电机和电动机、电脑、阿波罗登月以至于不久以前的克隆技术等等,都可以作为人类历史中科学发达、社会进步的划时代标志。每一个时代,由于这类新事物的发生及其影响的扩大,都曾经冲击过人类的各种自然崇拜。例如,当科学的气象学知识传播以后,风、雨之类的崇拜就逐渐消失;当雷电的原理被作出科学的解释以后,对雷和闪电的崇拜就开始淡化。这是一个方面。当然,这种冲击在地区上并不平衡,时至今日,在非洲大陆,印度洋周边,巴布亚和马来群岛的一些地区,太平洋群岛的一些地区,中、南美洲的一些地区等等,这类原始的自然崇拜依然存在。

另外,还有一个更为重要的方面,正是由于科学的发达和社会的进步,原始的自然崇拜和曾经广泛流行的淫祀滥祭,逐渐地为经过提炼、升华的宗教和宗教信仰所代替。也就是说,人类从低级的自然崇拜发展到高级的自然崇拜。前面已经提及,在古代,有一些绝顶聪明如孔子之类的人物,他既不宣扬自然崇拜,也不信鬼神。但是到了近现代,人类社会中也出现了一些绝顶聪明的人物,他们既是伟大的科学家,却又是虔诚的宗教徒。牛顿提出"第一推动力"已经整整两个世纪,在这两个世纪之中,科学发达可谓一日千里。现在,究微的工具已经发展到电子显微镜,察远的工具已经发展到射电望远镜。但令人惊骇而无法解释的是,从电子显微镜下看到的微小原子,和从射电望远镜中看到的庞大天体,其结构和形式出奇地酷似。也就是说,微观世界与宏观世界,竟是同一模式。有关这类例子,还可以举出许多,所以我在前面提出了前期人类比以后的人类相对愚昧的说法。在人类发展的历史中,这种相对愚昧必将继续地和长期地存在下去。几千年以后的人类必将说三道四地指出我们这一代人类的愚昧,但是他们对于大自然和其他许多方面,同样会有种种不可认识、无法解释的问题。这也就是我在前面指出的,人类的自然崇拜和信仰,或许要直到永远。

人类的自然崇拜和信仰既然一直要延续和发展下去,那末,崇拜文化这个课题的研究当然也会随着赓续不断。所以洪年君的这部著作,不仅为这个课题的研究作了一个杰出的开头,并且也为今后的研究者奠定了扎实的基础。这也就是我乐于为此书撰写这样一篇拉杂的序言的缘故。

注释:

① 《论语·雍也》。

② 《论语·先进》。

③ 《论语·八佾》。

④ G. W. Skinner, *The City in Late Imperial China*, Stanford University Press, 1977.

⑤ 《杭州大学学报》(哲学社会科学版)1985 年第 1 期,《新华文摘》1985 年第 8 期。

⑥ 《论佛骨表》,《韩昌黎集》卷三〇。

⑦⑧ 《通鉴》卷二四八《唐纪六十四》。

1996 年 1 月

原载《万物之灵——中国崇拜文化考源》,广西民族出版社 1996 年版

《桐乡县志》序

　　桐乡市境兼有前桐乡、崇德两县,渊源甚为古老。史前时期,今市城以西的罗家角,即有新石器时代的先民繁衍生息,其遗址经放射性碳素测年,在距今7000年前后。进入历史时期以后,这里是江南极少数见之于《春秋》经传的古代名区。《春秋》宣公八年(前601),经书记载:"盟吴越而还。"这里正是吴境越疆。从《春秋》昭公五年(前537)到《左传》哀公二十二年(前473)的60余年之间,经传记载的吴越之战达8次之多。此外,《越绝书》记载吴越两国"同气共俗";《吴越春秋》记载"吴与越,同音共律,上合星宿,下共一理"。说明这个地区,既是吴越称霸的战场,也是吴越交往的要道。人文鼎盛,开发悠久。所以历代以来,经济繁荣,称盛于东南。正德《崇德县志》卷一记市镇富庶:"水陆辐辏,生齿日繁,富家大姓,甲于浙右。"万历《桐乡县志》记境域冲要:"为吴越闽广孔道,贡赋漕税,辖使四出。"盛况可见一斑。

　　随着经济繁荣而来的当然是文化发展。其中,地方文献的修纂成为重要标志。按崇德修志始于南宋,今所知有绍定己丑(二年,1229)楼君演的《壁记》,淳祐辛亥(十一年,1251)夏元直修,钱达善、朱鹏飞纂的《语溪志》10卷。此后,从明初以至清光绪,共修志9次,前后凡11修。桐乡修志始于明天顺,止于清光绪,前后凡9修。两县以外,又有濮院、乌青镇志,两镇共修志20余次。所以桐乡市按其修志历史,实在称得上是一个方志之邦。

　　现在,新修《桐乡县志》已经定稿,行将付梓出版。在这个方志之邦中,在经过了两县光绪修志一个多世纪以后,面对着这部煌煌巨构,洋洋卷帙,令人不胜振奋。这一部新修志书,内容的完备,材料的丰富,调查采访的周详,编辑定稿的审慎,不仅在两邑历史上显属创举,即在今日各市县新修志书中也是后来居上。在此,我还必须着重指出新志修纂中的显著特色。即是新修《桐乡县志》对两邑旧志在继承和鉴别上的严谨态度。方志修纂在中国是历史悠久的文化传统。桐乡是方志之邦,历修旧志,当然汗牛充栋。即其他一般市县,也多有旧志存留。新修志书对于各地旧志如何评估继承,现在看来,对于新志质量实在至关重要。我国已故的著名学者、前学部委员谭其骧先生在其所著《长水集续编》(人民出版社1994年版)中,正确地评论了这个问题。他说:"流传至今的地方志有八千多部,这是我国特有的巨大文献宝库,这些方志中包括大量可贵的史料,给我们今天进行社会科学和自然科学的研究,提供了重要资料。到目前为止,我们对这项遗产的研究、发掘和利用还是远远不够的。"谭先生对我国旧志的评价如此崇高,对我们今天的修志工作者是一种极大的鼓励。但是过去的旧志和今天的新志毕竟不同,它们都是在科学技术相对落后的情况下修纂的,而且,在每一种旧志修纂的过程中,诸如经费和修纂人员的素质等方面,也都有很大的差别。所以谭先生在他的文章中继续指出:

> 但是决不等于说,旧方志中的材料都是正确的、可信的。就我看到过的旧方志而论,修得好的是少数,大多数是差的,甚至是很差的。地方史一般是私人著作,作者多少是个学者,总的说来质量较高。而地方志除了少数几部出于名家手笔外,多数是地方官限于朝廷功令,招集地方上的举人、贡生、秀才等一些乡曲陋儒修成的。这些人大多只会做代圣立言的八股文,根本不懂得著述的体例,不懂得前朝的典章制度,更不会做学问,因此在他们的作品里往往夹杂着许多错误的记载,甚至是错误百出。有些地方志是每修一次便增加若干错误,越修越差,越修越错。

谭先生在这段文章以后列举了大量事实,证明许多旧志存在的重大错误。

谭先生对于我国旧志的正面的反面的评价,不仅在方志学的理论上具有重要意义,在目前我们修志的实践中也值得加以重视。就我来说,我所读过的新修志书不算很少,它们的成就,在许多方面都是继承了旧志的传统和体制;但是它们的失误,也往往是不加鉴别地使用了旧志的资料。现在,新修《桐乡县志》在这方面作出了正确的处置,新志既继承了旧志之中许多信而有征的记叙,也摒弃了旧志中不少以讹传讹的错误。使新修《桐乡县志》成为一部在这个方志之邦中既无有浩瀚篇幅又有科学内涵的成功志书。我认为这是我们这一代新修志书都值得效法的经验,特为写入序言,以供方志界的参考。

1996年元旦于杭州大学

原载《桐乡县志》,上海书店出版社1996年版

《浙江省盐业志》序

　　《浙江省盐业志》编纂完竣,行将出版。盐业和编纂盐业志书之重要,应该引起社会各界的关注和重视。盐系国计民生之大事,虽然现在已经不是《盐铁论》的时代,但盐业的重要性仍然不容低估。我的日本亡友、大阪商业大学教授富冈仪八先生,是国际知名的盐业研究专家,曾经撰有盐业专著数百万字,在他的一本名著《地域之研究——产业、都市、交通的地理学分析》(日本严潮社 1980 年版)卷首,有国际地理学会历史地理专业委员会主席、日本立命馆大学教授谷冈武雄所写的序言,综论世界各国的盐业,并且指出:"盐是保证国家独立的必要条件,瑞士的独立,即与其贝克斯(Bex)岩盐有密切关系。"(案:贝克斯位于日内瓦湖以东的罗讷河东岸)可知时至今日,盐资源的蕴藏和盐业生产的发展,仍是立国之本。则《盐业志》的编纂,当然事关重要。

　　中国古代十分重视盐业,因为盐不仅是民食所必需,同时也是一种治病养身的药物。《周礼·天官·疾医》云:"以五味、五谷、五药养其病。"郑玄注:"五味,醯、酒、饴蜜、姜、盐之属。"《周礼·天官·疡医》亦云:"以五味节之。"说明古人重视盐的医疗作用。此外,在古代的各种祭祀中,盐又是必要的祭品。《周礼·天官·盐人》云:"祭祀共其苦盐、散盐。"《礼记·曲礼下》亦云:"盐曰咸鹾。"都是盐用于祭祀的明证。为此,在中国古代,盐政属于国家的大政。国家为此设有专门的官吏,即《周礼·天官·盐人》所云:"盐人掌盐之政令,以共百事之盐。"

　　中国幅员广大、民族众多。《礼记·王制》云："凡居民材，必因天地寒暖燥湿，广谷大川异制，民生其间者异俗，刚柔、轻重、迟速异齐，五味异和，器械异制，衣服异宜。"又云："中国、夷、蛮、戎、狄，皆有安居、和味、宜服、利用、备器。"这说明我国各族人民，尽管都有以盐"和味"的需要，但是因为"天地寒暖燥湿，广谷大川异制"，所以盐的来源和品种都是不同的，也就是《周礼》所说的"百事之盐"。《周礼·天官·盐人》之中，《孔疏》释及："苦盐，苦当为盬，盬谓出于盐池，今之颗盐是也。散盐，煮水为之，出于东海。"又释云："今戎盐有焉者，即石盐是也。"这实际上已把中国古代盐的不同来源和品种说明清楚。《礼记·王制》所说的"中国、夷、蛮、戎、狄"，其实就是后来融合为中华民族的汉族和其他少数民族。在古代，汉族居住在中原、华北，他们依靠的是池盐，特别著名的是今山西解池，汉许慎把这个盐池的专称"盬"，编入《说文解字》卷十二上："盬，河东盐池，袤五十一里，广七里，周百十六里。从盐省，古声。"解池和这个地区的其他许多盐池，是汉族和古籍统称"北狄"的少数民族的食盐来源。古籍通称为"西戎"的许多少数民族，除了一部分也依靠池盐外，并且还依靠岩盐，即《孔疏》所释的"今戎盐有焉者，即石盐也"。对于这个地区的盐，池盐最早见于《汉书·西域传》："蒲昌海（案：即今罗布泊）一名盐泽。"《水经·河水注》则记载了这一带的岩盐："地广千里，皆为盐而刚坚也，行人所迳，畜产皆布毡卧之，掘发其下，有大盐，方如巨枕。"此外，《礼记·王制》所称的"夷、蛮"，亦即我国古代东方和南方的少数民族，他们的住地近海，所以依靠海盐。

　　前面已经提及，我国现存记载池盐的最早文献是《周礼》和《说文解字》，最早记载岩盐的文献是《水经注》，而最早记载海盐的文献就我所知是成书于战国经东汉初人整理增删的《越绝书》。此书卷八云："朱余者，越盐官也，越人谓盐曰余，去县三十五里。"所以《浙江古今地名词典·前言》指出："余姚、余暨（今萧山）、余杭地濒沿海，其地名都与于越的盐业生产有关。"在我国东部和南部的漫长沿海地区，《越绝书》是最早记载盐官的先秦文献，而其所记载的地区，正在今浙东沿海。秦统一以后建会稽郡，置海盐县，说明这里原来已经发展了盐业生产。足证两浙在先秦就建有盐业基地。西汉之初，据《史记·吴王濞传》记载，吴王濞在此"煮海水为盐"。由此可知，在中国盐业史上，《周礼》和《说文解字》首先记载盬的苦盐和颗盐（池盐），是中原、华北盐业发展的标志；《汉书·西域传》和《水经注》首先记载盐泽及其附近地区的池盐和岩盐资源，是西域盐业发展的标志；而《越绝书》首先记载朱余盐官（今绍兴城北朱储村），是东部漫长海岸地区盐业发展的标志。为此，浙江省在我国盐业发展史上，是较早发展海盐生产而有文献可稽的地方，所以今天《浙江省盐业志》的编纂出版，从我国盐业发展史的角度进行评价，其意义的重要，实在非同一般。

　　前面已经提及,随着历史车轮的前进,盐业在国民经济上的重要性,与《盐铁论》的时代显然不能相比。《新唐书·食货志》卷四十四记载:"天下之赋,盐利居半。"这是 7 世纪到 10 世纪的情况,但到了 19 世纪,据《清史稿·食货志》六的记载,光绪十七年(1891),盐税在国家总岁入中已经只占 8.28%。但是我们也必须看到,随着社会进步和科学技术的发展,盐业生产不仅仍然重要,而且具有远大的前途。由于盐化工业的规模扩大和产品开发,盐消费量仍然与日俱增,而盐业生产的扩大与技术革新,也是势所必然。我曾几次在日本濑户内海沿岸的海水化学工业工厂,目击从海水通过吸管,经过几个车间,随即由传送带送出来一袋袋供各种需要的盐的生产过程。随着我国经济的繁荣进步和人民消费水平的提高,我国的盐业生产,终究也要从繁重的露天劳动进入高效率的车间作业,这个日子肯定会加速到来。

　　浙江省是历史上的产盐大省,根据台湾中国文化大学姜道章教授所撰《清代的盐业:一个历史地理学的研究》(纪念谭其骧先生八十五周年诞辰国际学术讨论会论文)一文的统计,在 1840 年—1890 年的 50 年中,两浙盐区平均每年产盐占全国沿海 8 个盐区和内陆 4 个盐区平均每年总产量的 17.1%,仅次于两淮盐区。所以《浙江省盐业志》的编纂,其意义在全国各盐区中也非同一般。这部志书的出版,在揭示我国海盐生产的悠久历史、叙述海盐生产从煮海为盐到刮泥淋卤板晒的历史过程等方面,当然具有很高的存史价值。而对于总结全省盐业生产诸部门的现状和指导未来的发展方面,其价值更为不可估量。承前启后,任重道远,希望这部志书在全省和全国都能发挥重要的作用。

1996 年 3 月于杭州大学

原载《浙江省盐业志》,中华书局 1996 年版

《中国历史地理》序

陈代光教授的专著《中国历史地理》行将问世，嘱序于我。这不仅使我由衷高兴，而且引起我溯昔抚今，感慨良深。

在中国，历史地理学称得上是一门古老学科，《汉书·地理志》记载各郡县在西汉元始二年以前的建置兴废变迁、辖属关系变迁和地名称谓变迁等，以后人们就把这些内容称为沿革地理。沿革地理这个名称始于何时，我没有作过考察，但"沿革"并不是一个古老词汇。据我所知，此词最早见于《隋书·高祖纪》："载怀沿革，事有不同。"所以把"沿革"冠于地理之上，很可能是比较晚近的事。我国历史地理学的奠基人顾颉刚先生于1934年组织"禹贡学会"，同年出版《禹贡》半月刊。此刊的开头两卷，英文名为 *The Evolution of Chinese Geogralphy*，用汉语直译，就是"中国沿革地理"。从第三卷起，英文名改成 *The Chinese Historical Geography*，用汉语直译，就是"中国历史地理"。我不知道沿革地理和历史地理这两个名称是否从《禹贡》的前后两种英译开始，但是在地理学的各分支学科中广泛流行这两个名称，看来与《禹贡》是很有关系的。其实，《禹贡》从第三卷起英译改称"中国历史地理"以后，属于《汉志》系统的沿革考证文章，仍占很大比重。而另一方面，开头两卷用"中国沿革地理"英文译名之时，如第1卷第1期杨向奎先生的《自战国至汉末中国户籍之增减》一文，属于历史人口地理研究；第2期蒙文通先生的《古代河域气候有如今江域说》一文，则属于历史气候学研究。所以不管此刊的英译名称的改变，当时作的是怎样的考虑，现在仍可以认为，《禹贡》具有从古老的沿革地理到现代科学的历史地理的过渡性质。单单从这一点看，《禹贡》在我国学术界确实具有承前启后的重要意义。

《禹贡》以后，顾先生的高足谭其骧、侯仁之、史念海诸先生，赓续顾先生的事业，推动历史地理学的发展，把这门古老学科建设成为一门现代化的学科，时至今日，大家都已经明确，历史地理学也和现代地理学一样，包括历史系统地理学和历史区域地理学两大部门。而且，不论是历史系统地理学和历史区域地理学，在科学属性方面，和现代地理学一样，有自然科学属性与人文科学属性之分。所以，与古老的沿革地理相比，现代科学的历史地理学，在其学科领域、研究方法、检测手段等各个方面，都已经不可同日而语。在这半个世纪之中，我们在这方面取得的成果，确实令人鼓舞。

当然，学科的发展是经历了一番辛苦的，是在前辈学者惨淡经营之下渐次成长壮大的。回忆从 70 年代末到 80 年代初，谭、侯、史诸先生领导《中国自然地理·历史自然地理》一书的编纂，当时，历史自然地理学的研究队伍和资料，与今天相比，就显得相当薄弱。而时隔 10 余年，后一辈的历史地理学者迅速成长，历史系统地理学和历史区域地理学的研究成果大量涌现。在这个基础上，通论性的中国历史地理著作开始出现。我曾于 1987 年为张步天先生所著《中国历史地理》作序，当时我写道："通论性的中国历史地理专著的问世，成为我国历史地理学研究成熟的标志。"10 年之中，以《中国历史地理》为书名的通论性专著已经一再出版，中国历史地理学研究的这种发展势头，是十几年前所不曾料及的。

现在，继几种同类著作出版以后，陈代光教授的《中国历史地理》也接踵问世。长江后浪推前浪，这是学术发展的必然趋势。在这方面，读者当可自行轩轾。我在这里必须指出的是，陈代光教授撰写的这部《中国历史地理》，其与众不同之处，在于此书既是他花了多年心血从事研究的成果，又是他多年辛勤教学的成果。因此，此书不仅是一部中国历史地理的学术著作，而且也是一部高等学校的历史地理学教材。从学术研究的角度说，陈代光教授从事历史地理学研究已经多年，硕果累累，成就卓著，这是历史地理学界所熟稔的。从高校教材建设的角度说，由于他在暨南大学历史系开设中国历史地理课程已经多年，在许多次循环往复的教学过程中，使这部教材的质量扶摇直上。总的说来，展现在读者面前的这部崭新的《中国历史地理》，是作者多年来科研和教学相得益彰的成果，既有裨于学术研究，亦可供教学之需。所以此书必将获得历史地理学界的重视。

我为陈代光教授此书作序后，还拟就我所知，把他的学术基础和治学过程作一点简介。他于 60 年代之初毕业于名教授云集的中山大学历史学系，毕业后却有缘到中科院河南地理研究所工作。从历史学系到地理研究所的经历，与他日后专治历史地理的原因和条件密切相关，这是历史地理学界同仁大多知道并可以理解的。我在此需要指出的是,陈代光教授今天在历史地理学领域取得的成就,除了上述经历和他个人辛勤耕耘以外,还必须联系到他的家学渊源。因为他是我国老一辈著名地理学家李长傅先生的乘龙。

李先生是一位学识渊博、著作等身的地理学家,他根基深厚,眼界宽广,诸凡自然地理学、人文地理学、中外区域地理学等许多方面,都有精湛的造诣。早在 20 年代之初,他在《地理学季刊》发表《中国之地理区》论文,倡议以自然地理学要素划分中国的地理区域,所以他实在是我国最早提出综合自然区划的学者。此外,他是我国早期的南洋史地研究家,对南洋的自然和人文,有十分丰硕的研究成果。我在青年时代就读过他的不少专著和论文,所以对他一直仰慕。60 年代之初,他任开封师院地理系教授,由于全国地理系统编教材的讨论,我曾几度到开封出席这种会议,因而得以识荆。当时他已经是一位白发苍苍的老教授,而我却还是个不到 40 岁的中年人。他的渊深广阔的学术见解和虚怀若谷的治学态度,立刻给我以不可磨灭的印象。第一次见面,他竟能即时提出我的几种专著和论文的名称,对我备加奖掖,并签名赠我以他出版不久的《开封历史地理》。记得我第二次去开封是一个北风凛冽的寒冬,他竟记得我前一次提出而尚未实现的要求,亲自陪同我考察了朱仙镇。这次考察后不久,我就读到了他在《史学月刊》发表的《朱仙镇历史地理》一文,文中还附了好几幅他亲自绘制的地图。我们从此开始通信,信件往返有时一月达数次。我由于研究《水经注》而常常求教于他,他每次有求必应。当时,他正在点校《海国闻见录》,也时常谦逊地与我商讨一些点校中的问题。并且还告诉我关于他打算整理中国历史地理文献的计划。在与他的通信之中,我确实获益匪浅。1965 年,我下乡参加所谓"四清"运动,我们之间的通信从此停顿。而当我于次年从乡间返城时,闻悉他已经去世。接着就发生了史无前例的十年灾难,他生前陆续寄给我的著作和信件,在自身难保的恐怖气氛中不得已付之一炬。言念及此,能不痛心!

令人慰藉的是,李先生遗著的一部分如《海国闻见录》、《禹贡释地》等,已由陈代光教授整理出版。《礼·中庸》说:"夫孝者,善继人之志,善述人之事者也。"陈代光教授整理乃岳的遗著,不仅恪尽孝道,而且贻惠学林,而在其整理的过程中,必然大大地提高了他的学术水平,这就是我所说的家学渊源。

年来为他人著作作序颇多,思想上不免成为一种负担。这次为陈代光教授的著作作序,心情却不同一般,除了祝贺他的成就以外,也借此纪念我所尊敬的李长傅先生。

1997 年 7 月于杭州大学历史地理研究中心

原载《中国历史地理》,广东教育出版社 1997 年版

《虞舜文化》序

　　《虞舜文化》一书编纂就绪,行将公开问世,这对于弘扬我国的传统文化和民族文化,都有重要的意义,是令人鼓舞的。

　　中国是个多民族的国家。在历史上(包括史前)经过长期的融合过程,终于形成了中华民族。所以在中华民族之中,除了汉族的传统文化以外,还兼容并蓄,吸取了其他民族,包括在历史发展过程中已经流散泯灭的若干民族文化。

　　在古代,中国境内民族分布的格局,大致是汉族主要繁衍生息于黄河中游,在他们的北边是许多可以统称为骑马民族的少数民族,他们之间虽然有种种差别,但他们的共同文化特点是草原文化。在汉族的南边,除了以江湖文化为特色的楚族比较先进以外,其余各族,就是孟子所称的"南蛮駃舌"。汉族显然是所有这些周边民族中文明程度最高、文化最发达的民族。过去不少人认为,中华民族融合的过程,主要就是周边民族汉化的过程。不错,由于汉族势力强大,文化优越,少数民族慑于汉族的武力,仰慕汉族的文化,因而在接触交往的过程中逐渐汉化的情况是存在的。不过,各族之间的文化交流与影响,实际上并不是单向的。以汉族与北方骑马民族的关系而言,早在战国时代,一位著名的汉族领袖赵武灵王,就在其在位的十九年(前307)下令:"胡服骑射以教百姓。"这就是一个汉族吸取周边民族文化的例子。

　　在南方,许多南蛮駃舌的部落之中,越族(于越)是很重要的一支,这是一支活动于东南沿海的以海洋文化为特色的民族,儒家经典一直把它作为汉族的后裔。《史记·越王句践世家》："越王句践,其先禹之苗裔,而夏后帝少康之庶子也。"如同《史记·匈奴传》："匈奴,夏后氏之苗裔也"。汉族的儒家们,一心要把这个祝发文身的南方蛮子和那个逐水草而居北方的游民拉扯成为一对兄弟,事实当然绝非如此。自从河姆渡文化发现以后,人们于是恍然大悟,越人的史前文化,即不晚于、也不逊于汉人的仰韶文化。只是由于第四纪海进的干扰,使这支在宁绍平原已经发展了稻作文化的民族,因为海水吞噬了这片平原逼使他们迁入会稽、四明山地,使他们的生产方式,如《吴越春秋》卷六记述的,倒退到"随陵陆而耕种,或逐禽鹿而给食"的刀耕火种的迁徙农业和狩猎业的落后状态。而正是由于这种自然和人文的巨大变化,古代越族中才产生一个后来为汉族和其他民族广泛传播的神话。

我在拙作《越族的发展与流散》(《东南文化》1989 年第 6 期)一文中提及:

> 越族居民在会稽、四明山地的山麓冲积扇顶端,俯视这片茫茫大海,面对着这块他们祖辈代代相传的,如今已经为洪水所吞噬的美好故土,当然不胜感慨。他们幻想和期待着有这样一位伟大的神明,能够驱走这滔天洪水,让他们回到祖辈相传的这块广阔、平坦、富庶美丽的土地上去。

越族先民们的这种意愿,显然就是舜、禹神话的滥觞,这是我国史学权威顾颉刚的《古史辨》中所早已阐明的。凡是受到过第四纪最后一次海进(卷转虫海进)的地区。代代相传的这类神话,后来被记载在世界各地的古代文献中的,实很多见。《旧约·创世记》中诺亚造方舟的故事就是广泛传播的一种。希伯来人的神话载入《圣经》,也正和越人的神话载入《四书五经》一样。这中间,都经过年代久远的口口相传,而且都经过以后的一些聪明人的移植和美化,使这种神话更引人入胜,劝人为善,成为一个地区人们的行为准则和道德规范。这正和前面提及的赵武灵王吸取草原骑马民族的文化一样,南蛮躲舌的文化,也同样为中原汉人所吸取,而且以后经过广泛的渲染和传播,成为我们中华民族的共同文化。所以我不仅不反对这种传播和移植,而且很喜欢读这些古代的著名文献,如《四书五经》和《圣经》等等。

我的话绝不是逢场凑合。最近出版的《当代百家话读书》(广东教育出版社、辽宁人民出版社 1997 年联合出版)一书中,有我的一篇《读书之乐乐何如》的文章,追溯了我毕生读书的经历。我在拙文中说:"读'圣贤书'是我读书的第一阶段,而读《圣经》则是我读书的第二阶段。"我在"圣贤书"下加了一条注释:"文天祥说:'读圣贤书,所学何事。'所指实为中国儒家典籍。我第一阶段所读,大概多不出《十三经》范围,其实非常孤陋,所以借用'圣贤书'一词。"的确,我在小学三年级时。就在祖父的教导下,读背了《学》、《庸》两篇。以后读《尚书》,在《尧典》、《舜典》、《大禹谟》各篇中,才知道尧、舜时代的洪水和禹治平洪水的故事,使我非常景仰这些人物的崇高伟大。我在初中时代开始读《圣经》。我在拙文中说:"从《旧约·创世记》到《新约·启示录》,一共有66篇,每一篇我都仔细读过。"年龄稍长,"又仔细读了《圣经》的英文本"。"从这里,我当然获得许多知识,古代中近东的历史知识和地理知识,希伯来人的历史,耶稣基督的故事等等。但特别重要的是,我在这部重要的书中,悟出了许多自然和社会的道理"。

以后,我的读书当然没有中辍,随着自然科学和人文科学的进步,使我懂得了其他许多道理。让我理解了,诸如诺亚造方舟和大禹治水的神话,都是第四纪海进的产物,而宁绍平原正是尧、舜、禹的故事的策源地。《尧典》中的"汤汤洪水方割,荡荡怀山襄陵,浩浩滔天下";《舜典》中的"俞咨禹,汝平水土,惟时懋哉";《大禹谟》中的"俞地平天成,六府三事允治,万世永赖,时乃功"。实际上都是越人在海进时代流传的神话,经过汉人移植和加工以后,成为世代相传的儒家经典。我们且不论儒家经典中也存在不少糟粕,但是应该承认,儒家学说中的许多方面,几千年来一直成为社会公认的道德规范和衡量是非的准则,其中不少内涵并且延续到今天。作为这些故事策源地的宁绍平原的越人,正如西亚的希伯来人一样,他们对人类的文明进步,作出了卓越的贡献。

上虞位于宁绍平原的中心,显然是虞舜文化的重要策源地和扩散中心。十多年以前,我的研究生乐祖谋君,为了研究有关这方面的课题,曾经作了为时一年余的探索,他首先遍阅这个地区的地方志和其他文献,然后又花几个月时间到上虞、余姚、绍兴等地作了实地调查,而调查的结果,在15处有关虞舜传说的故迹中,落于今上虞市境内的达到10处。由于此文有关章节已经收入于这本《虞舜文化》之中,读者可以自己作出分析和判断,这里不必赘述。

前面已经提到,中华民族是许多民族在历史上经过长期融合而形成的。在这个历史过程中,各族的许多优异文化,都被吸收和融合在中华民族的文化之中。虞舜文化是以上虞为中心的古代越族文化,经过历史上的传播、移植和儒家们的加工修饰,终于成为中华民族传统文化中的一个锦绣的光环。现在,这种文化策源地上虞,编纂成这样一部既是地方文献又可传扬各地的《虞舜文化》,追本溯源,广征博引,意义深长,确实不同凡响。

我在《大禹研究》(浙江人民出版社1995年版)一书的序言中曾经指出:"禹是越地土生土长的人物,他的崇高精神和伟大人格,他的人定胜天的坚强意志和卓越不凡的治水方法,一直扎根在这个地区,现代绍兴人可以理直气壮地说:禹是我们的。"现在,我可以重复那篇序言中的话。虞舜的崇高品德和伟大人格是令人肃然起敬的。他自己谦逊禅让,又能选贤与能,任用禹、稷、契、皋陶等并十有二牧。巡行四方,躬耕畎亩,为芸芸众生鞠躬尽瘁。在儒家经典中,虞舜确实是一位至圣完人。但是这个故事的渊源却无疑出自上虞,他是上虞土生土长的人物。所以,现代上虞人可以理直气壮地说:虞舜是我们的。

1997 年 12 月于杭州大学

原载《虞舜文化》,上虞市政协文史资料委员会 1997 年内部刊行本

《越国文化》序

（一）

越族是一支古老的部族，越文化是一种古老的文化。要研究这种古老文化，有史前时期的，也有历史时期的；有这种文化的中心地域绍兴一带的，也有这种文化流散在外地甚至域外的；不能截然分割开来。当然，中心地域是我们的主要研究对象。

在过去一段很长的时期里，研究古老文化的唯一法宝就是经书，或许再加上正史之首的《史记》、《汉书》等。我当然不反对经书，我是一个从读经书的家庭里出来的人，六七岁时就在一位清末举人、我的祖父的教导下，读熟了《学》、《庸》两篇。以后又读熟了其他不少经书。经书在不少方面，至今仍然是权威的。我当然也不反对正史，已故的历史地理学权威谭其骧先生曾经说过："近年来我曾一再劝告接触到的各地方志办的同志不能轻信旧方志，特别是旧方志中关于明清以前的古代建置沿革，必须用历代正史地理志、总志和《水经注》等一类地理专著相互考证核实。"[①]说明了谭先生对正史的重视程度。当然，正史也有很大的毛病，我不久以前就在拙著《郦道元评传》[②]一书中直截了当地批评过正史。[③]但是应该说，正史的许多资料，特别是《史记》和《汉书》，确实是很有价值的。

但是由于时代在发展，科学在进步，人们对于经书和正史资料是非真假的鉴别能力在不断提高。时至今日，它们之中的某些资料，就连小学生也不会信以为真了。例如记载禹的伟大业绩的《禹贡》，就是一部崇高的经书。但是按《禹贡》记载的水利工程量，即使能使用我们今天所有的建筑机器，大舜帝又能从国库中拨出这样一项巨款，而且发出一张通行证，让禹在大舜管辖不了的东夷、西戎、南蛮通行无阻，则13年中也断断完成不了如此庞大的工程。所以冀朝鼎于1936年用英文在伦敦乔治·艾伦和昂温有限公司（George Allen and Unwin LTD）出版的《中国历史上的基本经济区与水利事业的发展》④一书，在第四章《禹和洪水的传说》节下说：

顾颉刚对古代中国历史文献的各种资料，作了大胆地分析与比较之后，便否认了关于禹与洪水的传统观点。这种传统观点把禹说成是在工程技术方面一个伟大的统治人物。他驯服了在中国引起洪水泛滥的河流，把中国（北部）从一次特大洪水中挽救出来，并建立了夏朝。

冀朝鼎所说的顾颉刚对禹的"否认"，就是否认包括《禹贡》在内的许多经书以及《史记》、《汉书》中所传播的这个改天换地的庞大水利工程的荒唐故事。但顾颉刚却承认了禹的另一方面，这就是他在《古史辨》⑤中所说的："禹是南方民族神话中的人物。""这个神话的中心点在越（会稽）"。

上述种种，已经涉及到古代经书和正史对于越文化记载中的一些现代人看来无法接受的东西，留待以下再说。当然，在古代越文化的研究中，经书和正史，特别是正史中的《史》、《汉》，仍然是重要的文献。还有一些古代越地的地方文献，如战国古籍《越绝书》，⑥汉代的《吴越春秋》和《论衡》等，价值更是不可低估。但有一点我们必须头脑清醒，即不管是经书、正史或其他，我们统称为文献资料。在过去，这是学者研究古文化的唯一手段，而时至今日，我们必须说，文献资料是研究古文化的重要手段之一。假使也和过去一样地把它当作唯一手段，那么，这样的研究必然要误入歧途。今天，我们从事这类课题的研究，除了多学科共同合作，或者说吸收多学科的研究成果以外，没有其他途径可走。

我第一次发表多学科研究古文化的意见是在日本佐贺县的吉野里弥生代遗址现场。这是1989年冬季，当年我应国立广岛大学之聘在该校任教，但也到附近的广岛女子大学和修道大学等校作过若干课题的学术演讲，由于这些学术演讲中有一个题目是《中日两国的史前交流》被当地的传播媒介作了报道，于是九州佐贺电视台台长内藤大典先生热情地邀请我们夫妇去考察正在复原的吉野里遗址。在遗址现场，好几位考古学家和记者，不断地向我提出各种问题。我在回答了许多问题以后，然后提出多学科研究的建议。我说，我是一个历史地理学者，我所见到的其实仅仅是这个遗址的一方面，要彻底弄清这个遗址，应该对它进行多学科的研究。后来我把这个说法正式写

成了文字。我说:

> 这类课题,过去常由历史学和考古学等学科从事研究,现在看来,单靠这些学科恐怕也不足以获得全面和正确的研究结论。应该组织更多的学科,如地质学、地史学、第四纪学、古地理学、古气候学、古生物学、人类学(包括体质人类学)、地名学、语言学等学科,共同来从事这个课题的研究。在研究方法上,也要努力跳出一些旧的窠臼,而尽量利用新的科技成果,如放射性碳素测年,热释光测年,孢粉分析,沉积物分析,卫片判读,泥炭层的勘查测定,贝壳堤和古海岸的勘查测定等等。只有这样,才能避免主观臆测,获得客观的和有科学依据的结论。[7]

在上述意见中,除了多学科以外,我特别强调,现代科学技术和检测手段。我在拙作《评〈浙江文化史〉——兼论古代越史中的几个问题》[8]一文中曾经举过现成的例子。我说:

> 文化史研究使用了现代科学技术和新式检测手段,许多过去无法考证或考证错误的问题,都能获得正确的结果。例如,仅以热释光测年这种手段为例,早在二十多年以前,当这种手段刚刚为人们所掌握之初,它就使牛津大学考古所收藏的数十件中国'辉县陶'暴露了它们的假骨董原形。而这些假骨董,在收藏以前都是经过自以为经验丰富的行家们的鉴定的。

在研究古代越文化这个课题中,这是我开宗明义要说的话。

(二)

我在上述《评〈浙江文化史〉》一文中曾经指出:"文化发展的背景是自然景观和人文景观,脱离人文景观的自然景观论证,那纯粹是古地理学或地史学的研究任务;但脱离自然景观的人文景观论证,这种论证由于缺乏落脚点,往往不着实际。"

由此可知,我们研究古代绍兴的越文化,首先必须研究这个地区的古代自然环境。但古代是个漫长的时代,在一个漫长的时代中,这一带出现的一切人类活动,必须与它的自然环境联系起来进行研究。在今绍兴一带,不论是范围较大的宁绍平原,或是地域较小的山会平原,从晚更新世以来,曾经经历过三次海进和海退的过程,三次海进是按每个时代海洋中盛存的一种肉足纲原生动物有孔虫(foraminiferr)而定名的。掌握晚更新世这个地区海进、海退的过程,对于这里的古文化研究至关重要。我在前述《多学科研究吴越文化》一文中曾经指出:

> 因为要研究一个地方的上古文化,首先要清楚的是,当时这个地方的自然环境。是陆地,还是海洋;是一块冰雪覆盖的陆地,还是生物丰富的陆地? 有些人不

愿从古生物学和体质人类学来研究建德人和越人的关系,而是穿凿文字,从传说中的禹来进行研究。讵不知"禹敷土,随山砍木,奠高山大川"的时候,宁绍平原还是卷转虫海进时代的一片海水。

上面所说的 3 次海进,第一次是星轮虫海进(asterorotlia),发生在距今 10 万年以前。迄今为止,山会平原甚至宁绍平原都还没有发现过这次海进和海退的遗迹。当时的会稽山地和山会平原发生了什么变化,现在无法论证。本来,这一时期的海陆变迁可视为纯自然现象,可以不必留意。但后来情况有了变化,因为在偏西的建德山区发现了所谓"建德人"。"建德人"的存在时代,根据铀系列法的测算,获得两个数据。[9]其一是 9.7 ± 0.8 万年,另一是 10.8 ± 0.9(0.8)万年。总之大概是 10 万年。这里就有两个问题:第一,"建德人"是否即后来称为越人的祖先?第二,铀系列测年的"建德人"存在时间,恰恰就是星轮虫海进时代,这种远古的人类,是否由于海进而从沿海进入山区。而当时,地面高程与建德山区相似的会稽山区,是否也存在过这类先民?这两个问题其实都与远古绍兴的人文景观亦即文化的研究有关,但眼下要想解答这些问题,为时显然还早。

星轮虫海退发生于距今 7 万年前,这以后,接着就是假轮虫(pseudorotalia)海进,发生于距今 4 万多年以前,对于这次海进波及的地区等等,目前也缺乏研究。但发生于距今 2.5 万年以前的假轮虫海退,现在已有足够资料可以证明为一次全球性的规模很大的海退。中国东部海岸后退约 600 公里,东海中的最后一道贝壳堤位于东海大陆架前缘 –155 米,C[14] 测年为 14780 ± 700 年前。这是至今发现的假轮虫海退的最后海岸线。[10]

前面已经提及这次海退始于距今 2.5 万年前,到了距今 2.3 万年前,东海海岸后退到现代海面 –136 米的位置上,即今舟山群岛以东约 360 公里的海域中,不仅今舟山群岛全部成为内陆,形成今杭嘉湖平原和宁绍平原以东一条东北、西南向的弧形丘陵带,在这条丘陵带以东,还存在大片陆地。钱塘江河口约在今河口以东 300 公里,今杭州湾及其两岸支流,完全不受潮汐影响。在大气状态方面,由于东亚季风在晚第三纪(neogene)已经形成,这个地区正当东南季风的迎风面上,夏季半年降水丰沛,气候暖热,冬季半年虽然气温较低,但由于降水很少,即使在南部会稽、四明山地,也不足以形成永久性的冰盖。所以在整个第四纪中不受冰川影响,自不待言。

自从晚更新世以来,宁绍平原的气候情况各方面已经多有论证。有的学者从这个时期的湖泊沉积作出论证:"在余杭瓶窑镇费家头灰褐色土层中找到水蕨类、海金沙属和龙骨属等植物化石,显示亚热带气候的标志。"[11] 而瓶窑镇土层中的发现,与钱塘江南岸没有差异。海金沙(Lygodium)孢粉和水龙骨(Polypodium)孢粉,正是河姆渡第三文化层 60 厘米处土壤的孢粉组合。[12]河姆渡遗址的动植物组成是说明晚更新世到全新世宁绍平原气候最有说服力的证据。这个遗址中出土的动物骨骼中包括红面猴（Macaca speciosa）、猕猴（Macaca mulatta）、犀（Rhinoceros sp.）、亚洲象（Elephas maxiums）等，[13]按世界陆地动物地理分区，上列动物都分布在旧热带界和东洋界，也就是说，都是热带和亚热带的典型动物。[14]根据河姆渡遗址出土叶片鉴定的树种，计有山毛榉的赤皮椆（Qucrcus gilva）、栎（Qucrcus sp.）、苦槠（Castanophylla Sderophylla），桑科的天仙果（Ficus hookcyana），樟科的细叶香桂（Cinnamomun Chingii），山鸡椒（Litzea cubeba），江浙钓樟（Lindera chienii）等等，这些都属于亚热带常绿林、阔叶林和落叶阔叶林的树种。由此可知，宁绍平原在当时是一种温暖湿润的亚热带季风气候。此外，从河姆渡出土动物骨骼得出的鹈鹕（Pelccanus sp.）、鸬鹚（Phalacrocorax sp.）、鹭（Aldea sp.）、鹤（Gurs sp.）、野鸭（Anas sp.）、扬子鳄（Alligator sinensis）、许多鱼类，以及植物中的蓼属（Polygonum）、菱角（Trapauatauas）、香蒲属（Typha）、狐尾藻（Myriophyllum）等，[15]说明在平原中富于河湖和沼泽。

以上所述，就是宁绍平原从晚更新世以来自然环境的概貌，也就是古代越人赖以繁衍生息的地理基础。我在拙作《于越历史概论》[16]一文中指出："这一片宽广的平原，具有背山面海的形势，距南面不远，就有山林之饶，而平原北缘濒海，又有鱼盐之利。平原上气候暖热，水土资源丰富，于越部族的祖先，是在如此得天独厚的自然环境中繁衍发展起来的。"1973 年在余姚江以南，四明山以北发掘的河姆渡遗址，在四个文化层中，发掘出大量的石器、骨器、陶器、木器以及木构建筑等。从出土的大量农具、稻谷等进行判断，农业已经成为当时主要的生产部门。[17]当然，采集和渔猎仍然具有重要意义。而从出土的许多各种陶器如纺轮、骨针等来看，手工业也有了一定的基础。不过，河姆渡文化是越人在宁绍平原繁衍生息的晚期的文化，是越人从平原进入山地以前的最后一批聚落之一。像河姆渡这样的遗址，在会稽山山麓线以北，即漓渚、坡塘、南池、平水、上灶等一线南北，肯定也有存在，将来还可以继续发现。

上文提及在假轮虫海退时期宁绍平原的古地理环境，对于这里的原始居民越人来说，条件确是非常优越的。但是，当这个原始部族在这里繁衍生息了一段时期以后，另一次卷转虫海进（ammonia）从全新世之初就开始掀起。到距今 1.2 万年前后，海岸就到达现代水深 –110 米的位置上，到 1.1 万年前后，上升到 –60 米的位置上。[18]到了距今 8000 年前，海面更上升到 –5 米的位置上。[19]这次海进在距今 7000 年—6000 年前到达最高峰。东部海域内伸到今杭嘉湖平原西部和宁绍平原南部。今钱塘江以北，古海岸沿嘉定、黄渡、蟠龙、松江、漕泾达杭州玉皇山一线。[20]钱塘江以南，今会稽、四明诸山山麓冲积扇以北，也成为一片浅海。[21]70 年代在宁绍平原的宁波、余姚、绍兴，杭嘉湖平原的嘉兴、嘉善一带进行所谓人防工程时,在地表以下 10 米—12 米之间,相当普遍地存在着一层牡蛎壳层,就是这次海进的最好物证。当海进鼎盛之时,杭嘉湖平原和宁绍平原成为一片互相联结的浅海。浅海的西缘是天目山和今钱塘江中游诸山,南缘是会稽山和四明山,此外是崛起于浅海中的许多岛屿。今宁绍平原的东缘是东北、西南向的舟山群岛,北缘则是东西向的,由今南沙半岛南缘到三北半岛南缘诸丘陵构成的群岛。南沙半岛南缘可称为杭坞——马鞍山群岛,三北半岛南缘则是翠屏山群岛。在这一系列东西向的群岛以南,还有为数甚多的孤岛。

卷转虫海进的过程,也就是宁绍平原自然环境恶化的过程。当然,海进的前期,首先蒙受影响的是东海大陆架的出露部分。这个地区的越人在自然环境恶化的过程中,或许有一部分内迁到舟山丘陵(即后来的舟山群岛)和丘陵西的今宁绍平原。当距今8000 年海进发展到今海面 -5 米的位置上时,舟山丘陵早已和大陆分离成为群岛,而宁绍平原的环境恶化从此加剧。当时,不仅土地面积缩小,而且由于尚无海塘的阻遏,一日两度的咸潮,从所有河流倒灌入内陆,土壤迅速盐渍化,越人的主要生产部门即水稻种植,从连年减产直到没有收成。卷转虫海进始于距今 1.5 万年前,经过 6000 年—7000 年之久,海面才达到与现代海面相似的高程。因此,这次海进的前期,宁绍平原的自然环境并不遭受较大影响。但自从海面到达 -5 米以后,不过 1000 余年,整个宁绍平原就沦为浅海。因此,在海进的末期,平原的环境恶化是相当剧烈和迅速的。也就是在这 1000 余年中,原来在这片自然环境非常优越的宁绍平原繁衍生息的越族居民,发生了他们部族历史中的大规模迁移。

我在拙作《越族的发展与流散》一文中已经比较详细地论述了越人在这次大规模迁移中的流动路线,一部分是利用原始的独木舟或木筏漂向琉球、南日本、南洋群岛、中南半岛和今中国南部各省。另一部分则越过钱塘江到达今浙西和苏南的丘陵地带,即后来的句吴。留在宁绍平原的越人则随着平原环境的恶化不断地向南部高程较大的地区移动。还有一部分在北部丘陵如杭坞—马鞍山丘陵、翠屏山丘陵和东部的舟山丘陵聚居,海进全盛时期就成为岛民。

大部分越人最后进入了南部山地。以今曹娥江为界,东部是四明山地,西部是会稽山地。由于以后越族的酋长驻地如埤中、嶕岘大城等都在会稽山地,因此,会稽山地显然是越人聚居的中心。所以我们在此主要考察一下会稽山地的地理环境。

会稽山是一片经过侏罗纪回春的古老丘陵,范围相当广阔,东西最宽约 50 公里,东南到西北最长约 100 公里。丘陵内部,丘陵的分布和走向都比较复杂。会稽山的主干部分,绵亘于后来的山阴、会稽、诸暨、嵊县(今嵊州)等边界,主峰如鹅鼻山、真如山(五百冈)、五岩山、尖子冈等,高度均在海拔 700 米以上。其中鹅鼻山高海拔 788 米,是全境最高的山峰。从主干部分按西南、东北走向,分出一系列高度在海拔500米上下的丘陵,构成整个山地的复杂山川形势。

会稽山有3条主要分支,按照后来的名称,它们的分布大概是这样的:

东翼是真如山(五百冈),向东北延伸,经鹅鼻山、四峰山、衙堂山、驻跸岭、葡萄岭等,直抵上浦镇附近的曹娥江边,是曹娥江与其支流小舜江的分水岭。

中翼称为化山,从尖子冈向东北延伸,经龙池山、陶宴岭、五峰岭、甘平冈、台五冈等,直至曹娥镇以南的凤凰山,是曹娥江与古代鉴湖水系的分水岭。

西翼称为西干山,从尖子冈向北经作丹冈、古博岭、辣岭、关口山、大武尖等,直至钱清镇西北的牛头山。并且从大武尖以西的横山岭向西北分出一支越王峥山,包括青化山、越王峥等较高山峰,向北直至西小江以南的王家大山以北诸山。西干山是浦阳江下游诸水和古代鉴湖水系的分水岭。

上述会稽山的3条主要分支,其本身也杂出了更多较小的丘陵分支,使地形显得崎岖复杂。在真如山和化山之间,较大的丘陵分支有木涡尖山和独支尖山等,山峰高度多在海拔500米以上,形成会稽山范围内较高的一片丘陵地。由于它的位置偏南,我们称它为稽南丘陵。

北部化山和西干山之间的地区,情况比南部更为复杂。化山北侧有5个向北伸展的丘陵分支,西干山东侧有十多个西南、东北走向的丘陵分支。虽然这些丘陵分支一般都在海拔500米以下,比稽南丘陵显得低矮,但是由于这是古代绍兴的一个重要活动中心,因而其中有不少古越名山如秦望山、宛委山、云门山、若耶山、赤堇山、天柱峰等。由于这个地区在位置上偏北,我们就相应称它为稽北丘陵。

稽南丘陵的面积约为350平方公里左右,全部在小舜江流域范围以内,小舜江是曹娥江在绍兴境内的最大支流,这条河流在历史上没有较大变化,支流杂出,水量丰富,构成无数的山间盆地和山麓冲积扇。这些盆地和冲积扇,都是古代越人活动的地区,刀耕火种,是会稽山地中开发最早的地区。不过由于稽南丘陵地形比较崎岖,盆地和冲积扇都很狭窄,对生产活动限制很大,因此,自从越王句践在位以后,越人的生产活动中心就从这里迁移到稽北丘陵。

稽北丘陵的面积约为460平方公里左右,属于古代鉴湖水系。和稽南丘陵一样,稽北丘陵内部也有许多山间盆地,丘陵北端,在山势开朗处,形成一系列冲积扇。和稽南丘陵不同,稽北丘陵特别是北部,地形显得低平,冲积扇以下,又是一系列宽狭不等的河漫滩,最后和山会平原连成一片。

会稽山地的生物界在当时是异常丰富的。整个山地基本上是一片亚热带的原始森林,直到越人重新回到平原以后,这片山地仍被称为“南林”。[22]南林的范围很广,其南部由于山地绵亘,可能和当时浙江的中部、南部甚至赣、闽等地的原始森林连成一片。它的北缘则大体上与稽北丘陵北坡的山麓线一致。南林古木参天,树冠茂密,是一片常绿混交林。关于这片森林的林相、树种等方面,我在拙作《古代绍兴地区天然森林的破坏及其对农业的影响》[23]一文中已述其详。

在这片茂密的原始森林中,当然也富于野生动物。这个地区在地质年代中曾有巨大爬虫类栖息的迹象,历史上曾经一再发现巨大动物骨骼化石可以为证。《国语》所载:"吴伐越,堕会稽,获骨焉,节专车。"[24]韦昭注释说:"骨一节,其长专车。"这就很可能是史前爬虫类骨骼的化石。这种骨骼化石甚至到宋代还续有发现,嘉庆《山阴县志》引《旧志》云:"宋时建里社,掘土得骨长七尺,仍瘗之,立神社,像于其上,故名七尺庙。"[25]按七尺庙在柯桥附近的湖塘,所以记载是可靠的。当然,这些或许都是中生代的动物。《禹贡·扬州》所载的动物有:"齿、革、羽毛。"宋蔡沈注释说:"象有齿,犀兕有革。"扬州的范围甚大,仅仅根据蔡沈的注释,古代绍兴森林中是否有象、犀等野生大动物,还不能肯定。《竹书纪年》记及:"越王使公师隅来献舟三百,箭五百万,及犀角、象齿焉。"[26]《竹书》的这段记载,在魏襄王七年(前312)之下,当时越国已为楚所败,退居浙东,则古代绍兴的原始森林有象、犀等的存在可以无疑。事实上直到五代年间,在浙江境内的残存森林中,仍有象群出没的记载。[27]

除了象、犀等大型动物以外,会稽山地的森林中,其他动物见诸文献还有很多,南林在春秋时代还是虎、豹出没之地,[28]此外并有猿、猴、熊、罴、野猪、鹿、麋、狐、兔等等。[29]

古代会稽山地的自然环境已如上述,越人在这场持久的、规模巨大的海陆变迁中进入这片山地。与山会平原相比,会稽山地显得最贫乏的是水土资源。在假轮虫海退的漫长时期中,越人已经发展到以种植业为主要生活来源。进入会稽山地以后,由于地形崎岖,溪流虽多,却不能与平原河湖相比,春夏洪泛,秋冬枯竭,而且渠短流急,难为利用。为了适应山地的自然环境,他们不得不在生产上从以种植业为主改变到农猎并举。即《吴越春秋》[30]所说:"随陵陆而耕种,或逐禽鹿以给食。"他们的祖先在平原时代已熟娴了以水稻播种为主的农业,但山地的地理环境与平原完全不同,种植业十分困难,必须选择山麓和缓坡地,先砍去树木,然后烧山播种,种了几年就抛弃,另找别的地方,所以称为"随陵陆而耕种"。另外就是入林狩猎。由于这种刀耕火种的农业,部族在山地中常常需要移动居地,包括部族酋长的驻地,也要不断更换。所以记载上有埤中和嶕岘大城等不同名称。前者在今诸暨境内,后者在稽北丘陵的秦望山下。越人在会稽山地居住了3000多年,这段时间是漫长的,因为从绍兴地区正式的历史记载开始到今天,也不过3000多年。《吴越春秋》把越人在如此艰难的地理环境中的这段历史总称为"人民山居"。[31]与海进以前越人的祖辈在山会平原上生活的时期,实在是一种倒退。刀耕火种和狩猎显然不可能创造多少剩余的财富,所以《吴越春秋》说"租贡才给宗庙祭祀之费"。[32]所谓"无余质朴,不设宫室之饰"。[33]说明在这样困难闭塞的环境之中,即使是部族酋长驻地,也不可能有什么与众不同的铺张。直到公元 5 世纪之初,孔令符所见的会稽山中越国旧都遗址,无非是一些高大的豫樟树,"行伍相当,耸森可爱"。[34]这些豫樟树当然是由于酋长驻地而由人工栽植的。当年的越都,无非如此而已。

（三）

上面已经论述了越人从富庶沃衍的水环境山会平原退居到崎岖闭塞的会稽山地的过程。在会稽山地 3000 多年,越人所创造的史前文化,现在了解不多。他们兴建了一些称为"城"的大型聚落,如"大城"、"上城"、"苦竹城"之类。他们有"宗庙",有"祭祀"。如此等等,当然都是他们在这个山居时代的文化。在这漫长的 3000 多年之中,作为越人史前文化内涵中最最重要的,不仅流传越地而且影响全国的,是禹治水的神话。在整个中华民族文化史上,这个内涵丰富,意境崇高的神话,也是足以彪炳千秋万代的。

对于这个神话产生的背景,我在拙作《越族的发展与流散》一文中已经有所论证,我说:

> 越族居民在会稽、四明山地的山麓冲积扇顶端,俯视这片茫茫大海,面对着这块他们祖辈口口相传的、如今已经为洪水所吞噬的美好故土,当然不胜感慨,他们幻想和期待着有这样一位伟大的神明,能够驱走这滔天洪水,让他们回到祖辈相传的这块广阔、平坦、富庶、美丽的土地上去。

问题又要回到在此序开头所议论的事,因为禹的神话被当时在文化上发展得更高的汉人移植以后,上了汉人的崇高典籍即所谓经书之中。在古代,除了少数绝顶聪明的人物如王充[35]之类以外,整个知识阶层都被一代一代地灌输经书的教训。汉人移植的禹,不仅加上了汉人的姓氏和血统,当了汉族第一个王朝的开国之君,而且还为他臆想了一番伟大的治水业绩,写入《禹贡》这部崇高的经书之中。也就是我在前面引用冀朝鼎所说的把禹作为"工程技术方面的一个伟大的统治人物"。

冀朝鼎在他的英文著作中说:

> 将来新发现的证据,可能证实也可能推翻顾颉刚所作结论的积极贡献,但不管怎样,他对这个传说的传统说法所给予的有力的批判,似乎已经成功地打破了

这样一种神秘的理论：即认为中国水利事业的开端，要归功于一个英雄神灵的仁慈和他的自我牺牲的活动。通过宗教正统学者反复断言了若干世纪以后，这个神秘的理论已经获得了宗教教义上的权威，从而成了在这个问题上的任何科学研究的一个巨大的障碍。只有彻底打破这个传统理论，才有可能对治水活动起源方面的有用资料，进行客观的研究。

《禹贡》中所记载的禹的"导山"、"导水"，这些被他所"导"的山和水，其实都是地质年代中形成的自然地理实体。但古来多少读书人都坚信不疑，认为这些都是禹的刀斧功绩。读书人本来多半是聪明人，但这种聪明人欺骗聪明人的玩意，却被一代一代地传了许多年。这不能不说是我们文化史上的一种不幸。其所以会发生这种不幸，就是冀朝鼎所指出的："通过宗教正统学者反复断言了若干世纪以后，这个神秘的理论已经获得了宗教教义上的权威，从而成了在这个问题上的任何科学研究的一个巨大的障碍。"当然，对于现代人们来说，即使没有读过《古史辨》的，他们也可以毫不困难地看出《禹贡》的荒唐。记得1979年夏季，为了已故的竺可桢先生倡议和担任主编的《中国自然地理》一书，我在开封主持了其中一个分册即《历史自然地理》的编审会议，历时达一个多月，许多历史地理学家都参与了这次会议。为了讨论书稿内的《黄河》一篇，设在郑州的黄河水利委员会，先后来了七八位工程师参加会议。他们全都没有读过《古史辨》，多数都没有读过《禹贡》。当他们在我们的会场上读到《禹贡》以后，没有一个人不把它当作一个荒诞不经的神话。我在此序前面所说的，即使在今天的科学技术力量之下，要完成这样的工程也谈何容易，这就是这些工程师们所说的话。

前面已经引述了顾颉刚关于禹的神话出自绍兴的论断。现在，大家都看到，正如冀朝鼎所说的："将来新发现的证据"，已经证实了"顾颉刚所作结论的积极贡献"。由于比仰韶遗址还早的河姆渡遗址的发现，中华民族一元论的传统被打破了。由于"建德人"的发现，浙江境内更为远古的人类也有了端倪。而由于地质学、地史学、第四纪学、古地理学、古生物学等学科的发展和检测手段的进步，晚更新世以来在浙江境内的海陆变迁已经完全判明。禹的神话出自越地，已经不必置疑。

汉族把这个神话移植过去，痕迹是十分清楚的。总的说来，这种神话只能产生在水环境之中，而黄河流域虽然有黄河及其支流，但并不存在像越地一样的水环境。黄河在洪水季节或许确有《尚书·尧典》所说的："汤汤洪水方割"的景象，但在枯水季，它实在是一条涓涓细流。特别是汉族的主要聚居地黄河中游，很难出现《诗·商颂·长发》所说的"洪水茫茫"的情况。这种移植的最明显的张冠李戴之处在于治水的思想和方法。传说中的禹治水方法是疏导，这种方法无疑是针对山会平原水环境的产物。山会平原河流短小，从南部山地北流海边不过几十公里，当然可以用疏导的方法。

而这片沼泽平原,实际上就是用这种方法排干的。把山会平原治水的思想方法移植到黄河,就不得不另外塑造一个主张"堙"的方法的鲧作为牺牲品,即《尚书·舜典》中的"殛鲧于羽山"。于是,山会平原的治水方法就在黄河付诸实施。但黄河的上流在西戎,下流在东夷,神话当然不必计较是谁管辖的问题,让禹从西戎的"积石"一直疏导万里,导到东夷的"九河"。其实黄河历来都用"堙"的方法,如今郑州以下,黄河大堤高高在上,就是"堙"的结果。

当第四纪的最后一次海进发生之时,世界上的许多地方都已有人类繁衍生息,凡是遭遇这次海进的地方,都会口口相传地留下一些传说和神话。等到文字出现以后,人们再经过整理加工,把它记载下来。诸如希腊传说和希伯来人传说等中,都有上古洪水的故事,后者即是《旧约·圣经·创世纪》中的著名的挪亚造方舟的故事。我们检阅所有这类传说和神话,其内涵主要包括两个方面:第一是上苍恩赐,第二是劝善惩恶。但禹的传说却与众不同,它的内涵除了上苍恩赐(《金简玉字之书》)和劝善惩恶以外,特别重要的是人定胜天,改造自然。这就是越文化和中华民族文化的不同凡响之处。

所以我认为越人所创造的史前文化,包括假轮虫海退时期的平原水环境文化和卷转虫海进时期的山地文化,当然都有丰富的内容,可以继续发掘和研究。但是可以认为,在越人的史前文化之中,最最伟大而意义深远的,是他们在海进时期的特殊地理环境中所创造出来的禹的神话。

(四)

卷转虫海退开始以后,禹的神话在越人面前逐渐成为现实。当时,他们所见到的这种自然环境的变化,首先是与他们最接近的山麓冲积扇的扩大。先前在山麓冲积扇以北的许多孤岛,逐渐成为孤丘。但是海退与海进一样,是一个渐变的过程。海水从会稽山麓线后退到唐代前后的山会海塘,大约经过了3000年时间。因此,在海退的前期,越人从会稽山地进入山会平原是逐渐进行的,这中间有一个漫长的过程。

会稽山地的越人在什么时候返回山会平原?这个问题比较复杂。因为即使在海进鼎盛的时候,山地以内的内越人和居住在杭坞山、马鞍山、翠屏山群岛以及其他海水所不曾淹没的孤岛上的外越人之间,仍然互有往来。《越绝书》卷八说:"无余初封大越,都秦余望南,千有余岁,而至句践,句践徙治山北。"从无余到句践"千有余岁"的话,或许是可信的。上文提及越人进入会稽山地有3000多年时间,但由于无余以前的情况因为时间过于邈远而为《越绝书》所不记,所以无从考实。"句践徙治山北",说明越人已经大批北移,所以国都也随着北移。据清毛奇龄的考证,当时句践的新都是平水附近的平阳,^㊲说明已经到达了冲积扇附近。也说明部族决心要放弃这个居留了几千年的山区,而重返祖辈传说中的平原了。从句践迁都的事实来看,则越人的北迁,大概比此要早。《竹书纪年》周成王二十四年记载的"于越来宾",也就是今浙江省境第一次见诸历史文献,可以作为这个地区史前时期与历史时期的分界线。这个年代在公元前 11 世纪之末,距良渚新石器文化的下限已不到 1000 年。与海退的进程加以对比,可以认为这是越人从山区北迁平原的开始。因为越人进入平原,土地扩大,物产增加,国力上升,特别是从越人的心理上说,祖辈相传的美好故土,现在已经逐渐复原,因而对国家民族前途充满信心。这正是他们开展国际关系,向中原大国交往的时候。一个局促在闭塞山区的小小部族,是不大可能发展外交活动的。也有人怀疑《竹书纪年》的可靠性,在这样的情况下,我们倒不妨借助于传说,用传说来证明历史记载。《论衡·超奇篇》说:"白雉贡于越。"《异虚篇》说得更清楚:"周时,天下太平,越尝献雉于周公。"王充当然是根据越地的传说把"献雉"之事记入《论衡》的。王充绝未见过《竹书》,因他撰《论衡》之时,《竹书》尚深埋于汲冢之中。周成王二十四年,周公虽已归政,但在社会上仍有极高威望,故传说作"献雉于周公"。由此可知《竹书》记载的"于越来宾"不诬。则《竹书》所记,是越地也是浙江最早见于记载的历史,同时也是越人开始北迁山会平原的历史。

山会平原的地理环境与会稽山地截然不同,但和越人祖辈相传的故土,即假轮虫海退时期的山会平原,却也已无法相比。这是一片泥泞的沮洳,而海洋虽然不断北退,却仍然近在咫尺,一日两度的潮汐,使这里成为一片积水横流的咸沼泽。当然,会稽山北麓的冲积扇以及平原上许多孤丘和它们周围的高燥地区,土地平坦而不受咸潮侵袭,成为越人从山区到平原过程中的立足点,在初期的平原经营中起了重要作用。在中国的历史发展中,黄河流域的地理环境与江南绝不相同,但有一点却出人意外的酷似,即黄淮海平原上的孤丘,与山会平原及江南其他平原上的孤丘,在人类文化史上竟起着同样的重要作用。关于这方面,我在拙编《中国七大古都》^㊳的《后记》中已有较详阐述。^㊴而兴建于句践七年(前 490)的山阴小城,即是依靠种山这座不及百米的孤丘的。而包括小城和大城在内的句践故都大越城(即今绍兴),则是选择了在东西约 5 里、南北约 7 里范围内的 9 座孤丘而兴建的。关于这方面,我在拙作《历史时期绍兴城市的形成与发展》^㊵及《论绍兴古都》^㊶等文中已论其详,这里不再赘述。

越人在卷转虫海退以后回到山会平原所创造的平原文化,实际上是我们所知道的这个部族的第二次平原文化。这种平原文化,因为当时已经进入了历史时期,不仅灿烂多姿,而且记载详细。对此,我已经先后发表了《古代于越研究》、^㊷《于越历史概论》、《越文化与水环境》[44]等几篇拙作,并且就这个课题,在国外作过学术演说,[45]阐述了我在这方面的心得和观点。而国内外的许多专家学者多年以来在这方面更有大量精湛的研究,成果累累。现在,绍兴《越国文化》一书,总结了前人研究的主要成果,又经过参与这个课题的学者们几年来的继续探索和发现,在前人研究的基础上,把这个领域大大地向前推进了一步,使古代绍兴越文化之中存在的许多奥秘,得到了新的揭示,把这种研究提高到一个新的水平。作为一个长期来关心这个课题的人,我为此感到十分快慰,因此愉快地接受本书作者们的嘱咐,写了这样一篇拉杂的序言。

注释:

① 《海盐县的建置沿革、县治迁移和辖境变迁》,《历史地理研究》(第 2 辑),复旦大学出版社 1990 年版。

② 南京大学出版社 1994 年版。

③ 参见《郦道元评传》第 66 页。

④ 此书有中译本,朱诗鳌译,中国社会科学出版社 1981 年版。

⑤ 《古史辨》北平朴社民国十五年(1926)版,第 104—286 页。

⑥ 我在《关于(越绝书)及其作者》(《杭州大学学报》哲学社会科学版 1979 年第 4 期)一文及点校本《越绝书》(上海古籍出版社 1985 年版)的序言中已经作了考证,此书是先秦文献,由后汉的袁康、吴平加以整理流传。

⑦ 《多学科研究吴越文化》,《国际百越文化研究》,中国社会科学出版社 1994 年版。

⑧ 《浙江学刊》1993 年第 2 期。

⑨ 陈铁梅《我国旧石器考古年代的进展与评述》,《考古学报》1988 年第 3 期。

⑩⑱ 王靖泰、汪品先《中国东部晚更新世以来海面升降与气候变化的关系》,《地理学报》1980 年第 3 期。

⑪ 《中国自然地理·古地理》上册,科学出版社 1984 年版,第 142—164 页。

⑫⑬⑮ 《河姆渡遗址动植物遗存的研究鉴定》,《考古学报》1987 年第 1 期。

⑭ 《中国自然地理·动物地理》附图,科学出版社 1979 年版。

⑯ 《浙江学刊》1984 年第 2 期。

⑰ 《河姆渡遗址第一期发掘报告》,《考古学报》1978 年第 1 期。

⑲ 曹家欣《第四纪地质》第 205 页,商务印书馆 1983 年版。

⑳ 《中国自然地理·古地理》上册。

㉑ 陈桥驿《历史时期绍兴地区聚落的形成与发展》,《地理学报》1980 年第 1 期。

㉒㉘ 《吴越春秋》卷五。

㉓ 《地理学报》1965 年第 1 期。

㉔ 《国语·鲁语下》。

㉕ 嘉庆《山阴县志》卷二〇。

㉖ 《竹书纪年》卷下,魏襄王七年。但各本所引稍有不同,如《水经·河水四》所引作:"魏襄王七年,秦王来见于蒲坂关,四月,越王使公师隅来献乘舟,始罔及舟三百,箭五百万,犀角,象齿焉。"

㉗ 《十国春秋》卷一八,吴越宝正六年(931):"秋七月,有象入信安境,王命兵士取之,圈而育孕。"又《吴越备史》卷四,癸丑三年(953):"东阳有大象自南方来,陷陂湖而获之。"

㉙ 《越绝书》卷八,《越咏》卷下引《南方羽毛记》、《会稽三赋》等。

㉚㉛㉜㉝ 《吴越春秋》卷四。

㉞ 《会稽记》,《委宛山堂说郛》(《说郛正续》)六一。

㉟ 《论衡·书虚篇》:"禹到会稽,非其实也。""因山名郡,可也;言禹巡狩会计于此山,虚也"。

㊱ 此书由谭其骧、史念海、陈桥驿主编,科学出版社1982年版。

㊲ 《重修邦时大殿募疏序》,《西河合集》卷一六。

㊳ 中国青年出版社1991年版。

㊴ 参见《中国七大古都》第338页。

㊵ 《纪念顾颉刚学术论文集》下册,巴蜀书社1990年版,第643—661页。

㊶ 《历史地理》1990年第9辑。

㊷ 《民族研究》1982年第1期。

㊸ 《浙江学刊》1984年第2期。

㊹ 《浙江学刊》1994年第2期。

㊺ 日本广岛《中国新闻》1989年12月11日。

1995年2月于杭州大学历史地理研究中心
原载《越国文化》,上海社会科学院出版社1998年版;部分文字又见《越文化研究四题》,载《越文化实勘研究论文集(一)》,中华书局2005年版

《绍兴的中国之最》序

《绍兴的中国之最》编撰就绪,嘱序于我。作为一个绍兴人,读了这部书稿,不禁踌躇满志,因而使我回忆起一件往事。记得好几年前,一位绍兴同乡,到杭州向我索书,我不善书法,却因在学术界的一点虚名,年来常有求我涂鸦的。何况求书之客来自桑梓,自然不便婉拒。于是执笔濡墨,临时凑成一首《越州吟》的即就诗:

> 不说越州不知道,一说越州不得了。
>
> 神禹本非中原物,句践乃是我乡宝。
>
> 青山绿水会稽景,聪明勤俭绍兴佬。
>
> 莫怪老夫眼格小,越州就比他州好。

诗中说到"神禹本非中原物",这是我国史学大师顾颉刚在其早年的名著《古史辨》(北平朴社 1926 年版)一书中提出的论点:"禹是南方民族神话中的人物,这个神话的中心点在越(会稽)。"80 年代之初,我的一位研究生乐祖谋君,遵循顾颉刚的论点拟定他的学位论文《宁绍平原城市的起源》(陈桥驿主编《中国历史地理论丛》第 3 辑,陕西人民出版社 1988 年版),曾经花几个月时间,在整个宁绍平原调查研究,并且遍读这一带的地方志和其他文献资料,在绍兴、上虞、余姚境内,就查出 18 处传说中的舜、禹故迹。其中有舜出生处二,舜母出生处二,舜耕处一,舜渔处一,舜葬处一;禹会万国诸侯处二,禹藏秘图处一,禹葬处一。在这类流传于这个地区的传说中,舜、禹显然不是北方来客,他们生于斯,葬于斯,立功业于斯,恰恰证实了顾颉刚的论点,中原汉族把越人神话中的人物移植到黄河流域,实在张冠李戴。对此,我不仅发表了一系列论文加以辩证,并且还在日本广岛大学等高等学府的讲学和佐贺电视台的电视节目中阐述了这种观点,得到了日本学术界的称许。现在,《绍兴的中国之最》以舜、禹这两位神话人物开头,使这本乡土文献开卷就不同凡响。

拙诗中所说的"眼格小"是绍兴方言,换成文诌诌的古汉语就叫"识浅见浮"。我当然属于此类。不过绍兴人历来活跃于五湖四海,"麻雀、豆腐、绍兴人"一语可以为证。在这方面,我或许和我的许多同乡人一样,由于几十年从事地理工作,职业要求我奔走四方,甚至深入穷荒。记得那年在巴西亚马逊河沿岸腐叶没胫的赤道雨林考察,跋涉于昏黑密闭、举步维艰的原始森林中困顿终日,但当我在密林中闭目凝神、小憩片刻之时,眼前立刻浮现出稽山镜水的家乡风光。又记得那一年在北美加拿大和美国访问讲学,回国后曾在家乡的文学期刊《野草》中连载《北美散记》杂文,多次提及在异国思念家乡的心情。不管身在天涯海角,家乡总是我心目中的最好地方。

当我登上巴西圣保罗市中心意大利大楼顶层转台,眺望这座拥有 1800 万人口的世界第二大城市时;当我穿过高楼栉比、人车喧阗的纽约百老汇大街,或行走于蒙特利尔这座典雅古朴、除了巴黎以外的最大法语城市时;又或是在东京银座或广岛百米宽的和平大街徜徉之时,在这些现代大城市的繁嚣之中,脑际忽然会记起元稹《重夸州宅景色》的诗句"会稽天下本无俦"。元稹出生于中原大都会洛阳,官至同中书门下平章事,也就是唐朝的宰相。他当然绝非"眼格小"之辈,他口中说出"会稽天下本无俦"的话,足证见过世面的人物,也为绍兴的人杰地灵而倾倒。我在这个大千世界中不过走过几个码头,"眼格"当然不大,但却永远不会改变我"越州就比他州好"的思想。这中间或许有根深蒂固的家乡观念因素在内,我当然应该承认。但是另一方面,古往今来,有许多外乡人,包括官吏和文人学士,他们不仅夸赞绍兴,而且到绍兴游历、寓居,写出许多讴歌这个地区的文章和诗篇。特别是也有不少外国汉学家,他们虽然远隔重洋,却也热衷于对绍兴的研究,在国外发表了许多有关这个地区的研究论文和学术专著。近 20 年中,由我陪同考察这个地区的外国汉学家以及到我的研究中心对这个地区某些课题进行较长时期的研究者,为数就颇可观。这就说明,绍兴是个历史悠久、山水佳胜、文化发达、人才辈出的东南名区,它不仅与众不同,而且出类拔萃。现在,《绍兴的中国之最》在这方面为我们提供了充分的证明。这样说来,我对家乡的特殊感情,显然不是敝帚自珍。

《绍兴的中国之最》全书分 18 个栏目,包括 718 篇短小精悍的文章。从史前时期到近现代,在这个地区的千千万万人地事物之中,从事排比精选,举凡政治、军事、经济、文化等等,上溯远古以来的神话传说,下至现代最新的科技成就,从各方面进行搜集整理,考察研究,经过各位作者几年来的孜孜努力,终于集腋成裘,推出了如此一部前所未有的地方文献,把许多引人入胜的掌故事迹,以通俗的笔调和盘托出。和地方志一样,此书具有存史、资治、教化的意义,并且为各类研究者提供许多有益的资料,它同时也是一种雅俗共赏的乡土教材,一种价值很高的爱国主义读物。它将激励家乡后辈,缅怀先贤们的杰出成就和伟大业绩,刻苦砥砺,攀登高峰,在各个领域中,继续创造非凡成绩,把以绍兴为中心的这片优异乡土,建设得更为美好。

对于身在外乡和海外的绍籍人士,《绍兴的中国之最》不仅是一种非常悦耳的乡音,并且更是一股巨大的凝聚力。必须指出,为家乡创造中国之最的各项成就中,也包括了外乡和海外绍籍人士的辛勤耕耘在内,此书载及的许多优秀人物,实为古今中外绍籍人士的菁英。所以此书的出版,普天之下的绍籍人士皆与有荣。

《绍兴的中国之最》对于绍兴以外的我国其他地区,既是一种启发,也是一种促进。在我国广袤的土地上,市县城邑千千万万,它们之间,境域有宽广狭隘之分,历史有悠久短暂之别,但中国人民历来勤劳勇敢,他们勤勤恳恳建设自己的乡土家园,为子孙后代创造一个繁荣富庶的生存环境的意愿都是相同的。孔子说:"十室之邑,必有忠信。"全国各地,如能像绍兴一样地经过一番搜集整理,必然也可以发掘许多当地的无偶掌故、出众事迹,然后汇编成帙,付诸出版。这样的作品,不仅裨益于教育当地人民,并且有利于推动地方经济和文化的发展,假使全国许多地方都能推出这样的文献,则涓涓细流终将汇成泱泱巨川,而一部规模宏大、内容独特的爱国主义巨著必将脱颖而出。这是一种划时代的文化事业,对于我国人民精神文明和物质文明建设的价值,实在不可估量。

最后必须说明的是,本书以《绍兴的中国之最》为名,如前所述,各篇内容是经过作者仔细搜集整理,认真排比查核的。但是由于全书涉及的人地事物数量庞大,我们的见识有限,资料内容或有失检之处。其中有些方面,由于仁者见仁,智者见智,也可能存在不同看法。为此敬希各方专家和读者,提出宝贵意见,我们当在再版时加以补充修正。

我从青年时代起,由于日军侵占桑梓,不得已抛乡离井,外出求学,毕生漂泊四方,未为家乡稍作贡献,引为莫大遗憾。如今年逾古稀而有幸览及此书,实在不胜欣慰。为此略抒感慨,爱以代序。

1997 年 12 月于杭州大学历史地理研究中心
原载《绍兴的中国之最》,浙江摄影出版社 1998 年版

《刘庄百年》序

　　读了罗以民先生《刘庄百年》的书稿,流畅洗练的笔调,生动诙谐的语言,精密细致的分析和周详深入的查考,使我不胜钦佩,却也无限感慨。刘庄在杭州,但对于眼下的绝大多数杭州人来说,这是一个神秘的地方。

　　我是1954年年初到杭州浙江师范学院任教的,当时刘庄已经成为禁区,虽然久闻其名,当然不可问津。其实,学校远在六和塔以西的之江大学原址,我任课不少,加上又兼了上海地图出版社的审订工作,白日讲课,夜里笔耕,即使是个开放的公园,也是无暇游览的。后来刘庄成了国宾馆,对于包括我在内的绝大多数够不上"国宾"的老百姓来说,无非是从一种禁区转为另一种禁区。根本不会有到这个地方去玩的奢望。

　　但是我终于因缘机会进了刘庄。那是1986年的事。这一年高校职称评审在刘庄进行,我不知道当年为什么要选择这个地方,或许是这个凡人不得进去的地方,评审工作不受干扰;也许是当时省内专家力量不够,不少学科组都聘请了外省市的专家作客卿,住刘庄是表示对他们的尊重。譬如我所在的这个地质、地理、气象学科组,就聘请了上海华东师大的著名地貌学家严钦尚教授,他过去是老浙大教授,在杭州多年。但据他告诉我,他生平也是第一次住入刘庄。说明现在早已不像罗先生书中记及的我的另一位老友刘操南教授那样,要踏进这根门槛,真是谈何容易。

　　我因为当了学科组的组长,对于这些申请晋升教授和副教授的先生们,负有比学科组其他成员更多的责任。高级职称是申请者的终身大事,我得仔细研究各人的材料,反复考虑如何把评审工作做得更公正合理,所以实在无心欣赏这里的风景,每天早晨出去转一转,也不过是白鹭噪树,苍苔满径,无非显示出它在这个游客熙攘的西湖风景区中的特殊身份而已。评审工作在投票以后结束,学科组内各位教授都纷纷离去,但我得多留一晚,为每一位申请者填写评语。工作完成,已经午夜,我到户外稍事活动,以舒展一下身心。当时已值初夏,但夜风甚有寒意,我默默背诵柳子厚的文句:"其境过清,不可久居。"次日交差完毕,就匆匆回家。此番读了罗先生的书稿,使我旧事重忆,我居然也在这个被外间许多人视称"神秘岛"的地方耽过4宿。由于以后历次评审工作都找外间宾馆,时过境迁,对此早已淡忘,正是因为这本书稿,勾起了我的不少遐想。

刘庄是什么?无非是一个清末官僚财主的私人别墅。其人其物已经过去了八九十年,所以从今天来说,刘学询是个古人,刘庄是件古物。我们不是提倡"古为今用"吗?像刘庄这样,或许是一种"古为今用"的特殊形式。我在国外讲学,也曾经参观过彼邦的不少庄园别墅,他们也懂得"古为今用"的道理,大概都作为收取门票的历史文化游览点。除了至今仍然是私人产业的以外,似乎还没有看到过"闲人免进"的牌子。当然,麻烦的事仍然有,例如在日本,凡是这类地方,进门时多要你脱掉鞋子,换上一双他给你的特制便鞋,又给你一只口袋,要你把自己的鞋子提在手上,到出口处再"更鞋"。所以即使是奈良时代的地板,都仍然完好无损,光洁可鉴。也有像刘庄等处一样有趄趄武士在门口站岗的,加拿大首都渥太华的英国总督府即是其例。但那两个手执步枪,头戴貂皮黑帽身着红色军装的古典武士,其实是为游客并肩摄影留念而设的。

我去外国纯系彼邦大学邀请的学术交流,无法与官员们的访问考察相比。仍然需要像在国内一样地在上讲台以前备课。不仅要备专业,而且要备语言,如何把我在40年代学的外语说得现代化一些,又如何把一些专业词汇作出通俗点的解释,实在头绪纷繁。虽然在旅途中确实游览过不少名胜古迹、庄园别墅,但其实都是走马看花,心不在焉。更不曾想到眼下学术界流行的把国外与国内的同类事物进行"比较研究"。而罗先生的这本书稿,却使我回忆起一个美国庄园。那年到加拿大和美国讲学,由于我的小儿子执教于路易斯安纳州立大学,我们夫妇顺便到这个州的首府巴乔鲁日看看他们的小家庭,趁机考察一下密西西比河三角洲的沼泽地。他们小两口轮流驾车,跨过密河大桥,在圣詹姆士城以东,经过一个名叫奥克爱丽(Oak Alley)的庄园。我们就停车购票去作了一次短暂的参观。但这一次偶然的经历,却让我留下了深刻的印象。

"奥克爱丽",用中文直译应作"橡园"。橡树是栎树的一种,是山毛榉科的高大乔木。这种树在浙江山区多得很,所结的椭圆形硬果,托着一只碗状的壳,山里人采来磨碎制成的一种冻状物,称为"柴子豆腐"。我们进入庄园,看到满园都是数人合抱的巨大橡树。说明书告诉我们,这个庄园建于 1839 年,橡树是原有的,许多橡树的树龄已经超过 250 年了。

我们随即进入一幢二层楼的建筑,这是这个庄园 100 多年前的主楼,是庄园主一家的几间卧室、书房、客厅之类以及当时的家具、首饰、书籍、器物等等。美国的这类庄园,大概都是这个格局,我已经看过多少遍,实在毫无兴趣。二楼的周边围绕着装有木栏杆的走廊,上个世纪的建筑,一般都是如此。当我沿走廊到北边眺望,竟一时感到看傻了眼。这么面熟!好像曾经到过这个地方。但静下来稍稍一想,这是绝不可能的。美国的东部、北部、西部我都到过,而南部还是第一次来到,为什么眼前的风景恰如旧地重游?一条几米宽的林荫道,两旁分列着对称的、几人合抱的巨大橡树。我立刻下楼,踏着这条满地是橡果的道路,直到密西西比河大堤。从大堤回首南望,恍悟眼前的一切,是在国内的不少公共场所和朋友们的客厅中看到的。夹道的橡树,原各有 14棵,由于密西西比河的一次改道,冲走了两棵,所以现在每列只存 12 棵,树冠浓密,树枝已经下垂到与地面连接。这两列橡树,也是庄园兴建以前的旧物,庄园主无非作过一番修整而已。

回国以后,我查对了流行在国内的"奥克爱丽"画面,发现有两种版本,一种是经过加工的,欣赏对称和透视之美的修改本,两列橡树,树冠整齐,看不出绿叶扶疏、下垂地面的实况;另一种是原版,就是从这个庄园的照片或油画中复制出来的。这就是美国庄园的"古为今用"。在当地,这是一个历史文化的景点,在庄园室内,游客们听讲解员诉说庄园的掌故,议论一个多世纪前贵族们的生活起居和布置装饰。在林荫道中,游客们流连忘返地欣赏这 24 棵参天盖地的巨大橡树,摄影留念。而这两列橡树的壮丽画面,现在已经广泛地在海外流传。假使如上所说的,刘庄的"古为今用"是一种"古为今用"的特殊形式,那末,"奥克爱丽"应该是"古为今用"的普遍形式。我在这篇序言开头提到过"无限感慨"的话,我的感慨就在于此。

拉杂地写下这篇序言,最后还必须说明两点:第一,自从改革开放以来,到外国去的人多了,中外的比较研究非常流行,如比较文学、比较教育之类,不胜枚举,而我自己在日本广岛大学也开出"比较城市地理"的课程。但这一回我绝无进行比较庄园研究之意。第二,这十多年来,我们向外国学的东西确实不少,诸如高尔夫、保龄球以及大大青出于蓝的卡拉 OK 之类。但是我并不认为外国的东西我们都需要学,包括旧庄园"古为今用"的形式在内。刘庄是中国的刘庄,我绝无希望刘庄学习"奥克爱丽"的意思。

但是我毕竟应该感谢罗以民先生这本趣味隽永、意义深长的著作。因为在"奥克爱丽",各种说明书是摊在桌子上的,任何人都可以买门票进入,买过门票的人都可以任意取阅。刘庄或许也有说明书，不管这种说明书写得怎样，没有"国宾"资格的人是永远看不到的。罗先生的大作，实际上是替这个凡人去不得的地方写了一本内容完备、资料丰富，而且是凡人都可以得到的历史随笔。近年来常常参与各地修纂地方志，知道地方志的功能是"存史、资治、教化"。使我不禁想到，罗先生写的这本书，虽然篇幅不大，却真正具有"存史、资治、教化"的意义。

1997 年 10 月于杭州大学

原载《刘庄百年》，山西人民出版社 1998 年版

《枫桥史志》序

　　陈炳荣先生修纂《枫桥史志》告成，索序于我。枫桥是我年轻时旧游之地，当时正值抗日战争。整整两年，我在这个名镇附近的花明泉村读完初中并进入高中，其地山川秀丽，人物殷阜，有机会在这里求学，毕生值得回忆，现在又能为陈先生的大著作序，更是不胜荣幸。

　　地方志修纂在我国渊源悠久，开始盛行于六朝，而方志一名，即为六朝名著《水经注》所首先提出。此书卷二十一《汝水注》："会上台下列《山川图》，以方志参差，遂令寻其源流。"又卷二十二《渠注》："因其方志所叙，就记缠络焉。"清陈运溶在《荆州记序》中所谓"郦注精博，集六朝地志之大成。"说明郦书所引六朝方志甚多，著录于《隋书·经籍志》就达139种。可惜这一时期的方志，现在除《三辅黄图》、《山居记》等极少数几种外，已经亡佚殆尽，只能从其他古籍或类书中见到摘引的片言只语而已，这当然是我国文化上的一种损失。

　　按现在窥及的六朝地志，可以略知这一时期方志的特色。第一，当时的方志均为个人著作，不像后代的成为官书；第二，志书篇幅多短小精悍，名称以称《记》居多，如《丹阳记》、《扬州记》等等；第三，作者多为知名学者，以《水经注》引及而至今尚存的《山居记》为例，此《记》为刘宋著名文学家谢灵运所撰，此文是体例完整、内容丰富一种韵文形式的地方志（又称《山居志》或《山居赋》），对其所居始宁县的山川形势，田园农事，飞禽走兽，草木花果等，均有详尽记载，全《记》凡4000言，在六朝地志之中，不但是一篇佳志,而且是一篇长志。

我国地方志的官修传统大概始于北宋《图经》,案《玉海》卷十四《开宝修图经》条:"四年正月戊午,命知制诰卢多逊、扈蒙等重修天下图经,其书迄不克成。六月四日辛丑,多逊使江西,求江表诸州图经,以备修书,于是十九州形势尽得之。"《开宝图经》以后未见著录,是否修成,不得而知。但《玉海》同卷《祥符图经》条:"庚辰,真宗因览《西京图经》有所未备,诏诸路州府军以图经校勘,编入古迹,选文学之官纂修校正,补其阙略来上……三年十二月丁巳,书成,凡一千五百六十六卷,目录二卷,(李)宗谔等上之,诏嘉奖,赐器币,命宗谔为序。"此事经过,我在拙作《图经在我国方志史中的重要地位》(《中国地方志》1992年第2期)一文中已述其详。这是现在我们有据可按的官修地方志的嚆矢。从此历南宋、元、明、清、民国以至现代,地方志一直以官修为主,成为一种官书。

官修志书无疑有其特殊的优越条件,官府物力优裕,易于罗致人才,修纂刊印之便,亦非私修可比。但另一方面官修也不无流弊,不少贤牧良守,聘请名流主纂,成就当然不凡。却也有许多地方官敷衍塞责,潦草从事。所以谭其骧先生在其《地方史志不可偏废,旧志资料不可轻信》(《长水集》续编,人民出版社1994年出版)一文中指出:"就我看到过的地方志而论,修得好的是少数,大多数是差的,甚至是很差的。地方史一般是私人著作,作者多少是个学者,总的来说,质量较高。而地方志除了少数几部出于名家手笔外,多数是地方官限于朝廷功令,招集地方上的举人、贡生、秀才等一些乡曲陋儒修成的。这些人大多只会做代圣立言的八股文,根本不懂得著述的体例,不懂得前朝的典章制度,更不会做学问。因此,在他们的作品里往往夹杂着许多错误的记载,甚至是错误百出。有些地方志是每修一次便增加若干错误,越修越差,越修越错。"

私人修志在物力上当然不及官修,但在某些方面,其优越性却也胜于官修。首先,官修志书属于职责修志,而私修志书则是志趣修志。前者,按上述谭先生的议论,克尽职责者寡而敷衍塞责多。后者,以修纂志书作为个人志趣事业,当然全力以赴。其次,官修志书,主修者为地方官,政事冗繁,不遑顾问其事,志书质量决定于其所遴选的主纂。主纂者为名流学者,志书当然雅驯,主纂者为冬烘腐儒,志书自必不堪卒读。今天我们评价历代方志,官修佳志,如上述谭先生之言,只是少数。其间也有若干私修的,却往往鹤立鸡群,为后世所推崇。如北宋宋敏求《长安志》,《四库提要》称其"精博宏赡,旧都遗事,借以获传,实非他地志所能及"。又如南宋张淏《宝庆会稽续志》,清钱大昕《十驾斋养新录》卷十四云:"其提刑提笔,进士题名,皆前志所未有,而人物一门亦多补前志缺漏,吴越钱氏尝称越州为会稽府,前志不载而独见于此书,可见其留心掌故矣。"

自从 80 年代初期以来,我国的修志传统在经过数十年中断以后又开始掀起高潮,其规模之大,成果之多,亦为历代所未有。而志书质量,也有较大提高,成绩卓著,众所共见。但我们也应该看到,历来官修之弊,在某些地区,某种程度上仍然存在。主要的是:第一,公费办事,消耗巨大,有的市县修志机构臃肿,人员冗杂,但学识渊博、经验丰富者不多。而在修纂过程中,审稿会反复举行,收效并不很大;志书出版时,又往往举行首发式,为造声势,不惜破费。第二,专家参与修志者甚少,这是志书质量不高的重要原因。正如周乃复在《中外地方志比较研究的肇始之作——读陈桥驿先生〈中日两国地方志的比较研究〉》(《中国地方志》1993 年第 4 期)一文中指出的:"我国这一届修志队伍的结构是不够理想的,至少在县市一级专家主持或参与编志的极少,连应邀参加评议的也凤毛麟角,实应引起领导部门的警觉,采取措施加以改进。"我在拙作《名山佳志》(《浙江方志》1996 年第 2 期)一文也提及:"在这次修志的初期,不少修纂者,完全不懂得地质学及自然地理学为何物? 而随心所欲把这两门研究对象完全不同的科学,并在《自然地理》卷篇之下。他们更不懂得什么是'二名法',用李自珍撰《本草纲目》的体例和材料对付新修志书的植物卷篇,以致被熟悉中国方志的外国汉学家对比民国《鄞县通志》的成就,提出'倒退了半个世纪'的批评。"像这样一类的志书,徒然浪费大量人力物力,既无学术意义,也无实用价值,首发式以后,实际一切完结。

现在,陈炳荣先生的《枫桥史志》以其严谨的体例和丰富的内容,又一次雄辩地说明,修志当然以官修为主,但私修也值得提倡。陈志共分 18 篇,举凡枫桥的自然与人文,已经包罗无遗。而结构之缜密合理,资料之详尽完备,叙事之纤悉曲尽,文字之工整洗炼,诸如此等,都无愧于作为一部现代乡镇史志的楷模。欣然作序,希望这一部佳志的早日问世。

1996 年 6 月于杭州大学历史地理研究中心

原载《枫桥史志》,方志出版社 1998 年版

《中国城市历史地理》序

这或许是一种巧合，在不到一个星期的时间中，我几乎一直与城市历史地理打交道。5 天以前，我接待了我的老朋友、夏威夷大学教授章生道先生，他是一位城市历史地理学家。那天，地理系和城市科学系的数十位教师及研究生与章先生开了一次座谈会，会议是由我主持的，一开始我就向与会者介绍：这是大名鼎鼎的城市历史地理学家，是《有城墙的都城形态》（*The Morphology of Walled Capitals*）一文的作者，这篇精湛的论文是收编在一本由斯坦福大学教授、著名美国汉学家施坚雅（G. W. Skinner）主编的巨著《中华帝国晚期的城市》（*The City in Late Imperial China*）一书之中的。"有城墙的都城"，实际上就是中国历史城市的特色。中国的城市研究者，不论其研究的是历史城市或是现代城市，大家都熟悉这篇论文，而这天的与会者，除我以外，几乎都没有见过此文的作者。与慕名的同行学者见面，大家都很高兴，所以座谈会开得很好，而所谈的，主要就是历史上的城市。

3 天以前，我的另一位老朋友，英文《中国日报》总编陈砾先生惠临舍下，他不是一般作客，而是特地转道杭州来帮助我解决一个有关城市历史地理的困难问题的。这个问题就是前面已经提到的施坚雅主编的《中华帝国晚期的城市》中译本的出版问题。提起此书中译本的沧桑经历，不禁令人怅然，所以必须多说几句。

此书原版本是施坚雅在 70 年代末期寄赠给我的，当时，世界各国的城市学者已经发表了不少书评。我选择了美国和日本学者的书评各一篇，请人译出，并由我加上一个引言,在《杭州大学学报》1980 年第 4 期发表。得到了不少城市学者的好评。接着我和施坚雅见了面,商量把此书进行中译的问题,于是,我组织了几位擅长英语的朋友动手翻译此书,施坚雅立刻为中译本写了序言。在全书基本译成以后,应他的要求,我为此书写了长篇书评。记得这是 1985 年春季,当时,我在国立大阪大学任教,而施坚雅则在东京庆应大学任教,我们的一位日本朋友,也就是此书中的一个名篇《宁波及其腹地》的作者斯波义信教授,当时也任教于大阪大学。2 月 16 日是施坚雅的生日,他们夫妇特地从东京来到大阪,邀请斯波夫妇和我们夫妇在大阪市中心梅田的一家著名的餐馆共进他的生日晚宴。席间,我把即将在《杭州大学学报》1985 年第 1 期发表的我为此书所写的书评《评〈中华帝国晚期的城市〉》一文的内容告诉了他。我的书评并不是一篇捧场文章,书评肯定和赞赏了一些文章和观点,例如我对施坚雅提出的关于中国"中世纪城市革命"的观点,我作了充分的肯定。又如对斯波的《宁波及其腹地》一文,施坚雅在此书《导言》称赞:"斯波关于宁波城市的经济描述,在现有叙述传统中国城市的英文著作中,很可能是最完备的一种。"我在书评中则补充了施坚雅的话:"在我所读到的有关宁波城市研究的中文著作中,像斯波这样的论文实在也是凤毛麟角。"但是我也批评了一些文章和观点,例如芮沃寿(A. F. Wright)的《中国城市的宇宙论》和牟复礼(F. A. Mote)的《元末明初时期南京的变迁》两文中都论及的所谓《宇宙论》,我认为这两位作者都没有懂得中国的历史和国情。又如对拉姆科(H. J. Lamley)的《修筑台湾三城的发轫与动力》一文,我认为作者没有学过地理学,不懂得地理环境在城市建筑中的重要作用。对于我的这些言论,施坚雅听得十分出神。不久《杭州大学学报》出版了,而且,《新华文摘》在当年第 8 期基本上全部转载了这篇书评。说明学术界对此书是非常重视的,可惜出版界并不完全这样。

由于此书的名声确实很大,所以有一个出版社知道我们翻译此书,立刻欣然接受,并且列入他们的所谓"重点书"。但是当全部译稿到达他们手中的时候,他们发现这是一本专业性很强的学术专著,出版以后不会有很大的销路,"商品意识"促使他们把此书的出版拖下来,而且一拖 10 年。由于我自己没有参加此书的翻译,交稿以后,以为迟早总要出版,一直没有再关心此事。直到不久以前,朋友们下决心从出版社索回译稿与我商量之时,我才明白,此书名声在这个出版社的总编先生眼中,毕竟敌不过"商品利润"。于是我才写信求助于陈砾先生。陈砾先生是北京大学哲学系的高材生,并非历史地理学家,但是我深知他知识广博,眼光远大,又是多年与外文打交道,或许能够给我帮助。果然,在他接到我的信后,立刻挂电话给我,由他负责联系出版。接着,趁一次因公南下的机会,到舍下走访,说他已经找好了出版社,把译稿和原书一起带走。在搁置了 10 年以后,此书与中国读者见面,总算有日可计了。

就在陈桥砾先生离杭北返的次日,我收到马正林教授用特快专递寄来的《中国城市历史地理》校稿,要我为此书作序,这就是如前所述的在几天之中我和城市历史地理的第三次交道。接待章生道先生和陈桥砾先生的造访,应该说都是使我愉快的事情,但是当我读完了马先生的大作以后,我的愉快心情确实远远超过前述两者。因为这不仅是马先生的一种专著,而且更恰如其分地说,是一部通论性的《中国城市历史地理》的高等学校教材。此书的出版,标志着城市历史地理这门学科的成熟。这是近年来历史地理学的又一重大进展。因为大凡一门学科的形成,开始总要经过许多学者零星分散的专题研究,积累起许多研究成果,然后再由若干学者,把前人的研究成果加以整理和总结,编写出有关这门学科的通论性著作,于是,这门学科就趋于成熟,从此可以加速发展。马正林教授从事中国城市历史地理的教学和科研已经20多年,而他之所以能编著成这样一部不同凡响的著作,除了他个人的非凡努力以外,同时也依靠这门学科领域中的许多学者,上述章生道教授的《有城墙的都城形态》当然是中国城市历史地理中的一项杰出研究,而施坚雅教授主编的《中华帝国晚期的城市》,早已成为学术界公认的空前杰作。但是如前所述,所有这些,都是学者们零星分散的专题研究。马正林教授的皇皇巨著正是以许多前辈学者的专题研究为基础而编著出来的。上述我在这几天之中经历的这3件事,相互之间其实具有密切的关系,所以这实在是一种学术上的令人高兴的巧合。

我之所以认为马先生的这一成就,是近年来历史地理学的重大进展,这是因为,在历史地理学的许多分支学科中,城市历史地理学显然是一个热门,不论在中国和外国都是一样。我在拙作《日本学者的中国历史地理研究》(《历史地理》第6辑,1988年)一文中曾经指出:"城市历史地理研究或许是日本学者在中国历史地理研究中成果最多和最富于创造性的部门。从50年代以来,在这方面已经出版了许多专著,发表了大量论文。"在中国,50年代以来由于大家都知道的原因,人文地理学的研究曾经一蹶不振。正如我为侯甬坚先生所著《区域历史地理的空间发展过程》(陕西人民教育出版社1995年版)一书所写的《序言》提到的:"人文地理学被批判、排斥。学者们对此不仅裹足不前,而且视作畏途。"作为人文地理学成员之一的城市历史地理学,直到70年代末期才开始有所发展。马正林先生的《丰镐——长安——西安》一书出版于1978年(陕西人民出版社),当时,城市历史地理著作在国内还相当少见。到80年代初期,这种研究有了较大的发展,我于1983年主编出版了《中国六大古都》(中国青年出版社),接着成立了中国古都学会,于是有关这方面的研究成果如雨后春笋似的萌发出来。这些研究成果仍然是专题性的著作和论文,但在数量和质量方面,都有很大的提高,成为历史地理学各分支学科中的翘楚。所以城市历史地理学的发展,在推动整个历史地理学的前进脚步上,起了重要的作用。而通论性的著作,在历史地理各分支学科中,由城市历史地理学率先编著出版,这当然也不是偶然的。

前面已经指出,此书是马正林先生在高等学校执教 20 多年的成果,所以在我看来,它完全适宜于作为一种高等学校教材。作为一部教材,此书是令人满意的,因为它至少具有完整、严密、创新 3 个特点。当然,这也是作为一部优秀教材所不可或缺的条件。

首先,教材不同于专题研究,教材必须为学生提供这门学科的完整和系统的知识。前面已经指出,通论性的《中国城市历史地理》的出版,标志着这门学科的成熟。所谓学科的成熟,主要指的是这门学科,从理论到方法,从抽象的逻辑思维到具体的资料内容,都已经形成一个完整的体系。这也就是为这门学科编著教材的基本条件。否则,凑合若干专题研究的材料,那就只能称为“讲座”。现在,我所看到的这部教材,从绪论开始,内容包括 10 章。在论证了学科研究的对象、任务以后,分别讨论了中国城市的起源、城址选择、城墙、类型、形状、规模、平面布局、水源、园林、规划。作为城市历史地理的教学和研究,这些章节,已经具备了学科的基本内容,可以为学生提供这门学科完整而系统的知识。以第七章《中国城市的平面布局》为例,作为中国城市历史地理这门学科,这是学生必须掌握的最具体和最基本的知识。教材把这一章分成著名都城和著名地方城市两类加以论述。前者包括 13 个小节,论述了不同时代的 7 处著名都城;后者分成 37 个小节,论述了不同时代的 16 处著名地方城市。学生学习了这 20 多处历史城市及其在不同历史时期的发展和变迁,则中国历史上的最主要的著名城市已经基本包罗无遗。这样的教材,如能使用得当,学生所获得的知识,不仅是完整而系统的,而且是扎实和巩固的。

作为教材,另外一个重要的条件是科学上的严密性。因为教材的作用,不仅是为了提供学生以完整和系统的知识,并且还应引导学生日后在城市历史地理方面的继续深造,让他们懂得在这门学科中做学问的方法,所以教材在科学上的严密性,对于学生来说,实在至关重要。而此书在这方面也是值得赞许的。例子很多,不妨从卷首的《绪论》中举出一个。因为这部教材的内容集中于研究中国的历史城市,而城市是一种特殊的地理实体,正如我为张步天先生所著《中国历史地理》(湖南大学出版社 1987年版)所写的《序言》中引述的、我于 1983 年在日本关西大学的一次公开演讲中的话:“除了地理以外,以区域为基础而进行研究的学科又如此之多,在一个区域里,各种学科的研究成果,比二三十年前不知增加了多少倍。”城市也是一个区域,而且是一个人文景观特别复杂的区域。研究城市的学科及其成果,真是汗牛充栋。为此,教材必须严格区别城市历史地理研究和其他城市历史研究的不同,让学生在日后的研究工作中,不至于面对浩瀚的城市历史资料而手足无措。现在,教材在《城市历史地理的研

究对象》中，一开始就指出："历史学所研究的城市与城市历史地理学是有严格区别
的。前者着重于城市兴起、发展、演变的历史过程，后者则着眼于城市兴起、发展、演变
的地理空间，两者既有联系，又有区别，不能混为一谈。"接着，教材在详细阐述了政治
史、经济史、文化史、军事史等所研究的城市内容后，专门论述了城市历史地理学研究
的城市，指出："城市历史地理学既然是历史地理学的一个分支，它所研究的城市就只
能是地理实体。也只有这样，才能与其他学科研究的城市区分开来。"

　　上面所举的这个例子，是城市历史地理学的开宗明义，是必须让学生彻底了解的
问题。编著者在这方面的确下了极大的工夫，而教材在科学上的严密性也就充分地
体现。

　　最后，教材不同于专题研究，而且也受编著出版时间的限制。在一门学科中，有的
专著对其中某一问题研究得特别精深，另外，学者们每年每月都有新的研究成果发表。
但教材属于通论性的著作，在学科领域中，它有面面俱到的任务，并不是一本论文集，
不可能用大量的篇幅论述某一专题。同时，教材的更新也显然跟不上学术界随时发表
的成果。不过，由于教材供教师在课堂讲授之用，所有上述缺陷，都可以通过讲授加以
弥补，每一门课程都是如此，毋需赘述。但是有一个问题必须着重说明，我把马先生的
《中国城市历史地理》视作一部教材，绝未忽视他在这方面的创新。尽管作为一部教
材，此书以后需要不断更新，但应该说，从现状来看，这是一部有创新意义的教材。这
中间的不少创新内容，对我来说，也受到很大的启发，不妨也举个例子。

　　历史城市的研究者，不论是研究城市史、城市地理或其他方面，长期来都面临着一
个难题，即什么是历史城市？所谓城市，其本身不过是一种聚落，这种聚落能冠以城市
之称，现代各国都有明确的指标，而这种指标基本上都是计量的。譬如人口指标是目
前世界各国所通行的城市的指标之一。大城市、中城市、小城市，都有人口的计量数
值。但对于历史城市，要获得各种计量数据，实在十分困难。施坚雅通过大量资料的
分析计算，也无非得出了 8 世纪的长安（今西安）人口达 100 万，北宋的东京（今开封）
在其最后年代人口为 85 万，南宋的临安（今杭州）在其最后年代人口为 120 万（《中华
帝国晚期的城市》第一编《导言》）。中国历史悠久，城市众多，要把每一个时代、每一
个城市的人口计算出来，这实在是不可能的。其实，这不仅是中国，世界各国都有同样
的困难。在拙编《中国历史名城》（中国青年出版社 1987 年版）一书的《序言》中，曾经
引用日本学者狩野千秋综合西欧考古学家和历史学家的意见，把古代城市形成的条件
归纳为 7 个方面：即一、最原始的国家组织与王权的确立；二、稠密的人口；三、社会阶
级的分化与职业的专业化；四、巨大的纪念性建筑物的建造；五、文字、金属器的发明与
科学技术的发达；六、由于剩余物质的生产而出现了有余暇从事知识性的活动；七、商

业与贸易组织的发达。这 7 条,其实都是定性指述,完全没有计量价值。在这样的情况下,中国的历史城市研究者,常常采用一种不得已的历史城市标准,即凡是历史上曾经作为县一级政府驻地的聚落,就作为历史城市。我曾经在拙作《聚落、集镇、城市、古都》(《河洛史志》1994 年第 3 期)一文中,无可奈何地抱怨这种标准,我说:

一般而论,这种标准或许可以作为权宜措施,但其实存在不小的偏差。例如,40 年代初期,我曾到江西省东部的一些地方居住过,在那里,浙赣铁路线上有一个很小的县份横峰县。当地民谚说:"小小横峰县,两家豆腐店,堂上打屁股,四门都听见。"这个民谚显然是从明、清流传下来的(横峰原名兴安,明代始建县)。像横峰这样一个弹丸小邑可以称为历史城市,而附近存在着全国四大镇的景德镇和江西四大镇的河口镇,却因没有一个县政府而只能称为历史集镇,这当然是很不合理的。其实,像横峰这样的例子在全国并不罕见,清佟世思所撰的《鲟话》一书中所描述的清广东恩平县的情况就更为突出,此县:城甚小,周围只有六百四十步,仅有两个城门,城内除县衙和学官两座砖木建筑外,其余悉是草舍。就是因为有了一栋县衙,恩平就算一个历史城市。这就是这种行政标准所存在的明显缺陷。不过,在统计资料十分缺乏的古代,要在数量庞大的县邑之中区别哪些是历史城市,哪些不是历史城市,现在看来,这是很难做到的。

现在,在马正林教授的著作中,让我看到了,他已经采取实事求是的态度,撇开这种被我所抱怨的"很不合理"的标准。他在第七章《中国城市的平面布局》中,把"明清武汉三镇"作为历史上中国著名的地方城市加以论述。这中间的关键当然是汉口,这个所谓明清四大镇的著名聚落,按照行政标准,它一直要到光绪二十四年(1898)才脱离汉阳县的管辖而成为县一级的夏口厅。但是马先生断然把它作为历史城市,写了 2000 字文章详细地记述了它在明清时代的平面布局及其发展变迁。对于历史城市的这个所谓行政标准,施坚雅实际上承认了它,而我虽然抱怨了它,却也无可奈何地接受了它。是马正林教授首先突破了这个传统的框子,这无疑是一种值得赞赏的创新。

所以,《中国城市历史地理》这本专著,按照我的体会,它完全称得上是一部高等学校的优秀教材。几天以后,我将出国作一次比较长期的访问,近来公私事务都比较繁忙,但在远行前夕,能够读到这样一部书稿,并且执笔撰写这样一篇拉杂的序言,令人不胜愉快。

于杭州大学历史地理研究中心
原载《中国城市历史地理》,山东教育出版社 1998 年版

《话说绍兴:绍兴旅游景点导游词》前言

　　绍兴是一个市名(辖越城区、绍兴县、诸暨市、上虞市、嵊州市、新昌县),也是一个县名。但不管是市名还是县名,人们一听到"绍兴",脑海中立刻会浮现出这个知名度很高的、不同凡响的人间胜地。

　　绍兴在远古是越(或称于越)部族的聚居中心。这个部族原先活动在今宁绍平原,由于第四纪的最后一次海进,把他们赶入了浙东山地,主要是会稽山地。越部族早期的都城,如埠中、大城等,都分布在这一带。《竹书纪年》周成王二十四年有"于越来宾"的记载,为时约在公元前 11 世纪之末,它是今浙江省和我国东南地区最早见于历史文献的记载,这说明了绍兴历史的古老。

　　这次海进在地质史上称为"卷转虫海进"。至距今 6000 年—7000 年到达顶峰,今宁绍平原沦为一片浅海。然后就进入海退时期,在会稽山中从事刀耕火种的越人,逐渐向他们祖辈的故土即平原地区迁移。越国的一位有雄心壮志的国王句践,把国都从会稽山内部迁移到山麓冲积扇的平阳。平阳在当时还是一片潮汐出没的沼泽地,幸亏其间分布着许多孤丘,成为越人开发这片平原的立脚点。前面提及的《竹书纪年》的记载,正是越人开始向沼泽平原进军的时候,而他们的外交活动也同时开展。到了句践的时代,于越这个长期山居的弱小部族,终于出现在春秋列国之中。

　　在越国发展的过程中,不断与北境的吴国发生战争。吴国也称句吴,原是第四纪海进时期离开宁绍平原向北迁移的越族中的一支,所以吴、越是语言相同的一族两国,也就是《越绝书》所说的"同气共俗"。但由于边境的土地纠纷,在春秋后期经常发生战争,胜负互见。句践即位后的第三年(前494),吴王夫差率大军攻入越国境内,句践困守会稽山中,被迫求和,而自己作为人质到吴国国都吴(今苏州)过了3年俘虏生活,在释放回国的当年(前490),他就依今卧龙山(府山)建成一座小城,随即又利用其他8处孤丘修建了与小城毗连的大城,于是,小城和大城就成为屹立于这片沼泽地上的越国国都——大越城。现在,这9座孤丘中的6座已经先后平夷消失,但卧龙山、戟山和塔山依然矗立,成为这座先秦建立的古都的坐标。我国至今存在着大量古都,但所有古都之中,城址从始建至今完全不变的,绍兴城确实绝无仅有。

大越城建成以后,句践在文种、范蠡等名臣的辅佐之下,实施了"十年生聚,十年教训"的兴国政策,发展生产,训练军队,终于在他在位的第二十四年(前473)覆灭吴国,称霸江淮,并且迁都琅琊,角逐中原。

秦王政二十五年(前221),秦平定江南,置会稽郡,郡治设在吴(今苏州),在大越城置山阴县,这是绍兴在历史上建县之始,而诸暨、上虞,也同时建县。它们都是我国第一批建立的县份。越人从此流散,汉人首次迁入这个地区。西汉一代,除上述三县外,又增设剡县(今嵊州)。到了东汉永建四年(129),由于生产发展,户口增加,实行了"吴会分治",今钱塘江江北为吴郡,郡治吴;以南为会稽郡,郡治山阴。绍兴从此由一个县治升为郡治。

"吴会分治"迎来了鉴湖工程的完成。分治以后12年,会稽太守马臻主持修成了江南最大的水利工程之一——鉴湖,工程主要是从五云门到曹娥江和常禧门到钱清江的两条长堤,前者长55里,后者达71里。于是,在以今绍兴城为中心的两条长堤以南,形成了一个200多平方公里的人工湖泊。南北朝时称为长湖或大湖,唐朝称为镜湖,从宋朝至今称为鉴湖。从此,绍兴北部的这片9000顷的沼泽平原,靠鉴湖的淡水灌溉,改造成为良田沃土,绍兴因而发展成为一个富庶的鱼米之乡。

中国从公元4世纪起发生了北方少数民族入据中原的所谓永嘉之乱,晋朝被迫东迁。大批北人移居江南,而会稽各县,由于地方富庶,风景秀丽,成为北方移民的重要定居地。这是从秦一统以来汉人第二次大批进入这个地区,不仅人数众多,而且包括不少中原望族,促进了绍兴及其邻县经济、文化的迅速提高。东晋永和九年(353)三月三日的兰亭修禊,集中了以王羲之为首的全国文学名流42人,成为这个地区文化高度发展的标志。由于经济繁荣,户口增加,到了南北朝末叶,山阴县分为山阴、会稽两县。郡城之中,也以府河为界,西属山阴,东为会稽。在今绍兴城内,一个郡治(以后为州治、府治)和两个县治并存,直到清末。

唐朝废郡设州,会稽郡改为越州,辖境虽然缩小(因原会稽郡东部增设明州),但经济和文化继续发展。唐末,群雄割据,即五代十国。绍兴是吴越国的东府,居于陪都的地位(吴越国都在杭州,当时称为西府),而辖境以内又增加了新昌县。

北宋末年,由于靖康之变,北人又一次大批南迁。宋高宗避金人入侵,曾经两度驻跸绍兴,绍兴成为南宋的临时首都达一年多之久。建炎四年(1130)末,局势趋于稳定,宋高宗决定从绍兴移驻杭州,并改元绍兴。由于他曾在越州驻跸,所以又把这个新的年号赐予这个城市。绍兴元年(1131),越州升为绍兴府,这是绍兴作为一个地名首次出现。对于"绍兴"一词的意义,过去曾经有过种种解释,现在我们已经查获了宋高宗改元的敕文,其中有:"绍奕世之宏休,兴百年之丕绪,……其建炎五年,可改绍兴元年"之语,"绍兴"一词的意义,敕文已述其详。

从南宋开始,绍兴的发展进一步加速。宋高宗虽然定都杭州,但他对这个曾经驻跸年余的临时首都非常重视。朝廷的宫学在此创办,王室陵寝也建于会稽山麓。绍兴府城的城市建设也有很大进步,全城划分为5厢11坊,不少街衢和坊巷名称,至今仍然沿用。从此以后,历元、明、清三代,绍兴一直是一个府的政治、经济、文化中心。民国以后,山阴、会稽两县合并为绍兴县,但它作为浙东的一个中心城市的地位一直不变。建国以后,行政辖属虽屡有变革,但经济和文化更为欣欣向荣,蒸蒸日上。绍兴是国务院公布的第一批历史文化名城之一,而绍兴县以外的市属各县(市),也都各自以其自然景观和人文景观方面的特色获得发展,展现了与众不同的风貌。

绍兴的旅游资源是得天独厚的。在自然环境方面,绍兴县素以千岩竞秀,万壑争流著称,而其他各市县也无不峰峦峥嵘,溪涧幽邃,有山青水秀之胜,尤以诸暨的五泄和新昌的穿岩十九峰声名远播。在如此优美的自然环境的基础上,悠久的历史积累了前辈代代递增的文化业绩,为这个地区留下了丰富多彩的文化景观,这就是绍兴旅游资源的殷实家底。现在,这种取之不尽、用之不竭的特殊资源,正在得到全面的发掘整理,规划布局,以让它们焕发更大的光彩。

要全面介绍绍兴的旅游资源,当然笔难尽述。在自然环境方面,前人早已赞不绝口,如"山阴道上行,如在镜中游","天姥连天向天横,势拔五岳掩赤城"等等,不胜枚举。而平原上河湖交织,人誉之为"水乡泽国",绍兴水城,举世闻名,早在18世纪,就被西方旅游者称为"东方威尼斯"。这是大自然对这个地区的厚赐。当然,这中间也经过历代人民的改造雕琢。天工人力,相得益彰,成为绍兴旅游资源无与伦比的特色。

绍兴的文化景观,在旅游资源中居有重要地位。它们来历不凡,掌故各异,小仅在旅游观赏方面令人耳目一新,在学术研究方面,也有重要价值。由于数量众多,种类纷歧,实难一一胪列,只能举其荦荦大者,按时代和性质,分成若干组加以简述:

第一组是远古的神话和传说资源。尽管是神话、传说,对这个地区却至关重要。

这中间，首先是禹的神话和传说（包括舜）。史学大师顾颉刚早就指出："禹是南方民族神话中的人物"，"这个神话的中心点在越（会稽）"。显然，这种神话是越人早年定居的宁绍平原遭到海水淹没以后而传播出来的，对此，前人已有论证。传说中禹的治水办法是疏导。汉人把禹的神话移植到中原，但黄河自古到今都是用筑堤障水的方法的，从来就没有疏导过。而宁绍平原在海退以后，恰恰就是用禹的疏导方法。把一片泥泞沮洳的沼泽平原，疏导成为一个稳产高产的鱼米之乡的。禹虽然是个神话人物，但在绍兴自古以来改造自然的过程中起了重要的精神作用。从马臻创修鉴湖直到整个河湖平原的疏导，以至三江闸水利枢纽的建成，都是这种精神所产生的物质力量。所以绍兴一带，自古遗留了许多禹迹，其中最著名的是会稽山麓的禹庙和大禹陵，此外在上虞、嵊州等地，也都有禹迹和舜迹的存在。

第二组是先秦古迹，主要是越国古迹。越国的前期活动于会稽山中，留下了不少诸如秦望山下的嶕岘大城和平阳寺附近的平阳旧都故迹，而最近发掘的印山大墓已经名满天下。此外如南池和越王峥等等，也都属于这一类。从公元前490年起，句践在北部沼泽平原利用孤丘建都，今绍兴城即是其中最重要的古迹，而卧龙山上诸如越王台、飞翼楼、文种墓等等，也都是有源可溯的越国旧迹。另外还有吼山、偶山、练塘等等，为数甚多。而诸暨的西施故迹和传说，也都是值得珍视的越国时代的旅游资源。

第三组是历史文化名人和其他著名人物在这个地区的活动掌故及他们的故居、墓葬等等。这中间特别闻名的是书圣王羲之与兰亭及爱国诗人陆游与沈园的故事。此外如徐渭与青藤书屋，鲁迅与三味书屋等，也都知名于世。至于名人故居与墓葬，更是不胜枚举，诸如汉王允、明王阳明等，都在境内留有墓葬，特别是宋六陵，这是中国正统王朝在江南留下的比明孝陵更早的陵墓，具有重要的古迹价值和学术价值（对于宋史研究）。名人故居为数更多，仅仅从近现代来说，就有鲁迅故居、秋瑾故居、周恩来祖居、蔡元培故居等等。与这一组密切相关的，绍兴还有为数浩瀚的地方历史文献，像成书于先秦的《越绝书》、汉代的《吴越春秋》及《论衡》等。此外就是大量地方志书，在当前全国仅存的28种宋代方志中，绍兴一地就占了3种（《嘉泰会稽志》、《宝庆会稽续志》、《剡录》）。品种繁多，内容精湛的文化艺术，也是绍兴有关这方面的重要旅游资源，例如以王羲之为代表的书法艺术，以王冕、徐渭、任伯年、陈洪绶等为代表的绘画艺术。此外还有多种名闻遐迩的戏曲，如绍兴大班（绍剧）、新昌高腔、越剧、平调等等，有的至今风靡。

第四组是在绍兴特殊地质条件下所遗留的石文化古迹。由于这一带富于中生代凝灰岩，石质细密而采凿较易，天工与人力的结合，形成了许多千姿百态、风貌独特的水乡石景，诸如东湖、柯岩、吼山、羊山、南明山等等。石文化又常常与六朝以来的佛教文化相结合,像柯岩与羊山,都有巨大的石佛,而新昌南明山大佛寺的石佛,造型壮丽,金碧辉煌,举世实无伦比。

第五组是在长期来经济和文化发展过程中所产生的著名土特产。绍兴是我国瓷器的策源地,上虞曹娥江沿岸就有我国最古老的瓷窑。"九秋风露越窑开,夺得千峰翠色来",从唐人的诗句中说明越窑青瓷的名擅一时。所以绍兴从唐初起,就是陶瓷之路(即"海上丝绸之路")这条国际通道的起点。会稽山日铸岭的茶叶,在北宋就列为全国之最。此外就是黄酒,这种从宋朝开始酿制的特醇美酒,至今早已名扬海内外。青瓷文化、茶文化、酒文化等等,为绍兴这个历史文化名城锦上添花。绍兴的著名土特产,至今可以列为旅游产品的,多得不计其数,都是这个地区的重要旅游资源。

我出生于绍兴。抗日战争开始后,由于城市遭到轰炸而继之沦陷,绍兴的学校内迁,我的中学阶段主要在诸暨和嵊州完成。抗战胜利后又到新昌执教数年。建国以后到大学地理系任教,绍兴及其附近各市县,就成为我带领学生进行野外地理实习的基地,因而跑遍了绍属各地的山山水水。所以我不仅热爱故乡绍兴,而且对这个地区的自然和人文旅游资源稍有一些体会。我认为绍兴的旅游资源丰富多彩,实非我足迹所及的国内外许多地区可望项背,因此,绍兴发展旅游业,其自然环境与历史文化景观足以令人应接不暇,完全没有必要如同国内外有些地区兴建人造景观。但是,从现状来看,绍兴的旅游资源需要大力保护,使之免受各种污染。往年我曾向故乡提出"还我蓝天,还我绿水"的要求,今后这仍是绍兴环境保护和旅游业发展努力的目标。"可持续发展"的概念,现在已经成为全世界的共识。绍兴的一切建设,包括旅游业在内,也都应循着这条光明大道前进。

绍兴的确是一个难得的旅游胜地。没有去过的人,有必要到那里看看,无论从旅游享受或追求知识的目的,你一定会得到高度的满足;已经去过绍兴的人,也有必要旧地重游,因为今日的绍兴必将让你刮目相看。

1998 年 8 月于杭州大学历史地理研究中心

原载《话说绍兴:绍兴旅游景点导游词》,黄山书社出版社 1998 年版

《鸳鸯湖棹歌》序

　　中华大地是一片孕育和产生诗歌的土地。有史以来，在这片土地上，各族人民已经唱出和写出了恒河沙数的诗词歌赋。现在我们可以看到的，从先秦的《诗经》、《楚辞》，直到近代胡适的《尝试集》，若能把所有这些编制成一个目录、真是洋洋大观，浩如瀚海。

　　现在我们的文学史上，揭示了几千年来诗词歌赋在体裁和格局上的发展变迁；我们的文学库存中，收藏了大量经过千锤百炼的千古杰作。六朝的五言古诗已经引人入胜，而接着是唐诗、宋词、元曲。它们有的慷慨豪放，有的婉约绮丽，有的行云流水，有的如怨如诉，真是丰富多彩，美不胜收。但是事物应该溯源，我们现在朝夕吟诵欣赏、爱不释手这许多千古佳诗、绝妙好词，它们的渊源，实在就是上古的民歌。历史上变化多端的体裁格律，层出不穷的佳作名篇，它们都是从民歌发展起来的。也就是说，阳春白雪的基础正是下里巴人。

　　实际上，《诗经》（指十五国风），就是一部先秦民歌。我为《绍兴桥文化》（上海交通大学出版社 1996 年版）一书所写的序言中，曾经引及《秦风·蒹葭》一段：

　　　　蒹葭苍苍，白露为霜，所谓伊人，在水一方，溯洄从之，道阻且长，溯游从之，宛在水中央。

　　语言何等地生动优美，感情何等地含蓄丰富。我在拙著《郦道元评传》（南京大学出版社 1994 年版）一书中，曾经引及从鲜卑语翻过来的民歌《敕勒歌》：

敕勒川,阴山下,天似穹庐,笼盖四野,天苍苍,野茫茫,风吹草低见牛羊。

这虽然是一首民歌,但是却把蒙古草原的自然风光写得惟妙惟肖,与以后诗人们煞费推敲的作品相比,绝不逊色。

正是由于民歌所流传下来的许多佳作,这些无名作者的作品,为以后兴起的许多诗人提供了丰富的泉源。所以后人对民歌的感情显然十分浓厚。尽管随着诗歌体裁的发展变迁,格律和音韵的限制变得愈益严格,但是还有不少人仍然怀念民歌。他们在已经讲究诗歌格律规范的时代,作出各种努力,尽量恢复一些民歌的风格。早在南北朝梁天监年代,爱好文学的梁武帝制作《江南弄》七曲,其中有《采莲曲》和《采菱曲》,这实在就是民歌的体裁。到了唐代,诗的格律音韵,已经变得非常严格,但著名诗人刘禹锡,却为当时所流行的巴渝民歌改作新词,名为《竹枝词》,从此,这种体裁就一直流行。

历史上还有一些著名的诗人,他们在写作中尽量不事雕琢,让作品回归自然,也就是说设法使他们的作品民歌化,这或许就是田园诗和田园诗人出现的原因。东晋的那位不为五斗米折腰的陶渊明,就是这方面的佼佼者。南宋范成大有《田园四时杂兴》60 首,均属于此。范成大的其他诗作,也多表现了田园诗的风格。历史上还有一类诗人,他们对自己家乡的土地风物怀有深厚的感情,在他们毕生的作品中,有不少是歌咏家乡的。他们虽然不算田园诗人,但他们所写的有关家乡的诗篇,确实具有浓厚的田园风味,我们姑且称这类诗为乡土诗吧。这类诗的特点之一是,看似平常,但回味隽永,特别是对于同乡人或曾到此乡旅行寓居过的人,尤其经得起咀嚼玩味。另外一个特点是,这类作品,形式上是诗,但同时也是一种重要的地方文献,它们与地方志一样,同样具有存史、资治、教化的作用,也同样可以为乡土研究者提供资料和数据。

南宋爱国者诗人陆游,晚年回乡,住在绍兴鉴湖三山,写了许多有关鉴湖的诗篇。我在拙著《绍兴地方文献考录》(浙江人民出版社 1985 年版)一书中,曾经引及《山阴梅湖陆氏宗谱》所载《宋渭南伯放翁公游记略》中所记:"有《鉴湖园》、《鉴湖歌》,至今多诵之。"其《鉴湖歌》有两句说:"柳姑庙前鱼作市,道士庄边菱为粗。"所述无非鉴湖土产鱼和菱,但人们喜欢这样的乡土诗,所以"至今多诵之"。说明这一类属于民歌体系的诗篇,能够深入人心。

现在,展现在读者面前的这本朱彝尊《鸳鸯湖棹歌》,也就是一本极有价值的乡土诗。前面已经提及一切诗词歌赋起源于民歌,也提及后世许多诗人对民歌的爱好。《棹歌》就属于这样的作品。它以流畅通俗的诗句,记载了 17 世纪嘉兴的许多民情习俗、风物掌故。亲切真实,令人爱不释手。而特别是原诗经过蔡明先生详细的注释和解析,使 3 个世纪以前的语言事物,让当前的读者能够一见如故。对古人的诗词作这样的工作,需要追查史事,考证地名,寻本索源,详细校订,具有很大的工作量和相当的难度。但其工作成果,不仅可以贻惠读者,而且有裨于这部嘉禾乡土文献的可读性和收藏价值。所以蔡明先生对此书的辛勤耕耘,为桑梓历史文化作出贡献,应该称得上是功劳卓著的。

最后还必须指出,朱彝尊是一位清初的大学者,《棹歌》只是他著作中的极小一篇,是他热爱乡土的表现。他生平著作等身,其中最主要的之一是《经义考》300卷。我曾经约略读过此书,并且从中获得教益。举个例子,包括嘉兴在内的吴越地区,最古老的历史文献是成书于先秦而为东汉初人整理删改的《越绝书》。对于此书的渊源来历及其重要价值,我在点校本《越绝书·序言》(上海古籍出版社1985年版)中已述其详。而在清初,曾经出现过一种《续越绝书》,当时人莫辨真伪,而是由朱彝尊辨明此事的。《经义考》卷二七五《拟经八》著录云:

> 按《续越绝书》二卷,亡友钱稚苗避地白石樵林时所撰也。其云书得自石匣,谓是汉吴平著,蜀谯岍注,盖诡托之辞。上卷曰内传本事,吴内传德序记,子游内经外传,越绝后语,西施、郑旦外传;下卷曰越外传杂事,别传变越上,别传变越下,经内雅琴考叙传,后记。序略曰,赐记越绝成一家言,袁康接之,章句其篇,文属辞定,又何续焉。惟上纪春秋之获麟,下逮更始之元。是亦可谓好事矣。

钱稚苗(名颙)是朱彝尊的朋友,但是对于他制作伪书的事,朱氏却凭其对历史负责的态度,用"是亦可谓好事矣"一语加以揭露。所以《四库总目提要》卷六六《史部二二》对朱彝尊的此举加以肯定和重视。《提要》说:

> 颙与尊友善,所言当实,今未见传本,其伪妄亦不待辨。以其续此书(按指《越绝书》)而作,又即托于撰此书之人,恐其幸而或传,久且乱真;又恐其或不能传,而好异者耳闻其说,且疑此书之真有续编,故附订其伪于此,释来者之惑也。

我之所以在这篇序言中加上这一段蛇足,主要是为了让欣赏《棹歌》的读者注意。因为朱氏在《自序》中说:"以其多言舟楫之事,题曰《鸳鸯湖棹歌》,聊比《竹枝》、《浪淘沙》之调,冀同里诸君子见而和之云尔。"其言何等地虚怀若谷,平易近人。而其实他是一位满腹经纶、学识渊博的学者。嘉禾地方出了朱彝尊这样一位鸿儒硕学,桑梓后辈是值得引以为荣的。

我青年时代曾在嘉禾执教一年,对当地乡土风物多所目击,虽然时隔半个多世纪,至今犹依稀若在眼前。感谢蔡明先生对此书的注解和解析,让我吟诵再三,回忆曩昔,宛如旧地重游。所以乐于为之序。

1997年8月于杭州大学历史地理研究中心

原载《鸳鸯湖棹歌》,宁波出版社1999年版

《中国绍兴黄酒》序

  《中国绍兴黄酒》的编纂出版,对于绍兴这个历史名城和黄酒这种历史名酒来说,都是一件不同凡响的大事。按此书内容,它是绍兴黄酒从开创到当今的全面总结,囊括了与这种名酒有关的一切资料,诸如古老悠久的渊源来历,精湛独特的酿造工艺,稽山鉴湖的特异水质,风流典雅的宴饮文化,名传遐迩的酒人酒事,耐人寻味的掌故逸闻;此外还载及绍兴黄酒精美绝伦的包装,惨淡经营的酒业,得天独厚的酿造条件,远景辉煌的发展前途。书内还罗列历代佳酿,从明清文献中的各种著名品目,直到当前的酒林巨擘"古越龙山"。所以《中国绍兴黄酒》实在是绍兴黄酒的一部百科全书。

  酒是一种饮料。从古到今,世界上任何一个地区,任何一种民族,都有饮酒的嗜好。早期的含酒精饮料,虽然是人类从狩猎时代进入农耕时代以后普遍出现的事物,谈不上是哪个民族的发明创造,也就是晋江统《酒诰》中所说的:"有饭不尽,委之空桑,郁结成味,久蓄气芳,本出于此,不由奇方。"但中国典籍中常常引用上古传说,如《北山酒经》开头所说的"酒之作尚矣。仪狄作酒醪,杜康作秫酒,岂以善酿得名,盖抑始于此耶?"但朱翼中毕竟精通酒事,洞察渊源,所以《酒经》最后仍然引用古语:"空桑秽饭,酝以稷麦,以成醇醪,酒之始也。"现在流行于世界上的各种酒类,包括简单区分的酿造酒和蒸馏酒两类,或者按秦含章先生在本书中精细区分的 8 类,都是在上述"空桑"的基础上不断改进提高的。

  我们是在元曲中第一次看到当时百姓开门就不可或缺的生活必需品项目:"早晨

起来七件事，柴米油盐酱醋茶"（武汉臣《玉壶春》)，后被称为"开门七件事"。这说明直到13世纪，一般人的生活必需品中，酒还没有被列入其间。不过元曲的"七件事"是一种世俗化的记述，而古人的饮酒述酒还有远远超过世俗化的一面。且不论《国语·越语》中越王句践用酒奖励生育和《吕氏春秋·顺民篇》中句践用酒鼓舞士气的故事，特别引人入胜的是以王羲之为首的42位文人雅士于公元353年在兰亭流觞曲水的风流聚会，这是酒进入高级文化领域的著名记录。的确，酒作为一种受人喜爱的饮料，它不仅予人舒坦，而且还在许多场合发挥了使人精神振奋、活力充沛的积极作用。晋陶渊明诗《游斜川》："提壶接宾侣，引满更献酬。"酒在亲朋聚会中增加了情趣；唐王维诗《渭城曲》："劝君更尽一杯酒，西出阳关无故人。"酒在饯行送客中提高了感情；唐杜牧诗《江南春绝句》："千里莺啼绿映红，水村山郭酒旗风。"酒为自然风景增添了魅力；元萨都剌诗《题范阳驿》："长路风寒酒力醒，马头岁月知长亭。"酒为旅行者解除了车马劳顿；宋向子諲诗《峡山飞来寺》："惭无陶谢挥斤手，落笔纵横对酒杯。"酒促进了人们的文思和笔力。从以上这些诗句中，让我们看到了酒的卓越功能和神奇魅力。"五花马，千金裘，呼儿将出换美酒"（李白《将进酒》），诗人当然有他们夸张的一面；但"葡萄美酒夜光杯"（王翰《凉州曲》），正是因为这种饮料所具有的特殊功能和魅力，证明它是值得让人们夸张的。

现在来谈谈绍兴酒的掌故。对于绍兴来说，前面提到的所谓"空桑"现象，在这个地区很早就可以发生。因为早在河姆渡文化时代，人们已经从事农耕活动。当然，有关这方面的考证属于考古学家的事。至于正式的历史记载，前面提到的《国语》和《吕氏春秋》都可以为证。此后还有兰亭的流觞曲水以及载于《金楼子》和《颜氏家训》的即南朝梁元帝在儿童时代喝"山阴甜酒"的故事。所有这些，都是绍兴酒的记录；但所有这些，都不是黄酒。

为什么从《吕氏春秋》到《金楼子》的绍兴酒都不是黄酒呢？本书中秦含章先生的文章《黄酒的过去、现在和未来》指出了其中的关键。因为酿造黄酒必须使用红曲，而红曲是到宋朝才创造出来的。林赞峰先生也发表了相同的意见。他在《利用红曲菌的传统工艺及其最新发展》(《'94国际酒文化学术研讨会论文集》，浙江大学出版社，1994年出版)一文中指出，红曲菌（Monascus spp.）的应用可以追溯到公元10世纪的宋朝。所以秦先生说："宋代的酿酒法，世代相传，迄今未衰，现在绍兴酒的酿造法，原则上是发展了《北山酒经》所传下来的方法。"这话是符合实际的。

这里有必要对《北山酒经》作一点讨论。《北山酒经》共3卷，是我国酒史中一本被完整保存下来的名著，系朱肱（字翼中）所撰。他是北宋元祐三年（1088）进士，政和七年（1117）有医学博士李保题诗于其书后，所以此书可能刊于12世纪初期。朱肱是吴兴人,以后退隐于杭州大隐坊,自号大隐翁,所以此书历来公私著录常称大隐翁《北山酒经》。此书可能是他退隐杭州时所撰,其书卷下提及了许多酒名,如白羊酒、地黄酒、菊花酒、酴醾酒等,也提及了不少酿酒方法,如妙理曲法、时中曲法、冷泉酒法等。杭州与绍兴一江之隔,而3卷之中并无一语涉及越州。不过我认为这和秦先生所说的并不矛盾,因为即使越州在北宋末年已经酿造黄酒,但肯定并不出名,所以不曾得到朱肱的注意。

从明代开始,随着酿造方法的改进和品质的提高,绍兴黄酒的声名从此大振。到了清代,绍兴黄酒已经成为名闻遐迩的酒中极品。《随园食单》称赞:“绍兴酒如清官廉吏,不参一毫假。”《调鼎集·酒谱》记述绍兴黄酒的畅销及其得天独厚的条件:“独山、会之酒,遍行天下,名之曰‘绍兴’,水使然也。”说明当时行销各地的山阴、会稽两县黄酒,已有“绍兴酒”的专门名称。而其所以擅名,则是由于“水使然也”。这也就是本书《鉴湖水质,天成人功》这一篇所详细论证的。《调鼎集》对绍兴黄酒的推崇是有充分根据的,它提出了名酒品质的标准:“味甘、色清、气香、力醇之上品,唯陈绍兴酒为第一。”我不甚明白清人著作中所说绍兴黄酒“遍行天下”的具体地域,但我在本书《酒文化研究的科学方法和言必有据》一文中提到我在美国纽约中国城的商店和日本名古屋的高级饭店里亲眼目睹绍兴黄酒,证明“遍行天下”的话真实不虚,这的确是绍兴黄酒的骄傲!

我为这部记叙绍兴黄酒的著作作序,不禁回忆起1994年国际酒文化学术研讨会在杭州举行的情景。这次研讨会可以说是盛况空前,不少国外酿造界的专家学者到会,其中来自日本的有30多位。我这个酒的门外汉,居然与日本酿造专家野白喜久雄先生共同担任了学术委员会主任。国际会议必须使用外语,而我由于语言上的方便,竟又被推为大会宣读论文的执行主席。也正因为此,使我不得不聚精会神地聆听每一位专家宣读的论文,因为会议规定,在每一位专家宣读论文以后,执行主席必须随即对论文提出一点以褒扬为主的评价。这中间给我印象最深的是日本花井四郎先生的论文《日本清酒源于中国江南之我见》(全文收入《’94国际酒文化学术研讨会论文集》)。他在论文中多次以绍兴黄酒和日本清酒作比,其中最重要的有3处:

第一处是:“现在将日本清酒及作为典型黄酒的绍兴酒的香气成分(Head Space Vaper Gas)两者的气相色谱表于图1中。比较两种酒的色谱图,可见与日本清酒相比,绍兴酒含有更多的香气成分,其组成更为复杂。”

第二处是:“绍兴酒含有较多的原料固有组分,一是因为使用小麦制曲,二是由于投料所使用蒸米的精白度与日本清酒不同。绍兴酒所使用的大米为90米(相对于稻子的出米率为90%),而日本清酒则使用75米。不过,最显著的差异在于日本清酒在

10℃左右的低温下储藏不到一年，而绍兴酒则装于酒坛中在通风储室内陈酿3年以上。在陈酿过程中，糖与氨基酸之间发生氨基—羧基反应，生成各种羰基化合物。随着储藏时间的延长，这些产物进一步发生化学反应再生成其他化合物。陈酿过程中各种化学反应产物的生成是造成两种酒香气成分差异的主要原因之一。"

第三处是："所以，假如与日本清酒同样，在绍兴酒的酿造工艺中没有陈酿过程，其香气的组成成分可能就与日本清酒相同了。由此可见，这两种酒属于同一种类型。"

听到花井先生的论文，我当时很是激动。因为在80年代之初，我就应日本文部省、日本学术振兴会和若干大学的聘请先后担任过3所大学的客座教授，并在其他一些大学作过学术讲座。我的讲学内容当然与酒绝不相关，但是那些大学的领导以及一些熟悉的教授们常常宴请我们夫妇，而席间的主要饮料就是清酒，想不到我们在东瀛频频举杯的日本清酒和中国绍兴黄酒竟是同源兄弟。日本酿造专家的精湛论文，包括许多图表和气相色谱，科学而雄辩地论证了日本清酒源于中国江南，当然主要就是绍兴。花井先生的论文使我受到鼓舞，由于他的精辟论证，《中国绍兴黄酒》的编纂出版显示了它更为深远的意义。

愿《中国绍兴黄酒》受到读者的欢迎，愿中国绍兴黄酒的醇美芳香传遍世界。

1999年1月于浙江大学西溪校区
原载《中国绍兴黄酒》，中国财政经济出版社1999年版

《绍兴老屋》绪论

　　《绍兴老屋》的出版,令人鼓舞,值得祝贺。它为绍兴这个历史文化名城的历史文化事业锦上添花。

　　我往年曾撰有《聚落、集镇、城市、古都》①一文,阐述了一个原始聚落发展的过程。绍兴是一个经历了从聚落到古都的完整发展过程的城市。这样的城市,从全国到全球都不是很多。这是绍兴的骄傲!

　　自从地球上出现了人类以后,为了谋求生存,必须寻求栖息之所,按照各地的不同自然条件,出现了诸如巢居和穴居等不同的栖息方式。随着生产的发展和技术的提高,人们最后走出洞穴,爬下大树,用夯土等手段建立原始聚落。开始,他们仍然强烈依赖自然条件,把他们的原始聚落建立在山坡和山麓上。正如我在我所主编的《中国历史名城》②一书的《序言》中所说的:"例如,在中原地区的坦荡大平原上,崛起于冲积层上的孤立丘阜,由于在燃料、饮水、背风向阳和防守等方面都处于有利地位,因而常常成为建立聚落的理想地址。"这些聚落之中,有的在后来逐渐扩大,形成城邑,诸如顿丘、铁丘、商丘、营丘等等,不胜枚举。

　　对于绍兴,我也曾研究过这个地区的聚落类型,撰有《历史时期绍兴地区聚落的形成与发展》③一文,把绍兴的聚落按形成时期分成山地聚落、山麓冲积扇聚落、孤丘聚落、沿湖聚落、沿海聚落、平原聚落6种类型。而现在的这个中心城市,即绍兴市区,是由孤丘聚落发展而成的。我在另一篇拙文《历史时期绍兴城市的形成与发展》④中,描述了越王句践七年(前490)利用这片沼泽平原中的9座孤丘建城的过程。城市出现以后沼泽平原得到了不断的整治,疏导出许多河流。美籍绍兴学者夏威夷大学章生道教授在其名著《有城墙的城市形态》⑤一文中,论述了中国城市与城墙的关系。对于绍兴这个城市来说,除了一般的城墙以外,还必须加上绍兴人称为"河港"⑥的概念。不仅沿城有一条护城河,城内还有许多大小河港,这些河港与城外的河港互相连接,所以每个城门也都有行人的旱门和行舟的水门之别。法国人格罗赛于18世纪游览绍兴城,对这个景观特殊的城市作了这样的描述:

> 它(指绍兴城)位于广阔而肥沃的平原中,四面被水所包围,使人感觉到宛如在威尼斯一样。⑦

几年以前,台湾一旅游杂志《大地》约我写一篇关于绍兴的文章,我的文题就作《绍兴水城》。⑧"水城"是这个城市与众不同的格局,它和这个城市的聚落分布具有密切的关系。

所谓聚落,有时也称为居民点,它是由不同类型的建筑群构成的,这就已经涉及了"老屋"的概念。所以这里需要把"老屋"的概念作点说明。《史记·陈丞相世家》记及汉高祖七年,"高帝南过曲逆,上其城,望见其屋室甚大,曰:壮哉县! 吾行天下,独见洛阳与是耳"。清初佟世恩所撰《鲊话》⑨中描述当时广东的恩平县,这个城墙周围只有640步和两个城门的小县,"通城不过二百人,居民草屋,高不过眉睫,杂豚犬卧草中,登城望之,止有新建先师瓦殿与县署中瓦室三间,堂皇相映耳"。康熙《新昌县志》卷首知县刘作梁序:"其宫室,除邑屋数百间外,皆编竹结茅以居,而十家比庐者,盖寥寥焉。"如上各例,不论是曲逆县的"屋室甚大",或是恩平县的"居民草屋,高不过眉睫",新昌县的"皆编竹结茅以居",假使能够存留下来,在后一代的眼光里,它们都是"老屋"。在历史的长河中,"老屋"一代代地兴建,又一代代地消失。从大体来说,不管在那个城市或集镇里,我们现在能看到的"老屋",除了个别性质特殊的以外,其实都是资历不深的。

世界上大部分国家都有他们保护"老屋"的机制和具体措施。我为罗以民先生《刘庄百年》⑩一书所撰的《序言》中提及:

> 例如在日本,凡是这类地方,进门时多要你脱掉鞋子,换上一双他给你的特制便鞋,又给你一只口袋,要你把自己的鞋提在手上,到出口处再"更鞋"。所以即使是奈良时代的地板,都仍然完好无损,光洁可鉴。

我在日本还有一次关于"老屋"的回忆。那年我任教于大阪关西大学研究生院。爱知大学的秋山元秀教授邀请我到名古屋作客,游览了市区以后又到郊区,到有松町参观一所由竹田嘉兵卫先生开设的大规模和服工场。这是一个不大的集镇,全镇是一式的黑漆大门房子,一派江户时代的气氛。竹田先生说,这是为了保持江户时代的旧观,其实房子多半是新建的,房舍内部的设备也都是现代化的。这又是一种"老屋"的类型。

在中国,近年以来已经开始对"老屋"的问题引起了注意。无可讳言的是,从古代到近代,我们对于"老屋"的保护,确实存在着一些机制上的缺陷。这种缺陷,造成了许多城镇"老屋"过早地和过度地被破坏。在古代,用不着过多地追溯,用明归有光的名著《项脊轩志》中的几句话就可以说明:

> 项脊轩,旧南阁子也。室仅方丈,可容一人居。百年老屋,尘泥渗漉,雨泽下注,每移案,顾视无可置者……然余居于此,多可喜,亦多可悲。先是,庭中通南北为一;迨诸父异爨,内外多置小门墙,往往而是。东犬西吠,客逾庖而宴,鸡栖于厅。庭中始为篱,已为墙,凡再变矣……

至于现代,特别是这几十年来,我们都是目击者,"项脊轩现象"当然继续存在和发展,而60年代的一场称为"破四旧"的龙卷风,不知把多少"老屋",特别是高档次的"老屋",吹得支离破碎。如今痛定思痛,也就不必旧事重提了。

现在来看看绍兴这个历史悠久的文化名城,对于这个城市中的老屋,早期的情况已经找不到文献依据,直到唐代,元稹的《以州宅夸于乐天》,始可窥及一斑;而宋王十朋的《会稽三赋》,写得更为具体。宝庆《会稽续志》第一次记录了城内的厢坊建置。这些文献让我们看到了城市布局,其中当然包括大量的建筑群,可惜这些时期的城市建筑,除了少数桥梁、碑碣和遗址以外,没有为我们留下"老屋"。前面已经提到过"老屋"的"资历"问题,作为一种文物,"老屋"显然不能与其他历史文物相比。现代西安决不可能是《三辅黄图》的长安,现代洛阳也决不可能重现《洛阳伽蓝记》的旧观,绍兴当然也是一样。

对于绍兴的"老屋"和它们的"项脊轩现象",我是有切身体会的,因为我出生和成长于一座典型的"老屋"之中,这座"老屋"是明隆庆五年状元张元忭的府第,清嘉庆年间,我的高祖父从张氏后人手里买下了这座"老屋",一直到我成年,都称它为"状元台门"。

我对这座"老屋"的记忆当然是非常清楚的,它位于车水坊(今人民路的一段),街的东西两端建有两座石牌坊,台门口有竖旗杆的础石。正厅是坐北朝南的五楼五底,东西侧厅为三楼三底。正厅大客堂约为70平方米,正厅与东西侧厅之间,由一个大天井和四个小天井组成。正厅以北有一间退堂,退堂与后门之间有一个庭院。后门外有一个面积约300平方米的后园,后园紧靠一条从大郎桥东流的河港,建有马鞍形踏道,可以停泊六明瓦大船。至于状元府第的内部结构,如大客堂两侧的磨砖墙壁,大客堂前部面积达 15 平方米的凝灰岩石板，以及精致的窗棂、壁饰等等，至今仍记忆犹新。

据说我高祖父买下这座状元府第后，并不曾作过较大的修饰，说明这座明代建筑，从隆庆到嘉庆，还是基本完好的。从高祖父传到曾祖父，曾祖父有 5 个儿子，由于我祖父是有功名的长子，所以正厅五楼五底属他，而叔祖辈则分居侧厅。我祖父有 6 个儿子，人丁虽众，但因正厅屋大室多，居住不见拥挤，祖父之下，全家合炊，成为一个大家庭。所以直到我进入初中，除了东西侧厅以外，这座包括了台门与宅院、居室与庭院并兼有临河人家风趣的"老屋"，仍然统体完好。抗日战争爆发后不久，我祖父去世，"项脊轩现象"才开始在这座"老屋"发生，并且迅速发展。我因为在祖父去世以前就离开了绍兴，没有完全目击这座"老屋"的衰败过程。直到 1992 年决定拆毁以前，我请人去拍了几张照片，轮廓虽在，面目全非。一座"老屋"，明朝后期的状元府第，就这样地在"项脊轩现象"和最后的一纸拆令下，销声匿迹了。

由于张元忭状元府第是我出生和成长的"老屋"，所以我对它的沧桑经历了如指掌，如数家珍。其实，在这座状元府第附近，规模不小的"老屋"还有不少。状元台门以东不过几米，有一座杜氏"大夫第"，以西数米又有王氏"人瑞"。我不知道杜、王二氏的渊源。但另一座大型"老屋"孙府，与我家隔河相对，这是明嘉靖进士孙钺的府第，[11]大门上高悬着"两都冢宰"的巨匾。我幼年时曾几次进入孙府，当时，状元台门尚不见归有光文章中描述的迹象，但孙府却已经完全"项脊轩化"了。正如前面已经指出的，"老屋"不同于其他历史文物，这两街一河之间的四座大型"老屋"，不过半个世纪，都退出了历史舞台。

应该指出，老屋的"项脊轩现象"并不以绍兴这座古城为甚。项脊轩本身就在苏州昆山。最近偶读钱锺书夫人杨绛所写的《回忆我的父亲》[12]一文，知道她的父亲曾于民国初年在苏州买下一幢称为"一文厅"的明朝老屋，这座老屋内当时已有二三十家住户，说明"项脊轩现象"已经发生。房子买下以后，这二三十家当然迁出。经过两年修葺，拆掉了"项脊轩现象"中的许多小屋，恢复了这座明朝老屋的旧观。杨绛在 90 年代初撰写此文，不免因人思屋。回忆了这座老屋，又想到了当年被迫迁出的二三十户人家。文章有一段说：

> 我常挂念原先的二三十户人家到了哪儿去。最近，有个亲戚偶来看我，说他去看了苏州的老屋（我们已献给公家），现在里面住了五十来户。我大为惊诧，因为许多小破屋全都拆掉了，哪来那么多房间呢？不过小屋既能拆掉，也能一间间再搭上。一条宽走廊就能隔成几间房呢。许多小户合成一个大宅，一个大宅又分成许多小户，也许是"分久必合、合久必分"的天下大势。

杨绛女士把这种"项脊轩现象"称为"天下大势"。我必须补充一句，这种"天下大势"于今为甚。

正是由于"老屋"如上所述的兴衰倏忽的特殊性质,所以《绍兴老屋》的出版,应该给予高度的评价。在这近500幅来之不易的图版中,和盘托出了各种"老屋"的风貌。其中如《小桥·流水·人家》《老街·小巷·店铺》等,都是绍兴"老屋"的主要特色。这几十年中,河港桥梁不断缩减,坊巷里弄次第消失,正是这些图版,让读者尽情地领略这个水城和古都的不同凡响。本书的文字简介流畅洗练,与图版相得益彰。图文并茂,令人爱不释手。

《绍兴老屋》的出版,从某种意义上说,也是对绍兴"老屋"的抢救。"老屋"的兴衰是一种复杂的社会现象,城市建设的发展,当然要涉及许多"老屋";但城市建设停步不前,同样会有许多"老屋"在前述"项脊轩现象"中消亡。所以问题的关键在于增强整个社会对"老屋"的保护意识。而《绍兴老屋》在这方面的贡献,显然不可估量。

1999年5月于浙江大学历史地理研究中心

注释:

① 《河洛史志》1994年第3期。

② 中国青年出版社1986年版。

③ 《地理学报》1980年第1期。

④ 《纪念顾颉刚学术论文集》下册,巴蜀书社1990年版。

⑤ *The Mophology of Walled Capitals*, *The City in Late Imperial China*, G. W. Skinner, Stanford University Press, 1997。

⑥ "河港",绍兴方言,指河流。

⑦ Grosier, Discription de la Chine, Vol. II. p. 1090, *Nagel's Encyclopedia Guide——China.*

⑧ 《大地》1992年9月号,台北锦绣出版社版。

⑨ 《仰视千七百二十九鹤斋丛书》本。

⑩ 山西人民出版社1998年版。

⑪ 孙钺事绩附于《明史·孙燧传》。

⑫ 《杨绛散文》,浙江文艺出版社1994年版。

原载《绍兴老屋》,西泠印社1999年版

《宋代浙江经济史研究》序言

　　《宋代浙江经济史》的翻译出版,我确实盼望已久。因为此书不仅对于宋代浙江经济史包括其他专业史如水利史、文化史以及历史城市地理等领域具有价值,而且从国际汉学研究的成果交流来说,也是不同凡响的。

　　斯波义信教授是当代国际知名的汉学家,他出版和发表有关中国研究的专著和论文,涉及的方面很多,地域甚广,数量可观。收入此书的,是他在论著中涉及浙江省境的,仅占他汉学论著中的一小部分。这些论文,从研究内容来说,对浙江学人当然很有裨益;从研究方法而论,对中外汉学界也有重要交流价值。

　　为这个译本作序,我实在不胜感慨。我和斯波先生已经有了 20 年的交谊。早在 1979 年,当我们国家开始允许国际间的私人学术交流的时候,他就给我写来了热情洋溢的信,并且寄赠了他的力作《宋代商业史研究》。就在这同一年,他的一位美国挚友施坚雅(G. W. Skinner)教授也给我写了信,并且寄赠了他主编的名著《中华帝国晚期的城市》(*The City in Late Imperial China*)。于是,我们这 3 位不同国籍的学者,开始了在汉学研究中的密切联系。

　　政治气氛的变化,使国际学术交流迅速地活跃起来,使人感到振奋。1980 年暑期,美国匹兹堡大学的三十几位学生,到杭州大学参加文化学习班。我生平第一次用英语为美国大学生讲授了《中国地理》课程。这个学习班刚刚结束,施坚雅就带了一个由近 20 位教授组成的文化代表团来到浙江,这些都是汉学家或者是对汉学研究有兴趣的学者。我陪同他们访问了绍兴和宁波。施坚雅是一位知识渊博和健谈的学者，我发现他对宁波的历史地理发展很有见地，但是他谦逊地说，这些都得自斯波的论文。由于施坚雅的推崇，我再次细读了斯波在 1979 年已经寄给我的这篇论文《宁波及其腹地》（*Ningpo and Its Hinterland*）。此文收入于《中华帝国晚期的城市》，施坚雅在该书的《导言》中已经加以称赞。

施坚雅代表团访问后的次年，一个由日本学者组成的代表团接着来到，他们之中，诸如三上次男、大庭修、藤善真澄等教授，后来都成为我在学术上的好友，而斯波与我则是一见如故。由于我们已有一年多时间的信札往来，并且如同在通信中的书面英语一样，他的口语也说得非常流利。在同辈的日本学者中这是并不多见的。因为没有语言隔阂，我们讨论了许多宁绍平原的历史地理问题。

1982 年，斯波到上海参加历史地理国际学术讨论会，由于我出访美国和巴西，错过了一次见面的机会，但在次年就得到了补偿。1983 年，我应关西大学研究生院的邀请，去该校讲授《水经注》研究课程，并且出席了在东京和京都举行的国际人文科学学术讨论会，施坚稚和斯波也都出席此会，因而获得了一次难得的叙会。我们 3 人，加上在年龄和学术经历上都属于我们前辈的香港新亚研究所所长、著名经济史学家全汉昇先生，在大阪郊区的斯波寓所畅谈竟夕。斯波夫人（她也能说一口流利的英语）亲手为我们烹调了一顿丰美的和餐。

我在关西大学两个月课程结束的前夕，斯波又花一整天时间陪同我对大阪城市进行了学术考察，在繁华中心梅田的一座高楼顶层，他为我讲述大阪城市的历史发展过程及其功能分区，使我对这个日本第二大城市增长了许多知识。1989 年，我应邀到广岛大学任教，讲授《比较城市研究》课程，其中有一部分内容是把大阪和上海两个城市进行比较研究，日本朋友颇为我对大阪城市的研究感到惊异，其实这些多半都是当年斯波的研究成果。

我和斯波相处时间最长的一次是 1985 年，由于他的推荐，日本学术振兴会邀请我并夫人去作为期约 3 个月的研究和讲学，而我的基地就在斯波任教的国立大阪大学。斯波为我在他的办公室隔壁布置了一个设备讲究的工作室，我们朝夕相处，互相切磋，讨论了许多有关汉学研究的问题。我夫人翻译他的《宋都杭州的城市生态》（译文载《历史地理》第 6 辑，上海人民出版社 1988 年版）、《〈湘湖水利志〉和〈湘湖考略〉——浙江省萧山县湘湖水利始末》（译文载《中国历史地理论丛》第 3 辑，陕西人民出版社 1988 年版）两文，为了讨论译稿，斟酌字句，我们 3 人好几天坐谈竟日，使我进一步了解了他的语言素养，他不仅有极扎实的英语基础，而对于古汉语也有深厚的功底。

此次访日过程中特别令人难忘的事件是施坚雅、斯波和我的又一次叙会。当时，施坚雅夫妇正在东京庆应大学从事研究工作,他为了让我们3对夫妇有一次团聚的机会,特地到大阪过他的生日。这年2月16日傍晚,我们3对夫妇在梅田的一家和餐馆中度过了一个愉快的夜晚。席间,主要讨论了3部文献:民国《鄞县通志》、《中国历史地图集》和《中华帝国晚期的城市》。一次生日晚宴竟像是一个小型的汉学讨论会。对此我已撰有《民国(鄞县通志)与外国汉学家的研究》(《陈桥驿方志论集》,杭州大学出版社1997年版)一文作了记叙,这里不再撰述。

这年我离开日本以后,斯波随即转往东京大学,担任东洋文化研究所所长。1990年初夏,他来信说当年8月要到浙江考察若干历史农田水利故迹,包括余杭南湖、萧山湘湖和麻溪坝以及宁绍平原的古代鉴湖和它山堰,请我为他作点安排。8月份他如期来到杭州,余杭和萧山的考察都是由我们夫妇陪同的,他随带了这些古代农田水利工程的文献资料和历史地图,考察得十分细致。《余杭县志》主编周如汉先生曾经撰有《两教授》一文(《霜林集——修志漫笔》,上海科学技术出版社1994年版),记叙斯波和我在余杭南湖的考察经过。他在其他各处的考察也大致如此。这个地区和这些古代农田水利工程,都是他过去已经研究和发表了研究成果的。所以这一次的考察显然属于他的加深研究。

我终于看到了他的这一次加深研究的成果。1998年,他寄给我剑桥大学出版社当年出版的、由伊懋可(Mark Elvin)和刘子健主编的一本巨著:《积渐所至——中国环境史论文集》(Sediments of Time——Environment and Society in Chinese History)。其中收入他的一篇长文《杭州湾南部地区从中唐到清概况》(The Case of the Southern Hangzhou Bay Area From the Mid - Tang Through the Qing)。这是一篇有关杭州湾南部地区的精湛历史地理论文,不仅反映了他1990年的考察成果,并且搜罗了中外学者对这个地区研究所发表的最新文献。例如对于萧山湘湖,他引及了美国瓦尔巴莱索大学历史系主任萧邦齐教授(R·K·Schoppa)于1989年在耶鲁大学出版社出版的专著:《湘湖——九个世纪的中国世事》(Xiang Lake——Nine Centuries of Chinese Life)。此书是萧邦齐在我的研究室经过半年的文献研究和实地考察而写成的,是目前我们可以看到的对于湘湖历史地理研究的最完备的成果。《中国环境史》书名上添加"积渐所至"四字,这是出于《汉书·贾谊传》的话:"安者非一日而安也,危者非一日而危也。皆以积渐然。"所以包括斯波的论文在内,收入此书的不少论文,在议论中国的环境变迁时,都包含了"可持续发展"的概念。这里不妨说一句题外话:《积渐所至——中国环境史论文集》也是值得推荐的。

现在回过头再说几句斯波对浙江省的研究,前面已经提到,我第一次和施坚雅见面时,他就在宁波称赞斯波有关这个城市的论文,即收入于《中华帝国晚期的城市》中的《宁波及其腹地》一文。施坚雅在该书的《导言》中说："斯波关于宁波城市的经济描述,在现有叙述传统中国城市研究的英文著作中,可能是最完备的一种了。"我在《评〈中华帝国晚期的城市〉》(《杭州大学学报》哲学社会科学版 1985 年第 1 期,《新华文摘》1985 年第 8 期)一文中说："我应该补充施坚雅的话,在我所读到的有关宁波城市研究的中文著作中,像斯波这样的论文,实在也是凤毛麟角。"这当然只是施坚雅和我两人的评论,现在,斯波研究浙江的不少成果已经收入这个译本,而《中华帝国晚期的城市》的中译本上也正由中华书局发排,都将与中国读者见面。见仁见智,还有待于中国学术界的评论。

最后必须提及的是,斯波先生在中日两国的文化交流上确实贡献卓著。他不仅毕生埋头于汉学研究,发表了许多优秀的研究成果,并且还经常为中国学者提供收藏于日本的稀见汉籍资料,其中有的是日本独藏的汉籍孤本。最近,《中国地方志》主编诸葛计先生在此刊 1999 年第 3 期发表《稀见著录地方志书概说》的文章,对我进行了表扬："八十年代,最先从国外引回志书,而且引回志书种数最多的,则是杭州大学著名地理学专家、方志专家陈桥驿教授。"其实,此事也应感谢斯波先生,因为在我引回的几种孤本方志之中,康熙《常山县志》(抄本)和光绪《新市镇再续志》两种,都是通过他引回的。其中特别是康熙《常山县志》,这是收藏于一所皇宫内部的性质特殊的图书馆——宫内省图书寮(现已改为宫内厅图书馆)的手抄孤本。

斯波先生比我年轻 7 岁,虽然已届古稀,但精力依然旺盛,最近几年中,每年都有专著或论文寄赠给我,希望他在汉学研究中继续取得更大的成就。

1999 年 7 月于浙江大学历史地理研究中心
原载《宋代浙江经济史研究》,京华出版社 1999 年版

徐学研究的重要启示

——《徐学概论》序

　　《徐学概论》的编著出版，是近年来徐学研究的一块里程碑，它标志着徐学研究趋向成熟。所以这是一件值得徐学界欢欣鼓舞的大事。

　　当我于80年代初提出"徐学"这个名称时，徐学研究的成果，不论在数量和质量两方面，都不能与当前相比。为此，我每一次言及徐学，都与"郦学"并提。这是为了借成熟的"郦学"，激励后起的徐学，以达到相互学习、共同提高的目的。我为寓居香港的"郦学"家吴天任教授《郦学研究史》一书（台北艺文印书馆1991年版）所写的序言中提及：

　　　　在中国，一本书成为一门学问的事，例子不多。称《红楼梦》研究为"红学"，
　　现在已经非常流行，但这门学问的研究历史，不过半个多世纪。称《徐霞客游记》
　　研究为"徐学"，是我在80年代所首先提出。虽然各方纷纷响应，但"徐学"作为
　　一种专门的学问，还有待不断研究和提高，庶几名符其实。

这几句话其实是表达了我在90年代初期对徐学研究的殷切期望。在当时，虽然徐学研究的声势较大，蒸蒸日上，但高质量的研究成果却仍不多见，徐学与"郦学"的差距仍然不小。而现在，正是因为《徐学概论》一书的问世，使当前的徐学研究形势发生了很大的变化。我当然不是说，徐学研究的总体水平已经超过了"郦学"研究。但是我愿意指出，从《徐学概论》一书的撰著出版来说，徐学显然是后来居上。我为什么这样

说？请允许我为此作一点解释。

"郦学"是一门国际性的大学问。虽然我在《历代郦学家治郦传略》(《郦学新论——〈水经注〉研究之三》，山西人民出版社 1992 年版) 中立传的外国郦学家不过 9人，但实际上，许多有名的外国汉学家如伯希和 (P. Pelliot)、费琅 (G. Ferrand)、马伯乐 (H. Maspero)、卜弼德 (P. A. Boodberg)、李约瑟 (J. Needham) 等等，在他们的汉学论文中，都可以发现许多来自《水经注》的资料。日本的某些高等学府，在研究生院和本科开设《水经注》的课程，并聘请外国郦学家前去讲学，诸如此等，都是徐学一时还无法与之颉颃的优势。但从另外一方面看，"郦学"在其发展历史上也有一些不及徐学之处。

第一，在"郦学"研究史上，从来没有出现过徐学研究这样的声势和条件。"郦学"研究按我以往的考证是从南宋开始的；后来继续查索资料，已可追溯到唐代。但在这 1000 多年的研究史中，"郦学"家们大多是分散地、个别地从事研究，极少有互相切磋琢磨的机会。及至现代，有的"郦学"家著述甚丰，如郑德坤、胡适等，"郦学"著述均逾百万言 (不计版本点校)，但他们也无非通过著作的出版和论文的发表从事交流，既无"郦学"研究的组织，也缺乏公开的学术活动。我研究"郦学"数十年，就我所知的唯一一次"郦学"活动，是胡适在其北京大学校长任上，为了庆祝此校 50 周年校庆，于 1948 年 12 月在北大举行了一次《水经注》版本展览会 (共展出各类版本 41 种)。与当今徐学界的各级研究会纷纷建立、学术活动频繁举行的盛况，实在无法相比。

第二，"郦学"研究从明代起，先后形成了考据、词章、地理三大学派 (参见拙作《论郦学研究及其学派的形成与发展》，《历史研究》1983 年第 6 期。又收入于《水经注研究二集》，山西人民出版社 1987 年版)。各学派学者，都按自己的兴趣和专长著书立说。并且由于持续达两个世纪的"赵、戴《水经注》案"的干扰，许多有才华的学者都投入了这场时旷日久的论战，所以"郦学"家们对于"郦学"研究的全局考虑甚少。虽然从各个学派的领域来说，佳作迭出，但是对于"郦学"全局的通论性研究，却很少"郦学"家关注及此。我于 1987 年发表《郦学概论》一文，在"郦学"史上或许还是前无古人。而此文无非是应刊物的约稿之作，其实是一种粗线条的泛泛之论。此文后来又收入于《郦学新论——〈水经注〉研究之三》，我在此书序言中曾谈及此文，为了说明这篇"概论"的写作过程和发表实况，让我引述一段该序中的有关文字：

> 这次收入《三集》的第一篇论文《郦学概论》，原是我国著名刊物《文史哲》的约稿，我因为该刊是一种综合性的学术刊物，读者面甚广，所以不宜写"郦学"研究中的一个小题目，考虑之下，就写了这篇或许能适应较多读者的《郦学概论》。却想不到此文发表后不久，就有一位署名为加士的先生，在 1987 年 1 月 23 日的

《人民日报·海外版》上以《郦道元〈水经注〉的研究》为题,撰文评介。全文第一句说:"陈桥驿最近在《文史哲》(1987.5)杂志上撰文《郦学概论》,对历代《水经注》的研究作了一个回顾和总结。"尽管加士先生的全文是把拙作内容作了一个摘要的介绍,但他的第一句话却是我实在不敢接受的。"回顾"或许可以说,但"总结"则是断乎担当不起的。今年,我又收到《文史哲》主编丁冠之先生4月21日的信,信上说:"杨向奎先生有几次提到您的《文史哲》发表的文章,有一次信中说,像陈先生那样的文章,没有多年的积累是写不出来的,《文史哲》几年有一篇这样的文章就不错了。"杨先生是海内外知名的老一辈学者,但是我除了多年来拜读他的大作和长期慕名以外,一直等到1983年复旦大学举行博士研究生论文答辩,我忝为答辩委员,才和他相处了两天。此后,他经常鼓励我。在史念海先生的《河山集三集》(人民出版社1988年版)卷首,有他的一篇序言,这篇序言中,也专门写了一段,对我历来的学术研究倍加奖掖。但我不知道杨先生给丁先生的信中对拙作《郦学概论》的称赞,有没有如加士先生所说的"回顾和总结"的意思。因为要对我国历代的"郦学"研究作出总结,实在兹事体大,至少在目前,是我力所不及的。

杨向奎先生长我13岁,不仅是我所尊敬的学术界前辈,而且对"郦学"研究非常关心。他曾于1986年10月31日给我一信,信中剪附《光明日报》当时连载的《胡适传》一篇,因为这一篇中提到"赵、戴《水经注》案"。文章说:"这桩学术公案经胡适的长期考证后,使全祖望、赵一清、戴震都有了一个公平的评价,这对后人的研究颇有帮助,在学术史上的贡献也是巨大的。"杨先生对此很有意见,他在信中说:"这未免颠倒黑白,我并不研究《水经注》,但关心此案,因为我的几位师友卷入此案中,希望看到公平的答案。胡适先生也是我的老师,但我不同情他为同乡辩护而不说理。希望你出头说一下以澄清是非。"由于杨先生的嘱咐,我写了《关于〈胡适传〉中涉及〈水经注〉问题的商榷》一文,在《光明日报》1987年1月14日发表。我写这一件往事,主要是为了说明,杨先生虽然自谦说"我并不研究《水经注》",但其实他对此书是很娴熟的。因此,他称赞我的《郦学概论》,除了我在《三集》序言中说到的他对后辈的奖掖外,显然也是因为他认为对"郦学"研究的全局作一番通论性的记述很有必要。

现在看来,徐学作为一种专门的学问,由于内容丰富,牵涉广泛,其发展结果,必然也会出现各种学派。到了那时,对于徐学全局的研究,像"郦学"一样,也将趋于减少。前面所举拙撰《郦学概论》的例子,可以引为借鉴。而这样一篇内容平平的文章竟有人在《人民日报·海外版》作了评介,特别是获得像杨向奎先生这样的老一辈知名学者的称赞,这其实并不是正常的事,恰恰说明了"郦学"研究中的薄弱环节。现在,徐学研究的蓬勃发展为时不久,而江苏省徐霞客研究会就组织一批专家撰著了这样一部《徐学概论》。此书内容丰富,论证广泛,具有较高学术水平,当然不是拙著《郦学概论》可望项背。它确实称得上是徐学研究在这一阶段中的回顾和总结,为徐学家们开拓这门学问作了瞻前顾后的重要启示。因此,这一煌煌巨构的问世,必将推动徐学研究的进一步发展。为此特谨序数言以示祝贺。

　　　　　　　　　1998 年 6 月于杭州大学历史地理研究中心

　　　　　　　　　原载《徐学概论》,学苑出版社 2000 年版

《绍兴方言》序

　　《绍兴方言》编纂完成,行将出版,在语言学领域中,这项研究成果是值得重视的。越谚是一种方言,越谚研究除了在语言学上的意义以外,并且还涉及文学、民俗学、历史学、地理学等学科。因此,《绍兴方言》的出版,必将在学术界产生重要的影响。

　　"方言"一词,在语源上由希腊文 dia(联系)和 legein(语言)两词构成。英语作 dialect,《韦氏大字典》释 diacct 作:"为一群人所使用的一种语言,它和另一群人所使用的语言,在词汇、语法或语音特点上具有区别。"① 《韦氏美国语新世界字典》释作:"语言的地方特点的总和。"② 把这两种韦氏字典的解释合在一起,"方言"一词的科学涵义,大概已经包罗尽致。

　　中国土地广大,方言的地理差异悬殊,所以自古重视方言研究。汉应劭《风俗通义序》③说"周秦常以岁八月,遣轺轩之使,求异代方言"。轺轩是古代使用的一种轻便车辆,说明早在先秦,朝廷每年都定时派遣一批乘用轻车的方言使者,采访各地方言。汉扬雄所撰《轺轩使者绝代语释别国方言》15 卷(简称《方言》),④ 大概就是周秦以来的方言研究成果。

　　越谚作为一种方言,除了方言的一般意义以外,还有它的特殊价值。因为这种方言渊源古老,历史悠久,具有丰富的文化内涵。另外,这种方言的发展过程也相当复杂,这个地区最早流行的方言是古代越语,早在史前,随着越人的迁徙流散,这种方言就传播到国内不少地区以及海外,包括日本等地。我在拙作《多学科研究吴越文化》⑤

一文中,曾指出日语中的数词"二"读若 ni,就是古代越语。现在越谚中的一个常用副词"奈格奈格",意为"非常非常",如此人"奈格奈格好",此山"奈格奈格高"之类。在日语中同样存在意义和读音相同的"なかなか"这个词汇。这都是古代越语随越人流动的例子。在成书于先秦而由东汉初人整理的《越绝书》⑥中,除了含句(kr)、乌、余、朱、姑等的属于人名和地名的专门名词外,还记及了"越人谓船为须虑"、"越人谓盐曰'余'","夷,海也"、"莱(莱),野也"、"单者,堵也"等几个普通名词。上述汉扬雄的《方言》之中,在现存 13 卷的 661 条各地方言中,涉及越语的有 11 条,包括"吴越"5条,"扬越"2 条,"瓯越"1 条,"越之垂瓯吴外郊"1 条,"东越"1 条,"丹阳会稽之间"1条。但所有这 11 条,与《越绝书》"须虑"和"余"一样,如"誩"条:"吴越曰浠"(卷六),"舟"条:"东南丹阳会稽之间谓艇为檻"(卷九)等,与以后的越语相去已远。这说明在早期越谚中,古代越语词汇仍有较多保留,只是在方言的长期发展过程中,古代越语逐渐减少。当然,如上面指出的数词"二"(ni)和副词"奈格奈格"之类的古代越语,仍将长期地在越谚中保留下去,成为越谚这种方言的特色之一。

由于越谚是越中方言,所以越人而研究越谚历来称多,现在尚可查索的研究越谚的越人及其成果也仍然不少。例如明祁彪佳撰有《里居越言》12 册,近人邓之诚在其《桑园读书记》中记及于此:"未知年来荡为灰尘否?"案此稿未刊,30 年代排印《祁忠敏公日记》时,绍兴县修志委员会在跋文中称祁氏后人所藏祁氏遗著 35 种之中,有《里居越言》12 册。这半个多世纪中,文物古籍频遭浩劫,则这 12 册稿本,恐怕早已荡为灰尘了。清初毛奇龄也曾研究越语,撰有《越语肯綮录》1 卷。至今尚存,收入于萧山陆氏补刊《西河合集》之中,共 24 条。毛奇龄在卷首云:"宋赵叔向作《肯綮录》,采方言之切用者编之成帙,予考隋韵,每有与越语相发明,凡居平呼其音而不得其文者,韵多有之,因略为笔记,名《越语肯綮录》。"康熙时,会稽人周徐采撰有《越谚》2 卷,惜已亡佚。乾隆间,茹敦和撰有《越谚释》2 卷,曾于道光二十九年刊行,今有道光巾箱本和茹氏家刊本流传。嘉庆、道光间,沈复粲撰有《方言注》一种,可惜也已不传。范寅在光绪间撰有《越谚》3 卷,附《越谚剩语》2 卷,此书有光绪刊本及石印本等几种版本,所以流传较广。此外,在晚清越人之中,还有两位著名学者也有越语研究的成果。一位是平步青,他撰有《玉雨淙释谚》1 篇,收入于平氏《霞外据屑》卷十,他以为方言俚语皆有自来,故有此作。其所释方言俚语,多与越谚类比,所以此篇实为研究越谚之作,其中如"门关"条云:"北人以门牡为门栓,字书言:栓,拣也。越人则呼为门闩。"另一位是李慈铭,他研究越谚,及于古代越语。他在日记中说:"盖余姚如同余暨、余杭之比,皆越之方言,犹称于越、句吴也。姚、暨、虞、剡,亦不过以方言名县,其义无得而详。"⑦案越地县名如余姚、余暨(今萧山)、上虞、剡(今嵊州)等,渊源甚古,历来曾经传播过许多牵强附会的解释。例如上虞,《水经·渐江水注》引晋《太康地记》:"舜避丹朱于此,故以名县,百官从之,故县北有百官桥,亦云禹与诸侯会事讫,因相虞乐,故曰上虞。"如此等等,真是荒诞不经。李慈铭以古代越语方言研究这些地名,澄清了长期以来的以讹传讹。

越人研究越谚的传统,在最近这些年中有所发展,已经先后出版了几种这方面的作品,而现在由绍兴越文化研究所组织编纂的这部《绍兴方言》可谓后来居上,集其大成。《方言》条目称多,内容丰富,分类明晰,解释扼要,总结了长期以来的越谚研究成果。特别值得指出的是,历史上流传的方言,其实也是一种地方文化遗产,如不及时搜集整理,很容易泯灭消失,则《绍兴方言》的编纂,属于对越中文化遗产的一次抢救。此书不仅有裨于越谚研究的承前启后。并且也为我国的方言研究作出重要贡献。

《绍兴方言》体例上分成方言语音、方言语法、方言词汇、方言谚语4篇,其中特别重要的是方言词汇,方言谚语两篇。前者分成天时、地理、植物、动物等30类,共词汇3600余条;后者分成经济、自然、生活、乡土等8类,共谚语3194条。内容远远超过以前的一切同类文献。所以我在前面指出的此书是集历来越谚研究之大成的话是并不夸张的。

读完《绍兴方言》,我认为在两个方面有必要作一点议论。

第一,此书采集的越中方言词汇和方言谚语,都是在这个地区漫长的历史时期形成的。创造这些语言的人来自越中历史社会上的各个阶层,他们根据自己所属阶层的观点和利益,把各种原来需要用许多语言才能表达的自然现象和社会现象,编制为方言词汇和方言谚语,把复杂的语言精练成为人人都能理解、都能传播的俗言俚语,这就是越谚能够长期流行于越中的重要条件。任何一个社会中存在的事物和现象,都有属于正面和负面的内涵。越谚也是一样,本书采录的所有方言汇和方言谚语,特别是谚语,它们既为我们提供了当时社会的正面材料,也为我们提供了当时社会的负面材料。在这些词汇和谚语中,有许多具有引人向上、劝人为善的积极意义,但也有不少却包含了诸如封建迷信、自私保守的社会消极现象。例如"井水挑勿干,力气用勿尽","种田勿离田头,撑船勿离船头","细水长流,吃穿勿愁"等,都是勉励人们苦干实干,恪尽职责,勤俭治家的格言;但像"自家有病自家医,别人有病笑嘻嘻","府山高头看火着","头大做官,脚大做年"等,就充分表现了自私自利,幸灾乐祸,轻视劳动等陋习。由于所有这些正面的和负面的词汇谚语,都出自越中,所以对于我们研究这个地区历史上的民俗风尚和其他社会现象,都是有价值的。

也有一类词汇谚语是记述越中的自然和生产的,它们之中,有的至今仍然具有积极意义,例如"清明断刀,谷雨断挑","春茶留一步,夏茶发一把"之类,在保护生态,保护资源方面,都说明了古人的卓见。但也有当时公众肯定的正面事物,到后来却产生负面效果的。例如"朝山壁陡,番薯六谷"。这句谚语必然流行于明末清初。它鼓励人们开山垦荒,发展生产。番薯六谷(玉米),都是明代引进的粮食作物,在当时具有重要的救荒价值。祁彪佳议及越中引进番薯"从海外得红薯异种,每一本可收得薯一二车,以贷粒,足果百人腹"。[⑧]但后来却因此造成了水土剧烈流失、人口恶性膨胀的后果,我在拙作《历史时期浙江省的山地垦殖与山林破坏》[⑨]一文中已述其详。但是对于反映平原农民在一段时期涌入陆游诗中所描述的"草市少行旅"[⑩]的人烟稀少的会稽山区,这句谚语实在是非常生动真实的。

还有一类观察自然、总结自然规律的词汇谚语,特别是涉及天气与农事关系的,例如"清明断雪,谷雨断霜"、"六月盖被,有谷呒米"等等,这类谚语,现在常常被地方志和农业气象等书搜集,冠之以"天气谚语"的名称而广为传播。其中有不少语言简洁而且确实符合气象学、气候学、物候学等科学原理,所以很有实用价值。这类谚语中也有一些如"丙勿藏日","长晴庚落,长落庚晴"之类,现在常被有些人视为阴阳五行之言。其实它们与"四月十六,天上有云,地上有谷"、"二月十九晴,麦草好搓绳"等一样,无非用干支代替月日,这类谚语在我国各地都有,我年轻时就听到越中流传的如"雨打冬丁卯(立冬以后的第一个丁卯日),百鸟齐饿倒"的谚语。这类谚语很可能是人们长期观察的结果,不能一概视作阴阳五行。其概率究竟如何,也还值得气象学界的继续研究。

我读此书以后,觉得值得议论的第二方面是,从这许多词汇谚语之中,让我看到,越谚虽然是一种历史产物,但它是随着历史车轮的前进而不断发展的。举个例子,像我这一辈人年轻时,绍兴一带还存在老亲结亲的婚嫁习俗。这时流行的谚语如"表姊妹,老嬷配",就是这种陋俗的反映,也为这种反科学的婚嫁习俗推波助澜。但现在我在《方言》中读到了"老亲结亲,生个瘟孙","近亲结亲,后悔一生"的谚语,说明越谚的发展已经吸取了优生学的科学原理。另外,最近半个世纪以来的政治波折,社会动态,也在越谚中有所反映。例如"包工包产,治穷治懒","生活拨自做,锄头仰天挖","政策好,地生宝"等等,都属于此类。这对于搜集、整理、编纂各地方言的工作,是一种重要的启发和有益的经验。

此外,前面已经提到,早期的越谚中必然包含许多如李慈铭所说"其义无得而详"的古代越语,直到扬雄的《方言》中还是如此。但是随着汉人的大批进入这个地区,以古代越语为基础的越谚逐渐发展成为以汉语为基础的越谚。但古代越语如前面提及的数语"二"(ni)和"奈格奈格"之类,仍然保留在后代的越谚之中。在《方言》中,也不乏这样的例子,如方言词汇中的"丼",音 dur,越中作深潭解。这个词汇,在中国他处实在非常少见少用;但在日本,却满街都是。饮食店中,多半挂着"丼"的牌子。日语读音作どんぶり,是一种装在很深的碗中拌着各种料理的米饭(与绍兴的菜熬饭相似,但饭内作料很多),"ど"与汉音 dur 相似,而盛装どんぶり用一种特制的深碗,其义也与汉义相近。所以这个词汇如同上述"二"(ni)和"奈格奈格"一样,很可能也是随着史前的越人移民东迁的。此后,由于语言交流的频繁,越谚之中除了古代越语以外,也陆续吸取了其他一些外语。例如方言词汇中的"一霎时",释文云"即一刹那"。"一刹那"是梵文 kchana 的音译,见于艾德尔的《中国佛教手册》,[⑪]在唐玄应和慧琳的两种《一切经音义》中也都收有这个词汇,显然是随着佛教而进入越谚的。此外,词汇中有"爱司髻","爱司"是英文字母,这个词汇的来历就更清楚了。

以上议论了《绍兴方言》的两个方面。《绍兴方言》是一种方言研究的成果,所以此书是一部学术著作。很有一些人把这种研究看作引车卖浆者流,而把这种研究成果视为茶余酒后的谈助。这实在是对方言研究的一种莫大误解。但要对这种误解进行论证解释,需要花很多口舌,而我在这里所写的只是一篇序言并非论文。好在我手头有一个现成的例子,可以说明方言研究的重要性以及与其他学术研究的关系。不妨赘述几句作为这篇序言的结尾。

盛鸿郎先生近年来曾倾力于我国古典小说名著《金瓶梅》及《恶姻缘》(即《醒世姻缘传》)作者的研究。此二书的作者是谁,历来已有不少学者作过探索,但说法纷纭,莫衷一是,很难使人信服。盛鸿郎先生的研究可以说是另辟蹊径,而其中的主要手段就是方言。他撷取二书中的大量方言与越谚对比,最后得出《金瓶梅》作者为明山阴人萧鸣凤,《恶姻缘》作者为明山阴人金埴的结论。他的论文发表以后,[⑫]曾经得到学术界的很高评价。[⑬]对于《绍兴方言》的学术价值来说,这个例子或许胜于写一篇大块文章。

1999 年 1 月于浙江大学西溪校区

注释:

① *Webster's Third New International Dictionary*, P. 622.

② *Webster's New World Dictionary of the American Language*, P. 389.

③ 《四库总目提要·方言注提要》。

④ 《丛书集成初编》。案此书现存各本如《丛书集成初编》、《戴氏遗书》等均为 13 卷,已缺佚 2 卷。

⑤　《国际百越文化研究》,中国社会科学出版社 1994 年版。

⑥　见乐祖谋点校本卷首陈桥驿序,上海古籍出版社 1985 年版。

⑦　《息荼庵日记》,同治八年七月十三日,《越缦堂日记》2 函 11 册。

⑧　《寓山注》卷下。

⑨　《中国社会科学》1983 年第 4 期。

⑩　《山行》,《剑南诗稿》卷七六。

⑪　Ernest J. Eitel, Handbook of Chinese Buddhism being A Sanskrit——Chinese Dictionary with Vocabularies of Buddhist Terms, Tokyo, Sanshusha, 1904.

⑫　《试解金瓶梅诸谜》,载《绍兴文理学院学报》1996 年第 4 期,转载于《中国古代近代文学研究》1997 年第 5 期,中国人民大学书报资料中心出版。又有修订稿,载《越文化研究通信》1997 年第 2 期。《解开恶姻缘之谜》载《越文化研究通信》1997 年第 4 期。

⑬　天津南开大学朱一玄教授 1997 年 4 月 4 日致书作者,认为《金瓶梅》一文,"认真发掘材料,精心考证,得出了新的结论,丰富了若干年来的研究成果,也为后人研究开阔了新的思路"(原信载《越文化研究通信》1997 年第 2 期);《文学报》原总编刘金认为《金瓶梅》一文:"另辟蹊径,写来头头是道,但愿此说能够成立。"(载《越文化研究通信》1997 年第 6 期)对于《恶姻缘》一文,南开大学朱一玄教授也有很高评价,载《越文化研究通信》1997 年第 6 期。

原载《绍兴方言》,国际文化出版公司 2000 年版

《史海钩沉》序

　　张水绿先生的论文集《史海钩沉》行将出版,我与著者相识多年,现在著者索序于我,我虽然并非专治史学,但情谊所系,读完全稿以后,信笔在卷首杂凑数语,聊表微忱。

　　回忆 70 年代之末,浙江省成立地名委员会,我忝为委员,而且是委员中唯一一位没有官衔的学者。从此涉足省内地名事务,结识了不少省、市、县的地名工作者,本书著者即是其中之一。地名工作既有专业工作,又有行政工作,而地名学则是一门科学。我曾于 1981 年撰有《论地名学及其发展》一文,发表于《中国历史地理论丛》当年第 1辑,介绍我国地名学的渊源和世界各国的地名学研究,曾为不少书刊所转载。在当年参加地名工作的许多朋友之中,大家都为这种工作尽心竭力,做出了不少成绩。但其中能通过工作潜心于地名学研究的,却屈指可数,本书著者即是其中之一。在这段时期中,他除了编辑《地名录》、《地名志》、《地图》等等以外,又发表了不少地名学论文。收入本书的,即是著者地名学研究成果的一部分。通过工作实践而提高到学术理论,这当然是值得称道的。

　　使我感兴趣的是,本书论文中有不少观点,和我的研究一致。殊途同归,这是做学问的常有结果。例如对"越为禹后说",著者提出质疑,实际上是不同意这种说法。对此,我曾在 1985 年第 3 期《浙江学刊》发表过《越为禹后说溯源》一文,后来又收入于我的论文集《吴越文化论丛》(中华书局 1999 年版)。全文阐述了这种说法的渊源来历及其荒诞不经。我几次去日本讲学时也在彼邦论及这个问题。虽然对于越部族的发展与流散，我与著者的说法并不一致。我曾撰有《古代于越研究》(《民族研究》1982年第1期)和《越族的发展与流散》(《东南文化》1989年第6期)等论文，并在日本广岛大学讲过《中日两国的史前交流》等课题，均收入于拙著《吴越文化论丛》。我的这些论文多以地质学、地史学包括贝壳堤的放射性碳素测年等方法论证这些问题，与本书著者的论证手段不同，但结论相同，仍然使我感到欣慰。

另外一种我们之间的雷同观点是关于"建德人"的问题。本书著者在好几处地方提及于此，认为"建德人"就是衢州人，"就是于越族的先民"。对此，我也曾在不少论文中提出过相似的论点。当然，我并无本书著者这样的大胆，例如我在《论良渚文化的基础研究》(《历史地理》第13辑，上海人民出版社1996年版，又收入于《吴越文化论丛》)一文中曾有过这样一段话：

> 这里，我提出了"建德人"可能是越人祖先的看法。当然，要从科学上证实这种看法，还不是短期内可以做到的。因为现在我们所知道的"建德人"，无非是一枚犬齿化石，直到今天，我们还没有获得古生物学家和体质人类学家在这方面的研究成果。而且这种假设中间还隔着星轮虫海退、假轮虫海进、假轮虫海退和卷转虫海进等近十万年的几度海陆变迁。直到卷转虫海进之时，我们才获得了距今7000年的河姆渡越人遗址。不过，在数据十分缺乏的情况下，科学研究总是要通过一个推理和假设的阶段。何况，现在要反证"建德人"与越人毫无关系，也同样十分困难。

正是为此，所以我认为本书著者有关"建德人"与越人的论述，是可以让人接受的。

在本书的论文中，值得提出的是，著者发表了不少异乎一般学术界的独特论点。尽管我并不同意这些论点，但是我认为能够在自己的论文中表达与众不同的观点，至少是一种有勇气的表现。例如对于衢州柑桔的议论，尽管我早于1985年就在《农业考古》中发表了《浙江古代柑桔栽培业的发展》一文，文中对衢州历史上的柑桔栽培作过专题论证，文内也引用过《禹贡》"厥包桔柚锡贡"的话。对于这句话，从古代的解释和近代史学泰斗顾颉刚在《中国古代地理名著》(科学出版社1959年版)中的解释，都认为"包"是"包裹"之意。因为桔柚易腐败，所以要包裹起来才能远运。但著者却把"桔"、"柚"、"包"作为3种"常绿阔叶果木，万年以上的树种"。这个异乎寻常的论证，不管学术界会不会有人相信。但是对于著者来说，能把这样的认识和盘托出，既是大胆的，又是坦率的。

再举个例子，本书几次提到的"建德人"，如上所述，我在拙作中也常常提及。但至今我所获得的年代数据,如我在为《越国文化》(上海社会科学院出版社 1998 年版)一书所写的《序言》中提出:"建德人的存在时代,根据铀系列法的测算,获得两个数据(陈铁梅《我国的旧石器考古年代的进展与评述》,载《考古学报》1988 年第 3 期),其一是 9.7 万年±0.8 万年,另一是 10.8 万年±0.9 万年,总之大概是 10 万年。"此外,我和据我所知的学术界,还不曾获得其他资料,包括体质人类学的研究成果。但本书著者在论文中几次提到"中更新世"的论断。因为我的见闻不广,著者此说,或许是他得到了我所不曾获睹的资料,也或许是他在著作中胆识和勇气。此外,本书中的其他这一类独特论断还有不少这里不再赘述。

为此书作序,也勾起了我的其他一些回忆和感慨。著者所撰《明太祖露宿帝皇滩传说考》一文让我想起了 1943 年夏季,我从沦陷的家乡去到后方求学的经过。我冒险越过金华白龙桥的日军封锁线,从兰溪游埠搭船到衢州,易舟溯流到常山。舟离衢州不久,一位船工突然进入船内告诫旅客:"帝皇滩到了,大家肃静。"随即,全船船工除了一人掌舵外,其余四五人一齐下水,在船舷两边推船过滩,旅客们不免心头紧张。约摸半个多小时,下水的船工纷纷上船。大家都舒一口气,船舶已经摆脱了这个险滩。这一年我从沦陷区进入后方,沿途当然遭遇过许多惊险场面。帝皇滩虽然有惊无险,但是长期以来常常记得当年船舶过滩的场景,读著者此篇,回忆 60 年前往事,溯昔抚今,不胜感慨。

我对衢州的另一次回忆是由于著者在论文中几次写到苏姥布瀑布和浮石潭等自然地理景观而引起的。因为我研究《水经注》记载的瀑布,而著者在《衢州故城考》及《定阳县名考》诸文中都引及《水经注》。《浙江水注》中描述的苏姥布是"水悬百余丈"。我生平见过的世界名瀑为数不少,例如北美的尼亚加拉瀑布和南美的伊瓜苏瀑布。前者当然举世闻名,而后者的落差号称世界第一。但它们都未及苏姥布的"水悬百余丈"。现在这个"百余丈"的瀑布早已不复存在,我曾查阅浙江图书馆所藏的稀见方志、天启《衢州府志》,该志卷一《舆地志》山川目下,仍有"苏姥滩"的名称。说明到了明末,这个六朝瀑布已经成为急滩。为了查证这种自然地理变迁,我于 1980 年 10 月,在我的助手吕以春副研究员的陪同下到了衢州。请教了当地水利部门的专家以及地方父老和船工,知道苏姥滩的地名至今存在,承他们带领我们去到这个河段,目睹水流平稳,明朝的急滩已经消失,而在此上游的衢江大桥附近,江水甚深,即是著者论文中提及的浮石潭。那年的衢州之行,让我查清了这个河段 1000 多年来的自然地理变迁。由于溯源侵蚀(headward erosion)是河流发展的自然规律,这是许多瀑布退缩和消失的原因,而当年瀑布直泻冲刷之处,必然存在自然地理学上称为泷壶(plunge pool hole)和瓯穴(pot hole)的深潭,即是至今尚存的浮石潭。浮石潭作为 1000 多年前的瀑布泷壶,这就是当年苏姥布"水悬百余丈"的自然地理学物证。

行文至此,不禁又使我想起了当年陪同我考察苏姥布的助手,已故的吕以春副研究员,他也是本书著者的朋友。吕君于 50 年代初毕业于浙江师范学院历史科,为人诚恳,为学笃实。1957 年号召"助党整风"之时,他正担任历史系的团支部书记,和许多知识分子一样,由于忠诚与天真,不知"阳谋"之所在,结果身罹"右派"之灾,劳改多年,备历艰辛,到 70 年代末才获改正。我因深知他的为人为学,调他到我的研究室担任助手,十几年中,他任劳任怨,为我处理许多事务,这期间我又多次出国讲学,研究室的工作实际上常常由他独力支撑。而他自己通过勤研苦学,发表论文也逾百篇,却不幸于 1995 年被查出脊椎骨癌,据说与他劳改时经常负重受伤有关。由于这一年我应加拿大和美国几所大学之邀,夫妇滞留北美半年。返国时他已经呻吟病榻,形容枯槁。见到我们夫妇,彼此都不胜唏嘘。特别引为遗憾的是,他在 1996 年临终之日,我正在外地主持一个学术会议,无法亲临吊唁。只能用电话送回一幅挽联:

二十多年右派,是谁之过?

一百余篇文章,唯君有功!

"是谁之过?""唯君有功!"历史最后总会作出公正的结论。

感谢张水绿先生,他的著作不仅让我增长了许多见识,同时也让我回忆了衢州的山川景物,追思了我的亲密助手、也是著者的朋友吕以春副研究员。

2000 年 6 月于浙江大学

原载《史海钩沉》,亚太国际出版有限公司 2000 年版

《中华帝国晚期的城市》（译校）后记

《中华帝国晚期的城市》中译本终于就要和读者见面了。当我在1980年年底收到施坚雅教授寄赠给我的此书，并且初步阅读了以后，立刻感到有一种责任，应该把这部讨论中国城市的巨著翻译出来，供我国学术界的研究。但是要翻译和出版这样一部牵涉广泛的巨著，并不是一件轻而易举的事。首先，我必须物色一批擅长英语、熟悉历史而又对城市研究感兴趣的译者。具备这样条件的译者的遴选和组织，并非短期内可以成功的。另外，我还必须争取出版界的支持，在中国，要出版这样一部学术价值甚高，但篇幅如此庞大而销数却实在有限的书籍，不是一个有事业心、有远见的出版社，是不容易接受的。直到1982年年初，我才完成了上述两项工作。于是，我们就动手翻译，并且把我们的工作告诉了施坚雅教授，因为我同时还必须取得他的支持。而事实上，在此书翻译的过程中，我们自始至终，都获得了施坚雅教授的热情帮助。

现在，经过几位译者的辛勤工作，特别是作为主译人的叶光庭先生的长期细致的努力，终于完成了这部60多万字的译稿。我作为本书的校者，实际上也就是本书中译本的第一个读者，两年来，通过和译者们的相互推敲斟酌以及对译稿的陆续校阅，使我增长了许多知识。芝加哥大学教授诺顿·金斯伯格（Norton Ginsburg）在评论本书时说："对这样一部雄心勃勃的巨著，甚至连一个冷淡的评论者也会引起兴趣。"[①]由于长期来教学工作和研究工作的原因，在城市研究这个课题上，我并不是一个"冷淡的评论者"。因此,当译稿全部完成而我又再次进行了全局的校阅以后,内心的喜悦和慰藉,也就可想而知了。

对于本书的内容和编写精神,施坚雅教授在他为中译本所写的序言和本书第一编的导言《中华帝国的城市发展》中,已有详细的说明,所以我不想在这些方面多所赘言,作为一个中译本的校者和读者,只想对本书谈点读后的观感。本书不是一般的研究中国城市的著作,而是研究中国历史时期的城市的著作。我觉得施坚雅教授和他的同事们的成功之处,首先是他们在中国历史城市的研究中开创了一种新的方向。让我再引用一句金斯伯格教授的评语:"此书标志着对中国城市的研究,已经跳出了晦涩难解的传统汉学的窠臼,开始进入了历史社会科学的比较城市研究的轨道。"[②]我觉得这个评语是切中此书要领的。

(以下略,同第十二卷《评中华帝国晚期的城市》。)

在本书翻译和出版的过程中,我们曾得到来自各方面的帮助,我谨在此深表谢意。首先当然要感谢施坚雅教授,他不仅给我寄赠了本书和世界各国发表的有关本书的许多书评,而且十分关心我们的翻译,特地为此书中译本写了序言。我们翻译了这篇序言,并且遵照他的意见,用这篇序言代替了施坚雅1976年8月为本书所写的原序。本书中出现的大量日本人姓名和机构名称,对我们是个难题,为了解决这类困难,我利用在日本讲学的机会,当面请教了秋山元秀教授,承他热情地为我们解决了这些困难。我还要感谢杭州大学的梁太济先生,他为我们解决在翻译过程中遇到的许多有关历史学的问题提供了不少的帮助。此外也要感谢李善廷先生和胡德芬先生给予我们的语言学上的帮助。我当然还应感谢参加此书翻译的全体译者们。由于他们的辛勤劳动,这部800多页的英文巨著才成为一般中国读者都可以阅读的专著。这中间特别是担任主译工作的叶光庭先生,他不仅以他熟娴的英语知识独力承担了本书1/2的翻译工作,而且还对其他译者的译稿进行校核和修润,提高了全书的翻译质量。我们在每一篇以后都署明了译者姓名,以示尊重。

最后我也必须感谢中译本出版者的支持,正如我在前面指出的,由于他们的远见和热情合作,此书才得以顺利地与中国读者见面。

1984年5月于杭州大学

注释:

① 诺顿·金斯伯格《中国王朝时代晚期地城市》,载《杭州大学学报》(哲学社会科学版)1980
年第 4 期。按此书中译本书名今已改译《中华帝国晚期的城市》。

原著署　[美]施坚雅主编,叶光庭、徐自立、王嗣均、

徐松年、马裕祥、王文源合译,陈桥驿校,中华书局 2000 年版

《乌镇志》序

　　《乌镇志》在经过为时 8 年的辛苦耕耘以后终于完成，行将公开问世，这是一件值得载欣载奔的大事。

　　现在的乌镇镇，其中心地域即历史上著名的乌镇与青镇。这是中国江南太湖流域城镇体系中的一颗值得自豪的明珠。正如我在拙著《聚落·集镇·城市·古都》(《河洛史志》1994 年第 3 期)一文中所说的：

　　　　自从"中世纪城市革命"以来，正是这个太湖流域，由于自然条件和人文条件的优越，随着农业生产力的迅速提高和手工业的全面发展，使它在短时期中，出现了许多经济繁荣、交通便利、文化发达的中小城镇，它们像镶嵌在这片富庶肥沃的土地上的颗颗明珠，成为这个地区历史时期人类社会进步发展的标志。

　　既然提及城镇体系，作为这部著名镇志的序言，首先还应把"镇"的概念稍作说明。按《说文》卷十四上："镇，博压也。从金，真声。"说明在早期，"镇"是一种单纯的军事聚落。例如《北史·蠕蠕列传》所说，北魏在今内蒙古一带，设置了武训、抚冥、怀朔、怀荒、柔玄、御夷 6 镇，史称北魏六镇。这实际上就是 6 处由军队戍守的军事要塞。直到唐朝，"镇"的这种军事性质并无改变。

　　按照美国著名汉学家施坚雅(G. W. Skinner)在其名著《中华帝国晚期的城市》(*The City in Late Imperial China*)一书中的论证，"镇"作为一种商业发达的大型聚落，是从唐朝后期起发生了所谓"中世纪城市革命"以后的事。施坚雅所归纳的这种市场与城市化的革命,大概具有下列 5 种现象,即一,放松了每县一市,市须设立在县城的规定;二,官市组织衰落,终至瓦解;三,坊市制度消灭,而代之以自由得多的街道规划;四,某些城市迅速扩大,城郊商业蓬勃发展;五,出现了具有重要经济意义的大批中小城镇。施坚雅的研究基本上反映了集镇出现的客观事实。例如,我们习惯所称的全国四大镇,即朱仙镇、汉口镇、景德镇、佛山镇,其实即是明、清两代的工商业集镇。它们即是这一时期随着工商业的发展而出现的。所谓"四大镇",它们分散在全国各地的。而一个地区先后出现许多欣欣向荣的集镇,除了太湖流域以外,确实还找不到其他例子。

从宋代开始太湖周围出现的数十处集镇之中,乌、青两镇,显然是其中翘楚。据嘉靖《乌青志》序略记及南宋《乌青记》内容:"所载皆两镇事迹之沿革,民风土俗之繁华,缙绅冠盖之显要,用识一时之盛也。"作为中国第一批繁荣的商业集镇,乌、青两镇在宋代的显要地位,《嘉靖志》序略所说的"一时之盛"绝非虚言。《乌青文献》卷一对此说得尤为明确:"乌青镇,地当吴越之交,民物繁缛,甲于他镇。赵宋时,尤称富丽。"赵宋以后,由于自然条件和人文条件的优越,随着生产的发展,商业资本的积累,到了明代,据茅坤《分署记事本末序》(民国《乌青镇志》卷五)所载:"乌戍绾钱塘姑苏之脊,所当商贾之航,闽粤而漓江淮者,亦咽喉于此,人烟辐辏,环带数千家。"至此,乌青已经俨然成为一座江南巨镇。正德《桐乡县志》卷一所记:"乌青镇分湖、秀之间,水陆辐辏,生齿日繁,富家大姓,甲于浙右。""富家大姓,甲于浙右"充分说明了这个集镇在太湖流域的举足轻重的地位。乾隆《乌青镇志》卷二所记此镇在清朝初年的盛况:"升平既久,户口日繁,十里以内,民居相接,烟火万家。"又云:"民物蕃阜,第宅园池,盛于他镇。"则此镇自南宋以来历五六百年,长期兴旺发达,繁荣不衰。我在这篇序言中叙述乌青镇的发展壮大过程,由于篇幅所限,不过寥寥数言。而日本学者福井大学教授林和生,早于 80 年代就在其《中国近世地方城市的发展》(《中国近世之城市与文化》京都大学 1984 年版)一文中,详细地论述了乌青镇从宋、元、明、清以至现代的发展。所以我在此序开头提出的,乌镇镇是我国江南太湖流域城镇体系中一颗值得自豪的明珠的话,实在毫不夸张。

由于经济上的雄厚实力,太湖流域的集镇在文化上也获得了重要的发展。这中间,地方文献的修纂成为众所共见的成就。据历来公私著录,太湖流域并包括流域以外的苏南、浙北平原在内,乡镇志的修纂约在 200 种左右,而其中修于南宋的,仅《乌青记》、《乌青拾遗》和《澉水志》3 种。则在这片广大的平原地区,从地方文献的渊源古老而论,乌青镇也位列在前。南宋《乌青记》以后,此镇志书,在明代凡 3 修,在清代凡 2 修。而民国《乌青镇志》的篇幅竟达 44 卷(卷首 1 卷),成为我国历来乡镇志中无出其后的煌煌巨构。至今国内外图书馆多有收藏,流传广泛,影响深远,为乌、青两镇争得了无上光辉。

现在,经过民国修志60年以后,中华人民共和国时代的新修《乌镇志》已经完成。此志不论在资料的丰富,内容的充实,体例的严谨,编撰的审慎等方面,均已远胜前志,而卷帙浩瀚,图文并茂,也都为此镇修志史上所绝无仅有。数十年来。我由于从事历史地理的研究工作,不仅通读国内所存的乡镇文献,而且还引回流散于国外的乡镇志书孤本,但完备如新修《乌镇志》者,实未尝见。欣慰之余,特为之序。

1996年1月于杭州大学

原载《乌镇志》,上海书店出版社2001年版

《蠡亭随笔》序

这20年来，为国内外学者朋友的著作和译作撰写序跋，或许已近百万言。但是为自己恩师的遗作写序则尚属首次。我已年近8旬，回忆58年前往事，执笔濡墨之际，溯昔抚今，百感交集。当年，姚师已经年届花甲，我们这一批十七八岁的孺子，能得这样一位德高望重的长辈教育栽培，实在毕生难忘。虽然时隔多年，至今闭目凝神，仿佛如在昨日。

当时是一个兵荒马乱的年代，绍兴中学几经搬迁，在嵊县（今嵊州）乡间一个名为廿八都的村子中暂时安身，多数学生来自沦陷区，依靠政府的一点救济金度日，师生生活都很艰苦。如我在拙作《我的中学生活》（《中学集》科普出版社1987年版）中所回忆的：

> 八个人一桌的伙食，经常就是一小钵没有油水的老菜叶和咸菜，人人都面有菜色，体质明显下降，有的视力锐减，有的记忆衰退，有的疾病缠身。晚自修用的两根灯草的桐油灯，不仅灯光如豆，有损目力，而且烟气极重，损害身体。每天早晨洗脸时，鼻子中要揩出许多烟灰。

在这样的处境下，加上日本侵略军流窜骚扰，时局动荡，同学们虽多有孜孜不倦的精神，但往往体力不济，听课的坚持力逊于以往。这中间，姚师的国文课显然不同凡响，他的讲授，令人意气风发，精神亢奋，从沉闷中树立信心，在昏暗中见到光明。现在追慕他当年在课堂中的形象：道德学问，一代师表！

就回忆所及,记叙一点姚师授课情景。例如《汉书·苏武传》,其中有一段:

> 会论虞常,欲因此时降武。剑斩虞常已,(卫)律曰:汉使张胜谋杀单于近臣,当死。单于募降者,赦罪。举剑欲击之,胜请降。(卫)律谓武曰:副有罪,当相坐。武曰:本无谋,又非亲属,何谓相坐?复举剑拟之,武不动。

这一段文字很短,也不难理解,但姚师由于倾注其全部感情,所以课堂全场肃穆,一座皆惊。同学们仿佛目击匈奴的穹庐之中,剑戟森森,杀气腾腾。顷刻之间,虞常身首异处,在这鲜血淋漓的场景中,张胜求降,而苏武,尽管屠刀已在颈上,但他不仅理正辞严,而且屹然不动。

"武不动",这就是正气,也就是姚师授课的主旨。他讲文天祥《正气歌》,第一句:"天地有正气",铿锵之声,犹如轰然雷鸣。他讲张煌言《覆伪提督田雄伪镇张杰伪道王尔禄书》:"窃闻两间自有正气,万古自有纲常,忠臣义士,唯独行其是而已。"讲得声泪俱下,同学们无不正襟危坐,鸦雀无声,感人肺腑,动人心弦。

姚师的讲课,不仅育人以德,而且授人以能。也就是说,通过他对课文的讲解,要使莘莘学子,既懂得立身处世的道理,也学到研究学问的方法。其中之一就是他所选用的教材,事前都作了详细的注释。一篇《正气歌》,正文以后的注释就超过正文。上述张煌言训斥清初伪官田雄等的复信有一句讽刺语言:"今虽逢场作戏,而河山之感,谅彼此同之。"此处"逢场作戏",姚师以《传灯录》作注:"竿木随身,逢场作戏。""河山之感",姚师以《世说新语》作注:"风景不殊,举目有山河之异。"姚师的这种做学问的方法,对我产生了重要影响。我毕生著书立说,包括历来对研究生们的要求,都是言必有据。这也就是当年所受的姚师的教导。

现在再就姚师遗著《蠡峝随笔》说一点心得。《随笔》始于民国二十八年五月省立绍兴中学(今绍一中)校舍为日机炸毁,至民国三十六年因病重辍笔。从写作时间而论,前后不过 8 年;从内容而论,也仅有 94 篇,约 3 万余言。但姚师毕生的为人为学,实已浓缩其中。首先,《随笔》洋溢着民族正气。读此恍若当年听姚师讲课:"古谊若龟鉴,忠肝如铁石,中华民族之真精神,至文由而发挥至极(七十四)。""我因数千年来,国可亡而种不可灭,皆由先民留取丹心,与吾人以浓厚之民族意识也。宋之文丞相,原为首屈一指者矣(三十五)"。姚师不仅景仰文天祥等民族英雄,而且恒以此等先贤自勉自励:"见夫抗清二十年之张苍水先生,赫然在焉。际此国难临头,有腼于斯人之中之吾辈书生,更不禁为之肃然起敬,赧然自愧也(三十七)。"他认为:"所谓天下者,指社会风俗人心而言也,"所以"范滂揽辔登车,有澄清天下之志","范文正为秀才时,即以天下为己任"。"顾亭林先生云:'天下兴亡,匹夫有责'"。他感叹:"今天希慕政权,而以天下为己任者鲜矣(以上均十二)。"这实在是为人一生应有的气节,也是一个读书人必具的品质。当年在课堂中我们就这样地蒙受他的熏陶。身教言教,师范可敬。

　　除了对先贤的景仰以外,对于一些无行文人,姚师实深恶痛疾,课堂中也常常表示他的这种愤慨。《随笔》中有一篇(七十九)最发人深省:"清乾隆阁臣如彭芸楣、纪晓岚辈,大抵以文字为悦君博采之具,而纪之巧弄数字,妙制联语,以祝万寿,以歌升平,尤见天颜之有喜,诚如太史迁所谓'日夜思竭其不肖之才以求亲媚于主上'者也。"姚师此文之值得传诵,因为"悦君博采"如彭、纪之流古今有之。曾记得当年"大炼钢铁"、"大办食堂"而终至哀鸿遍野、饿殍载道的荒谬时代,居然也有名人献诗:"不见早稻三万六,又传中稻四万三……不闻钢铁千万二,再过几年一万万。"这类文字与彭、纪之流当然尚有不同,因彭、纪虽然存心媚上,但毕竟"巧弄"、"妙制",还有文采可玩,而后者徒见其庸俗粗鄙。姚师泉下有知,必将长叹竟日。

　　姚师论古今人物,以气节为第一,凡是他的学生,都深受教育。但在这方面,姚师绝不是一个旧派人,他讲究气节,区别严格,界限分明。如马士英、阮大铖(四十八)及当时刚刚附逆的周作人(50年代起又有人欣赏他的文采)之流(十三),他绝不宽贷。又如50年代曾有人以为标新自得的文姬归汉之事,姚师其实早已提出了他的看法。《随笔》(四十九)说:"夫授受不亲,古贤之所以别男女也,此乃礼教社会之信条。若再醮,汉时不以为非也。以改嫁为可耻者,乃宋以后之事,汉人无是也。"姚师在此文最后引赵翼诗:"也似苏卿入塞秋,黄沙漠漠带毡裘。诸君莫论红颜污,他是男儿此女流。"在赵翼的时代,尽管此诗仍然尊男卑女,但"诸君莫论红颜污"之句已属难得。姚师在赵诗后说:"诚哉乎其原情之论也。且苏卿在北,曾娶妇生子矣,其卒无损其风霜之节者,亦古代男女间之不平者也。"前面已经提及姚师对苏武气节的崇敬,但此处以文姬比苏武,说明在这个问题上,他绝不拘泥于宋代以后的偏见。

　　读完《随笔》,使我想起一件往事,觉得愧对恩师。经过是这样的,广东教育出版社和辽宁出版社于1997年联合出版了一部名为《当代百家话读书》的专集,主编先生事前坚邀我作为"百家"之一,撰写一篇关于我生平读书的文章。我不得已套用翁森的《四时读书乐》为题,写了一篇《读书之乐乐何如》塞责,用8000余言简述了我从启蒙到古稀的读书经历。最后以一首劣诗结尾:"一生不谙消遣事,春夏秋冬唯读书。老来犹喜读书乐,读书之乐乐何如。"我自己认为毕生读了不少书,从古书到新书,从中文书到外文书。也著、译了一些书(根据我的研究生们编目,正式出版的已近50种)。但姚师在《随笔》中记及其所读之书,诸如戴殿泗《政学堂文集》、戴鉴溪《诗文集》、周璠《盘洲集》、畸园老人手写《诗集》、许瑶光《雪门诗稿》等等,我都不曾读过,有的连书名也闻所未闻。虽然我的专业与姚师不同,但不应以此原谅自己。其实《随笔》所列书名,不过是姚师所读的一小部分,所以他生平读书之多,实在令人敬佩。

前面提及姚师在课堂中,不仅教导学生以处世为人的道理,而且传授学生以读书为学的方法。在这方面,《随笔》中也时有所及。例如(二十四)举《孟子》(驿按,当指《滕文公上》)"以铁耕乎",《史记·越世家》"乘坚策良",此"铁"字与"坚"字,都是古代人以器物之质以代器物。这其实是他对后辈阅读古籍的读书指导。又如(二十五)议论文言虚字,举《孟子》(驿按,当指《滕文公上》)"禹疏九河瀹济漯而注诸海,决汝汉排淮泗而注之江"。《史记·项羽本纪》:"先即制人,后则为人所制。"此两例中,"诸"与"之","即"与"则",都是一音之转。这就是指导后辈,为文使用虚字,也应讲究修辞。又如(十四)述陈寅恪《与刘叔雅论国文试题书》中关于对子可以测验思想条理一段:"凡上等之对子,必具正反合三阶段,其正反二阶段所表现之意义,复能互相贯通,因得综合组织,别产生一新意义,此新意义虽不似前之正反二阶段之意义,显著于字句之上,但确可以想象而得之,所谓言外之意是也。"姚师认为陈寅恪"所言颇精"。这一篇对于后辈的为学撰文,从思想方法到写作技巧,都有重要的启发。

《随笔》不仅是一部学术著作,其中不少资料,还具有存史价值。10多年以前,绍兴开始修纂《绍兴市志》,我忝为志书顾问,所以略知其事。《市志》属于旧府志一类,绍兴自清乾隆以来,志书修纂已经中断200余年,所以任务艰巨。由于领导重视和修志同仁的辛勤耕耘,确实成就非凡,1997年出版以后,获得全国一等奖,并且成为我国近年新修志书中唯一一部在美国著名刊物《国际中国评论》(China Review International,Spring 1999)评价推赞的地方志。《绍兴市志》的成就,《随笔》应居其功。因姚师当年的认真笔录,为志书提供了不少难得的资料。例如绍兴城垣的长度和拆除年份,遍索各种文献,都不得其详,赖《随笔》(二十七)的完整记载而得以存史为志,《随笔》中此类史料尚多,不再赘举。

58年以前,在课堂中聆听姚师的谆谆教导,如今以老迈之年恭读《随笔》,实在是人生难得的机缘。受恩师哲嗣姚越秀女士之嘱,谨序如上。

1999年10月于浙江大学

原载《蠡壳随笔》,北京燕山出版社2001年版

《开放型思维与区域经济发展研究》序

传珍君的力作《开放型思维与区域经济发展研究》出版,要我在卷首写几句,我想首先对作者作点介绍。

传珍君原籍河南省,曾在南京学习和工作过一段时期。上世纪50年代到浙江师范学院(杭州大学前身)地理系求学,毕业后分配到浙闽边境的山区小邑庆元县。在大城市生活过的年轻人,居然铁下心来在大山里安家落户,一面教书,一面潜心以他所学的地理学为基础,对这个地区进行长期的、执著的研究,已经先后发表了不少研究成果,为这个大山环围着的小县作出了重要贡献。而他自己也成了一位地方研究的专家,或者按照我向来的说法,地理学专家。

对于地理学这门科学,包括这门科学的名称在内,最近三四十年中,在我国曾经发生过风风雨雨的议论和变化。记得上世纪90年代前期,由于大学在入学考试中取消了地理,地理学界特别是中学地理教学界,受到很大震动,掀起了一场风波。当时,我曾多次受到各方面的敦促,要我关注此事。我最后写了《地理学万岁》一文,在文末提出:"我们可以理直气壮地说:'地理学万岁!'"

"地理学万岁",这是因为地理学的研究对象是包括自然环境和人文环境的地理环境。地理环境不会消灭,地理学当然也可以一直存在。在该文中,我提及了1983年日本关西大学为我举办的一次公开演讲会中的发言,发言很长,实际上是为"地理学万岁"提出一个条件,这就是,地理学必须发展。

人类的地理学思想萌芽甚早,我在《论史地关系》(《史地关系学术讨论会文集》上册,台湾中国文化大学 2001 年出版)一文中,曾经举古人"日出而作,日入而息"为例,说明远古人类的地理学思想。这种地理学思想帮助了远古人类的生产发展。随着生产的发展和社会的进步,人类的地理学思想也不断前进。

在中国,公元 5 世纪发生的所谓"五胡乱华"的历史事件,其实就是北方各民族加速融合的过程。而在这个过程中,人们的地理学思想获得发展,从而促成了"地理大交流"的出现。对此,我在拙著《郦道元评传》(南京大学出版社 1994 年版)一书中已述其详。国际上的例子也是如此,在欧洲,经过中世纪的黑暗时代以后,随着资本主义的萌芽,人们的地理学思想也日益发展,终于促成了从 15 世纪开始的"地理大发现"。

对于中国在公元 5 世纪以后地理学思想与地理学的发展,我在上述《郦道元评传》中曾经引用了日本地理学元老米仓二郎教授于 1988 年 7 月给我的一封信,信中有一段说:

> 我认为郦道元是中世纪时代世界上最伟大的地理学家。这是欧洲历史上的所谓黑暗时代,当时的欧洲,就连一个杰出的地理学家也没有,从全球的观点来看,地理学史不能不提到郦道元。我希望你一定要用英文写一篇有关郦道元的论文,在某种地理刊物发表。

米仓教授嘱咐我用英文写一篇有关郦道元的论文,在某种地理刊物发表。其实当时我已经写了这样的论文,在他来信后不久就在英国出版的《地理学家传记研究》1988 年第 12 卷发表(Li Daoyuan, fl. c. 500 AD, *Geographers*: *Biobibliographical Studies*, Vol. 12, 1988, Mansell, J. W. Arrowsmith, Ltd, Bristol, Great Britain)。文内除了没有他所说的"世界上最伟大"一语外,我对郦道元在地理学上的贡献作了详细的阐述和充分的肯定。

不过,地理学思想和地理学总是随着生产力的发展和社会进步而不断发展的。郦道元确实是中世纪时代世界上最伟大的地理学家,但是随着时代的前进,地理学本身仍在不断地推陈出新。我为刘盛佳教授所著《地理学思想史》(华中师范大学出版社1991 年版)所写的《序》指出:

> 当然,历史的丰轮是不断前进的。欧洲从 11 世纪以后结束了它的黑暗时代,接着又迎来了资本主义的萌芽和发展,从而促成了新航路的探索而发生了"地理大发现"的伟大场面。在世界地理学思想史上,另一个波澜壮阔的飞跃时代终于在欧洲出现,而像洪堡(Alexander Von Humboldt)和李特尔(Karl Ritter)这样划时代的地理学家在这个时代中应运而生。就是这些地理学家,他们把古典的地理学,引向现代科学的地理学。他们在地理学思想史上的崇高地位,当然是值得大

书特书的。

美国学者普雷斯顿·詹姆斯(Preston E. James)在其所撰《地理学思想史》(中译本,李旭旦译,商务印书馆 1982 年版)一书中,曾经引用美国著名地理学家哈特向(Hartshorne Richard)的话:

> 许多学者称洪堡和李特尔是近代地理学的奠基人,但也有充足理由把他们看作是古典地理学的掘墓人。

其实,在科学史上,奠基和掘墓总是交替进行的,奠基和掘墓的交替过程,就是科学发展的过程。洪堡和李特尔的地理学研究方法特别是区域描述的方法,在 20 世纪中期以后,也已显得不合时宜,因而出现了我在《地理学万岁》一文中提及的若干国际地理学家对地理学发展的忧虑。在中国也是一样,这些年来,有些人热衷于为地理学"改名换姓",以为这样做可以缓解地理学的困境。我不知道,时至今日,在全国高校中还有几个地理系? 我当然并不怀旧,也并不认为地理系或地理所的名称不能改。但我认为这并非地理学发展的当务之急。因为"地理"不过是个约定俗成的词汇,和"天文"一样,同样出于一本中国的古书。天文学,从夜观星象的时代到射电望远镜的时代,科学内容已经有了不可估计的发展,但约定俗成的名称毋需改变。何况用外来语命名的学科如几何学、逻辑学等也都依然存在。所以在"改名换姓"上动脑筋、花力气,实在没有必要。另外也还有一些人,为了"发展"这门科学,硬把实在不是这门科学的东西也拉扯进来,不管是否揠苗助长、不伦不类。

传珍君的研究之所以让我感到慰藉,是因为他在研究中强调的"开放型",其实就是发展。而从全书的内容来看,他的发展是建立在地理学基础上的。也就是我当年在日本关西大学的公开演讲会上所说的:"这种区域研究的立足点仍然没有离开地理。"

任何科学或许都有这样的发展过程。以地理学为例,从"日出而作,日入而息"到郦道元,从郦道元到洪堡、李特尔,以后,又出现了如英国学者费希尔(C. A. Fisher)发出的关于区域地理正在衰落和消亡的信号,出现了日本地理学家石田宽于 1980 年在第 24 届国际地理学会中提出的"复兴区域地理"的倡议(均见拙作《地理学万岁》)。在国内,这门科学这些年来也出现了一些如上述"改名换姓"和"拉扯外援"的现象。因此,我认为传珍君的著作在此时出现,应该引起地理学界的重视。

2001 年 9 月于浙江大学

原载《开放型思维与区域经济发展研究》,浙江大学出版社 2001 年版

《历代诗人咏陆游》序

　　年前读邹志方教授《陆游诗词浅释》，读后始知"浅释"实是他的谦辞。我读此书，为其所释而受益匪浅，深有读此一卷而豁然开朗之感。放翁诗词原是我乡绝唱，可惜我对此甚疏。记得 1986 年，美国汉学家、瓦尔巴莱索大学历史系主任肖帕教授（R. K. Schoppa，汉名肖邦齐）在我的研究中心从事宁绍平原水利史的研究。我曾与研究中心的几位教师和研究生陪同他到绍兴访问。在沈园壁上，他忽然要求我把《钗头凤》译成英文。因为他对此词仰慕已久，而且早已读熟，只是不能完全理解词意。我对他的突然袭击颇觉惶然失措，说实话，问题并不在于英文，而是我对放翁此词的一知半解。但在当时的情况下，我只好硬着头皮生吞活剥地为他翻译，自知辞不达意。随行的几位师生也都为我捏了一把冷汗。虽然他对我的翻译评价不低，认为是他绍兴之行的一大收获。但我自己心里有数，实在问心有愧。现在想起来，可惜当年我对邹教授尚未识荆，假使能先请他为我"浅释"一番，则我的翻译就不会那样结结巴巴。

　　现在欣悉邹教授主编的《历代诗人咏绍兴》行将分册出版，对于这一桑梓文化庞大工程的启动，我实在不胜雀跃。往年曾为蔡明先生笺注的《鸳鸯湖棹歌》（清朱彝尊著，宁波出版社 1999 年版）作序。拙序开头就说："中华大地是一片孕育和产生诗歌的土地。有史以来，在这片土地上，各族人民已经唱出和写出了恒河沙数的诗词歌赋。"对于绍兴，诗人之多，诗歌之多，更是中华大地上出类拔萃之区。记得上世纪 70 年代末访书天津图书馆，在善本部阅读《山阴道上集》抄本 34 册（该馆《善本目录》作

《越中耆旧诗》),收有越中历来名宦、寓贤及八邑诗人达 800 人之谱(参见拙著《绍兴地方文献考录》),即此一端,就可以推知邹教授著述的规模和影响,实在应为越中文化的后继有人而额手称庆。

《历代诗人咏绍兴》的编纂,对弘扬和研究越中文化,确实关系重大。昔年绍兴水利界同仁曾编集过一种《绍兴古代水利诗词选注》的书稿,可惜此书未能出版,但我为此书所撰拙序,却收入于我的论文集《吴越文化论丛》(中华书局 1999 年版)之中。我在该序中引《诗·大序》:"诗者,志之所之也。在心为志,发言为诗。情动于中而形于言,言之不足,故嗟叹之;嗟叹之不足,故永歌之;永歌之不足,不知手之舞之,足之蹈之也。"这段话虽然是后来学诗的人大家都熟悉的大道理,但我却以此作为"诗"的实用性在某些情况下大于"史"的依据。我在拙作《我与唐诗》(1999 年"李白与天姥山国际学术讨论会"论文,正在编辑论文集,拙作已由《新昌报》于当年 2 月 5 日发表)中曾表达了我的这种观点:

> "史"当然重要,像《春秋》经传、"正史"等等,而且都是权威的。但是"史"与"诗"相比,也有它的某些缺陷。第一,在中国,权威的史书,多半都是官方意志的产物,做学问的人利用时必须小心谨慎,因为其中有不少并不反映真实的材料,古今都是一样。特别是所谓"正史",我在拙著《郦道元评传》(南京大学出版社 1994 年版)中就批评过"正史"。许多部"正史"都立有《酷吏传》和《佞幸传》。我说:为什么不立《暴君纪》和《昏君纪》? 在我国历史上,酷吏和佞幸当然很多,但暴君和昏君何尝会少? 而且暴君和昏君给人民造成的灾难,又岂是酷吏和佞幸可比。这实在是"正史"极不公正之处。但诗却不是这样,诗是个人的作品,没有受过干扰,尽管对于任何一种事物,诗人也难免有他的片面看法,但与史相比,可信度较大。第二,史书所记述的都是重大事件,但是我们专业所研究的课题中,有不少问题都是不见经传的事,而诗的涉及面广,许多地方可以补史书的不足。

按照这样的观点,所以我认为历代诗人咏绍兴的诗篇,也具有绍兴历代地方史志的功能,或者说,具有存史、资治、教化的价值。以陆游诗为例,据《山阴梅湖陆氏宗谱》卷一所载《宋渭南伯放翁游记略》云:"有《鉴湖图》、《鉴湖歌》,至今多诵之。"其中《鉴湖歌》中有两句是:"柳姑庙前鱼作市,道士庄边菱为租。"记叙乡土风情,实在比一般方志更为生动逼真。

诗词歌赋在文学欣赏方面,长期来为人们所推崇,历代的优美诗篇和越中的清秀山水,实在相得益彰。六朝诗"山阴道上行,如在镜中游",遐迩传诵,脍炙人口。而"山阴道上"的声名,实在因诗而传。绍兴涌现过许多圣哲名贤,如句践、西施、王充、赵晔、曹娥、贺循、王羲之、谢安、谢灵运、贺知章、王叔文、杜衍、李光、陆游、王冕、杨维桢、王守仁、沈炼、徐渭、王思任、刘宗周、张岱、祁彪佳、章学诚、李慈铭、平步青、蔡元培、鲁迅、周恩来等等。又生活过许多名宦寓贤，如范蠡、文种、刘宠、支遁、范仲淹、赵抃、汤绍恩、李亨特等等。长期以来，不但他们的思想和业绩影响了一代又一代后继者，而且其中不少人留下了宝贵的诗篇，许多人又写下了大量歌颂这些圣哲名贤和名宦寓贤的诗篇。绍兴拥有大量名胜古迹，如会稽山、鉴湖、若耶溪、兰亭、禹陵、吼山、柯岩、宋六陵、沈园、卧龙山、蕺山、飞来山等等，长期以来它们招引海内外的许多文人学士前来观光游览，因而留下了浩瀚的诗篇。这些诗篇，不仅是越中的文化财富，也是重要的旅游资源，为绍兴的旅游业发展锦上添花。所以绍兴的旅游业界值得重视这项宝贵资源，加以发掘和整理，它必将促进旅游业的繁荣，而且为绍兴的旅游业充实文化内涵，提高旅游业的品位。

最后还必须指出，我在上述《绍兴古代水利诗词选注序》中曾说："诗歌是一种有节奏和韵律的文学体裁，人类从他们的蒙昧时代起，就开始有诗歌。世界上任何民族，不论是先进的还是落后的，都有他们自己的诗歌。所以这是一种非常广泛的、具有很大普及性的体裁。"诗歌是一种非常广泛的、具有很大普及性的文学体裁，这是一个方面，但也应该看到，它的普及性并不影响学者们利用它从事学术研究。对此，我在上述《我与唐诗》一文中曾举我对于古代镜湖研究的例子。大量越中文献都记载镜湖围垦始于北宋，但秦系诗《题镜湖野老所居》（《全唐诗》4 函 8 册）："树喧巢鸟出，路细葑田移。"元稹诗《和乐天十八韵》（《全唐诗》6 函 9 册）："柳条黄大带，荇菜缘文茵。"说明早在唐代，湖中已有葑田出现，诗人所见，为后人提供了学术研究的依据。

诗词歌赋，过去都认为这是文人学士的玩意。但现在看来，其实并不这样。历代积累的大量越中诗篇，无疑是绍兴历史文化上的宝藏，对它们进行整理研究，其成果显然有裨于绍兴的许多行业和部门，对绍兴的经济、文化、旅游、教育、科学研究等方面，必将产生深远的影响。所以邹志方教授的辛勤耕耘，实在是对桑梓的重大贡献，应该得到绍兴各界的支持。

于浙江大学 2000 年 3 月

原载《历代诗人咏陆游》，新华出版社 2001 年版

《绍兴古桥》绪论

绍兴市包括越城区,绍兴县,上虞、诸暨、嵊州3市和新昌县。这个地区南面是一片会稽、四明山绵亘的丘陵地,中部是水网平原,北滨杭州湾。从南到北,是一个山川映发的水环境。我在拙作《越文化与水环境》一文(原载《浙江学刊》1994年第2期,收入于《吴越文化论丛》,中华书局1999年版)中指出:"这个地区的水环境,长期以来都是引人入胜的。"

会稽、四明山丘陵地的水环境具有居高临下的形势,这里是浦阳江、曹娥江的源头,也是姚江的源头之一。两江自南而北,干支流遍布诸暨、嵊州和上虞全境,姚江自西而东,在上虞境内也有许多支流。绍兴县南的丘陵地,则是古代鉴湖36源之所出,加上浦阳、曹娥两江的支流,虽然地表崎岖,却也溪涧散漫,水流纷歧。

这个地区的中部,原来是一片低洼的沼泽地,经过历代改造,成为一片水体庞大的河湖平原,湖泊棋布,河港纵横,王羲之所谓"山阴道上行,如在镜中游",是我国江南著名的水乡泽国。这片平原南纳丘陵的充沛水源,北吐浩渺辽阔的杭州湾,土地肥沃,水资源丰富,真是得天独厚。

记得1999年,台湾"中央研究院"邀请我前去讲学。我们夫妇从香港转道台北,在港时,承绍兴同乡胡鸿烈大律师、香港绍兴同乡会永久会长车越乔先生、同乡会长章传信先生先后设宴招待。车、章两先生属书于我,我即以家乡的水环境风光回报。车先生老家在会稽北乡车家弄,绍兴人所谓"水村埭",我为他写了七言一绝,开头两句是:"浦阳碛堰曹娥嘴,山阴湖泽会稽水。"章先生老家在山阴南乡紫红大庆,绍兴人所谓"里山",我也为他写了七言一绝,开头两句是:"山里有山湾里湾,紫红坐北大庆南。"

我为车先生的题诗,即是中部平原的水环境特色。"浦阳碛堰"指的是浦阳江在临浦以北的一处重要堰坝,涉及浦阳江和钱清江两条河流的历史变迁,事见拙撰《论历史时期浦阳江下游的河道变迁》一文(原载《历史地理》1981 年创刊号,上海人民出版社出版,收入于《吴越文化论丛》)。"曹娥嘴"指的是曹娥江的出口,历史上曾摆动于东汇嘴和西汇嘴之间。对于这两江之间这片水网平原,18 世纪末叶法国传教士格罗赛(Grosier)曾经考察位居平原中央的绍兴城,并且写下了他的目击记载:"它位于广阔而肥沃的平原中,四面被水所包围,使人感觉到宛如在威尼斯一样。"(*Nagel's Encyclopedia Guide—China*, P. 1090.)

我为章先生的题诗,即是南部丘陵的水环境特色。"湾里湾","湾"字从水,指的是旁溪缘涧的曲折山道,说明"里山"也是溪涧萦回。这一带丘陵地区多水泽,《世说新语》已引顾长康所说:"千岩竞秀,万壑争流",也就是陆游诗《游西山村》:"山重水复疑无路,柳暗花明又一村。"

我们不能小看丘陵地区的水环境,其中大的溪河也有可观的水量。浦阳江在六朝是萧山、山阴、诸暨 3 县间的重要航道,拙文《论历史时期浦阳江下游的河道变迁》已述其详。对于曹娥江,《世说新语》所载王子猷雪夜访戴的故事;李白诗《梦游天姥吟留别》:"我欲因之梦吴越,一夜飞渡镜湖月,湖月照我影,送我到剡溪。"都说明当年从绍兴到嵊州的航行可以夕发早至。直到宋代,据《嘉泰会稽志》所载:"曹娥江路,南来自上虞界,经县界四十里,北入海,胜五百石舟。"而绍兴境内的若耶溪(后称平水江),《嘉泰志》也载及:"南来自县五云乡界,经县界二十五里,北入镜湖,胜五十石舟。"拙撰《古代绍兴地区天然森林的破坏及其对农业的影响》一文(原载《地理学报》1965 年第 2 期,收入于《吴越文化论丛》)考证:"唐代舟舫可直达秦望山下的云门诸寺,宋时虽渐淤浅,但尚可溯其支流,到达天柱峰下。"

如上所述,水体充沛,水量丰富,丘陵地区溪涧环绕,平原地区河湖稠密,这是绍兴水环境的第一个特色。而除此以外,绍兴水环境还有它的另一个特色。我为《绍兴桥文化》一书(上海交通大学出版社 1997 年版)作《序》,曾引《诗·秦风·兼葭》:"兼葭苍苍,白露为霜,所谓伊人,在水一方,溯洄从之,道阻且长,溯游从之,宛在水中央。"这是一首描写我国黄土高原水环境的好诗。"溯洄从之,道阻且长",这就是黄土高原的河流。那里沟壑纵横,河流深深地陷在沟壑之下。如我在《序》所说:"站在两边,可以谈论家常,但是要握手言欢,有时要绕道走上个把钟头。"但是绍兴的河流却完全不是这样,它们首先是水流平稳,即使从丘陵流入平原的河流,也并不十分湍急,上述雪夜访戴故事中的曹娥江航行和我所考证的唐宋若耶溪航行,都是逆流上溯的。此外,这些河湖四季的水位变化不大。明知府戴琥在城内府河设置水则以观察水位,作为北部水闸启闭蓄泄的依据。其《水则碑》中有"中则下五寸"、"下则上五寸"等语(见拙编《绍兴地方文献考录》浙江人民出版社1983年版)。以"五寸"作为山会两邑河湖水位的计算单位,充分说明绍兴河湖水位的稳定,最后是这里河岸低平,即使在丘陵地区,也很少高涯陡岸。如唐代就见记载的"平水",是鉴湖湖滨的一个集市,因聚落与湖水持平,故得此名。绍兴人以船舶为重要交通工具,埠头常在岸边,船舶抵达埠头,旅客没有攀登之劳,所谓"跨脚上岸"。都说明了河岸与水位相对持平的情况。

我在此文开头,不厌其详地叙述这个地区的水环境特色,其实是为了揭示本书的主旨——桥梁。绍兴水环境特色之一是水量丰富,河湖稠密,说明这里修建桥梁较别处有更多的需要;而水环境的另一特色是水位稳定,涯岸平衍,说明在这一带修建桥梁具有相对便利的条件。古往今来,不知已经修建过多少桥梁。绍兴是一个研究古桥的博物馆,也是一个欣赏古桥的大千世界。

我们且按学术界通常使用的方法,从传说、史料、实物3个方面,对绍兴古桥作点初浅的研究。首先是传说,由于史学大师顾颉刚早已指出,禹治水的传说,是以越(会稽)为中心而传播出来的。这种传说出自远古绍兴的重要依据之一,是禹所采用的疏导方法,因为这种方法在黄河是决不可能的。所以我在拙作《绍兴水利史概论》一文(原载《鉴湖与绍兴水利》,中国书店1991年版,收入于《吴越文化论丛》)中指出:"宁绍平原的水环境,河流短促,沼泽遍地,才能产生'疏导'的治水思想。"可以设想,在疏导的过程中,由于这里的河流水流平稳,涯岸低平,用不着像黄土高原那样地"溯洄从之"。因此,当时一定出现过大量原始桥梁。尽管制作粗糙,形式简单,但这种逢水搭桥的传说,一直在这个地区遗留到现在。至今,我们在那些小河小浜上,常常可以看到人们搁上一块称为"跳板"的木板以利交通,这大概就是这一带远古桥梁的雏形。由于迄今为止,我们在考古发掘中还没有获得过远古桥梁,所以在这方面实在还缺乏资料。在中国古籍中,东汉初年的越人著作《吴越春秋》第一次提出"因地制宜"的话,但绍兴的远古桥梁,从南部会稽、四明山丘陵到北部平原,如何"因地制宜",我们也还难以设想。

这个地区的历史记载是从今本《竹书纪年》周成王二十四年(公元前11世纪末)的"于越来宾"开始的。从此,我们陆续累积了许多史料。从史料中探索古桥,当然要比从传说推理假设要方便得多。这个地区现存的最早古籍,是成书于先秦而由东汉初人整理的《越绝书》，此书没有明确的桥梁记载。但它所记载的“句践小城”是“陆门四，水门一”，“山阴大城”是“陆门三，水门三”。既然已经能在建城时修建出陆门和水门，则修建桥梁当然也属可能。何况陆门与水门在形式上已和桥梁相似，而水门实际上也具有桥梁的功能。

现存记载这个地区桥梁的最早古籍是公元6世纪初期成书的《水经注》。此书卷四十《渐江水》篇中，不仅记载了这一带的不少桥梁，而且还记及桥梁的不同形式和名称。例如在今上虞市，注文说：“本司盐都尉治，地名虞宾。晋《太康地记》曰：舜避丹朱于此，故以名县，百官从之，故县北有百官桥。”又如：“浦阳江又东迳石桥，广八丈，高四丈。下有石井，口径七尺。桥上有方石，长七尺，方一丈二尺。桥头有磐石，可容二十人坐。”此书记载的不仅是平原上的桥梁，也有丘陵地区的桥梁。例如今嵊州市：“（剡）县开东门向江，江广二百余步。……江水翼县转注，故有东渡、西渡焉。东、南二渡通临海，并汎单船为浮航，西渡通东阳，并二十五船为桥航。”由于丘陵地区的水位稳定性不如平原，而且江面宽达二百余步，浮桥成为一种因地制宜的措施。“并二十五船为桥航”，这座浮桥是相当长的。

此书记载桥梁的不同形式和名称有“汜”、“水门”、“埭”、“水楗”等。例如今越城区：“城东郭外有灵汜，下水甚深，旧传下有地道，通于震泽”。这里的“灵汜”和上述上虞的“百官桥”，以后在不少文献中都有转载，但两桥早已不见存在。其所记内容，显然具有传说性质，所以此两桥属于绍兴远古的传说桥梁。

《水经注》是现存记载鉴湖的最早文献：“渐江又东得长湖口，湖广五里，东西百三十里，沿湖开水门六十九所，下溉田万顷，北泻长江。”这里的“水门”，是鉴湖涵闸建筑，既用于湖水蓄泄，而又是湖堤上的桥梁。我在拙著《古代鉴湖兴废与山会平原农田水利》一文（原载《地理学报》1962年第3期，收入于《吴越文化论丛》）中曾经考证鉴湖涵闸系统分为斗门、闸、堰3种，这些水门，在鉴湖湮废以后失去了启闭蓄泄的功能，但它们大多仍具桥梁的作用。当年作为鉴湖蓄泄枢纽的玉山斗门，至今仍是一座桥梁。

注文记及的“埭”有两处，一处名为杨埭，在鉴湖白鹿山附近：“水侧有白鹿山，山北湖塘上旧有亭，吴黄门郎杨哀明居于弘训里，太守张景数往造焉。使开渎作埭，埭之西作亭，亭、埭皆以杨为名。”另一处在鉴湖蜂山：“太守孔灵符遏蜂山前湖以为埭，埭下开渎，直指南津。”从这两处记载来看，“埭”是修建于渎上的涵闸工程，除了用于渎的启闭外，显然也具有桥梁的作用。在这一带，以“埭”为名的聚落至今仍然很多，绍兴人称水乡聚落为“水村埭”，说明这种交通和水利两用的桥梁式建筑，在古代非常普遍。在上述蜂山建埭的记载中，还涉及另外一种事物：“又作水楗二所，以舍此江，得无淹溃之害。"这显是一种跨河修造的木结构建筑,或许与后来的廊桥有相似之处。

以上所举的都是比较早期的史料,我们已可从中窥及这个地区古代桥梁的一斑。隋唐以后,有关这一带古桥的史料就大量涌现。特别是在唐人吟咏中,从丘陵到平原,绍兴古桥常常成为他们的诗材。两宋的图经和方志之中,桥梁更是重要的记载内容。《嘉泰会稽志》《宝庆会稽续志》和《剡录》,是现存今绍兴市境的 3 部南宋方志,3 志所记合府合县的各种桥梁,已经不胜枚举,假使再以元、明、清史料加以累计,则这个地区的各种古桥,实在洋洋大观。

以上从传说和史料考察绍兴古桥,这当然是研究绍兴桥梁史和桥梁文化的重要方法,但也并非没有缺憾。因为传说显然包含虚幻,而早期史料如灵汜和百官桥等也很难信实。即使是隋唐以来的记载,虽然言之凿凿,但由于川流易道,人事递变,往往桥名虽在而其实无桥可稽,特别从晚清以来,由于交通发展、水利进步以及城乡建设的扩充等原因,古桥之名存实亡者,为数已经很多。所以从当前来说,对于绍兴古桥的研究,除了古代传说和史料以外,实物已成为特别重要的依据。为此,《绍兴古桥》一书的编辑出版,不仅是绍兴桥梁史上的划时代之举,也是我国桥梁史上的重要事件。

《绍兴古桥》是一部囊括全市现存古桥的煌煌巨构,它是绍兴古桥的照片集,同时也是这些古桥的文字实录。收入此书的全市 6 个市、县、区的古桥达 523 座。这些古桥的修建年代上起东晋,下迄民国,而其中见于《嘉泰会稽志》记载的超过 20 座,则渊源古老,可以想见。桥梁类型也是各式俱全,如平板石桥(单孔、多孔)、平梁石桥(单孔、多孔)、石拱桥、拱梁组合桥、廊桥、纤道桥、浮桥、木桥、木梁桥、木拱桥等等,真是丰富多彩。照片直观地表达了古桥的外形全貌,兼及有代表性的内部结构和桥碑、桥饰、桥联、桥亭等等,而文字说明畅达扼要,包罗了古桥的完整信息。所以此书不仅图像生动,而且图文并茂。

《绍兴古桥》的编辑出版,当然具有重要价值,简括地说,可以分为两个方面。

首先是保存了绍兴的古桥文化。绍兴是我国第一批宣布的历史文化名城,这个地区的历史文化内涵丰富,当然包括古桥文化在内。古桥文化是一种综合性的历史文化,仅桥名一端,往往蕴藏了丰富的历史掌故。例如越城区的拜王桥,可以追索五代吴越的兴国历程,而绍兴的待驾桥和新昌的皇渡桥,都因宋室南迁的过程而得名。虽然民间相传的故事不免添枝加叶,但吴越和南宋与这个地区的关系都是历史事实。又如上虞的孟宅侨,越城区的题扇桥,也都以历史名人的掌故命名,而这些名人确实也是当地的实有人物。

有些古桥所表述的历史掌故虽然邈远,但是对照相关文献,仍可证明其属于信史,所以具有重要价值。例如上虞的炼剑桥,按当地传说事涉先秦,似乎属于无稽,但《越绝书》卷八:"练塘者,句践时采锡山为炭,称'炭聚',载从炭渎至练塘,各因事名之。"说明这里确实是春秋越国的冶金基地,则此桥所包含的文化内涵,实在非常可贵。

通过古桥文化的研究,不仅可以查核历史记载,并且还能考察自然环境。例如越城区秦桥桥联:"闻木樨香乎,知游鱼乐否?"寥寥 10 字,把这里悠闲清幽的自然环境和盘托出。诸暨的媲美桥,如本书文字说明:"桥四面山峦起伏,苍翠欲滴,桥下溪水流淌,清澈见底。"在如此山青水秀的自然环境中横跨这样一座古桥,真是古色古香。

古桥文化并且还揭示了自然环境的变迁。我往年曾以《钱清江浮桥记》和《钱清江石桥记》这样两篇不同年代的《桥记》,考证了浦阳江和钱清江的河道变迁(见拙作《论历史时期浦阳江下游的河道变迁》),《绍兴古桥》同样拥有这方面的丰富资料。例如嵊州的隆庆桥,一块桥碑就说清了桥梁修建和环境变迁的沧桑经历:"桥始建于清乾隆年间,因水势湍急,板桥、竹桥屡置屡毁。至嘉庆年间,则石桥、木桥之三更。于清道光戊子年重建此石拱桥(据文字说明)。"按道光戊子是道光八年(1828),所以桥碑记述了近百年的变迁。

此外,古桥文化当然大量地存在古桥的实体之中,列入本书的所有古桥,除了桥梁本身的建筑技术以外,诸凡桥饰、桥联、桥亭、桥碑等等,其所包罗的文化内涵,也都值得后世学者从各方面进行研究。绍兴古桥,的确是这个地区的一宗重要文化遗产。

《绍兴古桥》的另一重要价值是保护了古桥。绍兴是个古桥之乡,现在列入此书的古桥共为 523 座,与前述传说和史料对比,已有大量古桥在历史上沦亡夷毁,这种现象,尤以最近半个世纪为甚。我为《绍兴桥文化》一书所写的《序》中,曾经追忆我家后园外的一条小小河港,在不到 1000 米的河道上,就有 7 座石桥。而 50 年代以后,由于河港填塞,使这 7 座石桥一时消亡。这 7 座石桥在越城之中尚不算名桥,但名桥而消亡者也并非没有。例如旧越城人家婚俗,男女两家即使比邻,送亲花轿也必须抬过福禄、万安两桥,以示吉祥。此两桥均在沿新河弄的一条河港,历来是越城名桥,也因这一时期的河港填塞而影迹全无。著名桥梁专家唐寰澄教授在其为《绍兴桥文化》一书所写的《序》中,有一句话发人深省:"创造一个文化,历千秋万世,并不容易,破坏一个文化却只在旦夕之间。所以创业难而守业更难。所谓'文化大革命'就是很好的一个例证。"现在,《绍兴古桥》雄辩地展示了这个地区的古桥文化,但人们溯昔抚今,必然有感于此书以外的许多古桥的消亡而引为不胜惋惜,所以《绍兴古桥》在保存古桥文化的同时,显然也起了保护古桥的作用。因为它给绍兴人民以一种启示,通过古桥的兴衰变迁,人们看到了我们的历史文化受到不断剥蚀的实况,而保护我们的历史文化实在是当务之急。这种观念一旦形成共识,则列入《绍兴古桥》的 523 座桥梁,前景必然看好,它们将无疑因此而得到妥善的保护,发扬绍兴古桥文化的优越传统。

《绍兴古桥》是一项难得的文化工程。此书历时数年,作者们在室内缵研历史,搜索资料;在野外跋山涉水,寻访古迹,稽核实物,而最后终于完成此一巨业。我于绍兴古桥所知甚疏,略具数言,既感谢作者的辛勤,也祝贺此书的出版。

2001 年 9 月于绍兴

原载《绍兴古桥》,中国美术学院出版社 2001 年版

《徐霞客在浙江·续集·附录》导言

——学习前辈学者的徐学研究

徐学研究在最近 20 年来已经蓬勃发展,学人相继,成果累累,在学术界、文化界以至旅游界,都发生了重要的影响。对于"奇人奇书",即徐霞客及其《游记》,也已经相当普遍地为人们所了解和景仰。所有这些,都是在前辈学者的创导和耕耘下获得的。

徐学研究之风,是在上个世纪开创并逐渐发展起来的。我在拙撰《关于徐霞客与江源的问题》[①]一文中指出:丁文江先生是近代徐霞客研究的重要创导人,他为徐霞客编撰《年谱》,号召学术界学习徐霞客的精神,这在我国地学界是很有影响的。叶良辅先生曾撰《丁文江与徐霞客》一文,对比丁、徐两人的许多相似之处,文中提到:"丁先生兴趣虽广,而始终不离科学,因其所专修者为地质学,故 24 岁游学返国,即考察滇黔,其后又两次考察西南。徐公观察之真切,有先生为之实地证明;徐公经历之艰险,有先生为之实地体念。志趣相同,经历相同,又何怪乎先生为之表彰,亦徐公之幸也。"

丁文江先生编的《徐霞客游记》包括《年谱》,是民国十七年(1928)在商务印书馆出版的,所以近代的徐学研究实始于上世纪 20 年代,而丁先生是这门学术的创导人。

在丁先生创导以后,从上世纪 20 年代到 30 年代,陆续又有几种《游记》出版,如商务的《万有文库》本和《国学基本丛书》本等,内容虽有少量增补,但其实都不离丁先生所编之本。这些版本的先后问世,对学术界从事徐学研究,提供了有利条件。

在这个过程中,特别值得称道的是上世纪 40 年代浙江大学的前辈学者们,在这个领域中获得的卓越成就。民国三十年(1941)12 月 12 日,因抗战而迁校于贵州遵义的浙江大学,由该校文科研究所史地学部举办了一次"徐霞客先生逝世三百周年纪念会",会议由著名学者张其昀先生主持,不少学者在会上宣读了他们的论文。张其昀先生当时就编有《徐霞客先生逝世三百周年纪念刊》(国立浙江大学文科研究所史地学部丛刊第 4 号,民国三十一年)。此后抗战胜利,又在《丛刊》的基础上于民国三十七年(1948)在上海商务印书馆出版了《地理学家徐霞客》一书,校长竺可桢先生也在此书卷首写了文章。我在上述《江源》拙文中所引的叶良辅先生文章,即是此书中的一篇。此外,《江源》拙文中还大段地引用了此书中谭其骧先生的文章《论丁文江所谓徐霞客在地理上之重要发现》。因为丁先生所述徐霞客在地理上的 5 项重大发现,经过谭先生的仔细研究考证,认为:"自余考之中,惟最不重要之第三项(按指枯柯河之出路及碧溪江之上流),诚足以匡正前人,已引见上文,其余四项,皆断乎绝无'发现'之可言。"谭先生指出了徐霞客《江源考》的错误,但仍然肯定了他的研究成果和研究精神:"徐霞客以真理驳圣经,敢言前人所不敢言。"我在上述拙文中也指出:"后辈学者的学问,当然是在前辈学者刻苦砥砺的基础上不断累积的结果,因此,对于后辈来说,前辈学者是值得尊敬和学习的。"

《徐霞客先生逝世三百周年纪念刊》确实是当年徐学研究的杰出成果。此后,我在拙撰《关于"徐学"的兴起和当前的研究》[②]一文中,又一次引及谭文,并且还大段引用了此书中另外两位前辈学者的论文,即林文英先生的《江流索隐》和任美锷先生的《江流索隐质疑》。我在拙文中认为这两篇论文"实际上是一种学术讨论,讨论的主题是金沙江在石鼓附近的河流袭夺问题。两位学者都是对当地经过实地考察,根据不同的见解,对袭夺原因作出不同的论证"。这两篇论文都是近代徐学研究的典范,值得我们深入学习。

此后,我又在拙撰《撇开〈游记〉——再论徐学研究》[③]一文中引及收入于该书的另外两篇属于人文科学性质的徐学论文,即方豪先生的《徐霞客与西洋教士的关系之初步研究》和竺可桢先生的《徐霞客之时代》。方先生在文中说:"霞客似不能不接受西洋科学之影响,而与当时西洋教士不能无间接之关系。"竺先生在文中说"霞客生当明之季世,何能以独具中西文化之所长。欲探求其理,则不得不审察霞客之时代"。我在拙文中评价前辈学者的这些文章:"实为撇开《游记》而在徐学领域中进行人文科学研究的范例。"

由于《徐霞客先生逝世三百周年纪念刊》现时流行已稀,能获致而研读者已经不多,所以近年来常有徐学同仁询及,希望能读到这些前辈学者的研究成果。为此,趁这次在编辑《徐霞客在浙江》续集的机会,我们从当年遵义浙江大学"徐霞客先生逝世三百周年纪念会"上几位前辈学者宣读的论文中选出若干篇,作为本书的《附录》刊于书后,以满足当前徐学学人向前辈学者学习的需要,希望能因此促进今后的徐学研究。

最后,我们谨向选入本书《附录》的前辈学者表示由衷的谢忱,其中至今健在而有址可查的,我们都将寄奉本书和薄酬,聊表我们的心意。对于已经去世的几位,我们除纪念他们在徐学研究中的贡献和对后辈的启迪以外,还希望他们的后人函示地址,以便我们寄奉本书和薄酬。

2002 年 9 月于浙江大学

注释：

① 《纪念徐霞客诞辰四百周年》,中国科协、中国地理学会、中国国土经济研究会、江苏省社联 1987 年印行本。

② 《徐霞客在浙江》,浙江教育出版社 1998 年版;又转载于《徐霞客研究》第 5 辑,北京学苑出版社 1999 年版。

③ 《徐霞客研究》第 7 辑,学苑出版社 2001 年版。

原载《徐霞客在浙江·续集》,中国大地出版社 2002 年版

《文化营销:绍兴旅游业文化营销战略研究》序

　　阮坚勇先生以其《绍兴旅游业文化营销战略研究》一书嘱序于我,读竟全稿,感到此书实在不同凡响。这是近20年旅游业在绍兴兴起以来一部概念刷新的创作,是绍兴旅游业发展过程中的一块里程碑。老迈之年得读这样一部煌煌巨构,回首旅游业在这半个世纪中风风雨雨的曲折经历,实在不胜感慨。

　　本书论证的主要内容是绍兴的旅游业、文化旅游和旅游业文化营销。这是旅游业领域中的3种概念,也是旅游业发展过程中的3个层次。全国是这样,绍兴也是这样。本书以详细的材料和雄辩的议论对绍兴旅游文化营销作了高瞻远瞩的分析和研究,对指导绍兴旅游业的发展和繁荣绍兴得天独厚的文化旅游具有重要的意义。

　　世界上许多国家,包括发达国家和发展中国家,它们在旅游业的规模和发展程度上当然各不相同,但把旅游业作为国家的一个重要产业部门和旅游资源必须妥善保护等方面,是没有分歧的。可是在中国,这半个世纪中曾经出现过一个旅游业的不幸时期。在极左年代,特别是在1957年以后,不要说旅游业,即一般的旅游活动,也被人们视为畏途。我在拙作《环境保护与生态平衡——徐学研究与可持续发展的关系》(《徐霞客在浙江》,浙江教育出版社1998年版)一文中曾经回忆1960年我因为一个课题顺道上雁荡山的感受:"游客当然基本绝迹,因为游山玩水在当时被视为资产阶级腐朽没落的行径。而在那种大家都吃不饱的时代,即使有冒天下之大不韪的胆量,也没有翻山越岭的能耐。"此后不过几年,一场大规模摧毁中国旅游资源和文物资源的"十年浩劫"爆发。我只举1997年由中国社会科学院主办的全国地方志评奖中获得一等奖的《洛阳市志·文物志》的一段记叙：

> 8月，毛泽东的《我的一张大字报——炮打司令部》出现在洛阳街头，从而把洛阳市的"文化大革命"推向了高潮。各种名目的"造反"组织，以破"四旧"为名，捣毁文物、破坏古建筑、烧毁古籍。他们在白马寺烧毁历代经书55884卷，砸毁佛像91尊。孟津县老城公社老城大队是明末清初书画家王铎的故乡，自古有不少藏书大家。8月25日，红卫兵组织把这些私人藏书焚烧殆尽，烧毁古籍8万册。短短一个月内这种打、砸、抢活动迅速扩展到整个洛阳地区，仅栾川县就扒神庙217座，毁佛像833座，打房顶饰兽2117个，砸匾额、碑碣159块，烧毁服装道具14357件，古字画13344件，书籍32480册，其他一些古迹、古建筑、盆花、盆景尽遭洗劫。这种疯狂的大破坏后，洛阳古代泥塑和近代泥塑无一幸存，古旧字画基本无存，古籍珍本失去十之八九。（中州古籍出版社1995年版）

洛阳是旅游资源非常丰富的九朝古都，白马寺是东汉遣使去印度"白马驮经"的中国第一座寺院，此寺所藏经卷有不少是当年从印度引入的原物，这些经卷和佛像，都是价值连城的旅游资源和文物资源，而竟毁于一旦。普天之下，确实史无前例。

正是因为旅游业在这些年代中所遭遇的厄运，所以从上世纪50年代以来，作为产业部门的旅游业概念，一直没有被人们所理解。我个人就是这样，记得1973年，国务院下达一个文件，组织有翻译力量的9个省市翻译出版一套外国地理书，浙江省出版局要求我负责这项任务。在全国分工中我们承担南亚各国，而第一本翻译的是英国东方朗曼斯公司（Orient Longmans Ltd,）于1969年出版的《尼泊尔地理》（"Geography of Nepal"）。此书中译本于1978年由浙江人民出版社出版。翻译中遇到的困难就是旅游业，因为原书在产业部门中分设农业、工业、运输业和"Tourism"等几章，我和翻译组的几位同事都想不到"Tourism"这个词汇居然出现在产业部门中，也不知道应该怎样译法？后来查对了几种同类的外国地理书，才知道此词应译成"旅游业"。由于历次运动带来的余悸和多年封闭造成的无知，中国的大学教师们竟想不到在我们这里受批判的游山玩水，在国外甚至像尼泊尔这样一个小国中已经成为一门重要的产业。此章开头就说："人的游历癖好促使其到世界各地旅行，不辞辛劳，不惜花费，以换取访问新的观察事物的机会。总之，远足、旅行、游历已不是什么新鲜事物了。"此书作者N. B. 塔帕（N. B. Thapa）和D. P. 塔帕（D. P. Thapa）都是尼泊尔人，说明在上世纪60年代，像尼泊尔这样一个经济落后的小国，对于旅游业，"已经不是什么新鲜事物了"。

改革开放逼我们升了眼界，让我们看到封闭多年的外部世界，而旅游业作为一个产业部门也开始在我们的国家里建立起来。其实，尼泊尔学者所说的"人的游历癖好"在我国一直同样存在,即使在极左的年代里,少数人仍然享受着旅游活动,这种活动在最高层的人物中称为"视察",在低一层的人物中称"调研"。这种少数人享受的旅游活动是用"领导手段"之类的词汇掩盖着的。当然,这种特殊的旅游活动是一种单纯的政府行为,绝不构成一个产业部门。但改革开放以后形势就很快发生变化。除了上述作为政府行为的这一块不会停止以外,诸如政府机关利用工作会议和学术团体利用学术会议的"会议旅游",企事业单位作为其成员福利的"组团旅游"等等,开始增加并扩大。不管这种现象存在着不正规和可以指摘之处,但它对这个刚刚建立的新的产业部门起了推波助澜的作用却是事实,让各地看到了旅游业发展的势头。

改革开放初期在旅游业中对我触动极大的是国外旅游团或学术代表团(也具有旅游性质)的纷纷到来。这种现象让我们了解这个产业部门在国际上的发展形势和我们在这方面的差距。从上世纪70年代末到80年代初,当大批外国旅行者踏入我们这个刚刚开放的大陆之时,我们确实是仓猝临阵,全国各地都是如此,我只举绍兴的例子。

1980年,以美国著名汉学家施坚雅(G. W. Skinner)为首的代表团一行十余人来华。成员包括斯坦福大学、耶鲁大学、芝加哥大学等名校教授,施坚雅本人是斯坦福大学著名教授,该校设有由他主持的"宁绍研究室",而他的巨编"*The City in Late Imperial China*"(此书由我主持的翻译组翻译,已于2000年由中华书局出版,中译本名为《中华帝国晚期的城市》)一书届时出版不久,此书中有关于宁波的长篇论文,所以宁波和绍兴是他们此行必然要考察游历的两个城市。我受省社科院的委托陪同他们进行这次考察游历活动。当时的绍兴,除了交际处(今绍兴饭店)以外,还没有一家可以接待外国代表团的宾馆,由于干部尚未知识化,在交际处的第一次座谈会中,立刻发现绍兴外办没有一位可以充当翻译的人员。外办负责人用方言介绍地方概况,其中如"做老酒"、"打锡箔"等等词汇,也只有我能懂能译,于是我只好把翻译的任务也承担起来。代表团参观了鲁迅纪念馆、百草园、三味书屋并游览了禹陵、兰亭、东湖这3处郊外名胜,绍兴方面派出了熟悉这些名胜的陪同人。虽然这些名胜在当时都还没有经过整修,显得破旧,但是他们非常满意,不断赞赏绍兴自然风景的优美和历史文化的古老。不过那几位陪同者所作的解释,对他们实在是隔靴搔痒。斯坦福大学以研究宁绍地区著名,对这个地区的历史文化非常熟悉。他们提出的问题,我没有转译给绍兴的陪同者,因为都是他所不能回答的。例如在禹陵,他们提出诸如顾颉刚、钱玄同等疑古派的说法,对当前中国史学界有什么影响?河姆渡遗址的发现,对宁绍地区的古文化研究有什么价值?

这一次施坚雅代表团的绍兴之行,让我看到了旅游业发展的现实和前景。而对于绍兴,我开始感觉到,接待设施的建设和名胜古迹的整修必须尽快跟上,此外还需要从速培养一批能够接待中外游客的合格导游。以外国游客为例,仅仅通晓外语是不够的,必须有一批对绍兴的自然环境和历史文化经过特别培训的人才能胜任。例如施坚雅代表团的东湖之游,绍兴的陪同人热烈地讲解如仙桃洞及其两边的对联和一块酷似椅子的岩石等等,他们当然也欣赏,但是他们提出的主要问题是:东湖是怎样形成的?像这样的问题,即使是一位外语系本科毕业生,在他的 4 年学习中,也未必读到过答案中所需要的词汇如"中生代"、"侏罗纪"、"褶皱"、"凝灰岩"等等。

　　当然,事物的发展总有一个过程,在上世纪 80 年代初期,尽管人们已经逐渐理解了旅游业将要成为一种前途远大的产业,但当时的国家经济和地方财政力量,还不可能在这个产业部门中从事大量的投入。所以当我于次年(1981)陪同以著名国际陶瓷学家、东京大学名誉教授三上次男为首的日本文化代表团到达绍兴时,绍兴旅游业的硬件和软件比去年没有进步,我们仍然住在交际处,游览了与施坚雅代表团同样的地方。绍兴外办既没有英语翻译,也没有日语翻译。我的日语水平完全够不上担任翻译的程度,好在这些教授们都通晓英语,我们还是用英语互相沟通。他们与前一年的美国代表团一样,对绍兴的自然环境和名胜古迹作出了极高的评价。

　　从 1982 年起,我开始应邀出国讲学,亲身体会了国外旅游业的兴旺发达。不要说发达国家,发展中国家也是一样,例如南美洲的巴西,我在那里两个多月,访问了多数大城市,参观了许多名胜区,我发现这个国家的旅游业,从硬件到软件,与当时中国的情况真是不可同日而语。印象特别深刻的是亚马逊河游船上的一位女导游,她用葡萄牙语(巴西的国语)、英语和日语(巴西有很多日本移民),一遍一遍地反复介绍沿河风景,整整 4 个小时,几乎没有间歇,这样的服务精神实在让我佩服。旅游结束时,我与她攀谈了几句,我希望她在开始时最好能介绍一下亚马逊河的基本情况。因为这条游船以玛瑙斯(Manaus)为基地,旅游范围限于附近数十公里之间,除了像我这样的地理教师以外,一般游客多不知道这条世界著名大河的基本概况。她立刻感谢我的意见,说以后一定这样做,并且舀滔不绝地把亚马逊河的发源、出口、长度和流域面积等一串数字告诉我。像这样的导游,除了服务精神值得学习外,在业务上,她几乎是一本亚马逊河的字典。我立刻想到家乡的禹陵、兰亭、东湖等名胜,我们也必须培养出这样的导游来。其实,亚马逊河沿岸的自然和人文是很简单的,无非是称为"赤道雨林"的原始森林和印第安人的村落。而家乡的这些名胜区,内涵是何等丰富,一位合格的导游必然能使游客聚精会神地聆听,并且能对答如流地满足游客的问题。

　　对于发达国家的旅游业和人民的"游历癖好",我曾应家乡的一种文学期刊《野草》之约,写了《北美散记》(连载于此刊 1996 年第 1、2、3 期),我摘抄《枫叶》一篇中的几句，以说明这些发达国家的旅游业，这是我那年在加拿大魁北克省的枫林中所见的情况：

> 欧洲来的游客总是住在魁北克或安大略的城市里，然后租用当地汽车自己驾驶而来（北美各地都有出租汽车供旅客自己驾驶的公司），所以无法判断他们的真正来处。但美国游客可以从汽车牌照中获悉他们的来处。我特地注意了停车场的车辆，有不少来自加利福尼亚州和得克萨斯州的。从加州到魁北克，驱车需要4个整天，从得州来也要3个整天。我真佩服美国人的游兴，但同时也领会了加拿大枫叶的巨大魅力。

从上世纪80年代到90年代，我走过不少国家，他们的旅游业确实非常发达，为旅游业服务的各种设施也十分完善。但是我也常常拿他们的旅游资源与中国特别是家乡绍兴对比，我发现，在不少国家特别是新大陆，旅游资源其实是相当贫乏的。就以加拿大的枫叶为例，枫叶是加拿大的国徽和国旗，所以枫树在这个国家里到处存在，魁北克的枫林虽然特别出名，但游客在那里，除了大片枫林以外，没有其他可看的东西。欧洲人到这里不过数百年，历史短促，人文景观单调，枫叶虽美，但缺乏文化。美国也有不少这样的例子。那年借讲学之便，我们夫妇曾在著名的旅游区佛罗里达耽过一段时期。这里确实游客如云，显得熙熙攘攘。但从历史地理上作点分析，这里原来是一片泻湖罗列的沙滩，唯一的优势就是气候，特别是冬季，北欧人和加拿大人都把它作为避寒的休闲地，各式各样的迪斯尼乐园就是让这些北方来客消遣的。我们玩过不少处，虽然各有特色，其实大同小异。这里也有一套世界各国的展览馆，包括中国在内，牌坊、华表、园林、亭台楼阁，样样俱全，乍看是个大千世界，实际上无非像孩子玩积木似的，是建立在沙滩上的标本。因为这里完全缺乏文化，所以没有几天，我们就玩腻了。正如阮坚勇先生在其著作中所说的："任何形式的旅游都促进了主客观双方的文化活动，只有旅游与文化相结合，旅游业才会保持旺盛的生命力。"这就说明旅游业一旦建立和发展起来，必然要进一步充实其文化内涵。我们不便把游客分成"俗客"和"雅客"两类，因为文化旅游终究是绝大部分游客所追求的。

当然，文化必须依靠历史的积累和人文的构筑，我们并不贬损诸如魁北克的枫林和佛罗里达的沙滩等地方的旅游价值，但这些地方在文化上的薄弱毕竟是它们难以弥补的缺陷。而绍兴旅游资源的最大优势恰恰就是文化。关于这方面，阮先生在著作中指出："绍兴旅游业的发展中文化旅游一直具有非常重要的地位，名人古迹及其他文化遗迹是绍兴最重要的旅游资源。"我不仅赞同这番议论，而且感慨至深。那年我为绍兴市建委、交通局和政协合编的《绍兴桥文化》（上海交通大学出版社1997年版）作《序》，《序》中回忆我在北美跨越过的许多桥梁，例如全长38公里的潘查德林（Pontchartrain Lake)跨湖大桥,旧金山的金门大桥(Golden Br.)以及横跨旧金山湾的其他4座大桥,这些大桥的建筑当然是宏伟的,但是它们完全不能与绍兴的桥梁相比。我在《序》中说:

> 当我驰骋在这些现代化的桥梁之上时,我心里怀念着的,却是幼年在家乡所见的旧桥梁。因为我心里明白,这些越湖跨海的庞然大物,都不过是这半个世纪前后一时崛起的宠儿,它们当然是现代科技的成就,但是从桥梁的文化内涵来说,它们却像暴发户一样,是十分浅薄的。而家乡的桥梁,是在2000年漫长的历史中,陆续显现在这个美丽的水环境之中的,它们有的古朴,有的精巧,有的粗犷,有的幽雅,各有各的沧桑经历,各呈各的不凡体态。它们像一部历史文献、从远古到近代,留下了每一个时代的文化烙印。而面对着北美的这许多硕大无比的钢铁怪物,回忆我童年的家乡,"小桥、流水、人家"。一边令人厌倦,一边令人神往。我有这样一个河湖稠密,桥桁纵横的家乡,怎不感到由衷的自豪!

其实,除了名人古迹和其他文化遗迹以外,绍兴的自然风光也洋溢着古老悠远的文化。史前的绍兴,原是一片从第四纪浅海变迁而成的沮洳泥泞、潮汐出没的沼泽地,大禹治水的神话就从这样的自然环境中一代代地口传下来,这是一个意境崇高、构想完美的传说,是绍兴远古文化的精髓。而在大禹精神的感召之下,越王句践于公元前5世纪就开始在这片泥泞的沼泽地上进行了改造自然环境的工程,从此直到东汉鉴湖的建成,这个地区的自然环境终于从穷山恶水,即一位北方大国宰相所说的:"越之水浊重而泊,故其民愚疾而垢,"(《管子·水地》)发展到"千岩竞秀,万壑争流","山阴道上行,如在镜中游"。成为山青水秀的人间胜境,吸引了大量中原望族和文人学士的定居和游访。东晋的"兰亭修禊"和唐代的"唐诗之路",都是重要的例证。绍兴自然环境的改造,是一部人定胜天的史诗,现在我们看到的一山一水,一岩一壑,虽然都是自然地理实体,但是它们都充满着文化。

从上世纪80年代之初陪同施坚雅代表团到绍兴以来,时隔20年,中国的旅游业已经获得很大的发展,而绍兴的旅游业更是欣欣向荣,蒸蒸日上。溯昔抚今,令人精神振奋。所以阮坚勇先生今天推出《绍兴旅游业文化营销战略研究》大著,可谓正得其时。回顾绍兴旅游业从20年前的筚路蓝缕到当前的枝繁叶茂,在这个新的产业部门中,无论从硬件到软件,都有了长足的进步。特别是这座春秋于越古都,第一批登场的历史文化名城,它所拥有的丰富旅游文化资源,这些年中已经得到了相当程度的开发和利用,绍兴的文化旅游已经渐趋成熟,为此,现代旅游业发展中的一个新的层次,即旅游业文化营销在绍兴旅游业发展中的研究和实施,实在是势所必然。所以我十分赞赏作者的高见:"随着旅游业的普及和深入,有文化内涵的产品将是21世纪旅游产品的基本特色,因此,绍兴应从文化营销的角度确定旅游市场营销环境的可持续发展,确立文化以旅游为主题进行深度开发。"这种论断,无疑为绍兴旅游业特别是文化旅游的发展开拓了一条康庄大道。而作者在卷末《结论》中所提出的:"文化旅游是顺应绍兴建设经济强市、文化名市、旅游大市的总体目标。"随着文化旅游的进一步发展,绍兴的这个总体目标也一定可以达到。

2002 年 1 月于浙江大学

原载《文化营销:绍兴旅游业文化营销战略研究》,中华书局 2002 年版

《绍兴县教育志》序

　　《绍兴县教育志》修纂完成,行将公开出版,这是绍兴县历史上的一件大事。修纂志书,是中国自古以来的优秀文化传统,在漫长的历史年代中,全国各地修纂的志书,包括通志和专志,可谓车载斗量。仅《中国地方志联合目录》著录的现存(或残存)志书,为数就超过8000种。在我们可以见到的有关志书的各种公私著录中,通志遍及省、郡、州、府、县、邑、乡、镇等等,专志包罗山川、人物、书院、经籍、艺文等等,可以说应有尽有,但唯独不见教育志。教育志作为志书中的专志,实肇始于当今的修志高潮。而绍兴县对此重视有加,以数年之功,修成此皇皇巨构。资料丰富,内容完备,考证翔实,体例严谨,是一部值得称道的佳志。绍兴历来是我国教育发达之区,书香飘溢,弦歌流响,素为海内外所企慕。所以《绍兴县教育志》不仅对绍兴一县教育事业的发展具有承前启后的意义,对于海内外教育界的研究工作,也有重要的参考价值。这部志书的出版,其影响所及,至为深远,必然会受到社会各界的重视。

　　绍兴自古以来人才辈出,这实际上就是教育发达的证明。越中先贤王充在《论衡·实知篇》中早已指出:"人才有高下,知物由学,学之乃知,不问不识。"王充所说的"学"与"问",其实就是教育的过程。对于做学问的方法,王充在《问孔篇》中说得非常明白:"凡学问之法,不为无才,难于距师,核道实义,证定是非也。"这里,王充指出做学问必须有老师的指导,才能使为学者"核道实义,证定是非"。这其实就是说明教育的重要性。我是在绍兴家乡接受小学和中学教育的,于40年代之初,毕业于当时的省立绍兴中学,至今犹熟记绍中校歌:"蕺山风高,姚江流长,于越文明漱古芳。"这首校歌开始的短短数语,就生动而真实地表达了绍兴这个历史悠久、渊源深厚、教育发达、学风鼎盛的文物之邦的尊荣和光彩。现在《绍兴县教育志》总结了这个文物之邦有史以来教育发展的历程,它必将为当今和今后热心于教育事业的人们所深研精读,世袭珍藏。所以对于绍兴来说,这实在是一部值得自豪的志书。

正是由于绍兴历来重视教育,所以在拙著《绍兴地方文献考录》中得以专设"学校类"一编,其中有关山阴县学的文献有9种,有关会稽县学的文献有14种,而有关书院的文献更多达17种。在全省甚至全国,很少有这样一个地方,历史上拥有如此众多的"学校类"文献。绍兴历来以地方志书的众多和优秀而著名,在上述拙著"方志类"编中,著录了绍兴历史上修纂的各种方志达140余种。当前方志界在评审志稿时,常常议论志书的特色,现在看来,在所有历代修纂的通志和专志之中,按志书特色的要求,《绍兴县教育志》亦属后来居上,因为这是一部记叙绍兴历代教育事业的专志,而教育事业正是绍兴的特色。据此志第十三章《教育人物》,志书立传的古今教育人物达97人,而列入人物名录的高等学校教授更多达345人。所有这些人物,称之为教育家,实可当之无愧。则绍兴自古至今,无疑也是一个教育家之乡。由此可见,这个地区之所以长期以来人文荟萃,学术昌明,于事绝非偶然。

在我国近代教育家中,蔡元培应列为全国之首,这是毋庸置疑的事实,也是绍兴在中国教育史上的无上光荣。应该指出,在古代,绍兴也出过名重一时的教育家,而为正史所失载,特在此予以补正。其人就是后汉山阴钟离意。他重视教育的实绩,《后汉书》本传未曾记及,所幸被《搜神记》和《水经注》载及其事,使我们能得知其中梗概。《水经》卷二十五《泗水》经"西南过鲁县北"注云:

> 永平中,钟离意为鲁相,到官,出私钱万三千文,付户曹孔诉,治夫子车。身入庙,拭几席剑履。……孔子寝堂床首有悬瓮,意召孔诉问:何等瓮也?对曰:夫子瓮也,背有丹书,人勿敢发也。意曰:夫子圣人,所以遗瓮,欲以悬示后贤耳。发之,中得素书,文曰:后世修吾书,董仲舒;护吾车,拭吾履,发吾笥,会稽钟离意。

孔子悬瓮以示后贤,这当然是一个传奇故事。显然是人民有感于钟离意的尊孔举措而设置的。瓮中素书,无疑是当地人民的赞词,而竟把他与董仲舒并列,说明钟离意在当地的声望。中国自从汉武帝从董仲舒之说,罢黜百家,独尊儒术以后,在一段很长时期中,尊孔与重教,不仅精神一致,而且行为等同。钟离意既有如此尊孔精神,其重教行为当可想见,所以孔子故里人民比之于董仲舒。据此,钟离意是后汉时代的著名教育家,可以不必置疑。

绍兴在中国教育史中确实具有重要地位,而《绍兴县教育志》的修纂出版,把这种重要地位和盘托出,这既是一种鼓舞,又是一种鞭策。缅怀过去,展望未来,绍兴的教育事业必将因这部志书的修纂引起社会各界的更多关注,从而获得更大的发展。

2001 年 9 月于浙江大学
原载《绍兴县教育志》,方志出版社 2002 年版

《地名规划原理》序

　　地名学是一门包罗广泛的学问。我不是地名学家，只是因为我从事的专业，有许多方面需要借重地名学的知识，而上世纪70年代之末，浙江省成立地名委员会，我竟因此而被任命为委员之一。而且承地名学界的厚爱，要我主编诸如《中华人民共和国地名词典》浙江卷（商务印书馆1988年出版）、《杭州市地名志》（浙江人民出版社1990年出版）、《浙江古今地名词典》（浙江教育出版社1991年出版）。通过这些工作，让我有机会结识了不少地名学界的朋友。谢前明先生就是其中之一。谢先生主持浙江地名工作多年，我所素悉。由于我的教学与科研任务较繁，这些年来，与地名工作疏远已久，而谢先生却通过他在地名工作中的长期实践，积累了丰富的地名学理论知识，写成了《地名规划原理》的巨构，前来嘱序于我。读了他的书稿，不仅让我旧课重温，而且从中获得了许多新的知识。

　　地名学确实是一门知识面牵涉很广的学问，而且是一门人们常常触及的学问。记得去年八月十日，我忽然接到以生产"铁皮枫斗晶"出名的浙江天皇药业有限公司的来信。同在杭州市内，他们竟以"特快专递"寄我此信，说明其中必有要事。信中提到：

　　　　今年我们公司在杭州市文华路建设了一座19层、建筑面积达20000余平方米科研办公综合楼，近日即将交付使用，但在大楼取名上还有些困惑。我们知道您是海内外知名学者，国内地名学权威，《杭州市地名志》的主编。事出紧急，故不揣冒昧，专此求教于您。

他们对我的称誉当然承受不了，但"事出紧急"倒是实情。这是因为他们这座大楼拟按公司名称取名为"天皇大楼"，这就是信上所说的"困惑"。此信接着说：

> 但是，取名"天皇"，我们又有所担心，因为众所周知，日本也有个"天皇"，且与我国还有一段恩怨难忘的历史。会不会因此招致一些人的误解？会不会因此使地名管理部门在审定名称时有所顾忌？

于是，我写了回信给他们，告诉他们，信上所说的"困惑"、"误解"、"顾忌"，都是没有道理的。因为"天皇"是我们地道的国货，属于华夏文化。《史记·秦始皇本纪》："臣等谨与博士议曰：古有天皇、有地皇、有泰皇。"《史记·补三皇本纪》："三皇谓天皇、地皇、人皇。"而日本，最早出现的推古天皇，为时已在隋开皇十三年（癸丑，公元593年）。这实在是个历史的常识问题。

我不知道大楼最后是否以"天皇"命名。在这个取名问题中，使人遗憾的是，人们只看到公元6世纪的日本"天皇"，却不知道我们自己自古就有"天皇"，实在是十足的数典忘祖。"天皇"事件对我的思考是，不管是大楼建造部门的担心也好，或者是地名管理部门的"顾忌"也好，都说明地名学是一门包罗广泛的学问。另外也让我想到，从"天皇"作为地名而引出的问题，其实仍然是个地名渊源的问题。从《汉书·地理志》开始，地名渊源的研究在我国已经经历了2000多年，我们的地名学，为什么还在这个老框子里转来转去呢？读了谢前明先生的书稿，给我的最大启示是，让我看到了这20多年中地名学的发展。而这种发展是作者在多年地名工作的辛勤耕耘中积累起来的，是他从地名工作者的长期、大量实践中总结出来的理论。这样的研究成果，显然不是在短时间内可以轻易获取的。我在20多年前，当地名工作在全国各地开始运作之时，就发表了《论地名学及其发展》（《中国历史地理论丛》第1辑，陕西人民出版社1981年出版）一文，引用了大量历史文献，系统地阐述地名学的发展特别是地名渊源的研究在我国源远流长，并且指出："在整个地名学领域中，还有比地名渊源远为广泛和重要的内容。因为地名渊源只能反映地名的原始概况，这是地名的静态研究；而现在我们需要更进一步地了解地名的发展和变迁，进行地名的动态研究。""可以预料，地名学发展的结果，必然将是地名的动态研究取代地名的静态研究"。这个观点，已被20多年来地名学与地名管理的实践所证明。而谢前明先生的著作，正是20多年来我国地名研究的重要成果，所以其价值确实不同凡响。

自从20世纪70年代末期以来，在进行全国性的地名普查以后，在分级地名管理全面起步的基础上，通过地名工作者和专家学者的努力，结合工作实际和社会需要，地名学研究取得较快的发展；同时编纂出版了国家级、省、市、县各级地名词典、地名志、地名录、地名图等大量地名图书资料。它们在总体上既是地名动态与静态研究的重要成果，又是我国现代地名管理创造性实践的生动体现，是这一时期地名管理工作和地名学研究历程的具体写照。

我国现代地名学的发展，在注重地名演变的动态研究的同时，已经扩展到如何有效控制地名产生以及如何使产生的地名体现预想的规律和特点的研究等。它的重要表现就是对城乡未来的地名进行规划，超前命名。这已成为新时期地名学研究的一个重要方面，也是新时期地名工作对地名学研究的必然要求。这是因为，地名的使用特性，使现代地名学的理论研究，必须紧密结合客观实际开展，而地名规划的出现并得到重视，是我国经济社会和城乡建设飞速发展的客观需要，也是新时期地名工作发展的显著标志之一。近20年来，在城市建设发展迅速的地方，为城市建设规划配套的地名规划，已经产生积极的社会作用，体现了良好的社会效益。并且通过地名规划的实践，摸索出了不少有益的经验；同时在地名规划及地名的层次化、系列化等应用理论研究方面，也取得了可喜的进展。

《地名规划原理》一书，可说是在上述地名管理实践与大量地名研究成果的沃土上，地名管理园地的又一新收获。该书从理论与实践的结合上，全面回答了地名规划及其管理的有关问题，概括的反映了当前地名规划及管理整体发展水平的一个方面。是地名学应用理论与管理实践紧密结合的又一宝贵成果。它的突出特点是视角清新、实用性强。作者以丰富的管理实践为基础和切入点，以勤于思考和实事求是的态度，针对新时期地名工作面临的新课题，关注管理思路、对策、方法的研究；从新的视角进行认真探索、归纳、整理、总结。研究管理的观点、理念、思路不乏新意、前卫之见，具有较强的科学性和应用理论研究价值。

现代地名管理学既有传统研究成果的丰厚基础，又是地名学中一个全新的课题，许多理论问题尚待深入探索、总结、提高。地名规划的实践和有关应用理论也是这样。事物总是不断发展的，人们的认识也有一个渐进和不断提升的过程。《地名规划原理》为我们奠定了这个阶段性的重要基础，而长江后浪催前浪，地名学的继续发展，有待于后来的学者。

与其他工作一样，地名工作新老交替也是一个不可避免的客观规律。八九十年代活跃在地名战线的一代人逐步告别了曾经为之奋斗的事业，同时补充了一大批新鲜血液。新人是地名工作的希望。他们上岗后有一个学习、实践、积累的过程。该书中所阐述的若干应用课题，对思考、探索地名规划和日常管理工作的思路、方法等，都不无启示，可成为基层地名干部管理入门的向导和益友。

应当看到，地名规划工作及其理论研究已经在开创的基础上，有了较大的进步。

许多城市在规划地名方面已做了大量工作。但地名规划工作本身仍有不少课题需要继续研究和深入;城乡建设发展和社会对地名的关注,对此提出了更高的要求,催促我们不断加强。历史已经铭刻、记录了一代又一代地名工作者、专家学者不倦的探索,及为祖国地名事业所作出的贡献。但地名工作者依然任重道远。

时代在前进,地名学研究在自身的发展中,需要不断丰富、与时俱进、有所创新,这有待现在和后来的地名工作及理论研究者不断进取、求新。中国地名学的发展,沿着理论与实践紧密结合的道路继续前进,一定会取得新的更加丰硕的成果。

回顾我国历史上和最近 20 余年的地名学研究成就,足以引人自豪;展望未来的地名工作和地名学研究,充满信心和期待。在《地名规划原理》一书出版之际,应作者之请,欣然为之序;并借此对我国地名学的发展说了上面的话,祝愿我国的地名事业和地名学研究,跟随创新的时代与时俱进、再创辉煌。

2003 年 4 月于浙江大学

原载《地名规划原理》,湖南地图出版社 2003 年版

《伏羲庙志》序

　　天水是我年轻时代就向往的地方,当时正是烽火连天,哀鸿遍野的抗日战争期间,我的向往,无非是尽量地从历史典籍和当时媒体有关西北的报道中寻取一鳞半爪而已。上世纪 50 年代之初到高校地理系任教,可以读到的天水资料,特别是对于如麦积山、伏羲庙之类的胜迹记叙显然增加,但是由于沉重的课业和写作任务,这个名城名地,对我仍然是"溯洄从之,道阻且长"。上世纪 80 年代以后,曾经有过两次几乎可以一偿夙愿的机会,却又失之交臂。第一次是 1983 年,我刚刚从日本担任客座教授回国,而兰州大学中文、历史、地理几个系的邀请信已经到了杭州,我立刻西奔,在兰州大学和西北师大讲学,为时长达月余。我以为这一次必然可以一偿天水之行的夙愿。却由于这个学期开学时就去日本任教两月有余,回国不到一周就匆匆奔赴甘肃,学期已过去 2/3,还没有为自己的研究生讲过课,我不得不准备东返。当时,美籍密西根大学张春树教授也正讲学兰州大学。兰大领导美意,提出在我离开前让我与张教授作一次考察旅行。我与张商量旅行地点,他着意于塔尔寺和青海湖,我当然应该顺从远涉大洋的朋友,由兰大刘光华教授陪我们完成了这次旅行,随即火速返回杭州。

　　第二次是 1986 年,这年 8 月,中国地理学会在兰州举行历史地理国际学术讨论会。我是学会的历史地理专业委员会主任,到兰州主持会议。会议结束后,代表们乘坐 3 辆大轿车考察了河西走廊和敦煌,往返 1 周。回到兰州以后,我们夫妇曾计划趁机作一次天水之行。却因陕西师大史念海先生坚邀去该校为他们的研究生讲课而未能前往。史先生是我的前辈，我必须尊重他的邀请，我们夫妇于是与他同车去西安，向往已久的历史名城只能在车窗中遥望，实在不胜怅惘。

人事变迁确实不可逆料，20世纪不能完成的遐想，在新的世纪之初，竟骤然如愿以偿。2001年夏，承天水市人民政府之邀，我们夫妇访问了这座仰慕已久的历史文化名城，不仅游览了素闻其名的麦积山等胜迹，而且参与了羲皇祭典，还攀登了卦台山。目览各地的自然风光和人文构筑，左顾右盼，应接不暇，令人心为之豁，神为之移。我们夫妇曾经访问过不少国内外的旅游胜地，但在逾七望八之年，意外地得到这样一次长期以来萦萦于怀的天水之行，见闻逾常，梦寐难忘，确实感到踌躇满志。在天水期间，天水市地方志办公室刘玛莉主任偕同几位志书编辑到宾馆看我，除了和我研讨耕耘十余年行将问世的《天水市志》外，还托我设法引回本地流散在日本的顺治《秦州志》（共13卷）。后经多方努力，在日本京都大学金坂清则教授、富谷至教授和研究生钟翀君的鼎力帮助下，终将《秦州志》引回。天水市人民政府闻悉后，专门致函对我和日本两位教授表示了感谢。这确是一段难得的机缘。

离开天水以后，当然常常想念这个地方。今年8月，收到天水市志办惠赠的《天水地方志丛书》一套，其学术质量上乘，印刷精美，我十分欣赏，加深了我对天水的了解。不久前，又收到并通览了列为丛书之一行将出版的刘雁翔先生所著《伏羲庙志》一书，一年多以前的羲皇祭典场景，即时又在眼前浮现。读竟全卷，除了钦佩著者"盛夏酷暑，突击写作，孤灯青影，通宵达旦"的刻苦精神与此书内容的完备精湛以外，对于自古以来的伏羲传说以及羲皇故里的山川人文，实在遐想绵绵，感慨系之。我在童年时就已经知道了神州始祖伏羲氏的许多传说，少年时代开始阅读《水经注》，在《渭水注》中读及庖牺生于成纪县的记叙，但当时尚不知成纪县之所在。由于家庭关系，初中时就念《汉书》，而特别钟情于《地理志》，始知成纪隶于天水，当时就有肃然起敬的感觉，这也是我长期留意天水的风土人物，希望到这个地方观光的原因。

《伏羲庙志》又使我回忆去年的祭典场景。承蒙市政府的厚遇，让我列在主祭的座位上，可以清楚地看到祭祀过程。而特别凑巧的是，在我右侧并坐了好几位外宾。虽然我从外表估计，他们之中或许很少欧美人，但当大家就座时，我还是按照国外的习惯，和他们说了一声"How do you do"，他们也打了同样的招呼。为祭祀而安排的各种舞蹈节目随即开始，他们既极感兴趣，却又不能理解。我其实也不甚了了，但在当时的情况下，不得不作了现场讲解员。记得在节目间隙之时，一位外宾问我："伏羲是什么人？"我一时想不到适当的话，只能简单地告诉他，伏羲是中国古代传说中的始祖，他和其妻子女娲，是中国人的共同祖先。我并且告诉他，这虽然是个古代的传说，但是流传已经很久，对于海内外中国人，具有重要的凝聚和团结的力量。我记得当时使用了

Solidarity 这个词汇。虽然提问的仅他一人,但当我使用 Solidarity 这个词汇时,好几位都点了头。他们之中,有一位显然对东方史有过研究,他说了一句:"这是丝绸之路上的一颗明珠,是天水人的骄傲。"他的话使我感到高兴,所以我立刻补充了一句:"这不仅是天水人的骄傲,也是全世界中国人的骄傲!"有好几位外宾应声说了 OK,有的还竖起了拇指。这是 2001 年 7 月 10 日上午发生的事,我记得非常清楚,可惜当时我还没有读过刘先生的《伏羲庙志》,否则我必能解释得更为正确和完整。

《伏羲庙志》确实是一部精求深究、广征博引的专著,著者《后记》中申述了他的著作过程:"三度春秋,四易其稿。"正是因为这种锲而不舍的敬业精神,才能写出如此面面俱到的大块文章。我不想赘述此书的主要部分,即著者在上编和下编中的辛勤耕种和丰硕收获,因为这是读者大家都关注的部分,其成就已经众所共见。我要略提几句的是此书的《附录》。在卷末附此五辑,实在是画龙点睛。首篇《地方志中有关伏羲庙的资料辑录》,地方志是地方文献,而《伏羲庙志》也是一种地方文献。撰述一种地方文献而又搜求其他近三十种地方文献用以佐证,不仅匠心独运。而且相得益彰。第三篇《有关伏羲的主要著述索引》,收录了六十多种有关伏羲氏的古籍,从这份《索引表》中,又一次让我想到"孤灯青影,通宵达旦"的写作情景。我特别赞赏《附录》中的一篇,即《近年来出版书籍中有关伏羲庙的错误记述清理》,我认为这是做学问和著书立说事关重要的问题。记得那年受已故匡亚明先生之嘱,为其主编的《中国思想家评传丛书》撰写《郦道元评传》(南京大学出版社 1994 年出版,1997 年再版)一书,我曾在拙著中指出了《中国文学家辞典》(四川人民出版社 1980 年出版)和《文学家手册》(内蒙古人民出版社 1982 年出版)二书中关于郦道元籍贯的错误。不仅如此,在拙著全书之末,我还特设《水经注的错误和学者的批评》的专章,因为郦书本身也存在若干重要的缺点和错误,作为《评传》的作者,我有责任向读者指出这种事实。当然,在全章之末,我郑重阐明:"所有这些缺点和错误,对于这部历史名著所取得的成就来说,都是瑕不掩瑜的。"

现在,经过著者几年来的继续研究和悉心增补,《伏羲庙志》行将再版问世,这是一种必然要传至后人的著作,所以欣然命笔,写下这样一篇拉杂的序言。

2002 年 11 月于浙江大学

原载《伏羲庙志》,甘肃文化出版社 2003 年版

《绍兴佛教志》序

　　《绍兴佛教志》修纂告成，这确实是绍兴修志事业的一大成就，值得重视。有关佛教的志书，虽然历来不绝，但多半是为寺院修纂，而尤以篇幅短小的《寺记》、《寺碑》为常见。我往年编撰《绍兴地方文献考录》（浙江人民出版社 1983 年版），所录山、会两邑寺院志，亦仅有清赵甸《显圣寺志》16 卷（今存顺治刊本）、《称山称心寺志》5 卷（今存嘉庆刊本及抄本）及清沈复粲《大善寺志稿》1 卷（未刊，仅存抄本）而已。寺院当然是佛教内涵中的一个重要部分，但言及全部佛教，于事实在浩瀚。如此志第五章之中所记叙的今绍兴市各邑佛教史迹，包括寺院、人物、宗派、法务、艺文等，头绪纷繁而汇为一编，实在殊非简易。而卷首冠以一篇洋洋 3 万言的《概述》，既是全志的发蒙，又是全志的精髓。它不仅对全志作了提纲挈领的总结，而且更为全志汇集的资料作了高屋建瓴的充实和解释。有此一篇，使《绍兴佛教志》除了作为一部严谨的、科学的资料书而受到称赞以外，在学术性方面，更因此而显示了它的不同凡响。达摩面壁 9 年，是佛教史上盛传之事，而今天要为这个佛教长期流传的地区修纂如此一部志书，既需集腋成裘、聚沙为塔的搜集功夫，又要有细分缕析、深入论证的全局概述，历经岁月而终于告成，实在也是一种达摩精神。

　　我不是方志学家，对佛教也所知甚疏，受嘱为此志作序，实在不胜汗颜。记得去年4 月应邀到洛阳参加"全国历史文化名城修志用志研讨会"，由于洛阳有中国历史上的第一座寺院，是"白马驮经"的佛教圣地，所以我的大会发言涉及佛教和我与佛教的一

点渊源。这次发言后来刊载在《河洛史志》2001 年第 2 期上,其中有一段说:

　　1999 年 6 月,浙江省在宁波举行"国际佛教文化学术讨论会"。因为是国际
会议,省里要物色一位会议的执行主席,其要求是用英语主持会议并通晓梵语,结
果找上了我。用英语主持会议或许没有问题,但我的梵语恐怕只有小学生程度,
实在是滥竽充数。我为此写了一篇《佛教与佛学》的论文,作为执行主席的主题
发言。我是用英语讲出的,但外国来的高僧和学者都懂,倒是国内的高僧和学者
很多不懂,我只好再把中文稿整理出来。去年到昆明参加一个会议,《云南大学
学报》主编索稿,我于是以此文塞责(发表于《云南大学学报》哲学社会科学版
2000 年第 6 期)。此文中述及佛教的起源与传播,兼及中国历史上帝王的毁佛故
事。众所周知的是所谓"三武一世"(北魏太武帝、北周武帝、唐武宗、周世宗),但
是我认为最严重的是十年浩劫。对此,我引了《洛阳市志》的一段千古文章。这
是我在论文中惟一一次引用新志,在洛阳提出此事,真是一种巧合。

　　我在这篇序中引此一段,无非是为了说明我在佛教文化中的一点肤浅经历,至于洛
阳佛教文化在"文化大革命"中遭受的浩劫,我在《佛教与佛学》一文中已经和盘托出,
不必赘述。《绍兴佛教志》在其卷末《大事记》中将 1966 年—1976 年概括为一条:"不
少佛教寺院遭到毁坏,或改作他用。佛教团体停止活动。僧尼被赶出寺院,或还俗。"
好在这个时代已经过去,正如我在 1999 年国际会议发言中最后指出的:"所幸十年浩
劫以后,我国政府十分重视一切文物包括佛教文物的保护,修复了许多被破坏的寺院,
对佛教文化的研究也大力予以扶植,使之获得很大的发展。"(见《佛教与佛学》)现在,
《绍兴佛教志》的修纂和出版,也是这方面的有力证明。

　　佛教是一种外来宗教,传入中国为时甚早。往年我的一位学生吕洪年教授以其所
著《万物之灵——中国崇拜文化考源》(广西民族出版社 1996 年版)一书索序于我,我
在那篇序中曾对佛教传入华夏的过程略作探究。案《史记·秦始皇本纪》所载,秦始
皇三十三年(前 214):"禁不得祠,""不得"即梵语 Buddha 的音译,此词在中国古籍中
尚有步他、复豆、勃陀、佛图、浮图、浮屠、佛陀等译法,"不得"亦其中之一。佛教创立
者释迦牟尼的诞辰和卒(涅槃)日,各地说法不一,但大体上与孔子(前 551—前 479)
的时代相近,说明在此教创立以后的 200 年间就传入中国,而为秦始皇所禁止。直到
东汉明帝时代,显然是由于民间流行已经相当普遍,所以才为朝廷所正式接受,因而发
生了"白马驮经"的故事。从此,佛教在中国公开发展,并且与儒家思想相融合,加上
渐次渗透的道教思想,构成了以儒家思想为主体,融佛、道思想的传统文化。所以对于
这种外来宗教文化在中国文化中的影响,确实不应低估。

　　东汉正式接纳的佛教,至六朝而到达了中国佛教史上一个登峰造极的时期。《绍

兴佛教志》的篇目以《寺院》开首,寺院建筑确实可以作为这种宗教发展的标志。当时的北朝首都洛阳和南朝首都建康(今南京),就成为以寺院建筑为标志的两大佛教中心。据《洛阳伽蓝记》所载,佛教寺院在这里曾超过1300余座,在建康,则"南朝四百八十寺,多少楼台烟雨中",成为长期传诵的佛教壮观。绍兴当然不能与洛阳和建康相比,但根据《绍兴佛教志》所揭示的,这里在中国佛教史中的地位实在也不同寻常。如前所述,中国王朝正式接纳佛教在东汉明帝时代,但此后不过100年,佛教就传到了会稽,成为这种外来宗教南传的嚆矢。在印度的若干佛教经典中,有南传佛教和北传佛教之别。但根据真正的佛学研究,释迦牟尼生前的活动,绝未越出北印度和恒河流域。某些印度佛教经典说他曾到南印度和锡兰(今斯里兰卡)传道之事全系附会。所以印度的南传佛教实在是一种臆说。但在中国,安息国人安世高到会稽的记载见于慧皎《高僧传》,属于信史。会稽在中国佛教南传中的史实是不容怀疑的。即此一端,《绍兴佛教志》的意义就非同一般。

绍兴在中国佛教史中的重要地位,我原来也并不留意。上世纪90年代之初,日本天台宗典编纂所编集长野本觉成先生特地到杭州访问我,使我在这方面有了认识。他长期从事天台宗佛教的研究,在越州峰山道场的寻根究底中花过许多功夫,却一直没有查得峰山之所在。偶然获见东京山川出版社《汉民族与中国社会》(1983年版)中引用了我的一幅有关古代鉴湖的插图,其中绘有峰山地名,因而迫切地希望与我相见。案峰山亦作蜂山或丰山,首见于《水经·渐江水注》:"太守孔灵符遏蜂山前湖以作埭。"我们在杭州晤谈以后,他又多次就越州佛教问题与我通信,特别是对于南朝宋所建龙兴寺的历史和遗址问题,曾经数度信函往复,详细讨论。他最后于1996年在东京佼成出版社出版了《圣地天台山》一书,签名赠送给我。书中将《最澄和尚之越州受法》列为专题讨论,记叙了唐贞元二十一年(805)四月十一日,最澄和尚与弟子义真住越州龙兴寺、法华寺求经受法的实况。他向来自泰山灵岩寺的高僧顺晓阿阇梨(阿阇梨,梵语意为"师")求学密宗佛教:四月十八日在峰山道场接受顺晓的灌顶(密宗佛教仪式)。所有这些有关越州的佛教史实,均记入日本国宝《越州录》中(此书第236页有影印"最澄和尚《越州录》[郑审则书]"插照)。野本觉成的专著中并且还简述了绍兴的自然环境和历史概况。至于书中对我的称赞,当然很不敢当。此书的另一特色是插图丰富,除了上述《越州录》影印照片以外,还有"越州龙兴寺迹"和"峰山道场遗迹"照片及"龙兴寺推定箇所"和"汉代之绍兴鉴湖图"(因图上有峰山位置)地图,也都很有价值。我在此序中写入这一段,主要为了说明一位外国佛教学者对越州佛学史的精深研究,从而证明《绍兴佛教志》修纂的重要意义。

宗教本来是人类崇拜思想的产物,我在上述为吕洪年著作所写的序中曾经指出:

"人类对自然的崇拜和信仰,可以说是与人类社会同时出现、持续而且不断发展,或许要直到永远。"同时指出:"由于科学的发达和社会的进步,原始的自然崇拜和曾经广泛流行的淫祀滥祭,逐渐地为经过提炼、升华的宗教和宗教信仰所代替。也就是说,人类从低级的自然崇拜发展到高级的自然崇拜。"

历代社会对于宗教的认识,我在该序中曾经举了几个不同的例子,我说:

　　　历史上也有极少数绝顶聪明的人,他们洞悉这类崇拜和信仰其实都是子虚,但他们并不公开反对,因为他们同时明白,人类的这种崇拜和信仰,既是难以改变的,却是可以利用的,孔子就是其中的代表,他说:"敬鬼神而远之,"(《论语·雍也》)实在就表达了自己不信鬼神存在的观点。也有一些没有领会他思想的学生,例如季路,竟然问他老师关于鬼神和生死的事。孔子就直截了当地训斥了他:"未能事人,焉能事鬼?""未知生,焉知死?"(《论语·先进》)当然,由于祀神祭鬼的事由来已久,他深知此事不仅不可抗拒,而且值得因势利导。所以他说:"祭如在,祭神如神在。"(《论语·八佾》)

对于孔子的这句名言,我在美国著名汉学家施坚雅(G. W. Skinner)主编《中华帝国晚期的城市》(*The City in Late Imperial China*,斯坦福大学出版社 1977 年出版,中译本中华书局 2000 年版)一书的中译本《后记》中作了简要的解释:"仪式当然应该端庄肃穆,但事情则不过如此而已。"不过问题在于,不要说芸芸众生,聪明人也并不都和孔子的观点相同。我在那篇序中也指出:

　　　前面已经提及,在古代,有一些绝顶聪明如孔子之类的人物,他既不宣扬自然崇拜,也不信鬼神。但是到了近现代,人类社会中也有一些绝顶聪明的人物,他们既是伟大的科学家,却又是虔诚的宗教徒。

所以宗教信仰是个复杂的问题。秦始皇"禁不得祠",但汉明帝却公开接纳,白马驮经。韩愈所说:"汉明帝时,始有佛法,"(《韩昌黎集》卷三十)所指即此。后来又发生了"三武一世"(北魏太武帝、北周武帝、唐武宗、周世宗)的毁佛事件,其中唐武宗由于统辖全国,所以"会昌毁佛"波及甚广,损伤特大。但不过两年,唐宣宗大中元年(847),"敕:'应会昌五年所废寺,有僧能营葺者,听自居之,有司毋得禁止'"。(《资治通鉴》卷二四八《唐纪六十四》)所以每次都是毁而即复。

前面已经提及,宗教是人类原始的自然崇拜提炼升华的结果。而宗教出现以后,其本身仍在不断地发展和异变。《绍兴佛教志》在卷首《概述》中对于佛教在绍兴的世俗化及其所产生结果作了深入的剖析和研究。作为一部地方佛教志,这种因地制宜的研究当然非常重要,这其实就是佛教在不同时代不同地区发展异变的研究。用这样的方法研究佛教文化,其结果才能避免公式化,才能获得动态的和符合地方实际的结果,才称得上是一部志书。其实，即使在印度，这种宗教在佛陀涅槃以后，就很快地继续发展和异变。佛陀在世时的佛教在佛学上称为原始佛教，他确实创立了一套宗教哲学和道德实践的教义、教理和教规（僧伽制度）。但他生前传教，都是通过口说，绝未留下出于他自己的任何文字。最早期的佛教经典，都是后人用梵文或巴利文写成的，与佛陀当年口传的必然已经有了发展和异变。从佛陀涅槃后的当年到公元 1 世纪之间，印度佛教史上曾经有过 4 次佛教结集，每一次结集，都是这种宗教的发展和异变，其中并出现了许多宗派，大乘、小乘无非是其中的荦荦大者而已。

　　佛教在印度本土尚且如此，则何况乎传到中国这个同样有古老文明和璀璨文化的地方。与它在本土相比，佛教在这里的发展和异变，当然另有一番光景。佛教传到洛阳，这是一座儒学已经根深蒂固的都城，儒学具有严密的思想体系和高度的文化内涵，儒家们对大自然的崇拜是《易·乾》中表达的："天行健，君子以自强不息，"对鬼神的崇拜即是前已指出的："祭如在，祭神如神在。"佛教传到会稽，这是越王句践的故都，南蛮鴃舌普遍流行的淫祀滥祭习俗长期存在，是个处处有鬼神，事事求鬼神的地方。所以佛教传到华夏，不论是传到北方还是南方，假使不出现发展和异变，这种宗教就不能存在。事实上，中国的佛教不仅与其本土存在很大异变，在中国各地也都内容分歧。这就是《绍兴佛教志》在《概述》篇中所议论的"世俗化"现象，实在也就是这种外来宗教与中国文化相融合的过程。佛教之所以能够在中国、朝鲜、日本和东南亚地区立足生根，获得很大的发展，就是这种宗教在这些地区不断异变即所谓"世俗化"的结果。

　　释迦牟尼在公元前约 6 世纪创立佛教，显然具有它的进步意义。由于当时的印度，种姓严酷的婆罗门教统治一切，所以佛陀创立这种宗教，从总体来说，是对婆罗门教的挑战。不过佛教在以后不断地发展、异变，特别是公元 1 世纪月氏贵霜王朝的迦腻色迦王，他宣布佛教为国教，而且鼓吹佛陀的神通广大，大慈大悲，无所不在，无所不能，是天地间的最高神。这种佛教与佛陀的原始佛教已经大不相同，我们在印度史上可以发现它的许多负面影响。佛教传入中国以后，也同样出现过许多负面效应。例如《洛阳伽蓝记》的作者杨衒之，他既是洛阳佛寺兴废的目击者，也是佛教的激烈反对者。他在《洛阳伽蓝记》中指出佛法无灵，徒然浪费，而僧侣假借特权，损人利己，即《记》中所说"侵渔百姓"，"不恤庶众"等行径。在当时，这些都是无法掩盖的事实。不过佛教从创立至今，已经经过了二十五六个世纪；在中国，这种宗教被正式接纳以来，也已经有了 20 个世纪。今天我们研究佛教文化。负面影响当然不是研究的主流。对于各地佛教徒，佛教是他们信仰的、流传已久的宗教，除了皈依和宗奉佛教的教义以外，他们都积极参与各种社会活动，在维护社会安定和促进社会繁荣方面作出了应有的贡献。在佛教界以外，我们国家的大部分地区，历史上都存在着佛教传播、发展和异变的过程,历代以来直到今天,人们与这种宗教都存在直接和间接的接触经历,我们在风俗、习惯、思想、观念并包括文字和语言等许多方面,都仍然或多或少地接受着佛教的影响。今天,我们外出旅游,宏伟庄严的佛教寺院,古朴典雅的佛教宝塔,不仅都是珍贵的历史文物,而且也是重要的旅游资源。对于学术界来说,佛教文化历史悠久,内涵丰富,是一种宝贵的学术资源,它涉及自然科学、人文科学、技术科学等广阔领域和许多学科,是人类社会的一宗重要文化财富。所以对于佛教文化的发掘和整理,不仅是一项迫切的任务,而且更是一种重要的事业。《绍兴佛教志》的修纂可谓适得其时,为特略陈刍意,聊应主事嘱托;漫述浅见,敬候方家指正。

2002 年 2 月于浙江大学

原载《绍兴佛教志》,浙江人民出版社 2003 年版

《回望长庆——杭州市下城区长庆街道》序

　　早在一年多以前,长庆街道已与我商量为街道编写一本书的计划和抱负。在中国,为街道而编书,既出乎我的意料,也使我欣喜逾常。因为这是一件历来少见的事。街道是城市的一个组成部分,为街道著书立说,按其属性是一种城市研究。在中国,城市研究已经有了悠久的历史和大量的成果。就以杭州为例,南朝宋刘道真的《钱唐记》,大概是第一部研究这个城市的书。当然,当时尚无杭州之名,而作为杭州前身的钱唐县,自从秦建置以来,县址屡经迁移,也不知在今何处? 加上《钱唐记》其书早已亡佚,至今仅留下其他古籍中引录的几句,对早年钱唐县的情况,已经很难推究了。北宋大中祥符(公元 11 世纪初期),朝廷颁令各地修纂《图经》,杭州曾修成《祥符杭州图经》一部,可惜也早已亡佚,现在只留下后来几种志书所抄录的几十条而已。南宋在杭州定都,杭州(临安)成为全国的政治、经济、文化中心,加上西湖胜景,于是,城市研究的著作如《梦粱录》、《都城纪胜》、《西湖老人繁胜录》等,纷纷问世。加上著名的"临安三志"(乾道、淳祐、咸淳),杭州城市的研究成果相继出现,不过"临安三志"之中,除《咸淳志》基本完整以外,其余两志已大多亡佚,而至今仍完整的《梦粱录》等 3 种,成为南宋杭州城市研究的瑰宝。

　　城市研究这个领域,不仅是在中国,国际学术界也是一个热门。其中还有不少研究中国历史城市的外国汉学家,他们在中国历史城市的研究中,也作出了卓越的贡献。例如美国斯坦福大学出版社于 1977 年出版了由著名汉学家施坚雅(G. W. Skinner)主编的《中华帝国晚期的城市》(*Thu City in Late Imperial China*)一书。[①]此书收录了十多篇论文,都是好几位热衷于中国历史城市研究的国际汉学家在上世纪60年代的成果。当时,我们自己还处于一场愚蠢而残酷的"文化大革命"运动之中,但他们却潜心于我们国家历史上的城市研究,发表了具有开创性的研究成果。

上世纪80年代初,由于政治气氛趋于宽松,我开始应国际学术界的邀请出国访问讲学,亲眼目击了他们在城市研究中的方法和成果。其中有不少汉学家对杭州研究很有兴趣和造诣。我曾于1985年在日本国立大阪大学讲学半年以后撰写了1篇《日本学者的中国历史地理研究》的文章,[②]其中提及:"历史城市地理研究或许是日本学者在中国历史地理研究中成果最多和最富于创造性的部门。"关于这方面,在上述《中华帝国晚期的城市》中译本的《后记》中,我们收入于此书的1篇,即日本汉学家斯波义信所撰的《宁波及其腹地》(*Ningpo and Its Hinterland*)为例,我指出:

> 早在施坚雅教授赠我此书以前,斯波教授已把他大作的油印本寄给了我,使我有机会对此多作了一点研究。另外,宁波离我工作的城市不远,我曾多次带领教研室的教师和几个班级的地理系学生,进行经济地理和城市地理的考察实习。使我十分诧异的是,在斯波的论文中发现,我所掌握的有关宁波这个城市的资料,竟远远不及一个外国学者。斯波从大量占有宁波历史资料开始,把这个城市历史上的农业、手工业、商业、对外贸易等进行细致的比较和分析,再联系到与宁波发生经济关系的整个腹地,从而阐明宁波这个城市经济发展和城市成长的规律。施坚雅称赞这篇论文:"斯波关于这个城市的经济描述,在现有叙述传统的中国城市的英语著作中,可能是最完备的一种了。"我必须补充施坚雅的话,在我所见到的有关宁波城市研究的中文著作中,像斯波这样的论文也是凤毛麟角的。

我在这篇《后记》中还提及了斯波写作此文时所运用的方法,其中之一是:

> 斯波曾经在通信中告诉过我关于他搜集资料所作的努力。因为他考虑到,早在清代,函馆(按:北海道的一个渔港)的渔船就在中国舟山群岛一带捕鱼。为了淡水和食品的补给,也或许是为了风浪躲避、船舶修理等等原因,这些渔船中一定会有进入过宁波港口或附近的其他港口的。在这些早期的渔船中的诸如航海日记一类的资料中,必然会有涉及当时宁波港情况的记录,而这些古老的航海资料,或许可能在作为这些渔船基地的函馆找到。我不知道斯波教授后来有没有因此跑到遥远的北海道去,但是我认为像这样千方百计搜求资料的精神,正是这些作者们之所以在资料问题上得心应手、左右逢源的重要原因。

斯波教授不仅是对于宁波的研究取得如上述的丰硕成果,而且对于杭州的研究,特别是南宋的杭州,他也是极感兴趣并获得出色成果的。他通过对上述各种南宋杭州历史文献的钻研,运用历史城市研究的方法,撰写了《宋都杭州的城市生态》一文,[③]把当时杭州城市各区域按其职能的差异,分成官绅区、军营区、补给区、经济中心区这样四个生态分区,每区都有精详的记叙和分析,并绘制了五幅细致的地图。斯波此文,可能是杭州历史城市研究中第一位进行城市内部区域划分的成果。

自从上世纪80年代我到国外访问讲学以后,在历次出访中,我都着意于国际汉学家在城市研究中(包括对中国的城市研究)的方法和成果。因为"他山之石,可以攻玉",我去国外不少大学讲学,把我们的研究方法和成果提供给国外学者参考,同时当然也要吸取他们的一些值得我们学习的研究经验。这是一种学术上的国际交流,是有裨于提高学术研究水平的。

对于国际学者城市研究的方法和成果,在我多次出访的体会中,感到在三个方面是值得我们重视和学习的。第一是他们在研究过程中,常常通过现象,寻求一些规律性的事物。把这些事物加以归纳总结,从而得出历史城市研究中的若干理论性的结果。例如施坚雅在其对中国历史城市的研究中所总结的关于中国历史上城市化过程中所出现的所谓"中世纪城市革命"的理论。我曾在我所主编的《中国都城辞典》[④]中,把这种施坚雅的创见列成专条,因为他总结的这种现象,确实符合中国历史城市发展的事实,而且已为中外城市研究者所赞同:

> 中世纪城市革命,这是美国著名汉学家施坚雅(G. W. Skinner)在其主编的大型论文集《中华帝国晚期的城市》(*The City in late Imperial China*)一书中提出的有关中国历史城市发展的理论。所谓"中世纪城市革命",是指从唐末到宋初在中国发生的一种市场与城市化的革命。这种革命的影响,兼及大都城和中小城镇。其主要现象为:一、放松了每县一市,市须设立在县城的规定;二、官市组织衰落,终至瓦解;三、坊市制度消灭,而代之以自由得多的街道规划,可以在城内或四郊各处进行交易买卖;四、某些城市迅速扩大,城郊商业蓬勃发展;五、出现了具有重要经济意义的大批中小城镇。按历史上中国城市的重要标志是城垣,"中世纪城市革命"以前的城市格局,政治中心如皇室和州(郡)衙门均位于城垣中心。在"中世纪城市革命"以后,这种城市格局就发生了显著的变化。以首都为例,北宋以前的皇室必须位于都城中心,但北宋、南宋与明初期的首都就打破了这种格局。明清北京虽然仍以皇室为中心,但内外城和附郭均有发达的商业区,已经完全不同于汉唐首都。

又如日本学者狩野千秋在其所著《马雅的神殿城市》[⑤]一书中,曾博览世界群籍,归纳了古代城市形成的条件。我在拙编《中国历史名城》[⑥]一书的《序言》中,曾把他们这种研究成果加以介绍:

　　综合过去西欧的考古学家和历史学家的意见，把古代城市形成的条件，归纳为下列七个方面：一、最原始的国家组织与王权的确立；二、稠密的人口；三、社会阶级的分化与职业的专业化；四、巨大的纪念性建筑物的建造；五、文字、金属器的发明与科学技术的发达；六、由于剩余物质的生产而出现了有余暇从事知识性的活动；七、工商业与贸易组织的发达。

　　此外，城市与城市之间的比较研究，是求得城市发展理论的一种事半功倍的研究方法。不少有关城市发展的规律性事物，往往从比较研究中发现。我有幸于1985年在广岛结识了日本地理学界的前辈、广岛大学名誉教授米仓二郎先生，他是日本第一代地理学家、京都帝国大学小川琢治的高足，当时已年届八旬。由于曾多次去印度讲学，我们之间可以随意用英语交谈。他给予我以城市之间比较研究的启发，使我茅塞顿开。杭州大学曾于1987年特邀他到中国讲学，他虽然高龄而身体称健，在杭州大学讲了几场"中国与印度若干城市的比较研究"，为我们留下了深刻的印象。由于他的卓识和创导，我自己在城市研究中也开始重视这种研究方法，并于1989年在广岛大学客座教授任上讲出"比较城市研究"的课程。

　　国际学术界城市研究的第二个特色是占有和运用的资料丰富，而且这些资料都经过筛选，即所谓言必有据。这方面不妨以地方志的修纂为例，因为最近20多年来，中国在地方志修纂中曾获得了很大发展。地方志虽然涉及面兼于城乡，但城市仍是其记叙的主要地域。地方志是什么性质的文献？在这方面，胡乔木的话是最值得重视的："地方志，应是一部朴实的、严谨的、科学的资料汇集。"[⑦]由于地方志的性质是一种"资料汇集"，所以我在拙著《陈桥驿方志论集》[⑧]卷首《序言》中特别指出："方志的可贵在于资料，方志的生命力也在于资料。"当然，这些资料绝不是东拼西凑、滥竽充数的，而是必须按胡乔木所说"朴实的、严谨的、科学的"。由于地方志有大量城市研究的内容，所以我要把中国和日本两国的地方志在资料数量上作了抽样比较。在中国，我选择了曾经获得全国一等奖的《慈溪县志》；[⑨]在日本，我选择了我几次在那里讲学的《广岛新史》，[⑩]撰成一篇五万多字的长文。[⑪]在此，我以字数作为资料的计量依据进行这两部都是近年新修的志书的比较。《慈溪县志》在当时算是篇幅较大的，以全县面积与志书字数相比，每1平方公里土地有0.13万字的记叙，而广岛的志书则大大超过慈溪，每1平方公里土地有11.2万字的记叙。以此一例，足见我们的城市研究，在资料数量方面与国际上存在较大的差距。

　　国际学术界在城市研究这门学问上值得我们学习的最后一个方面，是他们在研究对象中的不断向城市领域的纵深发展。在过去，所谓城市研究，其对象总是一个城市，甚或一组城市群。地域范围是较大的，内容也相当宏观。1983年，我应聘担任日本关西大学客座教授,在该校大学院(研究生院)讲课。其时,我所主编的《中国六大古都》⑫刚刚出版,出版社委托我带此书一批到日本交流,因此我才对日本的城市研究有所留意。发现他们对自己本国的城市研究,除了在研究对象上已经扩展到附属于城市的町(镇)、村等以外,在城市内部,他们的研究已经深入街区。例如写"银座"的专文和专著就有好几种,当然,"银座"是我多次走过的东京名街,犹如中国北京的王府井大街和上海的南京路,为这样的街道撰文著书,不足为异(但我未曾读到过王府井大街和南京路的专书)。当然让我注意的是,他们也写了不少一般城市的街区,而且记叙翔实,分析细致。所以,我虽然把新出版的《中国六大古都》遵出版社之嘱分赠学术界朋友,但是从城市研究的角度,我确实感到我们之间的差距实在不小。

　　以上阐述的关于国际学术界在城市研究中值得我们重视的三个方面,显然都是这个领域中我们与国际行情的差距并应该迎头赶上的。现在,当我读完了《回望长庆》这部书稿以后,由于受此书的触动,又对我们近年来的城市研究作了一番回顾与思考,我感到一种新的慰藉。因为近年以来,我所触及的国内学术界的城市研究,已经有了较大的发展和进步。从上述第一方面来说,记得我80岁之年,承浙江大学为我举办了一次"陈桥驿先生八十寿辰暨历史文化名城、名镇保护与发展研讨会"。我的朋友们,包括国内和国外的,前来参加祝寿活动,并且带来了论文,从城市研究的理论和规律性角度进行探讨的也有几篇。其中如从北京来的中科院地理研究所王守春教授,他运用电脑和屏幕,现场宣讲了《中国若干历史城市的中心轴结构与都市形态》⑬的论文,就是一篇理论性很强的城市研究作品,得到与会学者的深切关注。关于上述第二方面,即在城市研究资料的大量占有和运用方面,近年出版的不少志书已经取得了可观的成绩。例如河南省的《洛阳市志》,全志18巨册,字数达一千数百万,记叙十分详尽,所以也获得了较大的进步。

　　现在回到《回望长庆》的本题上来。当著者们与我商讨为这个街道写书之时,我虽然高兴,但是思想上是把此书作为一种街坊志考虑的。当然,对于我们的城市研究来说,街坊志或坊里志也是一种新生事物,也是值得推崇和提倡的,所以我在当时就感到快慰和满意。此外,我同时也考虑到,中国从汉武帝建元之年(前140)起,直到清宣统三年(1911),历代帝王都有年号,这是历史纪年中的一件常事,何况干支纪年和公历纪年都可以对照,所以并无特别重要的意义。"长庆",无非是唐穆宗李恒的年号,先后不过4年(821—824),但对于杭州(也包括绍兴),它居然因缘机会,成为一种宝贵的历史资源。帝王年号而成为资源,这实在是十分难得的机缘。由于在这个年号的短暂期间,两位名垂青史的杰出诗人白居易和元稹,一在杭州,一居绍兴,以他们的天赋智慧和广博见识,留下了《白氏长庆集》和《元氏长庆集》这样两部不朽名著。现在

　　我们翻开卷帙浩瀚的《二十四史》，有多少帝王将相列名其上，而其中值得检索查阅的，实在寥寥无几。而长庆年代的这两位诗坛巨子，他们假使仅仅是在杭州和绍兴做官，其结果无缘也是泯泯然留名于《二十四史》之中的湮废之流。正是因为这两部《长庆集》而让他们实实在在地扬名后世，而让一个普通的帝王年号成为我们的历史文化资源。对于今天不少居高临下、发号施令的权贵和腰缠万贯、翻云覆雨的豪富来说，这实在是很有教育意义的。曹丕在其传世名作《典论·论文》[⑪]中说："盖文章，经国之大业，不朽之盛事。年寿有时而尽，荣乐止乎其身，二者必至之常期，未若文章之无穷。"对于潜心于《回望长庆》的几位作者，也必将有感于此言也。

　　前言已经提及，当作者们与我商讨为长庆街道写书时，我就深为我们在城市研究中能够推出一种得风气之先的街道志而踌躇满志。今天，当我读到这册以《回望长庆》为名的书稿时，更感到喜不自胜。作者们为此书设计了这样一个斯文雅致、寓意隽永的书名，作为一个街道的研究成果，确实别开生面、不同凡响。《回望长庆》是值得称赞的，它不仅为我国的城市研究开创了城市以内一个小地区研究的先河，而从书名和内容来说，又摆脱了城市研究中长期以来沿袭的刻板形式，显得生动活泼、丰富多彩。

　　由于城市研究是一种专门的学问，在这个学术圈子以外的学者和读者，多半不易理解。所以我特意花了较大的篇幅，介绍这门学问的属性和国内外研究概况，同时也为了对《回望长庆》所取得的卓越成就表示祝贺。

2005 年 9 月于浙江大学

注释：

① 　此书已有中译本，叶光庭等译，陈桥驿校，中华书局 2000 年版。

② 　《历史地理》第 6 辑，上海人民出版社 1988 年版。

③ 　原载大阪大学文学部《共同研究论集》1984 年第 2 辑。已有中译本，胡德芬译，载《历史地理》第 6 辑。

④ 　江西教育出版社 1999 年版。

⑤ 　日本每日新闻社 1974 年版。

⑥ 　中国青年出版社 1986 年版。

⑦ 　诸葛计《中国方志五十年史事录》，引胡乔木 1986 年 12 月 24 日在全国地方志第一次工作会议闭幕会上讲话，方志出版社 2002 年版。

⑧ 　杭州大学出版社 1997 年版。

⑨　浙江人民出版社 1992 年版。

⑩　广岛市史编委会 1984 年—1986 年出版发生年(全套共 13 册)。

⑪　《中日两国地方志的比较研究——中国慈溪市与日本广岛市的地方志修纂》,《陈桥驿方志论集》,杭州大学出版社 1997 年版。

⑫　中国青年出版社 1983 年版。

⑬　此文后来发表于《东チジチの都市形态と文明史》,千田稔编,国际日本文化研究センター——2002 年发行出版。

⑭　(清)浦起龙《古文眉诠》卷四〇。

原载《回望长庆——杭州市下城区长庆街道》,杭州出版社 2005 年版

《浙江区划地名溯源》序

　　《浙江区划地名溯源》的编纂出版,是浙江省自从 20 世纪 70 年代末期以来,地名工作和地名学研究的一种完备和值得称赞的总结。不仅是浙江省地名和文化事业上的一种出色成就,也是其他不少省区可以仿效的。

　　我作为浙江省地名委员会初创时的委员,曾经为全省的地名做过若干工作:主编过几种地名词典,主编了《杭州市地名志》[①]并为省内不少市县的《地名志》担任顾问并作《序》,[②]发表过一些研究和考证地名的论文。此外还利用出国讲学的机会,引进国外地名学研究的信息,为研究生开设"地名学"课程。但是由于我自己学识的浅陋和其他科研及著述工作的纷繁,我在地名工作和地名学研究领域中所作的贡献实在是微不足道的。对于我自己所在的浙江省,虽然主编了《中华人民共和国地名词典》的《浙江省》卷,[③]花 4 年时间主编了《浙江古今地名词典》,[④]在国外多所大学讲演《中国的地名工作和地名学研究》课题时,经常引用浙江省的事例。项目或许不少,但是反躬自省,实在不胜歉疚。对于地名工作,因为其他任务特别是 20 世纪 80 年代间的频频出国而半途中辍;对于地名学研究,实际上也是不深不透。我在这方面的缺陷,实际上用不着自己反省,公众议论也显然可见。2006 年,北京出版的历史学核心期刊《史学史研究》中,曾有一篇评论我为人为学的文章,[⑤]全文近万言,但对我从事研究的课题中,仅有"地名学" 3 字而已。《光明日报》在 2006 年报道我治学的长文中,[⑥]地名学只字未提。这些报道除了我受之有愧的溢美之词外,对于我在地名学研究方面已经不再受到学术界的关注,于事符合实际。为此,《浙江区划地名溯源》一书的出版,确实让我感到由衷的欣慰,并且对策划和编撰此书的各位地名学者致以深切的谢忱。

浙江在土地面积上是全国的一个小省,但在地名及其渊源来历上却是一个大省。这是因为,此书书名标出"溯源",像浙江这样历史悠久,族群交替,地名众多,来源复杂,沿革频繁的省份,"溯源"谈何容易。我国历来编纂的地名辞典数量相当可观。其中规模最大,收录地名最多的,当然是最近问世的《中国历史地名大辞典》。[⑦]此书十六开上下两册,页码近3000,字数近800万。是由历史地理学泰斗谭其骧先生专任顾问并策划指导的。由于编纂工程的浩大,经过许多学者20多年的耕耘才告完成,谭先生本人已经不及看到此书的问世。承蒙学术界的厚爱,此书在编纂之始,就邀我撰《序》。因为辞典的每一条地名都必须"溯源",我在拙《序》中就列举了几条历来的溯源错误,其中特别是对后世影响很大的十六国夏赫连勃勃兴建于赫连龙廿七年(413)的统万城(在今陕西省靖边县北),此城是赫连首都,《水经·河水注》记叙了这个在寒冷地区建城过程中"蒸土加工"的巨大工程。此城规模甚大,声名极盛。但对城名由来,《水经注》不措一辞。直到唐初,在唐太宗领衔主修的《晋书·赫连勃勃载记》中,却望文生义,把城名解释为"统一天下,君临万邦"。而《晋书》的这种"溯源",从此就成了定论。以后的许多权威文献如《元和郡县志》、《资治通鉴》,直到现代出版的《辞海》,让这种错误的溯源沿袭了1300多年。其实,"统万"亦译"吐万",是一个在《水经注》撰写的北魏时代就无法解释的少数民族地名。由于拙《序》论证确凿,所以辞典对此已作改正:"乃胡语地名"(下册,第2027页)。

在《中国历史地名大辞典》的《前言》中,对历来溯源错误的地名,也举了浙江省余姚县的例子:

> 如余姚县,旧的《古今地名大辞典》[⑧]作"秦置,舜支庶所封,舜姚姓,故曰余姚"。这是根据《史记·五帝本纪》正义引顾野王的说法,其实完全出于附会,据《越绝书》卷八载,"越人谓盐曰余"。本辞典不仅引述了顾野王的解释,同时也指出谬误,并说明余姚乃古代越语地名。[⑨]

从上列这部当前的权威辞典所举两例中,说明地名溯源,确实绝非轻而易举。而眼下的这部《浙江区划地名溯源》,不仅要追溯地名的渊源,还要评述地名的区划沿革。在"溯源"的内容中,市、县(区)地名,包括辖境概况,历史沿革,地名由来,区域特色。然后再细分缕析,记叙着一级地名下所辖的镇村街道等等。包罗尽致,资料完备。所以我在拙《序》开头就指出,此书是浙江省一种值得称赞的地名学研究和文化事业。

我国历史悠久,地名的出现甚早,属于地名学研究的文献也多有流传。如《穀梁传·僖二十八》的"水北为阳,山南为阳"即是其例。历代以来,研究地名的学者及其成果如晋京相璠的《春秋土地名》，[⑩]晋杜预的《春秋释地》[⑪]等，为数也很可观。但是把"地名学"作为一种专门学科，[⑫]却创于国外。20 世纪 70 年代之末，由于从中央到省市各级地名委员会的建立，商务印书馆随即从事《中华人民共和国地名词典》的编纂，我们亟需了解西方的地名学研究，从而与我们自己长期以来的地名研究相比较印证。而我由于在 1980 年就为美国匹茨堡大学讲课，同时又与不少著名的国际汉学家进行学术交流，因而受国内地名学界的嘱托，撰写《论地名学及其发展》[⑬]一文，把作为专门学科的西方地名学按英国《新英国百科全书》，[⑭]德国《布罗克豪斯百科全书》，[⑮]法国《拉鲁斯大百科全书》，[⑯]以及在荷兰出版的西方地名学权威辞典《克莱因语源综合辞典》[⑰]等，对西方的地名学概念及其研究方法和成果等，做了一般的介绍。也对我国长期来所持续的实际上属于地名学研究的概况和成果作了阐述。由于走时国内的地名工作正值开展初期，所以这样一篇内容一般的论文，竟颇受各方的重视，在有关书刊有过多次的转载，曾经起了一点普及的作用。由于我在此文中议论地名学的科学属性，指出其与历史学、历史地理学、地理学、语言学等的密切关系，因此也引起了当时我国的地名学研究和地名工作者对上述诸种学科的重视。

我在此《序》中曾经指出浙江省在地名及其渊源来历上是一个大省，这是因为浙江不仅是一个历史悠久，地名出现甚早的地方，同时又是一个孟子所谓"南蛮　舌"[⑱]即于越部族聚居的地方。绍兴本土有成书于先秦的《越绝书》，其中拥有许多早期的越语地名，是研究古代浙江省境地名的珍贵文献。在汉族建立王朝的中原，今本《竹书·纪年》周成王二十四年，第一次出现今浙江省境的地名："于越来宾。""于越"，既是部族名，也是地名，其时在公元前 11 世纪之末。[⑲]公元前 3 世纪，秦始皇一统江南，汉人先后进入这个地区，不仅出现了许多由入居汉人所创的汉语地名，而原来的越语地名，也发生了"汉化"和"半汉化"的现象。所有这些，拙编《浙江古今地名辞典》卷首《前言》中已有详细论证，这里不再赘述。

《浙江区划地名溯源》内容浩瀚，编撰维艰，特别是浙江地名的历史悠久和渊源复杂，所以从全书的历史沿革和地名由来等方面进行考究，当然还存在不少可以商榷和研究之处，但它毕竟给这个地名众多，来源参差和区划变迁频繁的省份，在地名上整理出了一个头绪，作出了一个总结，可以作为地名学者和地名工作者继续研究的基础，让今后我省的地名学研究和地名工作在这个基础上继续发展，不断提高。必须指出的是，此书搜罗的地名，从浙江省境来说，实在是空前的。全书收录的现今地名，包括市、县（市、区）、街道、镇、乡等达 1600 处，已经撤并、废止的历史地名近 2000 处。"溯源"的巨大工作量可以想见。同时还值得提及的是，吕以春教授往年在《陈桥驿论地名学》[⑳]一文中，曾经阐述我对地名学研究"由静态研究至动态研究"的观点，而此书收录的地名,从历史时期直到这个世纪之初,称得上是地名学的一种动态研究,这显然也是此书值得称赞的特色。

最后,利用为此书作《序》的机会,提出一点对我们地名工作和地名学研究的刍荛之见。前面已经写及,我在国外讲学时,曾经讲出过有关中国的地名工作和地名学研究的课题,而在中国历史地理学和《水经注》研究的讲学中(这两方面是我在国外讲学最多的内容),也常常涉及有关地名学的问题。外国的研究生和大学生听我讲这类课题,不过是一般的学术知识,但是外国的汉学家们就不同,因为他们的专业就是汉学研究,其中常常涉及地名,不少西方(包括日本)汉学家的研究成果对我们很有价值,但是他们的研究工作往往在地名上遭遇困难。以美国著名汉学家施坚雅(G. W. Skinner)主编的《中华帝国晚期的城市》㉑巨著为例,此书就涉及大量历史地名。我花了多年时间组织翻译此书出版,正是由于此书的价值,出版不过年余,随即又行再版。施坚雅是我学术上的好友,他几次告诉我,在他的汉学研究工作中,常常遇到的困难就是地名,特别是地名组成部分的通名。地名的频频更改,尤其是通名的更改,让他在研究中花费了不少额外的时间。其实,这种感受,不仅是外国汉学家,在我自己的研究工作中,有时也会遇到这样的问题。所以我很希望地名的稳定性。当然,在最近二三十年中,由于国家生产的发达和经济的跃进,城市的扩大,城市化进展的迅速,出现许多新地名是一种必然的也是令人鼓舞的现象。但是即使在这样的形势下,我们仍有必要重视地名特别是通名的稳定性。

在中国历史上,地名最不稳定的时代,近期的是在"文革"的10年之中,这是许多人都经历到的,毋须多说。早期的是西汉末年王莽篡位的年代中,王莽曾经大量改易了原来的郡县地名。按《汉书·地理志》计算,当时国家的一级地名郡国,被改易的超过70%。而二级地名即郡、县、道、侯国,被改易的接近50%。据《汉书·王莽传》所载,他不仅大量地改易地名,而且还反复地改易:"岁复更改,一郡至五易名。"特别是,他除了大量地改易专名外,还轻率地改易通名,把原来的"县"改为"亭"。在《王莽传》的记载中,他改"县"为"亭"的达360处。例如今杭州的前身,专名与通名都被他改易。专名"钱唐"改为"泉",通名"县"改为"亭"。"钱唐县"就改为"泉亭"。我们当然不会再干王莽那样的蠢事,但对于有权改易地名(特别是通名)者和广大地名工作者,应该知道历史上曾经发生过的这种故事。

此外,由于当前我们的经济形势欣欣向荣,新的地名必然要不断出现,我们就面临着一个为这些新建的城邑、街道、乡镇等聚落命名的问题。为一个新的地名命名,这是一件需要十分慎重,仔细推敲的问题,命名必须和谐、雅致、恰当,并且具有稳定性。绝不可心血来潮,任意用事。所以为新的地名命名者,应该有深厚的文化素养。不妨也举王莽的例子。此人且不论他的德行,在文化上,实在也是一个不学无术的人。他更易地名,常以他的变态心理而使用一种反其道而行之的词汇,用现代语言可以用"反潮流"表达。据《汉书·地理志》所载,他把会稽郡的"无锡县"改为"有锡县",把牂柯郡的"毋敛县"改为"有敛县"。这两个县名的改易,就暴露了他的知识浅薄,不学无术。因为无锡和毋敛都不是汉语,前者是越语地名,后者是西南少数民族地名,"无"和"毋"都不是汉字"有"的对义字,正像我们今天不会把"柏林"解为"柏树成林",把"丹麦"解为"红色麦子"一样。幸亏他依靠篡位而建的朝代只不过支撑了十几年,否则,这种地名笑柄将会持续一个很长的时期。今天,我们对新地名的命名,当然不会像王莽那样,但历史上确实发生过的故事,我们应该知道,并且引以为戒。

　　《浙江区划地名溯源》的公开问世,为浙江的地名工作和地名学研究作出了有益的贡献,希望地名工作者和地名学研究者提出宝贵意见,让此书一版又一版的继续提高。这不仅是地名学的动态研究,而且更促进地名工作的不断发展。

2007 年 1 月于浙江大学

注释:

① 浙江人民出版社 1989 年版。

② 收录于《陈桥驿方志论集》(杭州大学出版社 1997 年版)中的浙江省市、县《地名志序》共有 9 种。

③ 《中华人民共和国地名词典》,《浙江卷》,商务印书馆 1988 年版。

④ 《浙江古今地名词典》,浙江教育出版社 1991 年版。

⑤ 颜越虎《陈桥驿教授访谈录》,《史学史研究》2006 年第 4 期。

⑥ 叶辉《陈桥驿:寻山问津治郦学》,《光明日报》2006 年 10 月 29 日。

⑦ 《中国历史地名大辞典》,中国社会科学出版社 2005 年版。

⑧ 《古今地名大辞典》,此辞典出版于 20 世纪 20 年代。

⑨ 《浙江古今地名辞典》余姚县(第 337 页)条下内容略同。

⑩ 此书内容是解释《春秋》及其三传(《左传》、《穀梁传》、《公羊传》)中的地名,《隋书·经籍志》著录 5 卷,原书已亡佚,今有《汉魏遗书钞》、《汉学堂丛书》等多种辑本流传,均作 1 卷。

⑪ 此书当是杜预注《春秋左传》的释地部分,今有《微波榭丛书》辑本,书名作《春秋地名》1 卷。

⑫ 地名学,英语作 toponymy(亦作 toponomy),法语作 toponymie,俄语作 ТОдонимиа,其语源都来自希腊语,由 Toπos(意即地方)与 Oroua(意即名称)两词组合而成。

⑬　此文首发于《中国历史地理论丛》第 1 辑,陕西人民出版社 1981 年。

⑭　The New Encyclopedia Britannica in 30 volumes,1974. Vol. X. p. 49. toponymy.

⑮　Brockhaus EnzKlopadie in Zwanzig banden 1973. 18. p. 765. toponomastik.

⑯　La Grande Encyclopedie Librairie Larousse,1974,T,14. p. 8781—8782. toponymie.

⑰　Klein's Comprehensive Dictionary of The English Language. p. 772. toponymies. Elsevier Publishing Co. Amsterdam. 1971.

⑱　《孟子·滕文公上》。

⑲　陈桥驿《浙江的历史时期与历史纪年》,《杭州师范学院学报》1999 年第 2 期。

⑳　《地名知识》1985 年第 2 期。

㉑　*The City in Late Imperial China*,*Stanford Univesity Press*. 1977. 中译本,叶光庭等译,陈桥驿校,中华书局 2000 年版,2002 年再版。

原载《浙江区划地名溯源》,浙江大学出版社 2007 年版

《瞻岐史略》序

　　欣闻《瞻岐史略》编纂完成,行将付梓出版,这是一件很有价值的文化美事,而对瞻岐镇来说,更是空前大事。人类自古有重史、修史传统,未有文字之前,历史是由前辈父执通过心传口授,世代承继的。有了文字以后,就用文字记载历史,并且把先前心口相传的故事也记载进去。所以,早期的历史,势必糅杂进许多传说甚至神话的成分,但不管是传说,抑或神话,只要能够流传下来,总归是裨益后人的。

　　上面所说的"历史",是一种广义的概念,不涉及地域范围。事实上,地域是承载历史的基础。无论是历史事件,还是历史人物,总要落实到一定的地域上。地域自然有大小之分,历史当然亦有详略之别,不过两者总是相辅相成的。瞻岐作为一个镇,是一片不大的地域。然揽阅书稿,我以为其中有关瞻岐历史的记叙,已经相当翔实,书名称为《瞻岐史略》,既显得非常得体,又蕴含着编纂者的谦逊之意。

　　《瞻岐史略》全书7编,从自然到人文,由历史及地理,内容面面俱到。所以,该书不光可以称为镇史,而且也是一部镇志。对于"史"与"志"的分际,各家尚有不同看法,因互相有交集,切割起来不易,其实亦很难彻底区分。因为我经常出国讲学,比较熟悉国外志书。往时国内方志学界在做中外志书比较研究课题时,嘱我务必为之撰写片纸。鉴于慈溪是我在国内常去的关系比较密切的地方,[①]而广岛也是我多次往访的所在,并在广岛大学有过执教一个学期的经历。此两地除了自然和人文的相似以外,更主要的考虑在于两地都有一部优秀的志书,慈溪为《慈溪县志》(出版于1981年,

1988 年慈溪撤县建市),广岛称《广岛新史》。是故有了我的"以中国的慈溪与日本的广岛进行比较研究"[②]一文。粗看这一边称"志",而另一边称"史",似乎体裁有别,但细相比照,两者其实并无多少区别。《广岛新史》以分册形式编纂,全书共 13 个分册。《慈溪县志》以 28 编合成 1 册形式出版;《广岛新史》有"地理编",《慈溪县志》有"自然环境"(包括自然地理和地质);《广岛新史》有"历史编",《慈溪县志》有"大事记"(包括历史沿革和成陆围涂等历史过程);《广岛新史》有"市民生活编",《慈溪县志》有"人口"、"民情"等。拙文中曾将两书列表对比,两者在涵盖内容上实在看不出有多大差别。所以,《瞻岐史略》也可以广义地解读为瞻岐镇志。当年,学者们就中外志书比较研究这个课题,撰写了不少文章,但篇幅和分量以拙文为著。慈溪为拙作印行的单行本,流播中日两国,并获致好评。[③]我之所以要引述这一段话,主要为了说明"史"、"志"原本系一家。瞻岐为地方编史,其实也是为地方修志。

　　盛世修志是我国的一大优良传统。重视、鼓励地方史志编修工作,为国家厚积文化尽绵薄之力,是我平生的一大宿愿。这些年来,国内修纂史志,蔚成风气,我亦高兴地应约为国家、省、市及县(市、区)的一些史志撰写序言,仅收录于拙著《陈桥驿方志论集》[④]的凡 30 多篇,其中就有瞻岐所隶属的《宁波市志》。1997 年在北京举行的全国志书评比中(其时,本人为评委之一),此志荣获一等奖,而卷首《序言》即为拙文。我应约作序,看重的是彼地的文化厚度、历史深度,而不在乎它的经纬跨度和行政高度。因此,除为上述宁波一类的大中城市志书作序外,我也时常应约为一些小地方的史志写序。比如,为镇志所写的有《〈崇福镇志〉序》、《〈东浦镇志〉序》等,为村志所写的有《〈盛陵村志〉序》等。以上皆可见诸拙著《陈桥驿方志论集》。所以,当我欣闻曾多次休养观光的瞻岐镇要编纂、出版《瞻岐史略》,庆幸正赶上时候,当然应约不拒了。

　　通过对入编是书的上百篇文章和资料的浏览,结合近年来我多次在该地休养、目击的真实观感,我觉得瞻岐实在是个不错的地方,而《瞻岐史略》更是一本好书。一个地方,不论它的地域大小,也不论它的行政级别高低,能编纂一部综合性、科学性的史志,让世代的子孙后辈,知其所出,识其所由,了解当地的前世今生,本身就是一件很有意义的大事。我之所以提出"综合性"、"科学性"的说法,是寄望我们今天所编写的史志,能更多地反映"信史"。这样,我们提供给后辈人或者想让后辈人知道的有关前辈的史迹才可能都是真实可靠的。在没有历史文献可以稽考的时代,我们并不一概排斥神话传说。因为这类神话传说,就其渊源来说,多少存在一些合理的成分,具有一定的研究价值。不过也有一些根本是无稽之谈,只能作为茶余饭后付之一笑的谈资,不能当真。一个地方一旦有了"信史"之后,写文章引用史实,就必须对后辈负责。为此,要大力继承、弘扬学术界长期宗奉的所谓"乾嘉学风"。一言以蔽之,就是"言必有据"。当然,这个"据",必须是科学的、权威的"据",而绝非道听途说、捕风捉影、以讹传讹的"据"。前者是货真价实,后者则是假冒伪劣。

平心而论,经过多次筛选后入编《瞻岐史略》的各篇文章,都是好文章,这里我特别要提一下《瞻岐的海陆变迁》一文。前述,"地域是承载历史的基础"。瞻岐的历史是发生在瞻岐这片土地上的,当这里还是一片海洋的时代,既没有瞻岐这个地名,更谈不上历史沿革和其他一切。虽然,"沧海桑田"一语在晋朝葛洪的《神仙传》上⑤已经出现,但那只是个神话,不能把这类神话当作"信史"来看待,更不能把它作为学术研究的依据。直到最近百年,科技的进步使人们掌握了科学测年方法,并通过对第四纪海陆相变迁的研究,得以了解自从第四纪晚更新世以来至今浙江省沿海(也包括中国东部的其他沿海地区)海进和海退的过程。如该文所述,第四纪最后一次海进,即所谓卷转虫海进,发生于距今12000年的全新世,而在距今7000年前后到达顶峰。当时,整个宁绍平原包括今浙江省境内所有沿海平原都沦为海域,当然不会有瞻岐现在的陆地。及至距今5000年前后,卷转虫海退开始,陆地逐渐出露,这一带成为一片沼泽之地,这就是现今瞻岐的地理基础。该文是整个宁绍平原(包括现今瞻岐在内)的地理原始,所以十分重要。不仅是瞻岐一镇,而且鄞州区、宁波市,包括整个宁绍平原,都是在这个基础上生发开来的。

现今的瞻岐这片土地,是卷转虫海退的杰作。但在海退之初,整个宁绍平原都是一片潮汐出没的泥泞沼泽。数百年来,通过先辈胼手胝足的累代改造,最后成为一片沃壤。有了这一基础,今天这一辈人才可以编纂《瞻岐史略》,写出"历史沿革"、"百家姓"、"村落"以及其他许多篇上好文章。

把一片潮汐出没的沮洳沼泽改造成为沃畴,这不啻是一项简单的工程。它需要先辈代代相继的长期经营,包括修堤筑塘、拒咸蓄淡、排干沼泽、整治河山、垦殖土地等等,这个过程需要很长的时间和大量的移民。海退之初,第一批进入沼泽平原的移民,当然是在海进过程中相继进入南部山区的越族先民的后裔。他们在山区从事"随陵陆而耕种"和"逐禽鹿而给食"⑥的生活已经逾千年,海退开始以后,他们又陆续走出山区,进入这片自然条件仍然非常恶劣的沼泽平原,一代一代地加以改造,化沼泽为沃畴。

公元前3世纪晚期,秦始皇将这片广袤的地区置为会稽郡,此后,北方的汉人也不断进入这片平原地区,继续从事自然环境的改造。所以这片平原的自然环境从泥泞沼泽到良田沃畴,其间累积了漫长的时间和大量的劳动,其中也包括今瞻岐镇在内。今天,我们所在的宁绍平原,土地肥沃,人口众多,交通便利,经济发达,好一片锦绣河山。现今的瞻岐镇就是在这个漫长过程中脱胎出来的桃源之地。

　　瞻岐是值得称道的。随着生态型现代化临港工业城的崛起,它往后的发展潜力更是不可小觑。《瞻岐史略》作为一本承前启后的好书,它总结了这个地方过去有过的辉煌,对后辈具有重要的教育和激励作用,让后辈知道先辈的创业维艰,鞭策后辈在先辈发展的基础上更上层楼。我相信,瞻岐的明天一定会更加美好。

2007 年 11 月于浙江大学

注释:

① 从 1957 年起,我每年都要带学生到慈溪进行野外实习,后来被聘作《慈溪县志》顾问,又为慈溪的几种史志作《序》。

② 拙文全称《中日两国地方志的比较研究——中国慈溪市与日本广岛市的地方志修纂》。

③ 见《慈溪县志》主编周乃复先生文章《中外地方志比较研究的肇始之作——读陈桥驿先生〈中日两国地方志的此较研究〉》,载《中国地方》1993 年第 3 期。

④ 《陈桥驿方志论集》,杭州大学出版社 1997 年版。

⑤ 见(晋)葛洪《神仙传·麻姑》:"麻姑自说,云接待以来已见东海三为桑田。向到蓬莱水又浅,于往者会时略半也,岂将复为陵陆乎?"

⑥ 《吴越春秋·越王无余外传》。

原载《瞻岐史略》,宁波出版社 2008 年版

《浙江地理》序

　　德育是学校教育中的一个重要组成部分,它在引导青少年健康成长和培养青少年优秀品质方面所起的作用非常重要,这已引起了我们的重视并正在努力贯彻之中。德育的范围相当广泛,内容非常丰富,其中十分重要的一个方面,是爱国主义教育。尤其是对于中小学生,这是一件必须全力以赴的大事。让一个人在青年时代就感到自己祖国的美好和伟大,建立起一种作为一个中国人的光荣感和自豪感。这样的教育,小而言之对于个人,大而言之对于国家和民族,都是头等重要的。

　　爱国主义教育不仅能激发人们热爱祖国的感情,而且还可以培养人们优秀的品质和高尚的情操,让人们心境舒展,眼界扩大。从我们国家和民族历史发展观察,大凡一个热爱祖国的人,他往往同时具有光明磊落的胸襟和顶天立地的气概。在我国历史上,有许多大政治家、大军事家、大学问家和慷慨献身的民族英雄,他们成长过程和经历告诉我们,他们一生中的伟大业绩和对国家、对民族的卓越贡献,在很大程度上归功于他们从小接受的爱国主义教育。

　　在中小学的每一门课程中,都有德育教育的要求,也同样都必须进行爱国主义教育。当然,这中间由于课程的性质和内容的不同,每门课程都有它自己进行爱国主义教育的内容和方式,在这方面,地理课显然拥有极大的优势。这是因为地理课程学习自然地理和人文地理,青少年学生在这门课程中所接触的,不仅是我们祖国的广阔土地和大好河山等自然地理景观,而且更有劳动人民利用自然、改造自然,进行宏伟的社会主义建设等人文现象。这门课程教育青少年认识自然、改造自然,让我们祖国的社会主义建设欣欣向荣,蒸蒸日上。所以,地理课的教材,充满了爱国主义教育的内容。地理教师在地理教学中进行爱国主义教育,确实可以做到得心应手。

地理课通过具体的自然地理事物和人文地理事物向青少年进行爱国主义教育,是这门课程在这方面存在的优势。按照青少年的年龄特征,他们最容易接受和理解的地理事物,就是他们身边的地理事物。这说明乡土地理在青少年地理教育中的重要性。也就是说,地理教师要教好地理课,首先必须教好乡土地理课。让爱国主义思想从一开始就扎根在青少年自己的家乡,然后由近及远,引导他们看到我们这个领土辽阔的伟大祖国,激发他们对祖国的热爱。这样的爱国主义教育才是根基稳固的。这就是爱国主义的源泉,由此而迸发出来的气势磅礴的爱国热情,将震撼神州大地,这是我们国家和民族的坚强凝聚力,是我们祖国能够持续紧密团结、不断繁荣富强的重要保证。

《浙江地理》是浙江省中等师范学校的乡土地理教材。这本教材的重要性,前面已经说明。必须着重指出的是,它是师范学生的教材,具有教育者先受教育的意义,所以其重要性更是不同寻常。中国人常说:身教重于言教。一位满腔热情的爱国主义老师,他在教学中进行爱国主义教育时也必然是满腔热情,引人入胜的;必然能够获得最大的教育效果,培养出许多爱国主义的学生来。

至于《浙江地理》教材本身,我感到编者确实下了很大的工夫。它不仅资料丰富、内容完备,为学生提供了浙江省自然地理环境和人文地理环境的必要信息。而且作为一本教材,它取材适当、体例严谨、语言生动、图文并茂,具有很好的可读性和深刻的感染力。这是一本优秀的乡土地理教材,值得推荐,值得赞赏。

1992 年 11 月于杭州大学

原载《践行教师教育与素质教育——跨越五十年的职业
追求》,浙江教育出版社 2008 年版

《水经注》译注本(译注)前言

　　《水经注》是南北朝时期北魏郦道元的著作。从书名来看,此书是为另一种称为《水经》的书作《注》。事情确实如此,三国时期的一位已经不知姓名的作者写了一本名叫《水经》的书,内容非常简略,全书只有8200多字,每一条写上此书的河流,都是公式化的:发源、简单的流程、入海,或在何处汇入另一条大河。举条大河的例子,就说中国历史上四大河流之一的淮河吧,从发源、流程到结束,《水经》只写了190多个字。再举条小河的例子,黄河中游古代有一条叫清水的小支流,对于此河的发源,《水经》只说:"清水出河内修武县之北黑山。"但郦道元为这12个字写了约1800字的《注》文。全书《注》文超过《经》文20多倍。《水经注》是一部30多万字的巨构,是一部独立的古典名著。

　　《水经注》的作者郦道元(？—527),在北魏服官多年。当时中国南北分裂,南方是宋、齐、梁、陈四朝相继;北方经过一场混战,最后由鲜卑族的一支称为拓跋的定局,建立一个王朝,史称北魏。但时局也并不太平,郦道元奔走四方,官事匆忙,却能写出这样一部大书,确实使人称奇。据专家们研究,他写成此书时当在公元6世纪初期。但他本人在北魏孝昌三年(527)被叛将萧宝夤杀害于阴盘驿(今陕西临潼附近),此书稿本他必不随身携带而是留在首都洛阳,但洛阳后来在北魏的灭亡中全城焚毁。洛阳在当时是北朝最大的城市,仅寺院建筑全城就有1300多座,都被烧得荡然无存。北魏朝廷当然有书库,收藏朝廷的档案文卷和文献,包括《水经注》在内,无疑也都化为灰烬。郦道元写作《水经注》在当时是人们都知道的,按《魏书》和《北史》中的《郦道元传》,说他的著作除了《水经注》40卷外,还有《本志》13篇和《七聘》等,而且是"皆行于世"。"皆行于世",用今天的话来说,就是"都已公开出版"。不过当时尚无雕版印刷,只靠传抄流传。像他这样品位的官员,有资格传抄的,除了朝廷以外,也只有少数亲朋好友,所以为数必然极少。《水经注》即使有几部传抄本子,但在洛阳焚毁时,必然与都城同归于尽,如同他的其他著作《本志》、《七聘》等一样。

但奇迹却发生了,在郦道元的几种著作中,唯独《水经注》40卷,竟完整地收藏在隋朝的皇家书库里,这是人们后来从皇家的藏书目录《隋书·经籍志》中得知的。皇家藏书,当然只能在皇家书库中束之高阁,人们无缘阅读,不知道郦道元是怎样说"水"的。但以40卷之数忖度,则其书必然是部大书。隋朝藏书当然由下一个王朝接收,所以唐朝的皇家藏书目录《旧唐书·经籍志》和《新唐书·艺文志》,也都照录不误。而且与短促的隋朝不同,唐朝重视文化,《水经注》一书得以在某种机遇中受到重视。以唐玄宗署名修撰的官书《唐六典》中,记及了《水经》和《水经注》,说桑钦撰写的《水经》(这是误会,桑钦确写过《水经》,但已经亡佚),记载了全国河流137条,其中包括长江与黄河。郦善长(郦道元字善长)为《水经》作《注》,引及了支流1252条。《唐六典》所记载的《水经》和《水经注》,都是完整的足本,但从河流的数量来说,《水经注》比《水经》就几乎多了10倍。可惜当时的朝廷书库不是公共图书馆,除非朝廷自己修书,外间人是无缘窥及的。唐朝官修的如《初学记》和《元和郡县图志》等之中,才让人们看到了若干《水经注》引用的词句。

有人认为此书在唐末已流入民间,理由是当时诗人陆龟蒙在他的《和袭美寄怀南阳润卿》诗中有一句"山经水疏不离身"的话。但这个理由并不充分。第一,"山经"当然是《山海经》,但"水疏"并不一定是《水经注》。第二,陆龟蒙在当时是上层文化人,他假使通过什么关系从朝廷书库中录出一本,他也只能是"不离身",无权让他人传抄。所以此书在唐朝末期已传入民间的话并不足信。

北宋初期,宋太宗赵光义很想发展文化事业,要朝中的文人学士用他的年号编纂了几部大书如《太平御览》、《太平寰宇记》、《太平广记》。在这几部近百卷或上百卷的大书中,引及了不少《水经注》的文字。特别是《太平寰宇记》,这是一部全国性的地理书,全国境域都写到了,而几乎各地都引用了《水经注》的文句,而且引用的文句中有泾水、(北)洛水、滹沱水等现在的本子上所不见的河流,说明当时朝廷收藏的是从隋唐流传下来的40卷足本。但是到了宋仁宗景祐年间,朝廷整理藏书,编制《崇文总目》,发现《水经注》已经缺佚了5卷,只剩了35卷。现存的此书40卷,显然是后来的学者在35卷中分析出5卷凑数的。所以在宋初编纂的几部大书中所引的不少大河和许多小河,现在的本子中都看不到了。人们有这样的猜测:宋初编纂几部大书,引用《水经注》很多,此书从朝廷书库里取出来,几种大书的编纂人员都要披阅引用,人多手杂,这5卷可能就是在那时遗失的。几部大书编成以后,参引书籍就收回书库,当时未曾清点,直到编制《崇文总目》时才发现缺佚之事,到此时已经无法弥补了。清代有些研究《水经注》的学者,就以宋初的这几部大书为主,再加上唐朝和以后元明各代引及有关今本不见的文句,补出《泾水》、《(北)洛水》、《滹沱水》等多篇在景祐缺佚以前的文字。这当然是件好事,但所辑的无非是几条字句,写不出郦道元的文采,不免枯燥乏味,令人遗憾。

朝廷藏书的《水经注》流入民间的较为可靠的时代是北宋。当然,初期获得传抄本的仍然是少数上层文化人,唐宋八大家之一的苏轼(东坡)就是其中之一。他在《寄周安孺茶诗》中说:"嗟我乐何深,《水经》亦屡读。"把诵读此书作为他的一种享受。而在他写作的文章如《石钟山记》中,也引用了《水经注》的文句。苏东坡出生于景祐四年(1037),当时,朝廷收藏的《水经注》也已经只存35卷。而他出生后不久,《水经注》的第一种刊本"成都府学宫刊本"随即问世。这个刊本究竟刊于何年,因为本子早已亡佚,所以无法论定,但全书只有30卷,无疑是个劣本,苏东坡当然不会用这样的本子吟诵取乐。在苏东坡五50那年(元祐二年,1087),一种到明代尚有流传的刊本即所谓"元祐刊本"刊成付印。这种刊本虽然以后也告亡佚,但明代学者有用此本作底本从事校勘的,其中如吴琯刊本至今尚存,我们借此可见,"元祐刊本"已作40卷,说明元祐年代的这位学者,已把35卷分析为40卷。但苏东坡在《石钟山记》中引用的文句,是在《江水》(即长江)篇中的,并不在宋初缺佚的5卷之内,而这段30多字的文句,从"元祐刊本"到现在流行的各种版本,都未曾收入。说明苏东坡当年所得的抄本,虽然也是景祐缺佚以后的本子,但比以后的本子更为完整。

从今天来说,《水经注》因为它的内容丰富,已经近乎一种百科全书,对许多行业的学者,如历史、地理、河川、水利,甚至动植物、矿物等方面,都有参考价值。但苏东坡不是一位河川水利学者,是个文学家,他之所以说出"乐何深"的话,显是欣赏此书的生动文字。例如在《石钟山记》中所引而为现在所失的一段:"石钟山西枕彭蠡,连峰迭嶂,壁立峭削,而西、南、北皆水,四时如一,白波撼山,响如洪钟,因名。"(《太平寰宇记》、《舆地名胜志》等都引此一段,但以苏引最为完整)就是对此处山水的生动描写。因此说此书现在对学术界的许多行业都有价值,但此书的声名,开始无疑是从它的绝妙文章传播开来的。明末一位史学家张岱曾经说:"古人记山水,太上郦道元,其次柳子厚,近时则袁中郎。"柳子厚即柳宗元,是唐宋八大家之一,他所写的游记文章《永州八记》擅名古今。袁中郎即明著名文学家袁宏道,也以写游记出名,有《袁中郎游记》

流传,脍炙人口。但他们都在郦道元之下。著名如柳宗元,为什么在描写风景的功夫上不及郦道元,我在本书中已经举例说明。

自从明朝开始,《水经注》的本子,包括刊本和抄本纷纷问世,研究此书的学者也先后相继,从各个方面从事钻研,形成一门专门的学问——郦学,而且由于研究的内容和目的不同而出现了3个学派。第一个是考据学派。因为此书从南宋以来,经过多次雕版和辗转传抄,到了明代,许多流行的本子,已经到了错误百出、不堪卒读的地步。所以有许多郦学家都在考证校勘上下工夫,最后获得了万历四十三年(1615)以朱谋㙔为首校成的《水经注笺》,被清初学者称赞为"三百年来一部书",也就是说在明朝一朝中一切著述中的唯一一部好书。但其实此书仍然存在许多缺陷。清朝初年,郦学家一时涌现,大家各找不同版本,各自深校细勘,特别是乾隆年间出现的郦学三大家:全祖望、赵一清、戴震。3人中以戴年龄最幼,得以因缘进入四库馆参与《四库全书》编修,从事《水经注》的考证校勘。他以全、赵成果为主要基础,参以其他各本,特别是当时只能在四库馆内见到的《永乐大典》本,于乾隆三十九年(1774)校定了一种受到爱好山水地理的乾隆称赞的版本,随即在皇家出版机构武英殿以活字排印出版,称为"武英殿聚珍本"(简称"殿本")。此本除了宋初缺佚的5卷无法弥补外,显然是许多版本中首屈一指之本,以后各省纷纷翻刻重版。民国以后,各大书局又铅排出版,成为此书流行最广、印数最多的版本。虽然此本还存在若干可以继续校勘之处,但总的说来,考据学派的事业已经基本完成。

第二个学派是地理学派。早在明代,已有学者认为《水经注》是河川水利之书,也就是当时所谓的经世致用之书,其重要性首在河川地理研究。清代持这种观点的郦学家也有不少。最后由清末民初的杨守敬、熊会贞师生二人,以地理为主(当然也有校勘成果),编纂成《水经注疏》一书,是所有此书版本注疏量最大之本。他们师生并同时编绘了《水经注图》,书图二者,至今都是研究历史地理特别是古代山川水利的极有价值的版本。

第三派是词章学派。此派认为《水经注》之所以不同凡响,全靠郦道元的绝妙文章,尤其是其中的山水描写。有人竟对此着迷,认为此书除了引人入胜的生动描写以外,没有别的东西。确实,在历史上大量书籍亡佚的情况下,此书能够孑然独存,并且形成一门学问,其开端无疑是因为郦道元的文章出众。如大文豪苏东坡所说的"乐何深",就是因为此书在词章上让人爱不释手的缘故。直到民国时代,中学教科书上还常常选载此书描写风景的若干片断作为教材,给学生欣赏享受,学习研究。

《水经注》是一部奇书,郦学是一门内容浩瀚的学问。现在除了国内以外,郦学研究早已流向国外,如日本和西欧,都有不少这门学问的研究者,研究的领域极广,课题很多。但是这些都是郦学家们的工作，不关一般读者的事。对于广大读者来说，还是苏东坡的那首诗："嗟我乐何深，《水经》亦屡读。"我应中华书局之邀写作此书，目标也是针对广大一般读者，因为此书可以为我们提供文学上的欣赏和享受。清代学者称赞此书的词章："片言只字，妙绝古今。"《水经注》不同于有些有争议的书，它可以稳稳当当地坐在历史名著的座位上，让读者在此书中获得文字咀嚼、风雅追求和情操陶冶的享受。或许也可以提高读者的写作能力，甚至吸引读者从事对此书某些专题的研究。

因为《水经注》有40卷，其中所记的河流，有的一河分成数卷，有的一河独占一卷，但多数是几条河流合成一卷。从《河水》到《渐江水》(渐江水以下的不计)，书中立为标题的河流共有122条。所以本书每卷都有一个"题解"，把该卷立题的河流是今天的什么河流作点说明。因为此书写作至今已逾1400年，除了名称的变化以外，河流本身的变化也很不小。这100多条河流中，有的至今仍是全国大河，有的已经移动或消失，也有个别在写书时并不存在，所以必须让读者知道。此外就是"选文"，40卷中，每卷都有几段入选的文章。其中选入最多的当然是"片言只字，妙绝古今"的山水描写。也有一些是以史为鉴，到今天仍然铿锵有声的词句。"选文"之下，我都做了一点"注释"加以说明，王东同志协助我另外做了语词上的"注释"。最后就是每段"选文"的"译文"，这是一项非常棘手的工作，我往年曾邀集几位在文学上很有造诣的朋友做了这项难事，现在还不得不仍然依靠当年所作的充数，郦道元的神笔，显然不是我们的语体文所能表达的，何况"选文"都是《注》文中的精华。对于这方面，尽管我们曾作了较大的努力，费了不少推敲工夫，但实在是力不从心，只好请读者原谅了。

陈桥驿

2008 年 3 月于浙江大学地球科学系

原著署　陈桥驿译注，王东补注，中华书局 2009 年版

《水经注》简化字本（注释）再版后记

　　我因为自幼爱读《水经注》，当时只是由于此书文笔生动，而且其中有不少故事。年长以后，才知此书之中有许多学问。20世纪50年代之初，在高校地理系执教，开始为此书制作卡片。1980年以后，由于发表和出版的相对自由，就陆续出版有关此书的论文集和校勘的各种不同版本。

　　《水经注》是一部古代的学术著作，所以我校勘的各种版本，都是繁体字直排本。20世纪之末，我校勘的《水经注校释》获得教育部高校哲学社会科学的一等奖。随即有浙江古籍出版社的编辑先生亲临舍下，告知他们正在筹划一套"百部中国古典名著"，《水经注》当然列名其间。他们与我商量，希望我能为他们校勘一种简体字横排本，因为他们筹划的"百部中国古典名著"都是这种体例。于是我就以刚刚得奖的《水经注校释》为底本，写成了这本用简体字横排的《水经注》。现存的《水经注》有30多种，浙江古籍出版社于21世纪初出版的这一部不仅是唯一的横排本，更重要的是它还是唯一的简体字本。

　　台北三民书局于2010年为我出版了一种《水经注撷英解读》。编辑先生好事，在全书卷末编排了一篇《陈桥驿先生〈水经注〉研究著作目录》，虽然并不完整，但总数也有27种，其中第十一种为"《水经注》（简体字本），浙江古籍出版社2001年版"（台湾自然是繁体字直排，我在此也改成了简体字横写）。这个目录所起的作用是，让人们知道《水经注》这部古籍，居然也有一种用简体字出版的。

　　我自己倒是在此本出版以后不久就知道了"简体字本"的作用。当时,我手头有此书十多册。刚开始我并不重视,但没过多久,这些书就被我的研究生和其他朋友们要走了,至今,我手头已只留得一册,且直到当前,还不断有人来抄录。来的都是大学教师或研究生,除了地理、历史、中文专业的以外,生物专业甚至建筑专业的人也常常问津。由于我的家乡绍兴市为我在该市一条已向联合国申遗成功的"老城古街"筹建了一座"陈桥驿史料陈列馆",收藏了我的全部著作和其他一切笔记信件,其中也有我校勘的各种《水经注》,包括这本简体字本,所以也有人到那里去查阅抄录,而且只专注于这册简体字本。根据这种现象,我得出了两点体会:第一,《水经注》一书,眼下已不仅是史地专业者的专用古籍,它已经成为许多学科具有参考价值的常用书。例如去年我在舍下接待的一位高校建筑专业的老师,他需要通过此书查究的,就是卷十四《鲍丘水注》中记述的有关观鸡寺的特殊结构的资料。第二,当代我国的文化人,包括高校教师和研究生,已经不习惯读注释繁琐的直排书,特别是不认识繁体字,这也就是这部横排的简体字本受到青睐的主要原因。

　　但其间也有一点令人不解的异常情况。前面已经述及,我所校注的《水经注校释》,曾获得教育部的高校哲学社会科学著作奖。此后,我又再次深化校勘功夫,校成了《水经注校证》一书,由中华书局于2007年出版,此书于2011年获得全国学术著作的"吴玉章奖"。在我当年受奖之时,此书已由中华书局出了第三版,现在正在印制第四版。该书注释详尽,售价近百元。但令人费解的是,到舍下求阅《水经注》者,却对就在我案上的中华书局《水经注校证》不愿一顾,而只要我仅存一册的浙江古籍出版社版的简体字横排本《水经注》! 获全国学术著作奖的《水经注校证》从2007年初版以来,到2011年已经出了第三版,而这部2001年初版的简体字横排本却一直没有重版。此种因果,或许是学术界和出版界所未曾了解的,这就是一本著名的古代著作,虽然具有它的学术性,但对于当代读者来说,或许更应注意这类古籍的实用性。所以,这次简体字横排本在初版十余年后得以重版,我感到相当欣慰。因为我是面临这个问题好几年的作者,对此确有颇多感触。出版界或许也发现了这个问题。对于古籍,一方面,必须重视民族文化的传承;另一方面,则更应顾及当代读者的阅读需求,尽可能地方便读者。

2013年1月于浙江大学

原著署　（北魏）郦道元原注,陈桥驿注释,浙江古籍出版社2013年版